佛山年鉴

FOSHAN NIANJIAN

2021

（总第29卷）

《佛山年鉴》编纂委员会　　佛山年鉴社　编

方志出版社
Publishing House of Local Records

图书在版编目（CIP）数据

佛山年鉴. 2021 /《佛山年鉴》编纂委员会，佛山年鉴社编. —北京：方志出版社，2021.12
ISBN 978-7-5144-4964-8

Ⅰ. ①佛… Ⅱ. ①佛…②佛… Ⅲ. ①佛山 -2021-年鉴 Ⅳ. ①Z526.53

中国版本图书馆 CIP 数据核字（2021）第 275708 号

佛山年鉴（2021）

编　　者：《佛山年鉴》编纂委员会
佛山年鉴社
责任编辑：王　娜
装帧设计：深圳市宇彩设计印刷有限公司

出 版 者：方志出版社
地址　北京市朝阳区潘家园东里9号（国家方志馆4层）
邮编　100021
网址　http://www.zgfzcb.cn
发　　行：方志出版社图书营销中心
电话　（010）67110500
经　　销：各地新华书店
印　　刷：佛山市高明领航彩色印刷有限公司

开　　本：889×1194　1/16
印　　张：42
字　　数：1789 千字
版　　次：2021 年 12 月第 1 版　2021 年 12 月第 1 次印刷
印　　数：0001 ~ 3500 册

ISBN　978-7-5144-4964-8　定价：280.00元

《佛山年鉴》编纂委员会

佛 山 年 鉴 社

序

国务院办公厅2015年8月印发的《全国地方志事业发展规划纲要（2015—2020年）》（以下简称《规划纲要》）要求，到2020年要做到地方综合年鉴一年一鉴，公开出版，实现省、市、县三级综合年鉴全覆盖。《规划纲要》还要求，坚持存真求实，正确处理质量与进度的关系，将精品意识贯穿于年鉴编纂出版工作全过程。2015年12月，中国地方志指导小组办公室启动中国年鉴精品工程，将其与先期实施的中国志书精品工程视为姊妹工程，一道作为加强地方志质量建设的重要抓手。

实施中国年鉴精品工程有助于推动中华优秀传统文化传承发展。近年来，在党中央、国务院的高度重视和关心支持下，全国地方志事业发展迎来最好的发展时期。年鉴编纂发端于欧洲，鸦片战争后被引入我国，在我国走过了100多年的发展历史。在长期的编纂中，年鉴在内容和形式上不断发展，逐渐演变成为适合反映中国国情、具有鲜明中国特色的一种文化载体，并在改革开放后出现了快速发展的局面。2006年5月，国务院《地方志工作条例》颁布施行，明确将地方综合年鉴纳入地方志工作范畴，年鉴工作走上了有法可依的轨道。《规划纲要》出台，为从依法编鉴转变到依法治鉴指明了方向。2016年12月，中国地方志指导小组印发《全国年鉴事业发展规划（2016—2020年）》，更进一步明确了到2020年全国年鉴事业的任务书、时间表、路线图。经过多年的发展，年鉴工作已经成为地方志工作的重要组成部分，成为中华民族优秀文化传统的有机组成部分，其存史、育人、资政作用日益彰显。实施中国年鉴精品工程，是年鉴工作者紧扣时代脉搏、坚持创新发展的一项重要举措，对于坚定文化自信，传承弘扬好中华优秀传统文化意义重大。

实施中国年鉴精品工程有助于为全面建成小康社会提供更多智力支持和历史借鉴。党的十八大作出全面建成小康社会的战略部署。党的十八届五中全会提出到2020年如期实现全面建成小康社会的目标要求。完成《规划纲要》确定的目标任务是年鉴工作者的神圣使命，更是年鉴工作者以自身力量为全面建成小康社会献上的厚礼。一方面，可以更好地利用年鉴这种年度资料性文献，及时记录各地区在全面建成小康社会伟大征程中每年取得的新成绩和新经验、出现的新情况和新问题、涌现的优秀人物和典型事迹等；另一方面，可以更好地积累地情、国情资料，为推动经济社会发展和深化改革提供智力支持，为推进国家治理体系和治理能力现代化提供历史借鉴。

实施中国年鉴精品工程有助于全面推进地方志事业转型升级。地方志不是单纯修志编鉴工作，而是全体方志人“修志问道，以启未来”的一项事业，这项事业包含着巨大的时代担当与使命追求。地方志工作要在“五大建设”总体布局和“四个全面”战略布局中发挥与其自身价值、功能相匹配的作用，就要因时而谋、乘势而上、顺势而为，全面推进地方志事业转型升级。转型升级，当下最重要的目标就是完成“两全”目标，包括“年鉴全覆盖”目标；长远的目标就是基本形成地方志编修体系、理论研究和学科建设体系、质量保障体系、资源开发利用体系、工作保障体系“五位一体”的地方志事业发展综合体系，包括“五位一体”的年鉴事业发展综合体系。中国年鉴精品工程是一项探索工程，也是一项创新工程，是推进地方志事业转型升级的重要内容。通过实施中国年鉴精品工程，不仅有助于确保年鉴质量，不断编纂出版具有鲜明时代特征、年度特点和地域特色的精品年鉴，也有助于推动年鉴工作适应经济社会发展形势和时代需要，不断改革创新，与时俱进。

多年来，在中国地方志指导小组办公室的指导和全国各级地方志工作机构的共同努力下，年鉴种类数量快速增长，年鉴成果粲然可观，为实施中国年鉴精品工程奠定了坚实的基础。实施中国年鉴精品工程，就是要在全国地方志系统起到示范作用，进一步培育精品意识，打造精品年鉴，以点带面，在提高年鉴质量方面探索出一条切实可行之路，使这项探索工程和创新工程能够积累经验，发挥引领作用。

“万山磅礴，必有主峰；龙衮九章，但挈一领。”实施中国年鉴精品工程，是筑牢地方志事业特别是年鉴事业发展根基之举，其意义与价值不言而喻。但编修出年鉴精品佳作，绝非朝夕之功，需要付出长期艰辛的努力。希望通过实施中国年鉴精品工程，能够进一步推进年鉴质量建设，使年鉴真正成为传承中华民族优秀传统文化的重要载体，成为展示中国国情、地情的重要窗口，成为“为当代提供资政辅治之参考、为后世留下堪存堪鉴之记述”的资源宝库，在全面建成小康社会过程中作出更大贡献。

是为序。

中 国 社 会 科 学 院 原 副 院 长

中国地方志指导小组原常务副组长 李培林

编辑说明

一、《佛山年鉴》是由《佛山年鉴》编纂委员会、佛山年鉴社编纂出版的年度资料性文献。自1993年起逐年编纂公开出版,《佛山年鉴(2021)》为第29卷。

二、《佛山年鉴(2021)》以马克思列宁主义、毛泽东思想、邓小平理论、“三个代表”重要思想、科学发展观、习近平新时代中国特色社会主义思想为指导，坚持辩证唯物主义和历史唯物主义的立场、观点和方法，全面、系统地记述2020年佛山市自然、政治、经济、文化、社会、生态建设等方面的概貌和发展情况。

三、《佛山年鉴(2021)》记述时限为2020年1月1日至12月31日。

四、《佛山年鉴》采用分类编辑法。主体内容设类目、分目、条目3个结构层次。少数分目增设次分目层次。条目为表现内容的基本形式。全书条目标题统一用黑体加【 】表示。少数包含多方面资料的条目则在段首加插楷体标题提示。

五、《佛山年鉴(2021)》卷首设图片专题、特载、专记、大事记、市情概貌，主体内容分设中国共产党佛山市委员会、佛山市人民代表大会、佛山市人民政府、中国人民政治协商会议佛山市委员会、纪委监委、民主党派·工商联、群众团体、法治、军事、经济管理、区域发展、开放型经济、数字经济、民营经济、农业、工业、建筑业、商贸服务业、新兴服务业、金融业、旅游业、房地产业、交通·邮政、城市建设、乡村振兴、教育、科学技术、文化、卫生健康、体育、社会生活、应急管理、生态环境、人物·荣誉、市辖区等35个类目，共有293个分目(含41个次分目)1906个条目，卷末设附录。收录图片419张、表格84个。

六、《佛山年鉴》全书载录内容均由各撰稿单位审定提供。条目署作者名，同一分目的所有条目同为一作者的在最后一个条目后署名。

七、《佛山年鉴》统计数据采用法定计量单位。文中一些地区性、部门性数据，由于统计口径不一，个别数据可能不一致，使用时以佛山市统计局和国家统计局佛山调查队公布的数据为准。

八、《佛山年鉴》配套双重检索系统：书前编有目录，书后配有索引。索引采用主题分析法，款目按主题词首字汉语拼音字母顺序排列。

佛山荣誉

FOSHAN RONGYU

全国文明城市
国家卫生城市
国家森林城市
全国双拥模范城市
国家园林城市
国家农业产业化示范基地
国家优秀旅游城市
联合国人类住区优秀范例城市
全国绿化模范城市
国家环境保护模范城市
中国十大智慧城市
中国品牌经济城市
国家商标战略实施示范城市
国家知识产权投融资试点城市
国家知识产权示范城市
国家公共文化服务体系示范区
国家级市场采购贸易方式试点城市
中国历史文化名城
中国品牌之都
全国制造业转型升级综合改革试点城市
全国科技进步先进市
全国制造业信息化工程重点城市
信息惠民国家试点城市
跨境电子商务综合试验区
财政支持深化民营和小微企业金融服务综合改革试点城市
全国规范化家长学校实践基地
◆ 法治政府建设优秀城市
◆ 中国最具幸福感城市（地级市）
◆ 国家装配式建筑范例城市
◆ 新一线城市
◆ 国家文化和旅游消费示范城市

底图：花海　　（姚淑妍　摄）

佛山市行政区划图

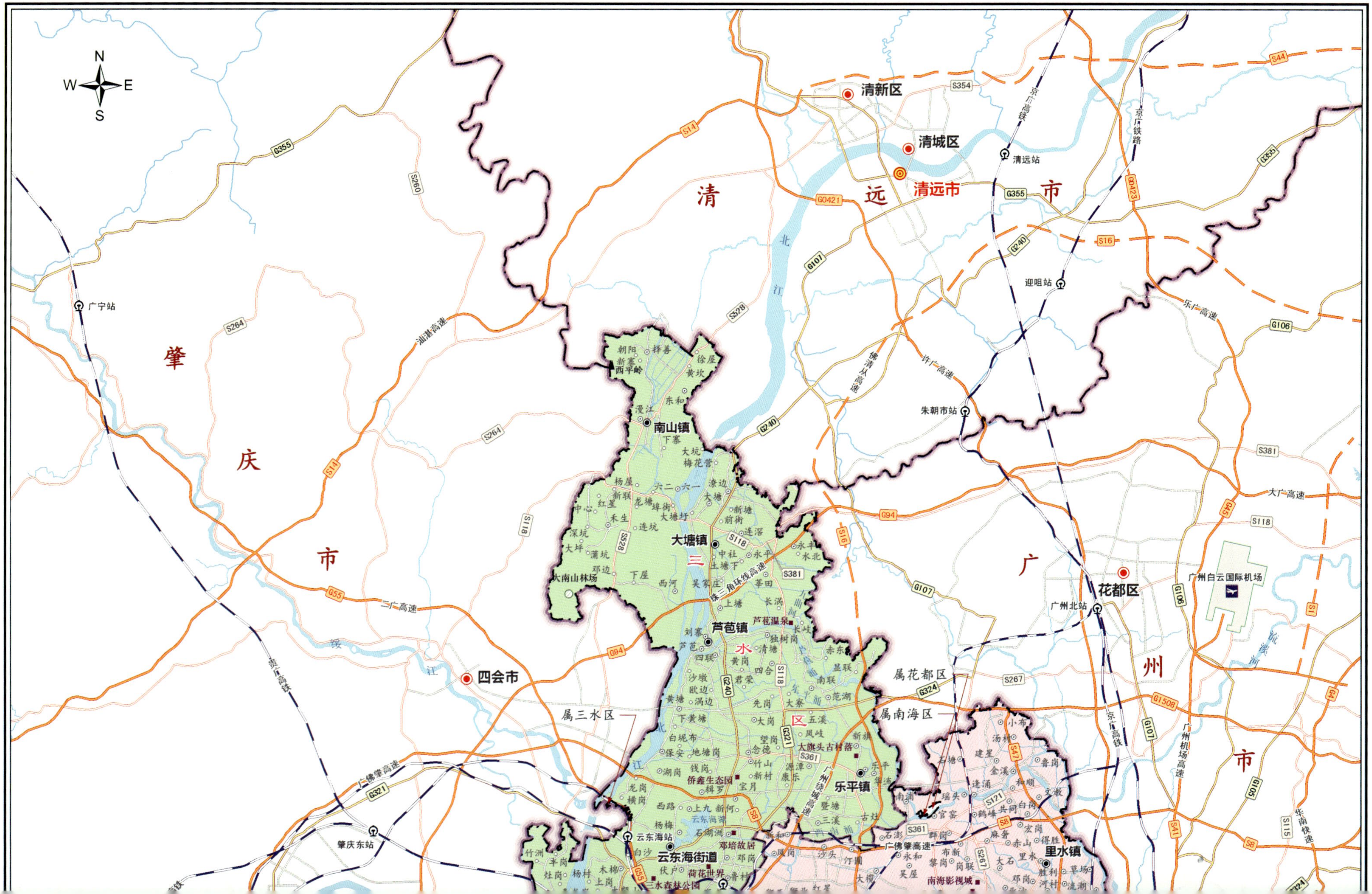
清远市
清新区
清城区
清远站
迎咀站
朱朝市站
清远市
肇庆市
四会市
广宁站
肇庆东站
广州市
花都区
广州北站
广州白云国际机场
三水区
南山镇
大塘镇
芦苞镇
乐平镇
云东海街道
云东海站
里水镇
属三水区
属花都区
属南海区
北江
绥江
流溪河
芦苞温泉
大旗头古村落
侨鑫生态园
邓培故居
荷花世界
南海影视城
三水森林公园
大南山林场
珠三角环线高速
广佛肇高速
二广高速
许广高速
佛清从高速
乐广高速
大广高速
汕湛高速
贵广高铁
京广高铁
京广铁路
广州机场高速
华南快速

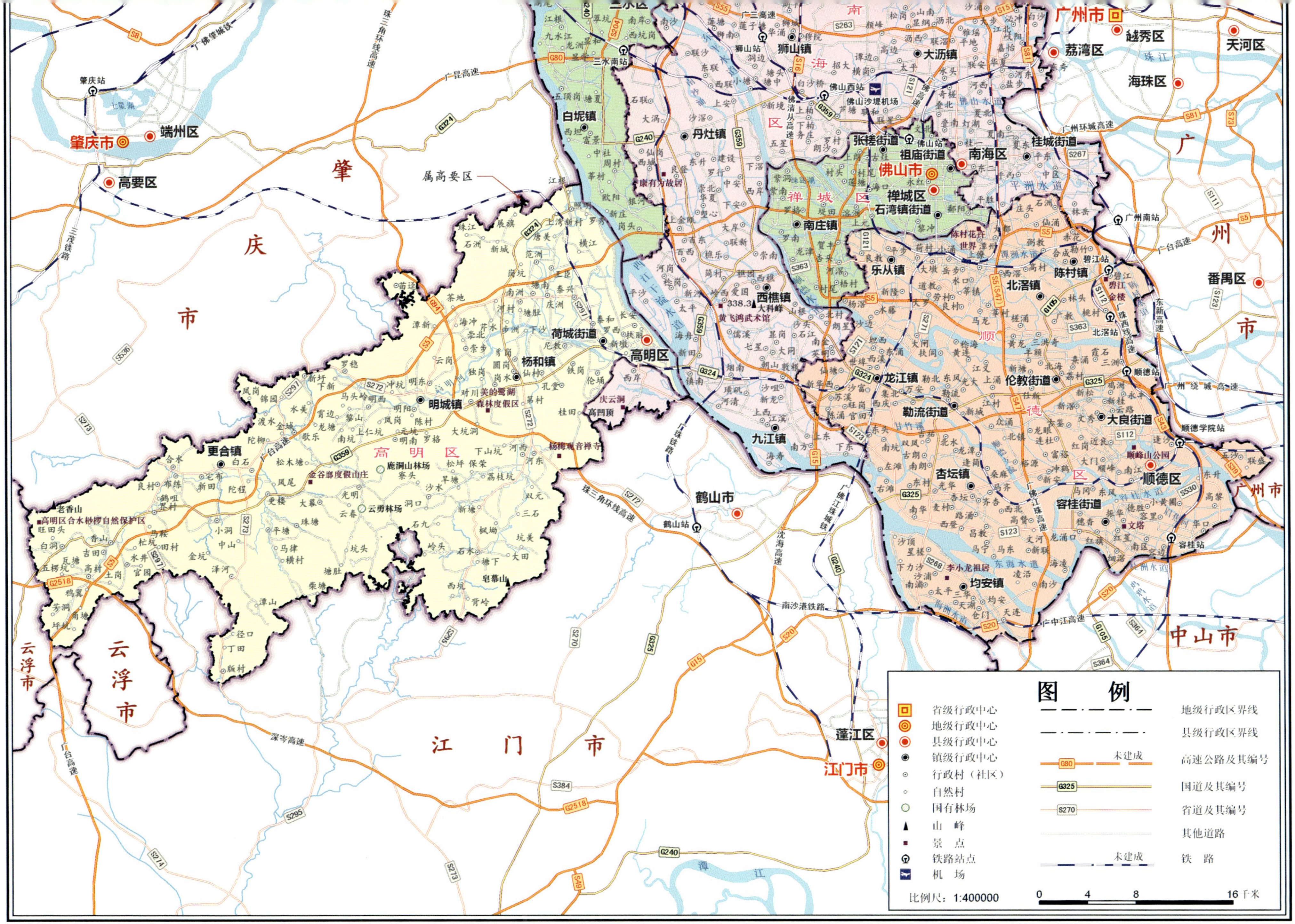

佛山市测绘地理信息研究院 编制

注：本图资料截止时间为2020年12月，行政界线不作为权属争议依据。

审图号：粤ES（2021）010号　2021年6月

佛山数字 FOSHAN SHUZI 2020

土地面积：3797.79 平方千米

年末常住人口：951.88 万人

年末户籍人口：473.77 万人

地区生产总值：10816.47 亿元

第一产业增加值：164.12 亿元

第二产业增加值：6095.30 亿元

规模以上工业增加值：4650.46 亿元

第三产业增加值：4557.05 亿元

人均地区生产总值：114157 元

社会消费品零售总额：3289.09 亿元

地方一般公共预算收入：753.56 亿元

地方一般公共预算支出：1003.04 亿元

金融机构本外币存款余额：19161.40 亿元

金融机构本外币贷款余额：14507.62 亿元

常住居民人均可支配收入：56245 元

常住居民人均生活消费支出：36936 元

城镇常住居民人均可支配收入：57445 元

城镇常住居民人均消费性支出：37664 元

农村常住居民人均可支配收入：33440 元

农村常住居民人均消费性支出：22259 元

底图：东平河晨曦　（陈景旺　摄）

魅力佛山

三龙湾夜游（2020 年）　　　　（佛山三龙湾管委会　供图）

佛山历史悠久，文化底蕴深厚，是国家历史文化名城。明清时期，佛山被誉为“广纱中心”，莨纱绸、牛郎丝等丝织品颇负盛名。佛山是“南国陶都”，自古有“石湾瓦，甲天下”的美誉。佛山是粤剧的发源地，诞生粤剧艺人的代称——“红船子弟”和粤剧最早的戏行组织——琼花会馆。佛山是“武术之乡”“中国武术之城”，是中国南派武术的主要发源地，蔡李佛拳、洪拳、咏春拳等均发扬于佛山。佛山是“狮艺之乡”，是南狮的发源地，是首个“中国龙舟龙狮运动名城”。佛山是粤菜发源地之一，有“食在广东，厨出凤城”之说。

1 2020 年 6 月 21 日，佛山祖庙万福台粤剧折子戏专场演出活动现场 （招力行 摄）
2 佛山市第一届镇（街道）龙舟争霸赛（2019 年） （鲁兆辉 摄）
3 佛山祖庙黄飞鸿纪念馆醒狮表演（2019 年） （招力行 摄）

4
5 6
7 8

4 顺德区杏坛镇马东村永春拳教学情景（2020 年）（市地方志办 供图）
5 2020 年 12 月 27—28 日，第三届粤港澳大湾区“粤菜师傅”技能大赛暨粤菜文化交流活动在顺德区举行。图为佛山大厨展示丰收大盘鱼（佛山日报社 供图）
6 “佛山韵律 秋醉岭南”2019 广东（佛山）非遗周暨佛山秋色巡游活动启动仪式（2019 年）（招力行 摄）
7 石湾陶塑作品《人物瓦脊》（2018 年）（禅城区档案馆 供图）
8 香云纱制作晒莨工序（2020 年）（佛山日报社 供图）

明清时期，佛山即为天下“四大聚”之一，冶铸、纺织、制陶、中成药四大行业繁荣发展。佛山还是近代民族工业的发源地之一。改革开放以来，佛山得风气之先，家电、建材、家具等行业蓬勃发展，“有家就有佛山造”享誉海内外。近年来，佛山装备制造、泛家居产业做大做强，机器人、新能源汽车、生物医药等战略性新兴产业茁壮成长。2020 年，佛山工业增加值位居全国第五，成为全国重要的制造业基地。

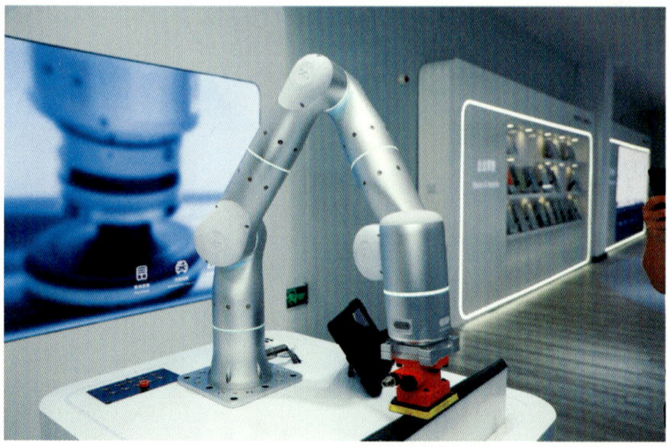

1
2
3

1 格兰仕工业 4.0 车间（2020 年）

2 2020 年 11 月 19 日，在一汽－大众佛山 MEB 智慧工厂，基于 MEB 平台打造的首款纯电动 SUV ID.4 CROZZ 车型下线

3 2020 年 11 月 17 日，非夕华南制造中心百台自适应机器人投产下线仪式举行，标志着全球首批自适应机器人正式迈入规模化量产阶段。图为非夕科技展厅内展示的可以自适应打磨曲面工件的机器人拂晓 Rizon

（此页图片均由佛山日报社提供）

4 5
6

4 作为国家智能制造试点示范项目的维尚家具工厂生产车间（2016 年）

5 美的家用空调自动化生产车间（2020 年）

6 广东文灿压铸股份有限公司自动化生产车间（2020 年）

（此页图片均由佛山日报社提供）

佛山是广府文化发源地之一、中国历史文化名城、中国古代四大名镇之一，拥有一大批岭南特色鲜明、历史文化厚重、民俗活动丰富的古村落。有“天南圣裔”之称的孔家村，有“广东周庄”之称的逢简村，有“南海衣冠推望族，西樵灵秀萃吾门”美誉的松塘村，有以青砖橙瓦闻名的长岐村，有被称为“狮山文化的活化石”的璜溪村等。在佛山“千村示范、万村整治”工程、“一村一品”古村落活化升级、美丽文明村居、“五好”新村居、特色小镇建设和村级工业园改造等项目带动下，进一步催生乡村美丽蝶变。

1
2

1 在有“广东周庄”之称的顺德区逢简村，游客乘坐小艇悠闲观光（2019 年） （周焯杰 摄）
2 佛山桑园围九江镇下西村水乡人家（2020 年） （梁 平 摄）

	3
4	5
6	7

3 南海区松塘村中秋节烧番塔民俗活动（2020 年）（招力行　摄）

4 顺德区伦教街道花田（2020 年）（黄蔚然　摄）

5 高明区明城镇万亩稻田风光（2018 年）（刘世辉　摄）

6 顺德区碧江村碧江金楼（2014 年）（顺德区地方志办　供图）

7 三水区西南街道夏凰村水天一色景象（2020 年）（吴　宇　摄）

佛山『十三五』

灯光璀璨的佛山南海千灯湖片区（2020年）　（谢肖兰　摄）

“十三五”期间，佛山市坚持创新发展，持续推进科技创新，全面深化改革。国家创新型城市建设全面推进，研发经费支出占地区生产总值比重持续提高。规划建设三龙湾高端创新集聚区，调整优化佛山高新区管理体制，加快构建一环创新圈创新平台体系。政务服务“一网一门一次”改革深入推进，获批国家政务服务标准化试点、全国“企业开办全程网上办”改革试点，中央农村土地制度改革试点、全国农村集体产权改革试点等试点工作成效突出。

1 2
3

1 2017 年，佛山市深化推进供给侧结构性改革，打造质量强市，实施“以质取胜、技术标准、品牌带动”三大战略。图为维尚智能化工厂内，员工正在进行电脑精准操作　（王伟楠　摄）

2 2017 年 1 月，美的集团完成对德国库卡集团收购。图为库卡机器人在生产线工作　（市工业和信息化局　供图）

3 2017 年 10 月 16 日，中铁华隧联合重型装备有限公司揭牌暨世界首台 ϕ9130 带冷冻刀盘和复合式注浆系统的双模式盾构机下线仪式在佛山市举行　（顺德区　供图）

4
5
6
7

4 2017年2月20日，佛山市举行全程电子化商事登记启动暨首张金融功能电子营业执照颁发仪式

（市市场监管局　供图）

5 2018年10月28日，佛山市“一门式一网式”政府服务模式项目改革获第五届中国法治政府奖。图为2017年佛山“一门式一网式”政务服务大厅

（市行政服务中心　供图）

6 2020年10月19—22日，由东风汽车公司与佛山仙湖实验室、武汉理工大学联合开发的无人驾驶Sharing-Van燃料电池车型，在2020联合国开发计划署氢能产业大会创新产品户外展示区展示　（佛山日报社　供图）

7 2020年底，作为广东省首批4家省实验室之一的季华实验室一期投入使用

（佛山年鉴社　供图）

“十三五”期间，佛山市统筹推进政治建设、依法治市、社会治理等工作，持续深化改革，城乡一体化和区域协调发展持续推进，完成城市治理三年行动计划，实施城市更新三年行动，全面实施乡村振兴战略。“强市、活区、实镇”改革成效明显，禅城区获评全国社区治理和服务创新实验区，南海区建设广东省城乡融合发展改革创新实验区高位起步，顺德区建设广东省高质量发展体制机制改革创新实验区经验获国家和省通报表扬，高明区以“亩均效益”为核心的企业高质量发展综合评价体系初步构建，三水区建设广东省乡村振兴综合改革试点成效显著。

1 2
3 4

1 2019年11月29日，佛山市首届法治文化节启动仪式暨南海区第三届法治文化节嘉年华晚会在千灯湖活水公园举行，法治文化节活动持续至12月底。图为晚会文艺表演现场
（佛山日报社　供图）

2 “十三五”期间，佛山市持续推进基层党建工作，树立起顺德区黄龙村等一批基层党建先进标杆。图为2020年6月16日，黄龙村党委“大巴党校”农民教育专题培训参训党员合影
（佛山日报社　供图）

3 2017年10月3日，2017年广东（佛山）非遗周暨佛山秋色民俗文化活动重点活动——秋色巡游举行
（市文广旅体局　供图）

4 2020年6月9日，佛山市市、区两级行政争议审前和解中心成立并运作
（市司法局　供图）

5 6
7

5 2017 年，三水区康喜莱蔬菜专业合作社拥有 1.47 公顷实验基地、大棚种植基地、潮汐育苗基地等。图为温室育苗场 （三水区　供图）

6 2015—2016 年，佛山市推出城市升级两年延伸计划，在城市升级蝶变过程中，涌现出一批类似禅城区南庄镇紫南村等生态村，紫南村还于 2016 年 4 月获“中国十佳小康村”称号。图为 2016 年紫南村一角 （禅城区　供图）

7 2019 年 3 月 15 日，佛山地铁 3 号线首个区间双线贯通 （市铁投集团　供图）

“十三五”期间，佛山市污染防治攻坚战取得积极成效，13个国控、省控考核断面水质全部达到或优于IV类标准，8条建成区黑臭水体消除黑臭，空气质量优良天数比例从84.8%提高到91%，单位生产总值能耗、主要污染物排放量完成省下达的下降幅度目标任务。创建成为国家森林城市，顺德区、高明区获评国家生态文明建设示范区，云勇森林公园获批设立为广东云勇国家森林公园。

1 2017年，云勇林场获评“中国最美林场”，佛山掀起学“云勇精神”，建设生态文明热潮。云勇森林公园还于2020年获批准设立为“广东云勇国家森林公园”。图为2017年云勇森林公园一角 （高明区　供图）

2 2017年起，佛山市全面开展河心岛生态修复工作，并全国首创河心岛岛长制，截至2020年底，全部48个河心岛基本建成“粤港澳大湾区水鸟生态廊道的重要踏脚石”。图为2019年修复后的鲤鱼沙 （市档案馆　供图）

3 “十三五”期间，佛山市加强黑臭水体治理，通过实施截污、清淤、建设人工湿地系统、景观改造、引水等水环境污染治理工程，8条建成区黑臭水体消除黑臭。图为治理后的禅城区深村（田心）涌（2020年） （佛山日报社　供图）

4
5
6
7

4 历经5年努力，2017年10月，佛山获“国家森林城市”称号。图为郁郁葱葱的三水森林公园 （陈浩森 摄）

5 “十三五”期间，佛山市加快推进制造业转型升级，实施绿色制造工程，至2020年底，有30家企业入选国家级绿色工厂名单。图为蒙娜丽莎集团绿色工厂示范车间（2017年）

（佛山日报社 供图）

6 2017年12月18日，佛山市新能源汽车专用号牌正式启用

（市公安局 供图）

7 “十三五”期间，佛山市大力推广装配式建筑，出台一系列鼓励开发商采用装配式建筑和鼓励市民购买装配式建筑的措施，并于2020年10月入选全国第二批装配式建筑范例城市。图为2018年佛山使用装配式建筑工艺的住宅工地 （佛山日报社 供图）

"十三五"期间，佛山市坚持开放发展，"双区"建设（深入推进粤港澳大湾区建设和支持深圳建设中国特色社会主义先行示范区）有力推进，与广州共建大湾区广佛极点，继续推进"深圳创新 + 佛山产业"合作发展，构建"香港 + 佛山""澳门 + 佛山"合作机制，粤港澳合作高端服务示范区纳入大湾区特色合作平台。务实推进泛珠区域合作，携手共建粤桂黔滇高铁经济带。全方位扩大对外开放，获批国家级跨境电商综合试验区和市场采购贸易方式试点。积极参与"一带一路"建设，发起成立中德工业城市联盟。

1 2
3

1 2018 年 12 月 10 日，佛山泛家居品牌产品（南非）展示体验馆在南非约翰内斯堡开馆。图为当地客商在展示体验馆内观展

2 2019 年 3 月 25 日，海关总署开始在广州海关等 12 个直属海关实施原产地证书自助打印改革试点。图为次日，佛山群志光电公司报关员黄女士（左）在佛山海关驻南海办事处拿到佛山首份企业自助打印原产地证书

3 2018 年 12 月 20 日，佛山亚洲国际市场采购贸易方式试点工作启动。图为获批开展试点工作的亚洲国际家具材料交易中心

（此页图片均由佛山日报社提供）

4 2019 年 11 月 7—9 日，第二十三届全国发明展览会·一带一路暨金砖国家技能发展与技术创新大赛在佛山市广东（潭洲）国际会展中心举行。图为开幕式　（市社科联　供图）

5 2016 年 10 月 15 日，在第 120 届广交会上，禅城区获佛山陶瓷全球采购基地认证。图为授牌仪式　（禅城区　供图）

6 2019 年，佛山市承办 2019 国际篮联篮球世界杯（佛山赛区）赛事，8 支球队共在佛山赛区进行 10 场比赛。图为小组赛第一阶段安哥拉对阵塞尔维亚的比赛现场　（市档案馆　供图）

7 2019 年 5 月 30 日，香港市民郑先生通过南海区设在香港的自助服务终端，成功办出首张内地营业执照　（戴嘉信　摄）

8 “十三五”期间，佛山市新增缔结 4 对友好国家城市，友好国家城市结对达 16 对。图为 2019 年 11 月 3 日，佛山市 2019“友城之夜”文艺晚会　（市文广旅体局　供图）

“十三五”期间，佛山市社会民生事业全面发展，2020 年常住居民人均可支配收入达 5.62 万元，城镇登记失业率保持在 3% 以下，社区养老服务设施实现全覆盖，教育全学段全链条协调发展，再次国家卫生城市复审，获评国家公共文化服务体系示范区，成为全国市域社会治理现代化试点城市。高质量完成脱贫攻坚任务，帮助 27 个贫困县 2697 个贫困村的 106.7 万贫困人口实现现行标准下全部脱贫。新冠肺炎疫情防控取得重大战略成果，用 3 个多月时间实现本地确诊病例清零，实现患者零死亡、医护人员零感染战绩。

1
2 3

1 2016 年，佛山市“50 公里徒步”活动现场　（佛山日报社　供图）

2 2017 年 1 月 5 日，2000 名长者在罗村孝德湖共享“千叟盛宴”　（王伟楠　摄）

3 2017 年 7 月 28 日，佛山市专业化住房租赁平台首批房源选房仪式举行　（佛山日报社　供图）

4 5
6
7 8

4 2017年7月1日，佛山市公立医院同步取消药品和医用耗材加成，实施新的基本医疗服务项目和价格。图为市发展改革局医疗服务价格改革巡查督导组在市第一人民医院进行巡查督导（市发展改革局　供图）

5 2017年9月29日，丽日豪庭幼儿园师生及家长代表参观体验佛山市口腔健康体验馆（市地方志办　供图）

6 “十三五”时期，佛山持续推进援疆援藏、东西部扶贫协作、省内对口帮扶等工作，坚决打赢脱贫攻坚战。图为2018年7月，佛山市顺德厨师学院雷州、徐闻、云浮精准扶贫班开班（市农业农村局　供图）

7 2019年6月10日，佛山市社会保险基金管理局举行全市电子社保卡签发暨应用推广活动（市社会保险基金管理局　供图）

8 2019年11月25日，佛山和广州两市有关部门签订《广佛药品跨区域联合集团采购战略合作框架协议》，推进降药价工作，解决市民看病贵问题（市医保局　供图）

保障改善民生　全面建成小康

幸福花海（2020 年）（招力行　摄）

在全面建设小康过程中，佛山市持续推进学前教育、儿童健康、儿童福利等事业发展。继 2013 年完成第一个学前教育发展三年行动计划（2011—2013 年）后，2014—2016 年再实施第二个学前教育发展三年行动计划。2016 年，佛山市各类幼儿园增至 877 所，全年新增幼儿园学位 1.3 万个，同年被确定为国家学前教育改革发展实验区。“十三五”期间，完成学前教育“5080”（公办幼儿园在园幼儿占比 50% 以上，普惠性幼儿园在园幼儿占比 80% 以上）计划，新（改、扩）建幼儿园 163 所，新增学位 6.3 万个，并建立促进 3 岁以下婴幼儿照护服务工作联席会议制度。截至 2020 年底，全市有独立儿童福利机构 1 个、综合型福利机构儿童院 4 个。

1 2020 年 11 月 3 日，三水区云东海中心幼儿园开园。图为该幼儿园小二班内，老师正在给小朋友们上课
2 2019 年，佛山市华材职校学前教育专业学生到蓓蕾幼儿园跟岗实习
3 2019 年 5 月 13 日，禅城奇乐全日制婴儿学校内，带班老师在协助孩子们吃午餐

（此页图片均由佛山日报社提供）

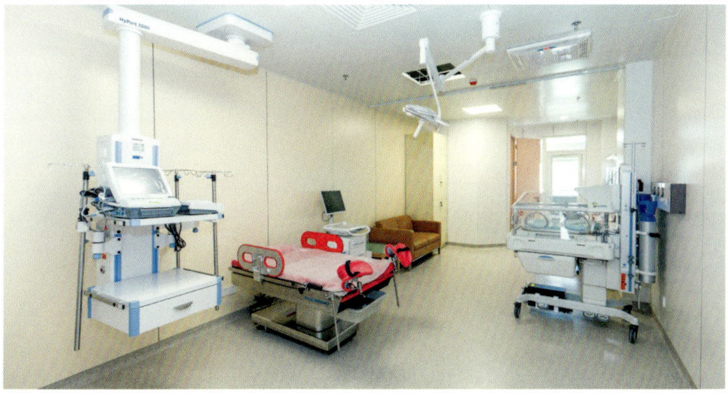

4 2020 年 12 月 23 日，佛山市妇幼保健院新城院区全面启用，产房明亮宽敞，配有设备先进的保温箱

5 2020 年，南海区西樵镇中心幼儿园新田分园将刺绣文化融入幼儿教育课程体系

6 2019 年 5 月 21 日，佛山市首个儿童安全科普基地启用

7 拥有大循环系统的禅城区蓓蕾幼儿园欢乐城（2017 年）

（此页图片均由佛山日报社提供）

佛山市小学教育、初中教育普及任务分别于 1983 年和 1988 年完成，至 2000 年基本普及高中阶段教育，并于 2005 年获“广东省教育强市”称号。党的十八大召开后，佛山持续加大教育投入，完善现代国民教育体系和终身教育体系，促进义务教育均衡发展，促进教育公平，同时推动“学有所教”向“学有优教”、“有学上”到“上好学”不断发展，不断提升群众的教育获得感。“十二五”时期，成为国家特殊教育改革实验区、全省首个所有区（县）通过国家“义务教育发展基本均衡区”认定的城市。至 2020 年，佛山各级各类学校增至 1741 所，公益普惠性学前教育覆盖率 80.33%，残疾儿童少年义务教育入学安置率 100%，新市民子女入读义务教育学校公办学校占比近七成。

1 2
3 4

1 至 2019 年，佛山市红十字会博爱医院学校在全市 10 家医院建立 8 个校区，21 位老师为住院患儿免费提供文化课程。图为 2019 年 5 月 30 日，医院学校老师和医护人员为市一医院住院患儿送上儿童节礼物

2 2019 年 8 月 7 日，禅城区怡景社区举办“党建引领，共享佛山传统文化青少年剪纸活动营”，现场志愿者指导小朋友剪纸

3 2017 年 10 月 20 日，禅城区特殊教育支援服务中心主办“童伴同行——建设小学与启智学校融合活动”。图为启智学校、建设小学的学生共同完成游戏任务

4 2017 年 10 月 25 日，高明区杨梅小学运动场上，同学们利用下课时间进行篮球比赛

（此页图片均由佛山日报社提供）

5
6 7

5 2017 年成立的南海区同声小学为片区内佛山新市民子女提供优质学位。图为 2018 年 5 月 29 日，同声小学学生在田径场上体育课　（佛山日报社　供图）

6 2019 年 9 月，佛山市老年大学教室内，老师为学员讲授照片后期处理课程　（市老年大学　供图）

7 2017 年 9 月 21 日，南海区盐步社区家长学校培训课堂上，几位妈妈在学习插花　（佛山日报社　供图）

改革开放以来特别是党的十八大召开以来，佛山市就业环境持续改善，2011—2020 年十年累计新增就业 87.5 万人，“十三五”期间城镇登记失业率保持在 3% 以下。城乡居民收入不断提高，2015 年城镇、农村常住居民人均可支配收入分别达 3.98 万元和 2.21 万元，2020 年常住居民人均可支配收入达 5.62 万元。劳动者合法权益持续得到保障，至 2015 年建成和谐劳动关系示范点 47 个，2016 年建立诚信“红黑榜”制度（严重拖欠工程款、农民工工资造成恶劣影响的企业，将被列入黑名单），2019 年建立建设领域工人工资支付专用账户管理制度，2020 年成立市劳动争议案件联合调解中心。

1 2
3

1 2014 年 12 月 18 日，佛山市旅游行业工资集体协议签订仪式 （市旅游协会　供图）

2 2017 年 4 月 27 日，佛山市劳动争议诉讼调解工作室内，工作人员向市民讲解劳动争议诉讼调解工作内容 （佛山日报社　供图）

3 高明区 2014 年春季专场招聘会 （高明区　供图）

4 5
6 7
8

4 2019 年 7 月 30 日，南海区建筑业企业税务规划暨工人工资专户开立宣讲会　　（南海区建筑业协会　供图）

5 2016 年 5 月 6 日，佛山市职工职业技能比赛智能信息机器人码垛应用大赛决赛　　（佛山日报社　供图）

6 2019 年 12 月 20 日，佛山市“最美产业工人”命名大会举行，20 名来自佛山不同行业的职工被评为“最美产业工人”　　（市总工会　供图）

7 2020 年 8 月 3 日，佛山首个区级快递行业工会联合会——高明区快递行业工会联合会成立，促进补齐快递从业人员劳动权益维护“短板”。图为快递员骑摩托车派件　　（佛山日报社　供图）

8 2019 年 9 月 23 日，南海区九江镇庆祝中国农民丰收节活动，现场农家小艇满载农产品，寓意丰收　　（佛山日报社　供图）

早在“十一五”期间，佛山基本形成覆盖城乡的公共卫生网络，建立住院、门诊全方位医疗保障体系，在全省率先进入全民医保时代。党的十八大召开后，佛山继续加大力度推动医疗卫生事业提升发展，建立健全城乡居民基本医疗卫生、大病保险和疾病应急救助制度，构建“基层首诊、分级诊疗、双向转诊”的基层社区医疗服务体系，至2015年，社区卫生服务中心实现镇（街道）全覆盖。“十三五”时期，佛山医疗卫生机构增加55%，其中三级医院从13家增加到22家，在全省率先同步取消公立医院药品和医用耗材加成，成为医联体建设、疾病诊断相关分组（DRG）付费改革国家试点城市。2020年，佛山基本医疗保险参保人数（年末数）596.45万人，全市享受基本医疗保险待遇3831.95万人次，享受门诊慢性病种、门诊特定病种救助42630人次。

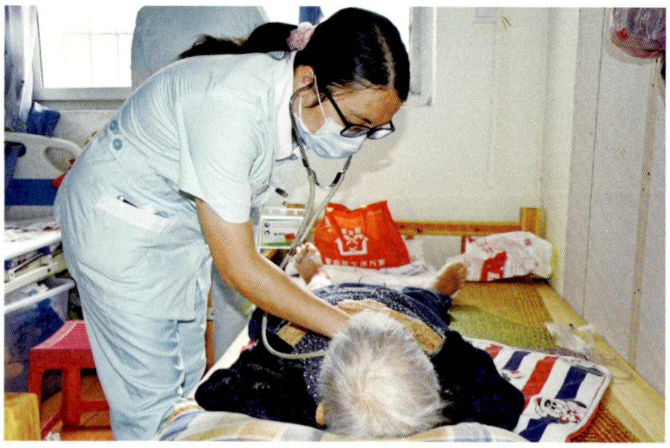

1 2
3

1 2014年，佛山各区开始试点推行家庭医生式服务，截至2020年底，全市重点人群家庭医生签约覆盖率77%。图为2019年，高明区慢性病防治站家庭医生上门为病人检查身体

2 2017年7月1日，《佛山市公立医院取消药品和医用耗材加成调整基本医疗服务价格实施方案》开始实施，全市所有公立医疗机构以实际进价销售药品。图为市民在三水区人民医院医保业务窗口咨询医保报销事宜

3 2018年4月16日，三水区全民健康管理项目启动，户籍人口均可享受免费健康体检、中医体质辨识等健康服务。图为接受体检的市民在三水区人民医院健康管理中心排队取号

（此页图片均由佛山日报社提供）

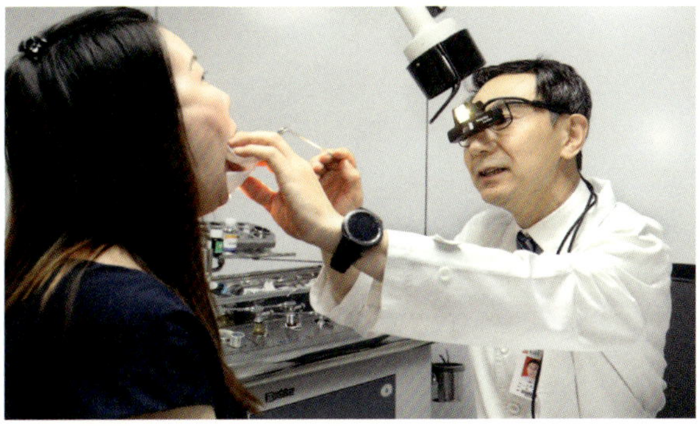

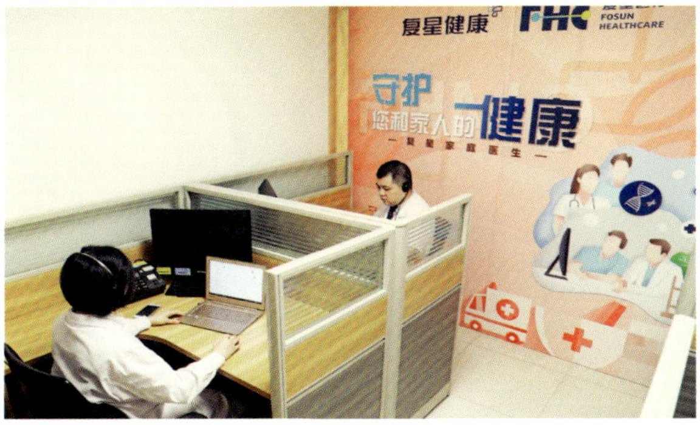

4
5
6
7

4 至 2018 年底，佛山所有公立医疗机构实现联网组团运营，推动优质医疗资源快速下沉基层。图为市一医院医生在苏李秀英医院为患者义诊

5 2020 年 2 月 26 日，佛山市中医院在全省率先实现全剂型快递配送服务，复诊患者在家中便能寻医问药并获得药品快递到家服务。图为该医院“智慧药房”工作人员在配发药品

6 2020 年 5 月 15 日，佛山复星禅城医院与有关机构和企业签订《企业健康管理·大健康产业战略合作协议》，20 万余名企业员工受益。图为该医院“云医务室”工作人员在线回复企业员工健康咨询

7 2020 年 4 月 1 日，《佛山市医疗救助办法》开始实施，发挥医疗保障兜底作用，防止群众因病返贫、致贫。图为高明区医保局工作人员走访患者家庭，宣讲医保政策

（此页图片均由佛山日报社提供）

改革开放以来特别是党的十八大召开以来，佛山市持续完善社会保障体系，不断提高养老保障水平，并推动老龄工作体系不断完善、老年维权机制不断健全、老龄产业不断发展，同时促进老年文化、教育和体育发展。至 2020 年，在市民政部门登记、备案的养老机构共 82 个，其中公办养老机构 42 个、公办民营机构 3 个、民办机构 37 个，有养老床位 17890 张（未含其他涉老机构的床位），有居家养老服务供应商 24 家，老年人群家庭医生服务协议签约覆盖率在 70% 以上，社区养老服务设施覆盖率 100%，城乡居民养老保险基础养老金提高到每人每月 300 元，企业职工养老保险人均养老金提高到每人每月 3449 元，老年人持优待证在全市医疗机构就医时可享受优先就诊，免收挂号费，普通门诊、急诊诊金半价优惠等优待服务。

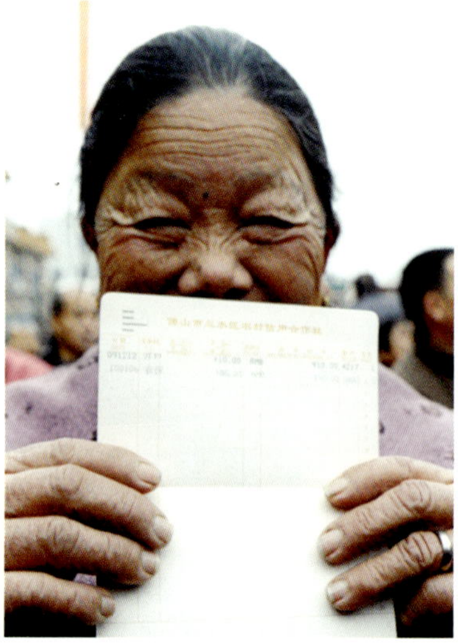

1	2
3	4

1 高明区荷城街道敬老院干净整洁，为老人提供舒适的居住环境（2019 年）

2 2010—2011 年，佛山市建立起覆盖全体城乡居民的“新农保”，率先打破城乡二元结构，跨入“全民社保”时代。图为 2010 年 1 月 10 日，市民在“新农保”首笔养老金入账后展示养老金存折

3 2017 年，南海区在全省率先启动智慧养老综合服务管理平台，并以此为依托统筹整合机构养老、社区养老和居家养老，构建起“一网三层”普惠型养老服务体系。图为该智慧养老综合服务平台实时监控系统

4 2019 年，南海区罗湖社区幸福院，定期举办义诊、健康讲座等活动，丰富长者的晚年生活。图为工作人员在协助长者进行热疗

（此页图片均由佛山日报社提供）

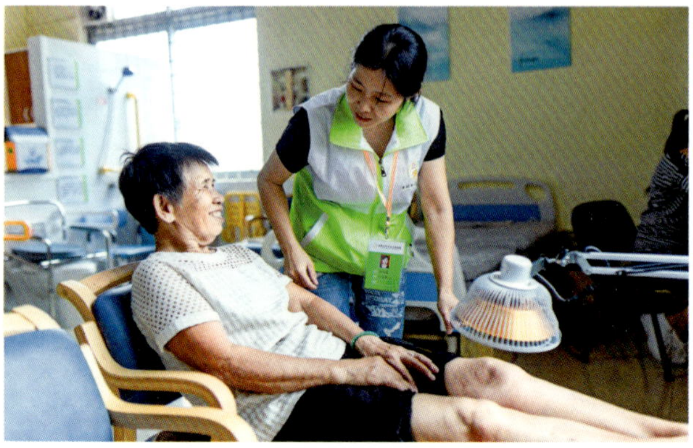

5
6
7
8

5 2008 年 6 月，顺德区新桂社区的罗少卿创立大良居家养老服务中心，以政府购买服务模式为长者提供免费居家养老服务，并引入全市首批平安钟系统，还于 2013 年创办顺德首家非营利性公益养老机构大良爱心长者日托中心。图为罗少卿（站立者）在日托中心与玩扑克牌的长者聊天（2016 年）

（佛山日报社　供图）

6 2018 年 5 月 6 日，2018 年红十字博爱周暨“佛山市红十字养老服务项目”启动仪式　（市红十字会　供图）

7 2018 年，《佛山市养老设施布局规划（2016—2025 年）》开始实施，建设城市 10 分钟、农村 20 分钟养老服务圈。图为当年 6 月 21 日，顺德区三洪奇社区长者在社区的长者饭堂吃饭

（佛山日报社　供图）

8 2017 年 12 月 31 日，顺德“善耆杯”第二届长者才艺大赛启动仪式　（顺德区　供图）

改革开放以来特别是党的十八大召开以来，佛山市加快完善住房保障体系，持续推进保障性住房建设，切实解决中低收入家庭的住房困难。“十二五”期间建成保障性住房 3.26 万套，“十三五”期间解决 5.83 万户家庭住房困难问题。2017 年和 2018 年分别入选全国首批住房租赁试点、全国集体建设用地建设租赁住房试点，2020 年入选全省首批共有产权住房政策探索试点。

1 2017 年年初，随着南山侨苑交楼，三水区南山镇迳口华侨农场危房改造全面完成
（佛山日报社　供图）

2 2018 年，佛山市出台《佛山市人才发展体制机制改革实施意见》，并出台《佛山市新引进中初级人才租房补贴工作实施细则》等配套文件。图为禅城区绿岛湖青年荟人才公寓外景（2018 年）
（佛山日报社　供图）

3 佛山市首个租赁住房示范小区——顺德区乐从镇葛岸村建鑫家园一期工程建筑工地（2020 年）
（乐从镇　供图）

4 5
6

4 2017 年 8 月 17 日，高明区举行第三轮公租房配租仪式，承租人在抽签选房

5 至 2019 年，佛山长租公寓门店发展至 17 个。图为南海区桂城街道的万科泊寓长租公寓房（2019 年）

6 2018 年 8 月 28 日，“情暖母亲　爱润孩子”高明区公租房配租仪式举行，13 户单亲家庭抽到自己的“安乐窝”

（此页图片均由佛山日报社提供）

在全面建成小康过程中，佛山市在推进经济持续健康发展的同时，始终关心关爱保护弱势群体，筑牢民生底线，及时妥善解决弱势群体日常生活需求和后顾之忧。“十二五”期间，佛山在全省率先实现城乡统一低保补差水平。2012—2020年，佛山连续9年持续提高低保标准，累计增幅达151%，低保标准统一提高到每人每月1080元。2020年，全市特困人员平均供养标准升至每人每月2193元，全市义务教育学校在校生新市民子女占49.5%（其中近七成新市民子女入读公办学校），残疾人义务教育入学安置率100%。为推动对弱势群体的关心关爱保护，佛山还注重汇聚全社会力量，打造“温爱佛山　乐善之城”。至2020年，全市慈善组织达66个。

1 2
3

1 2011年12月20日，佛山市三级外来工维权服务中心成立暨向特殊行业外来工赠送互助保障卡活动启动仪式　（市总工会　供图）

2 2018年4月，佛山市救助管理站成立“萤火虫”寻亲工作组　（市救助管理站　供图）

3 2019年6月28日，2019年广东（佛山）扶贫济困日活动启动仪式举行。图为爱心单位认捐现场　（佛山日报社　供图）

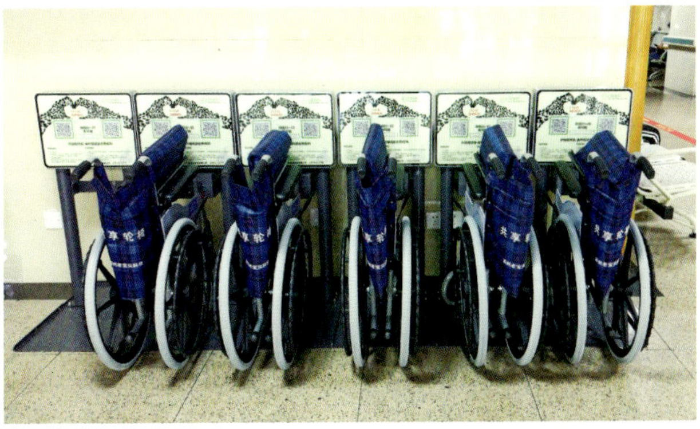

4 2018 年 5 月 14 日，广东省首批“共享轮椅”在佛山市妇幼保健院启用，为残疾人、孕妇、急重症患者等免费提供轮椅租借服务。图为市妇幼保健院“共享轮椅”

5 2018 年 8 月 19 日，顺德区陈村镇志愿者们为帮扶对象更换遮雨棚，改善居住环境

6 2019 年 1 月 22 日，顺德区慈善会举办 2019 年“情暖春节”慈善关怀活动，为 4085 户困难家庭送上节日关怀。图为满载新春爱心礼包的货车发车

7 2020 年 7 月 21 日，高明区更合镇康园中心内，志愿者冯晓路（站立者）在辅导智力残障人士画画

8 2020 年 10 月 22 日，“城市因你而美 · 新华伴你而行——新华保险关爱全国环卫工人大型公益行动”佛山站捐赠仪式，4627 名环卫工人获赠意外险

（此页图片均由佛山日报社提供）

抗击新冠肺炎疫情

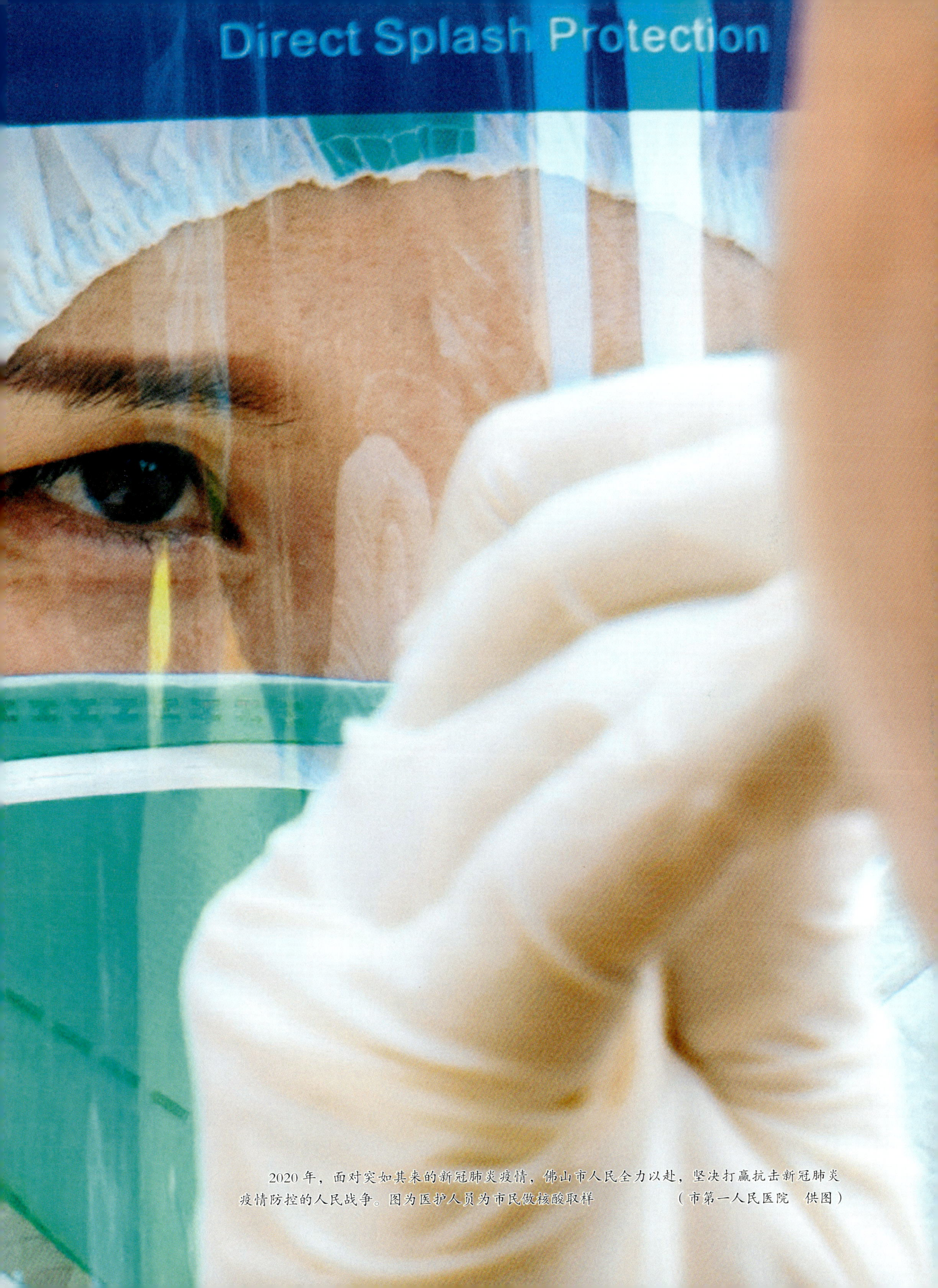

2020 年，面对突如其来的新冠肺炎疫情，佛山市人民全力以赴，坚决打赢抗击新冠肺炎疫情防控的人民战争。图为医护人员为市民做核酸取样　　（市第一人民医院　供图）

2020 年，在抗击新冠肺炎疫情过程中，佛山市委、市政府坚决贯彻落实习近平总书记的重要讲话和指示批示精神，第一时间落实省一级响应要求，慎终如始抓好疫情防控，团结带动全市人民共同构筑起抗击疫情的坚固防线，全力守护人民生命安全和身体健康。3 周内初步遏制住新冠肺炎疫情蔓延势头，1 个月内将每日新增病例控制在个位数以内，用 3 个多月实现本地确诊病例清零，确诊病例 100% 治愈，实现患者“零死亡”、医护人员“零感染”。

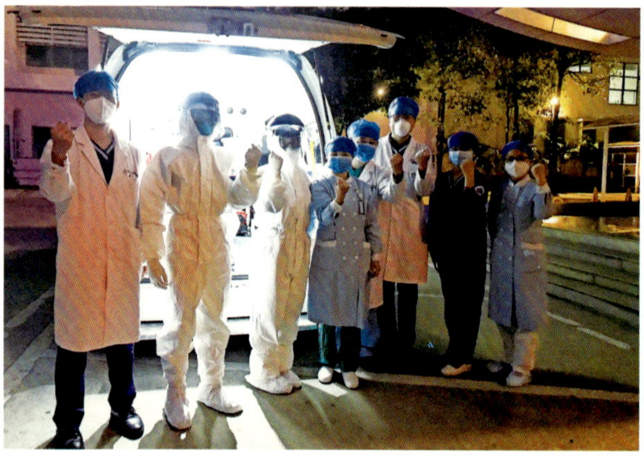

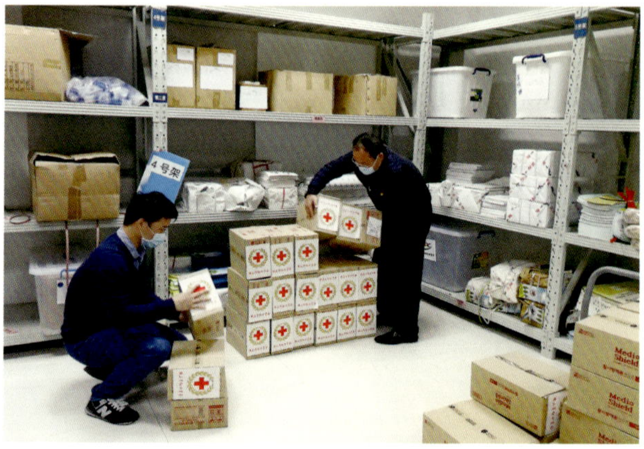

1
2 3

1 2020 年 2 月 5 日，佛山市人民政府举行新型冠状病毒感染的肺炎疫情工作新闻发布会 （市疾控中心 供图）

2 2020 年 1 月，佛山市第一人民医院被确定为佛山首批新型冠状病毒感染救治医院之一。图为市一医院急诊科医护人员深夜出发转运新冠肺炎患者情景 （市第一人民医院 供图）

3 2020 年 2 月 7 日，佛山市疾病预防控制中心工作人员在清点市新冠肺炎防控指挥部调拨的防护面罩等应急物资 （肖 兵 摄）

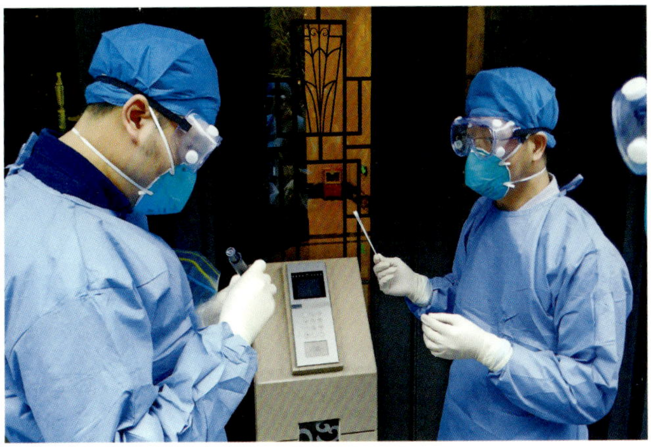

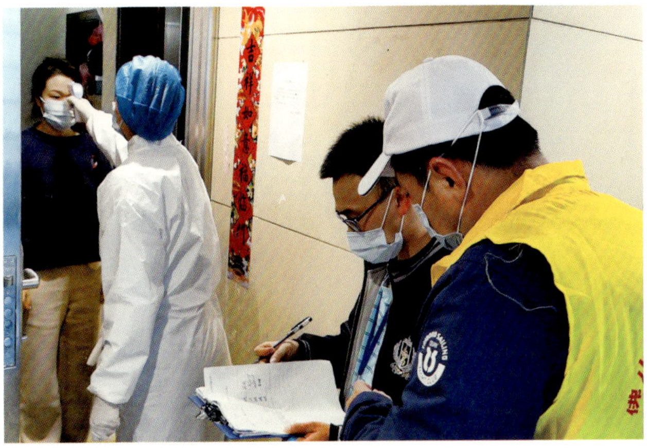

4 5
6

4 2020 年 2 月 5 日，佛山市疾病预防控制中心派出专业技术人员到某疑似病例居住的市内某小区进行公共环境应急监测（市疾控中心　供图）

5 2020 年 2 月 14 日，佛山市社区医生与志愿者上门为居家留观人员测量体温并做记录（市委编办　供图）

6 2020 年 2 月 12 日，佛山市在市第三人民医院开通新冠肺炎疫情防控期间 24 小时心理援助热线。图为接线员在接听电话（蔡健文　摄）

1 2
3
4
5

1 2020 年 4 月 27 日，佛山市边防民警着全套防护服登船对船舶进行查验 （佛山出入境边防检查站 供图）

2 2020 年 5 月 31 日，佛山市疾病预防控制中心检验人员开展新冠病毒基因测序工作 （市疾控中心 供图）

3 2020 年，佛山市学校因疫情防控需要延迟春季学期开学，其间，学校以线上形式指导学生学习，确保做到停课不停学、停课不停教。图为 2 月 20 日，佛山某学校教师在线上批改学生作业 （市教育局 供图）

4 2020 年 3 月 14 日，一汽－大众佛山市有限公司通过中国扶贫基金会捐赠 500 万元用于新冠肺炎疫情防控工作 （市第四人民医院 供图）

5 2020 年 12 月，佛山市第一人民医院为做好新冠肺炎疫情防控常态化背景下的发热患者接诊工作，加快规范化发热门诊建设，提出“奋战一个月，确保发热门诊规范化建设工程顺利竣工”口号 （市第一人民医院 供图）

6
7

6 2020 年，佛山市公安、卫生健康、交通等部门共设立 106 个联合检疫站，加强市域外围封控，降低疫情输入风险。图为 2020 年 2 月 18 日，交警及医护人员在高速公路出口执勤（市公安局　供图）

7 组图：2020 年，佛山市组织市、区两级机关和企事业单位 5.98 万名党员下沉基层支援疫情防控工作，践行党员的使命和担当（市委组织部　供图）

佛山市先后派出 5 批援鄂医疗队共 352 人，其中 341 人赴武汉市援助、11 人赴荆州市援助，是全国派出援鄂医疗队员最多的地级市，占广东省驰援湖北医疗队员的 14%。同时，做好医疗物资援鄂工作，并组织佛山企业捐款捐物，助力武汉火神山医院、武汉雷神山医院建设等。

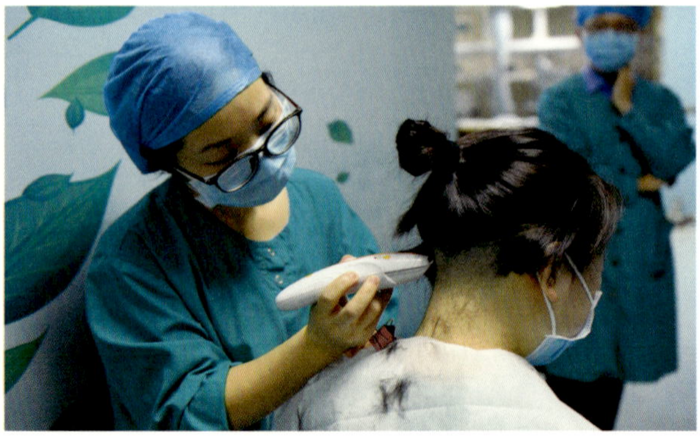

1
2
3
4 5

1 2020 年 2 月 13 日，广东援助湖北应对新冠肺炎疫情第十四批医疗队（佛山市第四批驰援湖北医疗队）赴湖北武汉前在广州白云机场合影　（市卫生健康局　供图）

2 2020 年 2 月 7 日，佛山市第一批驰援湖北医疗队出发赴武汉前在广州白云机场合影　（市卫生健康局　供图）

3 2020 年 2 月 9 日，佛山市第二批驰援湖北医疗队出发赴武汉前在广州白云机场合影　（市卫生健康局　供图）

4 2020 年 2 月 11 日，佛山市第三批驰援湖北医疗队出发赴荆州前在广州白云机场合影　（市卫生健康局　供图）

5 2020 年 2 月 13 日，佛山市支援武汉医疗队女队员纷纷剪掉头发，减少感染机会　（市妇幼保健院　供图）

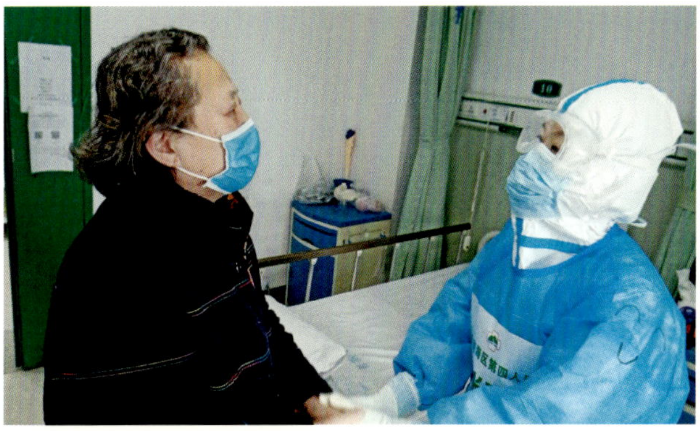

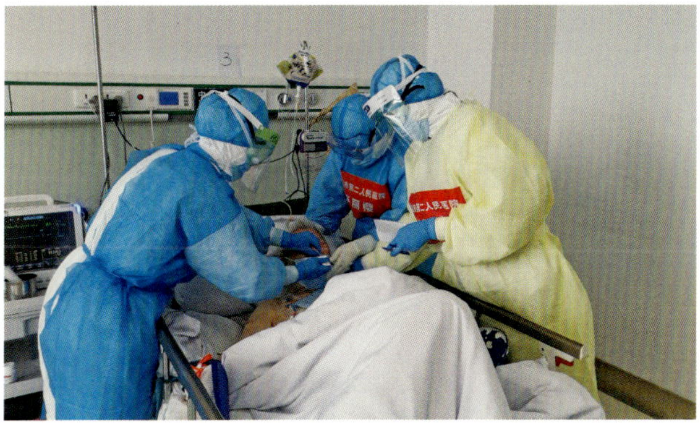

6 7
8 9
10

6 2020 年 3 月 9 日，佛山市第一人民医院专家远程会诊武汉市新冠肺炎患者 （市档案馆　供图）

7 2020 年 3 月 10 日，在武汉市第一医院，新冠肺炎康复患者紧握佛山市支援武汉医疗队员张丽云（穿防护服者）的手深情致谢 （南海区第四人民医院　供图）

8 2020 年 3 月 11 日，佛山市第二人民医院护士在武汉市第一医院为病人进行吸氧护理 （市第二人民医院　供图）

9 2020 年 9 月 8 日，在全国抗击新冠肺炎疫情表彰大会上，佛山市第一人民医院的栾晓军获“全国抗击新冠肺炎疫情先进个人”称号。图为次日栾晓军（右）载誉返抵市一医院后与院领导在欢迎仪式上合影 （市第一人民医院　供图）

10 武汉市发生新冠肺炎疫情后，佛山企业纷纷为武汉捐款捐物。图为 2020 年，佛山企业联塑集团支援武汉雷神山基建物资装车起运 （联塑集团　供图）

佛山市一手抓新冠肺炎疫情防控，一手抓经济发展。成立以市委书记、市长为“双组长”的推动企业有序复工复产领导小组，统筹推进疫情防控和经济社会发展。研究出台《佛山市人民政府办公室关于积极应对新型冠状病毒感染的肺炎疫情支持企业共渡难关十条政策意见》《佛山市人民政府关于推动企业有序复工复产的指导意见》等系列政策措施，并陆续出台《佛山市科学技术局关于应对疫情支持科技企业稳定发展的若干措施》等系列配套政策文件，推动企业有序复工复产。严格落实属地责任制和区、镇（街道）领导蹲点包干挂钩学校工作机制，有序推进返校复学。通过采取一系列有效措施，全市生产生活秩序迅速恢复。

1 2
3

1 2020 年，复工复产后，佛山市南海区一汽－大众佛山分公司生产车间，工人们在有序工作（方智恒　摄）

2 2020 年 2 月 16 日，佛山市南海区番海大桥建设项目复工（戚伟雄　摄）

3 2020 年 3 月 24 日，载有 576 名湖北荆州务工人员的返岗专列抵达佛山西站。图为佛山市企业员工返岗包车（市人力资源社会保障局　供图）

4 5
6
7
8

4 2020年2月5日，《佛山市人民政府办公室关于积极应对新型冠状病毒感染的肺炎疫情支持企业渡过难关十条政策意见》发布，从10个方面入手，支持企业渡过难关。图为同年2月10日，市税务局工作人员到吉利工业园做好复工前调查摸底工作（市税务局 供图）

5 为做好复工复产工作，佛山企业纷纷开展线上招聘活动。图为2020年4月26日，“佛聘行动”广东金融高新区专场，广发银行上线招聘人才（市人力资源社会保障局 供图）

6 2020年3月，随着疫情防控形势持续向好，禅城区商圈门店恢复营业。图为市民在岭南天地一家饮品店消费（佛山日报社 供图）

7 2020年3月10日，顺德图书馆恢复开馆，并开通网上实名预约进馆还书和借阅服务。图为市民按预约时间到该馆还书（佛山日报社 供图）

8 2020年4月27日，佛山市首批安排2020年春季学期返校复学的高三和初三年级师生返校复学。图为市第一中学高三学生返校当日即投入紧张学习的情景（市第一中学 供图）

对口支援帮扶

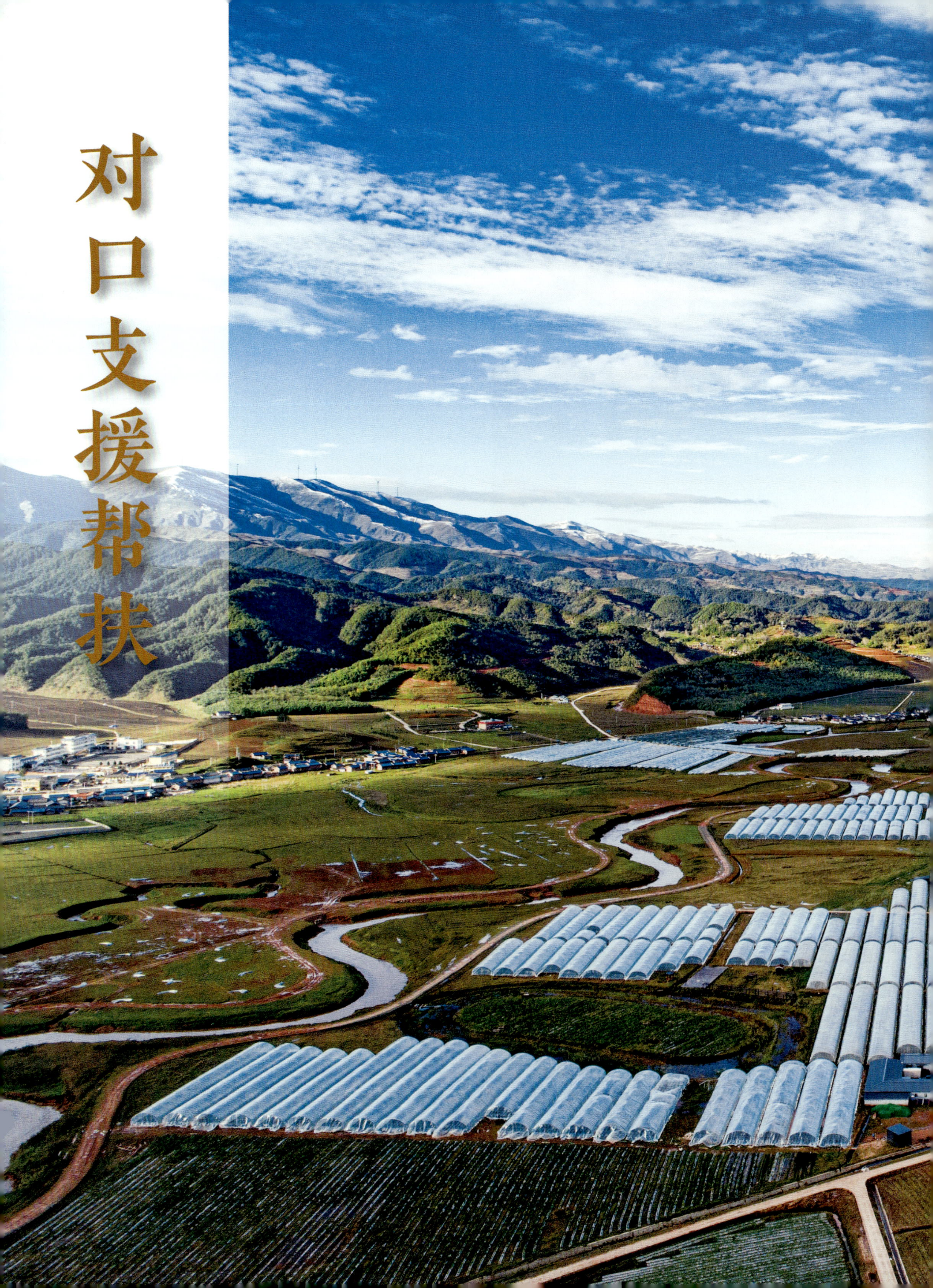

佛山市援建的四川省凉山彝族自治州昭觉县洒拉地坡乡九如生态草莓种植园（2020 年）　　（市农业农村局　供图）

2010年起，佛山市对口支援新疆维吾尔自治区伽师县，截至2020年底，佛山按要求累计向广东省上解援疆资金16.04亿元，计划外累计增加支持伽师县2600万元用于产业扶持及支持脱贫攻坚，累计选派援建干部364人。2020年11月，新疆维吾尔自治区人民政府批准伽师县退出贫困县序列。

1 2010年6月3日，广东省援建试点项目伽师县园区路棚户区改造奠基仪式（市地方志办　供图）

2 2011年8月24日，首届佛（山）伽（师）“民族少年手拉手”暑假交流营在佛山市举行。图为伽师少年和佛山志愿者合影（市发展改革局　供图）

3 佛山援疆采取的“总部＋卫星工厂＋农户”生产模式让村民实现在家门口就业的梦想。图为2017年，在伽师县新引进的兴宏泰民族服饰有限公司车间内，工人正在加工制作服饰（于详华　摄）

4 2018年12月16日，佛山市援疆医生下乡义诊，为当地群众送医送药（侯湘源　摄）

5 粤伽幸福新村（伽师县克孜勒博依乡18村）安居富民集中安置小区建设示范点（2019年）（侯湘源　摄）

6 2019年8月，总投资4500万元（其中援疆资金4000万元）的瓜之味——伽师县创业就业基地投入使用（侯湘源　摄）

7
8
9
10

7 2019 年 8 月 27 日，伽师县新梅果园农户手捧新梅感谢佛山提供资金、技术支持 （穆纪武　摄）

8 2020 年，佛山市援疆产业项目——伽师县城中胡杨湿地生态园已发展成为一个集观光、游憩、休闲为一体的“城中胡杨”旅游体验区 （王　澍　摄）

9 2020 年 10 月 18 日，伽师县群众在广东支持建设的安置房中看电视 （王　澍　摄）

10 2020 年，佛山市援疆驻伽师县工作队加大消费扶贫力度，直接推动伽师特色农产品进入粤港澳大湾区市场。图为是年 6 月 26 日，卧里托格拉克镇第一车运往广东的伽师瓜顺利发车 （岑炽晖　摄）

2013 年起，佛山市对口支援西藏自治区墨脱县。截至 2020 年底，佛山按要求累计向广东省上解援藏资金 3.48 亿元，计划外累计增加支持墨脱县 4700 万元用于开展老人院、安居房等民生项目建设，累计选派援建干部 162 人。2019 年 1 月，西藏自治区人民政府批准墨脱县退出贫困县序列。

1 佛山市援建的墨脱县墨脱镇米日村（2019 年）（市发展改革局　供图）

2 佛山市援建的墨脱县德兴乡果果塘景观改造工程（远处为果果塘雅鲁藏布江大转弯）（2020 年）（龙　翔　摄）

3 由佛山援建的墨脱莲花圣地公园是该县中心公园。图为 2020 年该公园景观（张弘弢　摄）

4 5
6 7
8

4 2017 年，广东共青团“健康直通车”医疗卫生志愿服务队在墨脱县德兴乡德兴村义诊（梁欣莹　摄）

5 2013—2020 年，佛山援藏工作组源源不断地将佛山优质教育资源引入墨脱，助墨脱教育全面提质增效。图为墨脱中学学生在佛山醒狮教练的指导下练习狮艺（叶小青　摄）

6 佛山市援建的墨脱县人民医院外景（2020 年）（龙　翔　摄）

7 2020 年 7 月 31 日，墨脱县村民桑杰玉珍与外婆一起在茶田里采摘刚长出的细芽（龙　翔　摄）

8 2020 年 11 月 12 日，林芝源“7+2”消费援藏平台佛山旗舰店开业，佛山市民正在选购林芝、墨脱特色农产品（张弘弢　摄）

2014年起，佛山市对口支援四川省甘孜藏族自治州乡城县、得荣县。截至2020年底，佛山按要求累计向广东省上解支援甘孜州资金2.75亿元，计划外增加支持乡城县、得荣县各1000万元用于社会治理现代化项目建设，累计选派援建干部4人。四川省人民政府分别于2019年和2020年批准乡城县、得荣县退出贫困县序列。

1 2019年6月21日，由佛山市人力资源和社会保障局主办的东西部劳务协作暨就业扶贫专场招聘会在甘孜州得荣县举行 （李叶平 摄）

2 2019年9月6日，甘孜州得荣第二完全小学学生在佛山对口援建的标准足球场上跳富有民族特色的校舞 （周焯杰 摄）

3 2019年9月7日，甘孜州中麻农业科技有限公司负责人与援建干部一同察看试种成功的汉麻 （周焯杰 摄）

4 2019年9月9日，佛山援助改造的甘孜州乡城县青德镇寄宿制小学教学综合大楼前，一群学生高兴地在镜头前跳跃 （周焯杰 摄）

5 甘孜州乡城县在青德镇、尼斯镇重点打造民宿乡村旅游。图为2019年甘孜州乡城县青德镇仲德村别具一格的精品民宿 （周焯杰 摄）

6 2020年1月6日，甘孜州得荣县农产品展销中心在佛山市普君新城开业

（市档案馆 供图）

7 2020年9月11日，“为爱拼单 扶贫有我”佛山市援藏援疆援川（甘孜）消费扶贫活动上线直播。图为甘孜分会场主播在向网友推介特色农产品

（佛山日报社 供图）

8 佛山市对口支援的甘孜州乡城县新貌（2019年）

（市发展改革局 供图）

2016年起，佛山市对口帮扶四川省凉山彝族自治州11个国定贫困县。2019年，佛山结对帮扶的凉山州雷波、甘洛、盐源、木里等4个贫困县实现脱贫摘帽。2020年11月17日，四川省人民政府批准凉山州普格县、布拖县、金阳县、昭觉县、喜德县、越西县、美姑县等7个县退出贫困县序列。在全国东西部扶贫协作考核中，佛山连续多年获“好”等次。5年来，佛山累计选派51名党政干部、472名专业技术人才到凉山开展帮扶，累计向凉山投入财政援助资金24.52亿元、捐款捐物折合金额3.23亿元。

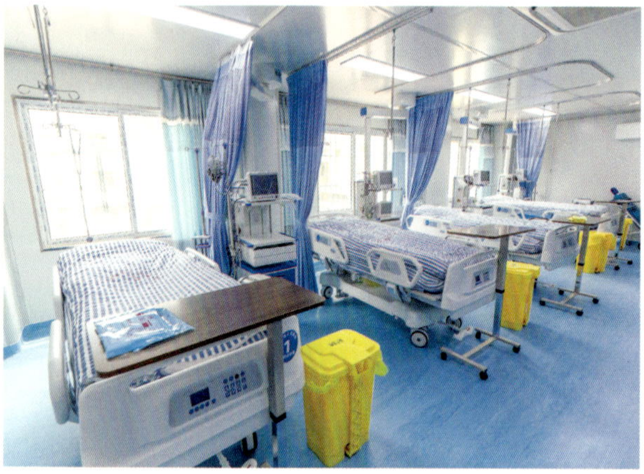

1 2
3 4

1 2016年11月15—17日，首场“佛山—凉山”东西部劳务协作精准输出昭觉专场招聘会在昭觉县举行 （市人力资源社会保障局　供图）

2 2017年6月起，佛山市教育局与凉山州26所院校进行结对帮扶。图为佛山支教教师在为凉山州盐源县盐源中学佛山班的学生授课 〔广东（佛山）对口凉山扶贫协作工作组　供图〕

3 2020年3月16日，由佛山援建的凉山州金阳县人民医院重症医学科开科。图为2020年8月7日该医院重症监护室 （王伟楠　摄）

4 2020年7月16日，广东（佛山）对口凉山扶贫协作工作组携手拼多多启动“佛凉协作　云上优选”消费扶贫周活动，直播主持人在电商直播间推介凉山特色农产品 （市农业农村局　供图）

5 6
7

5 布拖县农投高原种植示范园是当地农业扶贫的标志性产业，通过蔬菜大棚＋种植抗寒作物，出产优质农作物，销往全国各地，并通过示范效应，带领周边村民种植高附加值作物脱贫。图为 2020 年农投高原种植示范园俯瞰图　　（张宝翔　摄）

6 2020 年，广东企业投资的凉山州喜德县鲁基乡现代循环产业园成功申报成为粤港澳大湾区菜篮子生产基地　　〔广东（佛山）对口凉山扶贫协作工作组　供图〕

7 佛山市援建的凉山州甘洛县清水村新貌（2020 年）　　〔广东（佛山）对口凉山扶贫协作工作组　供图〕

2016 年起，佛山市对口帮扶湛江市 163 个省定贫困村，共 1.44 万户 4.97 万人。截至 2020 年底，佛山对口帮扶湛江的 163 个省定贫困村 100% 实现脱贫达标，全部按照程序实现退出。5 年来，佛山市对口帮扶湛江市累计投入财政资金 20.9 亿元，带动社会投入资金 2.26 亿元，派出扶贫干部 449 人。

1 2
3

1 佛山市对口帮扶湛江市坡头区南三镇巴东村建设勤致综合农场，农场经营项目有养殖、“螺光互补”光伏发电、乡村旅游农家乐等。图为 2019 年 7 月 16 日，勤致综合农场工人将农场出产的海鸭蛋包装待售　（市农业农村局　供图）

2 2020 年 5 月 10 日，佛山市对口帮扶的湛江市麻章区太平镇岭头村渔民在海上收青口贝　（符诗贺　摄）

3 2020 年 11 月 11—13 日，2020 湛江市·佛山市消费扶贫展示展销活动在广州市广东东西部扶贫协作产品交易市场举行。图为开幕式现场　（市农业农村局　供图）

4
5 6

4 佛山市对口帮扶湛江市遂溪县建新镇那仙村建设火龙果基地，并利用火龙果基地厂房楼顶建设装机容量350千瓦光伏发电项目。图为2018年光伏发电项目俯瞰图　　（市农业农村局　供图）

5 2020年2月28日，湛江市徐闻县“就业扶贫助复工”赴佛山行动务工人员乘车前往佛山欢送仪式　　（市农业农村局　供图）

6 2020年5月17日，湛江市廉江市安铺镇茅坡村的扶贫制衣厂内，工人正在工作　　（符诗贺　摄）

2016年起，佛山市对口帮扶云浮市91个相对贫困村，共9174户2.94万人。截至2020年底，佛山对口帮扶云浮的91个省定贫困村100%实现脱贫达标，全部按照程序实现退出。5年来，佛山对口帮扶云浮累计投入财政资金9.86亿元，带动社会投入资金7803万元，派出扶贫干部214人，实施项目5769个。

1
2
3
4 5

1 佛山市对口帮扶的云浮市郁南县桂圩镇罗顺中学分散式光伏发电扶贫产业项目俯视图（2018年）
（市农业农村局　供图）

2 2020年3月25日，佛山市对口帮扶的罗定市船步镇山垌村召开相对贫困户2019年资产收益分红暨2020年脱贫攻坚动员大会
（市农业农村局　供图）

3 2016年9月6日，佛山市派驻云浮市郁南县平台镇驻中村村扶贫工作队为69户贫困户购买发放复合肥料
（龙　翔　摄）

4 2020年5月8日，佛山市对口帮扶的云浮市云安区白石镇东圳村农户在何首乌种植基地内劳作（周　春　摄）

5 2020年7月8日，佛山市第二人民医院到对口帮扶的云浮市郁南县千官镇古罗村开展义诊活动
（市农业农村局　供图）

目　录

特　载

专　记

2020年佛山大事记

市情概貌

中国共产党佛山市委员会

佛山市人民代表大会

佛山市人民政府

中国人民政治协商会议佛山市委员会

纪委监委

民主党派・工商联

群众团体

法 治

军 事

经济管理

区域发展

开放型经济

数字经济

民营经济

农　业

工 业

建筑业

商贸服务业

新兴服务业

金融业

旅游业

房地产业

交通·邮政

城市建设

乡村振兴

教　育

科学技术

文　化

卫生健康

体　育

社会生活

应急管理

生态环境

人物·荣誉

市辖区

附　录

特 载

佛山市高水平全面建成小康社会

2021年7月1日，习近平总书记在庆祝中国共产党成立100周年大会上庄严宣告，在中华大地上全面建成了小康社会。小康是中华民族自古以来追求的理想状态。中国共产党一经诞生，就把为中国人民谋幸福、为中华民族谋复兴确立为自己的初心使命。改革开放之初，党中央就提出小康社会的战略构想，经过全党全国各族人民持续奋斗，实现了在中华大地全面建成小康社会的第一个百年奋斗目标，正在意气风发向着全面建成社会主义现代化强国的第二个百年奋斗目标迈进。

1979—2020年，在党的十一届三中全会确立的改革开放路线指引下，佛山人民努力实践马克思列宁主义、毛泽东思想、邓小平理论、“三个代表”重要思想、科学发展观、习近平新时代中国特色社会主义思想，使佛山发生了深刻的变化：改革开放前，佛山仍停留在以农业为主的社会经济形态；改革开放后，佛山用较短的时间走完了初级工业化的发展阶段，迈入基本实现现代化的历史进程；党的十八大后，佛山坚持新发展理念，加快转型升级，迈出经济社会高质量发展坚实步伐。2019年，佛山成为全国第十七个、全省第三个经济总量超万亿城市后，2020年经济总量更是达1.08万亿元。此外，全市科技创新能力持续提升，产业转型升级步伐加快；重点领域改革攻坚克难，市场主体活力有效激发；“双区”（建设粤港澳大湾区和支持深圳建设中国特色社会主义先行示范区）建设有力推进，开放合作打开新局面；三大攻坚战取得成效，全面小康成色更足；城乡基础设施建设不断加强，城市形态品质明显提升；社会事业全面发展，民生福祉不断增进。

一、经济建设

党的十一届三中全会后，在从计划经济向市场经济转轨过程中，佛山率先解放思想，敢于先行先试，创造性地运用中央赋予广东的“特殊政策、灵活措施”，从1979年至20世纪80年代后期，用短短10年时间，从一个手工业城镇发展成为具有较完整工业体系的工业城市，成为全国14个率先进入小康水平的城市之一。20世纪90年代至21世纪初，佛山抓住机遇，加快产业结构调整优化，全力发展社会生产力，经济持续快速健康发展。党的十八大后，佛山继续深化改革扩大开放、坚持新理念引领新发展，加快转变经济发展方式，全力推进稳增长、调结构、促改革、惠民生、防风险、保稳定，推动经济社会发展取得新的重大进步。

（一）经济实力持续增强，产业结构持续优化

1978年，佛山市地区生产总值12.96亿元。2002年，全市地区生产总值1328.55亿元，比1978年增长44.6倍（绝对数为当年价，增长数为可比价计算）。2005年，全市地区生产总值迈上2000亿元台阶，达2379.8亿元，比2000年翻一番。“十一五”时期，佛山市5年年均增长16.3%，至2010年达5651.52亿元。“十二五”时期，佛山市5年接连跨越3个千亿元大关，年均增长9.2%，2015年全市地区生产总值达8003.92亿元。2019年，佛山经济总量突破万亿元大关，至2020年，全市地区生产总值达1.08万亿元。三次产业占生产总值的比重方面，1978年为31.2 ∶ 50.5 ∶ 18.3，2002年为5.0 ∶ 52.7 ∶ 42.3，至2020年已调整为1.5 ∶ 56.4 ∶ 42.1。

（二）支持民营经济发展，建设制造业强市

在农村实行家庭联产承包责任制后，大批农村劳动力从农业中解放出来。佛山提出了几个层次一齐上的经济发展方针，鼓励公社、大队、生产队、联合体和个体经济同时发展。1979—1985年，佛山乡镇企业异军突起，成为最活跃的生产力。被国内称为发展经济“四小虎”的南海、顺德、中山（1988年1月，中山由县级市升为地级市，从佛山市划出）、东莞，有三“虎”在佛山。此后，佛山不断加大力度，采取得力措施，扶持和发展个体私营经济，至2002年，民营经济已占全市生产总值41.8%。至2020年，佛山市民营企业36万家；个体工商户54.5万户；重点民营企业队伍不断扩大，主营业务收入超100亿元企业26家；规模以上工业企业总数增至8020家；“专精特新”企业（指具有“专业化、精细化、特色化、新颖化”特征的工业中小企业）总数

增至790家，其中15家被认定为国家级“专精特新小巨人”、88家被认定为省级“专精特新”中小企业。

改革开放前，佛山传统工业规模小，设备落后，产品主要是传统工艺生产的日用消费类产品。到20世纪末21世纪初，佛山传统工业得到改造提升，新兴工业行业和高新技术产业迅速发展，主导产业已有强大的制造规模，佛山已成为中国乃至全球的重要制造业基地。“十二五”时期，佛山推进工业发展提质增效，实施“两化”（信息化与工业化）深度融合与金融科技产业融合发展战略，成为国家制造业转型升级综合改革试点。2015年，先进制造业、高技术制造业占规模以上工业增加值比重分别为35.6%、7.3%，比2010年提高5.4个百分点、2.2个百分点。“十三五”时期，佛山积极融入“双区”（建设粤港澳大湾区和支持深圳建设中国特色社会主义先行示范区）发展，继续参与“一带一路”建设，持续推动“佛山制造”向“佛山智造”和“佛山质造”转变、制造业大市向制造业强市转变。“十三五”时期，佛山先进制造业增加值占规模以上工业比重从35.6%提高到50.2%，“2+2+4”产业集群（第一个“2”是指装备制造等2个超万亿元产业集群，第二个“2”是指汽车及新能源等2个超5000亿元产业集群，“4”是指智能制造装备及机器人等4个超3000亿元产业集群）建设成效突出，装备制造、泛家居产业规模突破万亿元，机器人、新能源汽车、生物医药等战略性新兴产业茁壮成长；5年累计引进投资超亿元产业项目1698个，签约投资总额超1.3万亿元，美的库卡智能制造科技园、一汽-大众新能源汽车等一批重大产业项目建成投产；引导6208家工业企业开展技术改造，推广应用机器人超1.65万台，工业技改投资规模连续7年保持全省第一；深入推进品质革命，企业标准“领跑者”数量居全国第一，全国知名品牌示范区数量居全国地级市首位。

（三）实施外向带动战略，发展开放型经济

党的十一届三中全会后，佛山充分利用毗邻港澳，华侨和港澳同胞众多，发展外向型经济极其有利的条件，引进外资，开展“三来一补”（来料加工、来样加工、来件装配、补偿贸易），发展对外贸易。1978年，顺德大进制衣厂投产，成为全国最早的“三来一补”企业之一。1985年，佛山市各级大力开展招商引资，引进国外境外资金、技术和设备，改造传统产业，发展高新技术产业，积极开拓国际市场，扩大产品出口。至20世纪90年代后期，形成了全方位、多层次、宽领域的对外开放格局。“十五”时期，佛山外源型经济发展水平不断提高，5年年均增长24%，2005年外贸出口总值168.22亿美元、实际利用外资8.9亿美元。2018年，佛山市获批成为国家市场采购贸易方式试点城市。2019年12月24日，国务院正式同意在佛山设立跨境电子商务综合试验区。2020年，佛山外贸进出口总额达5060.3亿元，其中以一般贸易方式进出口3099.5亿元，增长19.2%，占全年外贸进出口值61.3%，比重较上年提升7.4个百分点，内生动力不断增强。2020年，新批外商投资企业523家，涉及合同外资212.62亿元，比上年增长85.05%，实际使用外资45.92亿元。

（四）依靠科技进步，实施创新发展战略

改革开放后，佛山首先通过引进技术设备，改造传统产业。从1979—1985年，引进设备1.58万台（套）、生产线152条，使佛山工业装备水平超过一半达到20世纪70—80年代水平，其中有14%达20世纪80年代先进水平，20世纪50年代的老、旧、残设备基本淘汰。1988年，组织实施“火炬计划”。1992年，建立国家级佛山高新技术产业开发区。1985—2002年，全市专利申请量达2.94万件，占全省总量的20%，其中2002年全市专利申请量名列全国地级市第一。至2002年，纺织服装、塑料、陶瓷、家用电器、机械、金属加工、食品、化工医药、电子信息、家居用品等行业的技术装备水平，在全国同行业中处于领先地位。“十一五”时期，佛山市以科技创新助推产业转型，5年投入更新改造资金1143亿元，是“十五”时期的4.3倍；全面展开与中科院的战略合作，共建产业技术创新与育成中心。“十二五”时期，佛山市创建国家创新型城市。2015年全社会研发经费支出占地区生产总值比例比2010年提高0.95个百分点。“十二五”时期5年专利申请量和授权量分别达13.97万件、10.3万件，均比“十一五”时期增长超65%，累计有效注册商标总量翻番。至“十三五”时期，佛山创新发展实现新突破，获批建设国家创新型城市，建设面向全球的国家制造业创新中心步伐不断加快，“一环创新圈”和“1+5+N”创新平台体系加快构建，三龙湾高端创新集聚区、佛山国家高新技术产业开发区战略地位日趋凸显，季华实验室建设居省实验室前列，实现引进全职院士“零的突破”。“十三五”时期，科技研发投入不断加大，2020年研发经费支出占地区生产总值较2015年提高0.22个百分点；自主创新能力稳步增强，国家高新技术企业累计达5718家，是2015年的8倍，省重点实验室增至29家，规模以上工业企业研发机构建有率提高至56%，每万人发明专利拥有量达33.94件，5年累计新增博士后科研工作站（分站）19家，建成广东首家、全国第五家国家级知识产权保护中心。

（五）不断加强城乡基础设施建设，持续推进城市升级

交通建设方面。1989年，广佛高速公路通车，是全国最早建成通车的高速公路。1995年实现了全市的国道、省道、县道全部改渡为桥，结束车辆过河待渡的历史。2010年11月3日，广佛地铁开通运营一期首通段（魁奇路站至西塱站），佛山成为全国第一座开通地铁的地级市。截至2020年底，市域内公路通车总里程5485.11千米，每百平方千米公路密度144.4千米；域内通车公路中，高速公路550.71千米、一级公路1826.4千米；城市道路总长7088千米，建成区道路网密度10.35千米/平方千米。能源方面。1995年，佛山基本实现敞开供电。2020年，全年完成供电量692.62亿千瓦时，“十三五”期间电网配电容量增长43.8%。通信方面。1985年，佛山成为广东省第二个实现市区电话自动

交换的地级市，南海县成为全国率先实现农村电话自动交换的县。1987年开通程控电话。1995年，在全国地级市中率先实现城乡电话交换机容量超百万门。1999年实现村村通电话。2020年，新增光纤用户175万户，年末本地电话用户182.82万户、移动电话用户1214.23万户、（固定）互联网用户292.25万户。城市建设方面。“十一五”时期，佛山以基础设施建设和“三旧”（旧城镇、旧厂房、旧村庄）改造为抓手，优化城市形态，重塑城乡新貌，其中2007年率先实施“三旧”改造，创造出“佛山模式”。“十二五”时期，实施“产城人”融合发展战略，完成城市升级三年行动计划（建成项目316个），城乡面貌焕然一新；“强中心”战略成效显著，组团城市建设提速，岭南魅力小镇串珠成线；“三旧”改造5年新增改造项目925个。“十三五”时期，佛山完成城市治理三年行动计划，完成968个项目建设任务；实施中心城区形态提升专项行动，建成人民公园等21个项目；实施城市更新三年行动，完成“三旧”改造项目超3334公顷，整理村级工业园土地1万多公顷，“村改”新建在建厂房超过2500万平方米；创建省级特色小镇21个，数量居全省首位；乡村振兴战略全面实施，开展“百里芳华”乡村振兴示范带和60个市级示范村建设，活化升级古村落50个，全市所有村（社区）达干净整洁村标准。

2020年，佛山市深入实施乡村振兴战略，乡村面貌焕然一新。图为三水区白坭镇西沙围村西江河畔乡村田园风光

（吴　宇　摄）

二、政治建设

党的十一届三中全会以来，佛山持续加强党的领导，贯彻落实人民代表大会制度，以及中国共产党领导的多党合作和政治协商制度，党的领导核心作用持续凸显，人民民主不断扩大。

（一）加强党的建设，凸显党的领导核心地位

1979年1月，中共佛山地委为中共广东省委的派出机关。1983年6月，实行市领导县的体制，撤销佛山地区，组建新的中共佛山市委（地级）。1979—1988年，随着行政区划调整，佛山地委（市委）所辖下级党组织随之调整变化。1988年1月，中山市升格为地级市后，中共佛山市委辖佛山市城区、石湾区委和南海、顺德、三水、高明等4个县委。1992年3月至1994年4月，南海、顺德、三水、高明4个县委先后改称市委。2002年12月，撤销佛山市城区、石湾区，以及县级南海市、顺德市、三水市和高明市，设立佛山市禅城、南海、顺德、三水和高明5个区。2003年1月起，佛山市委辖禅城、南海、顺德、三水和高明5个区委。

建立健全党的基层组织。1980年，重点进行厂矿企业党委改选，实行党委领导下的厂长负责制和党委领导下的职工代表大会制。1984—1991年，佛山市城区街道基层党组织建设，主要是调整组织设置，抓好领导班子建设，充实党务干部队伍，建立党建工作制度。1987年4月，市委组织部下发《关于调整和改进我市农村党的基层组织设置的意见》。1990—1991年，全市企业党建工作着重建立健全制度。1994年，市委组织部要求外出、外来流动党员要及时转移组织关系，编入流入地党支部，参加当地党组织的活动，接受党组织的教育、管理和监督。1997年底，全市初步形成非公有制经济组织中党员和党组织的管理体系，对非公有制经济组织中党员和党组织的管理采取属地和行业管理并举的方法。2018—2020年，佛山开展加强党的基层组织建设三年行动，全市561个有村级集体经济的村（村改社区）全部实现“三个一肩挑”（村改社区党组书记、村民委员会主任和村级集体经济组织负责人3个职位“一肩挑”），进一步强化党对农村工作的全面领导。

加强党风廉政建设。党的十一届三中全会后，佛山坚持抓好党性、党风、党纪教育。采取多种形式，开展党性、党风、党纪和党内法规教育；以坚持四项基本原则为主要内容的政治纪律教育；以正、反典型案例为教材，开展艰苦奋斗、全心全意为人民服务的宗旨教育、勤政廉政教育、反腐蚀教育和法规教育。1986年1月，中共佛山市委下发《关于加强党风、党纪建设，建立健全抓党风责任制的决定》。1993—1995年，建立领导干部重大事项请示报告、加强经济工作监督、民主评议行风和严禁送收“红包”等党风廉政建设5项制度。党的十八大以来，佛山市坚决落实推动全面从严治党向纵深发展的要求，进一步加强党风廉政建设和反腐败工作，制定市委巡察工作实施办法，深入贯彻党内问责条例和省委实施办法，严格落实“一案双查”制度，严格执行新形势下党内政治生活若干准则和党内监督条例，坚持用好监督执纪“四种形态”，强化政治巡察，严明政治纪律和政治规矩，保持惩治腐败高压态势。进一步深化源头治腐工作，开通狠刹“四风”（形式主义、官僚主义、享乐主义、奢靡之风）网络监督平台，建立健全激励机制和容错纠错机制。按照中央和省

委部署，结合党的十八大、十九大会议精神和习近平总书记重要讲话重要指示批示精神学习，纵深开展党的群众路线教育实践活动、“三严三实”教育实践活动、“两学一做”学习教育、“不忘初心、牢记使命”主题教育和党史学习教育。

（二）落实人民代表大会制度

1980年8月，佛山市第七届人民代表大会第一次会议召开，并开始设立常务委员会。1983年6月1日，佛山市实行市领导县的体制，10月15—19日，召开佛山市第八届（延续原佛山市人民代表大会的届数）人民代表大会第一次会议。1983年10月至2020年，佛山市人民代表大会历经第八届至第十五届人民代表大会及其常务委员会。

1980年，佛山市第七届人大代表由选民直接选举产生。1983年，从第八届开始，市人大代表由下一级人民代表大会选举产生。佛山市人民代表大会选举产生佛山市出席广东省人民代表大会代表，1983—2002年，共选出出席广东省第六届至第十届人大代表199名。佛山市被选为第六届至第九届全国人民代表大会代表共19名。区（县、市）、镇（街道、乡）人大代表由选民直接选举产生。2020年，佛山市有市人民代表大会1个、区人民代表大会5个、镇人民代表大会21个；全市有全国人大代表9人、省人大代表32人、市人大代表382人、区人大代表1279人、镇人大代表1959人。

佛山市历届人大代表履行管理国家事务职权，在历次人民代表大会上依法提出人大职权范围内的议案和建议、批评、意见。1984年市第八届人大第二次会议之前，代表所提出的工作意见、建议统称为提案。从1984年市第八届人大第二次会议起，改为大会议案及代表建议、批评和意见两种形式办理。1987年第八届第五次会议起，对重要的议案，在代表大会期间，由大会主席团确立为重点议案，会后由人大常委会交给市政府直接办理。历次人大会上，代表提出的议案、建议和批评意见，由市人大常委会交由政府或有关部门办理，并答复代表。2013年12月，出台《佛山市人大代表联络站工作暂行办法》，推动人大代表联络站（点）建设工作，至2020年，累计建成32个人大代表中心联络站和791个人大代表联络站（点）。

（三）政府依法科学行政

1978—1983年，佛山曾设佛山地区革命委员会、佛山地区行政公署。1983年6月，佛山实行市领导县体制。佛山地区行政公署和佛山市人民政府合并，成立佛山市人民政府。1992年11月，广东省确定佛山市为市级机构改革试点。1993年和1994年，市直机构改革在搞好试点的基础上全面铺开。1995年年底，市直机关机构改革的定机构、定职能、定编制工作完成。2002年12月，经省政府报国务院批准，佛山实施行政区划调整，佛山市下辖禅城区、南海区、顺德区、三水区、高明区，市政府设置工作部门33个。2019年1月，广东省委、省政府批准《佛山市机构改革方案》，改革后，佛山市人民政府设置机构36个，其中办公室和工作部门34个、市政府派出机构2个。

加强法治政府建设。1994—2002年，市政府制定的规范性文件，送法制局（2019年机构改革后为司法局）审核后才颁布。1991年，开始建立特邀监察员制度。1991年8月起，建立规范性文件备案制度。1994年起，向市政府申请的行政复议案件和市政府的行政案件应诉事务，由市法制局承办或代理，至2011年设立佛山市人民政府行政复议委员会。2000年1月1日起，《佛山市实施重大行政处罚备案规定》施行。改革开放后至2020年，坚持推行民主决策和实行民主监督制度，主要措施包括：重视调查研究，为决策提供科学依据；重大决策、重大规划提请人大审议；支持人民政协参政议政，拓宽民主党派参政议政渠道；建立、健全政府决策研究机构；建立沟通渠道听取民意；认真接受人大的法律监督和政协的民主监督；发挥民主党派、统战团体、群众组织的监督作用；建立投诉举报制度；推行政务公开；建立和完善招投标制度；推进政风行风评议工作；等等。2007年，佛山市政府法律顾问室成立（设在市法制局）。2014年11月，佛山在全省地级以上市首创“一对一”市长法律顾问制度，继续推动依法行政。

开展政务改革。1998年起，佛山坚持以建设一流营商环境和政务环境为目标，以方便群众办事为着力点，以行政审批改革为突破口，持续推进行政审批制度改革和政务服务创新，多项改革举措走在全省甚至全国前列。第一轮审批制度改革从1998年下半年开始，2000年1月结束。第二轮审批制度改革从2001年9月开始，至2002年6月结束。2014年9月，禅城区率先启动“一门式一网式”改革。2015年，在全市范围内全面开展“一门式一网式”政务服务模式改革。2018年，佛山“一门式一网式”政务服务改革入选国务院《关于深化推进审批服务便民化的指导意见》典型案例。至2020年，佛山市围绕深化政务服务“一网一门一次”改革和一体化在线政务服务平台整合升级，推进政务服务标准化、体系化、一体化、智能化运行各项工作。

建设人民满意政府。2014年12月，开始发布佛山市建设人民满意政府指数，至2020年，历年人民满意政府指数全域指数得分分别为82.46、83.81、85.18、85.18、87.25、88.72、90.12，呈逐年上升趋势，体现人民对政府满意度持续提高。

（四）落实中国共产党领导的多党合作和政治协商制度

1979—2020年，佛山市人民政治协商会议历经第三至第十二届委员会。在第四届以前，佛山市是不设区的市，市政协委员会每届任期三年。其中，第三届历时1961年12月至1980年8月。1966年5月后，政协工作一度停顿，至1978年12月5日恢复活动。1983年10月14—19日，召开政协第五届佛山市委员会第一次会议（延续原佛山市政治协商会议的届数）。自第五届委员会起，每届任期5年。

佛山政协始终坚持党对政协工作的领导，把思想政治引领摆在首要位置，确保政协事业始终沿着正确政治方向前进。认真履行“政治协商、民主监督、参政议政”职能，开展专题议政、专题协商、专题调研、专题视察，并做好提案工作、反映社情民意信息工作和团结联谊等。其中：市政协常委会会议专题议政和主席会议专题议政分别始于1995年市政协七届十一次常委会会议和2003年市政协九届七次主席会议；有协商工作事项明确记载始于第七届；有记载的专题调研工作记录始于第五届；有明确记载的视察工作始于第五届。提案工作方面，市政协第四届至第十二届委员会收到的提案数（至2020年6月）分别为123件、278件、583件、723件、1056件、1096件、1463件、2157件、1632件；立案数分别为92件、264件、386件、567件、675件、764件、1017件、1387件、1209件。

1980年，佛山地区和市（县）统战部门帮助民主党派恢复活动。当年，各市（县）的民主党派组织均召开代表（成员）大会，选出新一届市（县）委员会的领导机构。民主党派组织恢复活动后，市委统战部持续推荐民主党派和无党派人士担任各级领导职务，为民主党派参政议政、民主监督提供条件，支持协助民主党派开展社会服务。做好党外知识分子、非公有制经济代表人士，以及港澳和海外的爱国统一战线工作。1980年9月，佛山地委统战部、佛山市委及市委统战部推动成立澳门佛山联谊会。1981年8月，澳门佛山联谊会成立。1986年7月，市委统战部与市工商联推动香港佛山工商联会成立。1988年10月，佛山海外联谊会成立。2014年，佛山市党外知识分子联谊会成立。2017年12月，佛山市新的社会阶层人士联合会成立。

三、文化建设

改革开放后至2020年，佛山市持续加强历史文化名城建设，坚持弘扬社会主义核心价值观，推进社会主义精神文明建设和文化导向型城市建设，不断促进城市增添新活力，焕发新光彩。

（一）教育先行，建设教育强市

1980年，佛山开始对普及小学教育进行部署，至1983年底，全市完成普及小学教育任务，成为全省首批实现普及小学教育的地市之一。1984年，佛山作出普及初中教育的决定，至1988年，成为全省第一批实现普及九年义务教育的地市。1993年，提出建设教育强市的目标。至2000年，全市基本普及高中阶段教育。至21世纪初，佛山已形成结构布局比较合理的现代国民教育体系，并于2005年获“广东省教育强市”称号。“十二五”时期，佛山成为国家特殊教育改革实验区、国家现代学徒制试点市、全省首个所有区（县）通过国家“义务教育发展基本均衡区”认定的城市，现代职业教育体系建设改革试点获联合国“2015中国可持续发展城市范例”奖。至2020年，佛山市有各级各类学校1741所，其中幼儿园1039所、小学419所、初中154所、普通高中62所、中等职业学校（含市属、省属中职和技工学校）41所、特殊教育学校7所、普通高校（含省属驻佛山高校校区、民办高校）13所、成人高校6所。据2020年第七次全国人口普查，佛山常住人口中，15岁及以上人口的平均受教育年限已提高至10.49年；全市常住人口中的文盲人口（15岁及以上不识字的人）与2010年第六次全国人口普查相比，文盲率由1.36%下降为0.82%。

（二）持续推动历史文化名城建设，建设文化导向型城市

改革开放以来，佛山大力弘扬优秀传统文化。佛山秋色有600多年历史，从2010年起，每年都会举办一次，发展为集艺术展示、巡游表演、民俗活动等于一体的民俗狂欢节。正月十六“行通济”是佛山传统习俗，2001年重建通济桥，延续行通济习俗，2012年起加入“温爱佛山”为主题的公益慈善系列活动，传播现代公益慈善文化理念。1989年12月31日，佛山电视台成功举办1990年新年音乐会，是全国最早举办新年音乐会的城市。1994年，佛山市被命名为中国历史文化名城。1997年和2018年，第六届和第二十七届金鸡百花电影节两度在佛山举行。2000年，佛山成为中国优秀旅游城市。2004年，被中国武术协会授予“武术之城”称号，成为全国首个“武术之城”。2004年举办的琼花粤剧艺术节，使佛山呈现出古人描绘的“红船泊晚沙，万人看琼花”的盛况。2005年，第七届亚洲艺术节在佛山举行，是亚洲艺术节首次在中国一个地级市举行。2009年，被国家体育总局授予“中国龙舟龙狮运动名城”称号。2004年和2011年，顺德区和佛山市先后被中国烹饪协会命名为“中国厨师之乡”“中国粤菜美食名城”。2014年2月，顺德区被联合国教科文组织评为“世界美食之都”。“十三五”时期，佛山完成“文化佛山”三年行动计划（2017—2019年）建设任务，推进博物馆之城、世界功夫之城建设，建设更具品质的文化导向型城市目标任务。2019年，佛山

各式搭配的双皮奶（2020年） （大良街道办 供图）

获确定为“国家公共文化服务体系示范区”。2019年12月21—25日，中国（佛山）大湾区功夫电影周在佛山市举行，是《粤港澳大湾区发展规划纲要》颁布后，首次以大湾区名义举办的电影盛事。2020年，佛山启动建设高质量文化导向型名城三年行动（2020—2022年）。截至2020年底，全市有6个区级以上公共图书馆（均为国家一级馆），佛山市联合图书馆共有成员馆349个，总藏书量1280.53万册；有备案登记博物馆27个（含禅城区博物馆2个分馆），已备案登记博物馆藏品总数14.12万件；有6个区级以上文化馆（均为国家一级馆），有已建成及在建美术馆（艺术馆）93个；全市32个镇（街道）文化站均为省特级站，村（社区）综合性文化服务中心覆盖率达100%；万人拥有公共文化设施室内面积1768.89平方米。截至2020年底，佛山市有全国重点文物保护单位8处、省级文物保护单位54处、市级文物保护单位280处；有国家级非遗项目14个、省级非遗项目50个、市级非遗项目131个。

（三）持续推动精神文明创建，为城市高质量发展提供强大精神力量

早在20世纪60年代，佛山就是全国“卫生红旗城市”，爱国卫生的光荣传统不断发扬光大，1990年获全省第一个“广东省卫生城市”和“国家卫生城市”称号，1992年，获评“国家卫生城市”。2007年，佛山五区同创“国家卫生城市”后，2011年、2015年和2018年“国家卫生城市”复审均获通过。1996年，联合国第二次人居大会授予佛山市“全球人类居住优秀范例城市”的称号。1991—2020年，佛山连续9次被命名为“全国双拥模范城”。

群众性精神文明创建活动广泛开展。2002年，全市59个镇（街道）中，评选出文明镇41个，占总镇数的69.5%。1999年和2001年，佛山市两度被评为“广东省创建文明城市先进单位”。2015年，佛山首获“全国文明城市”称号，至2020年已3次获该称号。在文明城市创建过程中，佛山着力培育和践行社会主义核心价值观，进一步提升市民文明素质和社会文明程度，用精神文明建设的丰硕成果为推动城市全方位高质量发展，提供强大精神力量和良好社会环境，形成“大爱佛山”“敬业之城”“乐善之城”“志愿之城”“工匠精神”“企业家精神”等特色文明创建品牌。

在开展新时代文明实践中心建设试点工作方面。2018年11月，顺德区被确定为全省新时代文明实践中心建设试点之一。2019年，印发《建设新时代文明实践中心试点工作实施方案》，在抓好顺德区作为省级新时代文明实践中心试点的基础上，同步部署禅城区、南海区、高明区、三水区等4个区一体推进。2019年，顺德区成为新时代文明实践中心建设全国试点。2020年，佛山深化新时代文明实践中心试点建设，各区新时代文明实践阵地不断拓展。顺德区作为全国试点，禅城区、南海区作为全省试点，高明区、三水区作为市级试点，形成“比、学、赶、帮、超”的氛围。全市实现5个区实践中心、32个镇（街道）实践站、781个村（社区）实践站全覆盖，并建成1393个各类特色实践点。

四、社会建设

党的十一届三中全会后至2020年，佛山在经济发展的基础上，着力保障和改善民生，持续推进社会体制改革和扩大公共服务，完善社会治理体系和治理能力，促进社会公平正义和社会和谐，建设美丽幸福佛山。

（一）加强城乡基层建设，促进社会治理现代化

1984年6月，佛山市设立汾江、石湾两个市辖区，开始探索城市社区建设的路子。至1999年初，市辖区的社区建设取得进展，其中城区（1987年由汾江区更名）设立社区服务网点600多个，社区服务项目有十大系列，社区服务队伍1241支。同年，佛山被确定为广东省社区建设试点市。1999年2月，佛山开展理顺农村管理体制工作，管理区改为村委会，实行村民自治，全市45个镇596个管理区113.63万多名群众参与，共选举产生596个村委会。2000年1月，佛山市市区（城区、石湾区）被民政部确定为全国26个社区建设实验区之一，佛山成为广东省第一个全国社区建设实验区。2002年9月，佛山市城区和石湾区被命名为“全国社区建设示范区”。“十五”时期，佛山以全面推进“城乡一元发展”为目标的农村改革突破体制性障碍，实行城乡统一的户口登记和管理制度，并在行政区划调整过程中，进行了镇（街道）、村调整，全市镇（街道）、村撤并率分别达42.85%和20.6%。截至2020年底，佛山市有村委会329个、社区居委会461个。

社会治理方面。1985年，顺德北滘镇派出所成立镇保安服务公司。1986年，三水县将农村治安承包队改建为专业队。至1989年，佛山全市治安防范、治安管理逐步向专业化、社会化、科技化发展，并推广加强技术防范设施建设的做法。1990年2月，佛山提出通过对全市社会治安综合治理，正确处理治理整顿和深化改革中出现的影响社会安定和治安秩序的各种矛盾问题。1990年2月，建立市社会治安综合治理联席会议制度。1991年5月，成立市社会治安综合治理委员会。“十五”时期，初步建立“五网络一中心”的社会安全网络，开展严打整治斗争，扫除“黄赌毒”等社会丑恶现象，加强对邪教活动的防范打击，促进社会大局稳定。“十一五”时期，开展系列严打整治，完善社会矛盾调处机制，设立领导大接访制度，建立镇（街道）综治信访维稳中心。“十二五”时期，坚持统筹社会治理与经济建设协调发展，获批地方立法权，健全科学民主依法决策机制，建立行政职权标准化制度，全面推广集中行政复议制度，依法行政水平不断提高；社会管理体系持续优化，建立镇（街道）领导干部定期直接联系群众制度，社区协同共治和服务水平不断提升；社会组织快速有序发展，2015年全市各类社会组织达5567个；“平安佛山”深入创建，社会治安形势不断好转。2019年，佛山获“2018全国社会治理创新示范市”称号。2020年，佛山获批为全国市域社会治理现代化第一期试点城市，在2020年佛山市建设人民满意政府指数中，法治政府指数得分为91.61分、市民安全感得分为93.17分。

（二）保障和改善民生，人民生活水平和质量普遍提高

1984年，佛山市政府成立“佛山市社会劳动保险领导小组”，制定并颁布《佛山市职工退休基金统筹暂行办法》，从1985年5月1日起，建立固定职工退休费社会统筹和劳动合同制工人社会养老保险制度。1990年，佛山在全国率先成立专门的社会保障机构——佛山市社会保险局。1992年，实行社会保险一体化制度：不分所有制形式（含机关事业单位、全民、集体、股份制、外商投资、联营企业和中央、省属驻市区单位），不分职工身份（含固定、合同、临时工全部职工），不分险种（含养老、失业、医疗、工伤、生育），统一按一个标准发放保险待遇，佛山成为全国首个实行社会保险一体化制度的城市。1996年，佛山市成为全省第一个城乡初级保健全面达标市。至2002年，佛山城市居民消费向追求时尚、追求个性化、追求个人发展与提高方向转变，恩格尔系数为33.9，进入“富裕区间”；农村居民消费向着城市化转变，恩格尔系数为42.4。“十一五”时期，佛山民生事业投入占全市一般预算支出的56%；城乡九年义务教育全面免费；建立健全养老保险、社会救助及住房保障体系，率先启动实施“新农保”制度；基本形成覆盖城乡的公共卫生网络，建立住院、门诊全方位医疗保障体系，在全省率先进入全民医保时代，在全省率先实行婚前、产前免费检查；城镇登记失业率控制在2%以内。“十二五”时期，佛山建成城市社区公共服务“15分钟服务圈”，在全省率先实现城乡统一低保补差水平，成为全省首个所有区（县）通过国家“义务教育发展基本均衡区”认定的城市，顺利通过国家卫生城市复审，启动创建国家公共文化服务体系服务示范区，成为国家体育产业联系点城市，实施新市民积分制，在2015中国民生发展指数报告中排名全国地级市第五。至“十三五”时期，佛山财政民生支出在一般公共预算支出中占比达72.4%，城镇登记失业率保持在3%以下，企业退休人员基本养老金、城乡居民基础养老金、最低生活保障标准持续提高，获评

2020年11月11日，全国刑侦部门“破小案　保民生”现场会在佛山市召开

（市公安局　供图）

现代职业教育综合改革示范市，实现省级卫生镇全覆盖，户籍人口平均预期寿命达82岁，在全省率先同步取消公立医院药品和医用耗材加成，村（社区）综合性文化服务中心和体育健身设施覆盖率达100%，扫黑除恶专项斗争成效明显，小作坊集中加工管理、阳光餐饮等食品安全监管举措全国领先，并上榜“2020中国最具幸福感城市（地级市）”（是佛山继2008年后第二次上榜）。2020年，佛山居民人均可支配收入56245元，城乡居民人均收入倍差缩小至1.72倍。

五、生态文明建设

改革开放之初，佛山就注重对生态环境的保护。党的十八大后，更是把生态环境保护放在突出位置。在全面建成小康社会过程中，佛山全力破解环境与经济的博弈困局，践行“绿水青山就是金山银山”的理念，努力走出一条制造业城市生态文明创新之路。

（一）环境保护与环境治理

20世纪80年代初，佛山环保工作以搞好工业“三废”治理为主，特别是抓消烟除尘和废水处理。1980年，发布《佛山市环境保护排污收费试行条例》。20世纪80年代初至2014年，推进汾江河治理，兴建沙口引水工程，并前后开展6轮汾江河综合整治。1987年，出台《佛山市区防治大气污染管理暂行规定》。1994—1998年，在每年的《政府工作报告》中都提出在市区为民办好8~10件实事，其中环境保护方面包括1994年实现第二水厂二期工程投产、1995年镇安污水处理厂第一期5万吨污水处理工程投产、1996年重点企业排污管网整治、1997年完成镇安净水厂第二期工程、1998年机动车尾气整治。1995年获评“国家洁净城市”“全国城市环境综合整治优秀城市”。2000年，佛山环境综合指数评价得分为78.45分。“十一五”时期，佛山积极推进环境再造，走出一条人与自然和谐、城市与产业相容的新路子，创建成为“国家环保模范城市”，5年新增污水处理能力175.5万吨/日，2010年城镇生活污水处理率达77%。“十二五”时期，佛山清淤排水管1869千米，基本完成100项环保民生实事，淘汰黄标车5.5万辆，完成电力行业“超洁净排放”改造工程，基本完成42条“一河一策”河涌整治和104个村级工业区环境整治试点。2014年10月，佛山在全省率先成立专职“环保警察”。2018年5月，又推出环境保护联动执法机制，集七部门之力，以“七剑合璧”再度加码佛山打击环境违法犯罪的力度。“十三五”时期，佛山执行新《环保法》，坚决打赢污染防治攻坚战，新

（改）建接通污水管网3000千米，13个国控、省控考核断面水质全部达到Ⅳ类以上，8条建成区黑臭水体消除黑臭；空气质量综合指数改善25%，空气质量优良天数比例从84.8%提高到91%，二氧化硫、二氧化氮、PM_{10}、$PM_{2.5}$浓度均下降24%以上，危险废物处理处置能力提高2.2倍。2020年，佛山全市空气质量优良天数占全年有效天数的91%，饮用水源地水质总体保持优良，西江干流、顺德水道、平洲水道、容桂水道、东海水道水质达地表水Ⅱ类标准（水质状况为优）。

（二）生态建设

改革开放后，佛山结合城市发展，持续推动城市公园和绿地建设，不断改善人居环境。1994年，新增城市公共绿地20.29万平方米，市区绿化覆盖面积达872公顷、人均公共绿地达5.8平方米。1995年，佛山新增道路绿化带21千米。1996年，建成占地面积4866平方米的白燕公园，在张槎路、佛开高速公路南出口等23个地方建成一大批街头花坛、绿岛，市区公共绿地增加11万平方米。1997年，完成对佛山大道全段绿化。1998年，佛山新增绿地面积33万平方米，市区绿化覆盖率达35.02%、人均公共绿化面积6.08平方米。2005年，佛山有8个行政村入选2005年度“广东省生态示范村镇（园）”名单。“十一五”时期，实施“三年促变，绿地佛山”战略，5年新增和改造绿地面积4762万平方米，城市整体绿量明显增加，区域（省立）绿道全线贯通；2008年前后，实施“腾笼换鸟”计划，对高污染、高耗能行业进行大规划整治，一大批污染严重的企业关停、转型或外迁，腾出空间发展绿色经济及新兴产业，全力破解环境与经济的博弈困局。2013年，启动国家森林城市创建工作，至2017年，成功创建为“国家森林城市”。2015年，启动海绵城市建设工作，至2020年，佛山达标的海绵城市面积33.72平方千米，占城市建成区面积的20.9%。2018年，中共佛山市十二届五次全会提出要坚持人与自然和谐共生，坚定不移走制造业城市生态文明创新之路。同年，佛山市人大常委会审议通过《佛山市自然生态文明建设专项规划》，佛山将按照“山水林田湖草是一个生命共同体”的新发展理念，构建“三屏、六楔、两脉、两环、两网”多层次生命协同的自然生态格局。2018年和2019年，顺德区和高明区先后获评国家生态文明建设示范区。2020年，佛山完成36个河心岛生态修复，全面启动万亩千亩公园规划建设，有48个河心岛基本建成“粤港澳大湾区水鸟生态廊道的重要踏脚石”，高明区云勇林场获批建设为国家森林公园，全市森林自然公园、湿地自然公园等自然保护地达50个。

（市地方志办）

建设中的南海区三山森林公园“三鸣台”（2020年）　（吴　宇　摄）

脱贫攻坚　佛山担当

党的十八大以来，党中央把脱贫攻坚摆在治国理政的突出位置，把脱贫攻坚作为全面建成小康社会的底线任务，组织开展声势浩大的脱贫攻坚人民战争。2015年11月29日，《中共中央、国务院关于打赢脱贫攻坚战的决定》中为“确保到2020年我国现行标准下农村贫困人口实现脱贫、贫困县全部摘帽、解决区域性整体贫困”而提出一整套精准扶贫、精准脱贫的计划和解决方案。在脱贫攻坚战过程中，佛山市各级党委政府高度重视，以高度的责任感和使命感，坚决贯彻落实党中央、国务院和省委、省政府的统一部署，最大限度整合全市资源，继续推进并加强对口支援工作，开展东西部扶贫协作、省内对口帮扶粤东西北工作。截至2020年底，佛山对口支援、对口扶贫协作、对口帮扶的各个地区先后成功脱贫，退出贫困地区序列，脱贫攻坚战各项目标任务全面完成。其中：佛山对口支援西藏自治区林芝市墨脱县始于2013年，2018年12月，墨脱县退出贫困县序列；对口支援新疆维吾尔自治区喀什地区伽师县始于2010年，2020年11月，伽师县退出贫困县序列；2017年6月至2020年9月，佛山市与东莞市、中山市、广东省国资委共同开展为期3年的合作共建新疆生产建设兵团第三师41团（草湖镇、草湖产业园）试点工作，助力41团巩固脱贫攻坚成果；对口支援四川省甘孜州乡城县、得荣县始于2014年，乡城县和得荣县分别于2019年和2020年退出贫困县序列；对口四川省凉山彝族自治州扶贫协作始于2016年，对口帮扶的凉山州11个国定贫困县分2批分别于2019年和2020年退出贫困县序列；对口帮扶省内湛江市、云浮市始于2016年，至2020年底，对口帮扶湛江的163个省定贫困村和云浮的91个相对贫困村全部按照程序退出贫困村序列。广东省第八批援藏工作队墨脱县工作组（佛山援藏工作组）于2019年获评“2018年西藏自治区脱贫攻坚先进集体”并获“2018年度西藏自治区脱贫攻坚组织创新先进单位”称号。2020年，佛山援墨脱工作在广东省援藏工作中期总结考核中排名第一。广东省对口支援新疆工作前方指挥部驻伽师县工作队（佛山援疆工作队）获“2020年新疆维吾尔自治区脱贫攻坚组织创新奖”称号。佛山对口凉山扶贫协作工作组于2019年获全国脱贫攻坚奖“组织创新奖”，并于2020年获评“广东省民族团结进步模范集体”。在历年全省扶贫开发工作成效考核中，佛山均获最高等次“好”。在全国东西部扶贫协作考核中，佛山连续多年获“好”等次。

一、尽锐出战，推动脱贫攻坚工作取得决定性成效

（一）坚持高位推动

为确保全面完成脱贫攻坚战任务，中共佛山市委、市政府领导以上率下、狠抓落实，经常主持召开全市性大会、市委常委会会议等各类会议研究推进工作，各区、各有关部门主动担当、密切协同，形成脱贫攻坚合力。与凉山、湛江、云浮等对口地区建立党政联席会议制度，每年召开会议沟通解决重大问题。市委、市政府成立高规格的扶贫开发领导小组，市委、市政府主要领导担任组长，定期听取汇报，经常性作出指示批示。市委常委会会议、市政府常务会议、市委书记专题会议、市政府工作会议每年均多次研究部署脱贫攻坚工作。同时，将扶贫工作纳入市委、市政府重点工作任务台账和绩效评价体系，实行专项督查，跟踪问效。建立市领导挂钩联系贫困村制度，市委、市政府班子成员，市人大常委会、市政协主要领导全部挂扶到村，每年坚持到村调研督导扶贫工作，率先垂范，推动帮扶责任全面落实到位。

（二）坚持智力支援，为脱贫攻坚提供人才支撑

截至2020年，择优选派援建西藏林芝市（含墨脱县）、新疆喀什地区（含伽师县）、41团、四川甘孜州（含乡城县和得荣县）干部人才433人，其中党政干部54人、专业技术干部197人、柔性援建人才182人。为受援地培训各类干部人才4.8万人次，受援地23人到佛山市挂职、247人到佛山市跟岗学习，提升当地干部和专业技术人才的能力水平。

对口凉山扶贫协作方面，截至2020年底，佛山在凉山州组建1个驻州工作组、11个驻县工作小组，累计选派51名党政干部、472名专业技术人才到凉山彝族自治州开展帮扶，其中选派227名医生、198名教师开展支医支教工作，在喜德县人民医院、盐源中学开展组团式帮扶。加大对凉山党政干部、医生和教师等培训力度，累计培训凉山党政干部6951人次，培训医生、教师等专业技术人才4.19万人次。

对口帮扶湛江、云浮市方面。截至2020年底，佛山在湛江、云浮两市组建1个驻市工作组，8个驻县（市、区）工作小组，254个驻村工作队，累计选派663名扶贫干部开展帮扶工作。

（三）坚持真金白银投入

足额落实帮扶资金。截至2020年底，佛山对口支援的墨脱县、伽师县、甘孜州乡城县和得荣县方面，省统筹后累计投入对口支援地35.6亿元（其中佛山市财政上解15.2亿元），实施援建项目191个。其中，对口支援墨脱县，省统筹后累计投入3.94亿元；对口支援伽师县，省统筹后累计投入29.77亿元；对口支援甘孜州，省统筹后累计投入1.88亿元。对口凉山扶贫协作方面，累计向凉山州投入财政援助资金24.52亿元、捐款捐物折合金额3.23亿元。对口帮扶湛江、云浮方面，累计向湛江、云浮两市投入财政专项扶贫资金30.77亿元，累计投入单位自筹及社会资金3.04亿元，为帮扶工作顺利开展奠定坚实基础。加强资金使用监管。出台专项资金管理办法和单位扶贫自筹资金监管文件，明确各类资金的使用范围、使用流程，并将资金使用情况列入对各区、各帮扶单位的年度绩效考核。加强扶贫领域作风建设。印发扶贫领域作风问题专项治理的实施方案，多次举办扶贫领域反腐败和作风建设专题培训班，市纪委监委、审计、财政等部门多次对扶贫资金进行监督检查。

（四）产业扶贫成效显著

对口支援墨脱县、伽师县、41团，以及甘孜州乡城县、得荣县方面。协助受援地引进产业项目70多个，建成农特产品展销中心5个。推动墨脱县茶产业发展，至2020年底，墨脱县茶叶种植面积从2016年的6.67公顷增加到1726.67公顷；可采摘面积338.67公顷，可采摘茶青12.4万千克；促进农牧民增收733.6万元，户均增收5000元以上。帮助墨脱县完善旅游基础设施建设，先后打造以白玛岗为核心的中央公园、莲花圣地公园、墨脱古街及“秘境墨脱”进城牌坊、观景廊桥、观景平台进程门户等一系列旅游及其配套设施。帮助墨脱县创

2020年，佛山支援墨脱工作在广东省援藏工作中期总结考核中排名第一。图为佛山援藏工作组实施援建的墨脱县“三香一链”观景平台　　（市发展改革局　供图）

佛山市对口帮扶湛江市遂溪县建新镇那仙村建设的火龙果基地（2020年）
（市农业农村局　供图）

新推进“三香一链”（即打造雅江稻香、茶香、果香旅游经济带和雅江特色农业产品珍珠链）农旅融合发展，得到广东省援藏工作队和西藏自治区及林芝市农业部门肯定。推动伽师工业园面积由5平方千米扩大到10平方千米。截至2020年底，伽师县伽师工业园有企业113家，生产高峰期就业人数7000多人；建成卫星工厂164家；推动伽师瓜、伽师梅种植面积分别增加到1.33万公顷和2万公顷，创办农民专业合作社90个，帮助伽师销售农产品超20亿元。先后组织200多家企业及行业协会到41团对接考察，先后6次在佛山举办41团招商引资推介会，近800家企业参会，截至2019年底，帮助草湖产业园实现入驻企业55家，总投资额达50亿元，共吸纳就业5221人。帮助甘孜州乡城县和得荣县特色农牧业、文化旅游产业链逐步完善，包括：支持两县建成村级电商服务点55个、乡（镇）电商服务站9个、县级电商服务中心2个，在两县建成农牧特色产业基地173.33公顷、农旅结合产业基地2个；出台产业转移、扶持两县农业产业发展等政策；帮助两县引进企业9家，已运营及投产7家、在建2家。

对口凉山州扶贫协作方面。佛山突出政策引领，联合凉山州出台投资激励、园区奖补政策，投入财政援助资金4.64亿元用于产业扶贫，支持11个贫困县发展184个产业项目；累计引进91家广东企业注册落地；引导96家企业到凉山开展扶贫，实际投资额74.83亿元。强化产业带贫效果，吸纳贫困人口就业2800人，建立利益联结机制带动贫困人口77915人。共建现代农（林）业园区31个，其中24个被评为州级产业园区，形成有典型示范作用、初具产业集聚效应的园区载体。援建49间扶贫车间，吸纳就业2819人，其中贫困人口1480人。加大消费扶贫力度，累计采购、销售9.94亿元凉山农特产品，带动贫困人口3.66万人。

省内对口帮扶湛江、云浮市方面。佛山立足当地资源，帮助各对口帮扶村培育成立农民专业合作社，将原有各自分散的贫困户捆绑在产业链条上。捐赠152辆农用皮卡车价值合计1486万元，用于合作社生产经营。鼓励企业到湛江市、云浮市投资合作，帮扶254个相对贫困村共建1357个产业增收项目，共投入扶贫资金11.07亿元，2020年共带动8438户相对贫困户发展生产，帮助1906名贫困劳动力人口实现就业，带来分红收益7881万元。

（五）就业扶贫走在前列

对口支援墨脱县、伽师县，以及甘孜州乡城县、得荣县方面。邀请佛山专业技术人才到墨脱县开展茶叶、水稻、香蕉等技术培训，组织佛山科学技术学院与墨脱县共建帮扶。利用伽师工业园及卫星工厂有效带动就业，培训及就业超2万人次。帮助乡城县和得荣县引进企业9家，有效促进两县就业。

对口凉山扶贫协作方面，佛山累计出台23份劳务协作政策文件，用于就业扶贫资金2.26亿元，涵盖稳岗补贴、社保补贴、公益性岗位补贴和疫情防控补贴等。推动凉山州向广东省输出凉山州务工人员4.25万人，其中贫困劳动力3.67万人，就业3个月以上的贫困劳动力2.55万人。促进凉山州贫困人口就近就地就业，引导企业、共建产业园区及扶贫车间吸纳贫困劳动力5807人；精准实施技能培训，累计举办劳务协作培训班1742期，培训贫困劳动力8.81万人次。

省内对口帮扶湛江、云浮市方面，佛山对口帮扶湛江、云浮两市的254个相对贫困村实现的转移贫困劳动力每年均保持在2.4万人，占对口帮扶254个相对贫困村贫困劳动力总数约70%。

（六）强化民生保障

对口支援墨脱县、伽师县，以及甘孜州乡城县、得荣县方面。支援墨脱县打造中国门珞民俗文化古街、莲花湖主题公园、门珞民族敬老院等援藏工程，并于2017年和2018年，增加支持3000万元用于多卡、龙列、岗玉3个地质灾害频发村搬迁项目并于2019年投入使用。广东省计划外投入1.02亿元支持建设墨脱县3个小康村项目；先后投入1900多万元援藏资金改善墨脱县医疗条件。立足墨脱县教育发展需要，选派佛山名校长到墨脱中小学挂职教学、德育副校长，引进佛山先进教学理念和管理内涵，弥补墨脱教育短板，提高墨脱教学质量。支援伽师县建设安居富民房9.56万套，建成安居富民示范村和小康新村30个，基本实现安全住房全覆盖。帮助伽师县30万名农民改善居住环境，解决8000多户农牧民饮水难、40万名各族群众收听收看广播电视难等问题。支援甘孜州乡城、得荣两县新（改扩）建中小学校（幼儿园）13所，帮助5个乡镇卫生院完成标准化建设。佛山增加支持乡城、得荣两县共2400万元，建设项目10个，其中2018至2020年增加的支持两县2000万元建设的8个民生项目已全部完工。

对口凉山州扶贫协作方面，佛山累计投入财政援助资金超6.74亿元，支持凉山州提升以教育、医疗为代表的公共服务水平。其中：投入教育扶贫资金3.66亿元，支持凉山州开展“控辍保学”“学前学会普通话”等专项行动，参与建设乡镇级和村级学校、幼儿园2476所；投入基本医疗扶贫资金3.08亿元，参与建设乡镇级和村级卫生室、养老院183所。助推凉山州全面实施15年免费教育，全州所有幼儿园、幼教点全覆盖开展“学前学会普通话”试点，绝大部分儿童在学龄前学会讲普通话。基层医疗服务水平得到显著提升，贫困人口全部参加基本医保，贫困患者县域内住院费用个人支付占比控制在10%以内。坚持扶贫和扶智、扶志相结合，把“看得见的贫困”与“看不见的贫困”一起抓，大打治毒、治病、治超生硬仗，驱除毒品及艾滋之“魔”。2016—2020年，佛山共投入财政援助资金2.24亿元，用于凉山州艾滋病防治体系建设，修建“绿色家园”收纳吸毒人员，助推凉山州13834名贫困户吸毒人员实现全员收治。

省内对口帮扶湛江、云浮市方面。佛山协助对口帮扶村加强民生基础设施建设，对口帮扶村公共服务水平得到明显提高。2016—2020年，共实施村道硬底化1247千米，投入扶贫资金1.18亿元；实施饮水工程804项，投入扶贫资金5097万元，受益人口45.5万人；建设农田水利水渠382.99千米，投入扶贫资金3109万元；建设文化室304间，投入扶贫资金2474万元；建设篮球场360个，投入扶贫资金2356万元；建设卫生站99个，投入扶贫资金346万元；建设公厕386座，投入扶贫资金1121万元；建设垃圾池（屋）1075个，投入扶贫资金850万元；建设路灯3.77万盏，投入扶贫资金7947万元。

二、脱贫攻坚战工作主要亮点

（一）发展产业为先，高水平推动产业发展“结硕果”

对口支援墨脱县、伽师县和甘孜州乡城县、得荣县方面，佛山推动伽师工业园和卫星工厂建设，推动伽师瓜、伽师梅种植，帮助创办农民专业合作社；重点帮助墨脱县发展以茶叶为代表的农牧产业和门珞文化旅游产业，引导和推动墨脱“造血型”产业的形成和发展；发展甘孜州乡城县和得荣县特色农牧业、文化旅游产业。组织旅游企业赴两县对接考察，策划旅游线路，邀请两县参加在广东举办的旅游推介活动，推介两县旅游产品。对口凉山州扶贫协作方面，始终坚持把产业扶贫作为增强凉山彝族自治州贫困地区造血功能的长远之计来抓，强化政策支撑、平台支撑、资金支撑、市场支撑、科技支撑，系统开展两地产业协作，有序推动产业互补。省内对口帮扶湛江、云浮方面，培育农民专业合作社和农业产业基地，每个合作社给予10万元启动资金，确保每个贫困村至少有1个农民专业合作社、挂上1家农业龙头企业；将当地的农业定位为佛山外延农业，创新产销联动合作经营模式，推动扶贫开发与外延农业实现相互发展、相互促进。

（二）落实“三个精准”，劳务协作打出“组合拳”

佛山创新劳务输出方式，探索形成精准施策、精准输出、精准稳岗“三个精准”劳务协作新模式。制定出台“五补助、四不愁、三保障、两放宽”的劳务输出“5432”（即务工有补助、生活有补助、发动有补助、企业开展培训有补助、稳岗工作队有补助；路费不愁、食宿不愁、体检不愁、工作不愁；工资有保障、权益有保障、服务有保障；年龄放宽、学历放宽）政策。全面摸排凉山州贫困劳动力务工需求，建立智能化招聘求职信息服务平台，加强人岗匹配。推动凉山州州级及11个贫困县向佛山市市级及5个区派驻稳岗工作小组，建立劳务工作站，实现招得来、留得住、安心干。省内对口帮扶湛江、云浮方面，佛山印发《关于进一步做好对口帮扶湛江市云浮市劳动力转移就业工作的通知》，推广以奖代补做法，明确对贫困劳动力与用人单位签订劳动合同并实际履行3个月以上，每人每年一次性补贴1000元，鼓励有劳动力贫困户转移就业。

（三）前后方协同加力，消费扶贫助力长远脱贫

2019年8月，佛山在全省率先出台政府采购助推消费扶贫政策。至2020年，全市440家预算单位采购扶贫产品6060.73万元，中共广东省委常委叶贞琴批示要求在全省推广佛山经验做法；全市开设线上、线下专馆专区60多个，已连接上中国社会扶贫网的消费扶贫专柜1897个，超全省联网运营专柜总数的1/3，排名全省第一；展示展销扶贫产品成效最明显，全市建成市级展销馆2个，联合对口地区先后举办5场大型展示展销活动；发动预算单位在扶贫“832”平台采购额5353.93万元，排名全省第一。2020年12月9日，在省政府新闻发布会上，佛山市专门就消费扶贫的佛山经验作介绍。在2020年全省消费扶贫专馆考评工作中，佛山市被评为最高等次“好”，排名全省第一。

对口支援墨脱县方面，2020年，佛山市在全省率先开设“林芝源”佛山旗舰店，在佛山中南农产品交易市场开辟近500平方米的墨脱扶贫产品专区，并在中南农贸市场设立墨脱县驻粤桂黔特色农产品流通交易中心。此外，依托广东东西部扶贫协作产品交易平台、墨脱特色农产品电子交易平台等，帮助墨脱农产品走出去。对口支援伽师县方面，截至2020年底，创办农民专业合作社90个，帮助伽师销售农产品超20亿元。对口支援甘孜州乡城县、得荣县方面，深化消费帮扶，通过协调佛山企业设立乡城县和得荣县农产品展销中心、组织预算单位饭堂采购两县农产品、开展“以购代捐”活动、组织两县相关人员参加网络直播培训、在佛山电视台滚动播放两县宣传短片等方式，鼓励社会各界采购两县农特产品及赴两县旅游，帮助当地群众增收致富。2018年至2020年底，共帮助乡城和得荣县销售农产品1000多万元。

（四）聚焦“两不愁三保障”突出短板，帮助贫困群众住上“安心房”

在脱贫攻坚战工作过程中。佛山聚焦稳定实现农村贫困人口不愁吃、不愁穿，保障农村贫困人口义务教育、基本医疗和住房安全“两不愁三保障”中的

突出短板，把危房改造摆在受援地区开展民生基础设施建设的首要位置。对口支援林芝市墨脱县、喀什地区伽师县、甘孜州乡城县和得荣县方面，2016—2020年，佛山共支持受援地建设小康村12个、安居富民房4.73万套，佛山累计计划外增加支持受援地7300万元建设85个民生项目。对口凉山州扶贫协作方面，2016—2020年底共投入财政援助资金6.4亿元，援建安全住房1.03万套，帮助4.18万名贫困户和边缘易致贫户解决安全住房问题；高质量建设易地扶贫搬迁集中安置点39个、彝家新寨项目19个，建成安全住房4597套，惠及贫困群众1.89万人；把援建安全住房的对象覆盖到边缘易致贫户、人畜混居户等特殊困难群体，共改造农村危房5717套，惠及困难群众2.29万人。省内对口帮扶湛江、云浮方面，佛山对长期居住危房且危房为唯一住所的对口帮扶建档立卡贫困户，在省补助和当地市、县配套的基础上，每户根据建筑面积再给予追加补助，2016—2020年共完成危房改造户数8397户，共补助资金3.83亿元，其中佛山额外追加补助9127万元。佛山对口帮扶湛江、云浮期限内，每3户相对贫困户就有1户实现住房改建，从而使相对贫困户居住条件得到翻天覆地的变化。

（五）发动社会力量，致力携手奔康

脱贫攻坚战工作过程中，佛山与伽师两地常态化开展青少年手拉手心连心、家庭结亲、乡镇结对、村企结对等活动，创新推进粤菜烹饪、咏春操、岭南舞狮进伽师等文化交流。组织南海区西樵镇松塘村上金瓯社区与41团9连开展村连结对，南海区西樵镇政府无偿支援该连进行营区规划设计，并派出3名龙狮教练帮助开展龙狮培训，促进两地文化交流。对口支援墨脱县方面，截至2020年底，佛山相关镇（街道）与墨脱县8个乡镇结对帮扶，重点在城镇化建设、精准扶贫、产业带动就业等方面开展交流、合作和帮扶。对口支援甘孜州方面，佛山社会各界及爱心人士向乡城县和得荣县捐款捐物400万元，乡城县城关小学与南海区里水镇官窑麻奢小学结对，得荣县曲雅贡片区寄宿制学校与顺德区大良顺峰小学结对。对口凉山州扶贫协作方面，佛山组织全市5个区结对凉山彝族自治州11个县，累计实现乡镇结对41对、村村结对32对、村企结对386对、社会组织结对68对、学校结对50对、医院结对29对。发动社会各界向凉山彝族自治州捐款捐物累计3.23亿元，引导企业向携手奔小康结对县实际投资12.39亿元。省内对口帮扶湛江、云浮方面，佛山率先在对口帮扶村全面推行建立村级“慈善金”，每村投入10万元启动资金，资金专项用于村内助医、助学、生产帮扶及生活救助，至2020年底，佛山所帮扶村大多成立“慈善金”。

（赖永逸　黄　健）

佛山市“十三五”经济社会发展成就

“十三五”时期是全面建成小康社会决胜阶段。佛山市全力推进稳增长、调结构、促改革、惠民生、防风险、保稳定各项工作，推动经济社会发展取得新的重大进步，地区生产总值突破万亿元大关，脱贫攻坚战取得全面胜利，决胜全面建成小康社会取得决定性成就，为“十四五”时期佛山实现更高水平发展夯实基础。

一、经济综合实力迈上新台阶，发展质量效益显著提升

2020年，佛山市地区生产总值达10816.47亿元，5年（2016—2020年，下同）年均增长6.1%。产业结构持续优化，三次产业比重优化调整为1.5 ∶ 56.4 ∶ 42.1；先进制造业增加值占规模以上工业增加值比重提高至50.2%。需求拉动总体平稳，固定资产投资5年年均增长7.7%；2020年，全市实现社会消费品零售总额3289.09亿元，5年年均增长4.9%；外贸进出口总额达5060.3亿元，5年年均增长4.4%。经济发展质量稳步提高，2020年，佛山市实现地方一般公共财政预算收入753.29亿元，5年年均增长6.2%；市场主体数量增至94万户，5年年均增长14.27%；截至2020年底，全市金融机构本外币存款、贷款余额分别达1.92万亿元、1.45万亿元，居全省前列。重点领域风险有效防范，完成国有“僵尸企业”出清任务，银行业不良贷款率稳步下降，政府性债务水平保持安全可控。全市5个区连续5年稳居全国综合实力百强区前50强，区镇经济发展活力不断增强。

二、科技创新能力持续提升，产业转型升级步伐加快

“十三五”时期，佛山市获批建设国家创新型城市，建设面向全球的国家制造业创新中心步伐不断加快，三龙湾

“十三五”期间，佛山市产业转型升级步伐加快，智能机器人产业方兴未艾。图为碧桂园博智林机器人谷

（何玉能　摄）

高端创新集聚区、佛山国家高新技术产业开发区战略地位日趋凸显，季华实验室建设居省实验室前列，实现引进全职院士“零的突破”。科技研发投入不断加大，2020年研发经费支出占地区生产总值比重达2.67%，较2015年提高0.22个百分点。自主创新能力稳步增强，截至2020年底，佛山市国家高新技术企业累计5718家，是2015年的8倍，省重点实验室增至29个，规模以上工业企业研发机构建有率提高至56%；每万人发明专利拥有量达33.94件；5年累计新增博士后科研工作站（分站）19个。知识产权保护体系更趋完善，建成广东首家、全国第五家国家级知识产权保护中心。

三、重点领域改革攻坚克难，市场主体活力有效激发

“十三五”时期，佛山市坚持以供给侧结构性改革为主线，加快重点领域和关键环节改革，推动经济高质量发展体制机制加快构建。国家制造业转型升级综合改革试点深入推进，争取国家制造业高质量发展试验区建设。完成市、区、镇机构改革，“强市、活区、实镇”改革成效初显。营商环境持续优化，深入实施“放管服”，全国创新推行商事登记24小时全自助“智能秒批”“证照联办”“一照通”改革等举措，成为全国“企业开办全程网上办”改革试点城市，企业开办全流程时限压缩至0.4天，排名全省第一，禅城区推进全国首个试点扶持政策标准化改革。土地等要素市场化配置改革深入推进，南海区中央农村土地制度改革试点取得阶段性成果，“三块地”（2015年起，南海区先后承担农村集体经营性建设用地入市、土地征收、宅基地三项改革试点任务）改革获自然资源部肯定，顺德区全国农村集体产权改革试点通过验收，并因土地节约集约利用成效好获国务院办公厅通报表扬。

四、城乡基础设施建设不断加强，城市形态品质明显提升

佛山市中心城区形态提升专项行动深入实施，两大滨水核心和八大城市功能节点（东平河和佛山水道两大滨水核心，城北门户、两园客厅、科技潭洲、枢纽西站、商贸大沥、文化老城、玉器平洲、佛山新城八大城市功能节点）加快打造，现代化、国际化大城市建设初见成效。城市更新三年行动全面推进，整理村级工业园土地1.01万公顷。特色小镇建设成效突出，禅城陶谷小镇（石湾—南庄）成为全国特色小镇建设典型经验案例，仙湖氢谷等21个特色小镇入选省级特色小镇创建名单，佛山市特色小镇数量居全省之首。乡村振兴战略全面实施，“百里芳华”乡村振兴示范带首批47个重点项目全部启动，高明区革命老区乡村振兴特别帮扶计划顺利完成，三水区推进广东省乡村振兴综合改革试点成效良好。内通外联的现代化基础设施体系建设提速，建成佛山西站和佛肇城际，高明区现代有轨电车示范线首期工程建成通车，佛山新机场选址顺利推进，轨道交通全面推进，公路建设快速推进，常规公交发展取得重大突破，佛山市成为“十三五”时期全面推进公交都市建设第一批创建城市。货物运输结构不断优化，佛山市成功入围第二批全国绿色货运配送示范工程创建城市。生态保护和环境治理持续改善，环境污染防治攻坚战取得积极成效，单位生产总值能耗、主要污染物排放量下降幅度顺利完成省下达目标，佛山市创建成为国家森林城市。

五、“双区”建设有力推进，开放合作打开新局面

佛山市参与“一带一路”建设成效明显，先后在伊朗、匈牙利、澳大利亚、南非、坦桑尼亚等地设立佛山泛家居品牌产品海外展示体验馆，美的集团等龙头企业加快海外并购和投资设厂步伐。粤港澳大湾区建设进展良好，广佛（广州市和佛山市）同城迈入全域同城化新阶段，规划共建广佛高质量发展融合试验区；全力支持深圳建设中国特色社会主义先行示范区，“深圳创新+佛山产业”开创新局面；与港澳合作不断深化，成功构建“香港+佛山”“澳门+佛山”合作机制。泛珠区域合作深入推进，携手推动粤桂黔滇高铁经济带建设市（州）由13个增加到21个。开放平台建设取得全新突破，佛山市获批设立中国（佛山）跨境电子商务综合试验区，成为国家级市场采购贸易方式试点城市，南海粤港澳合作高端服务示范区纳入粤港澳大湾区特色合作平台，高标准规划建设顺德粤港澳协同发展合作区。

六、社会事业全面发展，民生福祉不断增进

佛山居民收入稳步增加，2020年佛山居民人均可支配收入达5.62万元，5年年均增长7.9%。民生投入持续加大，财政民生支出5年累计达3055.46亿元，占一般公共预算支出的72.4%。城镇新增就业42.5万人，城镇登记失业率保持在3%以下。企业退休人员基本养老金、城乡居民基础养老金标准较2015年分别提高28%、93.5%。教育全学段全链条协调发展，教育现代化水平不断提升，完成学前教育“5080”（公办幼儿园在园幼儿占比50%以上，公办幼儿园和民办普惠性幼儿园在园幼儿占比80%以上）攻坚任务，义务教育学位大幅增加，普通高中优质多样特色发展格局基本形成，高等教育和职业教育服务能力显著提升，建成广东省现代职业教育综合改革示范市。医疗卫生事业迈出新步伐，高水平医院建设“登峰计划”深入实施，佛山市4次蝉联国家卫生城市，医疗卫生机构增长55%。公共文化服务水平不断提高，创建成为国家公共文化服务体系示范区。社会治理水平稳步提升，佛山市获评全国社会治理创新示范市，第三次获全国文明城市荣誉，大力创建全国禁毒示范城市，创建国家食品安全示范城市中期绩效评估获评最优等次，粮食安全责任省考核连续4年获优秀等次，佛山市成为全国住房租赁、利用集体建设用地建设租赁住房试点城市，实现全国双拥模范城“九连冠”（连续9次获评全国双拥模范城）。脱贫攻坚目标如期完成，对口四川省凉山彝族自治州，甘孜藏族自治州乡城县、得荣县，西藏自治区墨脱县，新疆维吾尔自治区伽师县全部实现脱贫摘帽，省内对口帮扶村全部实现脱贫退出。与黑龙江省双鸭山市对口合作深入开展并取得较好成效。新冠肺炎疫情防控取得重大战略成果，用3个多月时间实现本地确诊病例清零，实现患者零死亡、医护人员零感染战绩。

（王　英）

表1　佛山“十三五”各项指标一览表

项　目	计量单位	2016年	2017年	2018年	2019年	2020年
年末常住人口	万人	746.27	765.67	790.57	815.86	951.88
年末户籍人口	万人	400.18	419.59	436.98	461.28	473.77
地区生产总值	亿元	8756.31	9382.16	9976.72	10739.76	10816.47
第一产业增加值	亿元	135.21	133.65	144.55	160.40	164.12
第二产业增加值	亿元	5311.33	5465.70	5663.51	6088.54	6095.30
规模以上工业增加值	亿元	4671.23	4335.33	4569.02	4874.23	4650.46
第三产业增加值	亿元	3309.77	3782.81	4168.66	4490.82	4557.05
人均地区生产总值	元	117587	124108	128216	133710	114157
社会消费品零售总额	亿元	2858.76	3150.01	3425.44	3685.27	3289.09
地方一般公共预算收入	亿元	604.50	661.58	703.14	731.62	753.56
地方一般公共预算支出	亿元	695.85	774.96	806.54	941.32	1003.04
金融机构本外币存款余额	亿元	13281.61	14042.40	15372.81	16948.10	19161.40
金融机构本外币贷款余额	亿元	8717.81	9376.97	10457.65	12175.18	14507.62
常住居民人均可支配收入	元	41941	45813	49630	54043	56245
常住居民人均生活消费支出	元	30562	32648	34053	37160	36936
城镇常住居民人均可支配收入	元	43120	46849	50737	55233	57445
城镇常住居民人均消费支出	元	31303	33451	34804	37970	37664
农村常住居民人均可支配收入	元	24159	26390	28765	31503	33440
农村常住居民人均消费支出	元	16736	18262	19906	21822	22259
货物出口总额	亿元	3099.3	3153.6	3527.4	3727.7	4131.2
货物进口总额	亿元	1025.5	1203.8	1071.9	1099.9	929.1
实际使用外商直接投资	—	147167万美元	162349万美元	457288万元	511300万元	459187万元
森林覆盖率	—	—	20.87%	20.87%	20.65%	—
医疗卫生机构	个	1469	1715	1932	2097	2281
科学技术支出	万元	—	462621	546769	981555	1015580
教育支出	万元	—	1402545	1482310	1597130	1725234
各级工程中心	个	—	—	—	3079	3368
人均体育运动面积	平方米	2.18	2.18	2.18	2.53	2.81

专　记

学习宣传贯彻习近平总书记出席深圳经济特区建立40周年庆祝大会和视察广东重要讲话重要指示精神

在广东省纵深推进“双区”建设（深入推进粤港澳大湾区建设和支持深圳建设中国特色社会主义先行示范区）、深圳经济特区建立40周年改革开放再出发的重要节点，习近平总书记亲临广东视察、出席大会，发表重要讲话、作出重要指示，鼓舞人心、催人奋进。中共广东省委高度重视，把学习宣传贯彻工作作为全省的头等大事和首要政治任务，进行全面动员部署。中共佛山市委迅速落实，全力以赴、全神贯注抓好学习宣传贯彻，取得阶段性成效，相关动态被《人民日报》、中央电视台、“学习强国”学习平台等媒体关注并报道。

一、靠前组织、层层发动，以新一轮“大学习、深调研、真落实”为抓手，在全市迅速兴起学习宣传贯彻热潮

中共佛山市委主要负责人带头抓、负总责，市、区、镇（街道）三级领导班子全面动员，第一时间把总书记对广东的亲切关怀和殷殷嘱托传达到全市每一个基层党组织、每一位党员干部。

（一）精心部署，形式多样。10月14日，组织全市各级党组织和机关企事业单位收听收看庆祝大会直播。15日，召开市委常委会会议，传达学习总书记重要讲话重要指示精神，研究佛山贯彻落实意见；18日，全省传达贯彻大会结束后，紧接着套开全市传达贯彻大会，进行全面动员部署；20日，召开市委常委会会议，再次学习总书记重要讲话、重要指示精神，传达15日省委常委会扩大会议、18日全省传达贯彻大会以及《中共广东省委关于认真学习宣传贯彻习近平总书记出席深圳经济特区建立40周年庆祝大会和视察广东重要讲话重要指示精神的通知》精神，审议佛山市学习宣传贯彻“1+3”（即以佛山市委名义印发1个通知，配套“深调研”、学习培训和宣传3个子方案）总体安排；23日，召开市委工作会议，专题听取研究一周以来全市学习宣传贯彻工作组织情况，明确以“更高要求”持续兴起宣传贯彻热潮。市人大常委会、市政府、市政协、市法院、市检察院党组，以及各区委、市直各单位党组（党委）、各镇（街道）党（工）委迅速召开专题会议，认真传达学习，细化工作举措；面向全市举行专题征文活动，编印发放《总书记重要讲话、重要指示精神资料汇编》等读物，发挥镇（街道）党校、党群服务中心阵地作用，推动全市学习宣传贯彻不断走向深入。

（二）广泛宣传，营造氛围。中共佛山市委主要负责人多次奔赴各区和各部门，深入定点联系镇、革命老区村、城市社区、产业园区、公安派出所等，带头宣传宣讲，要求充分发挥党的组织优势，把基层党组织和广大党员全面发动起来。其他市领导先后下沉机关、走进基层、深入企业，通过上党课、实地调研、定点指导等方式，进行宣传解读。在全市主流媒体开设《牢记嘱托再出发》专栏，《佛山日报》每天推出1~2个版面，“佛山+”应用程序（App）、“（佛山传媒）醒目视频”应用程序（App）等新媒体精心推出海报、短视频，累计刊发（播）相关稿件697篇（条）；精准服务中央媒体、省级媒体报道，推送佛山学习宣传贯彻动态，76篇（条）被“学习强国”学习平台、广东新闻联播等媒体刊发（播）。佛山各界学习氛围浓厚、反响热烈，来自抗疫一线、村级工业园改造、乡村振兴、基层治理等领域的代表，以及佛山脊梁企业家、佛山大城工匠等，纷纷畅谈学习体会、传递奋进决心。

二、学思用贯通、知信行统一，以更大魄力、在更高起点上书写改革开放的佛山篇章

习近平总书记的重要讲话，庄严宣誓改革开放再出发、乘势而上开启全面建设社会主义现代化国家新征程，让佛山各级党组织和广大党员干部群众倍增砥砺前行的信心和干劲。从中汲取智慧和力量，重点在改革赋能、开放合作、制造业立市、党建引领方面抓落实、求突破。

（一）以思想破冰引领改革突围，在全面深化改革中增强发展动力。学习深圳特区精神，以更大决心、更大力度推动全市战略战役性改革，突出抓好顺德区建设新时代广东省贯彻落实新发展理念实验区，顺德区村级工业园改造项目累计拆除整理超4666.67公顷，提出到2021年年底累积拆除整理6000公顷、提升改造3000公顷，建设10个超66.67公顷的现代主题产业园；突出抓好南海区建设广东省城乡融合发展改革创新实验区，高标准推进10个城乡融合发展示范片区建设，加快30个自然村整村改造，累计拆除整理土地4000公顷；突出抓好三水区建设广东省乡村振兴综合改革试点，加快区内南部岭南水乡、中部千年村落、北部生态屏障三大精美示范片区建设，打造西江十里画廊精品线路，努力为全省乡村振兴提供示范样本。同时，推动禅城区争创广东省营造共建共治共享社会治理格局综合改革试点，推动高明区探索构建以"亩均效益"为核心的工业企业高质量发展综合评价体系，进一步在全市形成系统集成、协同高效的改革新局面。

（二）以开放胸怀谋划发展，深度参与"双区"建设、"一核一带一区"（珠三角核心区、沿海经济带、北部生态发展区）建设、"双城"（广州市和深圳市）联动。重点在对接广州、深圳全省"两大发展引擎"上想更多办法、抓更大机遇。全力推动广佛全域同城化。系统梳理"十三五"期间广佛同城化的进展、成效和经验，高起点谋划广佛"十四五"全域同城化发展规划；以空间布局一体化、基础设施一体化、产业发展一体化、科技创新一体化、生态环保一体化、社会管理一体化"六个一体化"为思路，以打造"1+4"广佛高质量发展融合试验区（"1"是指广州南站—佛山三龙湾片区，"4"是指五眼桥—滘口片区、大岗—五沙片区、白云—南海片区、花都—三水片区）、共建4个万亿级产业集群为突破口，以广州白云国际机场三期扩建、佛山新机场规划建设为新纽带，让广佛极点更加浑然一体。全力支持深圳开展综合改革试点。用好村级工业园改造腾出的宝贵产业空间，推动更多深圳创新成果在佛山打通"成果转化最后一公里"；支持深圳金融机构、风投机构来佛山拓展业务，引导更多佛山企业在深圳上市融资，实现深圳金融资本与佛山实体经济深度对接，助力深圳打造更具竞争力的国际金融中心。

（三）坚持制造业立市，在推动高质量发展、构建新发展格局中展现更大作为。以深化供给侧结构性改革为主线，实施制造业高质量发展"六大工程"（"强核工程""立柱工程""强链工程""优化布局工程""品质工程""培土工程"），加快实现从制造大市向智造强市的转变。把握大数据和工业互联网发展机遇，加快广东福能大数据产业园等重点园区载体建设，推动佛山制造数字化全面转型。实施好高新技术企业培育和规模化发展三年行动计划，培育更多"专精特新""小巨人"企业、"隐形冠军"企业，更好发挥企业在构建新发展格局中的重要作用。组织各区深入实施"三个一批"行动，巩固壮大一批具有强大竞争力的世界级企业，发展提升一批具有行业引领地位的创新型企业，培育打造一批具有高成长性的未来型企业，形成梯次发展良性格局。

（四）坚持党建引领，推动城市治理体系和治理能力现代化。自觉以"更高要求"加强党的全面领导和党的建设，持续深化中央和省委巡视整改以及主题教育整改，继续探索加强对一把手的监督，高标准高质量推进村（社区）"两委"〔村（社区）党组织和村（居）民委员会〕换届选举，打好基层党组织建设三年行动计划收官战，推动基层党组织全面进步、全面过硬。加强和创新市域社会治理，深入开展弱势群体关爱保护专项行动，不断提高食品药品安全监管水平，加强与华为技术有限公司等行业标杆企业在智慧城市建设方面的深度合作，持续改善人民生活品质。

三、继续在学懂弄通做实上下功夫，推动全市学习宣传贯彻不断走深走实走好

将学习宣传贯彻总书记重要讲话重要指示精神与学习贯彻习近平新时代中国特色社会主义思想结合起来，与学习贯彻党的十九届五中全会精神结合起来，与学习贯彻《习近平谈治国理政》第三卷结合起来，与学习贯彻总书记对广东一系列重要讲话和重要指示批示精神结合起来，整体贯彻落实。

（一）精心组织全员轮训。举办处级主要领导干部、市管企业主要负责人和各镇（街道）党（工）委书记专题研讨班，以及5期市管干部（含驻禅省属单位副处级以上领导干部）和各镇（街道）镇长（主任）专题研讨班。各区参照市的做法，对区管干部和驻本地市属单位科级干部进行全员集中轮训。

（二）扎实开展"深调研"和宣讲阐释。由市委、市政府主要负责人统筹抓总，市委常委、副市长分工负责，结合谋划佛山"十四五"时期发展及2021年工作，对"坚定不移贯彻新发展理念"等八大课题、"供给侧结构性改革"等21个专题进行"深调研"，将学习宣传贯彻成果转化为佛山改革发展的强大动力。在继续做好宣传报道的同时，邀请省委宣讲团走进佛山，组织市委宣讲团深入基层，推动总书记重要讲话重要指示精神家喻户晓、深入人心。

（三）做好岁末年初各项工作。坚决打赢秋冬季疫情防控这场硬仗，从严从实抓好安全生产，为"十三五"规划圆满收官创造平稳有序的社会环境。扎实做好"六稳"（稳就业、稳金融、稳外贸、稳外资、稳投资、稳预期）工作、全面落实"六保"（保居民就业、保基本民生、保市场主体、保粮食能源安全、保产业链供应链稳定、保基层运转）任务，确保全年经济实现正增长，与全省增速基本持平。全力以赴做好对口帮扶四川省凉山彝族自治州、甘孜藏族自治州，对口支援新疆维吾尔自治区伽师县、西藏自治区墨脱县，省内对口帮扶湛江市、云浮市工作，尽锐出战配合当地夺取脱贫攻坚战全面胜利。准确把握党的十九届五中全会精神，科学谋划佛山市"十四五"时期经济社会发展，在新征程上把佛山发展路子走对走实走好。

（市委办公室）

抗击新冠肺炎疫情

2020年1月21日，佛山市报告首例新冠肺炎确诊病例，至5月13日，佛山1例境外输入关联新冠肺炎确诊病例出院，佛山新冠肺炎确诊病例首次实现"动态

清零”。至2020年12月31日24时，佛山市累计报告新型冠状病毒肺炎确诊病例105例（境外输入16例），无症状感染者128例（境外输入95例）。在疫情防控过程中，中共佛山市委、市政府贯彻落实习近平总书记的重要讲话和指示批示精神，把人民群众生命安全和身体健康放在第一位，团结带领全市各级党组织和广大党员干部群众一手抓新冠肺炎疫情防控、一手抓经济发展。实现确诊病例100%治愈，患者零死亡、医护人员零感染。派出全国地市中人数最多、规模最大的援鄂医疗队支援湖北，积极调动资源确保防疫物资供应，彰显佛山担当。9月8日，佛山市疾病预防控制中心获评“全国抗击新冠肺炎疫情先进集体”、栾晓军获评“全国抗击新冠肺炎疫情先进个人”；10月21日，佛山市36名个人及2名来自省属国有企业佛山照明、佛塑集团个人获评“广东省抗击新冠肺炎疫情先进个人”、13个集体获评“广东省抗击新冠肺炎疫情先进集体”。

一、决策部署

2020年1月1日，佛山市启动并强化全市呼吸道感染病例监测预警。1月17日，召开佛山市防治重大疾病工作联席会议启动联防联控工作。1月20日，成立市防控疫情工作领导小组，全面部署安排疫情防控工作。1月21日，报告首例新冠肺炎确诊病例。1月22日，成立以中共佛山市委书记为总指挥、市长为常务副总指挥的市防控领导小组，1月23日升级为指挥部。指挥部办公室下设综合组、疫情防控统筹组、医疗救治组、宣传信息组、物资保障组、社会稳定组、社区防控组等7个工作组和7个工作专班。从市直45个单位抽调185名干部统一集中办公，组成指挥中枢。全市各级各部门执行24小时专人值班和领导干部在岗带班制度。5个区32个镇（街道）全部建立指挥领导机构和办事机构。全市公务人员提前结束春节假期，于1月27日返岗投入工作。1月28日起，全市各级党政机关、事业单位、人民团体、国有企业启动“四个一”（实行一把手负总责、组建一套专班、制订一个方案、统一一个口径）应急处置机制，各级领导班子成员分片包干、下沉一级，实行“包镇、包村、包企”，压实各级各单位疫情防控责任。

2月10日，中共广东省委书记李希前往佛山市，就深入贯彻落实习近平总书记关于疫情防控工作的重要讲话和重要指示精神，进一步做好疫情防控和复工复产工作进行调研检查。强调要认真贯彻落实习近平总书记关于疫情防控工作的重要讲话和重要指示精神，在依法科学有序做好疫情防控的前提下，科学有序组织推动企业复工复产，保持生产生活平稳有序，确保抓好党中央决策部署的经济社会发展各项工作，确保完成党中央确定的各项目标任务。要全面落实“坚定信心、同舟共济、科学防治、精准施策”的要求，做好返粤人流高峰期的疫情防控工作，把好把牢交通入口关，压实市（县）、镇（街道）、村（社区）和各企业各单位责任，严之又严实之又实细之又细抓好防控措施落地落实，最大限度阻断疫情传播渠道；压实各级党委、政府及各个企业主体责任，在确保疫情防控的前提下，结合当地产业结构和生产条件，指导企业采取灵活措施分批分类复工复产，用好用足援企稳岗措施，帮助企业解决好机器设备、流动资金、原辅料、用工等问题；全力保障疫情防控物资和生活必需品市场供应，优先支持保障相关企业提高产能、开足马力、扩大供应，组织粮食、蔬菜、肉蛋奶等生产供应，加强物资调配，全力确保重要物资供应充足、价格稳定；坚持疫情防控和经济社会发展两手抓两不误，推动“1+1+9”（第一个“1”指以推进党的建设新的伟大工程为政治保证、第二个“1”指以全面深化改革开放为发展主动力、“9”指推进9个方面重点工作）工作部署落实，切实做好“六稳”（稳就业、稳金融、稳外贸、稳外资、稳投资、稳预期）工作，高质量全面建成小康社会。

二、全面建设疫情防护网

加强城市交通要道管控，2月22日前，在进入佛山市的交通要道设置106个联合检疫站，每个检疫站配置3~5名工作人员并设立留观室或隔离区，实行24小时值守，累计排查人员883.7万人次；2月22日0时起，全面撤销市内高速公路收费站及国、省、县道106个联合检疫检查站，继续保留并优化汽车客运站、火车站的28个联合检疫检查站。开发“佛山通—电子通行证”系统，实现“一人一码”“一码通5区”。全市“电子通行证”境内登记注册人员累计超327万人，入境登记注册人员近7000人。

加强流调工作，建立完善公安疾控“三同时”（同时赶赴现场，同时开展调查，同时开展疫情处置）流调工作机制。组建2支由55名公共卫生骨干组成的市区流行病学调查联队，实行“7×24”（一周7天，一天24小时，轮班休息）小时工作制。搭建2个微网（Welink）远程会商线上会议室，开展工作人员线上流调、首席专家线上指导。创新建立“市区联动分片包干、专家指导”的二级流调工作机制，以及“医防联合会商机制”“疾控+公安协查机制”“出入境公安专干联合调查机制”“桥梁人群协查机制”“日分析”和“周评估”机制等6个机制。强化农贸市场监管，对全市562个市场、9家屠宰企业进行检查及清洁，消毒率100%。市、区、镇（街道）成立38个突发公共卫生事件应急处置小组，共1385人，严格落实“四个一”（一个领导小组统筹，一个市领导牵头负责，一个工作专班处置，一个口径上报情况发布信息）工作机制。设立76个新冠病毒核酸检测医疗机构服务点，对超52万人进行核酸检测。此外，全市16家三级医院、1家传染病专科医院、10家二级综合医院、6个疾控中心及1家第三方机构共34个医疗卫生机构具备核酸采集及检测能力。

构筑全民参与的防控体系，成立各级“三人领导小组”和村（社区）“三人排查小组”，787个村（社区）建立1551个由“网格员+警员+卫健人员”组成的“三人排查小组”，具体负责重点人员落地排查和健康服务管理工作。全市共建立787个村（社区）网格、5924个综治网格，配备专兼职网格员1.6万人。累计排查787个村（社区）超35万人，隔离观察超11万人。从市、区两级机关企事业单位选派5.98万名党员干部到村（社区）、检疫检查站开展支援工作，组织全市1.8万个党组织和29.2万名党员投入疫情防控。全市实施机关、事业单位、国有企业在职党员到社区报到制度，近10万名在职党员到居住地社区报到。推动“支部建在小区”，在物业住宅小区建立党支部，建立党员楼长队伍。发动群众参与防控，发动企业、小区、物管、志愿者等群众26.3万人，招募志愿者1.96万人，开展服务项目（活动）2.18万个。各级工会、共青团、妇女联合会等群团机关，动员所联系群众投身疫情防控。

强化医疗机构感染防控工作，组织33场次院感防控培训，线上培训超41万人次。压实医疗机构主体责任，成立感控督导员队伍，对全市各级各类医疗机构、血液透析服务机构、采供血机构开展多轮感染防控专项检查，院感防控督导3万余次。全市没有发生新冠肺炎相关医疗机构感染事件。

提供有力物资保障，建立财政应急响应机制，启动应急处置预案，筹措新冠肺炎疫情应急保障资金，全市各级财政部门落实疫情防控资金32.9亿元，其中直接投入医疗系统资金8.42亿元。统筹建立全市物资统一调拨机制，分类供应物资，突出加强定点救治医院的医疗物资保障，全面保障人流密集场所的防护物资需求，向一线防控部门发放物资3447万件。全市设置102个物资价格监测点，动态监测1207种物资价格，重点监测口罩、防护服、消毒杀菌用品等防疫用品及粮油肉菜等生活必需品的市场价格波动。启动临时价格补贴与物价上涨联动机制，发放补贴金额1739.3万元，惠及12.58万人次。

加强社会面管控和舆论宣传引导，组建涉疫风险研判小组，实行领导带班和24小时值班值守，坚持“日报告”“零报告”“日研判”，梳理出涉疫风险六大类共22个阶段性风险点。动态调整优化警力部署，加大重要时间节点、重点部位、区域巡防力度，严防各类安全事故发生。建立信息发布制度，定期召开新闻发布会。策划推出文明祭扫系列短视频、文明祭扫海报等系列融创产品。创新采取网络直播、“村村响”、“口袋书”等形式向公众宣传疫情信息。

三、全力做好医疗救治

制定《佛山市新型冠状病毒肺炎医疗救治工作方案》，严格执行早发现、早报告、早隔离、早治疗，集中患者、集中专家、集中资源、集中救治的原则。

确定市级新冠肺炎定点收治医院2家，救治床位总数3088张，占全市二级以上综合医院总床位数（2.25万张）13.71%；全市定点医院重症加强护理病房（ICU）救治床位总数350张，占收治床位总数11.33%。全市储备核酸检测人员380人、核酸采样人员2097人，组建医疗救治专家队伍210人，储备应急医疗救治队员665人。佛山市第四人民医院集中收治普通病例，佛山市第一人民医院集中收治重症病例，形成分类收治、密切联动的集中收治格局。完成佛山市第四人民医院扩建（临时）工程项目（应急救治医院）建设，建设箱式板房109间，增加床位数205张。规划准备3家后备定点收治医院。

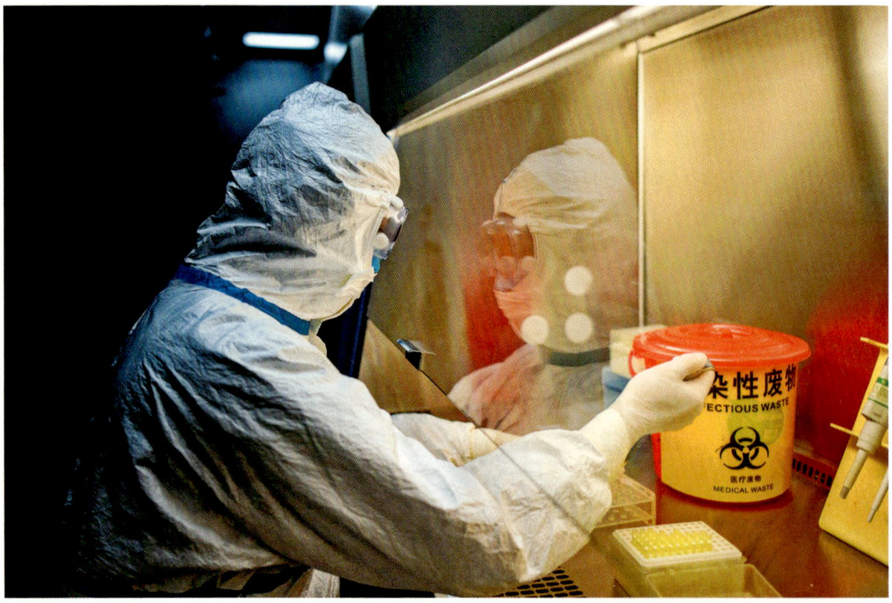

2020年，佛山市全力展开新冠肺炎医疗救治工作。图为检验人员进行核酸检测（市第一人民医院 供图）

统筹调配全市医疗资源，抽调市直及5个区157名医疗专家和专科医生，成立市级救治专家组，负责全市救治工作的指导、会诊和培训等。成立市级中医药救治专家组，派出专家进驻定点医院参与临床查房和病例诊疗，确诊病例中医药使用率97%，中医治疗有效率98.95%。公布40家发热门诊重点医院，发热门诊设置100%达标。

规范患者出院后隔离随访工作，2月8日，佛山市首次检出出院后复阳病例并及时报告，促成广东省出台关于出院患者管理的系列措施，为全国新冠病例出院管理提供宝贵经验。

开展互联网诊疗，全市10家互联网医院每日安排约200名医生上线为市民提供免费诊疗、咨询服务，累计接诊、咨询超7.12万人次。

将国家卫生健康委员会印发的《新型冠状病毒感染的肺炎诊疗方案》覆盖的药品和医疗服务项目全部临时纳入医保基金支付范围，对没有城镇职工医疗保险、城乡居民医疗保险的患者的费用，由政府财政兜底。

四、驰援湖北

佛山市先后派出5批援鄂医疗队共352人，其中赴武汉市援助341人、赴荆州市援助11人，是全国调度援鄂医疗队员最多的地级市，占广东省驰援湖北医疗队员的14%。

佛山市第一批援鄂医疗队（4人）队员参与武汉协和医院西院重症加强护理病房（ICU）病区体外膜肺氧合（ECMO）患者护理，工作的病区累计收治危重症患者95人，转出患者34人，所在的医护团队获“全国卫生健康系统新冠肺炎疫情防控工作先进集体”称号。佛山市第二批援鄂医疗队（15人）负责武汉东西湖区方舱医院C厅，每日照顾超400名病人，方舱医院运行31天，3月7日正式空舱，实现患者零死亡、医护人员零感染、安全生产零事故、进驻人员零投诉、治愈人员零复发“五个零”，是疫情高峰期开放床位多、收治患者多、运转效率高的“生命之舱”，医疗队员邓晓龙、肖强获“广东省抗击新冠肺炎疫情先进个人”称号。佛山市第三批援鄂医疗队（10人）为佛山市第一批驰援荆州的医疗队，加入广东支援湖北省荆州医疗队赴湖北荆州开展医疗救治工作，先后前往荆州区中医院、荆州市中心医院进行支援，医疗队员李永春获“广东省抗击新冠肺炎疫情先进个人”称号。佛山市第四批援鄂医疗队为广东省援助湖北应对新冠肺炎疫情第十四批医疗队（佛山），由佛山市卫生健康局副局长曾章康领队，共322人，队员来自佛山市22个医疗机构，在3小时内集结完毕，22小时内抵达武汉，整建制接管武汉市第一医院4个重症病区。40天内全队累计收治患者168人，治愈出院156人，治愈率92.9%。其中累计收治重型患者59人、危重型患者25人，累计中医药治疗149人，中医药治疗参与率88.7%。在全国抗击新冠肺炎疫情表彰大会上，医疗队员栾晓军获“全国抗击新冠肺炎疫情先进个人”称号；在全省抗击新冠肺炎疫情表彰大会上，医疗队获“广东省抗击新冠肺炎疫情先进集体”称号，医疗队临时党总支获“广东省先进基层党组织”称号。医疗队员李逸群、何明丰、卢健胜、梅婷、谭俊锋等获“广东省抗击新冠肺炎疫情先进个人”称号，卢健胜获“广东省优秀共产党员”称号。3月6日，佛山市第一人民医院临床营养科主任潘文松作为佛山市第五批援鄂医疗队，加入广东省援助湖北应对新冠肺炎疫情第二十六批医疗队驰援湖北荆州，并作为该批队领队圆满完成任务。

五、有序推进复工复产复学

疫情发生后，口罩、防护服等防护物资需求激增，全市口罩、防护服生产企业及其上游的原材料厂商在春节假期全力投入生产防护物资，进入“紧急生产”模式。2月5日，发布《关于积极应对新型冠状病毒感染的肺炎疫情支持企业共渡难关的十条政策意见》，同月14日，成立以中共佛山市委书记、市长为“双组长”的推动企业有序复工复产领导小组，并于18日出台推动企业有序复工复产十条指导意见，取消以疫情防控限制企业复工复产的审批、备案等行为，明确企业复工复产无需批准、无需签订承诺书，不得要求返岗员工提供健康证明。之后，各部门陆续发布《关于加强金融服务助力企业复工复产促进经济平稳发展的实施意见》《关于全市交通运输系统应对新冠肺炎疫情支持企业复工复产十大措施的通告》《关于应对疫情支持科技企业稳定发展的若干措施》《关于支持企业复工复产及用工保障的通告》《佛山市推动建筑业企业、房地产销售中心及建设工程复工复产工作方案》《关于支持水利工程建设领域加快复工复产十条措施的通知》《佛山市推动餐饮业有序复工复产工作指引（试行）》《关于印发应对疫情支持企业复工复产稳定发展的若干政策措施的通知》等一系列配套政策文件。2月29日开始，全市餐饮业实行疫情风险分区分级动态管理，逐步恢复堂食服务。至2月29日，全市规模以上工业企业复工率率先达100%，至3月中旬，员工返岗率和工业用电量恢复程度超九成。3月2日起，全市符合要求的公共文体场馆和旅

表2 **2020年新冠肺炎疫情佛山市援鄂医疗队情况表**

单位：人

批　次	出发时间	返回时间	人　数	驻　点	主要工作情况
一	2月7日	4月8日	4	武汉协和医院西院	所在病区累计收治危重症患者95人，转出患者34人
二	2月9日	3月20日	15	武汉东西湖区方舱医院	所在的方舱医院C厅每日负责照顾超400名病人，方舱医院运行31天，3月7日正式空舱
三	2月11日	3月20日	10	荆州区中医院、荆州市中心医院	在荆州区中医院期间，与当地医疗力量共同收治46名轻型、普通型新冠肺炎病人及疑似新冠肺炎病人；在荆州市中心医院ICU病房期间，与当地医疗力量和广东医疗队共同救治患者183人，其中重症患者47人、危重症患者19人
四	2月13日	3月23日	322	武汉市第一医院	40天内全队累计收治患者168人，治愈出院156人，治愈率92.9%。其中累计收治重型患者59人、危重型患者25人，累计中医药治疗149人，中医药治疗参与率88.7%。
五	3月6日	3月20日	1	荆州	所在的荆粤临床营养抗疫小分队进行营养查房和营养评估60余次，提供肠内营养餐294人次，并完成建立营养标签制度等工作，

游景区开始分区分级有序开放，7月14日恢复跨省（区、市）团队旅游。至3月初，全市孵化器（含众创空间）、新型研发机构、创新团队及高新技术企业等5071个重点服务的科技型单位实现正常运作。至4月底，全市建筑工地和房地产销售中心复工率100%，房地产从业人员到岗率99.43%，6月底，全市房屋建筑工地工人返岗率130.46%。

在推动复工复产过程中，佛山市把复工复产与企业"暖春行动"结合起来，落实市、区、镇（街道）三级领导挂点企业和派驻重点企业联络员的工作制度，安排3000多名企业联络员，挂点联系2万多家企业，帮助企业复工复产。启动企业口罩申报快捷通道，全市口罩申购企业近17万家次，发售口罩2180万个，通过"暖春行动"为企业赠送口罩356万个。为中小微企业和个体工商户减免租金超8500万元；供电供水燃气部门减免费用6.7亿元；落实社保费退费政策，为企业减负超73亿元，返还失业保险金2.3亿元，惠及超10万家企业。组织专列专车1000余班次，接回务工人员超10万人。全市银行机构通过稳贷措施支持2.6万家企业，累计金额约1530亿元。协调市内外产业链配套企业2000多家。为超4000家出口企业办理超52亿元退税。支持企业复产、满产、扩产、转产防疫物资，协调2253家市内外上下游产业链企业复工复产，协调金融机构对防疫物资生产企业提供26亿元授信额度。策划"促消费、惠民生"消费促进月活动，发放消费券3.64亿元，拉动消费11.7亿元。创新推动线上消费，通过企业直播带货、领导直播推荐、平台强势引流等形式，开展一系列线上展销活动。通过有序推进复工复产，稳企业保就业，应对疫情及外部环境变化对经济运行的冲击，实现全年经济正增长。

根据省教育厅统一部署，佛山市首批高三、初三年级学生于4月27日返校。5月11日起，高一、高二年级，初一、初二年级安排学生返校；具备条件的大专院校陆续安排毕业班学生返校。5月18日起，小学五、六年级安排学生返校；大专院校其他年级、技工院校、中职学校根据生源特点、疫情防控情况、防控物资准备情况，安排学生分期、分批、错峰返校。5月25日起，小学一至四年级安排学生返校。6月2日起，具备开园条件的幼儿园陆续开园，安排幼儿分期、分批返园；特殊教育学校学生各区及学校自主确定返校复课。为推进返校复学，严格落实属地责任制和区、镇（街道）领导蹲点包干挂钩学校工作机制，设立卫生健康副校长和卫生健康联络员，实施大规模核酸检验。做好师生返校复课物资保障工作，提前向市属学校一次性提供防疫物资215.6万件。免费向全市787个村（社区）投放118万个应急口罩。成立学生心理危机疏导与处置工作专班，开展中小学心理健康"1+8+10"活动（即开设1条亲子沟通咨询专线，开展组织动员、工作架构、精准排查、阳光校园活动、课程建设、全员培训、家长指导、开通援助热线8个活动，实施家访10条指引）。开展师生心理健康状态排查约120万人次，组织约300万人次参与"复学第一课"网络教学。成立市高考、中考安全工作专班，全方位服务好考生，确保考试平安顺利。全市完成1650所学校（含幼儿园）、140.5万名师生返校复学工作。

六、服务大局助力全国抗疫

优先保障国家、省下达的防疫物资调拨任务，交付口罩1508.2万个、医用防护服9.5万套、防护面罩10.32万个、隔离衣1.1万件，向省交付熔喷无纺布51.4吨，满足广州、珠海、中山等15个城市25家企业的生产需要。按时将承担的全省任务五分之一的2000件医用防护服交付发往武汉。选派30名护理人员赴广州白云机场口岸支援病毒核酸检测工作，6月12日撤离机场，采样对象共检测出核酸阳性5人，抗体阳性22人。实行疫情重点国家外事工作专班实体化运作、24小时值班工作机制，做好重点国家人员管理服务工作。构建市领导包区、区领导包镇（街道）、镇（街道）领导包村（社区）的工作机制。组建"3+2"（卫健、社区、公安、外事、志愿者翻译）服务团队481人，设立24小时外事服务热线，市、区两级共同成立由39人组成的外国籍志愿者队伍，推动"中外互助""外外互助"共同抗疫。

各社会团体组织、党内外各界人士通过佛山市红十字会捐款2019.64万元，捐赠物资价值2220.42万元。引导广大民营企业支援抗疫一线，组织佛山企业捐款捐物，包括向武汉火神山医院、武汉雷神山医院捐赠家电产品、集装箱病房、测温摄像头；向湖北省捐赠一批消毒柜与集成灶；向郑州市捐赠新型冠状病毒隔离病房建设所需的给排水管道；等等。向西藏自治区墨脱县、新疆维吾尔自治区伽师县、新疆生产建设兵团第三师41团、黑龙江省双鸭山市等18个帮扶（支援）城市援助防疫物资超16万件。

（市新冠肺炎疫情防控指挥办　市卫生健康局）

村级工业园升级改造取得阶段性成果

佛山市高度重视村级工业园整治提升，通过村级工业园改造，力促在产业空间、生态文明和城市形态上"再造一个新佛山"，为佛山提供优质的生产空间、生活空间和生态空间。"十三五"期间，佛山累计完成村级工业园地上物拆除4906.67公顷，"工改工"（工业改工业）已动工建设超666.67公顷，新建在建厂房建筑面积超2200万平方米。2020年，佛山市通过建立信息化对接平台、召开网上推介会等方式，共引入"村改"项目292个，计划总投资3306亿元，成功引进深圳宝能、珠海华发、海天集团、百度（中国）等企业项目。

一、突出顶层设计，强化"多规合一"与"市级统筹"，夯实"村改"工作基础

开展全市工业区普查工作，对全市工业用地总量及分布现状进行摸查，重点对村级工业园的分布和现状进行调研，并纳入全市统一的信息化平台，实现"一本台账一张图"管理。对接产业发展保护区等多项专项规划、实施多规

合一，做到“一张蓝图干到底”，严守“产业底线”与“生态底线”。编制《佛山市产业发展保护区划定》，制定《佛山市城市棕线管理办法》，全市共划定352个产业发展保护区，保障全市产业用地规模不少于350平方千米，其中位于城市棕线内的村级工业园占村级工业园总面积的53%，在“村改”中严格落实产保区管理要求，为产业转型提升预留充足的土地空间。同时，“村改”与城市绿线、蓝线等专项规划充分衔接，落实国土空间规划“三线”（生态保护红线、永久基本农田、城镇开发边界三条控制线）要求，严守“生态底线”。加强市级统筹，印发《佛山市村级工业园整治提升实施方案（2018—2020年）》，明确总体工作目标和阶段工作任务。将市域村级工业园按改造类型分为“拆除重建”“综合整治”“复垦复绿”“功能转变”四大类，重点推进拆除重建类（“工改工”）和复垦复绿类改造，将年度完成任务情况纳入各区绩效指标体系进行考核。

二、完善城市更新和村级工业园改造政策，最大限度释放政策红利

出台《佛山市人民政府关于深化改革加快推动城市更新（“三旧”改造）促进高质量发展的实施意见》，共提出26项改革措施，解决土地权属复杂、改造路径单一、改造成本高、拆迁清理难、各方利益难以平衡等难题，破解历史遗留问题和体制机制藩篱。在市级政策统筹下，南海区以建设“广东省城乡融合发展改革创新实验区”为抓手，在利益分配机制、土地开发管理、项目审批服务等方面大胆改革探索，试行混合开发、联动改造等政策；顺德区以建设“广东省高质量发展体制机制改革创新实验区”为契机，率先推动村级工业园改造做法，为各地提供“顺德样本”；顺德区创新出台“村改”各类配套文件90多份，形成较完备的村改政策体系，用实践解开企业家们最关心的规划调整、土地出让、容积率调节、项目报建、企业腾挪、扶持奖补、审批服务等疑虑，针对与土地利用总体规划不符问题，创新实施区内平衡调整土规，创造性地整理出566.67公顷可用于调整的用地规模，解决部分改造项目土地规模不足问题。

三、深化“放管服”，下放事权提速增效

利用好省级改革创新平台，全面支持顺德区建设省高质量发展体制机制改革创新实验区和南海区建设省城乡融合发展改革创新实验区，进一步简政放权，市分别向顺德区、南海区委托7个事项审批权限及调整2个事项管理权限。推行“限期审批”“否定报备”“容缺受理”“信任审批”等制度，深化纵向“一竿子”、横向“一次过”高效审批机制。全年顺德区通过“一次过”审批方式审议通过87个“村改”项目，涉及面积2841.2公顷，审批改革助力“村改”纪录不断刷新：龙江镇仙塘项目9天办好建设手续，首期厂房90天封顶；容桂街道华腾芯城项目，6天实现动工。

四、探索总结城市更新模式，助力经验推广和复制

经过长期实践创新，佛山市以南海区、顺德区为代表探索出多种城市更新模式，对各区的改造经验与做法进行归纳总结，共梳理出具有佛山特色的10种城市更新模式，印发《佛山市城市更新模式总结借鉴》，形成项目推进实施指南，为城市更新和“村改”工作提升提供案例库、武器库。

五、坚持市场化补偿与强执法查处相结合，法理并用化解拆除难题

在“村改”工作中坚持以强执法开路、以市场化协商补偿和执法查处相结合，对落后产能形成高压态势。出台灵活运用快查快处违法用地政策，整合环保、应急、市场监管、税务等部门联合执法，对存在安全生产隐患和环境污染问题的企业“零容忍”，倒逼企业主动协商退出。建立市场化的退出补偿机制，通过科学核算成本，规范补偿程序，与园区业主和企业协商解除租约，保障其合理合法权益，以政策引导园区企业自主改造，按“奖励先改，倒逼后改”原则，实行竞争性申请，倒逼村（社区）、企业主动参与改造，在稳定中清退落后企业，减少工作阻力。妥善安置园区优质企业和产业链必要环节企业，如顺德区建设周转园区，转移安置村级工业园中的优质小微企业和骨干企业的产业链配套企业，尽量安排企业就近搬迁。

六、加大财政扶持力度，坚持新增效益反哺村集体

加大财政扶持力度，创新利用金融产品支持“村改”工作。自实施“村改”工作以来，全市共拨付“村改”扶持经费28.38亿元；除直接资金扶持外，顺德区还创新用好“村改贷”等金融产品，化解“村改”项目资金需求压力，减轻村（社区）集体承担的土地物业清退整理费用负担，累计发放“村改贷”扶持经费1126.64万元，推动融资机构批贷24.81亿元。建立健全村集体长效保障收益机制，通过提高土地出让金和物业返还比例等措施提高村民收入，保障村集体长远发展和村民长远收益。

七、加强“村改”工作机制建设，加派业务骨干下沉基层

通过加强党建引领，实现挂图作战，支持各区精兵强将下沉“村改”一线。其中，顺德区把“村改”确定为区、镇（街道）两级书记“一把手”工程，建立“一把手”负总责的工作机制，选优配强农村“头雁队伍”，以高质量党建引领“村改”高效率开展，全区组织近1000名干部奋战在“村改”一线战场，抽调骨干精英组建区、镇村级工业园改造工作领导小组办公室，统筹各部门等专业力量，实体化运作、常态化运行。南海区将“村改”作为2020年推进城乡融合发展的重要内容，与各镇（街道）负责人签订责任状，从区直各单位、各镇（街道）选派200名以上优秀干部下沉到村改一线，各级干部勇当村改的“战斗员”、创新发展的“排头兵”，确保各项工作衔接有序、高效推进。

（市自然资源局）

夜间经济服务业态全面发展

2020年，佛山市高度重视发展夜间经济，在新冠肺炎疫情防控常态化情况下，通过建立常态化报送机制，实行月度动态跟踪，多次组织召开夜间经济专题座谈会、现场调研及现场工作推进会等会议，引导和推动各区加快夜间经济集聚区和示范点提升建设，全力激发夜间消费市场。年内，佛山市成功入选全国夜间经济城市20强，创意产业园夜间经济集聚区入选2020游客喜爱的十大夜市之一，夜游、夜赏、夜宴、夜读等夜间经济服务业态全面发展。

一、培育和提升夜间经济载体建设，城市发展新名片进一步擦亮

禅城区成功入选“2020中国夜经济繁荣百佳县市”榜单第五名，鄱阳城众创小镇入选佛山市夜间经济示范点，引进商家20多家。创意产业园夜间经济集聚区规划建设网红粤菜餐饮博物馆、立体停车场、创建A级旅游景区、灯光艺术升级工程、网红星光大道LED天幕等多个项目，一期步行化改造完成，二期稳步推进；岭南天地等夜经济示范点引入粤剧演出团队禅山戏曲艺术团，开展定期系列性的粤剧戏曲演出交流活动，重磅打造全年最值得期待的岭南天地光影艺术季、“岭南天地周年庆疯买节”等活动。

南海区获“中国最具幸福感城市（城区）”和“企业家幸福感最强市（区）”，重点打造的2个夜间经济集聚区具一定商业规模，千灯湖商圈业态拥有全国零售百强企业超32家、南海首店超20家；广佛智城商圈夜间经济集聚区（包括广佛智城示范点）1—11月累计实现消费客人流超2200万人次，圈内商户总体营业额超24亿元，整体出租率90%以上，直接和间接带动税收超3亿元，带动就业人口超2万人。

顺德区发展夜间经济势头迅猛，华盖路—清晖园夜间经济集聚区实施华盖里片区和金榜—莘村片区改造、谋划清晖广场等项目，顺峰山公园—华侨城欢乐海岸PLUS—金凤凰—渔人码头夜间经济集聚区打造“寻味顺德”特色小镇、中心城区品质提升、德胜河“一河两岸”特色景观，截至12月，“寻味顺德”小镇项目累计完成投资11.12亿元，核心区顺德华侨城欢乐海岸PLUS于12月24日实现全业态开放。顺德光影文化展项目获得第四届中国文化旅游产业巅峰大会“最佳文旅融合夜游创意奖”和中国照明学会中照照明工程设计“优秀奖”，顺德金凤凰广场“凤凰涅槃”夜景获2020年度RICS（英国皇家特许测量师学会）中国奖年度建造项目入围奖，成为城市夜景新名片。

高明区率先出台夜间经济发展行动计划，高标准谋划打造西江产业新城美丽乡村河鲜美食风情街和常安食街夜间经济集聚区，西江产业新城粤菜美食集聚区项目累计完成49%，原舍民居、文创商街、粤菜博物馆、瞭望塔、文体中心桩基完成80%；常安食街夜间经济集聚区将华盈广场700平方米停车场改造烧烤发展“深夜食堂”，常安食街至华盈广场商圈平均每晚客流量近3000人次，新亨广场平均每晚客流量近5000人次，京柏城、中港广场平均每晚客流量均近6000人次。

三水区全面完善夜间经济工作领导架构，出台推动夜间经济发展行动计划的政策文件，全面启动三水新城夜间经济集聚区景观提升工程，开展“一轴一带”两侧保利中韵花园、中景花园、中荷花园等项目亮化工程建设。在新动力广场、恒福广场、三水广场等夜间经济示范点举办多种夜间刺激消费的活动，夜间人流量大幅增加。

二、推动夜间业态多元化发展，夜间沉浸式体验进一步优化

加快创建佛山餐饮品牌。组织开展佛山餐饮名店、名菜（点）的创建认定活动，评审出全市75个粤菜名店以及131个名菜、名点，共奖励资金1762万元。加快推进高品质粤菜美食集聚区建设，规划打造8条美食集聚街区，下达4400万元财政资金保障美食集聚区顺利推进，南海区怡海港美食集聚区成为新晋网红打卡点，餐饮店铺开业率达79%。

推出“三龙湾夜游”。突出佛山极具岭南文化特色的文化底蕴，强化夜间游船的顶层设计和规划，推动实施游船路线夜景亮化核心段与关键点建设、游船码头关键运营配套设施建设、过渡期船舶采购改装、特许经营权采购、确定游船项目运营主体等工作，夜间游船首发线路于2020年9月29日试航，全面对外开放运营，成功构建佛山滨水空间“三岸一体”夜间景观新格局。

提升城市夜间靓化水平。围绕夜间经济集聚区的商圈、主干道、广场等重要节点，加强周边城市道路的路灯建设和管理，实现建成区城市道路装灯率100%，亮灯率99%以上的工作目标。加强重要节点周边城市道路的日常巡查和维护，加快提升城市净化、绿化、靓化水平。国瑞升平古建筑外墙声光电动态

2020年12月24日，顺德华侨城欢乐海岸PLUS实现全业态开放　（鲁兆辉　摄）

投影项目于“五一”期间投入使用，汾宁古道项目东西两端商铺改造动工。顺德顺峰半马健身步道、顺德光影文化展二期提升、德胜商务区亮化提升、德胜中轴景观带夜景照明、金凤凰广场夜景照明等一系列工程相继完工。

打造夜购消费商圈。合理布局高端国际品牌商圈和小精品夜市商铺，加强商业网点规划与城市空间规划、城市轨道交通规划、产业规划及其他专项规划衔接，着力引导城市商圈街区合理化、差异化布局，打造一批高品质商圈和特色街区。2020年8月，禅城区佛山岭南天地步行街（商圈）、佛山创意园步行街获首批“广东省级示范特色步行街（商圈）”称号。

鼓励景区实施夜间开放。对延长夜间开放时间的景区给予一定的资金扶持，鼓励景区开发夜间文旅项目，顺德华侨城欢乐海岸、高明美的鹭湖、盈香生态园、岭南天地、创意产业园等景区通过延长开放时间，提供夜间体验主题活动，不断增强夜间游乐产品的吸引力。举办佛游味劲——2020年全域旅游畅玩佛山金秋文旅产品发布会，公布佛山首批十大夜游地和首批研学旅行基地，举办“禅城旅游·消夜节”活动，联合各大餐饮商家向市民游客派发海量霸王餐、代金券，激发夜间经济活力。国庆中秋期间，全市接待游客694.27万人次，按可比口径增长5.06%，其中，过夜游游客47.30万人次，按可比口径，比上年恢复75.44%，一日游游客646.97万人次，按可比口径增长8.05%；全市旅游收入22.75亿元，按可比口径增长2.72%。

持续提升夜间演艺水平。宋城·西樵山岭南千古情景区（佛山千古情）项目计划总投资10亿元，2020年计划投资2.4亿元，累计完成总投资计划68.90%。佛山粤剧院项目高效有序推进，计划于2021年底竣工试运行。成功举办艺游佛山云上音乐会祖庙、梁园2个专场演出，佛山市演艺中心全年举行各类型文化艺术活动120场次，其中舞台艺术惠民演出40场次，佛山大剧院、琼花大剧院等各大剧场夜间演出精彩不断。

完善夜间健身娱乐设施。全市建有各类室内外体育场馆（场地）2.07万个，其中健身房606个、篮球馆340个、攀岩馆3个、射箭馆4个、卡丁车馆3个、滑冰场1个。全市健身步道达1681千米。全年完成建设社会足球场地102块，全市足球场地总数达922块，累计完成新建或改造社区体育公园11个，实现全市村（社区）体育健身设施全覆盖，并向市民派发体育场馆免低费补助等惠民优惠券超200万元。

加快高端文化场馆建设。广东大观博物馆和佛山市岭南金融博物馆于2018年启动“大观仲夏奇妙夜”活动，开展夜间开放模式。2020年6月起，市文化馆每周向私伙局等团队开放夜间使用场地，累计夜间使用18417人次。高标准建设“两馆一厅”（佛山市美术馆、佛山市展览馆、佛山市音乐厅）项目，打造一批文化新地标，截至2020年底该方案设计开展一轮评审、建筑设计邀请竞赛，向公众开展参与活动。市博物馆新馆通过消防验收，土建及智能化设备、机电安装等室内项目基本完成。

优化夜读学习环境。市图书馆主馆夜间开放总面积5400平方米，夜间提供总书刊近25万册（件），阅览坐席586个，读者用计算机31台。市联合图书馆成员馆数量发展至332个，其中80%的成员馆提供夜间开放服务，248个智能图书馆凭借无人值守、自助借还的特点成为佛山图书馆夜间阅读的主力，全市夜间（18：00以后）开放的成员馆184个，其中开放至22时的169个，开放至零点的2个。

打造特色精品民宿。举办“悦岭南、宿佛山”——佛山首届“旅游达人”民宿体验活动，在携程旅行网正式上线佛山全域旅游体验馆，为游客提供全面的佛山旅游攻略和精品线路。加强对民宿的资金扶持，全市有107个民宿项目获扶持，扶持金额703.5万元。截至12月，全市建成并营业的民宿190家，比上年新增63家。

三、落实更加宽松的支持政策，夜间市场活力进一步增强

实施包容审慎监管政策。明确放宽夜间摆卖管制，20时至24时在特定夜间经济区域内放宽流动商贩摆卖管制，如顺德区均安三华商业街放宽特定区域的摆摊限制，在不影响交通秩序，不扰民的前提下，允许特定区域分时段临时摆摊设点；同时适度放宽夜间经济集聚区和示范点夜间摆卖的市容管理考评力度，在城市管理考核评比夜间检查时，对在红线范围内开展的“外摆位”，不再进行扣分。全面推行公共场所卫生许可告知承诺制，取消对新（改、扩）建的公共场所的选址和设计进行卫生审查和竣工验收，免除卫生管理人员培训证明、从业人员培训证明及部分场所卫生检测报告等申请材料的提交，实施公共场所卫生许可证一次性告知审批条件和所需材料制度。畅通环境评价审批渠道，明确餐饮、娱乐场所纳入豁免环评手续管理，无须办理环评手续，对于其他类需要办理环评审批手续的项目，推行“互联网+政务服务”全网上办理模式。加大夜间经济聚集区和示范点区域的道路清扫保洁力度、延长保洁时间，夜市结束后及时清扫路面，根据实际需求适时、合理调整生活垃圾的收运频次，确保垃圾收运“日产日清”。

完善夜间配套保障体系。深入挖掘道路停车空间，选择具备夜间停车条件的路段设置交通标志，实施夜间限时允许停车便利举措，明确允许夜间停车的具体时段，对夜间违法停车进行弹性执法，对于夜间21时至次日7时前停放在内街小巷、居民聚集区且不影响其他车辆通行的，以疏导教育为主、强制处罚为辅。支持集聚区和示范点自建自营立体停车场，明确机械式停车设备按照特种设备进行安装管理，免办理建设工程规划用地、施工许可等手续。优化串联起夜间经济集聚区和中心城区范围内的公交线路，如禅城区开通“夜经济1路”辅助公交线路，南海区延长263短线、279线、广州南站快线（原快3）三条常规公交线路的运营服务时间至零点以后，线路覆盖跨越南海至禅城的多个夜间经济集聚区或示范点，顺德区增加途经清晖园、华侨城、顺峰山公园、渔人码头等夜间经济重点区域的27条公交线路运营班次。

加强资金扶持力度。市级运用佛山市扶持商贸流通业创新发展专项资金，支持夜间经济集聚区和示范点建设，对经认定的夜间经济集聚区和示范点新建、改造提升基础设施或丰富夜间业态的项目给予扶持，全年有10家企业获得夜间经济发展专项资金扶持，合计扶持金额76.83万元。各区加大财政支持力度，顺德区安排专项资金1.76亿元、0.8亿元，分别用于中心城区和佛山新城的景观提升改造和夜景亮化工程，三水区财政共安排资金3570万元用于扶持集聚区或示范点硬件设施提升，让城市美起来。明确符合条件的亮化工程非经营性用电直接接入城市公共电网，确保及时满足亮化工程用电需求。

策划开展系列夜市活动。率先在全省实施全市范围的“促消费、惠民生”主题月活动，带动电商平台、行业商家配套开展多种促消费活动，全市（含5个区）共计发放消费券金额4亿元，经测算消费券活动产生的直接交易和衍生交易共计拉动消费超过20亿元。配套举办多场大型文旅宣传活动，举办“佛游味劲·十大精品线路”评选活动、2020广东省夜经济暨暑期消费促进活动及广佛购物嘉年华活动的启动仪式，把美食、美景和夜间体验等资源串珠成链，掀起夜经济消费的热潮。引导各区创新形式举办促进夜间消费的活动，禅城区举办首届夜市文化节活动，配合串联各大商家开展夜市消费活动；南海区联合策划各镇（街道）领导组成“带货天团”上线直播，直播累计促成下单2.2万多笔；顺德区开设“顺德之夜”宣传专栏，在顺德发布抖音号开辟“顺德越夜越精彩”专题，持续更新顺德夜经济相关动态；高明区举办“我为高明代言”首场直播活动累计吸引36.9万人次观看，开发“一部手机游高明”小程序，鼓励景区和酒店联手打造“一票通”集成服务，“五一”期间实现旅游收入4051万元；三水区承办三水2020年新年音乐会等活动。

优化夜间消费维权环境。举行2020年“3·15”“凝聚你我力量·放心消费在佛山”新闻发布会，举办佛山市“2020年放心消费体验行”系列活动。畅通投诉举报服务渠道，建成“佛山市放心消费数据分析应用系统”项目，完成市“12345”平台与全国“12315”平台数据对接。

（市发展改革局）

乡镇街道体制改革

2020年1月，佛山市贯彻中央关于构建简约高效的基层治理体制和推进基层整合审批服务执法力量的要求，落实中共广东省委、中共佛山市委关于深化乡镇街道体制改革、完善基层治理体系的部署，启动深化乡镇街道体制改革，通过合理下放管理职权、优化机构设置、健全运行机制、完善保障体系等一系列改革措施，推动各项改革任务落地见效。截至2020年底，全市乡镇街道体制改革全面完成。改革后，镇（街道）党（工）委的领导核心作用进一步强化，镇（街道）为民服务能力进一步提升，基层治理体系进一步完善，基层治理效能进一步提升，体制改革对镇（街道）经济社会发展的推动作用进一步显现。

一、坚持统筹推进，确保改革平稳有序

在前期准备阶段，中共佛山市委编办深入各镇（街道）开展实地调研，对镇（街道）的基本情况、存在问题及困难进行摸底了解，通过机构编制分析研判和座谈走访等形式，对各镇（街道）的职能配置、机构运行、力量配备进行“全科体检”和“把脉问诊”。围绕深化乡镇街道体制改革，全市机构编制部门开展调研165次、召开专题研讨工作会议207场次，形成改革相关内部报告及信息材料189份，谈话干部2000余人次。市、区两级分别组建改革专班，建立健全沟通协调直联机制，机构编制、组织、政法、司法、财政、政务服务数据管理等部门研究出台配套文件，指导规范涉改的各个方面和环节。2020年7月23日，中共佛山市委编委向各区印发《深化乡镇街道体制改革完善基层治理体系实施方案》，8月15日前基本完成改革目标任务。

二、合理下放管理职权，服务改革发展

根据镇（街道）的发展定位，将直接面向社区、企业和群众，量大面广、标准明确、镇（街道）需要且能接得住管得好的区级经济社会管理权限下放镇（街道）行使，重点下放自然资源、生态保护、市场监管、卫生健康等方面综合行政执法类权力事项。市政府发布乡镇街道综合行政执法工作公告，全市各区调整由镇（街道）实施的行政执法事项3632项。通过持续加大向镇（街道）放权赋能力度，进一步激发镇（街道）经济社会发展活力和基层创造力，提升为民服务水平。

三、统筹规范机构设置，兼顾本地特色

全市各镇（街道）设置机构12～13个，除省规定必设6个综合性办事机构和综合行政执法办公室外，还统筹设置宣传文体旅游办公室、卫生健康办公室等6～7个因地制宜机构。上级部门派出（驻）在镇（街道）、实行双重管理的机构4个。改革后，基层治理体制机制更加完善，镇（街道）治理效能得到提升。

四、健全统一领导机制，提升治理效能

各镇（街道）党（工）委建立综合治理委员会、公共服务委员会、综合行政执法委员会3个统一指挥协调工作平台，负责相应领域工作的统筹决策、指挥协调、指导监督。上级部门派出（驻）在镇（街道）的双管机构和其他组织等各类资源力量全部纳入工作平台统筹管理。改革后，镇（街道）党（工）委统一领导机制得到进一步加强，基层党组织在基层治理工作中的领导核心地位更加凸显，提升镇（街道）党（工）委组织力，强化党的基层阵地。

五、推动编制资源下沉，充实镇（街道）力量

通过统筹调剂、“减上补下”，省、市、区向镇（街道）下沉4000多名编制。其中，省下达佛山市用于行政执法工作的2000多名编制直接分配到镇（街道），占92.5%；各区下沉镇（街道）2000多名编制，基层综合行政执法和安全生产等重点领域工作力量得到全面加强。

（市委编办）

2020年佛山大事记

1月

1日

△《佛山市计划生育特殊家庭精准扶助实施方案》施行，有效期5年，提出为全市计划生育特殊家庭提供家庭医生、免费体检、辅助再生育、心理关怀等10项精准扶助服务。

2日

△佛山市印发《“健康佛山2030”规划》，提出在2020年全面建成卫生强市；到2030年基本建成健康环境、健康人群和健康社会和谐统一发展的健康促进型社会，健康服务业总规模2100亿元以上。

3日

△中共佛山市委书记鲁毅主持召开2020年第一次市委书记专题会，听取贯彻落实中共广东省委、省政府“1+1+9”（第一个“1”指以推进党的建设新的伟大工程为政治保证、第二个“1”指以全面深化改革开放为发展主动力、“9”指推进9个方面重点工作）工作部署重点项目情况汇报，研究下一阶段工作。梳理出十大类55个重点项目，以工作项目化、项目清单化、清单责任化抓好项目落实。

6日

△佛山市公布2019年第一批（总第一批）317名佛山市人才分类认定名单，其中广东德美精细化工集团股份有限公司陈秋有获认定为A卡人才，另有37人获认定为B卡人才，279人获认定为C卡人才。此外，佛山市原有的7名高层次人才（分别是佛山科学技术学院文安，季华实验室任建岳、叶恒强、周辉，广东中鹏热能科技有限公司万鹏，佛山峰合精密喷射成形科技有限公司杨云峰，广东德美精细化工集团有限公司徐龙鹤）自动获认定为A卡人才。

7日

△法国驻广州总领事周丽君率法国企业代表到访佛山。佛山市市长朱伟会见周丽君一行，并就加强佛山与法国在经济、文化、教育，以及友好城市建设等多领域的合作进行沟通交流。

8日

△佛山市举行第二届佛山高新技术进步奖表彰大会，锂离子电池正负极浆料自动连续化成套生产线等58个项目获第二届佛山高新技术进步奖，日丰企业集团有限公司副总裁李白千等6人获第二届佛山高新技术成就奖。

9日

△中共佛山市第十二届委员会第九次全体会议召开，全会听取和讨论中共佛山市委书记鲁毅代表市委常委会所作的报告和佛山市市长朱伟关于经济工作的专题讲话，审议通过《中共佛山市委贯彻落实〈中共中央关于坚持和完善中国特色社会主义制度、推进国家治理体系和治理能力现代化若干重大问题的决定〉的实施意见》《中共佛山市委、佛山市人民政府关于支持深圳建设中国特色社会主义先行示范区的行动方案》，审议市委常委会抓党建工作情况的书面报告。

△佛山市国防教育基地揭牌仪式在禅城区铁军公园举行。经过推荐征集、材料审核、实地考察、专家评审等程序，铁军公园、南海区国防教育训练基地、顺德区西海抗日烈士陵园、顺德区博物馆、邓培故居5个单位被命名为佛山市国防教育基地。

10日

△佛山市召开“不忘初心、牢记使命”主题教育总结会议。会议学习贯彻习近平总书记在“不忘初心、牢记使命”主题教育总结大会上的重要讲话精神，总结佛山市主题教育开展情况，对贯彻习近平总书记重要讲话精神、落实党中央决策和省委部署、巩固拓展主题教育成果、推动各项工作落地落实作出安排。

11日

△2020中国制造论坛在佛山市举行，论坛以“加快工业互联网应用推动制造业高质量发展”为主题，深入探究全球经济变局中的制造业升级，研讨如何经由政府层面推动和产业自身发力，加快工业互联网应用，进而带动制造业向制高点迈进。

12日

△佛山市出台《佛山市建设高质量文化导向型名城三年行动计划（2020—2022年）》，提出把佛山市建设成岭南文化魅力充分展现、文旅融合成效凸显、传统与时尚交相辉映、文化治理效能突出的现代化、国际化高质量文化导向型名城。

13日

△东北大学佛山机器人学院在位于

佛山市顺德区的博智林机器人公司总部大楼举行揭牌仪式。东北大学依托佛山研究生院挂牌设立东北大学佛山机器人学院，并与碧桂园集团旗下广东博智林机器人有限公司签订校企合作协议，助力佛山顺德机器人谷一体化进程。

14日

△深入推进广佛全域同城化、推进珠三角枢纽（广州新）机场前期工作等内容写入2020年省政府工作报告。

15日

△中共深圳市委常委、市政府党组成员杨洪率党政代表团到佛山市顺德区考察调研，了解顺德以村级工业园改造为着力点和突破口推动高质量发展的经验做法。

△佛山市首个关心下一代工作进社区示范点在南海区桂城街道桂园社区揭牌。桂园社区有一支充满活力的关工委组织，该组织有“五老”关工成员300多人，并在小区设有4个关工小组。

16日

△佛山制造的第一辆磁共振医疗车在广东（南海）生物医药产业化基地下线，标志着开放式磁共振系列产品在佛山朝着产业化生产的目标迈出关键一步。

17日

△商务部、国家发展改革委、财政部、海关总署、税务总局、市场监管总局六部委联合印发《关于扩大跨境电商零售进口试点的通知》，广东有汕头、佛山2个市被纳入试点范围。标志着佛山成为跨境电商零售进口试点城市。

△佛山市未成年被害人“一站式”取证中心示范点、南海区“一站式”取证中心揭牌仪式在佛山市公安局南海分局盐步派出所未成年人警务中心举行，该示范点是全省首个设立在派出所的“一站式”取证中心。

20日

△佛山市市级行政审批服务事权下放委托书签约仪式在佛山国家高新技术开发区举行，将45项市级行政审批服务事项通过委托管理、服务前移、绿色通道等方式授权予以高新区管委会，推动高新区行政审批事务灵活、高效延伸到各园区，优化政务营商环境，便利高新企业办理各项行政审批事务。

22日

△广东省卫生健康委员会确认佛山市首例新型冠状病毒感染的肺炎确诊病例。

24日

△佛山市召开防控新型冠状病毒感染的肺炎疫情工作领导小组会议，提出举全市之力开展疫情防控工作。

△佛山市发布突发公共卫生事件一级响应动员令，要求从内防扩散、外防输入，在人员管理、疫情防控、有效救治等方面落实“六个确保到位”（即确保防控措施到位、健康监测到位、登记备案到位、卫生消毒到位、宣传引导到位、强化督促到位），保障人民群众生命安全和身体健康。全市各级各类公共文体场馆暂停开放，春节各类文体活动暂停或取消。

26日

△中共佛山市委、佛山市政府决定，全市各区、各部门所有公务人员提前结束假期，于27日零时前返回工作岗位，全力投入疫情防控工作。

29日

△佛山市禅城区政府发出通知，取消本年度元宵节期间的“行通济”系列活动。

31日

△佛山市首例新型冠状病毒感染的肺炎患者治愈出院。

2月

1日

△佛山市新型冠状病毒感染的肺炎疫情信息征集平台上线，用手机扫描二维码即可通过平台上报疫情信息。

5日

△佛山市召开首场疫情防控工作新闻发布会，通报佛山市疫情防控基本情况及医疗救治工作情况。加强联防联控、群防群控，全市设置联合检疫站135个，建立网格化管理村（社区）784个，设置定点救治医院2家、床位252张，统筹调配全市135名医疗专家和专科医生，到市内定点医院集中开展会诊和救治。

6日

△佛山市首例新型冠状病毒感染的肺炎重症患者痊愈出院。

7日

△广东省省长马兴瑞赴佛山市调研疫情防控期间物资保供稳价工作。

△新冠肺炎疫情突袭武汉，佛山市首批4名医护人员加入广东医疗队，驰援武汉。

△佛山市选派1119名市直机关党员干部下沉镇（街道）、村（社区）及市内检疫检查卡口，协助落实疫情防控任务。

9日

△佛山市新型冠状病毒肺炎疫情防控指挥部办公室印发《关于做好企业复工复产工作的通知》，要求各区疫情防控指挥部、市有关部门，保障全市企业安全有序复工复产，维护人民群众生命安全和身体健康。

10日

△中共广东省委书记李希到佛山市调研检查疫情防控和复工复产工作。

12日

△佛山市市长朱伟主持召开会议研究推动全市企业复工复产工作。会议传达学习国务院应对新型冠状病毒肺炎疫情联防联控机制印发的《关于切实加强疫情科学防控　有序做好企业复工复产工作的通知》，听取全市及各区企业复工复产情况汇报，研究讨论《佛山市推动企业有序复工复产领导小组工作方案》。

13日

△由佛山市320名医护人员和2名带队工作人员组成广东援助湖北应对新冠肺炎疫情第十四批医疗队在广州白云机场集结后出发驰援武汉。至此，佛山市支援湖北医疗队共派出医疗队员四批次351人驰援湖北。其中第一批驰援武汉4人，第二批驰援武汉15人，第三批驰援荆州10人，第四批驰援武汉322人。

15日

△由佛山市322名医疗队员组成的广东援助湖北应对新冠肺炎疫情第十四批医疗队首批48名医护人员，正式接管武汉市第一医院2个重症病区，当日接诊新冠肺炎危重病人140人。

18日

△人民日报社、新华社、中央广播电视总台、日本广播协会、新加坡联合早报社等33家中外媒体组团走进佛山，采访广东格兰仕集团有限公司、广东顺威精密塑料股份有限公司，了解佛山企业落实防疫措施、安全复工复产情况。

△佛山市出台《积极应对新型冠状病毒感染的肺炎疫情支持企业共渡难关十条政策意见》《关于做好企业复工复产工作的通知》《关于科学做好疫情防控创造条件支持企业有序复工复产的通知》等政策措施，成立市推动企业有序复工复产领导小组，统筹抓好疫情防控和推动企业有序复工复产各项工作。

19日

△佛山市金融工作局、佛山市财政局、中国人民银行佛山市中心支行、中国银保监会佛山监管分局联合印发《关于加强金融服务助力企业复工复产促进经济平稳发展的实施意见》，提出“十五条政策”，支持企业复工复产。

△佛山市顺德区法院通过远程视频方式公开审理宣判首宗涉疫妨害公务案件，被告人获刑一年六个月。

21日

△广东省人民政府发布《关于表彰2019年度广东省政府质量奖获奖企业或组织的通报》，佛山市顺德区美的洗涤电器制造有限公司、广东伟业铝厂集团有限公司2家佛山企业获“2019年度广东省政府质量奖”，并分别获100万元奖励。至此，佛山市有4家企业获中国质量奖提名奖、13家企业获广东省政府质量奖，数量均位居全省第一。

22日

△佛山市科学技术局印发《佛山市科学技术局关于应对疫情支持科技企业稳定发展的若干措施》，实施支持科研攻关及成果推广、扶持科技型中小企业稳定发展、优化提升科技管理服务3个方面的“科技十二条”举措，全面支持科技企业复工复产、稳定发展。

23日

△佛山市出台《佛山市政务数据资源管理办法（试行）》，将建设统一平台对政务数据进行管理，并提供共享使用、开放应用等服务。鼓励社会力量利用开放的数据资源进行分析、挖掘、研究，开展数据的开发和创新利用。

25日

△佛山市召开推动企业复工复产工作会议。会议强调，要切实做好分区分级精准复工复产，统筹推进疫情防控和经济社会发展各项工作，全力以赴确保完成全年目标任务。截至2020年2月29日，佛山市规模以上工业企业复工率达100%，累计复工人员96.34万人，返岗率76.09%。

28日

△《广东省2020年重点建设项目计划》下达，其中佛山市有98个项目纳入省重点建设项目。

△广东省人民政府发布《关于颁发2019年度广东省科学技术奖的通报》。佛山市12个项目获省科学技术奖，其中获一等奖1项，获二等奖11项，获奖数量列全省第三位。

△佛山市融资担保基金首批2笔共600万元贷款正式落地，为佛山中小微企业火线“输血”，支持企业有序复工复产。

29日

△佛山市新型冠状病毒肺炎疫情防控指挥部办公室印发《佛山市推动餐饮业有序复工复产工作指引（试行）》，提出全市实行疫情风险分区分级动态管理，逐步恢复堂食服务。

△中共佛山市委书记鲁毅、佛山市市长朱伟视频连线广东佛山援助湖北武汉应对新冠肺炎疫情医疗队，慰问、了解医疗队在前方工作和生活情况。

3月

1日

△佛山市实施电子通行证认证管理，“一人一码”“五区通用”。市民可通过“佛山通疫情防控”微信小程序填写信息，申请电子通行证。进出住宅小区、出租屋、企业、公共场所等区域时，市民可现场微信扫描二维码，展示电子通行证通行。

△零时起，佛山市进入禁渔期并持续至6月30日24时。禁渔区包括佛山市辖区西江、北江等珠江所有干流、支流通江河流、湖泊。禁渔期间，除休闲渔业和娱乐性垂钓外，禁止在禁渔水域范围内进行一切捕捞作业。

△《佛山市利用自有建设用地设置机械式停车设备管理办法》开始实施，解决市民集中反映的“停车难”问题。

△《佛山市人民政府办公室关于进一步完善全市低收入群众临时价格补贴与物价上涨联动机制的通知》开始施行，缓解物价上涨给困难群众带来的生活负担，提升困难群众的获得感和幸福感。通知有效期至2025年2月28日。

2日

△佛山市中小学校启动新学期线上教育，学生不返校。佛山市教育局2月29日印发《关于切实做好我市各级各类学校线上教育工作的通知》，对开展线上教育作出要求。与此同时，各区教育部门及学校相继发布相关指引与实施方案。

5日

△广东省公布第六批广东省学雷锋活动示范点和岗位学雷锋标兵名单。其中，佛山市南海佛广交通集团有限公司等4个集体和李广彬、吴惠萍2人入围。

6日

△佛山市召开市政府全体会议，讨论2020年市政府工作报告，全面系统地安排部署2020年全市政府系统各项工作，全力以赴打好打赢疫情防控的人民战争、总体战、阻击战，推动经济社会发展步入正轨，全力完成全年经济社会发展目标任务。

8日

△佛山市首例新冠肺炎确诊危重症患者出院。

9日

△广东省副省长张光军深入佛山市企业、医疗机构、疾控中心和社会福利机构考察疫情防控工作情况。

10日

△佛山市召开推进粤港澳大湾区建设领导小组第五次全体会议。会议深入学习贯彻习近平总书记关于粤港澳大湾区建设的重要指示精神，总结2019年工作情况，部署2020年重点工作，审议有关文件。

12日

△佛山市召开珠三角枢纽（广州新）机场建设工作战前动员会，成立佛山机场建设工作办公室，全面统筹推进珠三角枢纽（广州新）机场建设各项工作。

13日

△佛山市召开全市决战决胜脱贫攻坚推进会，深入学习贯彻习近平总书记在决战决胜脱贫攻坚座谈会上的重要讲话精神，贯彻落实全省决战决胜脱贫攻坚推进会精神，强调努力做到疫情防控和脱贫攻坚两手都要硬、两战都要赢，确保高质量完成脱贫攻坚目标任务，确保全面建成小康社会。

△佛山市政府召开2020年“3·15”新闻发布会，现场发布2020年诚信建设“红黑榜”、“2019年十大最美消费维权人物”、佛山市十大消费投诉举报典型案例、《佛山市放心消费城市三年创建评价报告》。

14日

△广东省副省长陈良贤率队到佛山市实地调研省供销社系统综合改革、冷链物流体系建设、“粤菜师傅”工程和农业社会化服务等工作开展情况。

17日

△佛山市第十五届人大常委会第二十九次会议召开，会议听取和审议市政府关于2018年度审计查出突出问题整改情况的报告、市人大常委会财经工委关于佛山市2018年度审计查出突出问题整改情况的跟踪检查情况报告和市第十五届人大常委会代表资格审查委员会关于部分代表的代表资格审查报告，会议表决通过佛山市人民政府副市长、佛山市人民政府秘书长等有关人事任免事项。

△佛山市捐赠日本伊丹市防疫物资发运仪式在佛山伊丹友好交流中心举行，3万个口罩、100套防护服从佛山市启运，驰援日本伊丹市。

18日

△佛山市政府召开实施乡村振兴战略领导小组会议，深入学习贯彻习近平总书记关于“三农”工作的重要论述精神，全面落实中央农村工作会议精神和广东省委实施乡村振兴战略领导小组会议精神，总结2019年全市实施乡村振兴战略工作，研究部署2020年重点工作。会议审议《关于加强乡村振兴重点工作决胜全面建成小康社会的实施意见》等有关文件。

△珠江三角洲水资源配置工程全线首台盾构机“粤海1号”在佛山市顺德区龙江鲤鱼洲启动。珠江三角洲水资源配置工程输水线路总长度113.2千米，总投资约354亿元，是广东历史上投资规模最大、输水线路最长、受水区域最广的水利工程。

△佛山市新型冠状病毒肺炎疫情防控指挥部办公室发布《关于疫情防控期间清明祭扫活动的通告》，即日起暂停全市清明祭扫活动。

19日

△佛山市完成“东风小康汽车有限公司十堰基地迁建项目焊装车间公用动力”项目的远程异地评标。该项目是全国首个疫情期间援助湖北评标项目，也是佛山市公共资源交易中心完成的首个跨省远程异地评标项目。

20日

△佛山市支援湖北武汉和荆州医疗队部分队员26人返回佛山。中共佛山市委书记鲁毅、佛山市市长朱伟到定点酒店迎接，代表市委、市政府和全市人民，向从湖北归来的战疫英雄致以最诚挚的问候和最崇高的敬意。

△《佛山市气象公共服务白皮书（2020年）》发布。该白皮书提出，佛山市要进一步提高灾害性天气预报预警的提前量和精准度，及时为市民提供更精细的预报预警服务产品。

21日

△广州、佛山两市相关合作共建项目交流协商会议在佛山市举行，双方就交通网络、环境治理、产业协同、民生共享等共建项目进行深入协商，共同研究解决难题，高质量推动广佛全域同城化。

△首批211名湖北荆州务工人员乘坐返岗专列抵达广州南站，经大巴车接驳返回佛山各企业。广东省人力资源和社会保障厅副厅长周成、中共佛山市委书记鲁毅、佛山市市长朱伟到站迎接，看望慰问返岗务工人员。

26日

△佛山市召开中共佛山市第十二届纪律检查委员会第六次全体会议，研究部署全市贯彻落实工作，把“严”的主基调长期坚持下去，纵深推进全面从严治党，为佛山争当全省地级市高质量发展领头羊、决胜高水平全面建成小康社会提供坚强保障。

△佛山市科学技术局与广州市科学技术局联合印发《关于推进广佛科技创新合作的工作方案》，该方案探索同城化发展新路径和新模式，将广佛建设成为全国同城化发展的示范区、粤港澳合作核心枢纽、国家服务业和先进制造业高地。

27日

△佛山市召开全市科技创新大会，会议深入贯彻落实习近平总书记关于科技创新的重要论述，传达广东省科技创新大会精神，总结佛山市2019年科技创新工作，对全市科技创新工作进行再动员、再部署。会上，中共佛山市委、市政府为广东邦普循环科技有限公司等12家省科技奖获奖单位颁奖，为航天柏克（广东）科技有限公司等10家标杆高新技术企业代表颁发牌匾。

△佛山市南海区与广州市南沙区两地政府签订为期5年的《推进协同创新发展战略合作框架协议》，双方将依托各自优势，在广佛极点内率先助推自贸区制度创新和产业发展深度融合，打造区域内市场高水平互联互通、各类要素资源高效便捷流动、人民生活更加便利的开放型区域协同创新发展共同体。

29日

△《人民日报》头版刊登《点对点一站式招工——1.2万个岗位湖北务工人员优先》，聚焦佛山企业助力湖北务工朋友到佛山就业，为打赢疫情防控阻击战，实现全面复工复产努力。

30日

△国家版权局公布2019年度全国版权示范单位、示范单位（软件正版化）和示范园区（基地）名单，其中，佛山创意产业园获“全国版权示范园区（基地）”称号，这是佛山首次有单位获“全国版权示范单位、园区（基地）”称号，实现历史性突破。

31日

△佛山市举行2020年上半年重大项目集中开工投产活动，上半年全市计划开工重大项目177个，总投资1570.61亿

元，年度计划投资390.04亿元；计划投产重大项目73个，总投资402.97亿元，年度计划投资74.15亿元。

△佛山市举行“促消费、惠民生”活动月新闻发布会，将发放惠民电子消费券，拉动消费持续增长。消费券4月1日上线派发，市民每周可通过“佛山通”App摇号抽券1次，抽取成功可领取共计100元消费券。

△佛山农商银行与佛山（禅城）企业创新投融资协会携手共建佛山首个大数据产业链金融平台，为佛山企业提供全方位线上金融服务。

△广东省第十三届人大常委会第十九次会议表决通过《佛山市养犬管理条例》，这是佛山市第七部地方性法规，该法规自2020年5月1日起施行。

同月

△佛山市检察院在全省率先制定《关于在未成年人刑事案件中指定合适保证人的规定（试行）》，全面推进合适保证人制度，即让无利害关系的第三方担任无逮捕必要，但又无法提供保证人或交纳保证金的涉罪未成年人的保证人，为涉罪未成年人创造非羁押措施适用条件。

4月

1日

△广东省首个地级市地震安全性评价诚信管理办法——《佛山市地震局地震安全性评价诚信管理办法》开始实施，该办法通过诚信登记、动态管理、信息公示、“双随机、一公开”等方式，加强对当地地震安评单位及其从业人员的监督监管。

△《佛山市医疗救助办法》开始实施，重点医疗救助对象救助比例最高可达100%，并新增孤儿和事实无人抚养儿童作为重点医疗救助对象，还将国家罕见病目录中的罕见病纳入医疗救助范围。

△佛山市召开全市生活垃圾分类工作推进会，公布《佛山市城市生活垃圾分类实施方案》，提出到2020年底，全市实现公共机构生活垃圾分类全覆盖。

2日

△佛山市三水区乐平镇入选2019年度广东省休闲农业与乡村旅游示范镇名单。

4日

△为表达全国各族人民对抗击新冠肺炎疫情斗争牺牲烈士和逝世同胞的深切哀悼，当天举行全国性哀悼活动，佛山全市降半旗志哀，停止公共娱乐活动。上午10时，防空警报响彻长空，汽车、火车、轮船鸣笛，全市人民默哀3分钟。

8日

△佛山市发出广东省首张加载食品经营许可信息事项的“一照通”营业执照。“一照通”改革是指按照“统一系统、一次告知、表单合一、告知承诺、限时审批、照后核查、审管衔接”模式，将涉及市场监管领域的经营许可与营业执照合并办理，许可事项及信息通过二维码方式集中体现在营业执照上，只颁发营业执照，不再颁发其他许可证。任何人通过扫描二维码，均可查询该市场主体在市场监管领域的经营许可、监管、行政执法信息等。

9日

△广东省人民政府印发《关于公布广东省历史文化街区名单的通知》，公布65处省级历史文化街区。佛山市有20处历史文化街区入选，占全省入选总数的近三分之一。

△广东省科技创新专板在广东股权交易中心宣布开板，首批30家企业上板，其中包括广东原点智能技术有限公司、广东威亚精密机械股份有限公司等12家佛山市优质科技型企业。

10日

△广东省文化和旅游厅公布第六批省级非物质文化遗产代表性项目代表性传承人名单，佛山有3人入选，分别为狮舞（广东醒狮）传承人夏志成、石湾龙窑营造与烧制技艺传承人苏乃灌、糕点制作技艺（九江煎堆制作技艺）传承人胡伯伦。

11日

△广东省生产力促进中心佛山分中心、佛山中国空间技术研究院创新中心成果转化分中心、佛山国家高新区（拓思）未来企业孵化中心、佛山高新区禅城园管理局孵化中心、珠三角国家科技成果转移转化示范区科技成果转化示范基地（筹）同时在佛山市禅城区挂牌。

13日

△中共佛山市委组织部、市直机关工委、市国资委党工委下发通知，要求全市机关、事业单位、国有企业在职党员（含预备党员，涉密岗党员除外）到居住地社区报到。

15日

△广东省水利厅厅长王立新带队到佛山市调研水利防汛、碧道建设及水生态综合治理等工作。

16日

△在2020年中国家电及消费电子博览会（AWE2020）艾普兰奖颁奖典礼上，91款单品、4个套系的优秀产品获奖，其中来自佛山的美的、云米、康宝、格兰仕、万和、万家乐等家电品牌多款产品入选获奖名单。

22日

△中共佛山市委书记、市总河长鲁毅，佛山市市长、市副总河长朱伟联合签署《关于进一步压实河长职责全面消除黑臭水体的命令》，明确提出即日起至2020年12月31日，在全市范围内开展全面消除黑臭水体专项行动，以最坚决的态度、最迅速的行动、最有力的措施消除黑臭水体。

△佛山、中山两市举行相关合作共建项目交流协商会议，双方主要围绕5项交通网络共建项目进行交流协商，进一步推动两市经济社会高质量发展。

23日

△佛山市召开著作权纠纷“一门式”和解机制暨知识产权司法保护新闻发布会，全省首创的著作权纠纷“一门式”和解机制，通过著作权行政、司法机关及行业协会的协作配合，提高纠纷处理效率，推动简易案件和纠纷快速处理，减轻著作权人诉累，优化佛山市法治化国际化便利化营商环境。

24日

△佛山市水利局与佛山市佛利建设工程有限公司签订佛山市防汛应急抢险协议，首度在市内采取政府与民企“手

拉手”的创新形式，打造一支由民企为主体的佛山市防洪机动抢险队。

25日

△佛山市印发《关于引导和动员全市社会组织参与决战决胜脱贫攻坚工作的通知》，鼓励各类社会组织利用自身优势，开展多形式帮扶工作。

26日

△佛山市召开创建全国版权示范城市动员会，动员部署佛山创建全国版权示范城市工作，并印发《佛山市创建全国版权示范城市工作实施方案》。

△2020年广东省“4·26”版权宣传周暨“绿书签行动”主题活动在佛山市举行，现场发布广东省2019年度版权十大案件、2019年佛山市“扫黄打非”十大案件、《佛山市版权登记2019白皮书》，启动佛山市版权宣传月暨“绿书签行动”，并为2019年广东省版权兴业示范基地、2020年佛山市版权示范单位授牌，向获得2019年广东省“扫黄打非”先进荣誉的部分集体和个人颁发证书。

27日

△叶恒强院士优粤佛山卡授卡暨佛山市企业博士后工作站分站授牌仪式在季华实验室举行。叶恒强是佛山市全职引进的首个中国科学院院士。

28日

△佛山市出台《关于落实广东省进一步稳定和促进就业若干政策措施的实施意见》，多措并举促进各类群体就业，确保全市就业大局稳定和经济社会持续健康发展。

△共青团中央发布《关于表彰“全国优秀共青团员”“全国优秀共青团干部”“全国五四红旗团委（团支部）”的决定》，其中佛山市顺德区第一人民医院创伤关节外科护士朱倩雯、顺德区供电局生产计划部配网综合班班员梁海锋获“全国优秀共青团员”称号，顺德区乐从镇水藤村团委、南海区石门中学团委获“全国五四红旗团委（团工委）”称号，南海区西樵镇樵华社区团总支、禅城区佛山市实验中学西藏班团支部获“全国五四红旗团支部（团总支）”称号。

29日

△广东省文化和旅游厅公布首批广东省历史文化游径，共64条，为“广东人游广东”提供路线参考。其中佛山有3条线路入选，分别是佛山功夫历史文化游径、佛山桑园围历史文化游径、佛山粤中抗战历史文化游径，涉及全市22个文物点。

30日

△佛山市召开创建全国文明城市工作推进会，解读《2020年佛山市精神文明建设工作要点》《佛山市奋夺全国文明城市“三连冠”工作方案》，部署全市创文工作。

△广东省司法厅、广东省文化和旅游厅、广东省普法办联合印发《关于2019年广东省“法治文化主题公园”评选结果的通报》，佛山的唐翠法治文化公园、南庄法治文化公园、华山法治文化公园、芦苞镇法治文化公园、乐平镇法治文化公园5个法治文化公园名列其中。

同月

△2019年度全国东西部扶贫协作考核评价结果公布，佛山市对口凉山扶贫协作工作连续3年获得最高的“好”等次。

△佛山市首票跨境电商“网购保税进口”商品在佛山国通保税物流中心（B型）通关。跨境电商“网购保税进口”是跨境电商零售进口业务模式的一种。

△由季华实验室与中国科学院长春光学精密机械与物理研究所主办的 *Light: Science & Applications* 姊妹刊 *Light: Advanced Manufacturing* 获得国际标准刊号（ISSN号），并发创刊号并面向全球征稿。该期刊是由中科院长春光机所主办的中国第一本开放获取的英文国际光学期刊。

△佛山市司法局印发《佛山市全面深化司法行政改革实施方案（2020—2022年）》及推进市域社会治理现代化等配套子方案，构建“1+N”模式，全面发力、精准施策，高起点谋划推进全面深化司法行政改革工作。

△佛山市开始在全市范围内开展“四标四实”基础信息采集工作，助力“数字政府”改革建设。“四标”是指标准地址、标准作业图、标准建筑物编码、标准基础网格；“四实”是指实有人口、实有房屋、实有单位、实有设施。

5月

1日

△《佛山市促进货运业新增运力奖励资金管理办法》开始施行。该办法旨在促进佛山公路水路货运业发展，鼓励支持货运企业加大投放新运力，为佛山经济社会发展提供有力的运输保障。

5日

△佛山市住房和城乡建设局印发《关于公布佛山市古村落活化名录的通知》，建立古村落活化长效机制，全市142个古村落列入活化名录。佛山市将从名录中选取古村落分批进行活化。

7日

△广东省工业和信息化厅发布《广东省“5G+工业互联网”应用示范园区试点方案（2020—2022年）》，公布首批8个广东省“5G+工业互联网”应用示范园区名单，其中包括佛山市顺德区美的厨电“5G+工业互联网”应用示范园区。

9日

△佛山市召开市域社会治理现代化工作推进会，部署推进市域社会治理现代化试点工作。会议提出，佛山将探索具有佛山特色、时代特征的市域社会治理新模式。至2022年，力争将佛山建设成为全国市域社会治理现代化试点合格城市。

11日

△佛山市科学技术局印发《佛山市科技创新券实施方案（2020—2022）》，佛山创新券每年申领和发放一次，符合相关条件的企业每年申请创新券额度不超20万元，可用于购买多项科技服务，支持中小科技企业的创新研发。

△高安—佛山产区战略合作签约仪式在江西省高安市举行，战略合作时间为2020年到2029年，其间，佛山陶瓷产区将与高安陶瓷产区在举办展会、整合优势资源、提升区域品牌等方面开展合作。

12日

△佛山市人民政府办公室印发《佛山市加快建设“世界功夫之城”实施方案》，提出佛山建设功夫之城的主要任务，即深入实施功夫铸魂树德工程、功夫传承普及工程、功夫固本提振工程、

功夫开发增值工程、功夫立名传播工程“五大工程”，共有20项重点建设项目。目标是把佛山功夫打造成为国际知名、影响广泛的城市名片，为佛山建设高质量文化导向型名城提供重要支撑，将佛山建设成为具有国际影响力和引领力的“世界功夫之城”。

△佛山市召开佛山国际商会2020年第一次理事会及佛山市外向型企业座谈会，佛山将结合本地实际，探索出台加工贸易转内销专项政策，扶持政策包括金融机构提供无抵押贷款、参加展会按比例提供扶持、支持企业购买中信保的出口信用保险等。

△《人民日报》以《办事有清单　干事有底气》为题，大篇幅报道三水区以党建引领乡村公共事务管理，通过制定农村重要事权清单促进乡村治理公开透明、有序规范的创新探索。

13日

△2020福布斯“全球企业2000强”榜单发布，其中碧桂园集团、美的集团、海天味业、美的置业4家佛山企业上榜。

△佛山市举行创建全国版权示范城市系列活动“版权百企行”启动仪式，加强版权知识的普法宣传，提升企业版权保护和运用能力，在全市形成尊重知识、保护版权、促进创新的社会氛围。

15日

△佛山市政府与上海寻梦信息技术有限公司（知名购物平台“拼多多”）签订战略合作框架协议，双方就推动佛山消费类工业品上行、产业带合作、深化招商和人才培养及加强信息互通机制等达成合作共识。同时，举行“佛山优品云购e选”系列活动启动仪式暨直播环节活动。

△佛山市农业农村局印发《关于开展食用农产品合格证挂钩的通知》，在全市范围内开展食用农产品合格证与涉农项目资金安排、农产品品牌认证推选、主体荣誉申报和农业展会挂钩的工作，建立“四挂钩”机制。

17日

△佛山市举行院士地理空间无人机自驾系统项目投产暨丹灶镇5G网联无人机智能化城市网格管理项目启动仪式。佛山中科云图智能科技有限公司自主研发的无人机自驾系统项目将在丹灶实现量产，该公司是佛山首个院士担任法定代表人的研发生产类项目。

17—31日

△佛山市举办国内首个外贸直播大赛——“2020首届外贸直播大赛”，推动广大外贸企业的从业人员及高校的外语、外贸、会展专业的学生以赛代练，在广交会前做好充分准备。

18日

△2020年“5·18”国际博物馆日广东主会场活动在佛山市南海区博物馆启动。当天主会场举办全省首个抗疫主题展“众志成城——致敬抗疫者”专题展。

20日

△农业农村部农产品质量安全中心公布2020年首批全国名特优新农产品名录，其中佛山市顺德鳗鱼入选。

△位于源海·未来城（原佛山国际家居博览城）的佛山首个国际贸易港启动，贸易港计划把国内外的集团采购订单引进佛山。

22日

△国家防总秘书长、应急管理部副部长兼水利部副部长周学文带队到佛山市检查防汛备汛工作，现场了解广东省水利机动抢险潜水队和佛山市城市安全运行监测中心建设情况。

26日

△2020年广东省多彩乡村主题教育实践活动“云发布”仪式通过网络直播，在佛山市禅城区南庄镇紫南村举行。活动邀请高校学生代表实地探寻紫南村，在网络直播间与网友、高校青年学生一起探寻广东乡村之美。该活动由广东省地方志办牵头，联合团省委、省学联等8家省直单位共同举办。

27日

△广东省教育厅、佛山市人民政府、广州美术学院、佛山市禅城区人民政府签订共建广州美术学院佛山校区协议。

28日

△佛山市住房和城乡建设局印发《佛山市建设工程施工过程结算管理办法》，有效解决工程结算难和从源头上防止拖欠工程款、农民工工资等问题。

29日

△新一线城市研究所发布“2020城市商业魅力排行榜”，佛山市首次获评为“新一线城市”。该排行榜按照商业资源集聚度、城市枢纽性、城市人活跃度、生活方式多样性、未来可塑性5个方面作为一级维度来评估城市。

同月

△佛山市纪委监委出台《关于进一步加强对村（社区）干部监督的意见》，在全省率先推出探索在设立党委的村（社区）设立纪委、派出纪检监察联络员、实行村（社区）党组织一把手问题线索提级处置等多项措施，推动监察职能向基层延伸，为村（社区）干部戴上“紧箍咒”，打通全面从严治党“最后一公里”。

6月

1日

△佛山市金融工作局与市教育局、市农业农村局、市商务局、市文广旅体局、市退役军人事务局、市重点项目工作局等六部门联合举办金融支持“六稳”“六保”项目落地对接会，推出六大领域“菜单式”金融综合服务方案。

△佛山市南海区和广州市番禺区签订深入推进广佛全域同城化战略合作协议，从12个方面加快两地全域同城化进程。双方将力争更多先行先试政策在广佛高质量发展融合试验区先导区内试点使用，以形成示范带动效应。

△《佛山市医疗救助实施细则》开始施行，该细则从方便群众办事的角度制定，是佛山市首份医疗救助申办指南。

△根据《佛山市人民政府办公室关于推进共有产权住房政策探索试点工作的实施意见》，佛山市开始推进共有产权住房试点工作，佛山市户籍居民以及购买社保5年及以上新市民，可享受最低半价购房。

3日

△中共佛山市委、市政府召开全市培育制造业隐形冠军暨高新技术企业规模化推进会，全面部署培育制造业隐形冠军和推动高企规模化工作，加快推动

佛山制造由量大转向质强，支撑佛山争当全省地级市高质量发展领头羊。

△广东省文化和旅游厅、省自然资源厅、省住房和城乡建设厅联合发布首批广东省粤港澳大湾区文化遗产游径，包括五大主题、27段实体游径。佛山南风古灶游径、佛山老城武术文化游径被列入其中。

4日

△佛山市发展和改革局印发《佛山市进一步深化营商环境综合改革2020年工作要点》，聚焦三大改革领域，出台20项改革措施，着力打造办事效率高、服务质量好、投资成本低的一流营商环境，支撑全市经济持续健康发展。

△全国政协常委、港澳台侨委员会副主任裘援平率调研组到访佛山市，就推进粤港澳大湾区创新合作主题开展深入调研。

8日

△广东省政协系统（粤西片区）学习贯彻习近平总书记重要讲话暨全国“两会”和全省传达贯彻大会精神交流会在佛山市召开，进一步统一思想、凝心聚力，推动中央及省委决策部署落地落实。

△佛山市三水区中外运货运港口有限公司揭牌仪式暨“湾区通”三水快线直航仪式在三水港举行，标志着三水港与广州南沙、深圳东、深圳西、香港等粤港澳大湾区枢纽港的直航通道全面贯通，为区域外贸经济发展助力。

9日

△佛山市市、区两级行政争议审前和解中心启动运作，把行政争议的调解纳入诉前和解工作体系，促进行政争议实质性化解。

10日

△佛山市首个调裁审一体化中心——南海区劳动人事争议调裁审一体化中心在南海区人民法院揭牌成立。该中心将打造调解、监察、仲裁、审判“四位一体”的劳动人事争议多元化纠纷调解平台。

12日

△广东省文化和旅游厅公布第二批广东省全域旅游示范区名单，其中佛山市禅城区名列其中。

13日

△2020年广东省“全国科技活动周、防灾减灾日”暨“全省科技进步活动月”主场活动在佛山市南海区举行。“中国流动科技馆”广东省巡展（南海里水站）活动是自2015年广东省开展“中国流动科技馆”巡展活动的第三十一站，在里水镇对社会公众开放展出3个月。

14日

△粤港澳大湾区粤剧传承发展研讨会在佛山市顺德区举行。会议讨论分析人文湾区粤剧传承发展联动共建模式、新媒体时代粤剧文化传播路径，并就当前粤剧保护问题提出对策。

15日

△中视大湾区产业直播基地在佛山电视台挂牌成立，这是国内面向大湾区产业带的唯一电商直播基地。中视大湾区产业直播基地由中视传媒、佛山电视台以及国内领先的电商直播内容服务公司联合打造，打造大湾区直播种类最齐全、直播场景最丰富、直播玩法和手段最多样的顶级产业直播基地。

16日

△广东省农业农村厅公布2020年第一批省级现代农业产业园建设名单。其中，佛山市南海区九江鱼花产业园、佛山市顺德区优质草鲩产业园入选珠江三角洲地区第一批自筹资金建设现代农业产业园名单。

△中国（佛山）跨境电子商务综合试验区完成首单“9610”（海关监管方式代码，即跨境贸易电子商务）中欧班列出口清关业务。

16—17日

△佛山市政协十二届四次会议召开，会议选举产生黄福洪、毛永天、张兵3人为十二届市政协副主席，蔡国雄、刘光辉2人增补为十二届市政协常务委员。会议表彰优秀提案和优秀政协委员。

17—18日

△佛山市第十五届人民代表大会第五次会议召开，首次在大会期间开展民生实事项目人大代表票决制，票选确定10件民生实事项目。会议审查《佛山市2019年国民经济和社会发展计划执行情况与2020年计划草案的报告》和《佛山市2019年预算执行情况和2020年预算草案的报告》，依法选举产生徐东涛为佛山市第十五届人大常委会副主任，易祥斌为佛山市第十五届人大常委会委员。

19日

△中国林场协会公布“2019年度全国十佳林场”名单，佛山市云勇林场入选。

20日

△佛山市南海政法系统综合教育基地揭幕，这是全省首个政法系统综合教育基地。

22日

△佛山市第七次全国人口普查领导小组全体会议召开。

23日

△中共佛山市委、市政府召开2020年“佛山·大城工匠”命名大会，命名30位“佛山·大城工匠”。这是自2016年命名首届“佛山·大城工匠”起，佛山市命名的第三批“佛山·大城工匠”。

△佛山市工业和信息化局公布《佛山市优势工业产品目录》（第一批），571家企业的产品入选，涵盖装备制造、家用电器、家具等行业的15个产品类别。

△佛山市首例妨害传染病防治案在三水区人民法院公开审理。

24日

△中国（佛山）知识产权保护中心2周年暨预审平台发布会在佛山市绿岛湖都市产业区举行。

25日

△佛山市首个非遗体验馆在高明区美的鹭湖森林度假区开馆，该体验馆通过“非遗+旅游”形式，把佛山非遗产品与旅游有机结合，既拓展佛山非遗产品的宣传渠道与展示平台，又为非遗文化的传承与推广开辟新途径。

28日

△顺德区通过“中国鳗鱼之乡”复审，再次被中国水产流通与加工协会授予“中国鳗鱼之乡”称号，自2020年6月29日起，有效期五年。

30日

△由佛山科学技术学院、佛山全球创新技术应用转化中心、广东共德信息科技有限公司共同发起的智慧建筑研究院在佛山市南海区挂牌成立，融合“产学研用”，聚集人才、技术、资金促进

建筑产业数字化转型、科学技术创新、行业标准建设。

△佛山市副市长葛承书会见西班牙驻广州总领事耶稣斯·格拉西亚一行。双方就佛山的经贸、文化以及西班牙在佛山投资的情况进行交流，并表示将加强商贸、文旅等方面的交流与合作。

△佛山市住房和城乡建设局、佛山市财政局联合印发《佛山市住房保障租赁补贴的实施意见》，明确佛山市将进一步完善住房保障制度，有效推进住房保障货币化改革，丰富住房保障实现形式。

7月

1日

△《佛山市住房保障租赁补贴的实施意见》开始实施，符合佛山公共租赁住房申请条件的中等及偏低收入住房困难家庭或者个人，包括佛山市户籍居民和新市民等，均可申请租赁补贴。

3日

△中共佛山市委、市政府召开2020年重大产业项目招商工作会议，深入学习贯彻习近平总书记关于统筹推进疫情防控和经济社会发展的重要讲话和重要指示批示精神，动员全市上下狠抓重大产业项目招商，在危机中育新机、于变局中开新局，以更大力度、更有力举措做好“六稳”“六保”工作，奋力完成全年经济社会发展目标任务。

7日

△佛山市教育局印发《佛山市促进职业教育发展若干意见》，围绕制约佛山市职业教育发展的痛点难点，有针对性地提出19个政策点，包括健全促进职业教育提升发展的长效机制、鼓励多元化办学体制改革、推动职业教育人才培养模式创新、推进职业教育集团化办学等六大方面。

△广东省林业局公布2020年广东省自然教育基地名单，其中佛山市西樵山风景名胜区、佛山市滨河湿地研学中心、广东盈香生态园3个景区入选名单。

8日

△佛山市举行2020年佛山市工业互联网数字化转型发展大会，会上解读《佛山市深化“互联网+先进制造”发展工业互联网的若干政策措施》。新政策从8个方向，对工业企业、工业互联网服务商、平台商、公共服务机构、创新载体等进行奖补。

10日

△佛山市召开全市网络安全和信息化产业发展大会，深入学习贯彻习近平总书记关于网络强国的重要论述精神，研究部署相关工作，推动全市网络和信息化事业高质量发展。会议强调要抓住全球科技革命和产业变革重大机遇，做大做强优化佛山市信息化产业，狠抓落实5项举措：招商引资促产业高质量成长；集群化发展促上下游集聚发展；做强制造业数字化“六大工程”；加强关键核心技术攻关；加快5G基础设施建设。

13日

△广东省文化和旅游厅公布广东省首批基层综合性文化服务中心与旅游服务中心融合发展试点，佛山市有南风古灶旅游景区游客服务中心等10个单位入选。

14日

△国家知识产权局印发《关于第二十一届中国专利奖授奖的决定》，佛山再创佳绩，获奖48项，占广东省获奖数量的20.8%，获奖总数位居全省第二。广东美的制冷设备有限公司勇夺含金量最高的中国专利金奖，实现佛山市中国专利金奖“零的突破”。

15日

△佛山市召开全市中医药大会，对促进佛山市中医药传承创新发展，加快建设全国中医药强市进行全面部署。

△《人民日报》刊登《广东佛山推进乡村振兴促进城乡协调发展——工业大市“美丽蝶变”》，聚焦佛山推进乡村振兴，促进城乡协调发展所作出的努力和取得的成果。

16日

△佛山市召开“育新机开新局——品质革命与市场突围”2020佛山企业大会。大会提出千方百计助力企业稳定发展，政企携手共渡难关；加快推动产业链创新链双向融合，坚定不移走好“世界科技+佛山智造+全球市场”创新发展之路；探索推出“佛山标准”，打造中国制造品质标杆；深化重点领域改革，营造市场化法治化国际化营商环境。

△广东省林业局、广东省文化和旅游厅联合印发《关于公布广东省森林旅游特色线路和新兴品牌地的通知》，公布100条森林旅游特色线路和100个森林旅游新兴品牌地。佛山市有4条森林旅游特色线路入选，分别是缤纷林海线路、顺峰山公园自然景观特色线路、西樵山森林旅游特色研学游以及悠然南山生态绿轴线路。

△“佛凉协作云上优选”消费扶贫周启动，佛凉消费扶贫馆上线。佛山市对口帮扶凉山彝族自治州11个县的扶贫产品“云展销”，开展直播推介等活动，助力凉山州决战决胜脱贫攻坚。

17日

△佛山市认定第四批“佛山市社会科学普及示范基地”（8个），分别为紫南文化园社科普及示范基地、检察文化宣传基地、南海区图书馆、中国人民解放军粤中纵队纪念馆、佛山市非遗文化社科普及示范基地、佛山市文化艺术社科普及示范基地、佛山警察历史博物馆、演讲与口才科普基地。

18日

△记录佛山市各界战“疫”故事的书籍《战疫日记——站在最需要我的地方》首发。书籍讲述63名佛山抗疫人员的故事，该书由中国工程院院士、呼吸病学专家钟南山作序言。

△南海区政府与建川博物馆签约，在佛山西站枢纽新城携手共建“建川新中国百年博物馆”。该博物馆建筑面积约9万平方米，建设约100个年代特征鲜明的馆，展示约100万件藏品。

20日

△“广东优秀电影5元观影活动”启动仪式在佛山市举行，标志着佛山影院开始有序复工复产。禅城、南海、顺德、高明、三水5个区同步举行启动仪式，13部影片在29家复业影院上映。

△2020佛山（潭洲）国际陶瓷展在

潭洲国际会展中心开幕。该届展会首设原创IP馆。这是佛山首次在展会中设立以IP为主题的展馆，设置版权创意设计展览区，重点展示版权创意设计，包括院校精品设计作品展示、陶瓷工业设计展示、文化创意展示、版权交易成果展示等。

21日

△佛山市启动全市第七次全国人口普查综合试点工作，市级试点安排在南海区桂城街道南约社区展开，其余4个区级试点分别为禅城区石湾镇街道金澜社区、顺德区容桂街道大福基社区、高明区荷城街道安泰社区、三水区西南街道文锋西社区。普查主要内容包括姓名、公民身份号码、性别、年龄、民族、受教育程度、行业、职业、迁移流动、婚姻生育、死亡、住房情况等。

22日

△佛山市召开实施粤菜师傅“1+5”系列工程建设工作推进会。会议强调，加大美食集聚区建设力度，提升佛山餐饮业整体形象和氛围，加快培育和引进一批知名餐饮品牌连锁企业，评选一批佛山粤菜名店、名菜、名点，提升佛山餐饮业品牌化、特色化、集团化发展水平。

△2020年国际图书馆协会联合会（IFLA）国际营销奖揭晓，佛山市图书馆邻里图书馆项目获第一名。

23日

△中国城市网盟主办的2020“我的城市我的梦”城市短视频竞赛揭晓，佛山新闻网创意制作的《佛山24小时，忍不住说爱你》视频获最佳短视频奖、最佳摄制奖、最佳创意奖3项大奖。

29日

△广东财经大学湾区影视产业学院在佛山市揭牌。这是佛山争创粤港澳大湾区影视产业合作试验区的重要举措。学院开设数字媒体艺术、动画、播音与主持艺术3个影视产业类专业，计划未来新增戏剧影视文学（影视剧本创作）、电影学、影视摄影与制作等专业。

30日

△佛山“国六”汽车消费补贴上线。车主只需要通过“佛山扶持通平台”小程序就可以“秒报秒批秒付”，每辆车最高补贴5000元。这是佛山在全国首创“秒报秒批秒付”服务，零材料、零跑腿、零接触，从申报到兑现全程只需几秒钟，让政策红利直达消费者。

△由海关总署主办的《中国海关》杂志发布“2019年中国外贸百强城市”榜单。佛山市排名第十五，比2018年上升4位。

△国家发展改革委发布《关于粤港澳大湾区城际铁路建设规划的批复》，同意在大湾区有序实施一批城际铁路项目，提升大湾区城际交通供给质量。根据批复，佛山经广州至东莞城际铁路将待相关建设条件落实后有序推进，总里程107千米，总投资953亿元，主要站点包括东平（佛山）新城、芳村、鱼珠、新塘。

△佛山市“人工智能+双随机”监管模式入选国务院办公厅推介的深化“放管服”改革优化营商环境经验做法。该模式不仅是全国10个经验做法中唯一的地级市经验项目，也是唯一涉及“管”的经验项目。

△科技创新教育“全国Top10学校”榜单出炉，禅城区张槎中心小学、东鄱小学双双上榜，分别名列全国小学组第二、第五。该榜单由澎湃新闻统计2010—2019年全国青少年科技创新大赛成绩得出并发布。

31日

△由佛山市银行业协会、保险协会、证券期货业协会、基金业协会和地方金融促进会等五大行业协会共同组建的佛山金融发展共建大联盟成立，将促进佛山市金融行业党建共建、业务协同、文艺繁荣、学术争鸣、人才辈出、协作调解局面的形成。

8月

1日

△《佛山市停车场管理办法》开始实施。该办法将停车场分为公共停车场、专用停车场和路内停车泊位三大类，停放服务费分别实行政府指导价、政府定价和市场调节价管理。

△《佛山市电动自行车管理规定》开始实施。该规定明确各部门职责分工、销售企业的责任、电动自行车登记、停放及消防安全规定以及通行规范及法律责任等。

3日

△2020年广东省青少年蹦床锦标赛在佛山市闭幕，该赛事产生42枚金牌。佛山蹦床队夺得2枚金牌、1枚银牌、2枚铜牌。

5日

△以传媒力量推动文化和旅游高质量发展“复苏·引领·聚能”2019中国文化和旅游总评榜颁奖典礼在浙江省西塘镇举行。佛山市顺德区岭南和园是广东榜单中唯一获“2019中国文旅融合示范景区”的旅游单位。

△世界品牌实验室发布2020年（第十七届）“中国500最具价值品牌”，18家佛山企业品牌入选，分别是：美的、冠珠陶瓷、新中源陶瓷、万家乐、博德BODE、志高、海天、箭牌卫浴、万和、莎米特、佛山照明、格莱斯陶瓷、法恩莎、安华卫浴、惠万家陶瓷、亿合、百利玛门窗、小熊。

6日

△2020年日本企业走进粤港澳大湾区（佛山）投资说明会在佛山市举行。活动邀请150余名日资企业代表参加。大会对佛山市投资环境以及重要产业载体进行重点推介，会上四大项目举行线上及线下签约仪式，签约总额约10亿元。签约项目主要涉及汽配领域。

△2020广东省夜经济暨暑期消费促进活动在佛山市启动。2020广东省夜经济暨暑期消费促进活动以“夜生活·粤精彩”为主题，为期2个月。佛山将从宜居宜业宜游的城市定位出发，打造基于岭南传统文化、都市现代生活和丰富业态于一体的高品质的夜经济集聚区。

8日

△佛山市举行“共建城市群，共享绿色湾区”珠三角国家森林城市群主题宣传活动。顺德区桂州中学、顺德区华侨中学、三水区大南山生态公益林场获颁“全国绿化模范单位”牌匾；里水镇、龙江镇、芦苞镇、杨和镇被授予“广东森林小镇”称号；广东和的慈善

基金会、广东南海农商银行获颁“佛山森林城市突出贡献奖”。

12日

△被誉为货运铁路混合梁斜拉桥“世界第一跨”的广州南沙港铁路跨西江水道特大桥合龙。作为粤港澳大湾区铁路交通重点项目，该铁路正线全长约88千米，设计时速120千米，为双线货运铁路，并变更增加客运功能，途经江门、中山、佛山及广州四市。

17日

△佛山市委办、市府办印发《佛山市“广东技工”工程实施方案》，明确佛山实施“广东技工”工程的总体要求、重点任务和保障措施，制定技能人才培育“20条”，为推动佛山技工教育和职业技能培训规模化、体系化发展提供政策支持，建设一支高素质的“广东技工”大军，打造佛山“工匠高地”。

△佛山首个5G户外直播间在禅城岭南天地启用，启动“撑佛山·金秋直播季”系列活动。直播间搭载佛山联通5G技术，以“电商直播+新媒体技术”进行呈现，为上线的品牌提供一个5G+VR的超级体验空间。

19日

△佛山—肇庆城市安全联动战略合作暨珠江西岸五地市森林火灾应急救援联动合作协议在佛山市签订，标志着由佛山牵头的全国首个跨城市安全应急联动合作机制落地。

24日

△广东省妇女联合会印发《关于表彰广东省三八红旗手标兵（南粤巾帼十杰）、广东省三八红旗手（集体）的决定》。佛山市有7人被授予“广东省三八红旗手”称号。禅城区民政局婚姻登记处、中国移动广东公司顺德分公司陈村骏业营业厅、佛山市检察院公诉团队、佛山市公安局南海分局黄岐派出所“女子战疫先锋队”4个集体获“广东省三八红旗集体”称号。

25日

△中共佛山市委组织部、市直机关工委、市国资委党工委联合印发《关于开展市、区机关和企事业单位党组织到社区报到的通知》，要求市、区机关和企事业单位党组织于2020年9月10日前完成到社区报到，与属地社区开展共驻共建、互联互动。

26日

△文化和旅游部公布第二批全国乡村旅游重点村名单，佛山市南海区西樵镇上金瓯社区松塘村在列，为佛山市唯一入选的乡村。

27日

△2020年“创客中国”广东省中小企业创新创业大赛暨第四届“创客广东”大赛决赛在佛山市举行。大赛吸引3313个项目参加，比上年增长56%。

27—28日

△首届全国医院人文管理路演大赛决赛在四川省成都市举行。佛山市中医院作品《习武黄飞鸿，问病佛中医》获得金牌团队奖和二等奖；佛山市中医院三水分院作品《下沉基层，中医惠万家》获得年度人文百强奖。

29日

△广东省青少年网球锦标赛在东莞市收官。佛山网球队的孙乙、胡柏嘉组合在男子甲组双打决赛中获金牌，佛山代表队还获得男子甲组团体亚军。

31日

△佛山市举行2020年佛山企业100强发布会暨佛山企业家活动日活动。“2020年佛山企业100强”榜单现场发布，南海区36家、顺德区33家、禅城区22家、三水区7家、高明区2家企业上榜。百强企业前十分别为碧桂园控股、美的集团、一汽-大众（佛山）、美的置业、兴海铜铝业、海信家电、联塑集团、腾越建筑、利泰集团、海天味业。2020年佛山企业100强的入榜门槛近27亿元，与2019年榜单基本持平。其中，81家民营企业贡献87.0%的100强总营业收入，反映出佛山以民营经济为主体的鲜明特色。

△广东省发展改革委公布省级特色小镇培育库入库名单（第三批），全省有34个特色小镇进入名单，其中佛山市占9个，分别是南海区的大沥智慧安全小镇、西樵岭南文旅小镇，顺德区的大良寻味顺德小镇、伦教珠宝时尚小镇、容桂I创家电小镇、均安功夫小镇，三水区的白坭文创小镇、乐平广府印象小镇，以及位于佛山高新区的高新区科创小镇。至此，佛山特色小镇入选省级特色小镇培育库数量增至21个，位居全省第一。

△国家发展改革委微信公众号刊发《佛山：大力弘扬企业家精神和工匠精神引领民营经济高质量发展》一文，向各地推广佛山主动作为、大胆探索，推动民营经济高质量发展的经验做法。

同月

△《佛山市养老服务体系建设提升三年行动计划（2020—2022年）》出台，进一步完善和提升佛山养老服务体系建设。按照文件要求，未来三年佛山将不断完善机构、社区、居家三大领域养老服务内容，同时建立完善跨部门协同监管机制、日常巡查制度和事中事后监管制度，并通过打造职责明确、结构完整、功能全面、应对有序的应急预案体系，全面解决养老服务领域的安全隐患。

9月

1日

△由中共广东省委农办、省农业农村厅与广东广播电视台共同主办的首档乡村振兴主题综艺《乡村振兴大擂台》举行颁奖晚会。节目围绕“厕所革命”“垃圾治理”“污水治理”“农房管控风貌提升”“产业发展”五方面，让参赛乡村进行全方位比拼。经过21个市42个乡村的全方位比拼，佛山市禅城区紫南村位列全省第三。

7日

△广东省离退休干部先进集体和先进个人表彰会在广州市举行。南海区西樵镇机关老干部党支部、佛山市关心下一代工作委员会获表彰为全省离退休干部先进集体，市教育局退休干部吴钟秀、三水区教育局离休干部严磊、禅城区人口和计划生育服务站退休干部刘璇、中共佛山市委宣传部退休干部余学成4人获表彰为全省离退休干部先进个人。此前，佛山市顺德区委宣传部退休干部何劲和获表彰为全国离退休干部先进个人。

△广东省农业农村厅公布第三届名

特优新农产品入库名单。佛山有4个农产品榜上有名，分别是顺德鳗鱼、乐平雪梨瓜、三水黑皮冬瓜和合水粉葛。

8日

△全国抗击新冠肺炎疫情表彰大会在北京市举行。大会对全国抗击新冠肺炎疫情先进个人、先进集体，全国优秀共产党员、全国先进基层党组织进行表彰。佛山市第一人民医院主任医师栾晓军获"全国抗击新冠肺炎疫情先进个人"称号，佛山市疾病预防控制中心获"全国抗击新冠肺炎疫情先进集体"称号。

△佛山市召开庆祝2020年教师节大会暨全市教育工作会议，提出要研究出台推进中小学幼儿园集团化办学实施办法，探索多校协同、区域组团、九年一贯制、十二年一体制等多种办学模式，推动市直学校优质教育资源和各区共建共享，力争全市创建5个以上省级优质特色教育集团。

10日

△佛山市召开文化发展工作会议，总结"文化佛山"三年行动计划成效，部署建设高质量文化导向型名城三年行动目标任务。会议强调，要以建设高质量文化导向型名城为抓手，全面打造与万亿经济大市相匹配的城市文化格局与文化气象，推动实现新时代佛山文化大发展大繁荣。

△"学习强国"佛山学习平台上线，成为继广州、深圳之后全省第三个上线的市级学习平台。

△佛山市召开全市城市更新工作推进会，提出要加快推动城市更新工作，为佛山经济社会高质量发展拓展新空间。

△2020中国民营企业500强榜单发布。碧桂园控股有限公司、美的集团股份有限公司、美的置业集团有限公司、佛山市兴海铜铝业有限公司、广东联塑科技实业有限公司、利泰集团有限公司、广东格兰仕集团有限公司等7家佛山企业榜上有名，上榜企业数量与上年持平。

11日

△广东省人民政府发布《关于表彰广东省民族团结进步模范集体和模范个人的决定》，广东（佛山）对口凉山扶贫协作工作组获"广东省民族团结进步模范集体"称号，佛山市人力资源公共服务中心人力资源市场部副部长张文生、南海区艺术高中西藏部主任张兴亭获"广东省民族团结进步模范个人"称号。

12日

△"美好生活　顺德智造"央视新闻新媒体全国巡回带货直播节目"买遍中国"顺德专场在北京市举行。

14日

△脱贫奔康·粤来粤好——"村村开网店·店店有网红"佛山市网络扶贫系列活动之全市网络电商扶贫培训班举行。

16日

△广佛同城全球联合招商机制启动仪式在广州市举行。广州、佛山两市签订《关于建立广佛同城全球联合招商工作机制的战略合作框架协议》，将根据各自产业基础和发展重点，协同开展先进装备制造、汽车、新一代信息技术、生物医药与健康等4个万亿级产业集群的互补招商。

19日

△佛山市顺德区政府与华为技术有限公司签订战略合作框架协议，共建华为（顺德）数字化转型学院，并在打造5G+企业数字化生态体系、打造全国村改智慧园区示范点、建设智慧城市等方面开展深度合作。

21日

△深圳证券交易所通过"兴业圆融-佛山耀达专利许可1—5期资产支持专项计划"的挂牌申请，总规模10亿元。这是全国地级市推出的首个知识产权证券化产品。

25日

△"快手大湾区泛家居直播中心"落户佛山市顺德区北滘镇广东工业设计城，这是北京快手科技有限公司在广东落地的第一个泛家居产业带直播中心。

27日

△佛山市知识产权智库平台和佛山市电子证据固化平台发布。2个平台通过专家智库协助、电子证据固化手段，缩短办案时间，提升案件鉴定的专业度，为行政执法提供技术支撑。

△国务院第二次全国污染源普查领导小组办公室发布《关于表扬第二次全国污染源普查表现突出的集体和个人的决定》，佛山市生态环境局获"第二次全国污染源普查表现突出的集体"称号；佛山市的李俊飞获"第二次全国污染源普查表现突出的个人"称号；佛山市生态环境局联合广东环境保护工程职业学院合作完成的《广东省佛山市第二次全国污染源普查技术报告》获"第二次全国污染源普查优秀技术报告二等奖"。

28日

△《法治日报》公布2020年全国政法智能化建设创新案例及论文征集活动评选结果。佛山市群众诉求服务体系入选"十大创新案例"名单。

29日

△佛山市举行2020年佛山—凉山州职业教育对口扶贫招生总结签约会。佛山与10所对接职业学校进行签约。

△佛山市博士和博士后创新创业孵化基地正式启动。该孵化基地是广东省人力资源和社会保障厅在全省首批布局的5个区域性博士和博士后创新创业孵化基地之一，由佛山市人力资源和社会保障局、禅城区人力资源和社会保障局、禅城区祖庙街道三级共建。

△佛山三龙湾游船项目举行首航仪式。该项目是佛山市首个夜间水上旅游项目，也是全国首个以岭南文化为主题的游船项目。

△交通运输部、财政部联合印发《关于组织开展深化农村公路管理养护体制改革试点工作的通知》，公布167个深化农村公路管理养护体制改革试点地区名单，佛山市入选名单。

△《人民日报》刊登《"佛山制造"的活力与韧性》，聚焦佛山制造业主动转型升级、锤炼品质、蓄力创新促进经济复苏。

△佛游味劲——2020年全域旅游畅玩佛山金秋文旅产品发布会在佛山市图书馆举行。发布会现场颁发首批佛山市研学旅行基地名单。

30日

△由水利部、全国总工会、全国妇联3个部门联合开展的"寻找最美河湖卫士"活动结果公布，全国有65名爱水护水人士分别获"十大最美河湖卫士""巾帼河湖卫士""青年河湖卫士""民间河湖卫士"称号。其中，佛

山市水义工胡忠录获"民间河湖卫士"称号，是广东省3位获奖者之一。

10月

3日

△中国网络社会组织联合会公布"2020网络扶贫案例"征集评审结果，佛山市2个网络扶贫案例入选全国典型案例，分别是"村村开网店·店店有网红"佛山市网络扶贫系列活动、广东（佛山）—四川（凉山）东西部扶贫协作落地项目——凉山家平台（互联网+大凉山产业扶贫平台）。

6日

△中国南北民间玩具特展在佛山市城市规划展览馆举办。特展展出玩具126件（套），玩具来自中国南北方各地。其间，中国民间传统艺术的传承与发展论坛在佛山举行。

11日

△由碧桂园农业与北大荒集团建三江分公司合作建设的全球首个超万亩无人化农场试验示范项目黑龙江省建三江垦区启动，标志着碧桂园农业在无人化农场领域取得阶段性成就。

12日

△第三届数字中国建设峰会在福建省福州市举行，集中展示数字中国发展最新成果。佛山市作为广东全省唯一的地级市代表参展，集中展示佛山在数字政府、智慧城市建设等方面的最新成果和前沿科技，涵盖政务服务、市场监管、智慧城市、智能交易、应用创新等五大主题。

14日

△国家市场监督管理总局、国家标准化管理委员会公布2020年中国标准创新贡献奖，佛山市企业广东一方制药有限公司参与制定的ISO 18668-4:2017"中医药　中药编码系统　第4部分：中药配方颗粒的编码"获标准项目奖一等奖。

15日

△住房和城乡建设部印发《住房和城乡建设部办公厅关于认定第二批装配式建筑范例城市和产业基地的通知》，认定佛山市等18座城市为第二批装配式建筑范例城市。

△全国第二个、华南第一个商家运营中心"淘宝天猫商家佛山运营中心"开业。该中心成立后，佛山市将成为华南淘宝、天猫商家的重要基地，家居、家电等多个佛山王牌产业带将因此获益。

16日

△中国城市燃气氢能发展创新联盟成立大会暨第一届氢能学术会议在佛山市举行。会议发布《城市燃气行业转型升级路径研究》报告。

△国家知识产权局、教育部公布2020年度国家知识产权示范高校和试点高校名单，佛山科学技术学院被认定为"2020年度国家知识产权试点高校"。

△佛山市举行佛山标准工作发布会。佛山标准专用标志、首批佛山标准重点领域发布，标志着"佛山标准"工作启动。

18日

△由科学技术部和中国科学技术协会主办的第八届中国TRIZ杯大学生创新方法大赛结束。佛山职业技术学院电子信息学院学生创业团队项目"光伏电站智能运维机器人"获该赛事创业组一等奖，是创业类所有项目中唯一一个来自高职院校的项目。

19—22日

△2020联合国开发计划署氢能产业大会在佛山市举行，佛山连续4年举办氢能产业盛会。第四届中国（佛山）国际氢能与燃料电池技术及产品展览会（CHFE）也同期举行。参展企业涵盖氢能基础设施、燃料电池、核心零部件、材料、燃料电池整车制造，以及制氢、储存、运输、氢气利用等领域。

20日

△全国双拥模范城（县）命名暨双拥模范单位和个人表彰大会在北京市召开，佛山市连续9次被命名全国双拥模范城。

△生态环境部通报2020年9月和1—9月全国地表水、环境空气质量状况，佛山入列1—9月空气改善幅度前20位城市名单。广东省珠三角9市被纳入全国168个重点城市环境空气排名。

△"五彩凉山·爱不停步"佛凉两地文旅合作座谈会暨签约仪式在凉山彝族自治州西昌市举行。佛山市和凉山彝族自治州签订"艺起来，绘未来"公益非遗扶贫艺术项目协议和旅游战略合作协议，联手打造旅游精品线路，推动两地优势互补、客源互送。

21日

△广东省抗击新冠肺炎疫情表彰大会在广州市举行，佛山市36名医护人员获评为先进个人、13个单位获评为先进集体、7名党员获评为优秀共产党员、7个单位获评为先进基层党组织。

△华为（顺德）数字化转型培训学院和华为信息与网络技术学院在顺德职业技术学院揭牌成立。华为将利用这一平台，开设企业总裁班、高管班，开展文化、数智、战略、变革、人才等方向的数字化领导力课程培训，同时为企业及ICT产业链培养创新型和应用型人才，并在智慧校园、智能制造等方面开展合作创新。

22日

△中国社科院与经济日报社共同发布中国社科院（财经院）创新工程重大成果《中国城市竞争力第18次报告》。佛山位居城市综合竞争力排行榜第十四位。其中，在环境韧性竞争力排名方面，佛山排名第八。

△佛山市首个市委书记市长环境保护督查令被解除。2017年，佛山针对南海区广佛跨界流域特别是水口水道流域水体情况，开出首个市委书记市长环境保护督查令。经过3年治理，水口水道水质达到督查令要求并逐渐向好。

23日

△"文脉传承　故纸流芳——佛山经典古籍联展"在佛山市图书馆开展，展出珍贵古籍133种。

27日

△第十七届（2020）中国城市新闻网媒联盟联席会在佛山市举行。会上举行中国网媒联盟赋能佛山智造启动仪式，"中国智造　佛山功夫——2020全国网络媒体看佛山"活动同步启动。

28日

△国家发展改革委、交通运输部联合印发《关于做好2020年国家物流枢纽建设工作的通知》，全国有22个物流枢

纽入选2020年国家物流枢纽建设名单。其中，佛山生产服务型国家物流枢纽入列，成为2020年广东省唯一入选的国家物流枢纽。

△中国首个大件商品出口全球集货仓暨“速卖通大件跨境华南运营中心”现场揭牌仪式在佛山跨境电商清关中心举行，佛山市乃至全中国制造的大件商品——家具、家装、浴缸、瓷砖等建材和大件灯具等，可以通过该中心走向全球。

29日

△住房和城乡建设部建筑市场监管司司长张毅率队到佛山市开展智能建造工作调研。调研组实地考察顺德区北滘博智林人才房、凤桐花园、佛山美的置业集团，并肯定了佛山市在智能建造方面的成绩。

同月

△广东一方制药有限公司研发生产的“化湿败毒颗粒”收到阿拉伯联合酋长国卫生和预防部（MOH）核准签发的药品注册批准文件，标志着“化湿败毒颗粒”以药品身份进入阿联酋市场，也标志着中国的“中医药力量”在全球抗疫中得到认可。“化湿败毒颗粒”是中国第一个具有完全自主知识产权的治疗新冠肺炎的中药创新药物，也是中国首个获得临床批件的治疗新冠肺炎的中药创新药物。

△由广东省委宣传部、省文明办、省妇联联合开展的2020年寻找广东最美家庭系列活动评选结果公布，佛山市的苏永善家庭入选“2020年广东十大‘最美家庭’”名单，潘惠宝家庭、陆月秀家庭、杨志江家庭、商建平家庭、肖强家庭、劳艳贞家庭、廖流波家庭、张炜海家庭、陈景利家庭、赖明建家庭入选“2020年广东百户‘最美家庭’”名单。

△佛山援疆工作队获2020年新疆维吾尔自治区脱贫攻坚组织创新奖。

11月

1日

△零时是第七次全国人口普查的标准时点。从此刻起直至12月10日，佛山市4万余名普查员将佩戴区级以上人民政府普查机构统一颁发的证件，开展入户普查工作。

△佛山市《佛山市燃料电池汽车市级财政补贴资金管理办法》开始实施，补贴对象为氢燃料电池汽车，车辆类型包括乘用车、客车、货车等。

3日

△胡润研究院发布“2020胡润慈善榜”。佛山企业——碧桂园集团的杨国强、杨惠妍父女在过去一年捐赠5.5亿元，位列榜单第七。这是他们连续第15年入选胡润慈善榜。

5日

△全国城市大型综合体灭火救援作战编成试点成果汇报演练在佛山市举行，应急管理部灭火救援专家组组长牛跃光率队到佛山开展验收工作。

△整合法院、司法、信访、“12345”热线、行业协会、社会组织等力量和资源的佛山市群众诉求服务平台上线试运行，标志着佛山市群众诉求服务体系基本实现“一体化”运作。

△中国旅行社协会五届五次理事会暨2020中国旅行社行业发展论坛发布“全国研学旅行基地（营地）名单”，佛山市禅城区南庄镇紫南研学旅行基地入选，是佛山市唯一入选的旅游景区。

7日

△第三十三届中国电影金鸡奖颁奖盛典系列活动新闻发布会在北京市举行。会上揭晓第三十三届中国电影金鸡奖评委会提名名单，由佛山文化发展投资管理公司参与投资的粤剧电影《刑场上的婚礼》获“最佳戏曲电影”提名；青春未来影视（佛山）有限公司参与制作的《春潮》获“最佳故事片”提名和“最佳导演”提名。

8日

△广东省首个“功夫禁毒示范武馆”在佛山市鸿胜武馆揭牌，该武馆不仅有专门的“功夫禁毒角”，学员在入学拜师前还必须签订禁毒承诺书，并定期接受禁毒知识培训。

9日

△“粤港澳大湾区组合港启动仪式——港口物流及贸易便利化服务平台上线”活动同时在深圳市招商港口大厦和佛山市顺德新港举行。组合港将通过运用区块链、大数据、人工智能等，打通湾区港口的互联、互通、互认。顺德新港和深圳蛇口港之间可以实现“一次报关、一次查验、一次放行”，通关时间从原来的5～7天缩短到2天，企业成本下降30%。

11日

△佛山市第一人民医院与广州呼吸健康研究院签订共建国家呼吸医学中心佛山中心协议，共同助力医院学科建设，推动高水平医院建设和登峰计划，推动中国呼吸医学学科发展。

12日

△佛山市行政复议调解中心挂牌成立。这是佛山市开展行政复议体制改革、有效化解行政争议、推进市域社会治理现代化的创新举措。

△第九届“大地奖”中国陶瓷创新与设计大赛结果公布，佛山10件作品获奖，其中霍家荣创作的《千里共婵娟》获特等奖，范安琪创作的《一纸人生》、陈爱东创作的《我心飞翔》、梁惠芳创作的《青衣》、李义鹏创作的《禅宗六祖》获一等奖，黄志棠创作的《东坡醉砚》、黄志明创作的《降倭》、吴植华创作的《家乡风味》、何毅青创作的《舞动精彩·鼓舞飞扬》、凌康骅创作的《稳如泰山》获二等奖。

12—13日

△第二十七届中国中西医结合骨伤科学术年会暨佛山骨科高峰论坛在佛山市举行。

12—14日

△2020年中国生命电子学术年会在佛山市举行，为佛山链接生物医药产业的科技创新及科技成果转化资源，营造新型生物医药产业生态，促进生物医药产业发展提供机遇。

13日

△佛山市顺德区发布广东省首个县区级贯彻新发展理念推动高质量发展评价指标体系，从5个维度设置监测和评估两大指标体系，将高质量发展目标具体化、指标化，为全省建立可监测、可评价、可量化体系率先探路。

△肇庆市羚羊峡突发山火，佛山市

森林消防综合救援队36名队员驰援肇庆。这是该救援队成立以来首次驰援外地，也是佛山—肇庆城市安全联动战略合作暨珠江西岸五地市森林火灾应急救援联动合作协议签订后首次联动。

14日

△新疆维吾尔自治区人民政府发布《关于莎车等10个贫困县退出的公告》。佛山从2010年起对口支援的新疆喀什地区伽师县被批准退出贫困县序列。

15日

△第五届中国长诗奖颁奖典礼在佛山市举行。

△第四届"全国小学体育活力校园创新奖"优秀案例公布。佛山市南海区民乐小学的《以体育特色推动农村薄弱学校转型发展的实践探究》获"最佳校园体育文化案例奖"，顺德区劳村小学的《悦动跳绳　绽放生命》获"最佳课外体育活动案例奖"。

16日

△《佛山高质量发展综合绩效评价体系（试行）》印发实施。该评价体系将佛山5个区分为珠三角核心区、生态涵养区2个评价类型。

△第十六届中国（深圳）国际文化产业博览交易会（云上文博会）开幕。佛山VR展馆以"建设高质量文化导向型名城"为主题，集中展示陶艺、武术、美食、粤剧、岭南成药、狮艺等佛山市特色文化。

△2020年广佛全域同城化市长联席会议在佛山市举行，协调推进广州、佛山两市重点合作事项，提升同城化融合发展水平。

△四川省人民政府批准凉山彝族自治州普格县、布拖县、金阳县、昭觉县、喜德县、越西县、美姑县7县退出贫困县序列。至此，佛山市从2016年8月起对口帮扶的凉山州11个贫困县全部退出贫困县序列。在2017年、2018年、2019年的全国东西部扶贫协作考核中，佛山连续3年获得"好"等次。

△继2020年4月发出广东全省第一张"一照通"后，佛山市顺德区再发出全省首张升级版"一照通"。升级版"一照通"改革进一步扩大实施范围，申办主体达19类，将全部食品销售、餐饮服务事项一并纳入。

17日

△Flexiv华南制造中心第100台机器人在佛山市投产下线，标志着全球首批自适应机器人在中国实现规模量产。

18日

△2020中国最具幸福感城市榜单公布，佛山市第二次入选中国最具幸福感城市（地市级）榜单。南海区第三次入选中国最具幸福感城市（城区）榜单，并入选企业家幸福感最强市（区）榜单。

△佛山市举行2020佛山产学研投发展大会暨成果展示，大会吸引39个省内外高校参展项目，涵盖人工智能、大数据分析、新材料、3D打印、大健康、绿色环保等多个领域。其中有关智能制造、生物医药、新材料等10个产学研投项目进行现场意向合作签约。

19日

△中共中央宣传部印发《关于表彰第八届全国服务农民、服务基层文化建设先进集体的决定》。佛山市禅城区紫南村农家书屋、三水区白坭镇文化站分别入选"农家书屋和基层图书发行单位先进集体"名单和"县级文化馆、图书馆、乡镇（街道）综合文化站、村（社区）综合性文化服务中心先进集体"名单。

△佛山市科技局印发《佛山市重点领域科技攻关实施细则（试行）》。这是佛山市首次出台对国家和省重大科技专项的支持措施和工作指引。

19—21日

△第二十四届全国发明展览会——"一带一路"暨金砖国家技能发展与技术创新大赛在佛山市举行，吸引822家企业2051个项目参展。大赛设置工业机器人、无人机、机器学习和大数据等专业比赛项目。

20日

△全国精神文明建设表彰大会在北京市举行。佛山市再次获评为全国文明城市，实现连续3年获评为全国文明城市。该次表彰会上，佛山还有4个乡村获评为全国文明村镇，4个单位获评为全国文明单位，1人获评为全国未成年人思想道德建设工作者。

△农业农村部公布第十批全国"一村一品"示范村镇名单。三水区西南街道青岐村以"水产"为特色入选，为该批次佛山市唯一入选的村。

△佛山市再推广佛融合新举措，引入首个"政务晓屋"。通过5G+VR技术，以远程视频的方式，实现群众跨城通办业务远程"面对面""手把手"贴心服务。

23日

△佛山市工业和信息化局公布2020年佛山市市级企业技术中心认定名单，美的生活电器、万和电气、广源铝业等41家企业入选名单，涵盖机器人、机械装备、家电制造、五金制品、陶瓷、新材料、生物医药、家具等行业。

24日

△全国劳动模范和先进工作者表彰大会在北京人民大会堂举行。佛山市共7人获表彰，李金波、苏荣欢、刘一军、宋科明、唐奇、彭方昭6人获"全国劳动模范"称号，王跃建获"全国先进工作者"称号。

△在第五届广东省电子政务与新型智慧城市发展大会暨广东省电子政务年会上，佛山市顺德区"24小时企业服务平台"入选"广东省政务服务创新案例"，是唯一入选的区级企业服务案例。

△全球硬科技开发者大会（佛山）在佛山市顺德区举行。大会由佛山国家高新技术产业开发区管理委员会指导，《全球智能化商业》、AIBA亚太人工智能商业联盟主办，涂鸦智能承办，以"发现互联互通的创造力"为主题。

24—29日

△为期6天的广东省制造业"千企智造·智汇行动"佛山专场招聘周系列活动举行。活动采用线下招聘会、线上"云招聘"以及"直播带岗"3种形式，面向全球招揽制造业领域优秀人才。

25日

△世茂海峡发展公司与胡润研究院在佛山市联合举办2020世茂海峡·胡润中国500强民营企业发布会暨大湾区民营经济论坛。会上发布"2020世茂海峡·胡润中国500强民营企业"榜单，佛山有8家企业上榜，分别是美的集团、海天调味食品、碧桂园控股、碧桂园服务控股、新宝电器、中国联塑、格兰仕集团和盈峰集团。

26日

△第十四届中国智慧城市大会在北京市召开，“佛山通”城市服务应用程序（App）获2020智慧城市先锋榜优秀应用案例一等奖。

△由佛山市人民政府、暨南大学、顺德区人民政府合作共建的佛山病原微生物研究院在暨南大学生物医药产业园成立。这是佛山市加强生物安全风险防控和治理体系建设的关键举措，也是提高生物医药与健康产业技术研发和成果转化能力的重要抓手。

28日

△2020中国经济传媒大会上发布首份《全国地级市营商环境热力指数报告》，苏州、佛山、东莞、无锡、绍兴位列“营商环境热力之城Top50”前五名。

△中国民族建筑研究会宜居城市与城乡治理专业委员会发布“2020中国宜居宜业城市榜”，全国有84个城市上榜，佛山市名列其中。

30日

△佛山市跨境供应链合作平台启动，为佛山市的物流企业未来发展跨境物流提供广阔前景。

同月

△“2020中国县域综合实力百强榜”发布，佛山市的南海区、顺德区、禅城区分别以排名第三、第八、第三十九的名次进入百强榜。

△禅城区税务局全省首创“无感”办税模式，全流程不到1秒，省去以往排队等候、认证核对、叫号纸打印等常规取号步骤，实现步骤简化100%。

12月

1日

△《佛山历史文化丛书》（第五辑）暨《佛山历史文化丛书》中英文版（第一辑）举行首发式。

2日

△中央农村工作领导小组办公室、农业农村部在北京市发布第二批全国乡村治理典型案例。佛山市三水区“办事有清单　干事有底气”案例入选，成为广东省2个入选案例之一。

△2020年广东省劳动模范、先进工作者和先进集体表彰大会在广州市举行，佛山有21人获“广东省劳动模范”称号、1人获“广东省先进工作者”称号、6个单位获“广东省先进集体”称号。

5—6日

△中国教育发展战略学会区域教育专业委员会2020年年会暨广东佛山南海教育改革发展现场会举行。会议以“激发办学活力，提高教育质量”为主题，聚焦提升教育活力与质量的目标、任务和实现路径等议题，交流先进经验，分享创新案例，凝结教育智慧。

8日

△佛山桑园围入选世界灌溉工程遗产名录，成为广东省第一个世界灌溉工程遗产。桑园围位于佛山市域内，地跨南海区西樵镇、九江镇，顺德区龙江镇以及勒流街道的一部分。

11日

△国家林业和草原局批准佛山市云勇林场设立广东云勇国家级森林公园，并定名为“广东云勇国家森林公园”。

13日

△顺德职业技术学院（顺德区郑敬诒职业技术学校教学点）学生梁荣浩在全国第一届职业技能大赛的世赛选拔项目——珠宝加工项目竞赛中获金牌。

19日

△第二届“广东十大美丽乡村”“广东美丽乡村精品线路”“广东特色名村”系列评选活动发布会在佛山市三水区举行。三水区“百里芳华之西江十里画廊美丽乡村”精品线路入选“广东美丽乡村精品线路”名单，顺德区勒流街道黄连社区入选“广东粤菜师傅名村”名单，禅城区南庄镇南庄村以及三水区西南街道江根村入选“广东农房风貌提升名村”名单，三水区芦苞镇独树岗村入选“广东特色产业名村”名单。

△中国标准化研究院在北京市举行的2020年企业标准“领跑者”大会上，发布包括全国331家企业、439个产品在内的2020年度全国企业标准“领跑者”榜单。佛山市的美的、万和、格兰仕、万家乐、容声、科龙等22家佛山企业的32个产品入选，数量居全国县级区域前列；佛山的64项企业标准入选，约占发布的企业标准“领跑者”总数的1/7，数量位居全国第一。至此，佛山市累计企业标准“领跑者”95项，总数位居全国第一。

20日

△2020中国（佛山）大湾区影视产业高峰论坛暨中国高校影视学会湾区影视创研中心成立仪式在佛山市举行。会上，粤港澳大湾区影视产业展示招商服务中心、广东省电影创作培训基地、“一带一路”纪录片学术共同体（BriDoc）大湾区影视创作研究院、佛山市电影电视家协会、佛山珠影文投影视服务有限公司等南方影视中心五大重点项目揭牌。南方影视中心同时发布新VI系统和绿岛湖湿地公园、先行书店、里水梦里水乡等十大新增拍摄取景点。

21日

△佛山市人民政府印发《关于培育发展“2+2+4”产业集群的实施意见》。该意见明确，佛山市将重点培育发展装备制造等八大产业，形成2个超万亿元核心产业集群、2个超5000亿元支柱产业集群、4个超3000亿元新兴产业集群的“2+2+4”梯队产业格局。

22—23日

△“科技之家大使、外交官2020佛山行”活动在佛山市季华实验室举行，围绕科技创新赋能佛山高质量发展展开讨论。中国国际科学技术合作协会的首个地方工作站同步在季华实验室揭牌。

23日

△佛山数字经济峰会暨品牌佛山授牌仪式举行。现场发布2020“线上消费者最喜爱的佛山品牌”、2020“佛山数字化升级标杆企业品牌”、2020“品牌佛山榜特色品牌”三大榜单。《2020佛山品牌直播电商调研报告——直播电商对佛山产业转型升级的影响》在会上发布。

△“工业互联智造无界”2020工业互联网大会在佛山市举行，腾讯工业互联网粤港澳大湾区基地、京东智联云大湾区产业运营中心揭牌，这两大中心将立足佛山，面向粤港澳大湾区，为企业数字化转型提供服务，助力佛山数字经济高质量发展。会上还对工业互联网产

业载体、“腾云计划”重点扶持企业、广东省工业互联网产业集群数字化转型试点授牌。

25日

△第九届中国创新创业大赛（广东赛区）港澳台赛在佛山市举行颁奖活动。港澳台赛评选出一、二、三等奖及优胜奖共61项。活动现场还为首批港澳台赛项目孵化协作单位成员单位授牌。

△佛山传媒学院揭牌仪式暨媒体融合名家讲堂系列培训在佛山传媒集团举行。佛山传媒学院旨在推进媒体深度融合发展，建立以内容建设为根本、以先进技术为支撑、以创新管理为保障的全媒体传播体系。

△住房和城乡建设部召开全国住房城乡建设系统抗击新冠肺炎疫情表彰视频会议，表彰全国住房城乡建设系统在抗击新冠肺炎疫情工作中作出突出贡献的先进集体和个人。佛山市住房和城乡建设局获“抗击新冠肺炎疫情先进集体”称号。

△文化和旅游部、国家发展和改革委、财政部公布第一批国家文化和旅游消费示范城市名单和试点城市名单。佛山市入选试点城市名单，为广东省入选的4个城市之一。

25—27日

△2020中国（佛山）童装时尚设计周在佛山市举行。该届设计周汇聚熊出没、熊熊乐园、奥特曼等数十个国内外知名动漫影视IP。现场举行佛山IP孵化中心启动暨签约仪式、中国佛山童装图案设计大赛颁奖仪式、IP合作示范单位颁发仪式等。

26日

△“2020第十五届中国全面小康论坛”在中山市举行。由佛山市安全生产委员会推选的“推动智慧安全佛山建设　探索城市安全治理模式转型升级”项目入选“2020年度中国十大社会治理创新典范”名单。

△科技部和中国科学技术信息研究所分别发布《国家创新型城市创新能力监测报告2020》和《国家创新型城市创新能力评价报告2020》。佛山在72座国家创新型城市创新能力排名中位列第二十七，较2019年上升7位。

△《2020中国城区高质量发展报告》发布。佛山市5个区均上榜“地级城市市辖区高质量发展100强”榜单，顺德区居榜首，南海区位居第二，禅城区、三水区、高明区分别排名第十、第二十七和第三十一。

27日

△佛山市红十字心理援助志愿服务队成立。首批心理援助志愿服务队由160名队员组成，聘用5名心理援助志愿服务专家顾问。

27—28日

△为期2天的第三届粤港澳大湾区“粤菜师傅”技能大赛暨粤菜文化交流活动在佛山市举行。竞赛采用个人赛方式进行，设立中式烹调师、中式面点师2个竞赛工种，每个竞赛工种分别设立粤菜工匠组和粤菜新星组。在中式烹调师粤菜工匠组，首次采用粤菜三大菜系（“广府菜”“潮汕菜”“客家菜”）单独评比。

28日

△全国首个综合能源制氢加氢加气一体化站在佛山市开工，标志着佛山在氢能行业迈入良性发展。

△第三届中国校地合作创新大会在佛山科学技术学院仙溪校区举行。广东省研究生联合培养基地（佛山）与东北大学、哈尔滨理工大学、温州大学、长春大学4所高校签订研究生联合培养合作协议。

29日

△淘宝直播联合淘榜单发布“2020十大直播之城”名单。佛山市以“家装直播之城”名列其中。

△2020年广东省乡村治理示范乡（镇）名单及2020年广东省乡村治理示范村名单公布。佛山有5个镇（南海区大沥镇、南海区丹灶镇、顺德区龙江镇、高明区更合镇、三水区白坭镇）、50个村（禅城区8个、南海区13个、顺德区15个、高明区6个、三水区8个）上榜。

30日

△中国（佛山）知识产权保护中心授予佛山市版权保护协会等13个单位“知识产权保护工作站”牌匾。这是中国（佛山）知识产权保护中心首次设立知识产权保护工作站。

△“2020广东企业竞争力500强榜单”及《2020广东企业竞争力500强分析报告》发布。佛山有38家企业入围榜单，其中，碧桂园控股有限公司排名榜单第七，美的集团股份有限公司排名榜单第十三。

△广东省工商业联合会发布“2020广东省百强民营企业”榜单，佛山有13家企业上榜。其中，碧桂园控股有限公司位列榜单第三，美的集团股份有限公司位列榜单第六。

△2020佛山工业设计周暨2020佛山“市长杯”工业设计大赛活动作品展开幕。活动吸引全国220个企业单位、158所院校及一批自由设计师参与，共征集3801件作品，最终选出2件最佳设计（创意）作品、6件杰出设计（创意）作品、24件优秀设计（创意）作品、2件优秀创新项目（产业）、100件类别创新作品。活动延续至2021年1月3日。

△中国地方志指导小组、中国地方志学会组织的第七届全国地方志优秀成果（年鉴类）评审结果公布，《佛山年鉴（2019）》获评全国“一等年鉴”，为全省唯一获此荣誉的市级综合年鉴。

31日

△佛山市人力资源和社会保障局印发《佛山市“粤菜师傅”培育示范基地扶持暂行办法》，对经认定的粤菜师傅培育示范基地，给予一次性奖励补助1300万元。

△佛山高新区入选科技部火炬中心首批企业创新积分制试点单位名单。

△全国妇联在北京市召开第十二届全国五好家庭暨家庭工作先进集体、先进个人表彰和2020年全国最美家庭揭晓电视电话会议。佛山市的王盛安家庭、李太安家庭、黎春燕家庭获“全国五好家庭”称号，卢文普家庭、陈燕梅家庭获“全国最美家庭”称号，吴钟秀获“全国家庭工作先进个人”称号。

同月

△国家发展改革委价格认证中心发布表彰决定，佛山市发展和改革局价格认证中心获评为“2019—2020年度全国价格认定工作先进单位”。

（市地方志办）

市情概貌

自然地理

【地理位置和面积】 佛山市位于广东省中南部，珠江三角洲腹地。东倚广州市，西靠肇庆市，南邻江门市、中山市，北接清远市，邻近深圳市和香港特别行政区、澳门特别行政区，陆运、水运、空运交通基础设施齐备，交通便捷。市域范围为北纬22° 38′ ~ 23° 34′ 、东经112° 23′ ~ 113° 24′ 。市域东距西、南距北均约103千米，大致呈“人”字形，辖禅城、南海、顺德、高明、三水5个区。佛山市总面积3797.79平方千米（根据以2019年12月31日为标准时点的第三次全国土地调查），建成区面积137.03平方千米。

（郭　庆）

【地质地貌】 佛山市地势总体有北高南低、西高东低的特征，大部分地区较为低平，地势起伏较小，以平原为主，为珠江水系之北江、西江三角洲平原，海拔一般小于5米，多在1.2 ~ 4.8米，河汊众多，桑基鱼塘密布，其间零星分布有丘陵残丘和残留台地，丘陵残丘海拔小于100米，坡度15度以下；残留台地海拔一般小于50米，浑圆低平；佛山市西部的高明、北部的三水地区有连绵的山体，为丘陵—低山地貌，地势陡峻，相对高差大，山谷纵横，植被茂密。佛山市最高山峰为高明区杨和镇的皂幕山，海拔805米，三水大塱涡地势低洼，高程-1.7米，为全市最低点。

在中国大地构造分区中，佛山市位于二级构造单元武夷—云开—台湾造山系，经历各构造旋回的地质演化，形成佛山市极具特征的地质背景。距今8亿至2300万年的岩石构成佛山市的坚硬基底，沉积岩、岩浆岩和变质岩三大岩类均有发育，但是以各地质时期的沉积岩为主体。各地质时代的地层发育较为齐全、分布广泛，发育的地层有南华系、寒武系、泥盆系、石炭系、二叠系、三叠系、侏罗系、白垩系、古近系和第四系，以古近系和第四系分布最广。佛山市位于珠江三角洲平原，属于浅覆盖区，基岩上覆盖着5万年以来形成的松散堆积层，即第四纪地层，厚度一般小于50米，最厚70米，是珠江水系与中国南海共同作用形成的，其沉积中心沿北东向和北西向呈现出有规律的展布，与区域断裂构造的展布较一致，显示断裂构造对第四纪沉积的控制作用。大约9000万年前开始发生火山活动，4800万年至3600万年前的火山活动，形成西樵山、王借岗、紫洞等地的火山岩，岩性主要为粗面岩、玄武岩等，经过后来的风化、剥蚀，造就西樵山火山地貌景观和王借岗、紫洞等地的火山岩柱状节理地质遗迹。经历漫长的地质历史演化，佛山市范围内地质构造复杂，主要的构造形迹包括褶皱、断裂等，以一组多条断裂构成断裂构造带为特征。断裂构造总体以北东向广州—从化断裂带（南段）、北西向白坭—沙湾断裂带和西江断裂带为主，它们相互切割、复合，构成佛山区域构造的基本格架。佛山市断裂构造具有多期活动的特征，主要形成期为加里东期至燕山期。佛山市新构造运动主要表现为基底断块的差异升降。

佛山市地下水资源较为丰富，地下水类型主要有松散岩类孔隙水、碳酸盐岩类裂隙溶洞水、红层孔隙裂隙水和基岩裂隙水等，以松散岩类孔隙水为主，不同地区含水量有所差异，总体含水量为中等至丰富。地下水位高，一般埋深1 ~ 2米，连续含水层分布有1 ~ 3层，以微承压至承压水为主，顺德区陈村、伦教、勒流、杏坛和均安一线的东南部为咸水区，佛山市其余地区为淡水区，过渡带为上淡下咸区。

佛山市地质灾害的发生与强降雨和人类工程活动密切相关。截至2020年12月，全市有地质灾害或隐患点135处，其中崩塌107处、滑坡19处、泥石流7处、地面塌陷1处、地面沉降1处。

（罗锡宜）

【气候】 佛山属于亚热带季风气候区，雨量充沛，温暖湿润，日照充足，气候资源丰富。年平均（统计年份为1981—2010年，下同）气温22.5℃，1月最冷，平均温度13.9℃，7月最热，平均温度29.2℃；年平均相对湿度为76%，月平均以4月的83%为最高。年平均风速为2.1米/秒。年日照时数1627.7小时，年平均雾日数为14.5天，年平均雷暴日69.7天。年降雨量1688.2毫米，汛期（4—9月）降水量占全年的80%。年平均雨日146.5天，6月最多，平均18.2天。春夏季常出现雷雨大风、短时强降水、强雷电、冰雹、龙卷风等灾害性天气，夏秋季常有热带气旋影响，平均每年有1～2个热带气旋影响佛山市。由于地处低纬，海洋和陆地天气系统均对佛山有明显影响，冬夏季风的交替是佛山季风气候突出的特征：冬春多偏北风，夏季多偏南风。冬季的偏北风因极地大陆气团向南伸展而形成，寒冷干燥；夏季偏南风因热带海洋气团向北扩张所形成，温暖湿润。

春季（3—5月） 春季白昼渐长，气温和降水量均处在上升时期，天气多变，常出现乍暖乍冷天气。春季是冬夏季的交替季节，天气过程复杂，变化迅速，中小尺度天气系统非常活跃，因此常出现强对流天气。通常从4月开始，佛山市进入前汛期，5月到达前汛期的降雨高峰期，暴雨频发。

夏季（6—8月） 佛山的夏季盛行偏南风，丰沛的水汽随南风源源不断输送到上空，为夏季降雨提供有利条件。6月是佛山前汛期的降雨高峰期，出现暴雨的机会甚多。同时，每年7月起进入热带气旋影响广东的主要时段。佛山的夏季天气炎热，一年中最热的月份是7月，全市的月平均气温达29.2℃；极端最高气温39.2℃（2005年7月18日，南海国家气象观测站；2017年8月22日，顺德国家气象观测站）。盛夏季节气温高，加上相对湿度大，更显得暑气逼人。

秋季（9—11月） 秋季是一年中最舒适的季节。此时冷空气开始频繁南下，气温逐渐下降。9月仍是热带气旋

链接

2020年佛山市主要天气气候事件

年末寒潮来袭 2020年12月29日至2021年1月2日，受寒潮影响，佛山市出现大幅降温，过程降温幅度12.1℃，其中三水区录得全市最大24小时降温10.2℃。三水、南海、顺德在此次冷空气过程中最低气温分别为4.6℃、4.8℃、6.4℃。

平均气温、高温日数均创新高 2020年，佛山年平均气温23.8℃，较常年（统计年份为1991—2020年，下同）高1.2℃（常年全市平均气温22.6℃），与2019年并列为1957年有气象记录以来最高。年高温日数48天，较常年多27天（常年全市平均高温日数21天），为有气象记录以来最多，其中北部44天、中部43天、南部57天，分别较常年多22天、22天、38天（常年北部高温日数为22天，中部为21天，南部19天）。

“龙舟水”多4成，极端性强 2020年，佛山在“龙舟水”期间累积降雨量421.6毫米，较常年多4成（常年全市平均累积降雨量298.1毫米），具有“累积雨量大，降雨强度强，空间分布不均”的特点。其中主要的天气过程有：5月11日17时至22时，全市普降大雨到暴雨，高明区荷城街道马宁泵自动气象站录得全市最大降雨量84.4毫米；5月16日8时至17日8时，顺德区出现大暴雨，顺德区北滘镇莘村中学自动气象站录得全市最大降雨量148.7毫米；5月20日8时至22日8时，全市普降暴雨到大暴雨，平均面雨量为88.8毫米，顺德区大良街道逢沙电排自动气象站录得全市最大降雨量245毫米；5月25日20时至27日20时，中部普降暴雨到大暴雨，禅城区南庄镇罗南水泵自动气象站录得全市最大降雨量172.2毫米；6月6日14时至18时，三水区芦苞镇出现大暴雨，上塘村委会自动气象站录得累积降雨量209.1毫米，最大1小时雨量126.6毫米，破全市1小时雨量历史纪录。

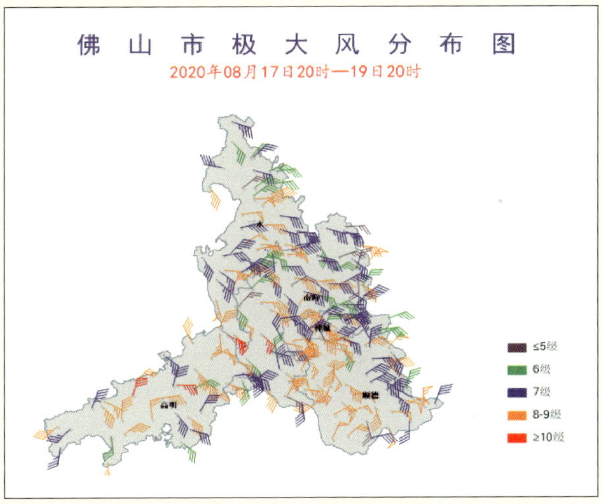

2020年8月17日20时至19日20时极大风分布图
（市气象局 供图）

有气象记录以来最热、降水最少的7月 由于7月副热带高压脊线位置较历史同期偏南5～10个纬距，且整体偏强、偏大、西伸脊点偏西，佛山市7月平均气温高达31.2℃，较历史同期（29.2℃）高2.1℃，创有气象记录以来同期最高纪录。同样受副热带高压影响，7月缺少台风带来的降水，全市平均月降水量仅55毫米，较历史同期（219.9毫米）少7～8成，为有气象记录以来同期最少。

森林火险等级高、频次多 2020年气温偏高，降水阶段性少明显，其中7月、10月、11月、12月均少7成以上，天气持续干燥，森林火险等级高，全市各区全年森林火险红色预警生效日数为51天。

台风来得早、总体影响轻 2020年，在4个登陆或严重影响广东省的台风中，佛山市受“海高斯”较明显的风雨影响。“海高斯”于8月19日以台风级登陆珠海，受其环流影响，8月18日20时至20日20时，全市出现持续性强降雨和9～11级阵风，高明区明城镇三防指挥所自动气象站录得过程最大阵风29.6米/秒（11级），全市共有5个自动气象站雨量超100毫米，南海区九江镇敦根村委站录得全市最大降雨量119.8毫米。

活跃期，10月后强对流天气和热带气旋明显减少，但仍有出现的可能。秋季以晴天为主，降水少。9月下旬至11月底平均降水量仅155.4毫米，约占全年降雨的9.2%，历史上曾多次出现连续30天无雨的年份，秋燥的特点明显。

冬季（12月至次年2月） 冬季佛山盛行偏北风，受到冷空气的频繁影响，为全年最冷的时期。1月的月平均气温13.9℃，为全年最低，极端最低气温曾达到-1.9℃（1967年1月17日，南海国家气象观测站）。在两次冷空气之间也常有一段回暖过程，气温上升。佛山常受冷高压脊控制，处于干冷气流控制下，降水最少，有时整月无降水出现，晴好天气多，日照充足。

（郑启康）

【水文】 2020年，受上游来水及天文大潮影响，佛山市主要控制站点马口站、三水站全年有3次超3米的明显涨水过程，有1场达到中高洪水位（4.58米）的洪水，没有达到警戒水位（7.50米）的洪水。全年最大洪水出现在6月，马口站洪峰水位6.66米，对应洪峰流量3.83万立方米/秒，超5年一遇；三水站洪峰水位6.98米，对应洪峰流量1.32万立方米/秒，超10年一遇。马口站年平均流量6760立方米/秒，比常年（统计年份为1959—2019年，下同）值偏小5.7%，三水站年平均流量1700立方米/秒，比常年值偏大9.7%。全年影响佛山市的热带气旋有2个，分别是2020 02号“鹦鹉”、2020 07号“海高斯”，均给佛山市带来不同程度的降水和风暴潮增水。

（陈慧莎）

【土壤】 佛山市位于珠江三角洲平原区，成土母质种类较少，主要为第四纪海陆交互相、第四纪冲洪积物、砂泥岩类风化物、碳酸盐岩类风化物、花岗岩类风化物和中性火山喷出岩类风化物。佛山市土壤类型主要有赤红壤、水稻土和潮沙泥土等。赤红壤是佛山市的地带性土壤，发育于砂泥岩、砂砾岩、花岗岩和粗面岩等母岩风化物，主要分布于岗地和中低山丘陵区。水稻土主要分布于三角洲沉积平原和河流冲积平原，根据地势高低和土壤性质，可分为淹育型水稻土、潴育型水稻土和潜育型水稻土。潮沙泥土分布于河流两岸的河滩地、坝地和洲地等。

（李　冲）

【植被】 佛山植被可分为自然植被和人工植被类型。其中，自然植被包括南亚热带季风常绿阔叶林、南亚热带常绿针阔叶混交林、南亚热带常绿矮树灌草丛、南亚热带湿地草丛等类型，主要分布于佛山西部、北部。人工植被包括人工常绿林、城市人工绿地、农业植被等类型。人工常绿林包括马尾松林、杉木林、相思林、桉树林、黧蒴林、竹林等，主要分布于高明区、三水区的山地中；而城市人工绿地，多分布于南海区、顺德区。根据调查，佛山有野生维管植物1038种，其中野生植物、栽培植物、外来植物分别为789种、254种、79种。有国家重点保护和珍稀濒危植物17种，包括黑桫椤、土沉香、见血封喉、金毛狗等。

（郭　庆）

【资源】 2020年，佛山市有土地、矿产、水资源、林木、野生动物等各种类型的自然资源。

土地　2020年，全市报批建设用地100宗、总面积908.4公顷（不含“三旧”改造报批）；完成三水区三水农场现有耕地提质改造项目市级验收工作，新增水田面积154.35公顷；国有建设用地使用权出让成交223宗，成交面积1187.05公顷；完成于2019年启动的城市建设用地节约集约利用状况详细评价、于2019年启动的国有土地资源资产核算、于2015年启动的集体经营性建设用地入市3项国家级重点改革试点任务。

矿产　佛山市地处华南褶皱系西南部之粤中拗陷，成矿条件良好，重要的矿产资源有银、铅、锌、锰、稀土、岩盐、石膏、水泥用灰岩、建筑用花岗岩、砖瓦用页岩等。截至2020年底，佛山市发现矿产52种，矿床（点）318处，其中大型矿床11处、中型矿床23处、小型矿床51处、矿点233处。矿产种类有能源矿产、金属矿产、非金属矿产和水气矿产，已查明有资源储量的矿产40种。

水资源　佛山市地处珠江三角洲中部河网区，西江、北江分流的各水道贯穿其中，河流纵横交错，形成水网。除西江、北江及其主要分流河道外，集雨面积超1000平方千米的河流只有高明河。西江由肇庆市高要区进入佛山市三水区境内后，由思贤滘与北江相通，主流折向南行至佛山市顺德区境内的甘竹溪，通过甘竹溪与北江相通，再下至顺德区杏坛镇南华村，分为东海与西海2条水道出佛山境后流向中山市、江门市，部分经容桂水道汇合顺德支流后流入洪奇沥水道。西江主流在佛山境内长59.3千米，有支流河道11条。北江经清远市流入佛山市三水区境内，在思贤滘上游马房附近有绥江汇入，流至思贤滘与西江相通，主流折向东南行，流经三水区西南街道至禅城区南庄镇三华村，再通过顺德水道，经广州市番禺区的沙湾水道由虎门出海。北江主流在佛山市境内长64.3千米，主要支流河道有13条。高明河又名沧江河，是西江下游右岸的一级支流，发源于佛山市高明区西部更合镇的托盘顶，流域面积1028平方千米，总长83千米；全河贯穿高明区东西，在高明区荷城街道海口村附近注入西江。佛山全市多年平均（统计年限1956—2000年，下同）降水量1556.8毫米，折合年均降水总量59.36亿立方米。降水时空分布不均匀，降水主要集中在汛期4—9月，约占全年降雨量的80%。降水年际变化大，丰水年是枯水年的1.9倍。佛山市多年平均（统计年限1956—2000年，下同）径流量27.93亿立方米，多年本地水资源总量为29.45亿立方米，其中地表水资源量27.93亿立方米、地下水资源量6.81亿立方米。佛山市有西江、北江丰富的过境客水，多年平均入境水量2770亿立方米，出境水量2800亿立方米。2020年佛山市降水属平水年，年平均降水量1546毫米，比多年平均偏少0.7%；地表水资源量27.84亿立方米，比多年平均少0.3%；地下水资源量6.82亿立方米，比多年平均多0.2%；水资源总量28.93亿立方米，比多年平均少1.8%。全市入境水量2674亿立方米，出境水量2694.4亿立方米。

生物资源　佛山市主要江河面积3.47万公顷，江河鱼类资源丰富，有淡水鱼类46种。其中：鲤形目2科32种12亚种，占总种数的69.6%；鲇形目4科7种；鳉形目1科1种；鲈形目5科6种。高明区有国家一级保护动物鼋的主要保育地，并于2020年在高明区放生20只鼋子二代开展野外适应性研究。贝类主要有中国圆田螺、淡水壳菜、河蚬、背角无齿蚌、褶纹冠蚌等；甲壳类主要有日本沼虾，以及国外引进养殖种罗氏沼虾；龟鳖类有鳖、黄喉拟水龟（石金钱）、中华草龟、三线闭壳龟（金钱龟）、黑颈乌龟等。水生维管束植物常见种类有喜旱莲子草、马来眼子菜、龙须眼子菜、菹草、茨藻矮慈姑、浮萍等。佛山市主要有马尾松林、杉木林、相思林、桉树林等林木品种。全市有位于高明区的合水沙罗自然保护区（县级）1个。佛山物产主要品种：粮食作物有水稻、玉米、马铃薯、红薯、大豆；特色作物有粉葛、雪梨瓜、黑皮冬瓜；特色水果有荔枝、龙眼、香蕉、番石榴、橘、柑、阳桃；油料作物以花生为主；特色水产品有加州鲈、鳜鱼、日本鳗鱼、中华鳖、长吻鮠、乌鳢、笋壳鱼等。

（郭　庆　彭　靖　蒙　烽　范忠武）

历史人文

【历史文化】 佛山历史悠久，文化底蕴深厚，是国家历史文化名城，素有南方铸造中心、广纱中心、陶艺之乡、岭南成药之乡、粤剧之乡、武术之乡、民间艺术之乡等美誉。

据考证，佛山的历史起源于现禅城区石湾镇街道澜石区域。4500～5500年前，百越先民沿西江、北江到此繁衍生息，以渔耕和制陶开创原始文明。相传唐贞观二年（628年），乡民在塔坡岗上掘得3尊铜佛像，并有“佛山”石榜为证，佛山由此得名。

唐宋时期，佛山的手工业、商业已十分繁荣。明清时期，更是发展成商贾云集、工商业发达的岭南重镇，与湖北汉口镇、江西景德镇、河南朱仙镇并称为中国四大名镇，与北京、汉口、苏州并称“天下四聚”，陶瓷、纺织、铸造、医药四大行业鼎盛南国。清末，佛山得风气之先，成为中国近代民族工业发源地之一，先后诞生中国第一家新式缫丝厂（继昌隆缫丝厂）和第一家火柴厂（巧明火柴厂）。

2020年7月23日，佛山木版年画艺人在禅城区木版年画老铺雕刻木版年画印版

（招力行　摄）

佛山的铸造业始于西汉，宋代时佛山所铸的鼎、锅、钟、塔等闻名全国，到明代佛山的铸造技术已达相当高的水平，成为中国南部冶炼中心，以至“佛山之冶遍天下”。张心泰在《粤游小识》中记载：“盖天下产铁之区，莫良于粤，而冶铁之工，莫良于佛山。”

佛山的纺织业以丝织为主。汉晋时代，南海已出现“蚕桑织绩”。宋代，手工缫丝的机户已普遍流行。明清时期，佛山被誉为“广纱中心”，南海、顺德部分地区生产出的牛郎丝、官纱、扁金花绫、幅绫、金彩灯笼纱等丝织品颇负盛名，其中最著名的是莨纱绸。

佛山是“南国陶都”“中国陶瓷名都”，制陶工艺源远流长，自古有“石湾瓦，甲天下”的美誉。建于明代正德年间的南风古灶，是世界上现存最古老的柴烧龙窑，薪火相传至今500多年，被誉为“陶瓷活化石”。

佛山是“岭南成药之乡”，产品种类齐全的古方正药有400余年历史，涌现“黄祥华”如意油、“冯了性”药酒、“源吉林”甘和茶等一批老字号名药。

佛山是“南国红豆”粤剧的发源地，诞生粤剧艺人的代称——“红船子弟”和粤剧最早的戏行组织——琼花会馆。2004年举办的琼花粤剧艺术节，使佛山呈现出古人描绘的“红船泊晚沙，万人看琼花”的盛况。

佛山是“武术之乡”“中国武术之城”，是中国南派武术的主要发源地，世界上广泛流行的蔡李佛拳、洪拳、咏春拳等均发扬于佛山，武术大师黄飞鸿，咏春宗师梁赞、叶问，影视武打明星李小龙等祖籍及师承亦在佛山。

佛山是“狮艺之乡”，是南狮的发源地，是首个“中国龙舟龙狮运动名城”。禅城区是“中国龙狮运动之乡”，南海区西樵镇是全国唯一的“中国龙狮名镇”。

佛山是珠江三角洲民间艺术的摇篮，孕育并保留大量体现岭南文化精髓的民间艺术。狮舞（广东醒狮）、粤剧、龙舟说唱、佛山木版年画、剪纸（广东剪纸）、石湾陶塑技艺、彩扎（佛山狮头）、香云纱染整技艺、庙会（佛山祖庙庙会）、中秋节（佛山秋色）、十番音乐（佛山十番）、锣鼓艺术（八音锣鼓）、龙舞（人龙舞）和灯彩（佛山彩灯）等项目入选国家级非物质文化遗产名录。

佛山是珠三角“美食之乡”，是粤菜发源地之一，有“食在广东，厨出凤城”之说。一直以来，佛山以烹饪技艺精良、民间食谱丰富、茶楼食肆林立而蜚声海内外。2004年和2011年，顺德区和佛山市先后被中国烹饪协会命名为“中国厨师之乡”“中国粤菜美食名城”。

2014年12月，顺德区被联合国教科文组织评为“世界美食之都”。

【民间习俗】 佛山民俗文化源远流长，内涵丰富，从诸多方面展示地方风物掌故和民情习俗，是佛山人民在长期的生产生活实践中所创造出来的优秀文化。如“行通济”、秋色巡游、端午赛龙舟、北帝诞、乐安花灯会、官窑生菜会等民俗活动，吸引大批民众参与，影响遍及海内外，对研究岭南民情风俗具有深远的意义。

“行通济”是佛山的传统民俗活动，起源于明代。每年正月十六佛山人行“通济桥”，以求来年风调雨顺，心想事成，衍生出“行通济，无闭翳”（“闭翳”是粤语方言，意指忧愁、衰气）这一广为流传且具有鲜明地方特色的俗语。近年来，佛山还将慈善理念融入“行通济”活动，吸引众多珠三角乃至全国各地的游客参与，已成为国内元宵节期间盛大的民俗活动之一，并多次登上中央电视台的新闻报道。

秋色是佛山独有的富有地方特色的民间艺术展演活动，起源于明代，至今有600多年历史。为庆祝丰收，人们利用农产品或手工业剩余材料，制成各种工艺品，加上“扮演故事”的活动，在中秋节前后举行盛会。从2010年起，每年都会举办一次，发展为集艺术展示、巡游表演、民俗活动等于一体的民俗狂欢节，成为佛山建设文化名城的亮丽名片。

佛山地处珠江三角洲水网地带，赛龙舟是民间盛行的传统民俗活动，俗称“扒龙舟”。佛山各地游龙或划龙舟的形式也各有千秋，如张槎大江的“踩”龙舟、南庄湖涌的扒草艇、桂城叠滘的龙舟漂移、盐步老龙习俗、西樵的“半山扒龙船”等。赛后吃龙船饭也是端午节最有特色的民俗活动之一，一直延续至今，成为人们彼此联系感情，凝聚民心、维系团结的一种方式。

每年农历三月初三是佛山祖庙北帝诞，其间，举行庆典仪式和相关的祭祀活动，是融宗教性、娱乐性、世俗性、群众性于一体的综合性传统民俗文化活动，具有广泛的全民参与性。庙会的盛况比春节有过之而无不及，北帝出游连续4昼夜，“鼓吹数十部，喧腾十余里”。

乐安花灯会起源于明洪武年间，兴盛于清代康雍乾年间。南海乐安圩一带的村民自古就有正月“开灯”“庆灯”“猜灯谜”的传统习俗。正月初九为乐安圩期，各方村民纷纷到乐安圩地（市）卖灯、买灯，逐渐形成延续至今的乐安花灯会，吸引大批游客前来逛灯会。

生菜会是盛行于今南海区狮山、大沥、里水等镇的传统民间习俗，尤以狮山镇官窑生菜会最为出名。官窑生菜会起源于明代，兴于清代，舞醒狮、吃生菜包的习俗沿袭至今。每年正月廿六观音开库日，举行盛大的祈福盛会，表达着人们迎春纳福、求子求财的美好意愿。自1986年起，增加生菜宴、时装表演、游园会、文艺晚会、海内外乡亲联谊等活动。

【历史名人】 佛山历史悠久，人文荟萃。广东历史上有九位先贤，佛山占四位（战国时南海人高固、东汉时南海人疏源、西晋南海人王范、晋代南海人黄恭）。

从唐至清光绪三十年（1904年），佛山有文进士786人，武进士98人，举人近4000人。其中文状元5人、榜眼3人、探花3人、会元7人、解元25人。在广东历史上先后出现的9位文状元中，佛山占5位：简文会（今禅城区石湾镇街道人），是南汉乾亨四年（920年）的状元；张镇孙（今顺德区伦教街道人），是南宋咸淳七年（1271年）的状元；与简文会同村的伦文叙，是明弘治十二年（1499年）的状元；黄士俊（今顺德区杏坛镇人），是明万历三十五年（1607年）的状元；梁耀枢（今顺德区杏坛镇人），是清同治十年（1871年）的状元。此外，佛山也先后出现过2位武状元，分别为明崇祯元年（1628年）武状元朱可贞（今顺德区龙江镇人）和清嘉庆四年（1799年）武状元姚大宁（今南海区里水镇人）。

封建社会在朝廷为官的佛山人，很多都尽心为国出力、为民办事。庞尚鹏历经明代嘉靖、隆庆、万历三朝，官居左副都御史，敢于与贪污腐败的官吏作斗争，民谣赞他“亮如水，猛如虎”，称他为“庞铁面”，当代人认为他是封建社会杰出的经济体制改革家。三水人何维柏，生活于明代嘉靖、隆庆、万历三朝，官至尚书，敢于犯颜直谏，阻止皇帝几次劳民伤财的工程，坚决与奸臣严嵩作斗争。晚清重臣戴鸿慈，是清末出国考察五大臣之一，中国近代史上第一位“司法部部长”，是清宣统年间协办大学士，以“诤言”名世。

在岭南文化形成、发展过程中，做出巨大贡献的佛山人如繁星闪烁。明代诗坛“南园五子”，佛山占其一（孙蕡）；明嘉靖年间“南园后五子”，佛山占其三（梁有誉、欧大任、吴旦）。万历年间的区大相，对岭南诗派的形成起到关键作用，被誉为“粤东诗派皆宗海目”。此后，有“岭南三大家”之陈邦彦、邝露；“岭南后三大家”之陈恭尹；“岭南四家”之黎简、张锦芳、黄丹书，以及“岭南近代四家”之黄节、罗惇曧。绘画方面，有广东现存最早的古典绘画作品的作者颜宗，有明代开创水墨写意新派的林良，有“开启广东画坛新时代”的黎简，以及杰出画家苏仁山、苏六朋。近代则有被称为独树一帜的“新写实主义”画家黄少强。文学小说创作方面，有《粤讴》的创作者招子庸，有近代小说巨子吴趼人。佛山是粤剧的发祥地，名伶辈出。开粤剧改良先声的黄鲁逸，有“广东梅兰芳”美誉的千里驹，粤剧五大唱腔流派的创始人薛觉先、马师曾、白驹荣、廖侠怀、桂名扬等都是佛山人。佛山是著名的“武术之乡”，在海内外影响广泛的武术名家有梁赞、黄飞鸿、叶问和李小龙等。

教育科技方面，宋代，有撰写童蒙课本《三字经》的区适子；明代，有在西樵山设书院讲理学的霍韬、方献夫以及新会人湛若水；清代，有与番禺陈澧并称“广东大儒”的朱次琦，中国第一位照相机的发明者邹伯奇。

地处南海之滨的佛山，得风气之先，有一批广东最早“睁眼看世界”的中国人。清嘉庆十四年（1809年）接种牛痘法传到澳门，南海人丘熹在澳门行医，亲身试种后，也鼓励亲友试种，推广效果甚佳。基督教由澳门传入内地后，高明人梁发在道光三年（1823年）成为第一位华人牧师。顺德人梁廷枏，道光二十四年（1844年）先后写成《夷氛闻记》《海国四说》，介绍欧美各国的情况。

鸦片战争后，一批爱国文人、华侨，学习西方工业革命的成功经验，办工厂，兴实业，使佛山成为近代中国民族资本主义工业的重要诞生地。他们中有创办中国近代首家民族资本新式企业（继昌隆缫丝厂）的陈启沅，创办中国第一家民族资本机器造纸厂（宏远堂机器造纸公司）的钟星溪，创办机器制造厂、生产出第一台国产柴油机的陈沛霖、陈拔廷、薛广森，创办南洋烟草公司的简照南、简玉阶兄弟。同时，还有一批高举爱国主义旗帜，以拯救中华民族为己任，寻找救国富民之路的仁人志士，较为突出的有合著《新政真铨》一书的何启、胡礼垣；发动和领导维新运动的康有为；与孙中山并称反清“四大寇”的尤列。此外，在黄花岗七十二烈士中，有13位是佛山人。

中国共产党成立后，每个历史时期，都有一批杰出的佛山儿女，为中华民族的解放和共产主义事业英勇奋斗。他们中有广东中共党组织的创建者之一的“高明三谭”（谭平山、谭植棠、谭天度）、党的好女儿陈铁军、被彭湃誉为“红色花木兰”的区夏民、参加省港大罢工和广州起义的中国工农红军杰出指挥员黄甦、在大革命时期就组织农民武装与反动势力斗争的吴勤、东北抗日联军的主要发动者和领导者罗登贤、中国共产党最早的工人党员之一邓培等。

（市地方志办）

【方言】 佛山市推广使用普通话，但佛山各区各镇（街道）拥有丰富多彩的地方语言，境内方言主要为粤语。

粤语方言俗称白话，也称广州话，海外称唐话。以珠江三角洲为分布中心，流行于广东的中部和西南部，广西的东南部、海南与港澳地区，在北美洲、欧洲、大洋洲等地，以及在东南亚的新加坡、印度尼西亚、马来西亚、越南等地的华人社区中亦得到广泛使用。

广东的方言比较复杂，即使是粤方言中的广府片语言，也有一些差异。如：广州讲“宜家”，佛山讲“家下”。由于语言有差异，由此而衍生的语言民俗也不一样。同时，由于地域、经济、文化的不同，佛山的语言也形成鲜明的本土特色。佛山方言就是粤语方言，也是粤语的主体结构之一，是继客家话、涯话、潮汕话的广东第四大方言。在佛山地区有350万人口使用，但是佛山各区居民的发音和习惯用语都有所不同，在字音、词汇、语法等方面显示各自的特点。

广州音是约定俗成的粤语标准音，大多粤语字典也是以广州音为准，但在佛山部分地区使用的粤语略有不同。佛山话有17个声母、60个韵母、9个声调。佛山话与广州话在语汇、语法方面基本相同，语音十分接近，但在韵母和声调上略有差异。如：“咩事呀？”中的“事”，石湾一带的老佛山人常读“树”（syu6），而广州人读“似”（si6）。又如：佛山人常把“这个”读成“阿个”，广州人常读成“果个”，等等。另一方面佛山话与普通话在语音、词汇、语法方面差别都比较大，且普通话只有4个调，佛山话有9个声调，并保留古汉语（中原雅语）的入声系统及其发音特色。

佛山方言的类别与分布：佛山境内粤语处于强势，客家话属于弱势，客家话主要通行于三水、高明、南海部分区域。禅城区域大致等于佛山原来的市区，区境内通用粤方言。原城区讲佛山话和广州话、原石湾区讲石湾话、南庄镇大部分讲南庄话。南海区境内除和顺、松岗个别村的极少数人操客家方言外，主要使用粤方言。按照特点的不同，南海粤语可分为五小片：位于南海中部桂城片、位于南海东部的大沥片、位于南海北部官窑片、位于南海南端的九江片、位于南海西南部的沙头片。以上粤方言属于珠三角片（南番顺小片），但在桂城西约的岐阳与健龙、桂城东二的新村、桂城叠南的乐庆有居民使用四邑片粤方言，但不足1000人。西樵镇的西岸为鹤山、高明所包围，语言较复杂，其中八村及六村的新地、下舍通行鹤山茶山话（茶山话归属暂不详）。顺德区境内通用粤方言，顺德粤方言主要分为五小片：大良片、陈村片、桂洲片、龙江片、均安片。其中龙江粤语接近四邑片方言。高明粤方言的内部分片则大致为三片：以明城话为代表的中、西部方言，使用范围包括明城、新墟、更合等区域；以西安话为代表的北部方言，通行地域包括西安、三洲、富湾；以人和、杨梅为主的南部方言。三水区境内绝大部分地区讲粤方言，大塘镇六和片多数村落讲客家方言，南山镇也是客家人聚居点，约占全区总人口的3%。这些客家人大部分是清代从嘉应州等地迁到六和。三水区粤方言主要分为五片：西南片、芦（苞）塘（大塘）片、金（本）白（坭）片、迳口片、南（边）范（湖）片。

随着佛山经济社会的发展，人口迁移不断推进，越来越多的外地人在佛山学习、生活、工作，成为新佛山人。佛山本地人也顺着外来人的口音，逐渐发生着细微的变化。

（市社科联）

罗登贤事迹展览馆（2020年） （佛山年鉴社 供图）

建置·区划

【建置沿革】 佛山“肇迹于晋，得名于唐”。新石器时代，佛山先民就以渔耕和制陶开创原始文明。春秋战国时期，佛山属于百越之地。秦、汉时期，现禅城、南海、顺德、三水属南海郡番禺县；高明属高要县。晋代，禅城称“季华乡”。隋开皇十年（590年），从番禺县分置南海县，因旧置南海郡而得名。相传唐贞观二年（628年），乡民在塔坡岗上掘得3尊铜佛像，并有“佛山”石榜为证，佛山由此得名。五代十国时期，现禅城、顺德属咸宁县，宋初重新并入南海县。明景泰三年（1452年），佛山被敕封为“忠义乡”，属南海县。同年，置顺德县，意为“顺天威德”。明成化十一年（1475年）置高明县，因原有高明巡检司而得名。明嘉靖五年（1526年）置三水县，意为“三水”（西江、北江、绥江）合流。民国时期，佛山曾先后改设佛山镇、佛山市、佛山镇、南海县特别区。

1949年10月15日佛山解放，10月31日佛山市人民政府成立。1950年3月，设广东省珠江专区专员公署，辖中山、顺德、南海、三水、花县、番禺、宝安、东莞八县和佛山市，专署驻地中山县石岐镇。1952年11月，撤珠江专员公署，设粤中行政公署，辖中山、顺德、南海、三水、番禺、东莞、宝安、增城、博罗、龙门、珠海、新会、高明、鹤山、封开、怀集、高要、广宁、四会、新兴、罗定、云浮、郁南、德庆24个县和石岐市，并领导省辖佛山市、江门市。粤中行署驻地江门市。1954年6月，粤中行政公署由江门市迁入佛山市。1956年撤粤中行政公署，成立佛山专员公署，驻地佛山市，辖中山、珠海、番禺、顺德、南海、三水、新会、鹤山、高明、台山、开平、恩平、花县13个县和石岐市，领导省辖的佛山市、江门市。1958年，佛山、江门改为县级市，由佛山专区领导。1966年，佛山市升为地级市，受广东省、佛山专区双重领导。1970年，佛山专区更名为佛山地区，佛山、江门改为县级市。佛山地区辖南海、顺德、三水、高鹤、台山、恩平、番禺、中山、珠海、新会、开平、斗门12个县和佛山、江门2个市。1974年，佛山市、江门市恢复为省辖市，实行省地双重领导。1980年，成立佛山地区行政公署，辖中山、斗门、顺德、南海、三水、高鹤、新会、台山、开平、恩平10个县和佛山市、江门市。1983年6月1日，撤销佛山地区建制，实行市领导县体制。佛山市辖中山、南海、顺德、高明、三水5个县。同年，中山县改为中山市（县级）。1984年6月，佛山市辖汾江区（1986年易名为城区）和石湾区，以及南海、顺德、高明、三水4个县，代管中山市。1988年1月，中山由县级市升为地级市，从佛山市划出。1992—1994年，南海、顺德、高明、三水撤县设市（县级），由佛山市代管。2002年12月，撤销佛山市城区、石湾区，以及县级南海市、顺德市、三水市和高明市，设立佛山市禅城区、南海区、顺德区、三水区和高明区。自此，佛山市实行一市辖五区体制。

（市地方志办）

【行政区划】 截至2020年12月31日，佛山市由禅城区、南海区、顺德区、高明区、三水区5个辖区组成。全市有21个镇、11个街道。其中：禅城区辖南庄1个镇和石湾镇、张槎、祖庙3个街道；南海区辖九江、西樵、丹灶、狮山、大沥、里水6个镇和桂城1个街道；顺德区辖陈村、北滘、乐从、龙江、杏坛、均安6个镇和大良、容桂、伦教、勒流4个街道；高明区辖杨和、明城、更合3个镇和荷城1个街道；三水区辖白坭、乐平、芦苞、大塘、南山5个镇和西南、云东海2个街道。

（陈　瑶）

人口·民族

【人口】 2020年，佛山市全市户籍人口总户数144.55万户，比上年增加3.75万户，增长2.66%；全市户籍人口473.77万人，其中城镇人口442.19万人、农村人口31.58万人，比上年增长2.71%。全市户籍人口中，男性229.62万人、女性

表3　　2020年佛山市行政区划表

单位：个

区	镇		街道	
	数量	镇名	数量	街道名
禅城区	1	南庄	3	祖庙、张槎、石湾镇
南海区	6	大沥、里水、狮山、丹灶、九江、西樵	1	桂城
顺德区	6	乐从、龙江、杏坛、均安、北滘、陈村	4	大良、容桂、伦教、勒流
高明区	3	杨和、更合、明城	1	荷城
三水区	5	芦苞、大塘、白坭、乐平、南山	2	西南、云东海
合计	21		11	

244.15万人。全年出生登记6.89万人、死亡注销2.9万人，人口自然增长率为8.54‰；迁入10.25万人，迁出1.75万人，人口机械增长率18.18‰。2020年底，全市登记在册的流动人口525.46万人，比上年下降1.1%。

（市公安局）

【民族】 2020年，佛山市有少数民族人口53.27万人，分属55个少数民族，其中户籍人口4.74万人。佛山市少数民族人口主要来自广西、云南、湖南、四川、贵州等地。（参见“社会生活”类目“民族宗教事务”分目“民族事务”次分目）

（关乐君）

经济社会发展

【中华人民共和国成立前】 佛山地处由西、北、东三江汇聚而成的珠江三角洲地区。因地势低洼，容易发生水涝。佛山人民根据自然环境的特点，开创了在基上栽种桑树，然后桑树喂蚕，蚕屎、桑渣、蚕蛹又可以喂鱼，鱼粪肥塘良性循环的桑基鱼塘耕作方式。唐宋时期，佛山已有发达的冶铸、纺织、制陶等手工业生产。明清时期，佛山的冶铸、纺织、制陶、成药等迅速发展，成为佛山的四大支柱产业。随着手工业的发展和贸易的增加，各类专业圩市相继出现，如花市、桑市、鱼市等。各方商贾云集佛山，佛山成为沟通岭南与岭北贸易的中心，与当时的北京、苏州、汉口并称“天下四大聚”，与湖北的汉口镇、江西的景德镇、河南的朱仙镇并称“天下四大镇”。鸦片战争后，一批开眼看世界、敢为天下先的佛山人，学习西方先进技术，创办中国第一家民族资本经营的机器缫丝厂——继昌隆缫丝厂，中国近代第一家民族资本火柴厂——巧明火柴厂。自清末佛山诞生近代工业，至民国初期，近代工业和手工业发展很快。顺德成为全省蚕丝业的中心。西樵、民乐成为全省丝织业的中心。1921年（民国元年），九江开设最早使用动力的织布厂。机械工业方面，在乐从、大良、容奇、盐步、佛山镇等地都兴建一些生产缫丝厂设备及机器零件制造的修理厂，缫丝厂所需的设备完全可由本地制造。电力工业方面，1917年，筹办第一家发电厂。1934年，创办全国第一批现代化糖厂之一顺德糖厂。

佛山自古重教兴文，明代书院讲学盛行一时。当时的理学名家湛若水、方献夫、霍韬纷纷到西樵山开山讲学，因此，西樵山也有“理学名山”的美誉。当时的四大书院有大科书院、云谷书院、石泉书院、四峰书院。近代受西方先进技术手段、管理方式、经营理念的影响，一批有识之士在学习、吸收、效仿西方经验的基础上，提出先进的思想和见解。其中，康有为是近代改良运动的首领人物，领导“维新变法”运动，其思想对中国近代思想界产生重要影响。民国初年，开始兴办国民学校，设立县、区公办小学，私办和教会办的小学也随之兴起。文化方面，诗歌、绘画、戏剧都出现一批具有影响的人物。清末民国初，有“岭南近代四家”之称的黄节、罗瘿公继承传统诗歌的发展。冼玉清被称为“岭南才女”，毕生著有几百万字的学术著作，涉及诗歌、金石、书画、文史考证等。岭南画派画家黄少强，被誉为“写民间疾苦第一人”。粤剧方面，黄鲁逸开粤剧改革先声，粤剧表演艺术家千里驹、薛觉先、白驹荣、马师曾以及粤曲星腔创始人“小明星”等一大批艺人，在民国时期对粤剧和粤曲的发展，作出积极贡献。

【中华人民共和国成立后至改革开放前】 中华人民共和国成立后，佛山国民经济迅速恢复。1953—1956年，基本完成对农业、手工业和资本主义工商业的社会主义改造，建立以公有制经济为主体的社会主义经济制度。1953—1957年，佛山在完成三大改造的同时，实施第一个五年计划。“一五”期间，水利建设有很大发展。农田水利逐步形成较为合理的堤围体系。1961—1963年，开放农贸市场，贯彻“大办农业，大办粮食”的方针。在国家扶持下建设三角洲大电网，发展电动排洪站。佛山的工业开始进入机械化半机械化生产阶段。除恢复发展传统缫丝、铸造等行业，机电、化学、建材、塑料制品、机器造纸等日用轻工业初具规模。20世纪50年代，电子家电行业兴起。生产著名的“东宝”“根德”黑白、彩色电视机以及“星河”“钻石”高级音响组合机系列和收音录音机、电脑、液晶显示板、拉杆天线等主要电子产品，畅销各地。缫丝业方面，20世纪60年代，顺德丝厂采用混剥选装置、真空泵高速煮茧机等先进设备，为缫丝走向高精度开创新路，并在全国推广。1972年，红卫丝厂首创省内第一台D101型自动缫丝机（1980年后各厂才逐步安装自动缫丝机）。陶瓷工业方面，1966年在石湾日用陶瓷二厂建成广东第一条陶瓷隧道窑，投入生产。1967年，工业陶瓷厂建成第二条隧道窑。塑料工业方面，1966年，佛山塑料薄膜厂从日本引进“L”形四辊压延机，开发聚氯乙烯压延薄膜产品。家用电器制造业方面，1974年佛山市制伞厂仅有2台小型冲床和简陋的绕线、落线机，便开始试制风扇。1975年，自制一批专用设备，进行批量生产。佛山逐步构建起比较完整的地方工业体系。

1957年，佛山有小学919所（在校学生19.04万人）、中学31所（在校学生1.52万人）。1964年，贯彻“两种教育制度”和“两条腿走路”办教育的方针，在办好全日制小学，提高教学质量的同时，兴办一批半耕半读学校，解决农村贫下中农子女入学难的问题。广东省在佛山召开耕读小学会议，推广佛山经验。1956—1965年，各地广泛发动群众，开展以除“四害”（早期“四害”指苍蝇、蚊子、老鼠、麻雀，后指苍蝇、蚊子、老鼠、蟑螂）、讲卫生、消灭疾病为主要内容的爱国卫生运动。佛山市采取“治本为主，标本结合”的原则，“综合防治，分期实施，大搞群众运动”的方针，使除四害、讲卫生取得很大成绩。1960年，中央爱国卫生运动委员会在佛山召开全国城市爱国卫生运动现场会议，命名佛山市为“全国爱国卫生运动红旗市”。顺德大良镇被评为“全国卫生红旗镇”。

【改革开放后至2019年】 改革开放初

期，佛山的顺德县提出“工业立县”“三个为主”（以工业企业为主、以集体企业为主、以骨干企业为主），南海提出“个体、联户、私营、集体、国营一起上”，全市形成“以外向型经济为导向，以集体经济为主体，三大产业一起上，五个轮子一起转”的佛山特色发展模式。1978年，顺德大进制衣厂投产，成为全国最早的“三来一补”企业之一。80年代初，石湾利华厂率先从意大利引进1条年产30万平方米彩釉砖自动生产线，是当时全国第一条建筑材料全线引进设备。采用发行债券筹集资金建路桥，开创国内利用民间资本建路桥的先河。乡镇企业异军突起，成为最活跃的生产力。进入20世纪90年代，南海率先实现土地股份制。顺德开展产权制度改革，在全国率先实现从计划经济到市场经济的转变。进入21世纪，佛山不断加强与周边地区的区域合作，如广佛同城化、粤桂黔高铁经济带合作等。2015年，佛山成为全国唯一的国家制造业转型升级综合改革试点市。2019年，佛山地区生产总值突破1万亿元大关，成为广东省继广州、深圳之后第三座地区生产总值超万亿元的城市。

在教育方面，1983年，佛山普及小学教育。1988年，成为全省第一批实现普及九年义务教育的地市。2005年，成为全省第二个教育强市。在社会保障方面，1992年，佛山在全国率先实行养老待业医疗工伤等社会保险一体化。2003年，首次尝试将外来务工人员纳入本地社保体系。2004年，开展新一轮农村改革，成为全省统筹城乡发展综合改革试验区。2010年，率先打破城乡二元结构，跨入“全民社保”时代。2011年，建起三级外来工维权中心，帮助外来工维权。在医疗卫生方面，1990年获全省第一个“广东省卫生城市”和“国家卫生城市”称号，1992年被评为“国家卫生城市”。1995年，被评为“国家洁净城市”“全国城市环境综合整治优秀城市”。顺德、南海、三水市均被评为“国家卫生城市”，高明市被评为“广东省卫生城市”。1996年，联合国第二次人居大会授予佛山市“全球人类居住优秀范例城市”的称号。在文化旅游事业方面，大力弘扬优秀传统文化，努力适应文化建设的现代化要求。1994年，佛山市被批准为国家历史文化名城。2000年，佛山成为中国优秀旅游城市。1997年和2018年，两度承办中国金鸡百花电影节，成为全国首个两度承办该盛事的城市。2015年，首次获得“全国文明城市”称号。

（市地方志办）

【2020年经济社会发展】 2020年，佛山市应对各种压力挑战，统筹推进疫情防控和经济社会发展，全市经济基本盘持续回稳向好。出台实施《佛山市全面落实“六保”任务维护经济发展和社会稳定大局工作方案》和《佛山市扩投资促消费稳外贸外资工作方案》，推动主要经济指标逐步企稳、持续回升。年内，佛山市实现地区生产总值1.08万亿元，比上年增长1.6%。产业结构优化，三次产业比重调整为1.5 ∶ 56.4 ∶ 42.1。工业生产稳步恢复，规模以上工业增加值完成4650.46亿元。装备制造、泛家居产业规模突破万亿元。现代服务业加快发展，现代服务业增加值2823.1亿元，占第三产业比重达62%。投资增长扭负为正，固定资产投资比上年增长0.8%，规模保持在广东省第三位。重点项目建设加快推进，成立重大工程项目建设指挥部，组织开展2020年上、下半年重大项目集中开工投产活动，全市省、市重点建设项目完成投资1353.04亿元，超额完成年度计划。消费稳步回升，完成社会消费品零售总额3289.09亿元，比上年下降10.8%，较上半年回升6.9个百分点。在全省率先开展市域范围促消费主题月活动，发放4亿元消费券，拉动消费超过20亿元。对外贸易逐步趋稳，完成进出口总额5060.3亿元（比上年增长4.8%），其中出口总额4131.2亿元（增长10.8%）。市场主体增长稳中向好，全市新登记市场主体19.76万户，实有各类市场主体94万户，比上年增长14.64%；“四上”企业（规模以上工业企业、资质等级建筑业企业、限额以上批零住餐企业、规模以上服务业企业）累计1.54万家，其中规上工业企业7727家。财政收入实现正增长，全市完成地方一般公共预算收入753.56亿元，比上年增长3%。金融运行稳健，全市金融机构本外币存、贷款余额分别为1.92万亿元、1.45万亿元，分别比上年增长13.06%、19.16%。

2020年，佛山市财政民生支出678.99亿元，占一般公共预算支出67.7%。稳就业保就业成效良好，城镇新增就业8.6万人，城镇登记失业率2.48%。教育现代化水平不断提升，教育全学段全链条快速发展，完成学前教育“5080”攻坚行动，全年新（改、扩）建幼儿园69所、新增学位2.56万个，新（改、扩）建义务教育阶段学校40所、新增学位5.9万个。健康佛山建设加快，佛山市被纳入全省疫苗国家监管体系评估试点城市，疫苗监管体系“佛山样本”获全省推广，高水平医院建设“登峰计划”扎实推进。文化旅游体育事业不断提升，已有及在建博物馆、美术馆238家，全市行政村（社区）体育健身设施覆盖率达100%。养老服务体系继续完善，全市民政备案养老机构82个，居家养老服务供应商24家，社区养老服务设施覆盖率100%，城乡居民养老保险基础养老金提高到300元/人月，企业职工养老保险人均养老金提高到每人每月3449元。医疗保障水平不断提升，“基本医疗保险+大病保险+商业补充保险+医疗救助”多层次医疗保障体系日趋完善。社会救助保障能力持续提升，全市城乡最低生活保障标准提高至每人每月1080元。低收入群众临时价格补贴与物价上涨联动机制落实，全年发放补贴超7231万元，惠及46.61万人次。落实退役军人优抚安置政策，实现连续9次被命名为全国双拥模范城。社会管理体制改革持续巩固，在全省率先出台《推进市域社会治理现代化实施方案（2020—2022年）》，公共信用信息管理系统基本覆盖全市市场主体和流动人口。社会大局维持稳定，纵深推进“飓风2020”专项行动，坚决铲除黄赌毒违法犯罪，“两打两控”（打击制毒犯罪和打击贩毒犯罪、管控吸毒人员和管控制毒物品）专项行动考评排名并列全省第一，佛山市第三次获评为全国文明城市。

（王 英）

中国共产党佛山市委员会

综　述

【习近平新时代中国特色社会主义思想和中共十九届五中全会精神学习贯彻】 2020年，中共佛山市委坚持把学习贯彻习近平新时代中国特色社会主义思想作为头等大事和首要政治任务，深入学习贯彻习近平总书记重要讲话、重要指示精神和中共十九届五中全会精神，以武装头脑、指导实践、引领发展。

落实“第一议题”学习制度　用好“大学习、深调研、真落实”工作方法，学习贯彻习近平总书记关于疫情防控和经济社会发展的重要讲话、重要指示批示精神，按照习近平总书记和党中央决策部署做好“双统筹”（统筹推进疫情防控和经济社会发展工作），夺取战疫情、稳经济“双胜利”。

学习贯彻习近平总书记出席深圳经济特区建立40周年庆祝大会和视察广东重要讲话重要指示精神　市领导牵头开展8大课题21个专题“深调研”，将学习宣传贯彻成果转化为佛山改革发展的强大动力；深入学习贯彻习近平总书记在中共十九届五中全会上的重要讲话和全会精神，找准找实佛山服务“国之大者”的结合点，科学谋划佛山“十四五”时期发展。

【党的全面领导和党的建设】 2020年，中共佛山市委加强党的全面领导和党的建设，为统筹常态化疫情防控和经济社会发展提供保障。

加强党的政治建设　继续实施《关于进一步营造风清气正政治生态的三年行动计划（2019—2021年）》，专人专办落实习近平总书记重要讲话和重要指示批示111项。严明政治纪律和政治规矩，坚决全面彻底肃清李嘉、万庆良恶劣影响并巩固深化成果。

发挥党组织和党员在防控疫情斗争中的作用　结合不同阶段新冠肺炎疫情防控重点，选派近6万名党员干部下沉村、社区、检疫检查站开展支援工作，组织动员1.8万个党组织投入到疫情防控阻击战。

推进基层党组织建设　实施基层党建三年行动计划，依法依规推进有村级集体经济的村（村改社区）实现“三个一肩挑”（村改社区党组书记、村民委员会主任和村级集体经济组织负责人3个职位“一肩挑”）。推进村级换届，790个村（社区）全部完成“两推”〔党员和群众推荐、乡镇（街道）党（工）委推荐〕和党组织选举。推动市、区、镇（街道）三级机关企事业单位党组织，以及10万名在职党员参与社区治理和区域党建。

加强各级领导班子和干部队伍建设　在新冠肺炎疫情防控一线及时提拔重用8名处级干部，67名医护人员和基层干部火线发展入党。连续4年选派年轻干部到镇（街道）一线跟班学习、经受磨炼，新提任市管干部中40岁左右占1/3。推动制订政商交往正负面清单，为忠诚干净担当的党员干部撑腰鼓劲。

正风肃纪反腐　深入推进基层正风反腐三年行动，部署开展公职人员拥有非上市公司（企业）股份、基层执法领域侵害企业和群众利益问题等专项整治。深化纪检监察体制改革，加强村（社区）纪检组织建设，实现村（社区）纪检组织全覆盖。保持惩治腐败高压态势，全市立案1781件，挽回直接经济损失1.16亿元。落实中央八项规定及其实施细则精神，查处形式主义官僚主义258人、享乐主义奢靡之风267人。

【疫情防控和经济社会发展双统筹】 2020年，中共佛山市委科学统筹新冠肺炎疫情防控和经济社会发展，团结带领全市广大党员干部群众，夺取战疫情、稳经济“双胜利”。

落实“坚定信心、同舟共济、科学防治、精准施策”总要求　全面启动重大突发事件“四个一”（一把手负总责，组建一套专班，制定一个方案，统一一个口径）应急处置机制，因时因势调整工作着力点和应对举措，打好春运、复工复产、学生返校复学、全国“两会”等关键节点疫情防控战役。坚持“外防输入、内防反弹”，织密织牢境外、交通、社区、区域联防联控“四道防线”。用3个多月实现全市确诊病例“动态清零”，实现患者零死亡、医护人员零感染。

疫情防控联防联控和群防群治　成立市新冠疫情防控指挥部及办公室，定期会商研判应对疫情发展趋势，研究确定疫情防控策略，商定疫情防控工作政策、应对预案和重大措施，统筹协调和指导各区各相关部门落实各项防控措施。第一时间落实省一级响应要求，全市公务人员提前返岗，团结带动全市人民共同构筑起抗击疫情的坚固防线。压实各级属地责任、行业部门主管责任和企业主体责任，全面推行“党员+警员+卫生员”三人小组，率先探索政法、公安、卫健部门“三人组”，将企事业单位、公共场所等各类主体要素全面纳入社区网格化管理。

服从服务全国全省疫情防控大局　先后派出5批次352名医护人员驰援湖北及武汉，选派20名精干力量组建援港检验医疗队。累计向国家和省交付防疫物资超1500万件，向18个帮扶（支援）城市和日本、韩国、德国等10余个国家，以及中国香港特别行政区、澳门特别行政区捐赠防疫物资56.4万件。

推动复工复产　出台支持企业共渡难关十条政策、推出复工复产十条指导意见等近20份政策文件。开展“企业暖春行动”，各级领导班子带队走访企业，安排3000多名联络员挂点联系2万多家企业，协调解决企业发展面临的供应链、原材料、防疫物资等困难。

【新发展理念贯彻落实】2020年，中共佛山市委坚定不移贯彻新发展理念，推动经济发展呈现逐月逐季加速恢复态势，促进经济社会高质量发展。

加快构建现代产业体系　深入实施制造业高质量发展“六大工程”（“强核工程”“立柱工程”“强链工程”“优化布局工程”“品质工程”“培土工程”），以数字经济赋能传统产业转型升级，支持企业开展技术改造，组织实施“三个一批”企业培育行动（巩固一批具有强大竞争力的世界级企业，发展提升一批具有行业引领地位的创新型企业，培育打造一批具有高成长性的未来型企业），做大做强“2+2+4”先进制造业集群。全市超100亿元企业25家，装备制造和泛家居两大产业集群均突破万亿元规模。

深入实施创新驱动发展战略　加快推进三龙湾高端创新集聚区和佛山高新区两大战略平台建设，打好关键核心技术攻坚战，全市高新技术企业达5718家，季华实验室正式启用，仙湖实验室、华南高等研究院（佛山）等创新平台加快建设。落实“人才新政”23条，新引进全职院士1人、领军人才10人、国家人才工程入选者14人。

抓项目促落实攻坚　创新方式开展“大招商、招大商”，全年签约投资总额4358.24亿元。先后于3月28日和10月20日举办重大项目集中开工投产活动，开工总项目达339个，总投资超3821亿元。做好专项债项目申报储备工作，全市发行地方政府专项债额度为146.3亿元。

全面落实中央和省关于完善促进消费体制机制重大决策部署　结合佛山实际推出45项促消费具体措施，在全省率先开展面向全市为期1个月的“促消费、惠民生”主题月活动，累计发放消费券金额4亿元，拉动消费11.705亿元。

【全面深化改革统筹推进】2020年，中共佛山市委深入推进全面深化改革，破解制约高质量发展的体制机制障碍，全年部署推动市重点改革项目44个，承接国家和省改革项目48个，加快形成系统集成、协同高效的改革局面。

深化供给侧结构性改革　制定实施《佛山市深化供给侧结构性改革2020年工作方案》，贯彻落实“巩固、增强、提升、畅通”方针，解决经济运行中的深层次结构性矛盾，提升产业基础能力和产业链现代化水平。

推进营商环境综合改革　深入推进“放管服”改革，深化工程建设项目审批制度改革，探索推行“标准地”供应、“带方案”出让用地、项目审批告知承诺制及“拿地即动工”等改革措施。探索开展“人工智能+双随机”监管模式，获国务院办公厅宣传推广、中共广东省委主要领导批示肯定。拥有全国企业标准“领跑者”数量95项，位居全国地级市首位。2020年，全市各类市场主体突破94万户，新增市场主体19.76万户，比上年增长14.47%。

推动创造型引领型改革试点　顺德区以村级工业园改造为突破口建设广东省高质量发展体制机制改革创新实验区，累计完成村改拆除2393.33公顷，获得省委肯定。南海区聚焦土地制度改革，探索城乡高质量融合发展新模式，累计完成村改拆除2333.33公顷。高明区初步构建以“亩均效益”为核心的工业企业高质量发展综合评价体系，三水区广东省乡村振兴综合改革试点顺利收官，禅城区争创广东省营造共建共治共享社会治理格局试验区进展顺利。

【区域合作统筹推进】2020年，中共佛山市委紧抓“双区”建设（深入推进粤港澳大湾区建设和支持深圳建设中国特色社会主义先行示范区）、“双城”（广州市和深圳市）联动和“一核一带一区”（珠三角核心区、沿海经济带、北部生态发展区）战略机遇，出台《佛山市推进粤港澳大湾区建设2020年工作要点》，谋划粤港澳大湾区重点建设项目431个，总投资1.45万亿元，引领带动更高水平开放合作，开创区域合作共赢新局面。

推进广佛全域同城化　两市共同召开2020年度广佛同城化党政联席会议，高标准推进“1+4”广佛高质量发展融合试验区建设，共建4个万亿级产业集群，广佛荟、广佛新城等一批标志性重大项目启动建设。

支持深圳建设中国特色社会主义先行示范区　支持更多深圳创新成果在佛山落地转化，构建“总部+基地”“研发+生产”产业链分工协作体系。深圳科技园佛山科创园签约落户佛山西站枢纽新城。

深化与港澳对接合作　粤港澳合作高端服务示范区、顺德港澳城等平台加速建设。设置港澳台居民居住证申领受理点40个，将港澳台居民纳入佛山就业创业管理服务体系。

推进“一核一带一区”建设　召开市委全会全面部署“一核一带一区”区域发展工作，深化与珠江西岸城市融合发展，加强与沿海经济带和北部生态发展区协同合作，加快推进粤桂黔滇高铁经济带合作试验区（广东园）建设。

【城市建设统筹推进】2020年，中共佛山市委把全周期管理理念贯穿城市规划、建设、管理全过程各方面，推动城市形态功能品质优化提升和城乡面貌持续改善，加快建设高品质现代化国际化大城市。

全面提升城市形态品质　推进中心城区城市形态提升专项行动，加快推进东平河水轴线规划建设，千灯湖片区、三龙湾佛山新城片区、祖庙历史文化街区等成为广受市民欢迎城市名片。全力推进珠三角枢纽（广州新）机场选址规划等前期工作，互联互通的综合交通基础设施体系加速构建。

加强生态文明建设　加快推动自然生态文明建设项目，全年新增绿化面积906.67公顷。完成31个河心岛生态修复验收，入选省首届国土空间生态修复十大范例。高质量推进万里碧道佛山段建设，完成碧道建设130千米。高水平建设16个万亩公园和18个千亩公园，云勇林场扩面提质933.33公顷，获批国家级森林公园。

推进乡村振兴　加快打造"百里芳华"乡村振兴示范带，推进美丽乡村建设实施方案提出的美丽家园、美丽田园、美丽河湖、美丽园区、美丽廊道"五大行动"，深入开展农村人居环境整治。全市101个重点村（社区）达到干净整洁村标准，禅城区南庄镇及紫南村、仙涌村分别被认定为全国乡村治理示范乡镇和示范村。

【社会治理】　2020年，中共佛山市委深入践行以人民为中心的发展思想，营造共建共治共享社会治理格局。

加强保障和改善民生　实施"粤菜师傅""广东技工""南粤家政"三项工程，开展各类技能提升培训37.2万人次，实现城镇新增就业超7万人。提前完成学前教育"5080"（2020年公办园在园学生比例达50%，普惠幼儿占比达80%）攻坚任务，完成新增义务教育学位18.8万个、学前教育学位6.3万个。社区养老服务设施实现100%覆盖。

推进"文化佛山"建设　市、区、镇（街道）三级持续推进公共文化设施配套建设，国际体育文化演艺中心、市文化馆、佛山大剧院建成使用。发展全域旅游，禅城区、高明区获评广东省全域旅游示范区。桑园围入选世界灌溉工程遗产名录。佛山市第三次获评全国文明城市。

抓好安全稳定工作　深化应急管理改革，全市生产安全事故、死亡人数分别比上年下降18.7%、16.1%。创新管理模式，推动组建森林消防综合性救援队伍。推进全国市域社会治理现代化试点城市建设，建设更高水平平安佛山。组织打好扫黑除恶专项斗争攻坚战，深入开展"六清"行动（开展线索清仓、逃犯清零、案件清结、伞网清除、黑财清底、行业清源行动），依法打掉涉黑组织18个、恶势力集团67个、涉恶犯罪团伙663个。

【"三大攻坚战"工作】　2020年，中共佛山市委全力打好打赢"三大攻坚战"，为开启社会主义现代化建设新征程奠定坚实基础。

脱贫攻坚工作　进一步落实帮扶机制，推动对口帮扶的27个贫困县、2697个贫困村、106.7万贫困人口按现行标准全部实现脱贫。

防范化解重大风险　严格落实意识形态安全责任制，稳妥处置网络舆情。

污染防治攻坚工作　加强扬尘、粉尘、废气等治理，大气六项指标〔二氧化氮、二氧化硫、一氧化碳、臭氧8小时浓度、可吸入颗粒物（PM_{10}）、细颗粒物（$PM_{2.5}$）〕均达标且优于国家环境空气质量二级标准。落实河长制、湖长制，推行"三个一体化"建设（污水设施建管一体化、厂网一体化、城乡一体化建设），12个国考及省考断面全面达到或优于Ⅳ类水水质。

（黄诗琪）

决策部署

【中国共产党佛山市第十二届委员会第九次全体会议】　2020年1月9日在市机关小礼堂召开。会议由市委常委会主持。会议听取和讨论中共佛山市委书记鲁毅代表市委常委会所作的报告和市长朱伟关于经济工作的专题讲话，审议通过《中共佛山市委贯彻落实〈中共中央关于坚持和完善中国特色社会主义制度、推进国家治理体系和治理能力现代化若干重大问题的决定〉的实施意见》《中共佛山市委、佛山市人民政府关于支持深圳建设中国特色社会主义先行示范区的行动方案》，审议市委常委会抓党建工作情况的书面报告。会议充分肯定市委常委会2019年的工作，并提出2020年工作的总体要求；高度评价中共十九届四中全会重要历史意义。强调要全面加强党的领导和党的建设，为高

2020年，佛山市加快打造"百里芳华"乡村振兴示范带。图为"百里芳华之西江十里画廊"精品线路
（三水区　供图）

2020月9月12日，中国共产党佛山市第十二届委员会第十次全体会议在市机关大礼堂召开 （市委办公室 供图）

创新中心，争当推进“一核一带一区”建设排头兵。

【中国共产党佛山市第十二届委员会第十一次全体会议】 2020年12月17日在市机关大礼堂召开。会议由市委常委会主持。会议听取和讨论中共佛山市委书记鲁毅代表市委常委会作的工作报告，审议通过《中共佛山市委关于制定佛山市国民经济和社会发展第十四个五年规划和二〇三五年远景目标的建议》。鲁毅就《建议（讨论稿）》向全会作说明。会议充分肯定佛山市“十三五”时期的工作，明确“十四五”时期佛山市经济社会发展的指导思想，提出佛山市2035年的远景目标。会议提出必须把坚持党的全面领导、坚持以人民为中心、坚持新发展理念、坚持深化改革开放、坚持水平全面建成小康社会提供坚强政治保证；要全力支持深圳建设中国特色社会主义先行示范区。号召全市广大党员干部更加紧密地团结在以习近平同志为核心的党中央周围，高举习近平新时代中国特色社会主义思想伟大旗帜，不忘初心、牢记使命、接续奋斗，为实现第一个百年奋斗目标作出佛山贡献。

【中国共产党佛山市第十二届委员会第十次全体会议】 2020年9月12日在市机关大礼堂召开。会议由市委常委会主持。会议总结分析全市推进区域协调发展工作情况和面临的新形势新任务，对佛山市加大有效投资力度，加快构建“一核一带一区”（珠三角核心区、沿海经济带、北部生态发展区）区域发展格局作进一步部署。会议听取中共佛山市委书记鲁毅代表市委常委会所作的报告和市长朱伟的专题讲话。会议充分肯定市委在中共十九大以来的成绩。强调把构建“一核一带一区”区域发展格局作为贯彻落实习近平总书记关于提高区域发展平衡性和协调性重要论述的生动实践，作为贯彻落实习近平总书记关于国内国际双循环重大战略部署的实际行动，要做强大湾区广佛极点、推进广佛全域同城化、争当全省地级市高质量发展领头羊、建设面向全球的国家制造业

表4 2020年以中共佛山市委或市委、市政府名义召开的全市性会议情况表

序号	会议时间	会议名称
1	1月9日	中国共产党佛山市第十二届委员会第九次全体会议
2	1月10日	全市“不忘初心、牢记使命”主题教育总结会议
3	2月25日	市委政法工作会议
4	3月13日	全市决战决胜脱贫攻坚推进会
5	3月27日	全市科技创新大会
6	4月1日	全市生活垃圾分类工作推进会
7	4月13日	全市生态环境保护工作会议
8	4月23日	全市统筹推进新冠肺炎疫情防控和经济社会发展工作会议
9	4月30日	佛山市创建全国文明城市工作推进会
10	5月9日	佛山市市域社会治理现代化工作推进会
11	5月13日	全市防范化解重大风险工作会议
12	6月3日	佛山市培育制造业隐形冠军暨高新技术企业规模化推进会
13	7月3日	佛山市2020年重大产业项目招商工作会议
14	7月10日	全市网络安全和信息化产业发展大会
15	7月15日	全市中医药大会
16	9月12日	中国共产党佛山市第十二届委员会第十次全体会议
17	9月22日	2020年全市领导干部党章党规党纪教育培训班

续表

序　号	会议时间	会议名称
18	10月18日	全市传达学习贯彻习近平总书记出席深圳经济特区建立40周年庆祝大会和视察广东重要讲话重要指示精神干部大会
19	11月6日	全市学习贯彻党的十九届五中全会精神干部大会
20	11月27日	全市村（社区）“两委”换届工作电视电话会议
21	12月10日	佛山市抗击新冠肺炎疫情表彰大会
22	12月17日	中国共产党佛山市第十二届委员会第十一次全体会议

安全发展作为必须遵循的基本原则，以新的更大作为持续推进全面深化改革，用好改革关键一招。

【推动制造业高质量发展的实施意见】2020年4月3日，中共佛山市委、佛山市人民政府印发《佛山市推动制造业高质量发展的实施意见》，提出从佛山实际出发，以制造业品质革命为突破，加快打造“佛山标准”，实施“六大工程”（“强核工程”“立柱工程”“强链工程”“优化布局工程”“品质工程”“培土工程”），致力打造“中国制造”品质标杆、制造业技术创新高地、先进制造业集群示范、绿色制造先进典范、体制机制改革样板，并通过制定2022年、2025年、2035年3个阶段性目标，细化实现制造业高质量发展目标的具体路径。提出率先树立“中国制造”品质标杆，实施“以质取胜”战略，提升供给体系质量；推进“标准引领”战略，建设佛山制造新型标准体系；开展“品牌带动”战略，加强佛山制造的品牌建设；营造质量提升的新生态，高标准创建全国质量强市示范城市。提出建设先进制造业技术创新中心，实施“强核工程”，超前布局未来产业技术开发、加速科技成果应用与产业化、加强关键核心技术攻关、优化创新生态环境，完善以企业为主体、市场为导向、产学研深度融合的技术创新体系。提出打造全国先进制造业基地，培育壮大世界级先进制造业集群、加速数字化网络化智能化转型、推动先进制造业和现代服务业深度融合、提升产业链现代化水平。通过“立柱”“强链”，培育若干个具有核心竞争优势和示范引领作用的世界级先进制造业集群，促进制造业产业链向中高端迈进。要求构建绿色制造体系，全面推行绿色制造理念、技术、标准和管理，提升资源综合利用水平、加快制造业绿色改造升级、推动绿色制造技术创新，构建高效、清洁、低碳、循环的绿色制造体系。要求营造制造业高质量发展环境，实施“培土工程”和“优化布局工程”，激发制造业企业发展活力和内生动力。要求加强组织保障，加强实施评估，加强宣传引导。

【支持深圳建设中国特色社会主义先行示范区的行动方案（2020—2025年）】2020年4月12日，中共佛山市委、佛山市人民政府印发《关于支持深圳建设中国特色社会主义先行示范区的行动方案（2020—2025年）》，围绕中央对深圳的五大战略定位（高质量发展高地、法治城市示范、城市文明典范、民生幸福标杆、可持续发展先锋），提出佛山市支持深圳建设高质量发展高地、打造国际性综合交通枢纽城市、建设法治城市示范、建设城市文明典范、建设民生幸福标杆、建设可持续发展先锋和保障措施等7个方面任务，并明确17项具体措施：支持以深圳为主阵地建设综合性国家科学中心，支持深圳率先构建具有世界级竞争力的现代产业体系，支持深圳提升金融市场影响力，支持深圳构筑粤港澳大湾区快速交通网络，支持深圳构建对外综合交通枢纽，推广深圳营造国际一流营商环境的经验，复制深圳打造国内一流服务型政府的经验，借鉴深圳社会治理现代化的经验，支持深圳打造岭南文化新高地，支持深圳旅游文化创意产业融合发展，支持深圳加快构建优质均衡公共服务体系，深化与深圳的人才合作，支持深圳打造生态文明建设典范，支持深圳构建绿色发展新格局，加强组织领导，落实工作责任，鼓励社会参与等。

【全面深化新时代教师队伍建设改革的实施意见】2020年11月11日，中共佛山市委、佛山市人民政府印发《关于全面深化新时代教师队伍建设改革的实施意见》，明确以习近平新时代中国特色社会主义思想为指导，提出到2022年、2025年以及2035年3个时期的总体目标，明确3个方面12项重点建设任务及改革措施：加强教师队伍能力素质建设，要求提升教师党支部和党员队伍建设水平，加强教师思想政治素质和师德师风建设，推进义务教育和普通高中教育师资建设迈向更高水平；深化教师管理体制改革，创新和规范中小学幼儿园教师编制配备，完善中小学幼儿园教师准入、招聘和退出制度以及中小学教师和校长考评制度；提高教师职业地位待遇，要求完善教师待遇保障机制，提升教师社会地位。保障措施方面，要求强化组织保障，强化经费保障，强化督导检查。

【促进中医药传承创新发展的实施方案】2020年12月28日，中共佛山市委、佛山市人民政府印发《关于促进中医药传承创新发展的实施方案》，提出到“十四五”期末，全市中医药传承创新发展的体制机制有效完善，中医药服务体系更加健全、服务能力明显提升、人才结构更加优化、创新能力显著增强。中医药事业对佛山经济社会发展的贡献进一步提高，为健康佛山建设奠定坚实基础。主要任务包括坚持改革创新，健全体制机制；健全服务体系，完善服务网络；遵循中医药规律，发挥独特优势；改革培养模式，巩固优化队伍；提升中药质量，推动产业发展；坚持守正创新，推动开放合作。制定加强绩效考核、加强监督管理、加强宣传引导等3项保障措施，为形成全社会“信中医、爱中医、用中医”的浓厚氛围和共同发展中医药的良好格局提供坚强保障。

【城市生活垃圾分类实施方案】 2020年3月9日，中共佛山市委办公室、佛山市人民政府办公室印发《佛山市城市生活垃圾分类实施方案》，要求深入贯彻习近平总书记对广东重要讲话和重要指示批示精神，加快建立分类投放、分类收集、分类运输、分类处理的垃圾处理系统，2024年全市基本建成生活垃圾分类处理系统。要求加强科学管理，制定具体分类目录和指引，严格执行《广东省城乡生活垃圾处理条例》，实行分类管理责任人制度，并建立各行业协同并进、齐抓共管的垃圾分类管理体系。加快分类体系建设，建设简便易行的分类投放体系、科学合理的分类收集体系、完善匹配的分类运输体系、能力充足的分类处理体系和规范专业的再生资源回收利用体系，同时促进源头减量。建立长效机制，明确落实法治保障、强化政策支持、鼓励科技创新等3个方面举措。推动习惯养成，通过广泛宣传发动、强化示范引领、夯实教育基础、发挥群团作用等措施，引导和促进居民科学分类，营造全社会参与的良好氛围。加强组织保障，要求落实主体责任，形成部门合力，强化监督考核。

（黄诗琪）

2020年9月1日，“文明实践+城市管理”垃圾分类进校园宣传活动在佛山市禅城区环湖小学开展垃圾分类第一课

（市城管执法局　供图）

全面深化改革

【概况】 2020年，佛山市部署推进全市重点改革项目44个、国家级试点改革项目22个、省级试点改革项目27个，市直部门及各区自主开展改革项目94个，截至年底，完成重点改革项目17个（其余改革项目均按计划有序推进）。先后召开十二届市委全面深化改革委员会第四次会议、十二届市委全面深化改革委员会第五次会议、十二届市委全面深化改革委员会第六次会议，审议通过《市委全面深化改革委员会2020年改革工作安排》《佛山市推动制造业高质量发展实施意见》《顺德区建设新时代广东省贯彻落实新发展理念实验区申请市支持事项清单》《南海区建设广东省城乡融合发展改革创新实验区申请市支持事项清单》《佛山市争创全国地级市高质量发展实验区实施方案》《佛山市关于完善重大疫情防控体制机制健全公共卫生应急管理体系的实施方案》《佛山市禅城区争创广东省营造智慧化共建共治共享社会治理格局综合试点实施方案》等重要改革文件，梳理形成《佛山市改革项目清单（2020年）》，明确每项改革任务的负责领导、牵头单位、年度目标和工作进度等，构建起全市年度改革的总台账、责任书和路线图。中共佛山市委全面深化改革委员会进一步强化统筹抓总职能，系统高位谋划改革“路线图”，及时研究解决改革中遇到的重大难题，推动建立全市统一、全域协同、全链条衔接的工作机制和改革生态。中共佛山市委全面深化改革委员会办公室创新构建“大改革”工作格局，推动科室协同和职能融合，组建3个改革职能组，分别对口负责经济、城乡社会、党建和基层治理等领域的重点改革任务，推动把工作着力点放在谋划改革思路、推进改革举措、形成改革机制、打造改革品牌上，逐步形成人人议改革、人人谋改革、人人推动改革的生动氛围，改革的统筹谋划、协调推进和督促检查能力明显增强。各级各有关部门扛起主体责任，主动担当作为，克服新冠肺炎疫情带来的不利影响，采取措施推动各项改革任务有序推进，促进改革成果不断转化为聚力“双统筹”、夺取“双胜利”的强大动力。

【创造性与引领性改革】 2020年，佛山市以落实国家、省重大发展战略任务为牵引，站在“佛山有能力、广东有期待、国家有需要”的角度，谋划推出“争创全国地级市高质量发展实验区”系统综合性改革项目，创新性提出打造大湾区土地指标交易中心、土地利用结构性改革、建设华南大宗商品交易中心、建立佛山制造“优品无忧”保障机制、构建佛山法人信用码、建立粤港澳大湾区国家技术创新中心分中心等一系列重大改革举措，其中一些具有前瞻性和示范引领意义的改革思路、创新做法，融入中共佛山市委十二届十一次全会报告和《中共佛山市委关于制定佛山市国民经济和社会发展第十四个五年规划和二〇三五年远景目标的建议》，指导推动佛山经济社会高质量发展。

【基层改革探索】 2020年，佛山市鼓励支持各区结合实际，大胆探索、勇于创新，在服务全省改革大局中走出特色鲜明、五彩缤纷的高质量发展之路。

禅城区开展智慧化基层社会治理改革　2020年，禅城区开展智慧化基层社会治理改革前期工作稳步推进。以市域社会治理现代化为引领，把现代技术和传统手段结合起来，聚焦综合治理、政府服务、诉求化解三大领域，创新构建“1+1+3+N”智慧化社会治理体系〔第一个“1”指构建一个以区级为统筹、镇（街道）为枢纽、村（社区）为底座的智慧化社会治理架构，第二个“1”指整合政府部门和群众参与治理渠道，设立网格、热线、大数据三大服务区，打造一个能感知、会思考、可进化的城市大脑，“3”指创新“生态网格”“无感政府”“智慧枫桥”三大智慧化治理，“N”指推进一批应用场景〕，推进社会治理体系和治理能力现代化。

南海区建设广东省城乡融合发展改革创新实验区　2020年9月19日，中共广东省委全面深化改革委员会印发《佛山市南海区建设广东省城乡融合发展改革创新实验区实施方案》，给予南海第一批8项政策支持，同时明确提出“允许南海实验区直接复制省其他实验区已获批权限”“优先支持实验区复制推广广东自贸试验区改革创新经验”“对于广东自贸试验区先行先试的省级权限试点政策，可同步在实验区实施”。9月27日，南海区召开全面建设广东省城乡融合发展改革创新实验区工作推进大会，中共佛山市委书记鲁毅出席会议并讲话，要求举全市之力坚定不移支持南海建设好实验区。11月18日，佛山市政府第七十八次常务会议研究决定下放南海区市级管理权限和支持事项24项。南海区抢抓建设广东省城乡融合发展改革创新实验区重大机遇，发挥政策叠加效应，把开展全域土地综合整治作为突破口，推动城乡生产、生活、生态空间合理布局、相对集聚、协调发展。

顺德区率先建设广东省高质量发展体制机制改革创新实验区　2020年，佛山市委、市政府把支持顺德改革创新实验区建设作为全市的大事要事来抓，按照“能放尽放、应放尽放”的原则，研究下放顺德区市级管理权限和支持事项19项。顺德区落实主体责任，全力向村级工业园发起总攻，全年拆除整理土地3652.53公顷，撬动产业、城乡、生态、公共服务和社会治理等领域初步实现“重塑”，中共广东省委书记李希在省委全会上明确要求在全省复制推广顺德经验做法。顺德区坚持科学规划、连片开发，以“工改工”为主，全面整合382个村级工业园发展现代园区经济，启动规划建设超20平方千米的大良红岗科技城、龙江数字产业城，推动10个镇（街道）各至少建设1个平均超133.33公顷的现代主题产业园。顺德本地骨干企业增资扩产、外地优质企业抢滩布局的市场活力得到激发，美的、碧桂园、格兰仕、联塑等顺德骨干企业掀起“二次创业”高潮，世界级开源芯片基地、宁波海天高端智能装备生态产业基地、百度云计算中心等重大产业项目相继落户顺德。

高明区探索制造业“亩均效益”综合评价改革　2020年，高明区出台企业高质量发展综合评价体系建设实施方案，从投入产出、科技创新、绿色发展等维度构建差异化综合评价指标体系，引导不同类型企业转型发展。在广东省率先建成并运用企业高质量发展综合评价大数据平台，实现企业全景信息管理。探索建立健全评价结果应用体系，将企业分为“ABCD”（A类是优先发展类企业，B类是鼓励发展类企业，C类是提升发展类企业，D类是限制发展类企业）四类，对企业发展进行差别化资源配置。完成低效产业用地整治提升三年行动计划任务，累计盘活低效产业用地1366.67公顷，节地面积733.33公顷，启动和改造提升项目361个，合同投资总额约384亿元。

三水区建设广东省乡村振兴综合改革试点　2020年，三水区坚持“党建引领、城乡融合”，实施“三片联动、百村共建”，三年改革试点各项任务完成，乡村振兴取得重大进展，实现乡村焕发新魅力、农村产业激发新活力、农村基层组织战斗力不断提升，获评“2020年度中国全面小康百佳示范县市”，2020年第二届“广东十大美丽乡村”系列评选活动发布会暨广东美丽乡村建设发展论坛在三水举办，白坭镇富景社区获评2020年度中国全面小康乡村振兴十大示范村，三水区“百里芳华之西江十里画廊”获评广东省美丽乡村精品路线。

【供给侧结构性改革】2020年，佛山市围绕“六稳”“六保”（“六稳”即稳就业、稳金融、稳外贸、稳外资、稳投资、稳预期，“六保”即保居民就业、保基本民生、保市场主体、保粮食能源安全、保产业链供应链稳定、保基层运转）工作任务，加快推进供给侧结构性改革，全力打通产业循环、市场循环和经济社会循环。出台援企稳岗政策体系，多措并举为企业纾困解难，全年新增减税降费超238亿元，帮助超36万家企业渡过难关，重点领域复工率在全省率先达到100%。加大基础设施补短板稳投资力度，重点加强“两新一重”建设（新型基础设施建设，新型城镇化建设，交通、水利等重大工程建设），新建5G基站7541个，完成省、市重点项目投资1353亿元，获批全国新型城市基础设施建设试点。深入推进国家发改委制造业转型升级综合改革试点，全面实施制造业高质量发展“六大工程”（“强核工程”“立柱工程”“强链工程”“优化布局工程”“品质工程”“培土工程”），不断提升产业基础高级化、产业链现代化水平。加快培育“2+2+4”先进制造业集群（第一个“2”指装备制造等2个超万亿元产业集群，第二个“2”指汽车及新能源等2个超5000亿元产业集群，“4”指智能制造装备及机器人等4个超3000亿元产业集群），先进制造业占规模以上工业增加值比重首次超50%，装备制造和泛家居两个产业集群达到万亿元规模。推动制造业数字化智能化改造，工业技术改造投资531.15亿元，规模继续居全省首位。创建全国质量强市示范市，创新推进“佛山标准”，拥有企业标准“领跑者”数量位居全国第一。畅通金融服务实体经济渠道，试点推广省中小企业融资平台，开展“信用+企业融资”，各类政策性金融工具全年帮助企业获得贷款超550亿元。加快培育跨境电商、市场采购贸易方式试点等新兴贸易业态，跨境电商进出口总额508亿元，比上年增加5.66倍。

【社会治理现代化】2020年，佛山市聚焦社会治理体制机制性难题、新冠肺炎疫情防控暴露出来的短板和不足，加强

制度创新，提升治理效能，获批全国市域社会治理现代化第一期试点城市。（参见“区域发展”类目“市域统筹”分目）

【营商环境综合改革】 2020年，佛山市深化推进“1+7+N”优化营商环境工作体系（“1”指1个顶层设计，即《佛山市深化营商环境综合改革实施方案》；“7”指7项企业关切和群众关注的重点改革举措，分别为深化商事制度改革、推进工程建设项目审批制度改革、不动产登记制度改革、推进政务服务“一网、一门、一次”改革、优化纳税营商环境、推进跨境贸易便利化、加强信用监管；“N”指围绕营商环境相关的若干项优化措施，分别为获得用水用电用气便利化改革，公共资源交易制度改革，知识产权创造、保护与运用，获得信贷，劳动力市场监管等方面），加快建设服务效率最高、管理最规范、综合成本最低的营商环境高地，在广东省营商环境试评价中位列全省第四位。深入推进数字政府统筹建设改革，“数字佛山”建设总体规划基本形成，市政务大数据平台上线运行，城市数据赋能生态体系加快建立。创新24小时智慧便民商事登记模式，实现商事主体全生命周期全程网上办，开办企业全流程平均用时仅需0.41天。巩固提升主题式“证照联办”改革成果，启动“一照通”改革，实现“一企一照、一照通行”，企业开办制度性成本大幅降低，市场主体逆势增加19.76万户。全国首创“人工智能+双随机”监管模式，获国务院办公厅向全国推广和省委主要领导批示肯定。实施工程建设项目审批制度改革，推行工业建设项目和高新技术项目“拿地即开工”审批模式取得初步成效。创新实施知识产权“培优工程”，激励知识产权高质量创造，首获中国专利金奖。创建全国版权示范市，探索版权与产业融合发展有效路径，获“中国版权金奖”保护奖。

【民生领域改革】 2020年，佛山市把为人民谋幸福作为检验改革成效的标准，让改革成果更好更公平惠及人民群众，获评中国最具幸福感城市。深化医疗卫生体制改革，加快推进“互联网+医疗健康服务”，探索构建重点人群“医养康护”四位一体保障体系，公共医疗卫生综合水平和居民健康水平居全省前列。推进全国住房租赁试点，探索利用集体建设用地建设租赁住房，新增租赁房源9607套。实施全市排水设施建设管理体制机制改革，“三个一体化”（排水设施建管一体化、厂网一体化、城乡一体化）管理模式基本形成，新建污水管网1105千米，完成管网修复移交超4100千米。推动放心消费城市建设，全面建立“首问负责”“先行赔付”“线下七天无理由退货”等机制。以建设世界功夫之城、世界美食之都、博物馆之城等重大项目为抓手，构建激发文化和旅游消费潜力的长效机制，入选首批国家文化和旅游消费试点城市。加快推进农业农村现代化，累计创建省级现代农业产业园6个，新认定省级“一村一品、一镇一业”专业镇6个、专业村31个。

【市委全面深化改革委员会第四次会议】 2020年3月3日召开，会议深入学习贯彻习近平总书记关于全面深化改革的重要论述，系统总结佛山市2019年改革工作，研究部署2020年改革任务。中共佛山市委书记、市委全面深化改革委员会主任鲁毅主持会议并讲话，市长、市委全面深化改革委员会副主任朱伟出席会议。会议审议并原则通过《市委全面深化改革委员会2020年改革工作安排》《佛山市推动制造业高质量发展的实施意见》《顺德区建设新时代广东省贯彻落实新发展理念实验区申请市支持事项清单》《南海区建设广东省城乡融合发展改革创新实验区申请市支持事项清单》等改革文件。会议强调，要以改革的办法解决制约高质量发展的问题，推动全市高质量发展迈上新台阶。会议明确，要坚决打好村级工业园攻坚战，以顺德区、南海区为主力军，在全市向村级工业园改造发起战略总攻，改出一批千亩、万亩产业发展空间，集中打造若干个现代化产业集聚区和现代主题产业园，为高质量发展拓展新空间；要加快推动制造业向高端跃升，以创建国家制造业高质量发展试验区为引领，大力实施“强核”“立柱”“强链”“优化布局”“品质”“培土”六大工程，打好产业基础高级化、产业链现代化攻坚战，推动佛山由制造业大市向制造业强市转变；要以更加开阔的视野和更加开放的胸怀，抢抓“双区驱动”和支持广州“四个出新出彩”实现老城市新活力重大战略机遇，加快构建全面开放新格局。

（市委改革办）

组织工作

【概况】 截至2020年底，佛山市有基层党组织1.88万个，其中基层党委1370个、党总支部689个、党支部1.68万个。全市党员总数30.3万人。2020年，中共佛山市委组织系统践行新时代党的建设总要求和新时代党的组织路线，聚焦主责主业谋思路、定措施、抓落实，把高质量要求贯穿始终，推动全市党的建设和组织工作取得新成效。

学习贯彻习近平新时代中国特色社会主义思想方面：全面落实“第一议题”学习制度，持续开展“大学习、深调研、真落实”；围绕学习贯彻《习近平谈治国理政》第三卷、习近平总书记出席深圳经济特区建立40周年庆祝大会和视察广东重要讲话重要指示精神以及中共十九届五中全会精神，举办培训班1317期，轮训15.7万人次；在全市开展《论坚持党对一切工作的领导》学习研讨；依托中共佛山市委党校、32个镇（街道）党校和40个党员教育基地，分层级轮训全市党员干部15.7万人次，培训基层党员群众35.8万人次，推动学习贯彻在基层落地见效。

强化党建引领助力新冠肺炎疫情防控方面：构建党组织领导下的基层抗疫严密防线，村（社区）党组织固守防控主阵地，党员楼长、无职领岗党员等带头开展关卡值守、防疫宣传等工作；创新开展党建引领单体楼、城乡接合部等特殊区域群防群治；组织5.98万名机关干部下沉基层一线、支持复工复产；深入防疫一线考察识别干部；关爱保障一线党员干部人才；举办“战‘疫’走

2020年6月28日，佛山市举办"战'疫'走在前、创模作表率"庆"七一"活动，邀请党员、模范党支部代表讲述抗疫感人故事（市委组织部　供图）

在前、创模作表率"活动，宣讲抗疫故事；推荐表彰省优秀共产党员7人、先进基层党组织6个，表彰市优秀共产党员74人、先进基层党组织58个；向海外佛山学子派发防疫健康包2399个。

加强党的基层组织建设方面：打好基层党建三年行动计划（2018—2020年）收官战，全面提升基层党组织政治功能和组织力；持续推进有村级集体经济的村（村改社区）实现"三个一肩挑"（村党组织书记通过法定程序担任村委会主任和村级集体经济组织负责人）；推进村级换届；深化实施重要事权清单管理；构建三级党建网格；推动市、区、镇（街道）三级2180个机关企事业单位党组织、9.58万名在职党员到社区"双报到"；搭建"两新"组织（新经济组织和新社会组织）党建工作体系，分类施策推进各领域党建。

打造高素质专业化干部队伍方面：落实全国党政领导班子建设规划纲要，出台佛山市贯彻落实若干措施；实施"一把手"政治能力提升计划；鲜明树立选人用人导向，注重在镇（街道）一线选拔干部，注重使用关键时刻豁得出来、冲得上去的干部，注重急难险重任务中磨炼干部；加大年轻干部培养使用；强化干部监督管理；加大干部关心关爱力度。

推进人才工作创新发展方面：开展"十三五"人才工作"回头看"，出台加强公共卫生人才队伍建设20条措施；举办人才政策宣讲会127场次；深入实施促进应届毕业生就业十大行动；举办"千企智造·智汇行动"佛山专场招聘服务周；竞争扶持15个人才项目，新引进全职院士1人、博士748人，新增高级职称专业技术人才1480人。

提高公务员管理规范化精细化水平方面：统筹用好选调生招录、公务员招录、选调、调任等方式，持续调整优化全市公务员队伍结构；对全市参照管理事业单位进行统计梳理，部分重新认定；进一步规范机关事业单位受党纪政务（行政）处分人员绩效奖金发放。

【"一把手"政治能力提升计划实施】 2020年，佛山市深入实施"一把手"政治能力提升计划，持续增强"关键少数"政治领导本领，面向"一把手"举办政治能力提升专题研修班2期，调训"一把手"175人次，市、区、镇（街道）党政正职参训全覆盖。培训突出"1个根本任务"（即学习贯彻习近平新时代中国特色社会主义思想），强调"1个重要主题"（即提升领导干部政治能力和治理能力），由市委主要领导作开班动员并围绕政治建设作专题授课，其他市委常委结合佛山市典型案例对党组工作条例、干部选任条例、宣传工作条例、党纪处分条例等进行重点解读。培训设置"大数据、区块链在社会治理中的运用"等5门精品课程，邀请专家学者集中授课。研修班期间，还举办"书记、镇长论坛"，安排"一把手"分组开展研讨交流，畅谈发展思路，分享工作经验。

【"1+N"联组授课制度探索】 2020年，中共佛山市委组织部进一步深化领导干部上讲台工作，筛选10个市直职能部门作为试点，探索实施"1+N"联组授课制度，为每名上讲台的领导干部统筹安排N名（不少于2名）市委党校专职教师，联合组成课题组围绕授课主题共同调研、共同备课、共同开发教学课程，提高授课质量。年内，副处级以上领导干部累计在中共佛山市委党校授课65人次，充实党校兼职师资力量，增强干部教育培训的实效性。

【党支部达标创优评定】 2020年，中共佛山市委组织部组织开展党支部达标创优评定工作，对全市党支部建设情况进行一次全员检阅，全市有1930个党支部被评定为"优秀"等次。在此基础上，分层次、分领域选树200个模范党支部，发挥典型示范作用，让全市党支部学有标准、干有标杆。其中，包括佛山市第一人民医院感染科党支部等一批在新冠肺炎疫情防控中涌现出来的先进典型人选。

【村（村改社区）"三个一肩挑"工作全面完成】 2020年，佛山市在抓好新冠肺炎疫情防控的同时，持续推进有村级集体经济的村（村改社区）党组书记通过法定程序担任村（居）委会主任和村级集体经济组织负责人工作。截至6月29日，全市561个有村级集体经济的村（村改社区）全部实现"三个一肩挑"，进一步强化党对农村工作的全面领导，为2021年村级换届打下坚实基础。

【三级党建网格构建】 2020年，佛山市在农村探索构建"行政村党组织—网格（村民小组）党支部（党小组）—党员联系户"三级党建网格，实行网格化管理，精细化服务，信息化支撑，做到组织建在网格上、党员融入群众中，使党组织的政治功能和服务功能有机融合、相互促进。在城市社区织密“社区党委—住宅小区党支部—党员楼长”三级党建网格，建立到户到人的一张“网”，精细到辖区群众的每个“点”，形成横向到边、纵向到底、开放式、全覆盖的区域化党建格局。截至年底，全市建立一级党建网格790个、二级党建网格6386个、三级党建网格2.52万个。

【机关党组织和在职党员到社区“双报到”】 2020年，中共佛山市委组织部、佛山市直机关工委、佛山市国资委党工委联合印发《关于实施全市机关、事业单位、国有企业在职党员到社区报到的通知》《关于开展市、区机关和企事业单位党组织到社区报到的通知》，组织全市市、区、镇（街道）三级2180个机关企事业单位党组织和9.58万名在职党员到居住社区亮身份、领岗尽责，鼓励在职党员积极参与创建文明城市、人口普查等中心工作，发挥党员先锋模范作用，与社区党组织共谋疫情防控、共抓基层党建、共享各类资源、共解社区难题，全年社区组织活动5615次，参与人数9.84万人次。

【软弱涣散村（社区）党组织整顿完成】 截至2020年10月底，佛山市48个软弱涣散村（社区）党组织经市、区两级综合评估，全部完成转化提升，31个被评为“达标”等次，17个为“优秀”等次。《佛山市整顿软弱涣散基层党组织工作纪实片》入选全国扫黑除恶专项斗争成果作品展。

【“支部建在小区”工作推进】 2020年，中共佛山市委组织部、佛山市住房和城乡建设局、佛山市民政局联合印发《佛山市关于加强物业住宅小区党建工作的通知》，创新推进“支部建在小区”工作。由社区党组织牵头，整合物业服务企业、业委会、党员业主等资源和力量，建立物业住宅小区党支部，定期讨论研究小区公共收益使用、硬件设施更新等涉及居民切身利益事项，破解物业管理难题，实现党组织领导下的物业管理服务和居民自治良性互动。截至年底，全市1562个物业住宅小区建立小区党支部436个，选拔楼长9610人，其中党员楼长4009人。

【促进应届毕业生就业十大行动】 2020年，中共佛山市委组织部、佛山市人力资源和社会保障局印发《关于促进应届高校毕业生就业工作的通知》，实施机关事业单位招（录）聘、国有企业就业引领、基层公共服务岗位历练、民营企业就业支持等“十大行动”，促进高校毕业生就业。截至年底，通过“十大行动”招聘应届毕业生5347人。

2020年，佛山市发动全市机关企事业单位党组织和党员到社区报到，参与基层治理和疫情防控工作。图为6月27日，高明区明湖社区在职党员到社区参与志愿服务前合影

（市委组织部　供图）

【城市基层党建工作现场会】 2020年9月1日在佛山市三水区举行，中共佛山市委组织部部长、分管副部长及业务科室相关人员，各区委组织部部长、分管副部长，各街道党工委党建专职副书记参会。会上，佛山各区代表观看全市和各区城市基层党建工作展板，参观三水区西南街道北江社区党群服务中心，观看三水区城市基层党建宣传片。会议要求，佛山各级各部门要进一步强化街道社区党组织领导地位，推进区域化党建工作，抓好各领域城市基层党建工作，以崇尚实干、狠抓落实的作风推动城市基层党建重点任务落实、落细、落到位。

【全市村（社区）“两委”换届工作动员部署会】 2020年11月27日在佛山市机关小礼堂举行，佛山市村（社区）“两委”〔村（社区）党组织和村（居）民委员会〕换届工作领导小组全体成员、办公室和各工作组负责人，调研组负责人，各区相关负责人参会。会议深入学习贯彻习近平总书记关于基层党建重要论述和对广东重要讲话、重要指示精神以及中共十九届五中全会精神，贯彻落实省委十二届十一次全会和全省村（社区）“两委”换届工作电视电话会议精神，对佛山村（社区）“两委”换届选举工作进行动员部署。中共佛山市委书记鲁毅出席会议并讲话，中共佛山市委常委、组织部部长杨朝晖对村级换届工作作具体部署。会议强调，要以高度的责任感紧迫感使命感抓实抓好换届工作，选出忠诚可靠的村（社区）“两委”班子；要把加强党的领导贯穿村级换届工作全过程，选优配强村（社区）“两委”班子特别是带头人，把防范化解风险隐患摆到突出位置，把换届纪律和规矩始终挺在前面，把群众路线体现到换届工作各方面；要强化组织领导、层层压实责任，抓好后续工作，确保完成村（社区）“两委”换届工作。

（霍展华）

人才工作

【概况】 2020年，佛山市新引进全职领军人才10人、博士748人、硕士3216人、高级职称专业技术人才2649人；公开招聘事业单位工作人员120人、事业单位雇员237人。截至2020年底，佛山市历年累计引进行业领军人才226人、博士2676人、硕士2.84万人、高级职称专业技术人才2.3万人，引进省创新创业团队10个；全市有博士后科研工作站64个，博士后科研工作站分站42个，博士后创新实践基地40个。

【人才引进】 2020年，佛山市继续完善人才引进政策体系，出台并实施《佛山市新引进高等教育教学科研骨干人才安家费工作实施细则》。落实各项人才政策，全年发放人才扶持资金近1.6亿元，认定“优粤佛山卡”人才63570人。佛山市高层次人才服务专区全年举办各类活动39场次，新冠肺炎疫情期间组织线上直播6场，接待各界到访交流座谈8场次，共66574人次参加活动。市人力资源社会保障部门组织企业赴市外、省外参加招聘活动51次，累计参加企业1234家，累计提供职位4282个，累计招聘人数46261人，达成意向9300人；与西安交通大学、武汉大学2所“人才驿站”设站高校交流对接；推出“佛聘行动”系列“云直播”招聘活动，上线广东金融高新区、三龙湾、智能装备制造业、广东工业设计城、国星光电、中科安齿6个专场，累计吸引超83.6万人次观看。佛山市实施“2020年度中国留学人员回国创业启动支持计划”和“2020年度海外赤子为国服务行动计划”，开展“2020年度最具成长潜力的留学人员创业企业”推荐工作，向省推荐佛山市广科产业技术研究院有限公司“2020海归赤子精准扶贫”行动方案。截至年底，佛山市有博士后科研工作站64个，佛山企业博士后工作站分站42个，博士后创新实践基地40个，在站博士后人数近200人。

【人才服务机构人事档案数据统一管理】 2020年，佛山市推进市级和区级人才服务机构档案数据导入佛山市人力资源和社会保障局审批系统工作，推动实现市、区级人才服务机构间档案存放、转递情况通查。（参见“新兴服务业”类目“人力资源服务业”分目）

【“优粤佛山卡”服务】 2020年，“优粤佛山卡”服务平台通过应用程序（App）、微信公众号等方式开展宣传，覆盖受众超160万人次，线上直播超6万人次观看；举办线下人才宣讲会超50场，覆盖3500多家企业，线下参与人员超5000人次；举办线下人才活动15场，2000多人次参与。年内，“优粤佛山卡”服务平台注册单位13632个，注册用户179884人，认定人才63570人，其中A卡人才（尖端人才）97人、B卡人才（高级人才）3314人、C卡人才（中初级人才）39088人、T卡人才（特色人才）21071人。此外，佛山市构建全市统一的“一站式”人才综合服务平台，是全省首个对接落实广东省人才优粤卡相关政策的地级市平台，实现人才认定、人才补贴、人才服务全线上办理，为各类人才提供“政务+创业+医疗+住房+商旅+联谊”六位一体的实用服务。

【高层次人才服务专区】 2020年，佛山市持续开展包括“人才智库”“智汇产业”“才行佛山”“姻为人才”“畅赏人生”“体坛会友”等各类活动。全年举办各类活动39场次，包括线上直播6场次，接待各界人士到访交流座谈8场次，共涉及66574人次（含观看线上直播65105人次）。

【博士和博士后创新创业孵化基地启动运营】 2020年9月29日，佛山市博士和博士后创新创业孵化基地启动运营。基地为广东省人力资源和社会保障厅在全省首批布局的5个区域性博士和博士后创新创业孵化基地之一，孵化领域涉及智能制造、新材料、新医药、新能源汽车等战略性新兴产业，以及新科技创新领域。启动仪式上，广东（佛山）博士和博士后人才管理及成果转化信息平台同步上线。年内，基地举办10场次政策宣讲、创业辅导等活动，19家生态战略合作伙伴签约，16个博士团队项目入驻基地。

【广东省制造业“千企智造·智汇行动”佛山专场招聘周】 2020年11月24—29日，中共佛山市委组织部、佛山市工业和信息化局、佛山市人力资源和社会保障局联合主办广东省制造业“千企

2020年11月24—29日，中共佛山市委组织部、佛山市工业和信息化局、佛山市人力资源和社会保障局联合主办广东省制造业“千企智造·智汇行动”佛山专场招聘周系列活动

（市委组织部　供图）

智造·智汇行动”佛山专场招聘周系列活动。该次招聘周采用线下招聘会、线上云招聘和“直播带岗”3种形式，面向全球招揽制造业领域优秀人才。活动有美的集团、海天调味食品股份有限公司、万和新电气股份有限公司、季华实验室等1023家佛山企业及科研院所参与，对外发布职位2140个，招聘7262人。活动招聘职位以博士、硕士、高级职称人才为主，其中面向博士、硕士人才的职位540个，需求人数1550人，占总招聘人数的21%。

【2020粤港澳大湾区智能装备与机器人产业创新发展论坛暨智“汇”佛山——博士和博士后人才交流对接会】 2020年12月14日，2020粤港澳大湾区智能装备与机器人产业创新发展论坛暨智“汇”佛山——博士和博士后人才交流对接会在广东博智林机器人有限公司举行。（参见“工业”类目“新兴产业”分目“高端装备制造业”次分目）

（卢文韬）

宣传工作

【概况】 2020年，佛山市宣传思想文化系统坚持以习近平新时代中国特色社会主义思想为指导，聚焦举旗帜、聚民心、育新人、兴文化、展形象的使命任务，抓好理论、舆论“两论”，文化、文明“两文”，内宣、外宣“两宣”，基层文化阵地、意识形态阵地“两阵地”，为佛山经济社会发展提供坚强思想保证和强大精神动力。成立由市委主要领导兼任组长的市委宣传思想工作领导小组，推动落实主体责任，构建大宣传工作格局。全年中共佛山市委常委会会议研究部署宣传工作重要工作和重大事项6次。不断增强理论学习中心组学习的实效性和针对性，提升理论学习的质量和水平，市委理论学习中心组开展专题学习15场次，带动全市处级以上党委（党组）理论学习中心组开展专题学习1800多场次。组织开展《习近平谈治国理政》第三卷、习近平总书记出席深圳经济特区建立40周年庆祝大会和视察广东重要讲话重要指示精神、中共十九届五中全会精神等专题宣讲，成立市、区、镇三级党委宣讲团，对各领域、各群体开展全覆盖宣讲。做好媒体宣传，坚持把疫情防控宣传引导工作作为重中之重，统筹各级资源力量精准高效做好宣传引导工作，全年佛山在省级以上主流媒体重点报道3800余篇（条），其中中央主流媒体报道近1700篇（条）。创建粤港澳大湾区影视产业合作试验区，文艺精品佳作不断涌现，推动高质量文化导向型名城建设取得新进步。实现全国文明城市“三连冠”，新时代文明实践中心建设品牌建设不断推进，社会文明程度持续提升。做好网络宣传引导，实施网络安全和信息化系列工程，推进网信体系建设，进一步营造清朗的网络空间。

【理论学习与宣讲】 2020年，佛山市以学习贯彻习近平新时代中国特色社会主义思想为首要政治任务，作为各级党委（党组）的“第一议题”和理论学习中心组的常设课题，深化开展理论武装各项工作。市委理论学习中心组全年开展专题学习15场次，带动全市处级党委（党组）以上理论学习中心组开展专题学习1800多场次。打造“两周刊一专刊一网站”（《佛山日报》的《理论周刊》《学习周刊》《学习专刊》和“学习进行时”专题网站）学习载体，推出《佛山日报》的《理论周刊》41期，编辑《学习周刊》40期、《学习专刊》3期，依托佛山新闻网等新媒体开设“学习进行时”专题网站。市委理论学习中心组经验总结文章《坚持“三抓并举”推动学习务求实效》在中央宣传部主管刊物《党委中心组学习》2020年第2期刊登。

“学习强国”佛山学习平台于2020年9月10日上线，佛山市成为继广州市、深圳市之后全省首个上线的地级市。全年“学习强国”全国平台采用佛山稿件约2000篇（条），“学习强国”广东学习平台采用近2万篇（条）；在全省“走向我们的小康生活”摄影、微视频大赛中，佛山有1691件作品被采用。佛山市成为“学习强国”学习平台在全国开展“复工复产”主题网络直播的首个城市。编撰出版《品佛山·走向我们的小康生活》书籍。组织开展佛山市“学习强国”学习平台知识竞赛，创新推出一批“学习强国”学习平台线下体验空间。

高标准高质量开展理论宣讲。围绕《习近平谈治国理政》第三卷、习近平总书记出席深圳经济特区建立40周年庆祝大会和视察广东重要讲话重要指示精神、中共十九届五中全会精神等专题，成立市、区、镇三级党委宣讲团，对各领域、各群体开展全覆盖宣讲。围绕《中华人民共和国民法典》等主题，组建专题宣讲团开展宣讲。创新开展“菜单式”宣讲和“走向我们的小康生活”百姓宣讲。

举办“争当领头羊”——佛山迈向高质量发展对标调研成果宣讲会，编撰出版《超级城市2：中国城市高质量发展方法论》书籍。做好全面建成小康社会“百城千县万村”专题调研。编撰出版《佛山历史文化丛书》（第五辑），出版《佛山历史文化丛书》（第一辑）中英文版。

【主题宣传】 2020年，佛山市做好新冠肺炎疫情防控宣传引导工作，把疫情防控宣传引导工作作为重中之重，召开专题会议11次，印发文件近20份，召开有关新闻发布会13次。全市刊播防控疫情公益宣传片等电子屏点位数量42179个，张贴公益宣传画98.4万张，派发宣传单324万张。全市创作抗击疫情文艺作品2600余件，创新举办抗疫同心云上音乐会、抗疫专题书画雕塑作品展等活动。创新推出“温爱佛山·网上行通济”融创产品。继续举办“佛山·大城工匠”推荐命名活动，命名2020年“佛山·大城工匠”30人。加快推进媒体融合发展，组建“传媒智库部”。

【高质量文化导向型名城建设】 2020年，佛山市推动南方影视中心建设，创建粤港澳大湾区影视产业合作试验区，修订《佛山市扶持影视产业发展的若干政策》，打造南海新经济小镇等10个影视产业园区，建设“南方影视中心·321开机网综合服务平台”，成立佛山市南方未来电影创新研究院，广东财经大学湾区影视学院揭牌，佛山影视文化产业发展态势良好。文艺精品佳作不断涌现，广佛合作项目舞剧《龙舟》、电影《刑场上的婚礼》等项目有序推进，大型粤剧《红头巾》获第十四届广东省艺术节剧目大奖，大型原创交响组歌《我们在这里》创作完成并首演，电视剧《闯广东》入选广东省第三批2018—2022年重点电视剧选题。公共文化建设成效明显，6个单位被确定为省首批文旅融合“粤书吧”试点，10个单位被确定为省首批“两中心融合试点”（基层综合性文化服务中心与旅游服务中心融合发展试点），碧江古建筑群、兆祥黄公祠等活化利用项目入选广东省文物古迹活化利用典型案例，全市有建成及在建博物馆（纪念馆、名人故居）143个、美术馆（艺术馆）92个。文化交流合作圈不断扩大，与荷兰、西班牙、葡萄牙等国开展文化旅游交流，举办广东（佛山）非遗周暨佛山秋色巡游活动和承办文化和旅游部“物以载道——中国非遗数字展”，并在摩洛哥拉巴特中国文化中心举行同名线下展（佛山市有29个非遗项目入展）。

【网络宣传引导】 2020年，佛山市做好网络宣传引导工作，建立全媒体权威信息发布机制，稳妥处置网络舆情。实施网络安全和信息化系列工程和“网络护城河”工程，构建清朗网络生态治理体系。实施“正能量”工程，完善以“纷享佛山”“网络正能量指数”“网信佛山”等为主的传播体系。实施“防火墙”工程，组建网络安全等级保护定级专家库。实施“同心圆”工程，探索建立首批19个互联网行业党建工作联系点，市信息协会“1+1+N”群组链党建经验连续2年入选全国网络社会组织党建典型案例。实施“信息强市”工程，印发《佛山市推动数字经济发展实施方案》等。深入推进网信体系建设，强化顶层设计和网络安全责任落实，健全网络安全重大事项请示报告、情况通报、网络意识形态工作督查等机制。打造“网信正能量课堂”培训品牌，累计组织培训26期。创新开展“村村开网店·店店有网红”网络扶贫行动。佛山市“互联网+精准扶贫”入选2020年全国网络扶贫50个典型案例。

【“学习强国”佛山学习平台上线】 2020年9月10日，“学习强国”佛山学习平台正式上线，成为继广州学习平台、深圳学习平台之后全省第三个上线的市级学习平台，也是全省首个上线的地级市平台。中共佛山市委书记鲁毅，市委

链接

全国网络社会组织党建典型案例——佛山市信息协会“1+1+N”群组链党建主要做法

佛山市信息协会结合自身特点，发挥互联网行业“互联互通、共建共享”优势，打造出“1+1+N”群组链党建模式（1个行业党委领导+1个信息协会党支部协调+N个网络社会组织和网络企业党组织联动），推动党委、政府、协会、网企等多方党建力量深度融合，为推动网络社会组织党建工作、提升“两个覆盖”率进行有益探索。

一、党建+扶贫，助力脱贫攻坚

协会党支部响应习近平总书记和党中央关于决战脱贫攻坚的决策部署，在会员单位、群组单位、行业单位、共建单位中全面发动开展助力脱贫攻坚活动。发挥“1+1+N”群组链优势，积极链接行业资源，凝聚党、政、企各方力量，共同推动扶贫产业对接、企业捐赠、网信基础设施建设等精准帮扶工作。

二、党建+组建，结对共建共进

协会党支部通过与“1+1+N”群组链中的网络社会组织、网络企业党组织结对共建，定期交流党建工作经验，共享党建工作信息、资源，促进党建与业务工作优势互补、相互促进、融合发展，发挥好各群组单位的特色优势，拓展和完善基层党组织功能，实现以共建促创新、以党建助发展，提升网信行业基层党组织的组织建设水平。

三、党建+学习，传递智慧力量

依托佛山市“群组链”党建微信学习平台，协会党支部将原来分散的网信行业基层党组织串联起来，定期共同开展一系列专题学习会、参观考察等活动，共享PPT课件、教育培训视频等党员学习材料，选树宣传网信行业特别是群组单位中的先进典型，提升党员学习的积极性、针对性、创造性、互动性，使党员实现学习能力和学习效果的双提高。

四、党建+服务，践行为民宗旨

协会党支部始终牢记初心和使命，发挥党支部及党员在推动网信为民、惠民、便民工作中的先锋模范作用，推动“党建+服务”常态化、长效化、规范化、品牌化，为佛山市网信事业发展提供坚强组织保证，被评为“佛山市社会组织党支部规范化建设示范单位”。开展各类志愿服务活动，拓展党组织的服务功能，实现服务机制、内容、形式不断创新。

五、党建+活动，凝聚党群合力

协会党支部充分尊重党员主体地位，保障党员民主权利，在基层党支部“三会一课”等组织生活中注重创新优化，使党员在活动中增强获得感、参与感，增强党组织的凝聚力和感召力。

链接

2020年全国网络扶贫50个典型案例——佛山市“互联网+精准扶贫”

佛山市推动“党建上网”“农品上线”“网红上岗”“培训上云”“宣传上档”，走出一条佛山特色的“互联网+精准扶贫”创新务实之路。

“党建上网”，是指发挥好互联网行业党组织的指挥部和战斗堡垒作用，统筹引导更多网企、党员积极参与网络扶贫，通过“智慧党建”等信息化平台加强网信结对帮扶项目的跟踪落实。

“农品上线”，是指佛山应与电商平台、网络社会组织加强合作，通过组织电商实训、打造创意网店、开设助农专区等举措，带动受援地群众创业就业、增收脱贫、防止返贫。

“网红上岗”，是指策划开展网络直播、网络IP设计等技能培训，为受援地培养一批“又红又专”的农村网红，发挥其“正能量传播+网络扶贫”双促进作用。

“培训上云”，是指要用好教育这一扶志扶智、阻断贫困代际传递的重要抓手，依托网络平台聚合共享名师名校优质资源，提升受援地教育水平，同时探索开展招聘就业、用网上网等培训，做到“授人以渔”。

“宣传上档”，就是要发挥好新媒体新平台优势，深入阐释习近平总书记和党中央关于扶贫工作的重要精神，宣传脱贫攻坚的奋斗历程、辉煌成就、宝贵经验和感人事迹，营造脱贫奔小康的良好氛围。

常委、宣传部部长郭长勇出席上线仪式。“学习强国”佛山学习平台由应用程序（App）端、个人电脑（PC）端两大终端组成，旨在建设成为集“内容生产、信息采集、学习管理、服务群众”于一体的学习、传播和服务平台，广泛传播佛山声音，讲述佛山故事，展示佛山形象，体现佛山担当。学习平台开设有《今日推荐》《践行新思想》《视听佛山》《争当领头羊》《决战决胜》《固本强基》《县级融媒》《学思贯通》《岭南名城》《文明佛山》《学习园地》和《强国征文》12个一级栏目、100余个二级栏目。

【“佛山·大城工匠”推荐命名活动】 2020年6月23日，佛山市以市委、市政府名义高规格举行2020年“佛山·大城工匠”命名大会，佛山市新石湾美术陶瓷厂有限公司艺术顾问刘炳、广东一方制药有限公司副总经理魏梅、广东博智林机器人有限公司副所长董忠等30人被授予“佛山·大城工匠”称号，这是继2016年、2018年后，佛山市评选的第三批“佛山·大城工匠”。中共佛山市委书记、市人大常委会主任鲁毅出席命名大会并讲话。李白千、苏荣欢、魏梅、董忠等4名历届“佛山·大城工匠”代表分别发言，结合工作实践畅谈经验、感受和梦想。2020年“佛山·大城工匠”评选一方面结合佛山实际，突出示范性兼顾代表性，突出制造业为主，兼顾粤菜师傅工程、传统手工业、非遗文化传承等其他行业，同时侧重“脊梁企业”兼顾创新型企业，特别是为新冠肺炎疫情防控作出突出贡献的企业。30名2020年“佛山·大城工匠”称号获得者覆盖19个行业，其中80%以上来自电子电气制造、机械装备制造、智能装备制造、塑料制品、陶瓷制品、医药、新材料等领域。部分“工匠”同时还是国家工艺美术大师、非遗传承人选、粤菜师傅等，对所在行业具有榜样示范性贡献。

链接

“学习强国”学习平台成为佛山市广大党员干部群众的学习新阵地，指尖上的“加油站”

截至2020年底，佛山市下载使用“学习强国”学习平台人数超90万人，其中加入学习组织人数超55万人，数量位居全省前列。建立起覆盖市、区、镇（街道）、村（社区）、企业、学校等节点的各级学习组织超2.5万个，管理员超5万人。有“学习强国”学习平台通讯站17个，通讯员队伍500人。涌现出一大批学分超2.5万分的学习积极分子。开展丰富多彩的线上线下学习活动300多场次。自2019年起连续2年举办佛山市“学习强国”学习平台知识竞赛，其中2020年知识竞赛有4103支队伍和2.6万名个人参赛。全市涌现出30多名在“学习强国”学习平台挑战答题通关的学习达人，宣传推介80名“学习之星”。

【“新时代网红地标”——佛山市红色资源网上活化项目】 2020年，中共佛山市委宣传部等部门联合启动“新时代网红地标”——佛山市红色资源网上活化项目，发动组织网络媒体、网络企业深入挖掘全市红色资源，运用“党建引领+部门合力+媒体策划宣推+网企公益支持”模式，推动更多佛山红色资源成为“新时代网红地标”。5月19日，2020年度“E网同心汇”第二场活动在佛山越秀星汇云锦举行，对外发布“新时代网红地标”的建设标准及首批10个建设点，介绍如何利用虚拟现实（VR）、增强现实（AR）等新技术新手段对红色资源进行活化利用，将之打造成为“新时代网红地标”。活动上，中共佛山市委网信办、广州荔支网络技术有限公司、佛山人民广播电台、佛山贝壳房地产经纪有限公司就“新时代网红地标”——佛山市红色资源网上活化项目（宣传推广）合作签订备忘录。

【网络正能量总结宣传活动】 2020年9月中旬至12月底，佛山市举行“决战决胜·奋进2020”——佛山市网络正能量总结宣传活动，推选2020年度佛山网络正能量“六个十”优秀网络作品（项目），包括“十大网络正能量传播单位”“十大正能量活动（事件、项目）”“十大网络文化精品”“十大网络正能量榜样”“十大互联网党建先锋”和“十大‘最佛山’自媒体”。活动按照征集和初选、网络展播和点赞、作品（项目）评析、总结分享会4个阶段有序推进。活动面向全社会广泛征集，鼓励各界主动推荐好典型、好案例、好作品，其中“网络文化精品”项目收到投稿作品900多件。在初步筛选阶段，以“纷享佛山”网络正能量平台为主平台，在各网络平台、各主流媒体渠道开设“纷享佛山”专题专栏，为优秀作品（项目）进行网络展播和集赞。最后，通过大数据调研和专家评审等方式，结合网络展播情况展开评析，确定最终名单。

表5 **2020年佛山市十大网络正能量活动（事件、项目）一览表**

序号	名称	选送单位
1	佛山市政府网获全国政府网站绩效评估地级市“十连冠”	佛山市政务服务数据管理局
2	佛山市级消费券活动	佛山市发展和改革局
3	“抗疫助农，我们帮你来带货”主题直播	南方日报社、南方+佛山频道、佛山市扶贫办、佛山驻湛江扶贫工作组
4	禅城区“一按灵”市民服务平台	佛山市禅城区行政服务中心
5	“‘未’爱而来”网络专题普法行动	佛山市人民检察院
6	广东（佛山）—四川（凉山）东西部扶贫协作落地项目——凉山家平台（互联网+大凉山产业扶贫平台）	四川凉山家平台品牌管理有限公司（凉山公司）、广东顺德家平台品牌管理有限公司（佛山公司）
7	中国功夫　佛山智造——全国城市网媒大V看佛山活动	佛山传媒集团佛山新闻网
8	佛山民警温情千里护送他儿归实现十年团圆梦——《回家》	佛山市公安局
9	“广东省佛山市劳务协作就业服务扶贫平台助力脱贫攻坚”项目	佛山市人力资源和社会保障局
10	佛山市“12345”热线，打一场电话前的战“疫”！	佛山市“12345”行政服务热线

表6 **2020年佛山市十大网络文化精品一览表**

序号	名称	选送单位（个人）
1	佛山制造，从未缺席！带你走进武汉火神山、雷神山医院	佛山传媒集团佛山新闻网
2	脱贫攻坚，佛山担当　百张笑脸，逐梦前行	佛山传媒集团佛山新闻网、佛山发布、佛山市扶贫办、佛山市援疆援藏办
3	跟着无人机逛到了老城的名人故居，感恩现在的美好生活	创作者：设计师夹子
4	我喺佛山有间铺	佛山市指尖文化传播有限公司、佛山市禅城区委统战部
5	佛山年画女侠	佛山人民广播电台
6	新时代网红地标——佛山VR体验馆	佛山贝壳房地产经纪有限公司
7	佛山复工复产进行时	佛山电视台
8	一抹红	三水区委宣传部、三水区委组织部

续表

序　号	名　称	选送单位（个人）
9	南海政法先锋　杨虹虹：刑庭绽放的“铁玫瑰”	广东法智融媒文化科技有限公司、南海区委政法委
10	佛山检察公益诉讼宣传片《揭秘者》	佛山市人民检察院

表7　　2020年佛山市十大网络正能量榜样一览表

序　号	榜样（人物）名称	选送单位
1	魏月董	—
2	“爱心奶奶”	佛山市公安局禅城分局同济派出所
3	九江“制衣大妈”	佛山市南海必得福无纺布有限公司
4	麦碧瑜、麦梓诚	佛山市南海区桂城街道映月第四小学
5	张兴钦	佛山市中医院、共青团禅城区委员会
6	薛丽樱	佛山市第二人民医院
7	吴碧霞	佛山传媒集团佛山新闻网
8	陈永亮	佛山市公安局南海分局丹灶派出所
9	肖雪花	佛山市疾病预防控制中心
10	陈　放	佛山市公安局三水区分局交警大队、三水发布

【推进“双区”、对接“双城”主题座谈会】 2020年12月16日，由中共佛山市委宣传部主办、佛山日报社承办推进“双区”、对接“双城”主题座谈会举行。座谈会深入学习贯彻习近平总书记出席深圳经济特区建立40周年庆祝大会和视察广东重要讲话重要指示精神，以及党的十九届五中全会精神，为进一步推动佛山高质量发展提供智力支持。座谈会上，华南师范大学教授周怀峰，广东财经大学教授屈韬，中山大学自贸区综合研究院副院长、博士史欣向，深圳大学经济学院副教授、博士后合作导师杨文，中共佛山市委党校教授杨书群，佛山科学技术学院讲师黄慧霞分别发言，针对资源对接、创新驱动、广佛同城、产业合作等话题与政府职能部门展开探讨交流。座谈会旨在以推进“双区”（深入推进粤港澳大湾区建设和支持深圳建设中国特色社会主义先行示范区）、对接“双城”（广州市和深圳市）为主题，引导全市党员干部充分认识新形势下改革开放的时代性、系统性、全局性问题，更加自觉将佛山工作放在全省、全国大棋盘中去思考、谋划和定位，以更大魄力、在更高起点上推进改革开放，以思想破冰引领改革突围，奋力书写新征程上中国改革开放的佛山篇章。

（雷郎才）

网络与信息安全

【网络安全监管】 2020年，佛山市公安机关网络安全部门加强全市涉疫情重点单位的网络安全防护，拦截医疗系统网络攻击，监测发现并指导修复医疗卫生机构网络系统漏洞，处置7起医疗卫生机构感染病毒事件。向全市企业单位发布网络安全预警通报12次，阻断境外黑客攻击2次。组织开展网络安全检查1.05万次，下架违法违规应用程序（App）365个、关停394个。组织开展境内虚拟专用网络（VPN）执法检查998次，查处违规企业6家，处罚企业人员16人。（参见“法治”类目“公安”分目）

【网络安全和信息化领域专家库组建】 2020年5月6日，中共佛山市委网络安全和信息化委员会办公室在全国率先建立网络安全和信息化专家库。结合佛山市信息系统多、范围广以及各单位定级工作压力大的实际情况，针对部分信息系统等级保护定级不恰当问题，市委网信办面向社会公开征集网络安全和信息化领域专家，对入选专家专员进行线上线下分批入库培训，做到考核合格持证上岗，实行动态管理，重点协助各单位对本单位信息系统进行等保定级工作。同年11月4日，在市委网信办指导下，召开第一次市直单位信息系统安全等级保护定级现场专家评审会。

【网络安全和信息化产业发展大会】 2020年7月10日，佛山市召开全市网络安全和信息化产业发展大会，深入学习贯彻习近平总书记关于网络强国的重要论述精神，研究部署相关工作，推动全市网络和信息化事业高质量发展。会议强调：通过招商引资把信息化产业打造成佛山重要支柱产业，着力引进一批成长性强、带动作用突出、效益显著的信息化产业项目，不断提高佛山信息化产业规模和市场份额；更大力度推动信息产业集群化发展，坚持龙头带动、链群互动，以优质平台为载体、以重大项目为抓手、以龙头企业为引领，带动产业链上下游企业集聚发展；以信息化推动传统产业向高端跃升，深入实施制造业高质量发展“六大工程”（“强核工程”“立柱工程”“强链工程”“优化布局工程”“品质工程”“培土工程”），加快推进产业数字化、数字产业化，集中精力发展数字经济，支持工业企业开展数字化、网络化、智能化改造，推动佛山制造向工业4.0跃升；加强关键核心技术攻关，加快推进季华实验室、华南高等研究院、博智林机器人谷等重大创新平台建设，围绕新一代信息技术选准攻关方向，在细分领域突破一批关键核心技术；加快新一代信息基础设施建设，把5G基站建设作为抢抓“新基建”机遇的重大基础性工程，全面提速建设5G网络，大力发展网络安全产业，抓好信息化人才队伍建设，夯实信息产业高质量发展基础。

【网络安全事件应急演练】 2020年8月20日至9月10日，中共佛山市委网络安全和信息化委员会办公室联合市委机要保密局、市公安局、市政务服务数据管理局组织开展佛山市2020年度网络安全事件应急演练活动。活动组织网络安全企业和高校组成8支攻击队集中在佛山市福能大数据产业园对全市近150个实际在用的信息系统展开长达半个月的实战化攻击演练，由64个参与防守演练的单位根据制订的网络安全事件应急预案开展对应处置。攻防结束后，市委网信办组织相关技术支撑单位对演练中存在安全风险的参演单位进行风险处置和针对性指导。

【第七届网络安全宣传周活动】 2020年9月14—20日，佛山市举办第七届佛山市网络安全宣传周，活动由中共佛山市委宣传部、市委网信办、市委编办、市教育局、市工业和信息化局、市公安局等13个部门联合举办，围绕“网络安全为人民，网络安全靠人民”主题，通过线上寄语视频、主题宣传片、网络安全知识作品征集评比活动、主题日活动，普及网络安全知识和技能，增强广大民众网络安全防范意识。宣传周期间，发布启动仪式视频、佛山市网络安全宣传周城市主题宣传片、“金融网络安全为你我”访谈视频等多部主题宣传片。同时，全市各区、各相关部门开展形式多样、丰富多彩的主题日活动，包括校园日、法治日、电信日、金融日、青少年日、个人信息保护日六大主题日活动。活动获得人民网、新华网、南方日报社、网易、搜狐、佛山日报社、佛山电视台等近20家市内外媒体关注报道。

（周　杨）

统一战线工作

【概况】 2020年，佛山市将统战工作纳入市委重要议事日程，市委常委会专题研究统战工作15次，主要领导到基层开展专题调研，带头做好统战工作。完善大统战工作机制，发挥市委统一战线工作领导小组统筹抓总职能作用，制定专题会议制度等5项工作制度，进一步明确各成员单位职责分工。对重大工作加强统筹规划和指导，制定出台推进党外知识分子、民营经济、网络人士、侨务等领域工作文件4份，推动解决重点难点问题。组织举办市委统一战线工作领导小组成员单位和市、区、镇三级统战干部培训班，提升工作水平，确保党中央关于统战工作重大决策部署在佛山落地生根。是年，中共佛山市委统一战线工作部1篇调研文章获广东省统战理论政策研究创新成果三等奖，全年编发《佛山统战信息》145期，在媒体发布信息500多篇。

【多党合作和政治协商制度落实】 2020年，中共佛山市委统一战线工作部协助市委制订实施佛山市2020年政党协商计划，召开党外人士通报会、党外人士民主协商会、民主党派负责人座谈会，促进党外人士参政议政工作。就佛山市编制“十四五”规划、统筹疫情防控和经济社会发展、重要人事安排等进行民主协商，增进共识。在2020年市“两会”（人大会议、政协会议）期间，市各民主党派提交提案议案304件，创七年来新高，为市委、市政府科学决策提供重要参考。市民主党派分别围绕中医药、新基建两个专题开展“同心”联合调研，调研成果获得市委主要领导的肯定和批示。市政府组织相关部门召开意见分析反馈会，研究落实措施，促进民主党派调研成果的转化和运用。市各民主党派成立内部监督委员会，加强自身建设。

【民族宗教工作】 2020年，中共佛山市委统一战线工作部继续推动民族宗教工作服务社会治理，促进民族团结、宗教和睦、社会和谐稳定。深入开展团结进步创建，增强中华民族共同体意识，推荐佛山市1个集体和2名个人获得广东省民族团结进步模范集体和模范个人称号。与云浮市共建回民墓地，供云浮、佛山两市共同使用。弘扬少数民族传统体育精神，建立少数民族传统体育项目训练基地4个。开展民族宗教政策法规宣传活动，组织少数民族进城务工人员语言文化培训，举办宗教界人士、民族宗教干部培训班，参加学习1100多人次，向基层群众发放法规资料6800多册。同年，高明区成立全市首支新时代文明实践“一家亲”志愿服务队，开展民族团结进步宣传教育活动30多场次。

【非公有制经济领域统战工作】 2020年，中共佛山市委统一战线工作部指导市工商联服务非公经济发展，落实“六稳”（稳就业、稳金融、稳外贸、稳外资、稳投资、稳预期）“六保”（保居民就业、保基本民生、保市场主体、保粮食能源安全、保产业链供应链稳定、保基层运转）工作。启动“精益运营、基业长青”佛山工业互联网数字化转型系列公益活动，继续推进“品质革命”，通过“现场闭门会议+线上视频会议”方式，举办“佛山制造：疫情下的市场突围”线上研讨会，开展“育新机　开新局——品质革命与市场突围”调研活动，研判未来发展趋势。持续推进非公党建工作，建成非公党建工作示范点12个。推动商会改革发展，落实购买商会服务专项资金，制订专项资金管理办法，推荐省“四好”（政治引领好、队伍建设好、服务发展好、自律规范好）商会9家，全国“四好”商会8家。联合市直13个单位对40多位民营经济人士进行综合评价，推动民营经济人士政治安排工作规范化、程序化。同年，南海区成立全国首个隐形冠军研究院——广东制造业隐形冠军（南海）研究院，并实现实体化运作；认定第二批南海制造业全国“隐形冠军”企业40家和第二批南海制造业全国隐形冠军培育企业31家。

【新的社会阶层人士统战工作】 2020年，中共佛山市委统一战线工作部拓展统战工作新领域，实现各区新的社会阶层人士实践创新基地全覆盖。组织举办新的社会阶层人士统战工作品牌活动20余场次，1500多人参加。成立《中华人民共和国民法典》宣讲团，线上线下普及民法知识，编发“民法典在身边”小册子2000份，广泛宣传《中华人民共和国民法典》。举办市新的社会阶层人士联合会会员代表大会暨“汇智·聚力”大讲堂活动，设计佛山市新的社会阶层人士IP形象（卡通形象），创作动漫视频，推介新阶联组织。召开网络人士统战工作座谈会，开展专项调研，凝聚网络人士力量。同年，禅城区新的社会阶层人士联合会组建“推动疫情防控和复工复产工作公益法律顾问团队”，为企业提供免费法律咨询服务。

【港澳台统战工作】 2020年，中共佛山市委统一战线工作部配合做好市主要领导与香港特别行政区行政长官林郑月娥的书信往来事宜，强化佛山与香港两地官方友好往来。加强与港澳商协会组织的交流，市主要领导会见香港中华总商会会长、新华集团主席蔡冠深一行，推介广佛荟等重点合作项目。指导市台商协会与佛山科学技术学院加强对接交流，发挥粤台人工智能学院优势。开展港澳台青年学生交流，启动实施台湾大学生实习计划、粤港澳大湾区香港青年实习计划。

【涉侨统战工作】 2020年，佛山市接待海外侨团9批45人次。主动联系海外侨团侨领和留学生协会等，收集了解海外侨胞回乡意向，掌握境外人员动态，动员海外乡亲助力家乡防控疫情。支持海外侨胞做好疫情防控工作，共向18个国家（地区）58个侨团、个人捐赠口罩39万个及药品一批。办理涉侨事项，维护侨界权益，统筹市、区的涉侨事项，实现更多事项全程网办，全面提高网上办理率和数据共享应用率。年内，三水区打造全国首个“侨匠工场”项目，解决归侨侨眷在家就业难题。

【党外代表人士队伍建设】 2020年，佛山市将党外代表人士的发现储备、培养教育、选拔使用和管理纳入全市干部“一盘棋”，为党外代表人士加速成长创造有利条件。对十二届市政协部分常委、委员进行调整增补，先后4次调整增补市政协委员28人，辞免市政协委员17人，撤销市政协委员4人；增补市政协常委2人，辞免市政协常委5人，撤销市政协常委1人。10月14—16日，中共佛山市委统一战线工作部组织市各民主党派负责人赴清远市、河源市及惠州市开展“不忘合作初心，继续携手前进”主题教育活动，实地参观赖寅傚烈士纪念堂，阮啸仙故居，革命先烈罗焕荣、战斗英雄罗华盛故乡等爱国主义教育基地，深切缅怀革命英烈，共同重温老一辈革命家不畏牺牲、艰苦奋斗的崇高精神。同年，佛山市党外知识分子联谊会完成换届，选举产生新一届理监事会。

【统一战线社会服务】 2020年，中共佛山市委统一战线工作部联合市各民主党派开展义诊送药等社会服务活动153场次，涉及金额150多万元。发动115家民营企业（商会）参与脱贫攻坚，助力乡村振兴。开展广东扶贫济困日捐赠活动，统战系统捐款2133.52万元。组织统一战线成员全力支持疫情防控工作，200多名统一战线医卫界人士奔赴抗疫一线；鼓励统一战线各界人士建言献策，向省委统战部、市委办上报疫情相关统战信息50期；号召统一战线成员捐款捐物支援抗疫，累计发动捐款超过10亿元，筹集口罩近700万个、防护

2020年12月25日，佛山市新的社会阶层人士联合会举行2020年度会员代表大会暨“汇智·聚力”大讲堂活动
（市委统战部　供图）

服3.78万套，以及价值逾2亿元的其他紧缺防疫物资。开展企业复工复产、暖春行动专题调研，收集整理信息130多条，精准推送各类政策470条，协助开展外地务工返岗专列专车接送活动达400多人次。推出“春晖行动”17条金融服务措施，为民营企业提供融资授信贷款600亿元。部署开展全市“惠台暖企”行动，沟通协调解决台商台胞有关融资、人力、教育等方面的问题建议。对港澳台资企业在复工复产遇到的防疫物资紧缺、招工用工难、物流运输不畅等问题，及时与有关部门沟通并协调处理。落实宗教场所各项疫情防控措施和工作制度，做好宗教界和广大信教群众的宣传教育引导工作，对全市宗教活动场所和民间信仰场所进行拉网式排查，落实“双暂停”措施（暂停举办宗教活动和暂停聚集性活动），市、区两级出动1594人次、巡查场所3145处，发放疫情防控应急处置流程图100张。

【第三届“中华翰墨情”书法比赛优秀作品联展（首站）】 2020年8月8—16日，由佛山市政协办公室、佛山海外联谊会、台湾中华书学会、香港汉荣书局和澳门中华文化联谊会联合主办的第三届“中华翰墨情”佛港澳台中小学生书法比赛优秀作品联展在佛山市图书馆举行。8月8日，举行第三届“中华翰墨情”佛港澳台中小学生书法比赛颁奖典礼暨优秀作品联展开幕式。该届大赛超1万名学生报名参与，参赛作品数量超1.4万件，为历届之最。受疫情影响，港澳台地区一些嘉宾和学生代表以视频方式参加。活动现场挥毫环节，港澳台三地师生代表通过视频的形式与佛山赛区的学生们“合力”挥毫，用特别的方式完成“中华翰墨情”书法作品创作。大赛评选出的54件特优奖作品和102件优等奖作品在佛山、香港、澳门，以及台湾的新北、台中、高雄进行巡展。佛山为该次联展的首站。

【2020年顺德云恳亲大会】 2020年12月12日，佛山市顺德区举行2020年顺德云恳亲大会，大会除邀请港澳地区及海外社团代表出席现场活动外，其余港澳同胞、海外乡亲通过观看视频直播的形式，在世界不同时区“云端”相聚。大会期间，举行顺德区华侨博物馆、顺德区华侨粤菜文化促进会和顺德港澳城港澳台交流促进中心揭牌仪式。同时，由世界顺联联谊总会专门建设的“世界顺联云平台”正式发布上线，开启24小时的云端之家。

【党外知识分子联谊会换届】 2020年12月20日，佛山市党外知识分子联谊会第二届第一次会员大会举行，大会选举产生新一届领导班子，麦洁华当选市党外知识分子联谊会会长。会议听取《佛山市党外知识分子联谊会工作报告》《佛山市党外知识分子联谊会财务工作报告》，审议通过《佛山市党外知识分子联谊会章程（修正案）》《佛山市党外知识分子联谊会第二届理事会、监事会选举办法》，选举产生佛山市党外知识分子联谊会第二届理事会、监事会成员。

（关乐君）

2020年8月8日，第三届“中华翰墨情”佛港澳台中小学生书法比赛颁奖典礼暨优秀作品联展开幕式在佛山市图书馆举行

（市委统战部 供图）

机构编制工作

【乡镇街道体制改革】 2020年，佛山市完成乡镇街道体制改革。各区镇（街道）机构挂牌运作、职能划转、人员转隶、“三定”规定（对部门主要职责、内设机构和人员编制等所作的规定）制定等工作完成。区级经济社会管理权限充分下放镇（街道）。各镇（街道）党（工）委建立综合行政执法委员会等3个统一指挥协调工作平台。镇（街道）统一设置12～13个党政机构，充实镇（街道）编制资源，分配下达镇（街道）2000多名用于行政执法工作的编制。

【市级机构改革后续编制调整】 2020年，佛山市做好机构改革后半篇文章，对市直73个单位开展机构设置和编制管理调研，理顺建设工程消防监管、金融和政府债务管理等职能，整合商务领域行政执法职能，优化调整相关机构内部审计职责，加强森林防火、养犬管理等领域编制配备。协调理顺垂直管理体制，报省调整市以下垂直管理机构的编制层级，配合省做好法院、检察院、监狱体制和编制管理调整。调整市人大相关内设机构，加强市人大社会建设委员会机构编制。

【事业单位改革】 2020年，佛山市按照转企改制、撤销、调整为登记设立事业单位、调整为公益类事业单位4个改革方向，完成市直26个涉改单位改革任务，收回一批事业编制，不再保留公益三类及从事生产经营活动事业单位。将市地震局归口市应急管理局管理，加强应急管理体系建设。理顺市人力资源公共服务中心机构编制，加强人才服务工作力量。设立市法学会机关，理顺市法学会领导体制。整合设立市教师发展中心，将佛山技师学院调整为市级管理，优化调整佛山科学技术学院内设党政管理机构。在市妇幼保健院加挂“佛山市妇女儿童医院”牌子。开展员额制改革试点前期研究工作。优化加强疾控机构职能，起草《关于进一步加强我市公共卫生人才队伍建设的若干措施》，优化市、区、镇（街道）三级疾病预防控制体系。将佛山高新区科创服务中心更名为佛山市火炬服务中心，促进科技成果转化和高新技术企业培育。登记设立佛山桃园先进制造研究院等4个单位，支持打造创新驱动发展新平台。加强事业单位监管，开展事业单位法人公示信息抽查75个、年度报告公开185个。

【党对各领域各方面领导体制机制建设】2020年，佛山市发挥机构编制作用，健全党对各领域各方面领导的体制机制。加强党对有关工作的领导机构的建设，理顺部门归口管理关系，优化中共佛山市委组织部内设机构职责，加强市委办公室等党委工作机关机构编制，评估市委议事协调机构秘书科履职效果，核增部分机关党委专职副书记，加强党建工作力量配备。加强党对群团工作的领导，调整增加市残联等群团机关领导职数，印发工青妇等群团机关“三定”规定，强化群团组织的政治属性。加强党对事业单位的领导，推行公立医院党委领导下的院长负责制，在市属公立医院实行党委书记、院长分设，设置专职党委副书记、纪委书记。强化党在“两新”组织（新经济组织和新社会组织）的领导地位，在市、区两级组织部加挂党委非公有制经济组织和社会组织工作委员会牌子，调整设置社会组织、互联网行业党委专职副书记。加强基层党校建设，调剂增加各区事业编制专门用于加强区委党校建设。结合乡镇街道体制改革，调整镇（街道）党校机构设置。

【机构编制服务保障作用发挥】2020年，佛山市启动新冠肺炎疫情防控一线医务人员迅速入编“绿色通道”，实现市直346名一线医务防疫人员迅速入编，增加佛山市疾病预防控制中心、佛山市第四人民医院事业编制，保障疫情防控工作力量。加强民生事业和基层执法力量，向广东省申请增加事业编制控制基数，将省下达的1700多个事业编制名额全部用于加强中小学教职工编制。增加佛山市康复实验学校等单位编制，在佛山市云勇生态养护中心加挂“佛山市野生动物救护中心”牌子。分3批向各区下达160多个行政执法专项编制名额，加强安全生产、生态环保等重点领域行政执法力量。保障高层次人才，调剂100个事业编制名额补充市直高层次人才专项事业编制储备池。全年下达一批高层次人才专项事业编制、机动事业编制，主要用于教育、卫生、文化、科研领域人才引进。为基层减负，印发《佛山市市级议事协调机构管理办法》，严格准入管理，整合撤销89个市级议事协调机构。

【机构编制监管】2020年，佛山市继续强化机构编制刚性约束。宣传贯彻《中国共产党机构编制工作条例》（以下简称《条例》）。在全市“一把手”政治能力专题研修班、组工干部培训班上强调《条例》要求；举办全市《条例》宣贯会，组织干部参加推进机构编制法定化领导干部专题培训班；完善《条例》配套规章制度，修订机构编制事项申请办事指南，实现机构编制事项办理模板化申报和规范化批复。明确重大事项进行专家论证和廉洁风险评估，提高决策科学性。印发实施机构编制事项报告制度、机构编制台账管理制度。建立机构编制监督管理工作协作机制，形成监督合力。维护机构编制管理权威性严肃性。对提请审议决定的机构编制事项进行事前把关，加强对各类文件涉及机构编制事项的审查。深入整治“条条干预”，对市直部门发出《涉及机构编制的有关事项提醒清单》，对涉及“条条干预”部门发出提醒函。建立副处级及以上机关事业单位领导职数管理台账，完成违规核定领导职数等问题整改。抽查全市机构编制信息数据，建立精准台账。做好新版数字人事系统的上线使用工作，拓展完善佛山市数字人事系统自动检测预警功能，及早防范机构编制违纪违规问题。

【体制机制改革研究】2020年，中共佛山市委机构编制委员会办公室围绕机构编制委员会办公室职能转变和“十四五”规划建议，加大政策研究力度，形成13个滚动研究课题。承担全省研究项目，选取7个市直单位开展“蹲点式”深调研，运用职能综合管理系统，探索构建机构编制执行情况评估指标体系。机构编制数据整合和评估经验做法得到中央编办、广东省委编办肯定。印发关于加强2020年调研工作有关事项的通知，形成年度调研报告8份。加强信息工作，全市各级编办报送信息112篇，其中4篇在中国机构编制网站发布、1篇在《中国机构改革和管理》杂志刊载。

（许素君）

机关党建工作

【概况】截至2020年底，中共佛山市委直属机关工作委员会所属基层党组织1414个，其中党委105个、党总支82个、党支部1227个，共产党员2.21万人，新发展党员930人。2020年，佛山市开展模范机关创建活动，引领机关干部在推动佛山高质量发展的生动实践中践行初心使命、彰显担当作为，促进机关党组织组织力、战斗力持续增强，机关干部精气神不断提高。普遍建立和落实“第一议题”学习制度（将专题学习习近平新时代中国特色社会主义思想、中共十九大精神和习近平总书记重要讲话精神作为各类各级会议的第一议题），各级党组织开展学习1.4万余场次。开展党组（党委）理论学习中心组学习，市直87个单位党组（党委）理论学习中心组集中学习1138场次，参加学习近1.03万人次。常态化开展“三会一课”（定期召开支部党员大会、支部委员会、党小组会，按时上好党课）、主题党日检查通报。开展党章党规学习，5万余名市、区党员参加党章党规网上微考学。举办佛山机关大讲堂，邀请专家学者专题解读《习近平谈治国理政》第三卷、习近平总书记出席深圳经济特区建立40周年庆祝大会和视察广东重要讲话重要指示精神、《中国共产党党和国家机关基层组织工作条例》等内容，并组织市直单位集中观看王烁先进事迹报告会。市直单位853个基层党组织8000余名党员参与新冠肺炎疫情防控工作，组织2200余名党员、干部下沉支援社区防疫一线。做好2020年度“学习强国”学习平台的学习和宣传推广工作，搭建管理市直机关学习组织77个，参与学员人数17571人。市直机关工委累计向“学习强国”佛山学习平台供稿337份（含图文、视频），推送上广东学习平台稿件181份（含图文、视频），推送上全国学习平台稿件31份（含图文、视频）。市直单位参加2020年佛山市“学习强国”学习平台知识竞赛活动，其中国家统计局佛山调查队的丁萧获得知识竞赛个人赛的第一名。落实“双报到”（党员到所在社区和居住地区报到）制度，有138个市直单位党组织、1.3万余名党员完成报到，参与社区治理和区域党建，帮助社区解决问题。重点开展党支部达标创优评定工作，对市直机关1300个党支部进行全面验收，182个党支部评定为“优秀”等级，从中评选出50个市直单位模范党支部，推荐20个参加市模范党支部评选。总结提炼“四库三法”（支部组织生活库、主题党日案例库、党员教育基地库、支部活动阵地库，机关党委、党支部、党小组工作法）300多个案例。全面建立党员创优岗、党员突击队160多个。坚持选优配强机关党委专职副书记、党支部书记，调整、新增专职副书记13人。加强对市直单位换届工作的检查指导，全年有20个党组织换届。常态化开展党员志愿服务活动，有注册党员志愿者5928人，注册志愿服务队超140支，志愿服务活动累计超150场次，服务群众超700人次。开展“一单位一党建品牌”建设，各单位总结提炼党建品牌68个。开展党风政风行风评议，组织23个市直单位参加佛山电台《民生直通车》节目“问政佛山2020”系列访谈。严格执纪，审理科级及以下党员和公职人员违纪违法案件61件，运用第一种形态处理17人、第二种形态33人、第三种形态4人、第四种形态7人。组织开展工作技能大赛活动，全年市直单位和各区机关申报参赛项目285个，24个参赛项目晋级省决赛，7个单位6个项目分别获省决赛“服务中心”项目第三名、第六名和第八名，“岗位创新”项目第四名，“转变作风”项目第一名和第二名。

2020年11月7日，佛山市轨道交通局上线佛山市党风政风行风热线《民生直通车》节目（市直机关工委　供图）

【机关单位领导干部政治思想学习教育】2020年，佛山市召开全市机关党的建设工作会议，落实习近平总书记在中央和国家机关党的建设工作会议上的重要讲话精神。把学习贯彻习近平总书记出席深圳经济特区建立40周年庆祝大会、视察广东重要讲话重要指示精神和中共十九届五中全会精神作为首要政治任务，市直单位及时召开理论学习中心组学习会、专题培训等600余场次，处以上领导干部深入基层联系点宣讲420余次。推动党组（党委）书记围绕“强化政治机关意识”讲授专题党课100余场，班子成员主动参加所在党支部组织生活会。开展“不忘初心、牢记使命”主题教育，专项整治6个、集中治理4个突出问题。党支部开展对党忠诚教育5000余次，推动党员干部增强“四个意识”，坚定“四个自信”，做到“两个维护”。围绕学习《习近平谈治国理政》第三卷，举办专职副书记专题学习班和机关大讲堂专题培训，市直单位组织专题培训400多场次。普遍建立和落实“第一议题”学习制度，各级党组织开展学习1.4万余场次。常态化开展“三会一课”、主题党日检查通报。开展党章党规学习，全年有5万余名市、区党员参加党章党规网上微考学。

【模范机关创建】2020年，中共佛山市直属机关工作委员会印发2020年模范机关创建活动工作清单，部署建设对党忠诚、思想过硬、担当作为、风清气正的模范机关。召开市直机关深入学习贯彻习近平总书记重要讲话精神创建模范机关推进会，总结交流市直机关党的建设的做法成效，研究部署进一步推进市直机关党的建设和模范机关创建的思路举措。开展模范机关创建活动“回头看”和机关党建突出问题集中整治工作，进一步运用“找差距、议举措、抓落实”方法，找问题查不足，制定整改措施，查找问题800多个，落实改进措施1100多项，及时解决“两张皮”等突出问题，推进党建与业务深度融合，以党建工作存在问题整改带动模范机关创建工作各方面的提升。启动“佛山市直机关模范机关创建网上展厅项目”建设，为每个单位提供展示本单位建设成果的平台，以新媒体方式分享创建案例，突出模范榜样，展现具有佛山特色的创建经验。落实“双报到”制度文件，138个市直单位党组织、1.3万名党员完成报到，主动参与社区治理和区域党建，帮助社区解决问题。持续开展“政企共建促发展”活动，有2批次19个市直单位党支部与企业结对共建，协助企业破解发展中遇到的难题。

2020年2月11日，佛山市直机关工委支援南海区九江镇江滨社区开展新冠肺炎疫情防控工作的党员干部在卡岗排查进出车辆和人员　（市直机关工委　供图）

【市直机关工委执纪监督】 2020年，中共佛山市直属机关工作委员会推进“四种形态”运用与违纪违法案件审理一体化。审理科级及以下党员和公职人员违纪违法案件61件，运用第一种形态处理17人、第二种形态33人、第三种形态4人、第四种形态7人。审理后出具61份党纪处分处理意见函，由所在纪检监察组督促作出处分决定并按规定相应降低级别、工资档次，做好党纪政务处分处理最后“一公里”。坚持把纪检监察统计分析指标体系作为目标导向，做实做细政治和日常监督。处理问题线索6件，经初核，立案1件，处分1人。对落实习近平总书记重要批示和党中央重大决策部署情况开展监督检查发现问题3个，基层调研3次，主动约谈48人次，谈话提醒2人次，召开党风廉政建设专题会议6场，召开巡察整改民主生活会1场和专题组织生活会3场，提出纪律检查建议1份，回复党风廉政意见206人次，其中给予否定意见5人次。

【市直机关党组织和党员干部参与疫情防控】 2020年，中共佛山市直属机关工作委员会印发《关于市直机关党组织和党员、干部在疫情防控斗争中充分发挥作用的通知》，把模范机关创建与疫情防控有机结合起来，发挥市直机关党组织的政治优势、组织优势，发动市直各单位在新冠肺炎疫情防控阻击战中积极担当作为。截至年底，市直单位853个基层党组织8000余名党员参与疫情防控工作，组织2200余名党员、干部下沉支援社区防疫一线。361人在抗疫一线递交“入党申请书”，及时吸收41人入党，2万余名党员自愿捐款285万余元支持新冠肺炎疫情防控工作。向佛山市第一人民医院、佛山市第四人民医院以及市疾控中心等3个市直医疗单位划拨130万元专项资金，用于支持新冠肺炎疫情防控工作，及时将党中央和省委、市委的关怀温暖传递到疫情防控第一线。开展“战‘疫’走在前、创模作表率”讲身边党员故事活动，各单位上报好党员故事作品101个，评选出12部作品参加决赛，最终佛山市第二人民医院、佛山市中医院选送的作品获一等奖。

【《民生直通车》党风政风行风热线访谈】 2020年，中共佛山市直属机关工作委员会组织23个市直单位领导和部门负责人参加佛山电台《民生直通车》党风政风行风热线栏目，加强政府职能部门与市民的沟通，促进机关单位解决群众关心关注的热点、难点民生问题。特别推出民生直通车“问政佛山2020”系列访谈。市生态环境局、市教育局、市水业集团等单位，以及三大电信运营商就环保、教育、通信、供水等民生热点问题回应市民关切。其中：市生态环境局直面环境污染问题，表示2020年底要完成100条黑臭水的整治任务；市教育局表示2020秋季学期佛山将有30个学校项目可投入使用，总学位新增3.6万个，同时解决学生学位安排问题；市水业集团佛山水业公司表示为保障水质安全与供水稳定，开展“第二水源”工程，供水服务区覆盖“一市三区”；中国电信等三大运营商就5G基站建设、网络覆盖、销户退费等问题进行详细解答。节目在佛山电台广播端以及“花生FM”应用程序（App）进行直播，并通过“佛山电台”“民生直通车”公众号、社情民意研究中心热线、佛山“12345”市民热线，收集佛山市民群众意见建议超5000条，相关意见100%转到相关部门进行解决，回复率超95%，市民对部门领导上线的满意度评价超90%。

【基层党组织建设三年行动（2018—2020年）收官】 2020年，中共佛山市直属机关工作委员会组织制定实施条例重点任务清单配套起草机关党委工作规则、党小组工作指引、基层党组织党建活动经费管理办法、下属单位党组织党建工作指引、党组织及其组成人员责任清单等一系列制度规定，全面加强市直机关党组织规范化制度化建设。把抓党支部作为机关党建基础性工作，解决机关党支部弱化、虚化、边缘化问题，重点开展党支部达标创优评定工作，对市直机关1300个党支部进行全面验收，其中182个党支部评定为“优秀”等级，从中评选出50个市直单位模范党支部，推荐20个参加市模范党支部评选。同时，总结提炼“四库三法”300多个案例。持续开展党员先锋工程，联合市“两新”组织党工委举办2020年入党积极分子培训班，约600名入党积极分子参加培训。举办2期发展对象培训班，培训370人。市直单位全年完成发展计划数930人，其中高知识群体44人。全面建立党员创优岗、党员突击队160多个。分类举办4期培训班，对市直单位250余名机关党委专职副书记、党支部书记、党务干部进行教育培训。坚持选优配强机关党委专职副书记、党支部书记，调整、新增专职副书记13人。加强对市直单位换届工作的检查指导，全年有20个党组织换届。常态化开展党员志愿服务活动，有注册党员志愿者5928人，注册志愿服务队超140支，志愿服务活动累计超150场次，服务群众超过700人次。开展“一单位一党建品牌”建设，各单位总结提炼党建品牌75个，其中涌现出中共市委宣传部“E网同心汇”、市税务局“减税降费·红色先锋”、市中医院“四式融合工作法”等一批党建特色品牌。坚持党建带关建，市直机关工委主办或协办面向市直机关职工干部家庭及其子女的活动18场次。根据关于落实市委第五巡察组巡察反馈意见的整改方案要求，针对涉及组织科需要整改的8个问题，分析原因，及时制定整改清单，并推动问题整改工作的落实，制定整改措施16项，共起草制定相关机关党建工作制度5项。

2020年7月15日，佛山市直机关工委组织市直各参赛单位在工人文化宫举行佛山市区直单位第五届工作创新大赛转变作风类决赛 （市直机关工委　供图）

【工作创新大赛活动】 2020年5—9月，佛山市举办佛山市直区直单位第五届工作创新大赛，并推荐各类别优秀项目作品参加广东省直市直机关第八届“先锋杯”工作创新大赛。佛山市直区直单位第五届工作创新大赛初赛参赛项目有285个（其中岗位创新类项目164个、转变作风类项目41个、服务中心类项目80个）。45个参赛作品及团队进入于7月14日和15日在佛山市工人文化宫举行的佛山市直区直单位第五届工作创新大赛决赛，并决出各类别一等、二等、三等创新成果项目作品共24个。在被推荐参加广东省市直机关第八届“先锋杯”工作创新大赛的佛山市24个参赛项目中，7个单位6个项目分别获省决赛“服务中心”项目第三名、第六名和第八名，“岗位创新”项目第四名，“转变作风”项目第一名和第二名。

【“战‘疫’走在前、创模作表率”——2020年佛山市庆“七一”活动】 2020年6月28日在佛山电视台一号演播厅举行。来自医疗、公安等领域的5名党员代表登台分享战“疫”故事，展示榜样力量，全市约180名党员干部参加活动。活动中还举行第二期“政企共建”结对代表签订共建协议仪式、全市模范党支部代表授牌仪式、全市模范党支部一等奖代表授牌仪式和市直单位“不忘初心、牢记使命”微党课一等奖颁奖仪式。该活动通过“佛山机关党员红”微信公众号、“佛山电视台”微信公众号，以及新华网现场云、央视新闻移动网、“央视频”应用程序（App）、今日头条、广东台“触电新闻”应用程序（App）、“醒目视频”应用程序（App）等平台开展同步直播，直播当日吸引96万人收看，截至7月1日，活动视频点击量超过170万人次。

【市直单位2020年运动会】 2020年11月28日在佛山市禅城区岭南明珠体育馆举行。运动会由中共佛山市直属机关工作委员会和“学习强国”佛山学习平台联合主办，以“牢记初心使命、奔向百年梦想”为主题，设置“旱地冰壶”“齐心跳绳”“障碍接力”“追足梦想”等趣味比赛项目，有56个市直单位组队参赛。运动会还设置文艺表演环节。

（金　飞）

党校工作

【概况】 截至2020年底，中共佛山市委党校有在职在编教职员工148人，有专职教师49人，其中具有正高级专业技术资格5人、副高级专业技术资格10人。2020年，佛山市委党校举办各类培训班88期，培训学员8878人次。送课上门389场次，参与听课学员4.92万人次。登记科研成果320项，在报纸杂志上公开发表文章126篇，参加省级以上研讨会并提交论文42篇。办有内刊《佛山研究》和《调研快报》。

【干部教育培训】 2020年，中共佛山市委党校抓住教学培训这个中心工作，坚持以学习贯彻习近平新时代中国特色社会主义思想为中心任务和首要内容，在

中共佛山市委党校全景（2020年） （市委党校 供图）

新冠肺炎疫情影响情况下，及时调整教学培训方式，将异地培训转为线上或本地培训，以课堂教学为主，确保教学各项活动有序开展。

突出党的理论教育和党性教育主业主课地位，保证该2类课程比重不低于总课时70%。新增52门课程，充实完善六大教学单元，全年推出271门课程，年度课程更新率20%。以"总论+分论"系列专题方式，加大开发更新"3+N"系列课程（"3"是指习近平新时代中国特色社会主义思想、重要讲话精神、对广东重要指示批示精神，"N"是指其他课程）力度，重点开发习近平新时代中国特色社会主义思想，《习近平谈治国理政》第三卷，习近平总书记出席深圳经济特区建立40周年庆祝大会和视察广东重要讲话重要指示精神，中共十九届四中全会、五中全会精神，《中华人民共和国民法典》等课程近20门。

实施"习近平新时代中国特色社会主义思想教育培训计划"。包括实施"一把手政治能力提升计划"，重点举办全市市管干部和各镇（街道）镇长（主任）学习贯彻中共十九届四中全会精神专题研讨班、学习贯彻习近平总书记出席深圳经济特区建立40周年庆祝大会和视察广东重要讲话重要指示精神暨中共十九届五中全会精神专题研讨班（5期）、"一把手"政治能力专题研修班（2期）、镇街党政正职学习贯彻习近平新时代中国特色社会主义思想专题研修班（2期）；实施"年轻干部理想信念宗旨教育计划"，举办为期1个月的新任市管干部班、年轻干部理想信念宗旨教育理论研修一班。推荐教师参选市委讲师团，全年入选市讲师团5人，市、区2级各类宣讲团26人，开展宣讲121场次，受众1.74万人次。

完善培训方式，确保培训实效。根据新冠肺炎疫情情况，探索"网络+"培训，依托广东省干部培训网络学院探索举办线上脱产培训班2期，与清华大学、浙江大学合作，运用网络直播、课堂教学、模拟实训、现场教学等多种培训方式安排8期培训班。落实领导干部上讲台制度，探索实施"1+N"联组授课制度，筛选10个市直单位作为试点，组成"领导干部+业务骨干+党校教师"课题组共同调研、备课、开发课程。中共佛山市委书记鲁毅带头到市委党校作主题报告，领导干部上讲台制度实现全覆盖，全年到校授课副处级以上领导干部65人次，其中厅级领导干部13人次。

【科研咨政】 2020年，中共佛山市委党校教研人员登记科研成果320项，其中咨政研究成果193项、理论学术研究类成果107项、教学研究类成果20项。全年在报纸杂志公开发表文章126篇、省级以上公开刊物文章50篇（包括国家级刊物文章4篇）。咨政研究报告获市委主要领导批示3次。参加省级以上研讨会并提交论文42人次，接受媒体采访23人次。

以高质量发展科研咨政成果为抓手，增强科研咨政实力。申报国家、省社科项目等高端课题取得新突破，全年纵向课题立项数量28项，其中国家级课题1项。以横向委托课题推动"智政互动"，与市相关职能部门形成长效合作机制，主动参加地方党委和政府重大材料的起草、调研工作，全年横向合作课题16项，相关立法评估与咨询服务获市人大常委会认可。

创新学术交流与研讨平台。与中共佛山市委政法委签订《共建"佛山市域社会治理现代化实践研究基地"的合作框架协议》，推进佛山市市域社会治理现代化试点工作。全年举办学术论坛4期。

继续深化"党校+党媒"合作模式。时政文章在"学习强国"学习平台发布并被转载16次，《这里，是顺德》专题片获"学习强国"广东学习平台转载，7天阅读量超20万人次。教师接受电台、电视台等采访，《佛山日报》平均每周刊发佛山市委党校教师文章1篇。《佛山市顺德区凤凰涅槃攻坚村级工业园改造，腾笼换鸟为质量发展拓展新空间》在《佛山信息》刊发后，被《广东信息》全文转载，获市领导批示2次。

高质量办好《佛山研究》和《调研快报》，扩大理论影响。《调研快报》刊出的《顺德以村级工业园改造促进高质量发展的经验与启示》获市委副书记批示。《佛山研究》常设《习近平新时代中国特色社会主义思想研究》专栏，结合市委市政府中心工作和热点工作策划专栏文章，其中《关于提升和完善佛山市城市功能的探索》及《粤港澳大湾区的"纲"之思：内涵理解与佛山思路》2篇文章被中共广东省委政策研究室主办的《广东调研》全文转载。

【区、镇（街道）党校工作指导】 2020年，中共佛山市委党校配合推动区、镇

2020年8月14日，佛山市市域社会治理现代化实践研究基地启动仪式在佛山市委党校举行　　（市委党校　供图）

（街道）党校规划建设，着手编制《区委党校工作手册》，接受南海区委组织部选派的镇（街道）党校工作骨干2批8人到市委党校教务培训部门跟班学习提升工作能力，推进镇（街道）党校联络指导小组开展工作，发挥业务指导作用。全市32个镇（街道）党校全年举办各类培训班4449场次，参训学员4.68万人次。

【学习贯彻习近平总书记出席深圳经济特区建立40周年庆祝大会和视察广东重要讲话重要指示精神暨学习贯彻中共十九届五中全会精神专题研讨班】 2020年11—12月举行，并于11月18日在佛山市机关大礼堂举行开班式。中共佛山市委书记鲁毅出席开班式并作动员讲话暨主题报告。该专题研讨班轮训佛山市处级领导干部、市管企业主要负责人和各镇（街道）党委（党工委）书记、镇长、主任932人次。参加研讨班的学员围绕习近平总书记重要讲话、重要指示精神和中共十九届五中全会精神，通过视频教学、专家辅导、分组讨论、学员自学与交流分享等形式进行学习。

【“传统文化‘双创’与城市文化软实力提升”学术论坛在潮州市委党校举行】 2020年12月6—8日，中共佛山市委党校在潮州市中共潮州市委党校举办主题为“传统文化‘双创’与城市文化软实力提升”的学术论坛，佛山市委党校相关负责人及全体专兼职教师参加活动。活动期间，参加活动人员走访调研潮州古城中山路、牌坊街、广济桥、龙湖古寨等地，学习潮州市保护与开发文化资源的做法，借鉴潮州市推动传统文化创造性转化与创新性发展的经验。同时，与潮州市委党校全体教师围绕“传统文化‘双创’与城市文化软实力提升”主题开展学术交流活动。

（郭朝忠）

党史工作

【概况】 佛山市党史部门设置分市、区两级。市级独立设置中共佛山市委党史研究室，区级在区档案馆加挂区委党史研究室牌子。2020年，中共佛山市委党史研究室开展党史资料征集研究和党史书籍编纂工作，编纂出版《中国共产党佛山历史大事记（2019年）》，完成《中国共产党佛山历史》第三卷编写提纲初稿，启动中共佛山历史百年大事记编写；挖掘红色资源、宣扬红色精神，全市普查查出革命遗址遗迹356处、其他遗址79处，并开展佛山市红色资源网上活化项目；服务全市中心工作，促进“大党史”工作格局，建立健全党史工作联络员工作机制，设立佛山市党史专家库，第一批入库专家42人。年内，全市范围内开展党史宣讲约120场次、受众近1万人次。

【党史资料审核】 2020年，中共佛山市委党史研究室把握“党史姓党”正确政治方向，加强涉及地方党史题材作品、展陈资料的审核把关。审核铁军小学《红色研学指导手册》30万字。审核珠江纵队纪念馆等展陈资料约10万字。审核中共佛山市委网信办、佛山电台等单位新闻作品30多篇5万多字。

【党史宣传教育】 2020年，中共佛山市委党史研究室在全市党史部门开展以“三个一”（组织一支精干的宣讲团队、打造一堂精品党史课程、开展一场精彩党史宣讲）为主要内容的党史宣讲活动，制作党史宣讲精品课件10个。举办“三个一”党史集中宣讲暨优秀讲义与课件评审会，评选出优秀教案4个、优秀宣讲员2人。制定《中共佛山市委党史研究室党史宣讲活动管理办法（试行）》，规范宣讲活动管理。推动党史宣讲列入市委党校主体培训班必修课，并在非公企业开辟党史宣讲新阵地。全年全市范围内开展党史宣讲约120场次、受众近1万人次。

【“大党史”工作格局】 2020年，中共佛山市委党史研究室进一步完善市直党史工作联络员队伍，制定《中共佛山市委党史研究室党史工作联络员制度》，建立健全党史工作联络员工作机制。依托全市党史资源和人才力量，设立佛山市党史专家库，制定《佛山市党史专家库管理办法（试行）》，建立专家进入与退出机制，第一批入库专家42人。

【党史资料征集研究】 2020年，中共佛山市委党史研究室继续推进党史正本编写，完成《中国共产党佛山历史》第三卷提纲初稿编写任务。深化佛山党史人物研究，推进人物生平事迹的资料收集和编写工作，为下一年党史书籍出版作

2020年10月,《中国共产党佛山历史大事记（2019年）》出版

（市委党史研究室　供图）

准备。开展老领导口述访谈，重点征集以改革开放时期佛山发展历程为核心的相关史料，整理口述资料约2万字。加强史料征编，编写《佛山市抗疫大事记》条目610条约7万字，征集扶贫、援疆援藏援川资料约600条42万字。

【红色资源活化利用】 2020年，中共佛山市委党史研究室编撰《佛山市革命遗址普查（2020）成果通览》一书交付出版，全面收录2019—2020年佛山市革命遗址普查登记的革命遗址遗迹356处、其他遗址79处，绘制具有佛山特色的红色地图，展现佛山革命遗址资源情况。加强对革命遗址数据统计分析，牵头撰写专题调研报告，为佛山红色资源的活化利用提供资政参考。运用音视频、虚拟现实（VR）、增强现实（AR）等新技术新手段，开展佛山市红色资源网上活化项目，推出10个“新时代网红地标”。促进红色资源转化，与中共佛山市委宣传部等部门开展“100个红色地标”项目，截至年底，在佛山电台音频环节《听文明》栏目播出红色地标广播稿47篇。推进红色文化挖掘提升，推动高明区明阳村等村建设为“红色村”。

【革命遗址普查完成】 2020年，佛山市新一轮革命遗址普查完成，并于2020年6月将普查成果报送中共广东省委党史研究室。该轮革命遗址普查于2019年8月全面启动，市、区、镇（街道）、村（社区）四级力量联动推进新一轮革命遗址普查工作。该轮革命遗址普查中，全市登记各类遗迹435处，其中革命遗址遗迹356处、其他遗址79处，革命遗址遗迹比上一轮（2010年）普查增加270处。2020年，140处革命遗址遗迹经省认定第一批入库。

【《中国共产党佛山历史大事记（2019年）》出版】 2020年10月，《中国共产党佛山历史大事记（2019年）》由中共党史出版社正式出版发行。该书22万字，主要记述中共佛山市委贯彻中央、广东省委的方针政策，领导佛山开展经济、政治、文化、社会、生态文明、党的建设等各方面的重大事件，包括重要会议、重要决定、重要文件、重要讲话、重要活动、重要措施、重要成就等。

（郭文杰）

档案工作

【概况】 2020年，佛山市综合档案馆总馆藏192.4万卷、216.3万件，照片档案21.8万张。其中，市档案馆总馆藏36.15万卷、39.50万件，照片档案6.79万张。全年全市各级综合档案馆接收档案11.2万卷、24.8万件，接待档案利用者1.8万人次，利用档案15.6万卷（件）次。全年举办档案展览20个。专业档案馆方面，佛山市规划城建档案馆总馆藏36.7万卷，全年接收档案1.4万卷，接待

2020年8月27日，广东省档案局工作组对佛山市档案馆开展综合档案馆业务建设评价工作。图为工作组现场检查档案馆数字化工作场所和流程　（市档案馆　供图）

档案利用者914人次，利用档案3354卷（件）次。市档案馆在广东省地级市综合档案馆业务建设评价工作中获评“优秀”等级。

【档案综合利用与服务】2020年，佛山市各级综合档案馆接待档案利用者1.8万人次，利用档案15.6万卷（件）次，电子文件4.51万件次，照片5576张次，光盘523张次，电子条目3.67万条次，复印档案12.57万页。其中，市档案馆全年接待档案利用者3232人次，利用档案2538卷次、337件次，电子文件1368件次，照片74张次，光盘496张次，电子条目2929条次，复印档案1.23万页，服务评价均为“满意”和“非常满意”。助力佛山桑园围成功申报世界灌溉工程遗产，全市各级综合档案馆为各级水利部门提供与桑园围相关的档案资料86份。其中，市档案馆为市水利局查阅与桑园围相关的档案资料43份。推进档案编研，市档案馆编写《资政参考》6期、禅城区档案馆编写《资政参考》1期、南海区档案馆编写《资政参考》2期、顺德区档案馆编写《顺德档案资政参考》4期。

【疫情防控档案】2020年，佛山市档案主管部门印发《关于做好新型冠状病毒感染肺炎疫情防控工作文件材料收集工作的通知》《关于进一步做好新冠肺炎疫情防控档案工作的通知》，要求做好疫情防控档案的收集、整理、保管和利用，指导市新冠肺炎防控指挥办建立档案工作制度，制定档案管理工作实施细则。佛山市档案部门派员进驻各级疫情防控指挥部办公室，做好疫情防控档案的收集和整理。全年市级共收集整理首批疫情防控文书档案6500多件、照片档案2600多张，对7万多页疫情防控档案进行扫描处理。市档案馆征集4000多件（册、张）荣誉证书、请战书、“火线”入党申请书等珍贵疫情防控档案资料，采集口述历史视频7.2小时。禅城区档案馆对“居家隔离人员”解封等典型抗疫活动拍摄影像，留存记录。南海区档案馆编印出版《南海抗疫大事记》。顺德区举办抗击新冠肺炎疫情图片档案选展，编制《顺德新冠抗疫志》资料收集大纲，编印《兰台人抗疫日记》。

【精准扶贫档案】2020年10月，佛山市档案局联合市扶贫主管部门转发《关于进一步做好精准扶贫档案工作的通知》，指导全市档案、扶贫部门及相关单位保质保量完成扶贫档案管理工作硬任务，督促各区扶贫办、市直驻湛江市、郁南县工作组配合做好精准扶贫档案归档工作。市档案馆编写《资政参考》——“佛山扶贫发展脉络研究及启示”；会同市扶贫办为“广东省脱贫攻坚档案文献展”提供佛山市扶贫照片600多张。禅城区、南海区等组织开展精准扶贫档案工作培训，深入被帮扶地开展检查、指导。禅城区档案馆会同禅城区农业农村局以“档案见证小康路、聚焦扶贫决胜期”为主题开展宣传活动。顺德区档案馆编写《顺德对外扶贫历程》，总结扶贫工作经验。

【重大活动和经济科技档案】2020年，佛山市档案局印发《佛山市重大活动档案工作分类指引（试行）》，部署开展全市重大活动档案工作。市档案局在禅城区南庄镇紫南村组织召开现场交流会，推进完成5个村（社区）档案工作服务农村基层社会治理国家级试点。继续抓好建设项目档案工作，对全市23个重大建设项目进行档案专项验收。市档案局会同市生态环境局完成对全市5个区第二次全国污染源普查档案整理工作验收。

【国家综合档案馆建设】2020年，佛山市继续推进各区国家综合档案馆新馆建设。顺德区档案馆对外开放使用，馆建筑面积2.35万平方米。三水区档案馆新馆正式启用，馆建筑面积1.19万平方米。由高明区综合档案馆、方志馆、不动产档案馆、规划档案馆、城建档案馆5个馆组成的“高明区国家综合档案馆”项目开工建设，预计项目建筑面积3.46万平方米。

【档案法治建设】2020年，佛山市档案部门深入学习宣传贯彻新修订的《中华人民共和国档案法》（简称“档案法”），依托微信公众号、公众网、官方微博等平台，有针对性地开展线上档案普法活动。中共佛山市委办公室理论学习中心组专题学习新修订的《档案法》，市委办公室机关党委开展“送法进基层进企业”主题党日活动，向基层、企业赠送《中华人民共和国档案法》以及《〈中华人民共和国档案法〉小红漫画》。市档案局将《档案法》宣传教育内容纳入档案业务培训课程，组织全市600名档案工作人员参加由国家档案局举办的新修订《档案法》公益大讲堂培训，组织开展档案行政执法以案释法宣讲；做好《广东省档案行政执法公示办法》《广东省档案行政执法全过程记录办法》《广东省重大行政执法决定法制审核办法》和《广东省档案系统移送涉嫌档案犯罪案件标准》的贯彻落实；联合市委机要保密局对市直174家单位开展档案保密工作执法检查。各区通过多种形式加强档案工作检查。

【档案信息化】2020年，佛山市数字档案室系统通过验收，在全市126家市直单位部署应用。市档案馆完成信息化建设项目（一期）第三阶段验收，推进市数字档案馆系统升级。全年全市各级综合档案馆接收电子档案2115.71GB。其中，市档案馆全年接收电子档案941GB。全市各级综合档案馆接收现行文件12.88万份，主动公开挂网现行文件1036份。其中，市档案馆接收现行文件1.37万份，主动公开挂网现行文件889份。全年全市各级综合档案馆共完成纸质档案数字化处理539.8万页。其中，市档案馆完成纸质档案数字化（第八期）项目，共5.66万卷、6.84万件（合计282.16万页），完成图片社移交纸质照片（共2.93万张）的扫描整理及数据的初步整合和备份。市档案馆档案人名索引著录二期项目完成著录人名信息3.45万条和人名索引信息20.01万条。全市各级综合档案馆对1717项政务活动进行拍摄，拍摄照片13.69万张，摄像任务216个。其中，市档案馆对416项政务活动进行拍摄，拍摄照片6.02万张，摄像任务39个。市档案馆继续跟进村级工业园升级改造项目，全年拍摄照片8744张，录制视频19小时。市规划城建档案馆开展历年城建档案数字化成果与实体档案核对及规范化整合。禅城区档案馆加快推进区数字档案馆系统在全区范围内应用。顺德区档案馆推动分期建设智能档案管理系统。高明区档案馆启动数字档案馆系统升级改造。

【档案安全】 2020年，佛山市档案局印发《佛山市各级机关档案工作交接指引（试行）》，明确档案工作交接的流程、步骤、内容、具体要求和交接各方责任，防范档案工作交接中的风险和漏洞。该指引被省档案局全文转发给全省各地级以上市档案局、省直各单位、省各人民团体和中直驻粤各单位参考、借鉴。全市各级各类档案馆对照《档案馆安全风险评估指标体系》进行自查，梳理各项风险隐患，研究落实改进措施。继续组织开展档案信息异地备份，市档案馆牵头将全市部分综合档案馆21TB数据送往浙江省绍兴市、广西壮族自治区桂林市档案馆异地保存。

【档案文化宣传】 2020年，佛山市围绕国际档案日“档案见证小康路、聚焦扶贫决胜期”的活动主题，开展系列活动。市档案馆开展“档案之声”“探秘珍藏馆”“梦想寄存”等线上分享和云观展主题活动，相关活动视频在“学习强国”“佛山发布”等平台及主流媒体宣传播放，云观展信息流曝光量56万次，点击量1.5万人次。禅城区档案馆通过“佛山发布”平台发布文章《廉江市精准扶贫之路回眸——一件档案，一段精准扶贫的记录》。南海区档案馆推出“新旧掠影看南海蝶变”系列融媒产品，利用新老对比照片制作快闪视频，展现南海发展历程和扶贫工作成效，并开展“新老照片话变迁”有奖征集活动；此外，还利用馆藏荣誉实物档案制作“荣誉实物见证小康路”视频，展现南海小康社会建设历程。高明区档案馆与区普法、扶贫、宣传等部门通过公众号推文、H5长图、宣传屏幕播放等方式立体、多维度开展“档案见证小康路　聚焦扶贫决胜期”主题宣传活动，在高明区档案局举办2020年“6·9”国际档案日活动暨全区档案工作交流现场会，并通过高明普法微信公众号、高明区档案馆网站等平台，宣传档案法律法规标准。三水区档案馆开展档案法制宣传和扶贫档案展览，并向市民派发宣传册。佛山市市、区两级国家综合档案馆开设微信公众号4个、微博1个，其中“佛山档案方志”微信公众号发布微信48期共105条，图文消息阅读量10.5万人次，超20次登上“学习强国”学习平台。年内，市档案馆还举办“走进档案馆，感受历史文化魅力”活动5场，并走进村（社区）、学校开展“梦想寄存”、家庭档案和地情知识普及宣传活动。

（市档案局　市档案馆）

2020年内，佛山市档案馆举办“走进档案馆，感受历史文化魅力”活动。图为佛山小记者们参观《佛山足印——佛山发展历程展》　（市档案馆　供图）

老干部工作

【概况】 截至2020年底，佛山市有离休干部523人，其中市直离休干部280人、区直离休干部243人，易地安置的离休干部2人。2020年，中共佛山市委老干部局通过做好离退休干部思想政治引领、落实好老干部政策待遇、推动老干部发挥余热、推进“网上老年大学”建设、开展好广东省离退休干部服务管理系统信息录入工作等，推动全市老干部工作取得新成绩。年内，佛山市南海区西樵镇机关老干部党支部、市关心下一代工作委员会等2个集体被中共广东省委组织部、中共广东省委老干部局授予“广东省离退休干部先进集体”称号；市教育局退休干部吴钟秀、三水区教育局离休干部严磊、禅城区人口和计划生育服务站退休干部刘璇、市委宣传部退休干部余学成等4人被中共广东省委组织部、中共广东省委老干部局授予“广东省离退休干部先进个人”称号。

【退休干部思想政治引领】 2020年，中共佛山市委老干部局结合新冠肺炎疫情防控工作，以现场授课和网络直播的方式举办各级各类专题调研、政治学习会、宣讲会、辅导报告会、形势报告会、通报工作会等，参加老干部5万多人次。组织开展全国“两会”（人大会议、政协会议）、中共十九届五中全会等重要会议精神、习近平总书记出席深圳经济特区建立40周年庆祝大会和视察广东重要讲话重要指示精神等专题学习，全市1.9万名老干部参加网络学习。发动老干部收听收看中央组织部老干部局2020年举办的3场全国离退休干部网上专题报告会，3.8万名老干部收听收看。加强离退休干部党支部书记和骨干培训，培训对象扩大到支委、骨干、联络员，以及镇（街道）、村（社区）老干部工作者。通过编印事迹材料，以及举办先进事迹报告会、学习体会分享会等方式，学习宣传弘扬全国、全省离退休干部“双先”事迹（离退休干部先进集体和先进个人代表事迹），并在“佛山+”客户端、《佛山日报》、“佛山老干”微信公众号等平台线上线下同步宣传，推出8期，累计观看人数约4万人。

【老干部政策待遇落实】 2020年，中共佛山市委老干部局落实好一系列惠老助老政策。建立离退休干部支部书记工作补贴制度，从2020年1月起向市直单位离退休干部党支部书记按月发放工作补贴。落实“三必访”（患病住院必访、逢年过节必访、婚丧事必访）制度，在新冠肺炎疫情期间根据实际情况，及时调整慰问方式，在上半年开展为市四套班子离退休干部送防疫物资慰问活动，年末针对疫情期间无法及时上门慰问的生病住院的离休干部和副处级以上退休干部开展补发慰问金工作。元旦春节期间分组开展电话慰问，传达市委、市政府对离退休干部的关心和问候。联合市委组织部定期召开退休市管干部政策待遇咨询会，向新近退休的离退休干部解读退休政策待遇、介绍老干部工作和干部退休后的相关管理规定。

【老干部发挥余热传递正能量】 2020年，中共佛山市委老干部局采取座谈交流、个别访谈等形式，开展“我看脱贫攻坚新成就”专题调研，发挥老干部作用为佛山高质量发展建言献策；举办佛山老干部“讲好佛山故事”访谈活动，传播佛山好声音；助力疫情防控工作，全市老党员老干部为抗击疫情创作诗词、书画作品2000多幅。全市有“五老”（老干部、老战士、老专家、老教师、老模范）志愿者2.07万人，参加各类活动3000场次，全年筹集资金353.8万元，捐助困境学生7481人。

【“网上老年大学”建设】 2020年，佛山市老年干部大学主动适应新冠肺炎疫情形势下的办学发展需要，创新教学模式，开设“网上老年大学”。配置具备专业条件的直播课室21间，实现从线下面对面教学到线上办学的成功转型，线上复学率达到100%。同时，通过与腾讯课堂合作，使线上教学资源能够向社会共享。开设微信云课堂，与中国老年大学协会联系，于同年3月将协会的云课堂与该校的微信公众号“网上课堂”栏目进行对接，共享超10万集免费优质老年教育课程资源，约3万人次观看，平均学习时长超10分钟。增设电视网络课堂，与广电网络公司合作，在广电平台的教育专栏上线200多个高清免费老年教育课程。

【广东省离退休干部服务管理系统信息录入】 2020年，佛山市在全市范围内推进广东省离退休干部服务管理系统信息录入工作。据2020年12月28日广东省离退休干部服务管理系统显示，服务管理系统开通有离退休人员的佛山市直单位及其下属单位账号158个，录入离退休人员的基础数据3.88万人。

【老干部休养所陈列室试运行】 2020年9月29日，佛山市老干部休养所陈列室试运行启动仪式在佛山市老干所大院举行，向内部开放参观。陈列室设党建大厅和正能量大厅2个大厅，包括长征篇、抗日战争篇、解放战争篇、抗美援朝篇、老干部发挥正能量篇等篇章内容。其中，党建大厅主要介绍中共一大至十九大的情况，正能量大厅用于展示老干所正能量工作的情况。各篇章按照历史时期分别设置概述，展示相关武装部队的基本情况、部分离休干部的革命事迹，同时在展柜展示相应革命时期的离休干部捐赠的奖章、纪念章、自传、手稿、照片、军服、草鞋、军用水壶、针线包、米袋子、线毯等。

【第十届佛山市老干部运动会】 2020年11月2—20日，中共佛山市委老干部局和市文广旅体局联合主办第十届佛山市老干部运动会。该届运动会是在新冠肺炎疫情得到有效控制的情况下，为满足老干部参与体育竞赛的积极性和迫切需要，延续老干部工作的品牌活动，运动会保留以往的广场健身舞、门球、钓鱼3个传统比赛项目；结合老干部的特点，新增定向徒步、踢毽子和趣味赛等3个比赛项目。运动会安排在市直和5个区等6个赛区分别举行，共有6支老干部代表队参赛，参加该届运动会的运动员、教练员、裁判员约530人。

（缪向民）

2020年9月29日，佛山市老干部休养所陈列室试运行启动仪式在佛山市老干所大院举行

（市委老干部局　供图）

佛山市人民代表大会

综　述

【概况】 2020年，佛山市有全国人大代表9人、省人大代表32人、市人大代表382人、区人大代表1279人、镇人大代表1959人。佛山市第十五届人大常委会组成人员34人，其中主任1人、副主任6人、秘书长1人、委员26人。年内，佛山市人民代表大会选举市人大常委会组成人员2人，市人大常委会依法任免本级国家机关工作人员50人次。

【县乡人大工作和建设】 2020年，佛山市人民代表大会常务委员会强化对基层人大的工作指导，支持基层人大探索创新。依法作出《关于开展民生实事项目人大代表票决制工作的决定》，就市、区、镇三级人大开展民生实事项目人大代表票决制工作作出部署安排。年内，全市实现民生实事项目代表票决制市县乡三级全覆盖。市人大常委会深入各区调研了解《广东省乡镇人民代表大会工作条例》实施情况，通过汇报、座谈研讨、现场察看、查阅台账资料等方式，总结工作成效，并针对问题，及时向各区反馈整改意见建议。对各区推进县乡人大工作开展“回头看”，通过座谈交流、查阅资料、实地检查等方式，对贯彻落实省委关于推进县乡人大工作的各项要求的进展情况进行抽查指导，推进完善提升。同年，禅城区人大探索建立绩效挂钩、进度通报、约见约谈三项人大监督财政工作机制的创新案例入选第三届广东省县乡人大工作创新案例。

（林　露）

重要会议

【佛山市第十五届人民代表大会第五次会议】 2020年6月17—18日在佛山市机关大礼堂召开。会议听取和审议佛山市人民政府市长朱伟所作的《政府工作报告》《关于2020年民生实事候选项目的报告》，佛山市人大常委会党组副书记、副主任李子甫所作的《佛山市人民代表大会常务委员会工作报告》，佛山市中级人民法院院长赵菊花所作的《佛山市中级人民法院工作报告》，佛山市人民检察院检察长黄黎明所作的《佛山市人民检察院工作报告》，审查《佛山市2019年国民经济和社会发展计划执行情况与2020年计划草案的报告》《佛山市2019年预算执行情况和2020年预算草案的报告》，并表决通过相应决议。大会选举徐东涛为佛山市第十五届人大常委会副主任，选举易祥斌为佛山市第十五届人大常委会委员，接受李子甫由于已到任职年龄界限辞去市人大常委会副主任职务的请求。大会首次以差额票决方式，从13项候选项目中票决出佛山市人民政府2020年度“十大民生实事”项目。

【市人大常委会会议】 2020年，佛山市第十五届人大常委会召开常委会会议10次（即市第十五届人大常委会第二十八次至第三十七次会议）。

市第十五届人大常委会第二十八次会议于1月21日召开，讨论《佛山市人民代表大会常务委员会工作报告》，审查市第十五届人民代表大会第五次会议有关文件（草案）；表决通过《佛山市人民代表大会常务委员会关于召开佛山市第十五届人民代表大会第五次会议的决定》《佛山市人民代表大会常务委员会关于列席和邀请列席佛山市第十五届人民代表大会第五次会议人员的决定》《佛山市人民代表大会常务委员会关于佛山市第十五届人民代表大会第五次会议设旁听席的决定》《关于开展民生实事项目人大代表票决制工作的决定》；听取《佛山市人民政府关于2019年度法治政府建设工作情况的报告》。

市第十五届人大常委会第二十九次会议于3月17日召开，听取和审议市人民政府《关于2018年度审计查出突出问题整改情况的报告》；审议通过《佛山市第十五届人民代表大会常务委员会代表资格审查委员会关于部分代表的代表资格审查报告》；进行人事任免事项；举行颁发任命书仪式；举行宪法宣誓仪式。

市第十五届人大常委会第三十次会议于6月9日召开，听取和审议市人民政府《关于2019年度环境状况和环境保护目标任务完成情况的报告》《关于水污染防治攻坚战三年行动计划2019年度实施进展情况的报告》；听取和审议市人大常委会法制工委《关于2019年规范性文件备案审查工作情况的报告》；表决通过《关于佛山市第十五届人民代表大会第五次会议召开时间的决定》《佛山市第十五届人大第五次会议方案》；进行人事任免事项；举行宪法宣誓仪式。

市第十五届人大常委会第三十一次会议于6月15日召开，表决通过《佛山市第十五届人民代表大会常务委员会代表资格审查委员会关于部分代表的代表资格审查报告》。

市第十五届人大常委会第三十二次会议于7月29日召开，听取和审议市人民政府《关于佛山市2020年上半年国民经济和社会发展计划执行情况的报告》《关于佛山市2020年上半年财政预算收支执行情况的报告》；对《佛山市流动人口居住登记条例（草案）》进行一审；审议市人大常委会城建环资工委关于《进一步推进公交优先发展战略实施的决定》落实情况的调研报告；表决通过《佛山市第十五届人民代表大会常务委员会关于接受钟美恃辞去佛山市第十五届人民代表大会常务委员会秘书长职务请求的决定》；表决通过《佛山市第十五届人民代表大会常务委员会关于接受列海坚辞去佛山市第十五届人民代表大会常务委员会委员职务请求的决定》；表决通过《佛山市第十五届人民代表大会常务委员会代表资格审查委员会关于个别代表的代表资格审查报告》。

市第十五届人大常委会第三十三次会议于9月2日召开，听取和审议市人民政府《关于佛山市级2020年财政预算调整的报告》《关于佛山市2019年度市级预算执行和其他财政收支的审计工作报告》；听取市人大常委会法制工委关于《佛山市治理货物运输车辆超限超载条例》立法后评估报告和市人大常委会城建环资工委《关于黑臭水体整治专题询问反映问题整改情况的视察调研报告》；表决通过《佛山市第十五届人民代表大会常务委员会关于接受黄远任辞去佛山市第十五届人民代表大会常务委员会委员职务请求的决定》《佛山市第十五届人民代表大会常务委员会关于接受刘效仿辞去佛山市第十五届人民代表大会常务委员会委员职务请求的决定》；进行人事任免事项；举行颁发任命书仪式；举行宪法宣誓仪式。

市第十五届人大常委会第三十四次会议于10月30日召开，审议通过《佛山市住宅物业管理条例》；《佛山市流动人口居住登记条例（草案）》进行二审；听取和审议市人民政府《关于佛山市2019年金融类企业国有资产管理情况报告》《佛山市2019年国有资产管理情况综合报告》《关于佛山市2019年度财政决算草案的报告》《关于〈中华人民共和国传染病防治法〉贯彻实施情况的报告》；听取和审议市人民检察院关于开展公益诉讼工作情况的报告；审议通过《佛山市人大常委会督办代表建议、批评和意见规定修正案》；审议有关书面报告；进行人事任免事项。

市第十五届人大常委会第三十五次会议于11月16日召开，听取和审议市人民政府关于佛山市增加学前及义务教育学位供给情况的报告；举行关于增加学前及义务教育学位供给专题询问会。

市第十五届人大常委会第三十六次会议于12月15日召开，听取和审议市人民政府《关于佛山市级2020年第二次财政预算调整的报告》《关于佛山市2019年地方债务管理情况的报告》；对《佛山市河涌水污染防治条例（草案）》进行一审；审议市人民政府水污染防治攻坚战三年行动计划实施进展情况的报告；进行人事任免事项；举行颁发任命书仪式；举行宪法宣誓仪式。

市第十五届人大常委会第三十七次会议于12月31日召开，听取和审议市人民政府《关于佛山市国民经济和社会发展第十四个五年规划和二〇三五年远景目标纲要（草案）编制情况的报告》《关于2020年十大民生实事项目办理情况的报告》《关于市第十五届人大第五次会议代表建议办理情况的报告》；表决通过《佛山市人民代表大会常务委员会关于佛山市第十五届人民代表大会第六次会议召开时间的决定》《佛山市人民代表大会常务委员会关于列席和邀请列席佛山市第十五届人民代表大会第六次会议人员的决定》；进行人事任免事项。

（林　露）

表8　**2020年佛山市人大常委会重点督办的代表议案建议情况表**

议案建议号	议案建议名称	提议案建议代表	督办领导
20200001	《关于市人大常委会对我市实施〈中华人民共和国传染病防治法〉情况开展执法检查的议案》	周杰代表领衔，王玉凯、郭晓玲、聂莲、芦珊珊、叶志岗、李逸群、李川、王乐栋、潘洁英、张硕代表附议	麦洁华
20200002	《关于制定〈佛山市文明行为促进条例〉的议案》	钟坚代表领衔，王学堂、郭晓玲、聂莲、邹庆永、颜雪锋、叶志岗、白维、黄的非、陈永升、李思凤代表附议	麦洁华、叶良
20200003	《关于市人大常委会开展我市实施〈中华人民共和国未成年人保护法〉执法检查的议案》	黄衍雄代表领衔，屈婷娟、释能昌、黄育玲、黄钟辉、李智勇、李业华、刘淑琴、刘一军、任振慧、张梦阳、余天京代表附议	黄坚
20200013	《关于加强我市东平水轴建设，引导城市高质量发展的建议》	邹鹏代表领衔，陈光、陈华代表附议	叶良
20200052	《关于把“新城+会展+登州”片区打造成为三龙湾的区域核心和发展高地的建议》	姜远国代表	叶良

立法工作

【年度立法计划】 2020年，佛山市第十五届人民代表大会常务委员会第四十八次主任会议审议通过年度立法工作计划，地方立法工作安排正式项目3个，分别为《佛山市住宅物业管理条例》《佛山市非户籍人口居住登记条例》和《佛山市河涌水污染防治条例》。佛山市第十五届人民代表大会常务委员会第五十五次主任会议对年度立法工作计划进行修改，增加“预备项目”1个，为《佛山市文明行为促进条例》。

【地方性法规审议】 佛山市人民代表大会常务委员会按照市第十五届人民代表大会常务委员会第四十八次主任会议审议通过的年度立法工作计划开展相关地方性法规审议工作。其中：《佛山市住宅物业管理条例》于2020年10月30日经佛山市第十五届人民代表大会常务委员会第三十四次会议通过；《佛山市非户籍人口居住登记条例（草案修改稿）》于2020年10月30日经佛山市第十五届人民代表大会常务委员会第三十四次会议第二次审议；《佛山市河涌水污染防治条例（草案）》于2020年12月15日经佛山市第十五届人民代表大会常务委员会第三十六次会议第一次审议。

【立法意见建议征集】 2020年，佛山市人民代表大会常务委员会继续推进“开门立法”。通过发布公告公开征求社会公众立法工作意见，全年发布公告2次，收到反馈意见4400多条。专文向在佛山市的全国人大代表、省人大代表和市人大代表征求立法意见建议1次，收到反馈意见300余条。向市各有关部门、单位，以及在佛山市的全国人大代表、省人大代表和市人大代表征集2020年立法项目建议，收到意见建议3条。深入各区基层开展立法工作调研80次，召开立法座谈会150场次。

【立法后评估】 2020年4月15日至8月28日，佛山市人民代表大会常务委员会组织开展对颁布施行满2年的《佛山市治理货物运输车辆超限超载条例》进行立法后评估。评估组对条例的行为规制、体例创设、具体条文等内容进行客观分析。认为《佛山市治理货物运输车辆超限超载条例》条文设计总体上科学合理、具体明确，具有较强的可操作性和现实可行性。对违法超限超载运输的有关治理难点都能够通过立法手段予以有效回应，具有佛山特色。

（林　露）

人大监督

【财政经济工作监督】 2020年，佛山市人民代表大会常务委员会围绕统筹推进新冠肺炎疫情防控和经济社会发展，依法履职，根据监督法和预算法等有关规定，开展“十四五”规划编制情况调研，以及计划、预算审查监督等工作。聚焦企业疫情防控、复工复产情况，发挥人大代表作用，通过组织人大代表深入16家企业开展调研，提出意见建议，助力推动企业复工复产。组织开展经济运行情况调研，针对经济运行存在的突出问题，提出有针对性的意见建议。听取和审议佛山市国民经济和社会发展计划执行情况报告，要求市政府统筹疫情防控和经济社会发展工作，稳企业保就业，着力扩大有效投资，促进消费回升，全力稳住外贸基本盘，全力推进粤港澳大湾区建设和广佛全域同城化，参与“一带一路”建设。

听取佛山市预算执行情况有关报告，要求加强财政预算执行监督，严格压减一般性支出，确保重点支出，构建全方位、全过程、全覆盖的预算绩效管理体系。分别听取和审议市政府2018年度审计查出突出问题整改情况的报告以及2019年度市级预算执行和其他财政收支的审计工作报告，督促政府加强问题整改，强化责任追究，及时堵塞漏洞、完善机制。2次听取和审议市政府关于财政预算调整情况的报告，依法批准市本级预算调整方案，支持和促进政府及相关部门全面贯彻新发展理念，深化供给侧结构性改革，依法推进预算绩效管理，提高财政资金使用效益。听取和审议市政府关于财政决算草案的报告，依法批准市本级决算。组织开展以金融类企业为重点的国有资产管理情况调研，听取和审议有关报告，推进政府完善国有金融资产管理机制和监管体制，促进金融类企业更好服务实体经济发展。组织开展佛山市“十四五”规划编制情况调研，并听取和审议佛山市“十四五”规划编制情况的报告。听取和审议佛山市地方政府债务管理情况报告，监督政府依法加强政府债务管理，防范化解政府性债务风险。

【生态文明建设工作监督】 2020年，佛山市人民代表大会常务委员会围绕全面实施乡村振兴战略，聚焦生态环境保护，助力打赢精准脱贫攻坚战和污染防治攻坚战。开展年度环境状况和环境目标完成情况调研，并实地考察部分环保项目整治情况。组织开展黑臭水体整治专题询问反映问题整改“回头看”，实地检查全市5个区30个镇（街道）的城乡河涌243条。组织部分省、市人大代表开展专题视察，实地考察各区部分治水项目建设情况和通过整治验收的黑臭水体，听取相关情况汇报，并对加快推进黑臭水体整治工作提出意见建议。2次组织开展生活垃圾分类工作专题调研，听取市政府和禅城、南海区政府及其有关城管执法等职能部门的汇报，实地检查有关厨余垃圾集中处理站和住宅小区生活垃圾分类示范点推进情况，针对存在问题提出建议，助力加快推进佛山市垃圾分类工作。听取和审议市人民政府《关于2019年度环境状况和环境保护目标任务完成情况的报告》，2次听取和审议市政府关于水污染防治攻坚战三年行动计划实施进展情况相关报告，听取市人大常委会城建环资工委《关于黑臭水体整治专题询问反映问题整改情况的视察调研报告》。依法督促政府及有关部门持续做好广佛跨界河涌污染治理，确保水质稳定达标。组织开展佛山市农村人居环境整治专项视察，督促市政府及有关部门强化责任意识，建立长效机制，建设美丽宜居乡村。

【民生工作监督】 2020年，佛山市人民代表大会常务委员会坚持以人民为中心的发展思想，聚焦民生保障，促进民生改善。市第十五届人大第五次会议首次以差额票决的方式，票决产生市人民政府2020年度“十大民生实事”项目。对代表票决产生的民生实事项目，市人大常委会将其纳入年度监督工作计划，制定专项监督工作方案，通过专题询问、代表约见、专题调研等多种方式，实施重点监督、有效监督。其中，对人大代表票决得票最高的“增加佛山市学前及义务教育学位供给”项目，市人大常委会组织开展专题调研，实地走访全市5个区45所新、改、扩建义务教育阶段学校，全面掌握情况；在此基础上，听取和审议市政府关于增加学前及义务教育学位供给情况的工作报告，并举行专题询问会。市长朱伟带领分管副市长、各区区长和有关职能部门主要负责人到会应询。通过实施重点监督，推动全市学前及义务教育学位2020年供给任务超额完成。围绕“提升困难群体医疗救助水平”民生实事项目落实情况，组织召开市人大代表约见市医疗保障局负责人座谈会，通过约见，深入了解项目推进情况，并强化沟通交流，有效推进项目办理成效。听取市政府关于2020年“十大民生实事”项目落实情况的报告，以及市人大有关专委、市人大常委会有关工委的调研督办报告，并组织开展满意度测评。从测评的情况看，市人大常委会组成人员对民生实事项目办理情况表示总体满意。

组织开展佛山市安全生产工作情况专题调研，实地检查相关企业和佛山市城市安全运行监测中心，听取市政府和市应急管理局的相关情况汇报，针对存在问题，代表现场反馈意见建议，促进政府职能部门和企业单位牢固树立安全发展理念，进一步强化危险化学品、建筑工地、交通领域和防范高空坠物等方面的安全管理。组织市人大农委委员和部分专业代表小组成员专题视察佛山市生猪稳产保供情况，推进落实扶持生猪生产各项政策措施，加快恢复生猪生产。组织开展稳就业保就业情况专题调研，实地调研相关企业，组织市直有关单位、区有关单位、企业及部分行业中小企业代表召开座谈会，针对存在困难和问题，提出推进稳就业保就业的对策和措施工作建议。组织开展电动自行车管理情况专题调研，深入电动自行车注册登记点、销售点详细了解注册登记上牌及带牌销售等情况，并通过视频察看道路行车秩序情况，组织召开座谈会，与职能部门进行问询互动等方式方法，推动全面落实《佛山市电动自行车管理规定》，有效提升依法管理水平。组织开展关于应急管理体系建设情况专题调研，听取市应急管理局情况汇报，并赴三水区南山镇实地调研佛山市森林消防综合救援队，对佛山市加强应急管理工作提出意见建议。

【法律实施监督】 2020年，佛山市人民代表大会常务委员会深入开展第七个宪法日普法活动，组织新任命人员进行宪法宣誓，弘扬宪法精神，维护宪法权威。组织对佛山市贯彻实施《广东省爱国卫生工作条例》情况开展执法检查，实地检查全市各区多个社区和乡村，并对照法律规定，对贯彻落实条例情况提出意见建议。组织人大代表通过“中国庭审公开网”视频远程集中察看法院庭审活动，促进司法公开透明。组织对佛山市实施传染病防治法情况开展执法检查，实地检查市、区两级6个疾控中心、10家医院，以及各区5个社区公共卫生服务中心，听取政府、医院、公共卫生专业人员工作汇报，针对传染病防治工作的薄弱环节，提出执法检查建议。组织对佛山市贯彻落实《广东省华侨权益保护条例》实施情况开展执法检查，通过邀请专业法律人员参与执法检查，明确选取政治、社保、教育、财产、捐赠等5个方面的权益保护作为执法检查重点，推动维护好、实现好侨胞的合法权益。组织对佛山市贯彻落实《佛山市排水管理条例》实施情况开展执法检查，实地检查部分排水设施建设情况，听取市政府和禅城区、南海区、高明区实施情况报告，针对检查中发现的问题，要求市政府及有关部门严格依条例推进雨污分流，加强设施管理，强化执法打击排水违法行为。组织对《佛山市养犬管理条例》实施情况开展执法检查，深入部分住宅小区、公园、商场、农贸市场、餐饮场所、文化场馆等犬只活动集聚区域进行检查，推动条例深入宣传普及和贯彻执行。组织开展公益诉讼专题调研，听取和审议市检察院公益诉讼工作情

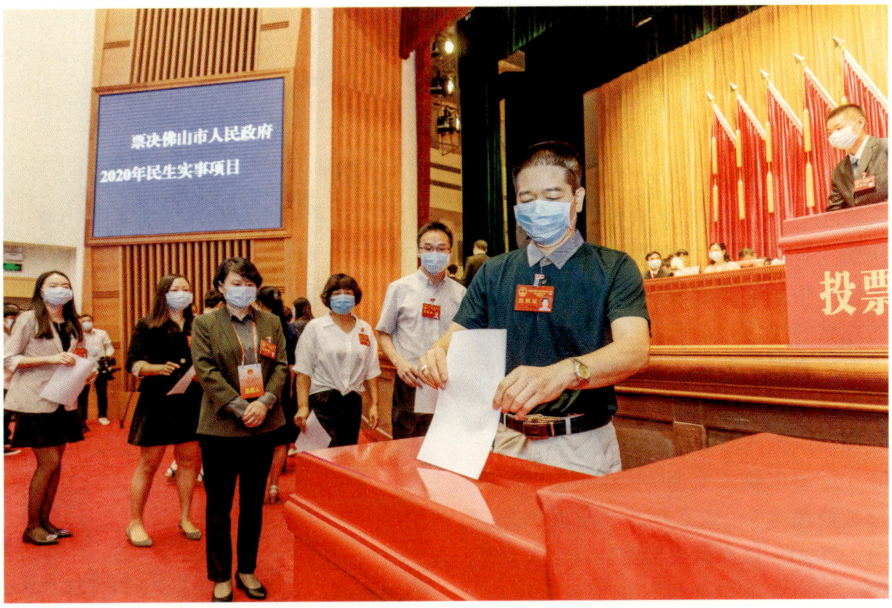

2020年6月18日，佛山市第十五届人民代表大会第五次会议现场票决佛山市人民政府2020年民生实事项目 （王伟楠　周　春　摄）

况报告，并依法作出《关于加强检察公益诉讼工作的决定》，支持和监督佛山市公益诉讼工作依法有序开展。

（林　露）

代表工作

【代表议案建议督办】 2020年，佛山市人民代表大会常务委员会修订完善《佛山市人大常委会督办代表建议、批评和意见规定》，进一步健全常委会对代表建议办理工作监督机制。佛山市第十五届人大第五次会议期间收到代表议案3件、代表建议168件，闭会期间收到代表建议1件。市人大常委会严格按要求进行分类交办，并将《加强我市东平水轴建设，引导城市高质量发展的建议》《把"新城+会展+登州"片区打造成为三龙湾的区域核心和发展高地的建议》确定为年度重点督办建议。建议交办后，加强与代表及承办单位联系沟通，通过重点督办、代表约见、调研视察相结合、开展代表建议办理工作"回头看"等，加大对建议督办工作力度。代表议案建议全部办理完毕并答复代表，办复率100%，解决一批人民群众普遍关注的热点、难点问题，代表对办理和落实情况总体表示满意。

【代表调研视察活动】 2020年，佛山市人民代表大会常务委员会组织佛山市的全国、省人大代表围绕村级工业园改造工作推进情况开展专题调研，实地察看顺德区龙江镇万洋众创城项目、乐从镇上华智能智造产业园项目，听取市政府相关情况汇报，并提出有针对性的意见和建议。组织佛山市的全国、省人大代表围绕佛山市经济社会发展情况及重点项目建设情况开展集中视察，实地视察广佛高质量发展融合试验区先导区、广州市轨道交通7号线一期工程西延顺德段等5个重点项目，听取市政府关于2020年以来国民经济和社会发展情况、2020年重点项目推进情况的报告，以及省"两院"（法院、检察院）年度工作情况通报，通过视察活动，为代表出席省第十三届人大第四次会议依法履行职责做好准备。协调各区人大常委会组织本区的市人大代表开展例会前集中视察，要求通过组织代表专题学习会的形式全面深入学习习近平总书记在中共十九届五中全会上的重要讲话精神和全会精神，以及习近平总书记出席深圳经济特区建立40周年庆祝大会和视察广东重要讲话、重要指示精神，围绕佛山市推动高质量发展的全局性、根本性和长远性问题，以及经济社会发展情况、市第十五届人大第五次会议决议和市人大常委会作出的决定决议的贯彻执行情况、代表议案建议办理落实情况、人民群众普遍关注的热点难点问题等方面内容，组织代表实地视察，注重收集、反映群众对佛山市"十四五"规划编制和实施工作的意见建议，为代表出席大会做好准备。

【代表履职服务保障】 2020年，中共佛山市人大常委会党组印发《致佛山市人大代表的一封信》，号召全市人大代表在市委的坚强领导下，发挥人大代表来自人民、植根人民的特点和优势，带头落实新冠肺炎疫情防控责任，齐心协力打好疫情防控阻击战。结合新冠肺炎疫情防控，市人大常委会创新代表活动方式，通过视频座谈会、政务微信、电话和新媒体等方式，及时收集和反映代表关于疫情防控、复工复产等方面的意见建议，这一做法被全国人大网宣传和推广。此外，市人大常委会先后向代表发出关于携手治污攻坚共建美丽广东、在学习宣传实施《中华人民共和国民法典》中发挥示范引领作用、厉行节约文明餐饮等4份倡议书，得到全体代表响应。年内，市人大常委会举办为期2日的市、区、镇三级人大代表专题学习班，200名代表脱产参加培训学习，进一步提高代表政治素质和依法履职能力。

【代表联络站规范化建设】 2020年，佛山市已建成人大代表中心联络站32个，人大代表联络站（点）增至791个。佛山市人民代表大会常务委员会出台《佛山市人大代表联络站工作办法》《佛山市镇（街道）人大代表中心联络站设置指引》，进一步健全代表联络站工作制度，规范代表联络站建设。4月，组织各区人大常委会及街道人大工委开展跨区实地观摩，先后走访5个街道的代表中心联络站，为各区交流工作经验、开拓工作思路创造条件。同时，发挥32个人大代表中心联络站，791个人大代表联络站（点）作用，坚持组织代表定期进站履职，进一步密切人大代表与人民群众的联系。

（林　露）

2020年7月28日，佛山市人大常委会组织佛山市的部分全国、省人大代表就推进村级工业园改造工作赴顺德区乐从镇上华智能智造产业园等地开展专题调研　（徐丽清　摄）

佛山市人民政府

综　述

【“十件民生实事”完成】 2020年6月，佛山市第十五届人民代表大会第五次会议以差额票决方式，决定佛山市人民政府2020年度十大民生实事项目。佛山市各级、各部门坚持以人民为中心的发展思想，把推动民生实事、重大民生工程落地落实放在突出位置，做好各项民生工作，让群众的获得感、幸福感、安全感更加充实、更有保障、更可持续。截至年底，10件民生实事完成。

增加学前及义务教育学位供给　全年计划新（改、扩）建幼儿园68所，新增学位2.5万个，实际完成新（改、扩）建幼儿园69所，新增学位2.56万个，超额增加学位600个；计划新（改、扩）建义务教育学校39所，新增学位5.3万个，实际完成新（改、扩）建义务教育学校40所，新增学位5.90万个，超额增加学位5990个。提前完成学前教育“5080”攻坚任务（公办园在园学生比例达50%，普惠幼儿占比达80%），全市公办幼儿园在园幼儿占比50.98%，普惠性幼儿园园所占比80.33%，普惠性幼儿园在园幼儿占比80.96%，超额完成学前及义务教育学位供给任务。

提高养老服务水平　开展养老服务人才培养。2020年，市民政局组织开展养老护理、康复、评估、管理等内容的养老服务从业人员培训班18期3221人次，各区民政部门及各养老服务机构自行组织培训7000多人次，超额完成年初提出的1000人次培训的任务。加强农村留守老人关爱服务。至年底，全市各区均建立农村留守老年人定期巡访制度，实现对农村留守老人每月至少巡访1次，重点对象每周巡访1次，落实民生实事工作要求。留守老人信息全部录入“全国农村留守老年人信息管理系统”，实行一人一档信息登记，统一建立农村留守老年人巡访记录台账；全市80周岁以上的独居或仅与残疾子女生活的老人3088人，各区定期为其提供居家养老服务。2020年，各区组织农村留守老年人入户探访130多人次，为80周岁以上的独居或仅与残疾子女生活的老人提供居家上门服务15万多次。

加强职业技能培训　出台针对“粤菜师傅”“广东技工”“南粤家政”的相关配套政策文件，加快推进三大工程高质量发展。广泛开展技能培训。2020年开展各类技能提升培训38.9万人次，其中开展适岗培训企业1745家次，员工36.18万人次；开展粤菜师傅培训人数1.07万人次，完成民生实事计划数的355.33%，位居全省前列；开展南粤家政培训1.68万人次，完成民生实事计划数的168.2%。全力打造三大工程培训平台。建成佛山市厨艺学院（佛山市粤菜研究院），扶持建立粤菜师傅培训基地和大师工作室。建成佛山南粤家政学院，全面推动家政服务业提质扩容。

推进老旧小区改造　截至2020年12月25日，全市完工老旧小区7个，涉及改造面积16.48万平方米、改造户数1907户、改造楼栋25栋。开工老旧小区114个、涉及改造面积545.25万平方米、改造户数4.37万户、改造楼栋4744栋。完成前期调研和改造准备的老旧小区9个，涉及改造面积29.08万平方米、改造户数3497户、改造楼栋205栋。超额完成2020年老旧小区改造任务。

建设和完善污水管网　在2019年完成1080千米污水管网建设基础上，2020年下达新建改建污水管网1000千米任务，完成投资49.15亿元建成1105千米，超额完成任务，其中禅城187.4千米、南海404.3千米、顺德338.4千米、高明58.5千米、三水116.7千米。全市污水管网总长增至7343千米。完成老旧管网改造35千米，实施雨污分流改造407千米，污水收集率和处理量逐年提升，污水厂负荷率89%、污水处理率99%。进水浓度和污染物削减量得到进一步的提升，水环境得到明显改善。

加强交通拥堵治理　通过交通监测、市民反馈、实地排查等手段，从“点—线—面”三个层次梳理中心城区拥堵点，并聘请专业技术团队，按照“一堵点一方案”要求，采取优化交通组织、实施微创新改造、划设特定车道、调整片区进出通道等措施，缓解局部交通拥堵。截至年底，完成40处中心城区交通拥堵节点、路段及片区治理。实施治理后，交通部门会同交警、技术团队对改善效果进行评估，评估显示，治理后各拥堵点的道路通行能力得到一定提升，交通秩序得到一定改善，如魁奇路—桂澜路口晚高峰每小时可多通行

455辆车，通行能力提高8.7%；灯湖小学高峰期送学车辆送学效率提升近1倍，拥堵时长缩短40%。

提升公共交通服务水平　截至2020年底，全市优化调整公交线路24条，开通辅助公交线路23条，全市公交车于2020年6月底实现100%新能源化，完成当年的任务目标。在新能源公交车推广方面，全市所有在营运公交车辆更新为新能源公交车，实现全部淘汰燃油燃气公交车，进一步推动绿色交通体系发展，助力打赢蓝天保卫战。在更新新能源公交车的同时，针对开展公交车身形象、车辆技术、安全性能和服务设施等几个方面的提升。在公交线网的优化调整方面，优化公交线网结构，通过优化调整988线路、桂19线路等6条公交线路，提升公交服务覆盖；优化公交线网层次，调整340线路等12条线路的走向，进一步提升运营组织效率；优化调整286A线路、222线路等8条线路，打造南海快线枢纽中心辐射至市内各区以及佛山西站、广州南站等交通枢纽；根据疫情防控需要，开通企业线、社区线、通勤线等辅助公交线路17条，有力保障企业复工复产与市民出行需求；创新个性化、多元化的公交服务模式，开通5条旅游经济线、1条夜间经济线，助推旅游经济和夜间经济的打造。

提升基层传染病监测预警能力　2020年，佛山市印发实施《佛山市加快发热哨点诊室设置实施方案》，市财政配套800万元，明确时间节点和主体责任，推进基层发热诊室建设。印发实施《佛山市社区卫生服务机构发热哨点诊室设置运行工作指引（试行）》，明确诊室设置标准和运行流程。召开工作推进会，组织多轮督导指导，指导做好发热诊室规范建设和院感防控。截至年底，实现全市42个公立社区卫生服务中心、卫生院发热诊室全覆盖，超额完成任务。

强化食堂食品安全管理　践行“智慧监管”和“社会共治”理念，在全国率先建设“阳光餐饮”（互联网+“明厨亮灶”）平台，打造集明厨亮灶、信息公开、公众参与、主体自律、智慧监管以及大数据分析于一体的社会共治信息化平台，推进餐饮安全治理体系和治理能力现代化。截至年底，全市有1804个学校（含托幼机构）食堂和81个养老机构食堂实现互联网+“明厨亮灶”，在全省率先达到全覆盖。超额完成原定的“全市1779家学校（含托幼机构）食堂、80家养老机构食堂实现‘互联网+明厨亮灶’”目标。全市超3万个餐饮单位上线佛山“阳光餐饮”平台，数量居全省第一、全国前列。

提升困难群体医疗救助水平　《佛山市医疗救助办法》于2020年4月1日实施。在原有的《佛山市困难群众医疗救助暂行办法》基础上，进一步新增事实无人抚养儿童和罕见病医疗救助对象、进一步提升重点医疗救助对象待遇、进一步强化政策和经办服务的市级统筹。该办法取消重点医疗救助对象诊治普通门诊疾病需自付累计1000元以上才能救助的限制。将低保与低保临界对象普通门诊和门诊特定（慢性）病种救助比例由80%提高到90%，门诊特定（慢性）病种救助年度救助限额由2万元提高到3万元；孤儿、事实无人抚养儿童、特困供养人员普通门诊和门诊特定（慢性）病种救助比例为100%，普通门诊年度救助限额由1万元提高到无限额，门诊特定（慢性）病种救助年度救助限额由2万元提高到无限额。截至2020年11月30日，全市普通门诊救助111064人次，救助金额513.68万元；门诊慢性病种、门诊特定病种救助2.54万人次，救助金额413.87万元。

【政务督查】　2020年，佛山市政府督查室围绕市《政府工作报告》、市“十大民生实事”等重要决策部署，以及市政府主要领导的重点关注工作、重要批示等，梳理分解任务，推动贯彻落实，汇总相关情况形成督查专报9期。对各区出台促进汽车市场消费升级实施细则、做好公租房建设加快改善居住条件和环境、国家和省重大政策措施情况审计报告中指出问题、相关领域出台佛山标准、企业统计工作联络制度、排水设施建设管理体制机制改革、主要高速公路收费站出入口景观提升、“一环”绿化提升、城镇老旧小区改造、疫苗冷链配送和预防接种标准化建设、“四好农村路”建设、广佛高速谢边收费站保畅、落实稳岗就业、桂园社区及其相关交界地社会事务管理、城市更新（“三旧”改造）等事项推进或落实情况开展专项督查，针对发现问题提出督查建议，撰写专项督查报告15份。落实佛山市新型冠状病毒肺炎疫情防控指挥部有关部署，编发“领导批示指示交办单”106件及“督办提醒通知”18份，将市领导指示批示及时交市指挥办各工作组、各单位办理落实，并编发《战疫督查简报》18期、《战疫督查专报》28期，跟进工作落实情况，做到“事事有跟进，件件有回音”。统筹协调市有关牵头部门对接配合国务院第十一督查组做好实地督查工作，对督查组交办事项迅速跟进，推动核查整改落实到位，并及时将情况汇总反馈督查组，得到督查组认可。参照国务院大督查经验做法，坚持问题导向，围绕工业稳增长、基础设施建设投资、房地产业和建筑业发展、稳外贸稳外资促消费和保民生五大领域统筹部署开展市政府大督导，由5个督导组于11月3—19日分赴各区开展实地督导，基本摸清基层情况，找准问题症结，提出整改要求，推动各项目标任务落实到位。

（冯嘉欣）

重要会议

【概况】　2020年，佛山市召开市政府全体会议1次、市政府常务会议23次、市政府廉政工作会议1次、全市经济形势研判会议3次。

【市政府全体会议】　2020年，佛山市政府召开全体会议1次，于3月6日召开。主要研究以下工作：深入学习贯彻习近平新时代中国特色社会主义思想，认真贯彻中央经济工作会议、中共广东省委十二届九次全会和2020年省“两会”精神，落实中共佛山市委工作部署，讨论2020年市《政府工作报告（讨论稿）》，总结2019年工作情况，部署2020年工作安排。

【市政府常务会议】 2020年，佛山市政府共召开常务会议23次。

十五届市政府第五十九次常务会议于1月7日召开，学习贯彻习近平总书记对审计工作作出的重要指示精神；传达贯彻全国、全省农民工工作暨保障农民工工资支付工作电视会议精神；审议《广佛肇清云韶经济圈发展规划（2019—2025年）》《关于支持深圳建设中国特色社会主义先行示范区的行动方案（2019—2025年）》《关于进一步完善低收入群众临时价格补贴与物价上涨联动机制的通知》《佛山市促进汽车市场消费升级措施（试行）》等。

十五届市政府第六十次常务会议于1月21日召开，学习贯彻习近平总书记对京张高铁开通运营作出的重要指示精神；学习贯彻习近平总书记关于新型冠状病毒感染肺炎疫情的重要指示精神、李克强总理批示要求；审议《佛山市2019年财政收入及预算支出执行情况的报告》《关于佛山市2019年经济社会发展主要指标完成情况与2020年预期目标的建议》《佛山市中心城区重要主干道及特大桥隧管养方案》《佛山市城市生活垃圾分类实施方案》等。

十五届市政府第六十一次常务会议于1月27日召开，学习贯彻习近平总书记在中共中央政治局常委会会议研究新型冠状病毒感染的肺炎疫情防控工作时的重要讲话精神；通报2020年全市春节值班工作情况；听取关于全市新型冠状病毒感染肺炎疫情防控情况的汇报，研究下一步工作措施。

十五届市政府第六十二次常务会议于2月3日召开，学习贯彻习近平总书记对军队做好疫情防控工作作出的重要指示精神；审议关于市第四人民医院扩建工程（临时）有关工作的汇报。

十五届市政府第六十三次常务会议于2月21日召开，学习贯彻习近平总书记在中央全面深化改革委员会第十二次会议的重要讲话精神；学习贯彻国务院关于恢复交通秩序电视电话会议精神；审议《佛山市疫情防控期间援企稳岗政策的实施细则》《佛山市消防安全违法行为举报投诉奖励办法》《关于加强国Ⅲ排放标准柴油货车通行管理及调整重点区域限货时间的通告》《关于印发推进全市排水设施建设管理体制机制改革的实施意见的通知》等。

十五届市政府第六十四次常务会议于3月17日召开，学习习近平总书记同联合国秘书长古特雷斯通电话时的重要讲话精神；传达省农业农村抗疫情促生产保供给工作视频会议精神；研究调整2020年市级财政预算草案、组建佛山市森林消防救援队；审议《佛山市企业统计工作联络制度》《佛山市医疗救助办法》《佛山市促进货运业装备提升奖励资金管理办法》《广佛高质量发展融合试验区建设总体规划纲要》《关于提高佛山市2020年最低生活保障标准的通知》等。

十五届市政府第六十五次常务会议于3月31日召开，深入学习习近平总书记在二十国集团领导人应对新冠肺炎特别峰会上的重要讲话精神；传达贯彻全省工业和信息化工作会议精神；审议《佛山市“促消费、惠民生”活动月实施方案》《佛山市推动数字经济发展实施方案》《佛山市本级政府投资基金管理实施办法（修订版）》《关于加快建设“世界功夫之城”的实施意见》；研究关于下放顺德区村级工业园改造有关事权、推进佛山市新社会福利院建设相关事项等。

十五届市政府第六十六次常务会议于4月15日召开，学习贯彻习近平总书记对安全生产作出的重要指示精神、李克强总理批示要求；传达贯彻全国和全省汛期地质灾害防治会议精神；审议《佛山市深化供给侧结构性改革2020年工作方案》《佛山市新能源公交车推广应用和配套基础设施建设财政补贴资金管理办法（修订稿）》《佛山市停车场管理办法（草案）》《关于推进共有产权住房政策探索试点工作实施意见》《佛山市人民政府2020年重大行政决策目录》和《佛山市人民政府2020年重大行政决策听证目录》等。

十五届市政府第六十七次常务会议于5月7日召开，深入学习习近平总书记在4月29日中共中央政治局常务委员会会议上的重要讲话精神；审议《佛山市电动自行车管理规定》《佛山市公安机关警务辅助人员管理办法》《关于转发〈广东省城乡居民社会养老保险实施办法〉的通知》等。

十五届市政府第六十八次常务会议于6月5日召开，学习习近平总书记在中央政治局第二十次集体学习时关于切实实施民法典的重要讲话精神；审议《佛山市深化“互联网+先进制造”发展工业互联网的若干政策措施》《佛山市国有企业退休人员社会化管理工作实施方案》《佛山市高新技术企业培育和规模化发展三年行动计划（2020—2022年）》《佛山市流动人口居住登记条例（草案）》等。

十五届市政府第六十九次常务会议于6月11日召开，学习习近平总书记对海南自由贸易港建设作出的重要指示精神；审议2020年市《政府工作报告（审议稿）》《佛山市2019年国民经济和社会发展计划执行情况与2020年计划草案的报告（送审稿）》《佛山市2019年预算执行情况和2020年预算草案的报告（送审稿）》。

十五届市政府第七十次常务会议于6月23日召开，学习贯彻习近平总书记在宁夏考察时的重要讲话精神；审议《佛山市小微工业企业上规模奖励工作措施（2020—2022年）》《广佛高质量发展融合试验区建设方案》《佛山市建设工程造价管理办法》等。

十五届市政府第七十一次常务会议于7月15日召开，学习贯彻习近平总书记对进一步做好防汛救灾工作作出的重要指示精神和中共广东省委主要领导批示精神；传达学习《关于深化消防执法改革的若干措施》精神；审议《佛山市鼓励“国六”排放标准汽车消费补贴实施工作方案》和《关于落实消费者购买“国六”标准排量汽车资金补助工作的通知》《关于佛山市城乡社区配套公共服务用房建设和管理实施办法》《佛山市养老服务体系建设提升三年行动计划（2020—2022年）》《佛山市全面落实“六保”任务维护经济发展和社会稳定大局工作方案》《佛山市扩投资、促消费、稳外贸外资工作方案》等。

十五届市政府第七十二次常务会议于7月28日召开，传达贯彻习近平总书记在企业家座谈会上的重要讲话精神；审议《佛山市2020年上半年国民经济和社会发展计划执行情况的报告》《佛山市政府投资项目管理办法》《关于进一步加强市属非经营性项目建设管理工作方案》《关于我市2020年上半年污染防治攻坚情况的报告》。

十五届市政府第七十三次常务会议于8月11日召开，传达贯彻习近平总书记对“十四五”规划编制工作作出的重要指示精神；审议《佛山市重大工程项目建设总指挥部组建方案》《2020年上半年全市未成年人思想道德建设工作情况的报告》《佛山市中长期青年发展规划（2020—2025年）》等。

十五届市政府第七十四次常务会议于9月1日召开，传达贯彻习近平总书记在扎实推进长三角一体化发展座谈会上的重要讲话精神；传达贯彻省全民禁毒工程总结会暨整治突出毒品问题部署会精神；传达学习全省推动工业经济提速增效工作动员会精神；审议《佛山市“数字道路”建设规划》《粤港澳合作高端服务示范区建设实施方案》《关于促进中医药传承创新发展的实施意见》《关于打造“佛山标准”构建制造业质量竞争新优势的实施意见》等。

十五届市政府第七十五次常务会议于9月25日召开，传达贯彻习近平总书记在科学家座谈会上的重要讲话精神；传达贯彻全国秋冬季森林草原防灭火工作和全省安全生产工作电视电话会议精神；审议《佛山市河涌水污染防治条例（草案）》《佛山市见义勇为人员奖励和保障办法》《佛山市降低制造业企业成本支持实体经济发展若干政策措施（2020年修订）》《关于金融支持粤港澳大湾区建设的实施方案》《佛山市城市更新单元计划管理规定》等。

十五届市政府第七十六次常务会议于10月19日召开，学习贯彻习近平总书记出席深圳经济特区建立40周年庆祝大会和视察广东重要讲话和重要指示精神；审议《关于实施佛山市“粤菜师傅”“广东技工”“南粤家政”三项工程工作情况报告》《2020年第三季度污染防治攻坚情况报告》等。

十五届市政府第七十七次常务会议于10月29日召开，学习贯彻习近平总书记在纪念中国人民志愿军抗美援朝出国作战70周年大会上的重要讲话精神；审议《佛山市高质量发展科技示范基地建设方案》《佛山高新技术产业开发区践行新发展理念加速高质量发展三年行动方案（2021—2023年）》《佛山市进一步扩大对外开放实现利用外资高质量发展若干政策措施（修订版）》《佛山市排污权有偿使用和交易管理办法》等。

十五届市政府第七十八次常务会议于11月18日召开，学习贯彻习近平总书记重要文章《推进全面依法治国，发挥法治在国家治理体系和治理能力现代化中的积极作用》精神；审议《佛山市落实“一核一带一区”战略推动实现高质量发展实施方案》；研究南海区建设广东省城乡融合发展改革创新实验区申请市级支持事项等。

十五届市政府第七十九次常务会议于12月2日召开，学习贯彻习近平在第十七届中国—东盟博览会和中国—东盟商务与投资峰会开幕式上的重要讲话精神；审议《佛山市创新创业引导基金设立方案（修订版）》《佛山市政府补助（扶持）资金直达企业个人改革行动计划》《关于进一步加快轨道交通建设发展的意见》等。

十五届市政府第八十次常务会议于12月18日召开，学习贯彻习近平总书记在气候雄心峰会上的重要讲话精神；听取2020年度全市政务公开工作情况的报告、2020年全市行政复议和应诉工作情况的报告；审议《关于佛山主动融入国内大循环稳住经济基本盘的研究报告》《佛山市工业产品质量提升扶持办法（2020年修订）》《佛山市供用电安全管理办法》《佛山市城市轨道交通建设管理规定》；研究推动制造业高质量发展实施“六大工程”工作情况的报告等。

十五届市政府第八十一次常务会议于12月31日召开，学习习近平总书记在中央经济工作会议上的重要讲话精神；传达全国及全省根治欠薪冬季专项行动动员部署视频会议精神；传达贯彻省委、省政府主要领导关于河长制和万里碧道建设相关工作批示及省全面推行河长制工作领导小组第三次会议精神；审议《佛山市政府质量奖评审管理办法》《佛山市人民政府关于实行乡镇街道综合行政执法的公告》《佛山市海绵城市规划建设管理办法》等。

（陈　晨）

表9　**2020年以佛山市政府名义召开的全市性会议一览表**

序　号	会议时间	会议名称	负责部门
1	1月19日	全市2020年安全生产和消防工作暨第一季度防范重特大生产安全事故工作电视电话会议	市应急管理局
2	2月25日	全市推动企业复工复产工作会议	市工业和信息化局
3	3月6日	市政府全体会议	市政府办公室
4	3月17日	全市发展和改革工作会议	市发展改革局
5	3月20日	1—2月经济运行监测暨企业统计工作联络制度推进会	市统计局
6	4月10日	全市安全生产工作会议	市应急管理局
7	4月23日	第一季度全市经济形势研判会	市政府办公室

续表

序　号	会议时间	会议名称	负责部门
8	4月26日	佛山市创建全国版权示范城市工作动员会	市委宣传部（市版权局）
9	4月26日	全市知识产权工作会议	市市场监管局
10	6月22日	1—5月经济运行情况研判会	市统计局
11	7月15日	全市中医药大会	市卫生健康局
12	7月24日	上半年全市经济形势研判会	市政府办公室
13	8月4日	全市第三季度防范重特大生产安全事故暨消防工作会议	市应急管理局
14	8月7日	市政府廉政工作会议	市政府办公室
15	9月8日	佛山市庆祝2020年教师节暨全市教育工作会议	市教育局
16	9月10日	佛山市文化发展工作会议	市文广旅体局
17	10月26日	前三季度全市经济形势研判会	市政府办公室
18	11月11日	全市第四季度防范重特大生产安全事故暨消防工作视频会议	市应急管理局
19	11月16日	2020年广佛同城化市长联席会议	市发展改革局
20	12月8日	佛山市深化“放管服”改革优化营商环境工作会议	市政务服务数据管理局
21	12月9日	2020年基础设施建设投资专题督导会议	市发展改革局
22	12月9日	工业稳增长专题督导会议	市工业和信息化局
23	12月23日	佛山市推进创新驱动助力工程联席会议第二次全体会议	市科协
24	12月25日	2020年经济运行监测会暨全市房地产业建筑业发展、稳外贸稳外资促消费和保民生专题督导会议	市统计局

重要政策与措施

【概况】2020年，佛山市统筹推进新冠肺炎疫情防控和经济社会发展，集中精力做好稳就业、稳金融、稳外贸、稳外资、稳投资、稳预期“六稳”工作和保居民就业、保基本民生、保市场主体、保粮食能源安全、保产业链供应链稳定、保基层运转“六保”工作，出台重要政策和措施30多项，实现经济社会高质量稳步发展。其中：经济发展方面，分别以市政府或市政府办公室名义印发《佛山市工业产品质量提升扶持办法》等9个重要政策与措施文件；城乡建设方面，分别以市政府或市政府办公室名义印发《佛山市人民政府关于进一步加快轨道交通建设发展的意见》等6个重要政策与措施文件；社会事业方面，分别以市政府或市政府办公室名义印发《佛山市人民政府关于转发广东省城乡居民基本养老保险实施办法》等4个重要政策与措施文件；综合管理方面，分别以市政府或市政府办公室名义印发《佛山市停车场管理办法》等15个重要政策与措施文件。

【经济发展重要政策与措施】2020年，佛山市为推动制造业高质量发展，进一步降低制造业企业成本，市政府于11月印发《佛山市降低制造业企业成本支持实体经济发展若干政策措施（2020年修订）》，在2018年修订版的基础上，删除部分成效不大的措施，新增包括加大工会经费返还补助力度、引导银行降低企业融资成本、用人单位工伤保险缴费费率在八类行业基准费率和浮动费率政策基础上统一阶段性下调50%、对企业的研究开发费用给予补助、支持工业企业发展工业互联网等5项实用性强的措施。为进一步做好利用外资工作，市政府于12月印发《佛山市进一步扩大对外开放实现利用外资高质量发展若干政策措施（2020年修订）》，从加大外资引进力度、加大财政支持力度、加大用地保障力度、加大人才支持力度、加大金融支持力度、提升投资便利化水平、提升贸易便利化水平、提升税收便利化水平、提升科技创新水平、优化利用外资保障机制等10个方面提出25条措施。为促进佛山市制造业发展水平全面提升，市政府办公室于4月印发《佛山市推动制造业高质量发展实施“六大工程”行动方案》，提出实施“强核工程”“立柱工程”“强链工程”“优化布局工程”“品质工程”“培土工程”六大工程。为保障佛山市数字经济快速发展，市政府办公室于4月印发《佛山市推动数字经济发展实施方案》，明确“三步走”战略安排（到2022年，推动佛山数字经济快速发展，成为省内数字经济发展重要生力军；到2025年，推动佛山数字经济扩张壮大，成为全国数字经济发展新兴基地；到2035年，推动佛山数字经济持续倍增，跻身全国数字经济发展标杆城市行列），提出推进新型基础设施建设、数字产业化发展、产业数字化转型、优化数字经济发展生态、构建数字经济发展格局等五大方面16项举措。此外，市政府办公室还于1月印发《佛山市促进汽车市场消费升级若干措施（试行）》，提出加快推进汽车消费市场转型升级，促进汽车消费，更好满足居民出行需要；4月印发《佛山市促进货运业新增运力奖励资金管理办法》，提出鼓励支持货运企业加大投放新运力，为佛山市经济社会发展提供有力的运输保障；5月印发《佛山市深化供给侧结构性改革2020年工作方案》，提出四方面任务20条具体举措，巩固改革发展成果，增强市场内生活力，提升产业发展水平，推动经济高质量发展；5月印发《关于贯彻落实广东省促进外贸稳定增长和转型升级若干措施的实施意见》，提出主动适应和引领外贸发展新常态，推动全市外贸稳定增长和转型升级；12月印发《佛山市工业产品质量提升扶持办法》，提出进一步推动佛山制造业高质量发展，全面提升佛山市工业产品质量总体水平，提高供给质量水平和人民生活品质。

【城乡建设重要政策与措施】 2020年，佛山市为提升排水设施的建设管理水平，改善城乡水环境质量，市政府于3月印发《佛山市人民政府关于推进排水设施建设管理体制机制改革的实施意见》，提出深化全市排水设施建设管理体制机制改革，将过去由镇（街道）、村（社区）分散式建设管理转变为区级集中建设管理，实行“建管一体化”（排水设施的一体化建设、维护、运营）、“厂网一体化”（污水收集和处理设施的一体化建设、运营管理）、“城乡一体化”（城镇、农村的生活污水一体化处理）的建设和管理模式，尽快实现全市排水设施全覆盖、全收集、全处理，全面提高建设效率和管理水平，促进污水处理提质增效，坚决打好污染防治攻坚战。为加快佛山市城市轨道交通建设，规范城市轨道交通建设管理工作，市政府于12月印发《佛山市城市轨道交通建设管理规定》，提出从新建、改（扩）建城市轨道交通建设项目及其配套工程项目的规划、立项、勘察设计、用地手续及规划许可、前期工程、施工许可、招标投标管理、施工管理、工程验收、应急管理等全部建设活动进行规范管理。为推进共有产权住房政策探索试点工作提供方向和指引，市政府办公室于5月印发《关于推进共有产权住房政策探索试点工作的实施意见》，从完善住房保障的形式、改善保障家庭的居住环境与质量、减轻承购家庭的经济负担、共有产权住房实行封闭流转、多渠道筹集房源等6个方面提出政策指引。为保障城乡社区配套公共服务用房的配建，市政府办公室于8月印发《佛山市城乡社区配套公共服务用房建设和管理实施办法》，明确城乡社区用房的配建应遵循“四同步”（城乡社区用房配建与建设项目同步规划、同步建设、同步验收、同步投入使用）原则，明确城乡社区用房应根据城市发展需求做好总体规划，明确城乡社区用房配建标准和要求，明确城乡社区用房验收要求，明确城乡社区用房移交、产权登记程序和要求，明确城乡社区用房建设管理相关部门职责等。此外，市政府还于12月印发《佛山市人民政府关于进一步加快轨道交通建设发展的意见》，提出加快推进佛山市城市轨道交通建设和发展；市政府办公室于10月印发《佛山市城市更新单元计划管理规定》，提出进一步规范全市城市更新单元计划管理工作。

【社会事业重要政策与措施】 2020年，佛山市为确保就业大局稳定和经济社会持续健康发展，市政府于4月印发《佛山市人民政府关于贯彻落实广东省进一步稳定和促进就业若干政策措施的实施意见》，提出支持企业发展，稳定就业岗位；推动经济发展，开发更多就业岗位；推进稳就业，加强分类指导；实施创业佛山战略，鼓励创业带动就业；提升职工技能，从源头稳定就业；完善就业工作体系，强化服务供给；推进三大培训工程，促进就业创业；加强组织保障，狠抓任务落实等8个方面实施意见。为进一步发展和规范佛山市城乡居民基本养老保险制度，市政府于5月印发《佛山市人民政府关于转发〈广东省城乡居民基本养老保险实施办法〉的通知》，转发《广东省城乡居民基本养老保险实施办法》同时，结合佛山实际，调整确定新的城乡居民基本养老保险的缴费标准以及参保人对应的月缴费标准，明确对符合领取城乡居民基本养老保险待遇条件的参保人增加基础养老金补贴，确定新的调整丧葬补助金标准，明确城乡居民基本养老保险基础养老金调整方式等。为进一步完善医疗救助政策，市政府办公室于3月印发《佛山市医疗救助办法》，对医疗救助细则的制定目的与适用范围、重点医疗救助对象的认定方法与救助方式、其他医疗救助的认定流程与管理方式、医疗救助待遇重核的申请要求与处理规定、医疗救助服务管理的相关要求等予以明确和规定。此外，市政府还于6月印发《佛山市人民政府关于改革国有企业工资决定机制的实施意见》，提出完善国有企业工资分配监管体制，调动国有企业职工的积极性、主动性、创造性，进一步激发国有企业创造力和提高市场竞争力。

【综合管理重要政策与措施】 2020年，佛山市为改善佛山市“停车难”问题，市政府于5月印发《佛山市停车场管理办法》，对佛山市停车场的规划、建设和管理做出规定，明确将停车场分为公共停车场、专用停车场和路内停车泊位三大类，明确差别化停车收费政策，并提出鼓励新建停车场、加强停车场智能化建设、实施路边停车智能收费等措施。为规范全市各级公安机关警务辅助人员管理，市政府于6月印发《佛山市公安机关警务辅助人员管理办法》，是佛山首个专门针对辅警的管理办法文件，共7章47条，明确辅警的职责权利和义务、招聘、管理与监督、待遇保障、法律责任等内容。为加强电动自行车管理，市政府于8月印发《佛山市电动自行车管理规定》，共6章46条，明确规定各部门职责分工、销售企业的责任、电动自行车登记、停放及消防安全规定以及通行规范及法律责任等。为提升佛山制造知名度和影响力，打造“佛山标准”，增强制造业质量竞争力，市政府于10月印发《佛山市人民政府关于推进佛山标准工作的实施意见》，提出实施“佛山标准”供给工程、评价工程、点亮工程、培育工程、保护工程等五大工程，强化“佛山标准”品牌宣传、培育和保护，为企业赋能、为产品赋值。为加强和规范佛山市政务数据资源管理，推进政务数据共享开放和开发应用，全面提高全市行政效率和服务水平，市政府办公室于3月印发《佛山市政务数据资源管理办法（试行）》，提出建设统一平台对政务数据进行管理，并提供共享使用、开放应用等服务。为佛山高质量发展提供科学评判和客观依据，发挥绩效评价的激励和导向作用，市政府办公室于11月印发《佛山高质量发展综合绩效评价体系（试行）》，明确评价体系由综合绩效评价指标和减分项指标两大类组成，设置6项一级指标和41项二级指标。其中：综合绩效评价指标设置综合、创新、协调、绿色、开放、共享6个方面，覆盖高质量发展涉及的各重点领域；减分项指标重点体现高质量发展的底线和红线要求，包括重大生态破坏事件、重大生产安全事故等9个方面。此外，市政府还于12月印发《佛山市人民政府关于调整实施一批省级和市级权责清单事项的决定》和《佛山市人民政府关于调整实施第二批市级权责清单事项的决定》，提出进一步深化全市“放管服”改革，促进政府职能转变。市政府办公室于1月印发《佛山市人民政府办公室关于修订佛山市支持企业融资专项资金管理办法》，提出支持企业发展，发挥财政资金扶持作用，缓解企业融资难、融资贵问题；1月印发《佛山市人民政府办公室关于进一步完善全市低收入群众临时价格补贴与物价上涨联动机制》，提出进一步完善全市低收入群众临时价格补贴与物价上涨联动机制，保障低收入群众的基本生活不因物价上涨而受影响，并逐步得到改善；3月印发《佛山市消防安全违法行为举报投诉奖励办法》，明确发挥社会舆论和群众监督作用，及时发现和消除各类火灾隐患，制止和惩处消防安全违法行为；6月印发《佛山市改革完善医疗卫生行业综合监管制度实施方案》，提出到2020年建立职责明确、分工协作、科学有效的医疗卫生行业综合监管制度，健全机构自治、行业自律、政府监管、社会监督相结合的多元化综合监管体系；7月印发《佛山市建设工程造价管理办法》，提出加强建设工程造价监督管理，完善市场决定造价机制，合理确定和有效控制建设工程造价，维护建设各方合法权益；12月印发《佛山市排污权有偿使用和交易管理办法》，提出有序推进全市排污权有偿使用和交易试点工作，规范排污权有偿使用和交易行为。

（黎靖瑜）

人事管理

【概况】 2020年，佛山市参加广东省事业单位公开招聘1次，组织开展佛山市直事业单位公开招聘1次，公开招聘市直事业单位工作人员118人，公开招考市直机关事业单位雇员73人。

【人事考试】 2020年，佛山市人事考评管理办公室共组织各类人事考试工作35项，设置考场123场次。其中：专业技术人员资格考试27项，115场次，参加考试159680人次，比上年增长11.5%；组织广东省考试录用公务员笔试工作1项，参加笔试考生30251人，比上年增长51.3%；组织广东省考试录用公务员面试工作1项，参加面试考生1386人，比上年增长近三倍；组织中央机关及其直属机构2021年度考试录用公务员笔试工作1项，参加笔试考生6106人；组织广东省事业单位2020年集中公开招聘高校应届毕业生笔试、市直事业单位公开招聘笔试共2场，参加笔试考生共7934人，比上年增长81.6%；组织市直机关单位雇员及党建指导员公开招考1项，参加笔试考生1104人；组织2020年度营级以下军队转业干部考试笔试1项；组织2020年退役士兵安置笔试1项。全年全市206591人次参加人事考试，比上年增长22.9%。此外，人事考试佛山考区各考点均配齐金属探测仪等防作弊设备，所有考点考场均为标准化考场。佛山市现有签约定点人事考试考点学校19所，年内已全部完成视频监控安装。佛山开放大学、佛山市第三中学初中部等19个定点考场完成监控网关设备安装，主监控设备部署在佛山市人事考评管理办公室，并在2020年广东省考试录用公务员笔试当天进行全面运行，系统运行正常。

【职称评审】 2020年，佛山市组织开展全市职称评审2次，全市全年新增专业技术人才13288人。开辟绿色通道评审服务，指导全市满足条件的科技型企业家27人获得高级职称；对佛山市援鄂医护人员情况进行全面摸查，佛山市参与新冠肺炎疫情防控工作的医疗卫生人员获高级职称124人，其中正高级职称32人、副高级职称92人。开展评审结果核查，书面通报抽查情况，针对薄弱环节提高工作要求，完善职称评审管理服务。谋划职称评委会组建管理工作，新组建佛山市铁路工程、水利水电2个专业中级职称评审委员会，向广东省人力资源和社会保障厅争取副高级职称评审权限，佛山市人力资源和社会保障局完成机电副高级职称评审权限的承接。开展推动企业自主评审调研，形成书面调研报告，并指导企业对申报材料进行审核修订。开展职称政策宣讲活动，参加活动的专业技术人员约3800人次。

【一线医务人员招聘】 2020年，佛山市支持医疗卫生事业单位简化招聘程序，设立招聘绿色通道，紧急补充医护人员。佛山市医疗卫生事业单位全年共拿出532个岗位，用于紧急补充一线医务人员，支援病人救治和新冠肺炎疫情防控工作。

【新冠肺炎疫情防控人员福利待遇】2020年，佛山市落实新冠肺炎疫情防控期间医疗卫生事业单位及一线医护人员各项福利待遇的政策，包括落实一线医务人员的临时性工作补助、调整提高卫生防疫津贴标准、落实“单列核增一次性绩效工资总量”的政策等。

（卢文韬）

政务服务

【概况】2020年，佛山市继续推进简政放权，承接省级事权1076个，市向区下放事权765个，实施国家“佛山市政务服务标准化试点”项目，推动全市政务服务一体化运行，统一全市3210个政务服务事项标准，整合市、区、镇（街道）、村（社区）四级政务服务运行平台，全市超700万件业务在同一平台一体运行。深化“一网一门一次”政务服务改革，提高办事便利度，全年全市政务服务质量9.5分，好评率99.99%。实现“一网通办”事项2127个，“跨省通办”事项273个，建设政银合作“门口办”服务网点225个，办理“四免”（政府部门核发的材料原则上免提交、政府部门形成的业务表单数据原则上免填写、可用电子印章的免用实物印章、可用电子签名的免用手写签名）服务材料4.82万份，完成移动终端“指尖服务”事项超过1000个，企业开办全流程压缩至0.41天，69个经营主题“证照联办、一照通行”，联合中国建设银行佛山市分行打造“港澳商事E点通”，不动产一般登记和抵押登记压减至3个工作日以内。深化工程建设项目审批制度改革，15个部门215个核心管控图层“一图统管”，生成策划项目52个，“拿地即开工”项目16个，156人专业代办团队为重点项目提供靠前代办服务。探索推行政府采购和工程项目招投标“评定分离”制度改革，全年全市124个项目使用“评定分离”方法进行评定标，交易金额131.42亿元。市“12345”平台服务处理量超516.66万人次，上线《对话民生》政民互动直播节目7期，接受各类媒体采访报道超60次。

【政务服务“一网一门一次”改革】2020年，佛山市深化政务服务“一网一门一次”改革，推进政务服务向“整体、主动、精准、智能”的目标发展。标准引领，统一规范全市政务服务“无差别”运行。在2018年政务服务标准基础上重构涵盖3大子体系86个标准的标准体系，整合建设“佛山市一体化在线政务服务平台”，市、区、镇（街道）、村（社区）四级5.61万个政务服务事项上线并提供规范、无差别和有“温度”的服务。服务创新，全力推进“一网通办、异地可办、跨层联办、掌上即办”。实现全市2127个事项“一网通办”，全年网上办事业务量1391.35万件；涉及20多个部门400多个政务服务事项再造审批流程，实现“一件事”主题联办、跨层联办，简化办事流程，压减办事时间；打造城市服务应用平台“佛山通”应用程序（App），接入服务超3156个，54个事项“秒批秒办”，下载量突破103万人次，累计注册用户突破306万人次，已接入服务累计使用近6000万人次，让企业、市民通过一个应用程序（App）能够畅享城市服务；推进惠企政策服务，在各区行政服务大厅建设惠企服务专窗或专区，接入扶持事项595个，“扶持通”平台注册企业超4.7万家，注册个人突破30万人次，累计发放各类补贴资金超74亿元。数据跑腿，全力打通群众办事“最后一公里”。推进“六办”（预约办、马上办、容缺办、一窗办、一网办、异地办）、“四少”（少填、少材料、少时、少跑）提效服务，全市窗口平均等候时间压缩至11分钟以内，节约办理时间98%；在“同城通办”“湾区通办”基础上，与南昌、武汉、海口、岳阳、来宾等8个城市对接，推动政务服务“跨省通办”；“市民之窗”完成与省平台对接366台；实现政银合作“门口办”受理业务12万件，咨询量超10万人次；电

2020年，佛山市打造城市服务应用平台“佛山通”应用程序（App）。图为“佛山通”网上办事界面

（市政务服务数据管理局 供图）

子印章投入使用1274个，完成电子证照发证目录188种，累计签发量3492万张，642个事项办理过程中可调用电子证照。制度保障，以评促改构建常态化监测评价机制。采取日常运行监测、第三方专业评估、满意度测评、投诉受理处置、聘请社会监督员等方式，开展政务服务实施监督评估工作，明确各级、各部门专责人员，将政务服务实施和运行监督纳入常态化工作。

【工程建设项目审批制度改革】 2020年，佛山市进一步优化工程建设项目审批流程，将全市建设项目细化为“7+7+N”（7类政府投资项目，7类社会投资项目，N类其他简易项目如市政外线工程、二次消防装修、加装电梯等）等19个类型，增加二次装修、加装电梯等低风险项目，分类压缩审批时限。加快项目前期策划生成，完成15个部门215个核心管控图层的整合工作，上线联合评审功能，全市有400个项目录入储备库，52个项目完成策划生成。探索服务创新，全面推行市政公用基础设施外线工程并联审批改革，探索试行低压电力外线工程免审批改革。推进“拿地即开工”，推行“标准地”供应、“带方案”出让用地、项目审批告知承诺制等举措，全市编制“标准地”54个，16个项目实现“拿地即开工”，选定12个区域开展区域评估，16个项目实行“用地清单制”。在各级行政服务中心设立重点项目代办中心，全市组建156人的靠前服务专班团队，为500多个项目提供“一对一”代办服务。2020年全市上线建设项目1.37万个，政府投资、社会投资项目立项至竣工平均审批用时分别为40.26天、38.31天。

【商事制度改革】 2020年，佛山市继续推动“四位一体”商事登记服务，构建集综合窗口、自助终端、手机终端、电脑端于一体的全方位、全天候、立体化的智慧便民办照模式，全市商事登记、公章刻制、申领发票企业开办全流程压缩至0.41天。继续推动全国“企业开办全程网上办”试点市工作，自主研发商事登记自助服务系统，通过“市民之窗”自助终端和手机微信，打造365天全天24小时“不打烊”的商事登记模式，实现企业登记全过程自助办理5分钟打印出营业执照。继续深化企业简易注销登记改革，推行企业注销“一网服务”。继续深化商事经营“证照联办”改革，试点上线69个服务主题，实现“企业开办时间再减少一半”。加速“佛港通办”项目落地，联合中国建设银行佛山市分行推出“港澳商事E点通”。在全省率先启动“一照通”审批改革，将涉及市场监管领域的经营许可与营业执照合并办理，许可事项及信息通过二维码的方式集中体现在营业执照上，实现“证照合一”。

【不动产登记制度改革】 2020年，佛山市推进不动产登记能力和服务水平“双提升”和“再提升”行动，印发《佛山市不动产登记能力和服务水平“再提升”工作方案》，通过“双提升”和“再提升”各项措施，一般登记业务平均实际办理时间均低于3个工作日；抵押登记业务平均实际办理时间1.38个工作日，全市基本实现抵押登记1个工作日、一般登记3个工作日办结的目标，其中14个事项可以即时办结。优化升级“互联网+不动产登记”平台，市级和各区开通19个不动产登记网上申请审批事项，签约开通258个金融机构和352个开发企业服务端口，当年度通过网上受理不动产登记业务约16万件；同时推行抵押人为个人办理抵押登记和预告预抵（批量）“全网办”和抵押人为企业的抵押登记和预告预抵（单件）“全网办”业务，开拓“全网办”创新模式。开通“佛山市不动产登记资料查询”掌上服务，群众可通过“粤省事”小程序和“佛山市自然资源局”微信公众号随时随地查询不动产登记结果信息；同时所有不动产登记事项均实现不动产登记证书（证明）邮政特快专递服务（EMS）邮寄到家，办证只需“只跑一次”。

【公共资源交易体制机制改革】 2020年，佛山市探索推行政府采购和工程项目招投标“评定分离”制度改革，落实招标采购人的主体责任，全市124个项目使用“评定分离”方法进行评定标，交易金额131.42亿元。探索推进远程异地评标，完成不见面开标大厅建设，工程建设项目招标全面实行网上备案，电子投标文件实行远程解密，取消提交纸质投标文件，投标人无须到现场参加开标会。3月，佛山市配合湖北省十堰市完成全国首个疫情期间援鄂远程异地评标项目。年内，完成跨省远程异地评标项目27个，交易金额6.86亿元。推进“互联网+交易”，加快电子保函服务取代传统现金保证金，降低企业交易成本。

（唐璐媛）

【政府信息公开】 2020年，佛山市人民政府办公室收到政府信息公开申请119件，完成答复117件（含上年度结转办件3件），结转下年度办理5件。编辑《佛山市人民政府公报》20期，汇编各类主动公开文件213份。印发《佛山市政府系统政策解读工作细则（试行）》，加强和规范市政府系统政策解读工作，提高政策解读针对性、精准性。推进基层政务公开标准化、规范化工作，全市各区、镇（街道）政务公开事项标准目录于12月31日前编制完成并对外公布。办理人大建议169件、政协提案207件，办复率100%；办理省政府办公厅交办佛山市的网民留言114件，均在限期内作出答复，答复率100%。完成全省政府网站集约化工作，全市40个政府网站及数据迁移至省政府网站集约化平台。全市政务新媒体账号数量由原来的640个压减至239个，实现从数量向优质高效转变。省政府办公厅通报2019年度全省政务公开工作第三方评估结果，佛山市被评为“优秀”。佛山市政府门户网站在中国软件评测中心主办的2020年数字政府服务能力评估暨第十九届政府网站绩效评估结果发布会上名列全国地市政府网站第一，实现“十连冠”。佛山市禅城区政府门户网站在中国政府网站绩效评估中连续4年总成绩排名区县级第二。

（林倩渝）

【全省首张“一照通”登记许可合办营业执照在佛山发出】 2020年4月8日，佛山市顺德区发出全省首张加载食品经营许可信息事项的“一照通”营业执照，办理人到顺德区行政服务中心只提交1套资料，只跑1次，即可拿到营业执照。同日，佛山市印发《佛山市市场监督管理局深化“证照分离”改革 推进“一照通”工作实施方案（试行）》，在全省率先启动市场监管一体化平台暨“一照通”审批改革。改革按照“先易后难、先简后繁、成熟一项、实施一项”的原则，首批将部分食品经营许可与商事登记合并办理，先在顺德区、高明区试点，5月在全市推行并逐步扩大改革事项实施范围。

【“12345”政务服务热线】 2020年，佛山市“12345”平台服务处理量超516.66万人次。其中电话处理量237.46万人次，微信、网站、智能问答机器人等渠道服务处理量279.20万件次，总体服务满意度达98%以上。全年佛山“12345”在网站、微信端小程序和公众号等网络渠道的在线交流量达36万人次；微信公众号关注量77.29万人次，推送各类政务信息、办事指南、便民提示等222条，总阅读量超182万人次；上线《对话民生》政民互动直播节目7期；接受各类媒体采访报道超60次，其中“学习强国”广东平台或全国平台推送有关报道19篇。佛山作为试点城市推进“12345”热线智能化工作，创新打造面向市民服务、面向座席辅助、面向政府支撑三大方向的智能化八大应用。智能知识库完成13个主题182个子主题的知识梳理解读，智能客服机器人上线后月均服务量达1.89万人次，智能外呼、智能座席助手和智能质检等应用上线试运行。

（唐璐媛）

外　事

【概况】 2020年，佛山外事部门发挥外事资源和渠道优势，主动服务国家重大对外发展战略和总体外交，统筹协调全市各领域对外交流合作。成立外事专班，妥善安排外国驻华官员在佛山市进行集中医学观察事宜，协助佛山驻外机构协调当地华人与佛山市企业贸易纠纷，协助沟通外国包机等，坚持“一视同仁”的原则，设立24小时外国人服务应急热线，办结使领馆诉求82件。与国际友城和友好交流城市携手抗疫，组织复工复产经验分享线上交流会议，全年全市收到来自国际友城、各国华侨华人捐赠物资、款项、慰问品等55批次，向美国、德国、日本、法国、澳大利亚、英国、吉尔吉斯斯坦、瓦努阿图等国捐赠医用外科口罩、N95口罩、防护服、隔离衣等多种抗疫物资。全年全市审发外国人到华邀请核实单291批730人次。同时，在做好科学防控新冠肺炎疫情措施前提下，全年协调安排29批次138人次外国驻穗总领馆代表团访问佛山。截至2020年底，佛山市及各区缔结国际友好城市16对。

【涉外工作处理】 2020年，佛山外事部门妥善安排外国驻华官员在佛山市进行集中医学观察事宜，协助佛山驻外机构协调当地华人与佛山市企业贸易纠纷，协助沟通外国包机等，坚持“一视同仁”的原则，设立24小时外国人服务应急热线，办结使领馆诉求82件，累计接电话200余个，用实际行动贯彻落实外事服务十条措施。联合佛山市科学技术学院发动18名外籍留学生成立疫情防控志愿者队伍，各区陆续成立外籍志愿者队伍39人。对市区防疫外语志愿者队伍386人开展综合岗前培训，累计制定下发外语疫情防控指引文稿25份，协助审核指引文件2份，协助翻译有关文件6份，制定定点隔离酒店、社区涉外工作指引3份，制定健康服务相关中外文表格类10余份，通过

表10　佛山市及各区缔结友好国际城市关系一览表

中　国	外　国		缔结时间
	友城名称	国家/地区	
佛山市	伊丹市	日本	1985年5月8日
	路易港市	毛里求斯	1989年1月27日
	斯托克顿市	美国	1994年3月4日
	波塞雄市	留尼汪（法属）	1997年4月11日
	汤斯维尔市	澳大利亚	2006年7月28日
	圣乔治市	格林纳达	2010年4月23日
	因戈尔施塔特市	德国	2014年1月22日
	斯达洛加勒德市	波兰	2014年6月10日
	纳罗福明斯克区	俄罗斯	2017年2月27日
	维拉港市	瓦努阿图	2017年6月12日
	奥什市	吉尔吉斯斯坦	2019年6月13日
禅城区	梅德韦市	英国	2010年3月2日
	福遍郡	美国	2012年11月28日
南海区	雷诺市	美国	1994年7月18日
	沃尔夫斯堡市	德国	2016年8月27日
顺德区	高嘉华市	澳大利亚	2012年12月11日

注：截至2020年12月，佛山市缔结16对友城关系

2020年10月19日，太平洋岛国驻华使节团参观美的集团总部　（市委外办　供图）

微信公众号等平台累计编发疫情外语信息200余条。简化外国人来华工作许可程序，对需要办理外国人来华工作业务中的延期、注销、变更、补办业务，受理环节采用“承诺制”，可在系统决定通过后领取“准予行政许可决定书”时再提交核验纸质材料，共审批外国人来华工作许可（变更、注销、延期、补办）2352项。

【接待外国驻穗领馆代表团到访】2020年，佛山市外事部门统筹做好市领导会见外国驻穗总领事工作，全年协调安排29批次138人次外国驻穗总领馆代表团访问佛山。通过协调市领导会见法国、荷兰、新加坡、西班牙、新西兰、澳大利亚、巴西等多国驻穗总领事，推介佛山市社会经济发展成就和开放优良的营商环境，宣传全市科学抗疫、复工复产正面成果，并在推进双边经贸合作、地方对外友好交往等多个领域与外方达成共识。同时协调指导市有关部门、区镇（街道）、重点企业涉领馆接待，结合佛山市非物质文化遗产丰富、工业基础雄厚、产业门类齐全、名牌产品众多等优势条件，帮助氢能企业与美国、荷兰、英国等国驻穗领馆进行对接，通过线上、线下多渠道进行交流，寻求合作机遇；促成英国、澳大利亚、以色列、新加坡等国驻穗总领馆代表团访问碧桂园集团、美的集团、小熊电器等佛山市龙头企业，稳妥推进多领域务实合作交流。

【外国人来华邀请核实单业务】2020年，佛山市外事部门保障必要外籍人员来华需要，做好外国人来华签证邀请核实单业务办理，确保受邀来华人员纳入联防联控机制。全年接处基层及企业涉及当前外国人来华管理工作“12345”平台咨询、电话、邮件672起。办理佛山市企业外籍人员来华申请291批730人次，助力复工复产、复学复课，加快经济社会全面恢复。

【预防性领事保护宣传】2020年，佛山市多渠道、多角度开展预防性领事保护宣传活动。在新媒体平台制发领事保护宣传短片，每周推送出国安全提醒动态，全年累计推送信息106条，倡导公民海外文明安全出行。依托社区党建共建工作送领保服务进社区，向群众宣传领事保护与服务政策和知识，全年开展活动1场。制作雨伞、环保袋、小扇子、宣传折页等实用性强、方便携带的领事保护宣传品，推动文明出游、平安出行理念深入人心。

【佛山人民对外友好协会换届】2020年，佛山市外事部门整合多方资源，做好友协换届工作，选举姜亦福为市友协会长，成立第十届理事会，新一届理事会理事单位除市直有关部门以外，还增加佛山市协会类、企业类理事单位和海外特邀理事，以体现友协在民间的广泛代表性。佛山市人民对外友好协会于1984年挂牌成立，致力于促进佛山市与世界各国的友谊和交流合作，是佛山市地方性人民团体，广东省人民对外友好协会的团体会员。

【中共佛山市委外事工作委员会第二次会议】2020年3月6日在佛山市机关小礼堂举行。会议由中共佛山市委书记、市委外事工作委员会主任鲁毅主持。佛山市市长朱伟及全体委员出席会议，市相关部门负责人列席会议。会议肯定2019年全市对外工作，审议通过《2020年工作要点》《专项工作安排》《因公出国计划》等3份外事相关文件，印发全市各相关部门落实，推动佛山对外开放合作工作。

（蒋淑君）

侨　务

【概况】2020年，祖籍佛山的海外华侨华人约80万人，分布在世界70多个国家和地区。佛山市归侨人数约2800人，以越南、印度尼西亚、马来西亚、印度、新加坡等归侨为主。其中：散居归侨人数约1200人，主要分布在禅城区、南海区、顺德区；聚居归侨约1600人，以越南归侨为主，聚居地在三水区南山镇迳口华侨农场。

佛山市侨务部门支持海外侨胞做好新冠肺炎疫情防疫，全年向18个国家（地区）58个侨团（个人）捐赠口罩39万个及药品一批；发挥“侨务+”优势，拓展对外交往的渠道和领域，支持顺德区举办云恳亲大会，引导支持海外华侨华人参与“一带一路”建设。

【海内外携手共抗疫】2020年，佛山市侨务部门携手海外乡亲共同抗击新冠肺炎疫情。面对国内突如其来的新冠肺炎疫情，海外华侨华人筹集善款，采购医用防护服、口罩和护目镜等防疫物资，支持佛山抗击疫情。全市侨务部门共接收来自19个国家（地区），93个侨团（个人）的捐款316.3万元，捐赠物资价值249.89万元。佛山市各级侨务部门发挥与海外华侨华人社团紧密联系的优势，支持海外华侨华人做好新冠肺炎疫情防控。利用微信公众号，以及海外侨团、同乡会微信交流群及时通报佛山有关疫情防控工作的各项政策、信息，及时向海外侨胞和在外留学生宣传疫情防控知识；主动联系海外侨团侨领和留学生协会等收集了解海外侨胞回乡意向，掌握境外人员动态实现信息互通、数据共享、工作联动；开通华侨华人、留学生电话服务热线并提供微信线上服务，加强沟通，了解抗疫需求，传递关怀；协调、统筹各方资源，购买一批口罩、医药用品等防疫抗疫物资，赠与海外社团，帮助海外乡亲渡过难关。全年全市侨务部门向18个国家（地区）58个侨团（个人）捐赠口罩39万个及药品一批，捐赠物资价值约87万元。

【侨胞联谊】 2020年，佛山市侨务部门全年接待到访华侨华人21批次132人次，其中市侨务局接待到访华侨华人9批次45人次。市侨务部门通过加强与海外侨胞的联系交流，联络乡情乡谊，开展佛山海外高层次人才引进、经贸发展、中餐繁荣等方面的合作交流。支持顺德区举办云恳亲大会，凝聚世界顺德人"云端"相聚共谋家乡发展。支持美国北加利福尼亚州广府人联谊总会印制一批胸章和宣传资料，支持澳大利亚佛山联谊总会建设"佛山会馆"。支持毛里求斯唐人街基金会狮子（舞狮道具）2套。

【粤菜文化对外宣传推广】 2020年，佛山市侨务部门继续发挥海外侨胞影响力，向海外华人华侨宣传推广佛山粤菜文化。接待国际美食家协会主席李满全，以及来自葡萄牙、爱尔兰、肯尼亚、乌干达、比利时、泰国、塞浦路斯、加拿大等国家的美食家协会成员到访佛山，探讨关于推进中餐文化在海外发展等事宜。承办海外中餐微课堂项目，共同筹备拍摄"粤菜师傅工程·四海同享"广东省21个地市招牌粤菜微课堂视频，扶植海外中餐业发展，推动"粤菜师傅"工程走向海外。协调配合中共广东省委统战部副部长、省侨办主任庞国梅率调研组到顺德区调研指导基层侨务工作，实地走访顺德职业技术学院"中餐繁荣"培训基地等。

2020年11月23日，佛山工合空间举行"南粤侨创基地"揭牌仪式

（市委统战部　供图）

【爱侨护侨】 2020年，佛山市侨务局开展暖侨心送温暖活动，赴迳口华侨农场慰问归侨侨眷。配合佛山市人大开展《广东省华侨权益保护条例》实施情况执法检查，到南海区景兴健康护理实业股份有限公司、高明区欧一电子制造有限公司等侨资企业，顺德区顺德职业技术学院等侨捐项目单位及三水区迳口华侨农场调研，并与各区人大常委会、侨务工作部门负责人和侨资企业、侨捐项目负责人进行座谈交流。举办侨法进社区活动，做好侨法宣传。联合佛山新城东平社区举办《中华人民共和国归侨侨眷权益保护法》《广东省华侨权益保护条例》等侨法宣传活动，为社区邻里提供侨法咨询，发放宣传资料。依法依规办理涉侨事务，市侨务局全年开具报考普通高校"三侨生"（归侨青年、归侨子女、华侨在国内的子女）证明18份，审批华侨回国定居5件，接信接访接电40人次，为归侨侨眷、海外侨胞解决困难。顺德区审批华侨回国定居2件。全市受理侨眷身份证明9件、归侨身份证明10件。

【工合空间成为广东省南粤侨创基地】 2020年10月，广东省归国华侨联合会公布广东省第一批南粤侨创基地名单，其中，位于佛山市南海区桂城街道的佛山工合空间入选。同年11月23日，在佛山工合空间举行南粤侨创基地揭牌仪式。佛山工合空间作为面向创客的创业孵化基地，以"超级联系人"为定位，通过与相关机构、高等院校密切合作，为创业者对接丰富的创业资源、人才、信息和服务。

（李赋斌）

台湾事务

【概况】 2020年，佛山市开展"惠台暖企"行动，落实各项惠台惠企政策措施，帮助台商台胞做好新冠肺炎疫情防控与复工复产，提振台商台胞发展信心，鼓励帮助台商台胞融入"双区"建设（深入推进粤港澳大湾区建设和支持深圳建设中国特色社会主义先行示范区），与台湾开展经贸、科技、文化、艺术、青年、教育等各领域交流，维护两岸关系和平稳定发展。全市新设立台资企业32家；新增合同台资1817.33万美元，新增实际台资1491.37万美元；台资企业累计1395家，累计实际利用台资超过61亿美元。

【佛台交流】 2020年，佛山市突出佛山特色，强化佛台青年交流，与台湾开展文化、艺术、教育交流，促进两岸关系发展。继续推行佛山青年台商“十年名校”培训计划，在中山大学举办以“弘扬中山精神，勇立湾区潮头”为主题的第十期青年台商研修班。承办第七届台湾青年岭南行活动粤港澳大湾区科技考察之旅（佛山站）活动，两岸青年及媒体代表超100人参加。郭奕廷、陈泉宏等台湾青年创业项目分别进入2020广东“众创杯”、中国创新创业大赛港澳台赛决赛，分别获优秀奖、初创组一等奖。香港《文汇报》于7月4日A4版整版报道台湾创业青年陈泉宏事例，引起热烈反响。市政协办公室、佛山海外联谊会等联合举办第三届“中华翰墨情”佛港澳台中小学生书法比赛，举办佛港澳台青年湾区行活动等。钟莉葳等4名女性台商代表首次以特邀代表身份出席佛山市妇女第十三次代表大会。佛山市台商协会监事长、佛山华国光学器材有限公司总经理周樑成获2020年第三季度“广东好人”、第二季度“佛山好人”。佛山市台商协会会长、佛山市大欣针织业有限公司总经理李文昌获2020佛山国际贸易年度十大人物奖。由佛山台协荣誉会长黄良华发起，设立佛山市台商协会奖学金，每年10万元奖励佛山优秀学子。

【佛台产业合作和项目落地】 2020年，佛山市政府与富士康工业互联网股份有限公司共同成立工业富联佛山智造谷有限公司，围绕“智能制造+工业互联网”技术及相关软硬件产品等成果，在三龙湾高端创新集聚区建设制造业创新中心、工业互联网产业示范基地等。佛山市引导台商台企参与中心工作。组织重点台商赴云浮开展扶贫考察对接活动，推动佛台产业合作。做好参加海峡两岸中山论坛和海峡两岸乡村融合发展论坛（清远）的台胞接待工作，组织台胞考察佛山市投资环境，鼓励台胞到大陆发展。佛山台商协会与佛山科学技术学院粤台人工智能学院、佛山职业技术学院、佛山技师学院、华材职校分别签订框架合作协议，建立长期校企实习及产学研合作关系，帮助引导更多台资企业创新创优、持续发展。

【台企台商服务】 2020年，佛山市推进台资企业有序复工复产，中共佛山市委书记鲁毅在新冠肺炎疫情发生之初到台资企业指导疫情防控和复工复产工作，现场办公帮助解决企业问题困难。5月，中共佛山市委台港澳办与市政协联合举办专题座谈会，召集公安、科技、税务、人社、金融等部门参加，指导用好疫情下相关政策。市有关领导深入台资企业调研，帮助企业破解疫情中发展的痛点难点。市委台港澳办精编涉台政策，主要涵盖金融、人社、商务、科技、税务、人才等六大部分，定期推送给台商台胞。全年全市新设立台资企业32家。邀请法律领域业务骨干到台企、台商进行宣讲，组织安排台商台胞参加《中华人民共和国民法典》线上课堂、讲座等。开展涉台涉疫纠纷专项排查，妥善调处涉台纠纷近100件，结案率保持在90%以上。解决台湾同胞滞留、就医、就学、社保、证件办理以及生活便利等问题。

2020年10月17日，佛山市委台港澳办组织佛山重点台商赴云浮开展扶贫考察对接活动。图为考察团了解新成工业园基本情况　（市委台港澳办　供图）

【“惠台暖企”专题调研座谈会】 2020年5月12日，佛山市举行“惠台暖企”专题调研座谈会，开展政策宣传，协调解决台商台企问题建议，鼓励台商台企坚定发展信心。座谈会上，针对受新冠肺炎疫情影响，台企面临的出口订单减少、产能下降、融资难等问题，市人力资源社会保障局、市自然资源局、市金融工作局等职能部门代表一一作出回应，并详细介绍佛山自新冠肺炎疫情发生以来推出的一系列暖企惠企政策和专项措施，指引台资企业理解并用好相关政策。

【市台商协会成立25周年暨第十三届理监事就职典礼】 2020年12月18日，“风雨同舟聚佛山　再启新程创未来”佛山市台商协会成立25周年暨第十三届理监事就职典礼举行，佛山台商、台胞台属及其他友会台商朋友等400多人欢聚一堂，畅叙情谊，共谋发展。省台办副主任方涛、市领导李政华、郑灿儒、唐冬生出席。李政华向佛山台商协会顺利换届表示热烈祝贺，肯定了在佛台胞台商携手抗击疫情过程中所作的贡献，佛山市将落实落细各项政策举措，为台湾同胞到佛山学习、就业、创业、交流搭建更多平台、创造更好条件，希望佛山台商台企持续推动佛台交流合作，助力佛山高质量发展，共同维护两岸关系和平发展。

【市青年台商会会员大会暨“走访三水区新农村建设”活动】2020年11月28—29日，佛山市青年台商会举办六周年会员大会，并走访佛山市三水区芦苞镇长岐古村落等，实地考察和体验佛山乡村振兴成果。80多名台胞、台青、台属参加活动。走访活动中，台湾青年参访团一行深入长岐古村民居，与当地村民交流谈心，了解当地乡村风貌、自然风光、人文风俗等，并通过走访感受佛山乡村振兴的活力和成果。

（市委台港澳办）

2020年11月11日，佛山市市长朱伟率团赴澳门访问澳门科技大学，与澳门科技大学副校长姜志宏座谈交流，推动双方中医药产业合作。图为佛山市妇幼保健院与澳门科技大学中药质量研究国家重点实验室签订双方合作协议（市委台港澳办 供图）

港澳事务

【概况】2020年，佛山市在经济、贸易、科技、文化、青年等领域推进与香港、澳门合作与交流。全年佛山市与香港贸易额259.3亿元，与澳门贸易额7.59亿元。佛山市新批香港直接投资企业230家，实际利用金额36.62亿元。新批澳门直接投资企业44家，实际利用金额3339万元。年内，佛山市做好与港澳地区的新冠肺炎疫情联防联控工作，并克服新冠肺炎疫情造成的困难，与港澳高层保持交流交往，同时，推动佛港澳青年交流。年内，《佛山市建设粤港澳大湾区影视产业合作试验区实施方案》印发，开展粤港澳大湾区影视产业合作试验区创建；面向粤港澳大湾区产业带的电商直播基地——中视大湾区产业直播基地在佛山电视台挂牌成立。年内，在佛山市设立的粤港澳科技企业孵化器有3家，省基础与应用基础研究基金佛山市联合基金（粤佛联合基金）设立。

【佛港澳高层互访与交流】2020年，佛山市在推动市领导与香港、澳门特别行政区政府高层交往方面主动作为。在与澳门特区政府高层交流方面，9月28—29日，中共佛山市委台港澳办主任香秀杏带队赴澳门拜访澳门中联办经济部和澳门特首办，双方就加强佛澳经贸交流、中医药产业合作、文化旅游合作、青年创新创业等进行深入交流并达成共识；11月10—11日，佛山市市长朱伟率市政府代表团赴澳门拜访澳门特别行政区政府，出席佛山市妇幼保健院与澳门科技大学中药质量研究国家重点实验室合作协议签订仪式，并与澳门科技大学、南粤集团等单位探讨进一步扩大澳门与佛山在中医药产业、经贸、科技创新等领域的交流合作。在与香港特别行政区政府高层交流方面，1月下旬，中共佛山市委书记鲁毅、市长朱伟与香港特别行政区行政长官林郑月娥进行书信往来，强化佛山与香港两地官方友好往来，为下一步在粤港澳大湾区背景下的交流合作奠定基础。另外，1月9—10日，佛山市市长朱伟在佛山会见香港中华总商会会长、新华集团主席蔡冠深一行，加强与港澳商协会组织的交流，推介广佛荟等重点合作项目，推动佛山与香港两地工商界共同参与粤港澳大湾区建设；8月27—28日，广东省粤港澳合作促进会2020年会长会议在佛山市召开，举办欢迎晚宴暨佛山三龙湾高端创新集聚区南海片区推介会，推动更多港澳优质资源和项目落户佛山。

【佛港澳青年交流】2020年，佛山市克服新冠肺炎疫情困难，通过推动各类创新创业平台建设和以线上线下方式举办各种形式各种主题的港澳青少年交流活动，为港澳青少年到佛山学习、实习、就业、创业提供更好的条件和平台。推进佛山港澳青年创业孵化基地建设，推动工合空间（首批粤港青年创新创业基地之一）、港澳青年创新创业（佛山顺德）基地获“粤港澳科技企业孵化器建设与发展”专项（广东省级科技企业孵化器）立项。开展佛山市粤港澳大湾区大学生就业实习双选会工作，发动征集优质岗位521个，安排知名企业直播带岗，吸引港澳台大学生报名。举办“佛台港澳青年湾区行”活动，帮助更多港澳青年了解湾区，增强在湾区发展信心。举办第三届“中华翰墨情”佛港澳台中小学生书法比赛，总参与人数超14000人，为历届之最，获奖作品在佛山、澳门巡展。举办第二届工合青翎杯“羽众同乐·港佛连心”羽毛球联谊赛，邀请22个单位40多名佛港青年参与活动，发挥交友平台作用；举办佛港澳产业合作与人才交流营，邀请港澳青年企业家到佛山考察青年家园、众创机构、孵化阵地；举办粤港澳青年文化创意交流营，通过线下活动+线上云游佛港澳、创意直播间等多种形式促进文化交流。依托位于佛山市三龙湾高端创新集聚区的大湾区青年家园，通过线上宣讲及创业沙龙等形式讲好佛山故事，引导港澳青年在佛山注册落地51家企业，为在佛山求学、工作的逾600人次的港澳青年提供信息咨询、法律维权、心理辅导等服务。成功申请第二批粤港澳大湾区青年家园——佛港澳青年人才服务站（HMF）佛山站，为港澳高端人才落户佛山提供政策、住宿、办公场地等各项细致化服务。常态化开展与港澳地区青年社团组织的交流互访。

【佛港澳协同发展促进】 2020年，佛山市继续健全完善“香港+佛山”和“澳门+佛山”合作机制，向广东省港澳办争取粤港澳合作高端示范区政策支持，并支持顺德粤港澳协同发展合作区等港澳高水平合作平台建设，促进佛港澳协同发展促进。（参见“区域发展”类目“佛港澳合作”分目）

【佛港澳新冠肺炎疫情联防联控】 2020年，佛山市做好佛港澳新冠肺炎疫情联防联控工作，加强与港澳的疫情通报、信息共享，做好港人服务管理，做好供港澳物资企业复工复产保障工作，保障港澳生活必需物资供应。（参见“区域发展”类目“佛港澳合作”分目）

【全国港澳研究会调研组到访佛山】 2020年9月27日，全国港澳研究会调研组一行11人在全国港澳研究会会长、国务院港澳办原党组副书记、副主任徐泽的带领下到佛山市考察调研。调研组先后考察格兰仕集团、广东顺德中山大学卡内基梅隆大学国际研究院，调研粤港澳大湾区科创合作发展情况。中共佛山市委书记鲁毅在会见调研组时介绍佛山积极发挥联系港澳密切的优势，加强佛港澳交流合作和推动广佛全域同城化打造粤港澳大湾区广佛极点的情况。徐泽结合参观调研的情况对佛山充分利用粤港澳大湾区建设的机遇加强与港澳交流合作、推进科技创新、推动企业转型升级的做法和成效给予高度评价。

【广东省粤港澳合作促进会2020年会长会议广东主场会议】 2020年8月27日，广东省粤港澳合作促进会2020年会长会议举行。受新冠肺炎疫情影响，该次会议采取粤港两地分设广东主会场和香港分会场，以视频会议形式同步举行。广东主会场设在佛山市南海区观心小镇，广东、澳门代表55人参会，香港分会场设在香港政协联谊会，有23人参会。会上，执行会长林迪夫作工作报告、监事长白玲作监事工作报告。是日，南海区举办欢迎晚宴暨佛山三龙湾高端创新集聚区南海片区推介会，增进交流，加强合作，促进更多港澳优质资源和项目落户南海。

【澳门三水同乡会举办家乡游活动】 2020年11月28—29日，澳门三水同乡会组织近100名乡亲到佛山市三水区举行以“乡村振兴”为主线的家乡游活动。通过参观乐平大旗头古村、白坭文创古镇、云东海湿地公园、三江汇流处——思贤滘等多个乡村振兴示范片区，让澳门乡亲更深入感受三水区推进乡村振兴建设成果，促进澳门乡亲加强与家乡的交流，携手共进、共促家乡振兴。

（市委台港澳办）

信　访

【概况】 2020年，佛山市信访系统及有信访任务的各有关部门办理群众信访件4.81万件次，比上年上升15.3%，其中网上信访事项占47.9%。从案件分布来看，国家级交办件8346件次，省级交办件4640件次，市信访局6964件次，市级有关单位2.45万件次，各区及镇（街道）3582件次。从信访反映途径来看，群众到访6345批1.38万人次、来信5882件次、来电1.28万件次、网上信访2.31万件次。根据矛盾化解攻坚专项行动相关要求，国家交办6件办件，办结率100%，化解3件，化解率50%；省交办85件办件，办结率100%，化解51件，化解率60%；市自排查68件办件，化解21件，化解率30.9%。办件满意度回访率100%。其中6件国家交办件引入第三方进行满意度回访，信访人评价“满意”“基本满意”的有5件，满意率83.3%；85件省交办件，信访人评价“满意”“基本满意”的有76件，满意率89.4%。同年，佛山市信访局开展“联系群众、服务群众”品牌活动，每周二开展暖心接访活动，全年开展活动24次，接访23批57人次，上门走访慰问困难群众3次，案件全部得到跟进落实。开展“为民解忧，化解矛盾”品牌活动，每季度安排一天，深入信访问题突出的重点村（社区）倾听群众诉求、推进矛盾化解，全年赴基层村（社区）开展活动4次。

【“人民满意信访窗口”创建】 2020年，佛山市信访局印发《佛山市信访系统建设“人民满意窗口”实施方案》，提出“接访场所规范化、接访服务人性化、

2020年，佛山市信访系统开展“人民满意窗口”创建工作。图为市人民来访接待厅

（市信访局 供图）

业务办理标准化、诉求处理多元化、干部队伍专业化”的总要求，以统一名称、统一标志、统一规范、统一功能设置、统一工作流程、统一工作机制“六个统一”为抓手，以打造明亮窗口、暖心窗口、高效窗口、多元窗口、为民窗口“五个窗口”为载体，打造一批“窗口亮、服务优、办理高效、群众认可”的“人民满意窗口”。11月20日，在佛山市禅城区召开创建“人民满意窗口”工作现场会，展示、总结及推广先进单位经验做法，并将“人民满意窗口”创建工作向纵深推进。

全市信访系统开展“人民满意窗口”创建工作以来，5个区信访部门结合本地实际，创新方式方法，不断提升创建活动实效。禅城区依托“数字政府”建设，运用“区块链+信访”信息技术，通过智慧化手段探索推进基层社会治理现代化，实现信访工作核心数据全流程管理、全链条监控、全周期公开透明。南海区以建设省群众信访诉求综合服务中心试点工作为核心抓手，大胆改革创新，健全完善立体化矛盾受理体系，打通“访—疏—调—裁—判”矛盾化解全过程链，推动形成一站式接待、一揽子调处、一体化解决的工作模式。顺德区深化资源整合，以政府主导、资源倾斜、社会参与等优化举措，加强社会矛盾化解的社会化参与度和专业化保障，促进信访隐患和矛盾纠纷由单一转交向多元化解升级，相继设立联调中心等工作室，化解一大批信访积案。高明区创新推进基层社会治理建设，打造“网上枫桥”，率先搭建群众信访诉求平台，架起主动解决群众诉求的“连心桥”。三水区于6月完成区人民接访大厅改造升级，增设专业工作室，主动构建互动选案、独立调查、沟通协调三项机制，多维度调动信访志愿者积极性，引入第三方力量解决信访问题。

【信访专题调研】 2020年，佛山市信访局针对群众反映的租金减免、劳资纠纷等热点信访问题，形成调研报告《关于近期部分租户要求减租的分析研判》《关于疫情期间劳资纠纷的分析研判》《关于新冠肺炎疫情引发的涉访不稳定因素风险研判及对策建议》《关于佛山市物业管理投诉信访工作的情况报告》《关于幼儿园、小学学位资源分配不均信访问题的调研报告》《关于加强粤港澳大湾区信访工作改革创新的调研报告》等，供各级党委政府决策时参考。

【新冠肺炎疫情期间信访维稳】 2020年，新冠肺炎疫情发生后，佛山市信访局成立应对新冠肺炎疫情信访维稳工作领导小组，制定应对新冠肺炎疫情信访保障工作预案和信访维稳工作方案，落实“四个一”（一把手负总责，组建一套专班，制订一个方案，统一一个口径）应急处置机制。落实群众到访接待场所防疫工作，配齐接待现场防疫用品，做好到访群众分流指引工作，确保防疫工作及日常工作有序开展。开通特事特办绿色通道，按照“六个第一时间”（第一时间受理、第一时间转办、第一时间办理、第一时间研判、第一时间督办、第一时间回访）快速处理涉疫情信访事项。发挥网络宣传教育作用，发布党委政府防疫政策、疫情动态、涉疫情法律法规和国家信访局、省信访局等公告信息，倡导选择网上信访反映诉求或提出建议，引导群众“少走访、多上网”，降低疫情传播风险。全年全市信访系统甄别交办涉疫情信访事项940余件，通过新媒体平台发布涉疫信息256条，其中通过“佛山信访网”发布76条、“佛山信访”微信公众号发布148条、“纷享佛山”正能量平台发布32条。

【信访事项复查复核律师工作室和第三方群众满意度评价工作室成立】 2020年3月31日，佛山市信访事项复查复核律师工作室和第三方群众满意度评价工作室在佛山市信访局挂牌成立。年内，区级信访事项复查复核律师工作室和第三方群众满意度评价工作室相继成立。通过信访事项复查复核律师工作室和第三方群众满意度评价工作室，实现律师和第三方常态化参与矛盾化解工作，发挥第三方力量在维护群众合法权益、化解矛盾纠纷、促进社会和谐稳定等方面的作用。

【信访诉求服务平台成立】 2020年10月30日，佛山市信访诉求服务平台揭牌成立，各区信访诉求服务平台同步挂牌成立，初步实现全市群众信访诉求服务“一体化”。该平台通过整合信访工作资源，设有多功能综合窗口、人民调解室及心悦工作室，为群众提供免费的法律咨询、情绪疏导、人民调解等服务。通过该平台，构建联合接访、依法分流、直接调处、多方联动、全程督查的矛盾纠纷调处工作新机制，开展“一站式、一门式、一条龙、一网式”便民、亲民服务，最终实现让群众“最多跑一地、最多访一次”。

（陈志毅）

2020年10月30日，佛山市信访诉求服务平台揭牌仪式在市人民来访接待厅举行

（市信访局　供图）

中国人民政治协商会议佛山市委员会

综　述

【概况】 2020年，佛山市政协第十二届佛山市委员会委员辞去委员职务10人、撤销委员资格4人、增补委员27人。增减后，实有委员391人，其中常务委员会组成人员74人。委员中，中共党员155人、非中共人士236人；常务委员中，中共党员28人、非中共人士46人。

【社情民意信息】 2020年，佛山市政协以反映社情民意信息促进参政议政和民主监督，全年收到各类社情民意信息2000多篇，编报《佛山政协信息》普刊234期。

【团结联谊】 2020年，佛山市政协加强与各党派团体、社会各界合作共事。以制度性安排支持和保障各党派团体、工商联、无党派人士在政协的履职活动，对其提交和报送的集体提案、大会发言、社情民意信息等进行重点督办、重点安排、重点反映，并联合开展调研视察、提案督办等活动。结合“企业暖春”计划，深入一线走访港澳台资企业，助力企业做好新冠肺炎疫情防控和复工复产。开展“惠台暖企”专题视察活动，沟通协调解决台商台企提出的问题与建议，为台企台胞纾困解难。组织港澳委员赴四川省凉山彝族自治州和甘孜藏族自治州得荣县考察学习，并发动港澳委员捐资20多万元，在脱贫攻坚战中体现政协担当。赴澳门举办佛山市政协澳门委员、佛山市政协（各级）历届澳门委员联谊会“迎国庆贺中秋”座谈会，传递家乡的关怀与慰问。以市政协主要领导赴澳门参与各类活动为契机，拜访澳门委员、重要社团职首和代表人士，召开年轻澳门委员座谈会，凝聚人心、增进团结。举办第三届中华翰墨情——佛山、香港、澳门、台湾中小学生书法比赛活动，推动佛港澳台四地青少年的文化交流。协助全国政协、省政协和省内地市政协开展“推进粤港澳大湾区创新合作”等调研考察活动，全年接待全国各地政协组织和政协委员约70批640人次到佛山市进行调研考察。组织召开市、区政协工作交流座谈会，组织召开全市政协提案、信息工作会议，联合开展调研、视察、提案督办等活动，推动全市政协工作协同共进。组团拜访中国公共外交协会、察哈尔学会、上海公共外交协会等，学习开展公共外交工作的好做法和好经验，探索编制《佛山公共外交工作“十四五”规划》，为佛山公共外交事业发展提供有益参考。利用开展外事侨务工作的独特优势，依托佛山公共外交协会平台，联合举办第五届“一带一路”泛家居产业发展与国际合作论坛，承办“2020广东公共外交研修班”。完成《佛山市政协志》撰写工作，发挥政协文史资料存史资政作用。举办政协书画院第四届书画展，促进文化交流。继续开展送戏下乡活动，受到基层群众欢迎。

（程　宏）

政治协商

【概况】 2020年，佛山市政协通过全体会议、常委会会议、主席会议等多种形式进行民主协商。政协全年收到以提案形式提出的意见398件。举办市委书记督办提案办理协商会，推动提案《关于加速推进广佛全域同城化建设的建议》落实。举办佛山企业家·市长面对面协商座谈会，为佛山“十四五”规划出谋划策。组织委员开展“稳就业、促就业”专题协商活动，并形成专题协商报告报送市委、市政府。

【中国人民政治协商会议第十二届佛山市委员会第四次会议】 2020年6月16—17日在佛山新城中欧中心召开。开幕会议期间，333名委员出席会议。中共佛山市委副书记、市长朱伟，市人大常委会党组副书记、副主任李子甫，市委副书记郭文海，市委常委、统战部部长李政华，市委常委、组织部部长杨朝晖等市领导出席会议。闭幕会议期间，330名委员参加，鲁毅、朱伟、李子甫、李政华、杨朝晖等市领导出席会议。会议听取和审议《中国人民政治协商会议第十二届佛山市委员会常务委员会工作报告》和《中国人民政治协商会议佛山市委员会常务委员会关于十二届三次会议以来提案工作情况的报告》。通报表扬市政协第十二届三次会议以来的17件优秀提案和2019年度履职考核优秀委员；

2020年6月16日，中国人民政治协商会议第十二届佛山市委员会第四次会议开幕

（市政协　供图）

选举黄福洪、毛永天、张兵3人为十二届市政协副主席，蔡国雄、刘光辉2人为十二届市政协常务委员；审议并通过《中国人民政治协商会议第十二届佛山市委员会第四次会议决议》。会议期间，全体政协委员以书面形式审阅佛山市各民主党派、工商联、有关人民团体提交的《大力推动我市智慧医养应用　抢占大湾区大健康产业制高点》《用硬科技提升硬实力　以“灯塔工厂”模式照亮佛山制造业转型创新之路》等大会发言材料12份。全体政协委员以电视电话会议的形式听取佛山市市长朱伟所作的《政府工作报告》，并对《政府工作报告》进行讨论。中共佛山市委书记鲁毅、市政协主席熊志翔分别在闭幕会上讲话。

【市政协主席会议】 2020年，佛山市十二届政协共举行主席会议8次（即第十六次至二十三次主席会议）。

十二届十六次主席会议于3月6日召开，审议市政协文教体卫和文史委员会主任人选事项；审议各专门委员会2019年工作总结报告（书面）。

十二届十七次主席会议于4月3日召开，审议通过佛山市政协党组2020年党建工作要点、党风廉政建设工作要点、意识形态工作要点；审议通过市政协常委会2020年工作要点及安排；研究讨论市政协各专委会及办公室近期工作安排及审议有关人事事项。

十二届十八次主席会议于6月9日召开，审议通过关于召开市政协十二届十次常委会会议的决定（草案）和日程（草案）；审议讨论关于召开市政协十二届四次会议的决定（草案）和日程（草案）；审议讨论市政协《常委会工作报告》（草案）及报告人建议名单；审议讨论市政协《提案工作情况的报告》（草案）及报告人建议名单；审议通过《关于表彰市政协十二届三次会议以来优秀提案的决定》；审议通过《关于通报表扬2019年履职考核优秀委员的决定》；审议讨论《市政协十二届四次会议选举办法》（草案）；审议讨论《市政协十二届四次会议监计票人员名单》（草案）；审议讨论《中国人民政治协商会议佛山市委员会委员履职工作规则（试行）》（草案）；审议讨论《中国人民政治协商会议佛山市委员会履职工作实施细则（试行）》（草案）；审议通过《政协佛山市第十二届委员会第四次会议新冠肺炎疫情防控工作指引》；审议通过《佛山市政协十二届四次会议新冠肺炎疫情防控工作方案》；听取市政府有关部门对2019年市政协重点提案办理情况的报告（书面）；审议十二届市政协辞免和增补委员和审议补选十二届市政协副主席事项。

十二届十九次主席会议于8月4日召开，审议通过市政协党组成员、主席会议成员分工调整方案；听取《市政协十二届四次会议提案审查情况的报告》并审议确定市政协2020年重点督办提案；研究市政协港澳台侨和外事委员会部分成员调整事项。

十二届二十次主席会议于10月29日召开，围绕“发展壮大农业龙头企业，推进农业农村高质量发展”专题议政；审议邀请海外华侨华人、台湾地区人士列席市政协十二届五次会议事项；审议佛山公共外交协会事项；审议修订《佛山市政协提案工作条例》及制定《政协佛山市委员会关于提案工作进一步提质增效的意见》。

十二届二十一次主席会议于10月30日召开，研究撤销委员事项。

十二届二十二次主席会议于11月9日召开，审议讨论《佛山市城乡污水治理专题调研报告（征求意见稿）》；审议通过关于召开市政协十二届十一次常委会会议的决定（草案）、日程（草案）。

十二届二十三次主席会议于12月22日召开，审议通过第十二届佛山市政协主席会议成员联系常委名单；审议通过第十二届佛山市政协专委会联系界别委员名单。

【市政协常委会会议】 2020年，佛山市十二届政协共举行常委会会议（即第十次至十一次常委会会议）2次。

十二届十次常委会会议于6月10日召开，传达学习习近平总书记在全国“两会”上的重要讲话精神和全国“两会”主要精神以及全省政协系统（粤西片区）工作交流会精神；通报《政协第十二届佛山市委员会常务委员会2020年工作要点》；听取市《政府工作报告》（征求意见稿）的说明并讨论市《政府工作报告》（征求意见稿）；审议讨论市政协《常委会工作报告》（草案）和《提案工作情况的报告》（草案）；审议通过召开市政协十二届四次会议的决定（草案）和日程（草案）；审议通过《中国人民政治协商会议佛山市委员会委员履职工作规则（试行）》（草案）；审议通过《中国人民政治协商会议佛山市委员会履职工作实施细则（试行）》（草案）；

听取佛山市2019年反腐倡廉工作情况通报（书面）；听取市法院、市检察院2019年工作情况通报（书面）；听取市政府部门办理2019年政协提案情况通报；审议有关人事事项。

十二届十一次常委会会议于11月20日召开，传达学习习近平总书记在党的十九届五中全会上的重要讲话精神和全会精神；围绕“佛山市城乡污水治理”进行专题议政；审议通过《中国人民政治协商会议佛山市委员会提案工作条例》；审议有关人事事项。

表11　佛山市政协十二届四次会议以来优秀提案一览表

序号	题目	提案者
1	《关于加速推进广佛全域同城化建设的建议》（六案合并，1号）	民盟佛山市委会、民革佛山市委会、曾小明、曹冬冬、沈余、蒋文斌等
2	《关于推动工业互联网成为佛山制造业高质量发展新引擎的建议》（六案合并，2号）	佛山市工商业联合会、林在进、王晓娟、刘致军、何斌、刘玉华、李德、陈立坚、万志康、毛永天等
3	《关于进一步加强食品安全监管的建议》（三案合并，3号）	杨小菁、陈世楷、申桂树、陈润珍、骆毓林、朱华仙等
4	《关于建立佛山疫情防控常态化社会心理疏导网络的建议》（8号）	陈晓大
5	《关于促进夜间经济高质量发展，释放“夜佛山”消费新动能的建议》（三案合并，9号）	民革佛山市委会、范宝初、刘玉华、唐冬生、黄子真
6	《关于加快农业龙头企业高质量发展，助力乡村产业振兴的建议》（10号）	陈伟光、陈世楷、陈润珍、苏木荣、林华、姚凤华、马湘雨、骆毓林等
7	《关于推进我市城市生活垃圾分类，共创城市文明的建议》（七案合并，11号）	民进佛山市委会、周惠娜、张枫、廖坤城、李丽萍、余新、王蕴波等
8	《关于进一步完善我市重大疫情防控体系建设的建议》（十案合并，12号）	农工党佛山市委会、九三学社佛山市委会、何绮红、陈巨峰等
9	《关于保市场主体、稳就业的建议》（三案合并，13号）	民进佛山市委会、杨小菁、申桂树、谭伟亮、黄福洪、黄锦培、张建辉、范宝初
10	《关于坚决打赢佛山“村改”攻坚战的建议》（三案合并，14号）	周文、渠铮、叶远璋、夏伟、周伟建、郑灿儒、张兵、黄卫平、黎晏刚等
11	《关于把握“双区驱动”战略机遇，进一步促进我市生产性服务业高质量发展的建议》（15号）	农工党佛山市委会、刘金财、杨小晶、谢海青、刘莉、龚悦、陈世楷、苏木荣、周惠娜等
12	《关于加快推进我市城郊万亩郊野森林环建设的建议》（20号）	九三学社佛山市委会、何继红、杨传勇、赵颖
13	《关于后疫情时代持续推动佛山中小企业高质量发展的建议》（八案合并，36号）	民建佛山市委会、致公党佛山市委会、九三学社佛山市委会、萧礼洪、凌家珍等
14	《关于推动高端服务业发展，全面提速“三龙湾”建设的建议》（48号）	周文、夏伟、周伟建、游斌、蔡伟、丁庚山等
15	《关于强化应急能力建设，推进佛山城市安全发展的建议》（六案合并，79号）	民革佛山市委会、民建佛山市委会、刘金财、周伟建、梁绮惠等
16	《关于在东平河和潭洲河水道交汇处修建半环状人行景观桥的建议》（93号）	佘光辉
17	《关于“积极推进集团化办学体制改革，推进区域教育优质均衡发展”的建议》（134号）	王玉建
18	《关于推动医疗卫生体制改革向纵深发展的建议》（144号）	田园、龚悦、黄文彪、周惠娜、梁绮惠、刘玉华、冯娟等

【提案办理协商】 2020年，佛山市政协收到以提案形式提出的意见398件。其中，各民主党派、工商联、人民团体和政协专门委员会集体提案47件，委员个人署名或联名提案268件。在正式立案的315件提案中，108件提案因为内容相近并入到其他提案，实际交办提案207件。立案率79.1%，委员对提案答复满意率100%。做好市党政主要领导督办案、主席督办案、专委会跟踪办理提案的甄别遴选、协调服务工作，创新实施新闻媒体跟踪督办提案工作，探索民主监督、新闻舆论监督以及人民群众监督相结合的途径。《关于加速推进广佛全域同城化建设的建议》（六案合并）、《关于推动工业互联网成为佛山制造业高质量发展新引擎的建议》（六案合并）、《关于进一步加强食品安全监管的建议》（三案合并）分别作为市委书记、市长、政协主席重点督办提案。

表12　　2020年佛山市政协重点提案一览表

序　号	督办类别	提案标题	提案者
1	书记督办案	《关于加速推进广佛全域同城化建设的建议》（六案合并）	民盟佛山市委会、刘建萍、曾小明、曹冬冬、沈余、蒋文斌等
2	市长督办案	《关于推动工业互联网成为佛山制造业高质量发展新引擎的建议》（六案合并）	佛山市工商业联合会、林在进、王晓娟、刘致军、何斌、刘玉华等
3	政协主席督办案	《关于进一步加强食品安全监管的建议》（三案合并）	杨小菁、陈世楷、申桂树等
4	市政协经济科技委跟踪办理案	《关于促进夜间经济高质量发展，释放“夜佛山”消费新动能的建议》（三案合并）	民革佛山市委会、范宝初、刘玉华等
5	市政协农业农村委跟踪办理案	《关于加快农业龙头企业高质量发展，助力乡村产业振兴的建议》	陈伟光等
6	市政协城建资源环境委跟踪办理案	《关于推进我市城市生活垃圾分类，共创城市文明的建议》（七案合并）	民进佛山市委会、周惠娜、张枫、廖坤城、李丽萍、余新、王蕴波等
7	市政协文教体卫文史委跟踪办理案	《关于进一步完善我市重大疫情防控体系建设的建议》（十案合并）	农工党佛山市委会、九三学社佛山市委会、何绮红、陈巨峰、谢伟松、许辉、余海波、吴智鑫、王晓宁、招应璋等
8	市政协社会法制民族宗教委跟踪办理案	《关于保市场主体、稳就业的建议》（三案合并）	民进佛山市委会、杨小菁、申桂树等
9	市政协港澳台外事侨务委跟踪办理案	《关于坚决打赢佛山“村改”攻坚战的建议》（三案合并）	周文、渠铮、叶远璋等
10	佛山日报社跟踪督办案	《关于把握“双区驱动”战略机遇，进一步促进我市生产性服务业高质量发展的建议》	农工党佛山市委会等
11	佛山电台跟踪督办案	《关于深化互联网、区块链技术应用进一步提升政府行政效能的建议》	程嘉韵等
12	佛山电视台跟踪督办案	《关于推动我市义务教育均衡发展的建议》	刘金财
13	珠江时报社跟踪督办案	《关于培育壮大“隐形冠军”企业队伍，助推佛山制造高质量发展的建议》（两案合并）	民盟佛山市委会、刘建萍等
14	珠江商报社跟踪督办案	《关于加快5G通信网络建设的建议》（三案合并）	民进佛山市委会、胡平、王玉建
15	佛山新闻网跟踪督办案	《关于加快推进我市城郊万亩郊野森林环建设的建议》	九三学社佛山市委会等

【“稳就业、促就业”情况专题协商】 2020年9月，佛山市政协副主席张兵组织20多名市政协委员开展专题协商会。协商会前视察市人力资源公共服务中心，随后召开座谈会听取市人力资源社会保障局、市发展改革局、市教育局、市工业和信息化局、市税务局等职能部门的情况介绍，并安排委员与相关部门进行协商座谈。会后形成《关于“稳就业、促就业”情况专题协商报告》，就落实好相关扶持政策、加大力度扶持市场主体发展、实施更积极的就业创业政策、进一步提升人力资源服务质量和水平等方面提出意见和建议。

【中共佛山市委书记督办提案办理协商会】 2020年，民盟佛山市委会及刘建萍、曾小明、曹冬冬等市政协委员共同提出《关于加速推进广佛全域同城化建设的建议》（六案合并）。中共佛山市委书记鲁毅牵头督办该提案办理情况。11月4日，鲁毅主持召开督办提案办理工作座谈会，学习贯彻习近平总书记出席深圳经济特区建立40周年庆祝大会和视察广东重要讲话重要指示精神、党的十九届五中全会精神，听取提案办理情况汇报及相关意见建议，提高提案办理实效，加速推进广佛全域同城化。座谈会上，各提案办理单位负责人分别汇报提案初步办理情况及下一步工作思路、举措；部分市政协委员作交流发言，对“十四五”时期深入推进广佛全域同城化提出意见建议。

【2020年佛山企业家·市长面对面协商座谈会】 于2020年9月28日举行。佛山市市长朱伟率市政府各职能部门负责人与40多名企业家代表，围绕“构建新发展格局，谋划‘十四五’发展”主题进行交流协商。会上，来自季华实验室、唯泰生物、一方制药、坚美铝材等9家企业的代表先后发言，介绍生产经营情况、发展思路及困难问题，并为佛山“十四五”规划出谋划策。同时，广大企业家希望佛山市政府在2020年特殊环境下，打造更好的营商环境、加强知识产权保护、加快新兴产业发展、加大对重点产业核心技术攻坚支持力度等。根据协商座谈和前期调研情况，梳理出全市企业生产经营过程中遇到的问题和困难6大类40条供参考。

（程　宏）

调研视察

【概况】 2020年，佛山市政协发挥专门协商机构作用，围绕改革发展重大问题和涉及群众切身利益的实际问题广泛开展民主监督。分别围绕“发展壮大农业龙头企业，推进农业农村高质量发展”和“佛山市城乡污水治理”开展调研议政，并形成《政协佛山市委员会主席会议关于发展壮大农业龙头企业推进农业农村高质量发展的建议案》和《政协佛山市委员会常委会会议关于佛山市城乡污水治理的建议案》。年内，市政协还开展调研企业复工复产情况、佛山市建筑行业有关情况以及“惠台暖企”等专题调研。同年，市政协先后围绕南海区“广东省城乡融合发展改革创新实验区”建设情况、佛山市农村人居环境整治情况、佛山三龙湾高端创新集聚区、佛山国家高新技术产业开发区建设情况“回头看”等专题开展视察工作，形成视察报告报市委、市政府，助推有关问题得到解决。组织政协委员对佛山市禁毒工作进行考察，配合做好市委全面依法治市委员会守法普法协调工作；组织部分政协委员对佛山市公共法律服务体系建设情况开展视察活动，助推佛山市法治建设。推荐委员1300多人次参加市政府及职能部门开展的各项监督、评议、检查等活动。

【企业复工复产情况调研】 2020年初，由熊志翔、郑灿儒、唐冬生、葛承书、骆毓林、朱华仙和万志康等7人带队，组织7个调研工作组赴57家企业开展“企业暖春行动”，开展“佛山市新冠肺炎疫情防控和企业复工复产工作”情况调研，走访部分委员企业，宣传中共佛山市委、市政府支持企业共渡难关的政策措施，收集并研究解决企业反映的困难和问题。形成《关于市政协调研企业复工复产情况的报告》，提出加大对复工复产防疫物资的投放、做好就业稳岗工作、加强企业复工复产后援助服务、出台政策扶持企业渡过难关、加强金融服务支持等建议。

【农业龙头企业发展情况专题调研】 2020年6—10月，佛山市政协副主席骆毓林

2020年2月28日，佛山市政协调研组到顺德区陈村镇佛山安姆科德泉薄膜有限公司调研，了解企业复工复产、疫情防控情况　（市政协　供图）

带队，就“佛山市农业龙头企业发展问题”开展专题调研。10月29日，市政协召开十二届二十次主席会议进行专题议政，副市长葛承书，市财政局、市人力资源社会保障局、市自然资源局和市农业农村局有关负责人参加会议，并对相关问题进行回应。会后形成《政协佛山市委员会主席会议关于发展壮大农业龙头企业 推进农业农村高质量发展的建议案》，建议进一步健全完善农业龙头企业扶持政策体系、进一步推动农业龙头企业转变发展方式、进一步加大对农业龙头企业的财政金融扶持、进一步提升对农业龙头企业的政务服务水平。相关内容被吸纳到佛山市农业农村发展“十四五”规划以及有关政策文件中。

【城乡污水治理专题调研】 2020年7—11月，佛山市政协副主席黄福洪带队，就“佛山市城乡污水治理”开展专题调研，调研组实地考察各区污水治理情况，先后前往禅城城北污水处理厂、南海瀚蓝环境股份有限公司、顺德桂畔海水系综合整治项目等处考察，并形成专题调研报告。报告建议以“综合治理”建立健全城乡污水治理工作机制、以“系统治理”提升城乡污水治理工作效能、以“科学治理”打造生态修复样板工程和以“精准治理”促进城乡污水治理提质增效。11月20日，市政协召开十二届十一次常委会会议进行专题议政，佛山市副市长赵海，市生态环境局、市住房城乡建设局、市水利局、市农业农村局有关负责人参加会议，并对相关问题进行回应。

【建筑行业有关情况专题调研】 2020年4月，佛山市政协副主席郑灿儒带队，就“佛山市建筑行业情况”开展专题调研。在调研过程中，市、区建筑行业协会和广大本地建筑企业就本地建筑企业的生存环境、项目投标、培育发展以及税收缴纳等方面存在的问题和困难提出许多意见和建议。形成《我市建筑行业有关情况的调研报告》，提出优化顶层设计，把建筑行业发展纳入市“十四五”规划、打造行业龙头，培育分支产业或配套产业集群、采取必要保护性措施，扶持本地企业发展壮大、实施积极的财税奖励政策，支持本地企业走出去、加大建设行为监管和税收征缴力度等建议。

【“惠台暖企”专题调研】 2020年5月，佛山市政协联合中共佛山市委台港澳办开展“惠台暖企”专题调研，佛山市政协主席熊志翔、副主席郑灿儒带队走访佛山市高明亚太建材有限公司、富惟汽配有限公司、南海大欣针织业有限公司、华国光学器材有限公司等多家台资企业，组织台商代表与职能部门负责人面对面座谈，宣传政策、纾困解难，并逐一跟进解决台商代表所提的问题，确保台企得到扶持、受到激励。结合调研中发现的情况与问题，形成《关于“惠台暖企”专题调研报告》，在推动台资企业发展的对策和建议中提出重视台资企业在佛山发展、推动台资企业转型升级、引导台资企业开拓内销市场、支持台资企业稳定外贸、吸引台资企业参与“2+2+4”产业集群（第一个“2”是指装备制造等2个超万亿元产业集群，第二个“2”是指汽车及新能源等2个超5000亿元产业集群，“4”是指智能制造装备及机器人等4个超3000亿元产业集群）建设、优化台资企业发展环境等建议。

【村级工业园改造发展情况专题视察】 2020年7月13日，佛山市政协副主席郑灿儒、张兵带领市政协60多名委员开展“佛山市村级工业园改造发展情况”专题视察。视察组一行实地视察位于顺德区北滘镇的集成科创园，听取市城市更新局、南海区整治办、顺德区村改办的相关情况汇报，并提出意见建议。形成《关于我市村级工业园改造发展情况专题视察报告》，建议进一步加强政策体系建设，提升村级工业园改造动力；进一步完善信息化基础数据，建立项目跟踪机制及整治成效评价体系；精准招商引资，保障产业链健康有序发展；加强连片改造，着力建设超千亩现代化产业园区；支持“工改工”与复垦，平衡各方利益；结合乡村振兴，强力推进村改工作；加大宣传力度，保持“村改”良好势头等。

【养老服务“长者饭堂”建设情况专题视察】 2020年8月20日，佛山市政协副主席张兵带领市政协30多名委员开展“佛山市养老服务‘长者饭堂’建设情况”专题视察，提升养老服务的质量与水平。视察组实地视察佛山市南海区罗村罗湖社区长者饭堂和禅城区祖庙街道长者饭堂唐园服务站建设情况，听取市民政局、市财政局和市市场监管局等

2020年7月13日，佛山市政协组织政协委员到顺德区北滘镇集成科创园开展“佛山市村级工业园改造发展情况”委员专题视察活动，对有关工作进行“回头看”（市政协 供图）

2020年8月20日，佛山市政协开展“佛山市养老服务‘长者饭堂’建设情况”专题视察，实地考察禅城区祖庙街道长者饭堂唐园服务站　（市政协　供图）

部门相关工作介绍。政协委员与政府有关部门座谈交流。形成《关于我市养老服务“长者饭堂”建设情况专题视察报告》，从加强组织领导，加大统筹力度；整合辖区资源，优化布局设置；强化社会参与，全面开放市场；加大扶持力度，建设共享机制；完善监管机制，提升服务质量等方面建言献策。

【“一环”高速化改造及辅路建设情况专题视察】 2020年9月15日，佛山市政协副主席黄福洪带领市政协30多名委员开展“佛山一环高速化改造及辅路建设情况”专题视察。视察组一行先后实地察看佛江高速公路和顺至陈村段工程项目（季华东立交）和广明高速公路陈村至西樵段二期工程（林上路立交）2个地点的建设情况，并与市交通运输局、市路桥公司进行座谈交流，围绕改造后的道路指示标识、分道或分段提高限速、市区主干道的连接等方面进行讨论。形成《“佛山一环高速化改造及辅路建设情况”委员视察情况报告》，从加大攻坚力度，打通“最后一公里”，把辅路功效完全发挥出来；推动智能交通技术应用，进一步提升佛山“一环”高速的通行水平；完善路网建设，打造城市快速路体系；引导改变出行方式和习惯，增加通行选择和供应；加大宣传解释力度，广泛争取群众理解支持等方面提出意见建议。

【公共卫生体系建设情况专题视察】 2020年10月22日，佛山市政协主席熊志翔带领市政协35名委员开展“佛山市公共卫生体系建设情况”专题视察。先后前往佛山市第四人民医院和市疾病预防控制中心，实地考察佛山市公共卫生体系建设情况，并召开座谈会，听取市卫生健康局的专题汇报和阶段防控工作计划，并提出意见建议。形成《关于我市公共卫生体系建设情况专题视察报告》，从切实加强公共卫生人才队伍建设、加快推进全市疾控机构创优计划、加大对基层医疗卫生机构的资源倾斜力度等方面提出相关建议。

【农村人居环境整治情况专题视察】 2020年10月27日，佛山市政协副主席骆毓林带领市政协40多名委员开展“佛山市农村人居环境整治情况”专题视察。视察组现场视察南海区丹灶镇农村人居环境整治一批建设项目，并召开座谈会，听取市农业农村局的有关情况汇报。形成《关于我市农村人居环境整治情况专题视察报告》，从继续把深入推进农村人居环境整治作为重要工作来抓、坚持问题导向加大整治力度、大力打造岭南特色美丽乡村风貌、加快建设生态优美田园、进一步增强各方协同推进整治工作的合力等方面提出建议。

【南海区“广东省城乡融合发展改革创新实验区”建设情况专题视察】 2020年11月18日，佛山市政协副主席黄福洪带领市政协50多名委员开展“南海区建设广东省城乡融合发展改革创新实验区进展情况”专题视察，实地视察南海区桂城爱车小镇以及夏南一社区，了解土地混合开发模式实践情况、乡村振兴工程建设情况，肯定实验区建设发展成效，并与南海区改革办进行座谈交流。形成《关于南海区建设广东省城乡融合发展改革创新实验区进展情况专题视察报告》，从重塑空间，实现产城人和谐共融；创新农村集体资产的增值渠道，提高土地利用效益；提升产业发展，加快构建现代产业体系；完善基层社会治理，切实增强人民群众的获得感和幸福感；及时总结经验，加强宣传和推广等方面提出意见。

【三龙湾高端创新集聚区、高新技术产业开发区建设情况“回头看”专题视察】 2020年12月3日，佛山市政协副主席唐冬生带领市政协近70名委员开展“佛山三龙湾高端创新集聚区、佛山国家高新技术产业开发区建设情况开展‘回头看’”专题视察。先后实地视察佛山国家高新技术产业开发区和三龙湾高端创新集聚区，了解两大创新平台的建设进展，肯定平台取得的发展成效，并就有关工作提出意见建议。形成《佛山三龙湾高端创新集聚区、佛山国家高新技术产业开发区建设情况“回头看”专题视察报告》，建议明确“高”“新”两大定位，强化规划建设延续性；进一步加大市级统筹力度，汇聚优质资源；加大公共服务配套建设，吸引高层次人才落地落户；围绕全力打造面向全球的国家制造业创新中心，加快构建完备的科技创新体系；注入岭南文化元素，打造独有人文特色。

（程　宏）

纪委监委

综　述

【概况】 2020年，佛山市各级纪检监察机关忠实履行党章和宪法赋予的职责，坚定稳妥推进全面从严治党、党风廉政建设和反腐败斗争，发挥监督保障执行、促进完善发展作用，推动纪检监察工作高质量发展，各项工作取得新进展新成效。落实“两个维护”更加坚定自觉。坚持把深入学习贯彻习近平新时代中国特色社会主义思想作为首要政治任务，严格执行省委坚决落实“两个维护”十项制度机制，巩固深化肃清李嘉、万庆良恶劣影响成果，教育引导党员干部增强“四个意识”、坚定“四个自信”、做到“两个维护”。聚焦政治巡察完成该届市委巡察全覆盖任务，推进政治监督具体化常态化，加强对贯彻党中央决策、省委“1+1+9”（第一个“1”指以推进党的建设新的伟大工程为政治保证，第二个“1”指以全面深化改革开放为发展主动力，“9”指扎实推进9个方面重点工作）工作部署、统筹疫情防控和经济社会发展等情况的监督检查，保障政令畅通、落地见效。作风建设成果得到巩固深化。贯彻落实中央八项规定精神，整治形式主义、官僚主义问题，全市查处违反中央八项规定精神问题249起525人，其中形式主义、官僚主义问题114起258人。围绕基层执法领域侵害企业和群众利益、农村分散式生活污水处理设施建设管理、党员干部和公职人员酒驾醉驾等问题开展专项整治，推动党风政风和社会风气持续好转。反腐败斗争深入推进。查处不收敛不收手的腐败分子，对扶贫、民生领域腐败和涉黑涉恶“保护伞”一查到底，全市立案1781件、处分1394人，其中立案处级干部34人、处分25人。在高压震慑和政策感召下，全市有36人主动投案、162人主动交代违纪违法问题，反腐败斗争压倒性胜利进一步巩固发展。推进以案促改，向发案单位和地区发送纪检监察建议书58份，深入开展全市纪律教育学习月活动，筑牢拒腐防变的思想道德防线。监督执纪问责更加精准有效。做细做实日常监督，深化运用监督执纪“七个看”（即看违纪情节、看危害程度、看时间节点、看动机原因、看认错态度、看一贯表现、看群众口碑）和问责“六字诀”（即“严、准、适、通、扩、用”），全市运用“四种形态”批评教育帮助和处理3998人次，第一种形态占比逐年增长。落实“三个区分开来”要求，坚持严管和厚爱结合、激励和约束并重，对429名受处分党员干部开展跟踪回访教育，为党员干部澄清是非656人次。纪检监察体制改革持续深化。健全纪检监察工作运行机制，推动纪律监督、监察监督、派驻监督、巡察监督统筹衔接、协同协调。推动监督向基层延伸，建立纪检监察联络员制度，率先探索村（社区）纪委书记（纪检委员）兼任村（居）务监督委员会主任。自身队伍建设全面加强。开展模范机关创建活动，打造“10+30+X”（“10”即十大创新项目，“30”即30个示范项目，“X”即X个自选项目）创新示范项目，推动工作项目化、项目清单化、清单责任化、责任具体化。强化全员有效培训，坚持专题培训、业务培训、联组培训、网络培训“四位一体”，全市组织各类培训327期，覆盖2.1万人次，市、区、镇（街道）三级纪检监察干部培训覆盖率100%。坚持刀刃向内，严防“灯下黑”，全市处置纪检监察干部问题线索28件，立案3件，处分8人。

【脱贫攻坚纪律作风保障】 2020年，佛山市纪检监察机关以作风攻坚促进脱贫攻坚，加强扶贫协作和对口支援联合监督，推动“两不愁三保障”（指农村贫困人口不愁吃、不愁穿，并保障其义务教育、基本医疗和住房安全）、脱贫摘帽后的政策措施落实到位。开展扶贫、民生领域重点资金项目监督检查，紧盯社会救助兜底保障、农村基础设施建设和扶贫产业发展等领域，全市清查重点资金项目992个，发现问题405个，推动逐一整改。严肃惩治贪污挪用、虚报冒领、优亲厚友等违纪违法行为，全市查处扶贫领域腐败和作风问题13个，处理27人，处分18人。

【“四风”纠治】 2020年，佛山市纪检监察机关持续深化形式主义、官僚主义、享乐主义、奢靡之风“四风”问题整治。深入治理贯彻党中央决策部署只表态不落实、统计数据弄虚作假、维护群众利益不担当不作为等突出问题，在整治形式主义为基层减负专项工作机制中发挥职能作用。全市查处形式主义、官僚主义问题114个，处理258人，处分151人，通报曝光典型案例11起14人。开展农村分散式生活污水处理设施建设管理中的形式主义、官僚主义问题专项整治，督促全市排查污水处理设施612处，自查存在问题的设施260处，推动全部完成整改。贯彻习近平总书记关于坚决制止餐饮浪费行为重要指示精神，加强监督执纪，督促强化监管，推动形成浪费可耻、节约光荣的氛围。开展党员干部和公职人员酒驾醉驾问题专项整治，严明禁酒控酒纪律要求。加大落实中央八项规定及其实施细则精神力度，持续整治违规收送礼品礼金、违规发放津贴补贴等突出问题，深挖细查收送电子红包、私车公养等隐形变异问题，坚决防止享乐主义、奢靡之风反弹回潮。全市查处享乐主义、奢靡之风问题135个，处理267人，处分175人，通报曝光典型案例36起60人。

【群众身边腐败和作风问题整治】 2020年，佛山市纪检监察机关深入推进基层正风反腐，聚焦环保、安监、消防等重点领域，开展基层执法领域侵害企业和群众利益突出问题专项整治，全市处置有关问题线索523件，立案258件，处分136人，移送检察机关12人。集中开展“三多”（多年、多层、多头）信访举报专项治理，强化领导包案督办，有效化解一批信访积案。紧盯农村“三资”管理（资金、资产和资源管理）、征地拆迁、惠农惠民等民生领域，解决群众反映强烈的突出问题，全市查处有关问题177个，处理322人，处分198人，移送检察机关21人。打好打赢扫黑除恶专项斗争收官战，加大惩腐打“伞”力度，推进“伞网清除”行动，全市处置涉黑涉恶腐败和“保护伞”问题线索342件，立案255件，处分174人，移送检察机关44人，涉黑组织案件挖伞率达100%，重点查处“4·25B”涉黑组织专案“保护伞”，协调推动司法机关开展刑事附带民事公益诉讼追偿国家损失29.6亿元。

【纪检监察十大创新项目】 2020年，中国共产党佛山市纪律检查委员会、佛山市监察委员会以改革的思路和办法推进纪检监察工作十大创新项目，探索服务中共佛山市委落实新发展理念、推动高质量发展的实践路径：深化“党风廉政建设大数据平台”建设和应用；推进深化派驻机构改革；利用市纪法教育基地打造“不忘初心、牢记使命”常态化教育主阵地；研究制定进一步加强对村（社区）干部监督的意见；研究制定政商交往正负面清单；开展基层执法领域侵害企业和群众利益突出问题专项整治；集中开展“三多”信访举报专项治理；大力推进佛山市新留置点建设；制定实施关于做好受处分人员跟踪回访工作的意见；建立健全巡察联动工作机制。

（陈树钢）

重要会议

【中国共产党佛山市第十二届纪律检查委员会第六次全体会议】 2020年3月26日在佛山市召开。中共佛山市委书记、市人大常委会主任鲁毅出席全会并讲话，市委副书记、市长朱伟传达习近平总书记在十九届中央纪委四次全会上的重要讲话和中央纪委全会、省纪委全会精神。全会审议通过中共佛山市委常委、市纪委书记、市监委主任梅河清代表市纪委常委会所作的《强化制度执行　忠实履行职责　为佛山高水平全面建成小康社会提供坚强保障》工作报告和全会决议，组织6名市直单位党组织书记书面述责述廉并进行评议。全会指出，做好2020年纪检监察工作，要以习近平新时代中国特色社会主义思想为指导，全面贯彻中共十九大和十九届二中、三中、四中全会精神，深入学习贯彻习近平总书记在十九届中央纪委四次全会上的重要讲话和对广东重要指示批示精神，贯彻落实十九届中央纪委四次全会、十二届省纪委五次全会和中共佛山市委十二届九次全会部署，增强“四个意识”、坚定“四个自信”、做到“两个维护”，坚持稳中求进工作总基调，协助党委持续深化全面从严治党，坚持和完善党和国家监督体系，强化对权力运行的制约和监督，一体推进不敢腐、不能腐、不想腐，在坚持和完善中国特色社会主义制度、推进国家治理体系和治理能力现代化中充分发挥监督保障执行、促进完善发展作用，建设高素质专业化纪检监察干部队伍，推动新时代纪检监察工作高质量发展，为佛山争当全省地级市高质量发展领头羊、决胜高水平全

2020年3月26日，中国共产党佛山市第十二届纪律检查委员会第六次全体会议在佛山市机关大礼堂召开

（市纪委监委　供图）

面建成小康社会提供坚强保障。全会部署2020年工作任务：坚持以初心使命作为政治本色和前进动力，坚定践行“两个维护”；集中整治群众反映强烈的突出问题，不断增强群众获得感幸福感安全感；持续深化纪检监察体制改革，推动制度优势转化为治理效能；发挥纪委监委专责监督作用，强化对权力运行的监督；巩固拓展作风建设成效，推动化风成俗、成为习惯；完善巡察上下联动工作格局，推动巡察监督与其他监督贯通融合；构建一体推进“三不”体制机制，巩固和发展反腐败斗争压倒性胜利；从严从实加强自身建设，打造忠诚干净担当的高素质专业化干部队伍。

【市委反腐败协调小组暨全市追逃追赃工作会议】 2020年4月10日在佛山市机关小礼堂举行。会议深入学习贯彻中央和省委对追逃追赃工作的新任务新要求，研究部署全市追逃追赃工作。会议强调，全市各级各部门要站在讲政治讲大局的高度，充分认识做好追逃追赃工作的重要意义，切实把思想和行动统一到党中央关于追逃追赃工作的决策部署上来，做到“五个突出”：突出政治导向，加强统筹领导，推动制度红利形成强大合力；突出目标导向，强化办案思维，开展专项行动推动个案攻坚；突出效果导向，善用法治方式，多措并举削减外逃人员存量；突出问题导向，消除工作温差，一体推进追逃防逃追赃工作；突出实干导向，夯实基层基础，打造高素质专业化追逃队伍，全力推动佛山追逃追赃工作高质量发展。

（陈树钢）

监督执纪审查

【政治监督】 2020年，佛山市纪检监察机关严格执行中共广东省委坚决落实“两个维护”十项制度机制，出台实施推进政治监督具体化常态化工作意见，建立重要事项请示报告报备清单，完善政治要件贯彻落实情况督办制度，统一建立台账、实行全程督办。加强对习近平总书记重要讲话和重要指示批示精神落实情况的监督检查，紧盯贯彻新发展理念、推动高质量发展、打好“三大攻坚战”和落实省委“1+1+9”（第一个“1”指以推进党的建设新的伟大工程为政治保证，第二个“1”指以全面深化改革开放为发展主动力，“9”指扎实推进9个方面重点工作）工作部署等重大决策部署，对违建别墅、农村乱占耕地建房、冒名顶替上大学等问题加强监督执纪执法，开展人防系统腐败问题专项治理，发现并督促整改问题536个，确保政令畅通、令行禁止。动态更新领导干部廉政档案，严把选人用人政治关、廉洁关，市纪委监委回复党风廉政意见1398人次，提出暂缓或否定性意见29人次。严明政治纪律和政治规矩，巩固深化肃清李嘉、万庆良恶劣影响成果，全市立案审查违反政治纪律案件10件，处分8人。

【疫情防控监督】 2020年，佛山市纪检监察机关聚焦主责主业抓好疫情防控，派出700多名纪检监察干部参与疫情防控和督查督导，促进各级党委、政府及有关职能部门切实履责，在抗疫一线中践行初心使命。围绕党中央关于统筹疫情防控和经济社会发展的决策部署，跟进监督、精准监督、全程监督，推动复工复产、复市复学等措施落实落地。着眼于厚爱和激励开展监督，科学精准稳慎有效处置防疫责任不落实等问题，全市核查有关问题线索112件、处理61人，通过批评教育、谈话提醒处理50人。

【“四种形态”监督执纪】 2020年，佛山市纪检监察机关精准运用“四种形态”，坚持纪法情理贯通融会，深化运用监督执纪“七个看”（即看违纪情节、看危害程度、看时间节点、看动机原因、看认错态度、看一贯表现、看群众口碑）和问责“六字诀”（即“严、准、适、通、扩、用”）。全市运用“四种形态”批评教育帮助和处理3998人次。其中：运用第一种形态批评教育帮助2488人次，占总人次的62.2%；运用第二种形态处理1118人次，占28%；运用第三种形态处理150人次，占3.8%；运用第四种形态处理242人次，占6.1%。开展谈话684人次、函询52人次，函询后采信了结并书面反馈38人次。加大对谈话函询结果的抽查核实力度，对不如实说明回复、敷衍应付、边谈边犯、边询边犯的依规依纪依法严肃处理，公开通报敷衍应付函询的典型违纪违法案件。坚持失责必问，实施精准问责，全市问责党员领导干部、监察对象83人。落实“三个区分开来”要求，制定实施受处分人员跟踪回访工作意见，深入做好失

2020年4月10日，佛山市委反腐败协调小组暨全市追逃追赃工作会议在佛山市机关小礼堂召开
（市纪委监委 供图）

实检举控告澄清工作。全市对429名受处分党员干部开展跟踪回访教育，为党员干部澄清是非656人次，最大限度保护党员干部干事创业积极性。

【腐败惩治】2020年，佛山市纪检监察机关坚持有腐必反、有案必查，持续保持反腐败斗争高压态势。全市接收检举控告1902件，比上年下降3.8%；处置问题线索3968件，增长0.7%；立案1781件，增长4.3%，其中处级干部34人，增长21.4%；市纪委监委机关自办案件132件；处分1394人，增长8.4%；移送检察机关80人；通过审查调查挽回直接经济损失1.16亿元。在高压震慑和政策感召下，全市有36人主动投案、162人主动交代违纪违法问题。持续开展"天网行动"，追回外逃人员4人，其中"红通人员"1人，实现"红通人员"案件清零。扎实推进以案促改，推动办案、整改、治理贯通融会，深入剖析案件成因和教训，向发案单位和地区发送纪检监察建议书58份，做到查处一案、警示一片、治理一域。

【巡察监督】2020年，佛山市委巡察机构坚守政治巡察定位，围绕"三个聚焦"（即聚焦党的理论路线方针政策和党中央重大决策部署在基层贯彻落实情况，聚焦群众身边腐败和作风问题，聚焦基层党组织建设情况）要求，组织开展中共佛山市委第七轮、第八轮巡察，对37个单位党组织进行常规巡察，发现问题1272个、问题线索56件，完成该届市委任期内巡察全覆盖任务。强化巡察整改和成果运用，完善巡察整改工作机制，对9个单位党组织整改情况开展"回头看"，向中共佛山市委、市政府职能部门通报巡察有关情况，促进规范决策、完善政策、健全制度。加强对区委巡察工作的指导督导，一体推进市、区党委巡察，统筹指导各区对25个单位党组织开展交叉巡察，发现问题1534个、问题线索20件；对326个村（社区）党组织进行巡察，发现问题7435个、问题线索145件，实现对村（社区）巡察全覆盖目标；开展2轮对102个村（社区）党组织涉黑涉恶涉腐问题专项巡察，发现问题2867个、问题线索115件。开展巡察工作质量评估，强化巡察机构与纪委监委监督检查部门、派驻机构协调协作，推动巡察监督与其他监督贯通融会，提升巡察质效。

【纪检监察监督智能化】2020年，中国共产党佛山市纪律检查委员会、佛山市监察委员会整合升级市党风廉政建设大数据平台，建成主体责任、低保发放、高龄津贴等专题监督模块，打造集"情报查询、廉政预警、辅助研判、智能分析、精准画像、全面监督"为一体的综合监管平台。深化平台应用，强化案件情报分析，推动审计监督、财会监督、统计监督等外部监督数据共享，接入信息数据15亿条。

（陈树钢）

党风廉政建设

【"两个责任"落实】2020年，佛山市纪检监察机关贯彻《党委（党组）落实全面从严治党主体责任规定》，做实做细日常监督，加强对"一把手"和领导班子监督，综合运用约谈函询、民主生活会督导、述责述廉、委托"一把手"谈话等方式，推动"两个责任"〔指落实全面从严治党，党委（党组）负主体责任，纪委负监督责任〕贯通联动、一体落实。全市纪检监察机关主动约谈领导班子成员、重点岗位人员1184人次，立案审查调查"一把手"60人，参加被监督单位民主生活会或专题组织生活会153次，组织32名党委（党组）"一把手"向市、区纪委全会述责述廉，委托党委（党组）"一把手"谈话处置问题线索21件，通过抓好"关键少数"带动"绝大多数"。严肃村（社区）"两委"〔村（社区）党组织和村（居）民委员会〕换届纪律，强化监督检查，督促落实换届工作政治责任。

【纪检监察体制改革】2020年，中国共产党佛山市纪律检查委员会、佛山市监察委员会统筹推进纪律检查体制改革、监察体制改革、纪检监察机构改革，规范化法治化水平持续提高。健全纪检监察工作运行机制，严格规范信访举报办理、线索管理、信息查询、措施审批和廉政意见回复等工作流程，强化与审计部门协作配合，推动构建系统集成、协同高效监督机制。对久立未结案件开展专项清理，对实施查封、扣押、冻结措施以及涉案财物管理工作开展专项检查。加强案件质量管控，探索集中统一、上下联动案件审理模式，改进监督执纪"宽、松、软"问题。加快推进新留置点建设，探索佛山韶关两地留置协作配合机制。完善派驻机构领导体制和服务保障机制，健全改革配套制度，规范市管企业纪检监察机构设置和人员配置，加强对市纪委监委派驻机构和市管企业纪检监察机构监督检查审查调查措施使用的管理，明确派驻机构立案审查调查和案件移送审理程序，推动市管（属）高校纪委书记专职化，提升派驻监督效能。年内，市纪委监委派驻机构立案70件，比上年增长11.1%，实现办案全覆盖。推动监察职能向基层延伸，制订实施加强对村（社区）干部监督的意见，强化村（社区）纪检组织建设，建立纪检监察联络员制度，率先探索村（社区）纪委书记（纪检委员）兼任村（居）务监督委员会主任，把自上而下的组织监督和自下而上的群众监督结合起来。

【党风廉政宣传教育】2020年，佛山市深入开展纪律教育学习月活动，举办2020年全市领导干部党章党规党纪教育培训班和第九期权力集中部门资金密集领域领导干部培训班，拍摄警示教育片《蜕变——佛山市国资系统腐败案警示录》，编印警示教育读本，用身边事教育身边人。全市举办领导干部纪律教育学习班270余场，"一把手"讲廉政党课320余场，教育党员干部6.4万人次。开展"以案四说"警示教育，组织942批次近3万名党员干部到市纪法教育基地接受现场教育，引导党员干部知敬畏、存戒惧、守底线。打造"廉问+"纪法教育品牌，推进社会廉洁文化建设，营造崇廉尚洁的良好社会氛围。

【纪检监察制度文件编制】2020年，佛山市出台《佛山市政商交往正负面清

表13　　2020年佛山市出台纪检监察制度文件一览表

类　别	文件名称
政治生态类	《佛山市政商交往正负面清单》 《关于开展"以案说德、以案说纪、以案说法、以案说责"警示教育的意见（试行）》 《佛山市纪委监委处理信访举报工作指引》 《佛山市纪委监委检举控告检查督办工作指引》 《佛山市纪检监察机关处理实名检举控告工作指引（试行）》 《佛山市纪委监委关于奖励实名检举控告有功人员工作办法》 《佛山市纪检监察机关关于做好受处分人员跟踪回访工作的意见》
廉政监督类	《佛山市纪委监委关于推进政治监督具体化常态化的工作意见》 《关于推动疫情防控领域监督执纪工作提质增效的若干措施》 《关于进一步加强对村（社区）干部监督的意见》 《关于健全市纪委监委派驻机构与驻在部门党组（党委）协调机制的指导意见》 《佛山市基层执法领域侵害企业和群众利益突出问题专项整治工作方案》 《关于加强扶贫、民生领域重点资金项目监督检查的实施方案》 《关于开展拥有非上市公司（企业）股份专项清理的工作方案》 《关于在全市党员干部和公职人员中开展酒驾醉驾问题专项整治的工作方案》
执纪审查类	《佛山市纪委监委监督检查审查调查措施使用规定（试行）》 《佛山市纪委监委派驻（出）机构和市管企业纪检监察机构监督检查审查调查措施使用管理办法（试行）》 《关于佛山市纪委监委提请佛山市公安局协助采取搜查、留置、通缉措施实施细则（试行）》 《关于查办司法工作人员涉嫌职务违法犯罪线索和案件衔接工作办法》 《关于进一步提高全市纪检监察机关案件质量的意见》 《佛山市纪委监委涉案财物管理工作规定（试行）》
巡察工作类	《关于规范巡察期间立行立改工作的意见》 《关于市委巡察组与被巡察党组织主要负责人沟通情况的工作机制（试行）》 《市委巡察发现问题线索管理办法（试行）》
队伍建设类	《关于加强市直单位机关纪委建设的意见》 《关于规范市管企业纪检监察机构设置的意见》 《佛山市纪委监委机关借用人员管理办法》 《佛山市纪检监察系统年轻干部跟班学习、以案代训工作实施方案》

单》《关于开展"以案说德、以案说纪、以案说法、以案说责"警示教育的意见（试行）》《佛山市纪委监委关于推进政治监督具体化常态化的工作意见》等制度性文件28件，完善体制机制，堵塞制度漏洞，发挥标本兼治的综合效应。

【2020年佛山市领导干部党章党规党纪教育培训班】 2020年9月22日在佛山市机关大礼堂举行。培训班以"严守政治纪律，践行'两个维护'"为主题，深入学习贯彻习近平新时代中国特色社会主义思想，教育引导党员领导干部增强"四个意识"、坚定"四个自信"、做到"两个维护"，严守政治纪律和政治规矩，切实履行全面从严治党政治责任，为佛山争当全省地级市高质量发展领头羊、决胜高水平全面建成小康社会提供坚强保障。中共佛山市委书记、市人大常委会主任鲁毅出席会议并讲话，市委副书记、市长朱伟传达全省第十九期领导干部党章党规党纪教育培训班会议精神，市委常委、市纪委书记、市监委主任何河清围绕"严守政治纪律，践行'两个维护'，努力营造佛山风清气正的政治生态"作专题辅导报告。培训期间，学员们观看省、市纪委拍摄的党风廉政教育专题片。

【权力集中部门资金密集领域领导干部培训班】 2020年9月23日在佛山市纪法教育基地举行。培训班结合全市基层执法领域侵害企业和群众利益突出问题专项整治的有关部署，以执法领域违纪违法警示案例为重点定制培训课程，分2批次组织市公安局、市自然资源局、市生态环境局、市住房城乡建设局、市交通运输局、市农业农村局、市文广旅体局、市应急管理局、市市场监管局、市城管执法局、市税务局等11家市直执法单位班子成员到市纪法教育基地接受现场教学。

（陈树钢）

民主党派·工商联

中国国民党革命委员会佛山市委员会

【概况】 2020年，中国国民党革命委员会佛山市委员会发展新党员25人，平均年龄为40岁，均具有大专以上学历，其中包括博士（后）2人、硕士4人、高级职称6人。截至2020年底，全市有党员405人，其中分布在教育界124人、公有经济界80人、医卫界74人、新的社会阶层62人、其他界别65人。党员男性247人、女性158人，平均年龄52岁，大学以上文化337人，高级、中级职称271人。设有6个总支和21个支部，设有参政议政等5个专门委员会。市直、禅城、南海总支在年内实现支部“民革党员之家”全覆盖，其中，有“全国优秀民革党员之家”1处、“省优秀民革党员之家”3处。同年，民革佛山市委会制定《民革佛山市委会工作制度汇编（初稿）》。继续推进示范支部创建和基层组织党务工作标准化建设试点工作，截至年底，有全国示范支部1个、省级示范支部4个。年内，在民革广东省委会达标支部、示范支部“回头看”复检中获肯定。

【思想建设】 2020年，中国国民党革命委员会佛山市委员会及各级基层组织定期举行或组织党员参加各种报告会、座谈会、研讨会、培训班。召开市委委员（扩大）会议，学习贯彻中共十九届五中全会等系列重要会议精神、中共中央总书记习近平出席深圳经济特区建立40周年庆祝大会重要讲话精神和中共中央总书记习近平重要指示批示精神。开展“不忘合作初心，继续携手前进”和“观故居，走多党合作之路”主题教育活动，组织党员参观张钫、蒋光鼐、谭平山、陈汝棠等民革前辈故居。组织党员开展纪念抗战胜利75周年观影活动，参加民革广东省委会成立65周年纪念大会和朗诵比赛、纪念抗战胜利75周年抗战将领遗属慰问座谈会等。

【参政议政】 2020年，中国国民党革命委员会佛山市委员会有各级人大代表、政协委员55人次，其中省政协委员2人（其中省政协常委1人）；市人大代表5人（其中市人大常委会委员1人）；市政协委员11人（其中市政协副主席1人、市政协常委2人）。在佛山市政协十二届四次会议期间，以民革佛山市委会或民革市政协委员名义提交提案43件，其中集体提案7件。会上，2019年提交的《关于三龙湾高端创新集聚区建设与发展的建议》等4件集体提案和《关于全面推进我市土壤污染防治，建成国家生态文明建设示范城市的建议》等5件个人提案获优秀提案奖，8名履职考核优秀委员获通报表扬。此外，民革佛山市委会4名人大代表参加佛山市第十五届人民代表大会第五次会议，并向大会提交建议2份。同年，以民革佛山市委会或民革市政协委员名义提交的提案中，2件提案被定为重点跟踪督办提案，其中刘建萍提交的《关于加速推进广佛全域同城化建设的建议》（六案合并）被定为中共佛山市委书记督办提案。此外，民革佛山市委会就《关于将农村宗祠改造为农村文化中心的建议》《关于加强自动贩卖机食品安全监管的建议》等提案的办复工作与市有关部门负责人进行沟通；刘建萍、李蕾代表民革佛山市委会参加广东省政协《关于支持我省住宅小区适老化改造》提案办理远程协商会。

民革佛山市委会向佛山市政协报送各类信息共82篇，被采用32篇，其中2篇被中共佛山市委采用、1篇被广东省政协采用、3篇被全国政协采用；向中共佛山市委统战部提交信息71篇，被采用14篇，其中3篇被中共佛山市委采用；向中国国民党革命委员会广东省委员会报送信息69篇，被采用59篇。民革佛山市委会被评为民革广东省委会2019—2020年度反映社情民意信息工作先进集体一等奖，陈玥被评为民革广东省委会2019—2020年度社情民意工作先进个人一等奖，李蕾、夏克传、彭俊超、聂光中被评为二等奖。

民革佛山市委会组织参政议政骨干分8个组赴辽宁、河北、浙江、江苏、陕西、河南等省围绕10个课题开展调研，形成调研成果10余项。7月，由民革佛山市委会主委唐冬生牵头的“中医药治未病体系建设”课题组到佛山市中医院、广东省中西医结合医院进行实地调研，围绕中医药治未病的重要作用、助力建设“健康中国”等方面进行探讨。

【社会服务】 2020年，中国国民党革

命委员会佛山市委员会继续定期对口帮扶湛江市吴川市中山村贫困户，发动党员捐款3250元救助当地台风受灾群众；组织党员到云浮市郁南县、毕节市纳雍县等地开展医疗义诊、儿科培训；发动党员认捐郁南县大全村银杏树“博爱林”项目6.1万元，购买纳雍县扶贫产品3964元。开展“迎六一，献爱心”活动，到佛山市社会福利院慰问孤残儿童。参与新冠肺炎疫情防控，1—5月借助微信公众号推送“抗击疫情显担当，佛山民革在行动”系列报道38篇和疫情防控指引73篇。开展“企业暖春行动”，到顺德、南海、禅城等区走访20多家企业，提供复工复产及防疫工作指导。各基层组织开展社会服务进社区、关爱抗战老兵、“爱心基金”慰问困难家庭等活动；各级基层组织及广大民革党员在疫情期间捐款超10万元，捐赠防疫物资价值100多万元。主委唐冬生录制2期“新冠肺炎防控要点讲座”短视频上线推送，获中国生物化学与分子生物学会优秀科普工作者奖；党员张明翰、李蕾、刘平被评为民革广东省委会2020年抗击新冠肺炎疫情工作杰出贡献奖，党员张波、吴时光、李志、潘苗、黄家铭、曹国荣被评为突出贡献奖，党员渠铮、蔡桂昭、谭世锦、简观德、唐志毅、钱聪、钱雪敏、张冬发、陈建、陈国栋、李雪松、李智、吴小卫被评为优秀奖；党员张明翰被民革中央授予“民革抗击新冠肺炎疫情先进个人”称号。

【民革佛山市委会法律服务中心成立】2020年4月28日，中国国民党革命委员会佛山市委员会在广东尚尧律师事务所举行民革佛山市委会法律服务中心揭牌仪式。该法律服务中心参与基层公共法律服务体系建设，到社区、学校、企业等为困难群众提供法律援助。法律服务中心将法律服务与参政议政工作相结合，通过开展法律服务，收集提炼有价值的社情民意信息，发挥“信息台”作用。此外，法律服务中心为佛山各级民革组织的工作提供法律意见和建议，为民革党员及民革党员开办的法人、非法人组织提供法律服务。

（李　蕾）

中国民主同盟佛山市委员会

【概况】截至2020年底，中国民主同盟佛山市委员会辖顺德区委会，有市直一、市直二、佛山科技学院、禅城区、南海区、高明区、三水区等7个总支部委员会，共50个支部。设有监督委员会、参政党理论研究委员会、科技委员会、教育委员会、经济委员会、城市委员会、法治委员会等7个专门委员会，以及宣传工委会、社会服务工委会、青年工委会、老龄工委会、企业家工委会、民盟中央美术院佛山分院、民盟佛山市委艺术团等7个工作委员会。发展新盟员36人，共有盟员1091人，其中具有高级、中级职称的860人，占78.8%。该年度，民盟佛山市委会提交的提案中，《关于三龙湾高端创新集聚区建设与发展的建议》等4件提案获优秀表彰。年内组织开展湛江市吴川市黄坡镇中山村“1对1”精准扶贫活动，帮扶当地居民，发挥社会服务职能。与中国民主同盟广东省委员会协办健康码国际互认机制研讨会暨2020国际二维码产业发展大会。

【思想建设】2020年，中国民主同盟佛山市委员会继续开展“不忘合作初心，继续携手前进”主题教育活动常态化工作，巩固主题教育活动的成果，推进自我革新，加强自身建设，履行参政党职能。年内，先后召开民盟佛山市委十四届十七、十八、十九和二十次（扩大）会议；召开深入学习贯彻中共中央总书记习近平出席深圳经济特区建立40周年庆祝大会和视察广东重要讲话重要指示精神专题报告会，中共深圳市委党校统战教研部主任范宏云教授作辅导报告；召开学习贯彻中共中央总书记习近平关于铸牢中华民族共同体意识的重要论述暨纪念费孝通110周年诞辰座谈会。各级盟组织通过各种形式学习贯彻中共广东省委十二届十一次、十二次全会精神和中共佛山市委十二届十次、十一次全会精神，增强全盟思想自觉、政治自觉、行动自觉。

【参政议政】2020年，中国民主同盟佛山市委员会继续向党委政府举荐人才，为盟员履职尽责搭桥铺路。截至年底，民盟佛山市委会有省人大代表1人，市人大代表9人（其中常委1人），市政协委员15人（其中常委4人），区人大代表、政协委员55人，省、市特约监督员、检察员3人，市新的社会阶层人士联合会常务副会长1人。

佛山“两会”（人大会议、政协会议）期间，民盟佛山市委会共提交集体提案7件，盟员人大代表个人提交建议12件，盟员政协委员个人提案24件。12名盟员被市政协授予“2019年度履职考核优秀委员”称号。由民盟佛山市委会牵头提出的《关于加速推进广佛全域同城化的建议》被列为中共佛山市委书记督办案，民盟佛山市委会代表在中共佛山市委书记鲁毅主持召开的督办提案办理工作座谈会上作重点发言。同年，民盟佛山市委会中国民主同盟广东省委员会授予“参政议政先进集体”“反映社情民意信息工作一等奖”等称号。

【社会服务】2020年，中国民主同盟佛山市委员会组织赴湛江吴川市黄坡镇中山村开展精准扶贫助学活动，与中山村驻村扶贫干部、村委干部沟通了解中山村的扶贫工作进展情况，尤其是新冠疫情对产业扶贫项目和当地居民生活的影响，并深入“1对1”贫困户了解贫困户家庭状况、子女上学情况等，送去慰问金和生活用品。同年，民盟佛山市委会被中国民主同盟中央委员会授予“社会服务工作先进集体”称号。组织全市心理咨询、法律等专业领域盟员，组成抗疫心理法律爱心团，为全市盟员和广大市民提供疫情相关心理危机干预公益服务，配合做好新冠肺炎疫情相关心理危机干预工作。全年全市医卫界盟员超100名走上抗疫第一线。各级盟组织和广大盟员全年通过各种渠道为疫情防控捐款59.6万元。

（李　亨）

中国民主建国会佛山市委员会

【概况】 2020年，中国民主建国会佛山市委员会新发展会员28人，平均年龄42岁。截至2020年底，全市有民建会员572人，其中企业界人士422人，占总人数73.8%。会员男性416人、女性156人，平均年龄51.6岁。会员大学以上文化320人，高级、中级职称233人。设有禅城区、南海区、顺德区、三水区等4个总支，高明区支部1个区支部，市直一支部、市直二支部、佛山科学技术学院支部、市直机关支部等4个市直属支部。2020年，民建佛山市委会提交集体提案4件、个人提案30余件，向各级各部门报送社情民意信息90多篇。于年内成立全面加强作风建设领导小组，制定《民建佛山市委会全面加强作风建设实施方案》。于11月30日成立民建佛山市委会监督委员会，进一步加强会内监督工作。同年，召开纪念中国民主建国会成立75周年大会。

【思想建设】 2020年，中国民主建国会佛山市委员会组织市委会委员、各基层组织负责人到广东民建爱国主义教育基地“三河坝战役纪念园”、叶剑英故居、钟绞蟠纪念馆和铜鼓岭红军烈士纪念园等地参观学习。组织各支部开展“不忘合作初心，继续携手前进”主题教育研讨活动，围绕“中共中央总书记习近平关于初心使命的重要论述”“中共中央总书记习近平在中央政协工作会议暨庆祝中国人民政治协商会议成立70周年大会上的讲话”“中共中央总书记习近平新时代中国特色社会主义思想体系”“中共中央总书记习近平新时代中国特色社会主义思想蕴含的世界观方法论”“中共中央总书记习近平关于发扬斗争精神、勇于担当作为的重要论述”“中共中央总书记习近平对广东的重要讲话和重要指示精神”等主题开展研讨，通过学习培训，加深会员对中国共产党领导的多党合作和政治协商制度、民建的历史和优良传统的认识，提高思想境界和理论水平。

【参政议政】 2020年佛山市“两会”（人大会议、政协会议）期间，中国民主建国会佛山市委员会提交《建议佛山积极打造有全国影响力的区块链应用示范基地》书面发言，提交《关于持续推动佛山中小企业高质量发展的建议》等4件集体提案、30余件个人提案。2019年提交的集体提案《关于推动粤港澳大湾区国家战略在佛山落地见效的建议》和《关于后疫情时代持续推动佛山中小企业高质量发展的建议》《关于强化应急能力建设，推进佛山城市安全发展的建议》等2件委员个人提案获优秀提案奖。同年，民建佛山市委会获民建广东省委会2019年度参政议政工作先进集体一等奖，16位会员被评为参政议政工作优秀个人。会员张卫红、梁永流、罗斌华、程嘉韵、卢沛锋等获“市政协2019年度履职优秀政协委员”称号。

2020年，民建佛山市委会向各级各部门报送社情民意信息90多篇，其中《发放电子消费券应注重兼顾公平》等8篇获全国政协采用。另外，民建佛山市委会报送的社情民意信息还获民建中央采用3篇、民建广东省委会采用10篇、中共佛山市委采用5篇、市政协采用16篇、市委统战部采用5篇。参与民建广东省委会调研课题招标，报送“后疫情时期中小企业生存发展状况调研”等3份课题申请书。在民建中央、民建广东省委会网站和“佛山政协”、“佛山统一战线”等平台发表工作通讯30多篇。

2020年，民建佛山市委会参加市民主党派联合调研工作，围绕新基建等主题到市有关部门和东莞市调研。围绕统筹推进疫情防控和经济社会发展专题，到市内各区调研企业复工复产情况，撰写调研报告《当前企业复工复产面临的困难问题及对策建议》《外贸企业压力与挑战调研报告》，为党委政府科学民主决策提供参考。加强理论研究，文章《论参政党地级市组织如何提升参政议政能力》获中共广东省委统战部“理论研究创新成果优秀奖”和中共佛山市委统战部“理论研究特别奖”。

2020年12月8日，民建佛山市委会召开纪念中国民主建国会成立75周年大会。图为优秀会员、防疫突出贡献个人、防疫先进个人和先进集体表彰仪式　（市民建　供图）

【社会服务】 2020年，中国民主建国会佛山市委员会助力脱贫攻坚，组织会员参与民建中央和民建广东省委会定点帮扶的河北省承德市丰宁满族自治县和贵州省黔西县的市扶贫工作。参与消费扶贫，组织会员购买丰宁满族自治县和黔西市农产品5万多元。佛山民建画院组织书法家会员参加由高明区明城镇坟典村举办的“道德春联进万家”活动，为群众书写200多幅涵括中华优秀传统美德、家风、家训正能量的春联。年内，民建佛山市委会在全市各地播放安全宣传片，免费提供法律咨询、应急救护教学等服务。新冠肺炎疫情期间，市民建各级组织及广大会员与中共党员、社区人员加入社区管控一线，站岗执勤、入户排查，外防输入、内防扩散。疫情形势相对严峻的1—4月，为支持疫情防控，佛山民建会员累计捐款800多万元，捐助各类抗疫物资价值200多万元。

【全面加强作风建设调研座谈会】 2020年10月21日，中国民主建国会佛山市委员会召开全面加强作风建设调研座谈会。民建广东省委会委员、民建佛山市委会委员、禅城区总支委员和机关专干等10人参加座谈。座谈会形成全面加强作风建设工作3点共识：强化统筹协调，加强工作领导，务求取得实效；深入调查研究，认真学习领会中共中央总书记习近平关于加强调研的重要论述，深入贯彻民建关于会务工作、调研工作的相关要求；认真查找问题，落实整改提高。

【纪念中国民主建国会成立75周年大会召开】 2020年12月8日，中国民主建国会佛山市委员会召开纪念中国民主建国会成立75周年大会。民建广东省委副秘书长聂周强、中共佛山市委统战部常务副部长刘光辉、民建佛山市委会主委李应滔、副主委张卫红、梁永流、各基层组织会员等130人参加纪念大会。大会展示《民建佛山市委会纪念中国民主建国会成立75周年建设成果巡礼》宣传片，并对101名优秀会员，以及系统内10名新冠肺炎疫情防控突出贡献个人、58名新冠肺炎疫情防控先进个人和14个先进集体进行表彰。

（梁潇月）

中国民主促进会佛山市委员会

【概况】 2020年，中国民主促进会佛山市委员会设有1个区委会（民进顺德区委会）、2个总支（禅城、南海）和28个支部，有参政党理论研究会、参政议政工委会、社会服务工委会、青年工委会、妇女工委会、老龄工委会、企业界会员联谊会、《佛山民进》编委会和监督委员会等工作机构。截至2020年底，全市有会员543人，其中分布在教育界273人、文化艺术界89人。会员男性338人、女性205人，平均年龄49.1岁，高级、中级职称373人。全年发展新会员27人，其中本科学历14人、研究生学历7人，教育界5人、文化界6人。2020年，民进佛山市委会与中国国民党革命委员会佛山市委员会、中国民主同盟佛山市委员会、中国农工民主党佛山市委员会联合开展“打造中医药发展高地，加快建设中医药强市”专题调研，完成调研报告上报中共佛山市委。此外，民进佛山市委会与中国民主促进会广东省委员会教育工委共同完成调研课题“将中小学校医卫管理扩展为健康管理的建议”，获民进广东省委会立项。龚亦华撰写的《脱贫攻坚与乡村振兴阻断贫困代际传递的中国方案——以佛山经验为例》获民进中央开展的学习中共中央总书记习近平关于扶贫工作的重要论述征文二等奖。同年，民进佛山市委会获“民进全国履职能力建设先进集体”“民进广东省参政议政工作先进单位”“民进广东省信息工作先进单位”等称号，专干徐雅珉获“民进全国履职能力建设先进个人”称号。

【思想建设】 2020年，中国民主促进会佛山市委员会坚持开展政治学习。组织学习中共十九届四中全会、五中全会精神、全国“两会”（人大会议、政协会议）精神、中共中央总书记习近平在党外人士座谈会上的重要讲话精神、出席深圳经济特区建立40周年庆祝大会和视察广东重要讲话重要指示精神，着力提高思想政治理论水平。民进佛山市委会组织会员23人赴湖南省汝城县沙洲瑶族村开展“不忘合作初心，继续携手前进”主题教育活动，明确新时代民主党派也应不忘初心、勇担使命。

【参政议政】 2020年，中国民主促进会佛山市委员会有各级人大代表19人，其中市人大常委会委员1人、区人大常委会副主任3人、区人大常委会委员2人；有各级政协委员45人，其中省政协委员2人、市政协常委5人、区政协常委9人。在佛山市政协十二届四次会议期间，民进佛山市委会共提交34件提案，其中《关于进一步加强食品安全监管的建议》被评为市政协主席督办案，另外有3件提案被评为重点提案。《关于推动佛山生态文明之城体制机制建设的建议》《关于优化我市人才发展，打造粤港澳大湾区人才高地的建议》《关于推动粤港澳大湾区国家战略在佛山落地见效的建议》《关于进一步推动我市民营经济高质量发展的建议》《关于交通违章抓拍应及时准确告知车主的建议》等5件提案被评为市政协十二届三次会议“优秀提案”。民进佛山市委会的谭伟亮、陈东初、游斌、黄锦培、俞宙虹、梁绮惠、申桂树、梁国荣、王玉建、刘冰、王全等11人被评为“2019年度佛山市政协履职考核优秀委员”。

民进佛山市委会报送社情民意信息98篇，其中全国政协采用9篇、民进中央采用10篇、中共广东省委采用2篇、省政协采用4篇、中共佛山市委采用8篇。此外，有2篇信息获民进中央参政议政成果二等奖和三等奖。会员刘斌获中共佛山市委办通报表扬。新冠肺炎疫情防控期间，民进佛山市委会会员撰写30多篇关于疫情方面的信息，其中4篇被全国政协采用、3篇被佛山市委采用。

【社会服务】 2020年，中国民主促进会佛山市委员会继续对口帮扶吴川市黄坡镇中山村，截至年底，对口帮扶的3户贫困户均完成脱贫。此外，会员何粤发、李美征、区国圣、余丽等参与四川省凉山彝族自治州支教支医活动。新冠肺炎疫情期间，民进佛山市委会组织会员向社会各界捐赠医用防疫物资，包括向贫困山区学校罗定市蒲垌小学捐赠一批抗疫物资。此外，20多名会员医生投入疫情防控；科技界会员为疫情防控开展应急攻关，参与重点科研项目；文艺界会员创作50多幅书画精品，向奋战在抗击疫情一线的人员致敬，其中4幅作品入选中共佛山市委宣传部、佛山市文学艺术界联合会等单位联合推出的文艺抗疫系列海报。同年，会员陈健帆被评为“民进全国抗击新冠肺炎疫情先进个人”，12人获评为“民进广东省抗疫突出贡献会员”，27人获评为“民进广东省抗疫先进会员”。

【市民进关于推进垃圾分类工作的建议】2020年，中国民主促进会佛山市委员会向中国人民政治协商会议第十二届佛山市委员会第四次会议提交发言书面材料《关于大力推进我市垃圾分类工作的建议》。建议指出，2012—2018年，佛山市生活垃圾平均日清运量从7011吨/日增长至1.12万吨/日，在生活垃圾急速增长的严峻形势下，佛山市焚烧处理能力占比60%，大量生活垃圾仍靠填埋方式处理。佛山市内垃圾填埋处理方式要往垃圾全焚烧方向发展。推行生活垃圾分类、实行源头减量、加大资源化回收是佛山市摆脱垃圾围城困境的唯一方法。建议提出六大解决办法：提起高度重视，层层狠抓落实；做好群众工作，保障设施落地；部门形成合力，坚持齐抓共管；社区重点发力，增强基层力量；加强专项治理，不留卫生死角；借助现代技术，建设信息平台。

【“民进会员之家”挂牌成立】2020年11月25日，佛山首个“民进会员之家”在李兆基中学挂牌成立，也是顺德区第一次“民进会员之家”，是社会各界人士了解民进、展现民进风采、扩大民进影响的平台。“民进会员之家”定期开展理论学习、主题教育、专题研讨、参政议政和社会服务活动。挂牌仪式上，民进顺德区委会邀请中国科学院心理研究所副研究员张兴利博士开展公益讲座，吸引李兆基中学200多名学生参加。

（黄锦培）

2020年11月25日，佛山首个“民进会员之家”挂牌成立　　（市民进　供图）

中国农工民主党佛山市委员会

【概况】截至2020年，中国农工民主党佛山市委员会有专职干部6人，全市党员总数705人，其中分布在医卫界401人（占56.9%）、文教界107人、科技界34人、其他163人。党员男性433人、女性272人，平均年龄47岁，大学以上文化588人。党员中级、高级职称519人，占全市农工党党员的73.6%。设有禅城区总支、南海区总支、顺德区总支、高明区总支、市中医院总支、佛科院总支、市科技总支等7个总支部，32个支部，设有参政议政工作委员会、妇女工作委员会、医药卫生工作委员会、老龄工作委员会、城市建设和环境资源保护工作委员会、监督委员会、宣传工作委员会。2020年，农工党佛山市委会全年新发展党员31人。其中，博士研究生1人、硕士研究生3人，中级、高级职称19人。农工党佛山市委会报送提案31件、议案5件，全市农工党员报送社情民意信息352篇，超100篇信息被市级以上部门采用。此外，完成湛江市吴川市中山村困难户年度精准扶贫任务。年内，农工党佛山市委会在农工党中央纪念中国农工民主党成立90周年表彰大会上获“先进地市（县）级组织”称号，农工党佛山市委会专职副主委李薇获纪念中国农工民主党成立90周年表彰“优秀党务工作者”称号。

【思想建设】2020年，中国农工民主党佛山市委员会召开2次市委委员（扩大）会议、1次主委办公会议，学习贯彻中共中央总书记习近平重要讲话精神暨全国“两会”（人大会议、政协会议）精神、中共中央总书记习近平出席深圳经济特区建立40周年庆祝大会和视察广东重要讲话重要指示精神、农工党广东省十三届四次全会及八次常委会精神。农工党佛山市委会成员通过市委会领导班子带头学习、培训班和会议专题学习、基层集中学习、党员自我学习等方式，进一步坚定理想信念，增进政治共识，增强中国特色社会主义道路自信、理论自信、制度自信、文化自信。同年，农工党佛山市委员会主委杨小晶在《佛山日报》发表署名文章《发挥医药卫生等界别优势　共担历史使命推动佛山发展》。

【参政议政】2020年，中国农工党佛山市委员会继续把反映社情民意作为履行参政议政职能的重要方式。全年全市农工党员报送社情民意信息352篇，超100篇信息被市级以上部门采用，信息质量和数量为历年之最。其中：《关于应急处理新型冠状病毒疫情的建议》《建议完善传染病疫情网络直报系统，优化我国传染病疫情报告制度》《关于新型冠状病毒感染肺炎疫情下民事诉讼亟需明确的几个问题》等15篇信息被全国政协采用；《关于加强各地援助湖北医疗队建制和管理的建议》《借助“人工智能”手段优化营商环境——对于落实优化营商环境条例（草案）的若干建议》《创新和规范监管执法，进一步优化新兴产业的营商环境》等7篇信息被农工党中央采用。

佛山“两会”期间，农工党佛山市委会报送提案31件、议案5件。其中：由委员曹冬冬主笔的《关于加快推进广佛同域同城化建设的建议》（六案合并）被列为中共佛山市委书记督办案；由委员陈世楷主笔的《关于进一步加强食品安全监管的建议》（三案合并）被列为市政协主席督办案；由委员陈爱贞主笔的《关于进一步完善我市重大疫情防控体系建设的建议》（十案合并）被列为市政协文教体卫文史委跟踪办理案件；由委员刘金财主笔的《关于把握“双区驱动”战略机遇，进一步促进我市生产性服务业的高质量发展》《关于三龙湾高端创新集聚区建设与发展的建议》分别被列为佛山日报社跟踪督办案、中共佛山市委书记督办案。刘金财、曾小明、陈世楷、王晓宁、刘莉、陈爱贞、谢海青、余新、曹冬冬、余海波等10名委员获评佛山市优秀政协委员。委员刘金财、刘婉冰、吴智鑫、陈子星、徐玉发等5人获农工党广东省委会“疫情防控相关社情民意信息工作先进个人”称号。

【社会服务】 2020年，中国农工民主党佛山市委员会发挥党员个人专业特长和党派组织的整体优势，定期到对口的湛江吴川市中山村实地调研精准帮扶困难户工作，开展慰问活动，捐献帮扶资金，完成年度精准扶贫任务。配合2020年广东（佛山）扶贫济困日活动开展，组织市委会机关全体专干参加中共佛山市委统战部组织的“6·30”扶贫济困日捐款活动。顺德总支发起“党员同心　抗击疫情”——医疗隔离衣捐赠活动。响应农工党广东省委会号召，联系广大党员，购买受疫情影响的刺柠吉产品，以消费“造血式”帮扶模式实现刺梨产业的精准扶贫，助力贵州完成2020年脱贫攻坚任务。继续组织党员参加广东省同心圆慈善基金会支持乡村医疗的“资助贫困乡村医疗”项目活动、“9·9”公益日捐赠活动，获广东省同心圆慈善基金会颁发“捐赠证书”。农工党员立足本职工作，通过开展疫情防控宣传、建议献策、捐款捐物等方式参与疫情防控工作。市委会副主委、佛山市疾病预防控制中心主任陈爱贞获“广东省抗击新冠肺炎疫情先进个人”称号。市委会专职副主委李薇及党员程俊、刘婉冰获农工党广东省委会“疫情防控相关宣传工作先进个人”称号。

【农工党佛山市第十一届宣传工作委员会成立】 2020年7月29日，中国农工民主党佛山市委员会正式成立农工党佛山市第十一届宣传工作委员会。该宣传工作委员会是全省首个农工党宣传工作委员会，主要成员为媒体从业者及市委会宣传骨干。宣传工作委员会利用全媒体平台，发挥成员宣传专长，讲好佛山农工故事，扩大佛山农工党影响力。

（蒋希为）

2020年2月6日，农工党佛山市顺德区总支开展“党员同心　抗击疫情”——医疗隔离衣捐赠活动。图为捐赠仪式

（市农工党　供图）

中国致公党佛山市委员会

【概况】 截至2020年，中国致公党佛山市委员会有党员408人，成员分别来自教育、科学技术、医疗卫生、文化艺术、新的社会阶层、政府机关等界别和行业，成员平均年龄49.6岁，中级、高级职称成员占成员总数的60%，“侨”“海”界别成员占成员总数52%。全年发展党员24人，新党员平均年龄38岁。其中，博士1人、硕士3人，有中级、高级职称7人。致公党佛山市委会下设禅城、南海、顺德、三水4个总支，以及市直属2个支部和高明支部，内设参政议政工作委员会、组织发展工作委员会、老龄工作委员会、妇女工作委员会、文体工作委员会、海外联络工作委员会、社会服务工作委员会等7个工作委员会和佛山致公摄影社、读书会2个兴趣小组。2020年，致公党佛山市委会提交议案提案超100篇，提交社情民意信息188篇，35人次进行致公党广东省委会课题申报，其中44个课题被立项。继续组织开展贵州省毕节市和黔东南苗族侗族自治州从江县扶贫活动。编辑《打赢疫情防控阻击战　佛山致公在行动》专题宣传报道61期，出版《佛山致公》防疫抗疫专刊1期。同年，致公党佛山市委会被致公党中央评为先进集体，被致公党广东省委会评为参政议政工作先进组织、对外联络工作先进集体、社会服务工作先进集体；三水总支、高明支部被致公党广东省委会评为先进集体，禅城总支、南海总支被致公党广东省委会评为社会服务工作优秀集体；党员25人次被致公党广东省委会、佛山市政协等单位授予表彰。

【思想建设】 2020年，中国致公党佛山市委员会增强政治共识，抓好思想政治教育。围绕学习贯彻中共十九届五中全会精神、中共中央总书记习近平出席深圳经济特区建立40周年庆祝大会和视察广东重要讲话重要指示精神、全国“两会”（人大会议、政协会议）精神、中共佛山市委十二届十次全会精神等，抓住致公党成立95周年等契机，开展思想政治教育和党员培训班。9月，在湛江岭南师范学院举办“不忘初心深学习，传承作风再前进”骨干党员培训班，49人参加培训。8—11月，致公党佛山市委会机关人员、骨干成员以及市、区政协委员等100多人次参加《中华人民共和国民法典》宣讲、“佛山政协大讲坛”、“推进习近平新时代中国特色社会主义思想进机关”、“佛山市讲师团送课进机关”等专题讲座学习教育活动。

【参政议政】 2020年，中国致公党佛山市委员会提交议案提案100多篇。《关于推动粤港澳大湾区国家战略在佛山落地见效的建议》（市长督办案）、《关于进一步推动我市民营经济高质量发展的建议》、《关于整合高铁和高校资源，助力佛山高新区更好地发挥引领高质量发展作用的建议》3篇集体提案获佛山市政协优秀提案奖；陈小霞个人提案《关于三龙湾高端创新集聚区建设和发展的建议》（中共佛山市委书记督办案）、刘玉华个人提案《关于推动佛山生态文明之城体制机制建设的建议》和《关于我市发展智能医院的建议》（佛山市政协主席督办案）获优秀提案奖。

致公党佛山市委会共提交社情民意信息188篇。其中：102篇信息被致公党广东省委会采用、8篇被致公党中央、中共广东省委统战部采用；32篇信息被佛山市政协采用、6篇被全国政协采用、6篇被中共佛山市委采用、1篇被市领导批示。另外，致公党佛山市委会获2019年度全市统战系统信息工作先进单位三等奖。年内，致公党佛山市委会共35人次进行致公党广东省委会课题申报，形成45份课题申报书，内容涉及经济社会发展、科技创新、社会管理、文化交流、环境保护、政务改革等，其中44个课题被立项。同年，致公党佛山市委会有4个课题被评为致公党广东省委会2019年度参政议政优秀成果。

致公党佛山市委会组织调研组赴江苏省南通市、扬州市、苏州市开展“如何构建与万亿地区生产总值相匹配的高质量文化城市”“创新‘产业链链长制’和‘数据要素市场’管理，统筹推进佛山新经济产业链发展”2个课题的专题调研活动；联合致公党广东省委会经济委到广东制造业隐形冠军（南海）研究院开展“隐形冠军”企业专题调研；协助致公党广东省委会到佛山开展“鼓励民营医院积极参与公共卫生服务体系建设”专题调研；协助致公党南京市委会到佛山开展“数字城市建设及数字经济发展”专题调研；协助致公党河源市总支到佛山开展“河源农业融湾”专题调研等。年内安排4名成员参与“创新新基建实施路径 促进佛山智能经济发展”专题调研，并主笔撰写调研报告。

【社会服务】 2020年，中国致公党佛山市委员会赴贵州省毕节市和黔东南苗族侗族自治州从江县开展扶贫捐赠活动。联合佛山市春蕾服务队向毕节朱昌镇捐赠5000双运动鞋，折合约35万元；联合贵州盛世泰合医药科技有限公司和广东致公药业有限公司向从江县捐赠LED（发光二极管）太阳能路灯300盏，折合约9万元；为朱昌镇双堰社区捐建“致公健身广场”。致公党佛山市委员会禅城总支派出经科、交通行业管理人员以及律师、医生、心理辅导老师等11人参加同心联合社会服务活动，提供咨询、义诊和基站电磁辐射科普宣传等服务；高明支部赴四川省凉山彝族自治州开展“东西部协作”扶贫助学捐赠活动，联合广东碧丽集团、江苏鸿碧科技和星火教育佛山分公司等爱心企业，向西昌市川兴镇中心小学捐赠校园直饮水净化设备20台、图书1000册等，物资价值24万余元。为配合做好国内新冠肺炎疫情防控，致公党佛山市委会发动成员捐款12.5万元用于购置一次性医用口罩、防护服、消毒液、额温枪等防疫物资，分别捐赠给医院、环卫、民政等相关单位和部门，广大党员全年捐款捐物300多万元。海外新冠肺炎疫情暴发后，致公党佛山市委会整合资源为海外华侨华人和留学生捐赠7.8万个一次性口罩，400盒连花清瘟胶囊，67个“致公爱心小包裹”，覆盖10余个国家和地区；致公党佛山市委会海外联络工作委员会联合南海区青年商会、海归精英荟向英国北部华人企业家协会等捐赠防疫口罩2万个。

【致公党佛山市委会骨干党员培训班】 2020年9月9—12日，中国致公党佛山市委员会在湛江市岭南师范学院举办

2020年，致公党佛山市委会、市委会海外联络工作委员会联合南海区青年商会、海归精英荟开展爱心驰援海外侨胞战“疫”捐赠活动。图为4月10日举行的捐赠仪式

（市致公党 供图）

"不忘初心深学习，传承作风再前进"骨干党员培训班。49人参加培训。培训课程紧扣时政热点和党派工作需求，兼顾理论与实践、历史与现实，组织学员就"十四五"面临的政治经济形势、多党合作制度理论、国学传统文化等内容开展学习。培训班还组织学员到陈璸故居、雷州市博物馆开展实地教学。

（吴小欣）

九三学社佛山市委员会

【概况】 2020年，九三学社佛山市委员会发展社员45人，调出3人，截至年底，全市有社员751人，其中主体界别占比78%。社员中，高级职称以上占56%，中级职称以上占比93%，博士以上学历占比8%，硕士以上占比43%，学士以上占比93%。设有城建、医卫、佛科院、禅城区、南海区、顺德区、高明区、三水区8个基层委员会和31个支社。市九三学社完善市委委员会议、各专委会工作规则，组织班子成员分赴各基层调研，选派社员参加党外领导干部培训班，举办骨干社员和新社员培训班，修订完善市九三学社各项规章制度，建立健全机关办事流程，推进机关正规化建设。以活动为平台，激发基层组织凝聚力和活力，组织"三八"国际妇女节、"五四"青年节、重阳节等社员活动，举办运动会、科学和艺术讲座，开展演讲比赛、社章社史培训学习、新社员联谊等。年内，市九三学社提交集体提案8件、个人提案35件和人大议案13件。年内，市九三学社通过九三学社中央机关规范化建设验收，被九三学社中央授予"机关规范化建设工作组织奖"称号。社员张静被九三学社中央授予"九三学社抗击新冠肺炎疫情先进个人"称号。此外，九三学社佛山市委员会8个基层委员会在纪念九三学社创建75周年暨全省优秀社组织表彰会上，均获"优秀基层组织"称号。

【思想建设】 2020年，九三学社佛山市委员会要求社员加强理论学习，传承红色基因，牢记初心使命，坚定中国共产党的领导。12月21—24日，九三学社佛山市委员会举办2020年骨干社员和新社员培训学习活动。年内，各基层委先后组织成员赴潮汕地区、重庆市等开展爱国主义教育主题活动；赴韶关市、湖南省郴州市宜章县城关镇等开展"不忘合作初心，继续携手前进"学习教育实践活动。

【参政议政】 2020年，九三学社佛山市委员会有各级人大代表15人、政协委员43人。佛山"两会"（人大会议、政协会议）期间，九三学社佛山市委员会提交大会发言1篇、集体提案8件、个人提案35件和人大议案13件，其中《关于加快推进我市城郊万亩郊野森林环建设的建议》《关于后疫情时代持续推进佛山中小企业高质量发展的建议》《关于进一步完善我市重大疫情防控体系建设的建议》《关于加速推进广佛全域同城化建设的建议》《关于推进我市城市生活垃圾分类》《共创城市文明的建议》等5件获优秀提案。

市九三学社组织社员骨干参与市政协、中共佛山市委统战部的联合调研，赴四川省凉山彝族自治州等地分别就扶贫工作、佛山市经济社会发展的中心工作和焦点问题开展专题调研，与当地九三组织、相关部门围绕调研主题进行沟通交流。各基层委员会围绕粤港澳大湾区、三龙湾建设、环境治理等工作，组织开展各类调研活动。副主委王蕴波赴四川省甘孜藏族自治州开展脱贫攻坚专题活动。

市九三学社向九三学社广东省委员会、市政协、中共佛山市委统战部上报反映社情民意信息253篇，其中市政协采用44篇、中共佛山市委采用7篇、九三学社广东省委会采用176篇、九三学社中央采用16篇、中央统战部采用1篇、全国政协采用2篇、全国政协专题约稿4篇。年内，市九三学社举办信息工作会议和信息培训班，建立信息员队伍，确保信息上报质量。深入推进民主监督，市九三学社通过政党协商、政协提案和发言、参与《观点佛山》节目，以及反映社情民意信息等方式，对各项政策措施落实过程中出现的问题，提出监督性建议。

【社会服务】 2020年，九三学社佛山市委员继续对口帮扶湛江吴川市中山村，入户"一对一"解决扶贫户困难。组织专家、社员参加中共佛山市委、区委统战部组织的"同心"社会服务活动，并开展送医送药下基层、科技精准扶贫等多项社会服务活动。禅城九三爱心会持续上门帮扶困难家庭和困难学生；南海九三义工队到扶贫村开展医疗义诊、法律咨询等活动；九三学社三水基层委员会到南山镇开展医疗扶贫义诊专项活动，联合芦苞镇妇女联合会慰问特困母亲和"春蕾"儿童等。年内，社员陈笑尘被九三学社中央授予"2016—2020年社会服务先进个人"称号。

【助力甘肃省陇南市乡村振兴调研活动】 2020年7月26日至8月2日，九三学社佛山科学技术学院基层委员会组织佛山科学技术学院、佛山职业技术学院、广东职业技术学院等3家佛山高校以及广东宝鸿环境管理有限公司、佛山地礼农业科技有限公司组成校企联合考察组赴甘肃省陇南市，就陇南市产学研合作、精准扶贫和乡村振兴项目进行实地调研。考察组先后到陇南市祥宇油橄榄开发有限责任公司、陇南市大数据政务中心、电子商务服务中心、陇景园橄榄油有限公司、富民产业有限公司、陇南经济林研究院和陇南师范专科学校等，并实地走访橄榄树和花椒种植户，考察陇南四大特色产业培育基地。考察组就推进当地高校产学研合作、富民产业培育、中草药加工、康养基地建设、企业投资建厂、特色农产品销售、劳务技能培训等重点任务与当地代表进行交流，并分享佛山市推动高质量发展的经验和做法。

（钟学明）

佛山市工商业联合会

【概况】 截至2020年底，佛山市工商联组织网络由5个区级工商联、32个镇

（街道）商会（总商会）和173个行业商（协）会、108个综合商会、74个异地商会构成，会员6.72万人，覆盖家电、五金、建材、家具、涂料等支柱产业。2020年，佛山市工商联执行委员会201人。市工商联履行参政职能，工商联届别政协委员、人大代表全年提出意见建议30多条；继续加强班子建设好、团结教育好、服务发展好、自律规范好“四好”商会建设，新增全国“四好”商会和广东省“四好”商会数分别为8个和9个，首次认定市级“四好”商会共35个；继续开展“品质革命”系列活动，并推动企业有序复工复产；加强非公组织党建，16家省工商联执委企业党组织发展至15个，178家市工商联执委企业党组织发展至129个。

【参政议政】 2020年，佛山市工商业联合会通过召开参政议政选题会和参政议政调研座谈会，结合新冠肺炎疫情防控、品质革命系列活动、数字化转型精益生产管理公益讲座等工作，结合佛山市民营经济发展的重点问题进行建言献策，工商联届别政协委员、人大代表提出意见建议30多条，转化为提案议案或部门意见，其中《当前我市民营企业工业互联网应用存在的问题及对策》得到媒体和社会各界的关注和宣传，转化为全国政协重点提案。民营企业参与调研，形成的《关于推动工业互联网成为佛山制造业高质量发展新引擎的建议》作为市长督办案提交有关部门办理。同年，市工商联走访企业1000多家，编报信息反映12篇，专题报告10份，其中12篇信息被中共佛山市委、中共广东省委采用。

【商（协）会建设】 2020年，佛山市工商业联合会继续推动镇（街道）商会（总商会）党组织建设，实行镇（街道）党员干部兼任党组织负责人。推动构建经济类商会会长评价和考核体系，探索商会改革发展新方向。加强“四好”（班子建设好、团结教育好、服务发展好、自律规范好）商会建设，推荐8个商会申报全国“四好”商会、9个商会申报广东省“四好”商会，并首次开展市级“四好”商会申报认定工作，35家商会通过市级“四好”商会认定。开展政府购买商会服务，7个符合条件的市直商会分别承接市工商联12个服务项目。建立完善互学互促工作机制，用好省工商联基层组织学习交流、省“四好”商会互学互促学习交流、市工商联直属商会学习交流、商会秘书长培训班等活动载体，组织93个次商会开展学习交流、9个次商会参加省工商联基层组织学习交流，以及组织商会参加省“四好”商会互学互促学习交流活动等，加强商会之间沟通交流、互学互促。结合《中华人民共和国民法典》颁布实施，市工商联走进商会开展《中华人民共和国民法典》专题宣讲活动，推动法治商会、法治民企建设。

链接

佛山市入选2019—2020年度全国“四好”商会、2020年广东省工商联系统“四好”商会名单

一、2019—2020年度全国“四好”商会

佛山市民营女企业家商会　佛山市潮州商会　佛山市禅城区张槎街道总商会　佛山市南海区西樵总商会　佛山市顺德区中小企业促进会　佛山市顺德区陈村总商会　佛山市三水区铝加工行业协会　佛山市高明区高分子材料产业协会

二、2020年广东省工商联系统“四好”商会

佛山市浙江省商会　佛山市江苏商会　佛山市湖南省攸县商会　佛山市禅城区祖庙总商会　佛山市南海区建筑业协会　佛山市南海区鞋业行业协会　佛山市顺德区市政业协会　佛山市顺德区容桂总商会　佛山市三水区乐平总商会

【经济社会发展服务工作】 2020年，佛山市工商业联合会通过开展“品质革命”系列活动，助推佛山市经济高质量发展。开展“育新机　开新局——疫情下佛山民营企业品质革命与市场突围”专题调研活动，“政学企媒”四方联动，邀请周其仁等知名专家进行指导，组织数十家民营企业走进珠江三角洲和长江三角洲14家先进企业对标对表、取长补短、开拓视野、深化合作。召开育新机　开新局——品质革命与市场突围2020佛山企业大会，为佛山民营企业如何在危机中育新机、于变局中开新局提供路径参考，李一峰、李军旗等企业家进行演讲分享，周其仁发表主题为“突围再登攀”的主旨演讲。围绕“加快工业互联网应用，推动制造业高质量发展”主题，举办2020中国制造论坛，海内外政商学界1000多人参加论坛，提出打造“五个一批”（一批面向行业的工业互联网平台，一批掌握行业解决方案的集成商，一批居世界前列的专精特新企业，一批具有国际影响力的产业集群，一批世界领先的先进制造业集团），为佛山乃至中国制造业的转型升级提供创新思路和智力支撑。在全市挖掘并认定一批制造业隐形冠军企业，激发中小企业发展新动能、新活力。

同年，佛山市工商联搭建同频共振沟通平台，践行亲清政商关系，主动对接企业金融需求，优化营商环境，帮助企业加快复工节奏。联合建设银行佛山分行推出“春晖行动”17条金融服务措施，降低企业融资成本。举办佛山市工商界与金融系统第三次联席会议，打通民营企业金融服务政策传导“最后一公里”。推广“全国工商联-交通银行小微贷款直通车”服务，帮助中小微企业便捷审核、快速提款。联合市税务局召开“优化营商环境　提升信用价值”税企同频共振座谈会，营造公平诚信的市场环境和社会环境。主动提供法律服务，营造法治化、市场化营商环境。联合市检察院举办“服务六稳六保　护航民企发展”检察开放日活动，把民营企业家“请进来”，把法治经验“送出去”；创新开展“法益民企”送法入企业入商会网络直播活动，超16万人次在线观看。联合市司法局、市律师协会开展民营企业

2020年3月25日，佛山市工商业联合会和中国建设银行股份有限公司佛山市分行联合举办支持佛山市民营企业复工复产签约仪式暨“春晖行动”金融服务座谈会。图为签约仪式
（市工商联 供图）

“法治体检”活动，进企业、进商会、进园区送法律指引、送专场讲座、送专业调解，累计为650多家民营企业出具“法治体检报告”，提供调解服务41次。

【民营经济人士理想信念教育实践活动】2020年，佛山市工商联组织民营企业家召开座谈会、交流会、学习会，深入学习贯彻中共中央总书记习近平重要讲话重要指示批示精神，谈感想谈体会。深入开展民营经济人士理想信念教育实践活动和代表人士思想状况谈心交友活动，引导民营企业家用习近平新时代中国特色社会主义思想武装头脑，传承红色基因，凝聚思想共识、激发创业热情。举办青年企业家理想信念教育专题报告会，邀请青年企业家围绕“坚定理想信念 共谋企业发展”主题作分享交流。举办“青年的未来、企业的未来、佛山的未来”2020年佛山市青年企业家峰会，展现佛山青年企业家的青春风采和思想，促进佛山青年企业家发展，为佛山制造业未来发展把脉问诊。

【企业复工复产助推工作】2020年，佛山市工商业联合会向民营企业发出倡议，号召广大民营经济人士发扬企业家精神，发挥企业家主体作用，支援抗疫防疫。新冠肺炎疫情发生初期，佛山市有不少于15家医疗用品、防疫物资生产企业主动放弃休息休假，加班加点生产防疫所需物资，为抗击疫情作出贡献。在停工停产措施解除后，市工商联推动企业有序复工复产，联合有关部门推出“春晖行动”“暖企行动”“你出征我出力，同心赢战疫”“优惠政策话你知”等系列活动。“暖春行动”由市领导带队，走访企业和商会，了解企业面临的困难，听取企业诉求，并送上防疫物资。“援企稳岗扩就业·暖企行动”指导帮助民营企业用好用足各项惠企政策，稳定就业岗位。同时，市工商联还联合市住房公积金管理中心研究企业住房公积金缴存比例调整的可行性，帮助企业在新冠肺炎疫情期间解难纾困；发挥“佛山市总商会政策通”微信企业号的作用，向民营企业宣传疫情防控和复工复产有关政策，并向民营企业派发2000册“优惠政策话你知暖企行动”政策文件读本。

【2020中国制造论坛在佛山举行】2020年1月11日，由工业互联网产业联盟，佛山市工商业联合会，《财经》杂志和《财经智库》杂志出版单位联合主办的2020中国制造论坛在佛山市举行，各级有关部门领导，以及“专精特新”企业（“专精特新”企业是指具有专业化、精细化、特色化、新颖化特点的企业）家、商协会代表等约1500人出席。工业和信息化部原部长李毅中、中国社会科学院副院长蔡昉、国家发展改革委原副秘书长范恒山，以及腾讯工业云总经理李向前、阿里云物联网（IoT）智能制造总监郑旭等20多名海内外政商学界代表出席并作演讲。论坛以“加快工业互联网应用 推动制造业高质量发展”为主题，由主旨演讲、研究报告发布、全体大会3个部分组成，内容围绕全球经济变局下的制造业升级、工业互联网平台发展现状与展望、破解中小企业工业互联网应用困境、核心技术驱动全面创新破局展开。论坛举行期间发布《财经智库》“2019工业互联网与中国制造转型升级”调研报告。

【2020佛山企业大会】2020年7月16日在佛山市禅城区举行，以“育新机 开新局——品质革命与市场突围”为主题。佛山市相关职能部门、各区政府、企业代表、专家学者等近400人参会，市长朱伟出席大会并作发言。小熊电器董事长李一峰、日丰集团总裁许腾徽、美的集团家用空调事业部广州工厂管理部长兼工业互联网负责人赵攀、富士康工业互联网股份有限公司董事长李军旗在会上作主题分享。经济学家周其仁在会上发表主旨演讲，阐释其对佛山品质革命与市场突围的深刻洞见，剖析新形势下的新机、新局。

【2020年佛山市青年企业家峰会】2020年11月27日在佛山市禅城区举行。峰会由佛山市工商业联合会联合佛山市青年企业家联合会举办，主题为“青年的未来企业的未来佛山的未来”。会上，佛山市诚德新材料有限公司董事长邓伟健、佛山安齿生物科技有限公司董事长陈贤帅、日丰企业集团有限公司总裁许腾徽、新明珠集团副总裁叶永楷、广东德冠薄膜新材料股份有限公司董事长罗维满分享企业的探索以及经营心得；北京大学国家发展研究院教授周其仁、战略咨询专家王志纲2位专家与佛山青年企业家进行交流。

（凌俊锋）

群众团体

佛山市总工会

【概况】 2020年，佛山市累计已建工会组织7741个，工会会员230万人，全市新建工会323个，新发展会员5万多人。年内，佛山市总工会开展“‘暖工助企’佛山工会在行动”系列活动，全市工会聚焦职工现实需求，围绕劳动竞赛助生产、素质提升送技能、网红孵化助发展、健康服务送关怀、职工活动送欢乐、婚恋交友送良缘、关爱子女送安心、解困脱困送温暖、劳动保护送平安、权益维护送保障等10个方面，在情暖职工群众、助力企业发展中发挥工会组织作用。佛山市有6人被评为全国劳动模范、1人被评为全国先进工作者。

【职工群众服务】 2020年，佛山市各级工会开展慰问一线职工、共进年夜饭等多样形式的送温暖活动，筹集款物238.4万元，发放款物212.8万元，慰问职工1.41万人次。同时，突出防疫保障，传递党委政府关心关怀。各级工会配备“新型冠状病毒感染肺炎防控工作专项资金”2857.5万元，下发资金约2500万元，主要用于慰问和防疫物资购置等工作。对737名佛山市驰援湖北和佛山市抗疫一线的医务人员建立一对一结对直接联系服务，为医务人员及其家属提供资金慰问、菜品配送、子女助学、医疗保障等8项关爱服务，发放慰问金393.6万元。向392名医务人员子女发放助学成长金78.4万元。向抗疫工作有关部门单位的一线工作人员发放（拨付）专项慰问金678万元。9—11月，市各级工会组织抗疫一线医务人员及其家属参加疗休养活动1000多人次。

2020年，佛山市总工会开展“‘暖工助企’佛山工会在行动”系列活动。图为8月20日，市总工会赴佛山轨道交通3号线顺德学院站开展送清凉活动 （市总工会 供图）

【工会集体协商】 2020年，佛山市总工会引导劳资双方按“同舟共济、共克时艰”的协商目标开展集体协商，寻求双方利益平衡点，推动佛山市优达佳汽配有限公司、佛山市丰富汽配有限公司等一批重点企业开展集体协商，维护职工的合法权益和劳动关系和谐稳定。全年举办集体协商工作培训班3期，进一步提升集体协商工作的综合能力。市总工会组队参加广东省首届工会集体协商竞赛并获第三名。

【工匠技能人才培养】 2020年，佛山市总工会开展职工优秀发明创新大赛、职工职业技能竞赛、重点工程劳动竞赛等比赛活动，表彰市级职工技术状元20人、创新标兵35人、技术能手205人、优胜团队18个，以及一批先进建设者和先进建设单位。实施“佛山市工匠式职工技能人才队伍培育计划”，组织广大制造业企业职工参加技能培训、考核发证，并对获得中级工、高级工级别证书的职工给予每人800元的资金激励，对获得技师、高级技师级别证书的职工给予每人1000元的资金激励。

【工会服务阵地建设】 2020年，佛山市总工会推进广东省总工会一批村（社区）、园区工会联合会，一批社会化工会工作者队伍，一批会、站、家一体化的职工之家“三个一批”示范点建设，验收企业职工之家示范点10个，带动创建企业职工之家150个。围绕粤港澳大湾区建设，以交通基础设施项目为重点，新建佛山市建设者之家8个，推荐省重点工程项目工会示范点2个。推进货车司机之家建设，在物流快递电商货运等企业较集中的园区、货车停靠较集中的高速公路服务区及港口码头站场等货运司机集聚区域，建设司机之家（驿站）服务站点5个。

【城市困难职工解困脱困】 2020年，佛山市各级困难职工帮扶中心累计投入帮扶资金272.8万元，帮助78户全国级困难职工实现解困脱困，其中2016年10月31日前建档的解困脱困重点对象已全部实现解困脱困。截至2020年11月6日，全市全国级在档困难职工由年初的103户降至26户，本地级困难职工有130户。

【职工文化建设】 2020年，佛山市总工会开展各种职工喜闻乐见的文化活动，增强职工群众对佛山的认同感和归属感。组织“百千万”佛山产业工人发声行动，并为50个职工“朗读角”给予活动经费支持20万元。开展“职工好声音”线上竞唱活动，活动页面总浏览量超90万人次，总投票数达13万人次。持续开展“三进五送”系列职工文化活动，“送出”电影400场、文体培训200期、讲座40场、演出2场、普法活动6场。向725名职工发放学历补贴72.5万元，向1172名职工发放技能补贴92.34万元。向全市20个职工书屋示范点按每个1万元的标准发放补贴用于提升书屋建设。同年，桂园集团被评为2020年广东省书香企业，全国劳模、南粤工匠唐奇被评为广东省职工书屋代言人，碧桂园集团职工书屋入选“全国最美职工书屋”候选单位。

【“大城工匠”激励机制推出】 2020年，佛山市印发《进一步深入开展“佛山·大城工匠”锻造工程的意见（试行）》（以下简称《意见》），建立健全“佛山·大城工匠”培养、考核、使用、待遇等工作机制，提出要吸引、培育一批具有工匠精神、高超技艺、精湛技能的高技能人才。《意见》主体内容分总体要求、重点工作、保障措施3个部分。其中重点工作部分有15条：第1—2条从平台建设、培养计划两方面规定“完善培育机制”；第3—5条分别从评选、评定条件、评定程序等方面对“评价机制”做出具体规定；第6—14条从荣誉工资外津贴、政治待遇、福利待遇、发展通道、发挥技能、子女入户等方面全方位对获“佛山·大城工匠”者进行激励，让工匠“政治上有荣誉、社会上有地位、职业上有保障、经济上有实惠”；第15条通过建立退出机制加强监督管理。

【教职工爱国主义综合服务平台项目启动】 2020年4月28日，佛山市教育工会、佛山市民办教育协会工会联合会和建设银行佛山分行联合举办仪式，启动“银教智联，金智惠民”——佛山市教职工爱国主义综合服务平台项目。该平台以思想引领为核心，采用碎片化形式，对全市教职工开展多形式的爱国主义、金融普及和实用知识培训，学习内容涵盖党建、师德、经济、人文、生活常识等。该平台引入建设银行善融商城，广大教职工通过积分兑换可享受商城扶贫专区等的购物折扣。

【2020年“佛山·大城工匠”命名大会】 2020年6月23日，中共佛山市委、市政府高规格举行2020年“佛山·大城工匠”命名大会。命名大会分设主会场与分会场进行。市有关领导和有关单位负责人，以及2020年“佛山·大城工匠”等70多人出席主会场活动。刘炳、魏梅、董忠、袁辉、胡轶等30人被命名为2020年“佛山·大城工匠”。（参见“中国共产党佛山市委员会”类目“宣传工作”分目）

【首家区级快递行业工会联合会成立】 2020年8月3日，佛山市首家区级快递行业工会联合会——高明区快递行业工会联合会成立，并召开第一次会员代表大会。该工会联合会涵盖高明区快递行业的大部分企业，并配备专门办公室、活动室和专（兼）职人员，为高明区快递行业企业及从业人员提供优质的服务和发展平台。该工会联合会成立后，致力推动完善快递从业人员职业技能提升机制，发挥工会的特色和优势，通过帮扶举措，做好精准帮扶服务。同时在开展工资集体协商、提升职工队伍素质建设、活跃职工文化生活等方面加强服务，在维护职工权益、提升职工素质、搞好安全生产等方面开展工作。

【工会第十六次代表大会】 2020年12月28日在佛山市机关大礼堂举行。大会审

2020年6月23日，中共佛山市委、市政府高规格召开2020年“佛山·大城工匠”命名大会。图为2020年“佛山·大城工匠”合照 （市总工会 供图）

议并通过徐东涛代表市总工会第十五届委员会所作的工作报告，还审议通过《佛山市总工会第十五届委员会财务工作报告》《佛山市总工会第十五届经费审查委员会工作报告》。会上，徐东涛当选为新一届市总工会主席，蒋庆当选为市总工会常务副主席，杨玉瑞、陈再勋、程祖彬（兼职）、杨健（兼职）、熊智康（兼职）当选为市总工会副主席。

（陈欣然）

中国共产主义青年团佛山市委员会

【概况】 截至2020年底，佛山市有各级各类团组织1.19万个，其中基层一线团支部1.11万个；有团员24.04万人，各级各类团干部2.1万人。新增“两新”团组织（“新经济组织和新社会组织”的团组织）842个，新发展团员1.95万人。2020年，团市委统筹全市疫情防控志愿服务，全年开展疫情防控志愿服务项目（活动）2.18万个，累计服务时长超过88.65万小时。做好青少年思想政治引领工作，举办佛山市大学、中学“青马工程”培训班，推进“12355”青少年综合服务平台建设，开展佛山市机关单位青年党员干部思想状况调研，并开展“五四”战疫主题宣讲和“六一”云活动、市青少年传承红色基因志愿宣讲活动等。深化共青团改革，集中整治基层组织软弱涣散突出问题，所有空心团委以及256个空心团支部整治完成。推进新生代产业工人学历提升“圆梦计划”，资助参加继续教育学习新生代产业工人1000人。同年，共青团顺德区委员会被团中央确定为团代表联络站中央试点。顺德区乐从镇水藤村团委和南海区石门中学团委获“全国五四红旗团委（团工委）”称号，南海区西樵镇樵华社区团总支和禅城区佛山市实验中学西藏班团支部获“全国五四红旗团支部（团总支）”称号。

【青少年思想政治引领】 2020年，共青团佛山市委先后举办佛山市大学、中学“青马工程”培训班，教育培养团员学生160人次。开展佛山市机关单位青年党员干部思想状况调研并形成报告，为有效实施机关青年干部学习养成计划和政治能力提升项目提出资政建议。举办“五四”战疫主题宣讲和“六一”云活动，在线观看总人数突破117万人次。打造红领巾示范校，成立少先队辅导员名师工作室，承办广东省少先队纪念建队71周年主题队日活动，融合佛山非遗文化和红色革命等元素创作儿童情景剧，传承红色基因。结合纪念中国人民志愿军抗美援朝出国作战70周年，组织开展纪念缅怀主题团、队日活动逾10场次，覆盖超5000人次。开展市青少年传承红色基因志愿宣讲活动，深入高明区三谭革命事迹展览馆红色廉政文化教育基地，并组建学生志愿宣讲队，运用红色教育资源引导其树立崇高理想信念。推进“12355”青少年综合服务平台建设，通过微信群、抖音平台、直播网站等开展防疫心理在线课堂86场次。开通团市委心理援助专线，号召全市心理专家、医护人员加入心理咨询团队，为新冠肺炎疫情防控期间的青少年等人群提供心理支持、心理疏导、危机干预等服务，全年各渠道接听青年来电2.18万个，重点跟踪帮扶个案47件，解答青少年及家长心理咨询问题2000多个。做好面向青少年的新冠肺炎疫情防控宣传工作，持续发布防疫资讯类推文1595篇、微博动态813条、疫情防控短视频45条、原创“战疫”宣传短片3条，阅读量超920万人次。围绕新冠肺炎疫情防控时期热点内容，联合广电网络推出18期中学共青团“线上微团课”，观看学习14.7万人次。开展“共青团与人大代表、政协委员面对面”活动，多渠道、常态化倾听了解青少年群体的意愿诉求，共征集提案议案26件。同年，三水区委组织部联合团区委开展年轻干部成长“1+N”训练营，推动年轻干部在大练兵中锻炼成长，助力储备高素质专业化的后备力量。

【基层团组织软弱涣散突出问题整治】 2020年，共青团佛山市委以“智慧团建”系统为总抓手，集中整治基层组织软弱涣散突出问题。开展基层组织规范化建设，全市所有空心团委以及256个空心团支部的整治工作完成；开展团员先进性建设，每月全市已交团费团员数占应交团费团员数比例均超85%；开展基层团干部专业化建设，将习近平总书记对青年工作的重要论述纳入团队干部培训重要内容，全年分类培训团队干部、志愿者骨干、青少年事务人才1043人次；开展“两新”（新经济组织和新社会组织）领域团组织建设，“两

2020年10月13日，“传承红色基因，争做新时代好队员”——广东省纪念少先队建队71周年主题队日活动在佛山市青少年文化宫举行

（团市委 供图）

新”团建完成率居全省前列，在全市打造的15个“两新”团建示范点完成验收。

【志愿服务工作】 2020年，共青团佛山市委推进高质量“志愿之城”建设，统筹做好全市志愿服务工作。加强顶层设计及志愿服务规范化。推动市文明委出台《佛山市建设高质量“志愿之城”行动计划》，提出把佛山市建成兼具制度化、信息化、专业化、常态化、国际化的高质量“志愿之城”。联合市文明办出台《佛山市创建全国文明城市志愿服务站点规范化工作指引》，规范全市各行业各社区志愿服务站点建设；联合中共佛山市委组织部、市文明办等部门倡议全市党员、团员当好文明创建的志愿者、宣传员、督导员和示范者，用好“i志愿”服务平台，提升全市党团员参与志愿服务的信息化水平；出台《佛山市文明交通志愿服务岗工作指引》，在全市开展文明交通志愿服务岗工作，全年全市投入文明交通劝导志愿者超7.88万人次，累计服务时数超21万小时，服务全市超350个主要交通路口。提升志愿服务信息化、专业化、阵地化建设水平。推广应用“i志愿”服务平台，截至2020年底，全市注册志愿者累计123.45万人（占常住人口比例15.14%），持证志愿者36万人。在专业化志愿服务方面，通过推动市城管执法局、市税务局、市退役军人事务局、市河长制工作领导小组办公室、市应急管理局先后成立专业志愿服务队，开展系列志愿服务专题培训及各区志愿服务督导，提高志愿者与志愿服务组织的专业水平；对各级志愿者学院建设进行指导，让课程普及到更多的社区和志愿服务队伍中，并成立佛山市志愿者学院生活垃圾分类培训学院。开展市“益苗计划”志愿服务项目大赛并推荐项目参加省赛，全年15个项目（组织）获2020年广东省“益苗计划”项目大赛资助，其中2个为省级示范项目；在第五届中国青年志愿服务项目大赛全国赛中获得2个金奖2个银奖。全市运营的志愿V站增至71个，通过加强V站的基础设施升级改造、特色项目挖掘培育，提高志愿服务阵地化建设水平。统筹全市新冠肺炎疫情防控志愿服务，动员志愿者组织、志愿者投身社区防疫、交通要道健康检测、企业复工复产等服务，全市855个志愿服务组织参与抗疫行动，上岗志愿者1.96万人，开展服务项目（活动）2.18万个，累计服务时长超过88.65万小时。做好疫情防控志愿服务宣传工作，对接全国、省市三级媒体和平台，报道佛山市“战疫”志愿服务情况400多篇。

【市青年联合会】 截至2020年底，佛山市青年联合会有团体会员26个，有委员223人。2020年，佛山共青团、佛山青联推进健全地方青联组织社团基础试点工作，起草《佛山市“健全地方青联组织社团基础试点”工作方案》，提出重点推进新兴领域青年的覆盖、引领、吸纳，以及青联会员团体的调研、走访、吸收等工作，同时统筹推进整合资源成立团属社团、开展“青年榜样说”提升委员荣誉感、表彰激励增加组织归属感等工作。召开市青联十届一次常委（扩大）会，吸纳一批新兴领域的优秀青年代表为市青联委员，并吸纳佛山市快递行业协会、市互联网创业促进会、市环境保护产业协会、市工业设计学会等6个新兴领域青年社团为市青联会员团体单位。推进团属青年社团活动阵地建设，在全市选定10个镇（街道）、10个“青年之家”和3个村级工业园作为试点，整合资源将青年社团的培育孵化、活动开展、成立壮大等各项成果通过阵地予以固化。其中：禅城区石湾镇街道团委立足佛山陶艺特色，在陶谷小镇遴选青年陶艺设计师骨干，支持其开展活动、成立青年社团；顺德区北滘镇团委以广东工业设计城、北滘青年之家为依托，为属地20余个青少年社团提供场地、物料支持，开展文化共享、社团共建等服务，培育一批文创、自媒体、工业设计等新兴领域青年社群。推动成立团属青年社团，由佛山青联与市网信协会、佛山电台共同发起成立网络传播与短视频专委会。开展荣誉表彰激励。年内，通过青联推荐至各级共青团参加荣誉评选的名额中，有30%以上的比例分配给新兴青年群体（包括组织及个人），在推荐参评五四青年奖章集体和个人、全市建功立业先进个人、向上向善好青年、青年岗位能手、青年文明号等各项荣誉表彰中均有覆盖。

【佛港澳青年交流】 2020年，共青团佛山市委、佛山市青年联合会以“青年同心圆计划”为统揽，热忱服务港澳青少年到佛山学习生活、就业创业，促进佛港澳青少年交流交融。（参见“佛山市人民政府”类目“港澳事务”分目）

【新生代产业工人学历提升“圆梦计划”推进】 2020年，共青团佛山市委持续推进新生代产业工人学历提升“圆梦计划”，服务青年发展普遍刚需。走访碧桂园世纪滨江、佛山创意产业园、中开院佛山分院等园区，收集佛山产业人才需求与校企对接情况，编制《2020年度佛山市企业人才需求与圆梦专业设置填报指导方案》；完成“圆梦计划”宣讲活动15场次，同时结合新生代产业工人在工作生活追求自我提升的需求，联合爱尔眼科医院、拆书帮等单位组织将互助公益性资源导入圆梦宣讲活动中，让新生代产业工人获得更多延伸服务；做好线上答疑服务，为超4000人次提供咨询服务。新生代产业工人学历提升“圆梦计划”佛山市全市报名人数3886人，最终资助1000名新生代产业工人参加继续教育学习。

【广东省纪念少先队建队71周年主题队日活动】 2020年10月13日，“传承红色基因，争做新时代好队员”广东省少先队纪念建队71周年主题队日活动在佛山市青少年文化宫举行。该次主题队日活动创新性地融入佛山醒狮、武术、剪纸、藤编等非遗文化元素，还举办设置“红领巾小健将”“红领巾小百灵”“红领巾小创客”“红领巾小书虫”“红领巾小主人”五大闯关摊位的“动感红领巾争章”游园活动。主题队日活动现场公布首批广东省少先队“名师工作室”名单，并组织观看红色革命主题儿童情景剧。全省各地的少先队辅导员代表及佛山市中小学少先队员代表等约200人参加活动。

【广佛港澳青年企业家结对子启动仪式】 2020年12月10日，由广东省青年商会、佛山市青年商会联合主办的“2020年青年主题开讲暨广佛港澳青年企业家结对子启动仪式”在佛山市举行，广州、佛山、香港、澳门、台湾五地青年企业家代表约150人参加活动。广佛港澳青年企业家结对子是实施广东省青年商会与佛山青年商会联合发起“2020年广佛港澳青年企业家融合领跑计划”的具体举措，该计划旨在一年内以经贸交流、产业合作、参观考察、研讨沙龙、公益服务等融合交流活动为载体，首次以两两结对的形式联结广州、佛山、香港、澳门、台湾五地青年企业家，围绕做强湾区广佛极点、加快广佛全域同城化等战略，探索建立两市五地青年企业家常态化交流互学机制，汇聚更多优秀青年企业家，为推动广佛极点高质量发展、再创改革发展新辉煌注入新动力。

【“五四精神·传承有我——青春在战疫中绽放”主题宣讲活动】 2020年5月4日，共青团佛山市委举办“五四精神·传承有我——青春在战疫中绽放”主题宣讲活动，并通过“青春佛山”“文明佛山”微信公众号，以及“醒目视频”“南方+”等新媒体平台同步进行线上直播。活动中，曾在抗击新冠肺炎疫情一线工作的不同领域的6名青年代表分别进行主题宣讲。

（林玥廷）

2020年5月4日，佛山市举行“五四精神·传承有我”——“青春在战疫中绽放”主题宣讲活动线上直播

（团市委　供图）

佛山市妇女联合会

【概况】 截至2020年底，佛山市市、区、镇（街道）、村（社区）妇女组织组建率100%，全市有“妇女之家”822个〔含镇（街道）、村（社区）和企业、农业园区、产业园社区、专业合作社等其他领域“妇女之家”〕、儿童活动园地779个、妇女儿童权益维权工作站38个、“佛山融爱”家庭服务中心及其同类社会服务机构（含小候鸟驿站）41个、“佛山融爱”妇女创业创新基地7个。2020年，佛山市有1个集体获“2019年度全国三八红旗集体”称号，1人获“一线女医务人员抗击新冠肺炎疫情全国三八红旗手”称号，2人获“抗击新冠肺炎疫情全国三八红旗手”称号，7人和4个集体被授予“2019年度广东省三八红旗手（集体）”称号。

【妇女思想政治引领】 2020年，佛山市妇女联合会开展“深调研”，到各区基层专题调研群众性精神文明创建工作。立足“妇女之家”、微课堂等载体，开展群众喜闻乐见的宣讲活动。同时，以“佛山妇联”微信公众号、“佛山指尖上的妇联”为主阵地，发挥各级妇联新媒体矩阵作用，全年发布微信推文、网页宣传信息701条，阅读近630万人次。

【基层妇联组织建设】 2020年，佛山市妇女联合会作为广东省深化妇联组织建设改革实施“破难行动”（县级妇联改革“破难”、组织覆盖“破难”、基层执委作用发挥“破难”、妇联组织作风建设“破难”）工作的组织覆盖“破难”先行点，在“四新”（新领域、新业态、新阶层、新群体）中扩大妇联组织覆盖。全年全市建立“四新”领域妇联组织36个，涵盖社会组织、产业园区、住宅小区等领域。

【妇联执委工作机制建设】 2020年，佛山市妇女联合会继续扩大执委联系妇女群众面，落实《佛山市各级妇联执行委员会委员工作制度》，明确执委主要职责、联系妇女群众、执委培训等工作要求，在“佛山妇联”微信公众号开设“执委专栏”，每一位执委可以及时了解佛山市妇女儿童工作动态，并明确要求每名执委至少直接联系10名群众。定期开展各级妇联执委轮训工作，落实妇联执委引领妇女群众听党话、跟党走，实现“一个人带一帮人服务一群人”。年内，市、区举办执委培训班6期，培训人数300多人次；市妇联组织的线上执委学习培训2期，培训1.54万人次。

【妇女儿童权益保护】 2020年，佛山市妇女联合会通过“12338”妇女热线和窗口实体服务管理，开展人大女代表、政协女委员、妇联主席、执委接访日活动和聘请法律顾问为妇女儿童提供免费的法律咨询或调解服务等，畅通妇女诉求渠道，引导支持妇女理性表达合法利益诉求。全年全市妇联系统处理信访案件4193件，服务4564人次，其中来信112件、到访1412件、来电2669件。反映诉求方面，婚姻家庭权益类2690件、劳动和社会保障权益类206件、人身权

2020年11月30日，佛山市妇联开展“向日葵”反家暴项目宣传。图为志愿者向群众派发反家暴宣传单张（市妇联　供图）

益类137件、财产权益类238件、文化权益类88件、其他类832件，处理率100%。人民调解29件、家事调解189件、家事调查31件。建立家庭暴力预防和处理工作体系，执行《佛山市反家庭暴力多部门联动机制实施意见》，完成家暴个案服务33个。加强女童人身权益保护，与中共佛山市委政法委等8个部门建立市级“关爱女童　护苗成长”保护女童人身权益三年行动协调机制，统筹协调解决“护苗行动”中遇到的重大问题。2020年重点以“关爱女童　护苗成长”之女童防性侵为主要内容开展“幸福沙龙”线上微课堂7期，开展“关爱女童　护苗成长”线上普法游戏活动2期，吸引4.6万人次参与。推动未成年被害人“一站式”救助工作，使用的未成年人“一站式”取证中心有20个。推进妇女儿童纲要规划达标，召开2次全市妇女儿童发展规划重难点指标达标推进协调会，召集市直重难点指标达标单位、各区妇儿工委办对不达标的指标数据进行分析，督促相关单位补短板，强弱项。

【妇女心理援助线上服务】2020年，佛山市妇女联合会开展“您有需　我就在”心理援助线上服务，发挥妇联维权工作站、“12338”妇女热线、舒心驿站的线上服务功能，为有需要的群众提供心理援助服务。截至年底，全市妇联系统“12338”妇女热线和舒心驿站热线提供线上服务2011次，其中心理服务401次。

【困境妇女儿童帮扶救助】2020年，佛山市妇女联合会开展“情暖母亲·爱润孩子”2020年佛山市单亲特困母亲家庭春节慰问活动，为全市200户单亲特困母亲送上节日慰问金合计20万元及慰问品。参与2020年“广东（佛山）扶贫济困日”工作，开展“姐妹情深10元捐”活动，号召各级妇联、各团体会员、妇女组织参与“扶贫济困日”活动，活动筹得善款55.44万元。携手市儿童福利会等爱心社会组织、爱心人士到佛山市妇幼保健院开展“六一”慰问重症儿童活动，探望10名身患重症的困难家庭儿童，送上慰问金和“六一”礼物合计4.74万元。开展暑期入户探访慰问受助儿童家庭活动，携手市儿童福利会、市侨商会、市通济慈善基金会、市潮州商会等爱心资助单位，以及黎惠梅、梁转好等爱心人士入户探访慰问受助儿童家庭，探访慰问受助儿童家庭27户。实施“佛山融爱·童成长”、“佛山融爱·她健康”关爱困难妇女儿童公益保险项目，联合中国人寿佛山分公司为佛山市低保或临界低保家庭的妇女和学生儿童赠送公益医疗保险，受惠妇女儿童4689人，累计提供保障额度超4.1亿元。年内，市各级妇联开展困难群体关爱帮扶工作，对重点群体、重点家庭进行排查，开展探访1.77万次，结对帮扶4173对。

【“网上妇女之家”建设】2020年，佛山市妇女联合会继续推动“网上妇女之家”建设。利用“佛山妇联”微信公众号作为新媒体网络平台的发布优势，联动各区妇联、各镇（街道）妇联政务微信矩阵，第一时间权威发声，全方位、多层次、集中式刊发疫情和抗疫相关宣传，帮助妇女儿童群体及时掌握权威疫情信息和抗疫知识，并引导妇女群体积极参与疫情防控工作，为疫情防控贡献力量。全年“佛山妇联”微信公众号向关注网友推送各类推文701条，总阅读量630万人次。开展新媒体产品制作工作，策划推出16个新媒体产品，涉及佛山市妇女第十三次代表大会、关爱女童、反家暴、绿色家庭创建等，形式包括漫画、一图读懂、在线互动游戏等一系列新媒体产品。加强“学习强国”学习平台等新媒体平台的信息报送工作，获佛山学习强国平台推送佛山妇联信息7篇，获佛山新闻网推送佛山妇联内容超10次。加强与佛山新闻网影像工作室合作，依托佛山新闻网影像工作室举行“劳动最光荣·我是小小绿色生活家”庆祝2020年“六一”国际儿童节暨家风家教宣传活动启动仪式直播活动，累计观看量60万人次；推出与孩子心灵对话“云课堂”系列网课5期，累计观看量40万人次。

【创业创新巾帼行动】2020年，佛山市妇女联合会继续发挥“佛山融爱”妇女创业创新基地、巾帼创业示范基地等妇女创业创新阵地的辐射带动作用，组织女能手、女企业家、女致富带头人及有意创业创新的妇女群众等开展电子商务、电商女创客、家政技能、科学种植技能等妇女培训活动495场次，参加培训1.83万人次。在2020年“春风行动”期间，各级妇联与人力资源社会保障部门沟通，争取资源，联合开展线上专场招聘活动7场次，共为7817人提供免费服务，成功介绍女性就业498人。

【乡村振兴巾帼行动】 2020年，佛山市以高明区为重点开展妇女小额担保贷款财政贴息工作，有107名妇女获得贷款资金1018万元，直接和间接带动群众就业1518人次。组织农业女能手、创业创新女性代表等40人到广东省东西部扶贫协作市场"广东妇女助农创业就业展示专区"参观学习。开展2020年佛山市妇女创业创新及增收致富送课活动9场次。

【纪念"三八"国际妇女节活动】 2020年，受新冠肺炎疫情影响，"三八"国际妇女节期间，不搞群众性聚集的主场活动，以其他形式开展纪念活动。"三八"国际妇女节前夕，为全市赴湖北医疗队队员及佛山抗疫一线医护人员家庭等送上节日"暖心包"600份；为驰援湖北的医护人员的家庭派送"健康呵护包"，派送物资包括"佛山融爱"妇女创业创新基地进驻企业捐赠的杀菌暖被烘干机300台。配合开展"致敬，广东最美她力量"宣传活动，于3月7日晚在佛山印象城、佛山创意产业园、佛山同心荟、佛山中海环宇城、碧桂园总部新翼广场、顺德华侨城、高明世纪广场、三水冠军城等地标建筑的32块LED大屏幕同步亮灯，以"致敬，广东最美她力量"海报和视频，集中宣传展示在防控疫情中作出突出贡献的广东女医护工作者代表和各行各业妇女典型。

【妇女第十三次代表大会】 2020年7月28日，佛山市妇女第十三次代表大会召开，全市300名妇女代表参加大会。中共佛山市委书记鲁毅，省妇联党组成员、副主席方赛妹出席大会开幕式并讲话，市长朱伟出席开幕式。大会全面总结佛山市过去5年全市妇女事业和妇联工作取得的新成就，深刻分析面临的新形势新任务，科学规划接下来的五年的奋斗目标。大会选举产生市妇联第十三届执行委员会和新一届领导班子成员，曾颖当选为新一届市妇联主席。

【庆祝2020年"六一"国际儿童节暨家风家教主题宣传活动启动仪式】 2020年6月1日，佛山市以"劳动最光荣·我是小小绿色生活家"为主题，在禅城区祖庙街道普东社区家庭教育基地举办庆祝2020年"六一"国际儿童节暨家风家教主题宣传活动启动仪式。结合新冠肺炎疫情防控需要，活动分为线上和线下两部分。线下邀请近30名小朋友、家庭代表参加活动。线上通过佛山市妇联官微"佛山妇联"，各区妇联官微"禅城女性""南海妇女""顺德女性""高明区妇联""三水区妇联"，"佛山新闻网"微信公众号，以及"佛山头条"应用程序（App）进行全网直播。截至是日16时，近50万人次收看活动直播。

（莫宏谦）

2020年6月1日，"劳动最光荣·我是小小绿色生活家"佛山市妇联庆祝2020年"六一"国际儿童节暨家风家教主题宣传活动启动仪式在禅城区祖庙街道普东社区家庭教育基地举办

（市妇联　供图）

佛山市科学技术协会

【概况】 2020年，佛山市科学技术协会牵头举办第二十四届全国发明展览会·一带一路暨金砖国家技能发展与技术创新大赛，召开佛山市推进创新驱动助力工程联席会议第二次全体会议，联合多个单位申报的"发展高端装备制造业助力粤港澳大湾区建设项目"被确定为"2020年中国科协创新驱动助力工程示范项目"。

【基层科协组织建设】 2020年，佛山市科学技术协会新增团体会员1个，为佛山市数据科学学会。截至年底，市科协有所属学会65个，其中AAAAA级学会6个、AAAA级学会6个、AAA级学会5个；有职称评审、学术交流等7个自有平台，并共享人才举荐等4个平台。市科协多个渠道支持学会的重点活动开展，其中"基于深度学习的瓷砖在线快速无损检测系统开发"等3个科技进步活动月重点活动支持项目，每个项目资助4.9万元，资助总额14.7万元；佛山市纺织服装行业智能检测技术推广、手卫生培训在儿童聚集场所防控感染性疾病等5个自然科学类扶持社会组织项目，每个项目资助10万元，资助总额50万元，绝大部分项目均按时完成任务并通过绩效考核。

【科协服务科技工作者】 2020年，佛山市科学技术协会及所属学会继续做好科技工作者的服务工作。向省科协推荐第二十三届中国科协求是杰出青年成果转化奖候选人2人，推荐2020年度未来女科学家候选人1人。做好佛山市属院士有关服务工作，并为全职在佛山工作的中国工程院院士叶恒强（季华实验室）、加拿大工程院院士刘焕明（北京科技大学顺德研究生院）向省科协办理院士经费补助申请。同时，在全国科技工作者日组织科技工作者代表开展主题为“科技为民，奋斗有我”的座谈会，对佛山市的10名科技工作者代表进行表彰慰问。承接市人力资源社会保障局关于机械、纺织、陶瓷等12个专业的职称评审工作，年内收到2019年度职称申报材料219份，评审通过191份；收到2020年度职称申报材料345份，评审通过301份。年内，市科协联合各区科协举办技术创新暨职称选修课培训6期，培训2000多人；支持所属学会举办继续教育专业课培训230多场次，培训3万多人次；立项资助机械工程学会、纺织丝绸学会等5个学会开展继续教育项目，资助18万元。

【全民科学素质服务】 2020年，佛山市科学技术协会继续推进《佛山市全民科学素质“十三五”总体目标要求及三年攻坚行动方案（2018—2020年）》实施，指导各区科协和市级学会开展新型冠状病毒感染的肺炎疫情应急科普工作，举办“大手拉小手——科普报告希望行”活动科普报告会64场次，举办第三十六届佛山市青少年科技创新大赛、2020年全国科普日暨第二届佛山科普嘉年华活动”等，承办广东省“全国科技活动周、防灾减灾日”暨“全省科技进步活动月”主场活动、中国科协科学家精神报告团“传承2020”广东行活动进佛山活动等。年内，佛山市新增省级科普教育基地和市级科普教育基地分别为23个和34个。

【创新驱动助力工程项目】 2020年，佛山市深入推进创新驱动助力项目申报、评审、跟踪和绩效考核，收到申报项目109个，申报资助资金达5740万元，比上年增长64%。经评审立项资助28个项目，资助总金额1080万元。其中：中国化工学会、中国腐蚀与防护学会、中国流行色学会、中国可再生能源学会、中国水产学会等国家级学会参与申报的项目有16个。立项资助项目申请发明、实用新型、外观等专利183项，其中已获授权81项；参与制定团体标准等92项；引进新产品、新工艺、新装备77项；解决企业关键技术难题43项；围绕地方重点产业建言献策12项，向政府部门建言献策27项；实现新增产值4.36亿元，新增净利润6978.58万元；引进博士、高工等人才139人，培养博士、高工等人才115人；对接省级以上学会50个，其中国家级学会21个，邀请省级以上专家336人次，组织学会与企业签订合作协议45项；服务企业837家，开展企业技术服务、培训等活动624场次，参与人数超2100人次。

【发展高端装备制造业助力粤港澳大湾区建设项目】 2020年，佛山市科学技术协会联合佛山市机械工程学会、中国机械工程学会开展“发展高端装备制造业助力粤港澳大湾区建设项目”，组建一支涵盖学会、协会、科研院所与高校、重点企业等的粤港澳大湾区科技服务队，对佛山市相关企业进行调研，帮助企业解决关键技术难题5项，提供技术服务20次，并组建1个区域性创新联盟组织，以恒力泰服务的模式打造科技经济融合“样板间”。该项目被中国科协确定为“2020年度创新驱动助力工程示范项目”，获得中国科协创新驱动助力工程专项经费50万元资金扶持。10月23—24日，在佛山举办“发展高端装备制造业助力粤港澳大湾区建设”高端论坛，推动制造业向价值链高端延伸。

【第二十四届全国发明展览会·一带一路暨金砖国家技能发展与技术创新大赛】 2020年11月19—21日，由中国发明协会、金砖国家工商理事会、广东省科学技术厅、广东省科学技术协会主办，佛山市人民政府承办的第二十四届全国发明展览会·一带一路暨金砖国家技能发展与技术创新大赛在广东（潭洲）国际会展中心举行。该届发明展览会以“发明创新、共惠共赢”为主题，展览面积4万平方米，设置科技助力扶贫成果专区、非遗智慧与创新发展专区、技能大赛展示三大专区，设置行业性展区、青少年发明创新展区、粤港澳大湾区展区等八大展区。吸引包括粤港澳大湾区9+2城市（广州、佛山、肇庆、深圳、东莞、惠州、珠海、中山、江门9个内地城市，以及香港、澳门组成的城市

2020年11月19—21日，第二十四届全国发明展览会·一带一路暨金砖国家技能发展与技术创新大赛在佛山举行。图为闭幕式上中国发明协会党委书记、常务副理事长兼秘书长余华荣作总结讲话
（符诗贺　摄）

群）等全国各地的企业、发明人、高校和科研院所800多个单位参展，参展项目2190多个。同期举办一带一路暨金砖国家技能发展与技术创新大赛、2020年科技成果直通车活动、知识产权双向转化路演对接会。根据新冠肺炎疫情防控要求，"一带一路"暨金砖国家技能发展与技术创新大赛采取线下线上竞赛并行方式举行，来自国内，以及俄罗斯、摩洛哥、博茨瓦纳、卢旺达、喀麦隆等国家的83支代表队、400余名高技术技能人才参加技能大赛。2020年科技成果直通车活动、知识产权双向转化路演对接会，有8个前沿创新项目进行投资合作路演，14个战略合作项目在开幕式上签约。展会促成合作成交意向4.1亿元，现场非遗项目、农产品成交近200万元。活动期间，佛山中国发明成果转化研究院发起成立中国发明成果转化上市公司联盟，并成立中国发明成果转化基金。

【创新驱动助力工程联席会议第二次全体会议】 2020年12月23日，佛山市推进创新驱动助力工程联席会议第二次全体会议举行。会上，中国照明学会、中国防痨协会、金万达科技股份有限公司、赫兹曼电力公司、精铟海洋工程公司等单位和企业的负责人进行项目汇报，中共佛山市委常委、常务副市长蔡家华，广东省科协党组成员、专职副主席范英妍等出席并讲话。会议宣布，2021年佛山市创新驱动助力工程项目申报工作启动，安排财政专项扶持资金3000万元。会议还提出，佛山市在创建中国科协创新驱动助力工作示范市的基础上，进一步对接国家级协会的科技、人才和项目资源，积极创建中国科协"科创中国"试点城市。

（汪元龙）

佛山市社会科学界联合会

【概况】 2020年，佛山市有省级社科普及示范基地2个、市级社科普及示范基地25个。与中共佛山市委党校联合主办《佛山研究》刊物。常态化开展社科成果收集整理和社科成果数据库系统更新维护，新增社科规划项目成果171个。推进社科成果转化，将2019年的社科规划项目、重大项目和重点项目等研究成果汇编成《佛山市哲学社会科学规划项目成果汇编》（第8辑），以及编辑印刷《佛山十大文化名片》和《佛山社科媒体传播》。

【社科类社会组织扶持资助】 2020年，佛山市社会科学界联合会继续对社科类社会组织活动进行资助，择优将市演讲与口才学会的"红色文化艺术培训　塑造佛山红色文化品牌"等10个活动项目确定为2020年度佛山市社科联社会组织活动资助项目，资助金额30万元。组织2021年度市级（政府财政直接扶持）社科类社会组织发展专项扶持资金申报，确定市优秀传统文化促进会、市教师教育发展促进会、市民办教育协会、市农村经济学会、市老年学学会5个单位作为2021年度社科类项目扶持对象。完成2020年度市级社科类社会组织发展专项扶持资金绩效考核，其中市经济学会的全国政务大厅服务第三方评估成果发布会暨佛山营商环境服务提升研讨会、市民办教育协会的"'我眼中的秋天'佛山少年儿童绘画大赛"、市孔子学说研究会的"广府乡贤何淡如研究"、市小记者协会的"佛山市'少年模拟法庭'活动"等5个项目获评为优秀等级。

【社科活动】 2020年，佛山市社会科学界联合会将社科知识竞赛活动与疫情防控知识普及结合起来，开展2020年佛山市社科普及抗疫知识竞赛，超54万人次参与，收到满分答卷11.63万份。开展送书下乡活动，服务基层民众，分别到佛山市高明区明城镇水镇村、杨和镇大布村开展送社科图书下基层活动，为2个村图书室配送图书3000余册，满足基层党建及广大人民群众对生活、生产等知识的需求。举办2020年佛山市社会科学普及周活动，全市开展社科普及活动287场，受众40余万人次。与佛山电视台合作，结合佛山的科普基地与社科知识，制作《奇丸日记之玩转佛山科普基地》节目，以短视频网络日志（Vlog）形式呈现科普知识，并通过佛山电视台官方微信、"醒目视频"应用程序（App）等媒体发布传播。举办2020年佛山市社科普及知识线上讲座，推出"解读《习近平谈治国理政》第三卷"和"生活中的民法典"专题讲座。年内，市社科联所属社科类社会组织开展各类社科活动。其中，市演讲与口才学会举办"红色文化艺术培训　塑造佛山红色文化品牌"活动，市心理辅导协会举办"太极文化与疫情之下职工心理压力化解"活动，市教师教育发展促进会举办佛山市教师"讼中华、赞抗疫"优秀书法作品展，市孔子学说研究会出版抗新冠战疫诗文书画作品集，市长寿学会举办《蔡氏温经》线上线下体验活动，市优秀传统文化促进会举办"赋能社会、助力企业——佛山文促会优秀文化寻访之旅"活动，市民办教育协会举办佛山市职工爱国主义线上学习活动，市农村经济学会举办关于疫情情况下对行业的影响与机遇的座谈会等。

【社科类社会组织调研】 2020年，佛山市社会科学界联合会以问卷调查和实地走访的形式对全市社科类社会组织进行调研。发放调查问卷45份，收回40份。5月14日至6月11日，实地走访市农村经济学会、市民办教育协会、市孔子学说研究会、市小记者协会、市会计学会、市长寿学会、市教师教育发展促进会、市优秀传统文化促进会、市经济学会、市心理辅导协会、市财务管理协会等11个社会组织。主要对获2020年市财政专项扶持资助资金项目和获社科联社会组织活动资助项目的社会组织做重点了解，同时对社会组织运作过程中遇到的困难进行探讨。调研后形成调研报告1份。

【第四批佛山市社会科学普及示范基地评选】 2020年，佛山市社会科学界联合会在全市范围内开展佛山市第四批社会科学普及示范基地评选活动。评选活动收到申报材料36份，经评审组综合评定，与中共佛山市委宣传部共同认定禅城区紫南文化园、南海区图书馆等8个单位为佛山市第四批“佛山市社会科学普及示范基地”。截至年底，全市有市级社科普及示范基地25个。

【智库研究成果宣传】 2020年，佛山市社会科学界联合会与搜狐网合作，借助搜狐新闻客户端资源，对大数据与佛山经济运行中心、佛山文化产业发展智库、佛山传媒智库最新研究成果进行宣传推广。宣传分5期推出，包括《以企业文化再造佛山民企“灵魂”》《疫情下，佛山如何抢抓新机遇，谋划转型新突破》《佛山破局“银发困境”打造养老事业新高地》《佛山探索区域协调发展：着眼“大棋局”落子更精准》《文产合力，铸造佛山饮食文化发展新动能》等。5期宣传的文章阅读量达90万人次。

表14　佛山市社会科学普及示范基地一览表

批　次	基地名称
第一批（2014年）	佛山岭南文化研究院
	禅城区图书馆
	南海区博物馆
	顺德区博物馆
	广东盈香生态园
第二批（2016年）	佛山大讲堂·三江讲坛
	佛山市图书馆
	广东石湾陶瓷博物馆
	三谭革命事迹展览馆
	三水区博物馆
第三批（2018年）	顺德图书馆
	顺德区清晖园博物馆
	佛山开放大学
	广东大观博物馆
	美的鹭湖森林度假区
	高明区博物馆
	南海血站
第四批（2020年）	紫南文化园社科普及示范基地
	检察文化宣传基地
	南海区图书馆
	中国人民解放军粤中纵队纪念馆
	佛山市非遗文化社科普及示范基地
	佛山市文化艺术社科普及示范基地
	佛山警察历史博物馆
	佛山市演讲与口才科普基地

【2020年佛山市社会科学普及周活动】 2020年11月3日，在佛山电视台1号演播厅举行2020年佛山市社科普及周启动仪式暨主题活动。启动仪式暨主题活动以“倡导现代文明生活方式，决胜全面建成小康社会”为主题，现场采取科普沙龙形式，邀请律师协会、公安、消防、网络安全、卫生健康、食药监、家庭教育与老百姓生活相关的7个部门和单位，在舞台上以沙龙的形式与市民展开互动。该届社科普及周采取线上线下相结合的方式举行，社科普及周期间，全市开展社科普及周活动287项，其中社科知识竞赛类活动6项、社科讲座活动45项（200余场）、社科作品展示活动91项、科普云课堂18场，受众人数40余万人次。

（曹嘉欣）

佛山市文学艺术界联合会

【概况】 2020年，佛山市文学艺术界联合会所属文艺家协会有市级会员4667人、省级会员2202人、国家级会员505人。办有刊物《佛山艺术》。年内，市文联启动征集佛山市2019—2020年度重点文学创作项目，市文联系统有18部文学著作出版发行；继续加强文艺人才培养，实施文艺人才工程和文艺新锐工程；加强文艺理论研究和推出理论专著；做好文艺志愿服务，市书法家协会被省书协、中国书协分别评为“2020年度书法进万家活动先进单位”称号，书法家何志斌等3人被评为2020年度书法进万家活动先进个人；助力抗击新冠肺炎疫情，组织各种抗疫题材创作；推动参与粤港澳大湾区文艺界合作发展，举办2020粤港澳大湾区水彩画名家作品邀请展开幕式暨粤港澳大湾区美术家联盟水彩画艺术委员会成立大会；举办佛肇两市摄协交流活动暨市摄协公益讲座等；举办“第五届岭南童谣征集传唱活动”、“佛山新童谣”作品征集活动等，其中佛山5首优秀童谣在第五届岭南童谣节获奖；推动戏曲、书法、诗歌等文艺进校园，举办戏曲进校园、戏曲进乡村活动数十场次。

【文学创作】 2020年，佛山市文学艺术界联合会启动征集佛山市2019—2020年度重点文学创作项目，面向佛山市作家协会会员、佛山市戏剧家协会会员征集完成定稿或初稿的长篇小说（含长篇纪实文学）、电视连续剧剧本、长诗等优秀文学作品。同年，彤子的《生活在高处——建筑工地上的女人们》获“第五届华语青年作家奖”非虚构作品奖，张况获“全国十佳辞赋家”称号，杨韵被评为“全国十佳青年朗诵家”之一，郭杰广的《淬火集》获“第五届中国长诗奖”最佳新锐奖。市文联系统18部文学著作出版发行，其中盛慧新书《外婆家》由人民文学出版社出版，产生较大影响。

【抗击新冠肺炎疫情题材文艺作品创作】 2020年，佛山市文学艺术界联合会联合相关部门发出《致全市文艺工作者的倡议书》，倡导全市文艺工作者做到新冠肺炎疫情防控“五个带头”（带头自觉落实防扩散措施，带头宣传疫情防控的政策和专业知识，带头做到少外出，带头做好宣传教育、思想稳定等工作，带头做到不造谣、不信谣、不传谣）。开展“疫情防控佛山文艺界在行动”作品征集，在新媒体平台刊发《疫情防控，佛山文艺界在行动》专刊60期。组织各种抗疫题材创作，重点策划并组织创作的原创抗疫题材广播剧《新房》于5月5日在中央人民广播电台首播，之后在“学习强国”学习平台、广东珠江经济台等媒体播出。同年，禅城区文联举办“爱的交响诗——禅城区抗疫惠民专题曲艺演唱会”，南海本土画家合力创作的美术长卷《南海全民战“疫”图》和顺德区原创话剧《爱的拿铁》于7月首演。2020年，佛山市文艺工作者创作抗疫题材作品2000余件，获各大主流媒体刊登播报。

【乡村振兴题材文艺作品创作】 2020年，佛山市文学艺术界联合会组织乡村振兴专题文艺作品创作，组织创作《乡土佛山——佛山村落故事集》《再造一个顺德的“头号工程”》《百里芳华》《大湾的乡愁——粤港澳大湾区古村落文化寻根》等作品，抢救佛山乡土特色文化，结合本土特点推动乡村文化振兴。

【脱贫攻坚题材文艺作品创作】 2020年，佛山市文学艺术界联合会组织佛山市音乐家协会参与创作大型原创情景交响组歌《这就是我们》，并于2020年11月在佛山市首演。该系列组歌融入佛山特色文化，以佛山为缩影，以独特的视角记录决战决胜全面小康、脱贫攻坚工程伟大历程和成果。9月，市文联组织佛山市摄影家协会走进粤西开展采风活动，并在对口扶贫点湛江市麻章区六坑村、岭头村举办“同奔小康生活，共建美丽乡村”摄影作品展，以独特的视角记录决战决胜全面小康、脱贫攻坚工程伟大历程和成果。

【文艺人才培养】 2020年，佛山市文学艺术界联合会继续加强文艺人才培养。实施文艺人才工程，做好优秀文艺工作者艺术成果、艺术思想的研究和传承，举办“看山是山”——王志敏书法作品展、“静听乡音”——叶其嘉何婉薇中国画作品展，编著出版“名家谈艺”系列丛书和“名家评传”系列书籍，推出《杂花生树》《缘结彩灯》《剪纸人生——陈永才对话录》，推荐伍嘉陵等7人次获“广东省从艺70周年文艺家”称号。实施文艺新锐工程，举办佛山市首届水彩粉画作品展、“岭南风情　水乡颂歌”佛山市第二届版画作品展、佛山市陶艺新锐展、“笔墨随心”——杨劲松书法作品展、“诗意畅游”——胡声畅水彩作品展等，举办新晋中国摄影家协会会员高级研修班等各个门类的中青年骨干培训班、研讨会，同时资助文艺家出版图书，搭建助力文艺新秀成长的新平台。同年，顺德区文学艺术界联合会开展“金凤展翅”文艺育才计划，资助中青年成才。

【艺术展示】 2020年，佛山市书法家协会会员入选中国书协主办的全国展览6人次；入选省级展览84人次，其中龙亚斌等29人次作品获奖。市美术家协会会员入选中国美协主办的全国展览18人次；入选省级展览96人次，其中张震等14人次作品获奖。4件民间文艺作品入

2020年9月16—23日，佛山市文联组织的“同奔小康生活，共建美丽乡村”摄影作品展在湛江市麻章区岭头村、六坑村举行。图为学生们在观看摄影作品（市文联　供图）

选2020第七届中国·徐州文化博览会暨第七届中国·徐州民间工艺博览会。市摄影家协会被广东摄协授予“先进摄影组织单位”称号，王凤超等8人获广东省摄影家协会优秀会员和优秀志愿者；89件作品入选广东省第二十八届摄影展览。为提升“中国书法城”文化品质，市文联举办佛山市首届楷书展、首届佛山书法新人新作展，激发书法爱好者的创作热情。同时，加强文艺交流，举办“墨韵南粤·诗书佛山——佛山市艺术名家走进潮州作品展”、“一带一路”主题文艺展览、佛山贺州两市书法作品展。2020年，佛山市文艺家在各类展演赛事中获省级以上奖项278人次，获国家级以上奖项74人次。

【舞台展示】 2020年，佛山市文学艺术界联合会与市作协举办“2020中国诗歌春晚广东会场·第十届佛山禅城腊八诗会全国著名诗人梁园雅集”“第五届中国长诗奖颁奖典礼”等品牌活动，以诗歌为媒打造产城人融合发展新格局。市戏剧家协会戏剧作品《杨门女将之探谷》在“中国少儿戏曲小梅花荟萃”获奖。市音乐家协会获评广东省优秀地市音乐家协会，有《今夜我要远航》等2部作品获省级评选金奖，邓耀邦等8人获2020年度广东省优秀音乐家。市曲艺家协会创作的说唱《桃园三结义》入围中国曲艺牡丹奖的节目奖和新人奖，《诗林唱美》等17件作品在国家级、省级比赛中获奖。顺德区创作的舞蹈作品参加2020广东省群众艺术花会（音乐舞蹈）获舞蹈类金奖2个、银奖3个。三水区创作粤剧《红头巾》并获第十四届广东省艺术节剧目最高奖。

【文艺志愿者服务】 截至2020年底，由佛山市文学艺术界联合会统筹的文艺志愿服务组织63个，包括佛山市文艺志愿者服务团，以及市级文艺家协会志愿者服务队11支、区级文艺家协会志愿者服务队51支（禅城区8支、高明区10支、南海区8支、三水区10支、顺德区15支）。2020年，市文联系统开展文艺志愿服务活动超100场次。其中：在2020年春节前夕，市文联等相关单位举办“佛山市道德春联进万家”等活动，市摄影家协会联同有关单位开展“我们的中国梦——红色文艺轻骑兵新春走基层送幸福大片活动”系列活动；在中国文艺志愿者服务日活动期间，市文联系统开展“文艺进万家 健康你我他”——到人民中去文艺志愿服务网上展演活动，开展佛山市戏曲进校园活动、佛山市私伙局联盟之“梨园广场粤剧粤曲进校园”展演活动10多场，组织佛山市文艺志愿者先后走进石门高级中学和大沥高级中学举办文艺晚会，组织佛山市文艺志愿者走进启聪学校开展陶艺DIY创造性转化公益普及性活动。同年，“传统文化·佛山十番传承基地”在佛山市第六小学揭牌。市文联与和中国人寿佛山分公司合作，主要针对文艺志愿者参加志愿服务时面临的人身风险，为文艺志愿者提供综合保险保障。

【文艺理论研究】 2020年，佛山市文学艺术界联合会加强文艺理论研究。成立调研工作领导小组，开展“中国产业脊梁——疫情下顺德制造业困境与突围”“乡土佛山——佛山村落故事集”“机构编制调研情况”3个课题的调研，并形成调研报告，其中“中国产业脊梁——疫情下顺德制造业困境与突围”和“乡土佛山——佛山村落故事集”2个课题成果报告结集出版。年内，佛山市文学艺术界还推出《佛山文化纵览》《石湾艺术陶瓷研究辑成》《当代石湾陶艺论稿》《陶瓷诗话》《梅山窑——19—20世纪广东石湾在越南南圻的传承》《封伟民陶塑论》《缘结彩灯》《剪纸人生——陈永才对话录》《杂花生树》《顺德马冈版画的传承与创新》《石湾陶塑史》《石湾铜凿剪纸》等文艺理论著作，较为全面地总结研究佛山剪纸、彩灯、陶艺、粤剧等佛山传统民间艺术。

【民间文艺的传承与发展】 2020年，佛山市文学艺术界联合会探索民间文艺的传承与发展。与中国民间文艺家协会、广东省民间文艺家协会联合举办中国南北民间玩具特展暨中国民间传统艺术的传承与发展论坛，就中国民间彩塑玩具的艺术价值与教育意义、中国民间艺术的发展方向与社会意义、本土文化的传承发展、民间艺术与非遗关系以及当代发展、民间彩塑艺术发展、佛山民间艺术的品性坚守与品位提升等问题进行探讨。举办“窑窑相望”系列、“石湾陶艺的现代转型”系列等，包括“陶土风 金石韵”——陶瓷篆刻作品四人展暨研讨会、“他山”——王永才陶瓷绘画作品展暨研讨会、石湾柴烧作品展等展览、研讨会，编辑出版《当代石湾陶

2020年10月6日，中国南北民间玩具特展暨中国民间传统艺术的传承与发展论坛在佛山城市展览馆举办。图为孩子们在观看民间玩具 （市文联 供图）

艺论稿》《石湾艺术陶瓷研究辑成》等6部“窑窑相望”系列陶艺理论著作，开拓石湾陶艺术空间，推动石湾陶的传承与创新。编辑出版《顺德马冈版画的传承与创新》，呈现顺德马冈版画的发展历史及最新传承状态。

【首届民法典法治漫画大赛】 2020年6—8月，佛山市普法办、佛山市司法局、佛山市文学艺术界联合会联合举办佛山市首届民法典法治漫画大赛。活动用通俗易懂、人们喜闻乐见的艺术形式诠释《中华人民共和国民法典》，推动用法治方式规范公民行为习惯养成。大赛收到在佛山工作、生活的美术爱好者有效参赛稿件121件（组），评出一等优秀作品3件、二等优秀作品5件、三等优秀作品10件、优秀作品及入选作品若干。

【市文联第九次代表大会】 2020年7月8日，佛山市文学艺术界联合会第九次代表大会在佛山市禅城区举行。大会修改《佛山市文联章程》，选举市文联第九届领导机构，杨凡周当选为主席，夏法忠、平玉娜当选为副主席，李淑勤、张况、王志敏、封伟民当选为兼职副主席，陈斌当选为主席团成员兼秘书长。大会还选举产生市文联第九届委员会委员35人。

【电影电视家协会成立】 2020年10月9日，佛山市民政局颁发佛山市电影电视家协会社会团体法人登记证书和行政许可决定书。12月6日，佛山市电影电视家协会成立大会举行。该会是联系佛山乃至广（州）佛（山）两地、粤港澳大湾区电影家、电视家和影视工作者的桥梁和纽带。林星云任协会会长，李淑勤、黄坚、吴得华、林毅敏任协会副会长。协会成立时有会员52人。

（霍锦堂）

佛山市归国华侨联合会

【概况】 2020年，佛山市各级侨联组织做好侨胞联络联谊工作，促成国际美食家协会的有关国家协会代表组成代表团参加首届佛山“创意2020 花漾中国年”创意新春嘉年华系列活动；做好服务侨界群众工作，在重大节日前做好慰问老归侨和归侨特困户等侨界群众关爱工作，并加强归侨侨眷权益保护；做好新冠肺炎疫情期间接受海外华人华侨和侨团组织捐赠和关爱海外华人华侨工作，完成海外相关捐赠的分派，并向海外华人华侨提供抗疫物资支持和普及防疫知识；等等。

【侨胞联络联谊】 2020年，佛山各级侨联组织以侨为桥，持续开展联络联谊工作。市归国华侨联合会牵线搭桥，促成国际美食家协会的9个国家协会代表组成代表团到佛山参加首届佛山“创意2020 花漾中国年”创意新春嘉年华系列活动；接待加拿大万锦市议员、万锦市文化与经济发展委员会主席何胡景访问团，开展两地之间的经贸文化交流活动，加深联系，促进双方发展。5月28日，三水区侨联联合三水区工商联（总商会）、墨西哥粤商会，在新媒体平台直播题为“疫情影响下外贸企业如何拓展沙特阿拉伯市场”的专题讲座，受到对外贸易企业的欢迎。5月29日，三水区侨联和墨西哥粤商会在乐平联合举办三水区铝加工行业协会海外市场——墨西哥专场对接会，三水区铝加工行业协会与墨西哥粤商会进行对接，为企业“出海”开拓新兴市场提供向导。12月12日，顺德采用视频直播方式举行2020年顺德云恳亲大会，除现场活动外，线上观看直播的顺德乡亲超100万人。

【侨联留学生服务】 2020年，佛山市各级侨联组织针对因新冠肺炎疫情影响，不少佛山籍留学生无法返回留学国继续学业的情况，加大力度开展留学生服务工作。市侨联开展佛山特色工业考察调研活动，组织各区150多名海外留学生在读大学生参观考察FOODOM天降美食王国、维尚家具生产基地、海天娅米的阳光城堡、丰收街·菁创聚创业社区等地，通过活动搭建企业和留学生沟通的桥梁，为双方进行精准对接提供帮助。顺德区侨联组织区留学生协会与广东省侨界海外留学归国人员协会对接，分别赴顺德南方智谷新能源汽车小镇及三龙湾“碧+海创科技园”考察，推动各领域产业与顺德海归人才融合创新合作。三水区成立首个留学生协会实践就业基地，为归国留学人员实践就业提供平台。市侨联启动为部分符合条件的佛山户籍海外在读留学生购买境外留学人

2020年12月12日，佛山市顺德区举行2020年顺德云恳亲大会。图为出席现场嘉宾与大会的特制“机票”合影

（市侨联 供图）

身意外保险工作，截至年底，购买人数约140人，投入经费约10万元。

【侨界群众工作】 2020年，佛山市各级侨联组织开展侨界群众工作，参与社会建设。

“侨胞之家”阵地建设 7月15日，顺德区第一个“侨胞之家”在勒流街道勒流新城社区成立；12月7日，顺德区胡宝星职业技术学校“侨胞之家”成立挂牌。截至年底，全市各级“侨胞之家”累计8个，其中市级1个、镇（街道）级2个、村（社区）级5个。

关爱归侨侨眷 春节、中秋节、国庆节前，市侨联拨出专款慰问70岁以上老归侨和归侨特困户，其间慰问长者归侨近600人、重点和困难归侨家庭100余户；分别组织前往禅城区、顺德区，以及三水区南山镇迳口华侨农场等地，对病困归侨侨眷进行上门看望慰问。中秋节、国庆节前，禅城区、顺德区（联合大良街道侨联）、高明区侨联分别举办归侨侨眷茶话会等联谊活动，向广大归侨侨眷、海外侨胞送上节日问候和祝福。年内，市侨联对广东省财政下达佛山市的2020年华侨事业费及贫困归侨扶贫救助补助资金22.45万元提出具体分配方案，并于11月前根据资金分配方案协助市财政局把资金下发各区落实。开展为全市高龄及低保归侨购买“平安佛医保”活动，在基本医疗保险、大病保险的基础上进一步完善全市低保归侨参保人的医疗保障机制，构建多层次医疗保障体系，全年为60名符合条件的高龄及低保归侨进行参保，参保费用由市侨联全额承担。

归侨侨眷权益保护 11月，佛山市归国华侨联合会分别到佛山开平侨属联谊会、三水区迳口华侨农场开展调研工作，向基层归侨侨眷宣传《中华人民共和国民法典》以及《广东省华侨权益保护条例》，普及相关法律知识及涉侨政策等，引导侨胞依法表达利益诉求。9月28日，高明区侨联在荷城街道中山社区（广东侨界人文社区示范点）开展侨法宣传进社区活动，吸引约300人次群众参与。12月2日，高明区侨联联合高明区委统战部机关党支部、竹园社区党委在荷城街心公园组织开展“统战·暖心”党建结对共建系列活动之“知侨法 护侨益 侨爱心光明行”——侨法宣传暨眼科义诊进社区志愿服务活动，吸引群众近200人参加。

【新冠肺炎疫情期间接受海外华人华侨和侨团组织捐赠】 2020年，佛山市各级侨联做好新冠肺炎疫情防控海外侨胞捐赠对接服务工作。市侨联发布《佛山市侨联关于进一步完善优化新型冠状病毒感染肺炎疫情防控期间对外接受捐赠的公告》，公布捐赠渠道以及有关政策，利用“佛山侨联”微信公众号、微信工作群、微博、网站等平台，加强对外联系沟通，拓展海内外捐赠的渠道。截至3月，相继收到柬埔寨西哈努克省华商协会会长梁庆良，以及东非广东同乡总会、英国顺德商会、英国顺德联谊会等海外华人华侨、侨团组织的防疫物资和资金捐赠，累计收到捐赠的医用口罩100多万个、防护服2500件、各类医用手套16.77万双、护目镜875个。在收到来自海外的口罩、消毒液、防护服等物资和资金捐赠后，全市各级侨联组织联系相关单位接收物资和资金，完成相关捐赠的分派工作，助力佛山市抗击疫情。

【新冠肺炎疫情期间关爱海外华人华侨】 2020年，境外疫情扩散蔓延时，佛山市各级侨联组织发挥渠道优势，帮助海外佛山乡亲渡过难关。市侨联筹集防疫物资，先后募集2批次8万个医用口罩，通过邮寄方式，分别捐赠给分布在全球五大洲的30个海外华人社团。南海区、高明区侨联等累计向海外社团捐赠10万多个医用口罩支持海外乡亲抗疫。为向海外华人华侨普及新冠肺炎疫情防控知识，市侨联牵头组织2场跨国视频宣讲会。包括邀请佛山市第一人民医院专家向瓦努阿图华人华侨介绍疫情防控知识、患者救治要点；邀请佛山市中医院专家向欧洲华人华侨宣讲新冠肺炎防控中医科普知识。同时，市侨联还利用“佛山侨联”微信公众号发布海外华人华侨防疫注意事项、入境提示等实用信息，为海外佛山乡亲提供服务。

【“侨匠工场”侨心工程项目】 2020年3月，佛山市三水区为解决南山镇归侨侨眷富余劳动力问题，量身定制推出“侨匠工场”项目，并于4月16日在三水区南山镇漫江社区为“侨匠工场”揭牌。“侨匠工场”项目通过动员归侨侨眷制作市场上需要的塑料花等产品，并由相关爱心企业进行收购，增加归侨收入。同时，项目还注重发挥归侨致富带头人的示范作用，激发归侨干事创业的信心。除了拓宽归侨侨眷的就业渠

2020年4月29日，佛山市举办连线在瓦努阿图侨胞防疫知识视频宣介会，图为佛山市第一人民医院医疗专家与在瓦努阿图华侨华人代表在线视频交流 （市侨联 供图）

道，“侨匠工场”还通过专家授课、学员互动、研讨交流、现场教学等形式开展技能培训，提高归侨侨眷的技能水平和职业素养，打开归侨侨眷的发展思路，先后于10月由市侨联和三水区侨联联合组织迳口华侨农场的40名归侨到肇庆市开展裹蒸粽制作和养殖方面的现场技能培训，于11月由三水区侨联在三水区南山镇举办归侨越南菜式烹饪培训班。市侨联支持“侨匠工场”共投入资金1.2万元。“侨匠工场”项目实施后，能促进南山镇（迳口华侨农场）富余的归侨侨眷劳动力每人每月增收1000 ~ 1300元。

（石越男）

佛山市残疾人联合会

【概况】 根据第二次全国残疾人抽样调查推算，佛山市残疾人25.78万人，占总人口比例5.8%。其中视力残疾3.6万人，占残疾人总人口的13.95%；听力残疾6.5万人，占25.21%；言语残疾0.55万人，占2.13%；肢体残疾5.81万人，占22.52%；智力残疾1.3万人，占5.04%；精神残疾2.5万人，占9.72%；多重残疾5.52万人，占21.43%。截至2020年底，佛山市核发残疾人证7.23万个，发证率28%。2020年，佛山市残联与市人力资源社会保障局等部门联合印发《佛山市残疾人参加城乡居民基本养老保险实施方案》，完成“十三五”残疾人事业发展规划终期评估和总结，推进市、区各级残联机构改革，出台佛山市、区两级残联改革方案。

【残疾人权益保障】 2020年，佛山市地区有康复服务需求的残疾人为5216人，得到康复服务残疾人5081人，基本康复服务覆盖率为97.41%。全市残疾儿童康复救助5275人次，其中低视力儿童康复训练63人次、听力语言残疾儿童康复训练211人次、脑瘫儿童康复训练523人次、智力障碍儿童康复训练1559人次、孤独症儿童康复训练2238人次、辅助器具适配681人次。全市精准康复服务率97.43%、辅具适配率98.08%。佛山市残疾人就业年龄段2.94万人，通过分散按比例、集中安置、社区就业等多形式实现就业1.1万人，其中城镇新增就业316人、农村新增就业286人，城乡新增残疾人就业培训452人（市级培训93人）。全市5510个用人单位办理分散按比例安排残疾人就业年审，申报安置残疾职工1.47万人（含非佛山市户籍）。同年，佛山市妥善解决盲人按摩机构帮扶稳控问题，市残联协调联动市财政局、市人力资源社会保障局完成盲人按摩机构疫情专项补贴核发，全市67个盲人按摩机构领取稳就业专项补贴46.9万元。做好残疾人服务机构安全维稳，开展全市康复托养机构、康园中心专项排查，及时介入处理残疾人与机构矛盾。妥善处理残疾人来信来访，日均处理来电7个，全年处理来信13件、“12345”服务热线工单32件，全年接访56人次、参与调解9次。

【残疾人康复服务】 2020年，佛山市重新招标确定定点康复机构，全市按政府采购程序确定定点康复机构54个，比上年增长86%，分布在佛山各区及周边。开展残疾人定点康复机构绩效评估，对全市54个残疾人定点康复机构进行专项绩效评估。通过聘请第三方机构和专业会计师、省级康复专家组成评估组，对机构运营情况、康复服务情况、财务收支情况等进行综合评估，进一步规范监督管理。举办康复业务培训，举办“残疾人康复救助定点服务机构管理人员”“孤独症儿童康复机构师资”“智障儿童康复机构师资”3个培训班，累计培训400人。完善社区康园中心项目功能建设，做好康园中心依法登记注册，全市在运营的康园中心43个、在册残疾人1341人。配合做好严重精神障碍患者救治救助，依托社区康园中心，为病情稳定的精神障碍患者提供全日制职业康复、生活照料等服务，在托患者333人。落实残疾人家庭无障碍改造项目，指导各区切实完成省下达的改造任务，完成残疾人家庭无障碍改造316户。

【残疾人教育服务】 2020年，佛山市进一步加强市康复实验学校建设。打造书香校园，建设学习型学校；开展传统文化教育，创建全国示范家长学校；成立服务队，开展校园志愿服务；根据学生障碍类别，开设4部13个班，深入推进个别化教育；开展师德师风建设教育，开展钢笔字、毛笔字、粉笔字和普通话“三笔一话”基本功训练，坚持培训“请进来，走出去”，培养“一专多能”型教师。同年，市残联协助教育部门做好2020年普通高考残疾学生申请登记和录取，全市残疾考生47人，达本科线21人、大专线21人，顺德区3名残疾考生考取华南理工、华中科技大学等重点院校；配合市教育局做好未入学适龄残疾儿童少年调查登记及信息核对；落实“南粤扶残助学工程”，为42名残疾大学生申请助学金。

【残疾人就业】 2020年，佛山市残疾人联合会草拟《佛山市残疾人就业办法（征求意见稿）》，2次向各区人民政府及市直有关部门征求意见。佛山市就业年龄段残疾人2.94万人，通过分散按比例、集中安置、社区就业等多形式实现就业1.1万人。

心智障碍残疾人就业 通过购买服务，委托市残疾人劳动者协会为全市智力、精神障碍患者提供支持性就业帮扶，建档立卡150人，帮扶50人，完成13名智力障碍患者、3名精神障碍患者就业。开展针对心智障碍残疾人支持性就业服务，通过电话摸底访谈近1500人，筛选41人提供一站式支持帮扶服务，8名学员实现竞争性就业。发展心智障碍残疾人多元化就业，依托康园中心，帮助近100名残疾人通过多元化就业方式获得每月增加收入600 ~ 1800元；对接培训项目，帮助12名学员，多渠道增加额外劳动收入；加强社工服务，对14名学员开展洗车培训，8人走上岗位。

利用大数据帮助残疾人就业 依托“就业和职业培训状况实名制管理系统”，全面盘活2.9万条残疾人信息数据（已就业未培训7082条、未就业未培训1.63万条），建立有效信息数据库。定期核实，加快驱动信息精准化，实现就业

2020年12月17—18日，由广东省残联党组书记、理事长张永安率领的省政府残工委检查组，到佛山检查《广东省残疾预防行动计划（2017—2020年）》贯彻执行情况。图为检查组在南海无声的cake店前与店员合影　　（市残联　供图）

服务高效引流。

链接社会资源帮助残疾人就业　依托“政府—学校—家庭—企业—社会”五位一体就业帮扶平台，整合永晟公司、善益公司、咏春有米等爱心企业，拓宽就业渠道。举办各种新兴行业技术工种线上培训，进行一对一帮扶，培训残疾人47人次。

残疾人专场招聘会　举办“春风行动就业援助月”招聘活动，发布用工信息120多条，提供工作岗位300多个，158名残疾人发布求职需求。搭建供需良好沟通桥梁，为企业和残疾人举办雇主专场洽谈会2场。举办网络专场招聘会，应届高校残疾毕业生就业率97.14%。

做好全市盲人按摩行业管理促进残疾人就业　新冠肺炎疫情期间，走访8个盲人按摩机构，为盲人按摩机构答疑解惑，解读政策法规，协助其申报疫情补贴。做好盲人按摩机构防疫知识宣传，推动盲人按摩机构落实防疫措施，向全市盲按机构发放防疫物资。组织参加盲人医疗按摩人员考试、职称评审、继续教育培训，培训19人。

【残疾人文化宣传】2020年，佛山市残疾人联合会组织做好残疾人文化宣传工作，营造良好的关爱残疾人社会氛围。讲好新冠肺炎疫情防控工作中残疾人及助残人正能量故事，采写残疾人及助残人正能量故事等20余篇。联系佛山日报社、佛山电视台等媒体，宣传残疾人事业60余篇。加大残疾人重大节日宣传，响应广东省第三十次“全国助残日”直播卖货活动，选送作品，征集“决战脱贫奔小康”视频，并发动观看学习；在第二十九次国际残疾人日期间，组织佛山日报社、佛山电视台等媒体对全市残疾人辅助就业项目进行集中报道。聚焦“全面建成小康社会，残疾人一个也不能少”主题，利用微信公众号、微博等平台宣传报道950余篇。做好“佛山残联”微信公众号运营，每周推送至少3期，每期至少3篇，其中《佛山“无声”烘焙店点亮爱的世界》等8篇被“学习强国”学习平台选用、《佛山市开创“岗位+支持辅助”模式精细化赋能心智障碍残疾人》被《佛山信息》选用并报中共广东省委信息办。同时，发动落实《中国残疾人》等刊物的宣传征订。

【残疾人文化建设】2020年，佛山市残疾人联合会选送作品参加第八届广东省残疾人美术作品大赛，获二等奖1个、三等奖3个；选送2部微电影参加第六届“南粤金影奖”广东公益微电影大赛；选送节目参加第十届全省残疾人艺术会演，获组织奖，并获单项银奖、铜奖、创作奖、辅导奖各1个。依托各级博物馆、图书馆等，推动文化助残，丰富残疾人文化生活。

【残疾人体育】2020年，佛山市残疾人联合会继续推进“全民助残健身工程示范点”建设，各区示范点发挥社区康园中心及体育场馆载体作用，依托社工服务，开展全民助残健身活动。组建210人的体育健身指导队，为残疾人提供免费指导服务。做好各项大赛保障，佛山残疾人运动员取得佳绩，赖善章、梁伟聪参加加拿大自行车场地世锦赛获银牌3枚、铜牌1枚，获第五名1项，破1项纪录。做好市残疾人田径、羽毛球等运动队，以及广东省男子聋人篮球、飞镖基地集训项目的疫情防控、训练管理和后勤保障等工作。

【残疾人专门协会活动】2020年，由佛山市残疾人联合会主办，市盲人协会承办，佛山市举行第八届盲人诗歌散文朗诵暨第六届散文创作大赛，选拔选手参加省赛，获二等奖1个、优秀奖2个、组织奖1个。佛山市残疾人联合会组织市盲人协会参加省盲人沙滩运动会，组织市肢体残疾人协会参加省肢残人坐式排球暨飞镖赛等比赛，举办“牵着蜗牛去散步”智力残疾人及亲友协会活动，组织盲人协会赴广州参观学习。指导市肢体残疾人协会，协助省开展“上肢缺失类”情况摸查。组织市聋人协会举办“希望之家”伤友生活重建带头人培训、聋人手语培训。是年，佛山市残疾人联合会组织召开肢残人协会、聋人协会、智力残疾人及亲友协会、精神残疾人及亲友协会等专门协会会议。

【残疾人证核发】2020年，佛山市核发新版残疾人二代证7.23万个，发证率28%。推进第三代证换发工作，申请追加经费，颁布实施方案，培训工作人员80多人。开展残疾人基本服务状况和需求信息数据动态更新工作，组织培训，印发方案，进行督导，编写第三方评估报告。市残疾人联合会与市卫生健康局联合举办2020年佛山市残疾评定医生培训班，培训180多人次。

【新冠肺炎疫情期间残疾人服务机构服务保障】 2020年，佛山市残疾人联合会先后印发《关于佛山市残疾人康复救助服务事项的通知》《关于新型冠状病毒肺炎疫情期间残疾人康复工作事项的通知》《关于残疾人康复机构切实加强疫情防控全面做好恢复服务前准备工作的通知》《关于全市残疾儿童康复机构全面恢复服务秩序的通知》等文件，及时将省残联、市新冠肺炎防控指挥办相关通知要求、应急预案等转发各区、各康复服务机构。鼓励各残疾人康复救助机构通过视频、微信等网络方式推送康复知识，指导开展家庭康复。向市政府申请补贴经费55万元，用于10个民办定点康复机构场地租金及延迟复工人员补贴，支持这些机构健康运营。为所属单位和康复机构联系筹集、采购成人口罩31750个、儿童口罩4800个；接受社会捐助并分派所属单位和各康复机构消毒杀菌物资631件，防护口罩5.13万个，其他防疫物资2168件。

【疑似智力残疾和精神残疾女童评残办证核查】 2020年，佛山市残疾人联合会会同市卫生健康部门推进117名疑似智力残疾和精神残疾女童开展评残办证核查。其中，已评残办证15人、不符合条件13人、有评残办证意愿10人、不同意评残办证72人，核查结果为非佛山市籍对象7人。

【心智障碍残疾人职业适应性训练班（第一期）举行】 2020年6月，佛山市心智障碍残疾人职业适应性训练班（第一期）在市残联职康中心大楼培训基地开班，为期22天，经过残疾人职业能力评估筛选后，有11名智力、精神障碍残疾人参加。同年，市残疾人综合服务中心创新工作模式，采用"岗位+支持辅助"方式开展职业适应性训练为心智障碍残疾人赋能。该训练得到佛山市咏春有米餐饮公司、佛山市顺德区唐宫餐饮公司等爱心企业大力支持，为心智障碍残疾人开设"传菜员、楼什、餐厅店员"3个工种5个岗位。通过职业能力评估对未就业残疾人进行筛选后开展职业适应性训练。由企业委派师傅对学员手把手、面对面授课，同时市残疾人综合服务中心围绕岗位的核心要求，为筛选出来的残疾人"量体裁衣"定制服务，包括由就业辅导员根据评估结果通过"团辅+个辅"提高残疾人社会适应力，强化职业意识；安排康复师针对残疾人的身体条件的提升开展功能性训练，纠正不良工作姿势、加强肌肉耐力，降低职业损伤可能性。通过身体机能、职业素养、工作技能3个方面训练的整合支持，强化心智障碍残疾人的职业能力，实现职业赋能，融合发展新局面。

【市残联第六届主席团第二次全体会议】 2020年10月14日，佛山市残疾人联合会召开第六届主席团第二次全体会议，63名委员参加会议。会议增补市残联第六届主席团成员，选举市政府副市长乔羽为市残联第六届主席团主席，市政府副秘书长吴文志、市残联党组书记黄齐锋、中共佛山市委编办副主任陈光卿为副主席，选举市残联党组书记黄齐锋为执行理事会理事长。会议全面总结2019年以来佛山市残疾人在小康工程、扶贫工作、组织联络、维权工作、康复工作、教育工作、就业工作、宣传文化体育工作等方面取得新进展、新成效，同时部署下阶段工作。

（吴新来）

2020年10月14日，佛山市残疾人联合会第六届主席团第二次会议在佛山皇冠假日酒店举行。图为会议现场
（市残联　供图）

中国国际贸易促进委员会佛山市委员会

【概况】 2020年，中国国际贸易促进委员会佛山市委员会为佛山市企业出具新冠肺炎疫情不可抗力事实性证明98份，帮助企业减少合同损失1.75亿元；联合有关单位举办第十四届华南不锈钢·金属材料展览会、2020佛山（潭洲）国际陶瓷展等线下展会；在线上和线下举办国际商事大讲堂活动4期，会长沙龙活动3场；等等。年内，市贸促系统出证认证业务总量10.01万份。

【经贸促进联络与交往】 2020年，中国国际贸易促进委员会佛山市委员会做好稳定境外客商对佛山产品信心工作，维系与境外机构友好对接交往，畅通贸易、投资信息渠道，立足稳住固有市场，开拓新市场。3月起，以线上方式向建立联系的近180个外方机构发送佛山企业产品和服务资讯，向全球推广“佛山制造”“佛山服务”。先后3次组织近100家外贸企业通过线上方式对接日本、以色列，以及非洲等国家和地区的客商资源，助力企业达成投资项目意向和产品对接需求。通过函件或上门拜访形式密切与各国驻穗使领馆及广东省贸促会海外粤商会沟通往来，拜访乌克兰驻穗总领馆，并与英国、马来西亚、柬埔寨等粤商会接洽，发掘双边投资贸易机会。进一步扩大与友好境外商贸组织的对接交往，推进引入境外工商机构代表处在佛山设点，促进佛山制造产品和佛山品牌通过代表处渠道在境外推广，促成双边更多务实合作。于6月设立乌克兰驻佛山代表处，促进佛山企业、佛山品牌、佛山营商环境在东欧提升国际影响力和知名度。加强对内联络，组织人员拜访汕头市、潮州市、惠州市等地贸促会，学习先进经验，探索合作空间，与各地贸促会达成推动商贸和展会资源共享，促进供应链优选、市场拓展、投资贸易等多方面多渠道合作。

【贸促系统出证认证业务】 2020年，中国国际贸易促进委员会佛山市委员会通过做好出证认证服务帮助企业应对新冠肺炎疫情造成的不利影响。1月30日发出为佛山外贸企业免费申办不可抗力事实性证明通知，2月3日开出全省地市级贸促会首份新冠肺炎疫情不可抗力事实性证明。全年为佛山市企业出具新冠疫情不可抗力事实性证明98份，帮助企业减少合同损失1.75亿元，有效维护企业的合法权益。5月，市贸促会获中国出口商品品牌评价、自由销售证明书业务开展的批准和授权，面向佛山市外贸企业新增“中国出口商品品牌证明书”和“自由销售证明书”申办服务，并于6月2日，成功为佛山市企业开具首份“自由销售证明书”。8月起，市贸促会优化企业信息管理方式，完善企业年审工作办法，实现企业信息动态更新、信息无变更自动延续的转变，促进企业年审审批工作快速化、高效化、便捷化。全年全市贸促系统出证认证业务总量10.01万份。其中：一般原产地证7.35万份，离岸价（FOB）货值54.08亿美元；优惠原产地证6524份，离岸价（FOB）货值1.67亿美元，为企业减负835.83万美元；国际商事证明书1.88万份；代办领事认证1215份。2020年，佛山市新增注册企业313家，全市有效注册签证企业达3128家。

【新冠肺炎疫情形势下的外贸培训和交流】 2020年，中国国际贸易促进委员会佛山市委员会结合最新政策热点、疫情下外贸新形势、外贸企业实际需求和佛山产业特点，邀请国内外律师、金融、会展等相关行业专家从多角度多领域，有针对性地举办系列国际商事大讲堂。全年在线上和线下举办国际商事大讲堂活动4期，分别是“战疫情、稳外贸、促发展”出证认证业务暨企业外贸电商实务培训会议、“增强风险意识、做好风险防范”网络培训会、“乘势而为，再创辉煌”——出证认证业务暨商事认证业务实务培训、“疫境突围，行稳致远”专题培训。全年举办会长沙龙活动3场，组织90多家佛山外贸企业走进佛山扬升经贸有限公司、佛山口岸发展有限公司（跨境电商综试区）和佛山（国际）家居博览城（佛山国际贸易港）等佛山国际商会会长企业，与佛山优秀外贸企业及外贸新业态代表现场交流。举办“新冠肺炎疫情引发全球风险，佛山进出口企业如何应对？”主题网络专场直播，特邀海运专家上线，从法律层面、国际物流海运角度给佛山进出口企业提出风险提示，提前做好预判，网络直播累计观看人数突破10万人次。举办第三届佛山国际贸易年度人物评选活动，通过典型引领，引导会员企业在危机中育新机，在变局中开新局。

【涉外商事法律服务】 2020年，中国国际贸易促进委员会佛山市委员会联合佛山市中级人民法院，找准企业在新冠肺炎疫情背景下国际贸易与投资的潜在风险，梳理相关政策法规和对外贸易操作规程，共同向佛山外贸企业发出风险提示，提供精准法律服务。与中国出口信用保险公司联合开展“春雨行动”，出台《佛山企业稳外贸“春雨行动”方案》，在建立政策性出口信用保险快速响应机制、海外商事服务、贸易融资支持等各方面进一步加深合作，推出12项稳外贸举措，为企业提供点对点服务。与佛山电台联合推出国际商事大讲堂短音频课程14期，邀请海运行业专家，以疫情背景下海运风险预判为主题，提醒企业做好应对准备。通过网站和微信公众号等自媒体平台做好上传下达工作，做好预警宣传、协调和服务，全年通过网站、微信公众号以及政务短信等平台

2020年3月5日，佛山市贸促会举办“新冠肺炎疫情引发全球风险，佛山进出口企业如何应对？”网络专场直播 （市贸促会 供图）

发布贸易预警信息542条。年内，市贸促会涉外商事法律服务热线平台组织专业律师团队研讨应对策略，及时为各外贸企业提供商事法律咨询服务。

【经贸信息服务】 2020年，中国国际贸易促进委员会佛山市委员会网站总点击量5.15万次，总独立访客1.73万人，累计发布文章和信息513篇。市贸促会密切与中国贸促会和广东省驻境外代表处互通联系，将境外更多优质的项目刊登到市贸促会网站《投资贸易机会》栏目让企业自行匹配对接，全年累计转发31条。利用微信公众号每天传递最新热点政策及外贸信息，截至2020年，佛山市贸促会微信公众号累计推送信息486条。

【线上线下展会促进对外贸易与交流】 2020年，中国国际贸易促进委员会佛山市委员会深度参与打造佛山市重点产业产品展会，与有关机构联合主办第十四届华南不锈钢·金属材料展览会，参与举办潭洲（佛山）国际陶瓷展。引导、动员佛山外贸企业参与中国进出口商品交易会、广东国际贸易精品展览会等知名线上展会。发动48家佛山企业上线广东国际贸易精品展览会——智能家居专场，累计上传产品超过500件。组织5家企业赴澳门参加第二十五届澳门国际贸易投资展览会，在展会现场设立54平方米的佛山特装展示专区，对外广泛宣传佛山市整体投资营商环境，推介广东（潭洲）国际会展中心、佛山南海澳门城项目等优质产业载体和佛山建材和金属材料等优势产业。组织18家佛山外贸企业参加中国国际进口博览会、湖南（醴陵）国际陶瓷产业博览会等知名展会活动，强化佛山市企业与“一带一路”沿线国家的交流合作。

【市“自由销售证明书”首次开出】 2020年6月2日，中国国际贸易促进委员会佛山市委员会（佛山国际商会）为广东优凯科技有限公司出具2份“自由销售证明书”，证书有效期一年，可助力出口企业货物在进口国海关通关、促进交易达成、产品境外注册、获得进口国市场准入等，助力企业开拓国际市场。这是佛山市首次为企业出具“自由销售证明书”，标志着自由销售证明书申办业务在佛山正式全面展开。2020年5月，佛山市贸促会获得批准和授权，可面向佛山市外贸企业提供申办“中国出口商品品牌证明书”和“自由销售证明书”的服务。“自由销售证明书”使用纸质证书和电子证书共同作为出证载体，获证的企业可以自由展示证书正本，并能在网上下载证书副本和进行真伪查询。

【全省地市级贸促会首份新冠肺炎疫情不可抗力事实性证明开出】 2020年，受新型冠状病毒感染的肺炎疫情影响，佛山市不少涉外企业无法正常复工，面临严重的违约责任。中国国际贸易促进委员会佛山市委员会及时向市内的外贸企业发出可以根据实际情况免费提供不可抗力证明通知，帮助企业减少违约损失，维护企业信誉。2月3日，向佛山凯新隆建材有限公司出具全省地级市首份新型冠状病毒感染肺炎疫情不可抗力事实性证明书。佛山凯新隆建材有限公司于2019年11月与沙特客户签订供货合同，按照约定2020年2月底要向该客户出口一批瓷砖产品。但受疫情影响，工厂无法及时生产，不得不延期交货。如不能及时提供无法履行合同原因的合法证明，企业不仅要承担价值60万元的直接合同损失，还有可能导致客户取消订单并转向其他国家采购，商誉受到的影响更是不可估量。不可抗力事实性证明书的及时开具，为该企业解了燃眉之急。截至2020年底，市贸促会为全市企业出具新冠疫情不可抗力事实性证明98份，帮助企业有效减少合同损失1.75亿元。

【企业赴澳门参加澳门国际贸易投资展】 2020年10月21—24日，中国国际贸易促进委员会佛山市委员会利用澳门展贸平台对接葡语系国家的优质资源，发动组织广东潭洲国际会展有限责任公司、佛山陶联科技发展有限公司、佛山中国陶瓷城集团有限公司等5家企业赴澳门参加第二十五届澳门国际贸易投资展览会，在展会现场设立54平方米的佛山特装展示专区，广泛宣传佛山市整体投资营商环境，推介潭洲国际会展中心、佛山南海澳门城项目等优质产业载体和佛山建材和金属材料等优势产业。

【“2020佛山国际贸易年度人物”评选活动】 2020年，中国国际贸易促进委员会佛山市委员会（佛山国际商会）开展佛山市第三届“佛山国际贸易年度人物”评选活动。该活动评选表彰一批敢于担当、乘风破浪、奋勇前行的佛山优秀外

2020年12月1日，佛山市举行2020佛山国际贸易年度人物颁奖典礼

（市贸促会　供图）

贸企业家，旨在发挥典型的示范和引领作用，引导企业在危机中育新机，在变局中开新局，创新创优，持续发展，不断推进佛山市在形成全面开放新格局上走在全国前列。李虹瑶、汤建聪、李文昌等10人获“2020佛山国际贸易年度人物”称号。

（刘泽团）

佛山市红十字会

【概况】 2020年，佛山市红十字会继续做好“三救”（紧急救援、备灾救灾、应急救护）、“三献”（无偿献血、遗体和人体器官捐献、造血干细胞捐献）、红十字志愿服务、红十字青少年工作、国际人道主义救援工作等。全年举办应急救护员培训班457期，培训红十字救护员1.68万人次。全年捐献串案组织35例，宣传发动84名无偿献血者加入中华骨髓库。年内，佛山市红十字会心理援助志愿服务队成立。

【红十字会捐赠】 2020年，佛山市红十字会发动社会各界捐款捐物助力抗击新冠肺炎疫情，全年共接受捐款2024.64万元、防疫物资287批次价值2296.24万元。

【红十字会改革】 2020年11月16日，佛山市印发《佛山市红十字会改革方案》，改革方案涉及6个方面19项改革举措。6个方面改革包括加强党的领导，完善区红十字会管理体制；改进治理结构，增设监事会，优化内设机构设置；完善组织人事制度，优化干部队伍结构，更广泛地联系和服务基层群众；加强基层组织和阵地建设，动员社会力量广泛参与红十字运动；聚焦主责主业，提高人道服务能力；开展宣传工作，加强公信力建设。

【红十字社会救助】 2020年，佛山市红十字会系统开展“红十字博爱送万家活动”“佛山市红十字会人道救助资金”“小天使基金”等项目，为处于困难境遇的609个家庭送温暖。其中，三水区在中秋节期间开展“红十字爱心送万家”活动，筹集11.5万元慰问困难家庭228户。年内，市红十字会组织慰问受新冠疫情影响需要帮助的孤寡老人、困难儿童、特困人员、残疾人等特殊群体250户，发放慰问金25万元。

【红十字应急救护】 2020年，佛山市红十字会利用网络信息化克服新冠肺炎疫情对培训工作的冲击，通过微信“线上学堂”系列小游戏及宣传活动惠及13万人次，推进应急救护知识进机关、进村（社区）、进企业、进学校，开展培训讲座及宣传活动278场次，普及群众2.28万人次。10月26日，市红十字会举办2020年应急救护师资培训班，培养来自市志愿服务队及各区各医疗系统的师资31人。年内，全市红十字系统开展应急救护员培训，举办应急救护员培训班457期，培训红十字救护员1.68万人次，考取救护员证1.64万人。全年市、区两级红会自筹资金在公共场所安装配备自动体外除颤器（AED）30台（市级10台、顺德区10台、高明区10台），历年累计安装45台。

【无偿献血·器官捐献·造血干细胞捐献】 2020年，佛山市红十字会及各区红十字会通过电台宣传声带和微信公众号等多渠道多形式广泛开展“三献”宣传活动，推动“三献”工作开展。全市无偿献血100%满足临床用血需求。6月14日，在禅城区内多个地方举行“‘6·14’世界献血者日，向无偿献血者致敬”亮灯仪式。11月27日，市红十字会举办器官捐献线上知识竞赛，普及器官捐献知识，吸引市民群众参与答题12814人次，慰问器官捐献家属16户。全年捐献器官组织35例（历年累计捐献210例），其中眼角膜12例、心脏5例、肝脏27例、肾脏59例、肺脏8例。市红十字会全年宣传发动84名无偿献血者加入中华骨髓库，成为造血干细胞捐献志愿者，跟进造血干细胞捐献志愿者初筛226例、高分20例、体检26例、成功捐献7例（历年累计捐献45例）。

【红十字志愿服务】 2020年，佛山市红十字会推动红十字志愿服务发展，红十字志愿者全年参加新冠肺炎疫情防控、造血干细胞捐献、应急救护培训、防灾减灾宣传、红十字博爱送万家、社区探访慰问、先心病及白血病儿童救助、心理援助志愿者培训等活动志愿服务125场次，参与志愿服务603人次，服务时长2745小时。

【红十字会博爱医院学校教学与服务】 2020年，佛山市红十字会博爱医院学校项目发展到8所分校10个校区，免费为患病住院的学生提供语文、数学、英语和心理辅导。市红十字会在筹资等方面动员各方资源，争取财政和企业支持，保障医院学校作为佛山市，乃至广东省红十字系统的品牌项目能够持续健康发展。受新冠肺炎疫情影响，博爱医院学校克服各种困难在9月开始正常教育教学工作。全年全面复课后服务住院学生641人。截至2020年底，学校累计服务学生1.25万人。

【红十字会阵地建设】 2020年，佛山市红十字会加强红十字组织和阵地建设。在广东实验中学顺德学校附属小学、陈村镇初级中学及乐从陈登职业技术学校成立学校红十字会。8月1日，市红十字会首个应急救护培训基地完成建设并投入使用。12月23日，市、区两级共建的AAAAA旅游景区红十字救护站——顺德长鹿旅游休博园救护站完成建设并接受中国红十字基金会验收。

【市红十字会第十二次会员代表大会】 2020年5月14日，佛山市红十字会召开第十二次会员代表大会，会上总结第十一次会员代表大会以来红十字事业发展情况，研究部署下一阶段全市红十字会系统的工作。会议听取《2014—2019年佛山市红十字会接受捐赠款物使用情况》《新冠肺炎疫情期间接受捐赠款物的收支情况报告》，审议通过《佛山市红十字会监事会工作规则（试行）》和《佛山市红十字会第十二届会员代表大会选举办法》，并以无记名等额投票方式，现场99名代表选举出第十二届理事会理事59人、第一届监事会监事5人。

2020年12月27日，佛山市红十字心理援助志愿服务队成立。图为成立大会合影 （市红十字会 供图）

同日召开市红十字会第十二届理事会第一次会议，会上通过表决，聘请中共佛山市委副书记、市长朱伟为佛山市红十字会第十二届理事会名誉会长，佛山市人民政府副市长乔羽当选为第十二届理事会会长，梁旭莹当选为常务副会长，邓灿荣、刘献忠、陈晓大、陈赞虎、尚慧玲当选为副会长，郑敏仪当选为副会长兼秘书长。同时召开市红十字会第一届监事会第一次会议，会议通过表决，佛山市政协副秘书长杨汉波当选为第一届监事会监事长。该次换届进一步完善会员代表大会、理事会和常务理事会制度，形成理事会决策、执委会执行、监事会监督的治理结构。

【红十字心理援助志愿服务队成立】 2020年12月27日，佛山市红十字会联合禅城区教育局、佛山市第三人民医院共同组建由心理学、教育学、社会工作等学习和从业背景的专业志愿者构成的佛山红十字心理援助志愿服务队，建立以资深心理医生、心理学教授、家庭教育讲师等组成的专家顾问团队，应对新冠肺炎疫情等突发事件和自然灾害给大众带来的心理创伤，满足市民对心理疏导和心理干预日益增长的需求。首批志愿者120人。同日举办佛山市红十字心理援助志愿服务队第一期志愿者培训。

（梁恒镙）

佛山市关心下一代工作委员会

【概况】 2020年，佛山市有关心下一代工作组织1725个。全市有“五老”（老干部、老战士、老专家、老教师、老模范）志愿者2.07万人，其中各级关工委领导班子成员8600多人、“五老”志愿者1.21万人。全市有“五老讲师团”141个、关爱团320个、艺术团219个、科技服发务团42个，开展主题教育宣讲580多场次。全市各级关心下一代工作组织全年单独组织或联合有关单位开展活动3000场次，全年筹集资金353.8万元，捐助困境学生7481人。年内，市关工委获“全国关心下一代工作先进集体”和“广东省离退休干部先进集体”称号。

【青少年校外实践基地建设】 2020年，佛山市关心下一代工作委员会与各区关工委联动、与镇（街道）和社区联动、与企业联动，新建广东东菱凯琴集团有限公司、广东健力宝集团有限公司等企业关心下一代工作示范点2个，并新建佛山市铁军小学红色基因教育进校园示范点、顺德勒流上江小学国防教育进校园示范点和南海区桂园社区关心下一代工作进社区示范点。截至2020年底，全市累计建有各级各类青少年教育基地380多个，各类青少年教育基地成为青少年校外教育体验与实践大课堂。

【“五老”关爱工程活动及“十百千万”行动开展】 2020年，佛山市关心下一代工作委员会继续联合社会各界爱心团体与企业开展“五老”关爱工程活动及“十百千万”行动。市关工委联合高明区、三水区、禅城区开展的“关爱成长、助学圆梦”活动，为60名困难学生发放助学金20多万元；全市镇（街道）、社区与企业关工委在稳工稳产、复工复产中关爱不停步，做好关爱下一代工作。年内，全市各级关心下一代工作组织依托各企业、爱心团体、行业协会、商会等筹集资金353.8万元，捐助困境学生7481人。截至2020年底，佛山市有256名“五老”参与青少年帮教工作，受帮教2665名青少年中被成功转化1620人。

【青少年假日活动组织】 2020年，佛山市关心下一代工作委员会继续以“党委领导、社工支撑、义工参与、关工协同”三工联动工作机制，开展“160工程”活动（指党委、政府相关部门、社会各界组织青少年在寒假、暑假、周末、公休假约160天假期中的活动），将“童心向党”“育我家国情怀·养我道德情操”等主题教育与社区各类文化教育活动融入“160工程”。市各级关工委寻找应对策略，上下联动、部门联动、社企联动、家校社联动，保障“停课不停学”，全市159个假日学校、430个学堂、爱心学堂、公益讲堂，508所学校少年宫、乡村（社区）少年宫全面进入运作。“党建引领·暖心工程”爱善文化体验营、“翰墨飘香·书写精彩”暑假书法培训班、“文化家”公益课堂、“七彩假期、情暖童心”公益夏令营等活动为复工复业的父母们解决后顾之忧。全市各级关心下一代工作委员会单独组织或联合有关单位开展活动3000场次，参与青少年30万人次。另外，各区依托区域100多个党史国史基地资源开展红色专题教育活动近1000场次。截至2020年底，全市“五老”辅导员571人；各区、镇（街道）、社区建有关爱之家、留守儿童之家212所，有65名“五老”成为代理家长。

【“最美五老关工人”推荐活动】 2020年，佛山市文明办、市关工委联合开展佛山市“最美五老关工人”推荐活动，挖掘和宣传全市关工系统“五老”人员先进典型的感人事迹，广泛动员更多“五老”参与关心下一代工作。经各区各单位推荐、综合评审、政治审核等环节，于12月16日，发布宣传刘耀淳等20名佛山市“最美五老关工人”。

【朝阳读书活动举行】 2020年4月，佛山市朝阳读书活动启动仪式在线上举行。活动期间开展的“进驻阅读地图、“战疫最美人和事”剪报、阅读分享会等活动，对全市中小学线上“朝阳读书”发挥示范作用。“4·23”世界读书日前后，市各级关工委开展“寻找身边抗疫先进事迹”“向抗疫逆行者敬礼”“抗疫小锋行动”等活动，带领青少年领悟“战疫背后的中国精神”。年内，三水区教育局关工委在全国关工委“中华魂”读书活动中获“全国先进集体”称号；禅城区紫南村农家书屋、三水区白泥镇文化站获中共中央宣传部表彰；佛山市三水区西南街道中心小学学生黄诗桓获全国“最美孝心少

2020年12月16日，2020年佛山“最美五老关工人”发布仪式在佛山电视台举行
（市直机关工委　供图）

表15　**佛山市“最美五老关工人”一览表**

获奖个人	单位及职务
刘耀淳	佛山市关工委主任
刘艾平	佛山市关工委常务副主任
彭小贞	佛山市关工委研究员
吴钟秀	佛山市教育局关工委常务副主任
陈显平	三水区教育局关工委主任
赵克贵	佛山市直机关关工委副主任
陈　坚	佛山市直机关关工委驻会委员
国兴华	禅城区关工委执行主任
陈桂娟	禅城区教育局关工委执行主任
陈锐钊	禅城区张槎街道关工委执行主任
袁满生	南海区里水镇关工委常务副主任
周明波	南海区教育关工委秘书长
李德锵	佛山市源田床具机械有限公司党支部书记
邓家声	顺德区关工委杏坛镇关工委主任
梁浩尧	顺德区关工委伦教街道关工委主任
梁劲斌	顺德区关工委容桂街道关工委副主任
苏元济	三水区关工委副主任
潘金培	三水区关工委南山镇关工委副主任
潘惠文	高明区关工委荷城街道关工委常务副主任
许锡雄	高明区关工委高明区更合镇关工委副主任

年”称号，是广东省唯一一位获此称号的少年。

【规范化家长学校全覆盖】 2020年，佛山市推动发展“规范化家长学校实验基地领航工程”，佛山全市家长学校实现“五有”，即有组织领导机构、有自编教材、有教员、有信息交流平台、有督查评价机制，并具有家长培训普及性、自编教材完整性、培训内容科学性三大特点。佛山创建规范化家长学校实现6个100%，即全市中小学幼儿园100%建有家长学校、100%建立家长委员会、100%创建规范化家长学校、100%通过规范化家长学校验收、100%家长学校采用市教育局自编教材、100%班主任能开展“案例教学”。年内，佛山市建有全国规范化家长学校实践基地1592所。

（杜致坚）

佛山市法学会

【概况】 截至2020年底，佛山市法学会有来自全市法学界、法律界等成员1828人。2020年，市法学会承办省法学会第二十八期“以法兴企”兴佛山文化沙龙活动，全年各区自行举办“以法兴企”文化沙龙活动17场次。累计派驻值班人员到市中立法律服务社驻市信访局工作站值班250余天，完成专项任务400多个，接访群众600余人次，诉访分离200余人次，参与大型疑难复杂案件调解会4次。

【法学研究】 2020年，佛山市法学会市域社会治理专委会会同中共佛山市委政法委、广东省城镇化法治研究会开展定向课题研究，深入了解各类社区在疫情防控总体情况及存在问题，形成《佛山网格化治理与韧性社区建设研究》。市法学会全年组织会员参与第六届粤港澳法学研讨会征文等征文活动3次。其中，在“第十五届泛珠三角合作与发展法治论坛”主题征文活动中，市法学会选送的参选论文有8篇获奖，分别是三等奖1篇、优秀奖7篇，论文数量和质量排全省前列，市法学会获评“优秀组织单位”。

【中立法律服务社法律服务】 2020年，佛山市法学会继续完善市中立法律服务社建设，优化市中立法律服务社驻市信访局工作站设施，落实、落细办公场所、办公设备等基本配置和硬件设施，为值班人员创设良好办公条件和环境。落实市中立法律服务社值班制，依托信访部门开展法律服务咨询工作，协助信访部门和责任单位为到访群众提供专业化、精细化的法律服务。年内，派值班人员到市中立法律服务社驻市信访局工作站值班累计250余天，完成专项任务400多项，接访群众600余人次，诉访分离200余人次，参与大型疑难复杂案件调解会4次。

【“以法兴企”系列活动开展】 2020年，佛山市法学会承办省法学会第二十八期“以法兴企”兴佛山文化沙龙。活动主要以“疫情期间企业复工复产面临的法律问题”为重点，通过邀请权威法律专家学者、实务部门代表围绕企业关注的热点法律问题，为企业家们答疑解惑，提振发展信心。同年，佛山市法学会推动“以法兴企”文化沙龙下沉基层，指导各区结合实际，创新形式开展活动，全年各区自行举办“以法兴企”文化沙龙17场次。

【法治宣传】 2020年，佛山市法学会联合市司法局、团市委共同印发《佛山市2020年青年普法志愿者法治文化基层行活动实施方案》，推动各区、各部门结合“12·4”全国法制宣传日等重大节日，以基层领导干部，各大中专院校和中小学校学生，镇（街道）和村（社区）群众，企业员工为重点宣传服务对象，通过法治文艺会演、法治文化进社区、法治微电影、法治文艺作品等活动载体和平台开展普法宣传。联合禅城区司法局、区法学会等部门共同举办2020年“12·4”国家宪法日暨第二届法治文化嘉年华活动，通过“情景剧”“模拟法庭”等系列活动，让青少年了解宪法、认识宪法、感受宪法，进一步增强青少年的法治观念。组织“双百”（“双百”指“百名法学家百场报告会”法治宣讲活动）暨南粤法治报告会（第七十讲），报告会以“学习民法典，提升法治素养”为主题，邀请全国人大代表、省律师协会会长肖胜方在市委理论学习中心组举行专题讲座。指导各区、各部门开展“双百”活动，各区、各部门全年举办“双百”活动14场次。联合中共佛山市委宣传部、市委网信办、市司法局组织法律专家会员等力量收集、梳理并编纂与疫情防控相关的法律法规，形成《新冠肺炎疫情防控常见法律知识50问》实体书及线上电子书，引导人民群众依法行动、依法行事，并为一线执法人员学习相关法律法规和准确执法提供参考。

【市域社会治理现代化实践研究基地揭牌】 2020年8月14日，佛山市市域社会治理现代化实践研究基地在中共佛山市委党校揭牌。该基地以“优势互补、资源共享、互惠共赢”原则，由市委党校与市委政法委共建，由市委党校管理学教研部和市法学会市域社会治理专业委员会具体负责管理和运营。市委党校与市委政法委依托该基地合作举办市域社会治理专题研讨班，研讨佛山市市域社会治理政策、策略和执行等方面的问题，并共同举办市域社会治理专题讲座、专题论坛等市内外学术交流活动。是日，佛山各区的市域社会治理现代化实践研究示范点同步挂牌。

【市法学会市域社会治理专业委员会2020年会暨共建单位授牌仪式】 2020年12月25日在佛山市顺德区龙江镇文华社区党群服务中心举行。广东省法学会和中共佛山市委政法委有关领导出席会议并讲话，佛山市直单位代表、各区政法委负责人、各镇（街道）代表，以及商协会等社会组织代表等40余人参加会议。民主与法制社杂志社广东记者站佛山负责人、佛山市法学会市域社会治理专业委员会秘书长刘创新作佛山市市域社会治理专委会2020年度工作报告。会上还举行市法学会市域社会治理专业委员会市域社会治理共建单位授牌仪式，为12个共建单位授牌。

（梁瀚斌）

法　治

人大立法

【概况】 2020年，佛山市第十五届人民代表大会常务委员会第四十八次主任会议通过年度立法工作计划，地方立法工作安排正式项目3个。佛山市第十五届人民代表大会常务委员会第五十五次主任会议对年度立法工作计划进行修改，增加“预备项目”1个。同年，佛山市人大常委会审议地方性法规3件（通过1件、待续审2件），对3件政府规章、20件规范性文件进行备案审查。年内，《佛山市养犬管理条例》获广东省第十三届人民代表大会常务委员会第十九次会议批准；《关于修改〈佛山市历史文化街区和历史建筑保护条例〉等三项地方性法规的决定》获广东省第十三届人民代表大会常务委员会第二十次会议批准。

【立法智库作用发挥】 2020年，佛山市人民代表大会常务委员会发挥立法专家、地方立法研究基地、基层立法联系点的智力支撑和桥梁纽带作用，促进科学立法。发挥基层立法联系点深入群众、密切联系群众的优势，依托其开展立法调研工作。全年委托基层立法联系点开展立法调研活动11次，召开座谈会50余场次，收集意见建议1200余条。发挥地方立法研究基地的学术优势，调动立法基地参与立法工作的主动性。全年委托立法基地开展立法专项调研1次，委托开展规范性文件备案审查数十件。发挥立法咨询专家的专业优势，邀请立法咨询专家参与年度立法工作计划论证工作，立法调研活动和法规审议修改活动。全年组织20余名立法咨询专家，参与立法活动30余场次。

【政府规章与规范性文件备案审查】 2020年，佛山市人民代表大会常务委员会继续落实常委会听取和审议规范性文件备案审查工作报告制度，做好政府规章与规范性文件备案审查工作。按照“有件必备、有备必审、有错必纠”的要求，进一步规范规范性文件的接收、登记、分送、存档和审查流程。强化人大常委会备案审查工作机制，开展广东省人大常委会规范性文件备案审查信息平台的培训、实施和应用，提高备案审查效能。全年市人大常委会备案登记政府规章3件、规范性文件20件。

【立法意见建议征集】 2020年，佛山市人民代表大会常务委员公开征集社会公众立法工作意见4400多条。向在佛山市的全国人大代表、省人大代表和市人大代表征集立法意见建议300余条。（参见“佛山市人民代表大会”类目“立法工作”分目）

【《佛山市养犬管理条例》颁布实施】 2020年3月31日，《佛山市养犬管理条例》经广东省第十三届人民代表大会常务委员会第十九次会议批准，自2020年5月

2020年9月18日，佛山市人大常委会到桂城南海文化公园等地开展《佛山市养犬管理条例》执法检查
（徐丽清　摄）

1日起施行。《佛山市养犬管理条例》是佛山市第七部地方性法规，于2019年12月30日经佛山市第十五届人民代表大会常务委员会第二十七次会议审议通过。该条例立足佛山养犬的实际情况，理顺政府部门及相关单位职责、创设养犬备案制度。条例明确养犬人行为规范、建设犬只留检场所、规范犬只经营活动，明确部门监管，强化法律责任。

【《佛山市治理货物运输车辆超限超载条例》立法后评估】 2020年4月15日至8月28日，佛山市人民代表大会常务委员会组织开展对颁布施行满2年的《佛山市治理货物运输车辆超限超载条例》进行立法后评估。（参见“佛山市人民代表大会”类目“立法工作”分目）

【地方性法规的修改决定获省人大常委会会议批准】 2020年4月29日，广东省第十三届人民代表大会常务委员会第二十次会议批准《关于修改〈佛山市历史文化街区和历史建筑保护条例〉等三项地方性法规的决定》。其中：《佛山市历史文化街区和历史建筑保护条例》于2015年12月18日由佛山市第十四届人民代表大会常务委员会第三十二次会议通过，于2016年1月21日由广东省第十二届人民代表大会常务委员会第二十三次会议批准，根据2019年12月30日佛山市第十五届人民代表大会常务委员会第二十七次会议通过并经2020年4月29日广东省第十三届人民代表大会常务委员会第二十次会议批准的《关于修改〈佛山市历史文化街区和历史建筑保护条例〉等三项地方性法规的决定》，修正形成《佛山市历史文化街区和历史建筑保护条例（2020修正）》；《佛山市治理货物运输车辆超限超载条例》于2016年12月28日由佛山市第十四届人民代表大会常务委员会第四十一次会议通过，于2017年3月29日由广东省第十二届人民代表大会常务委员会第三十二次会议批准，根据2019年12月30日佛山市第十五届人民代表大会常务委员会第二十七次会议通过并经2020年4月29日广东省第十三届人民代表大会常务委员会第二十次会议批准的《关于修改〈佛山市历史文化街区和历史建筑保护条例〉等三项地方性法规的决定》，修正形成《佛山市治理货物运输车辆超限超载条例（2020修正）》；《佛山市扬尘污染防治条例》于2017年11月6日由佛山市第十五届人民代表大会常务委员会第六次会议通过，于2017年11月30日广东省第十二届人民代表大会常务委员会第三十七次会议批准，根据2019年12月30日佛山市第十五届人民代表大会常务委员会第二十七次会议通过并经2020年4月29日广东省第十三届人民代表大会常务委员会第二十次会议批准的《关于修改〈佛山市历史文化街区和历史建筑保护条例〉等三项地方性法规的决定》，修正形成《佛山市扬尘污染防治条例（2020修正）》。

（林 露）

政法委与平安建设

【平安佛山建设】 2020年，中共佛山市委将2020年定位为“社会治理年”。成立由中共佛山市委书记鲁毅任组长，市委副书记、市长朱伟任副组长的市委平安佛山建设（市域社会治理现代化试点工作）领导小组，分别于9月25日、12月3日召开市委平安佛山建设领导小组第一次、第二次会议。召开全市市域社会治理现代化工作推进会，出台《关于推进佛山市市域社会治理现代化试点工作的意见（2020—2022年）》，明确“2020年佛山市市域社会治理现代化工作重点项目”，于年内获批全国市域社会治理现代化第一期试点城市。打造“1+4”（“1”是市社会共治中心，“4”分别是社会共治基础数据库、网格化管理信息平台、诉求服务处置信息平台、一体化视频监控平台）社会综合治理云平台运作模式。举办首届平安佛山观察员队伍组建启动活动，从党代表、人大代表、政协委员、专家学者、企业代表、执业律师、人民调解员、商协会代表、普通群众中遴选109名观察员，围绕佛山平安建设、社会治理、网格化管理、法治建设建言献策。市、区同时建立未成年人保护示范基地，促进未成年人健康成长。

【群众诉求服务体系】 2020年，佛山市打造“1+3+X”（“1”指设立1个总的群众诉求服务平台；“3”指3个分平台，即信访诉求服务平台、诉前和解平台、公共法律服务平台；“X”指相关职能部门的诉求服务平台）群众诉求服务运作体系，实现群众诉求一站式、一网式、一条龙、一门式化解，推动群众诉求得到快速有效回应。这一做法被中共广东省委政法委确定为全省首批政法领域改革亮点项目，得到最高法院的肯定推广，入选《法治日报》“年度智慧治理全国十大创新案例”。在2020年广东省“平安杯”社会治理创新大赛总决赛中，“佛山和功夫”获三等奖。年内，佛山市市、区两级诉前和解中心调解案件5.93万件，调解成功4.18万件，调解成功率为70.6%；各人民调解组织调解案件1.95万件，调解成功1.9万件，调解成功率为97.6%。10月30日，市、区两级信访诉求服务平台同步挂牌，截至年底，全市登记信访诉求655件，不符合群众诉求受理范围的213件，成功处置302件，正在处置140件，均未出现逾期办结的情况。

【扫黑除恶专项斗争】 2020年，佛山市核查涉黑涉恶线索1693件，打掉涉黑组织6个，恶势力集团46个，查封冻结扣押各类财产57.82亿元。侦办“4·25B”等大要案，对“非法开采河沙”“电信网络诈骗”“套路贷”“违规办学”等问题进行挂牌整治，对社会治安、乡村治理、金融领域等10个方面12个重点领域进行全面整治。建立完善异地用警模式、行业监管诚信评价、基层“小微权力”监督执纪问责等具有佛山特色的扫黑除恶常态化机制。推动“以案治本”，在高明区杨和镇清泰村组织召开“以案治本”示范村（社区）现场推进会，新增禅城区张槎街道村头村等8个示范点。

【政法领域深化改革】 2020年，佛山市进一步健全完善执法监督、“两法衔接”等工作机制，推进产权司法保护工作，营造良好的法治营商环境。推动《市法院关于为优化营商环境提供司法保护的实施意见》落地，发布广东首个著作权纠纷一门式和解机制。推动市司法局率先在全省探索为民营企业购买法律服务，市司法局于6月23日与广东创誉律师事务所等20个单位签订民营企业法律服务项目协议，项目协议总金额100万元。落实与佛山市中级人民法院、广州知识产权法院、佛山仲裁委员会等建立的知识产权纠纷协同保护合作框架意见。同年，佛山市推动全市深化司法责任制综合配套改革相关工作得到中央政法委的肯定，部分经验性专项工作材料层报中央政法委。

2020年6月30日，中共佛山市委政法委、市文明办、团市委等部门联合举行“建设文明和谐家园 打造平安法治佛山”——佛山市未成年人保护示范基地启动活动。图为基地启动现场

（市委政法委 供图）

【新冠肺炎疫情社区防控与社会稳定】2020年，中共佛山市委政法委统筹开展全市新冠肺炎疫情社区防控及社会稳定工作。牵头组建38个由政法委、公安和卫健相关负责人参加的市、区、镇三人领导小组和1551个由“村居干部+民警+医务人员”组成的“三人排查小组”，精准、高效、动态排查七类疫情重点人员25万人，排查发现核酸检测阳性者15例，完成居家隔离健康服务管理7.4万人。统筹推进社区和企业网格化疫情防控工作，动员全市5924个综治网格、1.63万名专兼职网格员做到入网入格入企业入家庭，不漏一户一企一人，保证“四早”（早发现、早报告、早隔离、早治疗）防控措施的实施。严厉查处利用疫情扰乱社会秩序、破坏疫情防控的违法犯罪行为，办理相关违法犯罪案件1131件，其中刑事案件660件。

【“平安佛山观察员”队伍组建】2020年8月28日，“共建共治共享，平安幸福佛山”首届“平安佛山观察员”队伍组建启动活动在佛山市图书馆举行。首批获聘任的平安观察员有109人，来自社会各行各业，既有党代表、人大代表、政协委员，又有专家学者、企业代表、执业律师、人民调解员、商协会代表、社会组织代表、媒体记者，还有志愿者代表、普通群众等。“平安佛山观察员”队伍组建后，平安观察员将按照平安佛山观察员工作制度开展工作，围绕佛山平安建设、社会治理、网格化管理、法治建设建言献策。探索创新建立平安观察员制度，是佛山争创全国市域社会治理现代化试点城市，推进市域社会治理现代化的一项重要内容。

【未成年人保护示范基地启用】2020年6月30日，中共佛山市委政法委、市文明办、团市委等部门联合举行“建设文明和谐家园 打造平安法治佛山”——佛山市未成年人保护示范基地启动活动，标志着佛山市未成年人保护示范基地正式启用。市未成年人保护示范基地位于佛山市青少年文化宫（市二宫），建设面积近2000平方米。基地内设1个市级校外未成年人心理健康辅导站及40余个体验式展项，涵盖国防教育、交通安全、消防安全、防溺水、防电诈等内容，同时针对防校园欺凌和防性侵等进行专题教育，寓趣味性、知识性、教育性、体验性于一体，是佛山市开展未成年人权益保护知识宣传的有效平台。

（梁瀚斌）

法治政府建设

【概况】2020年，佛山市统筹推进法治政府建设，各级党委（党组）担负起法治建设主体责任，党委（党组）主要负责人履行推进法治建设第一责任人职责，落实“第一议题”制度，学习贯彻习近平总书记关于法治建设的重要讲话重要文章精神，将法治建设与经济社会发展同部署、同推进、同督促、同考核，高质量推进法治政府建设考核考评工作。深化“放管服”改革，持续优化营商环境，出台《佛山市进一步深化营商环境综合改革2020年工作要点》，从20个领域95项具体措施加快推进改革。在全国率先推出市场监管领域企业办照与经营许可“一照通”改革，在2020年度全国数字政务服务博览会上获“政务服务改革创新奖”。创新推行商事登记24小时全自助“智能秒批”“证照联办”改革等举措，成为全国“企业开办全程网上办”改革试点城市，入选第四届中国“互联网+政务”50强，居全省首位。全国首创的“人工智能+双随机”监管模式于2020年7月入选国务院办公厅深化“放管服”改革优化营商环境可复制可推广经验。全面推行“一窗通办”“一网通办”，建设63个24小时“市民之窗”自助服务区，110多项便民服务事项自助办理，率先实现珠江三角洲9个城市和港澳“湾区通办”。加强权责清单动态管理，市向区放权1524项依申请事项和679项依职权事项，各区、各部门动态调整权责清单和政务服务事项标准5472项次。加强公共法律服务供给，全市各级公共法律服务平台接待群众到访来电咨询24万人次，为群众办理法律服务事项13.5万件次。

【政府职能转变】 2020年，佛山市深化“放管服”改革，持续优化营商环境，在2020年广东省营商环境试评价工作中位列第四。年内，出台《佛山市进一步深化营商环境综合改革2020年工作要点》，从20个领域95项具体措施加快推进改革。深化公共资源交易体制机制改革，推行“评定分离”制度，124个项目实行“评定分离”评标定标。深化公共资源交易全流程电子化，全国首个完成新冠肺炎疫情期间援鄂远程异地评标。推进工程建设项目审批制度改革，推行工业项目和高新技术项目“拿地即开工”，全市16个项目实现“拿地即开工”。全国首创登记窗口、自助终端、手机微信端、电脑端“四位一体”24小时智慧便民商事登记“佛山模式”，企业开办全流程时限压缩至0.4天，该模式入选第四届中国“互联网+政务”50强，排名全省第一。全省首创市场监管领域企业办照与经营许可“一照通”改革，在2020年度全国数字政务服务博览会上获“政务服务改革创新奖”。梳理优化分类审批流程，将项目进行“7+7+N”分类，即7类政府投资建设项目、7类社会投资项目、N类简易特殊项目，形成全市统一的办事标准流程。

深化创新“双随机、一公开”监管（在监管过程中随机抽取检查对象，随机选派执法检查人员，抽查情况及查处结果及时向社会公开），实现3个全省率先（率先在全省出台跨部门联合随机抽查事项清单，率先在省内开展防疫物资和重点民生商品价格监管，率先在广东省市场监管领域推出包容审慎监管清单）。同时，探索监管新举措、新方法，将人工智能技术与“双随机、一公开”监管相结合，在全国首创“人工智能+双随机”监管模式，将人工智能深度学习技术、大数据分析运用到监管实践，较好实现对守法者“无事不扰”，对违法者“利剑高悬”，该监管模式获省委主要领导肯定，被国务院办公厅推广。加强商品房预售款监督管理，优化监管流程，进一步规范房地产市场秩序，“佛山市存量房网签备案及交易资金监管系统”全面上线，二手房网签交易功能全面提升。

优化服务，市民企业获得感增强。深化“一网一门一次”改革，提升政务服务水平。全面推行“一窗通办”“一网通办”。全市91%的政务服务事项实现“一窗通办”。建设63个24小时“市民之窗”自助服务区，110多项便民服务事项自助办理，率先实现珠江三角洲9个城市和港澳“湾区通办”。全市各级公安机关政务服务事项清单中156项实现“零跑动”，170项实现“最多跑一次”，31项实现全国通办，35项实现全省通办。推行“一件事”主题联办服务，关联事项一次办好，企业整体办事时间和跑动次数大大压减。优化审批服务，推进“四免”（免交材料、免填表单、免实物印章、免手写签名）服务，年末整理出“四免”事项1639项。打造智慧扶持“佛山范本”，推进佛山“扶持通”平台建设，全国首创企业用电用气补贴“零材料、秒申报”服务和汽车消费补贴“三秒三零”智慧兑现模式，相关做法获财政部、省财政厅肯定。

2020年，佛山市优化营商环境，深化公共资源交易全流程电子化。图为佛山市公共资源交易信息化综合平台（市公共资源交易中心　供图）

【政府依法行政保障】 2020年，佛山市围绕经济社会发展重点领域推动行政立法工作，完成《佛山市流动人口居住登记条例》等5部地方性法规、规章审查工作，立法数量继续走在全省新取得地方立法权的地市前列；制定佛山市2021年度地方性法规（规章）制定计划及规章项目库；制定《佛山市人民政府规章项目库管理办法》等一批制度规定，行政立法体制机制进一步健全。严格规范性文件审查，对市、区政府及部门规范性文件提出审查意见280件次，出台市、区政府及部门规范性文件220份。落实《重大行政决策程序暂行条例》，编制2020年重大行政决策四大目录（包括市政府决策目录、听证目录，市部门决策目录、听证目录），对重大行政决策、行政行为进行合法性审查。加强法律顾问工作，为高明生活垃圾填埋场项目等市委、市政府重大项目、重要战略提供法律审核意见123件次（涉及金额约544亿元），为市政府常务会议154项议题进行法制审核，同时，建立科学规范高效的新冠肺炎疫情政策审查体系，法律审查案例被《法治日报》报道。落实行政机关负责人出庭制度，市领导代表市政府出庭应诉，全年行政机关负责人出庭应诉率达95.77%。落实行政机关工作人员学法用法制度。深化“谁执法谁普法”普法责任制，在全省率先开展履职报告评议“回头看”活动。开展普法依法治理“育品类、提品质、创品牌”工作。将《中华人民共和国民法典》学习宣传实施纳入全市“七五”普法终期检查和“八五”普法规划制定重要内容。在全省普法依法治理工作网上量化评估（2019年度）中，佛山排名第二，各区均名列前茅。

【权责清单动态管理】 2020年，佛山市加强权责清单动态管理，承接落实省涉及佛山市取消和调整的事项1300多项，指导做好调整事项的认领和实施。市向区放权依申请事项1524项和依职权事项679项。各区、各部门动态调整权责清单和政务服务事项标准5472项次。

【行政执法规范化】 2020年，佛山市依法推进全市乡镇（街道）综合行政执法改革工作。全市梳理形成区下放乡镇（街道）执法事权3632项，各区下放镇（街道）实施的综合行政执法类权力事项累计1.11万项。年内，全市32个镇（街道）综合行政执法机构完成挂牌，并下达近2000个行政执法编制充实镇（街道）综合行政执法队伍。同年，佛山市推动各级执法单位行政执法“三项制度”（行政执法公示制度，行政执法全过程记录制度，重大执法决定法制审核制度）全覆盖，推广应用行政执法“两平台”（行政执法信息平台和行政执法监督网络平台）及本地化部署工作。同时，规范执法证管理，以及行政执法人员资格考试及培训工作，截至年底，全市持证人数1.01万人，年内举办市直单位执法人员综合法律知识考试5场（通过率为99.7%），并且将《中华人民共和国民法典》纳入执法人员资格培训及考试内容。推进“两法衔接”（行政执法与刑事司法衔接）规范化、常态化，进一步探索“两法衔接”双向移送机制。加强重点领域行政执法及指导，开展涉疫防控专项执法检查。

【行政权力监督制约】 2020年，佛山市加强行政检察与行政执法监督衔接工作，通过强化司法监督推动法治政府建设。强化行政复议通报、约谈等监督措

表16　2020年佛山市人民政府重大行政决策一览表

序　号	事项名称	承办单位
1	编制《珠江三角洲水资源配置工程饮用水水源保护区划定方案》	市生态环境局
2	制定《佛山市城市轨道交通建设管理规定》	市轨道交通局
3	制定《佛山市城市绿化管理规定》	市城管执法局
4	《佛山市河道管理范围内砂场设置规划》修编	市水利局

表17　2020年佛山市人民政府重大行政决策听证一览表

序　号	事项名称	承办单位
1	编制《珠江三角洲水资源配置工程饮用水水源保护区划定方案》	市生态环境局

表18　2020年佛山市人民政府部门重大行政决策一览表

序　号	事项名称	承办单位
1	制定《佛山市交通运输局城市道路建设和养护行业诚信管理办法》	市交通运输局
2	建设佛山市高技能人才公共实训中心	市人力资源社会保障局
3	制定《佛山市医疗保险和生育保险定点医药机构协议管理办法》	市医疗保障局
4	修订《佛山市人民政府办公室关于做好佛山市重大建设工程抗震设防审核监督工作的通知》	市地震局
5	制定《佛山市公共图书馆管理办法》	市文广旅体局
6	制定《佛山市自然资源局关于推动佛山市产业发展保护区工业用地提升指导意见》	市自然资源局
7	制定《佛山市金融业发展“十四五”规划》	市金融工作局
8	制定《佛山市建设工程合同工期管理办法》	市住房城乡建设局
9	制定《佛山市科技项目相关责任主体信用管理暂行办法（暂定名）》	市科技局
10	制定《佛山市科学技术局关于市工程技术研究中心建设的管理办法》	市科技局
11	制定《佛山市民政事业发展“十四五”规划》	市民政局

表19　2020年佛山市人民政府部门重大行政决策听证一览表

序　号	事项名称	承办单位
1	制定《佛山市交通运输局城市道路建设和养护行业诚信管理办法》	市交通运输局
2	制定《佛山市民政事业发展“十四五”规划》	市民政局

施运用，全市行政复议案件综合纠错率36.31%，通过互联网向社会公开行政复议文书439份，发出复议建议书18份。严格依法全面履行审计监督职责，实现对市直一级财政预算部门单位预算执行和财务收支审计全覆盖。全面推进政务公开，重点聚焦权力运行关键环节、关键岗位、全力推进基层政务公开标准化规范化工作；围绕“六稳”“六保”，加强政策发布解读和回应；聚焦民生，加强疫情防控等突发公共卫生事件信息公开；加强政府网站和政务新媒体建设。同年，佛山市在2019年度全省政务公开工作第三方评估结果中获评“优秀”等次。同时，佛山市政府网在第十九届政府网站绩效评估中名列全国地级政府网站第一（已连续10次排名第一）。

2020年11月12日，佛山市行政复议调解中心成立。图为揭牌仪式（市司法局 供图）

【市调解协会成立】 2020年3月17日，佛山市调解协会召开第一次会员大会，选举产生第一届理事会理事、监事以及协会负责人，标志着作为广东省首家调解协会的佛山市调解协会正式成立。该协会主要发挥联系各类调解组织和调解工作者的桥梁和纽带作用，首批会员包括人民调解员、人民调解组织负责人和调解工作管理指导人员60人，还有5家开展调解业务的律师事务所。佛山市调解协会的成立，是佛山市调解行业统筹做好以人民调解为基础，完善人民调解、行政调解、司法调解有机衔接、协调联动的大调解工作格局，推进佛山市群众诉求服务平台建设的探索和举措。

【市行政复议调解中心成立】 2020年11月12日，设在佛山市公共法律服务中心的佛山市行政复议调解中心成立，并举行揭牌仪式。该中心以服务大厅形式设立，与市公共法律服务中心共用办公场地和对外窗口，负责佛山市行政复议委员会办公室受理的行政争议调解工作。该中心制定行政复议工作调解规则，对行政复议从受理、审查、审结全流程进行调解工作规范，强化运用复议调解方式化解行政争议。成立佛山市行政复议调解中心是佛山市打造新时代佛山“网上枫桥”，开展行政复议体制改革、有效化解行政争议、推进市域社会治理现代化的创新举措。

（陈永阳）

公　安

【概况】 2020年，佛山市公安机关继续完善警务实战化训练体系，深化“大练兵”战训工作，完成3个梯次轮值轮训、1个梯次执法骨干集训，完成分区驻训、实兵演练和多项重大勤务任务。成立全面从严管党治警领导小组，建立巡查工作联席会议制度。加大警务执法与警风警纪的监督检查力度，加强对领导干部经济责任审计、执法活动财物等专项审计，全年共审计资金5.94亿元，发现问题44个，完善内控制度52条，提出审计建议76条。全年受理信访举报案件73件，处理网络投诉3件，复核2013年以来信访举报275件。建成民警健康小屋，举办健康大讲堂、健康管理特训营、全警心肺复苏急救培训班，开展各类慰问活动，组织开展功模休养，推进民警职级晋升，出台《佛山市公安机关警务辅助人员管理办法》，完善警辅人员激励机制。

同年，全市公安机关完善公安科技信息化基础设施，组织交警、刑警、国保、经侦、出入境、监管、网安等多个警种参加广东省公安厅大数据建模大赛。搭建政务网与公安网之间的数据共享安全通道，与政府各部门建立“以服务换数据”的多方数据共享工作机制，完成363类公安数据的归仓、128类社会数据的采集。治安防控体系、智慧新防控体系建设取得成效，推广“最多访一次”工作机制，协助完成经济特区建立40周年、中共十九届五中全会等36项246场次重大安保维稳任务，以及97批次各类警卫任务。完善失踪人员查找、轻生倾向人员引导干预机制，失踪人员警情找回率99.63%，劝阻轻生倾向人员成功率84.89%；严打拒不支付劳动报酬违法犯罪，追回涉案拖欠工资款1836.9万元。

同年，全市公安机关获集体一等功1个、集体二等功17个、集体三等功157个、集体嘉奖228个；被追授全国公安系统二级英雄模范1人；获个人一等功5人、个人二等功56人、个人三等功471人、个人嘉奖1291人；获省级抗疫先进集体4个；获全国公安系统抗疫先进个人2人、全国公安抗疫巾帼先锋1人、省级抗疫先进个人30人。

【刑事犯罪侦查】 2020年，佛山市公安机关刑侦部门围绕“扫黑除恶”“飓风”“云剑”等专项行动，强化打击主业、夯实刑侦基础、细化队伍管理、深化警务创新。全市刑事案件立案比上年上升14.3%，破案绝对数上升1.58%；现案破案数上升8.1%，现案破案率47%。

涉疫情犯罪专项行动　刑侦部门开展打击涉疫情犯罪专项行动，全市破获涉疫情电信诈骗案件748件，破案率居全省第一。

扫黑除恶专项行动　全市刑侦部门深化专案攻坚，侦破一批涉黑恶专案，打掉涉黑团伙6个、涉恶团伙46个，逮捕犯罪嫌疑人1942人，缴获枪支5支。查扣涉黑资产57.82亿元，查处公职人员158人，移交涉“保护伞”线索122条175人。

“飓风2020”专项行动　全市命案现案破案率100%，发案比上年下降30.5%，侦破命案积案49件。实现区级反诈分中心全覆盖，形成反制电信诈骗的“四级联动”（公安部、省公安厅、市公安局、区公安分局四级反诈中心联动）一体化新格局。全年侦破电信网络诈骗案件2882件，比上年上升47.72%，抓获涉案人员2877人，上升75.32%。年内止付资金5亿元，比上年上升382.46%。打击盗抢骗犯罪，全年“两抢”（抢夺、抢劫）案件破案率100%，盗窃案件现案破案率居全省第一，盗窃类和“两抢”类刑事警情分别比上年下降24.7%、下降33.3%。11月11日，全国刑侦部门破“小案”现场会在佛山市召开，佛山经验获在全国推广。

刑事科学技术　加强声纹、虹膜、电子物证等新技术的推广培训及实验室建设，继续推动脱氧核糖核酸（DNA）数据库建设应用及微量脱落细胞提取技术。年内，全市公安机关勘查现场2.67万处，检验鉴定案件3.24万件。“十类刑案”（危害国家安全罪、危害公共安全罪、破坏社会主义市场经济秩序罪、侵犯公民人身权利、民主权利罪、侵犯财产罪、妨害社会管理秩序罪、危害国防利益罪、贪污贿赂罪、渎职罪、军人违反职责罪）及盗抢骗案件立案勘查率100%，刑事案件地理坐标采集率100%。

【治安管理】 2020年，佛山市公安机关治安部门以“飓风2020”专项打击整治行动为主线，围绕治安稳定，突出打击整治，强化基层创新，继续推进“放管服”改革（指简政放权、放管结合、优化服务改革），保障全市治安大局稳定。年内，“飓风”治安突出问题打击整治、智慧新防控、治安防控体系建设、派出所建设等重点工作考评均列全省第一。

治安突出问题整治　推动跨境赌博打击治理等打击机制创新，扩大治安问题整治范围。全年全市侦破涉黄赌刑事案件1015件，逮捕1721人，涉黄警情比上年下降28%、涉赌警情下降22%；收缴各类非法动力枪支170支，起诉涉枪爆刑事案件15件；办理涉拒不支付劳动报酬刑事案件21件，为务工人员追回欠薪1837万元；侦破涉盗版侵权刑事案件15件；重点打击“飓风”专案11件，打击涉黄违法犯罪、打击涉赌违法犯罪、打击涉枪涉爆违法犯罪、打击拒不支付劳动报酬违法犯罪、打击涉盗版侵权违法犯罪等5项治安重点问题整治考核均获满分。

治安防控体系建设　全市巡防部门推广应用智慧新巡控系统，完善“三级督导”（市局、分局、派出所三级治安防控部门线上线下相结合的工作督导）机制，发挥环佛警务执勤点及机动卡哨作用，查获各类违法犯罪嫌疑人8.01万人次，设置238个“1、3、5分钟防控圈”（重点部位1分钟、中心城区3分钟、其他城区5分钟到达现场），提升全市街面见警率、管事率、治安控制力。借助智慧新特行系统开展特种行业和娱乐服务场所管理，全年完成日常巡查9.32万条，落实问题隐患整改场所98个次。开展“双随机、一公开”（指在监管过程中随机抽取检查对象，随机选派执法检查人员，抽查情况及查处结果及时向社会公开）监管工作，抽查特种行业场所111个次，查处整改63个次。

治安风险排查管控　围绕新冠肺炎疫情防控工作成立联合督察组巡检医疗重点部位，安排“社区三人小组”警力近20万人次、隔离场所定点值守警力1.7万人次，学生分批返校日均护航警力3000余人次。开展校园周边治安环境专项清查整治行动，落实校园周边“三见”（见警察、见警车、见警灯）勤务机制，保障全市1683所中小学校、幼儿园99万名学生安全。强化枪弹安全管理，摸清全市各配枪系统底数，列管配枪单位及部门。通过“专班专排”“群力参排”“多警共排”的方式，排查严重精神障碍患者、个人极端暴力线索，化解2起扬言报复社会事件，全年未发生个人极端暴力犯罪案件。

基层基础建设　完成派出所合成作战室建设，建设备勤用房，落实智能办案试点8个，设置业务自主办理区33个，配备自助办理设备161台。创建“枫桥式”公安派出所，开展系列专题宣传报道和宣讲活动。开展“百万警进千万家”活动，摸排走访重点家庭7360户，重点部位、企业3029个（家），调解矛盾纠纷案事件7916件。开展“四标四实”（“四标”指标准地址、标准作业图、标准建筑物编码、标准基础网格；“四实”指实有人口、实有房屋、实有单位、实有设施）采集，基本完成全市数据采集工作。开启全市智感安防区建设，完成设置试点26个。

治安便民利企工程　推进政务服务标准化工作，推进“减时限”“减跑动”“即时办”工作。年内，实现全部治安部门审批事项100%可网办，将治安支队24项行政许可共计530天的法定时限压缩至37个工作日，办理时限压缩率93.01%，可即办率83.33%，平均跑动次数0.042次。新增上线“粤省事”移动政务服务平台治安管理服务事项60个。持续推进“减证便民”行动和“证照分离”改革，在旅馆业特种行业许可证核发、印章刻制业特种行业许可证核发、设立保安培训单位审批等3个事项实行告知承诺制。

【经济犯罪侦查】 2020年，佛山市公安机关经侦部门严厉打击经济犯罪，重点打击涉疫情违法犯罪，维护佛山市经济社会平安稳定。

专项打击行动　开展“飓风”“利剑”“猎狐”等专项行动，全市立案经济犯罪案件1694件，破案1024件，涉案价值49亿元，挽回经济损失8.5亿元。

其中：侦破1件虚开骗税专案，捣毁虚开窝点14个，抓获犯罪嫌疑人85人，涉案金额74亿元；侦破1件特大传销案，捣毁传销窝点3个，抓获犯罪嫌疑人63人，涉案金额10亿余元；侦办2件涉案总价值4000多万元的侵犯商业秘密案件；“猎狐”行动劝返及缉捕对象11人。年内，市公安机关经侦部门获公安部5次嘉奖令表扬。

涉疫情违法犯罪查处　全年全市经侦部门立案涉疫情案件129件，破案121件，抓获180人，刑拘78人；查获各类涉疫医疗器材178.45万件，涉案野生动物1.26万只、动物制品113.75千克，涉案价值超1400万元。

经济犯罪预防　全市公安经侦部门开展“送法上门”活动15次，发放各类宣传资料3000余份。开展社会面普法宣传活动，在佛山市公安局“公安主持人”和各区公安机关短视频媒体公众号上投放《白日梦》《我不太会说话》《贪途末路》等6条经侦宣传短视频，联系金融、税务、市场监管、银行等部门和行业通过公众号和显示屏等多媒体终端播放预防经济犯罪普法宣传片。

【网络安全监管】 2020年，佛山市公安机关网络安全部门强化网络空间底数摸查工作，采取技术排查、信息备案、共享获取等方式，重点推进全市互联网协议地址（IP）摸底调查，摸清每个互联网IP对应的网络基础设施、网络主机、网络应用和网络运营使用单位详情，完成网络空间底数摸查。加强全市涉疫情重点单位的网络安全防护，拦截医疗系统网络攻击395.11万次，监测发现并指导修复全市28个医疗卫生机构网络系统漏洞742个，督促22家医院安装信息系统防护软件，处置7起医疗卫生机构感染病毒事件，阻断网络攻击窃密等恶意行为。组织开展网络安全专项防护，向全市企业单位发布网络安全预警通报12次，阻断境外黑客攻击2次，处置27家企业、学校网络风险隐患41个。强化重点领域专项清理整治，通过技术与人力结合的方式组织开展网络安全检查1.05万次，检查企业8352家，约谈1979次，罚款127家，警告770次，发出限期整改通知书1005份，停机整改或关停服务909次，下架违法违规应用程序（App）365个、关停394个。组织开展境内虚拟专用网络（VPN）执法检查998次，查处违规企业6家，处罚企业人员16人。依法查处不履行网络安全义务、为网络违法犯罪提供支持帮助等违法违规行为，办理行政案件910件。

【禁毒工作】 2020年，佛山市公安机关禁毒部门深化毒品问题治理，完善禁毒工作体制机制，提升禁毒基础设施建设水平，推动佛山创建全国禁毒示范城市工作。

全环节吸毒人员管控体系继续完善　推进社会面吸毒人员分类分级管控工作，依托毛发检测技术，分行业分重点人群开展检测工作。全年全市查处吸毒人员2777人次，查处毒驾74宗。完成吸毒检测22.46万例，其中毛发检测5.02万例，强制隔离戒毒568人。各级公安禁毒部门联合有关成员单位，开展编制帮扶工作指南、党员干部点对点帮扶、吸毒人员公益会诊、职业技能培训等工作。全市配备2968名禁毒专职工作人员、招募6.21万名禁毒志愿者开展社会帮教。全市有64个戒毒康复人员就业基地，年度社区戒毒康复人员就业率91.77%，社区戒毒康复执行率保持100%。在全市范围内组织开展“清库”及帮扶行动，做好登记在册吸毒人员现状底数摸排、见面管控、精准帮扶以及共同管控工作。

涉毒违法犯罪专项打击　全年全市破获毒品刑事案件397件，逮捕毒品犯罪嫌疑人370人，打掉逮捕3人以上团伙73个，侦破公安部目标案件2件、省公安厅目标案件7件。落实办理毒品案件犯罪财富调查工作机制，开展毒资追缴工作。同年4月，联合贵州、山东、福建等省侦破1起特大团伙制毒案，捣毁贵州省凯里市制毒厂点1个，抓获制毒犯罪嫌疑人15人，缴获麻黄碱625千克及大批制毒化学品。

毒品预防宣传教育　开展禁毒宣传“六进”（进机关、进社区、进家庭、进学校、进企业、进农村）“新六进”（进广场、进景区、进公交、进高速、进航空、进高铁）活动。推动全市中小学校创建毒品预防教育示范学校，其中省级、市级示范学校各50所。以线上线下相结合的方式开展禁毒宣传月活动。开展“禁毒漂流书包”“禁毒小红星”“禁毒少年说”“功夫+禁毒”等系列活动。佛山市禁毒教育基地与各政府部门、企业、社会团体合作策划开展禁毒主题宣传活动，邀请佛山市戏剧家协会、佛山市电影电视家协会到基地进行禁毒文艺作品采风，制作一系列禁毒主题文艺作品。

【道路交通管理】 2020年，佛山市交通安全形势持续向好，公安交通管理工作取得新进展、新成效。年内，全国农村交通安全管理工作现场会、全国交警队伍管理信息系统试点应用现场会在佛山召开，“企业画像——交通运输企业安全风险闭环管控模型”项目获全国公安交管大数据建模比武竞赛决赛一等奖。同年，佛山车管所被评为全国一等车辆管理所，顺德区车管所、三水车管所被评为全国一等县级车管所。其中，佛山车管所已连续6年入选佛山“最佳口碑榜”，三水车管所已连续6届获评全国一等县级车管所。

疫情防控期间道路交通管理　配合新冠肺炎疫情防控，佛山市设置106个公路联合检疫站，安排执勤人员8.8万人次，实现输入病例“零发生”。出台支持企业复工复产15项交通管理措施，为货车续办通行证2.77万张。开通55项交管业务“网上办”“自助办”，办理网上车管业务272万宗、自助业务2.7万宗。在学校门口及周边设置600余个执勤点，保障学生返校复学。每日安排241人的铁骑机动队开展文明交通秩序整治。在全市370多所中小学校实行“警家校”护畅模式。联合共青团佛山市委日均安排4900名志愿者，在全市799个交通信号灯路口开展高峰时段交通劝导。

道路交通治理　开展各类专项整治行动，全市涉摩托车、涉电动自行车亡人交通事故比上年下降12.4%。开展源头治理，建立大数据重点对象源头监管闭环机制，采集企业信息1.1万家、重点车辆5.51万辆、重点驾驶人3.36万人。夯实农村交通安全管理基础"平安村口"增至965处、"一灯一带"增至96处。开展道路交通事故责任倒查，对51宗一般生产经营性和18宗一次死亡2人以上道路交通事故进行责任倒查。联合交通部门开展占道施工项目检查，检查占道施工项目1091个。建立互联网交通违法举报平台，受理举报5661宗。推进电动自行车规范管理，发布《佛山市电动自行车管理规定》，成立电动自行车管理办公室，设置142个登记网点，授权945个带牌销售点，全年注册电动自行车87.9万辆（注册电动自行车投保率72.88%）。严查严处重点交通违法行为，查处涉酒驾驶2.33万宗。推广"科技治超"执法，全天候对闯禁货车实施处罚，压减超载货车的事故风险隐患。开展"砺剑"专项行动，清理历年未办结危险驾驶案件1506件。优化勤务改革，在交通指挥中心建立视频巡查室，接通各主干道及高速公路视频，发现警情1.1万宗。设立全市快处快赔服务中心，快处快赔率81.44%。建设50处文明守序示范路口、10条文明畅通示范路。制定全市统一交通设施建设标准，新增新型交通组织67处。

道路交通"放管服"改革　推进建设智控"通道式"查验场，启用三水车管所全科目考场。推出流动人口凭居住登记回执办理汽车登记业务和网上申领车辆临时号牌服务。推动100家企业开通单位用户互联网核发临牌权限，339家汽车金融企业、商业银行办理机动车抵押登记备案手续。实现粤E号牌制作、发放"一体化"，群众领取号牌时间缩短50%。实现对全市查验、检验、考试、服务站等车管业务智能监管，推送各类预警数据6万余条，人为原因造成异常业务数比上年下降86%。每月通过大数据技术进行靶向性业务倒查，定期向社会公布服务站星级评选情况。协助佛山华兴玻璃有限公司建立"三二一零"（"三"指"三个不准"，即无牌无证车辆一律不准进厂、不戴合格头盔一律不准进厂、无证驾驶一律不准进厂；"二"指"二个必须"，即员工骑乘摩托车、电动车必须戴合格的全包围头盔，在夜间骑乘摩托车、电动车必须穿反光衣；"一"指如员工违规，追究其上一级管理责任；"零"指被追究责任的员工如3个月无再犯，处罚归零）内部交通安全管理制度，企业实现交通事故零发生，全市112家企业推广实施"华兴模式"。全市"交通事故损害赔偿纠纷一体化处理中心"，调解纠纷案件1.04万件，调解成功率达60%，调解涉案金额5.9亿元。

【出入境管理】 2020年，佛山市公安机关出入境管理部门加强人员出国（出境）管理、境外人员管理和出入境队伍管理。全年全市签发各类出入境及往来港澳台证件47.29万人次，办理境外人员及港澳台同胞临住登记11.7万人次。办理妨害国（边）境案件53件，逮捕69人。"飓风2020"专项行动打击妨害国（边）境管理违法犯罪专项考核排全省第三名。

出入境疫情防控　增设入境旅客防控工作组，由出入境管理支队牵头开展入境中外旅客疫情防控和隔离人员转运工作，年内转运入境或从中国港澳台各地区到佛山旅客3.03万人。向92.27万名持有效往来港澳旅游签注的群众发送疫情期间建议暂缓出境提示短信，在全市出入境办证大厅播放疫情防控指引。印制中英文版国家移民管理局《疫情防控期间移民与出入境管理工作问题解答》和英、俄、法、德、日、韩、越、缅、老挝等9种外文版本的《新型冠状病毒感染的肺炎公众预防提示》，并向外籍人士派发宣讲。

出入境及往来港澳台服务　推进出入境"智慧办证"服务延伸至镇（街道）前移点，实现市、区、镇（街道）三级立体化、智能化的互通办证体系，全年在10个镇（街道）前移点建成"智慧办证大厅"。复工复产期间，推行网上预约、绿色通道办理、外国人签证证件邮件受理等服务。全年全市绿色通道签发境外或往来港澳台人员各类签证证件1.3万人次。

（市公安局）

2020年2月8日，佛山市民警在高速公路口执勤　（市公安局　供图）

【边检通关服务】 2020年，佛山出入境边防检查站主要担负佛山三水港口岸出入境人员和交通运输工具的检查管理任务。年内，佛山出入境边防检查站共查验出入境船舶1353艘次、船员9413人次。完成春节、全国"两会"（人大会议和政协会议）、国庆节和中秋节安全防护，以及深圳经济特区成立40周年庆典、中共十九届五中全会等期间的相关安保，完成全年边防检查工作任务，口岸保持安全稳定畅通。

同年，佛山出入境边防检查站为全面加强口岸管理，落实航行港澳小型船舶"三见"（见船、见证、见人）制度、船体检查和轨迹核查等措施，开展船舶在港期间视频监控和口岸巡查，掌握口岸动态。加强重大节点安保工作，以反恐“防回流”“防渗透”“打派遣”为重点，严密防范、严厉打击境内外敌对势力各类捣乱破坏活动。落实国家移民管理局10项助力疫情防控服务经济民生措施和广州出入境边防检查总站12项服务粤港澳大湾区建设新举措，为船舶提供24小时随到随检服务，保障8家船舶运输企业顺利复产复工，重要防疫物资出入境100%“零等待”通关，为100余艘次船舶提供绿色通关查验服务，办理10余名船员离船手续。落实“谁执法、谁普法”要求，开展口岸普法宣传工作，并结合“4·15”全民国家安全教育日、“12·4”国家宪法日，开展“口岸普法行”活动，营造口岸法治氛围。在新冠肺炎疫情防控期间，联合有关部门建立边检、海关、海事“三互协作”合作机制和边检、港区、船方“三方共管”机制以及与地方公安建立联勤联防机制，坚持“外防输入、内防反弹”，加强出入境船舶、船员检查管理和防疫宣传，加强与海关、海事的信息共享和协作配合，实现疫情防控工作“零输入、零感染、零传播”。实施出入境人员背景常态核查机制，共核查航行港澳小型船舶1030艘次、船员7181人次，筛查重点出入境人员数据共1.33万条，为上级防疫工作提供数据支撑。

（刘斯芬）

【户政管理】 2020年，佛山市有户籍人口户数144.55万户、户籍人口473.77万人。全年办理居民身份证39.35万张，其中佛山市内31.39万张、省内其他城市2.44万张、省外5.52万张，办理港澳台居民居住证7640张。

【警务实战化训练体系建设】 2020年，佛山市全市公安机关继续加强警务实战蓝军队伍建设，完善警务实战化训练体系。从管理、运作、勤务、训练、考核着手，收集研判近100例实战案例，研究整理46种常见警情规范处置方法，开展43场实战测试，研发9门基于红蓝对训的实战课程。

【疫情防控警力保障】 2020年新冠肺炎疫情期间，佛山市公安机关加强重点场所布控，落实定点救治医院、发热门诊、集中隔离观察点安全防护，出动社会面巡逻警力168.4万人次、车辆40.9万辆次，部署定点值守警力15.7万人次，协助卫健部门隔离疑似患者6095人、查找密切接触人员6243人。加强市域外围封控，联合卫生健康、交通等部门设立联合检疫站106个，建立“十个一”（一站长、一专班、一平台、一流程、一手段、一箱、一牌、一本、一策、一保障）工作机制，检查车辆513.3万辆次、查验人员883.7万人次，发现重点地区车辆2904辆次、重点地区人员3.5万人次，排查存在发热症状88人，转送隔离观察674人。加强境外风险堵控，研发数据萃取比对工具，创立“天网截留”排查技战法，梳理佛山常住、永居重点国家人员存量分布，安排警力24小时驻点各口岸，共转接入境旅客9277人，核查境外流入人员3.04万人，核查率100%。加强社区网格查控，安排警力60.3万人次、村（社区）辅治人员155.6万人次，参与“三人排查小组”15.3万个次。加强监管场所内控，建成远程视频讯问室44间、律师视频会见室15间、远程法庭15个，保障律师会见3.09万人次、提审提讯5.71万人次、开庭1.25万人次。全市公安监所实行三班制、两班制、全封闭等勤务管理模式，实现疫情“零感染”、安全“零事故”。

【小区禁毒反诈文化公园投入使用】 2020年5月4日，佛山市顺德区杏坛镇举行“创建无毒无骗平安村居（小区）”启动仪式，并为顺德美的时代城小区内的佛山首个小区禁毒反诈文化公园揭幕。禁毒反诈文化公园由小区花园改造而成，分为4个主题板块，分别是纸扇文化长廊、彩绘涂鸦墙、小黄鸭禁毒反诈大使青草乐园及禁毒反诈作品展示区。文化公园设置多个禁毒反诈标语告示牌和禁毒反诈宣传专栏，海报由民警定期更新，并在电梯内投放安全防范视频。禁毒反诈文化公园揭幕后正式投入使用。

【“剑网2020”专项行动】 2020年8月，佛山市召开专题会议部署并启动佛山市打击网络侵权盗版“剑网2020”专项行动，行动持续到10月底。该次行动对视听作品版权、电商平台版权、社交平台版权、在线教育版权以及重点领域版权治理成果巩固等5个方面开展专项整治。其中：视听作品版权专项整治，开展院线电影网络版权专项保护，打击短视频领域存在的侵权盗版行为，打击通过流

2020年3月13日，佛山市南海区桂城派出所民警在执勤点开展疫情防控联合检疫检查工作

（市公安局　供图）

媒体软硬件传播侵权盗版作品行为，集中关闭、封堵一批侵权盗版网站；电商平台版权专项整治，加强对大型电商平台的版权监管工作，打击网店销售盗版图书、音像制品、电子出版物、数据库及盗版网络链接和存储盗版作品的网盘账号密码等行为，整治网店设计、经营中使用盗版图片、音乐、视频等行为；社交平台版权专项整治，加大新闻作品版权保护力度，规范图片市场版权传播秩序，关闭一批恶意侵权社交平台账号；在线教育版权专项整治，加大"学习强国"学习平台版权保护力度，整治在线教育培训中存在的侵权盗版乱象，切断盗版网课的灰色产业链条。此外，专项行动还打击网络游戏私服、外挂等侵权盗版行为。

【禁毒教育基地揭牌】 2020年6月23日，佛山市禁毒教育基地在佛山国家火炬创新创业园揭牌并对外开放，是国内首家全体验式禁毒科普基地。禁毒教育基地项目总投资2100万元，占地2100平方米，通过空间色彩创意运用、艺术微缩场景打造、沉浸式数字交互科技应用、大型绘画等创作手法划分为以史为鉴区、认识毒品区、远离毒品展区、禁毒成效展区、3D街景、大型互动区等8个主题区域，有109件展品。基地引进包括人脸高频特征迁移、沉浸式动画、雷达投影等现代化多媒体技术，有超30个互动展项，将禁毒知识与互动游戏有机融合。

【佛山车管所获评全国一等车管所】 2020年8月12日，公安部交通管理局下发《关于2018年至2019年度车辆管理所等级评定情况的通报》，佛山市公安局交警支队车管所通过公安部系统数据监测、实地明察暗访、问卷回访调查、核查违纪违法记录等考评，首次被评为全国一等车辆管理所。市车管所在全市设有300余个服务窗口，下放68项车管业务至4个县级车管所。禅城区南庄镇建成智控"通道式"机动车查验场，工作效能提高66%。通过与保险公司、邮政部门三方合作，市车管所探索"警保邮"合作新模式，解决农村地区群众办理车管业务来回跑、花时间、不方便等问题，并在禅城区黎冲村、番村建成"警保邮"车管便民服务站，方便村民办理补换领机动车号牌、行驶证、驾驶证等24项车驾管业务。2019年，市交警支队车管所业务大厅全面升级改造，打造自助服务区，体检、照相、缴费、换证全天候"一站办"。此外，市车管所将55项车管业务统一接入市政务服务平台，实行网上公开透明预约，方便群众办事。

2020年6月23日，佛山市举办"6·26"国际禁毒日宣传活动。图为佛山市禁毒教育基地揭牌仪式
（市公安局 供图）

【市公安局食品药品与环境犯罪侦查支队成立】 2020年9月28日，佛山市公安局食品药品与环境犯罪侦查支队揭牌成立。食药环侦查支队成立后，市公安局经侦支队不再加挂食品药品犯罪侦查支队牌子，并撤销经侦支队第五大队。食药环侦查支队主要负责食品（含保健品、烟）、药品、医疗器械、化妆品、环境、知识产权等领域的违法犯罪案件的侦查工作。支队通过建立"公安+行政主管部门"工作模式，重点建立"联合执法机制"，明确公安和行政部门在食药环犯罪联合打击中的职责，构建信息共享、信息反馈的渠道，组合行政执法力量与刑事司法力量，遏制佛山市食品药品与环境犯罪活动。

（市公安局）

检察

【概况】 2020年，佛山市检察机关共办理各类案件4.45万件，其中，审查逮捕案件6846件，审查起诉案件1.45万件，民事、行政检察案件1449件，公益诉讼检察案件1184件，其他法律监督案件2.05万件。

【刑事检察】 2020年，佛山市检察机关受理审查逮捕各类刑事犯罪嫌疑人1.14万人，批准和决定逮捕9120人，受理审查起诉1.9万人，提起公诉1.43万人。依法严惩严重暴力、"两抢一盗"（抢劫、抢夺、盗窃）等严重影响群众安全感的犯罪案件，起诉2887人。落实适用认罪认罚从宽制度，适用认罪认罚从宽制度刑事犯罪案件1.25万件、1.54万人，总体适用率为85.65%。落实"少捕慎诉慎押"理念，对证据不足或不构成犯罪、情节轻微的，不批捕1723人、不起诉3993人；对没有逮捕必要性的，不批捕617人；对侦查、审判中不需要继续羁押的，通过羁押必要性审查程序建议取保候审176人。完善监检衔接机制，移送职务犯罪109人，提起公诉80人。佛山市检察机关联合佛山市公安部门建立涉新冠肺炎疫情防控刑事案件实时通报、同步介入、快速办理、紧急案件直诉等工作机制，依法从严从快惩治妨害公务、借疫诈骗、制售伪劣口罩等犯罪，提前介入涉新冠肺炎疫情刑事案件187件，起诉146人。

【民事检察】 2020年，佛山市检察机关受理审查民事检察案件382件。民事抗诉力求精准，办好对经济社会发展有引领价值的典型案件，发挥对类案的指导作用，提出抗诉或再审检察建议案件14件，人民法院审结7件，再审改变率71%。对依法不支持监督申请的342件案件的当事人开展服判息诉工作。开展民事虚假诉讼专项监督，重点监督民间借贷、离婚等领域，审查虚假诉讼案件33件，提出抗诉2件，提出再审检察建议3件，移送犯罪线索涉及5人次，挽回财产损失近100万元。依法开展民事支持起诉工作，参与道路交通事故社会救助资金“垫付容易追偿难”治理工作，办理支持起诉案件33件，协助追回救助基金170余万元。

【行政检察】 2020年，佛山市检察机关办理审查行政检察案件1067件。加强行政生效裁判结果监督，受理相关案件54件，提请广东省人民检察院抗诉案件2件。开展行政争议实质性化解专项监督活动，通过促进和解、督促纠正违法、给予司法救助等方式，化解行政争议案件20件。开展行政非诉执行监督工作，受理相关案件1010件，发出检察建议35件。同年，佛山市人民检察院办理全省首例对行政申诉当事人开展司法救助案件，并举行公开听证。

【公益诉讼检察】 2020年，佛山市检察机关办理公益诉讼案件1184件，其中涉及野生动物保护等涉疫涉公共卫生安全案件32件、生态环境和资源保护领域案件336件、国有财产保护领域案件234件、食品药品安全领域案件436件。办理诉前程序案件580件，行政机关对诉前检察建议的按期回复率及启动整改率均为100%。对发出公告和检察建议后公益受损未能解决的，提起公益诉讼案件46件。督促整改被污染河流13条，增殖放流鱼苗约500万尾，督促清理生产类固体废物7300吨，追收国有财产572.4万元，清理制售假冒伪劣食品药品商户15户，追偿修复生态、治理环境费用29.7亿元。开展居民小区现制现售饮水机卫生安全专项监督，督促卫生、市场监管部门完善监测机制、落实监管责任，保障居民饮水安全。

【刑事诉讼活动监督】 2020年，佛山市检察机关坚持罪刑法定、疑罪从无，对不构成犯罪或证据不足的，决定不捕1723人、不诉3993人。纠正有案不立、有罪不究、插手经济纠纷等问题，对侦查违法行为制发各类监督意见801件次，监督侦查机关立案53件，监督撤案50件，纠正漏捕42人、漏罪83人。强化审判监督，全市两级检察院检察长列席同级法院审判委员会27次，并发表检察意见，保障法律统一正确适用。贯彻“宽严相济”刑事政策，降低审前羁押率，对没有逮捕必要的，决定不捕541人，对犯罪情节轻微的，决定不诉3571人。

【刑事执行检察】 2020年，佛山市检察机关深化“派驻+巡回”刑事执行监督机制改革，监督纠正不当监管情形案件1226件次，审查减刑、假释、暂予监外执行案件1.04万件次，提出不同意见207件，维护监管秩序和被监管人合法权益。推进重大案件侦查终结前讯问合法性核查工作，核查案件148件、190人。启动对突破法律规定的减刑、假释案件再审专项工作，向法院出具72份再审检察意见书，均被采纳。推进财产刑执行检察监督工作，对204件财产刑案件提出书面纠正。

【控告申诉检察】 2020年，佛山市检察机关接待群众到访1359批1726人次，办理群众来信821件，接听群众来电1095次，受理网络信访441次，受理控告申诉案件38件，办理国家赔偿案件95件，国家赔偿复议案件4件，国家司法救助35件。利用“12309”检察服务中心及中国检察网平台，做好群众信访“7日内程序回复、3个月内办理过程或结果答复”工作，到期回复率、答复率、办结率均为100%。开展敏感信访案件化解和信访积案清理活动，化解敏感案件5件，清理信访积案7件。

【未成年人检察】 2020年，佛山市检察机关从严打击性侵、暴力伤害等侵害未成年人权益犯罪，起诉460人，建议适用从业禁止。支持被性侵未成年人的亲属提起撤销监护人资格之诉案件4件，均获法院支持。对涉罪未成年人初犯、偶犯，坚持“少捕慎诉少监禁”，不批捕170人，不起诉171人，附条件不起诉197人，落实帮教措施326人。推动落实侵害未成年人案件强制报告制度，在派出所设立未成年被害人“一站式”取证中心。开展“法治进校园”活动，市、区两级检察院检察长兼任法治副校长，带头讲法治课，42名检察官受聘担任法治副校长，其中2名检察官获评“法治进校园”全国巡讲活动表现突出个人。

【检察机关扫黑除恶专项工作】 2020年，佛山市检察机关落实“是黑恶犯罪一个不放过、不是黑恶犯罪一个不凑数”要求，批准逮捕涉11件案件65人，提起公诉涉17件案件145人，其中对9件黑社会性质组织犯罪案件提起公诉100人。依法从快从严办理有重大影响力的何某某、邹某某等人涉黑专案、林某某等人涉黑专案以及刘某某等人涉黑专案等。全年发现并移送一批涉黑恶线索及“保护伞”线索，认定涉案黑财估值约20亿元。发挥检察监督职能，参与重点行业领域专项整治，制发涉黑恶案件检察建议196份。

【检察环节保障民营经济发展】 2020年，佛山市检察机关强化对民营经济平等保护，依法严惩侵害企业权益犯罪，批捕656人，起诉940人。审慎办理涉民营企业从业人员刑事案件，依法不批捕88人，不起诉138人。开展非公经济涉案人员羁押必要性审查专项工作，对68人变更强制措施，减少司法办案对市场主体的不利影响。慎重适用查封、扣押、冻结等措施，佛山市人民检察院联

2020年6月23日，佛山市人民检察院与佛山市河长制工作领导小组办公室举办"河湖长+检察长"协同工作机制暨框架协议联签仪式 （市检察院　供图）

合佛山市司法局建立允许处于社区矫正期的企业人员跨地从事生产经营活动的机制，避免"案件办完、拖垮企业"现象。联合佛山市工商业联合会开展"法益民企"送法入企业、入商会活动66次，发布《服务保障民营经济发展白皮书》和一批典型案例，宣传、阐释司法政策，推动企业守法合规经营。

【检察环节"三大攻坚战"工作】 2020年，佛山市检察机关打好"防范化解重大金融风险、精准脱贫、污染防治"三大攻坚战。批准逮捕破坏金融管理秩序类犯罪和金融诈骗类犯罪79人，起诉124人，起诉涉"套路贷""校园贷""以非法手段催收民间借贷"类犯罪32人。打击破坏环境资源犯罪，批捕169人，起诉233人，会同佛山市河长制工作领导小组办公室建立"河湖长+检察长"协同工作机制。推动司法救助与精准扶贫衔接，救助因案致贫的被害人及其近亲属64人，发放司法救助金176万元。

【侦查监督工作室设立】 2020年，佛山市检察机关开展在市、区公安机关执法办案管理中心和派出所派驻检察监督改革，设立驻派出所侦查监督工作室47个，驻法制、预审等侦查监督工作室1个。通过派驻检察提前介入及指导办案95件，提出引导侦查取证意见716条，提供咨询意见149条，监督立案15件，监督撤案3人，发出纠正违法通知书8份，发出检察建议4份，纠正漏捕2人。

【检察听证】 2020年，佛山市检察机关开展以听证方式审查案件工作，对在事实认定、法律适用、案件处理等方面存在较大争议或者有重大社会影响，需当面听取当事人和其他相关人员意见的案件召开听证会，围绕争议焦点充分示证、质证，全面听取参与人观点意见。全年召开检察听证会54次，涉及刑事、民事、行政、公益诉讼等案件类型。新冠肺炎疫情期间，设立"远程审查逮捕听证室"，利用远程审讯设备，与犯罪嫌疑人连线进行视频听证。对于不起诉听证会，落实专人审查、集体讨论、主管检察长把关、检察委员会研究决定等制度，确保不起诉决定程序合法性。

【"套路贷"虚假诉讼专项治理】 2020年，佛山市检察机关推进"套路贷"虚假诉讼专项治理工作，强化防范和打击"套路贷"虚假诉讼工作长效机制建设。对2019年以来审结的200余件相关民事案件进行专项排查，认定涉"套路贷"虚假诉讼案件24件，虚假诉讼案件线索成案率77.7%，其中主动依职权进行监督的案件13件（占54.2%），提出抗诉1件，提请抗诉1件，提出再审检察建议3件，推动法院启动再审程序，依法予以纠正。

【"'未'爱而来"网络专题普法行动】 2020年，佛山市、区两级检察院继续推进"'未'爱而来"网络专题普法行动。截至2020年底，通过录制"法治云课堂"、开办大讲堂直播、举办网上检察开放日活动、发布原创微动漫视频和防性侵公益短视频等方式，在佛山市范围内开展系列普法宣传活动150余场，直播观看总量超250万人次，普法漫画、电子宣传手册阅读量超10万人次，发放宣传资料超1万册。新冠肺炎疫情期间，检察官对涉罪未成年人"隔空帮教"，对外地考察对象进行网上观护和心理疏导。"'未'爱而来"网络专题普法行动入选中共中央网络安全和信息化委员会办公室开展的"网聚政能量　共筑同心圆"全国各地走好网上群众路线优秀创意案例，并入选2020年佛山市十大网络正能量先进典型。

【高明区检察院承办的1件行贿案入选全国检察机关服务保障民营经济发展典型案例】 2020年，佛山市高明区人民检察院承办某市某环境服务有限公司、石某某单位行贿案。为减少审查起诉对民营企业正常生产经营活动的不良影响，高明区检察院启动羁押必要性审查，依法对石某某采取取保候审强制措施。经调查，该公司运营情况良好，员工人数稳定，且针对文化水平较低、年龄偏大、择业能力较差的人群提供大量就业岗位。经综合考虑案件事实和自首、认罪认罚等法定从轻、减轻处罚情节，认为该案犯罪情节轻微，犯罪嫌疑人自愿认罪认罚，依法从宽处理有利于企业复工复产、稳定就业，促进当地经济发展。2月20日，高明区检察院决定依法对该公司、石某某作出相对不起诉处理。7月31日，该案被评选为全国检察机关服务保障民营经济发展典型案例。

【"河湖长+检察长"协同工作机制建立】2020年6月23日，佛山市人民检察院与佛山市河长制工作领导小组办公室联合签订《关于建立"河湖长+检察长"协同工作机制的意见》，建立"河湖长+检察长"协同工作机制，并揭牌成立"守护河湖检察公益诉讼实践基地"，互相聘请3名业务骨干担任首批交流干部。根据协同工作机制，河长制湖长制相关成员单位在工作中发现涉嫌犯罪的案件线索，应抄送检察机关；发现公益诉讼案件线索，应及时移送检察机关。河长制湖长制成员单位开展行政执法时，检察机关可提前介入引导取证；对于公安机关应当立案而不立案的涉河湖犯罪案件，相关成员单位可协调检察机关依法启动立案监督程序。

【"法治进校园之少年模拟法庭"系列活动】2020年9月16日，佛山市人民检察院在华英学校开展"法治进校园之少年模拟法庭"系列活动。模拟法庭由市检察院第七检察部指导，学校初一新生扮演，以一起因校园欺凌引发的恶性刑事案件为剧本。学生在指导和排练下，完成专业性强、程序繁杂、表演难度大的模拟法庭，全方位多角度地诠释校园欺凌的危害。模拟法庭使学生能更直观地了解庭审程序，感受法官、检察官、律师的职业魅力，在潜移默化中接受法制教育，增强法律意识，树立法治观念，增强法治理念。

【全省首例对行政申诉当事人开展司法救助案件】2020年10月28日，佛山市人民检察院对李某某行政诉讼监督案件及国家司法救助案件举行公开听证。李某某向市检察院申请行政诉讼监督后，经市检察院综合审查，该案不符合行政诉讼监督条件，无法支持监督申请，但在调查中发现李某某已届八旬，其女儿患有精神疾病，生活困难，符合申请司法救助条件，决定给予李某某、其女儿黄某某国家司法救助，共发放司法救助金5万元，并帮助黄某某申请国家最低生活保障。该案是广东省检察机关首例对行政诉讼监督案件当事人开展国家司法救助的案件。

（张远航）

法 院

【概况】2020年，佛山全市法院受理各类案件30.82万件，审结27.52万件，法官人均结案388件。其中，佛山市中级人民法院受理案件2.82万件、审结案件2.65万件。

2020年9月16日，"法治宣传教育之少年模拟法庭"活动在佛山市华英学校开展

（市检察院 供图）

【刑事审判】2020年，佛山两级法院依法审结刑事案件1.21万件，判处罪犯1.58万人。依法严惩严重危害公共安全，以及杀人、绑架、抢劫等严重暴力犯罪案件856件1115人。审结侵害妇女儿童合法权益、危害食品药品安全等涉民生领域犯罪案件2832件3398人。审结毒品犯罪案件384件527人。依法保障新冠肺炎疫情防控常态化，开通涉疫情防控案件快立快审快执"绿色通道"，审结妨害公务、制假售假等涉疫犯罪案件132件154人。审结"5·12"特大走私案以及非法吸收公众存款、集资诈骗等经济领域犯罪案件720件1290人。审结电信诈骗、网络传销、非法获取公民信息等网络犯罪案件167件856人。审结贪污贿赂、渎职等职务犯罪案件107件142人。

【民商事审判】2020年，佛山两级法院依法审理涉民营企业案件4.15万件，标的额129.6亿元。保障企业复工复产，对涉企案件优先立案、审判和执行，审结买卖、借贷等合同纠纷案件3.91万件，并慎用合同解除制度，维护产业链供应链稳定。审结劳动争议案件6596件，联合人力资源社会保障部门诉前调解纠纷7208件。审结知识产权案件1.43万件，发布《佛山法院知识产权审判工作十年综述（2010.4—2020.4）》，建立著作权纠纷"一门式"和解机制。审结金融案件约3万件，标的额122.9亿元。审结涉外民商事案件1662件，标的额42.2亿元，办理国际、区际司法协助案件90件，与贸易促进部门等建立服务外贸企业发展工作机制。此外，市法院与市金融工作局、市税务局等单位联合签订协议，解决破产程序中企业融资等难题，促成德奥通用航空股份有限公司等8家企业重整成功，盘活资产16.1亿元。开展服务"六稳六保"（"六稳"指稳就业、稳金融、稳外贸、稳外资、稳投资、稳预期；"六保"指保居民就业、保基本民生、保市场主体、保粮食能源安全、保产业链供应链稳定、保基层运转）专项执行行动，帮助企业回笼资金10.3亿元。推进"以法暖企"，联合走访61家企业，向制造业行业提出依法经营管理建议28条。“海益丰公司租赁经营港口案”等4个案件分别被评为全省法院服务保障民营企业健康发展、优化营商环境典型案例。

【行政审判】 2020年，佛山两级法院依法审结行政诉讼案件2473件，审查非诉行政案件4043件。审结涉村级工业园改造、城际轨道交通行政诉讼案件378件。在全省率先成立行政争议审前和解中心，与39个行政执法机关构建诉前和解协同体系，解决行政纠纷案件246件。发布行政案件司法审查报告，配合开展行政执法人员旁听庭审活动，深入行政机关开展法治讲座17场次。

【法院扫黑除恶专项工作】 2020年，佛山两级法院依法严惩“东平二号”“秋霆专案”等涉黑恶势力犯罪案件48件493人，其中判处5年以上有期徒刑至死刑的占70.2%。落实“黑财清底”，判决罚金及处置涉案资产4.1亿元，开展涉黑恶案件财产刑执行“雷霆行动”，做到应判尽判、应执尽执。深化“行业清源”，向行业监管等部门发出司法建议72份，推动整治重点行业领域突出问题。同年，“307”案入选全国扫黑除恶第一批标杆案件。

【案件执行】 2020年，佛山两级法院执结案件11.46万件，执行到位金额130.1亿元，司法网拍成交金额75.3亿元。强化执行难综合治理，与相关部门在查人找物、打击拒执等13个方面强化协作联动，发布失信名单2.79万人次，限制高消费7.56万人次。对主动履行义务的被执行人配套贷款授信、信用评级等正向激励机制，促使2.97万人主动履行债务合计45.4亿元，主动履行债务人数和履行债务总额分别比上年上升77.4%和124.8%。强化善意文明执行，采取“活封活扣”、执行和解等措施，维护企业正常生产经营秩序。

【法院普法】 2020年，佛山两级法院落实“谁执法谁普法”责任制，开设《每天学一“典”》等《中华人民共和国民法典》普法专栏，在省级以上媒体刊发法治报道509篇，举办公众开放日活动39场，深入企业、社区等开展法官送法活动174次，佛山市中级人民法院法官获评佛山首届新时代最美普法人。年内，佛山两级法院打击虚假诉讼犯罪案件24件33人，宣传法治案例629个，发布涉农纠纷、破产审判等司法白皮书8份，直播庭审、执行1.83万场，上网裁判文书27.39万份。

【诉讼服务】 2020年，佛山两级法院兼顾新冠肺炎疫情防控和诉讼服务，完善一网通办平台，新建24小时服务区，实行主要事项全流程掌上办、网上办、自助办。年内，佛山两级法院共网上立案、跨域立案19.6万件，在线庭审1.2万次，相关诉讼文件电子送达12.7万次，比上年分别上升27.3%、94.2%和99.6%。依法为经济困难当事人缓减免诉讼费354.2万元，发放司法救助金507.6万元。

【涉民生案件】 2020年，佛山两级法院审理房屋租赁、物业服务、教育培训等纠纷案件1.47万件。审结婚姻家事纠纷案件4896件，发出人身安全保护令23份，建立抚养探视全记录机制，与民政、妇联等部门构建反家暴综合治理格局。审结未成年人犯罪案件130件，借助佛山市中级人民法院“晓法姐姐”校园普法、社区读书驿站等平台加强青少年法治教育，开展线上“云帮教”。审结涉环境资源保护案件390件，刑事处罚259人。开展涉民生案件专项执行、根治欠薪冬季行动，执行到位金额2.4亿元。

【多元解纷机制建设】 2020年，佛山两级法院将简单民商事纠纷导入诉前和解中心，调解成功4.18万件。向行业综合治理延伸，建立消费、医疗、不动产等类型化纠纷一体化解决平台，诉前化解11类重点领域纠纷2.94万件。向基层源头治理延伸，在镇（街道）、村（社区）设立诉前和解工作站23个，参与创建“无讼乡村”示范点，就地化解纠纷6498件。佛山两级法院组建44个速裁团队跟踪指导诉前调解，对调解不成纠纷速裁快审，人均结案588件。年内，佛山两级法院诉讼案件增幅下降17.8个百分点，佛山市中级人民法院和佛山市三水区人民法院、佛山市高明区人民法院诉讼案件近6年来首次负增长，佛山市南海区人民法院被评为全国法院“一站式”多元解纷建设先进单位。

【法院系统司法改革】 2020年，佛山两级法院规范权力行使，健全审判权力责任清单，完善院（庭）长、审判长等9类人员110项权责。强化监督制约，审判委员会、专业法官会议研究讨论案件3247件，院（庭）长依职权监督“四类案件”（涉及群体性纠纷，可能影响社会稳定的；疑难、复杂且在社会上有重大影响的；与本院或者上级法院的类案判决可能发生冲突的；有关单位或者个人反映法官有违法审判行为的）142件。统一裁判标准，加强类案裁判文书说理标准化建设，评查案件2967件，建成发改案件预瑕疵评定处理信息化平台，对审判质效数据进行分析监测，促进法律适用分歧的解决。该年度，佛山两级法院一审判决发改率为全省最低，被评为全省法院首批“加强司法制约监督”改革案例，并被最高人民法院《司法改革动态》推广。

【著作权纠纷“一门式”和解机制建立】 2020年4月23日，在由中共佛山市委宣传部、市司法局联合禅城区人民法院举行的佛山市著作权纠纷“一门式”和解机制暨知识产权司法保护发布会上，佛山著作权纠纷“一门式”和解机制正式发布。这是广东省首个著作权纠纷“一门式”和解机制，集中高效解决大量同类纠纷。该和解机制适用于禅城区人民法院新城知识产权法庭管辖受理的著作权民事纠纷案件。调解地点原则上设在佛山市版权纠纷人民调解委员会。按该和解机制，当事人提起著作权民事诉讼，而法院暂不予正式立案时，经当事人同意，可委托市版权调委会进行调解，并由法院、行政管理部门、版权调委会、行业协会等多方协助调解。在调解结案环节，达成和解的，市版权调委会经当事人委托，代为办理撤回立案申请、司法确认申请等手续，实现一门通办、一门完成；未能达成和解的，法院立案受理进入诉讼程序。

【首宗上市公司重整案】 2020年4月22日，佛山市中级人民法院依法裁定受理德奥通用航空股份有限公司重整案（德奥通用航空股份有限公司债权人因公司不能清偿到期债务且明显缺乏清偿能力，于2019年7月22日向佛山市中级人民法院申请重整）。2020年5月28日，市法院裁定批准重整计划并终止重整程序，标志着市法院依法推动德奥通用航空股份有限公司破产重整成功。该案从受理重整申请到终止重整程序，历时仅36天，是国内耗时最短的上市公司重整案例之一。重整后德奥通用航空股份有限公司生产经营有序恢复，安置工人1100多人，清偿债务近5亿元，逾2.43万名中小股东的利益得到维护。

【24小时自助诉讼服务区投入使用】 2020年6月9日，佛山市中级人民法院24小时自助诉讼服务区投入使用。该区域设有"微法亭"、自助立案、诉讼风险在线评估、虚拟现实（VR）实景体验等全天候、一站式的诉讼服务项目，实现"诉讼服务不打烊"，满足群众的司法新需求。

【市、区两级行政审前和解中心投入运作】 2020年6月9日，佛山市市、区两级行政审前和解中心投入运作。为方便群众就近解决纠纷，结合佛山基层法院一审行政案件由佛山市顺德区人民法院集中管辖的实际，由顺德区行政争议审前和解中心统一负责相关行政案件审前调解和诉调对接工作，其他4个区的审前和解中心可受委托辅助开展涉及本区域内的行政争议调解工作，并根据调解结果与管辖法院进行诉调对接。佛山市中级人民法院修订出台《民事、行政案件速裁工作规程（试行）》，加强行政争议和解与司法裁判在工作流程和效力确认等方面的对接配合，对经审前和解中心调解成功的行政案件，由法院的集中速裁团队依当事人申请出具撤诉裁定或调解书。对调解不成的案件，通过"绿色通道"快速立案、流转。涉及金额在2000元以下、属于政府信息公开等情形的行政案件，适用速裁程序，在1个月内审结。

【"秋霆行动"专案审理】 2020年8月10—13日，佛山市中级人民法院一审公开开庭审理被告人何某某等13人组织、领导、参加黑社会性质组织一案。该案是省扫黑办督办案件。主犯何某某组织、领导黑社会性质组织，形成固定黑恶势力团伙，实施故意伤害、容留他人吸毒、开设赌场、行贿等一系列犯罪活动。9月17日，市法院一审以9项罪名决定对何某某执行死刑，并处没收个人全部财产，对其他12名被告人分别决定执行死刑至有期徒刑5年不等，并共处罚金980万元。该案后经广东省高级人民法院二审维持原判。

（李颖仪）

2020年6月9日，佛山中级人民法院24小时自助诉讼服务区启用 （市法院 供图）

司法行政

【概况】 2020年，佛山市有镇（街道）司法所32个、强制隔离戒毒所1个（佛山市强制隔离戒毒所）。全市有律师执业机构371个，比上年增长9.11%，其中合伙所218个、个人所100个、分所24个、代表处1个、公司机构16个、公职所6个、法援处6个。全市有公证处8个、司法鉴定机构14个、各类人民调解组织1498个、基层法律服务所13个。全市有司法行政机关工作人员850余人。有律师执业人员3797人，其中社会律师3247人、公职律师464人、法援律师49人、公司律师37人。全市有公证员79人、司法鉴定人133人、人民调解员12478人、基层法律服务工作者41人。开展"12·4"国家宪法日系列活动，举办普法宣传活动逾100场次，在全市中小学生校开展"宪法教育大课堂"700多场次。开展社区矫正对象等重点人群管控，全年接收社区矫正对象3238人。全市有省级法治文化主题公园15个、省级青少年法治教育实践基地8个。

【公共法律服务体系构建】 2020年，佛山市继续推进公共法律服务平台建设，建立示范性公共法律服务工作站（室）57个，截至2020年底，全市有公共法律服务平台813个〔市级1个、区级5个、镇（街道）32个、村（社区）775个〕。创建"党建+公益"律师服务新模式，建立信访事项复查复核工作室，开展"千名法律顾问解千案"、"崇法券"律师服务公益行动等活动，成立劳动者港湾公共法律服务延伸工作室。在全省率先以政府购买服务形式投入100万元，

2020年5月26日，佛山市首家合作制公证处——广东省佛山市华南公证处成立
（市司法局　供图）

委托20家律师所为200家民营企业提供法律服务。在全市推行“一村（社区）一法律顾问”精细化法律服务，提供法律服务3.1万件次。继续完善法律援助体系，打造“法援惠民生、助力农民工”法律援助示范品牌，办理农民工欠薪维权案件5628件，挽回经济损失近7000万元，截至2020年底，全市法律援助机构6个，法援律师49人。推出公证服务10项措施（包括30项公证服务“零跑腿”服务等），开展公证机构党组织规范化建设（全市单独建立党支部公证机构增至8个），成立全省首家合作制公证处——华南公证处，在全省率先出台公证参与行政执法事务的具体指导意见，截至2020年底，全市公证机构8个。严格规范行业监管，建立健全对担任市人大代表、市政协委员的法律从业人员监督管理工作机制；组织采取“四不两直”方式开展全市司法鉴定行业教育整顿活动，组织99名司法鉴定人参加考核考试；依法依规办理律师、司法鉴定投诉50件，作出行政处罚10件，对3名律师吊销律师执业证，净化法律市场环境。构建大调解格局，实现信访事项人民调解工作和道路交通事故人民调解组织5个区全覆盖、人民调解组织进驻基层法院全覆盖，打造一批个人调解工作室品牌，苏志敏“创熟”工作模式受到市委主要领导肯定，截至2020年底，全市有人民调解组织1498个。推动群众诉求服务体系构建，成立568名多领域专业人士组成的调解专家库，出台调解专家库管理办法及工作补贴管理机制；设立市人民调解委员会，派驻专职调解员到市信访诉求服务中心等部门开展调解工作；出台“访调、诉调、检调、警调对接”工作意见，印发《佛山市行政调解工作指引》，构建大调解工作格局；开展“一司法所一品牌”创建活动，激活基层治理“神经末梢”。

【社区矫正对象等重点人群管控】 2020年，佛山市接收社区矫正对象3238人，解除2639人，列管5241人。全市在管社区矫正对象2331人（包括在管社区矫正重点对象39人），其中缓刑2291人、暂予监外执行15人、假释25人。衔接接收刑释解矫人员2368人，包括解除社区矫正1586人、监狱释放1013人等。全市在册安置帮教人员7414人。持续落实社区风险研判分析，加强风险点分析预判，加强重点人员监管，办理警告案件102件，提请治安处罚案件14件，撤销缓刑案件13件，暂予监外执行收监执行7件，办理外出申请审批581件。做好社区对象不准出境通报备案、持证信息与出境记录核查工作，进行法定不批准出境人员通报备案及查询出入境证件持证信息涉及1195人，核查社区矫正重点人出入境记录57人次，办理边控89人。

【人民调解】 2020年，佛山市有人民调解组织1498个，其中：镇（街道）调委会32个、村（社区）调委会784个、企事业调委会273个、行业性专业性调委会206个、其他调委会31个，行业性专业性调解室22个、个人调解工作室45个。人民调解组织实现调解组织“横到边、纵到底”，多层次、宽领域、广覆盖。全市广大调解员围绕扫黑除恶、市域社会治理、创文、乡村振兴、村（社区）“两委”〔村（社区）党组织和村（居）民委员会〕换届等重点工作开展各类矛盾纠纷排查3.15万次，有效预防矛盾纠纷3074件，共调解各类矛盾纠纷1.95万件，调解成功1.9万件，成功率达97.6%，调解协议涉及金额13.48亿元。

【基层法律服务机构年度检查及人员执业证注册注销】 2020年，佛山市完成2个基层法律服务所“双随机、一公开”（在监管过程中随机抽取检查对象，随机选派执法检查人员，抽查情况及查处结果及时向社会公开）现场检查。审批顺德区新增申请执业基层法律服务工作者1人。办理南海区基层法律服务所6个和基层法律服务工作者25人，以及顺德区基层法律服务所2个和基层法律服务工作者6人的执业证注销手续。

【普法宣传】 2020年，佛山市组织开展宪法专题学法挑战赛和宪法进企业、进农村、进机关、进校园、进社区、进军营、进网络“七进”等“12·4”国家宪法日系列活动。组织2020年佛山市国家宪法周暨第二届法治文化嘉年华活动，举办普法宣传活动逾100场次，在全市中小学校开展“宪法教育大课堂”700多场次。在全省率先深入开展《中华人民共和国民法典》学习宣传，将《中华人民共和国民法典》学习宣传实施纳入全市“七五”普法终期检查和“八五”普法规划制定重要内容，纳入市委常委会、市政府常务会议专题学习内容，并作为国家工作人员学法考试和行政执法资格考试内容；开展民法典进校园“四个一”、民法典点亮城市地标、千场“家门口”民法典宣传、民法典法治漫画大赛、“最美普法人”等特色宣传活动；成立佛山市《中华人民共和国民法典》宣讲团，全市开展民法典宣讲1800余场次；组织“法者荣耀”民法典专题学法挑战赛，参与人数179万人次。

将70个职能部门履行普法责任制纳入绩效考核，普法工作变成“硬要求”，在全省首创“回头看”开展检查督导。做好普法品牌“点金石”，注重对职能部门普法工作亮点的发现、培育和推广。佛山市以职能部门普法品牌创建、培育为主的“绩效点金石 三年创三品”项目获全省“谁执法谁普法”十大创新创先项目。

全市有省级法治文化主题公园15个、省级青少年法治教育实践基地9个、省级“法治文化建设示范企业”129家。有全国民主法治示范村（社区）13个，数量在全省前列；省级民主法治村（社区）创建率100%，创建成功率97.7%。司法部邀请7家中央媒体采访报道佛山市禅城区南庄镇紫南和龙津村法治乡村建设经验。佛山市在全省普法依法治理考评中名列第一，在全省平安建设和依法行政考评中获评“优秀”等次。

全市传统媒体制作普法栏目110个，电子显示屏9000多块，普法微信微博平台16个，做到“报纸有文、电视有像、电台有声、手机有信”常态化。《法治佛山》电视栏目坚持用纪实手法讲述佛山真实案例，收视率一直名列前茅。三水区自编自导自演《法治之窗》电视栏目持续22年；“南海普法”微信有粉丝70多万人，受邀在中央政法委工作会议上作经验介绍。佛山普法经验被司法部采用10次、省司法厅采用36次，在其他央级、省级媒体刊载100余次，在“学习强国”学习平台展播189次（其中全国平台17次）。

【法律职业资格考试】 2020年，佛山考区国家统一法律职业资格考试客观题考试报名人数3035人（比上年增加80人），客观题考试通过人数1005人（占报名人数33.1%）；主观题考试报名人数1512人（比上年增加266人），其中选择计算机考试报名人数1468人、选择纸笔考试44人，主观题考试通过人数802人（占报名人数53.04%）。同年，佛山市司法局被司法部评为全国司法行政机关2020年国家统一法律职业资格考试工作表现突出单位。

【“三品”工程实施】 2020年，佛山市普法办、市司法局制定《佛山市开展普法依法治理“育品类、提品质、创品牌”工作方案（2020—2022年）》，推出“一部门一项目、一村居一阵地”活动、“百万学生与法同行”活动、“万场法律进基层”活动、“百千万民营企业普法”活动、“佛山最美普法人”评选活动、“佛山社会公益普法孵化”活动、“数字司法、智慧普法”活动、创建“佛山市100项普法品牌”活动等八大普法系列活动，打造对普法对象的全覆盖、普法宣传阵地无死角的工作格局。该项工作获省普法办领导批示肯定并要求在全省系统推广。年内，佛山市评出首批40个“一部门一项目”普法项目，评出首届20名“最美普法人”，千场“家门口”民法典宣传2000多场次。

【司法鉴定机构管理】 2020年，佛山市成立佛山市司法鉴定机构和司法鉴定人清理整顿工作办公室，召开全市司法鉴定行业专项教育整顿工作部署会，开展司法鉴定清理整顿工作，发出责令整改通知书3份。邀请评审专家现场对广东通济司法鉴定中心仪器设备及鉴定人的操作水平进行评查。组织采取“四不两直”方式，突击检查佛山市2个司法鉴定机构。组织全市拟申请登记的司法鉴定人考核，办理司法鉴定人新增、转出、注销、延续期限等行政审批事项84件，送达行政处罚案件7件，送达行政处罚决定预告告知书7份。继续做好司法鉴定投诉处理及行政诉讼应诉工作，全年处理司法鉴定执业活动投诉45件。召开关于鉴定机构因受理单方委托而被南海区道路交通事故损害赔偿纠纷一体化中心暂停参与摇号的协调会并初步达成5项议项，规范推进司法鉴定机构上线“道交一体化平台”。首次独立组织全市99名新申请鉴定人资格及新调入鉴定人参加考核考试。

表20 **佛山市“一部门一项目”（第一期）普法依法治理品牌培育项目一览表**

序号	项目名称	单位
1	“市纪法教育基地+”项目	市纪委监委
2	“人防主题公园”建设项目	中共佛山市委军民融合办
3	“古村落活化，宜居式普法”项目	市住房城乡建设局
4	“警犬小汪正义者联盟”系列普法IP项目	市公安局
5	“法者荣耀”学法挑战赛	市司法局
6	“劳动法大讲堂”项目	市人力资源社会保障局
7	“以案释法”普法品牌	市卫生健康局
8	“佛山‘12345’‘企业服务管家’”项目	市人民政府行政服务中心
9	“晓法姐姐”普法品牌	市法院
10	“法益民企”送法入企业入商会普法宣讲	市检察院
11	“春至税暖”融媒体普法项目	市税务局

续表

序 号	项目名称	单 位
12	“幸福沙龙”家庭生活教育讲堂	市妇联
13	“法治视界”项目	禅城区司法局
14	“环保伙伴计划”项目	市生态环境局禅城分局
15	“法律知识进企业”系列普法宣讲会	禅城区工商联
16	“安仔”话安全项目	禅城区应急管理局
17	民法典宣传项目	禅城区法院
18	“彩虹伴我成长”项目	禅城区检察院
19	“南海政法系统综合教育基地”项目	中共南海区委政法委
20	“立德树人”南海区学生（家长）法理文综合素养知识竞赛	南海区教育局
21	“南海普法·伴您同行”全媒体法治宣传平台	南海区司法局
22	城市管理“以案释法”项目	南海区城管执法局
23	“彩笔描绘法治童年”项目	南海师范附属小学
24	“楼宇普法我先行”项目	佛山市南海金融高新区投资控股有限公司
25	“顺德区信访事项复查复核律师工作室”项目	顺德区政府办公室
26	“顺德区为侨法律服务工作站”项目	中共顺德区委统战部
27	“一镇街一专场”法治文艺巡演	顺德区司法局
28	“开放法院·阳光司法”项目	顺德区法院
29	顺德法治宣传教育基地项目	顺德区检察院
30	“崇法向善明德”主题教育巡演进社区项目	顺德区总工会
31	国民消费教育系列活动	三水区市场监管局
32	卫生普法“三进”活动	三水区卫生监督所
33	“淼法‘微’课堂”项目	三水区法院
34	“三水监察·青苗工程”项目	三水区检察院
35	“守护蓓蕾 法润童心”青少年普法公益行活动	三水团区委
36	“高明普法”公众号普法宣传矩阵	高明区司法局
37	“工伤保险走进建筑工地”主题文艺汇演活动	高明区人力资源社会保障局
38	“高明乡村振兴大讲堂”项目	高明区农业农村局
39	“检察官法治讲堂”项目	高明区检察院
40	“村村响广播开展医保政策普法宣传”项目	市医保局高明分局

【强制隔离戒毒管理】 2020年，佛山市开展戒毒所队伍管理和建设大整顿活动，强化强制戒毒场所风险排查和安全管理；启动戒毒所AB门楼建设并获市政府批复；完成省戒毒管理干部学校地块调拨工作；优化提升社区戒毒（康复）工作，打造延伸帮教工作品牌。发挥市强戒所教育矫治功能，通过开展个别谈话教育、精品教育课程展播、爱国主义教育和兴趣活动、疫情防控知识竞赛、亲情联络活动，提升教育戒治质量。延伸开展衔接帮扶，在南海区7个镇（街道）建立社区戒毒（康复）指导站，并指派7名民警担任指导站指导员；组织干警参与禅城区、南海区、顺德区和三水区的社区戒毒康复工作站（启明星驿站）无缝对接；落实市禁毒委工作部署，对接顺德区均安镇和杏坛镇禁毒帮扶工作，每月在帮扶点开展禁毒帮扶。同年，市强制隔离戒毒所被司法部评为全国“六无”强制隔离戒毒所，实现连续21年安全“六无”目标。

【“传染病疫情防控专项法治宣传月”活动】 2020年1月28日，佛山市普法办向各区、各单位发出通知，要求各地各单位在全市集中开展为期1个月的“传染病疫情防控专项法治宣传月”活动。活动要求各地、各单位按照“谁执法谁普法”责任制，针对执法对象、服务对象、主管板块，采用以案释法等形式，围绕有关妨碍公务、危害公共安全以及隐瞒、缓报、谎报疫情，或散布谣言、哄抬物价、恶意囤积相关商品、欺骗消费者，扰乱社会秩序等违法行为进行普法宣传。同时，制作专题动漫宣传片《疫情防治，这些法律红线坚决不碰！》，利用佛山电视台《法治佛山》栏目开展疫情防控普法专题访谈，在佛山电台《全民普法》栏目开展系列宣传节目等，广泛地向群众解读重大突发公共卫生事件法治知识，引导群众自觉遵守防控措施。活动累计发布普法宣传信息3万多条次，各类媒体播放普法内容7万多次。

【佛山新增一批省级法治文化示范基地和示范企业】 2020年，在广东省教育厅、

表21　佛山市广东省“青少年法治教育实践基地”一览表

序　号	基地名称	所属市（区）
1	佛山市强制隔离戒毒所	佛山市
2	佛山市第十四中学	禅城区
3	佛山市南海区青少年法治教育实践基地	南海区
4	大良街道李伟强职业技术学校	顺德区
5	顺德区陈村职业技术学校	顺德区
6	佛山顺德区青云中学	顺德区
7	高明区青少年法治教育基地	高明区
8	三水区青少年法治教育基地	三水区
9	三水区芦苞镇蔡边小学	三水区

广东省司法厅、广东省普法办公室公布的广东省第二批（2019年）“青少年法治教育实践基地”名单中，佛山市有4个单位入选，全市省级“青少年法治教育实践基地”增至9个；在广东省“法治文化建设示范企业”（2019年）评选结果中，佛山市有51家企业入选，全市省级“法治文化建设示范企业”增至129家。

【广东省中小学生民法典故事会征文大赛成果汇报会】 2020年11月23日，广东省中小学生民法典故事会征文大赛成果汇报会在佛山市中欧中心举办。征文大赛获奖师生，以及各地市、佛山市直和各区、佛山科学技术学院等单位代表近300人参加活动。活动现场为获奖作者代表颁发证书，同时发布《广东省中小学生“民法典故事会”征文大赛获奖作品》电子书。活动上还举行仪式，正式启动2020年佛山市“12·4”国家宪法日活动。

（王　松）

仲　裁

劳动人事争议仲裁

【概况】 2020年，佛山市各级劳动人事争议仲裁机构立案受理劳动人事争议案件1.77万件，比上年增长10.96%，涉及劳动者2.46万人。其中10人以上劳动争议案件338件。所有劳动人事争议案件中，当期结案1.78万件，年度累计结案率为95.28%，一裁终局率为50.86%。劳动人事争议仲裁结果方面，佛山市当期审结的案件中劳动者胜诉4866件，占结案总数的27.25%；双方部分胜诉7636件，占结案总数的42.76%；用人单位胜诉1982件，占结案总数的11.10%。劳动人事争议仲裁结果与上年相比，各比例基本持平。

【劳动人事争议案发情况】 2020年，佛山市的劳动人事争议案件持续上涨，但由于国内新冠肺炎疫情得到有效控制，以及仲裁监察联动机制、多元化解机制在基层落实，劳动人事争议案件未集中爆发，增幅低于2018年（17.58%）和2019年（31.54%），且全部案件涉案人数和10人以上劳动争议案件数均大幅度下降。年内，佛山市劳动人事争议主要争议类型是劳动报酬、解除或终止劳动合同、社会保险争议等。涉及劳动报酬及解除或终止劳动合同争议案件占案件受理总数的67.55%。其中：涉及劳动报酬争议案件6697件，占当期受理案件的37.86%；涉及解除或终止劳动合同争议案件有5252件，占当期受理案件的29.69%。该2类案件主要是由企业经营困难或管理不规范引发。年内，确认劳动关系争议案件2129件，比上年上升10.55%，其中70%案件为补缴社会保险或住房公积金而申请确认劳动关系。涉及建筑工地的案件共403件，比上年增长50.37%，占总案件数的2.28%，案件涉及人数871人，比上年增长109.38%，主要由于佛山市建筑行业管理还存在不规范的行为，部分本应通过劳动监察处理的建筑工地案件被引导到劳动仲裁程序。

【劳动人事争议调解】 2020年，佛山市各级调解组织共受理劳动争议案件2.11万件，比上年增长16.81%，涉及劳动者人数3.88万人，当期调解方式结案1.91万件，劳动人事争议调解成功率为75.97%。劳动人事争议调解仍是佛山市市处理劳动人事争议的主要方式，市各级调解组织坚持“加强基层调解”和“多元化解”，通过调解方法来处理结案，减轻当事人的诉累。

【劳动人事争议仲裁效能提高】 2020年，佛山市优化劳动人事争议案件办案方式和办案程序，实行争议案件分类处理，简化庭审和仲裁文书，缩短案件处理时间。加强调解力度，对劳资矛盾以“双方协商、政策引导，调解为主、审慎立案”为处理原则，抓好新冠肺炎疫情防控时期劳资矛盾存量案件化解和增量控制。创新调解仲裁工作方式，继续做好巡回仲裁庭工作。年内，巡回庭处理案件210件，比上年增长120%，法定审限内结案率100%，上诉率低于10%。年内，市人力资源社会保障局推行“无接触式”法律服务，畅通“12345”热线、微博、微信、粤省事微信小程序等各类线上咨询渠道。推行“云仲裁”审理模式，发挥“互联网+调解仲裁”平台作用，通过远程技术完成举证质证、辩论、线上调解等程序，保障劳资双方合法权益。

【劳动争议案件联合调解中心成立】 2020年9月14日，佛山市人力资源和社会保障局联合佛山市中级人民法院建立

2020年9月14日，佛山市劳动争议案件联合调解中心揭牌　　（市法院　供图）

的佛山市劳动争议案件联合调解中心揭牌运作。联合调解中心整合全市劳动争议解纷资源，统一全市劳动争议案件的调裁审衔接等机制，搭建全新的调裁审一体化平台。劳动争议案件在进入仲裁程序前即可导入至中心进行调解，由专职调解员负责调解工作，驻点法官、法官助理对案件进行“一对一”指导，尽可能将劳动争议纠纷化解在仲裁、诉讼的前端。市法院在劳动争议案件审理过程中，可通过该中心的资源共享、数据共享、信息共享功能以及调审协作机制，掌握劳动争议案件信息，推进案件保全、送达等法律程序，缩短案件审理周期。

（卢文韬）

商事仲裁

【概况】 2020年，佛山仲裁委员会结合新冠肺炎疫情防控，对立案、开庭、接待咨询等事项作出特别安排，保障商事仲裁业务有序开展。全年受理案件1486件，案件标的额25.13亿元，涉及50多种案件类型。其中，银行借款合同（含信用卡纠纷）案件585件、民间借贷案件132件、买卖合同（含商品房买卖合同）案件166件、物业服务合同案件65件、租赁合同案件64件，其他类型案件474件。全年结案1206件，其中裁决结案955件、调解结案69件、当事人达成和解后撤诉167件、驳回仲裁申请6件、其他仲裁决定9件。裁决结案占比79.19%，调撤结案占比19.57%。截至2020年底，佛山仲裁委员会有在册仲裁员393人，仲裁立案秘书3人，仲裁办案秘书人员9人。

【知识产权和金融仲裁业务推广】 2020年，佛山仲裁委员会与中国（佛山）知识产权保护中心、佛山市质量和标准化研究院举行专家座谈会，就三方共同起草知识产权调解仲裁服务指导性技术文件——《知识产权纠纷调解和仲裁办事指南》《知识产权纠纷调解和仲裁工作人员管理规范》《知识产权纠纷调解和仲裁对接工作规范》的内容等问题与参会专家进行交流和讨论。与顺德农村商业银行进行座谈交流，就如何提高仲裁效率及仲裁案件执行等方面进行交流。分别与农业银行顺德分行、农业银行顺德乐从支行、佛山市典当行业协会进行座谈，对金融仲裁业务和典当仲裁业务进行交流，进一步加强金融仲裁业务的推广。

【仲裁员专题培训】 2020年，佛山仲裁委员会开展仲裁员专题培训2期，培训仲裁员290人次。其中：7月13日，在佛山新城中欧中心国际会议中心举办2020年第一期仲裁员专题培训会，佛山市纪委监委派驻市司法局纪检监察组易武震组长，佛山仲裁委员会仲裁员、中山大学法学院教授谢石松，分别从仲裁员树立廉洁自律和法纪意识、仲裁员办案要求及职责等方面对仲裁员进行专题学习培训；12月22日，联合市司法局、市普法办、市律师协会共同举办“民法典合同编通则的若干问题”专题学习讲座（第二期仲裁员业务培训），邀请中国社会科学院学部委员、民法学家梁慧星教授担任授课嘉宾，讲授《中华人民共和国民法典》编撰的总体情况，详细解读“合同的订立、合同的效力、合同的履行、合同的变更与解除、合同的权利和义务”等方面内容。

【商事仲裁办公新场地启用】 2020年4月26日，佛山仲裁委员会佛山新城信保广场新办公场地正式启用。新办公场地有1700多平方米，设置有立案大厅和6个仲裁庭室，还设置有会议室、培训室、图书资料室等，设施齐全功能齐备，更好为广大商事主体及公民个人提供公正、高效、专业、便捷的仲裁服务。随着新办公场地的启用，原佛山新城中欧中心佛山仲裁委员会本部办公场地和南海桂城友邦金融中心金融仲裁院办公场地停止对外办公。

【“快立快审化解矛盾纠纷”入选粤港澳大湾区仲裁联盟十大经典案（事）例】 2020年11月6日，在粤港澳大湾区仲裁联盟第二次工作会议暨研讨会上，“粤港澳大湾区仲裁联盟十大经典案（事）例”发布，“佛山仲裁委员会快立快审化解矛盾纠纷”作为经典事例入选。商事案件当事人经调解员调解达成调解协议后可约定转由佛山仲裁委员会仲裁庭予以确认，由仲裁庭制作仲裁调解书或裁决书，使调解协议获得强制执行的法律效力，发挥“商事调解+仲裁确认”机制，实现快速化解矛盾、商事调解与商事仲裁的无缝对接。

（梁咏童）

军　事

佛山军分区

【概况】 2020年，中国人民解放军佛山军分区强化党管武装和思想政治建设，打好意识形态领域主动仗，夯筑政治根基、大抓练兵备战、深化动员准备、依法从严治军、强力纠风肃纪，完成各项任务，进一步巩固建设发展基础。参与驻地新冠肺炎疫情联防联控工作，以及防汛抗洪、抢险救灾工作。推动“党管武装工作”纳入全市各区绩效考评。军地合力推动国防动员规范化建设。坚持一切工作向备战打仗聚焦、向战斗力生成发力，加强战备训练。

【党管武装】 2020年，佛山军分区推动“党管武装工作”纳入全市各区绩效考评，“国防动员潜力调查”纳入市直单位绩效考评，召开市委议军会，组织区人武部党委第一书记进行党管武装专题述职。协调市委、市政府领导过“军事日”，帮助地方各级领导干部强化国防观念，增强统筹发展和安全本领。

【思想政治建设】 2020年，佛山军分区组织党委中心组带机关部队跟进学习习主席重要讲话和指示批示精神。学习宣贯中共十九届五中全会精神，围绕四个专题搞好讨论交流，立起建军百年奋斗目标精神战旗。抓好军委主席负责制学习教育，落实“三项机制”（请示报告、督促检查、信息服务），夯实全区上下听党指挥、看齐追随的思想基础。巩固深化“不忘初心、牢记使命”“传承红色基因，担当强军重任”2项主题教育，开展专题辅导，外请专家授课，组织参观见学，打好意识形态领域主动仗，确保部队纯洁巩固。

【战备训练】 2020年，佛山军分区按照“全年度、分批次、基地化、整建制”的思路，统筹安排应急和专业民兵分队开展基地化集中轮训，军地联合举行市直民兵营集中点验暨防汛抗洪综合演练，高质量组织多批次防汛抗洪暨无人机专业救援分队集训，参加人民防空演习，提升应急应战能力。协助完成三水区乐平镇抗洪抢险救灾任务，迅速扑救三水区南山镇山火，保护人民群众生命财产安全。

【国防动员】 2020年，佛山军分区军地合力推动国防动员规范化建设，按照联指挥、联演训、联保障、联机制的“四联”制度机制，完成全市专武干部资格认证，组织专武干部集中培训，强化专武精武意识责任和履职尽责能力素质。克服新冠肺炎疫情影响，科学统筹谋划、提前部署展开、周密组织实施，完成年度新兵征集任务，市征兵办被表彰为“全省征兵工作先进单位”。

【疫情防控】 2020年，佛山军分区参与驻地联防联控工作，出动民兵和车辆，历时24天，协助完成85个高速公路出口、公路卡点及客运站的检疫工作。协调地方企业，筹集100余万元防疫物资，无偿捐赠给湖北省军区、武警机动二总队、广东省军区等单位。

【三水乐平洪涝灾害抢险】 2020年6月10日，佛山市三水区人民武装部接到出动民兵参与三水区乐平镇黄塘村抢险救灾的请求，在向上级请示得到许可后，共派出干部3人、职工6人，出动民兵，派出指挥车2辆、大巴车2辆、自吊车3辆，冲锋舟8艘，火速赶赴乐平镇黄塘村受灾区域展开救援，第一时间深入受灾地区检测水情、疏通道路、维护秩序，利用冲锋舟转移被困群众。通过8小时的努力救援，民兵和组织指挥的干部共转移救援被困村民、各类务工人员等600余人，用实际行动保护人民群众的生命财产安全。

【三水南山山火扑救】 2020年11月17日15时30分许，佛山市三水区南山镇红联村后山突发山火，过火面积约600平方米。佛山市三水区人民武装部，云东海、西南街道、乐平镇、白坭镇、芦苞镇、大塘镇、南山镇等镇（街道）民兵组织官兵赶赴现场参与扑救。火灾现场处于山林地段，多是陡峭斜坡，灌木丛生、树木茂密，处置难度较大。广大民兵使用灭火器、灭火把、铁锹等灭火器材进行扑救。至11月17日20时53分，大火被扑灭，未造成人员伤亡。明火被扑灭后，工作人员开始清理现场，防止山火复燃。

（林　邦）

武警佛山支队

【概况】 2020年，武警佛山支队深入学习贯彻习近平强军思想，带领官兵统筹推进新冠肺炎疫情防控、重大任务和经常性工作，推进各项建设，促进部队发展稳中向好。深入研究破解制约支队发展的瓶颈问题，有23篇调研成果和理论文章在《解放军报》发表。年内，武警佛山支队被武警部队表彰为“密码工作先进单位”（已连续17年获此称号）、“百日安全竞赛优胜单位”，被武警总队表彰为“安全工作先进单位”、“新闻工作先进单位”（连续2年获此称号）；执勤二大队被武警总队表彰为“四铁先进大队”。另有4个中队被表彰为“四铁先进中队”；1人在武警部队比武中夺魁，荣立个人二等功；2人被总队评为“优秀共产党员”。

思想政治建设 增强把关定向的清醒和定力，始终把创新理论武装作为第一要务。抓好党委中心组带机关理论学习，配合组织“读原著、学原文、悟原理”和“大学习、深调研、真提高”理论学习活动。落实军委和武警部队思想政治教育工作会议精神，开展“传承红色基因、担当强军重任”主题教育和经常性教育，巩固“牢记训词、迎接大庆、忠诚担当”开年教育成果，在干部队伍中开展“认识改革、理解改革、拥护改革”教育活动，组织“学强军思想、当打赢先锋”主题实践活动。持续抓好新闻报道工作，依托新媒体矩阵加强对先进典型的培塑和宣传，全年有40多篇反映基层官兵教育训练工作的报道被媒体刊载。

实战化训练 深入贯彻习近平练兵备战重大战略思想，把备战打仗作为党委第一要务抓紧抓实、抓出成效。围绕执勤官兵“三能”和“六个基本能力”开展执勤能力比拼活动，在充分释放“智慧磐石”工程效能的基础上，推动临时勤务领域“智慧磐石”工程建设，实现勤务运行实时、全域、可视化管控。以3场维稳行动为牵引，按照打仗标准严抓值班运行秩序，开展“学、研、推”方案活动，深入转化“八个体系”建设成果，完善支队战备库和基层中队警用器材室建设，优化“三种情况第一时间到现场”工作流程，强化精密式和快捷式指挥实践运行，突出抓好人装结合训练，提升应急备战能力。

【城市武装巡逻及设卡】 2020年春节、国庆等节假日和各重要时期，武警佛山支队出动兵力，协助佛山市公安局完成年度城市武装巡逻及临时设卡勤务。支队执勤官兵牢记使命，文明执勤，体现高度的责任心、使命感，发扬“特别能吃苦、特别能忍耐、特别能战斗”的优良作风，始终坚守一线，坚持把依法执勤、依法处置作为执勤任务第一准绳，维护社会面稳定，增强人民群众的安全感，营造和谐稳定的社会环境。通过城市武装巡逻、设卡，以实际行动向社会展示武警部队“威武之师、文明之师”的良好形象。

【武警“春运”执勤】 2020年1月9—24日，武警佛山支队派出兵力进驻佛山火车站和佛山西站，担负春运执勤任务。在新冠肺炎疫情的大背景下，支队党委召开专题会议进行研究部署，确保各项工作部署到位、对接及时、管控到位。按照“新老搭配、强弱搭配、严密防护”的原则，进行勤务编组，落实“上哨前有要求、到位后有报告、上勤时有组织、执勤时有检查、下哨后有讲评”的要求。一线执勤官兵始终贯彻“依法、理性、平和、文明、规范”的执勤理念，发扬英勇善战、吃苦耐劳的战斗精神，以饱满的热情、严整的军容和务实的作风战斗在执勤一线。协助火车站工作人员疏导旅客50万余人，化解旅客危机28次，救助旅客106人次。

【“魔鬼周”极限反恐集训】 2020年7月9—20日，武警佛山支队落实建设一支能打仗、打胜仗的军队要求，提升部队实战化军事训练水平，严密组织特战、反恐人员开展复杂环境下、特殊气候下、特殊时间下的全季度“魔鬼周”极限训练。通过极限训练，培育“一不怕苦、二不怕死”的战斗精神，塑造一支英勇顽强，血战到底的人民军队。

（谭世泉）

人民防空

【概况】 2020年，佛山市人防工作部门开展重要经济目标防护课题研究，组织重要经济目标单位制订防护方案，制定完善重要经济目标防护措施。深化人防“放管服”改革，开展人防领域廉政

2020年1月9—24日，武警佛山支队派出警力进驻佛山火车站和佛山西站，担负春运执勤任务

（武警佛山支队 供图）

问题专项整治。推进人防宣传教育进机关、进学校、进企业、进社区、进网络“五进”工作常态化。推进人防信息化建设，增强实战化水平。全年全市人防工程竣工项目合格率100%。开展人防工程巡查，督促整改安全隐患。

【人防工程维护】 2020年，佛山市人民防空办公室起草《佛山市人防工程维护管理规定》，促进人防工程维护管理科学化、规范化。增加人防疏散地域挂牌数量，佛山市户籍人口人均人防工程面积大幅度超国家标准要求。完成市中心城区主干道早期人防工事整治工程，消除城市安全隐患。完成人防工程测绘（五期），普查人防工程项目。探索人防战备物资战略储备制度，加强人防战备医院建设。

【人防信息化建设】 2020年，佛山市人防工作部门以“设备设施物联化、信息进出多元化、维护管理日常化、训练演练实战化、人民防空智慧化、平战结合一体化、学习训练系统化”为工作目标，推进人防信息化建设。建成融合多种通信手段的人防指挥通信网。完成指挥信息系统、骨干互联光缆建设项目，全面提升人防指挥信息系统的整体功能和性能。完成警报器适应新频率升级改造，新增多套电子屏多媒体多功能新型警报报知系统，人防警报100%覆盖主城区。推进人防战备数据库和应急应战指挥通信平台互联互通建设，建立健全人防信息系统设备信息库和操作知识库，完成人防网站和人防工程综合管理系统安全等级保护测评。

【人防重要经济目标防护】 2020年，佛山市人防工作部门开展重要经济目标防护课题研究，重新确定全市重要经济目标。组织重要经济目标单位制订防护方案，制订完善重要经济目标防护措施，分系统分行业分领域编制防护子方案，形成“点、线、面”相结合的目标防护方案体系。

【人防专业队伍建设】 2020年，佛山市完成市、区两级人防专业队伍建设。市人民防空办公室组建7支传统专业队伍以及4支新型人防专业队伍。各区以户籍人口数量按要求同步组建区级人防专业队。

【人防训练演练】 2020年，佛山市人防工作部门创新人防训练演练，增强实战化水平。做好“9·18”人防警报试鸣工作，组织学校、企业、社区进行人口疏散演练。参加广东省人防机动指挥所区域协同训练、珠三角城市群协同演练活动。常态化组织市、区两级人防应急救援指挥系统互联互通训练，开展人防专业队伍建设，运用专题集训和南海区某液化气站重要经济目标防护演习。举办城市人民防空演习，首次实现与公安视频监控系统及数字集群通信系统的融合、与应急视频会议系统的互通。

2020年9月18日，佛山市举行城市人民防空演习 （市人防办 供图）

【人防行业管理】 2020年，佛山市人防工作部门深化人防“放管服”改革，将原市一级人防工作部门负责人民防空工程易地建设费审批、人民防空工程竣工备案事项下放到区一级人防工作部门，并委托各区开展拆除人民防空工程审批、防空地下室分期建设或分期易地建设费核准事项。开展人防领域廉政问题专项整治，高标准完成人防领域廉政问题专项整治工作，规范人防行业管理。开展行业整治，重点对人防工程质量进行抽查抽检和整顿，指导佛山市人防协会制定《佛山市人民防空行业自律公约》，促进行业自律。强化落实人防物业管理，出台《佛山市人民防空办公室物业出租管理办法》，通过政府指定交易平台将多处物业公开招租。落实新冠肺炎疫情防控政策，免除多处人防物业3个月租金。

【人防宣传教育】 2020年，佛山市人防部门推进人防宣传教育“五进”工作常态化。与中国和平利用军工技术协会联合举办国防知识产权政策法规宣传培训班，150多人接受培训。结合“5·12”全国防震减灾日和九一八事变纪念日等时间节点，利用佛山市人民防空办公室门户网站、电子显示屏、报纸、电台、电视、微信微博等媒介，开展人防法律法规政策宣传教育。创新人防宣传手段，研究建设大雾岗人防主题公园和人防宣传教育基地，开发完成人防宣传教育微信第一期表情包16个。

（郭明达）

双拥工作

【军地需求“双清单”】 2020年，佛山市各级、各单位、各部门支持驻佛山部队建设改革，为部队解难事、办实事，在财政、交通、教育、卫生等多方面加大对部队和军人军属的支持与帮扶力度，解决好部队官兵关心的“三后”（后路、后院、后代）问题。为部队协调解决部队2名烈士遗孀子女入学、住房、工作的诉求，并支持驻地部队解决随军家属临时公寓，解决临时住房问题。

【双拥走访慰问】 2020年，佛山市在春节、“八一”建军节等节日期间，由中共佛山市委、市政府主要领导率领拥军慰问团，到佛山军分区和武警等驻军营区，看望部队官兵，了解部队情况并帮助部队解决实际问题。全市对辖区内驻守边疆省区特别是新疆维吾尔自治区、西藏自治区、云南省、广西壮族自治区、海南省等地的现役官兵家庭，进行一次全覆盖上门走访，逐户了解困难需求并建立“一对一”联系。在中秋节、国庆节前夕对多户执行任务部队官兵家属进行走访慰问，了解现役军人部队服役、家庭生活、就业、子女就学等是否受到疫情影响。

【拥军支前】 2020年，佛山市继续做好拥军支前保障工作，专门为市双拥工作领导小组增加承担拥军支前军地协调工作的职能，并在市双拥工作领导小组中设置拥军支前工作专责小组，完善拥军支前领导组织体系。同时，投入大量专项经费，用于部队营区和训练场所的建设维护。

（向晶晶　刘颖文）

【双拥共建】 2020年，佛山军分区坚持军地联合推进国防教育“六进入”（进农村、进社区、进校园、进企业、进机关、进家庭），全年为佛山市党政机关、企事业单位和学校作国防教育报告115场次。发挥协调军地作用，协调召开专题会议2次，研究推进随军家属安置工作，协调解决驻军官兵子女入学入托，组织相关单位派出教官，完成辖区4所大学、82所高中的10.62万名学生军训任务，军分区及人武部对口援建的6个贫困村全部脱贫，以实际行动助推佛山市获评“全国双拥模范城”。

（林　邦）

【双拥宣传教育】 2020年，佛山市相继组织开展“爱国拥军模范单位、模范个人”“优秀退役士兵”“最美退役军人”“最美军嫂”等活动。春节及“八一”建军节期间，各级党委、政府走访慰问驻地部队、退役军人和重点优抚对象，为立功受奖军人送喜报，开展“情系边海防官兵”等活动。结合“八一”建军节、国庆、春节、纪念中国人民志愿军抗美援朝出国作战70周年、纪念中国人民抗日战争暨世界反法西斯战争胜利75周年等重要时间节点，因地制宜组织开展以爱国主义教育为核心的双拥宣传教育。在国家公祭日、烈士纪念日举行祭奠革命先烈活动。注重创新双拥宣传形式，在发挥电视广播、报纸、社区宣传栏、电子屏幕等传统媒介作用的同时，探索利用手机短信、微博、微信、抖音等方式加大双拥宣传力度，还通过公交车身、公交站亭、地铁工地围挡、路灯旗杆等户外广告渠道拓展双拥工作的宣传范围。禅城区、南海区建设双拥主题公园，形成双拥宣传教育新阵地。

【“最美退役军人”“最美军嫂”推荐宣传活动】 2020年7月9日，中共佛山市委宣传部、佛山市退役军人事务局、佛山军分区举行佛山市2020年“最美退役军人”“最美军嫂”推荐宣传活动。由中共佛山市委宣传部、佛山市退役军人事务局、佛山军分区政治工作处联合成立评审工作小组，制定评选实施方案，经过审核申报推荐材料、提出初步推荐意见、审议确定入选名单、公示审查入选对象等程序，最终评选出多名佛山市“最美退役军人”，多名佛山市“最美军嫂”。该活动旨在讲好退役军人故事，展现退役军人风采，激发广大退役军人不忘初心、牢记使命，不断增强自豪感、荣誉感、责任感。

【佛山市第九次获“全国双拥模范城”称号】 2020年10月20日，全国双拥模范城（县）命名暨双拥模范单位和个人表彰大会在北京举行，包括佛山市在内的411个市（自治州）、县（区、自治县）获命名为全国双拥模范城（县），这是佛山市1993年以来第九次，也是连续9次获“全国双拥模范城”称号。该轮全国双拥模范城创建过程中，佛山市以“传承双拥优良传统，军地军民携手共建，突破重点难点问题”的工作理念，从实现强国梦、强军梦的高度把握双拥工作，部署和开展双拥活动。佛山市各级党委政府建立健全双拥工作组织领导体系，形成“党委领导、政府统筹、部门协调、社会参与”的工作格局；各级双拥工作领导小组成员根据机构改革实际情况，市级领导小组适时调整扩充军

2020年7月9日，佛山市2020年“最美退役军人”“最美军嫂”推荐宣传活动举行

（市退役军人事务局　供图）

地成员单位；各级双拥办配齐配强双拥专职工作人员。做到“六个到位”，即做到军转干部安置到位、退役士兵接收安置到位、军休服务管理到位、退役军人帮扶到位、随军家属安置到位、义务兵家庭优待金发放到位，打造温暖军心的避风港，建立健全退役军人就业创业服务体系，形成独具佛山特色的退役士兵就业创业工作模式。驻地部队完成各项军事训练任务的同时，坚持精准扶贫，主动参加社会公益事业，参与佛山抢险救灾、维护社会治安等急难险重任务，并完善军地联防联治等机制。

【2020年军地青年联谊交友活动】 2020年12月19日，佛山市退役军人事务局和佛山市总工会联合举办2020“相约鹊桥·牵手佛山”军地青年联谊交友活动，为军地未婚单身男女青年提供互动交流和婚恋服务平台。活动组织120名部队官兵、青年职工参加。活动举办方通过对前期报名数据进行分析，按照兴趣爱好年龄等将现场120位嘉宾分为4支队伍，分开4个不同游戏区域进行现场互动，最终有22对男女嘉宾牵手成功。

（向晶晶　刘颖文）

2020年9月18日，佛山市在顺德西海烈士陵园举行全民国防教育日活动

（市委宣传部　供图）

国防教育

【国防教育学习宣讲】 2020年，佛山市组建1个市级、5个区级国防教育讲师团，共79名讲师，全年面向机关单位、企业和学校开展国防教育宣讲115场次。12月9日，邀请中共广州市委党校杨晓杰教授以“总体国家安全观视域下的中国周边安全现状”为题，为市国防教育委员会委员，市、区、镇（街道）国防教育骨干和市国防教育讲师团讲师授课。12月21日，邀请国防大学徐焰教授以“国际格局新变化和我国面对的安全环境”为题，为市委理论学习中心组人员、列席人员及有关单位负责人授课。

【国防教育阵地建设】 2020年，佛山完善国防教育阵地建设。开展佛山市首批国防教育基地命名活动，将禅城区铁军公园、南海区国防教育训练基地、顺德区西海抗日烈士陵园、顺德区博物馆、三水区邓培故居等命名为佛山市国防教育基地，在禅城区铁军公园举行佛山市国防教育基地揭牌仪式。提升禅城区铁军公园、南海区和顺公园、顺德区新城公园、高明区飞马公园、三水区烈士陵园等5个市级国防教育主题公园，设立景观小品，在公园内宣传中国人民解放军十大英模，将更多的国防教育元素融入公园。

【国防教育宣传】 2020年，佛山市结合纪念九一八事变开展国防教育。中共佛山市委宣传部、市国防教育委员会办公室在顺德区西海抗日烈士陵园举行全民国防教育日主题活动。市国防教育委员会委员、机关干部代表、退役军人代表、道德人物代表、各界群众代表90余人参加。全体人员向烈士默哀、献花，并参观陈列馆。三水区自7月开始，在各机关、企事业单位、小学、高中、中职院校开展“传承红色基因·军民同心筑梦”系列爱国主义国防教育宣传活动，受众上万人。佛山市市、区两级分别开设国防教育专题网页，全年刊登稿件135条。佛山传媒集团所属各媒体报道国防教育工作737篇。

【涉军美德先进人物推荐宣传】 2020年6月，中共佛山市委宣传部、佛山市退役军人事务局、佛山军分区政治工作处印发《关于2020年度“最美退役军人”“最美军嫂”评选结果的通报》，开展“最美退役军人”“最美军嫂”评比活动。一批退役军人入选2020年佛山市道德模范和佛山好人。其中，罗传顺为第一季度佛山好人，陈耀峰为第二季度佛山好人，黄伟杰、罗冬菊为第四季度佛山好人，徐迪夫、黄伟康、麦智开、张贻红为佛山“最美逆行者”。

【“传承红色基因　争做新时代好少年”开学第一课开讲】 2020年9月1日，佛山市“传承红色基因　争做新时代好少年”开学第一课在佛山市禅城区铁军小学开讲，近100名学生参加。学生们在粤剧电影《刑场上的婚礼》陈铁军的扮演者——崔玉梅带领下，重温陈铁军革命故事。崔玉梅向学生讲述影片主要内容，分享扮演角色的感受，还献唱影片中的粤剧经典唱段《楼台会》，让学生们再次体悟陈铁军对理想的追求、对信仰的执着和大无畏的精神。活动中，铁军小学合唱团演唱歌曲《难忘铁军》，表达传承铁军精神，做优秀的社会主义接班人的雄心壮志。同时，学生们开展集体宣誓，和与会嘉宾共同参观校内的陈铁军烈士事迹陈列馆。活动在文明佛山等微信公众号进行同步视频直播。

（何伟军）

经济管理

发展规划管理

【概况】 2020年，佛山市落实高质量发展要求，加强发展规划编制管理。中共佛山市委起草《中共佛山市委关于制定佛山市国民经济和社会发展第十四个五年规划和2035年远景目标的建议》，市“十四五”规划纲要编制工作专班编制《佛山市国民经济和社会发展第十四个五年规划和2035年远景目标纲要（草案）》，统筹推动市“十四五”规划纲要、市级专项规划、区域规划、空间规划以及区级规划编制。市发展改革局印发实施《关于支持深圳建设中国特色社会主义先行示范区的行动方案》《广佛肇清云韶经济圈发展规划（2019—2025年）》《佛山市关于培育发展“2+2+4”产业集群的意见》等区域、产业长期规划，制定并实施2020年国民经济和社会发展计划、重点项目建设等年度计划。

【“十四五”规划编制】 2020年，佛山市建立健全“十四五”规划编制领导工作机制，明确由中共佛山市委成立的市“十四五”规划建议文件起草组牵头起草《中共佛山市委关于制定佛山市国民经济和社会发展第十四个五年规划和2035年远景目标的建议》（以下简称“市委规划《建议》”），由市政府成立的市“十四五”规划纲要编制工作专班牵头编制《佛山市国民经济和社会发展第十四个五年规划和2035年远景目标纲要（草案）》（以下简称“市规划《纲要》”），市委规划《建议》为市规划《纲要》编制的基本依据。自规划编制工作启动以来，市委、市政府主要领导对规划编制工作进行系列专题研究，作出工作部署，多次专门听取规划编制进展情况汇报。市“十四五”规划纲要编制工作专班统筹推动市“十四五”规划纲要、市级专项规划、区域规划、空间规划以及区级规划全面铺开。市规划《纲要》共17章，分为三大板块。第一板块是总论，即第一章，“十三五”时期发展成就和“十四五”时期发展要求。包括发展基础、发展环境、指导思想、发展原则、发展目标。第二板块是分论，即第二至第十六章，为“十四五”时期的重点任务，包括坚持创新驱动发展，增强发展新动能；推动制造业高质量发展，加快建设现代产业体系；坚持扩大内需战略基点，高水平参与构建新发展格局；深化体制机制改革，持续激发高质量发展内生活力；构建开放型经济新体制，实行高水平对外开放；抢抓“双区驱动”机遇，全方位推进区域协调发展；大力提升城市能级，加快建设高品质现代化国际化大城市；全面推进乡村振兴，加快建设城乡融合发展示范城市；建设高质量文化导向型名城，加快打造文化强市；推进高水平教育现代化，升级打造一流教育强市；推动卫生健康事业高质量发展，加快建设健康佛山；加强民生保障，加快建设幸福佛山；深入推进生态文明建设，加快建设美丽佛山；推进市域社会治理现代化，建设更高水平法治佛山；统筹发展和安全，建设更高水平平安佛山。第三板块是规划保障，即第十七章，强化规划实施保障，确保规划落地见效。包括加强党的全面领导、加强社会主义民主政治建设、完善规划实施机制、强化要素和项目支撑、加强宣传引导。此外，纲要最后为附件，是佛山市“十四五”规划重大建设项目汇总表。市“十四五”规划重大建设项目共五大类375个，总投资1.6万亿元，其中“十四五”期间完成投资1.08万亿元。

（王　英）

【重点项目建设年度计划与实施】 2020年，佛山市安排重点建设项目367个，总投资9263.12亿元，年度计划投资1091.87亿元。其中：安排省重点建设项目98个，总投资5429.02亿元，年度计划投资537.82亿元；安排市重点建设项目269个，总投资3834.09亿元，年度计划投资554.05亿元。截至年底，全市重点建设项目共完成投资1353.04亿元，完成年度计划投资额的123.92%。其中：省重点建设项目完成投资690.11亿元，为年度计划投资额的128.32%；市重点建设项目完成投资662.93亿元，为年度计划投资额的119.65%。2020年，佛山市安排市本级政府投资项目106个，总投资2158.65亿元，年度计划投资225.87亿元，年度财政计划投资227.27亿元。其中，续建项目45个，总投资1023.55亿元，年度计划投资179.83亿元；新开工项目36个，总投资190.03亿元，年度计划投资46.05亿元；预备前期项目25个，估算总投资945.08亿元。年内，市本级政府投资项目完成投资208.53亿元，完成年度计划投资的92.32%。

同年，佛山市按照重大工程项目工作部署要求，组织举办上、下半年重大项目集中开工投产活动。全市安排集中开工重大项目339个，总投资3821.01亿元，年度计划投资676.03亿元。全年开工重大项目295个，开工率87.02%；完成投资707.5亿元，完成年度计划投资的104.66%。全市安排集中投产重大项目144个，总投资879.73亿元，年度计划投资169.51亿元。全年投产重大项目124个，投产率86.11%；完成投资206.33亿元，完成年度计划投资的121.72%。

（王　英　朱自强）

【重点项目日常协调督导】 2020年，佛山市印发《佛山市重大工程项目建设总指挥部组建方案》，组建佛山市重大工程项目建设总指挥部和12个专项指挥部，由市政府主要领导担任总指挥，分管领导担任副总指挥，各部门一把手亲自抓项目建设，构建跨部门、跨区域、全局性的统筹指挥机制，在更高层面系统推进重大项目谋划和建设。加强项目协调调度，按照协调事项的事权层级和复杂程度，通过分类别、分区域、分部门、分层级等多种方式召开协调会、现场会解决。每月编制《佛山市项目建设工作简报》和《省市重点项目及指挥部重大项目进展情况通报》，报告全市重大项目进展情况和问题分析，供领导决策参考。提升项目信息化管理水平，发布上线佛山市重点项目智能管理及可视化平台，实现项目全过程可视化管理，启动建设佛山市工程建设项目储备实施管理系统，对接“多规合一”平台，加强项目前期策划。

（朱自强）

【《广佛肇清云韶经济圈发展规划（2019—2025年）》印发】 2020年7月27日，佛山市发展和改革局印发《广佛肇清云韶经济圈发展规划（2019—2025年）》。《广佛肇清云韶经济圈发展规划（2019—2025年）》经广州、佛山、肇庆、清远、云浮、韶关六市的市政府正式审定通过，并按照广州发改委要求，由各市发改部门分别印发。该规划共分10章，主要包括发展基础和环境、总体要求、发展格局、主要任务、实施保障机制等内容。规划提出经济圈的4个战略定位：粤港澳大湾区与战略腹地融合发展示范区；落实省“一核一带一区”（珠三角核心区、沿海经济带、北部生态发展区）区域发展战略先行区；科技产业协同创新高地；高铁经济带合作试验区。结合粤港澳大湾区发展规划纲要、广东省关于构建“一核一带一区”区域发展新格局促进全省区域协调发展的意见中的发展目标以及时间节点设计，分别描绘2022年、2025年、2035年3个时间节点的发展蓝图。该规划明确着力构建“一主一副两带多组团”的经济圈空间发展格局：以广州作为经济圈主中心，佛山作为副中心，分别依托东西向和南北向的交通干线及西江、北江水系，构建两条经济发展带，以各市中心城区、重要功能区特别是合作共建园区等发展载体为主要依托，形成若干重要发展组团。同时明确经济圈功能分区：广佛优化发展区，包括广州市、佛山市全域；肇清协同配套区，包括肇庆市和清远南部地区（清城区、清新区、英德市、佛冈县）；清云韶生态发展区，包括云浮市、韶关市全域和清远市北部山区。规划提出创新、产业、基础设施、公共服务、开放合作、生态文明等6个方面的主要任务。

（王　英）

自然资源管理

【国土空间管制】 2020年，广东省下达佛山市年度新增建设用地指标509.53公顷，另使用购买省拆旧复垦指标112.6公顷、使用跨省增减挂钩指标27.2公顷，指标使用进度位居广东省第二。截至年底，全市报批建设用地100宗、总面积908.4公顷（不含“三旧”改造报批）。跟进重点项目用地保障，全链条跟进和服务保障地铁2号线、3号线和塘西三期公路、市森林消防救援、应急物资储备基地和第二人民医院新院区等民生基础项目，保障顺德工业4.0、海天装备、大族激光、高明润泽等重大产业项目。完成珠三角水资源、高恩高速公路、云勇公路等27个72.33公顷重点项目用林报批。完成南沙港铁路、珠肇高铁、中山外环（顺德段）、沉香大桥、大坦沙大桥等14个重大项目预审选址意见审查工作。

【耕地保护】 2020年，佛山市推动垦造水田项目市级验收，完成三水区三水农场耕地提质改造项目市级验收工作，新增水田面积154.35公顷。推进26个面积4986.67公顷的历史遗留高标准农田建设项目的验收确认。开展土地整治，全年批复增减挂钩项目4个，复垦区规模53.61公顷；申请农村建设用地拆旧复垦项目备案30个，拆旧规模30.96公顷。完成2个城乡建设用地增减挂钩项目的市级竣工验收，拆旧复垦面积10.39公顷。年内，佛山市印发《佛山市区级人民政府耕地保护责任目标考核办法》，继续推进耕地和永久基本农田保护。

【不动产统一登记】 2020年，佛山市继续压缩不动产登记业务办理时效，具有普惠性的登记事项（约占全部业务受理量的80%）实现抵押登记1个工作日、一般登记3个工作日内办结，其中14个事项可以即时办结。根据《2020年广东省营商环境试评价报告》，佛山市不动产登记业务水平排全省第四。全年全市不动产登记登簿量128.99万份，其中办理不动产权属证书69.88万份、不动产登记证明48.75万份。实现与商品房交易“网签”系统的信息共享，打通缴税环节的信息互通壁垒，将网签、不动产登记、税费征缴集成在一个平台，群众通过“一窗通办”专窗提交不动产登记申请，不动产登记机构预审通过后将申请信息发送税务部门核税，实现只需要提交一套材料、申请一次、只跑一次。至年底，全市各区开通不动产登记网上申请审批事项19个，签约开通258个金融机构和352个开发企业服务端口，全年通过网上受理不动产登记业务约16万宗。

【土地市场】 2020年，佛山市国有建设用地使用权出让成交223宗，成交面积1187.05公顷，成交价款1365.36亿元。土地成交面积比上年上升44.62%，成交价款上升65.72%。

【土地节约集约利用】 2020年，佛山市加强经批准建设用地供地工作。截至2020年底，佛山市近5年（2015—2019年）经批准建设用地9647.2036公顷，已供地5980.9271公顷，实现近5年（2015—2019年）平均供地率62%，达到国家要求“近五年平均供地率不低于60%”的标准。继续推进2009—2017年批而未供土地消化处置，截至2020年底，全市消化处置2009—2017年批而未供土地面积754.43公顷，处置率18.2%，超省考核“处置率15%以上”的要求。年内，全市消化处置闲置土地任务（未经人工认定）90.49公顷，处置率29.53%，超过省考核“处置率15%以上”的要求。

【国土资源管理国家级改革试点收官】 2020年，佛山市完成于2019年启动的城市建设用地节约集约利用状况详细评价、于2019年启动的国有土地资源资产核算、于2015年启动的集体经营性建设用地入市3项国家级重点改革试点任务。改革试点过程中，佛山市相继出台《广东省佛山市南海区农村集体经营性建设用地入市改革试点实施方案》《广东省佛山市南海区统筹推进农村土地制度改革试点实施方案》《广东省佛山市南海区统筹推进农村土地制度改革三项试点工作实施方案》《佛山市南海区农村集体资产管理交易办法》《佛山市南海区村（居）集体经济组织财务管理办法》等相关政策措施，累计报送工作报告3个、技术报告10个、图件63件、数据库数据3个。佛山市通过试点的经验总结，积累可操作、可借鉴的有益经验，提出相关的修改完善意见建议，为国家下一步全面开展工作提供经验借鉴和技术支撑。

【测绘管理】 2020年，佛山市编制《佛山市测绘行业信用管理办法》和《佛山市测绘行业信用指标体系和评分标准》，加强对测绘单位及其分支机构的监督管理，加强对联合测绘服务机构和技术人员的信用管理，建立信用档案，实行信用联合奖惩机制。加强测绘资质管理，全年办理包括新申请、升级、增加范围、基本信息变更、修改补充数据的各项测绘资质审批业务131宗，办理测绘单位申请测绘作业证核发业务27宗。

【土地违法监督查处】 2020年，佛山市土地违法监督动态巡查上线率72.8%，时间3.5万小时，巡查距离54.5万千米，共上报违法用地2529宗（含卫片违法），涉及土地面积933.33公顷，其中耕地121.2公顷。全年全市核查2019年卫片图斑5353个5486.67公顷，占用耕地388.93公顷。全市2019年卫片中违法用地1518宗662.6公顷，核实新增违法用地571宗230.87公顷，全部查处到位。

【土地储备开发】 2020年，佛山市新增入库土地4宗、面积78.37万平方米；供应储备土地3宗、面积20.94万平方米。截至年底，市级储备土地存量55宗、面积177.51万平方米。佛山市加强储备土地整理，保障政府土地供应，完成禅城区汾江北路82号、禅城区佛山公园西侧、南海区狮山镇佛山“一环”高速公路以东、桃园西路以南3宗共78.33公顷土地的收回工作。开展佛山市中医院改扩建项目、佛山市第三人民医院内宿舍征收项目以及养老养生产业园项目征收工作，签订3宗储备土地面积共40655平方米的征收协议。对纳入土地供应计划的佛山车城地块、禅城区工农路27号地块、禅城区南海大道东侧、绿景路南侧地块及佛山公园地块开展土地出让前期土地清表、地下管线迁移等工作，确保储备土地顺利出让及交地开工。

【矿产资源管理】 2020年，佛山市组织高明区、三水区开展绿色矿山创建工作，完成佛山市三水新星盐矿和芦苞长岐地热田2个绿色矿山的创建任务。开展《佛山市矿产资源总体规划（2021—2025年）》编制工作。佛山市自然资源局全年发现查处矿产领域违法案件12件，作出行政处罚12件，罚款77.3万元。

（郭　庆）

【水资源管理】 按照最严格水资源考核统计口径，2020年，佛山市用水总量21.55亿立方米，其中工业用水占24.44%、农业用水占27.88%、居民生活用水占28.85%、城镇公共用水占16.91%、生态环境用水占1.92%。全市万元地区生产总值用水量19.92立方米，万元工业增加值用水量9.13立方米。佛山市全年用水总量、万元地区生产总值用水量降幅、万元工业增加值用水量降幅、农田灌溉水有效利用系数、水功能区水质达标率5个指标值均达省最严格水资源考核目标值要求。同年，佛山市印发《佛山市节水行动实施方案》，通过完善各项节水制度、健全节水工作协调机制、倒逼工业节水改造、加大市政管网改造投入、实施高标准农田建设、实现污水资源化利用等措施，全面推进节水工作开展，禅城区、南海区和顺德区完成县域节水型社会达标建设任务，通过省级验收。节水载体建设取得突破：禅城区完成12家节水型企业、43个节水型居民小区、112个节水型公共机构的创建；南海区完成20家节水型企业、13个节水型居民小区、176个节水型公共机构的创建；顺德区完成11家节水型企业、6个节水型居民小区、11个节水型公共机构的创建；高明区完成12家节水型企业、74个节水型公共机构的创建；三水区完成5家节水型企业、6个节水型居民小区、105个节水型公共机构的创建。

（罗惠栅）

国有资产监督管理

【概况】 截至2020年底，全市纳入监管的国有企业708家，其中市属企业331家（市属一级、直管国有企业9家）、区属企业377家。全市国有企业资产总额4354.43亿元，比上年增长8.79%；所有者权益总额2023.26亿元，比上年增长7.8%；营业收入561.1亿元，比上年增长26.73%；利润总额53.23亿元，比上年下降3.8%。市属国有企业资产总额2100.86亿元，比上年增长10.52%；所有者权益总额738.82亿元，比上年增长21.17%；营业收入376.34亿元，比上年增长28.68%；利润总额22.74亿元，比上年下降11.28%。2020年，佛山市市属国有企业增加上缴2017—2019年超额利润4.28亿元，国有资本经营预算1.59亿元，全年已交税费总额21.47亿元，比上年增长20.98%。同年，市属国有企业招聘1000名应届高校毕业生，提供实习见习岗位309个。此外，佛山市人民政府国有资产监督管理委员会推进5家市属企业国有资本划转社保基金工作。新冠肺炎疫情期间，市属国有企业在稳定生产经营的同时，通过免路费、减房租、降气价、稳粮价，降低社会运行成本超9亿元。

表22　佛山市市属一级（直管）国有企业情况一览表

单位：亿元

序号	公司名称	成立时间	主营业务	主要下属企业	2020年资产总额	2020年营业收入
1	佛山市公用事业控股有限公司	2006年	水、电、气、环保（固废）、智能制造等	佛山市水业集团有限公司、佛山电建集团有限公司、佛山市气业集团有限公司、宝裕发展有限公司、福能东方装备科技股份有限公司、佛山市新金叶贸易发展公司、佛山市电子政务科技有限公司等71家	463.34	221.31
2	佛山市公盈投资控股有限公司	1998年	接受委托对公有资产经营、管理、产权转让、交易等	佛山市新经济投资发展有限公司、佛山市教育产业有限公司、广东佛陶集团股份有限公司、佛山市骏承物业管理有限公司、佛山市恒汇盈资产经营管理有限公司、佛山口岸发展有限公司、佛山市电子口岸有限公司、佛山市大健康产业发展有限公司等	77.06	2.39
3	佛山市路桥建设有限公司	2003年	高速公路投资建设、运营管理、养护、资源开发，地方道路、桥梁、隧道等基础设施投资建设	佛山市中策高速公路投资管理有限公司、佛山市交通发展有限公司、佛山市高速公路营运管理有限公司、佛山路桥资源开发有限公司、佛山市建盈发展有限公司、佛山市交通科技有限公司、佛山市公共交通管理有限公司等7家二级企业；佛山市中策广明高速公路有限公司等15家三级企业；佛山市佛江高速公路有限公司等7家三级控股企业	784.18	33.07
4	佛山市铁路投资建设集团有限公司	2009年	城市轨道交通项目的投资、建设、运营和资源开发管理等	佛山市佛铁实业有限公司、佛山铁投轨道交通培训有限公司、佛山市佛铁投资发展有限公司、佛山市高明区佛铁制氢发展有限公司4家全资企业，同时与中国交建、中国中车四方股份公司、广州地铁等多家大型企业合作，成立佛山轨道交通设计研究院有限公司、佛山市中车四方轨道车辆有限公司等16家控、参股公司	570.43	1.99
5	佛山市金融投资控股有限公司	2013年	期货、银行、基金管理、不良资产处置、小额贷款、融资租赁、股权投资、产权交易等金融服务	佛山市禅本德资产管理有限公司、佛金香港有限公司、佛山市富思德基础设施投资有限公司、佛山市创新创业投资有限公司4家子公司，广东耀达融资租赁有限公司、佛山市科技风险投资有限公司、佛山南方产权交易所有限公司3家控股公司	138.04	11.43
6	佛山市建设开发投资有限公司	2012年	城市基础及公共设施投资管理、物业资产的投资经营管理、工程项目投资咨询等	佛山建投城市建设有限公司、佛山建投城市发展有限公司、佛山建投置地有限公司、佛山建投置业有限公司等4家二级企业	166.12	108.47

续表

序号	公司名称	成立时间	主营业务	主要下属企业	2020年资产总额	2020年营业收入
7	佛山市中力经营管理有限公司	2001年	档案管理、破产清算服务等	佛山市东平资产经营有限公司、佛山市新元资产管理有限公司、佛山市至顺企业清算服务有限公司、佛山市力承企业清算服务有限公司、佛山市华承企业清算服务有限公司、佛山市天启企业破产清算服务有限公司、佛山市档案管理中心有限公司、佛山市资产托管中心有限公司等8家二级企业	65.13	0.34
8	佛山市粮食集团有限公司	2004年	粮食储备、粮食经营、粮食加工等	广东佛山国家粮食储备库有限公司、佛山直属粮食储备库有限公司、佛山市粮食集团有限公司南海储备分公司、佛山市粮油物业有限公司等3家二级企业，1家分公司	13.39	9.71
9	佛山市规划测信总院有限公司	2020年	国土空间规划、建筑、市政工程设计，城市发展综合研究和咨询服务等	—	—	—

注：佛山市规划测信总院有限公司于2020年12月25日注册成立

【国有企业固定资产投资】 2020年，佛山市市属国有企业累计完成各项投资274.37亿元，完成年度投资计划（251.88亿元）的108.9%。其中：完成固定资产投资项目217.86亿元，完成率114.7%；完成股权投资项目56.51亿元，完成率94.9%。年内，市属国有企业共承担24个省、市重点项目建设，年度计划投资184.82亿元，实际完成投资193.71亿元，完成率104.81%。在推进重大交通基础设施建设方面，轨道交通二期建设规划进入国家审批阶段，总投资超700亿元；新一轮高速、快速公路网包括广佛线干线快速路、广州—台山高速公路等储备项目达21个，总投资近1500亿元。招商引资方面，招商引资总额31亿元，福能东方装备科技股份有限公司、广东大宇科技实业有限公司相继迁入佛山市。

【国有企业改革】 2020年，佛山市在国有企业改革工作中推进重点领域和重点环节改革，推动市属国有企业健康发展。完成6447户国有企业职工家庭“三供一业”分离移交（国有企业职工家属区水、电、暖和物业管理职能从国企剥离，转由社会专业单位实施管理）工作。完成退休人员移交社会化管理考核2.45万人。完成466家“僵尸企业”（已停产、半停产、连年亏损、资不抵债，主要靠政府补贴和银行续贷维持经营的企业）市场化处置。制定关于规范市属企业发展混合所有制经济的实施意见，坚持“三因三宜三不”（“三因”是指因地施策、因地施策、因企施策；“三宜”是指宜独则独、宜控则控、宜参则参；“三不”是指不搞拉郎配，不搞全覆盖，不设时间表）原则，分层分类推进混合所有制改革，促进国企资本资产等优势与民企机制灵活等优势融合。年内，市属国有企业新增混合所有制企业10家，累计发展混合所有制企业156家，占市属国有企业总数的47.3%。

【国有资本战略性重组】 2020年，佛山市持续优化国有资本布局和结构调整，确定各一级企业主业不超3个，推动国有资本向重大基础设施、重要民生服务、城市更新改造和战略性新兴产业等重要行业和关键领域集中。佛山市公用事业控股有限公司下属佛燃能源集团股份有限公司在南庄镇布局建设全国首个综合能源制氢加氢加气一体化站。福能东方装备科技股份有限公司布局非标自动化设备与锂电池智能自动化生产设备；推进开普勒项目，打造国内乃至世界数据中心行业最大错峰蓄冷池。佛山市路桥建设有限公司初步建成智慧路桥综合信息化平台，向数字型基础设施运营商升级转变。佛山市建设开发投资有限公司探索“城市更新+租赁住房+商品住房”模式，新增2个66.67公顷以上项目，年营业收入超100亿元。

【“纪检监察+监事”监督新模式探索实施】 2020年，佛山市探索实施“纪检监察+监事”的监督新模式，成立地方国有资产监管指导监督工作领导小组，推进经营性国有资产集中统一监管，协调、指导和监督地方国有资产工作，研究解决地方国有企业改革工作中的重大问题和难点问题。聘任佛山市人民政府国有资产监督管理委员会委派的10名专职监事为联络员，召开联络员聘任暨培训会议，制定《佛山市国资委纪检监察工委联络员工作办法（试行）》，对联络员的聘请、职责、权利以及履职方式等作出规定，将监督延伸到企业经营一线。

【市属国有企业债权债务管理】 2020年，佛山市加强市属国有企业债权债务管理力度，防范债务风险，防止国有资产流失。市人民政府国有资产监督管理委员会指导各企业妥善应对经济领域可能出现的重大风险，保持国有经济的保值增值。出台《佛山市市属企业加强债务管理严控债务风险暂行办法》，建立债务风险动态监控机制，推动各市属企业履行财务监督责任，完善财务管理机制，加强对下属公司监管指导，防止新坏账的产生，防范新债务风险。加强资产负债约束工作力度。针对历史遗留问题，要求各企业明确专人负责账务核对和清理工作，降低企业损失。11月12日，市国资委组织召开市属国有企业债权债务管理工作座谈会，听取各市属企业汇报自身及下属企业债权债务基本情况、管理经验、存在问题及下一步工作措施，提出解决方法和建议。2020年，市属企业平均资产负债率下降至64.83%，比上年下降3.09个百分点。

【《佛山市国资委权责清单（2020版）》印发】 2020年11月，佛山市人民政府国有资产监督管理委员会印发《佛山市国资委权责清单（2020版）》明确国有资本出资人职责，以管资本为主，推进国有资产监管职能转变。清单对市属一级企业和直管企业加大授权放权力度，调整权责事项共45项，其中取消16项、下放10项、授权11项、对国有资本投资和运营公司特别授权8项。通过加强事中和事后监管、完善监督管理体系建设等方式，实现授权与监管相结合。建立动态调整机制，加强跟踪督导，定期评估授权放权事项的执行情况和实施效果，采取扩大、调整或收回等措施动态调整授权放权事项。

（王　娟）

财　政

【概况】 2020年，佛山市地方一般公共预算收入完成753.56亿元，比上年增长3%，为年初各级人大通过预算的102.48%。受新冠肺炎疫情的不利影响，收入增速有所放缓，但总体形势回稳向好，收入总量位居全省第三，增速高于全省平均水平。全市5个区一般公共预算收入均实现增长，禅城区、南海区、顺德区、高明区、三水区分别比上年增长1.38%、1.01%、3.15%、2.31%、1.13%。全市地方一般公共预算支出完成1003.04亿元，比上年增长6.56%。全市民生支出完成678.99亿元，占一般公共预算支出的67.71%。

【财政收支管理】 2020年，佛山市各级财政部门面对国内外复杂形势特别是新冠肺炎疫情冲击影响，通过增收节支，实现财政平稳运行。收入方面，加强形势分析研判，研究部署增收举措，在落实减税降费各项政策的基础上，强化跨部门协作，完善重点税源征管，处置行政事业资产、加强国企利润上缴，实现收入增速扭负为正、持续回升。支出方面，落实过紧日子要求，压减非重点、非刚性支出，盘活财政存量资金，常态化清理市级预算单位账户资金，落实执行直达资金监控机制，推动直达资金规范高效使用，保障疫情防控、复工复产、“六稳”（稳就业、稳金融、稳外贸、稳外资、稳投资、稳预期）、“六保”（保居民就业、保基本民生、保市场主体、保粮食能源安全、保产业链供应链稳定、保基层运转）等重点领域支出。

【疫情防控财政资金保障】 2020年，佛山市各级财政部门把疫情防控资金拨付摆在优先保障位置。迅速成立市财政局疫情应急领导小组，按照特事特办、急事急办的原则，开通资金拨付绿色通道，发挥国库集中支付全流程电子化优势，确保防疫资金第一时间足额拨付到位。全年全市财政落实疫情防控资金30.54亿元。向上级争取抗疫特别国债

表23　**2019—2020年佛山市财政收入情况表**

指标名称	全市			市级	禅城区	南海区	顺德区	高明区	三水区
	2019年（万元）	2020年（万元）	2020年比2019年增长（%）	2020年（万元）					
收入合计	7316156	7535609	3.00	285776	1112347	2479018	2546082	435170	677216
增值税	1661715	1476534	-11.14	74	205431	495647	537332	88306	149744
企业所得税	761959	656766	-13.81	5029	102230	186411	256317	43337	63442
个人所得税	188968	232843	23.22	43	37766	58953	113477	7386	15218
城市维护建设税	508518	461181	-9.31	19	69707	151441	167270	26990	45754
耕地占用税	19589	22097	12.80	—	1156	7781	8951	1571	2638
契税	769306	1008631	31.11	383	191727	346083	306062	64790	99586
其他各项收入	3406101	3677557	7.97	280228	504330	1232702	1156673	202790	300834

注：根据佛山市与禅城区体制结算办法，将部分市级税收收入调整到禅城区反映

表24　　2019—2020年佛山市财政支出情况表

指标名称	全市			市级	禅城区	南海区	顺德区	高明区	三水区
	2019年（万元）	2020年（万元）	2020年比2019年增长（%）	2020年（万元）					
支出合计	9413223	10030420	6.56	2031937	1265749	2878423	2593797	500914	759600
一般公共服务支出	1352691	1322527	−2.23	193105	199453	289409	377335	91099	172126
教育支出	1597130	1725234	8.02	208147	249939	541351	515088	89865	120844
科学技术支出	981555	1015580	3.47	376216	108087	224715	210074	47539	48949
文化旅游体育与传媒支出	240085	224385	−6.54	78867	15487	64562	53973	2961	8535
社会保障和就业支出	885203	891083	0.66	98906	148302	276185	234498	49866	83326
卫生健康支出	1014477	1056866	4.18	139339	138362	337992	321133	53332	66708
节能环保支出	208541	195820	−6.10	17883	17001	109506	39147	6432	5851
城乡社区支出	1274870	1033402	−18.94	234178	131742	272861	325894	30912	37815
农林水支出	232998	311763	33.81	66744	28497	76667	42884	32427	64544
交通运输支出	170088	258888	52.21	151857	14144	32380	19964	13026	27517
资源勘探信息等支出	8971	284582	3072.24	62512	11551	180023	19200	1708	9588
商业服务业等支出	27749	138925	400.65	40807	12873	52663	27010	1657	3915
金融支出	4876	58873	1107.40	47692	−442	8254	1726	149	1494
援助其他地区支出	79219	110985	40.10	110899	86	—	—	—	—
自然资源海洋气象等支出	47557	76491	60.84	24768	5895	17771	14319	7656	6082
住房保障支出	161301	194583	20.63	22694	15718	40376	73389	19625	22781
粮油物资储备支出	8284	27864	236.36	8778	4147	9055	588	1944	3352
其他支出	1117628	1102569	−1.35	148545	164907	344653	317575	50716	76173

注：其他支出包括除已列出的项目以外的支出

等资金，支持应急医院等疫情防控项目建设，全年争取到抗疫特别国债24.72亿元、新开发银行贷款2.96亿元。全面落实患者救治、重点人群免费核酸检测等医疗费用补助政策，实行医保基金和财政补助“全兜底”，确保患者不因费用问题影响就医，确保收治医院不因支付政策影响救治，消除人民群众“抗疫”后顾之忧。强化疫情防控重点保障企业资金支持，对列入名单制管理的疫情防控重点保障企业，鼓励金融机构提供优惠利率的信贷支持，并按照人民银行专项再贷款利率的150%给予财政贴息，全年向62家疫情防控重点保障企业发放贷款贴息2116.69万元。做好防疫人员服务保障，配合有关部门完善工伤医疗救助、工伤保险服务等制度，同时将卫生防疫津贴提标扩面，落实疫情防控一线医务人员临时性工作补助和援鄂医疗队后勤保障经费，为“最美逆行者”提供保障。

【重点领域经济财政资金保障】 2020年，佛山市各级财政部门深入贯彻新发展理念，发挥财政职能作用，支持构建新发展格局，助力高质量发展。坚持创新引领发展，支持三龙湾高端创新聚集区、佛山高新技术开发区、珠三角国家自主创新示范区建设，重点保障季华实验室、清华大学佛山先进制造研究所等一批科技创新平台建设。全年全市科技支出101.56亿元，比上年增长3.47%。

支持现代交通网络加快完善，全市重点交通基础设施建设方面投入资金109.56亿元。推进实施乡村振兴战略，保障实施美丽乡村“五大行动”（指2019年出台的《佛山市美丽乡村建设实施方案》提出的“美丽家园”行动、“美丽田园”行动、“美丽河湖”行动、“美丽园区”行动和“美丽廊道”行动），市农业农村方面支出31.18亿元。成立佛山市农业保险工作小组，推动农业保险高质量发展。落实税收优惠、减免企业社保费等各项减税降费政策措施，降低市融资担保基金担保费率50%（促成合作银行向4186家中小微企业发放贷款合计超50亿元，为企业减免担保费用860万元），对承租市级行政事业单位物业的中小微企业免收租金3个月，全年全市新增减税降费超238亿元。支持外贸外资高质量发展，鼓励佛山企业参与“一带一路”建设，全年全市落实财政资金1.68亿元。实施粤港澳大湾区个人所得税优惠政策，上年度财政补贴及时发放完毕。

【政府补助（扶持）资金直达企业个人改革】 2020年，佛山市财政部门出台《佛山市政府补助（扶持）资金直达企业个人改革行动计划》，按照“事项分两类、改革全覆盖”的总体思路，依托扶持通平台，在全市分批推广资金“秒到”企业个人的“秒报秒批秒付”和承诺兑现时限的政策标准化措施体系，推动惠企利民政策红利秒速直达、限时直达。改革首批推出8个“秒报秒批秒付”事项和19个标准化事项，涉及财政资金约16亿元。

【预算编制执行监督管理改革】 2020年，佛山市财政部门在全面落实财政简政放权各项举措的基础上，出台《市级财政专项资金管理办法（试行）》《市级财政项目支出定额标准管理暂行办法》等文件，持续完善市级预算编制监督执行管理改革配套制度。截至2020年底，市级层面累计推出20份改革政策文件，省、市部署的各项改革任务基本完成，预算管理效能得到系统性提升。

【全面预算绩效管理】 2020年，佛山市财政部门建成并启用市级财政预算绩效指标库，落实预算项目绩效目标和事前绩效评估全覆盖，常态化开展事中预算执行“双监控”，试点开展部门整体绩效等绩效评价，市级基本建成全方位、全过程、全覆盖的预算绩效管理体系。

【国有金融资本管理】 2020年，佛山市财政部门完成对佛山市金融投资控股有限公司管理权的划转承接，并按照“财政出资—金控公司—金融企业”的管理思路，以市场化、法治化方式履行市级国有金融资本出资人职责，指导佛山市金融投资控股有限公司完善内部管理、提升经营能力，并推进收购新晟期货有关工作，推动国有金融资本做大做强。

【财政保障民生】 2020年，佛山市各级财政部门发挥保障和改善民生作用，筑牢基本民生底线。

困难群众基本生活保障　完善全市低收入群众临时价格补贴与物价上涨联动机制，全市低保对象基本生活水平由每人每月1060元提高至每人每月1080元，孤儿基本生活最低养育标准由每人每月2200元提高至每人每月2400元，困难残疾人生活补贴由每人每月不低于225元提高至每人每月不低于250元，重度残疾人护理补贴由每人每月不低于275元提高至每人每月不低于300元。

支持教育事业发展　支持扩大普惠性学前教育学位资源供给，提升义务教育阶段学校基础设施，落实公办普通高中生均公用经费制度，促进职业教育发展，支持佛山科学技术学院建设高水平理工科大学。全年全市教育支出172.52亿元，比上年增长8.02%。

支持完善公共卫生体系　支持市妇女儿童医院、市第二人民医院新院区等公立医院重点项目建设，保障实施高水平医院建设“登峰计划”，促进提升基本公共卫生服务质量。全年全市卫生健康支出105.69亿元，比上年增长4.17%。

稳就业促就业　支持开展职业技能培训，帮助重点群体提升就业能力，同时加大失业保险稳岗返还力度，鼓励企业不裁员、少裁员。全年全市社会保障和就业支出89.11亿元。

支持打造高质量文化导向型名城　支持建设完善城乡公共文化体育设施，开展非物质文化遗产保护，擦亮“博物馆之城”等佛山文化品牌。全年全市文化旅游体育与传媒支出22.44亿元。

支持脱贫攻坚目标任务如期完成　保障佛山完成东西部扶贫协作四川省凉山彝族自治州，以及省内对口帮扶湛江市、云浮市任务，持续对口支援西藏自治区墨脱县、新疆维吾尔自治区伽师县、

2020年，佛山市启动政府补助（扶持）资金直达企业个人改革，改革首批推出8个“秒报秒批秒付”事项和19个标准化事项。图为佛山全国首创企业用电用气补贴“零材料、秒申报”新闻通气会现场　　（市财政局　供图）

四川省甘孜藏族自治州等地，并加强与黑龙江省双鸭山市对口合作。全年全市筹集对外扶贫援建方面资金20.28亿元。

促进绿色发展和城乡协调发展　重点支持打好“蓝天”“碧水”“净土”三大战役，实现生态环境质量持续改善，城市绿化水平不断提升，生态文明建设迈出新步伐。推进实施乡村振兴战略，市级全年投入乡村振兴方面资金5.4亿元，支持高明区革命老区乡村振兴、三水区乡村振兴战略综合改革试点及全市乡村振兴示范村建设。全年全市节能环保支出19.58亿元。

【财政监督管理】 2020年，佛山市各级财政部门增强风险防范意识，在重点领域加大监管力度，确保财政安全运行。组织开展“小金库”“三公”经费〔指财政拨款支出安排的出国（境）费、车辆购置及运行费、公务接待费三项经费〕“私车公养”、镇街财政资金安全、预决算信息公开、会计信息质量、涉企和个人财政补贴、防疫资金等方面专项检查，做好会计师事务所及资产评估机构执业质量重点检查工作，严肃财经纪律。通过提前介入、简化流程、并联审批等方式开展工程项目财政资金审核工作，全年全市财政部门完成工程项目审核893项，涉及金额514.07亿元，核减不合理工程费用27.81亿元，推动节支增效。落实政府债务限额管理，管好用好债券资金。年内，佛山获得广东省下达各类债券252.08亿元，其中新增专项债146.3亿元，比上年增长16.33%，均按要求使用完毕。推进存量隐性债务化解工作，超额完成隐性债务年度化解计划任务。

【融资担保基金助力佛山企业融资突破50亿元】 2020年2月28日，广东省美博制冷设备有限公司、佛山市南海区腾鸿五金制品有限公司分别收到光大银行佛山分行各300万元佛山市融资担保基金专项贷款资金，佛山市融资担保基金首批2笔共计600万元贷款正式落地，为佛山中小微企业火线提供资金，全力支持企业有序复工复产。截至2020年底，基金已促成合作银行累计向4185家中小微企业发放贷款50.2亿元，杠杆撬动比例达15.2倍，贷款利率最低至贷款市场报价利率（LPR），基金惠企红利有效释放。

【汽车消费补贴申报“三秒三零”新模式】 2020年7月30日，佛山市召开“国六”汽车消费补贴上线媒体通气会，宣布即日起购车补贴正式在佛山扶持通平台进行申报和发放，并且创新推出购车补贴申报“秒报秒批秒付”服务，做到购车补贴申报零材料、零跑腿、零接触，从申报到兑现全程只需几秒钟。“三秒三零”服务的推出，标志着佛山继5月全国首创推出购车补贴申报“秒报”服务后，在深化扶持政策领域“放管服”改革方面再次创新升级走在全国前列。截至2020年12月底，全市通过扶持通平台办理汽车消费补贴业务超15万人，发放金额3.4亿元，高峰时每天秒付1.1万笔。

【惠民电子消费券发放】 2020年4月，佛山市开展为期1个月的“促消费、惠民生”活动，市级财政直接向佛山市民和外地游客派发1亿元电子消费券，以应对新冠肺炎疫情对消费行业的冲击影响，推动消费服务业复苏。消费促进月活动由佛山市级财政首先启动，各区和各镇（街道）陆续跟进，以多种形式配套开展促进消费回暖行动。

（市财政局）

2020年7月30日，佛山市召开“国六”汽车消费补贴上线媒体通气会，创新推出购车补贴申报“秒报秒批秒付”服务

（市财政局　供图）

税　务

【概况】 2020年，佛山市税务系统组织税费收入1978.13亿元，比上年下降9.9%，其中组织税收收入1555.92亿元，下降6.8%。剔除海关代征税收后，组织国内税收收入1449.78亿元，比上年下降6.6%。

税收呈现前低后高　2020年，佛山市税收总体规模稳居广东省第四。受新冠肺炎疫情影响明显，佛山市税收单月波动明显，呈现明显的前低后高态势，整体税收降幅在4月下探谷底，而随着疫情防控形势好转、企业复工复产进程加快，自5月起佛山市税收逐月回升。5—12月佛山市连续8个月单月市县级收入实现正增长，累计市县级降幅大幅收窄，税收增速在广东省排位稳中有升。从累计增速来看，1—12月佛山市国内税收降幅较一季度收窄11.5个百分点，市县级税收降幅较一季度收窄17.6个百分点。从广东省排名来看，佛山市税费收入增速位居广东省第十五，在珠三角九市（含深圳，下同）排第六位，增幅排名居中；市县级收入增速位居广东省第十二，在珠三角九市排第六位。

地方税种表现亮眼　2020年，佛山市税收受新冠肺炎疫情叠加减税降费等因素影响，16个税种中有10个出现减收，6个实现增长。主体税种方面，国内增值税下降11.6%、企业所得税下降13.2%、土地增值税下降5.8%，主要税种合计减收135.19亿元。虽然出现不同程度减收，但减收幅度一直在不断收窄，其中占比最大的国内增值税较上半年收窄10.2个百分点，企业所得税较上半年收窄3.9个百分点，土地增值税较上半年收窄16.4个百分点。个人所得税、契税则表现亮眼，全年分别增长24.4%和31.2%，对组织收入大局稳定起到支撑作用。

产业税收结构总体稳定　2020年，佛山市产业税收结构继续保持稳定，第二、第三产业税收占比为41.8 ∶ 58.2，与上年一致，累计税收分别下降6.8%和6.9%，较一季度分别收窄17个百分点和7.1个百分点。其中房地产业下降13.1%、批发零售业下降11.4%、制造业下降7.1%。房地产业、批发零售业和制造业三大行业税收合计减收122.48亿元，拉低税收总收入增幅7.3个百分点。金融业税收稳定增长1.9%。租赁和商务服务业在企业员工期权行权个税增收的带动下，税收增长24.5%，表现亮眼。具体来看，第二产业税收收入650.24亿元，比上年下降6.8%，其中制造业受深化增值税改革政策翘尾因素（2019年4月起制造业增值税税率由16%调整为13%）、新冠肺炎疫情影响下制造业复工复产复销缓慢、免抵调库收入减收、进口下降导致海关代征税收持续下滑等影响，下降7.1%。第三产业税收收入905.16亿元，比上年下降6.9%。其中：房地产业受疫情因素影响明显，销售效果欠佳，土地增值税预征收入和所得税汇算清缴收入均大幅减收，导致该行业下降13.1%；而金融业由于网上业务发达，受疫情冲击影响相对较小，增长1.9%，增收1.96亿元。

区域税收增减分化　2020年，佛山市所辖的5个区税收持续分化。从国内税收增速来看，佛山市5个区累计降幅均有所收窄。从市县级税收增速来看，禅城区、顺德区和高明区得益于个人所得税、契税的大幅增收成功实现全年累计增幅转正，分别比上年增长2.5%、1.5%、2.8%；南海区和三水区分别下降4.6%、5.6%，降幅分别较一季度大幅收窄21.5和21.6个百分点。

税收减收税源情况　2020年，除新冠肺炎疫情影响外，导致佛山市国内税收收入降幅较大的主要因素分别是缓缴结转收入、减税降费效应和免抵调库收入。缓缴税款年收入差造成明显减收。由于2019年第四季度办理缓缴税款的户数和金额以及房土两税结转收入比上年同期有所减少，2020年一季度入库的缓缴税款比上年减收28.62亿元，成为2020年佛山税收减收的主要原因之一。减税降费政策效应影响较大。2020年1—11月，全市累计新增减税降费224.84亿元。其中：2020年出台的支持新冠肺炎疫情防控和经济社会发展税费优惠政策新增减税降费166.23亿元；2019年出台政策在2020年翘尾新增减税降费58.61亿元。免抵调库收入下降。受国外新冠肺炎疫情持续影响，全市生产企业2020年申报免抵税额和办理免抵调库比上年大幅下降，全年佛山实现免抵调库收入88.92亿元，比上年下降8.4%，减收8.18亿元。

税收增收税源情况　2020年，佛山市税务部门在全市复工复产后，及时掌握全市重大工程项目、房地产销售、土地出让、股权激励等重点税源信息，加快开展土地增值税清算等工作。大企业员工行权推动个人所得税大幅增长，顺德区的两大集团股权激励（期权行权）累计缴纳个税共计19.78亿元，比上年增收14.63亿元，推动全市个税大幅增收23.07亿元。土地增值税清算工作成效明显，在上年同期高基数的情况下，全年实现土地增值税清算收入53.90亿元，比上年增长17.4%。契税征管质量提升，税收持续大幅增长，全年增量房交易契税比上年增长36.6%，土地出让契税增长33.5%。

【税收征管体制改革】　2020年，佛山市税务部门全面落实税收领域改革，纳税服务、税费征管、税务执法等取得成效。全面落实改革部署。拓展“非接触式”办税，佛山市涉税业务电子渠道办理率达93%；开展全量测试，出口退税管理系统与金税三期系统成功整合；完成水土保持补偿费等4项非税收入划转准备；等等。在顺德区税务局试点上线V-Tax远程可视化自助办税系统，业务办理量占全省的24.6%；试点推进增值税专用发票电子化改革，推行增值税发票公共服务平台，免费发行税务UKey（电子发票公共服务平台的身份认证及信息加密设备）超5万个；试点应用增值税发票全链条快速反应系统，发现存在风险企业193户次。开发“i惠退”平台，留抵退税效率提升4倍，并在全省推广；与市科技部门联合推出研发项目“自主前置鉴定”服务，降低企业享受税收优惠的不确定性；在南海区税务局试运行“股转通”，探索构建股权转让

表25　2020年佛山市税收情况表

单位：亿元

项　目	税收	
	2020年收入	比上年增长（%）
税费收入合计	1978	-9.9
一、税收收入（含海关代征税收）	1556	-6.8
其中：组织国内税收收入（除海关代征税收）	1450	-6.6
其中：国内中央级收入	643	-9.0
省级收入	293	-10.1
市县级收入	514	-1.1
二、费金收入	422	-19.8

2020年，佛山市税务部门拓展“非接触式”办税新模式，上线V-Tax远程可视化自助办税系统，助力纳税人实现办税“一次不用跑”。图为税务人员线上受理纳税人印花税纳税申报业务
（市税务局 供图）

电子化精准管理闭环；引入社会组织专业力量，通过“慧调解”高效化解社保投诉难题；推行柔性执法新模式，前置“风险预防”服务。

【税收营商环境优化】 2020年，佛山市税务部门继续贯彻落实全国税务系统深化税务系统“放管服”改革和优化税收营商环境2个五年工作（行动）方案，提升纳税人和缴费人满意度。推广“非接触式”办税模式，试点上线V-Tax远程可视化办税系统。创新推出全业务全流程“云退税”，退税效率提升1倍。推进“银税互联自助办税”，覆盖市内1040个银行网点，全年办理涉税费业务2.94万笔。立足纳税人需求，推出一系列创新服务品牌，打造“i惠退”智能服务平台，留抵退税办理效率提升4倍，获中央电视台关注报道。推出“研发项目自主前置鉴定服务”，实现研发费用加计扣除全程网上办理，相关经验获全省推广。探索开发个人股权转让税收管理平台“股转通”，构建个人股权转让电子化精准管理闭环。成立由佛山市税务局党委书记担任组长的纳税人满意度调查领导小组，组织对全市55118户重点纳税人走访调查，走访率100%。组建营商环境评价“纳税”指标三级填报团队，开展营商环境评价“纳税”指标填报工作。打造税务“云课堂”，音视频“微课”吸引超100万人次观看。推出融媒体税务宣传作品40余部，累计浏览量超1000万人次，1件作品获第八届亚洲微电影艺术节“中国税收单元优秀作品奖”。2020年，佛山市税务局在全省纳税人满意度调查中排名中提升5个名次。

【税收管理】 2020年，佛山市税务部门推动征管基础质量和税费管理质效“双提高”、税收执法风险和基层工作负荷“双降低”。在完成“行政管理+征管业务+岗责体系”税务流程体系建设基础上，实时优化税务系统平台，为政策落地、业务更新提供坚实技术支撑，使信息化建设与税收制度改革更加匹配。在抓好各税费种管理基础上，细致摸排市场主体数量和存续状态。推进发票电子化改革、行业税收治理和无感实名办税等工作，完成防空地下室易地建设费等4项非税收入划转。配合做好全国出口退税审核系统和“金税三期”并库工作。强化佛山市风险任务统筹管理，搭建股权转让风险分析模型，获在全省推广。承担税务总局增值税发票全链条快速反应系统试点，推进发票领用分类分级管理，严控增值税发票管理风险。

【纳税服务】 2020年，佛山市税务部门在新冠肺炎疫情背景下，落实各项减税降费政策，为企业纾难解困，激发市场主体活力，服务“六稳”（稳就业、稳金融、稳外贸、稳外资、稳投资、稳预期）、“六保”（保居民就业、保基本民生、保市场主体、保粮食能源安全、保产业链供应链稳定、保基层运转）大局。组建防疫攻坚党员先锋队、税务青年助企团，宣传税费优惠政策，帮助企业有序复工复产。梳理支持疫情防控有关税收政策，推出税收优惠政策汇编电子书，方便企业随时随地获取新政。举办“云税说”系列直播课，吸引纳税人观看超80万人次。与社保、银行等部门合作，推出社保费减免“免填单、免申请、自动享”服务，提高企业享受税收优惠便捷度。联合市科技部门推出研发项目“自主前置鉴定”服务，企业在年度汇算清缴申报前，可以自主选择进行研发项目鉴定，提高企业享受优惠的确定性，降低涉税风险。落实与扶贫相关的税费优惠政策，鼓励企业和更多社会力量参与扶贫。联合市退役军人事务局、市人力资源社会保障局等部门组建“稳就业保就业”志愿服务队，开展政策宣传辅导工作。

【税收大数据应用】 2020年，佛山市税务局成立税收经济分析团队，向佛山市委、市政府和广东省税务局报送经济税收及复工复产情况分析报告63篇，为上级部门研究推进复工复产等工作提供决策依据。运用税收大数据，搭建“产业链智联平台”，供企业自主公开产品和寻找货源，解决疫情防控期间企业原材料供应不畅、上下游产销脱节等问题，截至年底，有4300家企业通过“产业链智联平台”寻找到合适的上下游企业，成交金额近60亿元。加强与市银保监分局，以及各合作商业银行的数据共享，拓宽“银税互动”服务半径，全年有1.4万户企业通过线上渠道申请获得信用贷款近77亿元。

【省内首推全流程全业务电子退税服务】 2020年2月，佛山市税务局在新冠肺炎疫情防控期税收扶持政策密集出台、倡导“非接触式”办税的背景下，在广东省率先推出全流程全业务电子退税服务，提供更多“非接触式”便捷办税方式。运用全流程全业务电子退税服务模式，纳税人所有的退税业务均可通过线上平台发起办理，无须填写提交大量纸质表单和来回跑路，让企业及时享受税收扶持，足不出户收到退税款，同时也促进税务部门的审批效率和准确率的提高。

【产业链智联平台】 2020年3月，佛山市税务局创新推出产业链智联平台，利用税收大数据搭建起产业链供需桥梁。该平台基于增值税发票及时、准确记载的企业商品服务种类、数量以及经济活动发生时间等信息，经过语义分析、智能分析与模糊匹配等技术处理后，能够精准高效响应需求企业的查询检索，可供企业自主公开产品和寻找货源，解决疫情期间企业原材料供应不畅、上下游产销脱节等“难点”“堵点”，同时破解企业复工复产中缺乏供应商渠道、供应商信息来源不可靠和发布不及时等关键问题。为了保障信息安全，产业链智联平台引入授权机制，如果产品供应方未授权公开产品信息，关键信息会被隐藏，需求方可以定点留言说明具体需求和联系方式，等待产品供应方联系；如果产品供应方授权公开产品信息，需求方则可以根据联系方式“直链”供应方。此外，该平台可经由后台智能分析，优先排序已授权公开、信誉高、产量大的企业名单，实现供需关系“精准配”。

【省内首推研发费用加计扣除研发项目“自主前置鉴定”服务】 2020年3月，佛山市税务局联合市科技局在全省首推研发费用加计扣除研发项目“自主前置鉴定”服务，纳税人在申报研发费用加计扣除优惠时，能够自主选择是否提前进行研发项目鉴定，避免享受政策的不确定性，降低企业涉税风险。以往研发项目鉴定，一般是基于税务机关在后续管理中，对纳税人在年度汇算清缴期间申报享受研发费用加计扣除优惠的研发项目产生异议时，向科技部门提出开展鉴定。当研发项目经鉴定不符合规定时，纳税人将面临补交税款和滞纳金的风险。为减少企业享受研发费用加计扣除优惠的不确定性，最大限度降低涉税风险，市税务局与市科技局反复沟通研究，打通2个部门的线上办事系统。纳税人登录“佛山扶持通”平台申请研发项目鉴定，鉴定通过之后在“电子税务局”申报研发费用加计扣除。

【“i惠退”智能服务平台试点上线】 2020年9月，佛山市在广东省率先试点上线“i惠退”智能服务平台，加快退税的速度，促进退税效率提升。该平台依托税收大数据，实现留抵退税“自动分析、自动提醒、自动统计”全流程电子化办理。企业提交退税申请后，退税款最快2个工作日内即可到账。该平台每个月都会在后台实时归集纳税人申报数据和相关信息，智能筛选符合留抵退税条件的企业名单，并进行“点对点”的推送提醒，企业也可以通过“佛山税务”企业号进入该平台进行自主查询。该平台税务端智能连接征收管理、风险防控等多个内部系统，打通增值税留抵退税各个环节的信息，实现全流程电子化管理。

（周　鹏）

2020年9月，佛山市在广东省率先试点上线“i惠退”智能服务平台，加快退税的速度，促进退税效率提升　　（市税务局　供图）

金融监督管理

【银行业监管】 2020年，中国银行保险监督管理委员会佛山监管分局履行对辖内银行机构的监管职责，守住辖内不发生重大案件风险和区域性系统性风险的底线，督促引导辖内银行机构规范业务经营、强化内部管理，促进各项业务保持规范稳健创新发展。

银行业风险防控　通过召开非现场监管联席会议、印发非现场提示单、警告单和监管意见书等方式，加强非现场分析研判和风险预警，防范化解潜在信贷风险，截至年底，辖内银行机构不良贷款率比年初减少0.2个百分点。严格落实房地产市场调控政策要求，推动辖内银行机构降低新增贷款中房地产贷款的占比，截至年底，辖内房地产贷款集中度比年初下降约2个百分点。组织开展整治市场乱象“回头看”、抗疫情政策执行情况等8项现场检查，以及金融支持复工复产和助力决战决胜脱贫攻坚等6项稽核调查，并推动银行机构推进根源性整改。坚持佛山市金融管理部门联系会议制度，年内组织或参加联系会议2次，并就金融放贷行业专项整治、扫黑除恶、债委会运作等工作多次召开沟通协调会，同时主动对接市金融工作局、公检法机关，落实对“三书一函”（监察建议书、司法建议书、检察建议书、公安提示函）的整改回复。

银行业服务实体经济　督导推动金

融纾困政策落地见效，截至年底，辖内银行机构普惠型小微企业贷款超1400亿元，高于年初各项贷款平均增速超过20个百分点，新发放的普惠型小微企业贷款平均利率及综合融资成本均比上年下降0.9个百分点。督促银行机构做好重点建设项目金融精准对接服务工作，截至年底，辖区银行业对省、市重点建设项目的贷款余额超500亿元。加大制造业信贷支持服务制造强市建设，年末辖内中长期制造业贷款余额、制造业信用贷款在制造业贷款总额中的占比比上年分别提高1.5个百分点和2.5个百分点。引导辖内银行机构持续加大对外贸企业的支持力度，截至年底，辖内银行机构对外贸企业表内、表外业务余额分别超800亿元、500亿元，比上年分别上升约25%、34%。此外，通过供应链金融支持外贸中小企业，截至年底，辖内银行机构对外贸供应链核心企业融资余额超40亿元，对其上游中小企业供应链融资余额超20亿元，其中占用核心企业授信额度的融资余额约15亿元。

银行业改革发展　指导督促辖内6家农村中小银行机构全面完成股权托管，落实落细《健全银行业保险业公司治理三年行动方案（2020—2022年）》，加快推进南海、顺德农商行上市步伐。引导推动辖内银行机构支持粤港澳大湾区基础设施项目建设、助推跨境融资服务开展，佛山银行机构全年支持大湾区基础设施项目超120个，年末贷款余额逾500亿元。主动对接广东金融高新区建设需求，中国工商银行集约运营中心（佛山）、广州银行后台数据中心等10余个金融重点项目签约落户金融高新区，投资额近100亿元。指导辖内银行机构推出租赁保理、应付通、应收账款质押融资等系列产品助力拓展供应链业务，截至年末，辖内农村中小银行机构支持产业链核心企业逾1000户，贷款余额超800亿元。

【保险业监管】 2020年，中国银行保险监督管理委员会佛山监管分局引导佛山市保险机构回归实体、防控风险、深化改革创新，推动保险业实现高质量发展。

保险业金融风险防控　与广州、东莞、惠州开展车险监管联席会议，推动佛山车险综合改革稳步向“增保、降费、提质”目标迈进，截至年底，佛山车险地板价问题得到遏制，贴费竞争明显减少。推动辖内保险机构回归主业、合规经营，以现场检查深化问题发现和整改，引导保险机构加强内控管理，厚植合规经营文化。协调妥善化解风险苗头事件，全年妥善处置涉玖富、友信等举报调查案件200余件。持续加强和规范辖内2个保险行业协会的管理，发挥协会在行业宣传引导、展示形象和维权协调等方面的作用。

保险业服务实体经济　推动辖内保险业为超80个省、市重点建设项目提供保险保障接近300亿元，项目数量及保障金额分别比年初增长超250%、150%。推动辖内保险机构做好安全生产责任险工作，辖内财产保险机构全年安全生产责任险保费收入超1.5亿元，承保企业1万余家，保障企业员工近23万人。引导保险机构支持企业放心“走出去”，全年辖内财产保险机构出口信用保险实现保费收入超3亿元，累计提供1400多亿元保险保障，为超150家外贸企业支付赔款超1亿元，通过关税保险为数十家企业释放关税保证金超1亿元。推动辖内保险业支持企业渡过难关，全年辖内保险机构通过修改条款、快速理赔、降低保费等措施支持企业6万多家。引导辖内保险机构推进国际贸易“单一窗口”联接，辖内保险机构全年通过“单一窗口”实现保费收入超400万元。

保险业改革发展　加大优质保险机构引进力度，辖内新设阳光农业相互保险公司等保险分支机构9个，新增保险中介法人及省级分支机构13个。推动辖内保险机构深度参与粤港澳大湾区建设，辖内保险业全年承保港澳跨境车险近700辆，保费收入超400万元，为港澳居民投保寿险、意外险及健康险4万余人次，保费收入超10亿元，提供保障金额超180亿元。引导辖内保险机构深度参与社会治理和公共事业并取得关键突破，佛山市财产保险机构全年实现农业保险保费收入1500多万元（比上年增长超300%），电动自行车保险保费收入实现从0到4000多万元的突破。

（佛山银保监分局）

【地方金融监管】 2020年，佛山市金融系统围绕防范化解重大风险攻坚战的战略部署，履行地方金融监管和防范化解金融风险职责，维护地方金融和社会大局平稳安定。完成小贷公司2019年度“楷模”评级，佛山市有8家小贷公司获评“A”级（含）以上，获评企业数在广东省排名第二，其中佛山市南海友

2020年，佛山市南海友诚小额贷款有限公司获评“AAA+”级

（市金融工作局　供图）

诚小额贷款有限公司获评“AAA+”级，全省排名第三。开展地方金融机构年审换证工作，全年全市28家典当行通过年审换证，7家融资担保公司完成换证申请。开展商业保理行业清理整顿工作，保留商业保理法人机构3个。推进交易场所清理整顿，6家交易场所中，1家注销、2家清退或转型、3家保留。推进地方类金融机构系统转换工作，完成小额贷款、融资担保机构新旧系统转换（按照上级要求统一在广东省中小企业融资服务平台上线新系统）。深入开展地方金融风险现场检查，年内市金融工作局会同各区金融局（办）对地方金融组织开展139次现场检查，开展594次无证无照专项整治现场检查，到广东产权顺德交易所、桂江农产品综合批发市场召开现场办公会多次。加强风险预警和提示，全年全市地方金融监管部门约谈机构55次，发出风险提示函8份、整改通知书9份，对公司经营过程中存在的问题进行警示。妥善处置各类金融信访投诉，全年未发生重大金融风险问题，未出现到省、上京的信访事件。

（李洪仓）

【金融服务管理】 2020年，佛山金融系统坚持统筹疫情防控和经济社会发展，服务实体经济，提升金融服务效能。面对新冠肺炎疫情，佛山金融系统落实中央政策，通过专项再贷款支持佛山市76家列入全国和广东省名单制管理的防疫重点保障企业获得贷款19.97亿元。佛山市银行机构通过落实展期延期、降低利率等稳贷措施支持佛山企业6.9万家，涉及金额5306.53亿元；保险机构通过修改条款、快速理赔、降低保费等措施支持企业6.5万家。市金融系统支持企业融资专项资金效能加快释放，全年全市新增融资专项资金转贷资金357.97亿元（共3609笔，惠及1923家企业），转贷资金比上年增长32.73%，融资专项资金累计转贷1088.62亿元（共1.10万笔，惠及企业6082家）。市金融工作局联合市教育局、农业农村局、商务局、文广旅体局、退役军人事务局、重点项目局等六个部门和省、市金融机构，共同推出针对重点行业和领域的72个“菜单式”金融综合服务方案，参与主体包括保险、银行、证券和地方类金融机构，服务对象覆盖“六稳”（稳就业、稳金融、稳外贸、稳外资、稳投资、稳预期）、“六保”（保居民就业、保基本民生、保市场主体、保粮食能源安全、保产业链供应链稳定、保基层运转）的主要行业和领域，累计支持1.1万家企业（个人）获得融资1027亿元，为1.3万家企业（个人）提供风险保障1686亿元。该金融综合服务方案获得全省市直机关“先锋杯”创新大赛第三名（地级市项目第一名）。

发挥政策性小额贷款保证保险助贷作用，佛山金融系统全年新增贷款847笔，贷款金额16.19亿元，新增授信户数745户，全系统累计发放贷款2320笔、金额44.49万元，累计授信企业用户1298户。发挥科技信贷专营机构作用，推动全市科技信贷较快增长，全年全市科技支行发放企业贷款授信144.57亿元，其中科技型企业贷款77.26亿元（占科技支行全部企业贷款的53.44%），全市科技支行（2016年10月至2020年12月，全市共认定科技支行21家）累计向5029家次企业发放贷款295.62亿元（其中科技型企业贷款占科技支行全部企业贷款的53.15%），该项目获全省市直机关第八届“先锋杯”创新大赛转变作风类全省第十名。2020年2月，佛山市融资担保基金首批2笔共600万元贷款正式落地，为中小微企业火线“输血”，支持企业有序复工复产。截至年底，市融资担保基金担保贷款规模达74亿元，成功为4186家企业担保贷款50.32亿元。

推进“粤信融”广东（佛山）中小微企业信用信息和融资对接平台升级改造，截至2020年底，企业注册累计9.03万家、融资1.89万笔、融资金额2084.50亿元。推广应用广东省中小企业融资服务平台，实现佛山市扶持资金综合服务平台（佛山扶持通平台）与省中小企业融资服务平台对接。推动供应链金融发展，截至2020年底，全市金融机构通过中征应收账款融资服务平台累计开展应收账款融资业务1110笔，累计成交金额575.8亿元。加强与中企云链（北京）金融信息服务有限公司、无锡物联网产业研究院合作，探索金融科技手段服务实体经济新路径。

（欧颖诗）

【资本项目外汇管理】 2020年，佛山市推动落实境外放款和内保外贷注销下放银行改革政策，便利企业业务办理。加强政策指导，协助辖区美的集团等2家上市公司办理境内上市公司外籍员工参与股权激励资金管理业务。上调宏观审慎调节参数，提高企业全口径跨境融资限额，助力企业开展跨境融资。截至年底，佛山市辖区企业共办理全口径跨境融资签约备案业务32笔，备案金额1.98亿美元，提款金额9363.11万美元。落实外债登记改革，为辖区企业办理外债一次性登记业务20笔，外债规模80.59亿美元，累计提款8.73亿美元。非银行债务人外债注销下放银行改革深入推广，截至年底，全市共办理外债注销登记业务90笔，降低企业“脚底成本”。允许直接投资项下业务异地办理，佛山市辖区银行为8家异地企业办理9笔直接投资外汇登记。

【移动支付服务管理】 2020年，佛山市推动银行机构移动支付与智慧交通、智慧生活、智慧医疗、智慧校园等场景深度融合应用，指导辖区银行机构推出“移动支付+”创新模式，提升移动支付服务质量与效率。推进佛山市移动支付示范县、示范镇工程。佛山市8个移动支付示范镇建设完成，并顺利开展有关验收工作。加强银行账户全生命周期管理，提升银行账户风险监测效能，压实商业银行账户管理主体责任。加强金融机构现金业务、准备金和财政性存款等业务的规范化管理，强化对ACS（央行第二代支付系统暨中央银行会计核算数据集中系统）前置业务的指导，抓好ACS安全生产和运行管理。组织支付系统参与者开展多场景应急演练，维护支付系统安全、稳定运行。

【货币金银服务与管理】 2020年，佛山市推进顺德农商银行设立人民银行代理发行库、托管库，并作为全省首个托管库业务于12月正式运营。推进货币鉴定单位建设试点工作，助力反假货币水平提升。开展拒收现金、违规使用人民币图样专项整治，处理拒收现金投诉30宗，对违规使用人民币图样实施行政处罚1宗。推进货币鉴定单位建设试点工作，破获假币犯罪案件4件，抓获犯罪嫌疑人13人，收缴假人民币90.99万元，收缴假人民币币值比上年增长60.88%。

【非法金融活动打击治理】 2020年，中国人民银行佛山市中心支行加强信息共享、案件协查和联合打击，在打击跨境赌博、地下钱庄、网络炒汇等非法金融活动方面深入开展跨部门合作，破获地下钱庄案2件、跨境赌博案1件。打击治理电信网络新型违法犯罪，开展源头治理，“飓风302”专案行动中，协助公安机关成功冻结银行账户58个、资金220余万元。年内，指导银行协助追查银行账户3.99万个，止付涉及账户3.06万个，止付赃款约5亿元。

【反洗钱工作】 2020年，中国人民银行佛山市中心支行参与扫黑除恶专项斗争“打财断血”工作，推动涉及全国扫黑办挂牌督办的广东谢某某案洗钱罪判决。协助公安机关对“4·25B”特大涉黑团伙案开展反洗钱调查，摸清涉黑犯罪资金流向，并协助开展资金查询冻结工作，冻结林某涉黑团伙资金2.6亿元，查封犯罪嫌疑人个人以及公司名下房产3643处。在“4·25B”案开展反洗钱调查的基础上，移交并协助破获植某等人特大涉黑洗钱案，逮捕犯罪嫌疑人4人，涉案金额高达10亿元。

【南海区金融安全示范区创建】 2020年，中国人民银行佛山市中心支行继续支持南海区金融安全示范区创建工作，探索出广东特色、南海特点、金融特征的“1+N+X”〔人民银行+金融机构+企业或村（社区）等〕社会治理新模式，加强南海区金融安全示范区跨部门监管协调和信息共享，建立健全示范区金融行业风险案件监测预警、线索移送、信息共享和情报会商机制，提高金融行业风险事件的防范和处置能力。年内，南海金融安全示范区工作作为全省金融系统唯一一个项目入选广东省“平安杯”社会治理创新大赛。

（沈婷婷）

审　计

【概况】 2020年，佛山市审计机关完成审计项目95个，查出主要问题金额187.92亿元。其中违规金额6.69亿元、损失浪费金额1.62亿元、管理不规范金额179.60亿元。审计发现非金额计量问题948个，审计期间整改金额13.02亿元。为国家增收节支9.05亿元，减少财政拨款或补贴774.09万元，归还原渠道资金4.52亿元。审计后挽回（避免）损失1345.26万元。审计移送处理事项32项。出具审计报告和专项审计调查报告227篇，提交信息、审计专题、综合性报告279篇。向被审计单位或有关单位提出审计建议366条，促进建立健全规章制度241个。向社会发布审计结果公告13篇。完成上级审计机关和各级党委、政府及有关部门交办、配合事项80项。1个项目获评“全国审计机关优秀审计项目”三等奖。

【重大政策措施落实情况跟踪审计】 2020年，佛山市市、区两级审计机关对国家和广东省重大政策措施加强审计监督，开展佛山市28.27亿元新增财政资金直达市县基层、直接惠企利民情况专项审计，审计抽查单位183个，发现问题涉及金额2.88亿元。专题调研政府投资项目代建管理、政府采购、招投标，推动《关于深化政府招标采购“放管服”改革促进制造业高质量发展的实施意见》等7份市级指导文件出台。

【财政审计】 2020年，佛山市市、区审计机关共对87个单位进行预算执行和决算审计，延伸审计单位592个。审计发现专项资金提前拨付1.54亿元结存资金长期滞留在单位专户，督促收回项目资金6500万元；对企业扶持类的财政专项资金管理使用情况审计，发现因评审不严导致4家企业多领专项补助资金，追回违规获取的补助59.83万元。佛山市审计局首次探索以“云会议”方式打造高效无界限的审计交流平台，统筹督导推进全市财政全覆盖审计工作。

【经济责任审计】 2020年，佛山市市、区两级审计机关共对26个单位主要责任人进行经济责任审计，审计查出违规问题金额21.15亿元，提交审计报告和审计结果报告61篇；提出审计建议26条；向市纪检监察机关移送违法违纪案件线索12件，涉及25人，金额11.09亿元；审计期间落实整改金额1.06亿元，促进领导干部担当作为、依法履职。完成全市32个镇（街道）党政主要领导干部经济责任审计的五年轮审目标，实现镇（街道）党政主要领导干部经济责任审计全覆盖。

【政府重大投资项目审计】 2020年，佛山市市、区两级审计机关对重大交通建设、民生工程等领域进行审计监督，对佛山市城市轨道交通2号线一期工程、市妇女儿童医院工程等13项重点工程的资金筹集使用和建设管理情况进行审计，审计查出主要问题金额14.56亿元，重点揭露资金使用、工程招标和质量安全管理等方面存在的问题，并提出61项审计建议，有效防范潜在的问题与风险。促进出台《佛山市工程建设项目评标定标分离管理办法（暂行）》《佛山市市级统筹路网项目土地房屋征收及管线迁改管理暂行办法》等9份市级制度文件，向市、区两级政府机关提交审计专报7份，向有关部门移送案件线索5件。

【国有企业审计】 2020年，佛山市审计局重点加强对国有企业改革领域的审计监督，对国有企业资产负债和损益情况进行审计，查出问题金额1.8亿元，上缴财政1.47亿元。审计发现的问题及时向政府递交专题报告并获市领导重视，批示主管部门要完善监管办法，建立健全规章制度，规范国有资产管理。

【民生审计】 2020年，佛山市市、区两级审计机关围绕重点民生资金和民生项目开展审计。对佛山市2019年市级统筹社会保险基金预算执行情况进行审计，审计发现存在社会保险财政补助资金拨付不到位，向不符合条件的人员发放社会保险待遇和未能准确登记参保人身份证号等方面的问题。通过审计，揭露基金在筹集、管理、使用方面存在的突出问题，促进各级政府提升社会保险基金预算编制管理水平，提高基金共济功能和使用效率，确保社会保险资金按时足额发放，推动社会保险制度更加公平和更可持续发展。对疫情防控财政资金和捐赠款物进行审计，摸清财政资金和捐赠款物底数，推动税费减免、财政贴息、贷款优惠等政策精准到位，促进11.41亿元财政资金、0.53亿元捐赠资金、2.05亿元专项再贷款资金规范管理、发挥资金效能。

【审计整改监督】 2020年，佛山市审计局创新审计整改机制，出台审计整改监督办法，借力党委政府督查督办、人大监督，跟踪推进审计查出问题整改，对2019年度审计工作报告反映的问题进行逐条逐项核查整改落实情况，确定审计查出的突出问题和重点整改的部门单位，通过政府网站等媒体向社会公开审计发现突出问题的整改报告，实现审计整改闭环管理，提高审计整改质量。全年对6个镇（街道）、13个部门单位共427个问题进行实地跟踪督查整改落实，审计整改率73%，涉及整改问题金额21.73亿元，制定或完善制度135项，实现审计发现问题整改“全覆盖”。

【内部审计监督指导】 2020年，佛山市审计局开展内部审计指导监督，收集市直相关部门单位的年度内部审计计划，有针对性地指导市直部门单位完善内部审计工作，并结合审计项目实施，抽查相关单位内部审计报告，推动相关单位开展内部审计工作。组织编制《2017—2020佛山市内部审计优秀论文集》，作为佛山市内部审计工作重要的交流材料，促进佛山市内部审计工作水平提升。同年，南海区里水镇审计工作办公室获评“全国内部审计先进集体”。

【审计信息化建设】 2020年，佛山市审计局“集中分析、发现疑点、分散核查、系统研究”的数字化审计模式基本建立。“金审工程”三期终端部署和数据分析网设备接入工作稳步推进。“佛山市审计局数字化审计平台（一期）”投入实战应用，二期项目启动建设，开发并维护近150个分析模型，对佛山市75个预算单位的财政财务数据和大财政数据进行全方位多维视角分析，提供3000多条疑点线索，查出问题160多个，涉及金额约20亿元。

（朱志红）

统　计

国家统计

【概况】 2020年，国家统计局佛山调查队完成粮食畜牧业统计调查数据归口管理交接工作，完成住户调查样本轮换、采购经理调查扩样和价格调查基期轮换工作。执行国家调查方案和规范化要求，完成一体化住户、农民工监测、低收入居民家庭收支、劳动力调查等多项居民调查的采集、审核及上报工作。执行定时、定点、定人“三定”采价原则，加强对调查规格品、调查企业的核定及调整，做好居民消费价格、低收入价格、工业生产者价格和房地产价格调查。加强与样本企业和调查点的沟通联系，及时查询、反馈、修正企业报表错误，按时准确上报报表，完成主要畜禽监测、粮食畜牧业全面统计、农产量遥感测量、采购经理、新设立小微企业跟踪调查等多项常规调查。完成城市困难职工解困脱困工作成效评估调查、全国社会心态调查、国有企业全面从严治党民意调查、广东省基本公共服务均等化民意调查等专项调查。同时强化统计数据质量建设、统计基层基础建设、统计法治建设、统计服务建设和统计队伍建设。

【调查数据质量检查】 2020年，国家统计局佛山调查队开展各调查专业数据质量检查和走访，实地走访、检查313次，劳动力调查实现全市22个样本社区电话回访全覆盖。各调查专业形成以现场督导工作机制、数据质量现场检查和定期反馈机制为基本框架的全流程监管体系，提升源头数据质量和调查员规范意识。

【调查手段创新】 2020年，国家统计局佛山调查队进一步完善无人机农产量遥感测量工作机制，针对调查人员因受非洲猪瘟等影响不能进入生猪养殖场调研的问题，借助无人机等高技术设备进行调查。继续推广住户调查专业数据电子采集方式，全市一体化住户调查电子记账率达98.3%，E调查全覆盖，电子记账户月均165笔以上。

【国家统计调查业务基层基础建设】 2020年，国家统计局佛山调查队联合佛山市统计局印发《关于进一步落实县（区）级国家统计调查业务工作保障的通知》，明确县（区）级统计局、国家调查队各自承担的国家统计调查任务，以及全市相关调查最低经费标准，推动国家统计调查业务规范开展，从基础源头保障统计调查数据质量。各调查专业相继出台具体管理细则，细化各专业的操作规范和上报流程，完善各专业数据质量全过程管理和评估办法，将清单管理向规范标准延伸，进一步明确市、区、镇（街道）、村（社区）各级工作职责，提升层级执行效能。

【国家统计调查业务领域统计法治】 2020年，国家统计局佛山调查队完善领导干部干预统计工作记录机制，推进清理纠正违反统计法精神文件和做法的工作常态化，建立统计调查对象和统计从业人员统计信用档案，建立企业和统计从业人员统计失信信息公示专栏，更新“双随机”（随机抽取检查对象、随机选派执法检查人员）样本库和人员库。围绕样本轮换和企业统计人员变动情况增发或补发“统计法律事务告知书”402份。成立统计执法检查组赴各区开展统计执法检查，全年检查调查对象25个，其中“双随机”抽查调查对象15个，重点执法检查抽选调查对象10个，占执法检查总数的60%；立案并结案2家企业（提供不真实统计资料），责令改正2家，统计执法查询3家。“双随机”集中执法检查后，发文向各区反馈通报统计执法检查情况并提出整改要求意见。组织法治人员对2018—2019年度统计执法案卷开展清理、自查工作，并就发现的问题进行整改完善，向广东调查总队选送案卷，并获评优秀案卷。建立统计调查对象和统计从业人员统计信用档案，收集统计调查企业统计信用档案813份，政府及统计调查单位统计从业人员信用档案1216份。建立企业和统计从业人员统计失信信息公示专栏，对2家受行政处罚企业进行信息公示。选派4名业务人员参加广东调查总队组织的法律知识培训班、统计执法证考试，合格率100%。开展统计法治培训10余场，培训900多人次。通过“以考促学”、专题讲座、线上自学等方式开展《中华人民共和国民法典》和《中华人民共和国国家安全法》学习宣传系列活动。参加广东国家调查系统“依法统计、法治护航”统计法治调查研究征文活动，并获三等奖。立足“12·4”全国法制宣传日、“12·8”普法宣传日关键节点，联合佛山市统计局开展“全面弘扬宪法精神、深入推进依法治统”统计法治宣传活动。

【统计调查课题研究】 2020年，国家统计局佛山调查队围绕新冠肺炎疫情下经济社会发展的各方面情况，如地摊经济发展情况、高校毕业生就业情况、科技型民营企业发展现状与营商环境情况及公共医疗教育养老服务情况等，开展统计调查服务。全年撰写统计调查信息123篇，被中央两办（中共中央办公厅、国务院办公厅），国家统计局，国家统计局广东调查总队，省、市两办（省委办公厅、省人民政府办公厅，市委办公室、市人民政府办公室）采用122篇次，获国家统计局领导、省领导、市领导批示14篇。针对居民消费价格指数（CPI）走势异常情况，撰写《关于2020年1月佛山居民消费价格指数（CPI）情况的报告》专报佛山市政府。成立佛山地区国家调查队课题及专题研究工作领导小组，并与专业研究机构合作开展研究，推进课题研究工作。完成“佛山现代产业体系结构变动及优化升级研究”和“基于数据挖掘的佛山市房地产市场发展分析”2个广东调查总队招标课题，参与并完成广东调查总队牵头的课题“广东产业结构与就业结构变动的协调性研究”等。组织开展乡村振兴背景下农村基层治理模式提升路径研究，并撰写调研报告。

【国家统计调查业务领域统计资料编发】 2020年，国家统计局佛山调查队与佛山市统计局联合编印《佛山统计年鉴2020》，联合发布《2019年佛山市国民经济和社会发展统计公报》。独立编印《年定报制度汇编》《佛山市社会经济调查报告》《佛山调查与监测》等调查资料，以专报形式将部分重要数据资料专送中共佛山市委、市政府主要领导。通过主流媒体定期对外发布主要调查数据及解读等，年内在新闻媒体发布新闻稿30余篇次。实行政务数据公布共享，完善政务网站和政务微博的常态运营与维护，面向社会发布并及时更新居民收支数据、价格数据及解读100余次；在佛山市数据资源共享平台上传主要调查数据，与政府有关部门共享数据信息。

（许雁雁）

【粮食畜牧业统计调查归口佛山调查队管理】 2020年，佛山粮食畜牧业统计调查由佛山市统计局转至国家统计局佛山调查队归口管理。该调查用于了解全省粮食、畜牧业生产经营活动的基本情况，为政府制定政策、进行宏观经济管理与调控提供依据。其统计范围包括辖区内全部农业生产经营户和经营单位的农林牧渔业生产活动。

（国家统计局佛山调查队）

2020年12月6日，以“全面弘扬宪法精神 深入推进依法治统”为主题的2020年佛山统计法治宣传活动在禅城区兆祥公园法治文化广场举行

（国家统计局佛山调查队 供图）

地方统计

【概况】 2020年，佛山市统计局完成农业、工业、建筑、能源、固定资产投资、贸易、服务业、城乡住户等专业2019年统计年报报表和2020年定报报表。完成妇女儿童发展规划监测评估等。组织开展6次贸易调查问卷工作，全面覆盖贸易限上和限下，采用月度连续问卷的模式监测情况变化。开展新冠肺炎疫情下佛山市花卉、盆栽等园艺作物、渔业等产销情况的调研了解。组织开展“实施乡村振兴如何促进产业兴旺”专题调研工作，了解掌握佛山市现代农业产业发展情况。重新抽样661家企业，96个村（社区）作为新一轮国家样本，加上扩充的省样本，新一轮规模以下工业调查样本企业达1413家、样本村101个。落实各项“小升规”（小微工业企业转型升级为规模以上企业）入统（纳入国家

一套表统计范围）工作举措，逐月推进小微工业企业转型升级为规模以上企业登记入库，并对各区新增、净增和退库企业数量进行核查，确保“应统尽统”。全年新增“四上”企业（指规模以上工业、有资质的建筑业、限额以上批发和零售业、限额以上住宿和餐饮业、房地产开发经营业、规模以上服务业法人单位）1787家，其中新增规模以上工业企业1173家。至年底，全市“四上”企业在库1.56万家，其中工业8021家、批发零售住宿餐饮业4573家、服务业1520家、房地产建筑业1474家。年内，市统计局还常态化开展经济运行监测，加强统计服务产品开发、地方统计业务领域基础建设和统计法治建设，年内完成第七次全国人口普查任务。

【经济运行监测】 2020年，佛山市统计局完善重要指标日报制度，围绕规模以上工业增加值、固定资产投资额、商品房销售面积等重点指标，多角度、多频度动态监测报送进度和数据质量，促进经济运行监测能力提升。完善部门统计机制，重点围绕部门统计24项指标，厘清部门统计职责，强化部门统计指标监测，形成统计数据齐抓共管格局。完善经济运行月监测机制，全年组织召开月度监测分析会和稳增长工作会议5次。实施对5个区综合投入、促进消费、产业结构优化、经济增长等指标考核，完成对各区的评分。

【地方统计业务领域统计服务产品开发】 2020年，佛山市统计局围绕中共佛山市委、市政府对标先进、放眼全国，以及推进佛山经济高质量发展的决策部署开展课题调研，初步完成佛山市5个区高质量发展综合绩效评价试算得分及排名（2016—2019年）。完成《关于四经普经济总量和地区生产总值统一核算情况的报告》《佛山市规模以上工业增量情况分析》等专题分析报告20余篇次。联合国家统计局佛山调查队完成《2019年佛山市国民经济和社会发展统计公报》《佛山市统计年鉴2020》的出版，其中《佛山市统计年鉴2020》对部分国民经济和社会发展指标及历史数据进行调整和修订，并新增加全市32个镇（街道）主要经济指标的收录。推进统计数据公开工作，印发《佛山市统计局政务信息和统计数据公开管理办法（试行）》，利用官方网页、微博、微信公众号等政务新媒体进行信息发布，并做好统计信息咨询服务，全年通过市统计局官方网页发布信息112条，通过微博“佛山统计”发布信息49条，通过微信公众号“佛山统计”推送信息44条，回答电话、微博咨询等68次。

【地方统计业务领域基础建设】 2020年，佛山市统计局制定《佛山市企业统计工作联络制度》，编印《2020年统计报表填报简要指南》3.5万册，协调32个镇（街道）659名镇（街道）领导直联企业1.7万余家，落实财政补贴资金3054.21万元。牵头制定《佛山高质量发展综合绩效评价体系（试行）》，强化高质量发展综合绩效评价指标监测、分析、研判。落实“管行业必须管统计工作”理念，指导相关部门对投资、农业、工业、建筑业、房地产业、农业开展统计专业培训，进行统计业务指导，增强部门统计工作的主动性。

【地方统计业务领域统计法治】 2020年，佛山市统计局协调中共佛山市委常委会、市政府常务会议集中学习统计法律法规，发放《中华人民共和国统计法》《中华人民共和国统计法实施条例》等统计法律法规资料600余册（套）。建立“佛山市统计数据质量责任体系”“佛山市统计局统计数据风险防范办法（试行）”“违规干预统计信用记录台账”等制度，初步建立统计数据生产全过程质量管理和全员责任体系。修订完善数据质量管控办法，明确工业、固定资产投资、房地产投资等专业数据审核指引，对适用范围、数据采集、数据审核、数据评估、数据质量检查等环节进行“闭环式”管控。组织开展统计“双随机”（在监管过程中随机抽取检查对象，随机选派执法检查人员）执法检查，检查位于顺德区大良街道和高明区荷城街道的“四上”企业30家，并依法依规对违法违规企业作出处理。强化统计普法宣传，举行国家宪法日暨统计开放日活动、第七次全国人口普查集中宣传活动，发放宣传资料3万余份；推进《中华人民共和国统计法》进党校，组织开展统计法律法规进党校主体班授课3次。

【第七次全国人口普查】 2020年11月1日零时，第七次全国人口普查现场登记工作启动，彻查人口出生变动情况和房屋情况。人口普查现场登记期间，

2020年12月6日，2020年佛山统计法治宣传活动在禅城区兆祥公园法治文化广场举行。图为工作人员向市民派发宣传资料　　（国家统计局佛山调查队　供图）

佛山市组织全市“两员”（人口普查指导员和普查员）4.2万人携带掌上电脑（PAD）设备，采取“地毯式”上门登记方式开展普查登记，普查登记人口超1150万人。为了做好该次全国人口普查组织工作，佛山市于2月11日成立市第七次全国人口普查领导小组，并抽调市公安、卫生健康等部门28名业务骨干集中办公，同时将普查工作纳入各级政府目标考核。在人口普查准备阶段，佛山市通过电视台、报刊、“七人普宣传月”等途径开展宣传活动，并完成普查综合试点、户口整顿、“两员”选聘和培训、经费保障等各项工作。全年全市落实人口普查经费预算9868.5万元，市、区、镇（街道）举办人口普查业务培训200多场，分发人口普查物料20多吨。

（赵培培）

物价管理

【概况】 2020年，佛山市贯彻落实国家和省阶段性降低水电气价格政策，市发展改革局研究出台阶段性降低水电气价格措施，为企业降低用水电气成本23.7亿元。落实低收入群众临时价格补贴与物价上涨联动机制，惠及群众49万人次。强化粮食能源保障，“米袋子”“菜篮子”供应充足，煤电油气实现安全稳定供应。国家统计局佛山调查队执行定时、定点、定人“三定”采价原则，加强对调查规格品、调查企业的核定及调整，做好居民消费价格、低收入价格、工业生产者价格和房地产价格调查，并做好物价等统计资料编发。

【阶段性价格调整】 2020年，佛山市发展和改革局结合新冠肺炎疫情防控和复工复产，印发《关于落实阶段性降低水电气价格措施的通知》，实行阶段性降低水电气价格，支持企业复工复产。2020年2月1日至6月30日期间，对享受阶段性降低水电气价格的用户，因受疫情影响不能足额缴纳用水、用电、用气费用的，实行“欠费不停供”。用水价格调整方面：全市个体工商户用水水价下调10%，按原到户水价水平的90%结算。用电价格调整方面：全市除高耗能行业用户外，2020年执行一般工商业及其他电价、大工业电价的电力用户电费按原到户电价水平的95%结算，并采取支持性两部制电价政策。按照国家和省的工作部署，阶段性降低电价政策时间延长至2020年12月。用气价格调整方面：全市非居民管道天然气平均购销差价在2019年的基础上下降18%，每档年用气量最高限价下调0.3元/立方米。并结合佛山市实际，将阶段性降低气价最高限价政策延长至2020年12月。2020年，全市为企业降低用水电气成本23.7亿元。

（谢玉婷）

【疫情防控重点商品价格专项监管】 2020年，佛山市市场监管部门结合新冠肺炎疫情防控，在全省率先组织开展防控肺炎医药用品价格专项执法行动，联同公安、城市管理和综合执法等部门实施联合打击，严厉打击哄抬口罩等防疫用品价格违法行为。全年受理疫情防控相关涉及价格投诉举报3041件，其中口罩价格投诉举报427件，消毒用品、红外线探热器等疫情防护用品投诉举报101件。截至年底，市市场监管部门价格违法案件共立案197件，立案案件数位列全省第二，其中1件案件被列为全国首批曝光的5宗典型案例之一、5件案件被列为广东省疫情期间价格违法典型案例。2020年，佛山市是疫情防控期间全国40个重点商品价格监测对象城市之一，市市场监管部门选取13个监测点共27个品类有代表性的重点商品（应急用品、防疫用品和生活物资）进行每日价格数据采集报送。全年佛山市重点监测商品价格平稳。

【5G基站转供电环节价格违法行为专项整治】 2020年，佛山市市场监督管理局组织开展5G基站转供电环节价格违法行为专项整治行动。印发《佛山市5G基站转供电环节价格违法行为专项整治行动实施方案》，向全市转供电主体发出《佛山市市场监督管理局关于严格执行5G基站转供电环节收费政策的提醒告诫函》，对产业园区、写字楼、商业综合体物业等转供电价格开展检查。对省审计厅反映佛山市5G网络建设转供电电价高、比例大、改造慢问题的相关企业进行逐一核查并100%整改完毕，对转供电主体不执行政府定价和标准、不执行一般工商业用电优惠政策等价格违法行为予以查处。专项行动中共检查转供电主体1388个，5G基站1499个，立案3件，责令清退电费金额10.83万元。

（陈洁妤）

【居民消费价格变动】 2020年，佛山市居民消费价格指数（CPI）高开低走，一季度（1—3月）高位运行，二季度（4—6月）开始回稳，下半年处于温和区间运行，全年平均上涨2.7%，涨幅比上年缩小0.2个百分点。其中新涨价因素影响0.3个百分点，翘尾因素影响2.4个百分点。食品烟酒价格上涨9.9%，涨幅比上年扩大3个百分点，是拉动居民消费价格指数上涨的主要因素，服务价格和工业品价格均转升为降，分别下降0.9%和0.6%，非食品价格对物价指数上行贡献较小。全国、广东省居民消费价格指数1—12月平均涨幅分别为2.5%、2.6%，佛山居民消费价格指数全年运行走势与全国、全省高度一致，全年涨幅比全国高0.2个百分点，比广东省高0.1个百分点。

月环比高开低走，下半年小幅波动 从各月环比指数看，2020年一季度环比高开低走波动较大，4月开始企稳后小幅波动。1月，居民消费价格指数环比上涨2.1%，受春节和新冠肺炎疫情影响，食品价格由上年12月的下降1.4%转为上涨5.8%，其中猪肉及鲜菜价格分别上涨14.8%和12.9%，合计影响居民消费价格指数上涨1.1个百分点；2月进入新冠肺炎疫情防控重点阶段，大多数经营单位停工，物资供应紧张，生鲜食品等价格继续上涨，居民消费价格指数环比继续上涨但涨幅收窄，上涨0.7%；3—6月，产品供应逐步恢复，供不应求情况有所缓解，国际油价下降，居民消费价格指数环比连续下降，降幅分别为1.9%、0.5%、0.7%、0.2%；7—8月，佛山市各经营单位复工和暑期出游需求增加，居民消费价格指数重现环比涨幅，分别上涨0.3%和0.2%；9—10月，受食品价格小幅上涨和金价、油价小幅回落等多种因素综合影响，居民消费价格指数环比持平。11—12月随着猪肉价格走稳，环比回落后企稳。

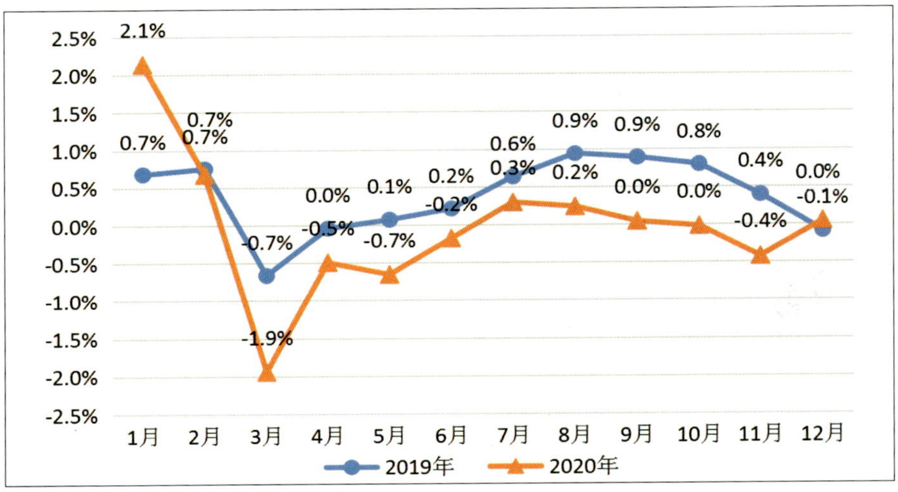

图1　2020年佛山居民消费价格指数各月环比与2019年波动对比图

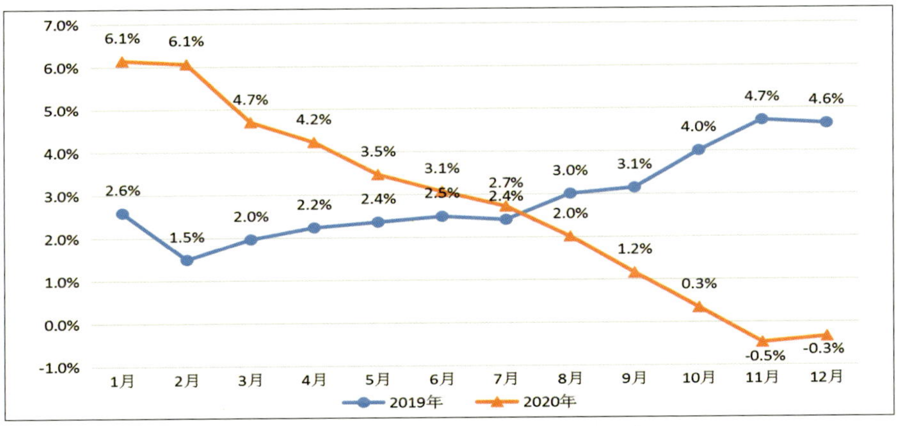

图2　2020年佛山居民消费价格指数各月同比与2019年波动对比图

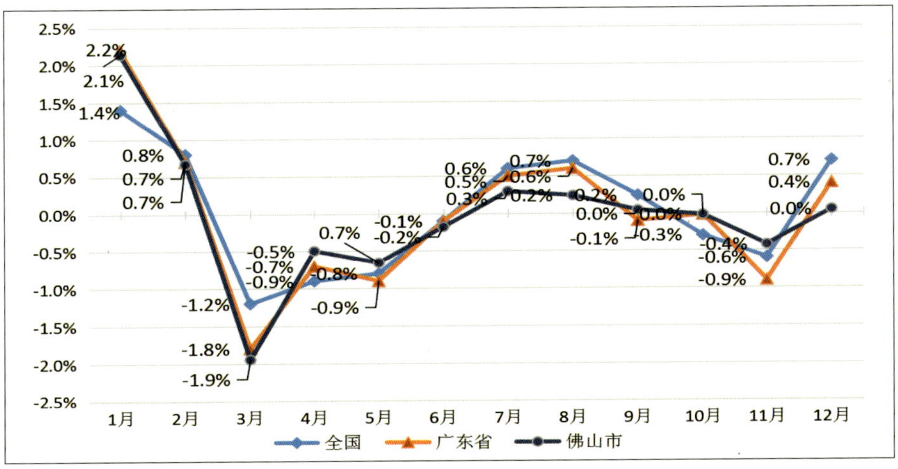

图3　2020年全国、广东省及佛山居民消费价格指数各月环比走势图

月同比价格稳步下降　2019年下半年猪肉价格不断上涨，使2020年产生了较高的翘尾因素，2019年与2020年各月同比指数形成明显的“剪刀差”走势。从2020年各月同比看，在春节错月效应、新冠肺炎疫情和翘尾因素的叠加影响下，1月、2月佛山居民消费价格指数月同比涨幅创2011年8月以来的新高，均上涨6.1%，其中1月食品价格上涨19.5%，非食品价格上涨0.1%，消费品价格上涨10.1%，服务价格微降0.4%；3月供应紧张局面开始缓解，月同比涨幅稳步回落，从3月的4.7%逐步收窄至7月的2.7%；受2019年同期高基数影响，8—12月同比涨幅快速收窄，12月收窄至下降0.3%。受此带动，2020年佛山居民消费价格指数比上年上涨2.7%，比一季度（1—3月）涨幅（3.6%）收窄0.9个百分点。

（许雁雁）

市场监督管理

【概况】　2020年，佛山市新登记各类市场主体19.76万户，比上年增长7%，其中新登记民营商事主体占比超97%。截至2020年底，全市各类市场主体总数达94.07万户。继续推广市场主体登记自助办理服务，截至2020年底，通过自助方式办理登记业务的市场主体累计22.39万户，占同期新成立市场主体的50%以上。佛山市在全省创新实施“品质工程”暖企三年行动计划，推出22个暖企“服务包”，为企业生产经营排忧解难。继续开展细分行业龙头企业认定工作，截至年底，佛山市细分的行业龙头企业增至598家。继续推进质量强市建设，佛山企业获中国质量奖提名奖4个、广东省政府质量奖13个，截至年底，有效期内的测量管理体系认证企业佛山市有158家。推动企业标准“领跑者”工作，佛山市拥有企业标准“领跑者”企业标准95项，位居全国第一。佛山市率先在广东省内开展防疫物资和重点民生商品价格监管，查处价格违法的案件数排名全省地级市第一。在全国地级市中首个实

2020年，佛山市在全省创新实施“品质工程”暖企三年行动计划，推出22个暖企“服务包”，为企业生产经营排忧解难。图为“全国质量月”活动暨“品质工程”暖企三年行动启动仪式
（市市场监管局 供图）

现学校食堂（含托幼机构）和养老机构“互联网+明厨亮灶”全部上线。2019年度佛山市餐饮质量安全综合评分排名全省第一。创新实施成品油检验机构检验结果比对试验，产品质量监督抽查不合格发现率9.46%。继续推进放心消费城市创建，截至年底，佛山市有放心消费示范单位1097个。在《佛山市放心消费城市三年创建评价报告》中，佛山市“放心消费环境”综合评分87.6分，佛山市三年“放心消费试点市创建”工作综合评分96.5分。

【商事登记制度改革】2020年，佛山市继续优化商事登记服务，商事登记、公章刻制、申领发票等企业开办全流程平均用时缩短至0.41天内。深入推行企业登记“零见面”网上办模式，联合中国建设银行佛山市分行推出“港澳商事E点通”，实现香港澳门居民商事登记自助办理。持续深化24小时智能办照模式，24小时智能商事登记系统同步上线全市各级商事登记机关电子印章服务，实现营业执照全市各区通办、跨城打照。扩展电子营业执照应用场景，上线商事主体变更、注销业务，实现商事主体全生命周期全程网上办。实现企业开办全程网上办。推进“一照通”改革，打造市场监管系统内部“证照联办”。在全国率先启动市场监管领域“一照通”改革，将涉及市场监管领域的经营许可与营业执照合并办理，许可事项及信息通过二维码的方式集中体现在营业执照上，只颁发营业执照，不再颁发其他纸质许可证。深入推进“证照联办”，打造跨部门间主题式证、照一起办，于2020年底上线第二批34个主题事项，全市联办主题事项50个。

【守合同重信用企业公示活动】2020年，佛山市市场监督管理局结合新冠肺炎疫情防控，推行“守合同重信用”活动网上申报“非接触式”办理模式，活动申报截止时间从2020年3月31日延迟至2020年5月5日。经过严格的征信审核，全市共5362家企业被公示为“2019年度广东省守合同重信用企业”，比“2018年度广东省守合同重信用企业”增加1232家，增长29.83%，佛山市守合同重信用企业总体数量位居全省第三。

【国家食品安全示范城市创建】2020年，佛山市继续推进国家食品安全示范城市创建工作，探索出一系列特色鲜明的“佛山经验”，全年未发生区域性、系统性食品安全事件，群众食品安全总体满意度达80.2%。同年，佛山市通过创建国家食品安全示范城市省级评价验收。继续推广“阳光餐饮”平台应用，平台上线餐饮服务单位近4万个，数量居全省第一、全国前列。在全国地级市中，佛山市首个实现学校食堂和养老机构“互联网+明厨亮灶”全部上线。在全省率先实施放心消费肉菜“五联创”模式，全市认定放心消费肉菜社区直营店单位100个、放心消费肉菜配送单位10个，扩大放心肉菜市场销售环节业态覆盖。全年全市实施食品检验6.39万批次，达到每千人7.83批次。在全省率先推行“一照通”改革，把食品经营、餐饮等许可事项并入营业执照，实现准入即准营。创新实施食品销售风险分级管理，在全省率先试行食品销售领域无纸化监管。

【“阳光餐饮”平台建设】2020年，佛山市以佛山“阳光餐饮”平台工程纳入市政府年度“民生实事”为重要契机，继续深入推进佛山“阳光餐饮”平台建设，制定工作方案、推动企业上线、完善平台功能、加强应用推广、强化督查考核，提升食品安全监管效能和治理能力现代化水平。佛山“阳光餐饮”平台建设围绕“一个平台、两个系统、六大功能”〔即一个阳光餐饮平台，社会餐饮和学校（含托幼机构）食堂两个系统，明厨亮灶、信息公开、公众参与、主体自律、智慧监管以及大数据分析六大功能〕全面推进，探索消费者、经营者、监管者多方共赢的社会共治、智慧监管新样本。截至2020年底，佛山市有上线佛山“阳光餐饮”平台的餐饮单位近4万个，数量居全省第一、全国前列。其中，1.59万个餐饮单位实现“互联网+明厨亮灶”（直播厨房），2.37万个餐饮单位以“信息厨房”的形式入驻平台；全市1804个学校（含托幼机构）食堂和81个养老机构食堂提前实现“互联网+明厨亮灶”全覆盖。

【放心消费肉菜“五联创”模式】2020年，佛山市在广东省率先实现放心消费肉菜批发市场、农贸市场、超市、社区直营店、配送单位“五联创”，不断扩大放心肉菜市场销售环节业态覆盖面。开展“放心消费肉菜社区直营店单位、放心消费肉菜配送单位”建设活动，通过参与建设的单位引领、带动、辐射作用，提升全市各类肉菜社区直营店及肉菜配送单位建设、管理服务水平和食用农产品（食品）质量安全水平，全年全市共认定2020年度“放心消费肉菜社区直营店单位”100个、“放心消费肉菜配送单位”10个。按照《佛山市2020年支持创建放心消费单位（点）专项资金使用方案》，被认定为“放心消费肉菜社区直营店单位”的单位均可获0.4万元补贴；被认定为“放心消费肉菜配送单位”的单位均可获1万元补贴。

【防疫物资转产扩产保障】 2020年，佛山市市场监督管理局推动新冠肺炎疫情防控物资生产企业复工复产并扩大产能，引导有基础条件有意愿的企业转产防控物资。成立专班帮扶和指导企业完善生产条件、解决技术难题、建立质量管理体系等，助力企业加快审批，合规投产。协助广东一方制药“透解祛温颗粒”及北沙制药磷酸氯喹原料药适用快速审批绿色通道并第一时间投产，为全国抗疫最前线输送抗疫急需药品。疫情防控实行常态化管理后，市市场监督管理局以规范企业生产经营行为为重点，提高防疫物资产品质量。同年，佛山市通过广东省药品监督管理局组织的医疗器械生产质量管理体系考核，并取得医疗器械生产许可证的医用防护物资生产企业由3家增长到51家，医用口罩生产企业42家，医用额温计企业9家。

【疫苗监管体系建设】 2020年，佛山在广东省率先出台地市级《佛山市疫苗安全事件应急预案（试行）》，推动疫苗应急管理程序化。按照省统一部署，佛山成为首批疫苗国家监管体系（NRA）评估城市（全省仅深圳市、佛山市），迎接世卫组织对中国疫苗国家监管体系的新一轮评估，并以此为契机完善疫苗监管机制。全面推进疫苗执法检查标准化，佛山在全省率先发布运行市、区两级《疫苗监管质量管理手册》，并被纳入《广东省市、县（区）市场监督管理局疫苗监管质量管理体系建设指南》作为模板和示例，向全省推广运用。

2020年，佛山市市场监督管理局推动新冠肺炎疫情防控物资生产企业复工复产并扩大产能，引导有基础条件有意愿的企业转产防疫物资。图为市市场监管局执法人员在佛山某医械重点生产企业驻点，助力防疫物资生产 （市市场监管局 供图）

【产品质量安全抽检与监测】 2020年，佛山市市场监督管理局组织开展2020年度市级工业产品（含食品相关产品）质量监督抽查工作，共抽查各类企业3639家，抽查检验产品4769批次，发现不合格产品451批次，不合格产品发现率为9.46%；组织监测食品相关产品45批次，未发现相关风险情况。全市各级市场监督管理部门共组织完成食品安全监督抽检5.96万批、食品风险监测1795批次，总体合格率98.30%；完成药品（含化妆品、医疗器械、药包材）各级抽检任务1415批次，合格率97.74%。

【工业产品质量监管】 2020年，佛山市市场监督管理局加强全市工业产品质量安全监管工作统筹指导，加强生产许可证证后监管，组织质量专家对电线电缆、危险化学品、危险化学品包装物容器、水泥等80家生产许可证获证企业进行技术性监督检查。开展儿童和学生用品、电动自行车、塑料污染治理等重点产品和重点领域专项整治，不合格产品“清零”行动初见成效，全市未发生区域性、系统性产品质量安全事件。开展产品质量安全“问诊治病”活动，组织“产品诊所”“产品医院”把脉产品质量，先后对口罩机、防护口罩、燃气灶具等行业200多家生产企业进行集中培训和一对一指导，帮助企业提升产品质量水平。与佛山电视台合作推出《市监实验室》栏目，对公众关注的儿童服装、电动自行车、燃气灶等重点消费品进行监督抽查和质量分析，引导消费者选择优质产品。

【质量强市战略】 2020年，佛山市出台《佛山市委市政府关于推动制造业高质量发展的实施意见》《佛山市推动制造业高质量发展实施“品质工程”行动方案（2020—2022年）》。市市场监督管理局牵头组织落实《佛山市推动制造业高质量发展“品质工程”三年行动方案（2020—2022年）》的各项重点任务。出台佛山“品质工程”暖企三年行动计划，从质量入手，将市场监管部门服务企业的所有职能高效整合，制定22个精准“服务包”，组织“百千万”（百场政策宣讲、千企上门服务、万人专业培训）系列暖企活动。组织对《佛山市工业产品质量提升扶持办法》和《佛山市政府质量奖评审管理办法》进行修订。组织开展2020年佛山市细分行业龙头企业认定工作，全年新认定细分行业龙头企业100家，细分行业龙头企业累计598家。举办佛山市企业质量管理小组成果大赛，对质量班组、质量共治、质量文化3个项目进行评选，评选出获奖企业（组织）44

家（个），并予以资金扶持。邀请市民代表、人大代表、政协委员、社会监督员等人员参加市民质量座谈会。组织开展2020年市民质量满意度测评，2020年佛山市市民质量满意度评价得分为88.85分，相较于上年得分上升0.78分。其中市民满意度得分87.53分、市民知晓度87.77分、市民参与度91.26分，与上年得分相比分别增长0.07%，0.63%和1.93%。

【特种设备安全监管】 2020年，佛山市在册特种设备25.34万台（套），另有压力管道800余千米、气瓶400多万只。特种设备数量比上年增长2.59%，数量位居广东省地级市首位。年内，佛山市市场监督管理局组织开展特种设备安全隐患排查治理和风险防范工作，全年没有发生特种设备安全责任事故。全年全市组织开展特种设备专项整治行动29项，出动检查人员2.35万人次，检查企业8812家次，发现并消除安全隐患5162个，立案查处特种设备案件204件，全年特种设备检验机构完成特种设备定期检验12.51万台（套）。完成气瓶安全监管改革试点工作，建立气瓶充装质量安全溯源体系，全国首推附加用户过失责任事故赔付的气瓶安全责任险，气瓶安全责任险保障范围最广、赔付额度最高。深化电梯安全监管体制改革，全市新装电梯实现全部确权，购买责任险的电梯占全市在用电梯的91%，责任险购买数位居全省前列。

表26　**佛山市细分行业龙头企业数量汇总表**

单位：家

区域	第一批	第二批	第三批	第四批	合计
禅城区	27	19	13	7	66
南海区	52	72	43	30	197
顺德区	40	74	46	39	199
高明区	18	15	8	6	47
三水区	17	36	18	18	89
合计	154	216	128	100	598

注：资料截至2020年底

【计量监管】 2020年，佛山市各级市场监督管理局组织开展疫情防控用计量器具免费检定校准工作，为重点场所免费检定校准红外体温计等疫情防控用计量器具1.31万台，为复工复产企业免费校准1000千克（含）以下的秤6907台，计量扶持措施累计为企业减免检定校准费用1466万元。推进智慧计量监管建设，建立17个计量监管对象库，认领1.53万个监管对象，通过“双随机、一公开”方式（随机抽取检查对象，随机选派执法检查人员，抽查情况及查处结果及时向社会公开）检查市场主体1582个次，抽检样品1043批次，检出不合格样品68批次，发现不符合项目147个，检定强检计量器具51.91万台（件）。优化量传溯源体系建设，全年全市新建24项市级社会公用计量标准、56项区级社会公用计量标准。截至年底，全市累计拥有社会公用计量标准772项，数量位居全省地级市首位。扶持企事业单位提升计量能力建设水平，全年扶持计量类项目169个，发放扶持资金776万元，截至年底，全市有效期内的测量管理体系认证企业158家，有效期内认证企业数在全省排名第一。

表27　**2020年佛山市新增计量标准一览表**

序号	计量标准名称	计量标准考核证书号	有效期截止时间	主持考核部门	备注
1	测量人体温度的红外温度计校准装置	〔2020〕粤量标禅法证字第228号	2024年2月4日	广东省市场监管局	新建
2	数字温湿度计检定装置	〔2020〕粤量标禅法证字第229号	2024年4月19日	广东省市场监管局	新建
3	氨基酸分析仪检定装置	〔2020〕粤量标禅法证字第230号	2024年6月16日	广东省市场监管局	新建
4	卡尔费休库仑法微量水分测定仪检定装置	〔2020〕粤量标禅法证字第231号	2024年6月16日	广东省市场监管局	新建
5	钟罩式气体流量标准装置	〔2020〕粤量标禅法证字第233号	2024年8月5日	广东省市场监管局	新建
6	贯入式砂浆强度检测仪校准装置	〔2020〕粤量标禅法证字第236号	2024年10月9日	广东省市场监管局	新建
7	斜块式测微仪检定器检定装置	〔2020〕粤量标禅法证字第237号	2024年10月15日	广东省市场监管局	新建
8	光栅式测微仪校准装置	〔2020〕粤量标禅法证字第238号	2024年10月15日	广东省市场监管局	新建
9	交流电阻箱校准装置	〔2020〕粤量标禅法证字第240号	2024年10月22日	广东省市场监管局	新建

续表

序号	计量标准名称	计量标准考核证书号	有效期截止时间	主持考核部门	备注
10	泥浆密度计检定装置	〔2020〕佛量标佛证字第010号	2025年11月10日	佛山市市场监管局	新建
11	光谱光度滤光器检定装置	〔2020〕佛量标佛证字第011号	2025年11月10日	佛山市市场监管局	新建
12	红外耳温计检定装置	〔2020〕粤量标禅法证字第242号	2025年11月15日	广东省市场监管局	新建
13	指针式微差压表检定装置	〔2020〕粤量标禅法证字第243号	2025年11月26日	广东省市场监管局	新建
14	1.0级扭矩扳子检定仪检定装置	〔2020〕佛量标佛证字第012号	2025年12月14日	佛山市市场监管局	新建
15	工作扭矩仪检定装置	〔2020〕佛量标佛证字第013号	2025年12月14日	佛山市市场监管局	新建
16	扭矩测量仪检定装置	〔2020〕佛量标佛证字第014号	2025年12月14日	佛山市市场监管局	新建
17	直流电子负载校准装置	〔2020〕粤量标禅法证字第249号	2025年12月10日	广东省市场监管局	新建
18	直流稳定电源校准装置	〔2020〕粤量标禅法证字第247号	2025年12月7日	广东省市场监管局	新建
19	直流数字功率表检定装置	〔2020〕粤量标禅法证字第245号	2025年12月6日	广东省市场监管局	新建
20	医用电子体温计检定装置	〔2020〕粤量标禅法证字第244号	2025年12月6日	广东省市场监管局	新建
21	绕组匝间绝缘冲击电压试验仪校准装置	〔2020〕粤量标禅法证字第246号	2025年12月7日	广东省市场监管局	新建
22	电梯限速器测试仪校准装置	〔2020〕粤量标禅法证字第248号	2025年12月10日	广东省市场监管局	新建
23	余氯测定仪校准装置	〔2020〕粤量标禅法证字第250号	2025年12月20日	广东省市场监管局	新建
24	非接触式眼压计检定装置	〔2020〕粤量标禅法证字第085号	2025年12月20日	广东省市场监管局	新建

【认证认可监管】 2020年，佛山市市场监督管理局推广质量管理体系认证，推动绿色产品认证，举办5期中小企业质量管理体系认证免费培训班和2期“绿色·有机产品认证”线上线下免费培训班；强化对新获质量管理体系认证企业的扶持培育，对符合条件的873家企业给予每家1万元资金扶持，扶持企业数量比上年增长约14%；全市新增质量管理体系认证证书3024个，累计有质量管理体系认证证书1.01万个，累计数比上年增长超10%。对取得资质认定的检验检测机构完成全覆盖监督检查，全市对检验检测机构监督检查662家次，发出行政检查“责令改正通知书”49份，行政处罚违法违规机构6个；强化认证监督检查，全市对认证活动事中监管和强制性产品获证企业监督检查588家次；联合市公安局、市交通运输局、市工信局组织开展全市货车一致性管理大排查、非法改装大检查，对全市4家相关货车生产（改装）企业和15个货车销售点进行检查，立案查处3宗。出具免予办理强制性产品认证证明529张。

【市场监管执法】 2020年，佛山市市场监管部门办结经济违法案件6182件。组织开展各项市场监管专项执法行动，包括组织开展肉品整治百日行动、打击野生动物违规交易行动等七大食品类专项执法行动，以及深入推进长江禁捕打非断链专项行动等，全市共立案1984件，结案1850件，罚没金额2464.17万元。集中查处疫情防控用医疗器械违法突出问题，组织药品“清网”、医疗美容综合监管等执法工作，共立案查处“两品一械”（药品、化妆品和医疗器械）案件392件，结案424件，罚没金额1967.46万元，2件案件入选2019年全省药品稽查执法优秀案例。推进反不正当竞争执法重点行动，全年全市共立案不正当竞争案件42件，结案47件，罚没金额449.75万元，2件案件入选全省2019年十大反不正当竞争典型案例，4件案件入选全省2020年反不正当竞争执法大讲堂典型案例。加大知识产权执法力度，开展“溯源”“铁拳”“蓝天”等专项执法行动，全市共查处专利侵权纠纷案件21件、知识产权违法案件243件，罚没金额215.13万元，1件案件被列入佛山市2019年度知识产权行政执法“十大典型案例”。2020年，市市场监督管理局联合市公安局侦破茅台酒制假案，涉案金额超5000万元。

【标准战略实施】 2020年，佛山市加快构建新型标准体系，推动企业参与制（修）订国际、国家、行业标准，全年全市新增国际、国家、行业标准230项，累计达2293项。全市推动企业完成产品标准“对标达标”173项，累计375项，“对标达标”产品标准数量位居全省地级市第一。推动标准联盟、行业协会新增制定发布联盟标准27项、发布团体标准95项。加快引导企业技术转化生产力，推动企业开展专利转化标准数达98项。创新打造“佛山标准”，按照

表28　　佛山市第一批“佛山标准”一览表

序号	标准名称	对应重点领域	所属产业
1	《佛山标准　干压瓷质砖》	陶瓷砖（板）	陶瓷
2	《佛山标准　陶瓷大板》	陶瓷砖（板）	陶瓷
3	《佛山标准　陶瓷坐便器》	坐便器	卫浴
4	《佛山标准　智能坐便器》	坐便器	卫浴
5	《佛山标准　淋浴房》	淋浴房	卫浴
6	《佛山标准　房间空气调节器》	空调	家用电器
7	《佛山标准　电饭煲》	电饭锅	家用电器
8	《佛山标准　储水式电热水器》	电热水器	家用电器
9	《佛山标准　食具消毒柜》	消毒柜	家用电器
10	《佛山标准　电磁灶》	燃气灶具	家用电器

注：2020年发布

“国内领先、国际先进”定位，以“先进标准+产品评价+维权保障”的模式，明确工作目标和实施路径，推进工作取得阶段性成果：统一规划佛山标准标识、三维码和宣传口号；完成佛山标准公共服务平台的搭建；确定20个第一批佛山标准产品重点领域，发布第一批10项佛山标准，开展陶瓷、卫浴、家电领域佛山标准产品评价。年内，佛山市有5项国家级标准化试点项目高分通过考核验收，分别是佛山众陶联供应链服务有限公司承担的“陶瓷产业供应链服务标准化试点”项目、广东盈香生态园有限公司承担的“国家旅游服务业标准化试点”项目、佛山科学技术学院承担的“国家技术标准创新基地（氢能）”项目、蒙娜丽莎集团股份有限公司承担的陶瓷领域“国家级消费品标准化试点”项目以及广东联邦家私集团有限公司承担的家具领域“国家级消费品标准化试点”项目。

【市场监管领域扫黑除恶】 2020年，佛山市市场监管部门结合新冠肺炎疫情防控工作，深入推进“行业清源”行动，开展重点行业领域专项治理，深挖市场监管领域涉黑涉恶涉乱线索，全年全市各级市场监管部门共查处防控物资案件1260件，摸排涉黑涉恶线索9条，向公安机关移送涉黑涉恶线索1条，落实整改“三书一函”（监察建议书、司法建议书、检察建议书及公安提示函）21份，整治率和回复率均为100%。“程某某等人欺行霸市、扰乱市场秩序案”案例入选全国《市场监管领域扫黑除恶典型案例汇编》，市市场监管局制定并发布的《商品交易市场良好经营秩序治理工作指南》成为广东省首个“商品交易市场良好经营秩序治理工作指南”。加强市场监管领域扫黑除恶宣传，针对市场主体发送宣传短信约92万条次、组织专题宣传活动36场次、编发工作简报27期、制作横幅和滚动标语1489条、张贴宣传海报2.3万张、发布显示屏广告1867处、发放宣传单张5.4万份。市市场监督管理局制作的《一人一场战疫普法故事》以第一名的成绩入选国家市场监督管理总局评选的“十大普法故事”。

【市场监管“包容审慎监管”机制建设】 2020年，佛山市市场监督管理局“包容审慎监管”机制逐步完善。结合监管形势，印发第二批包容审慎监管清单。召开佛山市市场监督管理局2020年包容审慎监管工作现场会，发布2020年十大包容审慎监管典型案例，通过详细的案件分析及处理意见，让市场主体特别是新业态、新模式、新技术、新行业等类型企业和中小企业，感受到“有温度的执法”，激发创新创业激情，同时提升执法效能。截至年底，2批包容审慎监管清单共57项内容，惠及企业2441家，减免罚款约2082万元。

【营商环境优化】 2020年，佛山市依法开展市场主体登记注册工作。在全国率先开展许可系统一体化建设，对原工商、食药监、质监的8个行政审批系统进行整合，实现各审批业务数据的统一和归集。编制、发布《佛山市市场监督管理局食品、药品行政许可提交材料规范、申请文书规范》和《佛山市市场监督管理局生产许可类、计量类、特种设备类行政服务事项提交材料规范、申请文书

2020年3月18日，佛山市市场监督管理局召开2020年推进全市市场监管部门扫黑除恶专项斗争电视电话会议
（市市场监管局　供图）

规范》，推进全市食品、药品、医疗器械、工业产品生产许可类、计量类、特种设备类行政许可规范化、便利化建设。在全市实行商事主体经营范围规范化登记，解决经营范围填报难、用语表述不规范、登记标准不统一的问题，实现涉企许可经营的精准告知。市市场监督管理局采取多项举措支持企业复工复产。其中，在全省率先出台外企常驻代表机构年报延期举措，允许外国（地区）常驻代表机构年报顺延至所在国家（地区）新冠肺炎疫情解除后3个月内办理。

【放心消费创建试点城市建设】2020年，佛山市坚持体系链、数据链、示范链、维权链、宣传链“五链融合”，继续推进放心消费创建试点城市建设，助力放心消费环境提质。做优体系链，继续巩固和完善创建工作领导体制和运作机制。做强数据链，启动“佛山市消费维权大数据分析应用系统”信息化建设，深化对消费投诉举报数据的画图与深层次运用，实现精准化监管和智能化运用。做亮示范链，全年全市培育市级放心消费示范单位648个，累计培育1097个。做实维权链，出台《消费投诉行政调解工作暂行办法》和《消费投诉举报工单回访制度》，完善维权制度建设。做广宣传链，多形式开展佛山市放心消费体验行活动超30场，创新运用“公益广告+名人效应+群众参与”模式，开展全市“消费维权进社区”系列活动等。

【“12315”举报投诉】2020年，佛山市市场监督管理局畅通“12315”投诉举报渠道，通过“12315”热线电话、全国“12315”平台等渠道接收处理市民消费投诉和经济违法行为举报。全年全市各级市场监管部门受理投诉举报12.05万件，受理量比上年增长48.6%。其中，受理消费投诉7.29万件，为消费者挽回经济损失8400.01万元；查处经济违法行为举报4.76万件，罚没金额74.79万元。结合新冠肺炎疫情防控，重点接收处理疫情防控相关的市民消费投诉和经济违法行为举报，全年受理疫情防控相关的投诉举报3830件，涉及价格投诉举报3041件。其中口罩价格投诉举报427件，消毒用品、红外线探热器等疫情防护用品投诉举报101件；涉及出售经营野生动物投诉举报21件；涉及食品生产投诉举报6件，涉及餐饮投诉举报507件，涉及食品销售投诉举报255件。

【企业标准“领跑者”数量位居全国第一】2020年12月19日，在北京召开的2020年企业标准“领跑者”大会发布2020年度第一批企业标准“领跑者”名单，佛山市共有64项企业标准上榜，约占发布的企业标准“领跑者”总数的1/7，数量位居全国第一。全市累计企业标准“领跑者”达95项，总数位居全国第一。2020年，佛山市市场监督管理局大力推行企业标准“领跑者”制度，通过优化政策制度、聚焦重点优势领域、发挥标杆示范带动、加强技术支撑等举措，推动企业标准“领跑者”工作与“对标达标”质量提升、专利转化标准、标准化试点等业务融合，鼓励企业“技术领先”与“标准领跑”协同，引导企业追求高标准、高质量，以先进标准引领产品和服务质量提升，以标准擦亮“佛山制造”。

【“放心消费体验行”系列活动】2020年6月19日，佛山市“2020年放心消费体验行”首场活动正式启动，系列活动持续到10月底。佛山市开展“2020年放心消费体验行”系列活动，邀请市民实地参观佛山市放心消费企业、放心消费景区、放心消费街区、消费教育基地等示范单位。活动中，市民参观体验桂城食品药品安全科普基地、国药集团冯了性（佛山）药业有限公司、诚荣餐饮配送基地等，将食药安全与健康消费理念相结合。通过活动挖掘佛山历史文化和旅游资源，让消费者体验南风古灶的陶瓷制作、南海里水纳德利龙舟文化、石湾酒厂酒文化等佛山特色，将助力复工复产与提振消费相结合。活动以顺联家居汇北区、顺德北滘美的集团交互中心、广东贝豪生物科技有限公司等佛山品牌企业作为引领，将美好生活品质与放心消费相结合。放心消费体验行活动获中央、省、市30多家媒体关注报道，转载和刊发稿件数量100多篇。

表29 2020年佛山市企业标准“领跑者”一览表

序号	领域名称	产品/服务类别	企业名称
1	针织或钩针编织服装	针织内衣	佛山标美服饰有限公司
2			佛山标美服饰有限公司
3			广东美思内衣有限公司
4			广东美思内衣有限公司
5			广东新怡内衣集团有限公司
6		针织衬衫	佛山市安东尼针织有限公司
7		文胸	广东新怡内衣集团有限公司
8			广东奥丽侬内衣集团有限公司

续表

序　号	领域名称	产品/服务类别	企业名称
9	木制制品	木质地板	大自然家居（中国）有限公司
10	涂料	合成树脂乳液内墙涂料	广东华润涂料有限公司
11	砖瓦、石材、陶瓷砖	瓷质有釉砖	佛山高明顺成陶瓷有限公司
12			佛山市天纬陶瓷有限公司
13			佛山市高明贝斯特陶瓷有限公司
14			佛山市金舵陶瓷有限公司
15			佛山市东鹏陶瓷有限公司
16	陶瓷制品	坐便器	佛山市法恩洁具有限公司
17			箭牌家居集团股份有限公司
18		陶瓷制洗涤器	恒洁卫浴集团有限公司
19	铝压延加工制品	喷漆型材	广东坚美铝型材厂（集团）有限公司
20			广亚铝业有限公司
21			广东华昌铝厂有限公司
22		喷粉型材	佛山市南海永丰铝型材有限公司
23			佛山市港信铝业有限公司
24			广亚铝业有限公司
25			广东坚美铝型材厂（集团）有限公司
26			广东华昌铝厂有限公司
27		电泳涂漆型材	佛山市港信铝业有限公司
28			广亚铝业有限公司
29			广东坚美铝型材厂（集团）有限公司
30			广东华昌铝厂有限公司
31		阳极氧化型材	广东坚美铝型材厂（集团）有限公司
32			广东华昌铝厂有限公司
33			佛山市港信铝业有限公司
34			广亚铝业有限公司
35		隔热型材	广东坚美铝型材厂（集团）有限公司
36			广亚铝业有限公司
37			广东华昌铝厂有限公司
38	风机、风扇	电风扇	广东美的环境电器制造有限公司
39			佛山市三水日彩电器有限公司

续表

序　号	领域名称	产品/服务类别	企业名称
40	制冷、空调设备	商用冷柜	海信容声（广东）冷柜有限公司
41			广东星星制冷设备有限公司
42		变频空调	广东美的制冷设备有限公司
43			广东美的制冷设备有限公司
44			广东科龙空调器有限公司
45	环境保护专用设备	餐饮油烟净化设备	佛山市科蓝环保科技股份有限公司
46	电线、电缆	数字多媒体信号高速传输线缆	佛山市顺德区禾惠电子有限公司
47	家用电力器具	电热铛	广东美的生活电器制造有限公司
48		电饭锅	广东美的生活电器制造有限公司
49		家用微波炉	广东美的厨房电器制造有限公司
50		吸油烟机	广东美的厨卫电器制造有限公司
51		容积超过10L的单胆密闭式热水器	广东奥荣电器有限公司
52			广东威博电器有限公司
53			广东美的厨卫电器制造有限公司
54		家用净水机	佛山市云米电器科技有限公司
55			佛山市美的清湖净水设备有限公司
56		空气净化器	广东格兰仕微波炉电器制造有限公司
57		电烤箱	小熊电器股份有限公司
58			广东格兰仕微波炉电器制造有限公司
59	煤气及类似能源家用器具	燃气采暖热水炉	广东神州煤气用具有限公司
60			广东美的厨卫电器制造有限公司
61			广东万和热能科技有限公司
62		家用燃气快速热水器	广东万家乐燃气具有限公司
63			广东万和新电气股份有限公司
64		集成灶	广东美的厨卫电器制造有限公司

【支持企业复工复产十二项措施出台】 2020年2月18日，佛山市市场监督管理局发布《佛山市市场监督管理局应对新冠肺炎疫情支持企业复工复产十二项措施》，推动佛山企业全面复工复产。措施共12项：许可注册“网上办”；应急审批“立刻办”；证照管理“延时办”；知识产权质押融资“快办快贷”；知识产权保险“快保快赔”；知识产权纠纷“快调快处”；免除检测检定校准费用；推动餐饮行业组织及经营主体联合网络订餐平台开展网络订餐配送服务，帮助消化库存，助力餐饮单位“网上复工”；对疫情防控物资生产企业提供上门服务，加强技术指导，帮助企业完善产品质量管控体系；开展网络远程教育，对疫情防控知识、节后复工复产安全生产、“食安员继续教育”以及餐饮服务食品安全操作规范等实行线上培训；维护公平竞争秩序，保护企业合法权益；对因受疫情影响未能按时年报的企业审慎列入经营异常名录。

【“一照通”省内率先改革启动】 2020年4月8日，佛山市发出广东省首张加载食品经营许可信息事项的“一照通”营业执照，佛山市在全省率先启动“一

照通”改革。（参见“佛山市人民政府”类目“政务服务”分目）

【“人工智能+双随机”监管模式被列入首批十大“放管服”改革典型案例】 2020年7月，佛山市“人工智能+双随机”监管模式被国务院办公厅列入首批十大“放管服”改革典型案例，是全国10个经验做法中唯一的地级市经验项目，是唯一一个涉及“放管服”中“管”的经验项目。该监管模式以大数据监管，减少涉企重复检查，将人工智能技术与“双随机、一公开”监管相结合，建立监管大数据资源库，归集各类涉企数据1.5亿条，研发监管风险预警模型，自动判别市场主体风险状况。在此基础上，实行差异化检查，提高双随机监管的精准性和有效性。改革后对守法者实地检查率减少83%，对人工智能模型预警产生的高风险主体双随机检查问题发现率由改革前的17.6%提升到86%，提高监管的精准性，实现对违法失信者“利剑高悬”。该改革举措被国务院办公厅列入首批十大“放管服”改革典型案例向全国推广，还入围广东省级法治政府建设示范创建单项，并获“2020年度广东营商环境改革创新奖”优胜奖。

【广告智能大监管平台上线启用】 2020年12月2日，佛山市市场监督管理局举行佛山市广告智能大监管平台上线启用仪式，正式启用佛山市广告智能大监管平台。该平台是广东省内地级市首个创新性广告智能监管系统。（参见“新兴服务业”类目“广告业”分目）

（钱飞飞）

知识产权保护

【概况】 2020年，佛山市专利授权总量7.39万件，比上年增长25.74%，其中发明专利授权量5652件，增长23.35%。全市有效发明专利量2.77万件，比上年增长20.17%，每万人口发明专利拥有量33.94件；专利合作协定（PCT）国际专利申请总量745件。截至2020年底，佛山市累计有效注册商标总量超40万件；中国驰名商标163件，数量居全国地级市首位；地理标志证明商标7件；地理标志保护产品5个。商标预警监测系统全年向全市企业发出商标（异议、无效、被撤销）预警941份，国际商标注册保护建议书1553份。同年，佛山市获第二十一届中国专利奖48个，获奖专利数位居全省第二，佛山市市场监督管理局首次获优秀组织奖。佛山市获第七届广东专利奖共24个，其中广东专利金奖2个，获奖数量位居全省第二。广州知识产权法院佛山巡回审判法庭及佛山市中级人民法院知识产权高新区巡回审判法庭正常运作。佛山市市场监督管理局（知识产权局）发布全国地级市首单知识产权证券化产品“兴业圆融-佛山耀达专利许可1—5期资产支持专项计划”，实现知识产权证券化产品“零的突破”；在全省率先出台应对疫情的知识产权质押融资应急措施。全年全市通过专利商标权质押融资额43.95亿元，其中商标质押融资11.7亿元。继续推进商标品牌战略，支持企业自主品牌高质量发展。

2020年，佛山市资助版权登记3212件，惠及全市293家企业单位和109个自然人。全市一般作品版权登记量1.14万件，比上年增长51%。全市有全国版权示范园区（基地）1个、广东省版权兴业示范基地8个、市级版权示范单位5个。版权部门联合公安、文化执法等部门查办“6·16”“6·18”侵犯著作权案，其中“6·18”侵犯著作权案被广东省公安厅列入“飓风2020”系列专案。全年全市查办涉侵犯著作权案件6件。年内，佛山市高质量推进全国版权示范城市创建工作，佛山创意产业园被评为“全国版权示范园区”，实现“零的突破”，佛山市版权局被国家版权局评选为“2020中国版权金奖”保护奖获奖单位。

（潘科尧　雷郎才）

表30　　佛山市地理标志保护产品一览表

单位：个

序号	产品名称	产品类别	年份	申请机构	标准类型及标准号	标准名称	核准企业数量
1	合水粉葛	初级农产品	2007	高明区人民政府	地方标准：DB44/T610-2009	《地理标志产品　合水粉葛质量》	1
2	乐平雪梨瓜	初级农产品	2009	三水区人民政府	地方标准：DB440683/TXXX.1-2008	《乐平雪梨瓜（草案）》	1
3	香云纱	纺织品	2011	顺德区伦教香云纱协会	联盟标准：SD07-2009	《香云纱》	3
4	九江双蒸酒	酒	2014	南海区人民政府	地方标准：DB44/T1604-2015	《地理标志产品　九江双蒸酒》	1
5	石湾玉冰烧酒	酒	2015	广东石湾酒厂集团有限公司	—	广东省地方标准：《石湾玉冰烧酒（草案）》	1

注：资料截至2020年底；石湾玉冰烧酒的地方标准号未获批

表31　　**佛山市地理标志证明商标一览表**

序　号	商标名称	注册主体	类　别	商标形式	申请日期	核准日期
1	三水黑皮冬瓜	三水区农业技术推广中心	31	地理标志	2005年8月18日	2006年11月14日
2	乐平雪梨瓜	三水区乐平镇农业技术推广中心	31	地理标志	2007年10月8日	2009年12月14日
3	合水粉葛	佛山市粉葛种植协会	31	地理标志	2007年7月23日	2009年8月14日
4	合水粉葛	佛山市粉葛种植协会	31	地理标志	2007年7月23日	2009年8月14日
5	石湾公仔	佛山市陶瓷行业协会	21	地理标志	2008年12月26日	2009年12月7日
6	伦教香云纱	佛山市顺德区伦教香云纱协会	24	地理标志	2017年7月13日	2018年6月14日
7	三水芦苞鱼干	佛山市三水区农林技术推广中心	29	地理标志	2017年5月19日	2018年12月28日

注：资料截至2020年底

【知识产权质押融资】 2020年，佛山市市场监督管理局在全省率先出台知识产权质押融资应急措施，对中小微企业加大知识产权质押融资政策扶持力度，推动资金管理人广东股权交易中心为企业知识产权融资项目报备开通快速审批绿色通道和实行线上备案审批，提高审批效率。全年全市通过专利商标权质押融资210笔、金额43.95亿元，创历年新高。其中商标质押融资19笔、金额11.7亿元，融资金额位居全省首位。

【知识产权"培优工程"建设】 2020年，佛山市市场监督管理局印发《佛山市知识产权"培优工程"实施方案》，加强政策宣传推广，组织开展2020年度知识产权"培优工程"名录入库单位申报和评选工作。佛山市获第二十一届中国专利奖48个，其中广东美的制冷设备有限公司获中国专利金奖，实现佛山市中国专利金奖"零的突破"；佛山市知识产权局首获优秀组织奖。佛山市获第七届广东专利奖24个，获奖数量位居全省第二，其中广东专利金奖2个、广东专利银奖9个、广东专利优秀奖11个、广东杰出发明人奖2个。截至年底，佛山市有国家知识产权示范企业30家、国家知识产权优势企业151家，有广东省知识产权示范企业254家，有通过知识产权贯标认证的企业1492家、科研组织1家、高校1所。

【知识产权服务】 2020年，佛山市市场监督管理局继续发挥佛山市知识产权保护中心作为全市知识产权社会维权援助服务体系的核心机构作用，联合驻中心的广州专利代办处佛山服务站、佛山市版权登记绿岛服务站、佛山市岭南公证处知识产权服务站，为全市企业提供集专利快速预审、快速确权、快速维权、导航运营为一体的知识产权确权维权"一站式"解决方案。全年全市累计接收预审申请2170件，通过预审1222件，为企业快速获得授权982件，累计备案企业1316家。截至2020年底，佛山市知识产权纠纷人民调解委员会累计处理各类专利侵权纠纷案件519件。

（潘科尧）

【全国版权示范城市创建】 2020年，佛山市创建全国版权示范城市工作被列为2020年广东全省宣传思想文化工作要点和省委宣传部工作要点。佛山市将创建工作列为2020年落实省委、省政府"1+1+9"（第一个"1"指以推进党的建设新的伟大工程为政治保证、第二个"1"指以全面深化改革开放为发展主动力、"9"指推进9个方面重点工作）工作部署重点项目，写入市政府工作报告。年内，以市政府名义印发《佛山市创建全国版权示范城市工作实施方案》，成立以市政府主要领导为组长的市创建全国版权示范城市工作领导小组；制订《佛山市2020年创建全国版权示范城市行动计划》，部署推进"一个中心、五大抓手、N项活动"创建工作任务；召开创建全国版权示范城市动员大会，市政府主要领导对创建工作进行全面部署和铺排，提出要举全市之力完成各项创建任务。

【版权登记保护】 2020年，佛山市修订并重新印发《作品著作权登记资助办法》《版权示范单位、园区、基地和优秀版权作品认定资助办法》，提出增加版权作品登记数量，培育一批市级版权示范单位（园区），争创一批全国版权示范单位（园区）和广东省版权兴业示范基地、广东省最具价值版权作品。全年受理一般作品登记9372件，比上年增长59.41%。全市有全国版权示范园区（基地）1个、广东省版权兴业示范基地8个、市级版权示范单位5个，有省最具价值版权作品7个、市优秀版权作品16件。年内，佛山市筹建集展示、教育、交流、服务、交易等功能为一体的版权发展服务中心。成立佛山市版权专家委员会及版权专家库，发挥专业人才在推进版权工作方面的积极作用。创新推出著作权纠纷"一门式"和解机制，将全市著作权民事纠纷案件全面纳入适用范围，通过统筹版权行政、法院、行业协会、人民调委会等力量，整合同类案件提高纠纷处理效率，大幅简化和解手续实现一门通办。全年成功和解版权纠纷案件3543件，和解率达99.35%，推动版权快保护机构建设和版权简易案件和纠纷快速处理。完善版权产业数据统计，委托中国新闻出版研究院开展版权产业占国民经济贡献率的调查统计，委托中国版权保护中心按季度、年度制作《佛山市计算机软件登记数据分析报告》。根据《2019年度佛山市软件著作权登记情况分析报告》，佛山市软件著作权登记数量呈平稳增长态势，全年登记软件9526件，比上年增长1.6%，在国内主要城市排第二十八位，在省内仅次于深圳市、广州市。

2020年，佛山市实施版权社会宣传全覆盖。承办广东省“4·26”版权宣传周主题活动，开展“版权百企行”，提高企业版权保护和运用水平。将《中华人民共和国著作权法》纳入机关干部学法考试内容，组织领导干部和版权监管执法人员参加版权案件庭审。启动“版权知识进校园”活动，实施版权基本知识宣传百校巡展，推动版权保护意识在中小学生进一步普及。组织开展对市直机关、国有企业和重点推进企业等200多个单位的使用软件情况进行全覆盖检查，举办市直机关使用正版软件工作培训班，进一步巩固软件正版化成果。

2020年10月29日，佛山市“版权知识进校园”活动启动。图为“小小讲解员”在讲解版权基本知识
（市委宣传部　供图）

【版权赋能产业发展】 2020年，佛山市强化陶瓷、家纺、童服和工业设计等领域版权保护，在2020佛山（潭洲）国际陶瓷展设立“原创IP馆”，打造版权创意设计展示区，并举办原创IP大会系列活动，以创意设计推动陶瓷行业转型升级。依托平洲玉器文化产业园版权服务中心提升玉雕行业的版权创造、运用、保护、管理、服务水平，丰富在平洲玉器小镇“琢越杯”玉雕赛事的版权元素，为获奖作品和优秀作品进行版权登记。新建广东省家用纺织品行业协会、广东家居设计谷、广东工业设计城等3个行业性的基层服务站，全市依托各相关社会组织及行业协会在版权集聚行业（区域）建立的版权基层服务站增至10个。以“版权提升艺术价值”为主题，组织60名省级以上陶艺大师创作的62件陶艺作品参加中国（北京）国际精品陶瓷展，促进陶艺作品的创作和运用，探索版权和陶瓷产业融合发展路径。举办2020年南粤版权保护和产业发展论坛，邀请版权专家、学者和业界人士为推动广东版权产业发展和佛山创建全国版权示范城市建言献策。

【版权专家委员会成立】 2020年2月，佛山市版权局在全省率先成立佛山市版权专家委员会，建立版权专家库，让版权专业人才在制订版权发展战略和政策、处理版权侵权案件、开展版权课题研究、进行版权示范评审等工作中提供咨询意见、发挥智囊作用，有来自行政、司法、高等院校、行业协会等各领域的40名版权专家入库。5月13日，市版权局为佛山版权专家库专家代表颁发聘书。

【著作权纠纷“一门式”和解机制推出】 2020年4月23日，中共佛山市委宣传部（市版权局）、禅城法院联合召开著作权纠纷“一门式”和解机制暨知识产权司法保护新闻发布会。佛山启动著作权纠纷“一门式”和解机制，通过著作权行政、司法机关及行业协会的协作配合，提高纠纷处理效率，推动简易案件和纠纷快速处理，减轻著作权人诉累，优化全市法治化国际化便利化营商环境。在著作权纠纷“一门式”和解机制中，市版权局发挥版权管理职能，优化版权社会服务，负责委托市版权纠纷人民调解委员会参与诉前和解，协调有关行业主管部门和行业协会为调解工作提供便利；禅城法院负责提供案件信息，对调解员进行业务指导及提供文书模板，争取其选择诉前和解方式先行解决纷争。该机制的优势在于理清各职能机关职责，在诉讼刚进入法院提交立案之时即介入调解，力争将纠纷解决在始发状态。全年成功和解版权纠纷案件3543件，和解率99.35%。
（雷郎才）

【2020年佛山工业陶瓷“正版正货”承诺活动】 2020年4月24日，2020年佛山工业陶瓷“正版正货”承诺活动在中国陶瓷城举行。活动由佛山市市场监督管理局（知识产权局）、佛山市版权局支持指导，佛山市知识产权保护中心联合佛山市禅城区文化广电旅游体育局、佛山市版权保护协会、中国陶瓷城共同举办。活动现场，广东依诺企业陶瓷有限公司、广东新风景陶瓷有限公司、佛山市贝泰卫浴有限公司等15个“正版正货”承诺单位接受“正版正货”承诺牌匾，成为佛山市第十一批“正版正货”承诺单位。承诺单位共同承诺：不制造、不销售假冒专利商品；不制造、不销售侵犯注册商标专用权商品；不制造、不销售盗版、侵犯著作权的商品。通过佛山工业陶瓷“正版正货”承诺活动的举办，提高佛山制造商、销售商及

消费者自觉抵制制售假冒伪劣商品的意识，营造鼓励创新和诚信守法的市场经济秩序。截至2020年底，佛山市有11批共174个单位获授“正版正货”承诺牌匾，参与“正版正货”承诺活动。

（潘科尧）

【“致敬版权大师　培育版权精品”行动启动】 2020年9月9日，佛山市举行“致敬版权大师　培育版权精品”行动启动仪式。第一批精品培育行动的对象35人，均是在陶瓷、文艺、非遗、设计等版权领域，由国家和省相关权威组织认定的，或曾获得国家和省、市重要奖项的，在行业内有较高影响力的设计师、工艺美术大师、非遗传承人。成立专业的版权团队，每年为35名大师级著作权人提供一对一个性化、涵盖版权创作、保护、管理及运用的全方位服务，包括制订个性化版权保护方案、提供版权登记代理和维权指导服务、对作品进行宣传推广、搭建作品与产品对接平台、开展培训交流等，促使佛山版权创作增量提质。在启动仪式上，有10位在陶艺、书画、雕刻、狮艺、设计和文学创作等各领域蜚声世界的文艺创作大师现场分享作品，讨论版权在文化传播中不可忽视的作用。

【版权局获“中国版权金奖”保护奖】 2020年11月，国家版权局公布“2020年中国版权金奖”获奖名单，佛山市版权局获“2020中国版权金奖”保护奖。该奖是国家版权局与世界知识产权组织（WIPO）开展的合作项目，是中国政府常设评奖项目，全国版权领域内评选的唯一国际性奖项，也是国内版权领域的最高奖项。佛山市于2019年12月获中央宣传部（国家版权局）批复同意开展全国版权示范城市创建工作。截至2020年底，佛山市通过强化机制保障、严格版权保护、优化社会服务、激发创新活力、创新宣传方式，推动30多个重点项目逐步落地落细。创新推出著作权纠纷一门式和解机制，通过版权行政、司法机关及行业协会的协作配合，提高版权简易案件和纠纷处理效率，在全国具有创新意义。佛山立足制造业大市特点，围绕版权要素集中度高的优势产业，举办陶瓷原创IP大会、陶艺设计周等活动，搭建版权授权与制造业的对接平台。

（雷郎才）

【首批13个知识产权保护工作站设立】 2020年12月30日，佛山市首批13个知识产权保护工作站授牌仪式在季华实验室学术报告厅举行。首批知识产权保护工作站分别设在季华实验室、广东省不锈钢材料与制品协会、佛山市机械装备行业协会、佛山市版权保护协会、佛山市南海区知识产权协会、佛山市禅城区知识产权保护协会、佛山市知识产权协会、佛山市照明灯具协会、广东（佛山）潭洲国际会展中心、千灯湖创投小镇、广东博智林机器人有限公司、广东瀚林环保科技有限公司、广东高普弯曲技术有限公司13个单位。通过工作站的建设，完善知识产权保护体系、优化知识产权服务内容、提供精准的知识产权服务，形成上下联动，横向协调、优势互补、互惠互益的协同保护网络，将知识产权服务向纵深延伸，解决知识产权创造、运用、保护、管理、服务的“最后一公里”。知识产权保护工作站主要职能包括知识产权服务需求信息收集与报送、法律咨询与指导、服务协调与对接、普法与宣传培训等。

2020年9月9日，佛山市启动2020“致敬版权大师，培育版权精品”行动，免费为版权领域的大师级著作权人提供一对一个性化精准版权服务，推动佛山版权创作增量提质

（市委宣传部　供图）

【知识产权智库平台和电子证据固化平台上线】 2020年9月27日，佛山市知识产权智库平台和电子证据固化平台正式发布并投入运行。智库平台储备200多名知识产权侵权纠纷检验鉴定专家。入库专家除提供知识产权宏观管理、政策制定、法律服务、技术咨询等服务外，还在专利侵权纠纷行政裁决处理过程中，作为技术调查官参与案件办理，协助行政机关准确高效认定技术事实，并提供鉴定意见。电子证据固化平台可通过快照取证、录屏取证、过程取证等方式，对电子证据进行快速取证和固化。该平台是对电子数据进行线上管理和保护的全环节、全维度平台，采用区块链证据保全技术，确保证据无篡改，保障证据的安全性和有效性，解决电子证据的固化难题。

【全国地级市首单知识产权证券化产品发布】 2020年10月16日，全国地级市首单知识产权证券化产品——“兴业圆融-佛山耀达专利许可1—5期资产支持专项计划”在佛山市正式发布。该产品是单纯专利知识产权证券化项目，采取知识产权二次许可交易结构模式发行，总规模10亿元，期限3年，信用评级AAA，

2020年10月16日，全国地级市首单知识产权证券化产品——“兴业圆融-佛山耀达专利许可1-5期资产支持专项计划”在佛山市发布 （市市场监管局 供图）

分期发行。其中第一期发行规模3.81亿元，优选睿江云计算、星联科技、精铟海洋工程、一鼎科技、川东磁电等17家企业组成底层资产，汇聚65件发明专利和92件实用新型专利。产品利率3.9%，创三年期知识产权ABS发行利率历史最低。

（潘科尧）

海 关

【概况】 2020年，佛山海关监管进出口货物2262.5万吨，货值3652.4亿元，征收税款127.45亿元。佛山海关口岸现场检查发现侵犯知识产权案件11件，查扣侵权货物4.02万件。进行进出境货物检验检疫23.01万批次（货值859.04亿元），船舶检疫1.55万艘，集装箱检疫236.19万箱次。全年佛山海关签发各类出口货物原产地证书12.94万份，为企业获国外关税优惠2.19亿美元。

【海关助推佛山地区外贸稳定增长】 2020年，佛山海关与佛山市商务局共同牵头跨境电商综合试验区建设，引导出台地方扶持政策；指导现场打通货物陆空联运和中欧班列出口通关通道，完成广州关区首票中欧班列搭载跨境电商零售出口，验放全国首批B2B（指企业与企业之间通过互联网进行数据交换、传递，开展交易活动的商业模式）出口商品；全程跟进佛山市线上平台和线下园区建设，启动阿里巴巴“佛山—欧洲”全球大件商品跨境电商出口专线、南海三山跨境电商清关中心。2020年，佛山市传统优势产品出口持续保持增长，出口家电631.1亿元，比上年增长14.5%；出口纺织服装420.3亿元，增长32.2%；出口家具249.4亿元，增长4.1%；出口陶瓷产品189亿元，增长2.5%；出口灯具180.7亿元，增长29%。防疫物资和“宅经济”出口增幅明显，医药材及药品出口比上年增长55.5%，医疗仪器及器械出口增长32.1%；“宅经济”与佛山优势产业契合度较高，体育用品、灯具、家电、家具出口分别增长70.3%、29%、14.5%和4.1%，保障全球防疫物资的需要，满足世界人民在新冠疫情期间居家工作和消费需求。佛山市外贸进出口总值5060.3亿元，比上年增长4.8%，全年外贸进出口值首次突破5000亿元关口，增速居珠三角九市（广州、佛山、肇庆、深圳、东莞、惠州、珠海、中山、江门）第一，较同期全国外贸、广东省外贸增速分别高出2.9个百分点、5.7个百分点。

【海关业务改革】 2020年，佛山海关推进“智慧码头”建设。实现集装箱动态管理、查验放行信息自动推送和电子堆场图等16项业务功能和7项大屏演示功能，试点“船边分流”“自动运抵”等快速通关模式，提升口岸物流运转效能。推动“智慧码头”与CAAS（便捷通关立体监管系统）融合建设，为CAAS项目加快复制推广提供有力数据支持。在新冠肺炎疫情防控常态化工作机制下，率先试点区外加工贸易集中审核工作，实现加贸业务“不出门、零接触、网上办”；全面推广出口货物原产地证书智能审核模式和自助打印功能，帮助企业足不出户即可申领证书。佛山海关通过提效和降费改革，优化佛山营商环境。在提效方面，通过推广“提前申报”“两步申报”“汇总征税”等业务改革，通过“船边分流”“自动运抵”等功能，减少作业各环节耗时，压缩整体通关时长。12月，进出口通关时间分别为7.49小时、0.75小时，较2019年同期继续压缩57.2%、58.16%，优于广州海关平均水平。在降费方面，持续推动查验配套服务费改革，降低企业口岸成本，全年佛山企业获得查验配套服务费补贴805.8万元，受惠企业6275家；共同开展口岸收费检查，实现关区全部口岸在“单一窗口”公示口岸收费目录；发挥原产地证签证优势，为企业降低外贸成本。

【海关技术性贸易措施研究】 2020年，佛山海关发挥综合技术中心国家建筑卫生陶瓷检测重点实验室、国家金属与金属材料检测重点实验室、国家家用电器检测重点实验室3个重点实验室的技术能力，依托中国WTO/TBT陶瓷产品、铝型材产品、家电3个技术性贸易措施研究评议基地，以及广东出口陶瓷与建筑材料、出口家电与配套产品2个公共技术服务平台的资源优势，开展技术性贸易措施研究。撰写《警惕国际技术性贸易措施全方位蔓延》等多篇技贸类综合分析研究报告，通过组织线上TBT（技术性贸易壁垒）通报评议，对国际上10多个发达国家和发展中国家针对中国轻纺陶瓷、家电家具等产品连续发布的30

2020年，佛山海关实施“船边分流”“自动运抵”等快速通关模式，提升口岸物流运转效能。图为佛山海关关员查验出口货物　　（佛山海关　供图）

多起TBT通报，形成近50条评议意见。年内，佛山海关综合技术中心为6092家企业提供公共技术服务15300批次，累计完成检测项目16.42万项，向中小企业提供免费和优惠检测12300批次，减免检测费约1600万元；为663家企业提供认证服务2468批次；向1236家中小微企业提供1600多批次的质量评价服务；为2100多家生产企业提供“一对一”专场培训，培训人数2590人次；通过自平台网站、微信公众号累计发布市场动态、行业信息和风险预警信息506篇。

【海关检疫】 2020年，佛山海关建立关区新冠肺炎疫情防控协作机制，第一时间成立关、办两级指挥部和防控境外疫情输入专班，57人获得口岸冷链货物核酸采样资质。对接地方新冠肺炎疫情联防联控部门，与市卫生健康局联合印发《应对口岸突发公共卫生事件合作机制》，及时配合地方处置多起入境人员相关的突发事件。率先推动建立进口防疫物资快速通关协作机制，迅速摸查、帮扶关区639家医疗防护用品生产企业。实施精准布控，对初筛阳性入境人员同行人重点布控检出核酸阳性旅客2人。做好白云机场入境旅客转接以及后续滚动采样工作，配合后续滚动采样328人次，检出阳性病例11例。常态化做好往返港澳小型船舶管理，全年监管进出境小船船员4.1万人次。配合地方加强对跨境司机的管理，对622名跨境司机全部核查并纳入社区管理。做好进口冷链货物抽样监测，全年抽样监测进口冷链货物样本4785份，检出核酸阳性进口冷链货物1批次。督促辖区内口岸经营单位完善疫情防控基础设施，推动佛山保健中心成为广州海关全关首个获得地方新冠病毒检测资质的实验室。佛山海关防控境外疫情输入工作专班获评“佛山市抗击新冠肺炎疫情先进集体”，佛山海关娄东辉、解玮、汤文安和张德云获“佛山市抗击新冠肺炎疫情先进个人”称号。

【首票跨境电商“网购保税进口”商品通关】 2020年4月7日，佛山市电商企业以跨境电商网购保税进口模式进口的一批保健品在位于顺德区陈村镇的佛山国通保税物流中心（B型）通关。这是佛山市于2019年底被国务院批准设立“跨境电商综合试验区”首票通关的跨境电商“网购保税进口”商品。佛山首票跨境电商“网购保税进口”商品通关，标志着佛山市跨境电子商务BBC（保税仓模式）零售进口业务正式运作。

【佛山海关驻禅城办事处开通陆空联运跨境电商出口业务】 2020年8月4日，佛山海关驻禅城办事处联合广州白云机场海关开通陆空联运跨境电商出口业务。首票货物经佛山跨境电商清关中心转关至广州白云机场后顺利办理放行手续，并通过航空运输出境，货值122万元。这条新建立的禅城至白云机场跨境电商陆空联运转关专线，实现禅城跨境电商B2C（指企业对消费者的电子商务模式）、B2B（指企业对企业的电子商务模式）商品可转关至白云机场通过航空运输出口。

（邱　铖）

2020年3月5日，佛山海关人员在高明区明城镇新岗猪场对供港活猪进行检疫　　（佛山海关　供图）

区域发展

广佛全域同城化建设

【概况】2020年，广佛两市（广州市和佛山市）贯彻习近平总书记关于区域协调发展的重要论述精神，深入落实粤港澳大湾区、“一核一带一区”等国家、省重大战略，克服新冠肺炎疫情等问题，全力推动广佛全域同城化工作。佛山市制定印发《佛山市推进广佛同城化建设2020年度重点工作计划》，包括规划、交通、环保、公共服务等多个领域的52项工作任务。广佛两市深入推进交通基础设施互联互通，编制完成《广佛两市轨道交通系统一体化规划》，在之前广佛轨道交通一体化的“9+2”衔接通道基础上，更新优化为18条衔接通道方案。印发实施《广佛两市道路衔接规划修编》，在广州佛山两市197千米的行政区划交界处，两市规划建设80条衔接通道。产业科技创新协同发展，深入共建先进装备制造、汽车、新一代信息技术、生物医药与健康4个万亿级产业集群，先进装备制造和汽车两个产业总规模超2万亿，科创合作不断深化，开展核心技术攻关等合作项目超100个。广州粤港澳大湾区“菜篮子”工程在佛山建成“菜篮子”基地14个，两市共同赴西宁和银川等地举办旅游主题推介活动。强化生态环境共保共治，加大广佛跨界河涌保护力度，统一上下游、左右岸整治标准，广佛跨界区域考核断面水质实现全面达标的历史性突破，114条城乡黑臭水体已全部消除黑臭，水环境质量为“十三五”以来同期最好。加强水环境监测数据交换，严查交界区域的环境违法行为，2020年两市合作开展联合执法行动8次，以执法倒逼企业提升污染治理水平。共建共享民生服务，广佛两地铺设自助服务终端机1586台，通过粤省事、粤商通共同提供便民惠企服务，“粤省事”App上线便民服务1711项，零跑动1236项，涵盖公安、公积金、社保、工商、公共服务等多个部门。

【广佛同城化重点事项建设】2020年，佛山、广州两市协调推进同城化重点事项建设。加快推进广佛跨界基础设施建设，广佛两市道路交通衔接规划修编完成，佛山经广州至东莞市城际正式获批，广州7号线西延顺德有7座车站全部封顶，海华大桥建成通车，番海大桥即将通车，广佛大桥开工建设，沉香大桥、大坦沙大桥系统工程取得突破性进展，即将开工。推动产业协同发展，在广州举行广佛同城全球联合招商机制启动大会，签订《关于建立广佛同城全球联合招商工作机制的战略合作框架协议》，正式启动广佛同城全球联合招商机制；推进广佛先进装备制造、汽车、新一代信息技术、生物医药与健康4个万亿产业集群建设，广佛装备制造业产业集群率先实现工业总产值达万亿元目标。深化公共服务领域合作，新冠肺炎疫情暴发后，广佛两市迅速签订《深化

2020年6月30日，海华大桥通车运营。海华大桥是连接广州市番禺区与佛山市顺德区的过河通道，位于陈村水道之上，是实现广佛同城、佛山顺德区对接广州番禺区广州南站道路网的重要组成部分

（市交通运输局　供图）

广佛同心共抗疫情合作备忘录》，落实重大传染病联防联控工作机制；广佛首家共建图书馆——“阅读家”年内揭牌成立。拓展广佛同城化合作领域，广佛两市联合印发《关于推进广佛科技创新合作的工作方案》，广州高校和科研院所与佛山有关单位的专项合作项目累计超110个；联合开展广佛跨界河流水环境整治，广佛跨界河流水质逐步达标且呈稳步改善趋势。

【广佛同城化计划规划】 2020年，佛山市加快推进广佛同城化。印发实施《佛山市推进广佛同城化建设2020年度重点工作计划》。佛山市在全面总结2019年广佛重点工作计划完成情况的基础上，组织各区及市有关部门开展工作计划编制工作并于2020年5月以同城办名义印发实施。年内，开展《广佛同城化“十四五”发展规划》编制工作。会同广州发展改革委共同开展规划编制工作，形成初稿。配合开展《广州都市圈发展规划》编制工作。多次与广州发改委对接规划编制工作，争取将佛山市的重大诉求、平台、项目纳入到规划中。广州、佛山两市联合完成《广佛高质量发展融合试验区建设方案》和《广佛高质量发展融合试验区建设总体规划》编制，完成广佛两市道路交通衔接规划修编。

【广佛同城化会商】 2020年，佛山、广州两市联合召开2020年广佛同城化党政联席会议，中共广州市委书记张硕辅、市长温国辉带队赴佛山调研座谈，会议明确广佛两市重点合作事项。召开广佛全域同城化市长联席会议，广州市市长温国辉带队赴佛山调研座谈，会议围绕两市重点合作事项进行深入研究并达成共识。召开广佛同城化项目建设会议，广州市副市长林道平带队赴佛山调研广佛同城化重点项目，会议研究部署广佛两市交通、环保、民生等合作事项。

【广佛高质量发展融合试验区建设】 2020年，佛山、广州两市联合推进广佛高质量发展融合试验区建设。《广佛高质量发展融合试验区建设方案》《广佛高质量发展融合试验区建设总体规划》编制完成，并加快报审。广州市城市建设投资集团有限公司与佛山三龙湾投资控股有限公司签订协议，共同出资成立合资公司。广佛高质量发展融合试验区建设启动区广佛荟、香港理工大学（佛山）建设等重大项目建设加快推进，广佛荟建筑概念性方案设计及周边地块城市设计国际竞赛公告开展专家评审。

【海华大桥建成通车】 2020年6月30日，海华大桥建成通车。海华大桥线路南起佛陈路，上跨陈村水道，北至韦涌路；线路全长2.84千米，主桥长1050米；桥面为双向八车道一级公路，设计速度80千米/时；项目总投资6.3亿元。海华大桥是中国广东省境内连接广州市番禺区与佛山市顺德区的过河通道，位于陈村水道之上，是实现广佛同城、佛山顺德区对接广州番禺区广州南站道路网的重要组成部分。

（刘晓雨）

【广佛同城全球联合招商机制启动】 2020年9月16日，广佛同城全球联合招商机制启动仪式在广州市举行，广州、佛山两市商务局签订《关于建立广佛同城全球联合招商工作机制的战略合作框架协议》。广州和佛山根据各自产业基础和发展重点，依托广佛高质量发展融合试验区，以粤港澳大湾区建设为契机，协同开展先进装备制造、汽车、新一代信息技术、生物医药与健康等4个万亿级产业集群的互补招商。推动广州市的生产性服务业与佛山市的制造业深度融合，围绕金融、现代物流、商务服务、电子商务、科技服务、制造业等开展补链强链招商，引进一批符合两市发展重点、带动效应显著的优质项目，提升区域产业竞争力。双方协议共同策划举办广佛两市系列品牌招商活动，联合制作广佛全域同城化招商宣传专题片、招商推介手册等，宣传两市营商环境。此外，商务部门成立广佛同城全球联合招商工作协调小组，建立定期协调会议机制和招商引资基础数据共享机制。立足广佛高质量发展融合试验区相关区的资源禀赋、产业基础、承载能力以及产业发展规划，相互提供产业发展、招商动态、工作创新等信息，实现招商领域数据互通。

（史阳 罗环）

【首家广佛共建图书馆——“阅读家”启用】 2020年10月18日，首家广佛共建图书馆——“阅读家”（广州图书馆南海天河城分馆）正式启用。“阅读家”位

2020年10月18日，首家广佛共建图书馆——“阅读家”（广州图书馆南海天河城分馆）正式启用

（市发展改革局 供图）

于佛山市南海区广佛地铁金融城站南海天河城内，建筑面积约1000平方米，配备图书逾3万册，涵盖少儿、文学、经济、休闲、健康养生等类型的图书，并将结合读者需求、服务情况等定期更新文献信息资源。“阅读家”是由广州图书馆、佛山市图书馆联手广州地铁集团、广东粤海天河城商业管理有限公司共同建设的新型阅读空间，实现广州、佛山两地读者系统对接、双城图书自由借还，让广州、佛山两地市民同时同步享受免费、便利、标准统一的公共图书馆服务。“阅读家”是广州图书馆首个位于佛山地区的分馆，是佛山市联合图书馆的成员馆——新型文化服务空间“智能文化家”之一，同时也是广州地铁悠悠生活馆分馆和粤海物业天河城商管创新文化品牌——“阅读家”的主阵地。

（柯　静）

佛深合作

【概况】 2020年，佛山市全方位加强与深圳市对接合作，印发实施《关于支持深圳建设中国特色社会主义先行示范区的行动方案》。加强与深圳创新平台交流合作，加快建设顺深产业城，主动承接深圳电子信息、装备制造、新能源、新材料等产业溢出；在深圳举行招商推介会、双城协同创新发展大会、安全产业投资推介会等活动，近100家知名企业参加，签约一批合作项目。引进深圳金融机构，深圳市主要金融机构在佛山市设立分支机构或子公司共115家。支持引导符合条件的佛山企业在深圳证券交易所上市及融资，截至年底，佛山市上市企业63家，其中在深交所上市企业34家，融资规模约667亿元。探索将深圳市保险创新发展试验区的经验和政策复制到佛山禅城区保险创新发展示范区。对接深中通道、南沙大桥等项目，推动佛山“一环”南线东延高速、佛山至中山高速、广珠西线高速对接中山东部外环高速规划建设，畅通佛山和深圳的快速联系，加快形成佛山“1小时经济圈”。

【《关于支持深圳建设中国特色社会主义先行示范区的行动方案》印发】 2020年4月，佛山市印发《关于支持深圳建设中国特色社会主义先行示范区的行动方案》。该方案于2020年1月9日中国共产党佛山市第十二届委员会第九次全体会议审议通过。方案围绕国家赋予深圳的五大定位（高质量发展高地、法治城市示范、城市文明典范、民生幸福标杆、可持续发展先锋），并结合佛山市推进粤港澳大湾区建设的工作实际，凸显珠江东西两岸基础设施互联互通的重要性，同时注重完善工作机制和责任落实，方案共提出“七大任务”17项具体措施。（参见“中国共产党佛山市委员会”类目“决策部署”分目）

【佛山—深圳双城协同创新发展大会暨佛深产业融合促进会筹备发布会】 2020年1月9日在深圳市南山区举办。禅城区政府、区部门及镇（街道）领导，商协会、高校及科研机构、金融机构等代表，以及相关企业、行业协会、研究机构代表约180人参加。活动邀请北京大学深圳研究院教授何进、中国产业发展研究院人工智能研究院常务副院长奚炎、时尚科技公益基金管委会主任兼深圳市大数据产业发展促进会创会副会长彭向阳等一批产业专家、企业负责人进行主题演讲和圆桌论坛，就创新发展和打造产业生态集群等话题进行深入讨论和交流。活动现场进行双城产业融合发展签约仪式，一批佛山、深圳优质项目进行签约。其中，中国产业发展研究院人工智能研究院、北京大学深圳系统芯片设计重点实验室、香港设计商会、深圳市工业自动化行业协会、深圳市文化创意行业协会、美程酒店、广东省创新人才促进会、深圳市虚拟大学科技成果转移促进会等一批创新项目与禅城区经济和科技促进局进行签约；中国金融发展（控股）有限公司、广东东鹏控股股份有限公司创新中心、佛山全球创新技术应用转化中心等一批禅城企业代表项目与深圳市众创空间协会签约；而包括艾特产业服务科技、太库科技环深大区、中科美城、长实产城、绿巢智谷、万强产业发展投资、创想家泛家居产业服务中心、广东悦酒店系列——佛山功夫主题酒店“吾系酒店”、289文创产业园、广东新媒体产业园等一批载体项目与正在筹备中的佛深产业合作促进会进行签约。活动现场还对佛深产业合作促进会的筹备情况进行发布。

【顺德龙江镇超10平方千米现代产业集聚区深圳招商推介会】 2020年6月18日，以“村改赋能·龙腾湾区”为主题的顺德龙江超10平方千米现代产业集聚区招商推介会在深圳市举行。会上对龙江镇超10平方千米的现代产业集聚区项目进行推介及政策解读，对龙江镇投资环境、集聚区规划布局、招商政策等作详细的推介。会上进行一批优质合作项目及合作渠道的现场签约仪式，包括正威粤港澳大湾区（广州）控股有限公司、深圳众口味食品有限公司、深圳罗马仕科技有限公司等一批优质项目，意向投资额达150亿元。

【高新区（深圳）招商推介会】 2020年12月17日，佛山国家高新技术产业开发区在深圳市举办招商推介会。推介会设置佛山高新区产业及招商政策详解、圆桌对话、项目签约等环节，以“双城联动·智创未来”为主题，探讨深圳科技创新与佛山制造优势相结合、深圳金融资本与佛山实体经济相结合的新模式、新机遇、新技术，共同拓展佛深双城发展空间。其中，佛山高新区产业及招商政策详解环节重点推介佛山高新区的五大类15项招商政策，涵盖高成长企业类、企业竞争力提升类、创新孵化载体培育类、人才类政策、营造干事创业氛围类，最高奖励1000万元。推介会现场，佛山高新区与飞利浦智能机器人及水健康研发制造基地项目、深圳市永诺摄影器材股份有限公司等10余家企业签订合作协议，签约项目主要涉及人工智能、医药健康、智能家居、计算机视觉、生物识别技术等领域。

（刘晓雨）

【“深圳蛇口港—顺德新港组合港”在佛山市顺德新港启动】 2020年11月9日，粤港澳大湾区组合港首个项目“深圳蛇

2020年11月9日，粤港澳大湾区组合港首个项目“深圳蛇口港—顺德新港组合港”在佛山市顺德新港（了哥山港）启动。图为深顺组合港第一个出口货柜装驳 （市商务局 供图）

口港—顺德新港组合港”在佛山市顺德新港（了哥山港）启动。货物在两港间以专线驳船开展跨港区调拨作业，全程只需一次报关、一次查验、一次放行，大幅压缩通关时间和成本，提高贸易便利化水平。顺德新港是顺德区四个二类口岸之一，由于地理条件等因素限制，大型国际货轮无法直接驶入珠江水道，从内河港口进出口的集装箱必须运输到深圳西部港区并办理转关等手续。该项目落地后，在组合港监管模式下，进出口物流整体时长由5～7天压缩至2天，效率提升60%，企业运输和报关成本节省30%。

（黄海欣）

佛港澳合作

【概况】 2020年，佛山以“湾区通”工程为抓手，推动与港澳深度融合发展，“香港+佛山”“澳门+佛山”合作持续推进。深化与香港合作。汇丰、东亚、恒生等港资金融机构成功落户广东金融高新区；鼓励香港高校在佛山设立研发机构，与香港科技大学等开展深入合作。谋划打造粤港澳大湾区影视产业合作试验区，支持港澳影视、创意设计产业落户佛山。扩大与澳门合作，与澳门科技大学签署合作文件，开展医疗卫生合作。

（刘晓雨）

【佛港澳经贸合作】 2020年，佛山市继续健全完善“香港+佛山”和“澳门+佛山”合作机制，向广东省港澳办争取粤港澳合作高端示范区政策支持，支持顺德粤港澳协同发展合作区等港澳高水平合作平台建设。《佛山顺德粤港澳协同发展合作区建设方案》《佛山南海粤港澳合作高端服务示范区建设实施方案》加快报省。2020年，佛山新批香港直接投资企业230家，合同港资188.77亿元、实际利用港资36.62亿元；新批澳门直接投资企业44家，合同澳资2.09亿元、实际利用澳资3339万元。承接香港服务外包离岸合同金额15.14亿美元、离岸执行金额9.59亿美元；承接澳门服务外包离岸合同金额1058万美元、离岸执行金额359万美元。

【佛港澳新冠肺炎疫情防控合作】 2020年，佛山市相关领导到佛山市供港澳物资企业调研，协调解决企业防疫物资紧缺、出入境通关等问题，推动企业复工复产，保障港澳生活必需物资供应。加强与港澳的疫情通报、信息共享，做好港人服务管理。主动向香港驻粤办通报1例香港籍确诊患者情况，做好涉港澳疫情信息上报工作，协调做好服务管理工作，确保患者尽快康复出院。发挥沟通协调作用，加强与香港、澳门特别行政区政府的工作对接，掌握最新出入境政策变化，同时市港澳事务部门与市防境外疫情输入工作专班紧密配合，为中国中药控股有限公司（顺德）等企业和内地港澳人员的通关提供帮助。

（市委台港澳办）

【港澳居民在佛山工作生活便利化】 2020年，佛山市聚焦湾区便民措施，民生福祉持续增进。便利港澳居民居住生活方面，港澳台居民居住证办理时间从20个工作日压减到10个工作日。港澳居民购买商品住房不受个人所得税和社会保险缴纳年限等条件限制。符合条件的港澳居民只要参加佛山市基本医疗保险，享受待遇和佛山市市民完全同等。在顺德区华侨中学等优质中小学开设港澳子弟班，便利港澳子女入学。拓展港澳青年就业创业空间，印发《佛山港澳青年创业孵化基地建设实施方案》，建设佛山港澳青年创业孵化基地，提供创业资金、办公租赁、住宿等支持。截至年底，佛山工合空间累计进驻港澳团队12个。开展境外高端人才和紧缺人才个人所得税财政补贴，全年发放补贴金额2.48亿元，450多人受惠。定期举办佛港澳青年创新创业峰会等活动，连续多年举办佛港澳青少年功夫夏令营，持续开展“香港学生暑期实习计划”。携手共建人文湾区，在古建筑群修缮与活化、兴建高端博物馆及艺术馆等方面开展合作。与澳门共同举办“滋味湾区”美食文化比赛等美食交流活动，共建世界美食之都。

【佛港澳计划规划】 2020年，佛山市全力推动佛港澳合作重大平台和重点项目建设。《佛山三龙湾高端创新集聚区发展总体规划》《佛山顺德粤港澳协同发展合作区实施方案》已经省推进粤港澳大湾区建设领导小组会议审议通过，成为全省地级市中最先经省审议通过，并以省领导小组名义印发的平台方案。《广佛高质量发展融合试验区建设方案》已

2020年3月10日，佛山市召开佛山市推进粤港澳大湾区建设领导小组第五次全体会议，审议通过多份文件，推动佛港澳合作重大平台和重点项目建设　（市发展改革局　供图）

上报省大湾区办待批。《粤港澳大湾区影视合作示范区实施方案》《佛山南海粤港澳合作高端服务示范区实施方案》已经市推进粤港澳大湾区建设领导小组会议审议通过，争取尽快提交省推进粤港澳大湾区建设领导小组审议。

【粤港澳规则衔接】 2020年，佛山市聚焦粤港澳规则衔接，市场一体化水平不断提升。通关便利化方面，组建一类口岸“佛山港”。谋划整合12个水运口岸组建一类口岸“佛山港”，推动顺德新港建设成为深圳蛇口港“组合港”，实现“大船直航”。实施行李物品智能化监管改革，推行“智慧旅检”；推进“智慧码头”建设，实现查验放行信息实时传送、集装箱动态管理等16项功能。申建佛山综合保税区，推动佛山外贸加快发展。推广“线上海关”应用，丰富“智慧码头”功能。落实“两步申报”高级认证企业免担保政策。全面公开作业时限标准，压缩口岸通关时间，降低企业通关成本。人员往来便利化方面，优化出入境管理和政策，58项出入境服务事项已上线“粤省事”，为企业提供网上自助办理商务签注备案登记一站式服务。开通往来港澳商务签注“即备即办”服务。推行港澳台驾驶证换领内地驾驶证资料减免措施，缩短办理时限。优化营商环境方面，推动标准、检验互认互证，参与国际、国家、行业标准制（修）订共120项，推动104家企业对标国际标准。依托“银证通”服务，将商事登记业务窗口直接开进港澳对口银行网点。支持港澳地区机构投资者在佛山开展合格境外有限合伙（QFLP）股权投资业务试点。在全国首创“国际汇税通”征纳模式，对外支付税务备案效率提升90%。

（刘晓雨）

【中视大湾区产业直播基地进驻佛山】 2020年6月15日，面向粤港澳大湾区产业带的电商直播基地——中视大湾区产业直播基地在佛山电视台挂牌成立。中视大湾区产业直播基地由中央广播电视总台控股的上市公司中视传媒、佛山电视台、电商直播内容服务公司北京灿烂星光及顺控集团多方联合打造，以“世界家·佛山造”为主题，整合电商产业全链条服务，从线上直播、主播达人培训、供应链整合，再到全网宣推、全案营销，致力用有效的方式助力产业带快速布局电商直播，协助政府、企业快速占领电商市场，打造成大湾区直播种类齐全、直播场景丰富、直播玩法和手段多样的顶级产业直播基地。中视大湾区产业直播基地位于佛山电视台内，面积4000多平方米，拥有用户生产内容（UGC）直播间30余间，专业生产内容（PGC）直播间4间，最大单体直播间1500平方米，基地拥有丰富的电商运营、网络直播和品牌服务经验，可以满足不同样态、不同规模的电商直播需求，为产业带提供从全案营销、直播制作、供应链整合到电商培训、打造产业达人等全链条服务。

（方　菲）

区域协作

【粤桂黔滇高铁经济带合作】 2020年，位于佛山市南海区的粤桂黔高铁经济带合作试验区（广东园）加快发展。国家发改委批复同意佛山市南海区为广东省的国家先进制造业和现代服务业融合发展试点，粤桂黔高铁经济带合作试验区（广东园）核心区的佛山西站枢纽新城为试点的先导区。园区内的佛山生产服务型国家物流枢纽成功入选2020年国家物流枢纽建设名单。佛山西站枢纽新城致力于发展成为粤桂黔滇高铁经济带辐射带动泛珠三角区域发展的西门户、广佛大都市区面向未来城市的样板间，并争创粤港澳大湾区制造业和服务业融合创新试验区，打造湾区西门户、广佛未来城。同年，粤桂黔高铁经济带合作试验区（广东园）以佛山西站枢纽新城建设发展为切入点，成功引进深圳科技园佛山科创园、腾讯（佛山）工业互联网生态产业园、建川新中国百年博物馆、平谦国际投资建设平谦国际（南海）现代产业园等项目。其中：深圳科技园佛山科创园项目计划总投资约50亿元，将引入不少于150家产业链上下游企业，推动佛山生产性服务业向专业化和价值链高端发展，打造“佛山+深圳”合作示范标杆；建川新中国百年博物馆项目选址佛山西站枢纽新城城市中轴线上，计划建筑面积约9万平方米，建设约100个年代特征鲜明的馆。10月7日晚，中央电视台《新闻联播》节目《“十三五”成就巡礼·坐着高铁看中国》系列报道特别报道在粤港澳大湾区面向大西南的

2020年7月27日，南海平谦国际智慧产业园项目启动

（佛山高新区南海园管理局　供图）

枢纽门户——佛山西站有关粤桂黔高铁经济带合作试验区（广东园）农产品交易中心落地的有关内容。

（刘卉慧）

【对口支援西藏墨脱县】 2020年，佛山市对口支援西藏自治区林芝市墨脱县工作继续有序推进。佛山市派出23名柔性干部先后赴西藏自治区林芝市墨脱县开展援建工作。佛山市相关部门、各区等分别组团到墨脱开展多形式、多领域的帮扶活动共6批次63人次，支援资金物资合计500多万元。中共佛山市委副书记、市长朱伟随广东省政府代表团赴林芝市考察华发（林芝）商贸物流产业园并进入墨脱馆调研考察，其间与驻墨脱县工作组全体组员进行座谈交流，了解墨脱产业发展情况。

项目建设　广东省统筹后投入援建墨脱县资金6195万元（其中佛山市财政筹集5603万元），实施援藏项目6个，截至2020年底，全部项目顺利实施。

产业发展　安排发展特色产业促进就业项目2个，投入援藏资金1500万元。确立以茶产业提质增量和旅游业加快速发展为产业援藏的两个工作重点。茶产业方面，持续实施广东茶园计划，加强茶产业智力援藏。2020年，墨脱县与华南农业大学结对结亲，合作共建华南农业大学（墨脱）茶叶科研基地、华南农业大学研究生联合培养基地、华南农业大学园艺学院实践教学基地，广泛开展茶叶科研、技术培训和推广。墨脱县引进广东农业龙头企业潮州市天下茶业有限公司，推进古茶树保护，共同全面参与推动墨脱茶产业发展。旅游业方面，融合墨脱高山峡谷、流云飞瀑、全谱生态、门珞文化四大方面的旅游资源，打造墨脱徒步文化旅游品牌，将墨脱建设成自治区山地户外运动产业与旅游产业融合发展的先行区，打造果果塘“一心两翼大环线”AAAA级景区（指以果果塘雅鲁藏布江蛇形大拐弯核心景区为“一心”，以景区入口的综合服务区、德兴民俗文化村为“两翼”，建设“大环线”，串联起方圆约5千米内的旅游景区）。佛山国家高新技术产业开发区与林芝经济开发区签订结对共建合作协议。9月，在佛山市举行广东省对口支援西藏（林芝）招商推介会，签约拉贡景区改造升级项目、德兴景区改造提升项目2个招商项目。11月，佛山市开设广东省首家林芝源“7+2”消费援藏旗舰店（指广东省第九批援藏工作队为全力打造“林芝源”公共品牌，在粤港澳大湾区的广州、深圳、珠海、佛山、东莞、惠州、中山7个城市和香港、澳门2个特别行政区建设的援藏消费平台），展示、推广和销售林芝乃至西藏的特色产品和文旅产品，打造“永不落幕”的消费援藏平台。

民生事业　安排保障改善民生以及支持社会事业发展项目4个，投入援藏资金4695万元。教育方面，立足墨脱教育现状需要，建成达木乡小学“精品录播室”、全县小学“智慧课堂”项目，构建24小时全天候的对外交流教学平台。组织墨脱、佛山两地中小学校开展结对交流，选派墨脱16名优秀骨干教师到佛山优质学校跟岗学习，邀请20多名佛山名师、专家等到墨脱送教送学，提升墨脱教育综合水平。佛山驻墨脱县工作组向各墨脱县学校（幼儿园）捐赠图书资料、办公电脑、教学文具、运动用品及生活用品等物资共计价值约26万元；帮扶困难教师、学生60人，发放奖教奖学金10万元。佛山科学技术学院与墨脱县人民政府签订协议，共建大学生思想政治教育实践基地，选派优秀师生给力墨脱建设，推动智力援藏。医疗方面，佛山先后派遣21名柔性医疗援藏人才支援墨脱，带教30余名医护人员，主持疑难病例研讨24例，专题讲座64次，完成危重病人抢救12例，首次开展心肺复苏AHA-BLS（美国心脏病协会基础生命支持）培训和腹腔镜手术，指导墨脱县医院急诊科服务提升。佛山驻墨脱县工作组以墨脱县人民医院创“二甲”为抓手，投入1100万元为医院采购CT机等医疗设备和建设信息化系统，新建中医科、康复医学科、疼痛科、病案室，升级改造急诊科和重症医学科，帮助优化提升病案室信息化服务功能，为县人民医院争取各方捐赠药品、医疗设备价值近50万元，改善提升就医环境和就医条件，全面提升墨脱县医疗服务水平和医疗保障能力。2020年，墨脱县人民医院创建“二甲”工作通过林芝市初审。

【对口支援新疆伽师县】 2020年，佛山市对口支援新疆维吾尔自治区伽师县工作继续有序推进。第九批援疆干部人才37人进疆开展工作，包括党政干部24人（其中惠州市和肇庆市各选派4人），专业技术人才13人。佛山市有关部门、各区分别组团赴伽师县与有关乡镇开展结对帮扶活动，了解伽师当地援建情况，向结对乡镇捐赠资金并入户慰问当地村民，支持当地民生事业发展。佛山市市长朱伟随广东省党政代表团赴喀什地区对接交流对口支援工作，期间率佛山市政府考察团到伽师对接对口支援工作并召开座谈会，双方在产业、就业、民生、乡村振兴等方面达成重要共识。广东援疆前方指挥部总指挥王再华到佛山对接交流对口支援工作。11月，新疆维吾尔自治区人民政府批准伽师县退出贫困县序列，佛山驻伽师县工作队被授予“2020年新疆维吾尔自治区脱贫攻坚组织创新奖”。

项目建设　广东省统筹后投入援建伽师县资金6.61亿元，其中佛山市财政筹集2.21亿元，以交支票形式实施援疆项目23个。截至2020年底，全部项目顺利完成，项目完成率和资金拨付率实现“两个百分百”。此外，佛山增加支持伽师县脱贫攻坚专项资金1000万元用于实施75个项目，截至2020年底全部完工。

产业发展　安排产业就业援疆项目3个，投入援疆资金1.65亿元，项目带动就业7000余人（其中贫困人口2500多人）。全县卫星工厂164家，通过引进企业进驻生产经营，累计解决就业5000多人，有力地带动城乡富余劳动力就业；推动2020年度伽师县疆外有组织转移就业283人；全年接待超50多家企业到伽师实地考察，吸引企业签约投资总额35.34亿元，累计解决就业6324人。

民生事业　安排涉援疆扶贫领域项目17个，投入援疆资金4.69亿元（不含计划外资金）。佛山市红十字会助力伽师县脱贫攻坚150万元。佛山选派援疆教师33人，包含第九批援疆干部教师7人（援疆期限自2019年12月起，3人期限3年，4人期限1年半）以及“援藏援疆万名教师支教计划”佛山支教团教师26人（援疆期限自2019年12月起，期限1年半），网络培训当地教师9批6138人次，实地培训当地教师5批1313人次，协助受援学校申报课题35项、开设特色文化教育项目15个。选派10名医生赴伽师县人民医院、维吾尔医医院，安排4名受援地医生到佛山市南海区妇幼保健院、广东省中西医结合医院进修学习；传帮带当地医疗人才60余人，培训卫生技术人员810人次，接诊病人4000余例（其中危重病人40余例），实施手术340台，开展医疗新技术新项目16项，其中4项填补受援地技术空白。投入援疆资金444万元用于建设364户安居房，截至2020年底全部竣工并入住，实现安全住房全覆盖。

抗震抗疫　2020年1月19日伽师发生6.4级地震，佛山市向伽师县划拨200万元资金用于震后重建，在2020年援伽师资金中安排1200万元用于220套安置房建设，并于6月底全面完工，受灾群众已搬迁入住。新冠肺炎疫情抗疫方面，佛山动员社会各界向伽师捐助一次性防护口罩81.44万个，驻伽师县工作队协助伽师县引进第一家口罩生产企业，引进5套口罩生产设备，协调当地重点援疆企业做好复工复产工作。佛山向伽师县捐助测温枪、口罩、防护服等防疫物资价值205万元，驻伽师县工作队协助伽师县开展全员核酸筛查工作。喀什地区疏附县发生疫情，佛山、肇庆、惠州三地同时行动，紧急筹集225万元防疫物资运抵喀什。

2020年，佛山市对口支援新疆维吾尔自治区伽师县投入援疆资金444万元用于建设364户安居房，截至2020年底全部竣工并入住，实现安全住房全覆盖　（市发展改革局　供图）

【对口支援四川省甘孜州】 2020年，佛山市对口支援四川省甘孜藏族自治州乡城县、得荣县工作继续有序推进。佛山市政协赴得荣县对接调研对口支援工作并举行捐赠仪式，捐赠20万元用于基层医疗卫生建设。佛山市残疾人联合会携爱心企业赴乡城县、得荣县开展交流活动并举行爱心物资捐赠101.8万元（乡城县46.37万元，得荣县55.43万元）。佛山市科学技术协会携爱心协会赴乡城县、得荣县开展交流活动并向两县分别捐赠发展科协事业物资捐赠各4万元，共青团佛山市委员会赴得荣县共同举办“我为圣洁甘孜·阳光得荣直播代言——2020年佛山得荣汉藏家庭暑期‘云结对’活动”。广东狮子会佛山代表处赴乡城县开展“狮爱乡城·助学扶残”大型联合服务捐赠活动，向乡城县沙贡乡中心校捐赠设备物资和向全县46名残疾学生捐助资金等共18.09万元。甘孜藏族自治州乡城县党政代表团赴佛山考察学习并对接对口帮扶工作，中共佛山市委常委、常务副市长蔡家华等接见，双方进行交流。佛山市委常委、常务副市长蔡家华率市政府代表团赴乡城县、得荣县对接交流对口支援工作并召开座谈会，会上签订特色农产品经营合作协议和旅游战略合作协议，佛山市红十字会向乡城、得荣县各捐赠20万元，分别用于支持乡城县购置应急装备及应急救护培训、得荣县人道救助项目建设。2020年2月，得荣县被四川省政府正式批准退出贫困县序列。

项目建设　广东省统筹后投入乡城县、得荣县计划内援建资金各2321万元，其中佛山市财政按要求向省财政上解资金9000万元（乡城县、得荣县各4500万元），实施项目10个，其中乡城县4个，得荣县6个。佛山市计划外增加支持乡城县、得荣县共2000万元（每县各1000万元）建设的8个民生项目（其中乡城县2个，得荣县6个）截至2020年底已全部完工。

产业发展　乡城县苹果酵素饮料厂项目主体工程完工。青德镇农旅融合示范区建设项目完成招标开始施工，引进广东山行物语文化有限责任公司投资，计划在香巴拉镇热郎宫村投资1500万元打造高档休闲度假酒店。得荣县引进甘孜州敬博网络科技有限公司、得荣源藏农业发展有限公司等2家企业投资。得荣县在佛山设立的得荣县农产品展销中心运作良好，得荣农产品展销中心主办企业广东臻味康供应链有限公司在广东东西部扶贫协作产品交易中心开设“佛山馆”，成为广东第二家得荣特色农牧产品展销中心。

民生事业　中共佛山市委网信办、佛山市发展和改革局、佛山市扶贫办、佛山市互联网行业党委牵头主办“村村开网店，店店有网红”农村电商精准扶贫培训，乡城县组织44名驻村干部和村干部参加。佛山市顺德区顺峰小学与得荣县曲雅贡片区寄宿制学校结对，8名学生到佛山市参与开展交流活动。2020年，乡城县、得荣县共5名党政干部、6名医生教师在佛山市挂职锻炼或跟岗学习。

【佛山市与双鸭山市对口合作】2020年，佛山市与双鸭山市对口合作工作继续有序推进。市级以上领导带队互访交流4次，各县（区）、市有关部门及企业对接互访近20次，多次举办并参加各类招商会、恳谈会、商贸展销会等活动，签订科研合作协议2份。两市通过线上线下相结合模式组织开展合作项目推介活动，在各区、相关部门官方网站以及各类媒体发布项目信息及扶持政策，编印派发《佛山市对口合作城市——双鸭山市合作项目推介手册》，组织有意愿赴双鸭山投资的行业协会、企业开展实地对接考察等，宣传推介双鸭山投资环境和项目，截至年底，两市达成重点合作项目16个，其中民生及基础设施项目10个，产业合作项目4个，其他合作项目2个。佛山市制定印发《2020年佛山市与双鸭山市对口合作工作计划》。

干部交流交融人才培训　广东省科技企业孵化器协会会长张伟良与佛山市相关部门、中科院佛山分院、仲恺农业工程学院等赴双鸭山市考察高新产业及创新孵化器。中共双鸭山市委书记宋宏伟赴深圳考察期间，与佛山相关企业进行对接交流。双鸭山市委常委、组织部部长张春姣一行到佛山调研座谈，两市就科学推进干部人才培训等事项及下一步工作安排进行沟通交流。双鸭山市政府副市长孙宇率黑龙江能源职业学院到顺德职业技术学院交流，双方就下一步推进两地组建职教集团及推进养老专业合作等进行深入探讨交流。干部人才培训方面，佛山市举办双鸭山优秀年轻干部能力素质提升培训班，培训40人。采取网络招聘、每季度将岗位信息推送给双鸭山等形式，依托“佛山人才网”为双鸭山市双矿组织化转岗职工等群体到佛山就业创造条件，截至2020年底，佛山市推送岗位信息5039个，双鸭山在佛山登记就业人数213人。

深化改革经验学习交流　佛山市禅城区帮助双鸭山实施“综合窗”服务模式改革继续推进，双鸭山市民服务中心已进或拟进驻政务服务事项占比达91.6%，基本实现“前台综合受理、后台分类审批、窗口统一出件”和“一次叫号、一窗受理、一网通办”，双鸭山创新推行“综合窗”模式被黑龙江省纳入典型案例汇编并在全省推广。佛山市南海区支持双鸭山信息化智慧养老综合服务管理平台项目从2019年初开始建设至2020年10月23日完成验收，南海区在向双鸭山无偿提供信息化智慧养老综合服务管理平台核心软件（价值2300万元）的基础上，再支持789.20万元用于该平台二次开发、运营及人员培训，为双鸭山市搭建机构养老、社区养老、居家养老的三级业务模式以及市、区（县）、街道居委、村的四级管理体系，完成双鸭山四县四区养老机构基础数据的初始化，有效提升双鸭山市社会管理水平。

支持民生基础设施建设　佛山市按照2018—2020年支持双鸭山市3.8亿元建设10个民生及基础设施项目的相关协议，继续为双鸭山市提供支持项目建设资金，截至年底，所有支持资金全部拨付。双鸭山市城市科技馆主体框架完工；双山全民健身中心主体结构封顶；四方台区污水处理厂提标改造项目出水达标，南环路、连接路全线贯通，背街巷路工程加快建设，紫云岭公益性公园建设项目一期建设进度过半，紫云岭公益性公园建设项目二期完成花海铺设，科普园项目完成棚室平整及厂区硬化工作，饶河县季华健康公园项目加快建设。

深化农业粮食产销合作　佛山市继续开展“双鸭山市好粮油进佛山”系列活动，通过委托佛山市国营粮油超市代销的模式，将双鸭山优质粮油销往佛山市场。在佛山设立双鸭山农产品展销中心建成4家双鸭山农产品社区实体店。采取组织批发商采购、消费扶贫等多种方式拓宽双鸭山农产品销路，帮助双鸭山农产品进入佛山乃至粤港澳大湾区市场。依托佛山小农丁农业科技有限公司设立双鸭山农产品交易平台和黑龙江双鸭山特色馆线上销售专区，在售产品60余个。

文旅教育医疗科研合作　佛山市向双鸭山市捐赠图书1万册，远程教育书籍170册，价值31.16万元。佛山市举办“清华大学—顺德职业技术学院协作院校骨干教师高级研修班”和线上名家讲座，邀请双鸭山100多名教师参加，两地8所中小学开展线上交流，共享精品课程。佛山牵头组织广州、佛山、肇庆三地旅游联盟赴西宁市、银川市，共同举办“魅力广东·多彩广佛肇”旅游主题推介活动，并邀请双鸭山市参加，推动双鸭山与多城市开展旅游合作交流。邀请双鸭山市参加佛山市“2020展翅——初创文创企业扶持行动”。佛山派出2批13名医疗专家赴双鸭山市指导临床专科建设，捐赠设备4台套、价值20万元，协助双鸭山筹备创建“三甲”医院。佛山职业技术学院与黑龙江能源职业学院合作开展的白瓜子（南瓜瓤）综合利用研发项目获广东省大学生挑战杯大赛铜奖。中国科技开发院双鸭山孵化中心项目获得广东省科技厅孵化载体补助资金100万元，佛山市按照1 ∶ 1

2020年9月1—3日，佛山牵头组织广州、佛山、肇庆三地旅游联盟赴西宁市、银川市共同举办“魅力广东·多彩广佛肇”旅游主题推介活动，并邀请双鸭山市参加，推动双鸭山与多城市开展旅游合作交流。图为银川站会场　（市文广旅体局　供图）

进行财政资金配套支持该项目100万元，该孵化中心在孵企业41家，帮助双鸭山市将高新技术企业从3家增加至12家。

支援双鸭山市新冠肺炎疫情防控　佛山市向双鸭山市捐赠1万个口罩、500套防护服等防控物资，佛山市红十字会向双鸭山市捐赠20万元用于抗疫。佛山市工业和信息化局协调佛山市拓颖无纺布有限公司，以市场价格定时定量向双鸭山供应熔喷无纺布，缓解双鸭山疫情防控物资原材料紧缺状态。

（黄　健）

【东西部扶贫协作四川省凉山彝族自治州】2020年，佛山市继续开展东西部扶贫协作四川省凉山彝族自治州11个国家重点贫困县。11个国家贫困县全部实现脱贫摘帽，凉山彝族自治州区域性整体贫困问题得到解决。广东（佛山）对口凉山扶贫协作工作组获“广东省民族团结进步模范集体”称号。

组织领导　广东省、佛山市领导多次到凉山调研对接，其中省部级领导11人次、厅局级领导41人次。6月10—11日，中共广东省委书记李希、广东省省长马兴瑞率党政代表团赴凉山调研对接，并召开广东、四川两省高层联席会议，中共佛山市委书记鲁毅参加两省联席会议，并对扶贫协作工作进行调研指导。4月27—29日，佛山市市长朱伟率党政代表团赴凉山彝族自治州调研对接，并召开两地党政联席会议。中共广东省委省政府领导对凉山扶贫协作工作作出批示4次，中共佛山市委书记鲁毅批示15次，佛山市市长朱伟批示12次。2020年，中共佛山市委常委会会议、市政府常务会议、市扶贫开发领导小组会议等先后17次专题研究扶贫协作工作。

人才支援　佛山市全年派出29名党政干部、239名专业技术人才帮扶凉山彝族自治州。全年举办党政干部培训班32期，培训凉山彝族自治州党政干部3989人次；举办专业技术人才培训259期，培训凉山彝族自治州老师、医生、村幼辅导员等2.15万人次。拓宽人才支援范围，选派27名农业科技、工程技术、文化旅游等人才到凉山彝族自治州开展为期半年的帮扶。组织5家佛山三甲医院对口帮扶喜德县人民医院，开展组团式医疗帮扶，推动喜德县医疗水平实现跨越式发展，国务院扶贫办《扶贫信息》刊登有关经验做法。

资金支持　佛山市市级财政援助资金7.2亿元2月一次性划拨到位，区县结对资金3月底前全部划拨到位。全年共投入财政援助资金8.08亿元，其中向7个未摘帽县投入5.63亿元，动员社会各界向凉山彝族自治州捐款捐物1.49亿元。财政援助资金总额、县均财政援助资金和社会帮扶资金均为历年最高。

产业合作　佛山市持续加大产业合作力度，打造一批新载体。全年新建现代农（林）业园区15个，累计31个；引进37家广东企业注册落户凉山彝族自治州；引导到凉山彝族自治州投资并带贫的75家企业年内实际投资额31.62亿元，带动贫困人口3.53万人。抓牢消费扶贫重点任务。对接粤港澳大湾区市场，凉山彝族自治州的粤港澳大湾区“菜篮子”生产基地增至4个，探索建立“凉山产、湾区销”的产业协作长效机制。开展“以购代捐”，出台政策文件明确全市预算单位饭堂预留10%的额度定向采购凉山彝族自治州扶贫农产品。利用“电商平台带货”“三专一平台”（消费扶贫智能专柜、消费扶贫专馆、消费扶贫专区，以及中国社会扶贫网平台）等新平台开展销售，推动凉山扶贫产品“卖全国”。全年线上线下采购、销售凉山农特产品7.56亿元，带动贫困人口3.15万人实现增收。

劳务协作　佛山市落实国务院扶贫办有关要求，安排1亿多元支持劳务协作，出台8份优惠政策文件，全面帮助贫困劳动力稳岗就业。落实精准对接、精准输出、精准稳岗措施，全年帮助贫困群众到佛山市就业7020人；帮助贫困群众到广东省就业3个月以上1.20万人、省内就近就业3个月以上1.21万人。国务院扶贫办肯定佛山稳岗工作经验做法。

结对帮扶　佛山、凉山两地有乡镇结对41对、村村结对32对、村企结对386对、社会组织结对68对、学校结对50对、医院结对29对。2020年，佛山市抓好社会力量助力挂牌督战村年度重点工作，动员组织172家企业和社会组织助力挂牌督战凉山彝族自治州203个贫困村，落实帮扶资金4455.2万元。全年投入780万元加强贫困村基础设施建设，销售农特产品309万元，帮助1419名贫困群众务工就业，开展技能培训4400多人次。佛山工作组及佛山民营企业代表在全国社会力量助力挂牌督战论坛上作典型发言。

【省内脱贫攻坚对口帮扶湛江、云浮市】2020年，佛山市继续推进广东省内脱贫攻坚对口帮扶湛江、云浮两市的254个相对贫困村，相对贫困人口2.36万户7.9万人。对口帮扶相对贫困村、贫困人口全部实现脱贫达标，并按照程序实现退出。年内，对口帮扶全年投入财政专项资金3.51亿元，其中省定教育补助配套资金8741.22万元、市财政额外安排的专项扶贫资金2.54亿元、党政代表团访问交流捐赠的扶贫资金1000万元；实现相对贫困户年人均可支配收入15831元，其中有劳力相对贫困户年人均可支配收入16693元，超过全省农村居民可支配收入45%（8951元）的标准；实现相对贫困村集体年收入每村平均24万元，全村居民可支配收入20338元，超过全省农村居民可支配收入60%（11934元）的标准。

组织领导 中共佛山市委、市政府分别14次、5次研究部署对口帮扶工作。7月17日、30日，中共佛山市委书记鲁毅、佛山市市长朱伟率市党政代表团赴云浮、湛江市对接脱贫攻坚工作，召开联席会议，并到省定贫困村调研。11月20日、23日，佛山市分别与云浮、湛江两市召开2020年第二次党政联席会议，佛山市委书记鲁毅、佛山市市长朱伟出席会议。

产业帮扶 历年对口帮扶投入扶贫资金11.07亿元帮扶254个相对贫困村建设的1357个产业增收项目持续发挥效能，贫困群众全年从帮扶建立的产业增收项目中获分红7881万元。产业增收项目历年已累计带动1906个贫困劳动力人口就业，带动8438户相对贫困户发展生产。

消费扶贫 佛山市推进政府采购助推消费扶贫政策落地，全市有440个预算单位食堂参与采购扶贫产品工作，年度采购扶贫产品6060.73万元，佛山经验做法获在全省推广；工会组织全年采购扶贫产品超1500万元。推进消费扶贫“三专”（销售扶贫产品的专柜、专馆、专区）建设，运营扶贫产品专柜2000多台，开设线上、线下扶贫产品专馆专区60多个，专柜运营数量居全国、全省前列。建成东西部扶贫协作市场佛山展销馆。联合对口帮扶地区举办5场大型展示展销活动。建成佛山市扶贫产品特色街，广东省消费扶贫创新创业基地（佛山）挂牌。

2020年，佛山市推进政府采购助推消费扶贫政策落地，建成佛山市扶贫产品特色街，佛山经验做法获全省推广 （佛山年鉴社 供图）

就业扶贫 佛山市各级人力资源社会保障部门联合湛江、云浮两市人力资源社会保障部门组织7场佛山企业专场招聘会。推广以奖代补做法，对与用人单位签订劳动合同并实际履行3个月以上的贫困劳动力，每人每年一次性补贴1000元，鼓励有劳动力贫困户转移就业。全年全市落实贫困户转移就业奖补9391人1155.63万元，实现转移贫困劳动力就业2.40万人，占全部相对贫困村贫困劳动力总数的73.3%；通过产业扶贫项目、扶贫车间、公益岗位等措施，实现贫困劳动力9998人就近就地就业。

保障扶贫 佛山市协助对口帮扶相对贫困村全面落实五保、低保、孤儿、残疾人补助政策，确保应保尽保。帮扶贫困户购买城乡居民医保、养老保险，贫困户城乡居民医疗保险、养老保险参保率均达100%。对长期居住危房且危房为唯一住所的建档立卡贫困户，在帮扶期限内实施危房改造的，在省和当地配套补助（每户补助4万元）的基础上，佛山市再给予每户2万元以下补助。全年完成贫困户住房改造户数347户，补助资金621万元，其中额外追加补助374万元。继续以村为单位，推进帮扶各村运营好助医助学互助金，建有慈善互助金的村100个，资金规模1817万元，发放帮扶资金1125万元，受益人数1.10万人。

（赖永逸）

市域统筹

【五区发展新定位】2020年9月12日，中共佛山市委十二届十次全会召开。会议指出，5个区要在广东省共同构建“一核一带一区”（“一核”指珠三角核心区、“一带”指沿海经济带、“一区”指北部生态区）区域发展格局中找准优势、明确方向、各展所长。其中：禅城区要强化中心城区、科创金融、文教医卫、宜居环境功能，加快城市更新，实施精品战略，以智慧化牵引构建共建共治共享社会治理格局，彰显“岭南文脉”现代魅力，打造“小而美小而精”的精品城区、精品产业、首善之区；南海区要围绕广东省城乡融合发展改革创新实验区、国家先进制造业和现代服务业融合发展试点，保持定力、聚焦发力，发展高端产业集群，丰富平台载体功能，重塑生产生活生态空间，在做大做强做优广佛极点上展现更大作为，为

禅城区致力于打造“小而美小而精”的精品城区。图为禅城区文华公园区域夜景（2020年） （招力行　摄）

佛山市高质量发展扛大鼎；顺德区要高标准推动新时代广东省贯彻落实新发展理念实验区建设上新台阶，紧贴国家产业战略布局和全球产业发展趋势，奋力打造广佛极点智能制造标杆，以新时代改革开放领跑者的姿态与担当，在落实新发展理念的宏伟实践中立标杆、扛大旗，继续走在全省乃至全国前列；高明区要牢牢抓住珠三角枢纽（广州新）机场建设重大历史机遇，充分释放珠江西岸门户效应和枢纽优势，吸引更多重大平台、重大项目落地，早日实现后队变前队、边缘变中心，努力建设湾区枢纽新门户、临空经济新中心、田园城市新样本；三水区要高位谋划，充分发挥广佛肇区域中心的地理优势和承接大项目的空间优势，不断集聚创新资源，提升发展能级，建设食品饮料、电子信息、智能制造等特色产业集群，形成佛山制造新增长极，同时释放改革活力，推动三江汇流之地、富裕长寿之乡打造乡村全域振兴示范样本。全会强调，各区对内要加快融合，缩小发展差距；对外要深化合作，吸引要素集聚，辐射带动周边，在各自赛道上赛龙夺锦，形成优势互补、高质量发展的区域经济布局，展现各美其美、美美与共的生动局面。

（市委办公室）

【市级统筹大招商】 2020年，佛山市继续推进“大招商招大商”工作，在全市5个区同步举行“项目为王　共筑湾区”2020年上、下半重大项目集中开工投产活动，召开全市2020年重大产业项目招商工作会议，以及组建佛山市重大工程项目建设总指挥部，在更高层面系统谋划推进重大项目建设。同年，佛山市发挥政府投资项目谋划对优化政府投资结构、布局，以及补短板、惠民生的作用，编制市本级政府投资项目计划，谋划推进基础设施、业务用房、民生工程、重大发展平台、重大科技平台等领域项目建设，增强市级财政基建项目和市级统筹项目建设力度。组织各区、各部门做好省重大项目前期工作经费申报工作，支持全市重大项目前期工作开展；做好市本级政府投资项目谋划前期工作专项经费设立及分配，支持市本级政府投资基建项目谋划和专项债项目谋划。同年，佛山市围绕“总体要求、构建工作机制新格局、优化提升产业载体、加强资源要素支撑、实施精准招商策略、强化组织工作保障”进一步优化提升招商引资工作体制机制。集中优势资源和力量向重大项目倾斜，研究制定《佛山市招商引资重大产业项目专项资金管理办法》《佛山市集中成片产业用地储备计划工作方案》等政策措施，支持奖励符合条件的招商引资重大产业项目，保障项目用地需求。研究制定《佛山市重大产业项目招商引资工作考评办法》，加强对各区各单位年度任务目标完成情况及上年度项目落地情况考评，并将结果纳入各区、市直单位年度绩效考核。

（市发展改革局　市重点项目工作局）

【市域五区交通互联互通】 2020年，佛山市畅通完善城市路网格局，强化市域五区互联互通，全市初步形成市域内“两环四纵五横”（“两环”指珠二环、珠三角环线高速公路；“四纵”指广珠西线、佛江及北延线、佛开、佛清从高速公路；“五横”指广佛肇、广三、广肇、广明、广中江高速公路）的高速公路网络。佛山“一环”西拓北环段通车，“一环”西拓南环段高明大桥至富龙大桥公路工程基本建成，“一环”高速化改造于年底前已完成。继续推进塘西大道三期及南延线工程、季华路西延线工程、禅西大道南延线（樵乐路至佛山一环段）、金石大道西延等一批跨区、跨组团骨干道路规划建设。推进“断头路”工程建设，放大道路疏解功能，支撑城市空间拓展和产业融合发展，全年按计划打通“断头路”20条（每个区4条）。推进国省道改扩建和农村公路高质量建设发展，落实“四好农村路”（“四好”指建好、管好、护好、运营好）实施计划，支撑城乡区域协调发展。轨道交通建设方面，城市轨道交通2号线一期项目全线17个车站主体施工全部完成；城市轨道交通3号线项目全线31个车站实现主体结构封顶、2个车站处于主体结构施工阶段。

（刘琳琳）

【高新区“一区五园”统筹发展】2020年，佛山市高新技术开发区继续实行“市统筹、区建设、齐分享”的管理体制和“‘一区五园’、统一规划、分园管理、创新服务”的管理模式，统筹推进“一区五园”（“一区五园”的“一区”指佛山高新技术产业开发区，“五园”指禅城园、南海园、顺德园、高明园、三水园）发展。坚持规划引领，制定《佛山高新区践行新发展理念加速高质量发展三年行动方案（2021—2023年）》，出台产业发展规划（2020—2025年），全面统筹指导“一区五园”协同高质量发展。出台扶持“瞪羚企业”“单打冠军企业”等创新政策17份，推动各园及所在镇（街道）细化配套政策，全面完善创新政策体系。强化招商联动，构建“一区五园”招商引资协同服务体系，建立共享招商项目库，推动优质入库项目签约落地各园区，佛山高新区“一区五园”全年引进超亿元产业项目27个，计划总投资额535.73亿元。优化服务体系，出台《佛山高新区“一区五园”行使市级行政审批服务事项管理办法》，在省、市各业务审批系统中开设高新区专栏，通过打通各业务审批系统，推动市级审批事权灵活、高效延伸到五园，各园行政服务中心于年内相继挂牌成立。塑造统一形象，设计高新区专属VI标志（视觉识别符号），重点围绕“一区五园”主要门户、主干道路、高速出入口、重点企业和平台等，完成30多处形象景观提升项目。

（邓国燊）

【南三产业合作区建设】南三产业合作区由佛山高新技术产业开发区南海园和佛山高新技术产业开发区三水园组成，以官窑货场物流园为核心区，涵盖智库科技城、南海汽车产业园（松夏片区）、松夏工业园、南国桃园等重点片区。南三产业合作区园区面积109平方千米，其中南海范围73平方千米、三水范围36平方千米。2020年，南三产业合作区完成产业规划和发展策划研究中期成果，产业空间布局采取“双轴、两带、三组团、五平台”（“双轴”是指一环科技创新轴、产业联动发展轴；“两带”是指西南涌产业合作带、自然生态融合景观带；“三组团”包括三水园组团、大学城组团、南海园组团；“五平台”是指佛山科学城、生态未来城、智能智造城、智慧物流园、南国桃园）的结构布局。南三产业核心区——广珠铁路官窑货场物流园融合生态滨水景观，打造集先进制造区、口岸保税区、综合服务区、展示贸易区、商业配套区、生产原料仓储区、核心商务区、电商及消费品物流/城市配送区、居住及配套区、安置及居住区于一体的智慧物流基地，园内对应的控规修编、产业政策、招商策略、路网构筑、推进计划持续完善。园区土地整备取得阶段成效，基础设施建设稳步推进，一汽-大众铁路专用线、园区交通路网正在加速推进，西南涌岸线整整及碧道建设工程即将启动。该年度，南三产业合作区内的佛山生产服务型国家物流枢纽获批为2020年国家物流枢纽建设单位。

（邵景亮）

【三龙湾工作统筹推进】2020年，佛山三龙湾高端创新集聚区强化市级统筹，联合区、镇（街道）形成合力，加快推进三龙湾建设。三龙湾加强人员配备，参与核心决策，三龙湾南海片区建设局和顺德片区建设局局长兼任中德工业服务区党工委委员，通过党工委会议，党工委和管委会领导班子碰头研究重大工作进展，及时沟通工作存在的问题，参与重大事项的决策，形成高效工作机制。三龙湾统筹规划编制，确保高标准建设，发挥统筹协调作用，树立“一盘棋”思想，组织编制各项总体和专项规划，同时密切与各区、各镇（街道）联系，立足基层实际，了解区、镇（街道）诉求，做到协调统一。三龙湾统筹项目建设，激励镇（街道）积极性，通过统筹重点项目建设，对区域内跨区、跨镇（街道）道路、环境提升工程等项目进行统筹推进和监督跟踪，通过纳入市级统筹或者给予扶持资金等手段，调动区、镇（街道）的积极性，引导区、镇（街道）根据三龙湾发展需要，主动谋划项目，承担“建设主体”责任，达到完善交通路网、提升道路景观，美化城市环境的效果。三龙湾统筹产业布局，促项目落地实施，调动市、区、镇（街道）三级招商力量，实行“管委会－片区局－镇（街道）”三级联动机制，明确各层面的工作职责，发挥各方能动性。三龙湾强化绩效考核，倒逼工作推进，强化重点项目建设和招商引资

2020年，佛山高新区强化招商联动，构建“一区五园”招商引资协同服务体系，建立共享招商项目库，推动优质入库项目签约落地。图为聚锦科创产业园开园启动仪式

（佛山高新区　供图）

2020年，佛山三龙湾高端创新集聚区强化市级统筹，联合区、镇（街道）形成合力，加快推进三龙湾建设。图为2020年三龙湾一周年重大项目签约活动，该活动有15个项目签约，涉及总投资352亿元　（三龙湾管委会　供图）

工作的绩效考核，将项目推进情况与各区的年度绩效考核挂钩，通过考核倒逼各区加大建设力度。将三龙湾各个片区的年度招商引资情况与各区的年度绩效考核挂钩，推动各区增强协同发展意识，把发展重心、发展资源、工作精力集中到三龙湾建设中。

（三龙湾管委会）

【基本医疗保障市级统筹】 2020年，佛山市加大基本医疗保障市级统筹力度，继续推进基本医疗保险制度城乡一体化（1992年，佛山市开始职工医疗保险制度试点。2003年起，陆续实施城乡居民医保试点、整合居民医保和新型农村合作医疗、建立普通门诊基本医疗保险制度等工作。2017年1月1日起建立城乡一体化的基本医疗保险制度，实现“城乡居民同待遇”和“职工医保与居民医保同待遇”，在门诊特定病种和住院方面实现在全市范围内选择定点医疗机构就医，在普通门诊方面实现在参保区内选择定点医疗机构就医）。佛山市继续统一城乡居民和职工基本医疗保险覆盖范围。佛山所有基本医疗保险参保人不分年龄层、不论身份享受同等的“基础+大病”医疗保险待遇，全年全市基本医疗保险（含生育）参保人数596.4万人，其中职工362.3万人，居民234.1万人，确保参保率稳定在98%以上。继续统一城乡居民和职工基本医疗保险筹资政策，坚持多渠道筹资，合理确定用人单位、个人缴费和财政补助的责任，完善筹资动态调整机制，建立与经济社会发展水平、各方承受能力相适应的稳定筹资机制，全市全年医保基金收入159.8亿元，支出145.8亿元。2020年12月31日，市医疗保障局印发《佛山市基础医疗保险门诊特定病种管理办法（暂行）》（2021年1月1日起实施），将原来的“门诊特定病种”和“门诊慢性病种”同意合并为“门诊特定病种”，病种范围由原来的42个扩增至62个。同时，支持医疗机构开具“长处方”，提升参保人就医便利性。鼓励支持家庭医生签约服务，目录内最高报销比例可达95%。

（张世渊）

【市域五区就业服务同城化】 2020年，佛山市推进就业服务同城化，建立全市劳务合作信息平台，强化区域劳务合作。建立健全市、区、镇（街道）、村（社区）四级公共就业服务体系，实现公共就业服务全域覆盖。佛山市人力资源公共服务中心依托市人力资源社会保障局信息惠民项目和“佛山人才网”，统筹建设佛山市“互联网+”公共就业人才服务平台，推动公共服务全面升级。11月，佛山“粤菜师傅”“广东技工”“南粤家政”三项工程领导小组召开会议，要求各区、各部门要从全局的角度去谋划和落实三项工程，整体协同推进，坚持统筹推进，用同等力度推动三项工程落实。年内，佛山市市级人才服务机构，以及禅城区、高明区、三水区人才服务机构将原有档案数据导入佛山市人力资源和社会保障局审批系统进行管理并使用，南海区和顺德区人才服务机构档案数据导入工作加紧推进。

（卢文韬）

【市域社会治理现代化】 2020年，佛山市聚焦社会治理体制机制性难题、新冠肺炎疫情防控暴露出来的短板和不足，加强制度创新，提升治理效能，获批全国市域社会治理现代化第一期试点城市。健全重大疫情防控体制机制，科学构建“四个一”（一把手负总责，组建一套专班，制订一个方案，统一一个口径）应急处置机制，全面提升应对重大突发公共卫生事件的能力水平。创新打造社会共治智云平台，市、区、镇（街道）、村（社区）、网格五级社会治理格局逐步形成，社会治理系统化、精细化、智能化水平不断提升。加快推进多元化纠纷解决机制建设，创新构建“1+3+X”群众诉求服务体系（“1”指设立1个总的群众诉求服务平台；“3”指3个分平台，即信访诉求服务平台、诉前和解平台、公共法律服务平台；“X”指相关职能部门的诉求服务平台），该服务体系入选2020年全国政法智能化建设智慧治理十大创新案例。完成乡镇街道体制改革，整合加强基层审批、服务、执法力量，基层治理能力稳步提升。深化屠宰行业改革，“减数量、优布局、改体制、转模式、强监管”工作基本完成，全市生猪屠宰场数量由18家调减为7家，“代宰制”模式全面取消，国有独资或控股经营有序推进。推动智慧安全佛山建设，探索城市安全治理模式转型升级，获评“2020年度中国最佳社会治理创新典范”。对标国内一流组建市森林消防综合救援队，专业化安全应急救援能力迅速提升。

（市委改革办）

开放型经济

综　述

【概况】 2020年，佛山市统筹疫情防控和经济社会发展，继续推进开放型经济新体制建设，打造市场化法治化国际化营商环境，促进形成全面开放新格局。年内，佛山市出台《佛山市扩投资促消费稳外贸外资工作方案》《佛山市进一步扩大对外开放实现利用外资高质量发展若干政策措施（2020年修订）》等，入选全国跨境电商零售进口试点地区并启动跨境电商零售进口试点工作，启动中国（佛山）跨境电子商务综合试验区线上平台暨线下园区建设，启用国内首个大件跨境电商商品出口集货仓——“全球速卖通大件跨境华南运营中心”，举办首届大湾区全球电商直采节暨1688超级买家天团佛山站活动。全年新批外商投资企业523家，涉及合同外资及港澳台资212.62亿元，比上年增长85.05%，实际使用外资及港澳台资45.92亿元。全年外贸进出口值5060.3亿元，比上年增长4.8%。新增对外直接投资企业（含机构）40个，新增佛山方面协议投资总额3.81亿美元。签订对外并购项目11个，新增佛山方面协议投资额3.21亿美元。对“一带一路”沿线国家和地区进出口1725亿元，比上年增长11.5%。

【平台建设】 2020年，佛山市提出围绕战略性支柱产业和战略性新兴产业，高标准规划建设一批超千亩万亩现代主题产业园，打造支撑高质量发展的优质产业载体。继续健全完善“香港+佛山”和“澳门+佛山”合作机制，向广东省港澳办争取粤港澳合作高端示范区政策支持，支持顺德粤港澳协同发展合作区等港澳高水平合作平台建设。年内，佛山成为全国跨境电商零售进口试点城市，中国（佛山）跨境电子商务综合试验区线上平台暨线下园区启动建设，国内首个大件跨境电商商品出口集货仓——“全球速卖通大件跨境华南运营中心”启用，佛山国际陆港项目落户南三产业合作区，佛山高新技术产业开发区在2020年度国家高新区综合评价中排名上升至第二十五。

【营商环境优化】 2020年，佛山市继续深化商事登记制度改革，优化“一网一门一次”政务服务，推进“一网通办、异地可办、跨层联办、掌上即办”，提高办事便利度，打造市场化法治化国际化营商环境。创新24小时智慧便民商事登记模式，实现商事主体全生命周期全程网上办，商事登记、公章刻制、申领发票等企业开办全流程平均用时仅需0.41天。推出“港澳商事E点通”，实现香港澳门居民商事登记自助办理。深入推进“证照联办”，打造跨部门间主题式证、照一起办，全市联办主题事项达50个。启动“一照通”改革，实现“一企一照、一照通行”。实施工程建设项目审批制度改革，推行工业建设项目和高新技术项目“拿地即开工”的审批模式，全年“拿地即开工”项目11个。全年全市政务服务质量评价得分9.5分，好评率99.99%。年内，佛山高新区获《人民日报》和《环球时报》评为“2020年度区域营商环境创新创优标杆园区”。

（史　阳）

参与“一带一路”建设

【概况】 2020年，佛山市商务局继续抓实外贸与对外投资2条主线，并将合作逐步延伸至文化、交通、教育等领域。探索佛山海外产业园区发展路径，创新境外经济贸易合作区发展模式，研究出台佛山市境外经济贸易合作区建设计划，鼓励佛山企业在境外建设经济贸易合作区。支持外贸企业开拓新兴市场，引导企业，尤其是陶瓷、机械、家电、家具等优势产业企业参加“一带一路”沿线国家和地区展会及经贸活动。支持企业建立海外营销体系，对平台方运营推广费用及企业的展位费、特装费、物流费给予支持。年内，佛山对“一带一路”沿线国家和地区进出口1725亿元，增长11.5%，超同期佛山外贸整体增速6.7个百分点，比重由上年的32%提升至34.1%。年内，佛山市新增赴境外直接投资企业（含机构）40个，比上年下降11.11%；新增佛山方面协议投资额3.81亿美元，增长148.82%。

【对外沟通体系建立健全】 2020年，佛山市建立健全常态化沟通协作机制，强

2020年11月19日，第二十四届全国发明展览会——一带一路暨金砖国家技能发展与技术创新大赛在广东（潭洲）国际会展中心举行　　（市档案馆　供图）

化与广东省丝路基金对接，引导佛山企业到“一带一路”沿线国家的投资项目申报省丝路基金支持。统筹做好市领导会见外国驻华使领馆工作，协调指导涉领馆接待，推进多领域务实合作交流。健全境外安全风险防范体系，强化海外保护力度，针对“一带一路”地区的佛山企业开展疫情期间的预防性领事保护工作，加强风险预警与领保安全信息发布，开通24小时服务热线，为佛山企业及在外员工提供海外出行、入境检疫、出境政策等咨询与答疑服务，累计接电144个。发动各区和各科研院校、科技型企业参加第二十四届全国发明展览会——“一带一路”暨金砖国家技能发展与技术创新大赛等展会和赛事，吸引海内外高端创新人才，建设国际科技创新中心。

【投资贸易合作推进】 2020年，佛山市开辟多元化市场，帮助佛山企业争取“一带一路”市场订单，支持企业建立海外营销体系，对经认定的佛山泛家居品牌产品海外展示体验馆项目，对平台方运营推广费用及进驻企业的展位费、特装费、物流费给予支持。举办第五届“一带一路”泛家居产业发展与国际合作论坛等活动。认定中国（波兰）国际贸易数字博览会、中国（阿联酋）国际贸易数字博览会和2020海南（东盟）酒店及餐饮用品博览会等9场重点推荐组织的线上及线下国际性展会，对企业参展费用给予扶持。组织佛山企业参与“一带一路”沿线国家和地区重要展会，打造“佛货全球行”。推动企业申办中国贸促会自由销售证明书和中国出口商品品牌评价。与大型央企、国企和跨国集团对接，整合“一带一路”合作资源，提升佛山民营企业参与“一带一路”建设的海外项目落地效率。落实全市企业、商（协）会非指定人员人身安全保险投保，对企业投保海外投资险相关险种以及开办费等给予支持。开拓葡语国家市场等重点“一带一路”市场，利用澳门展贸平台对接葡语系国家的优质资源，吸引外商到佛山投资贸易。

【融资体系优化】 2020年，佛山市完善佛山市上市公司通济基金设立运行工作联席会议制度，继续研究制定相关配套文件。发展多层次资本市场，拓宽直接融资渠道，促进上市企业参与“一带一路”建设。推动跨境人民币业务创新，深化跨国企业集团跨境人民币资金集中运营管理改革，支持佛山辖区内跨国企业集团开展跨境人民币双向资金池业务，拓宽企业融资渠道，降低企业融资成本。印发《佛山市引导和促进外商投资股权投资类企业集聚发展的工作指引（试行）》，全市新增股权投资类机构超150个，新增注册资本及募资规模超135亿元，全市股权投资类机构总数超800个，募集与投资资金规模超941亿元。

【大湾区“一带一路”重要节点建设】 2020年，佛山市以“湾区通”工程为抓手，打造特色合作平台，打造“一带一路”重要支撑点。围绕人流、物流、资金流、信息流等探索开展改革创新，深挖机制问题。以三龙湾高端创新集聚区为核心，重点在制造业转型升级、科技成果转化、土地管理改革等方面进行探索，为集打造成粤港澳大湾区重要发展平台和珠江西岸创新极核。鼓励各金融机构开展试点工作，参与区域金融合作。年内，全市有21个金融机构申请成为试点机构，参与38项试点工作。

【佛山向“一带一路”沿线国家（地区）友城与友好组织捐赠防疫物资】 2020年，佛山市与“一带一路”沿线各国的友城、友好组织保持密切沟通联系，并捐赠防疫物资帮助当地做好新冠肺炎疫情防控。经佛山市市、区外事部门向吉尔吉斯斯坦、瓦努阿图等国家（地区）超30个市、区、社会组织捐赠一次性医用口罩32.65万个、N95型口罩6820个、防护服400件、隔离衣1000套、测温仪270支、消毒液500瓶、护目镜200件、防护面罩380件、鞋套1000对、胶手套1800双。

【基础设施互联互通】 2020年，佛山市继续建设“佛山对接‘一带一路’物流枢纽中心”作为中欧班列的集货点，对接“海上丝绸之路”实现大宗物资快速流通。广东易运物流基地发展“线下物流枢纽，线上对接平台，线下线上一体化”模式，打造“不中转、不落地”的物流直达线路，提高货物周转率，包括：货物10小时内可达广西凭祥口岸直通越南；25小时内可达云南瑞丽到达缅甸；58小时内可达新疆喀什直达巴基斯坦。同年，佛山市货物运抵凭祥市、瑞丽市、喀什地区的口岸转运出境的货物显著增加，陶瓷卫浴、电动门、门窗配件等增速明显。

【"一带一路"科技合作平台】 2020年，佛山发明成果转化研究院与白俄罗斯国立技术大学科技园合作成立的中国佛山发明成果转化研究院中白科技合作中心正式运营，重点开展电子信息、新材料、新能源、装备制造、节能环保及生物医药六大战略新兴产业方向的成果利用，以及白俄罗斯项目成果转移转化、项目孵化，共同组织人才交流培训，探索共建科研院所和国际学院等。年内，佛山发明成果转化研究院获批设立2020年广东省科协海智工作站，除原已建设的5个海外分院、3个分中心外，推进新增建设俄罗斯分院、西南分院工作站；对外开展和接洽国外项目158个，涉及日本、韩国、白俄罗斯、意大利、德国等17个国家。季华实验室微波与真空技术研究室推进引进新加坡科学院院士、新加坡国立大学化学专业陈思安教授工作，合作开展"改性高分子诱导的复合材料制备""新型氧化物半导体的掺杂机制研究"等项目，并申请2020年广东省"银龄专项"计划项目。

【第五届"一带一路"泛家居产业发展与国际合作论坛】 2020年10月21日在佛山市中国陶瓷总部举行。论坛以"聚焦国际贸易新形势·开启跨境电商新蓝海"为主题。佛山各级政府、泛家居行业协会及企业代表、媒体代表等近400人参加，围绕国际贸易新形势，为泛家居企业如何开启跨境电商新蓝海提供外贸新思路，增进佛山市泛家居企业与"一带一路"沿线国家和地区的交流合作。论坛现场，佛山市进出口商会跨境电商专业委员会正式成立。

（史　阳）

招商引资

【概况】 2020年，佛山新批外商投资企业523家，涉及合同外资及港澳台资212.62亿元，比上年增长85.05%，实际使用外资及港澳台资45.92亿元。全年超1000万美元项目52个，合同外资及港澳台资金额较大的项目有：海天机械（广东）有限公司，合同外资及港澳台资金额2亿美元；广东跃昉科技有限公司，合同外资及港澳台资金额2.18亿美元。年内，佛山各区引进多个重大产业项目，涉及投资额76.77亿元，超额完成全市重大产业项目年度任务。截至2020年底，累计有65家世界500强企业在佛山投资122个项目，涉及投资总额118.26亿美元。

【靶向重点区域及重点产业招商】 2020年，佛山市举办"湾区极点　佛山智造"——2020年日本企业走进粤港澳大湾区（佛山）投资说明会，签约总额近10亿元。对接日本经贸资源，举办"智绘未来·人工智能发展新动向"首届日中未来论坛，并参加第三届CDI中国开发区创新发展大会中日产业园区创新发展交流会、第三届中国国际博览会中日先进技术交流对接会、2020智能制造和节能环保产业推介会暨中日企业对接会等中日经贸交流合作活动。全年实际利用日资6.2亿元，比上年增长29.6%。

同年，佛山市顺应新一轮科技革命和产业变革趋势，加大战略性新兴产业项目招商引资力度，以"新经济，新动能，新融合"为主题举办佛山城市产业创新交流会，精准推介佛山市数字经济发展机遇，以优质项目助力产业数字化和数字产业化，寻找能实现城市可持续发展的新增长点。瞄准新经济领域独角兽企业（估计市值超10亿美元的企业），加速新经济布局。2020年，佛山市在WISE2020新经济之王大会上被评为"2020年度创业者心中的十大新经济城市"。

【招商工作机制创新】 2020年，佛山市商务局探索区域合作招商，与广州市商务局签订《关于建立广佛同城全球联合招商工作机制的战略合作框架协议》，协同开展先进装备制造、汽车、新一代信息技术、生物医药与健康等4个万亿级产业集群的互补招商。开展代理招商，与广东多氪信息科技有限公司、日本东海日中贸易中心合作，在招商引资信息获取、潜在投资企业对接、投资环境宣传等方面提升效能和准度。此外，市商务局与德勤上海咨询有限公司、世邦魏理仕、商务部投资促进局下属国槐投资顾问有限公司、三菱日联银行（中国）有限公司、瑞穗银行（中国）有限公司、三井住友银行有限公司广州分行、德国巴伐利亚州中国代表处、日本贸易振兴机构广州代表处、大韩贸易振兴公社广州馆等机构进行交流，多维度挖掘招商信息。

（史　阳　彭　韦）

【重点项目谋划】 2020年，佛山市招商引资工作联席会议听取2019年全市重大产业项目招商引资工作总结和年度考评情况汇报，谋划深入开展"大招商招大商"工作。中共佛山市委、市政府召开2020年重大产业项目招商工作会议，动员全市上下狠抓重大产业项目招商。中共佛山市委书记鲁毅会见徐工集团代表一行，洽谈签约及后续合作事宜。佛山市市长朱伟会见复星国际董事长郭广昌一行，带队赴广州拜访大参林医药集团股份有限公司及广东珠江投资股份有限公司，率市政府代表团赴浙江省、上海市开展招商引资活动。佛山市着眼于未来5年经济社会高质量发展需要，围绕科技创新发展、现代产业体系建设、综合交通运输体系建设、生态环境建设、公共服务等领域，谋划一批全局性、战略性、前瞻性、带动性强的重点建设项目，编制完成佛山市"十四五"规划纲要重大项目清单和2020年省、市重点建设项目计划。发挥政府投资项目谋划对优化政府投资结构和布局以及补短板、惠民生的作用，编制市本级政府投资项目计划，谋划推进基础设施、业务用房、民生工程、重大发展平台、重大科技平台等领域项目建设，增强市级财政基建项目和市级统筹项目建设力度。组织各区、各部门做好省重大项目前期工作经费申报工作，支持全市重大项目前期工作开展；做好市本级政府投资项目谋划前期工作专项经费设立及分配，支持市本级政府投资基建项目谋划和专项债项目谋划。以"项目为王"工作理念，通过重大项目集中开工投产活动，展现各区、各部门项目工作实效，掀起全市上下推动谋划项目工作“比学赶帮超”热潮。

（朱志强）

【重大产业项目招商引资体制机制优化】 2020年，佛山市主动适应发展新形势新要求，研究制订佛山市进一步促进重大产业项目招商引资工作的若干意见，围绕“总体要求、构建工作机制新格局、优化提升产业载体、加强资源要素支撑、实施精准招商策略、强化组织工作保障”进一步优化提升招商引资工作体制机制。集中优势资源和力量向重大项目倾斜，研究制定《佛山市招商引资重大产业项目专项资金管理办法》《佛山市集中成片产业用地储备计划工作方案》等，支持奖励符合条件的招商引资重大产业项目，保障项目用地需求。研究制定《佛山市重大产业项目招商引资工作考评办法》，加强对各区各单位年度任务目标完成情况及上年度项目落地情况考评，并将结果纳入各区、市直单位年度绩效考核“降档指标”，被评定为不合格的考评对象，年度绩效考核不得评为第一档次。

【线上招商创新开展】 2020年，佛山市结合新冠肺炎疫情防控，创新招商方式，改“面对面”交流为“屏对屏”“线对线”沟通，先后组织参加省商务厅举办的多场线上招商推介活动，在广东省医药健康产业线上招商推介会上，向西门子、拜耳、强生、默克等30多家世界500强外资企业推介佛山市营商环境。在氢燃料汽车及现代农业与食品产业推介会上，佛山市南海区、三水区代表分别对南海丹灶仙湖氢谷和三水国际水都饮料食品基地等产业园区进行专题推介。佛山市举办佛山高新技术产业开发区和佛山三龙湾高端创新集聚区2个市级重大招商平台的专场云招商推介会，全面展示佛山突出的区位优势和优惠的招商政策。

【主动上门招商】 2020年，佛山市各级各部门围绕“大招商招大商”，到全国各地开展招商推介活动。佛山高新区在深圳市举行佛山高新区（深圳）招商推介会，深圳人体密码基因科技、深圳迈步机器人等12个项目现场签订合作协议。禅城区与深圳市在深圳市南山区举行佛山—深圳双城协同创新发展大会暨“佛深产业融合促进会”筹备发布会，现场举行深佛优质项目签约仪式。南海区到深圳市潮汕商会进行招商推介等。顺德区作为在深圳市保利剧院举行的深圳外商投资企业协会30周年庆典暨2019年全国优秀外资企业表彰大会特别协办单位，在活动现场作顺德营商环境推介；作为联合主办单位在第六届全球深商大会在会场向1500多名深圳企业家推介顺德；等等。高明区参加在广州市举行的2020广东文化和旅游产业投融资对接会县域文化旅游推介会等。三水区在陕西省西安市举行“同发展共奋进”2020年佛山三水（西安）招商推介会，推介会深化佛山和西安经贸合作及企业交流对接，并到深圳市举办2020年“同发展　共奋进”佛山三水（深圳）招商推介会等。顺德区龙江镇在深圳市举行“村改赋能·龙腾湾区”——顺德龙江镇超10平方千米现代产业集聚区深圳招商推介会，现场签约总额超150亿元。

【活动平台招商】 2020年，佛山市通过举办各类大型活动并参加各类展会和活动，以活动为平台开展招商工作。利用佛山市获评“2020年度创业者心中的十大新经济城市”契机，在WISE2020新经济之王大会上以“新经济，新动能，新融合”为主题举办佛山城市产业创新交流会，邀请约200家初创企业及数字经济企业代表参会，精准推介佛山市数字经济发展机遇。举办2021联合国开发计划署氢能产业大会、第五届中国（佛山）国际氢能与燃料电池技术及产品展览会、2020中国（佛山）国际智能机器人博览会暨2020全球智能机器人产业峰会，展示佛山雄厚的产业基础和优质的营商环境。借助各类活动平台，了解投资信息、对接项目，先后参加中国国际食品和饮料展览会、第八十三届中国国际医疗器械展会、中德（长沙）汽车大会、慕尼黑电子生产设备展、2020年深圳国际工业制造技术展览会（ITES）暨第二十一届SIMM深圳机械展、FHC环球食品展等。

【外资精准招商】 2020年，佛山市密集对接日本经贸资源，先后举办“湾区极点　佛山智造”——2020年日本企业走进粤港澳大湾区（佛山）投资说明会、2020智能制造和节能环保产业推介会暨中日企业对接会，协办“智绘未来·人工智能发展新动向”首届日中未来论坛，组织佛山企业参加第三届CDI中国开发区创新发展大会中日产业园区创新发展交流会、第三届中国国际博览会中日先进技术交流对接会等中日经贸交流合作活动。多次与德国工商大会广州代表处、中国欧盟商会对接，利用其渠道资源宣传推广佛山市投资环境；做好英国领事馆及贸易部官员、荷兰驻广州总领事馆商务代表、加拿大驻广州总领事馆商务领事等商务代表团接待工作，推介佛山市投资环境、实地开展产业交流。市商务局拜访德勤上海咨询有限公司、世邦魏理仕、商务部投资促进局下属国槐投资顾问有限公司、三菱日联银行（中国）有限公司、瑞穗银行（中国）有限公司、三井住友银行有限公司广州分行、德国巴伐利亚州中国代表处、日本贸易振兴机构广州代表处、大韩贸易振兴公社广州馆等中介服务机构，就共同开展招商合作进行探讨。

（任富欢）

【广佛同城全球联合招商工作机制框架协议签订】 2020年9月16日，广佛同城全球联合招商机制启动仪式在广州市举行，广州、佛山两市商务局签订《关于建立广佛同城全球联合招商工作机制的战略合作框架协议》。（参见“区域发展”类目“广佛全域同城化建设”分目）

【“湾区极点　佛山智造”——2020年日本企业走进粤港澳大湾区（佛山）投资说明会】 2020年8月6日在佛山市举行，佛山市商务部门在会上重点推介佛山投资环境以及重要产业载体，从城市建设、文化环境、交通规划、产业布局、创新驱动、营商环境建设、产业载体、人才配套等方面，对佛山的投资环境优势进行全方位的分析。会上，丰富汽配合并重组项目、艾杰旭汽车玻璃（佛山）有限公司二期项目、本田汽车用品（广东）有限公司第三工厂项目和顺德中日科技产业园项目等4个项目签约，分别在禅城区、南海区、顺德区落户，签约总额近10亿元。

【“智绘未来·人工智能发展新动向”首届日中未来论坛】 2020年12月15日在佛山市举办，论坛围绕“智绘未来·人工智能发展新动向”主题，邀请行业学者专家交流探讨日中人工智能的发展创新及合作前景。论坛旨在促进中日两国发挥产业互动优势，在人工智能（AI）、智能制造、新一代技术等领域开展交流合作，共同促进产业链、供应链的互联互通。此外，日本东京大学未来远景研究中心特任讲师江间有沙通过远程视频分享“社会5.0视野下的日本AI技术发展新动向及政策调整”主题报告，并与企业家互动交流。论坛上，佛山市商务局招商人员现场推介佛山营商环境，呼吁更多企业投资佛山。

（史阳 彭韦）

对外贸易

【货物贸易】 2020年，佛山市全年外贸进出口值5060.3亿元，比上年增长4.8%，增速连续2年居珠三角9个市第一，较同期全国外贸、广东省外贸增速分别高出2.9个百分点、5.7个百分点。其中，一般贸易方式进出口3099.5亿元，增长19.2%，占全年外贸进出口值61.3%，比重比上年提升7.4个百分点，佛山市内生动力不断增强，在开拓国际市场方面更具竞争力。受新冠肺炎疫情影响，佛山市外贸整体呈“V”形走势。复工复产后，产业链优势凸显，境外订单向佛山市转移明显，自8月起，连续5个月实现单月进出口值正增长，其中8月、11月、12月连续刷新历史单月新高。

【传统优势产品出口】 2020年，佛山出口家电631.1亿元，比上年增长14.5%；出口纺织服装420.3亿元，增长32.2%；出口家具249.4亿元，增长4.1%；出口陶瓷产品189亿元，增长2.5%；出口灯具180.7亿元，增长29%。防疫物资和“宅经济”相关产品出口增幅明显，医药材及药品出口增长55.5%，医疗仪器及器械出口增长32.1%，“宅经济”与佛山优势产业契合度较高的体育用品、灯具、家电、家具出口分别增长70.3%、29%、14.5%和4.1%。

【外贸新业态】 2020年，佛山市外贸新业态对外贸增长贡献率达229.7%。市场采购、跨境电商等外贸新业态飞速发展，大幅度降低中小企业参与国际贸易的门槛，激发外贸主体“走出去”、拓展海外市场的积极性，对促进佛山外贸提质增效起到积极作用，成为佛山外贸创新发展的重要引擎。

【贸易伙伴】 2020年，佛山传统外贸市场稳固发展，东盟、美国、欧盟为佛山对外贸易前三大主要市场。年内，佛山对东盟进出口955.9亿元，比上年增长14%；对欧盟（不含英国）进出口632亿元，增长19.5%；对美国进出口723.1亿元，增长17.7%。全市全年对“一带一路”沿线国家和地区进出口1725亿元，增长11.5%，超上年佛山外贸整体增速6.7个百分点，比重由上年的32%提升至34.1%；对区域全面经济伙伴关系协定（RCEP）成员进出口1526.6亿元，增长14.3%。

【国内外主要展会参展情况】 2020年，佛山市开拓多元化国际市场，重新认定一批有影响力的展会，支持企业参加中国（波兰）国际贸易数字博览会、中国（阿联酋）国际贸易数字博览会和2020海南（东盟）酒店及餐饮用品博览会等9个国际性展会。224家企业参加中国国际进口博览会，其中佛燃能源集团股份有限公司子公司香港华源能国际能源贸易有限公司与美国切尼尔能源公司签订协议采购26船液化天然气。组织900多家次企业参加首次线上中国进出口商品交易会。

（肖浩鸣）

【市场采购贸易】 2020年，佛山市商务局通过强化制度保障、强化资金支持、强化监管机制、强化宣传普及等“四个强化”，完善佛山全国市场采购贸易方式试点城市建设，吸引企业参与市场采购，降低中小企业参与国际贸易的门槛，激发外贸主体“走出去”。年内，佛山市场采购贸易联网信息平台有登记备案的代理商441家、供货商3915家、采购商3428家。

2020年11月6日，佛燃能源集团股份有限公司子公司香港华源能国际能源贸易有限公司与美国切尼尔能源公司在第三届中国国际进口博览会上签署《液化天然气购买和销售关键条款协议》

（市商务局 供图）

【自由贸易试验区改革创新试点经验复制推广】 2020年，佛山市商务局印发《关于做好中国（广东）自由贸易试验区第六批改革创新经验复制推广工作的通知》和《关于做好自由贸易试验区第六批改革试点经验复制推广工作的通知》，明确复制推广广东自贸区第六批的实施船舶证书文书"一次通办"、建立船舶进出港报告综合核查机制、依托"广东税务"开通微信办税（费）服务等11项改革创新经验和全国自贸区第六批37项中的海关公证电子送达系统、出入境人员综合服务"一站式"平台、进出口商品智慧申报导航服务、冰鲜水产品两段准入监管模式、货物贸易"一保多用"管理模式等28项改革经验。此外，转发广东自贸试验区第四批59个制度创新案例（包括投资便利化方面的"出口退税申报3天办结""增值税一般退税1天办结"等12个、贸易便利化方面的"进口汽车便利通关及保税展示新模式""进口葡萄酒共享经济模式"等6个，以及金融开放创新、政府职能转变、法治建设、事中事后监管4个方面的41个制度创新案例），供各区各部门在深化改革和扩大开放过程中参考借鉴。

【国通保税物流中心（B型）运营】 2020年，佛山国通保税物流中心（B型）（B型保税物流中心是指经海关批准，由中国境内一家企业法人经营，多家企业进入并从事保税仓储物流业务的海关集中监管场所）发展成涵盖"一日游"、保税仓储、鲜活水产品保税寄养、洋酒分装加工、电子零配件分拨配送、跨境电子商务、快件等业态的外贸产业服务园区。年内，园区有入驻企业13家，服务进出口贸易企业近100家，带动数百人就业；中心内企业共缴纳各类货物进口税收4.7亿元；全年进出仓货运总量15.4万吨（比上年增长9%），货值约11亿美元（比上年增长3%）。

（史　阳　曾垂勇　黄海欣）

【4佛企入选2019年中国外贸200强榜单】 2020年4月23日，《中国海关》杂志发布2019年中国外贸200强榜单与进出口额，佛山4家企业登上榜单。分别是：广东美的制冷设备有限公司以151.3亿元贸易规模位列榜单第六十九位，佛山群志光电有限公司以95.8亿元贸易规模位列榜单第一百一十四位，广东美的厨房电器制造有限公司以94.1亿元贸易规模位列榜单第一百一十七位，广东新宝电器股份有限公司64.7亿元贸易规模位列榜单第一百八十位。

（肖浩鸣）

对外经济技术合作

【对外投资】 2020年，佛山市新增对外直接投资企业（含机构）40个，比上年下降11.11%，新增佛山方面协议投资总额3.81亿美元，上升148.82%。年内，佛山市签订对外并购项目11个，新增佛山方面协议投资额3.21亿美元。佛山市企业对外投资中，新增佛山方面协议投资额超千万美元的项目4个，合计佛山方面协议投资总额3.49亿美元，占佛山方面协议投资总额的91.6%。其中：广东文灿投资有限公司出资2.93亿美元并购法国百炼集团，为广东省年内第二大并购类境外投资项目；科达制造股份有限公司出资2550万美元在赞比亚设立科达赞比亚陶瓷有限公司；佛山市南海必得福无纺布有限公司出资2078.63万美元在美国设立优妮特控股有限公司。

【对外经济合作专项资金落实】 2020年，佛山市商务局组织佛山市企业申报中央和省的各项扶持资金，全年全市获中央财政外经贸发展专项资金（促进对外投资合作事项）企业4家，共计1313.72万元。组织企业申报2020年市促进对外经济合作专项资金，8家次开展对外投资与承包工程企业获专项扶持资金（对外投资合作部分）共计956.93万元。

【2020年佛山市企业"走出去"专题会议】 2020年12月22日以视频会议形式举行，主会场设在佛山市商务局。会议由佛山市商务局联合江泰投资贸易服务（深圳）有限公司举办，237位代表参会。会上，专家围绕中美关系的变化情况及中长期趋势新形势下中资企业"走出去"的策略变化、印度投资风险和防范措施及企业借助第三方平台开展海外业务等主题进行分享，为佛山"走出去"企业应对政治经济变局、贸易摩擦以及新冠肺炎疫情提供帮助。同时，市商务局官网还提供越南和尼日利亚2个国别最新投资营商环境及企业投资落地策略演讲视频链接供企业在线观看。

（吴晓荧）

口岸建设与管理

【概况】 2020年，佛山市有经国务院批准对外开放的一类口岸4个，分别是佛山铁路客运口岸（经国家口岸办批复同意自2019年7月10日起临时关闭）、南海港口岸三山港区、顺德港客运口岸、高明港客运口岸。经省政府批准对外开放的二类货运口岸12个。年内，全市口岸进出口货运量约1689万吨，比上年下降8%。其中：出口约1050万吨，下降11%；进口约639万吨，下降2%。

【"智慧码头"建设】 2020年，佛山"智慧码头"公共服务系统完成9个口岸码头的作业系统与海关信息的互联互通，实现海关对物流链条的实时监控。佛山"智慧码头"公共服务平台实现海关查验放行指令自动发送、高风险动植物产品信息动态联网、查验配套服务费申报和电子堆场图等功能。海关通过"智慧码头"公共服务系统采集运输工具及监管货物在海关监管区的物流信息，及时预警和处置风险，加强海关对监管场所内进出口货物的管理，提高口岸码头的服务效率和服务质量。

【国际贸易"单一窗口"线上培训】 2020年，佛山市率先在全省创新推广国际贸易"单一窗口"培训，将原来线下推广培训转移至线上进行。是年3月，佛山市顺德区税务局、佛山市电子口岸有限公司完成国际贸易"单一窗口"出口退税首场线上培训，确保新上线功能推广落实到位，提升贸易便利化水平。截至

2020年底，佛山市累计通过国际贸易“单一窗口”标准版申报业务单量超647万票，位居全省第三。国际贸易“单一窗口”佛山分平台已上线国家标准版应用的十三大项基本功能，其中货物申报、舱单申报、运输工具申报等主要应用项目覆盖率达100%。使用中国（广东）国际贸易“单一窗口”佛山分平台服务企业累计达1.7万家，比上年增长50%。

【口岸收费公示制度落实】 2020年，佛山市发展和改革局联合佛山市商务局等7个部门共同转发《关于印发〈清理规范海运口岸收费行动方案〉的通知》，督促各收费主体落实口岸收费公示制度，及时更新提交口岸收费目录清单，清单之外一律不得收费。截至年底，全市160多家企业在中国（广东）国际贸易“单一窗口”中公示收费目录清单。

【口岸车检场转型升级服务新业态】 2020年，位于中国（佛山）跨境电商综合试验区的佛山车场口岸引入国内首个大件跨境电商商品出口集货仓——全球速卖通大件跨境华南运营中心。此外，南海区桂江海关车检场、三水口岸车检场转型为跨境电商清关中心，开展跨境电商及快件监管业务；陈村车检场（即国通保税物流中心）发展保税物流等业务，为跨境电商的发展提供优质高效通关环境。

（黄海欣）

【口岸建设】 2020年，佛山海关推动“一港通”“组合港”等改革项目落地，支持地方政府整合组建一类口岸“佛山港”，推进“南沙新港—南海平洲”“蛇口—顺德新港”组合港业务，统筹禅城、南海建立三山码头进口冻肉协调监管模式，促进佛山关区物流更加畅通。推动三水粮食指定监管场地获批，推动南海三山港国际货柜码头药品（中药材）进口口岸建设，与佛山商务局共同推动佛山综合保税区申建工作，配合市政府推进市场采购试点的“扩区、扩商品”工作，引导佛山货物加速回流。在职能部门统筹下承担佛山新机场现场项目组工作，提出监管需求和建设方案。

（邱 铖）

【“深圳蛇口港—顺德新港组合港”启动】 2020年11月9日，粤港澳大湾区组合港首个项目“深圳蛇口港—顺德新港组合港”在佛山市顺德新港（即了哥山港）启动。（参见“区域发展”类目“佛深合作”分目）

【港口平台跨境电商清关中心启动】 2020年7月30日，佛山市南海广交跨境电商清关中心正式启动，是佛山市首个以港口为出口平台的清关中心。该清关中心位于南海国际码头（三山港），面积约1万平方米，其中规划面积约5200平方米，场站设置4个业务功能区，用于承接跨境贸易电子商务（海关监管方式代码：9610）、跨境电商B2B（企业对企业）直接出口（海关监管方式代码：9710）、跨境电商出口海外仓（海关监管方式代码：9810）集拼业务。最大日处理进出口订单量8万单。项目包括符合药品经营质量管理规范（GSP）标准的公共型保税仓、海关查验场及与海关对接的跨境物流信息系统。

（黄海欣）

2020年10月28日，全球速卖通大件跨境华南运营中心启动 （市商务局 供图）

产业园区

综 述

【概况】 2020年，佛山市有产业园区1200多个，涵盖物流、科技、文化创意、总部基地、生态农业等领域。其中，南海区近600个、顺德区超360个、禅城区150多个。年内，佛山继续推进国家制造业高质量发展试验区建设，提出围绕战略性支柱产业和战略性新兴产业，高标准规划建设一批超千亩万亩现代主题产业园，打造支撑高质量发展的优质产业载体。年内，顺德区十大超千亩现代化主题产业园规划发布，佛山生产服务型国家物流枢纽被授予“国家物流枢纽”牌匾（广东省唯一入选的生产服务型国家物流枢纽）。

【绿色园区建设】 2020年，佛山市实施低碳试点示范工程，打造绿色园区，同时选择一批基础条件好、代表性强的工业园区，开展绿色工业园区创建示范。6月5日，佛山创意产业园发布创建低碳绿色园区计划，该计划涵盖垃圾分类推进、低碳绿色园区创建、宣传推广等方面，活动方联动创意园内12家商家、企业共同签订《绿色环保倡议书》。10月，广东西樵纺织产业示范基地被认定为第五批国家绿色工业园区。

【智慧园区建设】 2020年，佛山市以物联网、云平台、全面的信息化建设为基础，进行园区资源集约化管理，实现企业信息化应用。7月27日，投资超105亿元的平谦国际智慧产业园项目在南海区动工建设。园区占地39.47万平方米，依据大湾区制造业集群定位，重点引进以国内外先进制造业为主的世界500强企业以及行业龙头，包括新能源汽车配套、高端制造、人工智能、新材料、精密工程、工业自动化等新兴产业。9月29日，顺德智创园·5G智慧园区一期运营平台交付使用，二期企业服务平台建设启动。10月，佛山（顺德）华腾芯城封顶，项目总建筑面积23万平方米，是顺德集成电路产业园项目的首期项目。封顶仪式现场，华腾芯城与中国移动顺德分公司签订《建设5G智慧园区战略合作协议》。12月，广东工业设计城5G智慧园区运营服务平台正式完成交付并启用。同年，佛山天御国际（高明）现代智慧物流产业园启动建设。

（市地方志办）

佛山高新技术产业开发区

【概况】 佛山高新技术产业开发区是1992年经国务院批准建设的首批国家级高新区，是佛山推动粤港澳大湾区建设的重大战略平台、珠三角国家自主创新示范区的主体园区、粤桂黔滇高铁经济带合作试验区（广东园）的主要载体，也是国家创新型特色园区、国家知识产权试点园区、科技部企业创新积分制试点园区、广东省金融科技产业融合创新综合试验区、珠江西岸装备制造产业创新基地。2019年起，佛山高新技术产业开发区实行"市统筹、区建设、齐分享"的管理体制和"'一区五园'（"一区"指佛山高新技术产业开发区，"五园"指禅城园、南海园、顺德园、高明园、三水园）、统一规划、分园管理、创新服务"的管理模式，核定管理面积470.72平方千米。2020年，佛山高新区实现地区生产总值1691.57亿元，占全市地区生产总值的15.64%，其中：第二产业增加值1282.72亿元，占全市的21.04%；第三产业增加值344.87亿元，占全市的7.57%。火炬纳统企业实现工业总产值4434.47亿元、营业收入5215.30亿元；实现税收收入281.76亿元。在2020年度国家高新区综合评价中排名上升至第二十五。据2020年发布的《中国先进制造业发展指数》显示，佛山高新区位列全国先进制造业百强区第十三，并获《人民日报》和《环球时报》评为"2020年度区域营商环境创新创优标杆园区"。

【产业发展规划】 2020年，佛山高新区编制发布《佛山高新区践行新发展理念加速高质量发展三年行动方案（2021—2023年）》和《佛山高新技术产业开发区产业发展规划（2020—2025）》，加快构建"两化一硬"（智能化、高端化和硬科技）高质量发展的"3+3+X"（三大主导产业、三大特色产业和一批新产业新业态）产业体系，打造"一园一特色"的产业协同与错位发展格局。

【招商引资】 2020年，佛山高新区坚持项目为王、精准招商，联合市科技局、市商务局赴上海、深圳举办招商推介会，组织发动园区企业参加上海法兰克福国际汽配展。创新推出"云招商"模式，面向全球投资者介绍高新区投资环境，启动6场"科技引领智造"直播，吸引超16万人次关注。建设招商项目库，先后向各园推荐优质项目51个，上海健净生物、瑞加图等6个项目落地。年内，佛山高新区各园区共引入超亿元产业项目27个，计划总投资额535.73亿元。

【创新驱动】 2020年，佛山高新区新增"广东智造创新工场"和"揽月一号"2家国家级众创空间，园区内有国家级科技企业孵化器24家，占全市的100%；科技部备案的众创空间15家，占全市的65%。省级及以上工程技术研究中心353个、重点实验室16个、新型产业技术研发机构24个、博士后科研工作站38个。同年，由中国工程院院士周克崧牵头的佛山桃园先进制造研究院正式揭牌落户佛山高新区。佛山高新区承办的科技成果直通车（佛山站智能制造领域）活动，推动北京芯合科技有限公司和广东安本智能机器有限公司、上海博众精工科技股份有限公司等7个项目达成合作意向；举办第五届中国创新挑战赛（佛山赛区）、第九届中国创新创业大赛（广东赛区）港澳台赛等双创大赛，双创氛围浓厚。此外佛山高新区在打造高端人才引领型特色载体推动中小企业双创升级工作上获财政部第一档验收评价，全额获得中央扶持资金，工作经验在广东省内推广。

【企业培育】 2020年，佛山高新区研究出台17份主导政策，评选认定制造业单打冠军企业72家、瞪羚企业80家、种子独角兽企业4家，支持资金近2亿元。制定《佛山高新区高新技术企业培育及规模化工作方案（2020—2022）》，"线上+线下""标准化+个性化"相结合，全年培育新增高新技术企业695家，占全市新增高新技术企业数量的76.21%；高新技术企业存量2931家，占全市的51.26%。有本土世界500强企业2家，境外世界500强投资企业63家，中国民营百强企业4家。

【人才引进】 2020年，佛山高新区出台《佛山高新区高技术产业化创业团队专项引导资金实施办法》，评选出第一批21个高层次人才团队项目，扶持金额近8000万元，引入高层次人才137人。其中，拥有博士学位或正高职称的人才超50%，外籍华裔6人，硕士以上学历83人，中级以上职称61人。举办2020年高层次人才服务行活动，20名高层次人才，50名智造领域专家齐聚佛山，助力企业破解技术瓶颈。

【桃园先进制造研究院成立】 2020年12月9日，佛山桃园先进制造研究院在佛山高新区揭牌成立。（参见"科学技术"类目"科技平台建设"分目）

【2020科技成果直通车（佛山站智能制造领域）北京发布对接会】 2020年11月4日，由科技部火炬中心、广东省科技厅、深圳证券交易所主办，佛山高新区管委会承办的2020科技成果直通车（佛山站智能制造领域）北京发布对接会在北京市中国科技会堂举行。2020科技直通车（佛山站智能制造领域）活动以"智能制造"为主题，推动国内高科技成果资源与佛山市场对接转化，助力

2020年11月4日，2020科技成果直通车（佛山站智能制造领域）北京发布对接会在中国科技会堂举行。图为科技部火炬中心主任贾敬敦致辞　（佛山高新区　供图）

佛山产业转型升级。会上，清华大学佛山先进制造研究院科技开发部主任张虎、季华实验室主任助理李贺军分别进行主题分享，佛山市国星光电股份有限公司、瀚蓝环境股份有限公司、广东溢达纺织有限公司、北京索为系统技术股份有限公司、北京蜂鸟视图科技有限公司等进行供需项目路演，佛山高新区发布《佛山高新区践行新发展理念加速高质量发展三年行动方案（2021—2023年）》及《佛山高新区绿色发展行动方案（征求意见稿）》。佛山高新区管委会分别与中科院知识产权运营管理中心、中国信息通信研究院、深圳证券信息有限公司、香港华侨城有限公司签订战略合作协议，与高技术产业化创业人才团队签订人才引进协议。佛山中发科创科技服务有限公司与深圳证券信息有限公司签订“共建科技金融信息服务平台”合作协议。

【2020年中国创新创业大赛（广东赛区）新一代信息技术和高端装备制造行业决赛】 2020年9月16—17日，2020年中国创新创业大赛（广东赛区）新一代信息技术和高端装备制造行业决赛在佛山国家高新区（拓思）未来企业孵化中心举行。有96家高端装备行业代表企业、61家新一代信息技术行业代表企业进行决赛，参赛企业涵盖人工智能、互联网与云计算和大数据服务等新一代信息技术产业，以及智能制造、航空和轨道交通等高端装备制造产业。新一代信息技术行业决赛中，中科启迪光电子科技（广州）有限公司和暗物智能科技（广州）有限公司分别获初创企业组和成长企业组的一等奖。高端装备制造行业决赛中，华芯智能（珠海）科技有限公司和珠海紫燕无人飞行器有限公司分别获初创企业组和成长企业组的一等奖。

【高新区禅城园】 佛山高新技术产业开发区禅城园总面积15.7平方千米，包括面积4平方千米的城南园（北至魁奇路，西至岭南大道，东南以东平大道为界）、面积11.7平方千米的城西园（东至佛山大道，西至季华北路，南至魁奇西路，北至汾江河）、面积8.1平方千米的拓展区南庄绿岛湖片区。禅城园是承接高新技术企业培育、科技创新成果转移转化、打造战略性新兴产业集群的重要基地，主要发展高端装备制造、电子信息制造、生物医药、新能源新材料、针织服装等特色产业。辖内聚集安德里茨、市光法雷奥、国星光电等多家行业龙头企业及上市公司。2020年，禅城园实现园区地区生产总值152.59亿元，高新技术企业存量325家（比上年增长24%），220家火炬纳统企业实现营业收入451.27亿元，工业总产值300.74亿元，上缴税费17.82亿元。

基础设施　2020年，禅城园完善园区交通保障，聚锦路和华富北路建成通车，规划十路和规划十三路开始建设。此外，西二涌、禅西四涌、青柯涌、鸭利咀涌、石牛背涌等河涌提升整治工程完工，园区抗涝能力加强。

招商引资　2020年，由禅城园管理局与广东拓思软件科学园有限公司、广东省虚拟现实产业技术创新联盟等联合组建的佛山国家高新区（拓思）未来企业孵化中心落地禅城园。禅城区人民政府与广东省生产力促进中心、佛山中国空间技术研究院创新中心签订战略合作框架协议，航天柏克（广东）科技有限公司等一批科技成果转化项目签约。

重点项目　2020年，禅城园优化存量用地及公共配套，完善“千亩加速器”规划布局，重点推进佛山国家高新区（拓思）未来企业孵化中心、福能智造产业园、鹰创园E·Park、华南科技装备产业园、三技智能装备产业项目、华南创谷协创中心等项目。年内，禅城园实现佛山国家高新区（拓思）未来企业孵化中心落地运营；推动鹰创园E·park开园招商；华南科技装备产业园一期顺利落地招商，二期加速建设；福能智造产业园完成动工准备；三技精密智能装备产业园、中国电信开普勒大数据中心启动建设。

园区生态建设　2020年，禅城园借助加强园区内环境黑点整治力度，提升园区环境质量。年内，兴业路周边、智慧新城、季华北路等片区雨污管网工程完工，园区雨污分流能力提升。此外，对禅西大道两侧及石牛背涌南侧进行绿化改造。

产业发展　2020年，禅城园拟定“十四五”产业规划，完成产业发展空间布局设计，明确产业发展路径。落实科技成果产业化引导政策，出台《佛山高新区高技术产业化创业团队禅城园配套资金实施办法》，推进2个团队成功立项佛山高新区高技术产业化创业团队，3家企业申报智能工厂、企业研究院等高新区科创扶持项目，获得500万元扶持奖励。

高新企业培育　截至2020年底，禅城园有高新技术企业存量325家，比上年增长24%。其中，规模以上高新技术企业169家。培育3家瞪羚企业，7家单打冠军企业，初步建立高企培育及规模化企业库。禅城园对符合国家高新技术领域要求、创新基础好、有发展潜力的科技企业进行定向培育，分六大批次为目标企业的管理层、技术创新及研发人员等进行科技创新政策宣讲、高新技术企业培育等相关培训，惠及辖区内300余家企业。

人才引进　2020年，佛山高层次人才产业园禅城分园在禅城园挂牌成立，作为重要的人才交流平台，承接人才团队的交流互访和日常工作。发挥人才桥梁作用，组织辖区企业参加“2020国家高层次人才服务行”活动，与新一代信息技术等七大领域的高层次人才、博士专家进行洽谈，对接技术需求。组织辖内科技型企业经营管理者参加2020年佛山领军人才培训、2020佛山企业全球化发展专题培训、“科创种子班”系列宣讲等活动，链接前沿科技人才。

事权改革　2020年，禅城园印发《佛山高新技术产业开发区禅城园管理局承接市级下放及区直部门委托事权工作方案（试行）》，与区级职能部门共同组建行政审批专班，承接上线首批46个市级下放行政审批事项，实现高新区内行政审批服务办件比市级部门的审批时限缩短约20%。

【高新区南海园】 佛山高新技术产业开发区南海园总面积267.2平方千米。有3个片区：狮山、丹灶片区，面积183.6平方千米；桂城、大沥片区，面积45.2平方千米；里水片区，面积38.4平方千米。南海园覆盖佛山“一环创新圈”上的创新节点，包括三龙湾高端创新集聚区（南海）、广东金融高新区、里水电子信息产业园、和桂工业园、仙湖氢谷等重要创新资源集聚区域。2020年，佛山高新区南海园以实体经济、民营经济为主，实现全年地区生产总值1130.71亿元，规模以上工业总产值1847.09亿元，出口总额290.19亿元，全社会固定资产投资520.71亿元。

基础设施　2020年，南海园完善地下管网和高密度的路网，以一汽-大众铁路专用线为始发工程，推动与周边的高速公路、高速铁路、城际轨道交通对接。截至年底，园区内有2座液化石油气储配站，其中南海气库储配能力为1250立方米。有4座天然气调压计量站、1座储量为900立方米的液化天然气综合储配站、1座储量为200立方米的液化天然气气化站。此外，推动园区产业升级、优化产业布局、拓展发展空间，提高园区承载力。

招商引资　截至2020年底，南海园通过平台招商、以商引商，累计协助引进超亿元项目20个，投资额约250亿元，其中超10亿元（或1亿美元）重大产业项目8个。引进工业地产巨头平谦国际投资建设平谦国际（南海）现代产业园，项目用地39.53公顷，总投资额约105亿元，产业园计划重点引进新能源汽车配套、高端制造、人工智能、新材料、精密工程、工业自动化等新兴产业。

重点项目　2020年，南海园对接京东、宝能、万洋等大型企业，挖掘万洋华南总部、京东“亚洲一号”、宝能佛山新流通创新产业园等一批项目。引入福建陆地港集团投资建设国际陆地港项目，项目用地13.87公顷、总投资约15亿元，将构建“1个平台+三大功能分区”（即1个智慧供应链服务信息平台和海关口岸查验区、跨境电商产业园物流信息交易中心及商业配套等3个核心功能分区）。2020年10月，园区内的佛山生产服务型国家物流枢纽成功入选2020年国家物流枢纽建设名单。

园区生态建设　截至2020年，南海园有15座污水处理厂分别被纳入就近污水处理厂集污处理，园区内生活垃圾和部分工业固废由南海固废处理环保产业园收集处理。园区内有4个危险废物经营单位、1个危险废物收集经营单位和12个危险废物收集中转场。整治园区内喷漆厂，委托有资质的单位建设调漆、喷漆、晾干工序中产生的废气的收集治理设施。

科技创新　2020年，南海园创新科技发展，加强产业孵化，构建“发展高科技实现产业化”良好循环。推动中科院半导体研究所佛山创新中心、深圳创新设计研究院佛山中心、佛山力合创新中心创新定位，把创新平台做实做强，支撑“两高四新”产业（高技术制造业、高品质服务业，以及新材料产业、新一代电子信息产业、新一代生物医药产业、新能源产业）发展和传统产业的提升。截至2020年底，南海园各类平台累计吸引创新科技项目超过50个。推进“千亩产业加速器”载体建设，加快建设15万平方米科技企业加速器。协助推进佛山高新区极核——创新灯塔社区项目解决用地历史问题，完成土地征收工作。实施“傍大学、傍机构、傍人才”战略，加强与中国科学院、广东省科学院、清华大学等大院名校合作，引进广东省科学院下属新材料研究所在南海园内建设佛山桃园先进制造研究院。

高新企业培育　2020年，南海园组织企业申报佛山高新区扶持政策，提升南海园科技创新水平。全年获佛山高新区扶持政策认定的企业共95家次，扶持资金5980万元。其中：16个项目获佛山高新区高技术产业化创业团队立项，占高新区全区的76%；31家企业获佛山高新区制造业单打冠军企业认定；40家企业获佛山高新区瞪羚企业项目认定；4家企业获2020年佛山高新区独角兽（潜在、种子）企业项目认定。

人才引进　2020年，南海园加强人才集聚推进创新驱动发展政策保障，及时修订原“清华校友创业项目”扶持办法，吸引以清华校友为主的优质创业团队落户南海园。举办第五届清华校友三创大赛集成电路全球总决赛，提升南海园产业创新力。

【高新区顺德园】 佛山高新技术产业开发区顺德园总面积84.49平方千米，形成北部、西北部和东部三大片区，以智能制造、智能家电、机器人、机械装备四大产业为主，辖区范围包括大良、容桂、北滘、陈村、杏坛5个镇（街道）。2020年，顺德园实现工业总产值1970.79亿元，比上年增长20.14%；实现营业收入2356.61亿元（其中主营业务收入2241.71亿元），增长34.79%；出口总额538.19亿元，增长49.81%；净利润151.66亿元；实际上缴税费总额80.38亿元；企业实现固定资产投资38.84亿元。

基础设施　2020年，顺德园推动龙海路、顺创路、德富路南段、德品路南段等项目建设。完成科苑三路的绿化提升、科苑二路的人行道改造和新有路西段的人行道改造等工程。加强园区的日常基建、道路、绿化、水电等各方面的设施维护与监管。

招商引资　2020年，顺德园创新“基金+产业招商”模式。顺德园国资顺盛公司携手广州市城发投资基金管理有限公司共建总规模5亿元的广东城发顺盛股权投资基金，推动引导基金加速智能制造、新一代信息技术、新能源产业链等优质项目的产业招商。优化招商环境，出台《顺德园拓展区经济高质量发展扶持试行办法》，支持园区战略性新兴产业发展，打造高水平科技创新孵化载体平台，扶持科技创新创业团队发展，提升园区创新能力和创业活力。

重点项目　2020年，顺德园签约落户重大项目9个，总投资额近255亿元，其中超百亿项目2个、20亿元项目1个、10亿元项目2个，项目涵盖集成电路、大数据、电子信息、智能制造等多个领域。其中，百度云计算中心项目和开源芯片基地项目，单个项目投资额均超100亿元。中航云电信（佛山）有限公司投资建设的顺德金融云总部项目、广东顺德宽原电子科技有限公司投资建设的顺德五沙（宽原）大数据中心项目，投资额均超10亿元。在谈项目12个，意向总投资70亿元。园区范围内有启德慧业园、集成科创园、涛汇家电园、顺德机器人谷二期、华腾工业城等5个村改项目，包括企业自改及商品厂房项目，总投资额超60亿元。

园区生态建设　2020年，顺德园重点加强扬尘防治排查、偷倒垃圾及投产企业安全生产管理。推动绿色、生态园区建设，助力顺德区建设美丽宜居公园城市，启动容奇大道门户节点、创客公园、河堤公园一期、五号渠、六号渠、蒲海涌公园6个景观工程项目建设。

科技创新　2020年，顺德园激发企业创新发展活力。梳理佛山高新区扶持政策文件17份，包括制造业单打冠军、瞪羚企业、独角兽企业、创业孵化载体等，并整理扶持政策摘要汇编进行宣传派发，提升企业对扶持政策的认知度。为企业提供全方位的政策申报服务，协助132家企业申报佛山高新区各类科技创新政策。借助科技成果直通车平台，助力企业破解技术难题，赋能企业技术升级。发动18支创新创业团队参加佛山高新技术产业开发区产业化创新团队认定，推动创新团队落户。截至年底，顺德园有高新技术企业存量783家；园内有12个科技创新平台项目，平台类型涵盖创新创业基地、高等教育机构、科研机构、企业创新平台、科技服务机构。

【高新区高明园】　佛山高新技术产业开发区高明园总面积18.33平方千米，包括沧江工业园核心区12.2平方千米和富湾工业园6.13平方千米。2020年，高明园火炬纳统企业营业收入341.52亿元，规模以上工业总产值326.21亿元，实际上缴税费总额24.64亿元，总资产利润率24.8%，净利润率18.15%。

基础设施　2020年，高明园升级生产配套设施，园区1号路至5号路建设、部分路段路灯提升工程、交通标线完善工程、海天桥引道修复工程、高明大道以北三洲片区排水管网清淤及改造工程等项目完工。优化园区企业管理，在全区范围内首创公共区域委托共管模式，与汇亿文具、登宇洁具2家企业签订协议。做好企业暖心服务，建立“首席企业管家”制度，把园区划分为4个责任板块，网格化管理专人跟进，促进园区营商环境软硬件全面升级。

招商引资　2020年，高明园引入项目23个，总投资额63.4亿元，其中超亿元项目6个、超50亿元项目1个，主要涵盖装备制造、食品饮料、电子电器、金属制造等行业。在装备制造方面，引进佛山锐格智能化设备有限公司质子交换膜燃料电池膜电极暨燃料电池测试设备生产基地一期项目，助力园区加速布局氢能产业。在食品饮料方面，海天（高明）调味食品有限公司、鸿鹰食品有限公司分别投资2200万元、6300万元开展增资扩产，推动园区提质增效。

重点项目　截至2020年底，高明园有各类企业1375家，其中，“四上企业”（规模以上工业企业、资质等级建筑业企业、限额以上批零住餐企业、规模以上服务业企业）171家，规模以上工业企业139家，高新技术企业71家。2020年，市重点项目之一泰极动力项目实现竣工投产，“拿地即动工”政策令该项目从拍地到竣工仅用15个月时间；引入一汽解放南方新能源汽车基地项目，项目总投资12亿元，占地23.79公顷，主要从事高端氢能卡车产品的开发与生产。高明园逐步形成以健康食品、智能制造、电子信息（电器）、“三新”（新材料、新能源、新能源汽车及零部件）产业四大优势产业集群。

园区生态建设　2020年，高明园开展“美丽园区”大行动，加强环境黑点整治力度，截至年底，整治黑点792

2020年，广东泰极动力科技有限公司生产基地一期竣工投产。图为广东泰极动力科技有限公司
（佛山高新区　供图）

处，并确立兴创路、兴盛路、三和路等多个黑点整治示范片区。改善园区绿化环境，对海天桥、三和路等道路两侧进行简易绿化改造。推动园区整体形象提升，选取兴良路作为试点，对道路出入口、绿化环境、企业外立面等整体景观进行形象改造。

【高新区三水园】 佛山高新技术产业开发区三水园位于三水区乐平镇，东邻广州市花都区，南接佛山市南海区，西临西江，北联佛山市三水区芦苞镇，规划控制面积85平方千米。三水园产业特色鲜明，形成智能装备制造、泛家居、电子电器、新能源新材料、汽车整车及零配件五大重点产业。有中国火炬计划自动化机械及设备产业基地、中国医疗器械（三水）产业基地等4个国家级产业基地，以及广东光伏产业基地、广东省智能制造示范基地2个省级产业基地。截至2020年，园区累计引入国内外500强企业投资的项目44个。

基础设施　2020年，三水园完成全民休闲健身步道、电商园片区配套道路等12个道路工程项目建设，启动乐平大道综合改造、西乐大道改造等14个主干道路工程项目，全年完成交通基础设施投资额3.58亿元。完成管网清淤51.4千米、管网修复3.5千米。加强“三沿一口”（高速公路、铁路、省国道沿线和高速公路出入口）整治，完成261个国道、省道沿线村（厂）口改造。修复齐力大道、新城路等9条重点道路破损路面。完成151个路口机动车和非机动车交通分离改造。

招商引资　2020年，三水园全年引进项目60个，投资额153.07亿元，其中超10亿元项目5个、超1亿元项目17个。日丰管道智能机械设备及新型管道制造项目成为佛山市单个投资额最大的增资扩产项目。

重点项目　2020年，三水园推动企业复工复产，落实各级扶持政策措施，新增减税降费2.75亿元，协助企业申请上级补贴1556万元，获贷款贴息366万元。佛山高新区三水万亩产业园（佛山高新区大同湖科技产业园）纳入省“十四五”重点项目。恒洁“工业上楼”项目通过验收，天粤科技园“工业上楼”示范项目开放招商。暨塘村碎布市场引入21亿元机械装备制造项目，实现整体改造升级。三水园完成金融东区“三旧”改造18.67公顷，南边片区“三旧”改造12.6公顷。

园区生态建设　2020年，三水园推进主干支涌水质提升工程，完成18条黑臭水体河涌整治，重点河涌考核断面全部达标。推进范湖工业园区“污水零直排区”建设，新建污水管网10千米。园区空气优良天数比例达89.9%。加强土壤污染风险管控，打击固体废物非法转移和违法倾倒。平整复绿土地近2万平方米。推进15个标杆示范单位生活垃圾分类。

创新驱动　2020年，三水园有高新技术企业182家、标杆高新技术企业3家、省级以上孵化器（含众创空间）3家、国家级科技企业孵化器（含众创空间）3家、省级以上工程技术研究中心54个、省级以上企业技术中心21个、市级创新人才团队5个。引入国家增材制造创新中心佛山分中心等科创平台。同年，园区的邦普循环科技获广东省科技进步一等奖，广东智造创新工场、“揽月一号”创新创业基地入选国家备案众创空间名单，成为三水区首批“国字号”众创空间。

（邓国燊）

三龙湾高端创新集聚区

【概况】 佛山三龙湾高端创新集聚区规划面积130平方千米，规划范围包括禅城区石湾镇街道、南海区桂城街道、顺德区北滘镇、陈村镇、乐从镇部分区域，东至陈村水道，西至佛山大道，南至顺德水道，北至平洲水道。规划范围覆盖中德工业服务区和粤港澳合作高端服务示范区，承接中德工业服务区原有规划与重点项目，推进粤港澳高端服务深度合作示范。三龙湾是佛山推进粤港澳大湾区建设的核心平台，是做大做强广（州）佛（山）极点、推进两地深度融合发展的重要支撑区，是粤港澳大湾区建设国际科技创新中心的重点创新平台。2020年，三龙湾签约产业项目17个，计划总投资额193.9亿元；三龙湾重点建设项目储备累计174个（不含轨道交通），投资超1900亿元；全年用于三龙湾范围内重点建设项目的市级统筹资金2.68亿元。同年，《佛山三龙湾高端创新集聚区发展总体规划（2020—2035年）》通过广东省大湾区建设领导小组第六次会议审议，推动三龙湾打造成广东省推进粤港澳大湾区建设的重要发展平台和珠江西岸创新极核。佛山三龙湾高端创新集聚区深化对外交流合作，相继策划举办中德工业城市联盟德方城市首场线上交流会、“疫情背景下如何开展中德合作”线上培训及交流活动、佛山三龙湾高端创新集聚区线上推介活动（德国专场）、三龙湾游船项目首航活动、三龙湾中德龙舟主题交流活动、中德工业城市联盟第九次全体会议系列活动、2020中欧文化周系列活动等。

【规划编制】 2020年，佛山三龙湾高端创新集聚区共开展规划策划研究类项目22个。在总体层面，《佛山三龙湾高端创新集聚区发展总体规划（2020—2035年）》通过省推进粤港澳大湾区建设领导小组第六次全体会议审议，明确三龙湾作为佛山参与大湾区建设的重要省级平台。在专项研究层面，佛山三龙湾高端创新集聚区分别从生态、交通、市政、景观、环卫、水网、碧道、智慧城市、住房发展等方面开展专项研究，聚焦综合管廊、优质供水、水系治理、智慧城市等实施方向，形成建设标准，包括《三龙湾综合交通专项规划》《三龙湾竖向、排水、综合管廊及供水专项规划》《三龙湾文旅产业专项规划研究》《三龙湾碧道建设规划》等。在重点区域研究层面，佛山三龙湾高端创新集聚区对重点区域进行专项研究和改造提升，通过以点带面的形式，全面塑造三龙湾高品质空间，包括《三龙湾高端艺术社区功能策划与空间统筹规划研究》《三龙湾重点区域复合交通系统研究》等。

【重点项目】 2020年，佛山三龙湾高端创新集聚区推进一批交通、景观、公共服务项目建设，完善城市配套，营造宜居宜业城市环境。印发《三龙湾统筹重点建设项目管理办法（试行）》及实施细则，并加大对三龙湾范围内重点建设项目的统筹力度，建立三龙湾重点建设项目储备库。截至2020年底，三龙湾重点建设项目储备共174个（不含轨道交通），投资超1900亿元，其中在建项目55个，总投资约1470亿元。出台《三龙湾高端创新集聚区市级财政投资项目代建管理暂行办法（试行）》及实施细则，并争取市级统筹资金用于三龙湾范围内重点建设项目，全年共安排市级统筹资金2.68亿元。

【产业培育】 2020年，佛山三龙湾高端创新集聚区推进大项目引进工作。创新招商模式，拓展招商项目资源，发展智能制造、生物医药、总部经济、5G物联网、现代服务业等战略性新兴产业。举办三龙湾一周年重大项目签约活动，15个项目进行签约，涉及总投资352亿元，涵盖广（州）佛（山）合作、产业招商、城市环境打造和基础设施建设发展等各个领域。全年签约产业项目17个，计划总投资额193.9亿元。其中，投资额10亿元及以上重大产业项目7个，计划总投资额122.5亿元。引进包括鹰创园、虎牙全球研发总部、东马智慧科创园、大族机器人先进制造集中示范园、万洋科创园、"国际数据传输枢纽"粤港澳大湾区节点等多个项目。培育发展壮大总部经济，印发《佛山三龙湾高端创新集聚区促进总部经济发展实施办法》，提出亿元级全周期扶持，吸引一批具有区域竞争力的总部企业，打造具有比较优势的总部企业增长极。印发《〈佛山三龙湾高端创新集聚区促进总部经济发展实施办法〉申报指南（2020年版）》，做好企业服务，为企业的申报提供便利。年内，上市企业中奥到家运营总部、虎牙全球研发总部、移远通信、利泰集团等多个总部项目落地。同年11月，佛山三龙湾高端创新集聚区首次到湾区重要节点城市推介路演，分别在广州市琶洲国际会展中心、深圳市南山区举行三龙湾城市品牌推介会。

【会展业发展】 2020年，佛山三龙湾高端创新集聚区聚焦潭洲会展发展，在全球会展业大幅萎缩的背景下实现逆市上扬。全年举办展会17场、活动30场，展览总面积达252万平方米（含天数），

2020年12月3—6日，中国（佛山）国际智能机器人博览会在佛山市广东（潭洲）国际会展中心举行
（三龙湾管委会　供图）

接待观众超40万人次，举办展会数量居广东城市第三，其中包括新冠肺炎疫情防控停工停产措施取消后粤港澳大湾区线下第一展——佛山国际汽车工业博览会，2020年全球规模最大的陶瓷展——2020佛山潭洲陶瓷展，中国（佛山）国际智能机器人博览会等。主动"走出去"招商招展，年内新签约引进展会18场，新签约面积约130万平方米。出台《招展办会资金扶持办法》，对符合条件的、在潭洲会展中心开办的展览项目，单届补助最高可达500万元，是国内会展业补贴力度最大的政策之一。广（州）佛（山）江（门）珠（海）高速公路会展中心出入口和佛山地铁3号线位于潭洲会展中心的站点更名为"潭洲会展站"。举行潭洲会展品牌战略发布会，提出"中国工业会展第一馆"新定位，构建"会展+"生态圈，打造工业会展第一品牌。发布会期间，发起成立中国工业会展联盟。

【三龙湾游船项目开通运营】 2020年10月1日，佛山市首个夜间水上旅游项目——佛山三龙湾游船项目正式开通运营。（参见"旅游业"类目"旅游业态"分目）

【中国（佛山）国际智能机器人博览会】 2020年12月3—6日在佛山市广东（潭洲）国际会展中心举行，以"全球变局下的合作与共赢"为主题，全面展示机器人各领域的前沿产品、核心技术以及最新的应用解决方案。（参见"商贸服务业"类目"会展业"分目）

【2020中欧文化周系列活动】 2020年10月16—25日，2020中欧文化周系列活动在佛山三龙湾高端创新集聚区举行。中欧文化周以"传统有秋色巡游、现代有中欧文化"为目标定位，以"政府主导+商业结合+全民参与"的模式举行。包括艺术大赏、中欧民谣之夜、欧洲生活方式展等三大板块共12项活动。其中在佛山新城文化大街广场、佛山大剧院、佛山市图书馆等地举办中欧文化长廊展示，以及中欧文化艺术展演，包括欧洲经典歌剧表演、欧洲美术作品展示、中欧文化主题讲座、贝多芬交响乐鉴赏会等活动。同时举行德国商品设计展、中欧电商节等活动。有德国、意大利、西班牙等欧洲国家驻穗总领事，在粤欧企代表，以及中德工业城市联盟代表等嘉宾参加活动。

【中德工业城市联盟第九次全体会议】 2020年10月16日，中德工业城市联盟第九次全体会议在三龙湾高端创新集聚区举行。会议采用"线下+线上"方式，中方单位赴佛山市参会，德方单位通过网络会议平台参会，中国和德国的34个城市100余名代表参加。会议当天，浙江湖

州、河南许昌、河南洛阳、河北保定加入联盟并获授牌。至此，联盟成员扩容到47个成员城市（其中中方27个，德方20个）。会议发布《中德地方经济合作年度报告2020——新形势下中德企业科技创新合作的现状与展望》，该报告首次全面反映中德企业科技创新合作的现状与问题，判断未来发展态势，将为两国企业开展科技创新合作提供指引和借鉴。

【三龙湾高端创新集聚区禅城片区】 佛山三龙湾高端创新集聚区禅城片区位于佛山市禅城区石湾镇街道奇槎片区，规划范围为佛陈桥以东、魁奇二路以南、桂澜路以东、东平河堤围合区域，处于禅城、桂城、佛山新城，以及南海、番禺、顺德的交汇中心，规划面积约2平方千米。2013—2020年，三龙湾禅城片区先后承担超100个政府投资项目建设任务，以海绵城市、森林城市、智慧城市等先进的规划建设理念进行开发建设，实现村级工业园区向国际化社区转变的跨越式发展。2020年，三龙湾禅城片区工程建设投入1.89亿元，比上年增长199%。佛山LEH国际学校（省重点工程）项目总投资6.08亿元，于9月完成竣工验收交付使用；奇槎社区体育中心及停保场项目完成投资8800万元，地下综合管廊及道路工程完成投资5000万元，18万平方米的人才住房销售工作进展顺利；东平河北岸（奇槎片区）水环境治理及配套项目——规划十三、十四、十五路工程和奇槎片区东平路（桂澜路至绿景东路）景观提升工程被广东省市政行业协会评定为“2020年度广东省市政基础设施优良样板工程”。

【三龙湾高端创新集聚区南海片区】 佛山三龙湾高端创新集聚区南海片区，整体规划面积30.3平方千米，是粤港澳合作高端服务示范区“一区双核”中的重要“一核”（另一核是千灯湖金融高新区），也是广佛高质量发展融合试验区的重要组成部分。三龙湾南海片区以科创作为发展核心和方向，整体产业布局为“一轴一带三极”〔“一轴”指沿港口路形成南北向的广佛科创中轴；“一带”指沿三龙湾大道东西向的400公顷制造产业带；“三极”指文翰湖板块、林岳南板块、三山北板块三大极点〕。三龙湾南海片区联合广州市荔湾区共同构成粤港澳大湾区“广佛湾区”，打造“广佛新西关”。2020年，三龙湾南海片区在建项目23个，计划总投资174.2亿元，累计投资66.33亿元，其中交通和生态等在建实施项目21个，投资25.24亿元。

【三龙湾高端创新集聚区顺德片区】 佛山三龙湾高端创新集聚区顺德片区规划面积为98平方千米，包括陈村、北滘、乐从3镇，位于广（州）佛（山）同城发展核心区域。三龙湾顺德片区以佛山新城、会展片区及周边为发展基础，打造新时代具有国际竞争力的潭洲国际创新城。2020年，三龙湾顺德片区已拍地产业项目7个，计划投资额87.6亿元，涵盖智能制造、生物医药、新基建等。其中，超20亿元项目2个、超10亿元项目2个。年内，三龙湾顺德片区内竣工通车道路达12条。随着裕和路东延、汾江路南延、华阳南路、海华大桥一批骨干道路陆续通车，外接广州市，北达禅城区、桂城街道，南联顺德区中心城区的骨干路网基本成型。

（马　力）

广东金融高新技术服务区

【概况】 广东金融高新技术服务区于2007年7月由广东省政府授牌成立，位于南海区千灯湖畔，是广东金融强省战略七大基础性平台之首，定位为国际金融后台基地和现代产业金融中心。粤港澳大湾区发展规划纲要实施以后，广东金融高新区围绕粤港澳大湾区建设，重点推进千灯湖创投特色小镇、“区块链+”金融科技产业集聚基地建设，打造粤港澳大湾区金融服务新高地、产业融合新枢纽、金融·科技·产业融合示范区，成为珠江三角洲地区制造业与全球资本、技术、人才、项目合作的对接平台，成为广东金融资源集聚和产业转型升级的典型示范区。截至2020年底，广东金融高新区核心区有中国人保南信息中心、中国工商银行集约运营中心、广发金融中心、友邦金融中心、汇丰环球营运中心、毕马威全球共享服务中心、海晟金融租赁等1024个（家）金融机构及知名企业落户，总投资规模超1580亿元，涵盖银行、保险、证券、期货、金融租赁、公募基金、小额贷款、典当、担保、私募创投、融资租赁、金融科技、服务外包等金融及类金融业态，成为国内功能齐全、内涵丰富的国际化金融后台基地和辐射亚太的金融大数据中心，是珠江三角洲金融、科技、产业创新和“城产人”融合发展标杆，吸引金融白领人才数量6万多人。截至2020年底，广东金融高新区内的千灯湖创投小镇基金机构已投项目累计646个，投资额累计551.12亿元；南海区融资租赁法人机构总资产280.05亿元，为解决企业融资问题提供渠道；南海区上市公司市值突破1000亿元，出台推动企业上市2021—2025年五年行动计划，打造有特色、有活力的资本市场“南海板块”；广东金融高新区内的广东省中小企业融资平台运营中心累计入驻金融机构371个，发布金融产品1060款，累计服务企业超64万家，实现融资突破300亿元。

【招商引资】 2020年，广东金融高新技术服务区通过强化产业链招商、平台招商、以商引商，引进具有标杆示范效应及辐射带动能力的重大项目、优质项目，推动招商引资工作向纵深发展，招商引资逆势增长。全年引进南粤银行佛山分行、广东美丽乡村壹号股权投资合伙企业等233个项目，新增注册资本超343亿元。广东金融高新区首次引进持牌金融机构，完善金融产业链。千灯湖创投小镇私募基金类项目加速集聚，平均1个工作日有1亿元投资资金落户。截至2020年底，千灯湖创投小镇注册成立的私募基金类机构828个，募集资金总额超1070亿元。进驻项目逐渐承接起全球业务，工行、汇丰、欧时等项目业务半径不断扩大，使佛山成为粤港澳大湾区金融服务链条上的重要极点。

【人才发展】 2020年，广东金融高新技术服务区优化高校资源库，充实校企合作。全年走访高校18所，区域范围覆盖广东、广西、江西、湖南、福建、四川、重庆等高铁沿线和西南地区的省（区）。其中，西南政法大学、湖南财政经济学院有与广东金融高新区建立战略合作关系意向，广西大学计划与广东金融高新区管委会联合申报粤港澳大湾区“千灯湖创投小镇”创新创业MBA研究生联合培养基地。结合新冠肺炎疫情防控，广东金融高新区全年举办4场线上宣讲会，以直播形式让广大求职者认识金融高新区，了解相关人才政策等，同时邀请金融高新区内优质企业“带岗直播”，合计有超140万人次观看。截至2020年底，广东金融高新区内金融白领人才数量6万多人，平均年龄为31岁，除来自全国各地的金融人才外，还有美国、德国、英国、法国、日本、韩国、马来西亚等世界各地人才。

【千灯湖创投小镇】 2020年，广东金融高新技术服务区核心区内的千灯湖创投小镇建设加快。南海区出台《佛山市南海区促进千灯湖创投小镇产业集聚扶持办法》（2020年修订），从多个领域对落户小镇范围内的创投机构和基金机构进行扶持。在高规格扶持政策、高效率行政服务、高水平运营管理等多方面因素影响下，千灯湖创投小镇私募基金类项目加速集聚，2020年月均新增投资资金规模超25亿元，平均1个工作日就有1亿元投资资金落户千灯湖创投小镇。截至2020年底，千灯湖创投小镇注册成立的私募基金类机构828个，募集资金总额超1070亿元，涵盖IDG资本、深创投、达晨创投、清控银杏、粤科、粤财、广晟创投等品牌项目。千灯湖创投小镇是广东省首批省级特色小镇创建对象中唯一一个金融类的特色小镇，规划面积1.8平方千米，定位佛山打造珠江西岸创投中心的重要物理载体，致力于发展天使投资、创业投资、股权投资、证券投资、公募基金、中介服务等新兴金融业态，构建以基金机构为核心的风险投资产业生态系统，在技术、资本、创意、人才与珠三角制造业实现全方位合作，助力国家制造业创新中心建设。千灯湖创投小镇自2017年设立至2020年，先后入选“中国特色小镇50强”“热门基金小镇TOP10”“2020中国最佳基金小镇TOP10”。

【十大重点项目签约落户广东金融高新区】 2020年7月7日，广东金融高新区重点项目签约活动在千灯湖创投小镇举行。该次活动由广东省地方金融监督管理局和佛山市人民政府联合主办，广东金融高新区发展促进局、佛山市南海区人民政府联合承办。进驻签约项目投资总额近100亿元，涵盖银行、期货、基金、服务外包等前后台高端服务业态，其中有3个持牌金融机构。签约重点项目中有银联商务粤港澳大湾区中心、中国工商银行集约运营中心（佛山）、广州银行后台数据中心等金融后台项目，有中科沃土基金管理有限公司、粤港澳大湾区绿色技术银行等金融法人机构，有广东美丽乡村壹号股权投资合伙企业（有限合伙）、广东季华科技成果股权投资合伙企业（有限合伙）、广东博资同泽一号股权投资合伙企业（有限合伙）等基金类项目，有广东省中小企业融资平台等平台类项目，以及新晟期货有限公司。

2020年，佛山市推进广东金融高新技术服务区核心区内的千灯湖创投小镇建设。图为千灯湖创投小镇（南海区金融办　供图）

【第六届广金·千灯湖金融峰会】 2020年11月28日，中国金融论坛——第六届广金·千灯湖金融峰会在千灯湖畔举行。峰会以“新金融　新标杆　新气象”为主题，吸引政府、学界、社会、行业代表参加，讨论当下国内国际双循环新发展格局中，如何切实把握金融发展新业态。论坛上，中国人民银行原副行长、中国互联网金融协会首任会长李东荣作题为《促进金融科技与绿色金融融合发展》的报告；中国银保监会国有重点金融机构监事会主席于学军作题为《从外贸出口逆势增长看我国货币环境的新变化》的报告；中共佛山市委副书记、佛山市市长朱伟作题为《以佛山为样本探索制造业城市金融范本》的报告；国务院发展研究中心金融研究所所长吴振宇作题为《“十四五”金融改革发展的主攻方向和重点举措》的报告；中国人民银行原副行长、中国证券监督管理委员会原主席、原党委书记肖钢作题为《金融服务新发展格局》的报告。活动期间发布《广东区域金融发展报告2019》。

【2020年广东金融高新区资本市场发展大会】 2020年11月19日在广东金融高新技术服务区千灯湖创投小镇举行。上海证券交易所、深圳证券交易所、香港交易所、全国中小企业股份转让系统等的多名资本市场代表参加大会。大会以“新机遇　新起点　新发展——把握资本市场改革机遇　激发服务实体经济动能”为主题，是粤港澳大湾区资本市场信息共享交流的高端平台。会上，广东省地方金融监督管理局与佛山市南海区人民政府签订共建广东省中小企业融资平台合作协议，上海证券交易所资本市场服务广东金融高新区基地正式揭牌。此外，与会嘉宾共同见证千灯湖创投小镇募集与投资资金规模突破1000亿元。

（南海区金融办）

数字经济

综　述

【概况】2020年，佛山市在广东省地级市率先出台《佛山市推动数字经济发展实施方案》，推动人工智能、工业互联网、5G、云计算等“新基建”的快速发展，推动佛山数字技术与实体经济深度融合，以推动“数字产业化、产业数字化”为主线，培育发展数字经济。加快布局新型基础设施建设。累计建成5G基站9242个，中心城区、重点区域及产业园区内均实现5G信号覆盖。加快推动数字产业化发展，推进数据中心建设，投入运营专业数据中心10个，推动数据中心云化，云计算基础设施持续完善。培育工业互联网标杆示范项目，市工业和信息化局支持引导佛山市企业参与数字化转型，打造工业互联网标杆示范项目。2020年遴选出示范应用项目33个，以标杆带动企业加快转型升级。加快推动产业集群数字化转型，针对佛山市专业镇各具产业特色的实际，推动特色产业集群数字化转型。盛软科技、新睿智安、全塑联等本地工业互联网服务商整合相关资源，围绕佛山市装备制造业、五金行业、塑料加工行业，提出具有行业特色的数字化解决方案，推动集群企业“上云上平台”，加速产业集群数字化转型步伐。同年，根据《2020粤港澳数字大湾区融合创新发展报告》，佛山市数字经济指数处于珠江三角洲9个城市的第二梯队，其中数字产业方面佛山市排名前三，发展水平居全省地级市前列。

【数字化发展环境完善】截至2020年，佛山市制度环境不断优化，相继出台推动智慧城市、数字政府、数字经济等建设的一系列政策文件，为“数字佛山”发展奠定基础。营商环境大幅改善，全面推进“1+7+N”营商环境工作体系，企业市场准入条件进一步减少，企业办事难、环节多、效率低等问题得到有效解决，市场竞争环境进一步优化。人才环境持续好转，深化人才发展体制机制改革取得初步进展，吸引和集聚一大批国内外IT企业和创新创业人才，持续举办互联网+博览会、国家数据与治理高峰论坛等一系列高端论坛或行业峰会，并组团参加“数字中国建设峰会”及成果展，定期到先进地区进行参观学习和交流，有力提升队伍数字化能力和数字素养。创新环境持续完善，成立季华实验室、仙湖实验室、清华大学佛山先进制造研究院、国家信息中心（佛山）数字技术应用研究院等一批创新平台，科技创新能力进一步增强。网络空间法治化加快推进，网络内容建设工程取得进展，信息安全等级保护制度全面落实，建成信息安全态势感知平台，网络安全防护和处置能力显著提升。

（市发展改革局　市工业和信息化局）

链接

《佛山市推动数字经济发展实施方案》出台

2020年5月，佛山市在广东省地级市率先出台《佛山市推动数字经济发展实施方案》，提出数字经济发展“三步走”战略安排：第一步，到2022年，推动佛山数字经济快速发展，成为省内数字经济发展重要生力军；第二步，到2025年，推动佛山数字经济扩张壮大，成为全国数字经济发展新兴基地；第三步，到2035年，推动佛山数字经济持续倍增，跻身全国数字经济发展标杆城市行列。同时，研究设定涵盖总体规模、新型基础设施、数字产业化、产业数字化、数字经济发展生态5个方面15个指标的目标体系。部署重点推进新型基础设施建设、数字产业化发展、产业数字化转型、优化数字经济发展生态、构建数字经济发展新格局五大任务。

数字基础设施建设

【概况】2020年，佛山市推进信息基础设施建设，构建高速、移动、安全、泛在的新一代信息基础设施，全年5G

基站建设投资31亿元，新建5G（第五代移动通信技术）基站7541个、累计9242个，中心城区、重点区域及产业园区内实现5G信号覆盖。鼓励支持数据中心等大数据和云计算基础设施建设，已投运专业数据中心增至10个，云计算基础设施持续完善。出台《佛山市深化“互联网+先进制造”发展工业互联网的若干政策措施》，从工业互联网标杆示范项目建设、标识解析建设及应用、公共服务、云化产业集群发展等方面着力，建设一批工业互联网平台，推动工业企业“上云上平台”，打造一批数字化车间和智能工厂，加速制造业数字化、网络化、智能化进程，发展壮大新型基础设施建设市场主体，加快构建“新基建”产业生态体系。同年，佛山市建立全市新型基础设施重大项目建设专项指挥部，建立“新基建”重点项目库，统筹谋划推进“新基建”重点项目。2020年全市纳入“新基建”专项指挥部调度的重大项目45个，总投资631.61亿元，年度计划投资69.72亿元，实际完成投资60.12亿元，完成年度计划投资的86.24%。

【新型基础设施建设谋划推进】 2020年，佛山市抢抓国家“新基建”发展机遇，加快落实新型基础设施工作部署，通过制指导文件、构协调机制、强统筹协调、抓重点项目建设等，推进信息基础设施、创新基础设施和融合基础设施加快发展，引领佛山市实体经济转型升级。3月，印发《佛山市推进新型基础设施建设行动方案（2020—2022年）》，立足数字产业化、产业数字化、产业集群、融合发展，提出四大任务19项工作举措及4项保障措施，通过加快推进新一代信息基础设施建设、打造高水平创新基础设施、推进融合基础设施建设、培育新型基础设施配套产业集群等措施，争取用3年时间初步形成以新发展理念为引领，以科技创新为驱动，以信息网络为基础，支撑数字转型、智能升级、融合创新的新型基础设施体系，在工业互联网和物联网体系建设、信息技术运用、配套产业培育等方面走在全省前列。同时，建立健全重大项目协调推进机制，建立全市新型基础设施重大项目建设专项指挥部，构建跨部门、跨区域、全局性的协调指挥机制，并对重大项目建立紧密快速联系对接机制，抓好项目进度跟踪督导。抓好数字经济“新基建”项目谋划，制定“新基建”年度重点项目清单。年内，全市纳入新型基础设施重大项目建设专项指挥部调度的重大项目45个，总投资631.61亿元，全年计划投资69.72亿元，实际完成投资60.12亿元，完成年度计划投资的86.24%。

【5G基础设施建设】 2020年，佛山市发展新一代移动通信网络，加快5G（第五代移动通信技术）网络布局，提升5G网络密度和覆盖深度，构建高速、移动、安全、泛在的新一代信息基础设施。佛山市政府召开佛山铁塔5G建设协调会，制定“一站式”基站监管流程，实现5G建设从快从简把关。印发《2020年度佛山市公共资源开放目录》，开放公共资源810处。佛山市自然资源局将5G基站配套设施纳入土地出让的“土地资源和技术控制指标清单”，从源头解决5G基站与建设项目同步建设问题。佛山市市场监督管理局开展5G基站转供电价格违法行为专项整治行动，检查5G转供电主体751家。佛山市供电局简化5G基站用电报装流程，累计完成1659座5G基站的直供电改造。佛山市各通信运营公司和佛山铁塔公司在新冠肺炎疫情防控过程中，为各级疫情防控指挥部、重点救治医院等重保单位高效架设21个5G基站，确保应急指挥、医疗救治和专家会诊等通信渠道安全畅通。年内，全市5G基站建设投资31亿元，新建5G基站7541个，累计9242个，中心城区、重点区域及产业园区内实现5G信号覆盖；新增5G用户238万户，累计247万户；新增光纤接入用户4万户，累计286万户，光纤接入用户占比94.4%。

【云计算基础设施建设】 2020年，佛山市推进赛意科技公司信息科技产业园、腾龙湾区数据中心、润泽科技等一批大数据和云计算基础设施项目建设。同时加强数据中心能耗效率（PUE）管理，推动数据中心云化。截至2020年底，福能数据中心、睿江云数据中心、佛山开普勒大数据中心等10个专业数据中心项目投入运行。美的集团南海数据中心IDC（互联网数据中心）机房、“国际数据传输枢纽”粤港澳大湾区节点（顺德金融云）、佛山顺德五沙（宽原）大数据中心等在建和拟建项目18个。

【5G基站转供电价格违法行为专项整治行动】 2020年4月22日，佛山市在全省率先开展5G基站转供电环节价格违法

2020年，佛山市加快5G基础设施建设。图为技术人员正在开通5G基站

（佛山联通　供图）

行为专项整治行动，检查5G转供电主体751家，规范全市5G基站转供电环节收费行为。（参见“经济管理”类目“物价管理”分目）

（市发展改革局，市工业和信息化局）

数字产业化

【概况】 2020年，佛山市新一代电子信息产业集群在电子元器件、5G通信、新型显示、光电照明等领域发展突出，集群有企业266家，上市企业11家。全年全市新一代电子信息产业集群实现工业增加值176.42亿元，实现工业总产值811.25亿元，电子元件及电子专用材料制造业、电子器件制造业产值比重较大，占比超75%，2020年全市生产电子元件28.3亿只、半导体分立器件528.3亿只、光电子器件832.2亿只，其中光电子器件占全省光电子器件产量的16.7%。

截至2020年底，佛山市投运专业数据中心10个，包括福能数据中心，睿江云数据中心、佛山开普勒大数据中心（一期）项目等。其中，佛山开普勒大数据中心项目一期累计投入2.5亿元、建成1375个机架并投入使用。广东省工业互联网产业生态供给资源池佛山市入选企业达26家。佛山市工业互联网生态供给资源池有美云智数、徐工汉云、腾一科技等40家83个产品入池。其中：12家企业是国内优秀工业互联网服务商在佛山落户的企业；星物联科技有限公司和企帅数字科技有限公司2家企业是本地装备企业设立的工业互联网业务公司。至年底，佛山市有在细分领域全国闻名的顺特电气、申菱环境、航天柏克等数据中心配套供应商。

2020年，佛山市完成电信业务总量1120.17亿元，增长24.4%。年末本地电话用户182.82万户，减少44万户；移动电话用户1214.23万户，减少74.1万户；（固定）互联网用户292.25万户，减少14.63万户。

【电子信息制造业】 2020年，佛山市电子信息制造业稳步增长，全年电子信息制造增加值176.42亿元。在通信天线、电子元器件、新型显示等重点细分领域，佛山市有以盛路通信、群志光电、国星光电、佛山照明、蓝箭等为代表的一批电子信息制造业龙头骨干企业。电子元件及电子专用材料制造业、电子器件制造业产值在全市电子信息制造业产值中比重较大，占比超75%。佛山市电子信息制造业区域发展特色较为突出：禅城区以半导体照明产业为主，拥有佛山照明、国星光电等上市公司以及欧司朗、朗德万斯、蓝箭电子、航天柏克等重点企业，芯片制造、封装、电源、应用、检测等产业链日趋完善；南海区在光电照明、智能安全、电子电气等领域具有较强实力，拥有群志光电、天波信息、朝野科技、中格威电子等重点企业，以及广东省新光源产业基地、粤港澳大湾区（南海）智能安全产业园、佛山南海电子信息产业园、佛山（国家）高新技术开发区南海园等重要载体；顺德区家电行业实力全国领先，在家电行业带动作用下，集聚一批元器件、控制件、电容器等家电配套企业，区内家电产品所需的元器件90%以上可在区内配套，拥有顺达电脑厂、泰科电子、瑞德智能、亿讯电子等重点企业；高明区以照明灯具制造、电子元器件制造为主，拥有佛山照明高明分公司、毅丰电器、田昌灯饰、祥新光电等重点企业，以及鑫创AI国际科创智谷、中南高科高明智汇城等园区载体；三水区在通信天线和汽车电子领域具有明显竞争优势，拥有盛路通信、爱普达电子、智强光电、好帮手等重点企业，形成以盛路通信为龙头的通信天线产业集群、以好帮手为龙头的汽车电子产业集群。

【电子信息研发实力提升】 2020年，佛山市电子信息研发实力不断提升。季华实验室一期交付使用，人员规模达1000余人，全职引进中科院院士1人，兼职院士12人，国家杰出青年和长江学者等领军人才32人，累计争取到国家及省部级重大项目12项，总经费达5.53亿元。该实验室以半导体技术与装备、机器人及其关键技术、新型显示装备、先进遥感装备等为重要研究方向，将打造先进制造科学与技术领域国内一流、国际高端的战略科技创新平台，是广东省委、省政府启动的首批4家广东省实验室之一。仙湖实验室专家及人才公寓、中试车间竣工交付使用，实验室全职人员近100人，其中高端科研人员84人。年内，清华大学佛山先进制造研究院举行第一届管委会第三次会议暨电子信息器件与系统联合研究中心第一届管委会第一次会议，加快项目落地和引进服务，谋划建设新一代电子信息技术研究中心。

【5G设备产业】 截至2020年，佛山市培育出盛路通信、粤海信、健博通、澳信等一批5G基站天线知名企业，产业集聚度位居全国前列。

【半导体与集成电路产业】 2020年，佛山市加快半导体与集成电路产业发展。其中，跃昉芯片项目和劲高芯片产业集聚园区落户顺德，围绕设计研发、封装测试、人才培训等建设芯片产业集聚区；联动科技的200兆比特每秒超大规模数字集成电路检测装备研发及产业化项目入库2020年广东省级促进经济高质量发展专项资金（新一代信息技术）电子信息产业项目；汇芯高端半导体芯片产业化项目落户南海，集功率半导体芯片、器件、功率模块设计制造于一体，为制造企业提供低功耗、高性能的功率半导体产品。同年，由广东格兰仕集团与赛昉中国（SiFive China）联合开发的新一代物联网芯片“BF-细滘”于年内实现量产，该芯片于2019年在格兰仕集团“9·28”格兰仕成立41周年大会上发布。

【超高清视频显示产业】 2020年，佛山市超高清视频显示产业集群主要涵盖显示器件、电视机制造、通信终端、专业音响设备等领域，集群有规模以上企业64家，其中南海区27家、三水区19家。全市超高清视频显示产业集群实现工业总产值77.1亿元，其中显示器件实现产值56.2亿元、电视机制造实现产值6.7亿元、通信终端设备制造实现产值3.4亿元、专业音响设备制造实现产值1.5亿元。同年，佛山市联合广州市、惠州市，以“广佛惠超高清视频和智能家电产业集群”申报成为国家先进制造业集群并通过决赛。

【大数据中心建设加快】 2020年，佛山市有佛山开普勒大数据中心（二期）项目、美的集团南海数据中心IDC（互联网数据中心）机房、“国际数据传输枢纽”粤港澳大湾区节点（顺德金融云）、顺德五沙（宽原）大数据中心等数据中心项目在建。其中：佛山开普勒大数据中心（二期）项目于上半年开工，总投资13亿元，项目建成后可满足中国电信华南区域数据中心业务发展的场地需要；顺德五沙（宽原）大数据中心项目按计划推进，该项目于2019年8月启动，总投资16亿元，建筑面积约4万平方米，建设约4500个机架，并预留3万平方米地块供未来约9000个机架建设，计划打造成为华南地区最大规模的数据中心；位于南海区西樵镇的腾龙湾区数据中心项目于12月31日开工建设，规划总占地面积13.33公顷，其中首期8公顷，建筑面积17.9万平方米，拟采用高密度机架，建设规模达2万个机柜容量，可为35.2万台服务器提供云计算数据服务，项目整体计划2022年初步投产。

【机器人产业发展】 截至2020年底，全市机器人产业领域工业企业超240家，其中广东省机器人骨干（培育）企业9家、机器人领域国家“专精特新”“小巨人”企业4家。（参见“工业”类目“新兴产业”分目“高端装备制造业”次分目）

【软件与信息服务产业】 2020年，佛山市软件业务收入152.61亿元，比上年增长9.41%。软件研发人员和其他软件技术人员人数增长46.65%，获授权软件著作权数量有3270件，获授权的专利数量有5303件，参与制修订国家及国标标准数量61项。

（陈　枫）

【佛山顺德启动建设芯片研发基地】 2020年1月17日，由格兰仕集团与赛昉中国、千兆跃合资成立广东跃昉科技有限公司揭牌仪式在佛山市顺德区举行，标志着顺德开源芯片基地项目启动建设。格兰仕集团于2019年6月开始筹建跃昉科技，同年12月15日，恒基（中国）、格兰仕集团和顺德区人民政府签订合作协议，三方共同在顺德建设开源芯片产研城，打造世界级芯片产业生态链。

【百度云计算（顺德）中心项目落户顺德】 2020年9月2日，佛山市顺德区人民政府与百度（中国）有限公司签订项目投资合作协议，百度云计算（顺德）中心项目正式落户。根据协议，该中心分别在顺德高新区和顺德区均安镇畅兴工业园三期各选址6.67公顷地块，投资建设2个云计算中心，服务器装机规模达20万台。建成后，数据中心主要用于承载百度公司搜索、地图、人工智能、云计算、大数据、无人汽车驾驶、互联网产业发展等自身20余款用户量过亿的产品和超100万企业客户需求的高性能计算平台。项目采用百度第四代领先的IDC基础架构，拥有超大型神经网络、超大规模高性能计算集群，以及万亿级搜索数据、百亿级定位数据、百亿的图像和视频数据。对内支持搜索、百度大脑、百度智能云、Apollo、地图、小程序等多个业务，对外则可通过智能云把AI能力赋能给众多行业。

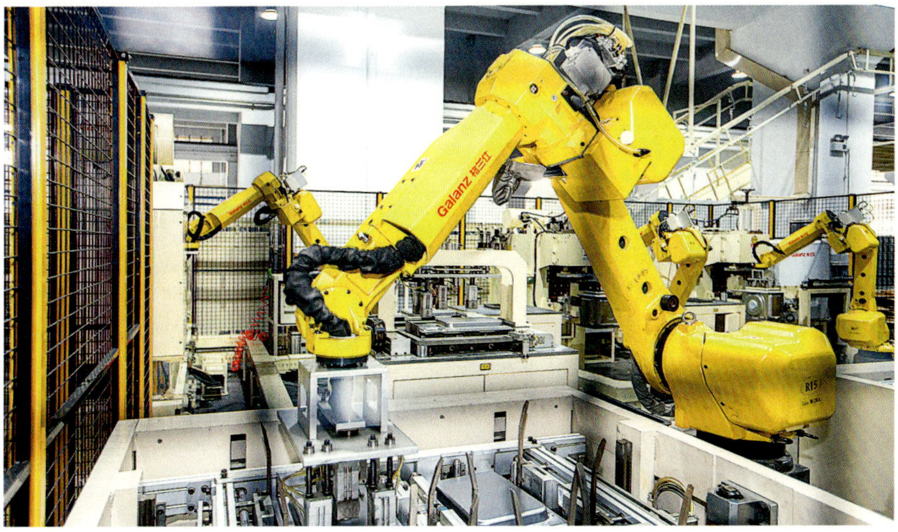

格兰仕工业4.0示范基地智能制造生产线（2020年）　（林安迪　摄）

【顺德华腾芯城封顶】 2020年10月10日，佛山（顺德）华腾芯城封顶仪式在顺德区容桂街道举行。华腾芯城项目总建筑面积23万平方米，是顺德集成电路产业园项目的首期项目，项目规划以芯片和人工智能技术产业为支柱，重点引入电子科技类企业，形成以大数据为核心，集信息技术研发、生产制作、配套服务于一体的芯片产业发展基地。封顶仪式现场，华腾芯城与中国移动顺德分公司签订《建设5G智慧园区战略合作协议》，同时，华腾芯城与深圳市敏杰电子科技有限公司、佛山市顺德区乾铭电子科技有限公司、广州乐杰电器有限公司、广东顺德星原电子实业有限公司等多家企业签订入驻协议。

（市工业和信息化局）

【“区块链+”金融科技产业集聚基地】 2020年，广东金融高新技术服务区注重发展“区块链+”金融科技产业，利用金融科技手段促使金融更好地服务实体经济。依托出台产业扶持政策、建设产业集聚基地、搭建产业孵化中心、引导设立产业发展基金、设立专项专家库、筹建金融科技研究院等措施，截至2020年底，引进60家金融科技企业进驻产业集聚基地，其中16家企业经认定为“区块链+”金融科技企业，项目涵盖智能零售、供应链管理、区块链安全检测、绿色环保、知识产权保护等应用场景。通过举办第八届“灯湖论剑”广东金融高新区金融科技创新大赛、智瞰未来·2020产业区块链发展高峰论坛，营造良好的产业氛围。1月，《人民日报》刊发《广东金融高新区——引入“区块链”做强“金科创”》的报道，对金融高新区在“区块链+”金融科技产业的探索成效予以肯定。9月，广东省科学技术厅等七部门印发《广东省培育区块链与量子信息战略性新兴产业集群行动计划（2021—2025年）》，将区块链金融科技创新与应用示范区（即广东金融高新区）列为区块链与量子信息产业集群重点建设项目。

（南海区金融办）

【健康码国际互认机制研讨会暨2020国际二维码产业发展大会】 2020年12月20日，由中国民主同盟中央科技委、欧亚经济合作组织、国际二维码产业合作组织筹委会、欧亚医学联盟共同主办，中国民主同盟佛山市委员会和中国民主同盟广东省委员会协办的健康码国际互认机制研讨会暨2020国际二维码产业发展大会在佛山市举行。民盟中央副主席、中国科学院院士田刚，广东省人大常委会副主任王学成，佛山市副市长许国，俄罗斯卫生部灾害医学中心主任、俄罗斯科学院院士贡查罗夫·谢尔盖·费多罗维奇，欧亚经济合作组织轮值主席葛剑等参加会议并致辞。民盟中央副主席、中国科学院院士王光谦致开幕词并主持会议。大会期间，健康码国际互认技术委员会正式成立，中国、俄罗斯、乌兹别克斯坦等10余个国家相关机构加入。该委员会旨在以符合国际标准的统一二维码标识体系为基础，以保障各相关国家的信息安全及公民隐私安全为前提，研究满足国际个人健康状况互认要求的二维码编码及解析技术方案和标准。大会获30余家主流媒体关注报道。会上，佛山科学技术学院与二维码国际标准化组织签订合作协议共同成立华南国际二维码技术研究院。

（李　亨）

产业数字化

【概况】 2020年，佛山市继续落实《佛山市推动机器人应用及产业发展扶持方案（2018—2020年）》，以数字化赋能家电、陶瓷、五金等传统产业，以智能化提升装备制造等行业，引导企业从生产型制造业向服务型制造业转型，推动佛山市制造业高质量发展。广泛推动企业数字化升级，鼓励中小企业“上云上平台”，运用数字化产品提升生产协同能力，累计兑现服务券520张、奖补企业超450家、奖补金额超7000万元。印发《佛山市深化“互联网+先进制造”发展工业互联网的若干政策措施》，鼓励社会广泛参与佛山市工业互联网建设，鼓励企业应用工业机器人、工业互联网系统，提升企业数字化水平和能力，全年支出专项资金5690万元。2020年，建立起佛山市工业互联网生态供给资源池，40家企业共83个产品入库。群志光电、奔朗新材等33个项目入选工业互联网应用标杆示范项目，美的微波炉顺德工厂获认证为全球灯塔网络成员。同时，佛山市政府将数字农业农村建设作为重要工作，加快建设农村“三资”（农村集体所有的资金、资产和资源）大数据平台，截至年底，市农村产权管理信息综合平台体系涉及集体资产35.2万项；围绕水产、花卉等产业的数字化转型，各级农业农村部门以现代农业产业园为载体，引导和推动实施主体探索数字农业应用场景。2020年，佛山电子商务交易额1.1万亿元，比上年增长6.6%。企业对企业（B2B）模式交易额6821.1亿元，占总交易额的62.12%；网络零售交易额约3367亿元，占总交易额的30.67%；线上到线下（O2O）、消费者到企业（C2B）、商家到政府（B2G）等其他模式市场交易额约792亿元，占总交易额的7.21%。

【工业数字化转型服务能力提升】 2020年，佛山市发布《佛山市深化“互联网+先进制造”发展工业互联网的若干政策措施》，从工业企业“上云上平台”、工业互联网标杆示范项目建设、工业互联网产业集群数字化转型试点建设等8个方面加大政策扶持力度，鼓励社会广泛参与佛山市工业互联网建设，促进产业信息化发展。推进工业互联网标识服务节点建设，长天思源环保科技股份有限公司的“环保行业工业互联网标识解析二级节点建设”和佛山市科霸新能源汽车动力电池有限公司的“新能源行业工业互联网标识解析二级节点建设”等2个项目入选广东省2020年工业互联网标识解析创新项目。提升工业互联网服务能力，有26家企业入选省工业互联网产业生态供给资源池，建立起佛山市工业互联网生态供给资源池，美云智数、徐工汉云、腾一科技等40家83个产品入池。健全企业技术创新体系，截至年底，佛山市有国家级企业技术中心17个、省级企业技术中心225个、市级企业技术中心291个，建成佛山智能装备技术研究院、广工大数控装备协同创新研究院、华南智能机器人创新研究院和佛山力合创新中心等一批重大创新平台和产学研协同创新平台，创新能力不断增强。

【制造业数字化转型标杆】 2020年，佛山市从家电、家具、陶瓷、装备制造等优势行业中，遴选出群志光电、奔朗新材、顺威精密、恒洁卫浴等33个工业互联网应用标杆示范项目，奖补资金7400万元。组织美的工业互联网平台、美的洗涤“5G+工业互联网”智能工厂参与国家、省工业互联网试点示范项目推广案例集编制。扶持打造市级自动化生产示范线建设项目累计44个，市级机器人应用示范企业扶持项目15个，推动建设广东省智能制造试点示范项目55个，全市新增省智能化技改示范企业超150家。63个项目获2020年广东省技术改造专项资金支持、扶持资金2.38亿万元。截至2020年底，全市支持市级机器人应用4.3亿元，全市工业企业应用机器人超1.6万台。同年，美的微波炉顺德工厂获认证为全球灯塔网络成员，成为美的集团第二家、佛山市首家灯塔工厂。美的厨电5G+工业互联网应用示范园区入选广东省第一批5G+工业互联网应用示范园区，美的厨电马龙工业园5G+工业互联网融合（一期）项目、升辉电子5G+工业互联网智能制造应用示范项目成为2020年广东省5G+工业互联网应用标杆项目。

【产业集群数字化转型】 2020年，佛山市针对佛山市专业镇各具产业特色的实际，推动特色产业集群数字化转型。其中，装备制造和日用五金成为省产业集群数字化转型试点，精工智能、徐工汉云、全塑联等本地工业互联网服务商牵头推动佛山市家电产业、有色金属行业、塑料加工行业等产业集群数字化转型。

（市工业和信息化局）

【农业数字化】截至2020年底，佛山市建有动物溯源数据管理系统、集体资产管理交易监管平台等一批农业农村信息化管理系统，用户涵盖畜禽养殖管理对象、水产养殖管理对象、新型职业农民认定和培训对象、农村集体经济组织等约10万个，初步搭建农业农村信息化管理系统，提高行业监管能力和农业生产经营水平。同时，市政府将数字农业农村建设作为重要工作纳入《"数字佛山"建设总体规划（2021—2025年）》，从顶层设计方面谋划好数字农业农村发展。

农村"三资"大数据平台　佛山农村集体资产达1029亿元（不含土地作价），堆头大，涉及利益群体多。截至2020年底，佛山市农村产权管理信息综合平台体系涉及集体资产35.2万项。同时，各区结合实际进一步深化和拓展"两个平台"（农村集体资产交易平台和农村财务监管平台）应用，整合和盘活农村"三资"各项数据，基本实现农村集体经济可视化和智能化管理，提升农村基层治理水平。其中，禅城区探索建设农村集体经济数字云图系统，将全区53个村共1.28万个一级资产、3.81万个二级资产的定位和3.56万份在管合同全部同步导入"数字云图"系统，直观、实时地在行政区划图上呈现，实现资产信息可视化、统计分析具体化、预警提醒智能化、数据更新持续化、外业操作痕迹化，使农村集体资产有"智慧管家"。南海区将农村"三资"管理、农村股权交易管理等纳入"城市数字大脑"，进一步提高农村基层治理数字化应用水平。

数字农业应用场景　围绕水产、花卉等产业的数字化转型，各级农业农村部门以现代农业产业园为载体，引导和推动实施主体探索数字农业应用场景。推动数字农业产业园建设，鼓励产业园集聚发展数字农业，建设数字化系统和平台，并安排一定比例的财政资金用于建设数字农业项目。全市6个省级现代农业产业园均开展数字农业应用场景研究。其中，顺德区优质草鲩产业园通过建设集智慧农业生产、智慧农业管理、农业智能服务和智慧农产品安全的顺德淡水渔业互联网综合服务平台，推动信息技术与淡水鱼产业链条的深度融合，广东顺德均健现代农业科技有限公司作为产业园实施主体加入广东省数字农业发展联盟。加强数字农业项目招商引资，通过加大招商引资力度，先后引进扬翔智能化生猪养殖基地、碧桂园无人农场示范基地和广东银鹏5G种植基地等数字农业项目，进一步推动全市农业产业数字化转型进程。

农业电商发展　佛山市探索适合农产品的电商销售模式，创建农产品跨境电商试验区。2020年，结合全市特色农产品，佛山支持南海区里水镇创建"农产品跨境电子商务"综合试验区，并于3月获批成为全省首个农产品跨境电商示范区，让一批传统农业企业、加工企业走进数字经济，走进国际贸易新业态、参与国际市场。推动网络直播带货等新兴销售方式，结合产业发展需要，与淘宝、天猫等电商和网络直播平台合作，形成初具规模的花卉与观赏鱼电商销售体系。其中，岭南花博园通过打造各类网络直播间，创造条件吸引网络知名人士为观赏鱼进行宣传推广和直播带货，带动观赏鱼销售额超8亿元，成为华南地区乃至全国重要的观赏鱼产销集散地。

（黄晓琳）

【佛山入选跨境电商零售进口试点】2020年1月17日，商务部等六部委联合印发《关于扩大跨境电商零售进口试点的通知》，佛山市被纳入跨境电商零售进口试点范围，按照2018年《商务部　发展改革委　财政部　海关总署　税务总局　市场监管总局关于完善跨境电子商务零售进口监管有关工作的通知》要求，开展网购保税进口（海关监管方式代码：1210）业务。佛山作为跨境电商发展先行先试区，利用零售出口增值税、消费税免税等优势，为企业享受政府服务、物流及金融等方面提供红利。

【"佛山优品　云购e选"系列活动启动】2020年5月15日，佛山市"佛山优品　云购e选"暨佛山优品馆上线启动仪式举行。佛山市人民政府与上海寻梦信息技术有限公司（拼多多）签订战略合作框架协议，并宣布佛山优品馆正式在拼多多平台上线。根据佛山市政府与拼多多签订的协议，双方就推动佛山消费类工业品上行、产业带合作、深化招商和人才培养及加强信息互通机制等开展合作，联合扶持超1万家优质佛山企业和品牌入驻拼多多平台上的佛山优品馆，打造面向平台6亿名消费者的佛山消费工业品线上集群。启动仪式上，佛山市副市长乔羽携美的集团股份有限公司、格兰仕集团有限公司、万和新电气股份有限公司、海天调味食品股份有限公司、新明珠陶瓷集团有限公司、东鹏控股股份有限公司、溢达纺织有限公司、罗浮宫家居集团8家佛山市代表企业，在新华直播、拼多多直播间推介佛山的家电、家具、家装建材、家纺、家居、食品等优质产业带。

【省市共建新媒体电商产业直播基地、佛山美妆电商直播基地揭牌】2020年5月19日，由广东奇化化工交易中心股份有限公司、佛山市电子商务协会、佛山电视台共同发起成立的省市共建新媒体电商产业直播基地、佛山美妆产业直播基地在位于佛山国家火炬创新创业产业园的广东奇化化工交易中心股份有限公司揭牌。揭牌仪式上，广东省电子商务协会、佛山市电子商务协会与广东奇化化工交易中心股份有限公司签订合作协议。两个基地依托佛山货源地优势和奇化选品优势，以"产地供货+电商直播基地"形式为主，吸引新兴业态进驻佛山，吸纳直播人才，强化资源整合，形成完整的新媒体电商产业直播生态体系。通过直播电商服务、选品供应链平台、智能云仓、金融配套等"一站式"服务，推动佛山传统企业数字化转型升级。

【中国（佛山）跨境电子商务综合试验区线上平台暨线下园区建设启动】2020年8月5日，中国（佛山）跨境电子商务综合试验区线上平台暨线下园区建设启动仪式在佛山国际家居博览城举行。通过线上平台建设，集成在线通关、物流、退免税、支付、融资、风控、线上信息核查等多种功能，实现跨境电子商务业务的便利化、高效化、可监管化、可溯源化；通过线下园区平台建设，打造跨境电商集聚发展载体，实现跨境电子商务线上平台和线下园区联动发展。活动现场，佛山市商务局与相关电商平台、中信银行佛山分行与相关协会和电商企业、入园企业代表与园区分别进行签约。

【全球速卖通大件跨境华南运营中心落地佛山】 2020年10月28日，国内首个大件跨境电商商品出口集货仓——“全球速卖通大件跨境华南运营中心”启动仪式在佛山跨境电商清关中心（佛山车场口岸）举行。启动仪式上，佛山市商务局与阿里巴巴集团控股有限公司就推进跨境电商深度合作签订合作框架协议。该运营中心辐射广东省全省乃至整个华南片区，解决30千克以上大件商品跨境零售出口物流的难题。“集货仓”是一种“前置仓”，多个商家的订单可以“拼柜”（集装箱）出海，商家的备货压力从2个月缩短为1个月，单位体积物流成本降到原来的70%。陶瓷、家具、纺织、铝型材等大件商品可通过跨境电商零售平台拼柜出海，销往全球。

【首届大湾区全球电商直采节暨1688超级买家天团佛山站活动】 2020年11月23—24日在佛山市禅城区中国陶瓷城举行。活动以“功夫之城，智造佛山”为主题，设置探厂、峰会、展会、展商路演等环节。活动中，阿里巴巴1688采购平台从采购量、购买意向、品类对口等进行对比，筛选出平台优质、购买力强且活跃度高的买家，组成“超级买家天团”到佛山寻找货源。探厂环节，“超级买家天团”团队深入10家佛山家装建材企业、8家童装企业、8家家电工厂进行对接交流。在作为展会环节的首届大湾区全球电商直采节上，由1688平台大数据甄选并获邀参加线下展会的近100家家装建材、童装和小家电等佛山本地工厂与超级买家天团现场对接，促成交易。在商家路演环节，参加路演的佛山厂商集中向买家展现企业在数字化转型过程中催生出的新产品、新概念与新模式。峰会环节为于24日举行的首届佛山直采节暨1688超级买家天团佛山站峰会，买家代表、商家代表、行业专家围绕商业渠道及效益展开对话。活动促成500余个买家与佛山100余家厂商达成意向采购订单，金额超5000万元。

（游雅静）

【工业互联网安全职工技能竞赛】 2020年9月25日，佛山市组织开展工业互联网安全职工技能竞赛，活动由中共广东省委网信办指导，中共佛山市委网信办、市总工会主办，市工业和信息化局、市教育局协办，旨在全面提高全民的网络安全意识和安全防护技能，共同筑牢新时代的网络安全防线。该次竞赛有政府、企业、学校等24支队伍参与，通过在线知识答题、夺旗赛（CTF）和工业互联网场景安全渗透、漏洞挖掘等比赛的方式，内容包括工业互联网安全相关法律法规基础知识，工业互联网场景隐患挖掘、漏洞修补、协议分析、密码加解密，工控领域的数据采集与监视控制系统（SCADA）、分散控制系统（DCS）、过程控制系统（PCS）、可编程逻辑控制器（PLC）、远程终端单元（RTU）、智能电子设备（IED）等系统或设备渗透。最终佛山市电子政务科技有限公司、佛山数字化产业联盟、广东省广电网络佛山分公司3支参赛队伍分获前三名。

（周　杨）

【“云中美食”智慧订餐系统投入使用】 2020年一季度，佛山电信在广东省率先投入使用自研的“云中美食”管理系统。该系统主要有线上订餐、扫码取餐、人脸识别取餐、取餐实况直播、后台订餐统计、收入统计等基本功能，还陆续推出校园版、医院版、政府单位版等特色版本，使用单位可自主设计孕病餐、营养餐、健身餐、水果餐、茶点等各种菜式，实现多区域多供应商协同管理、用餐人员类型个性化管理，做到精准供应、精准服务、精准用餐，最大限度地减少餐饮浪费。经推广，2020年，包括佛山市22家单位在内的全省近50家机关、企事业单位食堂上线使用“云中美食”智慧订餐系统。

【“佛山制造+直播电商”专场交流研讨会】 2020年6月10日，“E网同心汇”第三场活动——“佛山制造+直播电商”专场交流研讨会在广佛智城（广佛电商直播产业基地）成功举行，来自政府部门、新闻媒体单位、网络社会组织、互联网企业、制造业企业等人员齐聚一堂，共商“佛山制造+直播电商”未来发展大计。

【2020佛山—深圳智能制造产业投资活动】 2020年9月22日，2020佛山—深圳智能制造产业投资活动在深圳科技园举行。活动由佛山市工业和信息化局主办，深圳艾特产业服务科技有限公司承办。来自智能制造、新一代电子信息、新材料、数字经济、泛家居等行业60多家企业参加活动，其中包括深圳市部分上市企业、独角兽企业，以及专门从上海、北京、厦门专程赶来参加活动的企业。活动过程中，北京大学深圳研究院5G课题组组长胡国庆，畅销书《5G智联万物》作者、中兴网信5G应用产业研究院院长孙文分别作5G新基建下的智能制造业发展机会的主题报告；健丽乐科技（深圳）有限公司、北京全网数商科技股份有限公司、深圳市华科创智技术有限公司、多米索集团、深圳威惠智能科技有限公司、深圳市甲壳虫网络科技有限公司负责人通过路演形式分享各自项目的核心技术优势与创新商业模式，并表达赴佛山市考察与投资置业意愿。

【2020工业互联网大会】 2020年12月23日在佛山市南海区举行。大会以“工业互联智造无界”为主题，有中国工业互联网研究院、腾讯云、京东智联云、中国联通等一批业内龙头企业参加。大会举行广东省工业互联网产业集群数字化转型试点、南海区认定的9个工业互联网产业载体、第二批33家“腾云计划”重点扶持企业授牌仪式，还有一批

2020年12月23日，2020工业互联网大会在佛山市南海区举行。图为京东智联云（大湾区）产业运营中心、京东智联云（佛山）数字经济产业园揭牌仪式现场

（市工业和信息化局 供图）

重点项目现场签约，为佛山南海制造企业牵线搭桥，推动新一代信息技术与实体制造业深度融合。

（市工业和信息化局）

通信产业

【佛山电信】 中国电信股份有限公司佛山分公司（简称“佛山电信”）主要经营基础电信业务、增值电信业务、交互式网络电视（IPTV）传输服务，以及与通信、信息业务相关的综合信息业务。2020年，佛山电信加快推进网络智能化、业务生态化、运营智慧化，构建包括5G、千兆光网、智慧专网、卫星网、物联网的“陆海空天”一体化网络，深化“四个融合”，提升全要素生产力，全方位参与“智慧佛山”和“数字佛山”建设。至2020年底，各类服务网点超3500个，手机用户超270万户，宽带用户超160万户，2020年主营业务收入超50亿元。

“电信三千兆”服务 2020年，通过实施网络、设备、技术、产品和服务的全面升级，佛山电信面向全市推出“电信三千兆”精品服务，即千兆5G网络、千兆宽带网络、千兆Wi-Fi网络三大网络接入服务，为广大市民提供涵盖宅家、工作、出行的全方位立体化高速率的网络环境，以及专业智慧工程师上门一站式组网服务。截至2020年底，全市全域具备千兆光网接入能力，其中千兆宽带网络接入能力超350万户。

5G智能工厂 2020年，基于中国电信5G网络和移动边缘计算（MEC）、天翼云、人工智能、大数据、机器视觉等前沿技术，佛山电信继续推动本地企业利用5G开展技术改造，推动5G能力与AI/机器视觉/AGV等技术在安全生产、柔性智造、智慧物流等领域深度融合。联合美的集团、群志光电、科达制造、新宝电器等一批制造业龙头企业，通过共同建设“5G创新实验室”等方式，基于实际生产环境打造5G、云+AI的应用创新方案研究和测试验证平台，探索包括仓库物流车5G定位、云化PLC、机器人、园区安全监控、机器视觉质检、背负式AGV应用、设备AR点检和远程辅助维修、生产巡检机器人、扫码枪管理、生产MES看板、生产数据采集管理等在内的5G智能制造应用场景。2020年，赋能制造业企业打造5G+工业互联网应用示范项目6个，其中，助力美的集团打造的“灯塔工厂”，劳动效率提高28%，单位成本降低14%，数字化转型成效显现。

5G智慧园区 顺应新一轮科技革命和产业变革趋势，佛山电信发挥“云+网+安”行业优势，创新运用智慧平台与智慧应用建设经验，基于5G、AI、云计算、大数据、物联网等新技术，携手本地企业、工业园区等行业伙伴，搭建统一、开放、融合的智慧园区运营管理平台，共同打造广东工业设计城智慧园区、智创园智慧园区、畅兴工业园智慧园区等三大5G智慧园区示范项目，成为全国范围内5G智慧园区的“佛山范本”。

“智慧社区”“平安乡村”新服务 佛山电信利用5G、云计算、大数据、物联网等先进技术，实施智慧社区、平安乡村工程，促进基层治理创新，推动构建大社区管理新模式。2020年，佛山电信向全市超220个村（社区）提供此项新服务。在佛山市顺德区黄龙村，通过打造集社区智慧安防管理、消防管理、环境管理、社区老人关怀服务等于一体的安全、高效、便捷、亲民的智慧社区管理平台，为当地居民提供智慧、友好的生活工作环境，显著提高居民居住体验、社区安防管理水平和整体经济社会效益。

疫情防控通信保障 2020年新冠肺炎疫情发生后，佛山电信紧急启动市、区、镇（街道）三级应急响应机制，快速组建疫情防控应急通信保障突击队，组织超2000人坚守各类通信保障岗位，做到7×24小时服务，不计代价、不讲条件，重点保障各级指挥中心、医疗卫生、疾控中心等重点单位通信畅通，确保全市全域网络稳定有序，全力支援保障疫情防控阻击战。截至3月初，累计完成紧急业务保障3200余次（条），超常规建设交付5G基站超100个，提供五大类15项信息化服务举措助力复工复产复学，紧急向100余个单位提供5G体温筛查等解决方案，面向全市师生推出“网速有保障、网课安心上”行动，开通天翼云课堂账号4万余个，支撑上传高中名师课程200节。

（季 轩）

【佛山移动】 中国移动通信集团广东有限公司佛山分公司（简称“佛山移动”）于1999年1月注册成立，是中国移动通信集团广东有限公司在佛山设立的分支机构。2020年，中国移动佛山分公司净利润18.49亿元，完成投资超14亿元，纳税8.9亿元。服务移动客户超700万户、家庭客户超100万户、电视客户超65万户、集团客户超10万户，物联网连接数超1161

万户，实现电信业务总量593.4亿元，比上年增长28.3%。全年运营收入近72亿元。

5G基础设施建设　2020年，佛山移动5G相关投资达12.6亿元，建成开通5G站点4746个，基本实现“主城区、一般城区、百强核心区域5G连续覆盖、镇镇通”，覆盖超400万户手机用户。家企宽覆盖达553万户，千兆宽带规模开通能力覆盖市县城区、重点小区；新增98个20户以上自然村宽带全覆盖，实现村村通光缆。三水区、禅城区、南海区布局建设4个大数据中心，机架达3108个，IDC带宽容量达8200GB。

5G应用推广　2020年，佛山移动与联塑集团合作的5G+示范项目获工业和信息化部“绽放杯”二等奖；融入村改攻坚大局，参与大良华腾科技园等多个知名园区升级，为1000余家入驻企业供给新型信息服务。在能源、医疗、金融、交通、教育、文旅6个领域打造5G“样板房”11个。与佛山市第一人民医院、佛山市中医院等20个医疗单位建立长期合作，落地5G在线问诊、院前急救等项目，领先开通全国首个医疗5GSA商用切片。与禅城区共建全省首个5G+桥梁安全综合管理系统，为东平大桥等6座桥梁结构健康监测提供保障，保障群众出行安全。响应“乡村振兴”发展战略，推出远程监控、智能侦测、云广播等一系列信息化服务，累计打造83个“平安乡村”视频监控系统。探索实现包括特殊人群人脸识别、轨迹分析、违停管理等核心功能，助力城市治理升级。推出5G终端信用购、“5G+千兆宽带+智能看家+智慧社区”等融合服务优惠，超100万户用户更换5G手机，建设近400个智慧社区。与佛山传媒集团在“秋色巡游”“50公里徒步”“行通济”等重大民生活动中开展合作，为佛山祖庙、三龙湾东平河等区域提供5G+全程覆盖。

疫情防控通信保障　2020年，佛山移动发挥5G通信技术优势，做好疫情防控通信保障。紧急开通5G宏站11个、室分5个，打造5G在线门诊；落实网络全天候保障，出动1309人次，政府机关、防疫指挥部等重点区域无线接通率达100%；2天内为佛山市驰援湖北医疗队搭建5个远程会场。部署5G测温设备近600套，云视讯高清会场90个，输出防疫大数据报告超200篇，发送疫情预警短信超3亿条。

（黄睿哲）

【佛山联通】　中国联合网络通信有限公司佛山市分公司（以下简称“佛山联通”）作为中国联通在佛山地区设立的唯一分支机构，是中国联通重点地市分公司，广东联通一类分公司，拥有覆盖全省、结构合理、技术先进、功能强大的现代通信网络，主要经营移动通信业务，国内、国际固定电话网络与设施（含本地无线环路），语音、数据、图像及多媒体通信与信息服务，电信增值业务，网络电话（IP电话）业务等国家批准的其他业务，以及与通信及信息业务相关的系统集成等业务。截至2020年底，佛山联通有自有营业厅69个、社区精品门店76个、渠道营业网点2003个，移动用户规模超240万户，服务企业超3000家。

信息基础设施建设　2020年，佛山联通极速扩大5G覆盖，新建5G基站3919个，累计规模达4358个，基本建成一张市、区及发达镇（街道）连续覆盖的5G网络，在工业园区、医院、校园等区域重点部署，人口覆盖率90%。全网实现5G独立组网能力，并开通公众用户网络和物联网专用网络。SD-OTN政企精品专网建成投产，并入大湾区一体化的全光网络，为客户提供“超大带宽，极低时延，极致可靠，自主服务”四大领先服务。IPRAN2.0智能城域网建成投产，为5G网络提供“大带宽、灵活、可靠、智能化”承载网络，有效支撑5G网络切片技术的应用。完成佛山联通本地MEC建设及能力部署，由MEC平台和分流网关构成MEC边缘云架构，通过分层级部署，满足不同业务对网络时延的需求，与多个龙头企业开展产业升级应用研究。边缘云平台IaaS层、PaaS层基础能力及典型SaaS应用基本具备预商用部署能力。

5G应用推广　2020年，佛山联通持续“产业互联网运营专家”品牌的战略运营，提升5G和行业融合能力，推动行业升级转型。聚焦数字政府、智慧城市、工业互联网、医疗健康、智慧教育、智慧金融等重点行业领域，打造5G标杆项目规模超1000万元。助力佛山市政务大数据平台建设，打造市政务区块链基础平台，为政务服务、民生服务、企业服务上链提供重要信息服务基础。在工业互联网方面，强化5G与产业深度融合，打造维尚家居、万家乐2个省级“5G+工业互联网”标杆项目。以“5G+智慧医疗”应用服务，打造全省首个5G远程探视服务平台，为佛山市第一人民医院等多家医院建成并投入使用。

客户服务及通信保障　2020年，佛山联通建立“全业务、全流程、全触点”的高质量服务体系，推进5G建设和套餐资费优化，至年底，4G/5G用户户均流量15.9GB，比上年提升26.7%，超200万户享受提速降费带来的实惠。在宽带领域结合5G及智慧家居数字化智能应用，加快建设千兆光纤智慧小区，针对不同市场群体，推出差异化的家庭泛融合优惠政策，带给市民更优质的智慧家庭宽带体验与家庭信息化产品服务。提高窗口服务标准，加快投诉处理时限，优化销户、转套餐等服务流程。推出异地服务、异地亲情付、全国“一家亲”套餐等异地同享通信服务。实施“携号转网”惠民工程，确保用户“携得了、转得快、用得好”。

（罗敏妍　张舒玮　苏巨坤）

数字社会建设

【概况】　2020年，佛山市按照《佛山市“数字政府”建设方案（2018—2020年）》，继续推进部门业务协同、数据共享，打造“主动、精准、整体、智能”服务型人民满意政府。围绕“统筹、共享、安全、服务”八字方针，以体制机制创新为关键，推进佛山市数字政府各项重点工程落地。探索地方创新应用，推动“佛山通”城市服务应用程序（App）、一体化在线政务服务平台等应用建设。探索“政府主导+社会参与”的建设运营模式，加强政府数字化转型人才队伍建设，开展重点工程落实情况督促检查和第三方评估，加强统计监测、绩效评估和考核监督。截至2020年底，佛山市在数字基础设施建设、智慧应用体系建设以及数字经济发展等方面取得成效，建设成果更广泛惠及民生。在《2020数字政府发展指数报告》中，佛山市在68个其他大中城市中排名第二，列入“优质型数字政府”方阵。

【数字政府基础建设】 2020年，佛山市数字化基础设施建设实现跨越式发展，支撑能力日益增强。全市基本实现光纤入户全覆盖。全年新增5G基站7541个，累计9242个，覆盖中心城区及重点产业园区。基本建成“上联省，横向连接200多个市直党政单位，下连各区、镇（街道）、村（社区）”的电子政务网络体系，1000多个单位约5万台终端设备接入佛山市电子政务外网。互联网协议第6版（IPv6）实现规模部署，政府门户网站、重点互联网网站全面实现支持IPv6。依托市、区两级电子政务外网建设，全市政务云设施集约化建设初具成效，形成“市区联动、物理分散、数据共享”的政务云建设模式，合计提供4.68万个虚拟处理器（VCPU）数据处理能力、100TB（太字节）内存的核心计算能力、5348TB的存储和备份能力，支撑市、区两级202个党政部门1185个政务信息系统的日常运行。同时，在省、市两级政务云数据对接方面，基本完成全市各区政务云运维数据的自动上报以及级联展示，成为全省“一片云”建设的试点对接城市。

【政务数据共享开放】 2020年，佛山市印发《佛山市政务数据资源管理办法（试行）》，修订《佛山市政务信息资源共享目录》《佛山市政务数据开放目录》等11项标准，数据资源政策和标准体系不断健全。围绕政务数据资源编目、采集、共享、应用和安全管理的全生命周期管理需要，逐步构建起涵盖37份标准的技术规范框架，打造从标准建设、能力建设到平台开发、实际应用的全方位数据资源管理格局。面向全市的政务大数据资源体系日趋完善，逐步形成层次清晰、结构完整、开放共享的数据资源框架。人口、法人、空间地理、信用信息等基础数据库逐步完善，政务数据共享交换成效明显，全市归集210个系统超200亿条政务数据。数据共享平台交换数据量达30亿条，囊括社会信用、综合治税、党风廉政等多个特色专题，专题数据累计达1000多项。数据开放稳步推进，建成市数据开放平台，汇聚71个政府部门7.3万个信息项，18.62亿条数据，实现与省政府数据统一平台“开放广东”数据对接和数据推送，在经济建设、民生服务、科学教育等领域进行开放，大数据开放应用局面日益活跃。

【政务服务能力提升】 截至2020年底，佛山市建成市“4×4”政务服务体系，实现833个行政服务网点、1250台“市民之窗”自助终端、政务服务网和“12345”热线在市、区、镇（街道）、村（社区）四级的全覆盖。政务服务体验不断提升，301个事项可容缺受理，121.73万份电子材料可复用，1798个电子表单可智能化填报；事项全程网办率90%，即办率80%，时间压减率89.5%；开通188种电子证照；54个事项推进“秒批秒办”，实现与南昌市等6个地方共402个事项的“跨省通办”；工程建设项目审批全程网上办理，减少材料提交率60%，减少表单录入量48%，全流程审批时间压缩70%；继续推动全国“企业开办全程网上办”改革试点城市工作，自主研发商事登记自助服务系统，打造365天全天24小时“不打烊”的商事登记模式，实现企业登记全过程自助办理5分钟打印出营业执照；不动产交易、登记、税务征缴施行“一窗通办、全程网办”；扶持政策标准化改革推行，实现扶持政策资金“秒报秒批秒付”。政府协同化运行能力不断增强，建成市协同办公平台（超级OA），为500多个单位7350个用户提供服务，办文总数超200万件。

【城市智慧治理实现突破】 2020年，佛山市在城市建设与管理、社会治安、应急管理、环境保护等领域实现重点突破，城市治理能力和治理水平全面提升。社会治理方面，建成市社会共治智云平台（原社会综合治理云平台），全面整合基层各类管理系统，提升基层治理的效率，基于5个区32个镇（街道）5817个网格，建立起统一的市、区、镇（街道）、村（社区）、网格五级社会治理格局，逐步形成统一规范、边界明晰、职责明确、流转顺畅、协同处置、智能研判、科学决策、全面高效的网格化管理体系。公共安全方面，智慧新警务建设稳步推进，形成以四大智慧赋能工程及八大创新警务应用体系为主要内容的“四梁八柱”公安信息化总体架构，大数据服务基层实战应用的能力不断增强，多个模型应用被公安部表扬。公共视频应用不断深入，推进全市公安视频智能化实战应用，在打击犯罪、安全防范、大型安保等工作中取得成效。应急管理方面，启动“智慧安全佛山一期”项目，对全市城市脆弱性区域和重点目标的安全态势，实现平战结合的全面快速感知、综合风险评估、实时监测预警、数据汇聚展示、综合研判分析和应急辅助决策、应急指挥调度。在市场监管方面，“人工智能+双随机”智慧监管模式入选国务院办公厅深化“放管服”改革优化营商环境可复制可推广经验。生态环保方面，建成包括大气、土壤、水环境等重点领域的监测系统，实现环境监察移动执法。在住房建设、自然资源、交通执法等领域推出一批重点智慧化监管应用，支撑“数字佛山”市域社会治理需求，提高数据汇聚、事中监管、趋势研判、协同联动等能力。

（李　浩）

【智能交通系统建设】 2020年，佛山市推进交通行业信息化、推广智能视频报警装置应用、扩大科技治超一张网、建设疫情防控信息系统、规划粤港澳大湾区ETC（不停车电子收费系统）先行应用示范区建设和智能交通发展、提升公交智能化管理应用等方面工作。截至2020年底，“佛山车来了”公交实时查询服务覆盖用户突破879万人，“佛山车来了”成为市民公交出行信息查询首选工具。项目研究成果《粤港澳大湾区ETC智慧城市应用先行示范区建设方案》通过专家评审。网约车监管平台、交通工地扬尘监控系统正式投入使用，停车场管理系统通过验收。智能视频监控报警装置得到推广应用，促进交通运输车辆事中事后安全监管。汽车维修电子健康档案系统建立，汽车维修行业规范化服务水平得到提升。交通大数据治理和共享工作继续推进，深化交通运输数据挖掘分析，编制专业研究成果，开展重点节假日交通运行监测，为城市交通治理和规划发展提供专业化数据支撑和决策支持。

（刘琳琳）

【卫生健康信息化】 2020年，佛山市全面推进“互联网+医疗健康”。搭建完成全员人口库、电子健康档案数据库、电子病历库等专题数据库。作为国家卫生健康委电子健康码试点城市，有91个医疗机构实现电子健康码的线下全流程受理应用，覆盖率达94.8%，市民主动申领电子健康码超过260万张，总制码量超过710万张（实名预制450万张）。全市有46家二级以上公立医院基本实现智能预约挂号、移动支付等“一键诊疗”服务。利用信息化助力新冠肺炎疫情防控，于年内快速建成并启用“互联网+”献血预约、心理健康服务、孕产妇预建档、大规模核酸检测等平台。有14家互联网医院结合新冠肺炎疫情防控广泛开展互联网诊疗咨询服务，日均诊疗（咨询）量超500人次。

（市卫生健康局）

【教育信息化和教育装备现代化】 至2020年底，佛山市普惠化特色化智慧教育模式初步形成，建有国内首个数字化科学探究流动实验室“探索号”、教育信息化公共服务平台“数码学习港”，以及“微课”教学应用新模式，实行“中小学无纸化入学”报名。2020年，佛山市继续提升教育装备综合治理能力和水平，举办创新创客教育工作推进会，推动教育装备与创客教育融合创新。完成教育创客培养计划和教育创客导师培养工作。“学科融合+文化传承+佛山智造”创新创客教育实践项目成果获第五届中国教育创新成果公益博览会教育创新成果大奖SERVE提名奖及广东省市直机关第七届“先锋杯”工作技能大赛“优秀作品奖”，建成“可诊断、可干预、可决策、可自愈”的智能化教育感知新生态系统。举办各类信息素养竞赛和活动，提升师生信息技术应用融合创新能力和水平。

（王蓉丹）

【“智慧社区”“平安乡村”建设】 2020年，佛山市推进国家治理体系和治理能力现代化，解决社区治理难点和痛点问题，利用5G、云计算、大数据、物联网等先进技术推进社区治理创新。通过全市智慧社区、平安乡村部署，实现社区及乡村人、车、房、物联网感知设备的统一可视化管理和人性化服务，助力社区、乡村疫情防控和智能治理。其中，AI视频监控能全天候智能识别高空抛物事故，通过抛物线分析追溯抛物单位，快速响应，守护居民“头顶上的安全”。平安乡村视频监控平台，实现区、镇（街道）、村（社区）等多层级分布式的全方位治安监控，有效补充和延伸政府雪亮工程，打通基层社会治理“最后一米”，打造一张覆盖更广、功能更强、更接地气的全域平安乡村监控网。

（市工业和信息化局）

【“佛山通”上线】 2020年，佛山市城市综合服务实现跨越式发展，上线“佛山通”城市服务应用程序（App）3.0，初步建成“政务服务+公共服务+商事服务+民生服务+媒体服务”等全方位覆盖、全天候延伸、多领域拓展的城市综合服务平台。截至年底，“佛山通”完成平台互联互通、集约共享的市级软件基础平台搭建，成功接入粤康码、社保查询、犬证登记、实时公交、扶持通等多项服务，平台累计注册用户突破306万人，月活跃用户占比约20%，日均使用访问量超1800人。

【“数字政府”建设成果亮相数字中国建设峰会】 2020年10月12—14日，在福建省福州市举办的第三届数字中国建设峰会期间，佛山市作为该届峰会广东省唯一一个地级市参展代表，参加主办方设立的成果展览会。在展览会上，佛山打造面积达240平方米的“数字佛山”展区，集中展示佛山市在数字政府、智慧城市建设等方面的最新成果和前沿科技，涵盖政务服务、市场监管、智慧城市、智能交易、应用创新等五大主题板块，推广数字城市建设的“佛山模式”，系统介绍佛山“数字政府”和智慧城市建设的经验与实践。

【第四届国家数据与治理高峰论坛】 2020年12月11日在佛山市举行。该论坛由中国电子信息行业联合会与清华大学公共管理学院联合主办，以“数字+焕启新未来”主题，分别设立“数据治理视野下的政府数字化转型”和“深化放管服改革，加快建设数字政府”2个分论坛，有国家行业主管部门、地方政府、行业专家、企业高管、协会组织等相关单位300余人参加。论坛深入探讨国家和地方数据资源在促进治理现代化过程中的使能机制和方式，研讨推动数字政府、数字经济和数字社会建设中数据治理的方法、路径、政策和机制等问题。

（李　浩）

2020年，佛山市上线“佛山通”城市服务应用程序（App），提升了群众办事便捷度。图为佛山市民使用手机扫码体验该程序　（市政务服务数据管理局　供图）

民营经济

手机扫码阅读

综　述

【概况】 2020年，佛山市民营企业36万家，比上年增长12.5%；个体工商户54.5万户，增长16.7%。重点民营企业队伍不断扩大，主营业务收入超100亿元企业26家；新增规模以上工业企业1305家，总数增至8020家；新增“专精特新”企业（指具有“专业化、精细化、特色化、新颖化”特征的工业中小企业）180家，总数增至790家，其中15家被认定为国家级“专精特新小巨人”、88家被认定为省级“专精特新”中小企业。年内，佛山市政府印发《积极应对新型冠状病毒感染的肺炎疫情支持企业共渡难关十条政策意见》《推动企业有序复工复产的指导意见》等重要政策措施，市有关部门亦相继出台税费、租金、信贷、援企稳岗等系列配套实施细则，落实落细国家、省和市对企业的扶持政策，支持企业应对新冠肺炎疫情和开展复工复产。

【企业复工复产政策保障】 2020年，佛山市统筹新冠肺炎疫情防控和经济社会发展，出台各种政策措施支持企业复工复产。市政府印发《推动企业有序复工复产的指导意见》，引导企业扩产、转产和开发卫生健康产品，解决防护物资紧缺、公共卫生和健康产业短板等问题。市工业和信息化局印发《推动企业扩产转产疫情防控物资和开发公共卫生健康新产品的实施方案》，对加大投资扩产转产防疫物资、开发卫生健康新产品的生产企业及其配套企业，参照技改固投政策给予奖励，引导企业抢抓重点防疫物资生产，保障全市企业复工复产防疫需求。市人力资源社会保障局发出《支持企业复工复产及用工保障的通告》，加大网络招聘力度并鼓励开展跨区域定向招聘；设立500万元的劳务协作专项经费，通过公开征集方式，挑选10个符合资质的省内外人力资源服务机构，为全市重点（急需）用工企业输送劳动力。市人力资源社会保障局、市财政局联合印发《佛山市疫情防控期间援企稳岗政策的实施细则》，对不裁员或少裁员的参保企业，可返还其上年度实际缴纳失业保险费的50%；由地方财政安排2亿元资金，对按照国家、省有关规定复工，并为受新冠肺炎疫情影响未能返回佛山上岗的务工人员，进行就业登记且按规定支付劳动报酬的企业，给予一次性延迟复工补助。率先推行用电用气政策“一键申报”模式，提升企业申领补贴资金的效率，降低企业用电用气成本，增强企业获得感。企业只需登录“佛山市政府扶持企业资金综合服务平台”进行补贴信息的确认就完成资金申报流程，全程“零材料”“零跑腿”“零接触”，减少纸质资料的环节，提高整体工作效率。经审核，全年符合补贴条件的企业5097家次，累计补贴资金4.4亿元。

【中小微企业租金减免政策实施】 2020年，佛山市出台政策减免受新冠肺炎疫情影响的中小微企业租金，帮助中小微企业应对疫情冲击。市国资委发布《关于新型冠状病毒感染的肺炎疫情防控期间市属国企减免租金实施细则》，对承租市、区两级国有（含国有控股）资产类经营物业的中小微企业，免收2个月的租金。其中市属7家国有集团公司按市国资委出台的实施细则相应制订操作指引，对承租佛山市区域范围内的市属全资、控股企业经营性物业资产的中小微企业及个体工商户减免2个月（2020年2月1日至3月31日）租金。市财政局印发《关于新冠肺炎疫情防控期间市级行政事业单位物业减免租金实施细则的补充通知》，将满足上述条件的租金减免期限由2个月调整为3个月（2020年2月1日至4月30日）。全年全市有1662家企业受惠，市属国有企业减免租金4237.37万元。

【企业暖春行动】 2020年2月，中共佛山市委办公室、市政府办公室印发《佛山市2020年“企业暖春行动”工作方案》，2020年暖春行动以统筹推进企业新冠肺炎疫情防控和复工复产为主题，市相关领导分别带领27个工作组深入企业，和企业家面对面交流，针对企业面临的最迫切需要，协调解决企业防疫物资不足、产业链上下游不畅通、生产员工未到位、流动资金不够等问题。各区、镇（街道）分别开展“暖春行动”。在“暖春行动”的推动下，规模以上工业企业在2020年2月下旬全部复工复产，至3月中旬，规模以上工业企业员工返岗率和工业用电量恢复程度超九成。2020年“暖春行动”中，市、区、镇（街道）共走访企业6664家，收集企业问题3282个，企业反映问题全部办结。其中，市领导走访企业209家，收集企业问题412个。

（陈　枫）

民营骨干企业

【概况】2020年，佛山市全面谋划、重点部署，引导和支持骨干企业做大做强。全年全市新增4家超100亿元企业，超100亿元企业达26家、超50亿元企业达42家。佛山市大型骨干企业发展态势稳中有进。在9月10日全国工商联发布的“2020中国民营企业500强”“2020中国民营企业制造业500强”“2020中国民营企业服务业100强”榜单中，分别有7家佛山企业入围“2020中国民营企业500强”、8家佛山企业入围“2020中国民营企业制造业500强”、3家佛山企业入围“2020中国民营企业服务业100强”。

【碧桂园控股有限公司】碧桂园控股有限公司总部位于顺德区，成立于1992年，是一家以房地产为主营业务，涵盖建筑、装修、物业管理、酒店开发及管理、教育等行业的综合性企业集团，中国房地产十强企业。辖有国家一级资质建筑公司、国家一级资质物业管理公司、甲级资质设计院等专业公司。碧桂园直接提供就业岗位5万多个，间接创造就业岗位逾20万个。成立博智林机器人公司，发展机器人产业；成立农业公司，参与农业现代化和乡村振兴。2020年，碧桂园坚持行稳致远的战略方针，集团业务遍布31个省、自治区、直辖市，289个地级市，1350个县（区）。同年，碧桂园新购土地权益低价2092亿元，其中，新获取土地有75%位于中国五大都市圈（长三角城市群、珠三角城市群、京津冀城市群、长江中游城市群和成渝城市群）。2020年，碧桂园集团实现收入4628.6亿元，毛利1009.1亿元，净利润541.2亿元。公司股东应占净利润350.2亿元。此外，碧桂园自2017年起连续4年入选《财富》杂志世界500强企业，2020年排第一百四十七位，位次居全球房地产行业之首。在全国工商联2020年9月发布的《2020年中国民营企业500强报告》中，碧桂园控股有限公司以4859.08亿元的营业收入排名第五。

【美的集团股份有限公司】美的集团股

表32　佛山市入围“2020中国民营企业500强”企业一览表

单位：万元

排　名	企业名称	所属行业	营业收入
5	碧桂园控股有限公司	房地产业	48590800
12	美的集团股份有限公司	电气机械和器材制造业	27938050
214	美的置业集团有限公司	房地产业	4113857
232	佛山市兴海铜铝业有限公司	批发业	3840210
355	广东联塑科技实业有限公司	橡胶和塑料制品业	2634452
425	利泰集团有限公司	零售业	2328593
488	广东格兰仕集团有限公司	电气机械和器材制造业	2074255

表33　佛山市入围“2020中国民营企业服务业100强”企业名录一览表

单位：万元

排　名	企业名称	所属行业	营业收入
2	碧桂园控股有限公司	房地产业	48590800
67	美的置业集团有限公司	房地产业	4113857
71	佛山市兴海铜铝业有限公司	批发业	3840210

表34　佛山市入围“2020中国民营企业制造业500强”企业一览表

单位：万元

排　名	企业名称	所属行业	营业收入
6	美的集团股份有限公司	电气机械和器材制造业	27938050
199	广东联塑科技实业有限公司	橡胶和塑料制品业	2634452
282	广东格兰仕集团有限公司	电气机械和器材制造业	2074255
297	佛山市海天调味食品股份有限公司	食品制造业	1979688
378	广东万和集团有限公司	电气机械和器材制造业	1310329
417	广东兴发铝业有限公司	有色金属冶炼和压延加工业	1132058
468	广东东方精工科技股份有限公司	专用设备制造业	997350
492	广东新宝电器股份有限公司	电气机械和器材制造业	912453

份有限公司成立于1968年，总部位于佛山市顺德区，是一家消费电器、暖通空调、机器人与自动化系统、智能供应链（物流）的科技集团，提供多元化的产品种类与服务。主营业务包括以厨房家电、冰箱、洗衣机及各类小家电为核心的消费电器业务，以家用空调、中央空调、供暖及通风系统为核心的暖通空调业务，以库卡集团、美的机器人公司等为核心的机器人及自动化系统业务，以安得智联为集成解决方案服务平台的智能供应链业务。2020年，美的集团整合全球资源，推动技术创新，为全球超4亿户用户，以及各领域的重要客户与战略合作伙伴提供满意的产品和服务，致力创造美好生活。美的是一家全球运营的公司，美的业务与客户遍及全球。至2020年底，美的在全球拥有约200家子公司、28个研发中心和34个主要生产基地，员工约15万人，业务覆盖200多个国家和地区。其中，在海外设有18个研发中心和17个生产基地，遍布10多个国家，海外员工约3万人，结算货币有22种，同时美的为全球领先机器人智能自动化公司德国库卡集团最主要股东（约95%）。在全国工商联2020年9月发布的《2020年中国民营企业500强报告》中，美的集团股份有限公司以2793.81亿元的营业收入排名第十二。

【美的置业集团有限公司】 美的置业集团有限公司是一家以房地产开发为主，涉足高端住宅、精品写字楼、五星级酒店、专业高尔夫球会经营、物业管理、高档餐饮、园林绿化、建筑施工等领域的综合性现代化企业。2020年，美的置业集团有限公司依托制造业基因，推动智能化产业和建筑工业化产业发展，拓展社区家居大脑人工智能（AI）能力，推动人工智能物联网的全面落地，以及全人居智慧场景的覆盖，加快装配式内装技术的研发和生态布局。实现收入524.8亿元，比上年增长27.6%；毛利116.56亿元，毛利率22.2%；年内利润及综合收益总额48.25亿元，增长11.5%。此外，美的置业实现核心净利润48.05亿元，比上年增长15.0%；公司拥有人应占利润为43.26亿元，增长0.5%。在全国工商联2020年9月发布的《2020年中国民营企业500强报告》中，美的置业集团有限公司以411.39亿元营业收入排第二百一十四名。

【佛山市兴海铜铝业有限公司】 佛山市兴海铜铝业有限公司成立于2003年，坐落在素有“广佛黄金走廊”之称的佛山市南海区大沥镇，主要从事铜、铝、锌等有色金属的国内国际贸易，业务范围覆盖全球。公司是中国有色金属工业协会的理事单位、佛山市工商联执委会常委和南海区工商联合会的执委企业，连续多年获“重合同守信用单位”“VIP优良客户”等称号。公司在佛山市、清远市等地拥有国际先进水平的铜材、铝材和不锈钢型材生产基地，产品远销海外。公司与广州商品交易所等单位合资建设于2014年上线运营的“广东有色金属交易平台”，专注铝、铜、锡、铅、锌等有色金属大宗基础原材料现货电子交易及提供供应链金融、仓储、物流、质检等各项交易服务。在全国工商联2020年9月发布的《2020年中国民营企业500强报告》中，佛山市兴海铜铝业有限公司以384.02亿元营业收入排第二百三十二名。

【广东联塑科技实业有限公司】 广东联塑科技集团成立于1986年，是中国最大的塑胶管道及塑料挤出生产设备的制造企业之一。公司国内总部位于佛山市顺德区龙洲路联塑工业村，拥有广东顺德塑胶、湖北武汉塑胶、广东鹤山塑胶、贵州贵阳塑胶、东北大庆塑胶、河北任丘塑胶、江苏南京塑胶、越南河内塑胶，以及广东顺德机械、郁南机械十大生产基地。厂房面积80万平方米，拥有国际领先水平的管材挤出生产线及注塑机600多台。年塑料加工生产能力25万吨，塑料机械生产能力150多台套。作为一家集团化、现代化的高新技术企业，联塑集团的主要产业为塑胶管道、塑料机械和建筑电器，还从事化工材料的贸易及国际投资等领域。公司业务遍及中国各大城市和世界20多个国家和地区。2020年，联塑集团抓紧后疫情的市场机遇，在提升核心塑料管道系统业务的同时，拓展建材家居产品、环保、农业和供应链服务平台业务，实现逆势增长。在全国工商联2020年9月发布的《2020年中国民营企业500强报告》中，广东联塑科技实业有限公司以263.45亿元营业收入排第三百五十五名。

【利泰集团有限公司】 利泰集团有限公司成立于1998年，总部位于广东省佛山市，是一家以汽车业务为主（包括上游汽车零部件制造、下游汽车品牌专营业务和水平业务），其他业务为辅的综合性企业集团。集团旗下子公司、控股公司有130余家，其中4S店有98家，员工超9000人。经营范围涵盖广东、湖北、江西、安徽、云南、山东、福建等7个省和内蒙古自治区，合计34个地区。从2013年起，利泰集团汽车板块营业额连续突破100亿元。2020年利泰集团全年总营收232.86亿元。在全国工商联2020年9月发布的《2020年中国民营企业500强报告》中，利泰集团有限公司以232.86亿元营业收入排第四百二十五名。

【广东格兰仕集团有限公司】 格兰仕集团是一家国际化综合性健康家电和智能家居解决方案提供商，是中国家电业具有广泛国际影响力的龙头企业之一。格兰仕1978年9月28日创业以来，一直专注在制造业创新发展。在全球10多个国家和地区建有商务机构，在美国、加拿大、智利、英国、俄罗斯、德国、日本等国家和地区成立子公司。格兰仕品牌在全球150多个国家和地区注册。格兰仕产品和服务从中国广东供应到全球近200个国家和地区。2020年，格兰仕发起成立“中国芯”开源芯片生态合作联盟。发挥品牌牵引和产业带动作用，整合全社会、全世界各种优势资源，助力顺德打造真正属于中国的世界级芯片生态链。以全产业链智能制造、建设领先的芯片产业生态圈和Galanz+智慧家居生态体系为特色建设工业4.0基地。该基地在一间20多年的老厂房中建成，有4条智能生产线，每条生产线17个机器人，单线最快每6.7秒就能下线一台微波炉腔体，生产效率是传统制造模式的9倍。整个基地具备1100万台健康家电的年产能，全线生产过程都是通过云端数字化管控，实现柔性定制化生产，满足全球多样化需求，生产精度达0.1毫米，创造智能制造新名片。在全国工商联2020年9月发布的《2020年中国民营企业500强报告》中，广东格兰仕集团有限公司以营业收入207.43亿元排第四百八十八名。

（市工商联）

中小微企业发展

【概况】 截至2020年底，佛山市有企业超39万户，其中95%以上是中小微企业。根据佛山市433家中小企业12月向“中国中小企业生产经营运行监测平台”报送的生产经营监测数据，佛山市中小企业2020年全年运行情况总体向好：产值299.4亿元，比上年下降2.8%；企业用电量16.5亿千瓦时，上升32.5%；从业人数55354人，下降12.1%。2020年，佛山市促进小微工业企业上规模工作，全年实现新增1305家规上工业企业，超额完成2020年度新增1000家规上工业企业的目标。2020年，全市新增“专精特新”企业（指具有“专业化、精细化、特色化、新颖化”特征的工业中小企业）180家，总数增至790家，此外15家企业入选工信部“专精特新”“小巨人”企业、88家企业入选广东省“专精特新”中小企业。

【小微工业企业上规模】 2020年，佛山市将“小升规”（促进小微企业上规模）工作作为发展工业经济的重要抓手，继续做好规上工业企业的培育工作。建立市、区、镇（街道）三级“小升规”挂点服务机制，完善“小升规”培育工作链条，落实“责任到人，一对一推进”，分层压实包干责任。继续执行“小升规”专项扶持奖励资金政策，全年全市累计落实省、市奖励资金超过3.8亿元，惠及企业4400家次，激发企业升规的积极性。由市工业和信息化局、市统计局、市税务局组成的联合工作组继续共同推进“小升规”的相关工作，市统计局对各镇（街道）涉企工作人员多次开展企业升规入统登记知识辅导培训，市税务局定期收集整理“小升规”后备企业营收数据信息。以税务局的数据为基础，在统计、工商部门的协助下，以任务目标1∶1.2的比例建立升规企业后备库，2020年度准确建立超1200家企业的后备库，同时对后备库实行培育动态监测。年内，佛山市实现新增1305家规模上工业企业，超额完成2020年度新增1000家规上工业企业的目标任务。

【中小企业数字化转型】 2020年，佛山市广泛推动中小企业数字化转型。鼓励中小企业“上云上平台”，运用数字化产品提升生产协同能力，累计兑现服务券520张、奖补企业超450家、奖补金额超7000万元。

【“专精特新”企业群培育】 2020年，佛山市继续开展“专精特新”企业（指具有“专业化、精细化、特色化、新颖化”特征的工业中小企业）评选工作，在全市范围内遴选一批主营业务突出、竞争力强、成长性好的“专精特新”企业，加强培育并推动企业成为细分领域的单项冠军。全年佛山市新增“专精特新”企业180家，总数增至790家，其中15家企业入选工信部“专精特新”“小巨人”企业、88家企业入选广东省“专精特新”中小企业。

【2020年“创客中国”广东省中小企业创新创业大赛暨第四届“创客广东”大赛】 2020年3月，2020年“创客中国”广东省中小企业创新创业大赛暨第四届“创客广东”大赛启动，并于8月27日在佛山市南海区举行大赛决赛。该届大赛参赛项目3313个（比上年增长56%），其中省外项目174个。该届大赛涉及先进制造业、新一代信息技术、生物医药、绿色低碳、新材料、工业互联网六大专题领域，还首设“疫情防控”“工业互联网”专题赛，聚焦疫情防控、大健康、两化融合、制造业高质量发展等创新项目。经过项目征集、初赛（包括地市赛及专题赛）、复赛，进入决赛的有来自先进制造业、新一代信息技术、生物医药、绿色低碳、新材料、工业互联网等多个领域的12支队伍。最终，深圳市海纳微传感器技术有限公司的“应用于工业设备状态监控的温振复合传感器及其芯片化方案”项目、王阳团队的“世界顶级功率密度的新一代交通牵引动力电机”项目分获企业组和创客组的一等奖。

（陈　枫）

个体私营经济

【个体经济】 2020年，佛山市新登记个体工商户12.61万户，比上年增长6.41%。截至年底，佛山市有个体工商户54.51万户，比上年增长16.70%。全市个体工商户行业分布：农、林、牧、渔业2570户，制造业5.91万户，建筑业2401户，批发零售业29.94万户，交通运输、仓储和邮政业5667户，住宿餐饮业8.51万户，信息传输、软件和信息技术服务业2480户，房地产业1326户，租赁和商务服务业2.35万户，科学研究和技术服务业3528户，居民服务、修理和其他服务业4.11万户，教育926户，文化、体育和娱乐业3855户，其他1.23万户。

【私营经济】 2020年，佛山市新登记私营企业6.7万家，比上年增长8.54%。至年底，佛山市有私营企业36万家，比上年增长12.5%。全市私营企业行业分布：农、林、牧、渔业2076家，制造业8.29万家，建筑业1.58万家，批发零售业12.86万家，交通运输、仓储和邮政业8060家，住宿餐饮业6781家，信息传输、软件和信息技术服务业9398家，金融业1950家，房地产业1.13万家，租赁和商务服务业3.48万家，科学研究和技术服务业3.74万家，水利、环境和公共设施管理业1148家，居民服务、修理和其他服务业7957家，教育1349家，文化、体育和娱乐业8221家，其他859家。

（林颖茜）

农　业

综　述

【概况】 2020年，佛山市农林牧渔业产值368.55亿元，比上年增长0.6%。农业结构中，农业产值128.47亿元、林业产值1.68亿元、渔业产值164.69亿元、牧业产值46.41亿元、农林牧渔专业及其辅助性活动产值27.30亿元。全年粮食作物播种面积9033.33公顷，比上年增长9.3%；蔬菜种植面积33860公顷，增长2.2%；经济作物播种面积1.28万公顷，增长15.6%。全年粮食产量4.72万吨，比上年增长7.7%；蔬菜产量85.06万吨，增长0.5%；园林水果产量4.93万吨，增长11.6%。同年，佛山市获认定全国“一村一品”示范村1个、省级专业镇6个、省级专业村31个，创建省级水产健康养殖示范县4个，认定40家“佛味鲜生”优质粤菜食材供应基地。全市创建省级现代农业产业园6个，市级现代农业园区39个。有国家级农业龙头企业3家、省级农业龙头企业57家、市级农业龙头企业147家、家庭农场2.12万家、农民专业合作社374家。有市级“菜篮子”基地68个、省级“菜篮子”基地21个。全年共认定市级新型职业农民培训基地38家。有“三品一标一品牌”（无公害农产品、绿色食品、有机产品，农产品地理标志，“粤字号”农业品牌）认证产品196个，其中无公害农产品77个、绿色食品12个、农产品地理标志5件、“粤字号”农业品牌96个。有全国名特优新农产品2个、广东省名特优新农产品库的农产品4个。

表35　**佛山市农产品地理标志登记情况一览表**

序号	产品名称	注册人	批准单位及公告文号	登记时间	质量控制技术规范编号	划定的地域保护范围
1	三水黑皮冬瓜	佛山市三水区农业技术推广中心	农业部（第2468号公告）	2016年	AGI2016-03-1972	三水区白坭镇、西南街道、乐平镇、芦苞镇、大塘镇、南山镇6个镇（街道），地理坐标为北纬22°　58′　~ 23°　34′，东经112°　46′　~ 113°　02′
2	顺德国兰	顺德区国兰协会	农业农村部（第40号公告）	2018年	AGI2018-02-2415	顺德区大良街道、容桂街道、伦教街道、勒流街道、陈村镇、北滘镇、乐从镇、龙江镇、杏坛镇、均安镇10个镇（街道）205个行政村（社区）。地理坐标为北纬22°　40′　~ 23°　01′　,东经113°　00′　~ 113°　23′
3	陈村年桔	顺德区陈村花卉协会	农业农村部（第62号公告）	2018年	AGI2018-03-2492	顺德区大良街道、容桂街道、伦教街道、勒流街道、陈村镇、北滘镇、乐从镇、龙江镇、杏坛镇、均安镇10个镇（街道）205个行政村（社区）。地理坐标为北纬22°　40′　~ 23°　01′，东经113°　00′　~ 113°　23′

续表

序号	产品名称	注册人	批准单位及公告文号	登记时间	质量控制技术规范编号	划定的地域保护范围
4	顺德鳗鱼	佛山市顺德水产商会	农业农村部（第62号公告）	2018年	AGI2018-03-2493	佛山市顺德区所辖大良街道、容桂街道、伦教街道、勒流街道、陈村镇、北滘镇、乐从镇、龙江镇、杏坛镇、均安镇共计10个镇（街道）205个行政村（社区）。地理坐标为北纬22°40′~23°01′，东经113°00′~113°23′
5	陈村蝴蝶兰	佛山市顺德区陈村镇蝴蝶兰协会	农业农村部（第378公告）	2020年	AGI2020-02-3232	佛山市顺德区所辖大良街道、容桂街道、伦教街道、勒流街道、陈村镇、北滘镇、乐从镇、龙江镇、杏坛镇、均安镇共计10个镇（街道）205个行政村（社区）。地理坐标为北纬22°40′~23°01′，东经113°00′~113°23′

注：资料截至2020年底

【科技兴农】 2020年，佛山市农业科学研究所获国家现代农业科技示范展示基地认定。三水区渔业产业园智慧渔芯落成。市农科所（上华）现代渔业科技园开建，重点开展池塘圈养生态养殖技术研究和氢水-渔业技术应用试验。全国最大鼋繁育基地——佛山市万绿源龟鳖繁育保护研究基地放生20只鼋子二代开展野外适应性研究。协助和指导高明新广农牧有限公司开展国家白羽肉鸡育种攻关项目。佛山氢农业应用示范工作推进会举行，加快推动氢科技成果转化。全年全市新认定职业农民1536人。

2020年，佛山市推动现代化农业发展，完成高标准农田建设任务。图为无人机播种
（市农业农村局　供图）

【农业产业体系优化】 2020年，佛山市完成6306.67公顷高标准农田建设任务。发展绿色生态养殖模式，启动17个标准化改造和养殖小区项目建设，建成5个市级养殖池塘标准化改造示范点，池塘养殖尾水处理后达到淡水养殖废水排放标准值的二级标准，全市畜禽粪污综合利用率89.92%。在全省首创“区级奖励回收、市级转运处理、市场手段调节”模式开展农药包装废弃物和农膜回收。全市主要农作物化肥、农药使用量连续4年实现负增长。举办增殖放流活动7场，放流淡水鱼类苗种超1000万尾。举办鼋野化适应性保护活动，完成“12·16”中华白海豚紧急救援行动。农业招商引资取得突破，签约4个重大产业招商项目。举办农民丰收节、优质粤菜食材推介会、扶贫农产品展销会、鳗鱼美食节和“百里芳华”画展等系列推介活动，推动佛山现代农业发展和美丽乡村建设。

（廖毅雯　何懿子）

【农产品稳产保供】 2020年，在新冠疫情发生初期，佛山市为301家农业企业办理“民生保供企业资质证明”，发放农产品收储补贴379.5万元，建立水稻每亩最低500元生态补偿机制，新增早稻种植面积700公顷。出台生猪稳产保供应急补助方案，实行“一场一策”和周调度，投建绿色大型现代化生猪养殖场6个，完成生猪稳产保供年度目标任务。如期完成生猪屠宰行业“减数量、优布局、改体制、转模式、强监管”改革任务，全市生猪屠宰场由18个压减至7个。

（何懿子）

【农产品质量安全监管】 2020年，佛山市继续推行食用农产品合格证制度，举办全市农产品质量安全检测技能竞赛，农残、畜禽、水产等151个检测项目完成扩项，全市农产品抽样2.3万份。全面加强动物疫情防控和卫生监督管理，组织开展农产品质量安全“暗访暗查”百日行动，发现并整改存在问题315个。

【农业行业管理】 2020年，佛山市全面加强农资、农机行业管理。全市401家正常经营的农药店实现电子台账。开展养殖环节兽用抗菌药使用减量化行动试点和兽药“二维码”追溯体系建设。加强肥料登记证行政许可管理，开展省、市级饲料质量安全监督抽查和风险预警监测，开展农机安全检查、安全隐患排查和专项整治行动。全面加强渔业安全生产监管，做好渔船更新改造、渔民减船转产和渔船停泊点建设，推进涉渔“三无”船舶清理工作，加强渔业安全生产巡查、应急演练、宣传及培训等工作。

【农业综合执法】 2020年，佛山市加强农业日常执法检查制度建设，出台《佛山市农业农村局农业违法行为举报奖励办法》《佛山市农业农村局“双随机一公开”抽查工作细则（试行）》，促进农业日常执法检查工作开展。开展春耕备耕农资打假“春雷”行动、秋冬季农资打假执法专项行动。严厉打击非法捕捞行为，建立渔业资源保护联动机制，开展2020年珠江禁渔期执法工作，渔警联合执法破获“6·20”沙口水闸家族式电鱼团伙大案，该案被广东省农业农林厅作为典型办案经验报送至农业农村部、广东省委省政府。开展畜禽产品质量安全监督抽查，检查畜牧兽医相关单位（场所）283个，监督抽样348批，完成省兽药监督抽查抽样29批。完成抽查饲料及饲料添加剂样品共37批，抽检农药肥料产品168个。开展水产苗种场专项整治行动，完成水产品养殖生产环节执法监管抽样516个。依法严查各类种植业违法案件，加强种子经营、农业转基因、植物检疫执法检查。开展全市农业综合执法人员培训和全市各类执法案卷评查。开展“谁执法谁普法”活动13场，市农业农村局“谁执法谁普法”履职报告在2020年度国家机关“谁执法谁普法”履职报告评议活动中获评“优秀”等次。年内，全市农业综合执法共检查企业（个人）9979家次（人次），出动执法人员2.34万人次；立案178件，办结案件160件（其中移送司法机关21件）。

（廖毅雯）

种植业

【概况】 2020年，佛山市农作物总播种面积6.27万公顷，实现种植业产值128.47亿元（现价），比上年下降4.4%。全市粮食作物播种面积9036.4公顷，比上年增加769.7公顷，总产量4.72万吨，增加3357吨。其中水稻种植面积6491.6公顷，增加700公顷，总产量3.61万吨、增加4012吨。全市蔬菜（含菜用瓜）播种面积3.39万公顷，比上年增加728.86公顷；油料作物播种面积764.8公顷，减少92.66公顷；园林水果种植面积2051.53公顷，比上年增长1.6%；花卉种植面积7157.67公顷，增长8.2%。佛山市继续抓好强农惠农政策落实，全市发放耕地地力保护补贴3752万元；深入推进“菜篮子”基地建设，新认定市级“菜篮子”基地9个（累计68个），“菜篮子”基地产品监测信息系统建设不断完善；推进高标准农田建设，全市高标准农田建设面积2016公顷，全部完工。

【粮食作物种植】 2020年，佛山市粮食作物播种面积9036.4公顷。主要粮食作物有水稻、玉米，以及薯类、豆类等。全市水稻种植区域分布及产量：高明区种植面积5845.7公顷，产量3.22万吨；三水区种植面积521公顷，产量3131吨；南海区种植面积124.8公顷，产量761吨。全市豆类种植分布：高明区种植面积24.7公顷，产量75吨；三水区种植面积89.9公顷，产量290吨；顺德区种植面积1.7公顷，产量6吨。全市薯类种植分布：高明区种植面积789公顷，产量2848吨；三水区种植面积447公顷，产量1940吨；南海区种植面积210.4公顷，产量285.2吨；顺德区种植面积11公顷，产量26吨。

【蔬菜（含菜用瓜）种植】 2020年，佛山市蔬菜（含菜用瓜）播种面积3.39万公顷。其中：禅城区蔬菜（含菜用瓜）种植面积126.1公顷，产量3066吨；南海区蔬菜（含菜用瓜）种植面积1.30万公顷，产量30.53万吨；顺德区蔬菜（含菜用瓜）种植面积4929.3公顷，产

2020年，佛山市高明区明城镇崇北村的稻田 （市农业农村局 供图）

量8.99万吨；三水区蔬菜（含菜用瓜）种植面积8001.1公顷，产量27.92万吨；高明区蔬菜（含菜用瓜）种植面积7796.8公顷，产量17.31万吨。佛山市在蔬菜（含菜用瓜）种植中推广应用水肥一体化、滴喷灌技术。截至年底，佛山市有市级“菜篮子”基地68个，“菜篮子”基地产品监测信息系统建设不断完善。

【油料作物种植】 2020年，佛山市油料作物播种面积764.8公顷。主要油料作物是花生。种植区域分布及产量：三水区种植面积301.46公顷，产量943吨；高明区种植面积463公顷，产量1587吨。

【水果种植】 2020年，佛山市园林水果种植面积2051.53公顷。水果种植品种主要有香（大）蕉、龙眼、荔枝、火龙果等。种植区域分布及产量：南海区水果种植面积78.2公顷、产量3497吨，其中香（大）蕉种植面积20.6公顷（产量1435吨）；顺德区水果种植面积227公顷，产量8688吨，其中香（大）蕉种植面积202.3公顷（产量8431吨）；三水区水果种植面积888.1公顷，产量2.53万吨，其中香（大）蕉种植面积447.8公顷（产量20777吨），龙眼种植面积262公顷（产量446吨）；高明区水果种植面积858.13公顷，产量1.18万吨，其中香（大）蕉种植面积225.33公顷（产量5758吨），龙眼种植面积203公顷（产量351吨），荔枝132.06公顷（产量228吨），火龙果81.53公顷（产量410吨）。

【花卉种植】 2020年，佛山市花卉种植面积7157.6公顷。种植品种主要有绿萝、蝴蝶兰、国兰、桂花树、白（红）掌、百合、菊花、年桔等。种植区域分布及种植面积：南海区花卉种植面积3249.6公顷，其中鲜切花1975公顷、盆栽植物400公顷；顺德区花卉种植1402公顷，其中国兰146.6公顷、鲜切花205.3公顷、盆景103.2公顷、其他（盆桔）656公顷；高明区花卉种植面积1376.3公顷，其中盆栽植物21公顷；三水区花卉种植面积1129.7公顷，其中盆栽植物类240.9公顷、鲜切花128.3公顷、菊花57.7公顷。佛山市花卉种植继续向专业化、设施化、大棚种植及三次产业融合方向发展，其中南海花卉博览园项目以花卉生产、科技示范、观光旅游为主导产业，通过三产融合，推动农业和旅游业融合，发展“农游合一”的新业态，打造佛山市重点互联农业示范区。

（范忠武）

林 业

【概况】 2020年，佛山市有云勇林场、高明区鹿洞山林场和三水区大南山生态公益林场等3个国有林场。佛山市主要经济林木品种有马尾松林、杉木林、相思林、桉树林、黧蒴林、竹林等。佛山市森林蓄积518.24万立方米，全年完成造林与生态修复968.87公顷，完成森林抚育2119.07公顷，全年全市林业产值1069.36亿元。同年，佛山市南海区丹灶镇、三水区大塘镇、高明区更合镇完成“广东省森林小镇”核验工作，三水区南丹山获评“2020年广东省森林康养基地”，广东云勇森林公园、西樵山自然生态教育中心、佛山九道山森林公园、三水南丹山森林公园获评“广东省森林旅游新兴品牌地”，佛山市西樵山风景名胜区、广东盈香生态园、佛山市滨河湿地研学中心成功申报2020年广东省自然教育基地，云勇森林公园成功申报国家森林公园。

【云勇林场扩面提质】 2020年，佛山市云勇林场与周边农村签订951.6公顷的林地租赁合同，完成采伐交地493.33公顷，完成林分改造工程一期151.27公顷，种植苗木约25万株，完成林分改造二期工程招标。同年，国家林草局批准设立广东云勇国家森林公园，成为广东省2020年唯一新设立的国家级森林公园。2020年12月，佛山市云勇林场入选中国林场协会颁布的“2019年度全国十佳林场名单”。

【珠三角国家森林城市群主题宣传活动】 2020年8月8日，“共建城市群　共享绿色湾区”珠三角国家森林城市群主题宣传活动在佛山市举行。在活动开幕式上，顺德区桂洲中学、顺德区华侨中学、三水区大南山生态公益林场获颁“全国绿化模范单位”牌匾；南海区里水镇、顺德区龙江镇、三水区芦苞镇、高明区杨和镇被授予“广东森林小镇”称号；广东和的慈善基金会、广东南海农商银行等单位获颁“佛山市森林城市突出贡献奖”。参加开幕式的人员共同种下100余株四季红山茶，营建“珠三角国家森林城市主题林”“佛山新时代文明实践最美逆行者主题林”2片树林。该次宣传活动内容包括森林徒步、植树活动、森林大讲堂、森林歌舞秀等。

【云勇林场入选全国十佳林场】 2020年12月11日，中国林场协会公布“2019年度全国十佳林场名单”，佛山市云勇林

表36　佛山市森林小镇一览表

序　号	名　称	所在县（区）	获评年份
1	南山镇森林小镇	三水区	2017年
2	明城镇森林小镇	高明区	2017年
3	西樵镇森林小镇	南海区	2018年
4	里水镇森林小镇	南海区	2019年
5	龙江镇森林小镇	顺德区	2019年
6	杨和镇森林小镇	高明区	2019年
7	芦苞镇森林小镇	三水区	2019年

注：资料截至2020年底

2020年12月11日，佛山市云勇林场入选“2019年度全国十佳林场名单”。图为云勇林场俯瞰图
（高明区　供图）

场入选。云勇林场继2016年入选“中国森林体验基地”，2017年入选“中国最美林场”后，再获国字号称号。全国十佳林场评选活动由中国林场协会举办，每年举办1次，旨在表彰在全国推进生态文明建设和促进绿色发展中，在森林经营、护林防火、产业发展、设施建设、科技兴林、改革管理、改善职工生产生活等方面有突出业绩的林场。云勇林场各项指标得到各级主管部门和有关专家认可，经各级推荐、资料审核、初步公示、表决等程序，入选“全国十佳林场”名单。佛山云勇林场有丰富的森林旅游资源，管辖面积2007.8公顷，森林覆盖率达98.36%，其中省级生态公益林占97%，是佛山市面积最大，森林生态系统最完整的城市绿肺，被誉为“珠三角的塞罕坝”。

（郭　庆）

畜牧业

【概况】 2020年，佛山市生猪饲养量76.15万头、比上年下降29.71%，存栏量52.5万头、增长1138.21%，出栏量23.65万头、下降77.28%；全市家禽饲养量8850.69万羽、增长2.17%，存栏量1798.47万羽、下降11.72%，出栏量7052.22万羽、增长6.44%。

【生猪复产】 2020年，佛山市将生猪稳产保供作为一项重要政治任务，推动生猪复产。成立生猪稳产保供工作专班，推进生猪复产政策、措施落实，统筹、协调、指导各区生猪养殖项目引进、生猪养殖场新改扩建等重点工作，每周调度生猪复产情况，共编制周报19期。印发《2020—2021年生猪稳产保供任务目标》，将年度生猪存栏任务目标下达给各区。印发《佛山市疫情防控期间生猪稳产保供应急补助方案》，按每头生猪120元的补助标准，发放6726万元至各区。推动外部资本投建大型现代化生猪养殖项目6个，并纳入全市重点建设工程项目，截至年底，达产项目1个、开工项目2个。盘活并推动升级改造符合条件的生猪养殖场复养。全市生猪存栏逐步走出低谷，年末生猪养殖场达664个，生猪存栏量达52.5万头，完成年度生猪存栏目标任务。

【畜禽养殖废弃物资源化利用】 2020年，佛山市在推动生猪复产的过程中，始终坚持绿色环保发展理念，全市新、改、扩建畜禽养殖场均配套建设粪污处理设施，通过源头减量、过程治理、末端利用，全面推进畜禽养殖废弃物资源化利用。年内，佛山市畜禽粪污综合利用率89.92%，规模养殖场粪污处理设施配套装备率99.78%，大型规模养殖场粪污处理设施配套装备率100%，各项指标均达上级绩效延伸考核要求。

【饲料生产管理】 2020年，佛山市完成广东省委托的佛山市饲料生产许可证核发工作（单一饲料、浓缩饲料、配合饲料、精料补充料、宠物配合饲料），全年全市核发饲料生产许可证17个。市级组织开展饲料质量安全风险预警监测，抽检饲料、饲料添加剂74批次，产品质量抽样合格率95.95%；开展饲料质量安全监督抽查，抽检饲料36批次，产品质量抽样合格率100%。年内，佛山市饲料、饲料添加剂总产量425.34万吨，饲料工业总产值154.30亿元，2项指标均位居广东省第二。

（李为群）

【生猪屠宰行业改革】 2020年，佛山市全面深化生猪屠宰行业改革，印发《佛山市深化屠宰行业改革优化生猪定点屠宰厂（场）设置方案》，组织召开专题工作会议10次，开展专项督查和涉后续管理、涉屠宰税费、保险等专题调研12次，并举办全市兽医屠宰安全生产和肉品质量安全管理培训班。在2020年6月底前基本完成“减数量、优布局、改体制、转模式、强监管”五大改革任务，并在此基础上推进后续工作。通过改革，全市屠宰场由18个压减至7个，除按规定在新场未建成前保留的过渡企业外，全面实现国有独资或控股；完善屠宰场官方兽医派驻制度，通过收编增编、购买服务等形式在区级增设驻场官方兽医职位220人，区级直驻屠宰场官方兽医143人；强化视频管理，视频监控头安装数量达825个；实现肉品全程冷链配送，全市备案肉品配送车390辆。佛山市生猪屠宰改革经验获省领导批示肯定和省农业农村厅认可，并转发全省各地学习借鉴。

【生猪屠宰标准化企业创建】 2020年，佛山市按照质量管理制度化、厂区环境整洁化、设施设备标准化、生产经营规范化、检测检验科学化、排放处理无害化、配送冷链化及追溯信息化的总体要求，继续组织开展省级生猪屠宰标准化企业创建设工作。年内，佛山市高明区宁汇肉联食品有限公司被广东省农业农村厅授予“广东省生猪屠宰标准化企业”称号，至此，全市7家生猪屠宰企业中已有4家企业认定为广东省生猪屠宰标准化企业。

【动物疫情防控】 2020年，佛山市推进以免疫为主的动物疫病综合防控措施落实到位，全年没有发生重大动物疫情。以高致病性禽流感、牲畜口蹄疫、猪瘟、高致病性猪蓝耳病防控为工作重点，坚持规模场依程序常年免疫、春秋集中免疫和每月补免工作模式，全年全市强制免疫家禽6061.17万羽（使用禽流感疫苗3639.26万毫升）、猪瘟免疫猪3.35万头、蓝耳免疫猪3.35万头、口蹄疫免疫猪7.77万头、免疫牛3708头。开展动物疫病监测与流行病学调查，制定《2020年佛山市动物疫病监测与流行病学调查计划》，对省、市、县（区）三级监测工作的开展进行具体任务部署，聘请第三方对全市生猪规模养殖场开展非洲猪瘟防控技术指导服务，并通过购买服务方式为存栏1000头以上的生猪养殖场提供防控非洲猪瘟实验室检测，全年累计检测高致病性禽流感血清样品3274份、病原学样品2314份，检测非洲猪瘟样品（含环境监测）1120份、布氏杆菌样品212份。组织开展“动物防疫消毒灭原日”活动，对全市各畜禽养殖场、屠宰场、活禽交易市场、无害化处理等畜禽集中场所，以及活畜禽运输车辆等统一开展消毒灭原活动，全市共组织发放消毒药19.8吨、防护服517套、口罩2150个，共出动防疫人员615人，消毒1559个畜禽养殖场、14个屠宰场、4个批发市场。

【屠宰行业监管】 2020年，佛山市有生猪屠宰企业7家、菜牛屠宰企业3家、活羊屠宰企业2家；全年屠宰生猪652.8万头、菜牛11.2万头、活羊11.4万头。推进全市屠宰行业监管，强化食品质量安全地方政府属地管理责任、业务部门监管责任和屠宰企业质量安全主体责任。强化检验检疫监管，完善屠宰场官方兽医派驻制度、“非洲猪瘟”和“瘦肉精”检验检测、病变（病害）肉和“三腺”摘除、病（死）猪及病害组织无害化处理、环境清洁消毒等制度12项，落实生猪进场前检验检疫、待宰检验检疫、屠宰同步检验检疫、宰后产品检验检疫等工作。加强生猪屠宰检验检疫台账管理，完善生猪进场、准宰、产品出场和检验检疫信息等屠宰全流程信息记录，尤其是加强对病（死）猪和病害肉的台账登记，严格执行无害化处理制度。加强执法检查监管，建立市、区分级执法机制和全覆盖飞行检查制度，完善屠宰执法夜间检查机制，全年开展专项执法检查31次，出动检查人员691人次，发现和整改存在问题29个。

【兽药生产经营监管】 截至2020年底，佛山市有兽药生产企业9家，兽药经营企业346家，其中兽用生物制品经营企业39家。佛山市配合广东省农业农村厅做好兽药药品生产质量管理规范（GMP）验收核发，开展养殖环节兽用抗菌药使用减量化行动试点工作，深入推进兽药“二维码”追溯体系建设，逐步实现兽药产品全链条追溯，全市346家兽药经营企业全部实现系统注册入网，上传兽药产品出入库信息。

【动物诊疗监管】 2020年，佛山市有动物诊疗机构221家，其中动物医院78家、动物诊所143家。开展对动物诊疗机构专项检查，全年检查动物诊疗机构13个次。完善犬只免疫管理体系，全市设置犬只狂犬病免疫点147个，编制和印发犬只免疫证12万册。年内，市农业农村局会同市城市管理和综合执法局、市公安局按照《佛山市养犬管理条例》要求，联合编制并发布《佛山市禁养烈性犬名录》，将西藏獒犬、比特斗牛梗犬等27个品种列入禁养名录。

【动物卫生执法监督】 2020年，佛山市加强动物及产地检产品流通环节监管，强化产地和屠宰检疫，加大病害动物无害化处理力度。全年全市共检疫交易生猪69.61万头、家禽1.18亿羽，检疫屠宰生猪262.81万头、牛羊39.05万头。监督屠宰环节病（死）猪无害化处理7875头、病害肉29.75万千克，无害化处理染疫或疑似染疫家禽9.15万只。开展兽医屠宰安全和畜禽屠宰肉品质量安全及动物疫病防控“百日”攻坚大行动，组织以打击私宰为重点专项行动26次，出动执法人员1628人次，排查私屠“黑点”56个次，检查主要批发市场和经营主体63个次，查验检疫证2.81万张，检查发现和整改存在问题24个，无发现查处活羊私宰和违规经营行为。

【兽医医政管理】 2020年，佛山市确认新增官方兽医资格190人，其中渔业官方兽医88人。年内，组织开展全国执业兽医考试佛山考区考试工作，2020年全国执业兽医考试佛山考区通过111人。做好考核授予执业兽医资格认定证书的发放工作，截至年底，佛山市累计注册执业兽医师442人、备案执业助理兽医师8人。全市各级农业农村部门组织全市官方兽医、执业（助理）兽医师开展法律法规和技术培训班12场，培训约400人次。组织开展离岗基层老兽医补助资金申请和发放，根据《广东省离岗基层老兽医补助工作方案》，全市申请广东省离岗基层老兽医补助项目资金165万元，用于对全市符合条件离岗老兽医进行补助。经审核，全市认定离岗基层老兽医补助资格433人，其中禅城区122人、南海区34人，顺德区143人、高明区41人、三水区93人。

（彭慕莹）

水产养殖业

【概况】 2020年，佛山市水产养殖面积3.49万公顷，其中鱼塘养殖面积3.45万公顷。优质鱼养殖面积1.48万公顷，占鱼塘养殖面积的43.08%。水产品总产量75.26万吨，比上年增长8.71%；水产品总产值160.65亿元，比上年增长19.42%。

佛山市水产养殖主要品种有草鱼、鲫鱼、鳙鱼、加州鲈、黄颡鱼、长吻鮠、菜鳗、乌鳢、罗非鱼、鲟鱼、鳜鱼等。

【塘鱼市场交易】 2020年，佛山市塘鱼市场供应充足，市场交易总量下降，市场供给大于需求，鱼价跌势为主。交易量方面（据南海盐步环球水产交易市场数据）：2020年塘鱼的交易量27.49万吨、比上年下降4.09%；交易额30.64亿元，比上年上涨0.39%；市场平均交易价为11.15元/千克，比上年上涨4.34%。交易价格方面（综合各地反馈信息）：黄颡鱼的塘头价23.30元/千克，比上年上涨0.38%；长吻鮠的塘头价18.96元/千克，上涨6.94%；草鱼的塘头价9.96元/千克，上涨8.03%；鲫鱼的塘头价（500克上）14.91元/千克，上涨3.04%；菜鳗（统级）的塘头价为8.44万元/吨，下跌13.70%；加州鲈的塘头价27.25元/千克，下跌6.68%；鳜鱼的塘头价52.87元/千克，下跌15.96%；乌鳢（统级）的塘头价14.27元/千克，下跌1.24%；鳙鱼的塘头价9.94元/千克，下跌3.21%。

【科技兴渔】 2020年，中国科学水产研究院珠江水产研究所三水试验基地、佛山市现代渔业科技园建设稳步推进，中山大学林浩然院士工作站对接工作进展顺利，三水区渔业产业园“智慧渔芯”正式落成启用，8套农业农村部主推池塘“零排放”绿色高效圈技术落地，氢水水产养殖应用试验和基塘农业持续推进。“国家特色淡水鱼产业技术体系 淡水鲈种质资源与品种改良岗位科学家叶星工作站”在广东东洋渔业有限公司揭牌成立，主要开展“加得丰1号”加州鲈、杂交笋壳鱼等品种的繁育，助推全市种苗繁育水平提升。

【绿色水产养殖发展】 2020年，佛山市出台《佛山市2020年水产绿色健康养殖“五大行动”实施方案》，明确提出加快转变水产养殖方式、持续改善养殖生态环境、提升产业发展质量、全力推进水产养殖业绿色发展。印发《佛山市水产养殖池塘标准化改造规范》，要求对不规整、进排水渠不分和未配备尾水处理设施等养殖池塘进行统一改造，实现水产养殖尾水达标排放或循环利用。同年，在顺德区、高明区、三水区建成5个市级养殖池塘标准化改造示范点，示范点面积95.41公顷。截至年底，佛山市有农业农村部水产健康养殖示范场16个、省级水产健康养殖示范场26个，有建成的水产生态健康养殖小区40个。南海、顺德、高明、三水区均获评省级水产健康养殖示范县。

【水产良种发展】 2020年，佛山市生产各类种苗3127.1亿尾，满足佛山市养殖生产需求，并供应珠江三角洲乃至国内外市场。广东梁氏水产种业有限公司、佛山市三水顺华源水产有限公司分别通过省级大口黑鲈良种场及省级鳜鱼良种场认定。截至2020年底，佛山市有省级水产良种场4个、市级水产良种场23个、区级良种场31个。

【水产行业市场风险应对】 2020年，受新冠肺炎疫情影响，佛山市出现塘鱼供给大于需求和向外地运输受阻等现象，为避免鱼塘成鱼大量积压，佛山市各级农业农村工作部门开展涉渔企业的复产保供和水产品收储工作，及时为涉渔企业开具民生保供企业资质证明80多份，并迅速组织相关企业收储水产品1800多吨，完成省农业农村厅下达的收储任务，缓解因疫情造成交通不畅、塘鱼压塘问题，帮助养殖企业（户）回收资金尽快恢复生产，将损失降到最低。

【三水渔业产业园“智慧渔芯”项目落成启用】 2020年11月25日，佛山市三水区渔业产业园“智慧渔芯”项目正式落成启用。“智慧渔芯”项目位于三水区渔业产业园的核心区中北部，占地9800平方米，建有科研楼、专家楼、公共科创楼、培训中心等，集渔文化展示、科技研发、双创孵化、培训交流等多种功能于一体，是园区的重要组成部分。三水区渔业产业园通过“智慧渔芯”科研创新平台，借力高端智库，搭建产业联盟，推动青岐万亩淡水养殖高质量发展，促进产业兴旺和富民兴村。

（蒙　烽）

农田水利

【概况】 截至2020年底，佛山市有具有灌溉功能的水库120座，其中中型3座、小型117座，总库容11429.77万立方米；具有灌溉排涝功能的泵站469座，总装机容量37.26万千瓦。有中型灌区3个，分别是三水区大塘灌区、刘寨灌区和高明区深步水灌区，设计灌溉面积共7860公顷，有效灌溉面积6640公顷。年内，佛山桑园围入选“世界灌溉工程遗产”名录。该水利工程始建于宋朝，跨佛山南海、顺德2个区，至2020年仍然具备防洪、灌溉等功能。

【灌溉蓄水调水】 2020年7月底，佛山市小型水库受降雨明显减少影响，蓄水量比上年同期下降8%，高明区出现3座水库蓄水量降至死水位。市各级水利部门对既有小水库等蓄水工程进行清淤扩容、整修配套，修复或改造老化失修机井、泵站和涵闸等设施，并科学调度闸、站、水库等水利工程，保障农业灌溉用水等用水需求。8月中旬，受“海高斯”台风影响，各级水利部门在确保水库汛限水位的同时，科学蓄水预防旱情，至9月初全市小型水库蓄水量达4315.58万立方米，比上年同期略多，7月底出现的3座死水位水库蓄水量提升到正常值。9月下旬，南海区、高明区水利部门对11座保障灌溉用水需求任务较重的小型水库的后汛期汛限水位进行调整，抓住降雨机会科学蓄水，预防旱情发生。

（罗惠栅）

【高标准农田水利工程建设】 2020年，佛山市继续推进高标准农田建设，配套建设高标准农田水利工程，工程项目主要分目在南海、高明和三水区。全年整修各型灌排农渠56.35千米、各型排灌斗渠8.02千米、各型斗沟25.56千米、各型农沟1.24千米，新修泵站3座、蓄水池1座、沉砂池6座、各型输水管线2.02千米，完成涵管103处，以及修建一批沟渠横梁、斗门、钢筋混凝土暗管渠等。

（范忠武）

工 业

综 述

【概况】 2020年，佛山市完成工业总产值2.3万亿元，实现规模以上工业增加值4650.46亿元。全市规模以上工业企业8020家，其中采矿业2家，制造业7935家，电力、热力、燃气及水的生产和供应业83家；规模以上工业企业全部从业人员年平均人数147.26万人，其中采矿业50人，制造业144.78万人，电力、热力、燃气及水的生产和供应业2.48万人；规模以上工业企业营业收入2.22万亿元（主营业务收入2.16万亿元），其中采矿业1.73亿元（主营业务收入1.73亿元），制造业2.14万亿元（主营业务收入2.08万亿元），电力、热力、燃气及水的生产和供应业797.66亿元（主营业务收入783.37亿元）。全市超100亿元企业新增4家，达26家，其中工业企业占11家。

表37　2020年佛山市各区工业总产值情况表

类　别	工业总产值（亿元）	比上年增长（%）	占全市工业生产总值比例（%）
禅城区	1705.49	-4.7	7.3
南海区	6537.65	-3.6	28
顺德区	8269.92	7.1	35.4
高明区	3315.66	1.0	14.2
三水区	3517.38	-3.2	15.1

【工业产业结构调整】 2020年，佛山市产业结构进一步优化。先进制造业发展势头较好，先进制造业完成工业增加值2472.36亿元，比上年增长4.0%。高技术制造业稳中有升，高技术制造业完成工业增加值313.21亿元，增长1.9%。轻重工业按相对均衡比例协调发展，轻工业完成工业增加值2437.59亿元，增长5.8%；重工业完成工业增加值2487.29亿元，下降1.1%。

【智能制造发展】 2020年，佛山市通过龙头带动、试点示范等方式，引导企业广泛应用机器人及智能装备、开展机器人本体制造及系统集成，加快全市智能制造及机器人产业发展。龙头带动方面，全年安排2.19亿元专项资金支持美的集团发展机器人及工业自动化产业项目，以龙头企业示范带动智能制造和机器人产业发展。机器人应用方面，全年全市安排1.71亿元，支持459个机器人应用及产业项目发展；全市新增应用机器人3021台，累计超1.6万台，众多行业企业通过应用机器人实现生产制造环节的智能化改造，有效提升自动化生产水平。试点示范方面，组织企业积极申报省级智能制造示范企业和机器人骨干企业等，全年新增省级智能制造试点示范企业13家、累计55家，新增省级智能化改造示范企业35家、累计168家，新增省级机器人骨干（培育）企业1家，累计9家。

【“佛山制造”品牌建设】 2020年，佛山市继续提升企业品牌和区域品牌竞争力，推动全市优势产业升级发展。企业品牌方面，全市拥有广东省名牌产品580个，占全省总数的26.2%；全市有18家佛山企业品牌上榜世界品牌实验室发布的2020年“中国500最具价值品牌”排行榜，美的、冠珠陶瓷、新中源陶瓷位居前三，品牌价值分别达到1352.62亿元、468.45亿元和307.08亿元。区域品牌方面，全市获批“全国知名品牌创建示范区”13个，数量位居全国地级市前列。佛山陶瓷、南海铝材、张槎针织、南海半导体照明、盐步内衣、佛山电源、三水陶机、高明人造革、南海西樵面料9个区域品牌价值总和达1280亿元。“佛山陶瓷”区域品牌价值581.29亿元，在全省各区域品牌中排名前列。全市拥有地理标志商标7件、地理标志产品5个，数量均位居全省前列。

（陈　枫）

【村级工业园改造】 2020年，佛山市累计完成村级工业园土地整理1万多公顷，其中城市棕线内4340公顷，规划复垦复绿1306.67公顷；完成地上物拆除4906.67公顷，其中城市棕线内1653.33公顷，复垦复绿800公顷，“工改工”（工业改工业）项目已动工建设面积826.67公顷，新建在建厂房建筑面积超2500万平方米。年内，佛山市出台《佛山市集中成片储备产业用地工作方案》。

（郭 庆）

【首批佛山优势工业产品目录公布】 2020年6月23日，佛山市工业和信息化局公布《佛山市优势工业产品目录（第一批）》，全市571家企业的产品入选，涵盖装备制造、家用电器、家具等超过15个产品类别。首批佛山优势工业产品，包括伊之密的多泵组合伺服节能精密注塑机，北汽福田的插电式混合动力城市客车，新明珠的陶瓷墙地砖（地砖），荣冠玻璃的人造石材，兴发铝业的铝合金建筑型材，德联集团的机动车发动机冷却液，万和的家用燃气热水器，联邦家私的木家具等。这些产品曾获国家和省首台套项目、工信部单项冠军、工信部能效之星、工信部绿色设计产品、工信部和国家税务总局免税新能源汽车车型、广东省节能技术和设备（产品）、广东省先进适用技术（产品）、中国驰名商标、广东名牌等荣誉。从产品类别看，包含装备制造、汽车及其零部件、电力设备及器材、陶瓷卫浴、建材、金属制品、塑料制品、化工制品、家用电器、纺织服装、家具、食品饮料、灯具照明、医疗器械等超14个类别。首批佛山优势工业产品目录公布是为提升佛山市优势工业产品的知名度和市场竞争力，促进工业产品消费，推动制造业高质量发展。

（陈 枫）

传统制造业

机械装备制造业

【概况】 2020年，佛山市装备制造业实现增加值1554.55亿元，比上年增长2%。其中：通用设备制造业实现工业增加值317.34亿元，比上年增长3.6%；专用设备制造业实现工业增加值189.39亿元，下降7.9%。有规模以上通用设备制造业企业509家，规模以上专用设备制造业企业432家。同年，季华实验室项目、佛山市三水区龙光骏驰房地产有限公司科创智慧港项目、一汽-大众汽车有限公司的车型技术改造项目等重大项目投产。广东新泰隆环保集团有限公司和佛山市宝捷精密机械有限公司的项目被认定为国家级首台（套）重大技术装备。

【通用设备制造】 2020年，佛山市通用设备制造业实现工业增加值317.34亿元，比上年增长3.6%。截至2020年，佛山市拥有利迅达机器人系统有限公司、中南机械有限公司、普拉迪数控科技有限公司、广东锻压机床厂有限公司、星联精密机械有限公司、菱王电梯有限公司等一批通用设备制造业代表企业。其中：中南机械是一家大型专业机械设计和精密机械制造集团企业，成为世界顶级公司西门子、ABB、三菱重工等的合作伙伴，公司研制的“船用柴油机共轨单元”打破国外技术壁垒，填补国内空白，并成功应用在雪龙号科考船等大型船舶上；利迅达公司产品“机器人打磨拉丝系统”和“机器人智能焊接系统”被评为广东省高新技术产品；广东锻压机床厂是华南地区最大的集专业设计、研究开发、制造、服务于一体的锻压设备生产企业，产品技术水平处于国内领先或先进，部分产品达国际先进水平。

【专用设备制造】 2020年，佛山市专用设备制造业实现工业增加值189.39亿元，下降7.9%。佛山专用设备多是以“工作母机”与当地优势传统产业配套，主要包括陶瓷机械、塑料机械、木工机械、玻璃机械、印刷包装机械、化工机械、纺织机械等行业领域。截至2020年，佛山市拥有科达洁能股份有限公司（陶瓷机械）、仕诚塑料机械有限公司（塑料机械）、威德力机械实业股份有限公司（木工机械）、亿海自动化设备有限公司（玻璃机械）、东方精工科技股份有限公司（印刷包装机械）、金银河智能装备股份有限公司（化工机械）、广东丰凯机械制造有限公司（纺织机械）等专业装备制造骨干代表企业。佛山市专业机械装备制造业产品在国内占有重大份额，其中陶瓷机械、木工机械约占全国市场的85%和50%，塑料机械、压力机械约占广东市场的30%和40%，陶瓷机械、塑料机械、金属成形机械等一批装备制造业细分行业逐步占领行业中高端。佛山市是“中国建筑卫生陶瓷特色产业基地”“中国建筑卫生陶瓷出口基地”“中国陶瓷名都”，有全球最大的陶瓷专业市场群落，并有“中国佛山（国际）陶瓷博览交易会”“中国佛山（国际）陶瓷工业展览会”“中国（石湾）陶艺文化节”等知名展会。顺德区伦教街道是国内木工机械行业最大的制造基地，有150多家木工机械制造企业，其产销量占广东60%、全国国内市场份额的40%。

（陈 枫）

汽车及零部件制造业

【概况】 2020年，佛山市汽车制造业实现工业增加值274.98亿元，比上年增长20.4%。佛山市是广东省第三大汽车生产基地。全市有规模以上汽车制造业企业208家，其中规模以上零部件企业达193家，具备以整车生产为主，汽车关键零配件生产、汽车市场服务，以及其他相关行业兼备的完整汽车产业链条。拥有一汽-大众、北汽福田等9家整车生产企业以及本田变速箱、丰田工机以及中南铝车轮公司等一批汽配企业。其中，新能源汽车产业表现突出，佛山新能源汽车锂离子动力电池产业基地、科力远混合动力汽车示范项目、华南新能源汽车集成创新产业园、燃料电池及氢源技术国家工程研究中心华南中心等平台项目促进产业集聚发展。年内，有11家企业营收规模超10亿元，其中一汽-大众、本田汽车零部件等2家企业营收规模超100亿元。

【汽车及零部件制造业项目建设】 2020年，佛山市推进汽车及零部件制造业项目建设，年内列入重点建设项目和重点建设前期预备项目的汽车及零部件制造业项目包括佛山一汽-大众汽车有限公司MEBBEV高压电池一期项目、佛山一汽-大众汽车有限公司ASUVe车型技术改造项目、佛山科力远CHS项目、佛山一汽-大众汽车有限公司高尔夫下一代（Golf A8）车型技术改造项目、佛山一汽-大众汽车有限公司VW316/7CN_B车型技术改造项目、佛山汽车动力电池及芯材项目一期、佛山广东新能源汽车核心部件产业聚集区、佛山Auto Space智车港项目（首期）等。

【2020佛山国际汽车工业博览会（春季）】 2020年6月5—8日在广东（潭洲）国际会展中心举行。博览会展览面积3万平方米，有50个品牌参展，为期4天的博览会有5.6万人次进场，成交额超10亿元。博览会同步推出“云端车展”。（参见“商贸服务业”类目“会展业”分目）

（陈　枫）

家用电器制造业

【概况】 2020年，佛山市家电产业实现工业增加值753.7亿元，比上年增长14.6%。全市家电产业完成工业产值2871.7亿元，下降26.9%。在家用电力器具制造业中，2020年空调产量1787.4万台，占全省空调产量的26.6%；家用洗衣机产量333.1万台，占全省家用洗衣机产量的44.9%；家用电冰箱产量392.2万台，占全省家用电冰箱产量的17%。电饭锅产量3280.8万台，占全省电饭锅产量的30.6%；微波炉产量5134.8万台，占全省微波炉产量的60.6%。截至年底，全市有规模以上家电产业企业397家。佛山市家用电器制造业在全国乃至全世界均有较大影响力。佛山市顺德区家电产业规模占广东省比例超30%，家电制造业的产值占全国家电产值的15%以上。佛山市不仅是空调、冰箱、热水器、抽油烟机、消毒碗柜等大型家电和厨房电器的全国主要生产基地，也是微波炉、电饭锅、电风扇等众多小家电产品的全球最大供应地。占全球25%的电饭煲、33%的抽油烟机、43%的热水器、48%的微波炉从佛山出口到全球210个国家和地区。在主要家电整机品牌生产企业的引领带动下，佛山市集聚从家电产品的核心家电控制器、压缩机、电机到简单的五金配件等产业，形成全国乃至全球规模最大、品类最齐全的家电配件产业链。顺威精密是全球最大的空调风扇叶制造商，华声电器是全国最大的空调连接线生产商，美芝压缩机在行业内的产销规模稳居世界第一。

表38　2020年佛山市超20亿元家电产业企业一览表

2020年主营业务收入	企业名称
100亿元及以上（5家）	美的集团股份有限公司
	海信家电集团股份有限公司
	广东格兰仕集团有限公司
	广东万和集团有限公司
	广东新宝电器股份有限公司
50亿～100亿元（1家）	佛山市云米电器科技有限公司
20亿～50亿元（4家）	佛山市顺德海尔电器有限公司
	广东万和电气有限公司
	佛山海尔滚筒洗衣机有限公司
	广东松下环境系统有限公司
10亿～20亿元（7家）	广东万家乐燃气具有限公司
	东芝家用电器制造（南海）有限公司
	广东康宝电器股份有限公司
	广东志高暖通设备股份有限公司
	小熊电器股份有限公司
	广东惠而浦家电制品有限公司
	广东志高空调有限公司

【广佛惠超高清视频和智能家电产业集群创建】 2020年，佛山市联合广州市、惠州市共同推进广佛惠超高清视频和智能家电产业集群创建。成立由广东省工业和信息化厅领导和广州、佛山、惠州三市有关领导组成的广佛惠超高清视频和智能家电产业集群工作领导小组，并由广州超高清视频产业促进会负责统筹三地的超高清视频产业培育情况，同时以在广州设立总部机构，分别在佛山和惠州设立分支机构的形式设立3个工作小组。推进超高清视频和智能家电产业集群专家库建设，完成47名专家的入库工作。广佛惠三市分别出台系列超高清视频和智能家电产业发展相关政策和措施，并联合编制广佛惠超高清视频和智能家电产业集群培育方案、行动计划，明确总体思路、重点任务、集群治理模式，以及组织实施、政策保障等。广佛惠三市协调推进广佛惠超高清视频和智能家电产业集群的补链和强链工作，进一步提升超高清视频和智能家电国产化替代水平，实现产业链和供应链安全性和自主性的全面提升。同时，着手搭建超高清视频和智能家电产业公共服务平台，为广佛惠三市相关领域企业提供检验检测、培训、成果应用，以及政策宣贯方面提供一站式服务等。2019年12月24日，在由工业和信息化部电子第五研究所（中国赛宝实验室）主办于广州市

举行"中国智能家电技术发展论坛暨超高清视频和智能家电产业集群推进会"上，举行超高清视频和智能家电世界级先进制造业集群创建启动仪式。

（陈 枫）

建筑材料业

【概况】 2020年，佛山市建筑材料行业实现工业增加值591.26亿元，比上年增长21%。其中：非金属矿物制品业实现工业增加值344.96亿元，增长2.9%；建筑、安全用金属制品制造实现工业增加值245.65亿元，增长60.6%。全市有陶瓷建材规模以上工业企业669家，其中南海区231家和三水区138家。佛山市是"中国建筑卫生陶瓷特色产业基地""中国陶瓷名都"。佛山市陶瓷产品涵盖抛光砖、仿古砖、微晶砖、内墙砖、外墙砖、广场砖、马路砖等品类，拥有瓷砖生产、装备制造、化工制造、产品研发、物流运输等完整的产业链。佛山陶瓷占中国陶瓷产品出口总量的70%～80%。佛山禅城区南庄镇、石湾镇街道是广东省陶瓷专业镇，拥有佛陶集团、蒙娜丽莎、东鹏等大批龙头企业。

【2020佛山（潭洲）国际陶瓷展】 2020年7月20—24日在广东（潭洲）国际会展中心举行。（参见"商贸服务业"类目"会展业"分目）

【第三十五届佛山（国际）陶瓷及卫浴博览交易会】 2020年10月18—21日在广东佛山中国陶瓷城、中国陶瓷总部、佛山国际会议展览中心举行。（参见"商贸服务业"类目"会展业"分目）

【2020首届中国（佛山）岩板产业年度创新力大奖活动】 2020年8月29日，以"创新设计驱动产业升级，共赢岩板产业新机遇"为主题的2020首届中国（佛山）岩板产业年度创新力大奖评选启动新闻发布会在佛山智慧新城禅城区行政服务中心举行。活动以"创新驱动升级，设计重构价值"为主题，围绕佛山陶瓷企业的发展与岩板产品的创新升级，促进设计与制造的深度融合，发挥工业设计在培育发展先进制造业集群的引领作用。经过初审、考察、评定及终审，于10月评选出2020中国（佛山）岩板制造企业综合实力奖、2020中国（佛山）岩板原创产品奖、2020中国（佛山）岩板技术配套企业奖三项大奖各10个获奖企业。

（陈 枫）

表39 2020中国（佛山）岩板制造企业综合实力奖、原创产品奖、技术配套企业奖一览表

奖 项	获奖企业
制造企业综合实力奖	蒙娜丽莎集团股份有限公司　广东顺成陶瓷集团有限公司　广东新明珠陶瓷集团有限公司　广东东鹏控股股份有限公司　广东金意陶陶瓷集团有限公司　佛山欧神诺陶瓷有限公司　广东能强陶瓷有限公司　肇庆市将军陶瓷有限公司（总部佛山）　佛山市南海祥达创展陶瓷有限公司　广东中盛陶瓷有限公司
原创产品奖	佛山市高明骏程陶瓷有限公司　佛山市新岩素智能家居科技有限公司　佛山市依诺陶瓷有限公司　清远市升华建陶有限公司（总部佛山）　佛山市升华陶瓷有限公司　广东新一派建材有限公司　佛山市新恒隆抛光砖有限公司　广东博德精工建材有限公司　广东萨米特陶瓷有限公司　佛山市世强陶瓷有限公司
技术配套企业奖	肇庆市将军陶瓷有限公司（总部佛山）　佛山市盈圣科技有限公司　老石匠装饰材料有限公司　佛山盛世皇磁新材料有限公司　广东施琅陶瓷有限公司　广东顺成陶瓷集团有限公司　广东汇翔陶瓷有限公司　佛山市玖玖联创陶瓷有限公司　佛山市艺岩堂建材科技有限公司　广东石块链科技发展有限公司

纺织服装业

【概况】 2020年，佛山市纺织服装业实现产值1227.2亿元，比上年下降16.5%；纺织服装业实现工业增加值252.62亿元，下降17%。有纺织服装规模以上工业企业869家，其中南海区429家、顺德区192家。佛山市布产量约占广东省总产量的25%。全市纺织服装业有若干个广东省特色产业专业镇，禅城区的张槎街道是广东省针织业专业镇、祖庙街道是广东省童装专业镇，南海区的西樵镇是广东省纺织服装专业镇、大沥镇是广东省内衣制造专业镇、里水镇是广东省袜业专业镇，顺德区的均安镇是广东省牛仔服装专业镇。此外，位于高明区的溢达纺织有限公司是全球大型纺织制衣跨国集团之一和全球领先纺织品和服装制造商，纯棉衬衫出口总额居国内前列。

【2020广东西樵轻纺城家纺布艺交易会】 2020年8月4—5日在佛山市南海区西樵镇广东西樵轻纺城举行。（参见"商贸服务业"类目"会展业"分目）

【2020全国纺织科技成果转化与合作大会】 2020年11月20日，2020全国纺织科技成果转化与合作大会在佛山市南海区西樵镇举行。大会以"科技提升 绿色制造"为主题，重点关注纺织新材料与卫生防护用纺织品、牛仔面料加工、印染产业链绿色加工、纺织服装产业数字化与智能化生产领域的最新科研成果与应用，来自江西、河南、山东、宁波、嘉兴、南通、盛泽、石狮等纺织服装产业集群科协、商协会、企业以及高校相关机构代表等500余人参与交流。同期举行纺织新材料与卫生防护用技术与成果推广会、新型牛仔面料加工技术与成果推广会、印染产业链绿色加工技术与成果推广会、纺织服装产业数字化与智能化生产交流会4场平行活动，以及361品牌未来需求与技术平台对接和中国纺

织工程学会科技服务团服务站交流会2场闭门会议。大会还设置全国纺织先进科技成果展示，重点推荐一些全国范围内成熟的、适合及时转化与应用到生产实践中的科技成果，有上百项具有代表性的牛仔面料、服饰、卫生防护用纺织品以及与此相关的新材料、新技术、新产品和新工艺成果展出。

（陈　枫）

食品饮料业

【概况】 2020年，佛山市食品饮料行业实现工业增加值247.49亿元，比上年增长10.3%。其中：农副食品加工业实现工业增加值65.11亿元，增长14.6%；食品制造业实现工业增加值106.47亿元，增长4.5%；饮料制造业实现工业增加值75.92亿元，增长16%。有规模以上食品饮料企业190家，其中南海区59家、顺德区57家、三水区41家。佛山市是中国豉香型白酒产业基地，拥有三大酒厂——九江酒厂、石湾酒厂和顺德酒厂。佛山市三水区及其西南街道分别是中国饮料之都和广东省饮料食品技术创新专业镇。

【2020中国（三水）水都饮料文化节】 2020年9月30日至10月2日在佛山市三水区水都湿地公园举行。文化节以“醉IN三水　欢乐水都”为主题，由三水区西南街道办主办。文化节现场设置企业主题会馆、美食文创集市，还进行文艺表演、酒神挑战赛、网络直播带货等活动。百威、红牛、健力宝、青岛啤酒、可口可乐、益力多、隐雪、三全等25个国内外知名品牌企业前场参加活动。文化节现场，29个新投资项目集中签约，涵盖总部经济、食品饮料及其配套、文旅商业等多个领域，项目签约投资额超100亿元。中国（三水）国际水都饮料食品基地是全国集聚度较高的食品饮料专业园区之一，是“广东省产业集群升级示范区”“省市共建循环经济产业基地”，园区入驻百威、红牛、可口可乐、健力宝、益力多、三全等87家优质企业，其中已投产企业62家。

【2020广东（佛山）首届国际食品食材博览会】 2020年12月24—27日在佛山国际会议展览中心举行。（参见“商贸服务业”类目“会展业”分目）

（陈　枫）

家具制造业

【概况】 2020年，佛山市家具制造业实现工业增加值136.65亿元，比上年下降12.6%。有家具制造规模以上工业企业465家，其中顺德区206家、南海区184家。佛山家具制造业主要产品包括板式家具、实木家具、软体家具、玻璃金属家具、现代竹藤家具、绿色环保家具，以及新型高分子塑料家具等多类产品。家具企业主要集聚在南海区和顺德区，其中顺德区的龙江镇是省级家具行业的专业镇。同时，佛山市家具制造业拥有一批综合实力强的龙头企业。佛山市维尚家具制造有限公司是广东省工业设计示范企业，通过抢占大数据和信息技术的制高点，运营起以品牌影响力为核心的品牌输出模式，实施智能化改造，实现从前端设计、生产制造再到末端物流配送的全生产链自动化，满足家具产品个性化定制的需求。广东联邦家私集团有限公司、佛山市南海金富雅家具有限公司、佛山联邦高登家私有限公司、佛山中至信家具有限公司等多家企业为中国家居产业百强企业。

【2020中国室内设计周（佛山）暨第二届大湾区生活设计节】 2020年12月1—3日在佛山市顺德区乐从镇举行。活动由中国室内装饰协会（CIDA）主办，以“重启·未来”为主题，应对后疫情时代的新经济格局，旨在促进艺术与设计、科技与设计、互联网与设计、生物与设计、自然与设计家居生活的进一步创新融合，激励广大设计师面向社会、贴近产业、走进生活、关注新兴领域，发挥文化创意和设计服务对家居产业升级的引领作用。活动有中国室内装饰协会、中国家具协会、中央美术学院、城市设计与创新研究院等单位负责人，各省市室内装饰协会负责人，以及来自全国的优秀设计师代表、优秀企业家代表参加。活动期间还举行设计力量分享会、家居艺术不能错过的设计对话、中国室内设计高峰论坛、设计师大会、麒麟行等多项内容。

（陈　枫）

石化及精细化工业

【概况】 2020年，佛山市石油化工产业实现工业增加值194.7亿元。全市石油化工产业实现产值1207.6亿元，其中，化学原料和化学制品制造业实现产值1084.3亿元，占全市石油化工产业产值比重90%，精炼石油产品制造实现产值123.3亿元。有规模以上石油化工企业397家，其中南海区99家、顺德区114家、三水区100家。佛山市化学原料和化学制品制造业主要集中在三大领域，涂料、油墨、颜料及类似产品制造（增加值67.7亿元），合成材料制造（增加值34亿元），以及专用化学产品制造（增加值49亿元），其中涂料年产量167万吨。截至年底，全市有规模以上石油化工企业397家。

【绿色石化产业集群发展】 2020年，佛山市绿色石化产业集群主要涵盖石油加工、化学原料及制品、橡胶和塑料制造等领域，全年实现工业总产值2313.4亿元。集群引进德美科技园、卡迪娜实业等项目，布局发展精细化工领域，拥有季华实验室、佛山市功能高分子材料与精细化学品专业中心、佛山（华南）新材料研究院等创新平台载体以支撑集群建设。集群有规模以上企业992家，有高富中石油燃料沥青、德美精细化工、英力士苯领高分子材料（佛山）、创荣纤维（佛山）、联塑集团、日丰集团等龙头企业，保立佳化工、惠福科创、塑兴母料、德冠薄膜等“隐形冠军”企业，其中德美精细化工为集群内唯一一家上市企业。

【大塘镇化工行业协会成立】 2020年8月3日，佛山市大塘镇化工行业协会第一届会员大会召开，标志着大塘镇化工行业协会正式成立。大塘镇化工行业协会首批会员企业有51家。该协会在维护会员和行业的合法权益、加强会员和行业自律的同时，还能利用专业资源优势，在顺应新时代化工行业发展要求，提升产业整体竞争力，配合做好大塘镇精细化工专区治理整顿工作，为大塘镇化工行业安全绿色高质量发展等方面发挥作用。大塘镇是广东省绿色升级示范园区、广东省四大化工专区之一，有化工企业69家，其中31家为规模以上化工企业，年产值达80亿元，形成精细化工集聚群。

（陈　枫）

新兴产业

高端装备制造业

【概况】 2020年，佛山市工业机器发展迅速，机器人研发生产企业达110家，全球工业机器人四大家族均有在佛山布局，全市生产工业机器人9833台，为2019年产量的10倍，占全省工业机器人产量（6.5万台）的15.1%，全市33家企业获评广东省战略新兴智能制造骨干企业，广深佛莞智能装备产业集群成功入围25个重点培育的国家先进制造业集群。全市通用设备制造业实现工业增加值317.3亿元，比上年增长3.6%，增加值占全省该行业增加值（1242.1亿元）的25.5%。全市通用设备制造业实现产值1618.6亿元，比上年增长46.8%，其中金属加工机械制造实现增加值44.8亿元，泵、阀门、压缩机及类似机械制造实现增加值114.1亿元，烘炉、风机、包装等设备制造实现增加值64.6亿元，通用零部件制造实现增加值37.9亿元。2020年，全市新增应用机器人3021台，累计应用机器人1.6万台。佛山市专用设备制造业发展特色明显，陶瓷、塑料等专用设备发展国际国内领先，拥有科达洁能、恒力泰、仕诚塑料机械等一批骨干企业，2020年，全市专用设备制造业实现工业增加值189.4亿元，比上年下降7.9%，增加值占全省该行业增加值（1170.8亿元）的16.2%。全市专用设备制造业实现产值854.1亿元，下降6.2%，其中化工、木材、非金属加工专用设备制造实现增加值67.7亿元，印刷、制药、日化及日用品生产专用设备制造实现增加值48.8亿元，环保、邮政、社会公共服务及其他专用设备制造实现增加值25.3亿元，医疗仪器设备及器械制造实现增加值18.9亿元。佛山市有规上专用设备制造业企业432家。

【智能装备及机器人产业发展】 2020年，佛山市政府工作报告中提出要“创建国家新一代人工智能创新发展试验区”。佛山市继续落实《佛山市推动机器人应用及产业发展扶持方案（2018—2020年）》等政策，扶持机器人本体制造和系统集成企业发展等。中国（广东）机器人集成创新中心、粤台人工智能学院、佛山机器人学院等创新发展载体，集聚嘉腾、库卡、华数、安川等一批龙头重点企业加快建设。年内，广东嘉腾机器人自动化有限公司获批2020年广东省人工智能培育企业。截至2020年底，全市机器人产业领域工业企业超240家，其中广东省机器人骨干（培育）企业9家、机器人领域国家“专精特新”“小巨人”企业4家；有佛山智能装备技术研究院、广工大数控装备协同创新研究院等一批重大创新平台和产学研协同创新平台；形成碧桂园“机器人谷”等机器人产业集聚区。

【高端装备制造业集群培育】 2020年，佛山市印发《关于培育发展“2+2+4”产业集群的实施意见》，明确包括高端装备制造业集群在内的产业集群的项目攻坚、创新驱动、智能制造、企业培育、空间集聚、质量品牌、融合发展、开放合作等八大工作举措。佛山市与广州市、深圳市、东莞市联合以智能装备产业集群申报国家先进制造业集群通过决赛。佛山市智能制造装备及机器人产业集群全年工业产值达2520亿元。

【首辆磁共振医疗车下线】 2020年1月16日，佛山市企业制造的首辆磁共振医疗车下线交付仪式在广东（南海）生物医药产业化基地举行。该医疗车为佛山国家高新区、佛山中国发明成果转化研究院、佛山瑞加图医疗科技有限公司三方合作的成果。2018年9月，由佛山国家高新区、佛山中国发明成果转化研究院、佛山瑞加图医疗科技有限公司三方共建的开放式磁共振应用国家重点实验室在佛山启动建设。2019年10月30日，瑞加图公司正式启动首台“佛山制造”磁共振医疗车项目，并于12月17日完成系统联调。至2020年1月，首辆“佛山制造”磁共振医疗车下线交付使用。该次下线的磁共振医疗车具有全天候、全地域、全路况的通行能力，打破磁共振对周边环境的严苛要求，扩大磁共振的应用场景，为全球首创。磁共振医疗车可以深入到社区、企业、厂矿、学校、

广工大研究院（2020年）　　（佛山高新区　供图）

机关和偏远地区，做到“患者不动、设备动”，让更多人群享受便捷有效的医疗服务。该次下线的磁共振医疗车在多项技术上达到世界领先水平，标志着佛山在医疗设备的核心技术领域和产品创新方面取得重要突破，为佛山走“世界科技+佛山智造+全球市场”的创新发展之路起示范作用。

【2020粤港澳大湾区智能装备与机器人产业创新发展论坛暨智“汇”佛山——博士和博士后人才交流对接会】 2020年12月14日在广东博智林机器人有限公司举行。该活动旨在围绕智能装备和机器人产业的自主核心技术突破与应用、系统创新与实践、重点领域协同发展等方面，为博士和博士后高层次人才、高校、科研机构与佛山市企业开展技术合作攻关及成果转移转化搭建有效的平台，进一步推动佛山智能装备与机器人及相关产业在人才、技术创新、产业等方面的深入对接与合作。众多科研机构的专家学者、博士和博士后，以及省内外重点高校、重点企业、行业机构的代表逾120人参加活动。该活动共征集并现场发布来自122个省内单位（含企业、高校和科研机构）的博士、博士后人才需求893个、项目需求22个，其中包括49个佛山市内单位（含企业、高校和科研机构）的博士、博士后人才需求304个、项目需求22个，涵盖生物医药、先进制造、机器人、半导体、电子信息等佛山重点发展的产业领域。与会代表一行还参观博智林机器人谷、一楼机器人展厅。

（陈　枫）

生物医药业

【概况】 2020年，佛山市医药制造业实现工业增加值85.12亿元，比上年增长60.6%。全市生物医药及高性能医疗器械产业有规模以上企业104家。佛山市顺德区乐从镇是市内生物医药行业主要集聚区，建有国际创新转化生物产业孵化中心、顺德生命科技产业园、广东省创新转化生物产业园等产业平台。凯川医药科技有限公司、汉腾生物科技有限公司等企业是市内重要的生物医药企业。

【2020中国生命电子学术年会】 2020年11月12—14日，2020中国生命电子学术年会在佛山市南海区举行。年会以“聚焦电子健康，助力智慧中国”为主题，多位院士专家、高校教授，以及科研单位、医院、企事业单位代表300余人参会，共同探讨生命电子的最新趋势和应用技术。大会有10个专题论坛，12个大会报告和80个特邀报告。为佛山南海链接生物医药产业的科技创新及科技成果转化资源，营造新型生物医药产业生态，促进生物医药产业发展提供重要机遇。

【南山安捷大健康创新及产业项目落户佛山】 2020年3月9日，钟南山院士创业团队与佛山市南海区签约共建“南山安捷大健康创新及产业项目”，该项目将依托广州呼吸健康研究院的行业优势及钟南山院士为首的创业团队资源，重点围绕大健康产业创投基金、大健康创新项目专项资金、医药技术转化服务中心、大健康产业园、国际医学综合体等五大方面展开合作。8月18日，佛山市南海区2020年产业推介暨重点项目签约、竣工及进驻活动在佛山安捷健康产业园举行。活动上，呼研菲兰院感防控项目、高科技空气滤芯产业项目、感染隔离防控产品项目、中药制剂产业化项目、宝兴生物健康食品项目5个项目正式进驻园区。

【佛山病原微生物研究院在暨南大学生物医药产业园成立】 2020年11月26日由佛山市人民政府、暨南大学、顺德区人民政府合作共建的佛山病原微生物研究院在位于佛山市顺德区的暨南大学生物医药产业园成立。该研究院规划建设面积6000平方米，建设周期为5年。该研究院聚焦开展病原微生物的应用基础、传染病检测监测及防治研究，为传染病预防与控制提供坚强的技术支撑；推进生物医药产品研发、成果转化、产品产业化；推动三龙湾、佛山生物医药产业的发展；创建广东省病毒学重点实验室佛山中心、传染病防治技术研究中心、创新药物研究中心、新型疫苗研发中心、第三方检测中心、转化医学研究中心六大研究中心。2016年，佛山市与暨南大学签订战略合作框架协议，共同推进暨南大学科技园、暨南大学生物医药产业园等项目建设发展。至2020年，暨南大学生物医药产业园初具规模，形成“政产学研”合作共建的创新体制机制，成为集研发、转化、服务、生产、销售于一体的高新技术产业平台，为佛山市与暨南大学合作共建佛山病原微生物研究院奠定基础。

（陈　枫）

新材料制造业

【概况】 2020年，佛山市新材料制造业实现增加值276.94亿元，比2019年下降6.5%。全市新材料制造业规模以上企业927家。佛山市有南海新材料产业基地、高明新材料产业基地、顺德新型建材产业基地共3个省市共建战略性新材料产业基地。新材料行业的重点企业有佛塑科技集团股份有限公司，企业的塑料包装薄膜在国内行业中处于龙头地位。

【2020佛山—深圳新材料产业投资交流会】 2020年12月4日，2020佛山—深圳新材料产业投资交流会在深圳市举行。交流会旨在促进佛山制造业企业与大湾区新材料企业的交流互通，促进大湾区新材料产业的发展，增强上下游企业之间的合作，构建良性的产业生态。来自新材料、电子信息、新能源、生物医药等行业超50家企业，以及来自企业、政府、学院、商协会的各界代表参加交流会。

【贝里集团南海工厂医用无纺布扩产及升级项目奠基】 2020年12月8日，贝里集团南海工厂医用无纺布扩产及升级项目奠基仪式在九江镇举行。该项目计划投资6700万美元，主要生产口罩、医疗防护服等卫生用品所需的高端医卫用无纺布，计划2022年底前投产。

（陈　枫）

新能源汽车产业

【概况】 2020年，佛山市新能源汽车产业继续保持良好发展态势，总投资24亿元的一汽解放南方新能源汽车基地项目正式开工，计划总生产规模为5000辆轻、中、重型全系列纯电动和燃料电池新能源商用车。截至年底，佛山市在整车生产能力、关键零部件和材料生产、应用推广以及基础设施建设等方面均取得良好成效。在新能源整车制造领域，有一汽-大众佛山工厂、北汽福田南海汽车厂、飞驰客车、福迪汽车、顺肇专用汽车等5家企业；在配件及基础设施领域，有东方精工、金辉高科、德方纳米、科力远、中研能源、柏克新能、邦普科技动力等优势企业。全市新能源汽车零部件企业涵盖整车制造、关键零部件、材料生产和汽车服务等环节，新能源汽车产业链构建进一步加快。其中南海区广东新能源汽车产业基地、仙湖氢谷等产业载体在整合构筑氢能与燃料电池产业体系和氢能汽车推广应用方面走在全国前列；顺德区建有顺德新能源汽车小镇，发展新能源整车、核心零部件、车联网，以及与之关联的云计算、大数据等科技产业，截至2020年底，有142家企业入驻。

【新能源汽车推广】 截至2020年底，佛山市累计推广新能源汽车2.83万辆（含氢能汽车1457辆），其中公共领域累计推广新能源汽车1.08万辆（含氢能公交车1006辆、物流车448辆、氢燃料电池客车3辆）、氢能有轨电车5列，非公共领域累计推广新能源汽车1.75万辆。同年，佛山市加快推进新能源公交车投运更新工作，实现新能源公交应用100%，提高全社会新能源汽车使用普及率，扩大新能源汽车应用覆盖面。完成千辆氢燃料电池公交车的示范任务，成为国内氢能终端应用推广规模最大的城市。年内，佛山市修订《佛山市新能源公交车推广应用和配套基础设施建设财政补贴资金管理办法》，出台《佛山市关于广东省新能源汽车产业创新发展贴息资金管理工作指引》《佛山市燃料电池汽车市级财政补贴资金管理办法》，进一步强化新能源汽车推广政策支持，推动社会新能源汽车示范应用。

【新能源汽车基础设施建设】 2020年，佛山市加快推进新能源汽车基础设施建设。在加氢站建设方面，全市启动建设加氢站28个，分别是：禅城区7个、南海区12个、顺德区5个、高明区2个、三水区2个，其中15个已建成并投入运营或试运营，有效夯实氢能汽车推广应用基础。在充电设施建设方面，全市新建充电站40个，新增充电桩843个，累计建成充电站197个，充电桩6109个。

一汽-大众汽车有限公司佛山分公司（2020年） （南海区 供图）

【新能源汽车创新平台建设】 2020年，佛山市注重新能源汽车科研平台搭建，聚焦核心攻关，全力推动新能源汽车产业创新发展。全市有国家汽车质量监督检验中心（广东）、燃料电池及氢源技术国家工程中心华南中心、佛山绿色发展创新研究院、氢能标准化创新研发中心、佛山（云浮）氢能产业与新材料发展研究院、广顺联合研发中心等多个氢燃料电池产业研发平台，同时，加快推动国家技术标准创新基地（氢能）、季华实验室、先进能源科学与技术广东省实验室佛山分中心（佛山仙湖实验室）、广东省武理工氢能产业技术研究院等科研平台建设。其中，国家技术标准创新基地（氢能）经过近3年的建设，全面完成标准创新服务、技术研发服务、检测认证服务、数据信息服务、国际交流合作、高端人才智库等六大平台的建设工作，并在多项任务指标取得超额突破。

【燃料电池汽车市级财政补贴资金管理办法出台】 2020年9月16日，佛山市发展和改革局、市财政局联合印发《佛山市燃料电池汽车市级财政补贴资金管理办法》，于11月1日正式实施。该次补贴对象为氢燃料电池汽车，车辆类型包括乘用车、客车、货车等。补贴标准方面，佛山在中央财政专项资金补贴的基础上，对燃料电池汽车按照中央财政单车补贴金额的100%确定地方补贴标准，即国家补贴与地方补贴的比例为1∶1。各级财政对车辆购置补贴总额（国家补贴+地方补贴）最高不超车辆销售价格（国家补贴+地方补贴+消费者支付金额）的60%；如补贴总额高于车辆销售价格的60%，按车辆销售价格的60%扣除上级补贴后再按比例计算市、区的财政补贴金额。

【一汽解放南方新能源基地项目动工】 2020年10月20日，一汽解放南方新能源基地项目开工仪式在佛山市高明区举行。开工仪式与佛山市2020年下半年重点项目开工活动同步进行，以解放南方新能源基地为会议主会场，同步视频连线5个区分会场。该项目是一汽解放在新能源领域的重点布局，是贯彻和落实国家新能源产业振兴和发展战略的重要举措，是迎接未来新能源商用车产业爆发式增长的关键战略，项目计划在2021年实现厂房封顶、2022年第一季度正式投产。

（市发展改革局）

新能源产业

【概况】 2020年，佛山市打造新能源产业高地，作为广东省牵头城市联合广州、深圳等省内7个城市申报国家燃料电池汽车推广应用示范城市群且通过专家前两轮评审，申报国家级氢能产业示范区，制定实施《佛山市燃料电池汽车推广应用地方财政补贴资金管理办法》，全年市级财政安排并下达新能源汽车推广应用市级补助专项资金4280万元。举办2020年联合国开发计划署氢能产业大会，累计建成加氢站24个（含油氢合建站4个，其中投入运营16个）。完成《佛山市新能源公交车推广应用和配套基础设施建设财政补贴资金管理办法》修订，印发实施《佛山市燃料电池汽车市级财政补贴资金管理办法》，建立佛山市氢能基础设施补贴分析测算模型。同时，加强光伏政策研究及推广应用，截至2020年12月，全市备案光伏发电项目1.51万个，装机规模1763兆瓦，其中已并网项目1.25万个，装机规模884兆瓦，占全省分布式光伏并网容量约23%，分布式并网规模为全省之首。1.51万个项目中居民项目有1.39万个，占92.3%；1763兆瓦项目中，工商业装机达1566兆瓦，占88.8%，呈现“数量以居民为主、规模以工商业取胜”的特点。

【氢能产业发展】 2020年，佛山市加快氢能产业项目实施步伐。膜电极生产企业广东泰极动力生产基地建成并投产；一汽解放南方新能源基地项目动工；国内首家燃料电池催化剂量产化企业——上海济平新能源科技有限公司进驻南海区仙湖氢谷；上海重塑科技项目中的燃料电池研发生产版块——韵量燃料电池（广东）有限公司投产。此外，广顺新能源高速无油空压机项目实现量产，爱德曼128千瓦大功率电堆通过国家汽车检测中心检测并实现批量生产能力。先进能源科学与技术广东省实验室佛山分中心（佛山仙湖实验室）、季华实验室、广东省武理工氢能产业技术研究院等科研平台建设有序推进。年内，国家技术标准创新基地（氢能）通过国家验收。市内首座加氢制氢一体站在南庄镇动工建设。

【光伏产业发展】 2020年，佛山市持续推进光伏产业发展，在光伏发电应用、工程总承包（EPC）、光伏制造领域培育出具有行业竞争力的领军企业，成为广东乃至华南地区光伏产业和光伏应用较为集中的城市。截至2020年底，全市并网光伏项目12476个，装机规模88.4万千瓦，占全省分布式光伏并网容量约23%，分布式并网规模为全省之首。在产业规模方面，全市涉光伏生产企业累计超1000家，注册企业数量位列全省第四，从产业链完善程度和集群发展水平看，佛山市位列全省第三，仅次于深圳和东莞，与广州水平相当。在企业结构方面，佛山市光伏企业主要集中在产业链中下游，在电池、支架和集成应用领域具领先优势，并形成研发、设计、检测、专职教育等较为齐全的产业服务体系。在电池领域，广东爱旭科技有限公司发展为全球光伏电池龙头企业，电池片出货量全球第二，双面电池出货量第一，技术行业领先。在零部件领域，保威、聚高、旭科、亿腾等企业的产品研发和供货能力在华南地区领先。在系统集成领域，中光能、南控、盈科、光合、威阳、振森等企业在省内民营企业中业务量领先，是全省分布式光伏发电的重点企业。

【分布式光伏发电项目补助资金管理办法出台】 2020年4月14日，佛山市发展和改革局、市财政局联合印发《佛山市分布式光伏发电项目补助资金管理办法（2019—2020年）的通知》，对2019—2020年建成的分布式光伏发电项目按实际发电量补助0.3元/千瓦时（其中市级补助0.06元/千瓦时、区级补助0.24元/千瓦时），自项目建成的次月1日起计算补助金额，连续补助3年。通过补助资金支持全社会参与分布式光伏发电项目建设，促进全市光伏产业持续稳定发展，推进、光伏发电项目应用。

【国家技术标准创新基地（氢能）通过国家验收】 2020年12月10日，国家市场监督管理总局标准创新管理司组织专家，对佛山市国家技术标准创新基地（氢能）的建设成果进行验收。专家组听取标准创新基地筹建工作汇报，审阅相关文档资料，经质询与评议，认为标准创新基地完成筹建任务，具备稳定的运行条件和能力，同意通过验收。国家技术标准创新基地（氢能）于2018年3

建设中的南海氢能展示中心（2020年）　（吴　宇　摄）

月作为全国首批氢能领域第一家国家技术标准创新基地获批建立，由佛山科学技术学院作为承建单位。经过两年多的建设，基地以推动标准国际化为重点，建立有效制度机制，强化条件保障，抓好任务落实，形成一批建设成果，探索建立产学研用合作的创新发展模式。同时，基地依托中国标准化研究院，广泛吸收国内外相关科研机构、标准化专业机构、高新技术企业共同参与建设，汇聚各方优势资源，形成推动氢能行业标准化发展合力，参与制定国家标准16项、团体标准16项，推动氢能产业持续高质量发展。

2020年10月19—22日，2020年联合国开发计划署氢能产业大会在佛山市南海区樵山文化中心举行（陈天颢 摄）

【制氢加氢加气一体化站动工建设】 2020年12月28日，佛山首个制氢加氢加气一体化站在佛山市禅城区南庄镇动工建设。该项目计划建成集天然气制氢、光伏发电耦合电解水制氢、加氢、加气等功能于一体的综合能源供应站，日制氢加氢能力达1吨，满足100辆氢能公交车的使用需求，是全国首个综合能源制氢加氢加气一体化站。南庄制氢加氢加气一体化站由佛燃能源集团属下佛山市天然气高压管网有限公司利用原南庄加气站用地及其基础设施改建而成，项目总投资额5100万元。

【2020年联合国开发计划署氢能产业大会】 2020年10月19—22日，2020年联合国开发计划署氢能产业大会在佛山市南海区樵山文化中心举行。大会围绕“发展绿色氢能，提振世界经济”的主题，设立开幕大会和六大主题论坛，结合燃料电池技术、氢能技术与应用、氢安全、中日韩氢能合作等议题展开深入研讨。作为中国氢能产业发展的重要基地，佛山市南海区的4个重大氢能产业项目在现场举行投产仪式。其中，韵量燃料电池（广东）有限公司燃料电池电堆项目形成一期年产5000台套电堆的产能，实现电堆和膜电极的批量化制造。同时，南海区有16个氢能产业项目签约，项目涵盖氢源、加氢基础设施、燃料电池、核心零部件等产业链环节。此外，大会现场还举行2023年世界氢能技术大会联合发布仪式，发布《燃料电池电动汽车安全指南》，并发布启动“中国氢能产业发展指数研究”项目等。

（市发展改革局）

节能环保产业

【概况】 2020年，佛山市节能环保产业规模稳步提升，先进环保的技术设备研制具备一定的发展基础，主要以高效节能装备和产品为主，资源循环利用产业依托家电、机械设备、食品饮料等行业废弃资源的循环再利用，成为支撑佛山新兴产业发展的主导力量。全市安全应急与环保产业集群实现产值614.3亿元，其中环境保护专用设备制造实现产值42.6亿元、废弃资源综合利用业实现产值100.4亿元。集群有规模以上企业276家。截至年底，全市在主板上市的环保企业有3家，分别为瀚蓝环境股份有限公司、佛山市南华仪器股份有限公司和盈峰控股集团有限公司，是广东省拥有环保上市企业较多的城市之一。此外，还有多家在新三板上市的“独角兽”企业，如广东科德环保科技股份有限公司、佛山市合璟节能环保科技股份有限公司、碧沃丰生物科技（广东）股份有限公司和佛山市雅洁源科技股份有限公司，均成为环保行业各细分领域的龙头企业。

【节能环保重大工程或项目】 截至2020年底，佛山市在资源利用领域中实施的重大项目（工程）有2个，均为佛山市工业固体废弃物综合利用及处置项目，由位于南海区狮山镇的佛山市富龙环保科技有限公司执行，2个项目总投资10.5亿元。此外，佛山市“十四五”期间计划实施重大项目（工程）2个，分别是广东国城中企环境科技有限公司废酸废碱综合利用项目和广东兴发环境科技公司佛山铝加工行业再生资源综合利用基地建设项目，2个项目计划投资3亿元。

【2020智能制造和节能环保产业推介会】 2020年9月23—24日，2020智能制造和节能环保产业推介会暨中日企业对接会在佛山南海樵山文化中心举办。对接会围绕先进制造业，以及新基建等现代产业项目，进行推介、洽谈和主题研讨。大会吸引140多家企业出展，包括佳能、理光、柯尼卡美能达等知名企业，现场展示了包括电子零部件及装置、精密机械器具、汽车零部件等各类产品。会上，出展的日资企业与华南地区企业进行现场洽谈和信息交换，工场网信息科技（上海）有限公司（FNA）还邀请佛山市行业协会企业组团参与对接交流，中日企业之间围绕现有产品及服务，开拓新的市场需求，挖掘新的合作机会。

（陈 枫）

建筑业

综　述

【概况】 2020年，佛山市有建筑企业716家，比上年增长17%；建筑业总产值710.18亿元，增长15.1%。有50家预拌混凝土企业，全年全市生产混凝土总产量1231万立方米，预拌砂浆（湿拌）使用量约155万吨。有通过预拌混凝土企业绿色生产星级评价的企业5家，其中一星级1家（顺德区新翔混凝土有限公司）、二星级4家（佛山市顺德区华兴建筑材料有限公司、佛山市顺德区和乐商品混凝土有限公司、广东新业混凝土有限公司、佛山市新利海混凝土有限公司）。全年全市新报建建筑项目2198个，比上年增长11.63%；新报建建筑面积4243.72万平方米，下降0.21%；建筑项目工程总造价1018.98亿元，增长14.66%。截至年底，全市在建房屋建筑工程5152项，建筑面积1.06亿平方米。全年全市建筑工程竣工验收1539项，一次性验收合格率100%。

（李　欣　白成生　官　权）

【建筑行业质量安全宣传】 2020年，佛山市住房和城乡建设部门联合有关部门围绕2020年佛山建筑行业质量安全宣传月开展系列活动。6月2日，举办2020年建筑施工“安全生产月”活动启动仪式，市、区两级住房城乡建设行政主管部门分管工程质量安全的分管领导、科室负责人、安监站站长，以及佛山市各施工、监理企业代表等约300人参加华润置地悦里二期项目现场观摩交流活动。建筑行业质量安全宣传月活动期间，市住房城乡建设部门携手佛山日报社举办佛山建筑行业质量安全主题系列宣传活动，内容包含“抓质量安全，展建筑行风”专题报道，向广大市民派发质量安全宣传手册，邀请市民化身质量安全“监督员”参观建筑工地，并开展寻找、拍摄、播放、评选佛山市“最美建筑人”等一系列活动，展示佛山市建筑行业质量安全为上的行业风貌。6月16—18日，市住房城乡建设部门组织开展2020年上半年房屋建筑工程质量安全综合监督执法大检查，督促各相关单位认真落实上级文件要求，按照要求开展隐患自查自纠，对排查的隐患跟踪整改。建筑行业质量安全宣传月活动期间，市住房城乡建设部门还组织开展质量安全管理条例、技术规程等的讲座和培训班；组织开展2020年佛山市百万职工岗位零事故行动，选取100家建筑业企业参加互动，对优秀、合格单位予以诚信加分等奖励。12月17日，市住房城乡建设局举行“筑梦佛山·美好生活——佛山住建与您40年暨‘佛山最美建筑人’命名仪式”活动，为城市建设发展作出突出贡献的12位“佛山最美建筑人”颁发证书。

（白成生）

2020年12月17日，佛山市住房城乡建设局在在佛山中欧中心举行“筑梦佛山·美好生活——佛山住建与您40年暨‘佛山最美建筑人’命名仪式”活动，为城市建设发展作出突出贡献的12位“佛山最美建筑人”颁发证书　（市住房城乡建设局　供图）

【建筑业发展规划】 2020年，佛山市住房和城乡建设局印发实施《佛山市建筑业发展规划（2019—2023年）》。该规划围绕激发建筑企业竞争力、激活建筑市场发展动力、深化“放管服”完善建筑行业监管体系等方面进行谋划，旨在持续深入推进佛山市建筑业的高质量发展。规划涵盖内容包括工程勘察设计、建筑施工、建设监理、工程造价等行业以及政府对建筑市场、工程质量安全、工程标准定额、建筑节能与技术进步等方面的监督管理工作。规划年限为2019—2023年，其中2019年为数据基准年。该规划由佛山市各区住房城乡建设主管部门以及工程勘察设计、建筑施工、建设监理、造价咨询等单位实施。佛山市住房和城乡建设局负责进行规划实施评估、规划调整、协调促进等工作。

（李　欣）

建筑勘察设计

【概况】 2020年，在佛山市建筑诚信评价体系管理平台登记注册的勘察设计企业1288家，其中市外1137家，市内151家，注册从业人员8285人。全年全市勘察设计单位完成房屋建筑和市政基础设施勘察设计业务5700件。

【勘察设计管理】 2020年，佛山市完成石门中学扩建改造工程、桂城街道社区卫生服务中心等58项大中型建设工程初步设计审查，办理云诚苑、乐居商贸集团大厦等14项超限高层建筑工程抗震设防审批。推进超限高层建筑工程抗震设防专项审查实行行政审批与技术审查相分离，印发《超限高层建筑工程抗震设防专项审查批复模板》。继续推进将市外施工图审查机构纳入诚信管理，截至2020年底，在佛山市办理诚信登记、可在佛山市承接施工图审查业务的市外施工图审查机构共31个。统筹推进全市中小学校、幼儿园、医院重要公共建筑物抗震性能调查、鉴定、加固工作，完成排查重要公共建筑物2023栋，建筑面积约810万平方米，完成加固建筑物8栋。组织召开《广东省建筑物移动通信基础设施技术规范》培训宣贯会，助力推进5G网络通信基础设施建设。

【建设工地复工复产诚信激励措施出台】 2020年2月23日，佛山市住房和城乡建设局出台《佛山市推动建筑业企业、房地产销售中心及建设工程复工复产工作方案》，提出以诚信激励机制推动佛山市建设工地复工复产工作。该通知要求各区住房城乡建设部门运用诚信激励机制，加快提高建设工地复工率和人员返岗率。返岗率和返岗人数达标的建设工地，经施工总承包单位申请，可以由所在区住建部门进行通报表扬和诚信加分。对于复工复产中疫情防控及安全生产措施落实到位、表现突出，2月底前人员返岗率达70%，且实际返岗人数不少于280人的工地，区住房城乡建设部门可提请由市住房城乡建设局进行核查、通报表扬和诚信加分。

【2020年佛山市勘察设计专家库建设】 2020年8月，佛山市住房和城乡建设局启动佛山市勘察设计专家库专家推荐入库和信息更新工作。经个人申请、单位推荐、市及区住房城乡建设主管部门审核，历时3个月，从全市勘察设计单位中选取409人，入选为新的勘察设计专家库专家。专家库主要分为勘察、建筑、结构、给排水等14类专业，其中勘察专业39人，建筑专业75人，结构专业101人，给排水专业45人。勘察设计专家在推动全市勘察设计行业进步，保证工程设计质量方面发挥积极作用。

（张海东）

建筑施工与安装

【概况】 2020年，佛山市报建项目2198个，比上年增长11.63%；新报建筑面积4243.72万平方米，下降0.21%。截至年底，佛山市在建工地1857个。佛山市新建装配式建筑面积739.22万平方米，占新建建筑面积的20.1%，其中禅城区新建装配式建筑面积占比25.68%、南海区新建装配式建筑面积占比21.45%、顺德区新建装配式建筑面积占比23.20%、高明区新建装配式建筑面积占比15.39%、三水区新建装配式建筑面积占比13.01%。截至年底，全市有20个地块出让项目落实出让条件限制性实施装配式建筑，建筑面积约285万平方米。佛山市有省级装配式建筑产业基地11个、省级装配式建筑示范项目6个。年内，佛山市组织编制《装配式建筑佛山方案指导意见》，举办《装配式建筑佛山方案指导意见》发布暨绿色建筑·智慧互联高峰论坛。组织编制《佛山市装配式标准厂房建设技术指引》并形成初稿。举办佛山市装配式建筑专家培训会，佛山市装配式建筑专家库入库专家50余人参加培训。举办为期3天的2020年佛山市装配式建筑产业培训班，全市65个单位的150余名技术和管理人员参加培训，涉及房地产开发、设计、施工、构件生产等企业。2020年，佛山市入选住房和城乡建设部第二批装配式建筑范例城市名单；广东睿住优卡科技有限公司、佛山筑友智造科技有限公司、广东碧鸿腾建材科技有限公司、广东腾越建筑工程有限公司等4家企业入选广东省第三批装配式建筑产业基地名单，佛山市禅城区科海路北侧、湖田路东侧商住地块项目、建鑫家园一期项目（2号、3号、12号、13号楼）等2个项目入选广东省第三批装配式建筑示范项目名单。

（白成生　张海东）

【建筑业新技术运用】 2020年，佛山市卡斯汀酒店项目、顺德区市民活动中心项目等13个项目成功申报2020年度广东省建筑业新技术应用示范工程（立项），季华实验室一期建设项目等3个项目通过广东省住房和城乡建设厅组织的新技术应用示范工程专项验收。

【装配式建筑构件生产】 2020年，佛山市有预制构件厂和水泥制品厂20家，PC构件（混凝土预制件）产能可达40万立方米，每年可满足600万平方米以上装配式建筑建设需求。装配式建筑预制构件生产企业主要分布在南海区和顺德区，包括佛山建装建筑科技有限公司、佛山筑友智造科技有限公司、佛山市顺德区联皓科技开发有限公司等。佛山市装配式混凝土建筑采用竖向承重结构现浇、水平向结构叠合、水平向结构叠合结构体系。外墙为铝模现浇，相较传统砌筑外墙，精度提高，从源头上减少传统工艺产生的开裂、渗漏、空鼓等问题；装配式内隔墙在工厂标准化生产，提高产品质量，现场免抹灰减少空鼓开裂，取消传统湿作业，环境污染少；整体卫浴采用新型复合材料在工厂通过大型模具模压成型，现场干法施工，标准化及规范化的高效率装配方式，解决传统工艺卫生间渗漏问题，推进建筑产品的工业化。

2020年1月17日，佛山市装配式建筑协会举行揭幕仪式（市住房城乡建设局　供图）

【装配式建筑协会揭牌成立】 2020年1月17日，佛山市装配式建筑协会揭牌成立。该协会于2019年10月经市民政局批准成立，由佛山市科学技术学院担任会长单位，副会长单位包括预制构件生产、房地产开发、设计、施工、建材等代表企业11家，会员单位涵盖装配式建筑多个产业链。由高校担任装配式建筑协会会长单位可为装配式建筑的技术创新提供支撑，在政府、高校、企业间发挥纽带作用，推进装配式建筑产学研对接，更好地整合资源。

【“佛山建装杯”装配式建筑职业技能竞赛】 2020年7月28—29日在佛山市建装建筑科技里水基地举行。该竞赛由广东省住房和城乡建设工会委员会、佛山市建装建筑科技有限公司联合举办，佛山市住房和城乡建设局、东莞市住房和城乡建设局等单位协办。该竞赛是“2020年广东省职工职业技能大赛”其中一个分会场，包含装配式建筑施工员和装配式建筑模具工2项技能比赛。装配式建筑施工员比赛考核选手装配和灌浆两大工序的技能水平；装配式建筑模具工比赛考核选手对模具、预埋件定位安装、钢筋绑扎等操作的精准度、平整度。来自佛山、广州、深圳、东莞、惠州等城市的43支队伍参赛，参赛人数129人。现场分别为获装配式建筑施工员、模具工个人奖项和团体奖项的选手和队伍颁奖，并颁发团体优秀组织奖及突出贡献奖。

【装配式建筑与绿色新材发展趋势研讨会】 2020年8月18日，佛山市与景德镇市联合举行装配式建筑与绿色新材发展趋势研讨会，深入探讨新型绿色建材及技术解决方案在装配式建筑产业、绿色建筑产业中的发展方向，探讨以发泡陶瓷为代表的新型绿色建材行业。在研讨会现场，广东金意陶陶瓷集团有限公司、广东金绿能科技有限公司、景德镇陶瓷文化旅游集团、中国地质大学、华南理工大学、广东工业大学、景德镇陶瓷大学进行新型绿色建材产学研战略合作协议签约。

【佛山获评全国装配式建筑范例城市】 2020年9月10日，住房和城乡建设部印发《住房和城乡建设部办公厅关于认定第二批装配式建筑范例城市和产业基地的通知》，公布第二批装配式建筑范例城市和第二批装配式建筑产业基地名单。佛山获评“装配式建筑范例城市”。为推广装配式建筑，佛山市成立佛山市推广装配式建筑工作协调小组，由分管副市长任组长，分管副秘书长和市住房城乡建设局局长任副组长，成员由各区政府、市直相关职能部门分管领导组成。在政策层面和规划层面，佛山市出台推广装配式建筑一系列政策文件，包括市政府行政决策文件《佛山市推广装配式建筑实施办法》《佛山市装配式建筑专项规划》，配套推广政策文件《佛山市住房和城乡建设局佛山市自然资源局关于在新出让和划拨国有建设用地中落实推广装配式建筑要求的通知》《佛山市住房和城乡建设局关于明确重点区域新出让和划拨国有建设用地装配式建筑实施比例要求的通知》，以及相关的扶持政策文件和技术指引。

（张海东）

【施工许可电子证照全面推行】 2020年12月1日起，佛山市各区住房城乡建设部门负责实施的房屋建筑和市政基础设施工程全部实现施工许可电子证照核发，真正实现全程网办和“0跑动”，进一步降低行政成本和企业办事成本，提高工程建设项目审批效率。佛山市施工许可电子证照严格按住房和城乡建设部、省住房和城乡建设厅证照标准制定，具备统一的证书样式、规范的证书编号及二维码编码规则，加盖发证机关电子印章后与纸质证照具有同等法律效力。电子证照形成后会自动报送至省工程审批管理系统和全国建筑市场监管公共服务平台，实现证照跨地区的互联互通。应用施工许可电子证照后，企业如果申请相关变更业务，只需要通过电子政务平台提交申请，经原发证部门审核通过后，将原证照注销并颁发新证照，并重新下载即可。

（白成生）

【绿色建筑·智慧互联高峰论坛】 2020年12月12日，佛山市举行《装配式建筑佛山方案指导意见》发布暨绿色建筑·智慧互联高峰论坛。活动由广东省建筑工程绿色与装配式发展协会、佛山市装配式建筑协会主办。住房和城乡建设部科技与产业化发展中心、广东省住房和城乡建设厅、佛山市住房和城乡建设局、佛山市万科企业有限公司以及中建四局一公司等单位代表400余人参会。佛山市推广装配式绿色建筑，依托装配式建筑专项规划和配套政策，进一步推动产业协同发展、产城深度融合发展。作为全国先进制造业基地，佛山市2019年被评为“广东省装配式建筑示范城市”。截至2020年底，佛山市新建装配式建筑面积739.22万平方米，新建装配式建筑占比20.1%。

（张海东）

建筑行业监管

【概况】 2020年，佛山市建筑诚信评价体系管理平台登记注册的监理类企业73家，监理从业人员4695人。全市报建项目2198个，建设单位均聘请监理单位加强对项目质量安全、工期和造价的全过程管理，保障项目顺利建设。

（李　欣　白成生）

【建筑工程质量安全管理】 2020年，佛山市加强建筑工程质量安全监管，全年全市共出动3.86万人次，检查工程1.45万次，查处违法行为为135宗，涉及企业78家，涉及个人57人，共处罚金982.66万元。开展全市检测机构随机抽查，并2次组织全市检测机构进行水泥物理性能、建筑钢材机械性能、钻芯法检测混凝土强度和混凝土抗压强度比对，通报抽查及比对结果，促进各检测机构业务能力提高。年内开展违规使用海砂专项检查66次，涉及预拌混凝土生产企业50家、工程项目727个、建筑面积2124万平方米，未发现企业有违规使用未经处理合格的海砂情况。开展城镇生活污水管网建设质量专项行动，检查在建项目93个，开展监督执法检查108次，检查中发现问题123个，发出整改通知书55份。年内，佛山市建筑工程项目获广东省建设工程优质结构奖35项、广东省建设工程优质奖5项、广东省优秀建筑装饰工程奖8项（公共装饰6项、设计1项、幕墙1项）、金匠奖4项、全国建筑工程装饰奖3项、广东省建筑业绿色施工示范工程2项。

【结建式人防工程质量监督】 截至2020年底，佛山市（不含顺德区）结建式人防工程报建128项，竣工验收126项。全市结建式人防工程质量达合格标准，总体质量水平可控。人防工程质量监督存在各区监管模式不统一，人防监督专业人员和专业检测机构紧缺等问题。

【监理单位履职监管】 2020年，佛山市住房和城乡建设部门加强对工程项目监理单位的履职监管和建筑工程质量安全监管，全年出动3.86万人次，检查工程项目1.45万个次，对监理单位进行行政处罚2宗，罚款2万元，促进全市监理市场规范有序发展。

【建筑市场管理】 2020年，佛山市加强对建筑市场各方责任主体市场行为的监督检查，全年全市开展现场检查354次，检查工地435个，出动执法人员998人次。查处未报建先施工行为100宗，涉及企业66家，涉及个人35人，共处罚金1160.75万元；查处违法分包转包行为7宗，涉及企业5家，涉及个人2人，共处罚金17.48万元。开展企业获得资质许可后的动态核查工作，对检查中发现的8家不符合资质要求的企业，依法收回并撤销其建筑业企业资质证书。加强建筑行业诚信体系建设和监管，全年全市各级住建部门对建筑行业企业不良行为、不规范行为进行诚信扣分2457宗，总扣分值17349分；对企业良好行为进行诚信加分3015宗，总加分值18633分。全市建筑企业被列入“红名单”的271家，被列入“黑名单”的29家。对市外企业人员到位情况，以及驻办公场所、设施进行诚信动态核查60次，检查市外企业513家次（包括复查），其中被诚信扣分的企业135家，扣分值2390分。开展工程建设领域专业技术人员职业资格“挂证”等违法违规行为专项整治，梳理涉及佛山市的挂证相关数据9381条，涉及人员8809人，经过全年整治，完成整改的数据9249条，完成整改的人员8678人，整改完成率98.76%。依法处理工程建设招投标投诉案件11件，查处弄虚作假骗取中标案件1件。制定《佛山市建筑业发展规划（2019—2023年）》，并于9月印发实施。

【佛山市建筑施工“安全生产月”活动】 2020年6月是全国第19个“安全生产月”，佛山市住房和城乡建设局制定《2020年佛山市房屋建筑施工“安全生产月”和“安全生产南粤行”活动方案》，组织开展一系列“安全生产月”活动。选定4个房屋建筑示范观摩工地，组织约300人参加现场观摩交流活动；携手佛山日报社举办佛山建筑行业质量安全主题系列宣传活动；开展2020年上半年房屋建筑工程质量安全综合监督执法大检查；组织质量安全管理条例、技术规程等的讲座和培训班；组织开展2020年佛山市百万职工岗位零事故行动。

【省住房城乡建设行业职业技能竞赛佛山参赛成绩】 2020年8月26—28日，佛山市选派出5支队伍（BIM技术员2支队伍、钢筋工3支队伍）参加由广东省住房和城乡建设厅主办，在广东建设职业技术学院清远校区举行的2020年广东省住房城乡建设行业职业技能竞赛。该次竞赛工种共2个，建筑信息模型（BIM）技术员参赛队伍50支、钢筋工参赛队伍42支，共276名选手参赛，竞赛内容均由理论考试和实际操作比赛2部分组成。经过比赛，BIM技术员佛山一队1名队员获优秀选手奖，佛山一队BIM团体排名第十二；钢筋工佛山三队团体获第六名并获优胜奖牌，佛山三队3名队员获网络最佳人气奖；3支钢筋工队伍共5名选手获高级工职业资格；市住房城乡建设局获竞赛委员会颁发“优秀组织奖”奖状及奖牌。

（白成生）

商贸服务业

综　述

【概况】 2020年，佛山市投入1700万元扶持商贸流通业创新发展，全年实现社会消费品零售总额3289.09亿元，比上年下降10.8%。住宿餐饮业方面，全市有持证食品餐饮服务单位8.89万个。有养老机构食堂81个，供餐学校（含托幼机构）单位1976个，其中自有食堂1804个，采取配餐172个。年内评选出75家佛山粤菜名店，131道佛山粤菜名菜、名点。佛山市拍卖成交额8.13亿元，比上年增长1.01%；拍卖场次335场次，增长22.71%。会展业方面，受新冠肺炎疫情影响，1—6月佛山市封馆停展，自6月5日2020佛山国际汽车工业博览会（春季）开展至年底，分别举办20多场不同类型的展览会，总办展规模866161平方米，恢复计划展会总规模的44%。商贸物流业方面，全年主要港口完成货物吞吐量9284.68万吨，比上年下降3.7%，其中港口集装箱吞吐量404.97万国际标准箱，下降8.8%。全年全市粮食总供给量715.39吨，粮食总需求量714.27万吨。年内，占佛山市91%以上小包装食盐市场份额的广东省盐业集团佛山有限公司全年食盐总销量8.23万吨，食盐合格率（监管部门抽检）99.99%以上。全年全市办理烟草专卖零售许可业务42325份，其中新增9590份、延续3191份，全市有烟草专卖零售户36574户。佛山市供销合作社系统全年完成销售总额17.37亿元，比上年增长3.06%，利润总额1.05亿元，比上年增长4%。

（史　阳）

【市场建设】 2020年，佛山市各类专业市场和农贸市场继续规范化和规模化发展。佛山是“中国陶瓷名都”，形成有中国陶瓷城、中国陶瓷总部基地、国际陶瓷展览中心、石湾置业陶瓷批发市场、南庄华夏陶瓷博览城、瓷海国际陶瓷交易中心等多个大型陶瓷批发零售市场，每年举办的国际陶瓷展吸引众多海内外参展商参加，2020年10月18—21日举办的第三十五届佛山（国际）陶瓷及卫浴博览交易会的固定和临时参展商有800多家。顺德区乐从镇和龙江镇分别是“中国家具商贸之都”和“家具名镇”，有乐从国际家具城、南华家具城、盐步家具城、龙江国际家具城等大型家具批发零售市场，其中乐从国际家具城由佛山乐从红星美凯龙、佛山罗浮宫家具博览中心、佛山皇朝家私有限公司、佛山顺联家具城北区等商场组成，为全球最大的家具市场。禅城区的张槎镇是“中国针织名镇”、南海区西樵镇和大沥镇分别是“中国面料名镇”和“中国内衣名镇”、顺德区均安镇是“中国牛仔服装名镇”，形成有张槎玉带针织城、西樵轻纺城、顺德富安国际牛仔城等纺织服装批发零售市场，位于南海区大沥镇的盐步国际内衣城有内衣生产及相关联企业500多家，满足国内内衣市场需求的同时，还出口美国、欧盟、韩国、日本等30多个国家和地区。顺德区乐从镇是“中国塑料商贸之都”“中国钢铁专业市场示范区”，形成有乐从德富塑料城、乐从钢铁世界等集聚度较高的塑料和钢铁专业市场，其中乐从钢铁世界年促成钢材贸易总量超2000万吨。此外，佛山市还拥有顺德陈村花卉世界、顺德伦教保发珠宝产业中心、南海平洲玉器街、南海环球水产批发市场等各类较具影响力特色专业市场。年内，佛山市有农贸市场数量517家，其中禅城区102家、南海区146家、顺德区202家、高明区25家、三水区42家，市市场监管局印发《佛山市市场监管系统农贸市场综合治理行动工作实施方案（2020—2022年）》，全面铺开农贸市场综合治理工作。

（叶湘红）

【高品质消费商圈街区建设】 2020年，佛山市继续加强商业网点规划与城市空间规划、城市轨道交通规划、产业规划及其他专项规划衔接，引导城市商圈街区合理化、差异化布局，打造一批高品质商圈和特色街区。年内，祖庙商圈、季华商务带商圈、南风古灶陶瓷艺术商业街、千灯湖商圈、平洲玉器街、顺德新城商圈、大良华盖路步行街、荷城商圈、西南商圈等多个商圈（特色商业街区）建设取得一定进展。同年8月，禅城区佛山岭南天地步行街（商圈）、佛山创意园步行街入选首批广东省级示范特色步行街（商圈）。

【商贸流通业专项资金扶持】 2020年，佛山市财政安排1700万元的专项资金扶持商贸流通业创新发展，全市271个项目获该专项资金的扶持。该专项资金的使用采用以奖代补和项目竞争性分配相结合的方式，原则上集中支持商贸流通业创新发展的项目建设，主要包括支持大型商贸流通企业（商城）多业态发展；支持商贸流通企业开展经营模式创新；鼓励引入商贸流通企业总部（区域总部）进驻；支持商贸流通企业做大做强；支持商贸流通行业连锁经营发展；支持实体商贸流通企业线上线下融合发展；支持举办各类促消费活动等。结合新冠肺炎疫情中支持企业有序复工复产的工作要求，该专项资金共分扶持商圈及特色商业街区发展；支持引进总部企业发展；支持连锁企业发展；支持老字号商贸流通企业发展；支持商务部统计监测系统信息报送；支持批发、零售、餐饮企业做大做强；支持大型商场、超市母婴室建设；支持重点生活必需品保供企业；支持商贸流通企业升级改造；支持夜间经济健康有序发展；支持开展各类促消费活动；支持商品交易市场转型升级等专题。

【批发零售】 2020年，佛山市批发和零售商品销售额1.55万亿元，有限额以上批发零售业法人企业3908家。从限额以上批发零售业商品零售分类看，粮油、食品类零售额55.9亿元，比上年下降6%；服装、鞋帽、针纺织品类零售额20.63亿元，下降11.8%；日用品类零售额48.94亿元，下降9.1%；家用电器和音像器材类零售额98.32亿元，增长4.4%；中西药品类零售额17.33亿元，增长2%；家具类零售额42.57亿元，增长5.2%；石油及制品类零售额146.7亿元，下降22.8%；汽车类零售额492.21亿元，下降4.3%。

【"国六"汽车购车补贴政策】 2020年，佛山市加快推进汽车消费市场转型升级，鼓励消费者购买"国六"排放标准（国家第六阶段机动车污染物排放标准）汽车。结合新冠肺炎疫情防控需要和便捷消费者申领补助资金的实际，佛山市商务局明确购车补贴在"佛山扶持通"微信小程序平台进行申报和发放，并在全国首创"秒报秒批秒付"服务。3月1日至2月28日期间，到在佛山市注册登记的汽车销售法人企业购买"国六"排放标准汽车，在佛山完成车辆上牌手续5个工作日后，消费者即可登录"佛山扶持通"平台申领购车补贴。自3月政策实施至2020年底，通过"佛山扶持通"平台向自然人消费者发放购车补贴15.33万笔，发放资金3.3亿元。按2000元购买新车、3000元更新换代补贴标准计算，申领更新换代补贴2.34万笔，购车置换率15.3%；按平均每台新车15万元估算，间接拉动汽车消费229.95亿元。

2020年8月6日，2020广东省夜经济暨暑期消费促进活动在佛山市佛山创意产业园启动（谭丽思 摄）

【扩内需促消费活动】 2020年，佛山市通过省市联动、主题活动、跨界融合等方式持续开展系列促消费活动。与广州市合作举办"盛夏狂欢·全民high购8·8广佛购物嘉年华活动"，组织广州、佛山两市各大型批发零售企业、餐饮企业、汽车销售企业等促销互动，超5000家商贸企业、门店参加活动。联动开展2020广东省夜经济暨暑期消费促进活动，打造佛山市地标性夜生活集聚区，创新夜间经济业态模式，丰富夜间消费场景，优化夜间营商消费环境。开展佛山市冬季促消费暨"双十二"购物嘉年华活动，围绕餐饮、零售、文旅、休闲等本地生活消费全领域，推出红包补贴、特价爆款、超值券包等活动，引导商户开拓线上消费场景，促进线上线下双向融合，推动"到家+到店"场景贯通，全市超1万家商贸企业参与活动。

（余 炯 黄晓波）

住宿餐饮业

【概况】 2020年，佛山市住宿和餐饮业营业额276.42亿元，有限额以上住宿餐饮业法人企业585家。有持证食品餐饮服务单位8.89万个，其中A级单位1698个，食品餐饮服务单位量化分级覆盖率99%。全市有供餐学校（含托幼机构）单位1976个，其中自有食堂1804个，采取配餐172个。全市有养老机构食堂81个。全市有省级食品安全示范街14条、市级食品安全示范街27条、各级食品安全示范单位1079个、小餐饮集中经营提升区12个、食品摊贩规范管理提升点14个。全市在第三方网络订餐平台（美团、饿了么等）登记入网的餐饮服务单位2.5万家，日订餐量近20万份。

全市上线佛山“阳光餐饮”平台餐饮单位近4万个，其中1.59万个实现“互联网+‘明厨亮灶’”（直播厨房），2.37万个以“信息厨房”的形式入驻平台，全市学校（含托幼机构）食堂和养老机构食堂全部实现“互联网+‘明厨亮灶’”。佛山市有旅游星级饭店38家，其中五星级9家，分别为佛山宾馆（佛山皇冠假日酒店）、恒安瑞士大酒店、保利洲际酒店、哥顿酒店、财神酒店、华美达酒店、金太阳酒店、三水花园酒店、高明碧桂园凤凰酒店，还有万豪、洲际、喜来登、汉威等知名酒店品牌和豪华型商务、度假酒店，以及“城市客栈”“7天连锁”等经济型酒店。高、中、低星级饭店结构比例合理，同时，还有独具特色的民宿体验。

（赖雪莲）

2020年12月3日，2020年佛山市粤菜名店、名菜、名点授牌及相关宣传启动仪式在佛山电视台举行 （市商务局 供图）

【特色民宿产业发展】 2020年，佛山市推进民宿产业规模壮大，将民宿发展目标任务分配各区，全年佛山市新增注册营业的民宿60家，全市民宿累计增至139家。开展“悦岭南 宿佛山”佛山首届旅游达人民宿体验活动，通过民宿征集、达人招募、入住体验、报告提交、专题宣传等环节，以点带面，深度挖掘佛山民宿背后的岭南特色和文化故事，提升民宿产业知名度，相关话题及达人游记阅读量超5000万人次。开展“遇见佛山民宿”主题宣传活动，通过佛山市文化广电旅游体育局官方微信持续推送“遇见佛山民宿”主题文章20多期。

（麦文婷）

【住宿餐饮场所管理】 2020年，佛山市有在经营旅业1219家，提供房间数9.15万间、床位数12.75万个，全年接待国内外旅客人数1385万人次 。佛山市公安机关对旅馆业实施分级治安管理，通过开展日常巡查、督导检查、专项整治、明察暗访等措施，及时查处取缔无证照经营旅馆业、违反实名住宿登记以及利用旅馆业从事涉黄赌毒违法犯罪活动等违法违规行为。同年，全市宾馆饭店接受投入使用营业前消防安全检查420宗，合格314宗，不合格106宗，合格率74.7%。

（陈 智）

【粤菜名店、名菜、名点授牌】 2020年12月11日，佛山市粤菜名店、名菜、名点授牌及相关宣传启动仪式在佛山电视台举行，约300人参加活动。活动对75家佛山粤菜名店，131道佛山粤菜名菜、名点进行授牌，并启动佛山市粤菜名店、名菜、名点和美食地图全媒体宣传活动。全媒体宣传活动内容包括“岭南味·佛山品”系列微纪录片拍摄制作及播出、网络短视频制作及分发、系列新闻报道等，以及推广由佛山市市场监督管理局主导建设的“佛山美食地图”平台，提升佛山市餐饮企业的食品安全服务品质。

【餐饮业复工复产】 2020年，佛山市在全省率先实施全市范围的“促消费、惠民生”主题月活动，自4月1日起在市级层面向消费者和游客发放电子消费券，在餐饮等领域推行消费券等消费促进方式。佛山市商务局发动5万多家餐饮和美容美发领域的商家报名，活动期间，全市餐饮新增开业门店比上个月增长35%，餐饮交易订单比上个月增长152%。佛山市市场监管局实施支持企业复工复产12项措施，其中包括推动餐饮行业“网上复工”，推动餐饮行业组织及经营主体联合网络订餐平台开展网络订餐配送服务，帮助消化库存。此外，对上线佛山“互联网+明厨亮灶”的餐饮服务单位以及食品小作坊、小微企业质量提升提供资金扶持。

（史 阳 何道哲）

表40 **2020年佛山市粤菜名菜、名点品牌建设项目一览表**

序 号	“粤菜名菜、名点”单位名称	“粤菜名菜、名点”名称	区 域
1	佛山碧桂园酒店有限公司希尔顿酒店管理分公司	瑞雪藏龙	禅城区
2	佛山市纳一空间茶业有限公司	脆皮石歧乳鸽皇	禅城区
3	佛山市猪腰一家华远餐饮有限公司	祖传浸猪腰	禅城区

续表

序 号	“粤菜名菜、名点”单位名称	“粤菜名菜、名点”名称	区 域
4	佛山市得心斋食品有限公司	酝扎猪蹄（得心应手）	禅城区
5	佛山市今逸食品有限公司	今逸大包	禅城区
6	佛山市纳一空间茶业有限公司	纳一虾饺皇	禅城区
7	佛山市桃园一品饮食有限公司	首创有米金猪	禅城区
8	佛山市世纪东方大酒楼有限公司	化皮烧肉	禅城区
9	佛山碧桂园酒店有限公司希尔顿酒店管理分公司	顺德地道拆鱼羹	禅城区
10	佛山市桃园一品饮食有限公司	手打鲮鱼角	禅城区
11	佛山市五仁餐饮管理有限公司文华里分公司	招牌羔蟹鲜虾粥	禅城区
12	佛山山顶人餐饮服务有限公司	状元河粉包	禅城区
13	佛山市禅城区南庄叙福楼海鲜酒家（普通合伙）	叙福咸香鸡	禅城区
14	佛山市盈栢酒店管理有限公司	特色沙箕鱼	禅城区
15	佛山市银天大酒店有限公司	柠檬核桃酥	禅城区
16	佛山市银天大酒店有限公司	沙口笋盏	禅城区
17	佛山市福临联邦酒楼有限公司	粤式烧鹅	禅城区
18	佛山市世纪东方大酒楼有限公司	脆皮烧鹅皇	禅城区
19	佛山大龙凤餐饮有限公司	猪肚包鸡	禅城区
20	佛山市禅城区南庄叙福楼海鲜酒家（普通合伙）	沙律水果虾球	禅城区
21	佛山市禅城区南庄叙福楼海鲜酒家（普通合伙）	酥化鸡蛋散	禅城区
22	佛山市禅城区美鸽天下饭店（普通合伙）	荔香茄子	禅城区
23	佛山市纳一空间茶业有限公司	沙律香滑棠菜批	禅城区
24	佛山市鲤鱼门盛宴饮食有限公司	岭南蒸鱼角	禅城区
25	佛山市盈栢酒店管理有限公司	三十年陈皮鸡仔饼	禅城区
26	佛山市鲤鱼门怡景酒店有限公司	青芥凤尾虾	禅城区
27	佛山市禅城区美鸽天下饭店（普通合伙）	精米鸽肾煲仔饭	禅城区
28	佛山市银天大酒店有限公司	石螺焖鹅	禅城区
29	佛山市满福楼饮食有限公司	满福黄金鲍你有	禅城区
30	佛山市鲤鱼门盛宴饮食有限公司	蟹粉小笼包	禅城区
31	佛山市鲤鱼门盛宴饮食有限公司	盛宴黑金坛子肉	禅城区
32	佛山市南海区喜悦饮食有限公司	红酒圣女果脆皮叉烧	南海区
33	佛山市日日新饮食服务有限公司	九江蒸排骨	南海区
34	佛山市南海旺阁渔村饮食服务有限公司	花雕生肠	南海区
35	佛山市尚竹阁餐饮服务有限公司	尚竹阁冬瓜盅	南海区

续表

序　号	“粤菜名菜、名点”单位名称	“粤菜名菜、名点”名称	区　域
36	佛山市南海区桂城潮庭餐厅	菠萝脆皮咕噜肉	南海区
37	佛山市南海区新世纪大酒店有限公司	芝士牛柳包	南海区
38	佛山聚豪餐饮服务有限公司	聚豪茶香鸡	南海区
39	佛山市日日新饮食服务有限公司	盐焗多肉虾	南海区
40	佛山市粤宴餐饮文化有限公司	古法双蒸炖鱼头	南海区
41	佛山市南海聚豪餐饮服务有限公司	鸡汤清香海带饺	南海区
42	佛山市安乐茶饭餐饮有限公司	黑椒扣鲍片	南海区
43	佛山市南海旺阁渔村饮食服务有限公司	百花蟛蜞糕	南海区
44	佛山市南海名都雍景湾大酒楼（普通合伙）	传统生肉包	南海区
45	佛山市粤宴餐饮文化有限公司	金牌醉翁鸡	南海区
46	佛山市南海旺阁渔村饮食服务有限公司	黄焖土鳖花胶汤	南海区
47	佛山市五仁餐饮管理有限公司南海分公司	一品海皇粥	南海区
48	佛山榕记餐饮服务有限公司	陈香牛杂煲	南海区
49	佛山市龙庭华宴餐饮有限公司	酥皮水牛奶包	南海区
50	佛山市荃景餐饮服务有限公司	古法荔枝木炭烧鹅皇	南海区
51	佛山市袁亮宏餐饮管理有限公司	袁记广式手工鲜饺	南海区
52	佛山市南海雍憬明珠大酒店（普通合伙）	驰名醉翁鸡	南海区
53	佛山市顺德区太艮堡毋米粥饮食服务有限公司	毋米粥粥底火锅	顺德区
54	佛山市顺德区坚记饮食有限公司	子姜白切猪手	顺德区
55	佛山市顺德区陈村镇新君悦酒店	白雪藏龙	顺德区
56	佛山市顺德香云纱园林酒店有限公司	和味明炉烧鹅	顺德区
57	佛山市顺德区乐从供销集团荔园酒家有限公司	乐从鱼腐	顺德区
58	佛山市德和信公交餐饮有限公司	传统咕噜肉	顺德区
59	佛山市顺德区龙江镇龙江山庄	黑珍珠牛奶蛋挞	顺德区
60	佛山市顺德区容桂味可道美食坊	金牌双皮奶蛋挞	顺德区
61	佛山市顺德区周大娘牛乳餐饮店	凤凰奶	顺德区
62	佛山市顺德区君王酒店有限公司	煎焗鱼头	顺德区
63	广东顺德梁桂欢伦教糕食品有限公司	伦教糕	顺德区
64	佛山市东园餐饮有限公司	蜜汁叉烧	顺德区
65	佛山市顺德区御膳粥饮食服务有限公司	红萝卜汁馒头	顺德区
66	广东顺德黄但记食品有限公司	鸡油花雕蟹陈村粉	顺德区
67	佛山市顺德区君王酒店有限公司	布拉鲜肉肠	顺德区

续表

序号	“粤菜名菜、名点”单位名称	“粤菜名菜、名点”名称	区域
68	佛山市顺德区龙悦湾饮食有限公司	招牌盐焗鹅	顺德区
69	佛山市顺德区歌顿休闲会所	花溪烧肉	顺德区
70	佛山市顺德南国渔村餐饮管理服务有限公司	金钱蟹盒	顺德区
71	佛山市顺德区均安镇大板桥农庄食店	均安大板桥蒸猪	顺德区
72	广东德云居餐饮有限公司	顺德无骨鱼	顺德区
73	佛山市顺德区伦教臻记饭店	一鹅五味	顺德区
74	佛山市顺德区乐从供销集团荔豪园酒家有限公司	灌汤鲍粒龙虾球	顺德区
75	佛山市太之子酒家有限公司	一品鲍鱼酥	顺德区
76	佛山市顺德区容桂东海一族鱼翅海鲜酒楼	顺德家乡酿鲮鱼	顺德区
77	佛山市顺德区容桂小黄圃金雪燕炖品店	风味胡椒鸡	顺德区
78	顺德区容桂根哥天天有喜饭店	家乡煎酿大肠	顺德区
79	佛山市顺德区一壶餐饮管理有限公司	蜂巢炸芋角	顺德区
80	顺德区大良味点空间饮食店	鲜汤鱼片饺	顺德区
81	佛山市太之子酒家有限公司	马六甲乳猪	顺德区
82	佛山市顺德区猪肉婆私房菜有限公司	银杏猪肚汤	顺德区
83	佛山市顺德区朗晴居海鲜酒家有限公司	翡翠绉纱鱼卷	顺德区
84	广东顺德叹世界酒店管理策划有限公司	鱼冇鳞刺	顺德区
85	佛山市顺德区伦教香江饭店	拆丝咸鸭粥	顺德区
86	佛山市顺德区龙悦湾饮食有限公司	冰冻榴莲糕	顺德区
87	佛山市顺德仙泉酒店有限公司	雪山虾球炒奶	顺德区
88	佛山市顺德渔村饮食服务有限公司	青龙虾炒水牛奶	顺德区
89	顺德区北滘镇南塘酒家	金牌盐烧鸡	顺德区
90	佛山市大快活饮食有限公司	赖布鳝	顺德区
91	佛山市顺德区大良南记饮食店	招牌白切东山羊	顺德区
92	顺德区均安镇国洪鱼饼店	均安煎鱼饼	顺德区
93	佛山市顺德区骏景酒店有限公司	荷塘月色	顺德区
94	佛山市顺德区大良富豪饮食有限公司	金奖蒜香鸡翼	顺德区
95	佛山市顺德区大良味力东翼西餐厅	顶骨大鳝	顺德区
96	佛山市顺德区北滘镇聚福山庄饮食有限公司	叉烧包	顺德区
97	佛山市顺德区一壶餐饮管理有限公司	凉瓜豉汁蒸三泥	顺德区
98	佛山市顺德区歌顿休闲会所	容奇碌鹅	顺德区
99	佛山市顺德区大良味力东翼西餐厅	凤城炸蟹盒	顺德区

续表

序号	“粤菜名菜、名点”单位名称	“粤菜名菜、名点”名称	区域
100	佛山市顺德仙泉酒店有限公司	泉水绉纱鱼卷	顺德区
101	佛山市顺德区大良素姐小食店	胡椒猪肚汤	顺德区
102	佛山市顺德区北滘镇聚福山庄饮食有限公司	煎焗鱼嘴	顺德区
103	佛山市顺德区龙的饭店有限公司	桑基蚕茧香	顺德区
104	佛山市顺德人家酒店管理有限公司	酥皮焗双皮奶	顺德区
105	佛山市顺德区龙江镇人人酒店	顺德鱼茸羹	顺德区
106	佛山市顺德区龙江镇谭礼佳烧腊档	礼佳东头烧肉	顺德区
107	佛山市富贵门餐饮服务有限公司	富贵龙虾饺	顺德区
108	佛山市顺德区乐从镇美鸽天下饭店	酸菜焖鱼	顺德区
109	佛山市顺德区龙的饭店有限公司	塘里鱼欢唱	顺德区
110	佛山市顺德区粥食丰尔饮食服务有限公司	顺德粥底火锅	顺德区
111	佛山市顺德区乐从供销集团荔园酒家有限公司	白糖糕	顺德区
112	佛山市顺德区聚福湖景山庄饮食有限公司	自制白糖糕	顺德区
113	佛山市顺德区龙的饭店有限公司	古法彭公鹅	顺德区
114	佛山市顺德区容桂小黄圃金雪燕炖品店	寻味溏心鲍鱼	顺德区
115	佛山市顺德区聚福金海岸山庄饮食有限公司	咸煎饼	顺德区
116	佛山市顺德区御膳粥饮食服务有限公司	砂锅黑松露焗珍珠龙趸	顺德区
117	佛山市顺德区合意来饮食有限公司	双皮奶蒸桂花卷	顺德区
118	佛山市顺德区禄福山庄饮食有限公司	鲍打天下	顺德区
119	佛山市顺德区鱼皮祥餐饮管理有限公司	七彩捞起鱼皮	顺德区
120	佛山市大快活饮食有限公司	豉油鸡	顺德区
121	佛山市高明杨和园林美食城有限公司	酸菜炒簕菜	高明区
122	佛山市高明区上善藏宝田餐饮有限公司	“九大簋”濑粉宴	高明区
123	佛山市高明杨和园林美食城有限公司	蛋散	高明区
124	佛山市高明区有米叔餐饮管理有限公司	韭菜花炒鹭湖虾	高明区
125	佛山市西酒饮食有限公司	萨琪玛	三水区
126	佛山市三水区西南街大醋情小食店	臭屁醋火锅（祛湿锅底）	三水区
127	佛山市西酒饮食有限公司	蛋散	三水区
128	佛山市三水中旅集团有限公司华厦酒店	干蒸烧卖	三水区
129	佛山市西酒饮食有限公司	狗仔鸭	三水区
130	佛山市三水中旅集团有限公司华厦酒店	中旅香茅乳鸽	三水区
131	佛山市三水中旅集团有限公司华厦酒店	八宝冬瓜盅	三水区

美容美发业

【概况】 截至2020年底，佛山市有美发美容业相关企业1.6万家，从业人员数8万多人，有市级行业协会1个。在佛山市美容美发行业协会登记的企业近300家，会员企业涵盖生活美容、美发、医学美容、养生、纹绣、化妆品、产康管理、生物科技、美体（瑜伽）、美甲、化妆、培训咨询等，全年新增会员企业56家。2020年，市美容美发行业协会成立协会妇女联合会，成为市内首个行业协会妇联。2020年，佛山市化妆品价格指数为97.7（上年=100，下同），其中清洁化妆品价格指数为102.2、护肤化妆品价格指数为94.5、彩妆化妆品价格指数为94.3、清洁类护肤用品价格指数为99.4、护发美发用品价格指数为99.4。

【美容美发行业活动平台建设】 2020年，佛山市美容美发行业协会确定5大月度固定活动，促进行业活动平台建设。每月4日是协会妇联的女子学堂活动；每月10日是协美商学院的月度经营分享交流会；每月17日是以趣味性活动为主的工会日；每月20日为主题党日和公益志愿服务日；每月5日、15日、25号为企业互访日。年内，女子学堂开展活动4次，协美商学院组织行业交流分享会12次，会员企业拜访交流32次，开展法律讲座3次，4次行业培训。协会志愿服务队完成12次爱心志愿服务，工会活动2次。

【市美容美发行业协会妇联成立】 2020年12月24日，佛山市美容美发行业协会妇女第一次代表大会召开，选举产生市美容美发行业协会妇女联合会第一届执行委员会委员，标志着全市首个行业协会妇联成立，也是全市35个新领域、新业态、新阶层、新群体“四新”领域妇联之一。新成立的市美容美发行业协会妇联有执委11人，其中主席1人、副主席2人。截至2020年底，市美容美发行业协会有女性会员约240人，成员单位女性从业人员约2850人。

（市美容美发行业协会）

拍卖业

【概况】 2020年，佛山市拍卖成交额8.13亿元，比上年增长1.01%；拍卖场次335场次，增长22.71%。从拍卖标的分类来看，房地产拍卖成交额最高、占比最高，成交额5.3亿元（比上年增长138.74%），占总成交额的65.19%。从拍卖委托部门来分，其他机构委托、个人委托拍卖成为拍卖业务的主要来源，成交额分别为3.01亿元、2.4亿元，分别占总成交额的37.02%、29.52%。从拍卖场次来看，其他机构委托、政府部门委托（包括自然资源管理部门、海关、公安部门、工商管理部门、税务部门、检察院等）、个人委托占居委托拍卖场次的前三位，分别为158场次、69场次、61场次。

【司法委托拍卖】 2020年，佛山市司法委托拍卖业务为零成交额、零拍卖场次。受司法拍卖政策影响，佛山市司法委托拍卖从2016年之前的拍卖业务主要来源，逐渐变为边缘、真空地带，从2016年成交额39.05亿元、632场次，到2017年成交额15.5亿元、99场次，再到2018年成交额0.03亿元、6场次，至2019年、2020年成交额、场次均为0。

【个人委托拍卖】 2020年，佛山市个人委托拍卖的物品主要集中在房地产、机动车、文化艺术品、债权、股权和其他。全年个人委托拍卖61场次，比上年下降50.41%；成交额2.4亿元，增长874.26%。其中，个人委托拍卖中的房地产成交额2.29亿元，占个人委托拍卖成交总额的95.42%。

（余　炯）

会展业

【概况】 2020年，佛山市有潭洲国际会展中心、佛山国际会议展览中心、中国陶瓷城、龙江前进汇展中心、顺联国际机械博览中心、佛山顺德罗浮宫国际家具博览中心、南海国际会展中心等会展场馆，有佛山成展展览服务有限公司、佛山市有诚展览有限公司、佛山市慧聪展览有限公司、佛山市运高展览有限公司等办展机构。受新冠肺炎疫情影响，1—6月佛山市封馆停展，自6月5日2020佛山国际汽车工业博览会（春季）开展至年底，佛山会展业分别举办20多场不同类型的展览会，总办展规模866161平方米，恢复计划展会总规模的44%，涉及机械装备、互联网、陶瓷、文化、汽车、家电、家具、有色金属等多个行业。年内举办的展会除第九届佛山汽车工业博览会外，还包括第三十五届佛山（国际）陶瓷及卫浴博览交易会、第十七届国际中小企业博览会智能家电展和国际家居展、第二届佛山国际建筑装饰博览会、2020佛山（潭洲）国际陶瓷与卫浴展览会、2020佛山国际陶瓷装备与材料展览会、广东国际家用电器博览会、2020第十一届中国（佛山）门窗博览会、2020第九届佛山汽车工业博览会等。广东（潭洲）国际会展中心为新冠肺炎疫情发生后广东省首个恢复办展的大型专业展馆。

【全国首个展馆品牌战略发布会】 2020年7月22—23日，广东（潭洲）国际会展中心举办潭洲会展品牌战略发布会，工业会展全链条主体七大界别的龙头企业等近190个机构代表及行业专家等超300人参会。发布会期间，广东潭洲国际会展有限责任公司与富士康工业互联网股份有限公司签订合作协议，重点推进“一馆两平台”〔“一馆”指在广东（潭洲）国际会展中心建设国内第一家未来工业体验馆；“两平台”指智慧工业会展云平台与工业赋能服务云平台〕和5G（第五代移动通信技术）工业应用示范展馆新基建项目。此外，广东（潭洲）国际会展中心联合相关政府部门、会展行业协会、工业专业行业协会、会展主办机构以及先进制造业企业等33个机构，组建中国工业会展联盟。该品牌战略发布会是全国首个展馆品牌战略发布会。

【2020佛山国际汽车工业博览会（春季）】 2020年6月5—8日在潭洲国际会展中心举行。该展会启用潭洲国际会

展中心1～3号馆，参展面积3万平方米，吸引50个品牌参展。多个品牌扩大参展面积，广汽丰田、东风本田、广汽本田、东风日产四大主力日系品牌参展规模达3000平方米。为带动汽车消费复苏，车博会拿出一定资金作为市民现场购车补贴的购车基金，购买30万元以上可得2000元补贴，30万元以下可得1000元补贴。此外，现场购车还可叠加广东汽车下乡补贴政策、新能源车补贴政策、佛山“国六”标准（国家第六阶段机动车污染物排放标准）购车补贴政策、众多经销商促销等多重让利。该展会是新冠肺炎疫情得到控制而开展复工复产后的广东首展。

（何道哲）

【第十四届华南不锈钢·金属材料展览会】 2020年7月8—10日，由中国国际贸易促进委员会佛山市委员会、广东省不锈钢材料与制品协会主办的第十四届华南不锈钢·金属材料展览会在佛山市顺德区陈村花卉世界展览中心举行，来自广东、福建、浙江、江苏等地的近100家不锈钢产业链品牌企业应邀参展，展示其主导产品和新技术设备。该次展会是2020年国内首个不锈钢专业展。

（刘泽团）

【2020佛山（潭洲）国际陶瓷展】 2020年7月20—24日，2020佛山（潭洲）国际陶瓷展在广东（潭洲）国际会展中心举行。展会以“跨界共生，绿色智造”为主题，同期举办陶瓷卫浴产品展与陶瓷装备材料展。展览面积达12万平方米，共设10个专业性主题展馆，来自国内外超500家知名品牌企业参展，入场观众人数11.68万人。2020年佛山（潭洲）国际陶瓷展是2020年全球规模最大的专业陶瓷展，是“陶瓷行业发展的风向标”。

【2020广东西樵轻纺城家纺布艺交易会】 2020年8月4—5日在佛山市南海区西樵镇广东西樵轻纺城举行。以西樵轻纺城家纺布艺市场为主会场，600多家家纺企业携带名品和新品参展，过万款窗帘布艺、窗饰导轨配件、酒店用品等家纺产品供全国各地的采购商选购。除线下交易会，交易会创新直播带货，加入云签约、直播带货等线上销售模式，让买家随时随地、轻松了解参展产品信息。其中，交易会首日，开幕式直播和线上带货的浏览量超14万人次。

（陈　枫）

【中国（佛山）国际智能机器人博览会】 2020年12月3—6日在佛山市广东（潭洲）国际会展中心举行。博览会汇集国内外顶尖机器人研发制造企业，全面展示机器人各领域的前沿产品、核心技术以及最新的应用解决方案。博览会以“全球变局下的合作与共赢”为主题，展会面积5万平方米，参展单位300余个，涵盖展览展示、论坛会议、竞赛活动、招商推介四大板块。博览会期间还安排多场招商推介及对接活动，为佛山的招商机构、产业空间、机器人企业提供专场路演。博览会期间，2020全球智能机器人产业峰会、2020世界机器人大赛同步举行。展会现场发布《2020中国机器人产业报告》等系列产业成果，启动机器人专业能力测评工作。

（马　力）

【2020第九届佛山汽车工业博览会】 2020年10月1—5日在广东（潭洲）国际会展中心举行。该次博览会以“开启梦想，领秀科技”为主题，由中国机械国际合作股份有限公司、佛山传媒集团、广州市合强展览有限公司、广东潭洲国际会展有限责任公司主办。该次博览会展览面积近10万平米，参展品牌近80个，展商230多家，涵盖50套高规格展台。奔驰首次以1000平方米的豪华展台参展；广汽讴歌、广汽本田、东风本田、广汽丰田、一汽丰田、东风日产和长安马自达等主力日系品牌均以超600平方米的高规格展台参展；大众系列品牌的上汽大众、一汽大众和捷达三大品牌以超1200平方米的高规格展台参展。该次博览会展出600余款新车；首发新车有27辆，首发新车数量超往届。该次博览会有近17万人次观展，与上年同期展会相比增长13%；销售新车近9000辆，增长12.5%；销售额超18亿元，增长约10%，在车市下滑的环境下，实现逆市突破。

【第三十五届佛山（国际）陶瓷及卫浴博览交易会】 2020年10月18—21日在佛山市中国陶瓷城、中国陶瓷总部基地、佛山国际会议展览中心同时举行。交易会以“新浪潮”为主题，由佛山中国陶瓷城集团有限公司主办。交易会展览面积超40万平方米，有300多家固定参展商和500多家临时参展商参加。交易会设置瓷砖馆、卫浴馆、陶瓷配套馆、特色精品馆、大板馆、绿色建材馆六大主题展馆，展品超2万件，涵盖建筑陶瓷墙地砖、石材、陶瓷机械原材料、马赛克、卫生洁具、休闲卫浴、五金水件、

2020年7月20—24日，2020佛山（潭洲）国际陶瓷展在广东（潭洲）国际会展中心举行。图为开幕式现场

（市贸促会　供图）

岩板家居等品类。交易会筛选企业组成"原创者联盟"，推出"佛山陶博会超级直播节"，为企业转化线上流量，通过线上直播打破以往"一对一"的洽谈方式，实现"一对多"的效率提升。

（何道哲）

【2020广东（佛山）首届国际食品食材博览会】 2020年12月24—27日在佛山国际会议展览中心举行。博览会集中展示食品领域内的品牌产品、扶贫产品和佛山市的扶贫成果。博览会设有8个展区，分别是知名品牌展区、扶贫展区、珠中江包装食品展区等。有500个标准展位，室内规模1.5万平方米，室外1万平方米。来自粤港澳大湾区和大西南地区的企业参加博览会。博览会还设置"阳光食堂、安全配送"项目对接会、疫情后食品安全论坛、餐饮配送高峰论坛等。企业借助展会的平台实现精准对接，并促进佛山市对口扶贫区域的安全食品进入大湾区的餐桌，助力脱贫攻坚最后"一公里"。

（陈　枫）

物流业

【概况】 2020年，佛山市全社会公路货运量1.95亿吨，全社会水运货运量4277吨，民用航空货邮运量989吨。全年主要港口完成货物吞吐量9284.68万吨，比上年下降3.7%，其中港口集装箱吞吐量404.97万国际标准箱，下降8.8%。截至2020年底，佛山市有物流企业等级评估等级企业18家，其中AAAAA级1家、AAAA级13家、AAA级4家，主要开展大宗运输、汽车物流、冷链物流、电商物流、快递物流等专业物流业务。冷链物流企业以广东何氏水产有限公司、佛山市鼎昊冷链物流有限公司、佛山顺德国通物流城有限公司、佛山市南海区大沥桂江冷库储存配送有限公司等为代表，其中广东何氏水产有限公司属于商务部认定的"农产品冷链流通标准化试点企业"。有德邦物流、南储仓储、南海国际货柜码头、广东何氏水产、国通物流城、吉宝物流、佛汽集团、小冰火人网络等一批第三方物流企业。第三方物流企业利用全球定位（GPS）和射频识别技术（RFID）等互联网、物联网创新经营模式和优化管理流程，开展电子商务物流、跨境物流、冷链物流、现代仓储、物流信息平台交易管理等新业态。此外，九江港口物流基地、官窑货场物流园区、顺德区国通冷链物流基地、大沥广佛物流园、易运物流基地等一批布局合理、产业集聚、功能集成的物流园区，为城市配送提供节点布局。佛山众陶联供应链服务有限公司、广东美的制冷设备有限公司、佛山市海天调味食品股份有限公司等3家国家供应链创新与应用试点企业继续开展供应链创新与应用试点。

【智慧物流腾飞计划推进】 2020年，佛山市继续推进智慧物流腾飞计划的实施，培育商贸企业发展，推动商贸产业的转型升级。2020年，全市新增佛山市第八批智慧物流腾飞试点企业5家，佛山市智慧物流腾飞试点企业增至44家。拨出专项资金对试点企业中符合"智慧物流腾飞计划"的新建项目进行奖励扶持，支持试点企业申报省级服务业发展专项资金。全年有16家智慧物流试点企业新增项目经过专家认定等程序，合计拟获扶持资金995万元。通过智慧物流项目的建设，促进佛山商贸产业智能化、信息化发展，优化物流资源优化配置。

【农村物流】 2020年，佛山市推动区、镇（街道）、村三级物流站场设施建设，区、镇（街道）、村三级物流节点实现100%覆盖，基本形成城乡连接、村村互通、安全便捷的农村公路交通网络，打通农产品进城的"最后一公里"。全市有农村自办邮政营业场所44处、委托代办营业场所64处，全市327个建制村直接通邮，直接通邮率100%。佛山市邮政管理部门推动市邮政公司和市13家主要快递品牌企业分别签订《邮政快递合作下乡进村战略框架协议》，以邮政普遍服务网络为基础，以快递物流服务资源为平台，将快递物流服务延伸到乡镇和建制村。市交通运输局印发《佛山市交通运输局2020年加强城乡物流配送基础设施建设专项扶持资金使用方案》，提出对佛山市辖区从事城乡物流配送的企业进行资金扶持，对申请参与佛山市城乡物流配送的车辆进行补贴，其中，普通货运车辆按每辆购车总价的30%予以补助，每辆补助最高不超3万元；冷藏运输车辆按每辆购车总价的30%予以补助，每辆补助最高不超4万元。

【生产服务型国家物流枢纽入选2020年国家物流枢纽建设名单】 2020年10月28日，佛山生产服务型国家物流枢纽入选2020年国家物流枢纽建设名单，为2020年广东省唯一入选的国家物流枢纽。佛山生产服务型国家物流枢纽选址以南海区、三水区为核心区，向全市辐射，计划总投资40.87亿元。截至2020年底，完成投资60%。该项目以佛山市南海区铁路投资有限公司、一汽（佛山）物流有限公司、九江南鲲码头有限公司、佛山集大物流有限公司、佛山中外运仓码有限公司、泉州晋江陆地港集团为建设运营主体，由官窑物流枢纽区和南鲲物流枢纽区2个功能互补分区构成，总占地面积3.82平方千米。

（何道哲）

粮油供销

【概况】 2020年，佛山市粮食总供给量715.39吨，粮食总需求量714.27万吨，全年全市粮食消费量比上年下降6.6%。全年全市粮油市场总体平稳，粮源充足，没有出现断供断档、抢购粮食现象。在广东省开展的2019年度粮食安全责任考核中，佛山市再次获评全省优秀等次（已连续4年获评全省优秀等次）。

【粮食供应安全保障】 2020年，为做好新冠肺炎疫情期间粮食安全工作，佛山市印发《佛山市新型冠状病毒肺炎疫情期间保障粮油市场供应工作方案》，加强统一领导和指挥调度，利用主流媒体报道佛山市社会粮食库存量以及价格平稳的实际情况，引导消费者不信谣不传谣，科学理性采购，稳定市场预期。组织辖区粮油应急供应网点、粮食加工企业、应急配送中心、储运企业和主食加工企业在新型冠状病毒肺炎疫情防控关键时段正常营业，确保供应充足，并关注粮油市场形势，定期发布粮油供求及价格信息，正确引导舆论，保障全市粮油市场稳定。年内，佛山市无出现断供断档引起的粮食安全情况。

【成品粮储备规模扩大】 2020年，佛山市根据广东省政府要求，结合佛山市人口增长、消费结构变化等实际，扩大成品粮储备规模，出台《佛山市地方成品粮储备规模计划调整方案》，按照2019年全市815.86万人，每人每天500克成品粮的标准，满足15天的供应量，由原来的4.4万吨增加至6.12万吨，提高佛山市粮食应急保障能力。

【粮食质量保障体系强化】 2020年，佛山市加强出入库环节粮食质量安全监测，建立并落实佛山市政策性粮食入库食品安全检验项目清单，进口粮食疫情联防联控机制运作良好，全市全年粮食质量安全"零事故"。完善粮食质量安全检验监测专业技术设备，提升粮食质量安全检验监测整体水平，逐步形成以佛山市禅城区粮油检测中心为核心，市、区粮食收储企业内设检验室为补充的"1+1+5"（即1个检测中心，1个市本级检验室，5个区级检验室）质量安全检验监测网络体系，并充分发挥佛山市禅城区粮油检测中心的技术优势和人才优势，建立以老带新的传帮带"导师制"，提升全市粮食质量安全检验监测整体能力水平。

【粮食应急保障】 2020年，佛山市有经市、区两级粮食管理部门认定纳入应急名录的粮油应急加工企业25家、应急运输企业8家，应急配送中心7个、应急供应网点124个，基本覆盖全市所有镇（街道）。粮油应急加工企业小麦应急加工能力2850吨/日、稻谷应急加工能力1557吨/日，应急情况下能确保原粮正常加工供应。年内，佛山市加强粮食流通能力，发挥广东金珠三角粮食物流中心粮食安全"蓄水池"作用，整合粮食收购、储备、加工、运输、配送、商超等综合服务功能，提升粮油保障能力现代化水平。

【粮食产销合作】 2020年，佛山市注重加强与国内主要粮食主产区的粮食购销战略互补。先后组织全市粮食系统赴安徽、江苏、山东、福建、江西等地开展粮食对口合作，签订粮食产销协议7份，继续拓展市外省外优质粮源，保障佛山市粮油市场供应充足。同时，在佛山市与黑龙江省双鸭山市建立对口合作关系的大框架前提下，推动与双鸭山市的粮食产销合作，佛山市威望米业有限公司与双鸭山市友谊县恒盛米业有限公司签订6700吨大米购销合同，合同金额2894.4万元。

【2020年世界粮食日和全国粮食安全宣传周广东省分会场活动】 2020年世界粮食日和全国粮食安全宣传周广东省分会场活动在佛山市三水区白坭粮食博物馆举行。2020年世界粮食日活动的主题为"齐成长、同繁荣、共持续，行动造就未来"，全国粮食安全宣传周活动的主题为"端牢中国饭碗，共筑全球粮安"。广东省、佛山市、三水区有关领导出席活动，佛山市粮食、农业农村等5个部门代表、粮食系统干部职工和部分居民、粮食企业代表等200多人参加活动。活动现场宣读世界粮食日"倡议书"，给全国粮食和物资储备系统抗击新冠肺炎疫情先进集体颁奖以及给第二批粮食安全宣传教育基地授牌。其中，佛山市粮食和物资储备局获颁全国粮食和物资储备系统抗击新冠肺炎疫情先进集体；佛山文创古镇粮食博物馆、佛山市禅城区粮油检测中心入选"第二批广东省粮食安全宣传教育基地"名单。

（梁汝钰）

供销合作

【概况】 2020年，佛山市供销合作社系统有市级供销社1个，区级供销社2个，其中禅城区1个、高明区1个，镇（街道）级供销社17个，其中禅城区4个、南海区2个、顺德区2个、高明区9个，村（社区）级供销社4个，均在高明区。佛山市供销合作社系统完成销售总额17.37亿元，比上年增长3.06%；利润总额1.05亿元，比上年增长4%；社会贡献总额4.03亿元，比上年下降0.91%。佛山市全市所有者权益合计26.27亿元，比上年下降4.39%。

【新型乡村助农服务示范体系建设】 2020年，佛山市完成供销合作社新型乡村助农服务示范体系建设。在禅城区和高明区建成2个县域助农服务综合平台，在全市建成12个镇村助农服务中心，其中禅城区1个、南海区2个、顺德区2个、三水区3个、高明区4个，超额完成广东省人民政府印发的《供销合作社新型乡村助农服务示范体系建设实施方案》中确定的阶段性建设任务。为做好供销合作社新型乡村助农服务示范体系建设，2019—2020年，佛山市共投入300万元的财政资金进行专项扶持。

【绿色无公害芽苗菜生产基地建设】 2020年，佛山市供销合作社承担佛山市绿色无公害豆芽菜的规范生产任务，并在高明区更合镇吉田村重新选址规划建设佛山市绿色无公害豆芽菜生产基地。生产基地于年内完成工程建设和设备调试，并于12月实现投产，日产（满负荷）豆芽菜超50吨。

（曾　嘉）

食盐经营

【盐产品销售】 2020年，广东省盐业集团佛山有限公司主要开展食盐销售，全年食盐总销量8.23万吨，包括小包装食盐2.92万吨（占佛山市91%以上的小包装食盐市场份额）、食品加工用盐5.31万吨；全年实现营业收入9621万元；佛山市全市食盐合格率（监管部门抽检）99.99%以上。

（佛山市盐业公司）

【食盐储备管理建设】 2020年，佛山市食盐总储备量6586吨，其中市级政府储备3293吨、企业自有储备3293吨，全部由广东省盐业集团佛山有限公司承储，能满足佛山正常情况下60天食盐平均消费需求，为应对各类突发事件，维护食盐市场稳定提供物资保障。同年，佛山市粮食和物资储备局会同市卫生健康局、市市场监管局重新起草《佛山市猪肉食盐和药品储备管理办法》，明确总则、职责分工、资质管理、质量管理、入储管理、在库管理、轮换管理、动用管理、财务管理、罚则、附则共十一章四十二条规定，覆盖佛山政府食盐储备管理的全过程和各环节，经市司法局审核，计划于2021年印发实施。

（高俊敏）

【食盐安全监管】2020年，佛山市市场监督管理局委托第三方专业评估机构对盐业公司开展食品安全状况评估，依法加强食盐安全监管。将食盐作为重点产品列入每年的监督抽检的计划中，包括本省和外省食用盐生产企业生产的食用盐产品。全年共抽检食盐323批次，暂未发现质量问题产品。加强食盐质量安全监督检查，推进食盐销售风险分级管理，通过二维码扫描、文字图片识别技术、电子地图定位等方式实现对监管对象相关主体信息的自动匹配和录入，根据日常检查情况自动对食品销售经营者进行静态风险因素与动态风险因素进行量化打分并确定基本风险等级，再由监管人员结合行政处罚记录、食盐抽检情况、产品召回情况等相关的监管记录完成初次风险等级评定，广东省盐业集团佛山有限公司被评定为A级，食品质量安全保持较高水平。

（劳少敏）

烟草专卖

【概况】2020年，佛山市有烟草专卖零售户36574户。佛山继续加强烟草专卖零售许可证管理，全年全市办理烟草专卖零售许可业务42325份，其中新增9590份、延续3191份、变更237份、补办22886份、停业1044份、恢复营业944份、歇业4433份。加强打击烟草市场违法犯罪行为，年内，会同公安机关侦破“FS2001”“FS2002”“FS2003”等假烟专案。2020年，佛山市烟草零售价格指数为101（上年=100）。

【烟草市场监管与执法】2020年，佛山市烟草专卖局推进打击涉烟违法犯罪“蓝剑”行动（2020—2022年）。会同公安机关侦破“FS2001”假烟专案，查获假冒伪劣卷烟250余万支，涉案金额600余万元；侦破“FS2002”假烟专案，抓获犯罪嫌疑人24人，现场案值670余万元，总涉案金额超3000万元；侦破“FS2003”大型假烟打码窝点专案，查获假烟（初步判定）920余万支，涉案货值1160余万元，总涉案金额超5000万元；侦破“8·3”佛山市顺德区假烟包装网络案，现场缴获假烟810余万支、铝箔纸1210千克、商标纸4.69万套、OPP薄膜（双向拉伸聚丙烯薄膜）260千克、盒外透明纸包装机1台、白乳胶150千克、简易手工卷烟包装机6台、激光打码机1台，总案值620余万元，公安机关抓获犯罪嫌疑人7人，全链条捣毁假烟包装窝点3个、打码窝点1个、中转仓库1个。

【2020年度公开销毁违法烟草专卖品现场会】2020年7月6日，佛山市烟草专卖局（公司）举行2020年度公开销毁违法烟草专卖品现场会，现场会在市公安局、市财政局、市打私支队等部门监督下进行，销毁一批总价值超3337万元的违法烟草专卖品，其中包括各类罚没卷烟4617万支、罚没烟丝2880千克。该次销毁工作采取环保销毁形式，统一在垃圾焚烧发电厂集中销毁，整个销毁工作全程跟踪录像。

（王莎莎）

成品油销售业

【概况】2020年，佛山市无成品油生产企业。截至年底，成品油销售企业共计建档410家，其中油库4座、加油站（含水上加油站）406座。全年汽油零售价格指数为85.9（上年=100），柴油零售价格指数为84.7（上年=100）。年内，石油及制品类零售额146.7亿元，比上年下降22.8%。

【成品油销售监管】2020年，佛山市对油品生产、仓储和销售企业，以及加油站、水上加油站等进行调查核查，建立行业产品信息数据库。市市场监管局对全市333个油库、加油站的油品实施监督抽查，抽查覆盖率为81%，抽查油品544款（汽油271款、柴油251款、船用油7款、车用尿素15款），发现不合格产品4款，其中1批次车用柴油硫含量指标不合格，不合格产品发现率为0.74%。开展无照经营清查专项行动，市场监管部门全年出动执法人员2150人次，检查市场主体1664个次，对3个无照经营加油站、5家销售不合格油品的企业进行立案查处，罚没金额14.68万元。10月，市场监管部门对全市油品生产、仓储、销售企业以及加油站、水上加油站等开展专项检查，对经营不符合强制性标准、假冒伪劣、来路不明油品行为进行查处，移送司法部门追究责任。出动执法人员1223人次，开展联合执法80次，检查加油站、点（窝点）583个次，核查线索97条，执法抽检14批次，立案查处6宗，通报、移交给其他部门线索42条，捣毁非法加油站点4个，移送公安机关案件24件。

（市市场监管局）

【成品油运输及安全监管】2020年，佛山市交通运输局印发《佛山市交通运输局关于开展成品油运输专项执法行动的通知》，开展成品油运输违法行为专项整治行动，联合应急管理、公安等部门加强路面管控，每周至少开展1次针对成品油等危险品运输的专项整治，对车辆集中，有加注油品需求的物流园区以及在建工地进行排查。年内，市消防救援支队检查加油站、加气站214个次，发现隐患23处，整改隐患23处，下发责令改正通知书8份。市各级消防救援队伍全年开展加油站“六熟悉”（熟悉交通道路、水源情况，熟悉重点单位的分类、数量及分布情况，熟悉主要灾害事故处置的对策及基本程序，熟悉建筑物使用及重点部位情况，熟悉内部的消防设施情况，熟悉其消防组织及灭火救援任务分工情况）和加油站消防演练153次，保障市内加油站消防安全。

（市交通运输局　市消防救援支队）

新兴服务业

法律服务

【概况】 截至2020年底，佛山市有律师所371家（个），其中合伙所218家、个人所100家、分所24家、代表处1个、公职所6家、法援处6个、公司机构16个；律师3797人，其中专职律师3207人、兼职律师35人、公职律师464人、法援律师49人、公司律师37人、港澳居民律师5人。佛山市发挥律师在法律咨询、法律服务（调解）、法治宣传教育方面的专业作用。全年办理刑事诉讼案件7851件、民事诉讼案件5.85万件、行政诉讼案件1877件、非诉讼法律事务8957件、仲裁业务2172件。全市村（社区）法律顾问487人，其中主办律师318人、协助律师169人，实现一村（社区）一法律顾问全覆盖。全市一村（社区）一法律顾问服务对象10.97万人次，提供服务总数3.38万件次，其中诉讼服务42件次、非诉讼服务3.38万件次〔接访咨询26631件次、审查合同（包括审查民规民约）491件次、出具法律意见书321件次、代书284件次、谈判17件次、调解纠纷939件次、参与法律援助14件次、处理敏感案件9件次、协助选举42件次、上法制课及开展法律培训（包括普法宣传）4118件次、其他903件次〕。截至2020年底，佛山市有公证处8个、公证员79人，公证机构全年办理公证案件8.99万件；有司法鉴定机构14个、司法鉴定人133人。全年以省厅名义作出司法鉴定行政许可84件；协助送达行政处罚案件7件；受理司法鉴定投诉45件，协助办理司法鉴定行政复议13件。

（市司法局　市律师协会）

【法律援助】 2020年，佛山市各法律援助机构办理法律援助案件2.59万件，其中刑事法律援助案件1.72万件（包含认罪认罚案件1.35万件）、民事法律援助案件8382件、行政法律援助案件41件、代书313件，提供法律咨询2.54万人次。市法律援助处发挥法律援助作用，组织各法律援助机构开展保障农民工工资支付活动，维护农民工合法权益，全年全市受理涉及农民工欠薪维权案件5515件，涉及农民工5515人，占21.4%，为农民工挽回经济损失7618.44万元；组织全市各级法律援助机构进一步加强法律援助宣传工作，以“法援惠民生　扶贫奔小康”“敬老月”“法律援助宣传月”“根治欠薪冬季攻坚”等多种宣传主题，扩大法律援助宣传覆盖面和法律援助影响力，提高法律援助知晓率，全年开展便民利民的法律援助宣传活动99场次。同时，做好妇女儿童权益保护，聘请法律顾问为妇女儿童提供免费的法律咨询或调解服务等。

（王　松）

【疫情防控法律服务】 2020年，佛山市律师行业发挥专业优势，扮演“三种角色”，助力依法抗疫，服务疫情防控和

2020年，佛山市妇联聘请法律顾问为妇女儿童提供免费法律咨询或调解服务。图为人民调解现场

（市妇联　供图）

经济社会稳定健康发展大局。当好“普法宣传员”，与佛山电视台、佛山电台联合举办“法治佛山”“战疫说法”等栏目，通过视频直播、律师以案说法的形式，线上线下为企业讲解复工复产相关法律法规、劳动者依法维权法律问题；当好“法治体检员”，开展疫情下企业复工复产法律服务需求调查，推出“法治体检”“线上问诊”的新举措，为企业制定个性化方案，助力企业依法复工复产；当好“纠纷调解员”，开展涉企业矛盾纠纷化解工作，组织疫情防控律师服务团或专门组建律师服务队提供法律咨询和调解服务，及时化解疫情引发的矛盾纠纷。

【民营企业律师服务】 2020年，佛山市律师协会重点开展“百千万”送法进民企公益法律服务活动（“全市100家律师所党支部与100家以上民营企业党支部共建结对，1400多名党员律师服务1万名民营企业员工”公益法律服务活动）。发挥民营企业法律服务中心和民营企业律师服务团、民营企业法律服务讲师团（“一中心两团”）的专业作用，为民营企业提供“法治体检”、律师服务“三进”（进企业、进工业园区、进商协会）、举办法律专题讲座、优化民营企业营商环境法治论坛等活动，进一步提高民营企业法律风险防范意识，为民营企业高质量发展保驾护航。6月，率先在全省采取政府购买服务方式组织20家律师所为200家受疫情影响较大的餐饮、住宿、文旅体、疫情防控物资生产重点单位等中小民营企业提供“法治体检”、法治宣传、规章制度修订、合同审查、纠纷调解等专项法律服务。专项法律服务期间，全市有154名律师参与服务民营企业，发放并回收服务民营企业法治体检调查问卷198份，出具“法治体检报告”198份，开展民法典宣讲及法律培训203场次，完善企业内部管理制度159份，审查合同223份，提出法律意见618条，解答法律咨询311宗，调解企业纠纷55件。

【涉外法律服务】 2020年，佛山市律师协会加强与市商务局、市国资委、市贸促会等部门交流和合作，通过人才培养、信息传递、宣传推广、整合资源、打造平台等方面促进佛山市涉外法律服务的发展。举办“佛山市推进粤港澳大湾区建设法律服务论坛”为全市律师所和涉外企业搭建信息交流平台。在广东外语外贸大学法学院举办涉外法律服务人才培训班。与市司法局、市贸促会等部门定期举办涉外法律服务沙龙和培训，举办涉外法律服务系列沙龙，培养和储备佛山市涉外法律服务人才队伍。

（市律师协会）

【司法鉴定服务】 2020年，佛山市有司法鉴定机构14个、司法鉴定人133人。继续做好承接省司法厅委托佛山市实施的司法鉴定管理行政许可、行政处罚等管理工作，全年以省厅名义作出司法鉴定行政许可84件，均按要求报省厅进行公示；协助送达行政处罚案件7件；受理司法鉴定投诉45件，协助办理司法鉴定行政复议13件。

【公证服务】 2020年，佛山市公证机构办理公证案件8.99万件，公证收费4699.5万元。成立全市首家合作制华南公证处，提供综合性、差异化公证业务。在全省率先出台公证参与行政执法事务的具体意见，办理公证参与行政执法案件59件。在全省率先出台《关于加强法律服务行业协会建设的实施意见》，规范行业协会职能职责。开展公证机构党组织规范化建设，全市单独建立党支部公证机构8个。开展全市公证行业集中警示教育活动和公证执业“强党建、深警示、防风险”专项检查，加强公证执业活动的监督管理和执业风险防范。办理公证员任职、变更执业机构、涉外公证执业资格申请等行政审批事项47件。开展2020年度公证员职称评审工作，佛山市公证行业新申报二级公证员和三级公证员职称各1人。处理公证投诉案件4件，协助提出公证行政复议答复书1件，并根据全省信访积案清理行动，处理公证、司法鉴定信访积案3件。投入专门资金定制《中华人民共和国民法典》学习宣传物料，开展《中华人民共和国民法典》公证公益宣传活动，向全市公证机构及公证人员赠阅《中华人民共和国民法典》及公证业务用书907本，各公证处进学校、进社区、进乡村、进企业开展《中华人民共和国民法典》法律知识宣传16场次，服务群众1000多人次。举办公证主题全国法治小小说创作大赛，收到省内外投稿332篇，评选获奖作品35篇，用法治文艺作品打造公证文化。通过微信公众号推送公证服务信息169篇，打造“佛山公证”宣传品牌。2020年，佛山市2个集体被省公证协会授予“先进公证处”称号、1个集体被授予“突出贡献公证协会”称号、1名个人被授予“优秀公证处主任”称号、1名个人被授予“优秀公证员”称号、三名个人被授予“行业特别贡献工作者”称号。

（王　松）

【地方立法工作法律服务】 2020年，佛山市发挥法律专业人士地方立法研究评估与咨询立法基地的作用，参与《佛山市生活垃圾分类管理条例》《佛山市公安机关警务辅助人员管理办法》《佛山市电动自行车管理规定》等地方性法规、部门规章的立法论证工作。

【粤港澳大湾区建设法律服务论坛】 2020年9月10日在佛山市广东（潭洲）国际会展中心举行，旨在搭建有效沟通平台。活动邀请广东省涉外经贸法律服务律师团成员、广东连越律师事务所冼一帆律师就《新冠疫情下中小外经贸企业法律风险防范》作专题辅导，邀请美的集团法务总监陈敏就《以法兴企——以法治引领变革，护航企业对外发展》作分享，邀请广东广悦律师事务所黄山律师分享粤港澳大湾区建设中城市更新中的热点法律问题。该次论坛在“佛山通”、佛山电台“花生FM”等应用程序（App）进行视频同步直播，观看人数2万多人次。

（市律师协会）

广告业

【概况】 截至2020年底，佛山市从事广告行业的经营单位10316户，其中个体工商户2102户，企业5240户，其他类型45户，从业人员21189人，广告业务经营收入9.7亿元。

【互联网+户外广告智慧监管】 2020年，佛山市继续实施2019年在全省首创推出风险监管、智慧监管、精准监管“三位一体”的“互联网+户外广告智慧监管”新模式。截至2020年底，“互联网+智慧监管”模式累计监测户外广告7.69万条次，发现疑似违法线索2038条次，疑似违法率2.65%。认定违法线索1505条次，违法率1.96%，全部责令停止发布，其中106条次线索立案32件，线索处置率为100%。户外广告采集核查后，存量违法广告基本清零，新增违法广告得到抑制，全市范围疑似违法率和案件数量呈现下降趋势，有效净化户外广告市场环境。

【虚假违法广告整治】 2020年，佛山市市场监督管理局优化“一套机制”，坚持“资源整合、协同监管”，形成协同共治的广告监管合力。7月，召开全市整治虚假违法广告联席会议，提出立足联席会议制度，以联席会议制度为纽带，构建广告行业协同共治工作格局。加强重点领域、重点媒介、重点内容广告监测监管，全年累计开展违法广告专项整治行动9项。运用信息化手段，借助大数据、人工智能等技术，实现“市—区—镇（街道）”三级精准联动监管，提高虚假违法广告发现率；通过佛山市户外广告监测平台、“互联网+智慧监管”的户外广告监测平台、广东省广告监管平台、互联网广告监测平台的应用，实现年监测全市户外广告7.69万条次的全覆盖监测模式；对全市5家电视台、7家广播电台和5家报刊媒体开展监测，全年累计监测媒体广告90.43万条次；确定佛山新闻网、C2000等为辖区内重点监测网站，全年累计监测个人计算机（PC）端涉嫌违法互联网广告57批387条次，公众号广告16批19条次。对全市389家广告公司开展“双随机”抽查，共查处广告案件683件，罚没金额319.69万元。

【抗疫公益广告大赛】 2020年2月10日，由佛山市网信协会、佛山市广告协会发起的“疫恸武汉　大爱佛山”——佛山市抗疫公益广告大赛作品征集活动，征集反映佛山社会各界科学防控疫情、众志成城、八方支援、责任生命、爱心使命、决心意志、团结乐观、最美逆行、中国力量、佛山力量、佛山精神等内容的视频、图片（摄影或设计作品）和采访报道的作品近1000份。部分作品纳入佛山市网信办举办的“纷享佛山”网络文化精品征集宣推活动的全市评选名单，其中《佛山日报》的《英雄归来》获得图文类一等奖；佛山新闻网的《120天，我们又见面了！》《佛山制造，从未缺席！带你走进武汉火神山、雷神山医院》获得图文类二等奖；佛山人民广播电台的《〈战“疫”声音日记〉李永春：黑夜终将过去　黎明必定到来》获得图文类三等奖；佛山市档案馆、佛山市档案中心的《张健：如果需要去湖北支援，一定先派我去！》，三水区人民法院、法智融媒的《疫情防控政法先锋丨“我是一只来自三水法院的口罩……”》获得图文类优秀奖。

【广告智能大监管平台上线启用】 2020年12月2日，佛山市广告智能大监管平台上线启用。该平台是佛山市市场监督管理局联合广州中国科学院软件应用技术研究所开发的广东省内地级市首个创新性广告智能监管系统，将实现“一平台全覆盖”的广告智能监管全景敞视模式。佛山市广告智能大监管平台运用互联网+监管模式，整合国家、省、市已建广告监管系统，涵盖户外广告、互联网广告、传统媒体广告等多个领域监测，实现案源发现、线索流转、现场监管、案件处理、大数据挖掘分析、决策支撑的全流程智慧监管。广告监管人员通过这一平台，能够实现户外广告、互联网广告、传统媒体全领域、全天候、全区域广告监管的全覆盖。平台的上线启用，进一步推进全市市场监管部门对违法者“利剑高悬”，对守法者“无事不扰”，实现构建现代化广告监管体系的目标。

（市广告协会）

人力资源服务业

【概况】 2020年，佛山市有人力资源服务机构（含劳务派遣服务机构和人力资源服务许可机构）691个，从业人员超7000人。人力资源服务业全年营业总收入65.03亿元，企业纳税总额3.54亿元，其中劳务派遣机构总收入125.08亿元。同年，佛山市人力资源服务产业园顺德园区、南海园区开园。

【人才服务机构人事档案管理服务】 2020年，佛山市市级人才服务机构，以及禅城区、高明区、三水区人才服务机构将原有档案数据导入佛山市人力资源和社会保障局审批系统进行管理并使用，南海区和顺德区人才服务机构档案数据导入工作加紧推进。全市人才服务机构新增人事档案转入3.94万份，人事档案转出9184份，全市人才服务机构档案库存43.41万份，全年提供流动人员人事档案基本公共服务8.52万人次。

【人力资源公共服务中心】 2020年，佛山市人力资源公共服务中心增强人才服务主动性，创新服务方式，推出“佛聘行动”，联合中共佛山市委组织部、团市委、市国资委、市卫生健康局等单位搭建2021届高校毕业生招才引智平台，外出开展招才引智活动，与西安交通大学、武汉大学2所“人才驿站”设站高校交流对接，推动深化合作。

招聘服务　依托“佛山人才网”搭建统一、集中、安全、高效的线上对接“绿色通道”，有上线招聘企业7000家，提供就业岗位17.2万个，访问量超176万人次，简历投递数5.5万人次，达成就业意向2.85万人次。有序恢复线下招聘活动，举办各类现场招聘会139场，参加企业4563家，提供岗位超2万个，招聘人数8.2万人次，达成就业意向约8000人。建成全市统一规范的公益性智能化人力资源市场，形成覆盖全市的服务网络。

接企稳岗服务　实施定向劳务协作，在复工复产初期发动10个人力资源机构向企业输送9000多名务工人员。开展"点对点、一站式"接送务工人员返岗服务，组织专列专车42趟次，接送返岗务工人员4369人。

困难群体稳就业服务　举办"春风行动"暨就业援助月系列活动，帮助就业困难人员实现就业379人。开展就业援助服务，向市内中年失业群体推送岗位信息3万多条。通过失业登记系统筛查失业登记人员2.5万人，并开展定向联系帮扶工作。实行失业登记实行告知承诺制，简化办事流程，就业失业登记办结期限提速71.4%，核发就业创业证提速50%。

劳务对接服务　上半年克服疫情影响与凉山彝族自治州雷波县、美姑县、金阳县等地对接举办视频面试会，场均面试成功率100人以上，向凉山彝族自治州各帮扶县推送岗位信息7936条。组织企业到凉山彝族自治州开展对口扶贫招聘活动，举办现场招聘会7场，提供就业岗位1834个。全年接收四川省凉山彝族自治州籍务工人员7015人，其中建档立卡6313人。

毕业生实名制精准服务　建立实名制服务台账，按属地分发。发送"给毕业生的一封信"超3.7万人次，发放"一份就业创业清单"超3.6万人次，开展"一次职业指导"服务超2.5万人次，制订"一份求职就业或创业计划"超6000人次。依托"佛山人才网"上线"高校毕业生就业服务平台"，举办"青春聘未来""木棉花暖"等毕业生网络招聘活动。举办毕业生现场招聘会近30场，提供就业岗位超2万个。创新就业指导服务，举办"海外学子看南海""走进乡村看振兴·回归家乡作贡献"等大学生实践研学体验营活动。落实青年见习工作，全市有109个见习单位（基地），组织见习人数742人，开发见习岗位数1155个。

优化创业服务环境　加强市创业孵化示范基地（总部基地）运营质量管理，开工建设佛山港澳青年创新创业基地。全年全市促进创业人数超8000人，带动就业人数2.7万人；人力资源社会保障部门主导建设或认定的孵化基地69个，进驻企业超8900家，带动就业人数6.3万人；发放创业担保贷款超1000笔，发放金额3.3亿元。

【人力资源服务产业园（绿岛湖）运营】2020年，佛山市人力资源服务产业园（绿岛湖）集聚73个专业人力资源机构，从业人员937人，产业园为3万多家企业提供各类人才服务。产业园开展26场人力资源活动，约2万人次求职人员参加活动；发布网络招聘岗位信息53万条、求职信息754万条；为295家企业提供8817人次劳务派遣服务；举办428场培训班，10.16万人次参加培训；为1068人次提供人才测评服务，成功推荐猎头人才176人。年内，佛山市人力资源服务产业园为服务对象提供服务27.6万人次，营业收入5.2亿元。

【人力资源服务产业园（顺德园）开园】2020年6月30日，佛山市人力资源服务产业园（顺德园）在顺德区北滘镇丰明中心揭牌。顺德园区以打造高端人才猎头机构、人力资源服务外包、管理咨询、技能人才招聘培训等业态集聚为主的综合类人力资源服务产业园为定位，围绕顺德区在家电、金属材料、电子商务以及机械设备制造等产业优势，面向全球引进人力资源服务机构，建立国际化人力资源服务交流合作平台。顺德园区计划到2025年底，引进人力资源服务机构达15个（家），其中引进行业知名人力资源服务机构2个，本土人力资源服务业骨干企业5家（含培育），创新孵化企业10家；服务人才30万人次，服务企业用工3000家次，引进高端人才100人次（年薪50万元以上），培训10万人次。揭牌仪式上，顺德园区与5个人力资源服务机构达成战略合作协议。

【人力资源服务产业园（南海园）开园】2020年12月29日，佛山市人力资源服务产业园（南海园）、南海人力资源服务产业园在佛山市南海区广东金融高新区开园。南海园区以"发展产业，培育市场，集聚人才，服务企业"为宗旨，建设专业化、国际化、信息化的人力资源服务平台，打造粤港澳大湾区人才高地。开园仪式上，南海园区与北京锐仕方达人力资源集团有限公司佛山分公司、北京网聘咨询有限公司佛山分公司、广东南方人力资源服务有限公司等12个人力资源服务机构进行签约；授予华南师范大学、佛山科学技术学院、湖南工业大学等6所高校"南海区高校毕业生人才输送基地"称号。此外，活动现场成立南海区人力资源服务联盟，为南海园区打造政府、高校、行业协会、人力资源服务机构"四位一体"的人力资源服务体系。

（卢文韬）

养老服务业

【概况】截至2020年底，佛山市在民政部门登记、备案的养老机构共82个，其中，公办养老机构42个、公办民营机构3个、民办机构37个；有养老床位1.79万张（不含其他涉老机构的床位）；入住养老机构的老人1.12万人；养老机构工作人员3709人。全市有各类养老服务行业协会1个。

（黄国添）

【养老机构巡查及备案监管】2020年，佛山市民政局围绕养老服务机构消防安全、食品安全、疫情防控、物资储备、人员动态等情况，先后组织工作组深入各区开展养老机构巡查检查工作近60次，基本完成对全市养老机构巡查全覆盖。同时，加强对养老机构备案监管。督促各区严格执行新修改的《中华人民共和国老年人权益保障法》，按照民政部、省民政厅要求，不再实施养老机构设立许可，全面实施养老机构备案制，并联合市养老服务体系联席会议成员单位建立健全综合监管机制。通过民政部门官方网站、微信公众号平台等渠道公开养老机构备案申请材料清单及样式、备案流程、办理时限等信息，及时对原许可证到期养老机构发出备案提醒，确保备案工作顺利推进。年内，起草《佛山市养老机构投资办事指南（试行）》，对养老机构申办程序进行细化明确。

（陈　瑶）

【等级养老服务机构创建】2020年，佛山市鼓励养老机构开展评星评级工作。

以送教上门、个案辅导等方式，委托第三方机构指导养老机构开展等级养老机构创建工作，补齐养老机构在管理、运营、服务等方面的短板。截至年底，全市有星级养老机构27个，其中五星级养老机构4个、四星级养老机构8个、三星级养老机构9个、二星级养老机构4个、一星级养老机构2个。

（黄国添）

【南海区获批国家级养老基本公共服务标准化试点】 2020年3月31日，市场监管总局办公厅印发《市场监管总局、国家发展改革委、财政部关于下达国家基本公共服务标准化试点项目的通知》，文件确定51个国家基本公共服务标准化试点项目（广东4个），佛山市南海区人民政府申报的养老基本公共服务标准化专项入选。南海区结合国家基本公共服务清单以及相关行业标准，梳理南海区养老方面基本公共服务事项，编制基本公共服务标准规范，建立实施养老基本公共服务标准实施检测、动态调整、动态评估等长效机制，提升南海区在养老方面基层服务机构标准化管理水平。从2015年开始，南海区在养老服务领域探索开展标准化工作，以标准化手段支撑养老服务水平的提升。截至2020年底，南海区发布并实施《南海养老机构个人生活照料服务规范》《南海养老机构服务质量评定规范》《社区幸福院服务规范》等7份联盟标准，提升南海区养老机构的服务水平。

（叶湘红）

【顺德区均安社区卫生服务中心入选全国首批老龄健康医养结合远程协同服务试点机构名单】 2020年8月28日，国家卫生健康委办公厅公布全国首批老龄健康医养结合远程协同服务试点机构名单，全国174个养老机构入选，顺德区均安社区卫生服务中心入选名单，是佛山市唯一入选单位。均安社区卫生服务中心设有南沙、天连2个医养结合服务中心，按试点要求加入医养结合远程协同服务平台，实现医养中心与医疗机构之间的远程医疗、数据互认、协同服务。通过远程协同服务平台，为入住老年人提供长期照护指导、医疗护理指导、动态远程监护、医疗安全全过程监控等远程技术支持，为慢病患者提供慢病管理、中医理疗、老年康复等远程指导，为老年患者提供在线复诊、开具电子医嘱和电子处方，提供处方审核和药事服务，指导老年患者安全用药。同时，采取远程教学对管理及服务人员进行培训，远程为老年人及照护者开展常见病、多发病的预防、健康管理等科普讲座。

（黄国添）

家庭服务业

【概况】 2020年，佛山市有家庭服务业企业471家，在册家庭服务业从业人员17308人。全市家庭服务业企业中，有养老服务企业76家、有年度营业额100万元以上企业43家。年内，佛山市人力资源和社会保障局开展年度市级家政培训示范基地认定评审工作，评定“2020年佛山市家政服务培训示范基地”2个。同年，在广东省人力资源和社会保障厅开展2020年度“南粤家政”省级家政服务龙头企业和省级家政服务诚信示范企业评选中，佛山市三水区爱君家政有限公司获评“省级家政服务龙头企业”、佛山育苗月嫂有限公司获评“省级家政服务诚信示范企业”。

【“南粤家政”工程】 2020年，佛山市继续推进“南粤家政”工程实施，以佛山市技师学院为载体，采用“政校企”三方合作的模式，建设佛山南粤家政学院，为佛山储备家政服务行业优秀人才。组织1.68万人次参加“南粤家政”职业技能培训，市人力资源社会保障系统内发放补贴惠及5247人次，共计发放补贴909.39万元，带动就业1.78万人。认定佛山市顺德区博思管理技术交流培训中心、佛山市三水区爱君家政职业培训学校为2020年佛山市家政服务培训示范基地，并给予20万元/家的一次性奖补。

【家政服务类补助（贴）政策出台】 2020年，佛山市人力资源和社会保障局印发《佛山市家政服务类补助（贴）申请指南》，重点推进母婴、居家、养老、医护服务4个服务项目，建设并扶持家政产业的各类型载体以及优质企业发展。符合条件的市级家政服务龙头企业、市级家政服务诚信示范企业和中级以上技能人才培训教育机构可申请补助（贴）。其中，市级家政服务龙头企业按每家30万元给予一次性奖补；市级家政服务诚信示范企业按每家20万元给予一次性奖补；中级以上技能人才培训教育机构按每家10万元给予一次性奖补。

（卢文韬）

【家政服务行业提质扩容系列活动】 2020年12月4日，佛山市家庭服务业工会联合会和佛山家庭服务业协会联合举行佛山市家政服务行业提质扩容系列活动，36家家政企业的代表参加活动。活动中，为6家获“2019年度佛山市家庭服务业（家政服务）优质品牌企业”称号的企业、6个年度佛山市家庭服务业协会新增会员单位、2个佛山市家庭服务业工联会新增工会分会颁牌；邀请佛山市人力资源和社会保障局工作人员解读佛山市家政服务行业创业就业和“南粤家政”相关扶持政策；邀请中国人民保险公司佛山分公司、广东龙浩律师事务所代表分别讲授“佛山市家政服务行业风险规避方法”和《中华人民共和国民典法》有关法律知识。

【佛山组队参加家政服务业职业技能竞赛】 2020年7月，佛山市家庭服务业协会发动佛山市各大会员单位、企业机构、养老院推荐优秀选手，组成2支队伍共11名选手（妇婴护理5人、养老护理员6人）代表佛山出赛2020年“南粤家政”服务业职业技能竞赛暨全国家政服务业职业技能竞赛广东选拔赛。该选拔赛包括母婴护理、养老护理2个竞赛项目（工种），设置个人奖项和团体奖项。佛山代表队获“妇婴护理员”“养老护理员”技能竞赛团体双冠军；获个人奖项一等奖3人、二等奖1人、三等奖5人、优秀奖2人，其中余俊健选手获全国大赛资格，邱志美选手获“最美家政人”称号；佛山代表队获“优秀组织奖”。

（市家庭服务业协会）

工程造价咨询服务业

【概况】 2020年，佛山市有工程造价咨询服务机构248个，从业人员6000多人，其中建筑业一级造价师1300人。佛山市工程造价咨询服务业全年营业总收入13.47亿元，企业纳税总额6500万元。年内，市住房和城乡建设局组织制定《佛山市建设工程造价管理办法》，并以市人民政府办公室名义印发。市造价咨询与招标采购协会先后与智慧建筑研究院、南海区住房和城乡建设局等共同举办"建筑业革命助力工程咨询产业进入新时代"和"BIM技术研究与应用交流"等学术交流活动；联合广联达科技股份有限公司广州分公司、广州易达建信科技开发有限公司开展"工程造价和工期受疫情和防控措施的影响与应对建议"等多个课题的免费线上讲座。

（市造价咨询与招标采购协会）

【建设工程造价管理】 2020年，佛山市出台《佛山市建设工程施工过程结算管理办法》《佛山市建设工程造价管理办法》《佛山市建设工程施工工期管理办法》。佛山市工程合同与造价监管信息平台完成设计概算备案价196项、最高投标限价备案212项、合同价备案85项、结算价备案6项、业绩备案351项，诚信系统奖惩登记26项。佛山市建设工程施工合同管理信息系统新增注册企业（单位）1066家，注册企业（单位）数量增至6109家，完成网签合同备案7534份。为做好新冠肺炎疫情期间市应急工程项目的计价工作，相继出台《佛山市建设工程造价服务中心关于因疫情防控所建的政府应急工程项目计价指引》等相关文件，组建专家询价工作组，对应急扩建工程的材料设备清单进行整理分类，开展市场调查询价，并对询价结果测算分析，形成相关报告。完善计价依据发布机制，调查、收集和监测主要建材市场价格信息情况，形成主要建材月指数、环比指数（年指数）及趋势图予以发布。完成《佛山市建设工程补充综合定额（2019）》《佛山市房产工程户内装修工程技术经济指标（2019）》编制和《佛山市环境卫生作业市场价格指导标准（2019）》修编工作。

（周国亮　邹　锦）

【建设工程造价管理办法施行】 2020年7月9日，佛山市人民政府办公室印发《佛山市建设工程造价管理办法》，并于9月1日起施行。《佛山市建设工程造价管理办法》以2015年印发的《佛山市建设工程造价管理暂行办法》为基础修订而成，具有以下亮点：明确"市场决定造价"指导思想，突出造价管理信息化管理载体，构建与其他部门对造价管理的共管和共享理念；健全计价依据管理机制，鼓励市场主体多元化补充提供计价依据及计价要素信息；实行施工过程结算和全过程造价管理监控制度，实施人工费用和工程款分账管理，督导施工工期合理确定，实行绿色施工和优质优价，规范工程价款结算等建设工程计价活动；明确从业单位和人员管理事项；明确监督检查、违规处理与信息公开。

（邹　锦）

【工程造价优秀成果评选活动】 2020年11月，佛山市造价咨询与招标采购协会举办第五届工程造价优秀成果评选活动，并于12月14日公布获奖单位和项目结果。该届工程造价优秀成果评选设置"概算""估算""预算""招标控制价""竣工结算""全过程造价咨询""司法鉴定/仲裁""专项咨询"8个评选项目，其中"专项咨询"为新增项目。有30个佛山市造价咨询与招标采购协会会员单位87个成果参加评选。

【"造价改革百堂课"第三堂课】 2020年11月26日，"造价改革百堂课"第三堂课在佛山市举行。第三堂课设造价改革政策解读、专家颁证仪式、讲师解读、讲师证书颁发等环节。广东省建设工程标准定额站副站长卢立明对住房和城乡建设部发布的工程造价改革方案作出详细解读；广东省建设工程标准定额站站长黄守新、佛山市住房和城乡建设局副局长蔡栋伦、省住建厅建筑市场监管处副处长何志坚为佛山市工程造价改革工作小组技术研究部专家代表颁发聘书；教授级高级工程师、中国国际经济贸易仲裁委员会仲裁员、中国对外工程承包商会专家委员会国际工程专家田威担任授课讲师讲授《国际工程造价管理在中国落地实践的思考》。240多人参加活动和学习。"造价改革百堂课"活动由住房和城乡建设部标准定额司和中国建设工程造价管理协会指导，广东省住房和城乡建设厅主办，广东省建设工程标准定额站联合其他8个省市站承办，以"守正出新　大道致远"为主题，凝聚行业力量形成改革合力，完善造价改革理论体系，增强示范效应，促进全行业理解改革、支持改革、参与改革。

（市造价咨询与招标采购协会）

会计业

【概况】 截至2020年底，佛山市有会计师事务所61家，其中有限责任制23家、普通合伙制33家、特殊普通合伙5家。有执业会员456人、非执业会员656人，行业从业人员2000多人。全年全市会计师事务所收入4.2亿元，全市会计师事务所出具报备报告2.8万份。此外，全市代理记账机构996个，代理客户6.5万户，年度业务收入5.91亿元，其中代理记账业务收入1.28亿元。

【会计专业技术资格考试】 2020年，佛山市有47865人报考参加全国会计专业技术资格考试，其中初级报考人数33361人（比上年增长7.9%）、中级报考人数14274人（比上年增长24.21%）、高级报考人数230人。初级考试通过人数8847人，中级考试通过人数1190人，高级考试通过人数105人。年内，全市81人参加会计高级资格评审，56人通过评审，通过率70%。

【会计专业技术人员继续教育】 2020年，佛山市持续开展会计专业技术人员继续教育，要求专业技术人员继续教育累计完成不少于90学分，其中专业科目60学分、公需科目30学分。学分计量标准按照《会计专业技术人员继续教育规定》第十三条计算，如采用培训方式完成，面授学习时间不少于3天，远程在线学习时间不少于24小时。继续教育专业科目学分统一在广东省会计信息服务平台进行登记确认。2020年，全市通过财政部门备案的会计专业技术人员继续教育远程施教机构共15家。

（市财政局）

资产评估业

【概况】 截至2020年底，佛山市有资产评估机构39个，从业人员1000多人。全市通过佛山市资产评估协会年检的执业人员197人。

【资产评估行业监管】 2020年，佛山市财政局联合市资产评估协会以“重点监管+双随机”方式对3个资产评估机构进行业务检查，其中1个进入省推送的重点督查名单、2个作为年度检查对象由市级联合检查组检查。检查组对资产评估机构的内部管理和质量控制、执业质量、会计信息质量等方面进行检查，共检查报告14份，并就检查报告中发现的问题与被检查机构沟通，提高评估机构的执业质量。年内，市资产评估协会配合广东省资产评估协会完成资产评估执业人员年检及评估机构执业资格综合评价工作，全市通过年检197人。

【评估机构及执业人员服务】 2020年新冠肺炎疫情期间，佛山市资产评估协会配合全市疫情防控大局，与市注册会计师协会组建援企复工复产支援服务队，为企业提供免费线上咨询，排查行业从业人员的流动信息和健康情况，指引执业机构做好返岗人员申报、隔离工作。面向全市评估机构人员开展线上培训，发布行业最新政策及防疫信息。优化会员服务，将会员年检、机构报备、综合评价等业务改为快递寄送纸质材料或网上上传方式办理，延迟会计报表上交时间，并免收2020年市级机构会员会费。

（市财政局）

科技服务业

【概况】 2020年，佛山市依托制造业完整的产业链和资金链，科技服务业进一步发展壮大。全市有高新技术企业5718家，省级企业工程技术研发中心805家，规模以上工业企业研发机构建有率55%，实现主营业务收入5亿元以上工业企业研发机构全覆盖。全市拥有省实验室2个、粤港澳联合实验室1个，省重点实验室29家，新型研发机构24个。季华实验室有研究部室10个，科研人员规模接近1000人（全职人员420人），引进全职院士1人、兼职院士12人，有领军人才32人，正高职称人员134人；承担国家和省重大科技项目10个，立项经费超5亿元；孵化高科技企业7家，成果转化基金1只，累计申请发明专利近400件。佛山仙湖实验室科研人员84人，其中院士7人、特聘专家1人、领军人才5人，首批开放基金项目立项重大项目4个、重点项目8个，立项金额1.785亿元。截至2020年底，全市累计引进省科技创新团队10个，累计获经费资助超2亿元；市科技创新团队184个（含佛山中科院产业技术研究院团队23个），资助金额超10亿元，撬动社会资本超20亿元。全市科技企业孵化器115家，众创空间86家。

【工业设计发展】 2020年，佛山市有国家级工业设计中心4个、省级工业设计中心28个，工业设计企业近500家，工业设计师近5万人。广东工业设计城、顺德创意产业园、陶谷小镇、广东泛家居设计谷、广东大门设计创新产业园等一大批设计园区、基地，结合当地产业特色，集聚创新设计企业，开展设计产业链服务，树立起推动设计与制造业融合发展的标杆，带动和引领全市工业设计快速发展。广东工业设计城规划范围聚集设计研发人员超万人，拥有40余家高新技术企业，获国内外设计大奖300多项，累计有效专利5000项以上，建立起集基础研究、功能设计、营销设计和知识产权保护等为一体的工业设计服务体系，服务外包收入达40亿元。广东工业设计城在2014年成为“国家级科技企业孵化器”之后，2020年1月，其申报及运营的广东省家电工业设计研究院被入选第一批省级工业设计研究院并纳入国家级工业设计研究院培育名单。年内，佛山市举办广东省第十届“省长杯”工业设计大赛佛山分赛区赛事、2020佛山“市长杯”“市长杯”工业设计大赛、2020设计顺德D-Day大赛等工业设计赛事，以及佛山工业设计周、佛山（禅城）陶艺建陶设计周、“12.9”中国设计活动日等工业设计活动，挖掘优秀设计作品投产。2020年佛山“市长杯”工业设计活动完成优秀项目（作品）遴选及优秀项目扶持工作，选出获扶持项目184个，安排扶持资金188万元。

【科技企业“暖春行动”】 2020年，佛山市开展科技企业“暖春行动”，建立重点科技企业服务制度，及时协调解决企业复工复产和研发工作中存在的问题和困难，指导企业率先应用疫情防控科技攻关取得的成果、技术和产品。利用信息化手段开展高新技术企业认定、研发费用税前加计扣除、科技型中小企业入库评价等政策宣讲、辅导和审核，做到普惠性创新政策应享尽享；对参与疫情防控的企业，安排专人指导开展政策申报业务。全年市财政安排科技创新专项资金超2亿元，对申报企业研发费用税前加计扣除的高新技术企业，根据企业在税务部门核定的研发费用数额按比例给予补助。

（市科技局）

【科技金融服务】 2020年，佛山市整合各种金融资源支持佛山市科技型企业发展壮大，推动全市科技创新。市科技金融协会有会员单位超100个，包括金融机构、科技企业、科研机构、评级机构、会计师事务所、律师事务所等，同时建有1300名专家的专家库。年内，市科技金融协会通过科贷在线等平台，在疫情期间让企业足不出户办理贷款贴息、融资申请等业务。与合作单位联合举办科技金融进园区直播课，解读扶持政策以及各金融机构的优惠政策，培训约930人次。举办融资政策解读与融资产品宣讲活动，企业与银行会员单位的80人参加。开展科技金融精准对接服务工作调研，全年走访企业近100家次。通过协会专业平台，为企业提供宣传、政策咨询与辅导等科技金融服务。整合原有科技金融服务平台功能，建立政银企联动融资服务模式，帮助科技型中小微企业以政府资金补助为"质押"向融资服务机构申请贷款，累计帮助490家次企业融资23.36亿元。承接佛山市科技局委托的国际人才交流会、海外人才交流会服务，全年征集市科技金融协会会员单位在内企业的人员招聘需求近300条，并通过2个国际性的大会帮助会员单位招聘高层次人才。

（市科技金融协会）

【科技企业孵化】 至2020年底，佛山市有科技企业孵化器115家（含国家级24家、省级10家），众创空间86家（含国家级23家、省级14家）。孵化总面积267万平方米。年内毕业企业453家，其中营业收入超5000万元的企业55家，全市孵化器和众创空间在孵企业和创业团队人数46552人。全市孵化器内在孵企业3279家，在孵企业总收入92.6亿元，拥有有效知识产权9573件，其中发明专利2169件，在孵企业研究与试验发展经费投入强度达6.9%，呈现高研发投入，高知识产权产出趋势。全市孵化器和众创空间内的创业团队和企业带动就业总人数48346人，其中吸纳应届大学生就业人员4599人、留学人员364人。市专业孵化器有52家，占45.2%。专业孵化器的专业方向主要集中在电子信息、先进制造、新材料等领域，其中电子信息占34.6%，先进制造、新材料分别占25%和15.4%。

【科技知识产权服务】 2020年，佛山市加强科学技术知识产权管理服务水平，提升从业人员知识产权水平，增强创新驱动力。年末有效发明专利量2.77万件，比上年增长20.17%，每万人口发明专利拥有量33.94件；专利合作协定（PCT）国际专利申请总量745件。年内，在季华实验室等13个单位设立首批13个知识产权保护工作站，完善知识产权保护体系、优化知识产权服务内容、提供精准的知识产权服务，形成上下联动，横向协调、优势互补、互惠互益的协同保护网络，将知识产权服务向纵深延伸，解决知识产权创造、运用、保护、管理、服务的"最后一公里"。

【科技创新券实施】 2020年，佛山市扩大创新券支持范围，将新冠肺炎疫情防控所需的技术研发、技术服务、检验检测等纳入支持范围。引导科技服务机构为科技型中小微企业的研发和转产提供技术支撑服务。鼓励科技服务机构在提供相关服务时给予优惠，减轻中小微企业负担。年内印发《佛山市科技创新券实施方案2020—2022）》，扩大创新券规模和使用范围，简化工作流程，实现"全国使用、佛山兑付"。截至年底，4870家企业享受研发费加计扣除优惠政策，加计扣除额129.28亿元，2624家高新技术企业享受研发费后补助政策，补贴金额超2亿元。

【科技服务业诚信自律公约发布】 2020年1月8日，佛山市高新技术产业协会等15个市内科技服务业相关行业协会及科技中介服务机构对外发布《科技服务业诚信自律公约》，提出科技中介服务需要严格遵守国家法律法规，按照国家加强中介机构管理有关文件的精神、广东省科技厅《关于加强高新技术企业认定服务中介机构管理的公告》、佛山市科技局《关于建立科技中介"红黑榜"工作机制的通知》等要求开展服务，同时坚持行业自律，建立同行同业之间良好的竞争合作关系，自觉接受政府、社会和媒体的监督，加强自身实力建设、能力建设及科技服务业职业道德建设。

【推动科技创新精准服务平台启动】 2020年9月28日，由佛山市科技金融协会搭建的推动科技创新精准服务平台启动，现场10个金融机构签约进驻。科技创新精准服务项目包括三大系统、五大服务库。科技创新精准服务系统通过不断完善科技金融服务体系和创新科技服务手段为科技型企业和实施技术改造的传统企业提供全生命周期服务；科技贷在线服务系统将配合火炬园推出双创基金等的各类基金发挥作用；政银企联动融资服务系统针对政府扶持政策提供融资对接服务。融资产品库、扶持政策服务库、专家服务库、融资项目库、诚信建设库五大服务库，为佛山市科技型企业在内的中小微企业量身精准服务，调动各种金融资源支持佛山市中小微企业发展壮大。

【广东工业设计城创新设计周】 2020年12月9—14日，以"花翩岭南——创新驱动、设计振兴"为主题的2020年"12.9中国设计活动日暨广东工业设计城创新设计周"在广东工业设计城举行，来自政府、企业、行业机构、高校等代表参加活动，围绕设计数字化、设计国际化等内容，通过"一会（全球选品大会）、一展（国际设计大赏）、一聘（人才双城联动）、一盛宴（设计师之夜-品味设计）"等活动，以创新形式向全球展示顺德设计的创新成果，进一步聚集城市产业发展新动能，推动设计与科技、教育、金融、数字媒体等产业的融合。活动期间，举行广交会PDC设计商贸（顺德）促进中心、大湾区文创产品设计研发中心等项目集中签约，以及广东省家电产品人因工效学设计标准联盟发起仪式、广东工业设计城5G智慧园区交付仪式、设计师版权保护倡议仪式、乡村振兴创新设计展等活动。

（市科技局）

检验检测

【概况】 2020年，佛山市检验检测机构完成农产品抽样2.3万份，工业产品质量检验5.3万批次，药品检验946批次，化妆品检验105批，保健食品执法抽检3批，医疗器械委托检验64批，食品检验6.39万批次，特种设备定期检验12.51万台（套），机动车检测量14.46万辆次，各类计量器具检定44.2万台（件）。完成9个企业17次共217个车间的洁净车间检测。

（年鉴社综合）

【农产品检验】 2020年，佛山市继续推行食用农产品合格证制度，农药残留等

151个检测项目完成扩项，全市农产品抽样2.3万份。完成市级食用农产品例行监测4990批次，包括风险监测4804批次、监督抽检186批次。其中，种植业类样品中有机磷、菊酯、有机氯和氨基甲酸酯类农药残留定量检测1430批次，畜禽类样品中β-受体激动剂、氟喹诺酮类药物、氯霉素等药物残留定量检测和水分含量测定1896批次，水产类样品及养殖水、沉积物中孔雀石绿、硝基呋喃类代谢物、氟喹诺酮类、氯霉素等残留定量检测1664批次。各区、镇（街道）完成各类农产品风险监测（含速测）200万批次。

（市农产品质量安全监督检测中心）

【工业产品质量检验】 2020年，佛山市质量计量监督检测中心加强检验质量管理和能力建设，组织资质认定扩项评审3次，中国合格评定国家认可委员会（CNAS）认可资质有效维持，检测能力范围扩大298项，申请汽车用制动器衬片3C认证检测实验室备案，加强和规范仪器设备管理，加强质量内部控制和监控，实施质量监控172项，完成培训134次，培训人数1053人次，对业务受理、抽样、样品管理、检验检测及报告发放等环节实施质量监督活动439次。国家燃气用具产品质量监督检验中心（佛山）组织开展广东省燃气灶具产品质量安全检查工作，在产业集聚地现场集中检查、集中培训，并签订帮扶协议。国家燃气用具质检中心组织开展广东省燃气灶具产品质量安全"问诊治病"工作，先后在产业集聚地现场集中约谈和安排开展"问诊治病"、集中培训和签订帮扶协议对企业进行问诊服务。国家陶瓷及水暖卫浴产品质量监督检验中心承担食品用陶瓷制品和食品用玻璃制品省监督抽查工作，为市内40多家企业提供产品咨询和检验服务。国家铝型材及门窗制品质量监督检验中心（广东）组建佛山市铝型材及门窗制品、不锈钢焊管质量安全"问诊治病"产品诊所，与350多家铝型材及门窗制品和不锈钢制品等企业签订产品质量技术服务协议，派出技术人员到企业现场，与企业技术、检测人员分析质量问题及其产生原因并提出解决方案。年内，市质量计量监督检测中心完成各级监督抽查检验和市场委托检验的燃气热水器、燃气灶、陶瓷砖、水嘴、家具制品、化工产品、纺织服装等工业产品的的质量检验任务5.3万批次。

（市质量计量监督检测中心）

【药品化妆品保健食品检验】 2020年，佛山市完成药品检验946批次，其中省监督抽检782批、指定品种评价性抽检51批、执法抽检31批、委托检验61批、标准起草（复核）21批。化妆品检验105批，其中省监督抽检63批，执法抽检42批。保健食品执法抽检3批。针对新冠肺炎疫情，完成疫情防控药品应急抽检31批（阿莫西林胶囊、醋酸泼尼松片、玉屏风颗粒、小柴胡片等）及疫物资产品质量监督抽检66批（中药配方颗粒），为佛山市疫情防控药品的质量安全和有效提供保障。

【食品检验】 2020年，佛山市加强食品安全检验检测，全市实施食品检验6.39万批次，达每千人7.83批次。全市各级市场监督管理部门组织完成食品安全监督抽检5.96万批、食品风险监测1795批次，总体合格率98.30%。全市未发生区域性、系统性食品安全事件，群众食品安全总体满意度为80.2%。

【特种设备检验检测】 2020年，佛山市在册特种设备25.34万台（套），压力管道约800千米、气瓶约400万只。全市特种设备检验机构完成特种设备定期检验监测12.51万台（套）。

（市市场监管局）

【机动车检验检测】 2020年，佛山市完成综合性能检测联网技术对接服务的机动车检验检测机构23个，全年完成检测量14.46万辆次，其中维修竣工检测2145辆次、等级评定检测2.97万辆次。

（市交通运输局）

【计量仪器检定校准】 2020年，佛山市质量计量监督检测中心加强计量标准建设，建立社会公用计量标准21项，其中最高标准16项、次级标准5项，该中心计量实验室计量标准增至305项，其中最高标准231项、次级标准74项。开展强检计量器具检定工作，确保在用强检计量器具受检率，市质量计量监督检测中心及各区质量计量监督检测所检定加油机1.3万台（件）、医院在用强检计量器具3950台（件）、地磅760台件、水表11万台（件）、燃气表7.3万台（件）、集贸市场衡器1.2万台（件）。配合疫情防控工作开展，及时建立"测量人体温度的红外温度计校准装置"计量标准，并开展红外体温计和医院医疗器具检定校准工作，完成红外体温计的检定3537台、玻璃体温计检定997支，完成医用计量仪器校准422台，为疫情防控体温测量工作提供保障。市质量计量监督检测中心全年检定各类计量器具44.2万台（件）。

（市质量计量监督检测中心）

【检验检测平台建设】 2020年，佛山市市场监督管理局继续推动检验检测认证互联互通互认公共服务平台建设。市质量计量监督检测中心新增资质认定和实验室认可检测标准95项、新增7个检定项目授权和6个校准项目授权，资质认定（CMA）和实验室认可（CNAS）检测标准累计4260项、认可校准项目累计524个，获得授权检定项目累计377个、校准项目累计472个、定量包装项目累计6个，在燃料电池汽车、混合动力电动汽车、智能照明产品、智能家居产品等新兴产业领域初步形成检测能力。市质量计量监督检测中心2名专家入选国家认监委第六届强制性产品认证技术专家组成员，同时参与制定燃气具国际标准1项、《智能照明系统通用要求》等国家标准10项、《可诱生空气负离子陶瓷砖》等团体标准11项。截至2020年底，市食品药品检验检测中心具备食品、药品、化妆品、医疗器械等各类检验检测资质共7074项，比上年增长22.5%，其中检验检测机构计量认证（CMA）资质5596项、国家实验室认可（CNAS）资质1254项、农产品质量安全检测（CATL）资质224项，同时具备实验动物使用许可证和动物试验资质。经对标，食品、药品和化妆品三大类CMA常规检项能力参数覆盖率分别达91.0%、107.1%、97.6%。

（市市场监管局）

金融业

综　述

【概况】 2020年，佛山市有银行机构47个、保险机构78个、证券期货机构153个。有地方类法人金融机构112个，其中融资性担保公司7家、小额贷款公司35家、融资租赁公司34家、典当行29家、商业保理公司3家、各类交易场所4个。全年全市实现金融业增加值555.74亿元，比上年增长6.7%；金融业增加值占地区生产总值比重为5.1%，比重比上年提高0.5个百分点，完成佛山市金融业发展“十三五”规划有关“金融业增加值占全市地区生产总值比重5%”的目标任务。年末，金融机构本外币各项存款余额1.91万亿元，比上年增长13.1%，增速比上年提高2.8个百分点，分别低于全省平均水平（15.1%）及珠江三角洲地区平均水平（16.1%）2个和3个百分点。本外币各项贷款余额1.45万亿元，比上年增长19.2%，创近5年（2016—2020年）新高，增速较上年提高2.8个百分点，比全省平均水平（16.5%）及珠江三角洲地区平均水平（16.6%）分别高2.7个和2.5个百分点。金融机构本外币存款余额和贷款余额均居全省地级市首位。全年全市保费收入558.2亿元，比上年下降8.0%，其中：人身险保费收入436.2亿元，比上年增长2.6%；财产险保费收入122.0亿元，比上年下降32.7%。全年全市证券交易成交总额（不含权证）为5.73万亿元，比上年增长45.6%，成交总额在广东省（含深圳市）排名第三。

（陈世纬）

【金融改革创新】 2020年，佛山市金融系统深化金融改革创新，持续丰富金融组织体系，加快金融资源集聚。推进金融支持粤港澳大湾区建设工作，制定佛山市《关于贯彻落实金融支持粤港澳大湾区建设意见的工作方案》，梳理77项任务清单，确定21个金融机构为试点机构参与38项试点工作，其中贸易外汇收支便利化试点、推进资本项目便利化、支持银行开展跨境贷款业务、私募股权投资基金跨境投资试点、非投资性企业开展股权投资试点等27项任务于年内落地。促进佛山市股权投资市场对外开放，出台《佛山市引导和促进外商投资股权投资类企业集聚发展的工作指引（试行）》，吸引更多外商投资股权投资类企业集聚发展。推动佛山党建引领金融行业发展、跨行业业务协同和金融监管协调联动，成立佛山市金融发展共建大联盟。探索协会组织引导行业自律，成立佛山市地方金融促进会与佛山市金融债权及特殊资产管理协会，完善由金融债权及特殊资产管理协会、地方金融行业组织与金融管理部门共同化解金融风险、维护区域金融稳定的生态体系。年内，佛山市金融投资控股有限公司收购新晟期货有限公司的协议签订；广东明汇融资担保有限公司正式成立；佛山市顺德区美的家电实业有限公司、广东顺银产融投资有限公司入围广东省地方金融监督管理局2020年第一批供应链金融“监管沙盒”试点企业。

同年，中国人民银行佛山市中心支行推广粤港电子支票联合结算业务，提高粤港两地跨境资金往来的结算效率。佛山有10余个银行机构开通粤港电子支票联合结算业务，全年累计发生粤港电子支票联合结算业务金额5.1亿元。推动本外币合一银行结算账户体系全省首批试点落地佛山。推广跨境金融区块链服务平台。佛山市辖区132个银行分支机构授权准入区块链平台参与试点工作，通过该平台办理融资业务1026笔、金额7.04亿美元，核验报关单1.81万份。完成15个金融产品标准自我声明，并在国家平台进行金融标准化自我公开。推动全辖140个网点完成银行营业网点服务标准认证工作。指导顺德农商行完成刷脸付试点应用功能改造、系统对接，正式进入投产应用阶段。全年全市新增7份个人信用报告自助查询机代理点申请，推动改善布局均衡化和便利化。

（陈世纬　沈婷婷）

【多层次资本市场发展】 2020年，佛山市新增上市企业2家，境内外上市企业累计63家，上市企业数在全省地级市中排第一。佛山市境内外上市公司总市值达2万亿元，位居全省地级市首位，全国排第七。全年全市新增首次公开募股（IPO）申报企业11家，证监局辅导备案企业12家。“添翼行动”重点上市后备企业100家，形成“培育一批，辅导一批，上市一批”的局面。至年底，佛山市有新三板挂牌企业累计123家，其中创新层挂牌企业4家，比年初增加3家；有在债券市场发行债券的非金融企业19家，债券发行金额总计857.91亿元，比上年增长122.5%，创历史新高。佛山市在广东股权交易中心挂牌的优质中小微优质企业492家，在广东省地级市中排名第一；注册展示企业3601家，登记托管企业24家；2020年新增融资15.98亿元，累计融资额858.36亿元，位居全省地级市第一。佛山市证券交易成交总额（不含权证）57281.98亿元，比上年增长45.6%，位居全省地级市第一。佛山新增私募基金类机构318个，新增注册资本及募资规模304亿元。截至2020年底，佛山市私募基金类机构985个，募集与投资资金规模超1110亿元。其中，广东金融高新区核心区内高标准建设打造的“千灯湖创投小镇”吸引股权投资类机构828个，募集与投资资金规模超1070亿元。佛山市金融工作局联合市商务局、市市场监管局等部门制定《佛山市引导和促进外商投资股权投资类企业集聚发展的工作指引（试行）》，促进佛山市外商投资股权投资企业规范健康发展。

（温达斌）

银行业

【概况】 截至2020年底，佛山市有银行业金融机构45个，其中政策性银行1家、国有大型银行10家（包括交行和邮储在内）、股份制银行11家、城商行5家、外资银行9家、农村金融7家、非银机构2个。银行业机构网点1777个，银行业从业人员3.11万人。2020年，佛山市金融机构新增存款2213亿元，比上年同期多增645亿元，增量在珠三角地级市城市中居于首位。截至2020年底，佛山市金融机构本外币各项存款余额1.91万亿元，存款总量位居珠三角地级市首位，比上年增长13.1%，增速比上年同期上升2.8个百分点；较全省和珠三角平均增速分别低2.1个百分点和3.1个百分点。2020年，佛山市金融机构增加贷款2332亿元，比上年同期多增665亿元，占全省整体增量的7.6%，增量在珠三角地级市中排名第二。截至2020年底，佛山本外币各项贷款余额1.45万亿元，规模位居珠三角地级市首位，比上年增长19.2%，增速比上年同期上升2.8个百分点，较全省平均增速高2.7个百分点，较珠三角平均增速高2.5个百分点。

【疫情防控与复工复产信贷资金投放】 2020年，佛山市银行机构落实中国人民银行总行3000亿元抗疫保供专项再贷款、5000亿元复工复产再贷款再贴现、1万亿元普惠性再贷款再贴现政策。中国人民银行佛山市中心支行累计向银行机构发放央行低成本资金292.94亿元，惠及市场主体1.13万个；全市银行机构对市级疫情防控及复工复产名单企业开展融资对接，银行机构共放款43亿元，加权平均利率3.65%，惠及企业354家。同年，中国人民银行佛山市中心支行运用普惠小微延期支持工具激励资金3997.97万元，支持法人银行机构对2065家企业的39.98亿元到期贷款本息实施延期；督促银行机构利用好人民银行普惠小微企业信用贷款支持计划，加大普惠小微信用贷款支持力度，发放零利率的普惠小微信用贷款支持计划政策性资金6.90亿元，惠及市场主体2676户。截至年底，佛山市普惠小微企业信用贷款余额为306.7亿元，比上年末增长94.1%。

【银企融资渠道】 2020年，佛山市支持企业通过银行间市场发债融资。全年佛山法人金融机构承销非金融企业疫情防控债17笔，累计金额8.3亿元；投资非金融企业疫情防控债7笔，累计金额4.6亿元。截至年底，佛山市重点监测复工复产企业债务融资工具存续金额64亿元。顺德农商行用好已经发行的第一期10亿元创新创业金融债券募集资金，已累计投放20.73亿元；南海农商行利用已经发行的15亿元绿色金融债券募集资金，已累计投放30.38亿元。2020年，佛山市金融机构办理绿色票据再贴现5437万元，精准支持绿色供应链和绿色企业。

【银行业“信用为本”融资模式】 2020年，佛山市推动“粤信融”和中征平台应用，拓宽中小微企业融资服务渠道。完成“粤信融”平台升级改造，发挥佛山“粤信融”平台的撮合功能。截至2020年底，佛山“粤信融”平台累计引导注册企业8.97万家，达成融资笔数1.89万笔，融资授信金额2083.78亿元，融资对接业务稳步增长。提升辖区核心企业依托中征应收账款融资服务平台帮助上游供应商做好债务确认的积极性，通过平台达成融资笔数为1110笔，融资金额为575.8亿元；推动辖区通过服务平台打通供应链6条。推进农村信用体系建设，推进三水区“政银保”项目，为辖内农户提供资金支持，截至2020年底，累计发放“政银保”合作农业贷款9688笔，贷款总额19.30亿元，贷款余额2.14亿元，为2469户农户缓解资金周转困难。

【工商界与金融系统第三次联席会议】 2020年8月3日，佛山市工商业联合会牵头召开佛山市工商界与金融系统第三次联席会议。市、区工商联主席、会长，行业商会、镇（街道）总商会会长参加会议。中国人民银行佛山市中心支行、佛山银保监分局、市金融局及多家金融机构高层出席会议。会议上，与会嘉宾就支持稳企业保就业，增强金融政策直达性、精准性和普惠性等问题进行探讨。佛山市陶瓷行业协会、南海区九江镇总商会、禅城区工商联等行业代表提出本行业金融需求满足情况及存在的困难，人民银行佛山市中心支行和部分金融机构代表对企业有关问题进行现场解答。该次联席会议旨在促进银企高层对接，助力佛山民营经济发展。

（沈婷婷）

保险业

【概况】 2020年，佛山市新增人身险公司2家、财产险公司1家，全市保险公司达77家，其中财产险公司32家、人身险公司45家。有保险服务网点584个，其中财产险公司网点343个、人身险公司网点241个。有保险从业人员7.30万人。全年全市保费收入558.23亿元（占广东省全省保费收入的13.29%），比上年下降7.97%，其中：财产险公司保费收入130.68亿元，比上年下降31.22%；人身险公司保费收入427.56亿元，增长2.63%。全年全市保险赔付支出163.19亿元，比上年增长20.38%。

【保险业支持企业复工复产】 2020年，佛山市保险业通过减费让利、捐赠保险、扩大承保责任、提供便捷理赔服务等惠民措施，助推企业做好新冠肺炎疫情防控停工停产措施解除后的复工复产工作，涉及企业6.53万家。加大企业财产保险、出口信用保险等业务拓展力度，为小微企业生产经营提供更多保障，涉及企业3.03万家，保障金额8337亿元，支持经济加快恢复正常循环。

【农业保险】 2020年，佛山市政策性生猪保险承保5.95万头，承担风险保障金额6812万元；政策性肉鸡保险承保16万羽，承担风险480万元；政策性水稻保险承保面积492.13公顷，承担风险1295.7万元；能繁母猪保险承保7179头，承担风险1076万元；政策性农村住房保险承保55.10万户，承担风险保障448.17亿元。全年全市各类农业保险累计赔款111.43万元。保险支持发放“三农”（农村、农业、农民）贷款2.62亿元，受益农户837户。

【安全生产责任险】 2020年，佛山市安全生产责任险投保企业8098家次，比上年增长35.17%；覆盖企业从业人员24.93万人次，同比增长16.15%。安全生产责任险承保机构共为3460家企业提供事故预防风控服务，合计完成事故预防风控服务5001次。截至2020年底，佛山安全生产责任险为社会提供风险保障金额规模累计超4040亿元，全市参保安全生产责任险企业累计2.01万家次、保障覆盖83.40万人次，累计为1.28万家次企业提供事故预防风控服务，累计赔付金额1.47亿元。

【政策性小额贷款保证保险】 2020年，佛山市全年全市政策性小额贷款保证保险项目服务中小微企业770家，为企业发放低息贷款790笔共16.46亿元。

【大病保险】 2020年，佛山保险业继续参与社保体系建设，发挥保险业风险管理技术和网点人员等优势，为政府和人民群众提供大病保险经办服务。对大病保险项目经办服务进行优化，落实疫情防控，坚持窗口服务，加强数据分析，创新监管手段，打击欺诈骗保，守好百姓“保命钱”，提供政策咨询、基本医疗保险及大病保险医疗巡查、医疗审核等报销服务。截至年底，大病保险经办服务覆盖全市5个区59家驻院医管办、147家定点医院，保障人群560.36万人，赔款总额1.53亿元，理赔近10.1万人次。

【轻微道路交通事故快处快赔服务】 2020年，佛山市保险行业协会继续与佛山市公安局交通警察支队合作开展“事故e处理”快处快赔服务，1个轻微道路交通事故快处快赔服务中心和15个轻微道路交通事故快处快赔服务网点运作正常。2020年，佛山市轻微道路交通事故快处快赔服务中心接处轻微道路交通事故业务21万宗，完成快处快赔业务7.7万宗。市保险行业协会与佛山市公安局交通警察支队合作，继续推动“警保联动，快处快赔”模式向农村延伸。截至年底，全市农村交通安全劝导站达36个，其中一级劝导站25个、二级劝导站2个、三级劝导站9个。

【保险消费者权益保护】 2020年，佛山市保险行业协会保险纠纷调解处置专业委员会接到保险类纠纷咨询及投诉476件，其中：受理投诉434件，处置成功210件；受理调解42件，调解成功28件。市保险行业协会派出12名专职人民调解员，分别在禅城、南海、高明、三水4个区的4个道路交通事故损害赔偿纠纷一体化处理中心共7个调节点驻点，为道路交通事故当事人提供调解服务，把矛盾纠纷化解在事故发生的最前沿。全年5个区的一体化处理中心有效受理道路交通事故纠纷1.04万件，调解成功率达60%，调解涉案金额5.9亿元。

【保险产业学院项目签约】 2020年10月20日，佛山市各区统一举行2020年下半年重大项目集中开工投产活动。在禅城区分会场，佛山市保险行业协会与禅城区政府、佛山科学技术学院签订战略合作协议，共建保险产业学院。以佛山科学技术学院为依托单位建设的保险产业学院项目为“佛山市2020

2020年，佛山市轻微道路交通事故快处快赔服务中心接处轻微道路交通事故业务21万宗，完成快处快赔业务7.7万宗。图为调解现场 （市保险行业协会 供图）

年下半年重大项目”之一，项目旨在实现学校、政府部门、行业之间的信息、人才、资源共享，发挥各自优势，实现产教融合，助推佛山保险产业转型升级。

（张妙玲）

资本市场服务

【证券业】 截至2020年底，佛山市有证券机构140个，其中地区分公司14家、省级分公司2家、综合类证券营业部66个、轻型营业部58个。2020年，佛山市注销1个证券机构，为中信华南证券股份有限公司佛山分公司（原广州证券佛山分公司）。2020年，佛山市证券交易成交总额（不含权证）5.73万亿元，比上年增长45.6%。佛山市证券成交总额（不含权证）占全省（除深圳市）成交总额的12%，占比比上年上升0.4个百分点。佛山市证券交易成交总额在广东省内排名第三。南海区证券交易成交总额1.72万亿元，比上年增长59.1%，占佛山市总成交金额的29.9%；禅城区证券交易成交总额1.87万亿元，增长43.2%，占佛山市场总成交金额的32.7%；顺德区证券交易成交总额1.89万元，增长38.8%，占佛山市场总成交金额的33.1%；高明区证券交易成交总额709亿元，增长37.7%，占佛山市场总成交金额的1.2%；三水区证券交易成交总额1763亿元，增长31.1%，占佛山市场总成交金额的3.1%。全年佛山市证券机构手续费含佣金收入20亿元，比上年增长53.8%，佛山市证券业手续费含佣金收入占全省（除深圳市）的14%，比上年上升0.1个百分点。

【期货业】 2020年，佛山市注销1个期货机构，为深圳先锋期货有限公司佛山营业部。截至2020年底，佛山市有期货分支机构14个。全年佛山市期货交易成交总额1.33万亿元，比上年增长33.62%。佛山市期货成交总额占全省（除深圳市）成交总额的8.09%。

（张晶晶）

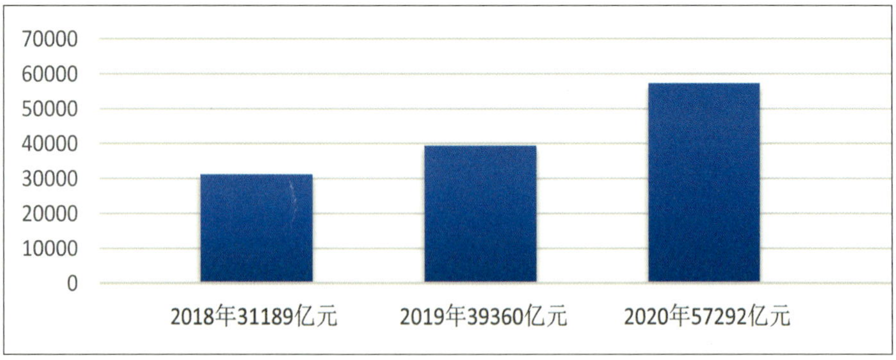

图4 2018—2020年佛山市证券交易量图

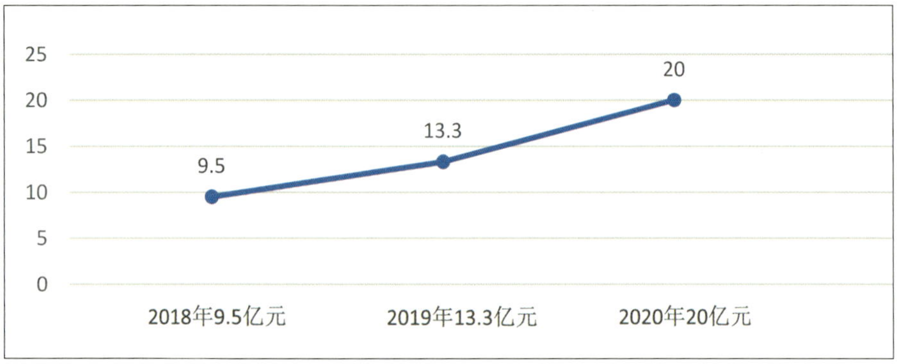

图5 2018—2020年佛山市证券机构手续费及佣金收入趋势图

【交易场所】 截至2020年底，佛山市有各类交易场所4个（禅城区2个、南海区1个、顺德区1个），其中产权交易所3个、大宗商品交易所1个。4个交易场所中，3个产权交易所仍正常运营、1个大宗商品交易所已停止运营。2020年，3家产权交易所挂牌项目合计1472个，挂牌金额99.66亿元；成交项目649个，成交金额67.18亿元；营业收入合计1692万元，净利润196万元。

（李洪仓）

【企业上市融资】 2020年，佛山市有19家非金融企业发行债券，发债总额858亿元，发债规模比上年增长122%。全年全市新增2家境外上市企业，上市公司累计70家（含已过会的待上市企业7家）。佛山市上市企业数量居全省地级市第一。截至2020年底，佛山市在广东股权交易中心挂牌的优质中小微企业达492家，全省排名第二，累计融资额858.36亿元，居全省第一。

（张晶晶）

【创业板注册制改革政策解读培训会】 2020年6月29日，佛山市金融工作局联合佛山市企业上市促进会联合举办创业板注册制改革政策解读培训会。佛山市金融、科技、工信相关部门的负责人，相关行业协会及辖内创业板上市后备企业负责人等100余人参加培训会。培训活动旨在引导佛山企业抢抓政策先机，布局资本市场，实现资源优化配置。

（温达斌）

【广东证券期货业协会佛山片区调研交流座谈会】 2020年9月9日，广东证券期货业协会在佛山市顺德区举行广东证券期货业协会佛山片区调研交流座谈会。全市50余个证券期货机构的负责人出席会议。会议重点围绕证券期货行业在经营发展过程中的问题、困难、经验、合规工作、新《中华人民共和国证券法》实施的影响、加强行业自律管理、优化会员服务、畅通沟通传导渠道、行业文化建设等方面展开交流讨论。

（张晶晶）

表 41

佛山市上市公司一览表

企业名称	股票代码	上市日期	所属行业	所属区域	上市地
中国中药有限公司（原盈天医药）	HK.00570	1993年4月7日	生物医药	禅城区	香港主板
美的集团股份有限公司	000333	1993年11月12日	电气机械	顺德区	深圳主板
佛山电器照明股份有限公司	000541（B200541）	1993年11月23日	电气机械	禅城区	深圳主板
威灵控股有限公司	HK.00382	1993年12月20日	白色家电	顺德区	香港主板
广东万家乐股份有限公司	000533	1994年1月3日	白色家电	顺德区	深圳主板
海信科龙电器股份有限公司	000921	1999年7月13日	白色家电	顺德区	深圳主板
佛山佛塑科技集团股份有限公司	000973	2000年5月25日	橡胶和塑料制品	禅城区	深圳主板
佛山华新包装股份有限公司	B200986	2000年7月6日	造纸和纸制品业	禅城区	深圳主板
瀚蓝环境股份有限公司	600323	2000年12月25日	燃气水务	南海区	上海主板
中国兴业控股有限公司	HK.00132	2001年9月28日	酒店、餐饮	南海区	香港主板
广东科达洁能股份有限公司	600499	2002年10月10日	专用设备制造业	顺德区	上海主板
南方包装集团有限公司	SouthernPkg（T77）	2004年11月12日	工业设计	南海区	新加坡
广东德美精细化工股份有限公司	002054	2006年7月25日	化学原料和化学制品制造	顺德区	深圳中小板
广东雪莱特光电科技股份有限公司	002076	2006年10月25日	电气机械	南海区	深圳中小板
碧桂园控股有限公司	HK.02007	2007年4月20日	房地产	顺德区	香港主板
兴发铝业控股有限公司	HK.00098	2008年3月31日	金属	禅城区	香港主板
德奥通用航空股份有限公司	002260	2008年7月16日	白色家电	南海区	深圳中小板
志高控股有限公司	HK.00449	2009年7月13日	白色家电	南海区	香港主板
星期六股份有限公司	002291	2009年9月3日	纺织服装	南海区	深圳中小板
广东精艺金属股份有限公司	002295	2009年9月29日	有色金属冶炼	顺德区	深圳中小板
南方风机股份有限公司	300004	2009年10月30日	专用设备制造业	南海区	深圳创业板
德宝地产开发有限公司	dpdl	2010年4月12日	房地产	南海区	新加坡
中国联塑集团控股有限公司	HK.02128	2010年6月23日	建筑材料	顺德区	香港主板
广东盛路通信科技股份有限公司	002446	2010年7月13日	通信设备制造业	三水区	深圳中小板
佛山市国星光电股份有限公司	002449	2010年7月16日	光学光电子	禅城区	深圳中小板
开易控股有限公司	HK.02011	2011年1月12日	服饰配件	南海区	香港主板
广东万和新电气股份有限公司	002543	2011年1月28日	白色家电	顺德区	深圳中小板
大自然地板控股有限公司	HK.02083	2011年5月26日	建筑材料	顺德区	香港主板
广东东方精工科技股份有限公司	002611	2011年8月30日	专用设备制造业	南海区	深圳中小板
广东德联集团股份有限公司	002666	2012年3月27日	化学原料和化学制品制造	南海区	深圳中小板

续表

企业名称	股票代码	上市日期	所属行业	所属区域	上市地
广东国盛金控集团股份有限公司	002670	2012年4月16日	电气机械	顺德区	深圳中小板
广东顺威精密塑料股份有限公司	002676	2012年5月25日	橡胶和塑料制品	顺德区	深圳中小板
中国集成金融集团控股有限公司	HK.03623	2013年11月13日	金融	禅城区	香港主板
广东新宝电器股份有限公司	002705	2014年1月21日	白色家电	顺德区	深圳中小板
欧浦智网股份有限公司	002711	2014年1月27日	仓储物流	顺德区	深圳中小板
佛山市海天调味食品股份有限公司	603288	2014年2月11日	食品制造业	禅城区	上海主板
广东伊之密精密机械股份有限公司	300415	2015年1月23日	专用设备制造业	顺德区	深圳创业板
佛山市南华仪器股份有限公司	300417	2015年1月23日	仪器仪表制造业	南海区	深圳创业板
广东星徽精密制造股份有限公司	300464	2015年6月5日	金属制品业	顺德区	深圳创业板
中国顺客隆控股有限公司	HK.00974	2015年9月10日	商业零售	顺德区	香港主板
中盈盛达融资担保投资股份有限公司	HK.01543	2015年12月23日	金融	禅城区	香港主板
节能元件有限公司（广东普福斯节能元件有限公司）	HK.08231	2016年10月7日	半导体	顺德区	香港创业板
煜荣集团控股有限公司（佛山市顺德区莱利达工程设备有限公司）	HK.01536	2017年1月11日	专用设备制造业	顺德区	香港主板
广东雄塑科技集团股份有限公司	300599	2017年1月23日	橡胶和塑料制品	南海区	深圳创业板
佛山市金银河智能装备股份有限公司	300619	2017年3月1日	专用设备制造业	三水区	深圳创业板
广东新劲刚新材料股份有限公司	300629	2017年3月24日	金属制品业	南海区	深圳创业板
博实乐教育集团（广东碧桂园教育投资管理有限公司）	BEDU	2017年5月18日	教育服务	顺德区	美国纽交所
佛山市顺德区万成金属包装有限公司	HK.08291	2017年7月18日	建筑建材	顺德区	香港创业板
广东天安新材料科技股份有限公司	603725	2017年9月6日	橡胶和塑料制品	禅城区	上海主板
广东海川智能机器股份有限公司	300720	2017年11月6日	仪器仪表制造业	顺德区	深圳创业板
佛山市燃气集团股份有限公司	002911	2017年11月22日	燃气生产和供应业	禅城区	深圳中小板
蒙娜丽莎集团股份有限公司	002918	2017年12月19日	非金属矿物制品业	南海区	深圳中小板
广东伊戈尔电气股份有限公司	002922	2017年12月29日	电气机械和器材制造业	南海区	深圳中小板
美的置业集团有限公司	HK.03990	2018年10月11日	房地产	顺德区	香港主板
科顺防水科技股份有限公司	300737	2018年1月25日	非金属矿物制品业	顺德区	深圳创业板
广东文灿压铸股份有限公司	603348	2018年3月14日	通用设备制造业	南海区	上海主板
碧桂园服务控股有限公司	HK.06098	2018年6月18日	物业服务业	顺德区	香港主板

续表

企业名称	股票代码	上市日期	所属行业	所属区域	上市地
佛山市云米电器科技有限公司	VIOT	2018年9月25日	互联网零售	顺德区	美国纳斯达克
小熊电器股份有限公司	002959	2019年8月23日	家用电器	顺德区	深圳创业板
广东华特气体股份有限公司	688268	2019年12月26日	化工	南海区	上海科创板
松德智慧装备股份有限公司	300173	2011年2月1日	机械设备	禅城区	深圳创业板
蚬壳电业有限公司	HK.02381	2020年6月2日	家用电器	顺德区	香港主板
中奥到家集团有限公司	HK.01538	2015年11月25日	物业服务业	顺德区	香港主板

注：资料截至2020年底；松德智慧装备股份有限公司2019年迁址到佛山；中奥到家集团有限公司2020年迁址到佛山

（市金融工作局）

【“走进上市公司”——考察深圳市杰美特科技股份有限公司活动】 2020年9月2—3日，佛山市金融工作局、禅城区经济和科技促进局（区金融工作局）、禅城区金融产业促进会、佛山市证券期货协会联合组织部分会员单位和禅城区内30多家上市后备企业到深圳证券交易所交流学习，并实地考察首批注册制上市公司之一的深圳市杰美特科技股份有限公司。活动过程中，深圳证券交易所上市推广部代表向到访者介绍有关创业板注册制的基本情况，讲解核准制与注册制的差异、中小企业如何选择上市板块等问题。重点讲解创业板注册制有“一个核心、三大特点”。其核心是以信息披露为核心的，信息披露要求真实、准确、完整，无重大遗漏。特点是为市场化的股票发行制度，其主要内容是以信息披露为中心，完善信息披露规则，由证券交易所负责企业股票发行申请的注册审核，报证监会注册生效；注册制股票发行承销市场化前五天不设涨跌幅，五日后涨跌幅从以前的10%调整为20%；审批公开化、透明化、规范化，审批时间可预期，收到材料后5天内受理，20天内反馈意见，一般半年知道结果。

（张晶晶）

【新财富学院佛山分院、新财富学院投教基地揭牌成立】 2020年9月11日，2020年佛山上市公司高质量发展研讨会暨新财富学院佛山分院、新财富佛山投教基地挂牌成立仪式在佛山禅城举办。该活动由佛山市金融工作局指导，新财富商学院、佛山市企业上市促进会主办。广东证监局，佛山市市、区金融部门相关负责人，知名经济学家，机构投资者等近200参加研讨会。会上，新财富学院佛山分院、新财富学院投教基地在与会嘉宾的见证下揭牌成立。新财富学院佛山分院挂牌在佛山市企业上市促进会，新财富学院投教基地挂牌国信证券广东南海分公司，新财富珠海办事处负责人邱海波担任新财富学院佛山分院院长。与会嘉宾探讨新生态下资本市场发展新趋势、经济发展新动能，加强资本市场改革政策宣讲和风险防控教育，推动佛山上市公司在规范运作的基础上利用资本市场实现创新发展。

（温达斌）

其他非银行类金融机构

【概况】 截至2020年底，佛山市有企业集团财务公司1家（美的集团财务有限公司），金融租赁公司1家（佛山海晟金融租赁股份有限公司），有“7+4+1”类（包括小额贷款公司、融资担保公司、典当行、融资租赁公司、区域性股权市场、

2020年9月11日，2020年佛山上市公司高质量发展研讨会暨新财富学院佛山分院、新财富佛山投教基地挂牌成立仪式在佛山禅城举办　　（市金融工作局　供图）

商业保理公司、地方资产管理公司，地方各类交易所、投资公司、开展信用互助的农民专业合作社、社会众筹机构、P2P网贷机构）地方金融机构268个，其中法人机构112个、分支机构156个。

（李洪仓）

【企业集团财务公司】截至2020年底，佛山市辖内有1家财务公司，为美的集团财务有限公司。美的集团财务有限公司是经原中国银监会批准设立的非银行金融机构，成立于2010年6月，隶属美的集团股份有限公司。美的集团财务有限公司股东单位为美的集团股份有限公司和广东威灵电机制造有限公司，注册资本35亿元。

【金融租赁公司】截至2020年底，佛山市辖内共有1家金融租赁公司，为佛山海晟金融租赁股份有限公司。佛山海晟金融租赁股份有限公司是经原中国银监会批准设立的非银行金融机构，成立于2016年6月，是广东金融高新技术服务区唯一的金融租赁公司。海晟金融租赁公司由广东南海农村商业银行股份有限公司联合广东省广晟资产经营有限公司、广东伊之密精密机械股份有限公司、广州御银科技股份有限公司、佛山市金融投资控股有限公司、佛山市南海承业投资开发管理有限公司和佛山市南海中南机械有限公司共同发起设立，注册资本20亿元。海晟金融租赁公司通过提供高质量的融资租赁服务，服务民生事业，支持大型企业国际化，促进中小企业成长，满足客户多元的融资和服务需求。

（佛山银保监分局）

【小额贷款】截至2020年底，佛山市有小额贷款公司35家，其中禅城区3家，南海区20家，顺德区10家，高明、三水区各1家；从业人员509人，其中董事、监事、高管合计186人；注册资本合计50.99亿元；贷款余额55.7亿元，比上年下降5.2%；不良贷款余额8.7亿元，下降4.4%；不良贷款率15.7%，比上年提高0.2个百分点；营业收入3.85亿元，营业支出1.79亿元，缴纳企业所得税0.5亿元，实现净利润1.55亿元。全年累计为地方中小微企业、个体工商户和“三农”（农业、农村、农民）客户投放6215笔共72.93亿元贷款（其中涉农贷款1.54亿元、中小微企业贷款19.47亿元），比上年增加8.4亿元，增长13.04%，贷款主要投向制造业（占49.4%）。

【融资担保】截至2020年底，佛山市有持证融资担保法人机构7个（禅城区3个、顺德区2个、高明区1个、三水区1个），比上年减少3个，有分支机构3个（住所地均在顺德区）；从业人员280人；注册资本总额24.95亿元，资产总额40.02亿元，净资产29.07亿元；在保余额132.95亿元，下降14.27%，其中融资性在保余额85.74亿元，占64.49%，减少6.17亿元，下降6.71%；放大倍数为2.96倍，增长5.64%；融资性担保代偿余额1.77亿元，代偿率为0.46%；担保业务收入9.02亿元，上缴所得税2528.43万元，净利润1.16亿元。

【典当】截至2020年底，佛山市有典当机构32个，其中法人机构29个（禅城区5个、南海区9个、顺德区10个、高明区2个、三水区3个），分支机构3个（南海区1个、顺德区2个）；注册资本5.93亿元，从业人员200人；典当余额4.51亿元，比上年增长7.45%；利润总额579万元；典当总额10.27亿元，下降27.18%，其中涉动产典当总额2.97亿元、涉房地产典当总额4.93亿元、涉财产权利典当总额2.38亿元。业务主要集中于涉房地产典当，占48%，而涉动产典当中的民品典当相对较少。

【融资租赁】截至2020年底，佛山市有各类融资租赁机构174个（禅城区74个、南海区74个、顺德区18个、高明区2个、三水区6个），其中法人机构34个、分支机构140个；注册资本合计72.3亿元；能掌握经营数据的26个法人机构资产总额100.6亿元；融资租赁合同余额68.5亿元，比上年增长24.18%；不良率9.26%，增长556.74%。累计营业收入8.89亿元，缴纳税金0.56亿元。

【商业保理】截至2020年底，佛山市有商业保理机构12个，其中法人机构3个（住所地均在顺德区），注册资本合计1.5亿元，资产总额6.14亿元，商业保理融资款本金4.91亿元（比上年增长44.7%），商业客户422家；累计营业收入3816.81万元，缴纳税金399.29万元，净利润907.41万元。有分支机构9个（禅城区1个、南海区4个、顺德区4个）。截至2020年，佛山市商业保理行业仍处于起步阶段，主要依托上市公司或知名企业、集团的产业优势，向企业上、下游供应链提供金融服务。

【P2P网贷机构】2020年初，佛山市实现所有P2P网贷机构（指开展点对点互联网借贷业务的一类机构）停业清零。截至2020年底，佛山市P2P网贷机构借贷余额、借款人数、出借人数大幅下降，仅剩1个机构未完成清退，借款余额150万元，借款人218人，出借人78人。

【供应链金融】2020年，佛山市推动符合条件的市场主体参与供应链金融试点，佛山市顺德区美的家电实业有限公司和广东顺银产融投资有限公司2家企业成功申报设立供应链金融公司，成为广东省供应链金融“监管沙盒”第一批试点企业。在试点范围内，2家企业可在审慎合规、风险可控的前提下，经营应收账款、存货、预付款等一系列供应链融资支持业务。

（李洪仓）

【金融债权及特殊资产管理协会成立】2020年8月13日，佛山市金融债权及特殊资产管理协会成立。该协会由佛山市金融工作局作为主管单位，由佛山市禅本德资产管理有限公司及广东天地正律师事务所等8家企业发起成立，是全国第五个金融债权及特殊资产管理协会。该协会是联系政府与金融机构、实体企业的纽带和桥梁，促进佛山金融行业诚信经营、健康发展，帮扶困难企业，服务实体经济，维护会员合法权益，推动佛山市金融债权及特殊资产市场健康有序发展。协会成立的当日设立10亿元纾困基金，主要用于帮扶因流动性困难而陷入经营困境的佛山市龙头、优质实体企业。

（温达斌）

旅游业

综　述

【概况】 2020年，佛山市有国家旅游景区质量等级划分与评定AAA级以上旅游景区28个，旅游星级饭店37家，旅行社142家，持证导游员3486人。按广东省文化和旅游厅新旅游统计口径测算数据，全年接待国内外游客3573.56万人次，恢复至上年的86.89%，接待过夜游客1757.19万人次，恢复至上年的83.70%，旅游总收入325.05亿元，恢复至上年同期的67.82%。佛山市文化广电旅游体育局编制《佛山市文化广电旅游体育发展“十四五”规划》，提出以“文化为魂，旅游为体，广电体育为双翼”为总思路，以“一区三城一中心”（“一区”为国家公共文化服务体系示范区，“三城”为博物馆之城、粤菜粤厨名城、世界功夫之城，“一中心”为南方影视中心）为抓手，建设“三名城一示范一试点”（“三名城”是指“高质量文化导向型名城”“休闲湾区旅游目的地名城”“大湾区体育赛事名城”，“一示范”是指“全省地级市文广旅体高质量融合发展示范区”，“一试点”是指“国家文化和旅游消费试点城市”），推动佛山市文旅产业高质量融合发展。全年全市没有发生旅游安全生产责任事故，旅游市场秩序保持和谐良好。

（温　晴　招卓亭）

【出境旅游】 2020年，佛山市有出境游组团社36家，旅行社组团出境游客3.18万人次。1月24日，根据广东省启动一级响应指令和市新冠肺炎防控指挥部部署，佛山市文广旅体局印发《关于暂停各级各类公共文体旅游场馆开放、取消相关活动的通告》《关于做好旅游行业新型冠状病毒感染肺炎疫情防控工作的通知》，全市25家A级旅游景区、17家非A级收费景区全部关闭；全市旅行社暂停经营团队旅游及“机票+酒店”旅游产品业务。2020年7月14日，国家文化和旅游部发布相关通知，恢复跨省（区、市）团队旅游，国内旅游市场进入全面复苏阶段。佛山市从2020年2月底开始，文旅行业工作重点就逐渐转入防控与复工复产并行阶段，在市场复苏方面做了许多有益的探索与尝试。

【境内旅游】 2020年，佛山市旅行社组团境内游客93.9万人次，接待境内游客66.36万人次。佛山市一手抓疫情防控，一手抓经济社会发展，开展暖春行动，出台暖企政策，复工复产取得阶段性实效，在多项促消费政策和系列促旅游活动的推动下，旅游市场进入持续复苏阶段。结合复工复产形势，重点强化对A级旅游景区、星级饭店等场所的监管和检查，按照“预约、限流、扫码、测温、保持社交距离、科学佩戴口罩”的“5+1”工作标准，重点落实好旅游行业复工复产，确保疫情防控无死角，全市旅游行业各项工作规范有序。

2020年，佛山市以“一区三城一中心”为抓手，建设“三名城一示范一试点”，高质量推动佛山市文旅产业高质量融合发展。图为第三届佛山武林大会李小龙80周年诞辰系列活动

（市文广旅体局　供图）

表 42

2020 年佛山市旅游经济发展情况表

类　别	接待过夜旅游者（万人次）	旅游总收入（亿元）	旅游外汇收入（万美元）	一日游人数（万人次）	旅游从业人员（人次）
全市合计	1757.19	325.05	5122.38	1816.37	52932
禅城区	332.09	64.51	950.24	415.00	3757
南海区	736.33	125.16	1505.19	525.54	27223
顺德区	491.46	102.36	2147.07	675.14	8942
高明区	83.74	17.07	200.48	147.73	1526
三水区	113.57	15.95	319.40	52.96	11484

表 43

佛山市三星级及以上旅游饭店一览表

序　号	饭店名称	星　级	标牌（证书）编号	地　址
1	佛山宾馆（佛山皇冠假日酒店）	五星	4450012	佛山市禅城区祖庙街道汾江中路
2	保利洲际酒店	五星	4450108	佛山市南海区桂城街道灯湖东路
3	金太阳酒店	五星	4450109	佛山市三水区西南街道广海大道东
4	高明碧桂园凤凰酒店	五星	4450111	佛山市高明区荷城街道碧桂大道
5	绿湖温泉度假酒店	五星	4450122	佛山市三水区云东海街道森林公园内
6	恒安瑞士大酒店	五星	4450130	佛山市禅城区祖庙街道城门头西路
7	哥顿酒店	五星	4450067	佛山市顺德区容桂街道容桂大道中
8	财神酒店	五星	4450072	佛山市顺德区乐从镇乐从大道东
9	华美达酒店	五星	4450124	佛山市顺德区北滘镇林上路
10	金城大酒店	四星	4440014	佛山市禅城区祖庙街道汾江中路
11	佳宁娜大酒店	四星	4440073	佛山市禅城区祖庙街道祖庙路
12	中恒金都酒店	四星	4440079	佛山市南海区大沥镇佛山机场路口
13	凯迪威酒店	四星	4440227	佛山市三水区乐平镇乐平大道
14	新世界酒店	四星	4440068	佛山市顺德区大良街道清晖路
15	仙泉酒店	四星	4440077	佛山市顺德区大良街道顺峰山路段
16	碧桂园度假村	四星	4440069	佛山市顺德区北滘镇碧江大桥侧
17	碧桂花城大酒店	四星	4440070	佛山市顺德区陈村镇佛陈大桥侧
18	福盈酒店	四星	4440076	佛山市顺德区大良街道环市北路
19	新君悦酒店	四星	4440072	佛山市顺德区陈村镇佛陈路口
20	鹿茵酒店	四星	4440071	佛山市顺德区容桂街道桂洲大道中
21	君莱酒店	四星	4440204	佛山市顺德区大良街道鉴海南路

续表

序　号	饭店名称	星　级	标牌（证书）编号	地　址
22	君豪酒店	四星	4440203	佛山市顺德区容桂街道容奇大道中
23	骏景酒店	四星	4440205	佛山市顺德区均安镇翠湖路
24	皇帝酒店	四星	4430322	佛山市顺德区大良街道锦龙路
25	石湾宾馆	三星	4430325	佛山市禅城区汾江西路
26	金银酒店	三星	4430537	佛山市禅城区汾江西路
27	登喜来大酒店	三星	4430757	佛山市禅城区文华北路
28	西樵山大酒店	三星	4430343	佛山市南海区西樵山白云洞风景区内
29	南海迎宾馆	三星	4430320	佛山市南海区政府大院内
30	恒威大酒店	三星	4430328	佛山市高明区荷城街道泰华路
31	百盛达商务酒店	三星	4430690	佛山市南海区桂城街道海六路
32	中旅华厦酒店（原三水华侨大厦）	三星	4430346	佛山市三水区西南街道新华北路
33	恒福星际酒店	三星	4430337	佛山市三水区西南街道新华路
34	三水阳光假日酒店	三星	4430737	佛山市三水区西南街道三达路
35	世纪星酒店	三星	4430545	佛山市高明区荷城街道文华路
36	容莲宾馆	三星	4430329	佛山市顺德区容桂街道江南大道
37	百盛达君玉酒店	三星	—	佛山市南海区桂城街道平东大道

注：资料截至2020年底；百盛达君玉酒店的三星级评定已批复，标牌在制作中

表44　　佛山市AAA级及以上旅游景区一览表

序　号	景区名称	等　级	地址	等级公布时间	类型
1	佛山市西樵山风景名胜区	AAAAA	佛山市南海区西樵镇登山大道附近	2013年	自然景观
2	佛山市长鹿旅游休博园	AAAAA	佛山市顺德区伦教三洲建设东路	2014年	度假休闲
3	佛山市祖庙博物馆	AAAA	佛山市禅城区祖庙路	2012年	历史文化
4	佛山市南风古灶旅游区	AAAA	佛山市石湾镇高庙路	2009年	历史文化
5	佛山市南海湾（西岸）森林生态园	AAAA	佛山市南海区西樵镇西岸	2011年	自然景观
6	平洲玉器街	AAAA	佛山市南海区桂城街道永安路	2014年	工业旅游
7	中央电视台南海影视城	AAAA	佛山市南海区狮山镇松岗影视城大道	2016年	其他
8	佛山市南海梦里水乡景区	AAAA	佛山市南海区里水镇滨江东路	2018年	乡村旅游
9	佛山市清晖园	AAAA	佛山市顺德区大良街道清晖路	2007年	历史文化
10	佛山市（顺德区）陈村花卉世界	AAAA	佛山市顺德区陈村花卉世界牡丹路	2012年	其他
11	佛山市顺德罗浮宫国际家具艺术博览中心景区	AAAA	佛山市顺德区121省道乐从路段	2012年	工业旅游

续表

序　号	景区名称	等　级	地址	等级公布时间	类型
12	佛山市乐从国际会展中心景区	AAAA	佛山市顺德区乐从镇乐从大道	2014年	工业旅游
13	史努比缤纷世界	AAAA	佛山市顺德区大良街道龙盘西路	2018年	主题公园
14	佛山市皂幕山旅游风景区	AAAA	佛山市高明区杨和镇杨梅井头	2012年	自然景观
15	佛山市广东盈香生态园	AAAA	佛山市高明区荷城街道西安冼村	2014年	度假休闲
16	佛山市三水荷花世界	AAAA	佛山市三水区西南街道南丰大道	2006年	主题游乐
17	佛山市三水森林公园	AAAA	佛山市三水区云东海大道	2006年	自然景观
18	佛山市禅城区柏林艺术馆	AAA	佛山市禅城区跃进路	2016年	文博院馆
19	佛山市九江双蒸博物馆	AAA	佛山市南海区惠民路	2017年	文博院馆
20	佛山市顺德区南国丝都丝绸博物馆	AAA	佛山市顺德区观绿路	2016年	乡村旅游
21	佛山市顺德区杏坛逢简水乡	AAA	佛山市顺德区杏坛逢简村	2015年	乡村旅游
22	佛山市顺德区周大福珠宝文化中心	AAA	佛山市顺德区伦教街道伦福路	2014年	其他
23	碧江金楼	AAA	佛山市顺德区北滘镇碧江泰宁路	2018年	历史文化
24	陈太吉酒庄	AAA	佛山市禅城区石湾太平街	2019年	文博院馆 工业旅游
25	容桂渔人码头景区	AAA	佛山市顺德区容桂街道东风居委会东堤路	2019年	文化创意
26	紫南文化园	AAA	佛山市禅城区南庄镇紫南村贤德路	2020年	文博院馆
27	百威（佛山）啤酒工业旅游体验园	AAA	佛山市三水区西南街道百威大道	2020年	工业旅游
28	佛山市佛罗伦萨小镇景区	AAA	佛山市南海区桂城街道疏港路	2020年	其他

注：资料截至2020年底

【全域旅游发展】 2020年，佛山市组织2019年度全域旅游发展扶持资金申报工作，扶持资金近3000万元，缓解文旅企业因新冠肺炎疫情造成的经济压力。继续推进佛山市全域旅游示范区创建，在高明区、禅城区先后于2019年12月和2020年6月获认定“广东省全域旅游示范区”并全力申创“国家全域旅游示范区”的基础上，推动南海区、顺德区、三水区创建“广东省全域旅游示范区”。组织开展全市全域旅游培训班，详细解析全域旅游创建相关要求。

【黄金周旅游】 2020年中秋、国庆假期期间，佛山市接待游客694.27万人次，按可比口径增长5.06%；全市旅游收入227502.37万元，按可比口径增长2.72%。从《21世纪经济报道》发布的黄金周旅游数据来看，在15个新一线城市中，佛山市和苏州市的旅游人数和旅游收入双双超过上年，佛山市以105.06%的旅游市场恢复率排名第一。

【重点旅游项目建设】 2020年，佛山推进岭南文旅小镇建设，重点建设4个项目，总投资25.40亿元。其中，宋城·西樵山岭南千古情景区（佛山千古情景区）项目2020年计划投资2.4亿元，完成年度投资计划100%以上，计划2021年上半年对外营业。

【旅游产业发展蓝皮书编制】 2020年7月，佛山市文化广电旅游体育局和佛山市社会科学界联合会委托广东财经大学专家团队开展《佛山市旅游产业发展蓝皮书（2020）》的研究撰写工作。该项目的编研是为更好地发挥和利用佛山历史文化名城优势和岭南特色旅游资源，做优做强做大佛山旅游产业。项目主要就佛山市旅游业发展概述与取得的成效、佛山市旅游业发展案例研究、制造业强市旅游业发展的特色与比较、佛山市旅游业发展面临的不足与挑战和佛山市旅游业发展的总体思路、战略目标、重要原则和对策建议等几个方面开展编研。截至年底，该项目已出初稿。

（招卓亭）

旅游资源

【概况】 佛山地处珠江三角洲腹地，是中国重要的制造业基地、国家历史文化名城、珠三角地区西翼经贸中心和综合交通枢纽。毗邻港澳，与广州共同构成“广佛都市圈”，是“粤港澳大湾区”“珠江—西江经济带”的重要组成部分。佛山河网密布，生态环境优美，是独具特色、历史悠久的岭南水乡，有丰富的旅游资源，行、游、住、食、购、娱等旅游基础设施配套完备，是广东著名的旅游胜地，中国优秀旅游城市。全市现有国家AAAAA级景区2个，分别为西樵山风景名胜区、长鹿旅游休博园；AAAA级景区15个，分别为祖庙博物馆、南风古灶旅游区、南海湾森林生态园、平洲玉器街、中央广播电视总台南海影视城、南海梦里水乡景区、清晖园、陈村花卉世界、罗浮宫国际家具艺术博览中心景区、乐从国际会展中心景区、史努比缤纷世界、皂幕山旅游风景区、盈香生态园、三水荷花世界、三水森林公园；AAA级景区11个，分别为柏林艺术馆、九江双蒸博物馆、南国丝都丝绸博物馆、杏坛逢简水乡、周大福珠宝文化中心、碧江金楼、陈太吉酒庄、容桂渔人码头景区、紫南文化园、百威（佛山）啤酒工业旅游体验园、佛山市佛罗伦萨小镇景区；同时，还有岭南天地（东华里）、佛山梁园、佛山国际家居博览城、康有为故居、国艺影视城、南国桃园、渔耕粤韵文化园、美的·鹭湖森林度假区、大旗头古村、烟桥古村、三水温泉度假村、九道谷自然生态旅游区等有较大影响力的非A级文化景点。2020年，佛山市有旅游星级饭店37家，其中五星级9家，分别为佛山宾馆（佛山皇冠假日酒店）、恒安瑞士大酒店、保利洲际酒店、哥顿酒店、财神酒店、华美达酒店、金太阳酒店、三水花园酒店、高明碧桂园凤凰酒店，还有万豪、洲际、喜来登、汉威等知名酒店品牌和豪华型商务、度假酒店，以及“城市客栈”“7天连锁”等经济型酒店。高、中、低星级饭店结构比例合理，同时，还有独具特色的民宿体验。佛山市有旅行社142家，其中国际旅行社36家，有5家旅行社入选全国百强旅行社，为中外游客提供舒适快捷方便的游览服务。2020年受新冠肺炎疫情影响，佛山市全年接待国内外游客3573.56万人次，恢复至上年同期的86.89%，接待过夜游客1757.19万人次，恢复至上年同期的83.70%，旅游总收入325.05亿元，恢复至上年同期的67.82%。

【西樵山风景名胜区】 国家AAAAA级景区。西樵山位于广东省佛山市南海区的西南部，是广东四大名山之一，自然风光清幽秀丽，旅游文化底蕴厚重，民俗风情古朴自然。西樵山是有4000万年历史的火山遗址，传承6000多年的“双肩石器文化”，是儒、佛、道共存的“三教名山”，林深苔厚，郁郁葱葱，洞壁岩缝，储水丰富，是富含负离子的天然氧吧；西樵山满山林木密布，无处不绿，山花烂漫，珍稀植物花卉种类繁多，有“樵山无处不生花”的动人传说。景点包括：南海观音文化苑、宝峰寺、九龙岩景区、石燕岩景区、白云洞、飞流千尺、奎光楼等。西樵山是广东四大名山之一，自然风光清幽秀丽，旅游文化底蕴厚重，民俗风情古朴自然。自明清以来，文人雅士，群贤毕至，旅人游子，纷至沓来，使秀美的西樵山成为名噪南粤的旅游热点。西樵山自然风光美仑美奂，山上七十二峰峰峰皆奇，四十二洞洞洞皆幽，更有湖、瀑、泉、涧、岩、壁、潭、台点缀其间，成为这座熄灭了亿万年的死火山的旷世佳作。西樵山林深苔厚，洞壁岩缝，储水丰富，古人赞之为“谁信匡庐千嶂瀑，移来一半在西樵”。今人称之为“绿色水库”“固体水库”。2020年，西樵山风景名胜区接待游客约125万人次。年内，西樵山自然生态教育中心入选“广东省森林旅游新兴品牌地”；佛山市西樵山森林旅游特色研学游入选“广东省森林旅游特色线路”；西樵山风景名胜区获“广东省自然教育基地”和“广东省中小学生研学实践教育基地”称号。

【长鹿旅游休博园】 国家AAAAA级景区。位于顺德区伦教街道，建于2002年，是一个集岭南历史文化、顺德水乡风情、农家生活情趣，以吃、住、玩、赏、娱、购于一体的综合性景区，是休闲娱乐、旅游度假、商务会议的最佳场所，更是团队拓展、集体旅游、素质教育的首选基地。主要包括“长鹿尖叫岛”“童话动物王国”“长鹿度假村”“军事主题公园”“农家乐主题公园”“海底世界主题公园”“湿地主题公园”七大园区，各具特色，精彩纷呈。先后获得佛山市“科普教育基地”、“2006年佛山十大魅力乡村游景区（点）”“全国农业旅游示范点”等多项殊荣，2008年顺利评为国家AAAA级旅游景区。2014评为AAAAA级旅游景区。2020年，长鹿旅游休博园接待游客约153万人次，年内完成长鹿冰雪世界项目升级改造并重新对外开放。

【祖庙博物馆】 国家AAAA级景区。位于禅城区祖庙路21号，成立于1959年，占地面积2.55万平方米。现馆内辖区包括保存完整的明清两代古建群祖庙、孔庙、黄飞鸿纪念馆、叶问堂等。其中古建筑群祖庙于1996年被列为全国重点文物保护单位。祖庙博物馆馆藏文物陈列充分展示道教文化、武术文化、佛山民间艺术等民俗文化。博物馆每年举办佛山祖庙庙会（“三月三”北帝诞）、春秋谕祭等影响深远的民俗文化活动，并长年举办醒狮和武术表演等民俗文化动态展示活动，吸引众多海内外游客前来参观。2020年，祖庙博物馆接待游客约85万人次。年内，祖庙博物馆获中国博物馆协会评定为国家二级博物馆，获市文广旅体局授予“佛山市研学旅行基地”称号。

【南风古灶旅游区】 国家AAAA级景区。位于素有“南国陶都”美誉之称的广东佛山石湾镇街道，占地66.67公顷，是国家重点文物保护单位，载入世界基尼斯纪录，并成功入选2010年上海世博会城市最佳实践区。南风古灶景区集旅游休闲、玩陶、武术、艺术教育、会展及创意产业于一体，全力打造世界陶文化圣地。景区内汇聚两条龙窑、古窑场、明清古建筑群、玩陶厅、石湾陶瓷博物馆、生态公园和马桶瀑布。其中，南风古灶建于1506年，是世界上持续使用至今最古老、保存最完好的龙窑，被称为“活的文物，移不动的国宝”。2020年，南风古灶旅游区接待游客约38万人次。

【南海湾（西岸）森林生态园】 国家AAAA级景区。位于南海区西樵镇，景观以二十七潭、十里茶山森林风光、百年道观为主。景区的溪流终年不息，灵动中如“大珠小珠落玉盘”，那玉盘便是一湾湾晶莹碧透的深潭，澄蓝清澈，涓涓溪流汇入银湖；二十七潭，潭潭清幽，见证银坑村沧海桑田的变化。景区南部的茶山山脉连绵百里，七十二峰，峰峰险峻，蜿蜒到景区，十里森林风光，藤萝密缠，层峦叠翠，原生态纯自然气息沁人心脾。庆云道观始建于清光绪戊戌年间，鬼斧神工，净卧于山涧中，气势雄伟，是历史悠久的岭南道教圣地。2020年，南海湾（西岸）森林生态园接待游客约14万人次。

【平洲玉器街】 国家AAAA级景区。位于南海区桂城街道，有玉器厂家1000多家，每年采购加工的缅甸翡翠约5000吨，翡翠玉石成品的市场总销售额超20亿元。玉器街已形成经营翡翠玉石成品零售批发的店档一条街，加上平洲玉器城，规模逐步扩大。经过“三旧”改造工程后，玉器街的周边设施得到完善，购物环境日益改善，通过策划包装，成为华南地区最具特色和吸引力的翡翠玉器购物地。2020年，平洲玉器街接待游客约57万人次。

【中央电视台南海影视城】 国家AAAA级景区。位于广东省佛山市南海区狮山镇南国桃园，是中央电视台直属四大影视基地之一、佛山特色明显的集影视主题拍摄基地和影视主题休闲旅游景区。中央电视台南海影视城依托中央电视台雄厚资源，经过近20年发展，陆续建成天朝宫殿区、江南水乡、港澳文化区等主题街区，创作出《三英战吕布》马战表演、《靖港水战》表演、《雨巷》旗袍秀等广受欢迎的影视主题演出节目，包括《太平天国》、《香港的故事》、《叶问终极一战》等400多部影视作品在这里取景拍摄，极大丰富和深化南海区影视文化旅游内涵和项目特色，成为佛山一处城市文化旅游名片。2020年，中央电视台南海影视城接待游客约26万人次。

【南海梦里水乡景区】 国家AAAA级景区。是里水旅游小镇核心旅游景区，一河三岸约9千米水岸贯穿其中，缀郁水园、富寿园、龙情园、书香园及艺术河畔五大主题园。景区河岸风光旖旎蜿蜒，游船穿梭；倚桥凭栏，碧波荡漾，暖光柔风，洒遍一河三岸郁水情怀；火船夜泊，绵绵乡情，揽郁水园、富寿园、龙情园、书香园之岭南水乡风情；古迹文物、名人传记、历史典故、人文风俗，彰岭南文化情怀；艺术河畔，抚丝竹管乐，观琴棋对弈，品舌尖文化，感里水新风；夜来听桨声细诉，入故时幽梦。2020年，南海梦里水乡景区接待游客约97万人次。

【清晖园】 国家AAAA级景区。是国家重点文物保护单位，中国十大名园之一。2013年3月，清晖园管理处更名为“清晖园博物馆”。清晖园原为明朝万历丁未状元黄士俊的府邸。清乾隆年间，为进士龙应时购得，其后，复经龙家一门数代精心营建，格局始臻定型。1959年，时任广东省委书记陶铸批专款修复予以重点保护。二十世纪九十年代末，顺德党委政府再度扩建，清晖园重现古名园的风采。清晖园内曲径回廊，景趣盎然，蔚为壮观。园内妙联佳句俯仰可拾，名人雅士音韵盈漾，艺术精品比比皆是，令人流连忘返。园内叠石假山，曲水流觞。闲步曲桥，金鲤碧波嬉戏；徐行花径，绿树时花扑面。时而庭园内传出袅袅弦歌，听一曲粤韵，令人心清耳悦，如醉如痴。清晖园集明清雅士文化、岭南古园林建筑、江南园林艺术、珠江三角水乡特色于一体，是一个如诗如画，如梦幻似仙境的迷人胜地。2020年，清晖园接待游客约63万人次。年内，《顺德清晖园及古城保护与城市更新规划》发布，清晖园片区改造总体定位思路是“清”山河宴、魅力古城，注重周边片区文化保育，利用凤岭山、华盖山、大良河资源，提高研究片区的整体定位高度，将现代都市与历史文化、自然生态完美结合，强化大良片区的旅游、商贸、休闲功能。

【陈村花卉世界】 国家AAAA级景区。陈村花卉世界面积333.33公顷，是广东省高新农业旅游项目，拥有独特的花卉文化主题公园，是旅游观光、休闲度假、增长见识的好去处。到花卉世界，将进入万紫千红、花团锦簇的花海之中，每个花卉公司都是一个亮丽的景点，有一座座造型各具特色的精致庭园，既有中式的小桥流水，又有西式的园林景观，蓝天、碧水、风车、青草和美丽的鲜花构成一幅幅绚丽多彩的优美画卷。除此之外，全国最大的私人藏石馆荟萃天下名石、园林式的根雕展馆独树一帜、博大精深的中国古典家私和书画艺术展示。2020年，陈村花卉世界接待游客约29万人次。年内，陈村花卉世界万亩公园的特色小镇美丽田园项目一期完工，二期茶德河周边清淤工程开始施工。

【罗浮宫国际家具艺术博览中心景区】 国家AAAA级景区。全球单体建筑面积最大、高度最高的地标性家居主题展览馆。总建筑面积达45万平方米，汇聚2000个国内一线家居品牌及近百个欧洲进口家居品牌，从明清家具，到欧美经典家具，囊括全球各个国家的家居文明精粹，被誉为“不收门票的家居文化博物馆”。2012年获评为“国家AAAA级旅游景区”。作为首个获评定为“国家AAAA级旅游景区”的家居卖场，罗浮宫拥有国内超大室内欧洲广场“星座广场”、获“COD+A Awards”设计银奖的“椅子塔”、高达41米的家居广场“万国殿堂”等多个人气景点。2020年，罗浮宫国际家具艺术博览中心景区接待游客约169万人次。

【乐从国际会展中心景区】 国家AAAA级景区。创立于2009年，位于乐从家具十里长街之首，毗邻顺联北区家具城、罗浮宫家居博览中心。会展中心建筑面积达10万平方米，分A、B两馆独立建设，整座建筑由混为一体的高达长廊相连接，设计新颖、功能齐全、气势宏伟，外型极富时代信息；馆内规划清晰、布局合理，经营范围几乎涵盖中式、欧式、酒店、办公等所有家具类型。自2011年起，会展中心将家具选购和休闲旅游结合起来，打造以旅游促进家具商贸业深度发展，集旅游、购物、休闲于一体的观光购物新模式。2020年，乐从国际会展中心景区接待游客约13万人次。

【史努比缤纷世界】 国家AAAA级景区。位于素有“世界美食之都”之称的广东佛山市顺德区大良街道，占地面积约5万平方米。乐园以史努比卡通为主要旅游形象，同时也是世界级旅游资源。由史努比衍生出多种史努比主题旅游产品，产品丰富，且极具史努比文化内涵和特色。史努比缤纷世界景区以史努比和花生漫画为主题，开展汇集别具特色的主题活动，新奇有趣的机动游戏，梦幻唯美的婚礼区以及众多花生漫画精品商店、餐厅等供游客体验及娱乐。乐园主打亲子和学生市场，以游乐、科普为主要旅游产品，设施丰富，致力打造“儿童的天堂、成人的童话世界”。乐园以其独特的西方文化和世界普遍认同的游乐项目，融合中式旅游文化特色，展示中西文化相融合的旅游产品。2020年，史努比缤纷世界接待游客约16万人次。

【皂幕山旅游风景区】 国家AAAA级景区。皂幕山，亦称笔架山、鸦髻山，号称“佛山第一峰”。山体东起鹤山市四堡林场、西止杨和镇公田村、北上坑尾林场、南至罗汉尖，山长11千米，宽5千米，面积48平方千米。除主峰海拔804.5米外，其他山峰多在400米以下，连绵不断，气势磅礴，浑然天成。山内溪涧潺潺，松涛阵阵，凝碧叠翠，群峰起伏蜿蜒，嶙峋争雄，敦厚雄浑，耸立于天幕，皂幕山因此而得名。依托优越的山水资源，规划建成包括皂幕山森林公园、杨梅观音禅寺、丽堂农业观光基地、潜龙谷、金水台漂流、银海高尔夫球场、对川茶场、大沙湖等八大景点，以自然风光为主题，融合生态休闲、运动养生、宗教文化、度假娱乐等多种元素于一体的综合性旅游景区。整体规划面积140平方千米，核心景区70平方千米。景区包括一山八景，风光优美，空气清新，包括皂幕山森林公园、杨梅观音禅寺、丽堂农业观光基地、潜龙谷、金水台漂流、银海高尔夫球场、对川茶场、大沙湖。2020年，因新冠肺炎疫情，皂幕山旅游风景区不对外开放。

【广东盈香生态园】 国家AAAA级景区。位于有“珠三角九寨沟”之称的佛山市高明区凌云山麓下，占地面积120公顷，距离广明高速沧江出口600米，处在广州、佛山、肇庆、江门地区1小时生活圈内，交通便利。园区主要有七色花海、开心农场、九寨欢乐水城、鸟巢科普园、机动反斗乐园、松涛公园、生态餐厅等七大板块。2020年，广东盈香生态园接待游客约50万人次。年内，盈香生态园水上乐园的冲天回旋项目、开心牧场二期项目投入使用。

【三水荷花世界】 国家AAAA级景区。三水荷花世界规模大，品种资源丰富，是集建筑、雕塑、荷花文化、机动游戏、饮食于一体的荷花观赏旅游景区。占地面积86.67公顷，水面面积53.33公顷，园内可观赏到500多个珍稀荷花品种。景区主要划分为八大功能区：植物观赏区、荷文化展示区、廉政文化展示区、青少年感恩教育区、青少年科普教育区、游乐区、饮食文化区、节目表演活动区，每个功能区各具特色。漫步荷塘，既可春看“小荷才露尖尖角”，夏赏“风过荷举，莲障千重”，秋览“芙蓉老秋霜”；也可晨窥凌波仙子，如贵妃出浴，日察玉荷婷婷，似少女初长成，晚探少女含颦，感受暗香浮动；既可与花同眠，独抱幽香，又可静心垂钓，怡养性情；既可欣赏童话式大型歌舞，感受艺术熏陶，又可细尝“荷莲大宴”，品味特色佳肴，更可泛舟采莲，享受自然。2020年，三水荷花世界接待游客约20万人次。

【三水森林公园】 国家AAAA级景区。位于佛山市三水区云东海街道，紧邻三水中心城区，景区总面积224.4公顷，2006年被评为国家AAAA级旅游景区，是一个景点众多、风光独特的大型综合性风景区，以旅游观光、休闲度假、娱乐运动、高尚住宅、饮食服务为主要功能的旅游区。园内主要景点有：孔圣园、鳄鱼湖、大佛区、宣言广场、绿道游览、卡丁赛车场等。其中，孔圣园占地20公顷，是华南地区最大的孔庙，也是华南地区重要的儒家思想和中国传统文化教育基地。内由棂星门、大成门、婚礼堂、师礼堂、大成殿、崇圣祠、聚星楼等部分组成，全部建筑依山而建，布局巧妙。为了传承中华民族传统文化，每年都会举办开笔礼、成人礼、感恩礼、汉式集体婚礼等具有孔圣园特色的儒家文化活动。鳄鱼湖占地面积13.33公顷，主要养殖泰国湾鳄。鳄鱼湖景区内还有孔雀、猴子、鸽子、鹂鹊等动物，是一个亲子游的娱乐场所。森林公园内自行车绿道为珠三角区域绿道1号线（西岸山海绿道）其中一段，全长12.8千米。2020年，三水森林公园接待游客约46万人次。年内，三水森林公园鳄鱼湖升级改造工程启动。

（招卓亭）

旅游业态

【历史文化旅游】 2020年，佛山市立足域内丰富的历史文化资源，继续推动“文化+旅游”业态发展。年内，佛山市有20处历史文化街区入选广东省历史文化街区名单，包括品字街、梁园、莲花南、任围、祖庙—东华里、新安街、简氏别墅、兆祥黄公祠等，以此为契机，举办历史文化街区徒步行等文旅活动，吸引更多游客到佛山旅游。推进历史文化游径的创建和宣传推广，完善参观游览服务配套和指引设施，提升历史文化游径的游览体验，佛山市有3条历史文化游径入选首批广东省历史文化游径，分别为：佛山功夫历史文化游径，包含鸿胜纪念馆、功夫跌打医药（兆祥黄公祠、黄祥华如意油祖铺、李众胜堂祖铺）、叶问堂、黄飞鸿纪念馆、仁寿寺、梁园非遗展厅功夫展示、佛山精武体育会会址；佛山桑园围历史文化游径，包含松塘村、民乐窦、吉水窦、西樵山、烟桥何氏大宗祠、下北石塘闸、探花桥、九江吴家大院8个历史文化和旅游资源点；佛山粤中抗战历史文化游径，包含三谭革命事迹展览馆、谭平山故居、高明县立三小旧址、陈汝棠故居、文选楼。举行佛山文化艺术墟日活动，为游客推出体验非遗技艺、品味老字号食品、看粤剧名伶演出、赏广佛书画名家联展、跟石湾陶艺大师学艺、听知名学者讲佛山文化、竞拍艺术品等活动。2020年，广东省发展改革委发布《广东省2020年重点建设项目计划的通知》，其中佛山文化旅游项目等被纳入。

【美食旅游】 2020年，佛山市开展粤菜名店、名菜、名点评选活动，评选出粤菜名店75家，名菜、名点131道，并推广“佛山美食地图”应用程序，方便游客搜寻佛山本地美食。开展“促销费、惠民生”活动，由市级财政直接投入1亿元，各区、镇（街道）、电商平台投入和全市商家匹配优惠额度约6亿元，刺激包括餐饮在内的各种消费，游客品尝佛山美食可享受优惠。举办各类美食文旅活动，促进美食旅游和消费。其中：“佛游味劲”系列活动，制作“佛游味劲”美食手绘图，为游客提供餐饮休闲消费服务信息；“岭南味　佛山品”文旅产品直播售卖活动，在直播中向游客赠送佛山各大酒店的自助餐券、美食体验券等；“佛味全席”美食评选活动，为游客推荐佛山特有的菜肴、羹汤、点心、小吃、甜品等美食；2020顺德美食文化周活动，向游客展现“世界美食之都”的魅力；佛山（禅城）首届线上美食节，派发餐饮电子消费券价值3000万元。推进高品质粤菜美食集聚区建设，规划打造8条美食集聚街区，南海区怡海港美食集聚区成为新晋网红打卡点。年内，市文广旅体局授予长鹿旅游休博园和盈香生态园“餐旅融合示范点”称号。

【民俗旅游】 2020年年初，佛山市“行通济”元宵民俗活动、祖庙“三月三”北帝诞等民俗活动受新冠肺炎疫情影响取消。端午节期间，全市各大景区策划趣味性民俗节庆活动，吸引游客体验端午节佛山传统民间习俗。其中，长鹿旅游休博园推出双人趣味龙舟赛，岭南和园举行端午节游园会，南海影视城为游客举办编织香囊、踢毽子、趣投壶、玩射箭等活动，美的鹭湖森林度假区举办端午星空篝火音乐会，南风古灶以“寻古·粤玩越有趣”为主题举办射五毒、点朱砂、端阳古琴雅会等系列活动。端午节假期期间，全市接待境内游客86.75万人次，实现国内旅游总收入2.49亿元。中秋节期间，佛山为广大游客推出金秋系列文体活动，包括梁园中秋灯谜竞猜活动、勒流街道花灯展、杏坛镇青田村烧奔塔活动等。12月，佛山启动为期3个月的“岭南年·佛山味”新春直播季系列活动，赋能佛山新春文化旅游消费市场，全媒体全方位展示佛山的岭南魅力。活动期间，推出系列具有岭南味道的文旅活动，包括桂城千灯湖花市、里水新春水上花市等。

【乡村旅游】 截至2020年底，佛山市已创建有2个全国乡村旅游重点村（逢简村、松塘村）、9个广东省文化和旅游特色村（禅城区、南海区各2个，顺德区、高明区各1个，三水区3个）、6条广东省乡村旅游精品线路（南海区2条，禅城区、顺德区、高明区、三水区各1条），市文广旅体局联合市农业农村局创建3个全国休闲农业与乡村旅游示范点、5个省级休闲农业与乡村旅游示范镇、14个省级休闲农业与乡村旅游示范点。佛山桑园围成为全省首个入选世界灌溉工程遗产名录的历史水利工程。佛山基塘农业系统入选第五批中国重要农业文化遗产。顺德区大良街道成功申创为首批广东省旅游风情小镇。扎实开展特色村落景区化工作，发动多个特色村落活化升级、申报创建国家A级旅游景区，禅城区紫南村、三水区白坭镇佛山文创古镇、顺德区北滘镇岭南和园景区成功申创成为国家AAA级旅游景区。组织参与第二届“广东十大美丽乡村”“广东美丽乡村精品线路”“广东特色名村”系列评选活动，三水区的“百里芳华之西江十里画廊美丽乡村”精品线路入选“广东美丽乡村精品线路”，禅城区南庄镇南庄村和三水区西南街道江根村入选“广东农村风貌提升农村”，三水区芦苞镇独树岗村入选“广东特色产业名村”，顺德区勒流街道黄连社区入选“广东粤菜师傅名村”。2020年，佛山市南海区松塘村入选第二批全国乡村旅游重点村，顺德区大良街道入选首批广东省旅游风情小镇。

【工业旅游】 2020年，佛山市文化广电旅游体育局联合佛山市相关协会、科研院所、高等院校、工业旅游景点、旅

链接

全国乡村旅游重点村——逢简村

逢简村位于杏坛镇中心城区以北约4千米处，辖区面积5.2平方千米。逢简是著名的岭南水乡，“小桥、流水、人家”的岭南水乡特色秀外慧中，闻名遐迩。逢简气候宜人、文风鼎盛，自西汉起就有人在此生息，后来发展成一方集市，到唐朝已成为村落。村内文物古迹遍布，有始建于宋朝的省文物保护单位明远桥、始建于明朝的省文物保护单位刘氏大宗祠，以及市级文物保护单位巨济桥、清康熙皇帝赐建的金鳌桥，清光绪皇帝御赐金桂。同时，古庙宇、古祠堂、古民居、古树众多，历史文化积淀深厚

链接

全国乡村旅游重点村——松塘村

松塘村位于西樵镇西北部，是具有800多年历史的国家级历史文化古村。该村倚岗列建，百巷朝塘，自然环境优美，岭南风情浓郁。村中不仅有众多宗祠家庙、家塾书舍和镬耳屋民居，还有充满“中国风”气息的古巷道、古井和古树。松塘村推动乡村振兴，通过修缮传统建筑、推动截污工程、鱼塘清淤等措施，不断完善基础设施。为推动旅游业发展，编制《松塘翰林文化村旅游开发规划》，并以区梦觉故居和事迹展陈馆为阵地，发挥红色资源教化育人作用，打造红色旅游线路。松塘村先后获得“中国历史文化名村”“中国传统古村落”“广东省历史文化名村”“广东十大最美古村落”“广东旅游名村”以及中国最美村镇传承奖等称号、奖项。

行社等单位联合研制团体标准《佛山市工业旅游示范点评定规范》。开展佛山市工业旅游示范点评定工作，组织专家从接待人次、工业企业销售收入、旅游信息化、基本要求、旅游设施、旅游服务项目、旅游环境、旅游安全、旅游卫生、旅游管理、游客满意度、可进入性、旅游资源评价等方面，对全市15家申报佛山市工业旅游示范点的单位按程序组织综合评定，并对拟评定为首批佛山市工业旅游示范点的南风古灶国际创意园等7个工业旅游示范点进行公示。通过工业旅游示范点认定活动，引导全市工业旅游景点进行规范化、标准化建设与管理。

【研学旅游】 2020年，佛山市推出岭南少年·侠影追梦营、“陶”醉佛山·薪火相传、精彩佛山·乐学畅游等22条研学线路，丰富研学产品的供给，全市研学旅游资源得以梳理与整合。组织开展市研学旅行基地申报材料审核和实地评审工作，认定佛山市祖庙博物馆等10家企业为佛山首批研学旅行基地。开展研学旅游知识培训，举办佛山市第一期研学旅行导师（初级）培训班和2020年佛山市研学旅行基地专题培训班。年内，长鹿旅游休博园、盈香生态园研学教育基地获2020年“广东省十佳研学旅行目的地”，盈香生态园研学教育基地获评“广东省最具人气研学旅行目的地”，紫南研学旅行基地获评“广东省优秀研学旅行目的地”并入选首批全国研学旅行基地。

【夜间旅游】 2020年，佛山市加快推进高品质粤菜美食集聚区建设，规划打造8条美食集聚街区，下达4400万元财政资金保障美食集聚区顺利推进，南海区怡海港美食集聚区成为新晋网红打卡点。创新推出“三龙湾夜游”，三龙湾游船自9月29日首航至年底，开出航次150个，接待1.71万人。提升城市夜间亮化水平，国瑞升平古建筑外墙声光电动态投影项目投入使用，顺德光影文化展二期提升、金凤凰广场夜景照明等一系列工程相继完工。打造夜购消费商圈，佛山岭南天地步行街（商圈）、佛山创意园步行街入选首批广东省级示范特色步行街（商圈），佛山创意产业园创意集市入选“2020游客喜爱的十大夜市”，佛山大沥商圈入选“2020游客喜爱的十大夜商圈”。鼓励景区实施夜间开放和开发夜间文旅项目，顺德华侨城欢乐海岸、高明美的鹭湖、盈香生态园、岭南天地、创意产业园等景区通过延长开放时间提供夜间体验主题活动。举行佛山夜游地评选，选出佛山首批夜游地10个。举办“禅城旅游·宵夜节”活动等。提升夜间演艺水平，佛山市演艺中心、佛山大剧院、琼花大剧院等各大剧场夜间演出活动丰富。打造特色精品民宿，新增民宿63家，建成并营业的民宿增至190家。

【红色旅游】 2020年，佛山市文化广电旅游体育局对佛山市红色旅游资源点进

2020年9月，在佛山金秋文旅产品发布会上，佛山市公布佛山首批研学旅行基地名单（共10个）　（市文广旅体局　供图）

链接

全国研学旅行基地（营地）——紫南村

紫南村位于佛山市禅城区南庄镇。2016年，紫南村委会提出“文化立村、文化兴村、文化强村”发展战略，并于2017年推进产业转型升级，提出要走文旅融合的产业发展之路，打造村庄上的国家AAAA级景区。以乡村文旅产业作为推动紫南全面振兴和高质量发展的新引擎，先后建设、引入紫南三馆、吴信坤艺术馆、阿农湾农耕文化园、洛神云筑特色民宿等一批文旅项目。2019年，紫南村注册成立佛山市紫南文化旅游发展有限公司，建立管理队伍，制定规章制度，开展丰富多彩的文化旅游主题活动，并参加2019中国高铁经济带旅游博览会，首次向社会宣传和展示紫南村文旅产业建设成果。2019年底，由紫南村投资兴建的“紫南文化园”经过一年多的建设和运营，获国家AAA级旅游景区资质。2020年5月，紫南村入选国家级文化旅游公共服务机构功能融合试点单位，成为佛山唯一入选的试点单位。2020年的第四届佛山（禅城）旅游文化周、佛山市庆祝农民丰收节活动主会场均在紫南村举办。2020年国庆黄金周期间，紫南村平均每天吸引超2000人次，并获中央电视台《焦点访谈》报道。

行梳理，全市红色旅游资源点共30处。联合佛山市发展和改革局征集全市红色旅游发展典型案例，并向省发展改革委及省文化和旅游厅报送。佛山市3条历史文化游径入选广东省历史文化游径（第一批），其中包含佛山粤中抗战历史文化游径（三谭革命事迹展览馆—谭平山故居—高明县立三小旧址—陈汝棠故居—文选楼），弘扬佛山市红色革命文化，提升游客游览体验。

【云游佛山——“岭南味　佛山品”文旅复苏直播活动】 2020年7月30日，佛山市文化广电旅游体育局通过携程小程序直播间举办云游佛山——“岭南味　佛山品”文旅复苏直播活动。直播活动向全国各地游客展示“佛游味劲”吃、住、行、游、购、娱等各方面的吸引力，提供一站式佛山旅游惠民包。整场直播多平台累计观看人数超231万人次，直播累计互动人数51.7万人次，总销量63.1万元。

【首个夜间水上旅游项目】 2020年9月29日，佛山三龙湾游船项目举行首航仪式，并于10月1日正式开通运营。该项目是佛山市首个夜间水上旅游项目，也是全国首个以岭南文化为主题的游船项目。“三龙湾号”游船从龙舟广场码头出发，采用环线巡游方式，用时约1个小时。夜游路线以“水韵画廊诗意佛山”为规划理念，集岭南传统文化、都市现代生活、城市璀璨景观于一体，划分为岭南春色、人文韵律、工业之光、时代畅想、宜居佛山五大主题分区，途经灯笼沙生态岛、水杉林等自然景观，世纪莲体育中心、坊塔、信保广场等夜景地标，近距离观赏东平大桥、华阳特大桥、陈北大桥及工业码头等建筑。

（招卓亭）

旅游市场开拓

【概况】 2020年，受新冠肺炎疫情影响，佛山市各类旅游推广活动集中在下半年，为保障佛山市文旅企业稳定过渡，以及尽早恢复旅游市场活力，市、区文旅部门采取多种积极措施。在疫情防控前期，致函亚太城市旅游振兴机构（TPO），提出“树立命运共同体意识、迅速采取协调行动、制定相互支持政策、共同应对疫后市场恢复”4点建议，呼吁全体会员城市旅游机构，迅速采取果断行动和统一政策，互相支持、共克时艰。在复工复产阶段，融入携程集团发起的“中国旅游行业复苏V计划”宣传阵营，借助携程平台强大的营销渠道分享转发，向各地游客推介佛山旅游。相继举办2020年“5·19”中国旅游日暨“佛游味劲”惠民旅游月发布会、佛山首届线上旅游惠民活动、“广东人游佛山”营销活动、“岭南味　佛山品”文旅产品直播售卖活动、“佛游味劲”微博专题榜及网红达人行活动、2020年全域旅游畅玩佛山金秋文旅产品发布会、“佛味全席”美食评选等活动，并联合广州市和肇庆市旅游部门赴青海省西宁市和宁夏回族自治区银川市举办广佛肇旅游联盟“魅力广东·多彩广佛肇”旅游主题推介活动。组织参加第十六届海峡旅游博览会、“乐游两广　美好新体验”主题活动启动仪式暨2020年广西岭南风情文化旅游周系列活动、“香巴拉·乡城旅游推广季”主题活动、“一带一路”陶瓷文化旅游高峰论坛暨联盟筹备会、新疆伽师县首届馕文化旅游节、第八届澳门国际旅游（产业）博览会等境内外文旅推广活动等。并加强旅游对外交流和旅游媒体宣传推广。

2020年10月1日，佛山市首个夜间水上旅游项目——佛山三龙湾游船项目启动

（三龙湾管委会　供图）

【线上旅游宣传推广】 2020年，佛山市推动新评选的佛山十大网络推广大使发挥作用，通过图片、文字、视频等方式在今日头条、腾讯网、搜狐旅游、新浪网、小红书、马蜂窝等各大平台分享精彩佛山之旅的优质内容和攻略。与新浪网筹划推出公益“网红推介佛山”营销项目，邀请微博旅游达人到佛山现场体验，通过体验传播分享美图、视频扩大佛山旅游资源曝光率。完成佛山旅游资源在“马蜂窝”平台的内容梳理，推动携程整理发布佛山旅游线上体验馆，推出系列佛山游玩主题。借助携程集团10月28日周年店庆时机，于当天利用吴尊作客携程直播间的机遇，以佛山美食为切入口重点推荐佛山旅游，吸引634万人关注，总销量超100万元。

【旅游对外交流】 2020年，佛山市文化广电旅游体育局与葡萄牙驻广州总领事馆、埃塞俄比亚驻广州总领事馆举行座谈会，介绍佛山美食、功夫、陶瓷等特色文化及经济产业概况，探寻与对方在文化旅游等方面的合作空间。配合中共佛山市委外事工作委员会办公室完成对法国、荷兰、新加坡、西班牙、澳大利亚、巴西驻穗总领事馆到访的接待，并在接待过程中推介佛山旅游。参加亚太城市旅游振兴机构（TPO）组织的“2020年TPO中国区域会议”，分享新冠肺炎疫情挑战下旅游产业发展经验，加强与会员城市沟通交流，相互促进旅游业发展。主动对接亚太城市旅游振兴机构（TPO）秘书处，沟通了解会员城市旅游信息交换情况，初步确定与韩国釜山市进行资源共推共享，各自在自运营的宣传媒体（报纸、刊物及网站等）上刊登对方的旅游宣传信息。

【“佛游味劲”系列旅游推广品牌活动】 2020年，佛山市开展“佛游味劲”微博专题榜及网红达人行活动，通过微博平台搭建“佛游味劲”传播话题，以精品图集、话题互动、达人助力、短视频/视频网络日志（vlog）等多元形式推介佛山，组织达人行采风活动，吸引1200多万人次的宣传阅读量。组织“佛游味劲·十大精品旅游线路”评选活动，评出“佛游味劲·十大精品旅游线路”10条、“佛游味劲·十大精品旅游线路”提名线路10条。举办佛游味劲——2020年全域旅游畅玩佛山金秋文旅产品发布会，并开展“佛游味劲”惠民旅游月活动。制作“佛游味劲”美食手绘图，为消费者提供较为全面的餐饮休闲消费服务信息，扩大佛山美食的影响力。

【线上旅游惠民活动】 2020年5月19日，2020年“5·19”中国旅游日暨“佛游味劲”惠民旅游月活动在佛山市图书馆发布，“5·19我邀游”佛山首届线上旅游惠民活动正式启动。该次惠民旅游月活动从5月19日开始，持续至6月30日。惠民旅游月活动过程中，将分4批以抽奖方式向市民派发景区门票、房券、餐券和旅行社的免费旅游券等，其中5月9日当天派发21家企业的约30万元的免费旅游券，以及近100家企业提供的优惠券，超150万人参与活动抽奖。

2020年5月19日，佛山市文化广电旅游体育局组织“佛游味劲·十大精品旅游线路”评选活动，评出“佛游味劲·十大精品旅游线路”10条、“佛游味劲·十大精品旅游线路”提名线路10条。图为“佛游味劲·十大精品旅游线路”授牌仪式（市文广旅体局 供图）

【广佛肇旅游联盟“魅力广东·多彩广佛肇”旅游主题推介活动】 2020年9月1日，广州市、佛山市、肇庆市及三市对口合作的齐齐哈尔市、双鸭山市和鸡西市6座城市，共同在宁夏回族自治区银川市举办“魅力广东·多彩广佛肇”旅游主题推介活动。推介会从春夏秋冬四大主题板块，对广佛肇的精彩游玩内容进行宣传推介。广州、佛山、肇庆3座城市山水相连，历史悠久，文化底蕴深厚，孕育粤剧、粤菜、精雕、陶瓷、龙狮、饮食等特色鲜明、独具魅力的岭南文化。此次推介会进一步拓展广东省在西北区域的客源市场，促进广东和东北、西北区域旅游资源优势互补、客源互送、资源共享、互利共赢。

【佛游味劲——2020年全域旅游畅玩佛山金秋文旅产品发布会】 2020年9月29日在佛山市图书馆举行。发布会宣布推出100余项活动及各类优惠政策，并推介佛山金秋游玩文旅产品，邀请市民游客共赏岭南民俗风味、共享文化旅游盛宴，同时宣布佛山市全域旅游畅玩佛山金秋欢乐季正式启动。发布会上还公布佛山首批夜游地和佛山首批研学旅行基地名单。

（招卓亭）

链接

佛山首批夜游地、首批研学旅行基地名单

一、佛山首批夜游地

禅城区岭南天地商圈　禅城区佛山创意园　南海区桂城千灯湖商圈　南海区西樵听音湖　南海区佛罗伦萨小镇　顺德区华侨城欢乐海岸PLUS　顺德区渔人码头　顺德区顺峰山公园　高明区美的鹭湖森林度假区　三水区左岸公园

二、佛山首批研学旅行基地

广东盈香生态园研学基地　西樵山风景名胜区　南海影视城　国艺影视旅游度假区　南海固废处理环保产业园　海天娅米的阳光城堡　三水侨鑫生态园　顺德新地农场　佛山市祖庙博物馆　三水荷花世界

旅游行业监管

【旅游行业疫情防控与复工复产工作落实】 2020年，佛山市文化广电旅游体育局在新冠肺炎疫情初期发出《关于暂停各级各类公共文体旅游场馆开放、取消相关活动的通告》，全市25家评定等级旅游景区、17家非评定等级收费景区全部关闭。先后成立由市文广旅体局主要领导任组长的疫情防控领导小组、复工复产组，建立文广旅体工作专班，采取“一个局长包一个区，一个科室包一个景区”的形式，建立起“市、区、镇、村、企”五级专班。结合复工复产形势，重点强化对评定等级旅游景区、星级饭店等人员密集场所的监管和检查，按照“预约、限流、扫码、测温、保持社交距离、科学佩戴口罩”的“5+1”工作标准，重点落实复工复产“八个一”(健康档案，测体温，戴口罩，设观察室，致电，开展爱国卫生运动，健康教育，强化人文关怀)要求以及安全生产“六个一”(企业主要负责人主持召开一次领导班子安全生产专题会议，制定一份复工复产方案，召开一次全体员工大会，开展一次全员安全教育，制定一套应急处置方案，开展一次全方位安全检查)举措，促进全行业各项工作规范有序。推进旅游行业全面复工复产，印发《文广旅体行业复工复产工作指引》《关于支持文广旅体企业复工复产十条措施》《关于暂退部分旅游服务质量保证金支持旅行社应对经营困难的通知》《关于金融支持文广旅体、餐饮企业发展的通知》《关于加强新冠肺炎疫情期间旅游领域矛盾纠纷化解工作指导的通知》等文件，办理全市107家旅行社申请暂退质保金业务(暂退金额3656.6万元)，为进入佛山市所有评定等级景区的游客购买“防疫险”(保单累计赔偿限额达5000万元)，组建文旅行业法律援助团为企业提供公益法律服务(帮助企业解决违约金、恶意拖欠、境外企业退费等问题)。

【旅游行政审批】 2020年，佛山市根据旅游各类审批工作应当在“全国旅游监管服务平台”上办理的要求，结合新冠肺炎疫情防控实际，直接通过国家平台申请、受理、办结旅游行政审业务，并将所有的办结结果在“信用中国(广东佛山)”平台公示。强化旅游行政审批事中事后监管中的“现场检查”，对经许可后被发现违反承诺或不符合法定许可条件的企业，采取责令限期改正措施，拒不改正的，采取撤回或撤销行政许可措施。结合新冠肺炎疫情防控实际，对受疫情影响导游证无法按时换发的，采取延期半年办理换证手续措施。年内，市文化广电旅游体育局审批“经营国内和入境旅游业务旅行社设立审批”14宗、“旅行社经营许可证事项变更备案”32宗，审核完成1175人次的“导游证申请”“导游变更旅游局申请”“导游变更所在机构申请”“满3年到期换证”等电子导游证业务。截至年底，佛山市有旅游星级饭店37家，旅行社142家，持证导游员3486人。

【旅游行业执法监督】 2020年，佛山市旅游行政主管部门加强旅游行业执法监督，市文广旅体局制定印发《佛山市文广旅体系统专项整治暑期旅游市场乱象行动工作方案》《佛山市文化广电旅游体育局关于规范旅游市场秩序的通知》等文件，组织开展佛山市旅游市场乱象专项整治行动，重点整治“不合理低价游”、严查“黑导”“黑社”“黑车”“黑店”，清理整治涉旅乱象，严厉打击涉旅黑恶势力，规范旅游市场经营秩序。年内，佛山市文广旅体系统累计出动检查人员7.66万人次，检查各类文广旅体市场经营单位3.17万家次。全年市、区文化广电旅游体育局受理旅游投诉累计1309宗，均办结，累计退赔款875万元；立案查处案件6件，罚款金额6.38万元，没收违法所得2584元。

【旅游安全监管】 2020年，佛山市旅游行政主管部门厘清旅游行业安全生产职责，成立安全生产领导小组，将旅行社、A级景区、星级饭店等安全责任进行细化并逐一明确落实到各领导和科室。规范旅游行业安全生产及消防安全工作，通过印发《佛山市文化广电旅游体育局关于进一步规范安全生产及消防安全工作的措施》，建立包含旅游行业安全生产和消防安全的文广旅体系统安全生产和消防安全工作制度。按照5个副局长挂钩5个区，分工负责开展旅游行业安全生产和消防安全督促检查，并通过市、区联动及时发现安全方面问题隐患。编制包含旅游行业突发事件应急内容的《佛山市文化广电旅游体育局突发事件应急预案》以及8个附属预案，针对行业实际组织开展应急演练，提高预案可行性实操性，进而提升行业整体应急处置能力。开展包括旅游行业安全生产文广旅体系统安全生产领域专项整治三年行动，围绕2个专题2个专项开展整治，深化源头治理、系统治理、依法治理和综合治理，建立健全重在“从根本上消除事故隐患”的责任体系、制度成果、管理办法和工作机制。加强重要节点时段旅游安全督导，市领导在国庆假期前带领联合督导组到高明区盈香生态园督导园区假日疫情防控、旅游接待、食品安全和消防安全工作。针对假期旅游安全重点，市文广旅体局采取“一个局长包一个区，一个科室包一个景区”的形式，构筑“市区镇村企”五级专班机制，确保假期旅游安全。2020年重要节假日期间，全市文化旅游市场秩序良好，没有发生旅游安全事故或突发应急事件。是年，全市旅游行业未因台风和汛期影响发生旅游事故或旅游投诉。

【旅游应急管理】 2020年，佛山市旅游行政主管部门加强旅游应急管理，提高旅游应急救援能力。指导监督企业开展应急管理保障工作，制订完善企业生产安全事故综合应急救援预案、专项应急救援预案和现场处置方案，组织开展应急预案、应急知识、自救互救和避险逃生技能培训，并举行2020年佛山市旅游行业应对森林火灾应急处置演练。开展全市旅游行业消防安全大宣传、大培训、大警示活动，结合新冠肺炎疫情防控实际，组织全行业开展线上安全生产培训，强化行业从业人员安全意识，促进旅游行业有序复工复产。牵头举办2020年演出行业法律法规及安全生产知识培训、旅行社行业安全管理培训、导游安全培训；各区局、各场馆和企业普遍开展对员工和服务对象的专题教育，普及安全生产法、消防知识和疫情防控知识。

【文明安全旅游宣传】 2020年，佛山市开展日常检查、专项检查和文旅市场综合整治，规范文旅企业经营服务行为。落实《旅游市场黑名单管理办法（试行）》，及时公布违法违规典型案例情况，建立联合惩戒工作机制。举办倡导“文明旅游，健康出行”主题活动，并向市民派发文明旅游宣传册。委托《佛山日报》发布特约专栏，提醒广大市民游客，外出旅游须遵规守约、理性消费、文明有礼。开展行业禁毒培训。督促全市A级景区、星级饭店、公共文化体育场馆按创建全国禁毒示范城市的工作要求，利用微信、微博、LED等渠道，做好禁毒宣传工作，制作悬挂禁毒标语、警示标志牌，提示服务对象远离“黄、赌、毒”。开展平安创建工作。以平安景区创建为重点，推动文广旅体系统平安建设全覆盖，助力佛山市创新基层社会治理，营造共建共治共享社会治理格局。利用《佛山日报》、佛山电台、佛山电视台和各级管理部门网站、微信、微博以及各场所、企业LED屏、板报等宣传阵地，借力“安全生产月”和“安全生产万里行”教育活动以及全国安全咨询日、“5·19”中国旅游日等活动平台，在全市文广旅体系统开展文旅体行业疫情防控、安全生产理性消费活动，普及行业疫情防控和安全生产知识。

【导游培训】 2020年，结合佛山市疫情防控和旅行社复工实际，佛山市文化广电旅游体育局委托佛山市旅行社协会开发佛山市导游之家小程序，依托该程序为佛山市3000多名导游人员开展“导游职业技能大讲堂”系列培训，邀请各类培训导师设计培训课题，在网上进行授课，为疫情过后提升旅游服务质量，促进佛山市旅游产业发展做准备。组织举办“共助景区 抗击疫情”在线培训活动，发动组织文旅体企事业单位6000人完成线上培训，对佛山旅游行业复工复产工作提供有力支持。

（梁 艺）

2020年7月23日，“文明旅游 健康出行 为中国加分——2020年佛山市倡导文明健康绿色环保生活方式行动”启动仪式在南海博物馆举行，此次活动从垃圾分类、爱护环境、文明旅游等多个方面，倡导市民养成文明健康、绿色环保的生活方式

（市文广旅体局 供图）

旅游公共服务

【旅游集散中心】 截至2020年底，佛山市建有旅游集散中心4个，分别是佛山市（南海区）旅游集散中心、南海旅游集散中心（大沥客运站）、高明美的鹭湖森林度假区旅游集散中心、高明客运站旅游集散中心。2020年，佛山市旅游集散中心建设投入市级财政扶持资金117.5万元。

佛山市（南海区）旅游集散中心 位于南海区狮山镇佛山西站西区，占地面积100多平方米。是佛山市首个市级旅游集散中心，集佛山旅游整体形象宣传、旅游咨询服务、旅游手信展示及销售、旅游景区/酒店/餐饮预订、旅行社业务等一体化的综合性服务中心。该集散中心，设立有旅行社咨询和全域旅游智能体验的区域。

南海旅游集散中心（大沥客运站） 位于南海区大沥汽车客运站大沥候机楼，面积70平方米。由佛山康辉国际旅行社和佛山市恒瑞交通发展有限公司（大沥客运站）共同成立。集散中心运营的主要业务：“班车+旅游”业务、直通车业务、团体旅游业务、代售旅行社景区门票业务、包租车业务、旅游集散中心销售特产和手信产品等。截至年底，已开通阳江海陵岛、四会水上乐园、英德浈阳峡、新丰云天海、佛风温泉等旅游直通车。

美的鹭湖森林度假区旅游集散中心 位于高明区安纳希小镇，占地约1058平方米，设置运营线路5条，分别是永东巴士、鹭湖直达线、荷城专线及度假区内环线，日均客流达250人左右。集散中心内设置休息区、售卖区、游客咨询、客诉受理等功能；还设置非物质文化遗产成果展示区，为游客展示高明特色的铜凿剪纸、铁壶及彩灯。通过便捷的公共旅游交通网络串接内外交通枢纽、旅游景区景点、商业热点之间，实现游客“无障碍出行”。

高明旅游集散中心 位于高明客运站。集散中心为游客提供“一站式一条龙”旅游服务，主要服务功能：“以一核一心多点”〔集散中心、旅游咨询服务中心、遍布全区各镇（街道）以及主要景区景点的咨询点〕为游客提供全方位的旅游信息咨询服务和公共服务；通过便捷的公共旅游交通网络串接内外交通枢纽、旅游景区景点、商业热点之间，实现游客“无障碍出行”；通过专业的旅游平台搭建旅游服务便捷通道；通过宣传材料发放、滚动视屏等方式进行旅游形象展示；通过推进智慧旅游建设，在旅游旺季、黄金周以及灾害性天气和事故发生等时期起到实时监控、预警作用及旅游数据分析等作用。

【旅游厕所建设】 2020年，佛山市继续结合“厕所革命”新三年行动（2018—2020年）推进旅游厕所建设。8月，佛山市文广旅体局组织专家通过实地考察、现场评定等方式对佛山市2019年建设的旅游厕所进行评级，经评定A级旅游厕所6座，AA级旅游厕所20座，按照《佛山市人民政府办公室关于印发佛山市促进全域旅游发展扶持办法的通知》要求，对获评定的26座旅游厕所经考评验收达到标准的给予一次性财政扶持共350万元。市文广旅体局每年均聘请第三方开展为期一个月的暗访，通过暗访促进旅游厕所的日常管理维护，做好旅游厕所的日常管理工作，提升旅游行业的公共服务水平。截至2020年底，佛山共建有旅游厕所396座，旅游厕所建设完成率、百度地图标注率均居广东省第一名。

（陈日通）

表45 **佛山市旅游公厕情况表**

单位：座

所属区域	已完工	建设性质	
		新建数量	改建数量
禅城区	32	15	17
南海区	81	52	29
顺德区	121	101	20
高明区	71	60	11
三水区	91	57	34
全市合计	396	285	111

注：资料截至2020年底

【旅游公共交通】 2020年，佛山公交线网继续进行整体结构性优化，新增调整线路24条，开通辅助公交线路23条；结合佛山西站、广佛地铁二期、有轨电车投运重构区域公交线网；开展个性化高品质辅助公交，累计开通65条专线服务学校、工业园、景区、夜间经济聚集区等重点区域；有旅游专线或旅游辅助公交线路共10条。佛山市鼓励开通旅游专线或旅游辅助公交，对开通经停两个以上（含两个）景区的旅游专线车或旅游辅助公交，且持续运营一年以上的，根据具体运营情况给予一定的资金扶持。“辅助公交”公众号是由佛山市交通运输局主导的高品质定制化出行平台，推出“周末游”系列线路，周末定期推出定制专线，从各区指定站点出发至特定旅游景区，满足游客周末出游的公共交通需求。

（招卓亭）

表46 **2020年佛山市旅游公共交通线路表**

序　号	旅游专线或旅游辅助公交线路名称	所属区	途径景点或重要节点名称
1	109旅游公交专线	禅城区	南风古灶、中国陶瓷城、创意产业园、明珠体育馆、祖庙、旋宫酒店（仁寿寺）、梁园、中山公园、火车站
2	南海万科广场至花都融创城	南海区	万科广场、南海影视城
3	广州旅游集散中心（芳村站）至西樵山	南海区	芳村客运站、国艺影视城、西樵山景区
4	滘口客运站至南海影视城	南海区	滘口客运站、南海影视城、梦里水乡百花园
5	南山（九道谷、南丹山）至禅城	三水区	九道谷旅游区、南丹山风景区、大旗头古村
6	661旅游公交专线	三水区	新动力广场、三水广场、万达广场、荷花世界。芦苞温泉、大旗头古村、新昌奥特莱斯广场
7	662旅游公交专线	三水区	文化公园、三水广场、万达广场、荷花世界、宝苞农场、芦苞温泉、新昌奥特莱斯广场、长岐古村
8	663旅游公交专线	三水区	大润发广场、森林公园、侨鑫生态园、芦苞祖庙
9	664旅游公交专线	三水区	三水广场、万达广场、荷花世界、宝苞农场、芦苞温泉、新昌奥特莱斯广场、南丹山、九道谷
10	665旅游公交专线	三水区	新动力广场、三水广场、万达广场、荷花世界、侨鑫生态园、大旗头古村、新昌奥特莱斯广场

房地产业

综　述

【概况】 2020年，佛山市房地产市场发展平稳。在土地市场方面，全年土地出让金收入1277亿元，居全国第八，在珠江三角洲九市（广州、佛山、肇庆、深圳、东莞、惠州、珠海、中山、江门）排名第二，排在广州市之后。在商品房市场方面，成交量排名在珠江三角洲九市中仅次于惠州市。年内，全市商住和商服用地共成交102宗地块完成出让，总成交面积529万平方米。其中，全市商住用地成交量、成交金额及楼面价创近6年新高。禅城区、南海区、三水区土地成交量与2019年相比呈全面上升态势；顺德区成交土地面积下跌1.76%，成交金额上升38.76%；高明区成交面积和成交金额均下跌近2成。全年全市新建商品房累计新上市面积2032.46万平方米。新建商品房销售面积1782万平方米，成交均价13336元/平方米。

【房地产金融】 2020年，佛山市应对突如其来的新冠肺炎疫情，市内各金融机构加大力度促进民营、小微企业等实体经济的复工复产，全年新增贷款投放房地产领域的占比下降。年末，佛山市房地产贷款余额6306.50亿元，比上年末增长12.00%；占各项贷款余额的比重为43.50%。其中，房地产开发贷款余额1194.10亿元，比上年末增长8.90%，增速比上年同期下降5.80个百分点，比年初增加97.40亿元，比上年同期少增43.20亿元。个人住房贷款余额4740.40亿元，比上年末增长13.40%。个人住房贷款利率下降，贷款加权平均利率为5.07%，比上年同期下降51个基点。其中首套房贷利率较贷款市场报价利率（LPR）平均上浮39.50个基点，二套房贷利率较LPR平均上浮62.50个基点。12月，个人住房贷款首付比例为35.00%，比上年末下降1个百分点，居民购房杠杆率水平总体稳定。其中84.10%的个人住房执行首套房贷政策。首套房平均首付比例为33.60%，二套房平均首付比例为41.30%，总体保持平稳。

【房地产市场政策】 2020年，佛山市继续实施房地产局部限购政策（2016年起佛山市实施局部限购、2017年将二手房纳入限购），房地产市场政策稳中微调。3月，佛山再次降低人才购房门槛（2019年佛山发布本科或以上学历首套房不受户籍社保限制相关政策，同年11月提出“认定为优粤佛山卡A卡、B卡、C卡、T卡的人才享受佛山市户籍人口购房政策”），明确具有中专学历或大专学历或国家职业资格四级（中级工）证书或国家职业资格五级（初级工）证书的人才可申领优粤佛山卡T卡，可享受佛山市的户籍人口购房政策。4月，佛山调整住房公积金抵押贷款政策，规定从2020年5月1日起，佛山公积金首套住房贷款未还清不能申请第二套住房贷款。12月，《佛山市商品房预售款监督管理实施办法》印发，明确商品房预售款全部直接存入监管账户，开发企业不得在监管账户之外收存预售款。

（市地方志办）

房地产开发

【概况】 截至2020年底，佛山市有房地产开发企业1364家。其中，一级资质企业6家、二级资质企业20家、三级资质企业62家、四级资质企业890家、暂定资质企业386家。2020年，佛山市房地产开发投资保持平稳，全年全市房地产开发投资额比上年增长0.8%。全年新建商品房累计新上市面积2032.46万平方米，比上年下降6.48%，其中新建商品住房累计新上市面积1273.83万平方米，下降21.97%。新建商品房库存处于合理空间，截至2020年12月底，佛山市新建商品房月末累计可售面积2327.22万平方米，去化周期15.67个月。其中：新建商品住房月末累计可售面积1057.44万平方米，去化周期9.70个月；新建非商品住房月末累计可售面积1269.79万平方米，去化周期32.14个月。

（雷发娟）

【共有产权住房建设】 2020年，佛山市继续开展共有产权试点工作，全年筹集并开展配售共有产权住房220套，新开工建设共有产权住房802套。（参见“社会生活”类目“住房保障”分目）

（黎健莹）

【房地产规划报建管理】 2020年，佛山市工程建设项目实行网上申报，申报人只需线上登录广东政务服务网，即可进行线上项目申报，申报过程实现无纸化，申报进程实现实时查询和追踪。通过“一家牵头、一次征询、会审会商”的联合审批模式，协助规划设计方案快速稳定通过审批，多部门并联审批高效节约报批时间。社会投资类房屋建筑项目的工程建设规划许可所需办理时间大幅缩减至15个工作日，打破传统工程建设项目的分阶段审批方式，改变原来多部门“接力跑”的审批程序模式，优化审批流程、减少报审材料、简化审批手续，大幅度压减审批时限，为企业解决“审批时间长”“重复提交资料”等系列问题。

（郭　庆）

【商品房预售款监督管理实施办法印发】 2020年12月7日，佛山市印发《佛山市商品房预售款监督管理实施办法》，明确商品房预售款全部直接存入监管账户，开发企业不得在监管账户之外收存预售款。该办法指出，房地产开发企业在申请商品房预售许可前，应当在佛山市选定一家商业银行作为监管银行设立商品房预售款专用账户，可优先选择项目的开发贷款银行。预购人应当按照商品房买卖合同约定的付款时间，凭房地产开发企业开具的缴款通知书，通过商业银行网点柜台或者商品房预售款专用POS机将购房款直接存入监管账户。预购人申请抵押贷款的，房地产开发企业应当提供监管账户作为贷款到账账户。商品房预售款监管期限，应从商品房取得预售许可证开始，至项目完成商品房首次登记并达到预购人可单方办理转移登记的条件时，方可申请解除。房地产开发企业若存在违反办法规定直接收存商品房预售款、未依照办法规定及时将贷款转入监管账户等情形的，由房地产行政主管部门责令限期改正，公示违法违规行为并录入企业信用信息系统。

（雷发娟）

表47　**2020年佛山市新建商品房上市及成交情况表**

种　类	市、区	累计上市面积（万平方米）	比上年增长（%）	累计成交面积（万平方米）	比上年增长（%）	成交均价（元/平方米）	比上年增长（%）
商品房	佛山市	2032.46	-6.48%	1782.54	0.05%	13336.38	8.22%
	禅城区	283.76	-18.27%	252.29	0.55%	15928.17	8.50%
	南海区	461.32	-7.03%	503.92	9.65%	16460.83	16.03%
	顺德区	755.39	3.89%	573.58	0.50%	13126.55	4.95%
	高明区	195.82	-24.36%	160.74	-6.73%	8433.15	-2.00%
	三水区	336.17	-2.24%	292.00	-10.98%	8816.28	-7.64%
商品住房	佛山市	1273.83	-21.97%	1308.50	-3.05%	15289.39	14.01%
	禅城区	189.29	-11.49%	182.80	9.76%	18312.50	10.19%
	南海区	288.41	-26.13%	358.19	3.86%	19861.83	24.88%
	顺德区	398.34	-17.76%	372.16	-2.56%	15980.34	10.32%
	高明区	159.86	-33.29%	143.84	-9.66%	8723.31	0.21%
	三水区	237.92	-21.76%	251.51	-15.34%	9312.90	-5.51%
非商品住房	佛山市	758.63	40.28%	474.04	9.75%	7945.48	-11.01%
	禅城区	94.47	-29.15%	69.49	-17.63%	9655.67	-11.04%
	南海区	172.91	63.52%	145.74	27.05%	8101.82	-10.17%
	顺德区	357.05	47.10%	201.42	6.70%	7853.67	-7.67%
	高明区	35.96	86.90%	16.90	28.82%	5964.03	-19.35%
	三水区	98.24	147.13%	40.49	30.81%	5731.85	-12.74%

注：由于各区统计数值只保留到小数点后两位，故各区累计数与全市统计数值略有出入

房地产经营

【概况】 2020年，在佛山市房地产行业信用信息管理平台建立信用信息档案的房地产经纪企业（含分支机构）3341家、房地产价格评估企业80家。全年全市房地产行业运行平稳，房地产市场交易总量分别为商品房1782.54万平方米、商品住房1308.50万平方米、非商品住房474.04万平方米。新建商品住房成交面积占商品住房总量的66.35%，存量商品住房成交面积占商品住房总量的33.65%。新建非商品住房成交面积占非商品住房总量的73.08%，存量非商品住房成交面积占非商品住房总量的26.92%。全年全市新建商品房销售面积1782.54万平方米，比上年增长0.05%，销量位居广东省第二。其中，新建商品住房销售面积1308.50万平方米，比上年下降3.05%。新建商品房成交均价13336.38元/平方米，比上年增长8.22%。其中，新建商品住房成交均价15289.39元/平方米，增长14.01%。全年全市存量商品房成交面积838.24万平方米，比上年下降2.38%；成交均价10154.80元/平方米，增长20.06%。其中，存量商品住房呈量价齐升态势，成交面积663.60万平方米，增长11.48%；成交均价11402.27元/平方米，增长12.28%。

【新建商品房市场】

新建商品房上市　2020年，佛山市新建商品房累计新上市面积2032.46万平方米，比上年下降6.48%。其中，新建商品住房累计新上市面积1273.83万平方米，下降21.97%。

新建商品房销售　2020年，佛山市新建商品房销售面积1782.54万平方米，比上年增长0.05%；销售金额2377.26亿元，比上年上涨8.28%；销售均价13336.38元/平方米，上涨8.22%。新建商品住房销售面积1308.50万平方米，比上年下降3.05%；销售金额2000.61亿元，比上年上涨10.53%；销售均价15289.39元/平方米，上涨14.01%。新建非商品住房销售面积474.04万平方米，比上年增长9.75%；销售金额376.65亿元，比上年下降2.33%；销售均价7945.48元/平方米，下降11.01%。

新建商品房库存　至2020年12月底，佛山市新建商品房库存面积2327.22万平方米，去库存周期15.67个月，比上年同期的13.89个月增加1.78个月；新建商品住房库存面积1057.44万平方米，去库存周期9.70个月，比上年同期的9.54个月增加0.16个月；新建非商品住房库存面积1269.79万平方米，去库存周期32.14个月，比上年同期的27.52个月增加4.62个月。

【存量房市场】 2020年，佛山市存量商品房交易面积838.24万平方米，比上年下降2.38%；交易金额851.22亿元，比上年上涨17.19%；交易均价10154.8元/平方米，上涨20.06%。其中，存量商品住房交易面积663.60万平方米，比上年增长11.48%；交易金额756.65亿元，比上年上涨25.17%；交易均价11402.27元/平方米，上涨12.28%。

2020年，佛山市房地产经营开发平稳有序发展。图为佛山新城楼盘

（余广毅　摄）

【商品住房市场】

新建商品住房销售量各区分布　2020年，佛山市禅城区新建商品住房销售面积182.80万平方米，比上年增长9.76%；南海区358.19万平方米，增长3.86%；顺德区372.16万平方米，下降2.56%；高明区143.84万平方米，下降9.66%；三水区251.51万平方米，下降15.34%。

新建商品住房库存量各区分布　截至2020年12月底，佛山市禅城区库存面积115.95万平方米，占全市库存总量的10.97%；南海区263.69万平方米，占全市库存总量的24.94%；顺德区265.82万平方米，占全市库存总量的25.14%；高明区195.09万平方米，占全市库存总量的18.45%；三水区216.88万平方米，占全市库存总量的20.51%。

商品住房价格区间分布　2020年，佛山市在售商品住房中低于每平方米5000元的在售商品住房占总量的0.99%，每平方米5000～10000元的在售商品住房占总量的24.61%，每平方米10000～15000元的在售商品住房占总量的28.15%，每平方米15000～20000元的在售商品住房占总量的22.29%，每平方米20000～25000元的在售商品住房占总量的14.86%，每平方米25000～30000元的在售商品住房占总量的6.15%，高于每平方米30000元的在售商品住房占总量的1.51%。

商品住房套型结构分布　2020年，佛山市商品住房销售11.63万套。其中，90~144平方米商品住房8.95万套，占销售总量的76.94%；90平方米以下的商品住房1.95万套，占销售总量的16.76%；144平方米以上的商品住房7333套，占销售总量的6.30%。

【存量房网签备案系统升级实现交易资金监管】 2020年4月1日，"佛山市存量房网签备案及交易资金监管系统"正式上线运行。该系统实现买卖双方实名认证、电子签名、电子合同等功能，并结合中介机构及从业人员信用管理、房源核查等措施，充分保障交易当事人合法权益。系统同步上线存量房交易资金监管功能，买卖双方可自愿选择资金监管业务，只要是自有资金（非贷款资金），包括首付款、一次性付款都可以办理资金监管。截至年底，中国工商银行佛山分行、中国银行佛山分行、中国银行顺德分行、中国建设银行佛山分行、交通银行佛山分行、佛山农村商业银行佛山分行、广东顺德农村商业银行已完成数据对接并办理业务，其他银行正在陆续对接中。

（雷发娟）

房地产中介服务业

【概况】 截至2020年底，佛山市有在佛山市数字房地产行业发展平台实名登记的房地产中介从业人员1.55万人，其中1.15万人通过考核领取佛山市房地产中介从业人员执业工作牌并挂牌上岗。推行房地产中介企业“信用信息”管理制度，在佛山市房地产行业信用信息管理平台建立信用信息档案的房地产中介企业3538家。年内，佛山市房地产业协会巡查工作小组对全市房地产中介代理机构门店进行检查，参与检查人员336人次，检查中介代理机构门店732个，总体市场秩序良好，安全管理和疫情防控管理执行到位，未发现涉及黑恶乱等行为，但普遍出现公示资料不齐全、未能提供中介机构备案证和相关委托代理销售不规范等问题。同年，市房协公布佛山市第三批房地产中介行业红名单企业2家，公布挪用、侵占客户房地产交易资金或机构资金的佛山市房地产中介从业人员第一批行业黑名单1人。

【“带看登记”制度实施】 2020年，佛山市房地产业协会印发《关于房地产中介行业从业人员带客看楼行为指引的通知》和《关于规范物业服务企业和房地产经纪服务企业带客看房行为指引的通知》，指引房地产中介从业人员需按要求持证上岗，并持证使用带看登记服务，并明确物业服务企业从业人员因从事中介业务需要进行带客看房行为的同样需要进行带看登记。“带看登记”通过佛山市数字房地产行业发展平台“带看登记”功能实现。持证房地产中介从业人员带客看房前，须登录佛山市数字房地产行业发展平台完成带看信息录入和生成“带看通行码”，并在带客进入小区时主动向物业服务企业从业人员和业主出示“带看通行码”和执业工作牌等，获物业服务企业从业人员或业主扫码确认后，方可带客进入小区看房。“带看登记”进一步规范房地产中介从业人员带客进小区看房行为，保障房地产经纪机构日常带客看房业务正常开展，保障房地产中介从业人员权益，同时保障小区安全和秩序。

【房地产中介行业专题宣传活动】 2020年11—12月，佛山市开展房地产中介行业专题宣传活动，活动主题为“有证点放心”。佛山市房地产业协会以“线上直播间+线上预热活动”的形式进行线上宣传，邀请中介代理行业领军人物、专家代表、政府相关部门代表、法院代表、律师协会代表互动交流。预热活动向全市征集“渔夫指南”房地产全周期服务门户网站的IP形象命名。12月5日，线下宣传在佛山市禅城区祖庙街道铂顿城外广场举行，设置约20个摊位为中介代理企业宣传展示，并为行业红名单企业佛山市合富辉煌房地产顾问有限公司和佛山市家美房地产代理有限公司进行颁奖，对获佛山房协中介行业优秀培训导师及行业奉献奖巡查专家进行表彰。此外，活动进行佛山房地产中介行业带看二维码功能介绍。

（市房地产业协会）

物业服务业

【物业服务】 2020年，佛山市有物业管理公司882家，从业人员7.22万名，营业收入18亿元。截至2020年底，佛山市实有物业管理项目2268个，其中住宅项目1903个、非住宅365个；物业管理项目面积2.56亿平方米，其中住宅项目面积2.24亿平方米、非住宅项目面积3183.32万平方米。全市商品住宅专项维修资金年末归集194.03亿元，年末使用1.79亿元，年末增值22.45亿元，年末账面余额195.06亿元。2020年10月30日，《佛山市住宅物业管理条例》获佛山市

2020年12月5日，“佛山房地产行业宣传日活动”在佛山市禅城区举行。图为第三批房地产中介行业红名单颁奖仪式

（市房地产业协会　供图）

第十五届人民代表大会常务委员会第三十四次会议表决通过。

【物业管理培训】2020年，佛山市加强对物业管理行业的培训力度。由佛山市房地产业协会牵头建立佛山市物业管理行业培训师资库，聘用范成彬等21人（其中一级讲师5人、二级讲师6人、三级讲师10人）为佛山市房地产业协会物业管理行业培训师资库讲师，为物业从业者培训提供便捷的"菜单式"教学服务。举办2020年度广东省物业管理从业人员培训（佛山）班2期，培训物业管理人员98人，发放培训证书98份。年内，广东省物业管理协会在佛山市举办广东省物业管理项目经理执业技能培训班，培训人员74人，参加培训人员全部获颁"广东省物业管理项目经理执业证书"。

【"2020年度佛山市物业管理示范项目"考评】2020年8月，由佛山市房地产业协会主办的"2020年度佛山市物业管理示范项目"考评结果公布，认定招商置地中心、广东潭洲国际会展中心（首期）等25个项目为2020年度"佛山市物业管理示范住宅小区（大厦）"。考评活动从2020年1月启动报名，于8月完成验收公示并对外公布考评结果。考评内容涵盖基础管理，房屋管理与维修养护，共用设施设备管理，保安、消防、车辆管理，环境卫生管理，绿化管理，精神文明建设，管理效益等方面。

【佛山代表队参加广东省物业管理行业职业技能竞赛】2020年8月29—30日，由广东省住房和城乡建设工会委员会、省物业管理行业协会联合举办2020年广东省职工职业技能大赛——广东物业管理行业职业技能竞赛。佛山市房地产业协会代表队参加该次竞赛。经过比赛，由雅居乐雅生活物业服务股份有限公司三水分公司的谭栩杰、招商局物业管理有限公司佛山分公司的黄世聪、保利（佛山）物业服务有限公司的黄国航等参赛选手组成的佛山电工市队获得"团体优胜奖"；佛山房地产协会获"优秀组织奖"；保利（佛山）物业服务有限公司的物业管理员盘强光获得"优秀选手奖"。

【物业服务专题宣传月活动】2020年12月，佛山市房地产业协会举办佛山市物业服务行业专题宣传月活动。宣传月活动宣传的主要内容为尊重契约精神，倡导业主按时缴纳物业服务费；提高物业管理从业人员荣誉感，尊重劳动成果；理清物业服务企业、业主委员会与业主、业主大会等在物业管理中的权利与义务。该次活动采用"线上+线下"宣传的方式进行。线上采用直播间+线上预热活动等形式开展，并设置分享功能，让企业可将直播分享到业主群和官方微信公众号中。线下活动于12月5日在禅城区铂顿城外广场举行，开展"我为物业服务企业点赞打call"活动，向全社会倡导按时缴纳物业费，颁发"最美物业人""抗疫突出贡献奖""承诺诚信经营"奖项和"参与企业精彩活动及有奖活动"的奖项等，并在现场开展房地产物业行业展销活动，80家房地产物业行业展商参展。

（市住房城乡建设局　市房地产业协会）

房地产市场监管

【房地产市场监管机制体制改革】2020年，佛山市开展房地产调控"一城一策"研究，加紧制定房地产市场健康发展长效机制工作方案。相继修订出台《佛山市商品房预售款监督管理实施办法》《佛山市房地产行业信用信息管理办法》《存量房交易资金监管办法》《佛山市存量房网上交易规则》。在各区全面上线佛山市存量房网签备案及交易资金监管系统，并提升二手房网签交易功能。改版上线佛山市房地产行业信用信息管理平台，加强房地产行业企业信用信息公示，推进企业分级分类监管和守信激励、失信惩戒机制落实。落实"双随机一公开"检查，并开展房地产市场常态化检查，全年检查房地产开发企业和中介机构797个，查处违法违规行为148宗，曝光79个案例。开展问题楼盘专项治理行动，列入省市台账的问题楼盘22个，有效化解11个。

【房地产行业管理】2020年，佛山市房地产业协会继续加强中介从业人员实名登记、挂牌上岗工作，提升执业能力和服务水平。截至2020年底，全市有1.55万名中介从业人员在佛山市数字房地产行业发展平台实名登记，其中，1.15万人通过考核领取"佛山市房地产中介从业人员执业工作牌"并正式挂牌上岗。继续推进房地产中介行业红黑名单制度实施，公布"从业人员行业黑名单"1人。搭建佛山市房地产行业自律管理系统，通过建立健全各区房地产行业协会会员企业自律信用档案，收集、记载、记录会员企业在生产经营中产生的信息，督促企业行业自律。

（雷发娟）

【房屋租赁管理】2020年，佛山市加快推进住房租赁试点项目，探索集体留用地合作开发模式建设租赁住房。组织编制2020年房屋租赁市场指导租金标准，开展住房租赁行业检查，加强住房租赁市场秩序整治。继续完善住房租赁市场监管制度，修订《佛山市商品房屋租赁管理实施办法》《佛山市企业自持商品房屋租赁管理实施有关问题的通知（试行）》《关于推进商业、商务办公用房改建为租赁住房加快租购并举住房制度建设工作的通知（试行）》《佛山市房屋租赁合同备案规则（试行）》《关于加强监管房地产经纪机构和从业人员房屋租赁居间服务的意见（试行）》5份文件，规范住房租赁行业管理。全年全市新增租赁房源9607套。

（黎健莹）

【房屋征收管理】2020年，佛山市各区共发出国有土地上房屋征收决定9宗，涉及征收面积15.73万平方米，征收户数128户。办理拆迁许可证延期5宗。市住房和城乡建设局和各区局完善网站关于征收拆迁信息的公开，并及时做好房屋征收、拆迁信访的咨询、解释和回复工作。

（陈嘉雯）

交通·邮政

交通综述

【概况】 2020年，佛山市交通运输部门围绕“打造珠三角湾区西部枢纽城市”的总体目标，加快构建“航空、铁路、水运、公路”四位一体的区域综合交通运输体系，全面深化交通运输供给侧结构性改革，推动运输服务品质和行业治理能力双提升，主动融入粤港澳大湾区建设和“一核一带一区”（珠三角核心区、沿海经济带、北部生态发展区）区域发展格局，内通外联的现代化基础设施体系建设加快提速。佛山市交通固定资产投资屡创新高，从2015年的46.76亿元增加到2020年的327亿元，年均增长47.5%。截至2020年底，佛山“一环”高速化改造完成，高恩高速佛山段、广中江高速佛山段等一批高速公路相继建成，全市初步形成以广佛为核心的“双轴三环九射”〔“双轴”中的“一轴”是由广清高速、广州环城高速西环线、广珠西线高速组成，“二轴”是由佛江高速及其北延线（即佛山“一环”东线）组成。“三环”中的“内环”是由广州华南快线、广州环城高速东线、广明高速、佛清从高速（即佛山“一环”西线）组成，“二环”是广州绕城高速，“三环”是由珠三角环高速、广中江高速、莞深高速组成。“九射”自北向南依次为佛清从高速、广佛肇高速、二广高速、广昆高速、广明高速、佛开高速、佛江高速、广珠西线、广州绕城高速南线（南二环）〕、市域内“两环四纵五横”（“两环”指珠二环、珠三角环线高速公路；“四纵”指广珠西线、佛江及北延线、佛开、佛清从高速公路；“五横”指广佛肇、广三、广肇、广明、广中江高速公路）的高速公路网络。全市高速公路通车里程550.7千米。继续实施“断头路”连通工程，全年打通“断头路”20条，2016—2020年累计打通122条。继续推进“四好农村路”（农村公路建设好、管好、护好、运营好）建设，2020年，南海区、顺德区、高明区获评为2020年广东省“四好农村路”省级示范县。佛肇城际轨道交通线、佛山西站（途经线路有贵广高速铁路、南广高速铁路、广佛肇城际轨道交通线）、地铁广佛线（一期、二期）、高明现代有轨电车示范线（全球首条商业化运营的氢能源有轨电车线路）正常运行。公交基础设施继续改善，2016—2020年全市新建公交场站101个，公交专用道69.6千米，公交充电站137个。截至年底，佛山机场通航城市增加至8个，珠三角枢纽（广州新）机场前期筹备工作继续推进。港口资源加快优化整合，内河航道条件优越，港口货物吞吐量不断攀升，全年佛山港口

截至2020年底，佛山“一环”高速化改造完成，全市初步形成以广佛为核心的“双轴三环九射”、市域内“两环四纵五横”的高速公路网络。图为佛山“一环”小塘立交

（市自然资源局　供图）

货物吞吐量9284.68万吨。佛山机场开通航线17条，保障进出港航班4494架次，旅客总吞吐量48.85万人次，其中出港旅客24.70万人次、进港旅客24.15万人次。全年累计保障进出港货物4.88吨，其中进港4.88吨，年内无出港货物。

【综合交通运输体系规划】 2020年，佛山市交通运输局科学谋划7项重点综合交通运输体系规划，以及公路、水路、港口等发展战略、专项规划，发挥重大交通规划对引领行业发展和深化行业改革的作用，编制完成《佛山市高快速路网规划》，佛山新增高速公路布局方案纳入广东省交通运输厅印发的《广东省高速公路网规划（2020—2035年）》，快速路网方案经市政府专题会议审议通过。完成《佛山市交通发展“十四五”规划》，谋划佛山市未来五年交通发展。推进《佛山港总体规划（修订）》规划编制工作。全力协调生态保护红线、生态控制线等制约因素，规划成果和环评报告取得积极进展。完成《打造珠江黄金水道背景下佛山市港口水运物流发展规划研究》《佛山市交通影响评价管理办法》实施评估及优化、《佛山市平安交通发展策略研究》等规划研究。启动《佛山市轨道交通近期通车线路交通接驳体系规划研究》，为打造高效的城市轨道交通一体化接驳体系、充分发挥轨道交通的综合效益提供技术支撑。开展高速公路国土空间控制规划工作。广佛新干线高速公路工程、广明高速公路顺德至禅城（城区段）、广台高速公路支线工程、南沙至高明高速公路一期、清远至高明高速公路及佛中高速公路6个项目全面开展前期研究工作，经与周边城市多次对接，大部分通道的线位基本稳定。

【区域交通一体化建设】 2020年，佛山市推动广佛全域同城化、粤港澳大湾区广佛极核战略，加强与周边城市交通基础设施互联互通，推进建设粤港澳大湾区西部枢纽城市。佛山市交通运输局就高快速公路网互联互通开展对接协商，重点协调清远清新至佛山南海高速公路、花莞高速公路西延线、增佛高速公路、广佛新干线高速公路、广台高速公路支线、南沙至高明高速公路、佛中高速公路、清远至高明高速公路、佛肇云高速公路、南海至新会高速公路、惠肇高速公路（三水至封开段）、江肇第二高速公路、中山东部外环高速公路北延线等规划线位落地，以及珠三角枢纽（广州新）机场交通集疏运体系等协调对接工作，加快推进粤港澳大湾区和广州都市圈交通基础设施互联互通。牵头修订《广佛同城化交通基础设施对接专责小组及工作机制》，协同市重点项目局编制《推进广佛同城化建设2020年度重点工作计划》，推进广佛同城交通建设项目建设。海华大桥（佛陈路东延线接番禺新桂路工程）已建成通车；广佛大桥实现动工建设；珠江大桥放射线接广佛新干线公路（广佛出口放射线二期）、番海大桥、广佛肇高速公路等在建项目推进顺利；广佛新干线公路及西延复合通道工程（广昆高速公路东延线）、三乐路东延线复合通道工程前期工作有序推进；港口路北延线、大沥北环东路接芳村沿江路、同心桥项目线位基本稳定，广州、佛山两市的出资方案明确；佛山至中山高速公路，路线方案基本稳定，基本完成工程项目可行性研究报告初稿编制工作；中山东部外环高速公路北延线工程出资问题明确。

【2020年春运】 2020年春运期间，受新冠肺炎疫情影响，佛山市发送旅客数出现下降，全年累计发送旅客（含地铁）864.50万人次，日均发送旅客21.61万人次，比上年同期下降59%；不含地铁累计发送旅客197.81万人次，下降45.2%。春运累计发送旅客数量中，航空累计发送6.47万人次，比上年下降10%；公路累计发送124.16万人次，下降50%；铁路累计发送65.81万人次，下降32.6%。铁路累计发送旅客数量中，佛山火车站累计发送7.76万人次，比上年下降36%；佛山西站累计发送58.05万人次，下降32%；地铁累计发送666.69万人次，下降62%。

【交通运输综合执法】 2020年，佛山市通过“强基础”“补短板”“抓重点”等措施，保障交通综合执法领域形势持续稳定。全年全市交通综合行政执法立案7744件（普通公路科技治超案件除外），其中道路运政案件2667件、公路路政案件459件、水路运政案件4件、港口案件2件、航道案件1件。运政案件包括客运班车1135件、包车违章112件、出租汽车（含巡游和网约）违章250件（其中巡游车违法违规案件33件、网约车平台违法违规案件161件、网约车违法违规案件56件）、驾驶员培训违章212件、

2020年，建设中的广佛肇高速S4标北江大桥路段　　（市交通运输局　供图）

其他运政案件958件；路面联合治超案件4828件，高速公路非现场治超案件241件，普通公路科技治超案件29306件。货运违法案件604件（其中危货案件97件）。全面铺开科技治超，强化智能执法能力，利用市内42个科技治超执法点对超限超载货运车辆实施精准打击。

【交通拥堵治理】 2020年，佛山市交通拥堵治理工作坚持以问题为导向，以“增供给、调结构、强治理”为总体思路，实施综合治理，交通拥堵形势比上年有所缓解。全市平均道路交通高峰时段拥堵延时指数1.4，中心城区1.52，比上年分别下降5.1%和8.6%。全市高峰时段车辆运行速度30.8千米/时，中心城区26.19千米/时，比上年分别提升1.71%和6.87%。全市高峰时段公交运行速度20.17千米/时，中心城区17.16千米/时，比上年分别上升4.5%和7.9%。中心城区公交专用道高峰时段运行速度19.72千米/时，比中心城区全路网公交车速高14.9%。同年，《佛山市交通拥堵综合治理三年行动计划（2020—2022年）》印发，包含六大策略26项措施101个具体工作，治堵区域首次扩展至全市域，形成市、区两级联动治堵局面。年内，三水区、高明区借鉴禅城区、南海区、顺德区工作经验，成立区级治堵联席会议制度，调动区级各相关责任主体的积极性，推进工作任务落实；市交通运输局作为联席会议牵头部门，及时掌握进展情况，协调解决困难问题，启动中心城区40处交通拥堵节点、路段及片区的交通综合治理，至年底全部完成治理。市交通运输局编制《佛山市道路路权规划管理工作制度》和《佛山市道路交通路权规划指引》，为各种交通出行方式如何分配日益紧缺的道路资源进行顶层设计，从制度和技术层面对行人、非机动车和公交车路权进行保障。

（刘琳琳）

公路运输

【概况】 截至2020年底，佛山市域内公路通车总里程5485.11千米，每百平方千米公路密度144.4千米。域内通车公路中，高速公路550.71千米、一级公路1826.4千米。域内城市道路总长7088千米，建成区道路网密度10.35千米/平方千米。2020年，佛山市在公路交通基础设施建设方面统筹推进39个重点路桥项目（包括佛山“一环”西拓工程等7个续建项目、季华路西延线等3个新开工项目、广佛新干线及复合通道工程等29个预备前期项目）。按计划推进被纳入广东省2020年度高速公路建设责任目标任务的广佛肇高速佛山段项目建设，至年底，完成77.16千米国道和45.1千米省道的干线公路路网命名编号标志牌改造工程，按计划推进20条“断头路”连通工程建设等。

【重点路桥工程】 2020年，佛山市统筹推进重点路桥项目建设。佛山“一环”西拓北环段通车，佛山“一环”西拓南环段高明大桥至富龙大桥公路工程基本建成，番海大桥主桥贯通。佛山“一环”高速公路照明工程按计划推进。塘西大道三期及南延线工程、季华路西延线工程和广佛大桥系统工程（一期）（即原大坦沙大桥）开工建设。佛山“一环”西拓旧路改造及景观提升工程、富龙西江特大桥工程和龙翔大桥及引道工程和禅西大道南延线工程等在建项目按计划推进。新均榄路二期工程、沉香大桥、广佛同心桥工程等前期工作加快推进。佛山至中山高速公路、中山东部外环高速公路北延线等新一轮高快速路网规划和实施工作取得进展。

【高速公路建设】 2020年，佛山市高速公路建设完成投资40.69亿元，占年度计划的101.04%。佛清从高速公路、佛江高速公路和顺至陈村段、广明高速公路二期工程收尾工作总体完成；广佛肇高速公路利用佛山“一环”高速公路改造段通车运行，新建段于年内连通广州西二环高速公路新和互通，并全线贯通；广佛新干线公路东延复合通道工程和三乐路东延线复合通道工程开展设计工作；佛中高速公路、南沙至高明（新机场）高速公路、清远至高明高速公路和广明高速公路（城区段）开展前期研究。

【“四好农村路”建设】 2020年，佛山市继续推进“四好农村路”（农村公路建设好、管好、护好、运营好）建设，编制《佛山市“十四五”农村公路发展规划》《佛山市农村路路网规划》，完成广东省决胜攻坚部署任务，实现建制村通四级双车道目标。同年，南海区、顺德区、高明区通过省交通运输厅各项验收，创建为2020年广东省“四好农村

2020年6月30日，佛山“一环”西拓工程北环段全线通车（王 澍 摄）

路”省级示范县（三水区已于2018年成为全省、全国“四好农村路”示范县）。截至2020年底，佛山市建设“四好农村路”三年行动计划（2018—2020年）规划项目中，完成169项，完成投资17.85亿元。

【“断头路”连通工程】 2020年，佛山市继续实施“断头路”（指某一特定中小范围区域内没有接入其他相应成型路网的道路）连通五年行动计划（2017—2021年），全年按计划打通“断头路”20条（每个区4条）。张槎TOD开发周边配套市政道路工程（“TOD”即以公共交通为导向的开发）、广东金融技术服务区C区宝翠北路市政工程、华阳南路新建工程、高明区七星岗上南路、汾江路南延线（裕和路至三乐路段）等15项工程建成通车，截至年底，“断头路”连通工程全部完成主体工程，大部分开放交通。

【公路养护】 2020年，佛山市实施并完成19个国道、省道项目建设任务，包含1个新建项目和18个改造项目，合计总里程129.26千米。制定10处三级督办点、30处安全隐患路段的专项整治计划，常态化开展高速公路标志标牌的排查、整治和养护工作。完善道路管理治理机制，建立“双路长”制，形成《佛山市农村公路“路长制”工作方案（二次征求意见稿）》。

【城市道路和桥梁】 2020年，佛山市城市道路新增通车里程68千米，城市道路里程达7086千米。在养城市桥梁737座，全年完成隐患桥梁提升改造12座。年度20个“断头路”连通项目（城市道路项目占16个）均完工和具备通车条件。年内，市交通运输局启动《佛山市城市桥梁检测和养护维修中长期规划（2020—2030年）》《佛山市公路桥梁和城市道路桥梁养护管理办法》修编工作。

【营运车辆保有量】 2020年，佛山市在册营运货车3.96万辆，57.35万吨位。在册营运客车2105辆，9.03万客位。其中：班车客运客车550辆，2.24万客位；

2020年9月24日，汾江路南延线通车 （罗青霞 摄）

包车客车1481辆，6.44万客位。城市公交车辆6952辆，公交线路670条，运营线路总长度1.57万千米，年客运量3.22亿人次；出租汽车3073辆，年客运量1643.43万人次。

【道路运输经营业户及从业人员】 2020年，佛山市在册经营道路客运业户57户，从业人员0.87万人；道路货运业户5393户，从业人员4.01万人；道路运输相关业务经营业户6171户。道路运输相关业务经营业户中，机动车维修业户5933户，其中汽车维修业户4926户（一类106户、二类644户、三类4176户）、摩托车维修业户844户。

【绿色货运配送示范城市创建】 2020年，佛山市继续推进佛山市创建绿色货运配送示范城市相关工作。成立以市长为组长的绿色货运配送示范工程创建领导小组。开展调查研究，形成《佛山市绿色货运配送示范工程深化实施方案研究》报告、《佛山市绿色货运配送需求调查分析》报告、《佛山市绿色货运配送办法》研究成果。出台《佛山市创建绿色货运配送示范城市工作方案》，制定14项具体创建工作措施并明确责任部门和配合部门。

【驾驶培训行业管理】 截至2020年底，佛山市有驾驶员培训机构64个，全年完成招收培训学员25.12万人，比上年下降21.2%。2020年，佛山市交通运输局联合市公安局交警支队开展全市驾驶员培训行业专项整治工作，形成定期联合检查机制。打击驾驶员培训学时造假行为，自8月新政以来，全年累计抽查3200多名学员培训记录，人工核查出无效学时记录250多条。规范驾驶员培训市场准入，对申请开业的机构，通过组织专家采取现场审核等方式进行审核，维护行业公平公正。全面梳理广东省驾驶培训监管服务平台备案许可情况，取消30个不符合条件的训练场地系统备案，注销不符合条件教练车379辆。

【市际班车公交化调整】 2020年，佛山市推进粤港澳大湾区城际客运公交化运营，开通佛山市至广州市公交化客运班线2条，分别为佛山市汽车客运站—广州汽车客运站（广佛010线）、佛山市汽车客运站—花都区汽车客运站（佛广011线），共投入客车7辆。

【道路客货运输量】 2020年，佛山市道路运输客运量完成1444万人次，比上年下降66.65%；旅客周转量完成16.51亿人千米，下降71.32%。全年全市道路运输货运量完成1.95亿吨，比上年下降33.10%；货物周转量完成142.14亿吨千米，下降40.92%。

【客货运站场】 2020年，佛山市有经营性客、货运站场22个，其中三级及以上客运站18个、其他客运站4个，平均日发车2058班次。

【佛山入选全国深化农村公路管理养护体制改革试点】 2020年9月29日，交通运输部、财政部联合印发《关于组织开展深化农村公路管理养护体制改革试点工作的通知》，公布深化农村公路管理养护体制改革试点地区名单，佛山市名列改革试点地区名单，成为广东省2个入选的市级试点地区之一。试点建设时间为3年。佛山市农村公路通村畅乡、基础较好，全市建制村、自然村全部实现村村通硬化路，全市农村公路列养率、路面铺装率、三级及以上等级公路通达镇（街道）、主要农业园区、AAA级及以上级旅游景点比例均为100%。在管养方面，佛山探索“四好农村路”（指把农村公路建设好、管好、护好、运营好）建管养运新模式，建立区、镇（街道）、村分级负责、权责统一的三级农村公路管理体制，组建起区有路政员、镇（街道）有监管员、村有护路员的路产路权保护队伍，促进农村公路建设高质量发展。佛山市三水区于2018年入选“四好农村路”全国示范县，南海区、顺德区、高明区2020年入选广东省“四好农村路”省级示范县，里水镇、西樵镇、乐平镇、白坭镇和明城镇2019年创建“四好农村路”市级示范镇。

（刘琳琳）

水路运输

【概况】 2020年，佛山市有生产用码头泊位246个，码头泊位长度1.64千米，泊位设计年通过能力1.07亿吨。市辖内河航道通航里程1075千米。佛山市全年完成水路货运量4277万吨，比上年增长2.79%；完成水路货运周转量为96.8亿吨千米，增长0.93%。全年完成水路客运量3.44万人次，比上年下降88.02%；完成水路客运周转量211.9万人千米，下降93.75%。

【船舶保有量】 2020年，佛山市拥有水路运输机动船舶327艘，船舶总载重量71.03万吨，功率19.82万千瓦。其中：客船6艘，客船载客量895客位；货船316艘，货船总载重量70.96万吨（包括集装箱船40艘，总载重量10.34万吨位，以及7425个国际标准集装箱位）。

2020年9月29日，佛山市入选深化农村公路管理养护体制改革试点地区名单，成为广东省2个入选的市级试点地区之一。图为高明区杨和镇Y651井皂线“四好农村路”

（市交通运输局 供图）

【港口吞吐量】 2020年，佛山港完成货物吞吐量9284.68万吨，比上年下降3.65%。进出港货物主要为钢铁、矿建材料、煤炭及制品、石油、天然气及制品。外贸货物吞吐量2055.65万吨。出口主要货物为机械、设备、电器、矿建材料，进口主要货物为木材、化工原料及制品等。集装箱吞吐量404.97万标准箱，比上年下降8.77%。港口旅客吞吐量1.75万人次，比上年下降93.96%。

【港口污染防治】 2020年，佛山市推广港口岸电和港口船舶污染接收设施，全市完成142套内河港口标准岸电设施建设，实现普通货物码头泊位岸电全覆盖，全年港口岸电用电量12.9万千瓦时，岸电设施使用5400多次，用电时长8.9万小时，总用电量居全省内河港口前列。推进港口船舶污染接收设施建设，全市所有集装箱公共码头完成自建船舶污染物接收设施（含简易接收设施），形成“固定接收为主，移动接收为辅”的格局。

【港航管理】 2020年，佛山市引导水运企业规模化发展，鼓励水运企业新增江海直达、大型船舶，全市新增船舶运力14万载重吨。开展2020年国内水路运输及辅助业核查工作，对42家水路运输企业进行核查，通过核查42家，核查通过率100%；对291艘营运船舶进行核查，通过核查291艘（38.78万总吨、726个客位），核查通过率100%。委托第三方安全机构对51家港口码头企业、11家危险货物水运企业开展安全隐患排查，发现各类问题、隐患239个，并及时督促指导企业开展整改，消除安全隐患。

【码头项目建设】 2020年，佛山中石油高富油品码头扩建工程完成竣工验收工作；高明区高荷港码头工程、南海发电一厂码头扩建工程前期工作推进顺利。按照市政府发展夜间经济战略决策部署，配合推进龙舟码头建设及游船运营相关工作，三龙湾游船项目于2020年10月1日正式开通。

（刘琳琳）

铁路运输

【概况】 截至2020年底，佛山市区域内有已开通运营的国铁城际线路7条，分别是广茂铁路（客货两用铁路，设三眼桥站、奇槎站、佛山东站、佛山站、街边站、罗村站、上柏站、小塘站、小塘西站、走马营站、三水站和三水西站，其中佛山站和三水站为客货两用车站，其他站点均为货运站），广珠铁路（货运铁路，设丹灶站、官窑站），武广铁路客运专线（未设站），贵广铁路（设佛山西站、三水南站），南广高铁（设佛山西站、三水南站），广珠城际（设碧江站、北滘站、顺德站、顺德学院站、容桂站），佛肇城际（设佛山西站、狮山站、狮山北站、三水北站、云东海站）。中国铁路佛山局管内铁路营业里程321.41千米，地方铁路53.28千米。佛山高铁运营里程190.79千米。全年完成旅客发送量553.03万人次。有在建国铁城际线路3条（段），分别为广湛高铁、南沙港铁路、广佛环城际（佛山西站至广州南站段）。有筹建国铁城际线路5条（段），分别为珠肇高铁（珠三角枢纽机场至江门段，项目与深南高铁在佛山境内共线）、珠肇高铁（高明至肇庆东段）、广佛环线（佛山西站至广州北站段）、佛山经广州至东莞城际、广州南至广州站联络线。有规划国铁城际线路3条（段），分别为柳广铁路、肇顺南城际、广佛江珠城际。有在运营地铁线路1条，为佛山地铁1号线（即地铁广佛线佛山段。地铁广佛线线路东起广州沥滘站、西至佛山新城东站，全长32.16千米，其中佛山段21.5千米，设金融高新区站、千灯湖站、岗站、南桂路站、桂城站、朝安站、普君北路站、祖庙站、同济路站、季华园站、魁奇路站、澜石站、世纪莲站、东平站、新城东站15座车站）。有在建地铁线路3条，分别为佛山市城市轨道交通2号线一期、3号线，广州地铁7号线西延顺德段。纳入佛山市城市轨道交通第二期建设规划地铁线路3条，分别为佛山市城市轨道交通2号线二期、4号线一期和11号线。

【城市轨道交通运营管理】 2020年，佛山市开展全市普速铁路安全隐患综合治理，建立市、区、镇（街道）与铁路部门联动工作机制，完成各类隐患整治378处，整治销号率100%。做好运营、在建和规划线路的轨道交通保护工作，加强巡查执法工作力度，制止违法违规施工52起，完成地铁保护区审查340项，确保地铁运营安全。开展《佛山市城市轨道交通保护管理办法》研究，谋划成立轨道交通保护委员会工作，在顶层设计上充分发挥市级统筹作用。年内，广佛线无行车安全事故，运送旅客1.47亿人次。

【佛山西站运营】 2020年，佛山西火车站开行列车7.41万列，到发旅客860.22万人次（发送428.07万人次、到达432.15万人次）。日均开行列车203列（其中日均始发终到车11对），比上年增长10%；日均到发旅客2.35万人，下降26%。春运期间，佛山西站到发旅客95.14万人次，其中到达旅客35.15万人次，发送旅客59.99万人次。到达客流高峰（1月22日），到达客流1.76万人次；发送客流高峰（1月20日），发送客流4.61万人次。

【轨道交通项目固定投资】 2020年，佛山市轨道交通项目16个，总投资2381.69亿元。其中：正式项目9个，总投资1189.25亿元；预备项目7个，总投资1192.44亿元。全年全市重大轨道交通项目完成投资121.93亿元，完成年度计划投资100.64%。9个正式项目包括6个市区轨道项目（2号线一期、3号线、广州地铁7号线西延顺德段、南海区新型公共交通系统试验段、南海一汽大众铁路专用线、南海区有轨电车里水示范段）和3个省管项目（广湛高铁、广佛环城际佛山西站至广州南站、南沙港铁路）；7个预备项目中3个为佛山市城市轨道交通第二期建设规划项目（2号线二期、4号线、11号线）。

【省重点轨道交通项目建设】 2020年，佛山市的省重点轨道交通项目建设有序推进。截至年底，城市轨道交通2号线一期项目全线17个车站车站主体施工全部完成；湖涌停车场、瓷都、花卉世界主变电站、湾华控制中心主体施工完成，14个盾构区间全双洞通，4个高架区间完成架设贯通；林岳车辆段主体结构全面封顶；累计完成铺轨62.21千米，占总铺轨公里数的64.74%；绿岛湖站—石湾站完成高速热滑工作。城市轨道交通3号线项目全线31个车站实现主体结

截至2020年底，佛山城市轨道交通2号线一期项目全线17个车站的主体施工全部完成，林岳车辆段TOD项目主体结构全面封顶 （市轨道交通局 供图）

构封顶、2个车站处于主体结构施工阶段；全线36个区间中18个区间实现双线洞通，1个高架区间完成主体结构，1个区间明挖段封顶；10个区间19台盾构机进行掘进施工；3座主变电所完成主体结构封顶和外立面装修，9个站点完成车站设备安装及装修施工进场，5个铺轨基地完成建设；狮山车辆段、逢沙停车场、北滘停车场的机电安装进场施工完成。广州地铁7线西延顺德段项目8座车站（韦涌站、陈村北站、陈村站、陈村新城站、南涌站、林头站、北滘新城站、美的大道站）全部封顶，16条隧道（广州南至韦涌、韦涌至陈村北、陈村北至陈村、陈村至陈村新城、陈村新城至南涌、南涌至林头、林头至北滘新城、北滘新城至美的大道）全部贯通，开始正式铺轨。

【轨道交通项目复工复产】 2020年，佛山市轨道交通建设管理部门落实新冠肺炎疫情防控和复工复产工作要求，出台轨道交通建设领域32条措施，指导和督促参建人员分批返岗，重点帮助施工单位解决返岗交通和住宿问题，为原材料供应的上下游企业解决实际困难。出台合同履约及资金保障等行业政策，支持企业共渡难关。推进5个在建轨道建设项目（36个标段）复工复产，至2020年2月27日，在全市范围内率先实现全面复工复产，项目复工率100%，标段复工率100%。

【粤港澳大湾区铁路项目全面启动】 2020年，粤港澳大湾区铁路项目佛山市区域内有关项目有序推进。其中国家铁路项目方面，广湛高铁（除西江桥尾至新兴南段外）已于2020年6月30日全线动工建设；珠肇高铁（珠三角枢纽机场至江门段）2020年10月14日获省发展改革委批复，项目先开段已于江门境内开工建设，计划2021年全线开工建设；珠肇高铁（高明至肇庆东段）已于2020年11月12—15日期间完成工程项目可行性评审，计划2021年动工，广湛—珠肇高铁联络线计划纳入项目同步实施；城际铁路项目方面，《粤港澳大湾区城际铁路建设规划》于2020年7月30日正式获国家发展改革委批复；在省政府的大力支持下，经广州、佛山两市共同争取，广佛环线（佛山西站至广州北站段）由远期规划项目调整为2021年开工项目，广州、佛山两市积极推进项目工程可行性研究报告等前期工作；佛山经广州至东莞城际项目被列为建设条件落实后有序推进项目，广州、佛山、东莞三市正共同推动工程项目可行性研究等前期工作，力争项目2021年内先行段开工建设。

【地铁3号线站后工程全面启动】 2020年12月10日，佛山市城市轨道交通3号线铺轨仪式在大墩站铺轨基地举行，标志着佛山地铁3号线站后工程全面启动。该3号线共设置11个铺轨基地，整个铺轨工程计划将投入机械设备轨道车22台、地铁专用平板车45台、龙门吊26台、铺轨机45台、焊轨设备4套等，施工高峰将超2050人同时作业。大墩站铺轨基地为该标段首个开工点，承担北滘站(不含)至深村站(含)12组单开道岔、1组交叉渡线、区间24.18千米铺轨任务。

（洪健海）

航空运输

【概况】 2020年，佛山机场通航城市增加至17个，开通航线34条，分别飞往北京大兴、上海浦东、海口、汉中、南京、信阳、合肥、襄阳、十堰、昆明、石家庄、温州、福州、厦门、泉州、淮安、上饶，全年保障进出港航班4494架次，旅客总吞吐量48.85万人次，其中出港旅客24.70万人次、进港旅客24.15万人次。累计保障进出港货物4.88吨，其中进港4.88吨，年内无出港货物。

【机场建设工作办公室成立】 2020年3月12日，佛山市召开珠三角枢纽（广州新）机场建设工作战前动员会，成立佛山机场建设工作办公室，全面统筹推进珠三角枢纽（广州新）机场建设各项工作。中共佛山市委常委、副市长蔡家华主持会议。佛山机场建设工作办公室全体人员参加会议。珠三角枢纽（广州新）机场选址佛山市高明区更合镇和肇庆市高要区蛟塘镇交界处，是广东建设世界级机场群骨干机场之一，也是佛山加快融入粤港澳大湾区核心区的重要载体之一，被列入《中国民用航空发展第十三个五年规划》《广东省综合交通运输体系发展“十三五”规划》，定位为“与广州白云机场共同形成国际航空枢纽，主要服务珠三角中西部及周边地区，发展国内国际航空客货运输”，计划总投资350亿元，将建设2条远距跑道，飞行等级4F，为最高等级，设计年客流量为3000万～5000万人次。

（刘琳琳）

邮　政

【概况】 2020年，佛山市邮政行业业务总量完成224.4亿元，比上年增长44%；业务收入完成136亿元，比上年增长24%。其中：快递业务量完成9.5亿件，比上年增长38%；快递业务收入完成122.3亿元，比上年增长30%。佛山市有邮政行业从业人员超4万人，承载超2000亿元商品货值流通。有邮政营业场所185个，其中：城市自办营业场所42个、委托代办营业场所35个；农村自办营业场所44个、委托代办营业场所64个。有电子化作业邮政营业场所185个。有办理国际及港澳台邮件业务的邮政营业场所48个。

【邮政行业监管】 2020年，佛山市邮政管理部门加强邮政行业监督管理，推动行业高质量发展。

邮政行业政策保障　推动将新建小区邮政智能包裹柜建设纳入到《佛山市工程建设项目领域“土地资源和技术控制指标清单”实施细则（试行）》，明确提出新建小区要合理设置包裹柜场地，推动智能包裹柜进小区工作。联合市商务局制定《佛山市创建绿色货运配送示范城市工作方案》，明确建设末端公共配送站，完善邮政快递等货运配送车辆便利通行措施。落实行业内国家有关财税政策，助力企业减税降费。市交通运输局印发《佛山市交通运输局2020年加强城乡物流配送基础设施建设专项扶持资金使用方案》，对佛山市辖区从事城乡物流配送的企业进行资金扶持。市商务局印发《佛山市支持物流企业配送防控防疫物资实施细则》，对新冠肺炎疫情期间以自有运力向佛山市企业事业单位运输口罩、防护服等医用防控防疫物资的邮政等物流类企业给予资金支持。

邮（政）快（递）合作　推动市邮政公司和市13家主要快递品牌企业分别签订《邮政快递合作下乡进村战略框架协议》，以邮政普遍服务网络为基础，以快递服务资源为平台，将快递服务延伸到乡镇和建制村，并在顺德职业技术学院进行邮快合作试点，由邮政代收代投各快递公司的快件超56万件。

邮政快递放心消费工程　全年处理邮政快递行业消费者申诉4024份，累计为消费者挽回经济损失95万元，消费者对邮政管理部门申诉处理工作满意率97%。顺德邮政公司被评为全国邮政行业先进集体，佛山顺丰被评为全国物流行业先进集体，佛山京东和德邦分别有1名员工被评为全国邮政行业劳动模范，佛山快递行业协会会长当选“2020佛山国际贸易年度人物”，2名京东快递员工被评为“佛山好人”。

邮政行业绿色发展　推动佛山邮政行业贯彻实施绿色快递“9792”工程，将行业生态环保工作纳入日常许可核查项目，组织开展专题培训，发放绿色环保宣传海报和手册，全年全市寄递企业瘦身胶带封装比例达95.2%，电商快件不再二次包装率达86.1%，循环中转袋使用率达96.5%，新增设置标准包装废弃物回收装置网点超350个。

邮政行业从业人员保障　启动关爱快递小哥“暖蜂行动”，开展“双十一”旺季关爱快递员活动，给快递员送温暖。会同市人力资源保障部门开展全市快递工程技术人才职称评审工作，推动140名快递从业人员参加职称评审。市邮政管理局作为牵头单位联合中共佛山市委组织部、市委宣传部、市直机关工委、市总工会、团市委、市人力资源社会保障局、市交通运输局等部门召开邮政快递业先进事迹表彰座谈会。

2020年1月22日，佛山市邮政管理局联合佛山市总工会开展关爱快递小哥“暖蜂行动”，慰问一线快递员　（李嘉韵　摄）

【邮政普遍服务】2020年，佛山市有邮政营业场所185个，总体数量与上年持平。有办理国际及港澳台邮件业务的邮政营业场所48个，确保全市各县级行政区内不少于1个开办国际及港澳台邮件业务的邮政营业场所。

邮政服务民生　全市327个建制村直接通邮，直接通邮率100%。配合政务服务“最多跑一次”改革，通过自办营业场所与进驻相结合的方式开展邮政服务政、警、医等工作，全年累计服务政务项目660万个。上线《佛山市党风政风行风热线——民生直通车》节目，引导市民合理使用邮政快递服务，依法维护自身权益。

邮政营业场所审批备案　受理邮政企业撤销普遍服务场所申请7个，受理邮政企业提交的邮政普遍服务营业场所备案申请536个。推动邮政网点委代办改自办，完成1个网点改制。

邮政普遍服务监管　全年检查邮政营业场所138个，开展法定业务专项检查、扫黄打非、网点安全、收寄验视、机要通信、邮票发行等普服业务监督检查出动845人次，下发通报7份，下达责令整改通知书3份。推动住宅信报箱验收项目纳入佛山市工程建设综合审批系统和佛山市工程建设效能监督平台，实现新建住宅楼信报箱安装率100%。

【快递市场】2020年，佛山市有独立许可快递企业182家，分支机构278个，快递末端网点931个。

快递市场准入　全年完成68家独立快递许可企业申请现场协查。完成104家快递分支机构增设、变更业务。办理405个快递末端网点备案。

寄递渠道安全管理　加强应急培训演练，协助广东省邮政管理局举办2期应急安全知识培训暨应急处置演练活动，采用实战演练的方式提高行业应急救援处置能力。开展邮政行业禁毒、反恐、危化品、侵权假劣商品、走私和野生动物非法寄递整治等专项工作。推动快递专用电动三轮车政策落地，解决快递“最后一公里”派件难问题。守住行业安全底线，开展邮政快递业安全生产专项整治三年行动，提升行业安全生产水平和综合治理能力。

快递市场执法检查　全年出动快递市场检查执法人员502人次，检查企业和场所207个，下达责令改正通知书7份；办理行政处罚案件11件，罚款27.8

万元，其中2件案件适用《中华人民共和国反恐怖主义法》。

【新冠肺炎疫情防控物资寄递服务】2020年，佛山市邮政快递业发挥行业优势，做好新冠肺炎疫情防控物资寄递配送服务，在疫区防疫与生活物资最为紧张之时，寄出防疫物资12万件。年内，市邮政公司提供防疫物资免费寄递服务寄出超3.5万件；顺丰快递公司运送防护物资38批次，累计超65吨；德邦快递公司承运10万双手套和价值百万元的消毒柜；中通快递公司托运100箱口罩；京东物流公司通过京东铁路专列运送物资。

【快递行业党建工作10条出台】2020年8月21日，佛山市邮政管理局联合中共佛山市新经济组织和新社会组织工作委员会出台《佛山市加强快递行业党建工作的若干措施》，提出10条措措施，并从加强快递行业党的组织覆盖和工作覆盖、抓好快递行业人才队伍建设、坚持以党建引领促快递企业发展、加强快递行业党建工作保障作具体规定。提出将快递行业人才培育纳入全市人才培育整体框架，推进快递工程技术人才职称评审继续教育体系建设，打造快递行业党员骨干团队，成立“快递小哥党员先锋队”。还提出健全党内激励、关怀、帮扶机制，打造快递网点“党建加油站”“红色宣传站”，建设党员活动室，落实快递从业人员教育、医疗、住房等相关政策，为党员职工办好事办实事。

【首届快递行业技能竞赛】2020年10月27日，2020年佛山市职工职业技能大赛快递行业技能竞赛在高明区育安职业培训学校举行。竞赛由市总工会主办，市邮政管理局指导，高明区总工会承办，佛山市快递行业协会和中国邮政集团工会佛山市高明区委员会协办，市内邮政、顺丰、中通、圆通、申通、韵达、京东、德邦等快递公司的40名“快递小哥”（快递员）参赛。竞赛分为理论和实操2个环节，重点考察快递员对快递行业应知应会的业务知识、特殊情况处置经验的掌握及具体操作中的技艺娴熟度。来自三水邮政公司的麦启林获得该次竞赛“状元”奖。此外，该次竞赛还评出佛山市“职工技术能手”10人、优秀团队2个。

【“快递小哥”首获专业职称】2020年9月，佛山市人力资源和社会保障局为佛山市101名快递从业人员发放快递工程专业职称证书，其中助理级工程师20人、中级工程师4人，这是佛山首批获得快递专业职称的从业人员。2019年，快递工程专业首次纳入工程系列初级评审体系，为邮政快递行业挖掘更多专业型专家型人才，更好地提升行业服务质量。佛山市邮政管理部门响应上级部门号召，推进佛山市快递工程专业职称评审工作，推动107名快递从业人员参评，其中申报中高级职称的从业人员19人。

（李晓敏）

【佛山邮政公司业务发展】中国邮政集团有限公司佛山市分公司（简称“佛山邮政公司”）经营范围包括邮政基础业务（函件、机要通信、包裹汇兑、报刊发行、集邮、特快专递）、邮政增值业务（邮购、电子信函、直递邮件、电子商务）和邮政储蓄业务（由下属网点凭有效许可证经营）。截至2020年底，全市有邮政普遍服务网点86个，邮储网点105个（含一类网点31个、代理金融网点74个），邮政代办所99个，邮政服务亭（报刊亭）20个；寄递业务设揽投部（站）78个，投递道段1471条。2020年，佛山邮政企业、邮储分行共实现业务收入25.71亿元，比上年增长10.96%。中国邮政集团有限公司佛山市顺德区分公司获评“全国邮政行业先进集体”。

邮政网络运行及投递能力　2020年，佛山邮政公司推进佛山邮件处理中心建设，完成自动化分拣设备安装和调试。推进自提网络建设，创新推进“投递站—家邮站—小区用户”投递模式，全市活跃自提点3468个，自提率32.76%。优化揽投网运作，对全市97个核心范围段道进行调整，试点探索直投作业模式。

邮务类业务　2020年，佛山邮政公司函件量1262.33万件（国内函件617.68万件、国际函件644.65万件）；国内普通包裹11.13万件；机要件2.88万件。全市有集邮预订户1.26万户，集邮协会会员2.32万人，青少年集邮组织108个、青少年邮局10家、全国青少年集邮示范基地4个，报刊预订户12.65万户。

寄递业务　2020年，佛山邮政公司投递邮件7659万件，收寄邮件7709万件。国内特快业务上，新冠肺炎疫情期间推出“教材送到家”“税务发票专递”等无接触服务，复工复产后重点部署电动车注册登记、机动车号牌制作、警邮上门办、法律文书集约送达等多项创新项目，提升民生服务质量，其中电动车注册登记办结量96.55万件。快递包裹业务上，深化“一区一策”业务布局，开拓直播带货新业态快递服务和开办电商退换货服务，推动轻小件业务发展。国际业务上，落实国际专线、中欧班列等仓位资源，协调畅通国际物流渠道，开拓跨境电商快递业务。

邮政金融业务　2020年，邮政储蓄银行佛山市分行开通“手机银行”“电子银行”“智能缴费平台”“财富管理”等线上邮政储蓄金融业务渠道，推出“优惠付”“莱E嘀”等智能电子支付终端，推出“广佛通卡”和建立社区金融服务站，促进普惠金融服务提升。全面下调小微企业贷款利率，推出小微企业无还本续贷产品，对个人抵押贷款开展“先放款后抵押”，推广“小微易贷”“极速贷”等线上产品，满足小微企业融资“短、频、急”需求。明确绿色信贷的支持方向和重点领域，对国家重点调控的限制类及有重大环境和社会风险的行业实施差异化授信政策，服务绿色金融建设。年内，符合银行业保险业监管绿色金融统计分类余额8.92亿元，比上年增长21.11%。做好新冠肺炎疫情防控和复工复产金融服务，全年向6485户小微企业主和个体工商户发放复工复产贷款34亿元；年内普惠贷款结余新增10.48亿元，户数7177户。

（邹俊华）

城市建设

城市规划

【概况】 2020年，佛山市全面推进国土空间总体规划编制，整体谋划市域国土空间开发保护格局，统筹划定生态保护红线、永久基本农田、城镇开发边界，构建生态、农业、城镇、产业“四集中”空间格局。形成《佛山市国土空间总体规划（2020—2035）》方案成果并通过专家评审；完成《“1+4”广佛高质量融合发展试验区建设总体规划》编制工作；推进《佛山历史文化名城保护规划（2020—2035）》编制工作，完成批前公示；印发《佛山市东平河水轴线规划》，推进东平河水轴线规划建设；发布《佛山市碧道建设总体规划》，明确佛山市碧道的规划目标、线路布局、水环境治理、水生态保护与修复、水安全提升、景观与特色营造、游憩系统构建等内容，提出佛山市碧道总体建设项目库（2019—2025），指导各区后续线路详细规划编制与建设实施；编制完成《广佛两市道路衔接规划修编》；印发《佛山市国土空间生态修复规划（2020—2035年）编制工作方案》《佛山市非农建设占用耕地（水田）耕作层剥离再利用工作方案》；制定《佛山市控制性详细规划电子数据成果标准》，印发《佛山市控制性详细规划土地混合使用指引》《佛山市控制性详细规划编制单元划分方案》。截至2020年底，全市已批控规（控制性详细规划）面积1502平方千米，控规覆盖率接近71.78%。

【碧道建设总体规划发布】 2020年2月26日，佛山市自然资源局、市水利局联合发布《佛山市碧道建设总体规划》。这是广东省首个市级碧道建设总体规划。该规划提出分阶段推进以“三环六带”为主体结构的碧道建设，利用10年实现碧道全覆盖。启动与部署阶段（2019—2020年），重点完成市级总体规划编制、管理架构搭建与省市试点建设3项工作。2019年底完成《佛山市碧道建设总体规划》与《佛山市碧道实施项目库》的编制工作，建立碧道建设实施工作机制、完成工作任务部署，完成15千米东平水道省级试点和各区不少于5千米市级试点的建设任务。2019—2022年建设阶段，推进环三龙湾碧道等重点选段的建设，建成总长度511.8千米的“三环”（陶醉龙湾环、趣野香村环、鹭语飞花环），并以水为脉，串联河湖沿线特色资源，分别构成“活力老城、魅力龙湾”的都会珠链、“历史浓厚、趣味横生”的文化珠链、“鹭鸟群舞、四季飞花”的生态珠链。2023—2025年建设阶段，重点建设长507.83千米的“六带”（水口水道—芦苞涌碧道带、万里长城涌—大棉涌碧道带、吉利涌—南沙涌—官山涌碧道带、西安河—高明河碧道带、南北主涌—东海水道碧道带、桂畔海—文海河碧道带），分别以诗韵花田、桃源意境、人文水乡生活、先贤怀忆、农耕旧圩、凤城生活艺术等六大主题进行差异化发展。2026—2035年完善阶段，全面铺开、持续推进全市河涌水网的水环境治理与水岸整治提升工作，推动碧道全覆盖，构

2020年2月26日，佛山市自然资源局、市水利局联合发布《佛山市碧道建设总体规划》，推进环三龙湾碧道等重点选段的建设。图为三龙湾奇槎片区　　（三龙湾管委会　供图）

筑湾区文化千里碧道。同时，全市5个区将打造105.9千米重点段，包括罗格围碧道工程（佛山水道—顺德水道）、东平水道碧道工程、平洲水道碧道工程、佛山水道四乡联围碧道工程、桂畔海碧道工程、北江—西南涌碧道工程、秀丽河碧道工程、西江碧道工程共8段。

【东平河水轴线规划发布】 2020年12月17日，佛山市自然资源局印发《佛山市东平河水轴线规划》。该规划按照中共佛山市委、市政府在2019年提出高水平规划建设东平河水轴线的工作部署，以东平水道、潭洲水道、吉利涌两岸滨水空间为基础，对东平河水轴线开展系统性规划设计并明确建设标准，以作为指导各区、各部门开展东平河水轴线建设的重要指引。规划范围西起禅西大道、东至佛山“一环”，水岸线长约48千米，设计范围约368公顷。该规划将东平河水轴线划分为活力北岸、文化东岸、休闲南岸和生态西岸等4段高品质滨水公共空间，对不同的空间赋予不同的任务主题。结合澜石港、佛山新港改造、两馆一厅建设、周尾围、半月岛生态修复等沿线重点项目，自西往东依次打造古灶陶韵、星耀石湾、鱼鹭洲尾、澜石记忆、城市秀台、翠蔓长堤、活力新港、佛山之心、奇槎湾畔、半月浮翠等十大特色滨水亮点，并对各重要景观节点进行不同深度的景观设计。通过高标准规划，引领东平河水轴线的高品质建设，打造湾区级的城市滨水景观示范段、城市形象门户区、公共文化展示廊、创新产业培育带、市民生活休闲活力空间，提升中心城区人居环境，带动佛山城市建设高质量发展。

（郭　庆）

市政建设

【城市供水】 2020年，佛山市有城市自来水厂21家，设计供水规模约478万立方米/日，管径75毫米以上供水管道1.11万千米。全年城市公共供水管网供水量约14亿立方米，城市自来水普及率100%。全市有供水龙头企业3家。其中，佛山市水业集团有限公司负责禅城区、高明区和三水区3个区域供水，瀚蓝环境股份有限公司负责南海区供水，广东顺控发展股份有限公司负责顺德区供水。佛山新城优质水厂采用“活性炭+浸没式超滤膜”深度水处理工艺，规模为1.5万立方米/日，其余的20家自来水厂均采用常规净水工艺。全市有国家级水质监测站1个、省级站2个。同年，佛山市实行水质检测数据公布制度，月度公布45项、年度公布106项，水质检测数据指标综合合格率100%。

（黄汝锌）

【城市供气】 2020年，佛山市天然气供应能力持续增强，全市天然气供气总量24.25亿立方米，供应能力63亿立方米。天然气通气居民用户数116万户，比上年增加9万户。天然气供气范围覆盖全市各区。主要天然气供应来源为：珠海LNG气源、西气东输气源、广东大鹏LNG气源。天然气储气能力4532万立方米。全年新增天然气管网290.97千米，全市天然气管网增至4104.2千米。截至年底，全市高压输配系统已建设并运行的LNG储配站有9座、调压站11座、门站4座；全市瓶装液化石油气企业23家、液化石油气储配站23座、瓶装液化石油气供应站307座。全年全市液化石油气消费量52万吨。

（伦泳霞）

【城市供电】 2020年，佛山电网运行正常，全年放开用电，电力供应充裕。全年完成供电量692.62亿千瓦时，比上年增长1.67%；完成售电量673.96亿千瓦时，增长1.88%；综合线损率2.695%。全社会用电量中，第一产业用电量30.93亿千瓦时、第二产业用电量447.63亿千瓦时、第三产业用电量128.42亿千瓦时；第一、第二、第三产业用电量分别增长−0.99%、0.46%、−1.46%；第一、第二、第三产业所占总电量比重分别为4.35%、63.02%、18.08%。居民用电量103.32亿千瓦时，比上年增长8.21%。第三方客户满意度评价得分90分，地方政府公共服务满意度评价连续12年排名第一。佛山市不断优化电力营商环境。取消设计审查和中间检查，中压、低压客户办电环节从原来的5个分别缩减至3个和2个，小微企业报装业务实现“三零”（零上门、零审批、零投资）服务，低压非居民平均接电时间不超7个工作日，高压客户平均接电不超35个工作日，满足《佛山市深化营商环境综合改革实施方案》中对时限的要求。实施客户潜在需求管理，办电手续提前到用户开工前办理，将电网提前布局到用户红线，实现用户“家门口”即可接电。推行投资界面延伸政策，用户外线工程全部由供电部门投资建设，实现接电“零成本”。通过互联网、实体营业厅等多种渠道对电费账单信息及时推送给客户，实现微信、支付宝、银行划扣等多种缴费方式，同时客户能够通过政府行政服务中心“市民之窗”终端进行电费查询，确保电费公开透明。市、区、镇三级供电服务全方位融入政府“一门式、一网式”政务服务体系中，推行“水电气联办”业务模式；推进“互联网+用电”融合，实现办电业务“一次都不跑”，客户足不出户即可办理各种业务。落实阶段性降低用电成本政策，除高耗能行业以外的一般工商业和大工业企业电费下降5%。在广东省发展改革委、国家能源局南方监管局面向广东省、广西壮族自治区和海南省三省（区）进行的“获得电力”评价的结果中，佛山市排名第四，在广东省第二梯队中排名第一（第一梯队为广州市、深圳市）。做好新冠肺炎疫情防控电力保障工作，集中资源做好紧急增容服务，累计满足涉及抗疫客户的新装容量206.62万千伏安。全力支持佛山企业复工复产，全年累计复电368.12万千伏安，实增容量389.08万千伏安。落实疫情期间采用支持性两部制（指将与容量对应的基本电价和与用电量对应的电量电价结合起来决定电价的制度）电价政策，对中小企业在疫情期间由于各种原因逾期缴交电费的，免收电费违约金。

（赵　岚）

【城市亮化】 2020年，佛山市域内高速公路亮化工程启动，包括广佛高速、佛开高速、广三高速、广珠西高速，佛江高速等高速公路主线佛山辖区部分，以及广佛肇高速、佛清从高速、佛江高速、佛江北高速、广明高速等高速公路辅路佛山辖区部分，项目路线主线长123.17千米，辅路长134.29千米。禅城区首批20杆智慧灯杆投入使用。该智慧灯杆灯具可以和安装的光感传感器联动，在天色渐暗的傍晚自动开灯，凌晨自动调光变暗，节约照明用电。除配备基础照明外，该智慧灯杆灯还搭载环境监测传感器、广播音柱、LED（发光二极管）信息发布屏、一键报警装置、气象监测显示装置等。禅城区城市中央会客厅夜间经济环境营造项目启动，对岭南明珠体育馆、文华公园、亚洲艺术公园、电视塔等城市核心公园，以及延伸的季华路等道路沿线建筑进行灯光夜景改造，项目范围面积3.18万平方米。禅城区佛山大道北亮化工程完工并亮灯。南海区广东金融高新区景观照明提升工程启动，并于9月28日实现首期亮灯，总体项目包括新建楼宇亮化139栋、纳入总控楼宇48栋、千灯湖公园提升、金融公园提升、市政道路提升、千灯湖核心演绎区提升，以灯光为媒，结合佛山地域文化、现场环境、灯光技术等，展现佛山南海功夫与城市形象，项目工程总投资2.7亿元。三龙湾顺德片区夜景亮化项目一期正式亮灯，坊塔、世纪莲体育中心、东平大桥、龙舟广场、灯笼沙等亮化节点把现代建筑的美与岭南水乡的韵味结合呈现，并结合游船体验，展现城市文化和活力。年内，禅城区出台《佛山市禅城区城市照明设施管理办法》。截至年底，全市共有道路路灯28.6万盏，实现道路装灯率和亮灯率99%以上。

（刘永坚）

【海绵城市建设工作成果考核达标】2020年，佛山市参加国家海绵城市建设工作成果考核。经评估，佛山市达标的海绵城市面积33.72平方千米，占城市建成区面积的20.9%，符合国家要求的20%的标准。其中达标的海绵城市排水分区主要分布在禅城中心城区、佛山新城片区、南海中心城区、顺德中心城区、高明中心城区和三水中心城区。

（刘伟贤）

【城区内涝治理】2020年，佛山各级排水部门投入约8000万元，开展易涝点整治、管网清疏维护和汛期排水应急处置。全市统计的6处主要低洼易涝点中，完成长效整治3处，未完成整治的3处（禅城区1处、顺德区1处、高明区1处），其中1处开工建设、2处处于项目前期阶段。未完成整治的3处低洼易涝点均落实临时治理措施。全年全市检查、清疏、维护排水管网约828千米。

（唐励文）

【地下综合管廊建设】2020年，佛山市规划建设综合管廊11.05千米，完成综合管廊建设12.7千米。佛山市在建的综合管廊包括禅城区湖涌大道等6个项目（规划建设任务5.8千米）、南海区佛山西站一期路网和狮山镇博爱湖片区道路建设工程等4个项目（规划建设任务21.50千米）、顺德区美的大道站周边市政配套等6个项目（规划建设任务7.67千米）、高明区凤凰路1个项目（规划建设任务0.98千米）、三水区塘西大道等2个项目（规划建设任务2.9千米）。至年底，佛山市超额完成省下达给佛山市的“十三五”期间综合管廊建设任务（建设综合管廊49.25千米），累计完成综合管廊建设56.14千米。

（刘伟贤）

【城市园林绿化】2020年，佛山市推进各级绿地建设，优化城市绿色空间。以“300米见绿，500米见园”为标准优化城市绿色空间布局，同步推进大型公园、社区（体育）公园、村级公园3级公园体系建设。全年建设公园绿地项目111个，新增公园绿地面积206.97公顷，改造公园绿地面积538.78公顷。完成禅城区王借岗二期（火山公园部分），南海区三山高铁公园、文翰湖公园二期，顺德区大良金凤凰、顺德新城创智城片区中心湖景观，高明区滨江湿地公园等一批大型公园建设。建设社区体育公园项目26个，总面积23.34公顷。建设口袋公园（也称袖珍公园，指规模很小的城市开放空间）项目29个，口袋公园面积7.86公顷。建设边角位花镜21个、面积8.23公顷。完

2020年，佛山市推进大型公园、社区（体育）公园、村级公园3级公园体系建设，全年建设公园绿地项目111个。图为顺德区中轴线公园——金凤凰广场

（市城管执法局　供图）

成道路绿化建设项目64个，新增道路绿化面积34.72公顷，改造道路绿化面积175.88公顷。加强立体绿化建设，完成桥梁及隧道立体绿化70座，单侧长度39.55千米；完成屋顶、旧街区、公厕、市政管理用房立体绿化面积3653平方米。

（黄丽英）

【城镇生活污水处理】 2020年，佛山市投入城镇生活污水处理设施建设资金约48亿元。建设污水管网1105.3千米，其中禅城区187.4千米、南海区404.3千米、顺德区338.4千米、高明区48.5千米、三水区116.7千米。新（扩）建城镇生活污水处理厂4家，改建1家，新增处理能力6.2万吨/日。截至年底，全市正式投入运营的污水处理厂有61家，设计污水处理总规模为274万吨/日。全市污水年处理总量8.72亿吨，城镇污水处理率100.13%；污水处理厂产生污泥按80%含水量折算共29.37万吨，采用焚烧、填埋、堆肥、综合利用等方法实现无害化处理处置。

【雨污分流】 2020年，佛山市各区推进流域整治等一系列提升城市质量的项目，并结合这些重点项目，推动老旧污水管网、合流制排水管网改造，对存在管网堵塞、管道破损、支管接入不规范的污水管网实施改造，对正在改造的合流制管网区域全部重新铺设雨水管道和污水管网。南海区出台《南海区自然村“截污到户、雨污分流”技术导则》，全面指导各镇（街道）实施主体村（社区）开展有关工程建设。2020年，佛山市完成发改立项的自然村（社区）188个，计划总投资9.83亿元，截至年底，已完工的自然村（社区）133个，完成投资6.55亿元。全年全市实施雨污分流改造433千米。

（唐励文）

表48 佛山市污水处理厂运行情况表

名称	污水处理能力（万吨/日）	2020年处理量（万吨）	名称	污水处理能力（万吨/日）	2020年处理量（万吨）
镇安污水处理厂	25	8187.76	丹灶横江污水处理厂	1.3	302.06
东鄱污水处理厂	16	5027.32	九江污水处理厂	5	1961.3
沙岗污水处理厂	7	1564.6	里水大石污水处理厂	2	671.34
南庄污水处理厂	2.5	835.08	西樵西岸污水处理厂	0.5	152.91
城北污水处理厂	10	2987.68	和桂工业园污水处理厂	0.5	198.56
平洲污水处理厂	22	6706.52	新东南污水处理厂	3	571.09
三山污水处理厂	2	503.44	大门污水处理厂	11	4062.8
大沥城南污水处理厂	1.5	558.71	五沙污水处理厂	1.5	427.82
大沥盐步污水处理厂	20	6227.88	逢沙污水处理厂	5	1030.79
大沥城西污水处理厂	5	1837.34	伦教污水处理厂	7	2086.03
松岗污水处理厂	4	1296.32	容桂第一污水处理厂	8	2929.49
小塘北江污水处理厂	4	740.13	容桂第二污水处理厂	3	1118.41
官窑污水处理厂	1	368.05	北滘污水处理厂	9	3299.05
狮山东南污水处理厂	2.5	571.09	龙江污水处理厂	6	2403
狮山西北污水处理厂	2.5	808.9	乐从污水处理厂	6	2434.44
里水城区污水处理厂	4	1327.78	陈村污水处理厂	5	1660.36
和顺城区污水处理厂	2	544.75	勒流污水处理厂	9	3473.46
里水禹门污水处理厂	2	735.4	杏坛污水处理厂	2	766.49
西樵汇之源污水处理厂	7	2344.2	均安污水处理厂	2	707.78
西樵樵泰污水处理厂	2	638.88	群力围污水处理厂	3	491.15
丹灶城区污水处理厂	1.5	506	高明区中心城区第一污水处理厂	10	3007.37
丹灶金沙城北污水处理厂	1	428.37	高明区中心城区第二污水处理厂	3	1145.32

续表

名称	污水处理能力（万吨/日）	2020年处理量（万吨）	名称	污水处理能力（万吨/日）	2020年处理量（万吨）
高明区中心城区第三污水处理厂	3	1206.1	乐平镇生活污水处理厂	0.5	185.27
富湾污水处理厂	2	659.63	芦苞镇生活污水处理厂	0.5	112.14
杨和第一污水处理厂	1	311.93	南山镇生活污水处理厂	0.2	53.1
明城污水处理厂	2	350.29	江南新区污水处理厂	0.5	63.09
更合污水处理厂	0.5	49.23	乐平南边污水处理厂	1.5	182.66
更合第二污水处理厂	0.6	162.54	乐平范湖污水处理厂	1.5	127.97
驿岗污水处理厂	10	3500.79	白坭汇金污水处理厂	0.5	140.22
广东商学院三水校区污水处理厂	0.5	88.3	乐平镇生活污水处理二厂	1.5	187.76
大塘镇大布沙生活污水处理厂	0.4	139.72			

【垃圾分类】 2020年，佛山市印发《佛山市城市生活垃圾分类实施方案》，全面推进垃圾分类工作，完善垃圾分类处理体系。印发《佛山市城市生活垃圾分类工作责任分工》，明确29个市直部门职责。出台垃圾分类进校园、进社区，有害垃圾收运处置指引，限制一次性消费用品使用、治理过度包装等一系列文件出台，推动佛山市全行业、全链条落实垃圾分类和减量化、资源化、无害化处理。市城管执法局起草《佛山市生活垃圾分类管理条例（征求意见稿）》。成立由市城管执法局主要领导任组长、相关分管领导任专项负责人的全市城管执法系统垃圾分类工作领导小组，全系统共同推进垃圾分类的动员培训、宣传教育、检查考评、地方立法等各项工作。

示范片区（社区）创建　市城管执法部门印发《关于加快推进城市生活垃圾分类示范片区和示范社区创建工作的指导意见（试行）》，举办示范片区专题培训，开展覆盖5个区的现场考评5次，针对示范片区（社区）与省第三方评估组现场检查3次，加快示范片区创建工作。全市已建立示范片区（社区）范围内各类型产生源底数清单，进一步明确区、街道、社区和相关行业部门责任和完成时限，对标对表，压茬推进。据统计，全市居民区、办公区、公共场所、文教区、医疗机构、餐饮机构、农贸市场、其他产生源等八大类型产生源1202个。市城管执法局依据《广东省城市生活垃圾分类示范创建指引（试行）》，印发《关于开展生活垃圾分类示范片区（社区）验收工作的通知》，以街道为单元，按照“街道申报、区级审核、市级复核”的程序，资料审核和一定比例现场核查相结合，对各区垃圾分类示范片区（社区）组织验收。

公共机构（场所）垃圾分类全覆盖任务完成　市城管执法部门制订《佛山市公共机构生活垃圾分类实施方案》，建立每周一报工作制度，坚决按照第二、三、四季度分别完成40%、80%、100%的目标压实任务，重点对194家市直公共机构进行全覆盖检查和“回头看”抽查，对各区公共机构每季度随机抽查现场考评，确保工作落实到位。同时结合全国文明城市创建工作，将垃圾分类工作列入创文“九大重点工程”，进一步规范全市公共场所生活垃圾分类标志和垃圾桶设置。截至年底，全市共有2619个公共机构均实现垃圾分类全覆盖，提前达到省的相关要求。

生活垃圾分类处理系统建设　市城管执法部门完善生活垃圾分类收运设备，配套分类收运车2054辆，其中其

2020年11月17日，由佛山市城市管理和综合执法局、市教育局、禅城区城市管理和综合执法局和佛山电台联合主办的佛山市“垃圾分类进校园”活动正式启动。截至2020年底，全市学校生活垃圾分类实现全覆盖　（市城管执法局　供图）

2020年8月6日，佛山市志愿者学院生活垃圾分类培训学院揭牌成立

（市城管执法局　供图）

他垃圾、厨余垃圾、有害垃圾分类收运车分别达1910辆、132辆、12辆。加快建设与垃圾分类进程相匹配的终端设施。2020年，佛山市焚烧发电处理能力达7500吨/日，填埋处理能力达4500吨/日，在建的高明区环保项目（3000吨/日）稳步推进。建成1162吨/日的厨余垃圾资源化处理系统，其中禅城区餐厨垃圾处理厂首期于2020年11月底进入试运行。佛山市各区均与具备有害垃圾收运处置资质的相关企业签订协议，预约收运有害垃圾分类和贮存，落实最终处置去向，并配合市生态环境局推进全市危废处置设施建设。主要通过市场化渠道推进可回收物回收利用工作。截至年底，全市办理工商营业执照且备案登记的回收企业461家，有1855家再生资源回收网点，测算全年回收能力288.13万吨，基本满足佛山市再生资源回收需求。

垃圾分类宣传　市城管执法部门印发《关于号召市直单位党员带头参与生活垃圾分类工作倡议书》，成立佛山市垃圾分类党员志愿服务者队伍，组建佛山市志愿者学院生活垃圾分类培训学院，结合党员“双报到”工作，党员志愿者带头成为垃圾分类工作的实践者、宣讲者、推动者、监督者，制作垃圾分类海报、标识（LOGO）、童谣、动画、短视频等丰富素材，推动垃圾分类进机关、进社区、进学校，全市性的活动包括“垃圾分类，机关先行”“垃圾分类校园行，环境守护我先行”“捡跑中国　重塑2020”“城市管理户外宣传日”等。联合省、市主流媒体，全方位、多角度宣传普及垃圾分类政策和常识。全年开展主题宣传活动1447场次，在报刊、广播、电视等主流媒体宣传7970条次，利用网络、微博、微信公众号等新媒体宣传1442条次，在发光二极管（LED）显示屏、工地围蔽墙等2392处宣传垃圾分类，发放各类垃圾分类宣传海报、单张、手册共55万份，营造浓厚的垃圾分类工作氛围。

（彭　杰）

【城市环卫】 2020年，佛山市印发《佛山市环境卫生作业市场价格指导标准2019》，开展城市道路保洁和洒水工作，加大洒水降尘力度，落实城市道路扬尘污染防治工作。将“村（社区）保洁管理”纳入城市管理考评范围，实现全覆盖，改善农村人居环境卫生。加快实施佛山市生活垃圾资源化处理提质改造项目及配套工程，年度总体进展符合预期，计划于2021年底投产试运行。加快厨余垃圾收运处理设施建设，禅城区餐厨垃圾处理厂项目首期（规模150吨/日）下半年建成运行，全市餐厨垃圾总处理能力达1162吨/日。全面推进生活垃圾分类工作，印发《佛山市城市生活垃圾分类实施方案》，成立佛山市生活垃圾分类工作领导小组，推动全市2619个公共机构率先实现垃圾分类全覆盖，推进南海区桂城街道、禅城区祖庙街道、顺德区大良街道示范片区，以及高明、三水区一批生活垃圾分类示范社区创建，范围内1202家产生源基本实现垃圾分类覆盖。年内，佛山市生活垃圾焚烧发电处理能力达7500吨/日，生活垃圾无害化处理以焚烧为主，填埋为辅，全市接收处理生活垃圾426.47万吨，城乡生活垃圾无害化处理率保持100%。完成省、

2020年，佛山市完成省、市“厕所革命”三年行动总目标任务，全市累计完成新改建城市公厕301座。图为王借岗公园公厕

（市城管执法局　供图）

表49　　佛山市“最美城市公厕”一览表

序　号	行政区域	公厕名称	评选类型
1	禅城区	卫国西路公厕	最佳服务
2	禅城区	文华公园玫瑰情园侧公厕	最具创意
3	禅城区	文华公园儿童乐园侧公厕	最佳服务
4	禅城区	王借岗公园公厕2	最美环境
5	禅城区	五峰三路（五峰公园）公厕	最美环境
6	禅城区	花园街公厕	最优生态
7	南海区	大沥新城公园公厕	最佳服务
8	南海区	桂城街道海五路公厕	最优生态
9	南海区	桂城街道千灯湖地铁站公厕	最优生态
10	南海区	狮山博爱湖水源广场公厕	最具创意
11	南海区	西樵镇樵园公园驿站公厕	最佳服务
12	顺德区	顺峰山公园西入口公厕	最具创意
13	顺德区	顺峰山公园风雨长廊公厕	最美环境
14	顺德区	新宁路新宁公厕	最佳服务
15	顺德区	桂峰路海琴公厕	最优生态
16	顺德区	陈村公园东北角公厕	最佳服务
17	高明区	河江休闲公园公厕	最美环境
18	高明区	明城广场公厕	最优生态
19	三水区	西南公园东门公厕	最佳服务
20	三水区	三江水韵公园公厕	最美环境

市“厕所革命”三年行动总目标任务，全市累计完成新改建城市公厕301座，其中新建41座、改建260座。开展“创建示范文明公厕　你我共建共享”主题宣传活动，确定100座“示范文明公厕”和20座“最美城市公厕”。

（何启松）

城市更新

【概况】 2020年，佛山市继续推进城市更新三年行动（2019—2021年），截至年底，全市统一部署推进的108个城市更新重点项目中，实质性启动项目50个，完成2020年度任务。深入推进中心城区城市形态提升专项行动，截至2020年底，市统筹推进的57个城市形态提升项目中，累计启动项目55个，其中已开工项目48个（含已完工项目10个），2018—2020年累计完成投资约366亿元。在《佛山市人民政府办公室关于深入推进城市更新（“三旧”改造）工作的实施意见（试行）》（2018年）确立基本管理框架的基础上，进一步细化明确城市更新各阶段流程，为拆除重建类项目的申报、审批管理制定《佛山市城市更新（“三旧”改造）全流程管理实施指引（试行）》及城市更新管理工作流程图，推动佛山市城市更新全流程高效化、规范化、透明化管理。印发《佛山市城市更新单元计划管理规定》，明确单元计划阶段城市更新范围、意愿、诉求、模式、类型、公益性用地等方面的工作内容、任务和要求。开展《佛山市旧村居改造项目实施指引》编制，启动《佛山市城市更新地价计收及收储补偿办法》修订，完善城市更新政策体系，强化业务管理全覆盖。

【城市更新审批管理】 2020年，佛山市编制《佛山市微改造项目管理实施指引（试行）》《佛山市微改造项目城市更新单元计划申报指引》等系列微改造政策文件。全年完成标图建库备案项目125宗、面积1770.5公顷。受理“三旧”（旧城镇、旧厂房、旧村庄）改造用地报批业务39宗、面积235.02公顷，已批复43宗、面积212.63公顷（其中2019年收件跨年度批复10宗，面积42.43公顷）。受理“三旧”项目改造方案报批业务12宗、改造面积174.31公顷，已批复9宗，改造面积102.10公顷（其中2019年收件跨年度批复1宗，改造面积7.63公顷）。

【“三旧”改造】 2020年，佛山市纳入广东省自然资源厅“三旧”改造标图建库的总用地面积3.9万公顷，累计启动项目1940个，总面积1.14万公顷，竣工项目面积4880公顷，改造预算投入资金3787.93亿元。截至2020年底，全市新增实施改造面积1280公顷，占省下达任务的160%，完成改造813.34公顷，占省下达任务的122%，其中“工改工”（工业改工业）完成309.33公顷。

（郭　庆）

【城镇老旧小区改造】 2020年，佛山市正式启动城镇老旧小区改造工作。根据广东省2020年城镇老旧小区改造工作推进方案和任务清单，省下达给佛山市的改造任务为：改造小区123个，涉及面积593.39万平方米，改造户数3.86万户，改造楼栋数3668栋；完成时限为2020年底前开工。截至2020年底，佛山市共开工老旧小区123个、涉及改造面积597.57万平方米、改造户数4.98万户、改造楼栋4968栋。同年5月，省住房和城乡建设厅印发广东省城镇老旧小区改造试点工作方案，佛山市为4个试点城市之一，南海区桂城街道桂一社区为改造试点小区，通过试点小区的改造，探索建立老旧小区项目生成和推进机制、“共同缔造”机制。

（潘兆能）

城市公共交通

【概况】 2020年，佛山市继续发展公共交通，推进落实公交优先发展战略，加快“便捷、智能、文明、安全”公交发展，深化公交统筹改革，推进国家“公交都市”创建等相关工作。全年新建公交场站24个，增加场站面积10.2公顷，全市公交车均场站面积从135.05平方米/标台增至144平方米/标台；新建公交停靠站225个，中心城区（禅城区）公交站点500米覆盖率从2019年的96%升至2020年的98.8%；新建公交专用道15千米，公交专用道总里程增至172.2千米，公交基础设施的改善为公交行业发展提供基础。全市有常规公交线路670条，公交车6952辆。佛山公交线网继续进行整体结构性优化，全年新增调整线路24条，开通辅助公交线路23条；结合佛山西站、广佛地铁二期、有轨电车投运重构区域公交线网；开展个性化高品质辅助公交，全年累计开通65条专线服务学校、工业园、景区、夜间经济聚集区等重点区域；推出即时需求响应式公交“网约巴士”，提供不定线、不定时、不定站的点到点定制公交服务；深化公交服务供给侧结构革新，支撑城市经济社会发展和满足市民多元化出行需求。

【新能源公交推广】 2020年，佛山市6952辆公交车全部实现新能源化。为加强新能源公交车充电、加氢等配套设施保障，确保新能源公交车正常运营服务，制定并经市政府审核印发《佛山市加快新能源公交车配套基础设施建设工作方案》，明确2020年新能源公交车配套基础设施建设工作目标、任务和措施。新能源公交车充电设施方面，全年新建新能源公交车充电站40个，充电桩399个，基本满足电动公交车充电需求。

【公交服务多元化】 2020年，佛山市推进全域旅游，推出“辅助公交周末游”线路，开启“辅助公交+旅游”的交通旅游出行新模式。支撑夜间经济区打造，促进市民夜间出行与消费，在中心城区开通“夜经济1路”，在广佛地铁末班车停止运营后，沿地铁站点继续提供公交服务至零点；延长公交263短线、279线、广州南站快线的运营服务时间至零点以后，服务千灯湖商圈夜间经济集聚区、南海万科广场和嘉州广场夜间经济示范点、南海新都会购物中心夜间经济示范点及广州南站；配套服务三龙湾的夜游航线，通过开设公交330区间线、调整优化804线走向、增设K330线路站点等方式，连接龙舟广场码头与禅城中心区、广州南站及广佛线地铁站点。市交通运输局专题研究市妇幼保健院新院区公交保障，结合新医院周边交通组织、公交线网布局以及公交基础设施配套等情况，制定《佛山市妇幼保健医院（新院）公交线路优化调整方案》，分期优化调整344线、802线、932线等6条公交线路，开通新城东地铁口至市妇幼保健院新院区公交接驳专线。

2020年，佛山市6952辆公交车全部实现新能源化。图为新能源公交车

（市交通运输局　供图）

【出租车行业新旧业态融合改革】 2020年，佛山市推进出租车行业服务提升，鼓励创新促进转型，引导出租车行业持续健康发展。在全省率先成立由党员、最美佛山人、佛山十佳驾驶员等400名优秀驾驶员组成出租车应急服务车队，全年出任务574车次。优化出租车经营权计算方式，由经营权期限由连续计算法调整为分段计算法，有1254辆巡游出租车使用期分别获得1～6个月时间延长，企业因减少车辆折旧费少收500多万元。扶持出租车行业走出疫情经营困境。

【网约车规范管理】 2020年，佛山市出台《佛山市网络预约出租汽车经营服务管理办法》，推进网约车合规化进程。全年核发网约出租车驾驶员证1.05万张、网约出租车车辆运输证4167张。全市已依法许可合法网约车平台15个，驾驶员4.54万人，车辆1.06万辆。对外发布2020年上半年出租车市场监测指标，对拟通过自主购车、融租车辆进入网约出租车行业的驾驶员提出风险预警。

【智能公交建设】 2020年，佛山市公交车辆全部实现微信、支付宝、银联支付全覆盖，全国交通一卡通在佛山公交和广佛地铁互联互通，多元化支付全面覆盖。全市公交资讯服务平台建成投用，行业服务监督水平进一步提高。公交实时查询服务覆盖用户达879万人次。

【公交TC改革实现五区全覆盖】 2020年6月5日，佛山市公共交通管理有限公司与佛山市高明区安运公共汽车有限公司、佛山市高明区氢裕公交客运有限公司签订《佛山市高明区公交线路运营服务项目合同》，开启高明区公交TC（交通共同体模式，一种由政府决策层、运营管理层和公共汽车运营企业层构成的公共交通共同体）改革的新篇章。至此，佛山公交TC改革实现5个区全覆盖。2019年起，全市公交运营纳入市级统筹管理，市TC公司在费用结算、费用调整、绩效考核、奖惩机制、移交机制等方面规范全市公交行业服务合同，提高财政资金使用效能和运营企业参与公交发展的积极性，为全市公交运营管理新模式提供有力支撑。

【首个巡游出租车线上平台上线】 2020年8月25日，佛山市文明办、市卫生健康局、市交通运输局、市公安局联合举办"推进出租车文明服务九大提升行动暨飞鸿出行上线仪式"，宣布佛山本地首家巡游出租车线上平台——"飞鸿出行"正式上线。"飞鸿出行"是佛山市第一个具备巡游出租车线上平台建设及营运服务资格的线上服务平台。与其他网约车平台相比，它接入的车辆全部为佛山本地优质的巡游出租车，且平台所有接入车辆均安装车载智能终端设备，其车辆轨迹信息等实时接入政府服务系统，同时，平台还设置号码保护、紧急求助、行程录音等功能。该平台上线初期接入巡游出租车800多辆。

【"智慧公交电子站牌"试运行】 2020年12月，随着佛山市禅城区新福港鼎峰公交枢纽站启用，佛山市首个智慧公交电子站牌开始试运行。该智慧公交电子站牌支持全市各路线站点对接，实时展示途经站点各路线票价、首末班次时间等信息，滚动显示每条公交线路最近趟次公交车的距离和预计到达时间。该站牌还可实现人机交互和手势触控，电子站牌显示屏不仅支持屏幕触控和零接触手势控制，还可手控放大缩小页面，上下左右滑动展示。该站牌配置语音到站提醒功能，避免乘客错过公交车。同时，嵌入地图功能，可实现路线快速换乘、周边搜索、地区介绍等，并展示当天时间、天气、温度等相关信息。另外，该站牌可实现远程操控，遇到恶劣天气可及时关闭电源。

【南海区新型公共交通系统试验段车辆上线调试启动】 2020年12月20日，佛山市南海区新型公共交通系统试验段举办车辆上线调试启动仪式。该次上线调试，主要验证车辆系统、信号系统、通信系统、载客信息系统等多系统的功能是否达到设计和安全运营的要求。南海新交通系统于2014年1月正式动工，起点位于桂澜路与夏平西路交叉的广佛地铁蠕岗站，终点位于在建的佛山地铁2号线林岳西站，线路全长13.34千米，全线采用专有路权，共设车站13座。南海新交通系统采用列车是国际先进的第三代100%低地板现代有轨电客车，采用3节模块编组，载客量396人，远期采用4编组，最大载客量可增至524人。

（刘琳琳）

城市管理

【概况】 2020年，佛山市城管执法系统受（处）理案件32.62万件，其中教育纠正31.24万件、立案1.38万件，罚款3284万元。佛山市数字城管系统立案121.2万件，日均处置案件3311件，按期结案率98.3%。全年佛山市违法建设治理目标任务额为3250万平方米，实际完成治理面积3301.02万平方米，其中拆除2572.76万平方米，拆除比例为77.94%。

（杨新霞　兰　岚　关秋平）

【市容市貌整治】 2020年，佛山市城管执法系统推进全市城市市容和环境卫生责任区工作落实，促进佛山市城市精细化管理水平再提升，为全体市民打造干净、整洁、宜居的生活居住环境。全年开展市容实地检查180多次，检查各类市容项目2000多个。针对夜间违规占道问题，新增20余次夜检，全年夜检处理案件440件，夜检案件占比从上年的18.8%提升至28.7%，同时推动各区建立夜间长效管理机制。针对市民整治呼声较为强烈的占道经营、乱贴乱挂等影响市容环境的问题，组织开展全市城市市容和环境卫生责任区专项整治，并在第三季度召开现场交流会，促进各区构筑"系统化、网格化、标准化、精细化、法治化"的市容管理新局面。年内，市城管执法局向各区城管执法局发出限时整改督办函10份，并在整改复函后全部实施"回头看"工作。

（卢嘉仪）

【养犬管理】 2020年，佛山市颁布《佛山市养犬管理条例》，并于5月1日起施行。条例划定并公布全市各区城市市区范围。制定并公布《佛山市禁养烈性犬

2020年9月29日，佛山市犬牌首发暨禅城区线下备案点授牌仪式在禅城区百花广场举行

（市城管执法局　供图）

名录》，确定烈性犬种27种。建成养犬管理服务系统并投入使用，截至年底，全市备案登记犬只16201只。全年全市开展线上线下养犬宣传活动684次，开展养犬专项执法检查行动331次。通过自建或购买服务方式设置犬只留检场所13处、线下备案点66处。全年立案查处违法养犬行为案件9件，处置流浪犬115只。

（刘永坚）

表50 佛山市禁养烈性犬一览表

序号	品种	
	中文名称	英文名称
1	西藏獒犬	Tibetan Mastiff
2	比特斗牛梗犬	Pit Bull Terrier
3	日本土佐犬	Japanese Tosa
4	巴西非拉犬	Fila Braziliero
5	阿根廷杜高犬	Dogo Argentino
6	中亚牧羊犬	Central Asian Shepherd Dog
7	川东犬（重庆犬）	Chinese Chongqing Dog
8	苏俄牧羊犬	Borzoi
9	牛头梗犬	Bull Terrier
10	英国马士提夫犬	British Mastiff
11	意大利卡斯罗犬	Cane Corso
12	大丹犬	Great Dane
13	俄罗斯高加索犬	Caucasian Owtcharka
14	意大利扭玻利顿犬	Neopolitan Mastiff
15	斯塔福梗犬	Staffordshire Terrier
16	阿富汗猎犬	Afghan Hound
17	波音达犬	Pointer
18	威玛猎犬	Weimaraner
19	雪达犬	Setter
20	寻血猎犬	Blood Hound
21	巴仙吉犬	Basenji
22	纽芬兰犬	Newfoundland
23	贝林登梗犬	Bedlington Terrier
24	凯丽蓝梗犬	Kerry Blue Terrier
25	罗威纳犬	rottweiler
26	杜宾犬	Dobermann
27	拳师犬	Boxer

【建筑垃圾运输车辆整治】 2020年，佛山市城管执法系统加强建筑垃圾运输车辆及工地扬尘专项整治，全年出动联合执法人员9.49万次、执法车辆3.54万辆次。建筑垃圾运输车辆及工地扬尘专项整治工作行动中，检查工地4.85万个次，处罚违规工地650个、金额1146万元，并对25个有违规行为的房建工地进行诚信扣分；检查建筑垃圾运输车辆1.47万辆，处罚违规车辆740辆，金额604.2万元；处罚违规建筑垃圾运输企业296家次、金额373.05万元；对未经核准的消纳场立案36件，处罚金额36.67万元；市联合督导检查组移交案件424件。

（赵书军）

【数字城管建设】 2020年，佛山市数字城管系统立案121.2万件，日均处置案件3311件，按期结案率98.3%。其中公众投诉立案13.6万件，办结率97.4%，全市公众投诉案件满意度96.1%。落实数字城管精细化、长效化管理，试点推行网格巡查和重点路段（区域）巡查，推进信息采集监督机制建设，全市配置47名监督员对信息采集工作进行监督；开展数字化城市管理考评，以考评督促各类城市管理问题整改落实，对公众投诉突出的酒吧噪音、无照经营游商、店外经营、工地噪音等59个问题进行考评督办；开展全市环卫车辆作业抽查考评暗检32轮、明检5轮。实行建筑垃圾处置智能化管理，制定推进城市建筑垃圾智能化管理工作方案；实施建筑垃圾运输车辆智能化监控，发现建筑垃圾处置违法违规问题线索454件，通过数字城管系统立案派遣至各区处理，结案率96.3%；开展建筑垃圾信息系统应用专项检查及智能监控设备常态化检查；推进智能监控信息共享，及时通报工地实时出土信息，为精准执法提供依据；全市城管系统推广使用建筑垃圾执法应用程序（App）。推进养犬管理服务系统建设及应用，完成养犬管理服务系统开发及测试工作，接入“佛山通”应用程序（App），实现养犬备案、免疫和行政处罚等信息化管理。加快数字城管平台智慧化建设，完成市数字城管智慧监测系统开发，实现全市数字城管业务的统一监测；实现省、市数字城管平台网络互通，基本完成市数字城管系统与市社会综合治理云平台的数据对接；完成数字城管指挥厅大屏信息化升级改造。

（关秋平）

城市水利

【概况】 佛山市地处珠江三角洲中部河网区，西江、北江分流的各水道贯穿其中，河流纵横交错，水网密布，主要河流及分支包括西江、北江、顺德水道、潭洲水道、陈村水道、佛山水道、容桂水道、高明河、芦苞涌、西南涌等，主要江河长度704.4千米。西江主流在佛山区域长69.1千米，有支流河道11条。北江主流在佛山市区域长100.2千米，有主要支流河道13条。截至2020年底，全市有120座水库，总库容1.14亿立方米；有堤围87条，总长1148.17千米；有水闸572座，固定泵站1264座，总装机容量34.3万千瓦；有水电站12座，其中停产10座、在运行2座，在运行水电站装机容量2010千瓦。

【水利建设项目管理】 2020年，佛山市加强防洪保安工程、排涝闸站工程补短板建设，全市重点推进82项在建水利工程建设，工程总投资110.54亿元，完成年度投资19.13亿元。其中，纳入2020年市政府重点工作任务的23项重点民生水利工程如期完成建设任务。推进河道清淤工作，全市河道清淤102千米，超额完成年度清淤100千米目标任务。继续推进被列入《粤港澳大湾区规划发展纲要》的珠江三角洲水资源配置工程佛山段工程建设，实现鲤鱼洲岛取水口和10个工作井全部交地。

【水利建设市场管理】 2020年，佛山市推动建立水利建设市场信用秩序，提高水利建设诚信经营氛围。全市1229个市场主体及1.91万名从业人员，均在水利工程建设管理系统上办理登记备案，形成完善的水利建设市场主体信用信息基础数据库。市、区两级水利主管部门执行“佛山市水利建设管理巡查制度”，会同水利工程质量监督部门、项目法人、行业协会等有关部门采取“工程项目随机、巡查专家随机，巡查结果公开”的方式，对市内水利工程开展建设管理巡查，按照市每季、区每月、项目法人每周一次的频率，对全市各类水利工程进行随机抽查，对巡查发现的存在不良行为的水利建设市场主体进行通报处理。

【水政执法巡查】 2020年，佛山市开展水政监察执法巡查796次，出动执法人员2350人次，出动执法车船821辆（艘）次，实现水域巡查监管全覆盖。通过水政监察执法巡查，立案查处各类水事违法案件40件。其中，查处违法采、运砂案件28件，涉水资源案件3件，涉水土保持案件6件，水务案件3件。查处各类水事违法案件过程中，共处罚款297万元，没收河沙1.66万立方米，拍卖河沙1.23万立方米，拍卖款95.68万元全数上缴国库。同年，佛山市水利部门牵头市公安、海事部门及各区水利部门开展3次联合执法行动；联合广东省北江流域管理局，清远、肇庆两市水利部门开展3次西、北江联合执法行动。

【水利工程安全监管】 2020年，佛山市水利部门统筹开展“安全生产月”“汛期”“重大节日”等重点时期的安全生产以及水利施工安全治理、规范有限空间作业施工、应急演练全覆盖等专项行动，重点推进水利行业安全生产三年专项整治及2020年安全生产风险排查管控工作。全市各级水利部门组织各类安全生产督导检查，共检查工程234宗次，督导问题272个，排查隐患168处。同年，市水利部门对各区35项工程进行质量监督飞行检测，出动检测人员63人次，检测项目244项次，绝大部分被检测项目达规程规范和设计标准；组织开展对包括禅城区南围引排水泵站工程等5个水利建设项目的稽察，接受稽察的项目能较好地执行水利工程建设管理程序，工程建设质量总体较好；开展2期水利工程安全生产专题培训，制作安全生产宣教资料和标语500份。年内，佛山市水利建设领域未发生生产安全事故，安全生产形势总体良好。

【沙口水利枢纽除险加固工程开工】 2020年10月22日，佛山市沙口水利枢纽除险加固工程开工仪式在沙口分洪闸举行。该工程是佛山市重点民生水利项目之一，由沙口水利枢纽站负责建设，总投资约2800万元，预计2022年4月完工，可有效保障沙口水利枢纽安全运行。该工程建设内容主要包括更新枢纽老旧机电设备、闸底板基础灌浆加固、金属结构防腐翻新维护、局部河岸护坡生态改造、上部建筑物整体提升改造、增设部分临河防护栏杆等。

（罗惠栅）

2020年11月5日，佛山市水利局开展联合执法行动。图为执法人员检查运砂船的河沙合法来源证明
（市水利局　供图）

乡村振兴

产业发展

【概况】2020年，佛山市围绕农业产业发展的主题，开展农业招商引资，全年农业产业园区建设完成投资额8.5亿元。举办国兰文化艺术展、佛山湛江云浮消费扶贫升级加力行动暨凉山农产品展销会、广东省鳗鱼美食节等系列农业展会，组织企业参加各类农业展会15次，推动农业品牌走出去。引进中国农科院深圳农业基因组研究所，合作共建佛山南华现代农业研究院。至年底，全市建成6个省级现代农业产业园、1个后备产业园，有市级现代农业园区39个。

【休闲农业发展】2020年，佛山市印发《佛山市创建国家级、省级休闲农业和乡村旅游示范项目三年行动计划（2020—2022年）》，对示范镇、示范点创建工作作出总体部署。落实政策激励措施，安排市级财政预算800万元，用于扶持各区示范创建工作。乐平镇、广东万顷园艺世界、广东顺德大地园林环境工程有限公司顺德新地农场、高明旺林千色花卉旅游园区入选第七批省级示范镇（点）名单。顺德区杏坛镇逢简村入选中国美丽休闲乡村。加大示范项目培育，全市有3个示范镇和14个示范点申报第八批省级休闲农业与乡村旅游示范镇、示范点。结合百里芳华乡村振兴示范带建设，策划设计打造休闲农业与乡村旅游精品路线，推荐南海区岭南农业大观园等5条路线申报全省休闲农业与乡村旅游精品路线，推荐禅城区紫南村、南海区九江镇、南海区仙岗村、顺德区陈村镇、高明区万亩花海、三水区长岐村等6条精品景点线路申报广东省乡村休闲旅游行（冬季）精品景点线路。

【新型农业经营主体培育】2020年，佛山市加大新型农业经营主体培育，完成新型农业经营主体的申报和监测工作。全年新增农民专业合作社45个、市级农业龙头企业27家，新增市级示范家庭农场1个。截至年底，佛山市市级家庭农场2.13万个，其中市级示范家庭农场10个。农民专业合作社341个，其中省级农民专业合作社示范社22个、市级农民专业合作社示范社37个。国家级农业龙头企业3家，省级农业龙头企业57家，市级农业龙头企业147家。全市完成家庭农场名录信息录入1.93万个，录入率91.12%。

【农业会展】2020年，佛山市推进农业会展工作，推动佛山企业走出去。支持农业企业参展办展，开展农业品牌培育推广补助（参展办展类）资金项目申报和评审，对国兰文化艺术展、万人濑粉节等展会进行补贴，扶持总金额17.1万元。举办鳗鱼品牌推介活动，举办佛山湛江云浮消费扶贫升级加力行动暨凉山农产品展销会。组织参加各类农业展会，全年组织74家企业参加农业展会15次，包括第十七届中国国际农产品交易会、第十一届广东现代农业博览会、2020第十五届东亚国际食品交易博览会、2020第五届中国国际食品配料博览会等。

【现代农业产业园建设】2020年，佛山市印发《关于加大工作力度加快推进省级现代农业产业园各项建设的通知》，抓好产业园项目落地。下达2019年第一批4个产业园市级财政奖补资金4000万元，新冠肺炎疫情期间针对产业园开展专项援助行动，帮助企业复工复产，减少企业因疫情造成的经济损失。组织各区和产业园实施主体赴江门市新会区陈皮国家农业产业园、珠海市白蕉镇海鲈产业园等地参观学习，学习园区建设先进经验，推动产业园高质量发展。将产业园建设纳入2020年度绩效考核和乡村振兴战略实绩考核，以考促建，加快产业园建设步伐。全年新增南海区九江鱼花产业园、顺德区优质草鲩产业园2个省级现代农业产业园。全市6个省级现代农业产业园主导产业面积共8220公顷。高明区富硒丝苗米产业园申报第三批省级现代农业产业园，通过市级评审。产业园建设取得初步成效，高明区花卉产业园引入投资30亿元的凌云花谷项目和投资10亿元的陌上花开项目。南海花博园引入400多家花卉、锦鲤企业，园区产值超20亿元，建成全国最大锦鲤交易市场。

【农业园区评级】2020年，佛山市继续实施现代农业园区评星工程，支持三产融合发展，组织开展2020年星级现代农业园区、佛山农业公园认定和监测复评工作，延长农业产业链条，推动农业高质量发展。经过新一轮认定，全年新增五星级现代农业园区4个、四星级现代农业园区1个，新增市级农业公园4个。截至年底，全市有市级现代农业园区39个（五星级园区14个、四星级园区25个），市级农业公园30个，AAAA级广东农业公园5个。

【农业产业转型升级】 2020年，佛山市加快推进农业产业转型升级，完成高标准农田建设6306.67公顷，省级现代农业产业园增至6个，市级现代农业园区39个，市级以上农业龙头企业增至120家、农业公园增至30个，新获认定为广东省“一村一品、一镇一业”专业村31个、专业镇6个，新认定市级“菜篮子”基地9个，省级名牌农产品增至80个，培育粤菜师傅人数增至6500多人，获认定的新型职业农民增至1536人。农业公园总面积增至2260公顷，年营业总收入62.5亿元，年入园人次944万人。

【广东鳗鱼品牌推广活动】 2020年11月8—22日，由佛山市农业农村局和顺德区人民政府主办的鳗鱼品牌推介活动在顺德区华侨城欢乐海岸举行。活动以鳗鱼产业为中心，以美食为主线，以文化为纽带，促进鳗鱼产业与美食文化深度融合，提升佛山鳗鱼产业效益和品牌影响力。该活动采用“美食+文化”“线上+线下”的办会模式，集中展示各种地道做法的鳗鱼美食，市民游客可“一站式”尝遍鳗鱼。活动还举行鳗鱼产业开拓联盟、餐饮名店签约，《鳗鱼的故事》纪录片同名书籍首发，鳗鱼十大菜式评选等一系列活动。

（黄晓琳）

2020年11月8—22日，由佛山市农业农村局和顺德区人民政府主办的广东鳗鱼品牌推介活动在佛山市顺德区举行
（市农业农村局 供图）

农村改革

【概况】 2020年，佛山市创新农村改革机制，推进农村综合改革。开展南海区（西樵）国家级农村综合改革试点试验，推动中央一揽子“三农”（农业、农村和农民）政策直达镇、村，投入财政资金1.46亿元，建成试点项目38个。全域推进三水区乡村振兴综合改革试点，实施“三片联动・百村共建”行动（3个片区分别指西南街道、白坭镇片区，乐平镇、云东海街道、芦苞镇片区，大塘镇、南山镇片区），建成精品项目300多个，三水区成为全省首个“四好农村路”（建好、养好、护好、运营好的农村公路）全国示范县。以顺德区、南海区为村级工业区改造主战场，调动村集体和农民参与，探索出连片改造、混合开发、地券制度等改造模式，盘活农村低效建设用地，带动乡村产业层次、人居环境、治理模式发生深刻变革，实现级工业区改造与乡村振兴有效衔接。围绕城乡融合发展，推进集体经营性建设用地入市、农村土地征收、农村宅基地制度、农村集体产权制度等系列改革试点，基本建立农村集体资产交易管理“应上必上”平台机制。在古村落古建筑历史人文普查的基础上，建立有159个古村的佛山市古村落活化名录。

（黄晓琳）

【农村集体经济组织发展】 2020年，佛山市开展农村集体经济组织登记赋码工作，全面收集集体经济组织基本信息，推进农村集体经济组织登记赋码。截至年底，全市4715个集体经济组织完成登记发证，其中村级集体经济组织607个、组级集体经济组织4103个。推动高明区深化农村股份合作制改革，在完善提升经营性资产改革成效的同时，重点开展土地股份合作制改革，逐步实现统筹土地，集约化经营，提升土地价值。高明区有621个农村集体经济组织完成股份合作制改革。出台《协力帮扶高明革命老区集体经济薄弱村发展壮大集体经济工作方案》，扶持高明革命老区集体经济薄弱村发展，将高明革命老区9个村纳入2020年省级试点，投入各级财政补助资金450万元，因地制宜，推进集体经济发展项目。2020年，高明革命老区9个试点村的农村集体经济总收入从2019年的687万元增加到1778万元。

【农村集体资产交易管理】 2020年，佛山市推广南海区农村集体资产交易投诉处理制度，督促各区完善和明确纳入“短小零散”交易管理范围的农村集体资产具体对象和标准。开展集中整治农村“三资”（资金、资产和资源）管理专项工作，对各类农村集体经济合同进行摸底排查、分类登记，梳理审查合同的合法性、合规性、合理性以及履约情况等。全市农村集体资产1150.45亿元（不含土地作价），集体经济总收入226.54亿元，人均分红5020元。全市进入农村集体资产交易平台交易的资产3.28万宗。

（何懿子）

村镇建设

【中心镇建设】 截至2020年底，佛山市有中心镇10个，分别是南海区里水镇、西樵镇，顺德区北滘镇、龙江镇、乐从镇，高明区明城镇、更合镇、杨和镇，三水区乐平镇、芦苞镇。中心镇镇域总面积1648.94平方千米，镇域总人口243.33万人，镇域暂住人口135.21万人；建成区面积136.51平方千米，建成区户籍人口40.32万人，建成区暂住人口47.87万人。村镇建设管理人员531人，其中专职人员330人。

【宜居城乡建设】 2020年，佛山市继续开展宜居城镇、宜居村庄、宜居社区、绿色村庄创建活动，16个社区获佛山市“宜居社区”称号、1个村庄获“宜居村庄”称号，36个村庄获佛山市“绿色村庄”称号。截至年底，佛山市有广东省“宜居示范城镇”11个、“宜居示范村庄”78个、“宜居社区”225个，有“中国人居环境范例奖”项目1个、“广东省宜居环境范例奖”项目18个；有佛山市“宜居城镇”19个、“宜居村庄”314个、“宜居社区”385个（含村改居社区）；有国家级“绿色村庄”9个，有佛山市“绿色村庄”282个。

【城镇村庄建设】 2020年，佛山市设建制镇21个、行政村327个。已编制村庄规划的行政村265个，占全部行政村比例81.04%。建制镇镇域面积29.08万公顷，镇域户籍人口260.39万人，常住人口474.87万人。其中，建成区面积3.05万公顷，建成区户籍人口116.65万人，常住人口233.10万人。村镇建设管理人员808人，专职人员577人。

（潘兆能）

【乡村振兴示范村建设】 2020年，佛山市印发《佛山市创建省级休闲农业和乡村旅游示范项目三年行动计划（2020—2022年）》《佛山市乡村振兴示范村专项补助资金使用指导意见》，规范乡村振兴示范村市级专项补助资金的使用，加强资金监管，督促各区严格把关第一、二批示范村建设，落实好资金使用工作。推进“百里芳华”乡村振兴示范带建设，建立工作专班和周报制度，示范带第一批47个重点项目中，完工和工程过半项目有42个。全面启动60个市级乡村振兴示范村创建。佛山市三水区乐平镇、新地农场、万顷园艺、旺林花卉入选第七批省级休闲农业和乡村旅游示范镇（点）名单。顺德区杏坛镇逢简村入选农业农村部发布的“中国美丽休闲乡村”名单，成为佛山市首个获此命名的村。

（廖毅雯）

【岭南特色美丽乡村建设】 2020年，佛山深入开展农村“四小园”（小菜园、小果园、小花园、小公园）建设行动，村庄新增绿化面积45.43公顷。推动铁路、国道、高速公路沿线500米范围内“看护房”整治，全年整治完成8114间。开展村庄清洁行动，全市512个行政村在2020年底达到干净整洁村标准、302个行政村达到美丽宜居村标准、57个行政村达到特色精品村标准。年内，佛山市有1条精品线路、4个特色名村入选第二届“广东十大美丽乡村”系列评选名单，禅城区南庄镇紫南村在全省“乡村振兴大擂台”比武竞赛中获评“五强村”。截至年底，佛山市创建全国乡村旅游重点村2个（逢简村、松塘村）、广东省文化和旅游特色村9个（禅城、南海各2个，顺德、高明各1个，三水3个）、广东省乡村旅游精品线路6条（南海2条，禅城、顺德、高明、三水各1条），省级休闲农业与乡村旅游示范镇4个，示范点11个。

（梁　冉）

【古村活化升级】 2020年，佛山市在2019年全市古村落古建筑历史人文普查的基础上，建立有159个古村的佛山市古村落活化名录。出台《佛山市第四批特色古村落“一村一品”活化升级策划指引》，发挥规划示范引领作用。完成第四批10个古村落活化升级验收工作。第四批古村共有活化项目212个，总投资2.01亿元，其中基础设施和人居环境改善项目132个，传统建筑保护利用示范项目22个，非物质文化遗产传承项目21个。截至年底，完工项目204个，累计完成投资额1.85亿元，占总投资额的92%。确定第五批30个古村落活化升级名单，督促落实“一村一品”的编制、审核工作，开展申请核拨第五批30个古村落活化升级首期配

2020年，佛山市禅城区南庄镇紫南村在广东省“乡村振兴大擂台”比武竞赛中获评“五强村”。图为紫南村

（市农业农村局　供图）

表51 **佛山市第五批古村落活化升级一览表**

所属区	所属镇（街道）	古村落
禅城区（2个）	石湾镇街道	塘头村
	南庄镇	罗格东边村
南海区（9个）	西樵镇	儒溪村上儒村
	丹灶镇	银河社区苏村、东联社区拾陈村
	里水镇	共同社区孔西村
	大沥镇	凤池社区凤东村、凤池社区凤西村、钟边社区铁村、平地社区平地村、大镇社区大镇村
顺德区（9个）	勒流街道	江义村（麻江片）、裕源村、勒北村
	乐从镇	上华村、小布村、沙边村
	龙江镇	左滩村
	杏坛镇	右滩村
	均安镇	沙浦村
高明区（4个）	荷城街道	古耶村
	杨和镇	豸岗村
	明城镇	七社村
	更合镇	吉田村
三水区（6个）	西南街道	江根村
	云东海街道	上横涌村、欧南村
	白坭镇	三巷村、庙岗村
	大塘镇	莘田村

套工作经费工作。加强古村落等级景区创建及管理工作。完成禅城区紫南文化园创建申报AAA级景区评定工作，推动紫南村成为继逢简村（2015年成为国家AAA级旅游景区）后第二个以村为创建范围的国家AAA级旅游景区，并推动紫南村获评为全国研学旅行基地（营地），在紫南村举办第四届佛山（禅城）旅游文化周暨紫南文旅嘉年华。组织发动古村落景区申报国家AAA级景区，全年全市有9个景区申报AAA级景区，其中含顺德黄连村等特色古村落。培育乡村旅游资源点。组织9个乡村申报第二批广东省文化和旅游特色村，13条乡村旅游线路申报第二批广东省乡村旅游精品线路，配合组织参与第二届"广东十大美丽乡村""广东美丽乡村精品线路""广东特色名村"系列评选活动，上报4个"广东文化旅游名村"。

（黎　玮）

【逢简村入选2020年中国美丽休闲乡村】 2020年9月9日，农业农村部办公厅印发通知，正式公布北京市门头沟区清水镇梁家庄村等246个村为2020年中国美丽休闲乡村，佛山市顺德区杏坛镇逢简村名列其中，是佛山市唯一入选的村，是广东省入选的8个村之一。逢

表52 **佛山市古村落活化一览表**

所属区	所属镇（街道）	古村落
禅城区（13个）	张槎街道	莲塘村、张槎村
	南庄镇	罗南隆庆村、紫南村头村、罗元村、澳涌村、湖涌村、贺丰理教村、罗格东边村
	石湾镇街道	湾华村、黎冲村、沙岗村、塘头村
南海区（52个）	狮山镇	璜溪村、黎边村、大榄村、七甫村、澎边村、鹤园村、敏溪村、下柏村、罗南村、石碣村、坑田村、寨边村
	里水镇	赤山村、宏岗村、汤村汤南村、小布村、贤僚村、和顺村、孔西村、大文教村
	桂城街道	叠南社区江头村、茶基村、平东社区、叠北社区东胜村
	丹灶镇	仙岗村、沙水村、棋盘村、水口村、孔边村、苏村、大涡村、杨家村、上林村、拾陈村
	大沥镇	钟边社区铁村、平地村、颜边村、虎榜村、凤池社区凤东村、凤池社区凤西村、白沙社区兴隆村、大镇社区大镇村
	西樵镇	百西村头村、简村、上金瓯社区松塘村、禄舟村、柏山村、杏头村、凰岗村、儒溪村上儒村
	九江镇	烟南烟桥村、石龙村

续表

所属区	所属镇（街道）	古村落
顺德区（40个）	杏坛镇	逢简村、马东村、古朗村、高赞村、右滩村、上地村、马齐社区
	均安镇	沙头社区、鹤峰社区、沙浦村、福岸村
	勒流街道	龙眼村、黄连村、扶闾村、大晚村、江义村（麻江片）、清源村、石桥村、勒北村、裕源村
	伦教街道	羊额村、乌洲村
	北滘镇	碧江社区、林头社区、桃村村
	乐从镇	沙滘村、路州村、葛岸村、良教村、小布村、腾冲村、沙边村、上华村、平步村、小涌村、良村、岑屯村
	龙江镇	世埠村、左滩村、南坑村
高明区（22个）	更合镇	朗锦村、洞心村、瑶村、吉田村、版村、高村、蛇塘村、巨塘村、平塘村
	荷城街道	榴村陆家村、阮涌村、上湾村、阮西坊、塘肚村、范洲村、古耶村、墨编村、河江村
	明城镇	罗稳村深水村、七社村
	杨和镇	豸岗村、新安村
三水区（32个）	西南街道	木棉黄竹坑村、大塱山村、江根村
	云东海街道	向南村、上横涌村、洞溪村、欧南村
	乐平镇	大旗头村、小陆坑村、大日头村、三江古灶村、三江海洲村、田西村、社滘村、赤东村、贤寮村、小迳村、显岗村、南联村、小山村
	芦苞镇	独树岗村、长岐村
	白坭镇	富景社区祠巷村、岗头村、金竹村、凤果村、三巷村、庙岗村、欧阳村
	大塘镇	六一村委梅花村、大塘村、莘田村

注：资料截至2020年底

筒村位于顺德区杏坛镇，面积5.2平方千米。逢简村四面环水，以水道为界，村内河涌呈“井”字形，自南往北流过，汇入西江支流，把村落切割成若干小沙岛，是著名的岭南水乡，也是历史上“桑基鱼塘”的重要基地之一。村内文物古迹遍布，有丰富多样的特色旅游产品，遍布乡村的水乡美食，水乡民宿星罗棋布，为游客提供丰富的体验式、服务式等各种旅游产品。2016年11月，逢简村获评第四批中国传统村落。2017年11月，逢简村获评第五届全国文明村镇。2019年，逢简村获评首批全国乡村旅游重点村。2020年9月9日，逢简村获评2020年中国美丽休闲乡村。

（廖毅雯）

【第二届“广东十大美丽乡村”系列评选活动发布会】 2020年12月19—20日，第二届“广东十大美丽乡村”系列评选活动发布会暨美丽乡村变美丽经济研讨会在佛山市三水区举行。会上公布第二届“广东十大美丽乡村”系列评选结果，广州市从化区温泉镇南平村、珠海高新区唐家湾镇会同村、梅州大埔县西河镇漳北村等10个村落获“广东十大美丽乡村”称号；佛山市三水区“百里芳华之西江十里画廊”美丽乡村精品线路、韶关武江区龙归—江湾乡村精品线路等20条乡村旅游线路获评为“广东美丽乡村精品线路”。会上还公布“广东粤菜师傅名村”“广东农房风貌提升名村”“广东特色产业名村”“广东文化旅游名村”“广东贫困村创建名村”各10个，其中佛山市顺德区黄连社区入选“广东粤菜师傅名村”，禅城区南庄村和三水区江根村入选“广东农房风貌提升名村”，三水区独树岗村入选“广东特色产业名村”。该届系列评选活动吸引全省123个美丽乡村、124条美丽乡村精品线路、329个特色名村参评。

（梁　冉）

乡村治理

【概况】 2020年，佛山市将乡村治理作为实施乡村振兴战略的重要工作内容，全面加强自治、法治、德治“三治融合”的乡村治理体系建设。市委实施

链接

三水区重要事权清单管理案例入选全国乡村治理典型案例

三水区重要事权清单管理制度主要从加强党的领导、丰富议事协商形式、创新基层治理方法、强化县乡村三级联动、引导多元主体参与、解决突出问题等6个方面，围绕理顺县乡政府与村级组织的关系，完善村级的权力监督机制，提升乡镇和村为民服务能力，完善基层治理的体制和机制进行探索创新的模式。作为全省乡村振兴综合改革县区级试点，三水区创新实施村、组两级重要事权清单，将党建引领融入乡村公共事务，加强基层党组织的话语权。截至年底，三水区梳理村（社区）、村民小组重要事权110多个议事决策流程，制定农村重要事权清单，明确基层党组织参与、审核、把关的重要事权，强化党组织的凝聚力，促进乡村治理公开透明、有序规范。

乡村振兴战略领导小组架构下增设乡村治理专项组，由市委副书记任组长，分管副市长任常务副组长；市纪委监委等21个单位的相关负责人任成员。三水区关于农村重要事权清单的“办事有清单，干事有底气”案例入选中央农村工作领导小组办公室、农业农村部评选的第二批全国乡村治理典型案例。中央电视台《焦点访谈》栏目对禅城区紫南村的乡村治理经验作题为《脱胎换骨紫南村》的报道。大沥镇等5个镇、罗南村等50个村（社区）被评为2020年省级乡村治理“百镇千村”示范镇、示范村。

（何懿子）

【农村基础设施建设与公共服务】 2020年，佛山市深入开展人畜分离和家畜集中圈养工作，推进农村基础设施建设。截至年底，全市自然村村道路面硬化（村委会通自然村）通达总里程7251.38千米，完成自然村村内道路硬化1.09万千米，完成集中供水到户58.72万户。推进建管一体化、厂网一体化、城乡一体化“三个一体化”管理机制改革，增加治污投入，推进污水厂网建设，推动农业面源污染防治，扩大禁养区面积。推进洁净乡村工程建设，全市范围内配备保洁员1.5万人，按照全市生活垃圾处理“一区一场、一镇（街道）一站、一村一点”的布局，农村生活垃圾“村收、镇运、市或区处理”的处理体系基本建成。

【农村“厕所革命”】 2020年，佛山市继续深入推进农村“厕所革命”，坚持总体谋划统筹安排，落实“市级负责具体调度、区级承担主体责任、镇（街道）级承担具体责任”的工作机制，以时间节点倒排公厕建设改造任务落实，根据实际需求因地制宜安排建设改造公厕。以农村社区综合服务中心、文化活动区域、集贸市场等公共场所以及中心村等人口较集中区域为重点，科学选址，协调推进农村公共厕所和旅游厕所建设，与乡村产业振兴、农村危房改造、村容村貌提升、公共服务体系建设等一体化推进。坚持建设、管理并重，加强公共厕所日常管理，巩固建设提升改造成果，督促制订公厕保洁标准，接受群众监督。截至年底，全市农村改成卫生户厕数量增至58.81万户，建成卫生公厕数量增至4506个，基本实现每个自然村按实际需求建设1个标准化公厕目标。

【农村人居环境整治专项检查】 2020年第三季度起，佛山市开展为期3年（2020—2022年）的农村人居环境专项检查，全市市、区各级全面加大农村人居环境整治工作。专项检查由中共佛山市委实施乡村振兴战略领导小组办公室负责统筹开展，由中共佛山市委农村工作办公室、市农业农村局成立工作专班具体组织实施。每季度检查1次，检查对象为全市纳入广东省全域农村人居环境整治数据平台的行政村（社区），主要检查“三清三拆三整治”（“三清”指重点清理村巷道及生产工具、建筑材料乱堆乱放，清理房前屋后和村巷道杂草杂物、积存垃圾，清理沟渠池塘溪河淤泥、漂浮物和障碍物；“三拆”指拆除危旧房、废弃猪牛栏及露天厕所茅房，拆除乱搭乱建、违章建筑，拆除非法违规商业广告、招牌等；“三整治”指整治垃圾、整治污水、整治畜禽污染）、生活垃圾治理、生活污水治理、农村厕所革命、农房管控和农村风貌提升、田头看护房整治和美丽田园建设、内河涌村前塘水体整治等工作开展情况。专项检查采用季度检查计分方法，每季度在全市每个镇（街道）检查2个村（社区），其中明检1个村（社区），暗检1个村（社区）。季检查明检和暗检得分排名前五名的行政村（社区），市财政给予每个村（社区）100万元资金奖励，奖励资金用于获奖行政村（社区）的农村人居环境整治新增投入。同年，通报2020年第三季度全市农村人居环境整治专项检查情况，对区检查得分排名前二的高明区、三水区，以及镇检查得分排名前三的高明区更合镇、明城镇，南海区九江镇给予通报表扬。同时，为明检、暗检排名前五的行政村（社区）颁发各100万元奖励。

【农村“三清三拆三整治”】 2020年，佛山继续推进“三清三拆三整治”工作。截至年底，全市清理村巷道及生产工具、建筑材料乱堆乱放33.78万处；清理房前屋后和村巷道杂草杂物、积存垃圾46.7万处；清理沟渠池塘溪河淤泥、漂浮物和障碍物14.14万处；拆除危、弃房2.15万间，面积73.07万平方米；拆除乱搭乱建、违章建筑2万多处，面积52.83万平方米；拆除非法违规商业广告、招牌2.94万处，面积6.54万平方米；整治生活垃圾、生活污水、水体污染11.59万宗。

（梁　冉）

教　育

综　述

【概况】 2020年，佛山市有各级各类学校1741所，其中幼儿园1039所、小学419所、初中154所、普通高中62所、中等职业学校（含市属、省属中职和技工学校）41所、特殊教育学校7所、普通高校（含省属驻佛山高校校区、民办高校）13所、成人高校6所。全市教职工和学生共173万人，其中教职工13万人、学生160万人。年内，佛山市教育经费总投入309.6亿元，比上年增加28.14亿元，其中国家财政性教育投入205.4亿元，国家财政性教育经费占教育总投入比例达66.34%。

根据2020年第七次全国人口普查结果，佛山市常住人口（市内5个区的人口，不包括居住在市内的港澳台居民和外籍人员）中，拥有大学（指大专及以上）文化程度153.34万人、高中（含中专）文化程度195.25万人、初中文化程度344.98万人、小学文化程度177.47万人（以上各种受教育程度的人口包括各类学校的毕业生、肄业生和在校生）。与2010年第六次全国人口普查相比，每10万人中拥有大学文化程度的由9469人上升为16143人，拥有高中文化程度的由19378人上升为20556人，拥有初中文化程度的由43613人下降为36318人，拥有小学文化程度的由20658人下降为18683人。全市5个区的平均受教育年限（平均受教育年限由各种受教育程度折算成受教育年限计算平均数得出，具体折算标准：小学=6年，初中=9年，高中=12年，大专及以上=16年）均在10年以上，其中禅城区平均受教育年限超11年。与2010年第六次全国人口普查相比，全市常住人口中，15岁及以上人口的平均受教育年限由9.75年提高至10.49年。此外，全市常住人口中，文盲人口（15岁及以上不识字的人）为7.7930人，与2010年第六次全国人口普查相比，文

表53　佛山市各区每10万人口中拥有的各类受教育程度人数一览表

单位：人

地　区	大学（大专及以上）	高中（含中专）	初　中	小　学
全市	16143	20556	36318	18683
禅城区	21477	22092	33791	14738
南海区	15792	19702	36918	19230
顺德区	15066	21470	35924	19338
三水区	14112	18400	39117	19656
高明区	14651	20271	36712	19417

注：数据均为2020年第七次全国人口普查初步汇总数据

表54　佛山市各区15岁及以上人口平均受教育年限一览表

单位：年

地　区	2020年	2010年
全市	10.49	9.75
禅城区	11.10	10.38
南海区	10.43	9.62
顺德区	10.40	9.69
三水区	10.20	9.38
高明区	10.40	9.74

注：数据均为2020年第七次全国人口普查初步汇总数据

盲人口减少19967人，文盲率由1.36%下降为0.82%，下降0.54个百分点。

【教育发展成效】2020年，佛山市推进各级各类教育协调发展，学前教育公益普惠发展加快，提前完成“5080”攻坚任务（《广东省促进学前教育普惠健康发展行动方案》提出到2020年，全省公办幼儿园在园幼儿数占比要达50%以上，公办幼儿园和普惠性民办幼儿园占比达80%以上），全市公益普惠性学前教育覆盖率80.33%、公办幼儿园在园幼儿占比50.98%。城乡义务教育一体化发展深入实施，义务教育阶段学校基础设施五年提升计划收官，全年新增义务教育学位5.9万个，新改扩建义务教育学校40所。教育基本公共服务均等化水平全省领先，消除义务教育大班额，保障新市民子女受教育权利。关注特殊群体教育公平，完成残疾儿童少年（6～18岁）年度分类安置入学任务，义务教育入学安置率达100%，实现残疾儿童少年义务教育“零拒绝”“全接纳”。年内，全市资助各级各类家庭经济困难学生5.2万人次，资助金额8652万元。民办教育规范特色发展，完成义务教育民办学校首次摇号招生录取工作，推进民办学校规范达标计划和品牌提升计划，培育一批品牌民办学校和民办学校品牌项目。高等教育高质量发展，佛山科学技术学院综合实力提升，广州美术学院佛山校区建设稳步推进，广东财经大学佛山校区、华南师范大学南海校区、南方医科大学顺德校区等3个共建校区建设加快推进，东北大学佛山研究生院等3个研究生院高质量发展，香港理工大学（佛山）筹建工作有序推进。广东高校科技成果转化中心加快建设，省内高校在佛山转移技术成果服务收入1.53亿元。现代职业教育发展水平提升，高等职业学校学位规模扩充，现代学徒制人才培养模式获推广。年内，佛山市获全国第一届职业技能大赛金牌1枚，获92个广东省职业院校学生专业技能大赛奖项，成绩位居全省榜首。

【德育工作】2020年，佛山市推进大中小幼德育一体化，形成学校、家庭、社会互相配合的德育体系，健全全员全过程全方位育人的体制机制。市教育局开展“宪法宣传周”“做新时代少先队”“寻找最美南粤少年”“讲战疫故事·颂中华美德”“新时代好少年”等系列主题活动，开展德育品牌项目、书香校园、心理健康教育特色学校、文明校园等评选活动。打造学生心理健康教育品牌，市政府出台《全面加强中小学生心理健康教育服务体系“十个一”建设的意见》，继续实行心理健康教育三年行动计划，各级政府成立工作专班，做好学生心理健康教育服务和心理危机识别干预工作。加强学校心理健康教育力量建设，完善学校心理教育工作机制，推进心理健康“1+8+10”活动（“1”指各级教育部门、各中小学校开设“1”条亲子沟通咨询专线；“8”指召开一次校长动员会、开展一次学校心育工作彻底排查、开展一次“学会感恩，珍爱生命”主题教育活动、成立一个危机干预专家小组、开展一次心理危机预防及干预教职工全员培训、开展一次类似重点人员家访活动、开展一次家庭教育指导活动、开展一次心育工作全面督查；“10”指实施家访“10条指引”）和“心理健康教育月”活动。推进体育、美育和劳动教育。强化课外体育锻炼，确保学生每天锻炼1小时，举办各类学生体育赛事，培养体育后备人才。开展艺术教育特色学校、优秀传统文化艺术传承学校评选和粤剧进校园等活动，“一校一品”“一校多品”创建率95%以上。印发《佛山市加强中小学劳动教育行动计划》，开设劳动教育课程，开展校园劳动等实践活动，组织校外劳动及社会实践，鼓励家务劳动，建立和拓展劳动教育实践场所。创建文明校园，推进“厕所革命”，提前完成广东省教育厅要求的115所中小学校的厕所提升改造任务。推行垃圾分类，培养师生垃圾分类习惯。加强宣传教育，制止餐饮浪费行为。加强毒品预防教育，深化创建毒品预防教育示范学校。

2020年，佛山市推进高等教育高质量发展，9月4日，佛山市顺德区高新技术企业协会2020会员大会暨“广东省研究生联合培养基地（佛山）顺德发展中心”签约揭牌仪式在顺德区举行。图为揭牌仪式

（市教育局　供图）

【教师队伍建设】2020年，佛山市实施“强师工程”，加强新时代教师队伍建设。中共佛山市委、市政府出台《关于全面深化新时代教师队伍建设改革的实施意见》，加快建设高素质专业化创新型教师队伍。落实“新时代教师职业行为十项准则”（教育部印发的《新时代高校教师职业行为十项准则》《新时代中小学教师职业行为十项准则》《新时

代幼儿园教师职业行为十项准则》），开展师德建设主题月活动。推进教师发展中心建设，市教育局成立专门工作组，市政府成立工作专班，将市级教师发展中心建设纳入全市重大工程项目，年内建成市、区两级教师发展中心。深入推进“十百千万人才培养计划”〔到2020年，全市新增10名国家级基础教育杰出人才，100名省级基础教育领军人才，1000名市区两级名师、名班主任、名校长“三名”人才（其中市级300名），培养10000名校级以上骨干人才〕，引进和培养基础教育高层次人才，形成一批特级教师、正高级教师和省级名校长、名教师培养对象。截至2020年底，全市基础教育领域有国家教学名师2人、享受国务院特殊津贴5人、国家级杰出人才4人、省级领军人才66人、省级各类名师名校长53人、正高级教师59人、省特级教师112人。深化教师管理体制机制改革，推进“区管校聘”（“区管”即建立编制岗位总量控制、动态调整、统筹使用的新机制，合理配置区域内教师资源；“校聘”则指建立中小学、幼儿园教师按岗聘用、竞争择优、强化考核的新机制，落实中小学用人自主权），推动名优校长和骨干教师向偏远和相对薄弱学校流动，完成义务教育公办学校教师每年交流轮岗5%的任务，形成义务教育学校教师、校长交流轮岗工作制度化、规范化长效机制。开展中小学教师资格考试和定期注册改革。加强市、区、校三级教研体系建设，改进和优化课堂教学和学科教材质量。年内，孙明洁、郭振华入选2020年广东“最美教师”名单，莫江涛等20人获评2020年佛山“最美教师”。

【平安校园建设】 2020年，佛山市继续加强平安校园建设，确保教育系统安全稳定，全年全市学校幼儿园没有发生安全责任事故、恶性案件和群体伤亡事故，校园安全工作平稳有序。做好全市教育系统新冠肺炎疫情防控工作，确保学校正常教学秩序和学生健康成长。健全校园安全责任体系，整合法制、禁毒、交通、消防、卫生“五校长”工作职责，建立日自查、周会议、月培训、季演练、年总结的固态管理模式，开展消防安全、校园食品安全、学生防溺水、校车安全、暑期安全等隐患排查和专项整治，确保校园和师生安全。加强安全知识宣传教育。开展公共安全教育，做到“五有”（有课时、有教师、有教案、有检查、有评比），通过课堂教学增强学生的安全意识和防范能力。落实中小学“3830”（每天放学前3分钟、每周放学前8分钟、假期放假前30分钟）安全教育制度，每周向家长发送一次安全提示短信，营造“关注安全、关注生命”的氛围。继续强化校园周边环境整治，解决校园暴力犯罪和校园欺凌现象，从源头上化解各类矛盾纠纷，依法打击各类校园渗透破坏和违法犯罪活动，全市校园及周边治安秩序良好，校外培训机构经营管理进一步规范，校园贷、涉师生的电信诈骗得到有效遏制。2018—2020年，市教育局在教育系统扫黑除恶专项行动中，共摸排有效线索48条（未发现涉黑涉恶线索），收到举报微信、邮箱、电话85件，群众信访件31件。

【民办教育】 2020年，佛山市有民办学校690所，占学校总数的39.63%。其中：民办幼儿园567所，民办小学45所，民办初中51所，民办普通高中18所，民办中等职业学校（含技工学校）7所，民办普通高等教育学校2所。基础教育阶段民办学校在校学生424091人，其中民办幼儿园在园幼儿176343人、民办小学在校生149828人、民办初中在校生63073人、民办普通高中在校生26489人、民办中职在校生8358人。基础教育阶段民办学校专任教师28648人，其中民办幼儿园专任教师13227人、民办小学专任教师8789人、民办初中专任教师4519人、民办普通高中专任教师1718人、民办中职学校专任教师395人。同年，佛山市教育局出台义务教育民办学校招生方案，完成义务教育民办学校首次摇号招生录取工作。推进民办学校规范达标计划和品牌提升计划，培育一批品牌民办学校和民办学校品牌项目。加强对民办学校的规范管理，开展专项审计，确保民办学校依法依规办学。印发《佛山市应对新冠肺炎疫情帮扶民办幼儿园若干政策措施》，从减轻社会保险缴存负担、减轻住房公积金缴存负担、减轻税收负担、降低水电气成本、减轻房产租金负担、加大金融信贷支持、加大财政支持、统筹做好物资保障等8个方面帮扶民办幼儿园普惠健康发展。

【民族班设立】 2020年，佛山市有佛山第一中学、南海区艺术高级中学、佛山市实验中学、顺德区江义初级中学等4所学校设立其他省市民族班，在校学生共528人。民族班办学所需经费全部由政府财政支出，年生均教育经费拨款超2万元，超国家规定的1.2万元标准。截至2020年，佛山市其他省市民族班高中民族毕业生均考上国家重点大学、初中毕业生升其他省市高中班比率近100%，并曾先后获“全国民族团结进步模范单位”“全国各族青年团结进步先进集体”“全国教育援藏先进集体”“广东省民族团结进步模范集体”等称号。

【春季学期延迟开学期间教育教学】 2020年，佛山市教育系统落实新冠肺炎疫情防控政策措施，延迟各级各类学校开学，并从4月27日起才根据疫情防控情况分期分批安排返校复学。延迟开学期间，市教育局印发《关于做好2020年春季学期延迟开学期间线上教学工作的通知》，组织实施全市中小学线上教学，搭建“互联网·家·学与教”线上课堂，普通高中由市级统筹，义务教育由区级统筹，各学校“一校一策”，实现全市教育系统“停课不停岗、停课不停教、停课不停研、停课不停学”。做好线上教学条件保障，为不具备线上学习条件的学生提供设备、网络、流量等支持，全市累计为6318人解决硬件问题，为5407人解决网络和流量问题。开发网上优质教育资源，根据学生的年龄差异、地域差异，在电视频道上开设“佛山教育视线”“佛山教育课堂”专区，与“学习强国”“粤课堂”“南方+”“佛山+”等网络平台合作，联合佛山电台录制有声课，为学生提供大屏幕、小屏幕、纯音频等差异化的学习平台，共提供6万余节在线课程资源，2万余节有线电视课程。加强线上教学指导，印发《佛山市延迟开学期间线上教学工作指引》，市教研部门录制各学段、各学科学法指导课程，指导学生线上学习，同时推送各区及各地的优质课程资源。建立健全线上教学资源审核机制，确保合格、过关。关注一线医护人员子女、随迁子女及贫困家庭学生等特殊群体，做好托底保障方案。加强延迟开学期间学生心理健康教育和危机预防。

【春季学期分期分批返校复学】 2020年，佛山市教育系统按照广东省教育厅返校工作部署，分期分批安排春季学期返校复学，并印发《佛山市中小学校、幼儿园2020年春季学期学生返校条件核验细则》。做好返校复学新冠肺炎疫情防控工作，落实学校防疫物资保障、应急演练等，实现教职员工核酸检测应检尽检，首批安排返校复学的高三和初三年级13.8万名返校师生在3天内完成核酸检测全覆盖。4月27日，首批安排返校复学的高三和初三年级师生正式返校复学。5月11日起，全市中小学其他年级学生分期分批安排返校，具备条件的大专院校安排毕业班学生返校。5月18日起，全市大专院校其他年级、技工院校、中职学校根据生源特点、疫情防控情况、防控物资准备情况，安排学生分期、分批、错峰返校。分期分批返校复学后，继续开展教育系统特别是对重点地区师生员工拉网式排查并动态掌握所处实时区域，建立师生员工健康台账；学校暂停聚集性校园活动，严控必要性活动规模，原则上各项活动以班级为单位举办，并实行错峰上课、错时分餐、分散用餐，教学楼、食堂、宿舍楼错峰、分时出入，各类功能场室错峰使用；做好对因疫情不能按时返校的学生的疏导工作和线上教育帮扶指导。年内，全市约300万人次参与"复学第一课"网络教学。佛山市中考、高考安全有序，校园疫情防控实现零差错。

【规范化家长学校建设"领航工程"】 2020年，佛山市教育局印发《佛山市规范化家长学校建设"领航工程"实施方案的通知》，确定顺德伦教北海小学和顺德陈登职业技术学校入选"规范+特色"家长学校示范点，推进规范化家长学校建设"领航工程"。该工程通过逐步形成"线下授课""线上授课""家校合作促进规范化家长学校建设"3条示范线，打造家校合作、线上线下并重、高水平开展家庭教育指导工作的家长学校新模式，形成家校教育合力，打造"全国规范化家长学校优秀实践基地"。

（王蓉丹）

学前教育

【概况】 2020年，佛山市有幼儿园1039所，学龄儿童毛入园率139.5%，在园幼儿33.81万人。扩增公办和普惠性学前教育资源，通过多种途径新增公办幼儿园学位5.87万个，超额完成0.88万个。通过有序接收城镇小区配套幼儿园并办成公办幼儿园、推动国有资产集体资产举办民办幼儿园转制回收等方式，持续增加普惠性学前教育资源。全年新（改、扩）建幼儿园69所，新增学位2.56万个，2018—2020年累计新改扩建幼儿园163所，新增学位6.3万个。出台民办幼儿园帮扶举措，包括减轻社会保险成本、提前拨付教职工从教津贴、提前拨付生均经费、提供金融贷款支持等，帮助民办幼儿园渡过难关。

【学前教育"5080"计划提前完成】 2020年，佛山市继续推进学前教育"5080"计划（2018年，广东省政府发布《广东省促进学前教育普惠健康发展行动方案》，提出到2020年，全省公办幼儿园在园幼儿数占比要达50%以上，公办幼儿园和普惠性民办幼儿园占比达80%以上），年内补助34个项目，总计5110万元。截至9月，佛山市提前完成学前教育"5080"攻坚任务，公办幼儿园在园幼儿占比50.98%，普惠性幼儿园园所占比80.33%，普惠性幼儿园在园幼儿占比80.96%，基本形成以公益普惠性幼儿园为主体的服务网络。2018—2020年，佛山市先后印发《佛山市加快幼儿园建设发展实施方案》和《佛山市促进学前教育普惠健康发展行动方案》，将目标计划纳入市政府每年对各区政府绩效考核的范围，在规划、用地、建设等方面建章立制；中共佛山市委、市政府通过组织召开学前教育发展座谈会和专题听取发展情况报告，厘清责任，压实任务；市级财政设立幼儿园建设专项经费，支持举办普惠性幼儿园，分别给予每班5万至20万元，或一次性200万元经费补助，其中2019年共补助16个项目（总计1345万元）、2020年补助34个项目（总计5110万元）。

【学前教育"新课程"科学保教示范项目】 2020年，佛山市全面推进《广东省教育厅关于组织申报学前教育"新课程"科学保教示范项目的通知》（2020年4月印发）精神落实，开展市级学前教育"新课程"示范项目培育工作。全年认定41个学前教育"新课程"项目为市级幼儿园科学保教示范项目，其中8个项目入选省级幼儿园科学保教示范项目、1个项目入选省级市县科学保教示范项目。

（王蓉丹）

义务教育

【概况】 2020年，佛山市有小学419所，比上年增加2所，在校学生63.87万人，小学毕业升学率100%；初中154所，在校学生24.54万人，初中毕业升学率99.35%。义务教育阶段学校基础设施五年提升计划（2016—2020年）收官，全年新（改、扩）建义务教育阶段学校40所、新增学位5.9万个，5年累计完成新（改、扩）建义务教育阶段学校176所、新增学位18.9万个。推进消除义务教育大班额工作，确定义务教育学校起始年级班额规模，加强学籍管理，规范转学手续，完成省下达的消除大班额和超大班额任务。保障新市民子女受教育权利，全市85.2万名义务教育学校在校生中，新市民子女达42.1万人，占比49.4%，其中28.7万名新市民子女入读公办学校（占比近七成）。推进特殊群体教育公平，完成残疾儿童少年（6～18岁）年度分类安置入学任务，义务教育入学安置率达100%，实现残疾儿童少年义务教育“零拒绝”“全接纳”。全年全市共资助各级各类家庭经济困难学生5.2万人次，资助金额8652万元。

【中考】 2020年，佛山市共有6.9万名考生报名参加初中学业水平考试，比上年增加约5000人。普通高中招生4万人，中职学校（不含技工学校）招生2万多人，基本完成省、市下达的招生计划。佛山市中考包括文化课考试、艺术特长生考试、体育（含体育理论）考试等共计48万科次，涉考工作人员超9000人，考试期间考风考纪正常，考试后的试卷扫描、阅卷、中考成绩公布、各批次投档录取等工作有序开展。中考考生和涉考工作人员无新冠肺炎确诊，疫情防控工作零失误，考试纪律无投诉，考务组织工作无差错。

【中小学心理健康教育】 2020年，佛山市教育局组织评选出第一批佛山市中小学“星级”心理辅导室，其中“五星级”心理辅导室2个、“四星级”心理辅导室11个、“三星级”心理辅导室20个。3月，33所佛山市中小学的“星级”心理辅导室于“心理健康教育月”活动向全市中小学、幼儿园开放，推广学校心育工作的有效做法。各“星级”心理辅导室所在学校的心育工作、教师团队风采及精品微课、辅导室功能场室建设情况等上线“佛山+”平台，向全市师生、家长开放。组建专家库，聘任首批佛山市中小学“星级”心理辅导室建设与运行督导，指导全市中小学科学建设心理辅导室，督促学校推进心育各项常规工作。全市评选出第二批佛山市中小学心理健康教育特色学校15所，并于2020年度佛山市中小学德育管理干部培训班活动中进行授牌。年内，市教育局在全市中小学开展守护师生身心健康项目，项目内容包括开通家长亲子沟通咨询专线、启动积极心理大数据监控及预警系统、开展积极心理人才队伍培训、制作全员心理防疫手册和系列专业知识推文等，项目评选出50个优秀组织奖，500名优秀学员，1000篇培训项目、《校园安心手册》及相关宣传文章的优秀学习心得。

链接

佛山市中小学“五星级”“四星级”“三星级”心理辅导室名单

一、“五星级”心理辅导室

顺德区华侨中学　南海区盐步职业技术学校

二、“四星级”心理辅导室

佛山市实验中学　南海区九江中学　南海区大沥镇许海中学　南海区西樵镇樵北中学　顺德区乐从中学　顺德区容桂职业技术学校　顺德区青云中学　顺德区容桂外国语学校　顺德区大墩初级中学　三水区实验中学　佛山市高明区第一中学

三、“三星级”心理辅导室

禅城区南庄镇南庄中学　禅城实验高级中学　南海区西樵镇西樵中学　南海区九江职业技术学校　南海区石门高级中学　南海实验中学　南海区石门实验小学　顺德区汇贤中学　顺德区郑敬诒职业技术学校　顺德区陈惠南纪念中学　顺德区江义初级中学　顺德区第一中学　顺德区勒流中学　顺德区本真未来学校　顺德区乐从镇水藤小学　顺德区容桂兴华中学　顺德区西山小学清晖校区　顺德区容桂小学　三水区实验小学　三水区乐平中心小学

链接

第二批佛山市中小学心理健康教育特色学校名单

禅城区南庄镇南庄中学　佛山市实验中学　禅城实验高级中学　南海实验中学　南海区石门高级中学　南海区西樵镇西樵中学　南海区九江职业技术学校　顺德区大墩初级中学　顺德区陈惠南纪念中学　顺德区江义初级中学　顺德区汇贤中学　顺德区郑敬诒职业技术学校　顺德区华侨中学　顺德区容桂外国语学校　顺德区容桂职业技术学校

【义务教育民办学校首次摇号招生】 2020年，佛山市义务教育民办学校首次实行摇号录取，市教育局出台相关政策，召开研讨会、座谈会，征求各区、学校、家长意见，借鉴其他地市经验，出台招生方案。建设招生信息管理和数据共享平台，成立技术支持小组，加强与政数、公安、网信等部门合作，监测系统运行，确保系统运行稳定。制定摇号录取工作实施办法，对各区摇号录取做出明确要求和指引，实行摇号码分配和抽取“双随机”，摇号过程全程录像，公证人员、纪检人员、人大代表、政协委员、新闻媒体代表和学生家长代表全程监督。年内，全市进行摇号录取的小学阶段民办学校65所，全部参与区内招生摇号录取，有16所学校还参与区外招生摇号录取；进行摇号录取的初中阶段民办学校42所，其中参与校内直升摇号录取的学校有13所、参与区内招生摇号录取的学校29所、参与区外招生摇号录取的学校有20所。

【禅城区中小学集团化办学启动】 2020年9月9日，禅城区中小学集团化办学启动仪式在佛山市华英学校举行，公布禅城区首批计划组建的七大教育集团，并举行首批教育集团签约仪式。禅城区首批教育集团包括佛山市第一中学教育集团（禅城组团）、佛山市华英学校教育集团（禅城组团）、佛山市第二中学教育集团、佛山市第三中学教育集团、佛山市第四中学教育集团、佛山市惠景中学教育集团、佛山市禅城区环湖小学教育集团。禅城区通过组建教育集团，发挥佛山市一级优质品牌教育资源的引领作用。

【广东省中小学劳动教育暨学生信息素养提升实践活动】 2020年9月24—26日，以“创想、创作、创新、创造”为主题的2020年广东省中小学劳动教育暨学生信息素养提升实践活动在佛山市南海区举行。活动以“线上+线下”协同模式举行，全省21个地市的2000多名师生参加活动。线下活动设置创客制作、人工智能应用、机器人竞技、数字创作、程序设计五大项目。线上活动设置数字创作、程序设计、FLL探索、人机协同团体表演等展播项目。

（王蓉丹）

普通高中教育

【概况】 2020年，佛山市有普通高中62所，在校学生127543人，普通高中毕业升学率97.76%。深化普通高中分类创建3年一周期收官，启动对卓越高中、精品高中、特色高中、新优质高中4类创建类型共48所创建学校的初步评议和终期验收，全市基本形成普通高中优质多样特色发展体系，办学质量和育人水平提升。年内，佛山市普通高考人数55098人，比上年增加1423人，录取53578人，其中本科录取29472人、专科录取24106人，录取率97.24%。

【普通高中招生】 2020年，佛山市制定出台规范性文件《佛山市教育局关于进一步推进我市高中阶段学校考试招生制度改革的实施意见》，落实中考改革，建立健全初中学业水平考试和学生综合素质评价制度，完善高中阶段学校招生录取模式。完善公办、民办学校同步招生机制，佛山市公办、民办普通高中按市、区教育局统一批准的招生计划、范围、标准和方式同步招生；在佛山市招生的民办学校，招生计划统一录入中考信息管理平台，与公办学校同平台录取。增加普通高中自主招生学校数量、计划比例和特长类型，改为中考后录取，并与成绩挂钩，促进高中优质多样特色发展。引导考生合理有序分流，加大中等职业教育宣传，设定普通高中最低录取资格线，并严格限制民办高中违规录取的行为。佛山市推进“减证便民，优化服务”工作，首次在考生申请政策性借读生审核中实行跨部门大数据联审，减少群众跑腿办理证明材料2.3万人次；对接报名系统与非税系统，在原有的缴费渠道上新增网上缴费功能、扫码拍照上传功能，支持疫情期间异地考生居家报名；编制在线版报考指南，免费为招生学校搭建宣传平台。“佛山招考”微信公众号新增粉丝数和单篇阅读量连续2年超10万人次。

【高考】 2020年，受新冠肺炎疫情的影响，2020年普通高考推迟至7月进行，佛山市有55098名考生报名参加普通高考，其中参加夏季高考考生（普通类）42741人，春季高考（指高等院校高职班招收中等职业学校毕业生招生考试，学生必须具备一门专业技能，同时笔试考语文、数学、英语三科）考生6597人，单考单招考生5760人。全市本科人数达32242人，上线率76.63%，比上年增长3.14%。其中，禅城区本科上线率为77.67%，南海区本科上线率为75.91%，顺德区本科上线率为79.08%，三水区本科上线率为67.12%，高明区本科上线率为80.74%。广东省对理科前50名、文科前20名的考生进行屏蔽，佛山市共有9名屏蔽生，其中理科7人、文科2人，与东莞市并列全省第三，省排名比上年提高2名。全省文理科前100名中，佛山市占23人，比上年增加5人。全市有26人被清华大学、北京大学录取，比上年增加8人。其中，清华大学录取14人，北京大学录取12人。

同年6月初，佛山市政府召开全市高考工作会议，部署疫情防控常态化下的高考工作，加强部门联动，强化考试环境综合整治。市教育局围绕考试安全制定75条检查清单，全流程、全覆盖地落实所有高考考点考试准备工作，各考点增加1名副主考协助涉疫情工作。佛山市招生考试委员会成立高考安全工作专班，建立专班例会制度，加强部门信息沟通。全市教育部门成立高考安全专责组，协同做好防疫、组考、安全、宣传等各项工作。各级招委会成立教育考试疫情防控领导机构，建立与疫情防控常态化相适应的考试应急处置和保障机制。对考生和考试工作人员实施全员健康监测，掌握其身体状况和活动轨迹。与卫健等部门配合，组织对所有考点疫情防控工作验收。加强应急全流程演练，排查安全隐患。开展环境卫生整治，加强场室通风、消毒。

【2020年佛山普通高中自主招生试点范围扩大】 2020年4月13日，佛山市教育局印发《佛山市2020年普通高中自主招生试点工作意见》，在继续实施卓越高中创建学校（佛山市第一中学、南海区石门中学和顺德区第一中学）自主招生试点基础上，适当扩大试点范围，增加3所特长特色类型自主招生学校，分别为：佛山市第三中学招收科技创新班，南海区狮山高级中学招收田径特长生，顺德区勒流中学招收武术特长生。根据同一所学校自主招生计划和体艺等各类特长特色类型招生计划合计数，不超过学校年度招生计划10%的总体要求，结合各校实际，适度增加卓越高中创建学校自主招生计划数，核定各试点学校自主招生计划控制数，各试点学校在控制数范围内自行确定自主招生计划。其中：3所卓越高中创建学校各安排不超80人；佛山市第三中学科技创新班不超50人，南海区狮山高级中学田径特长生不超20人，顺德区勒流中学武术特长生不超40人。

（王蓉丹）

中等职业教育

【概况】 2020年，佛山市有中等职业院校28所，其中省属学校4所、民办学校

1所。中等职业学校在校学生62648人，其中省属学校在校人数6371人。中职学校教职工4663人，其中省属学校教职工529人。

【现代中等职业教育体系发展】 2020年，佛山市制定《佛山市中等职业学校布局结构调整实施方案》，推进高水平中等职业学校遴选及学位扩容，明确现有中等职业学校的校均规模调整到3000人左右。利用中等职业学校资源招收690名高等职业学段学生，扩充高等职业学位规模。

【梁銶琚职业技术学校案例入选全国首批中等职业学校“双师型”教师队伍建设典型案例】 2020年4月30日，教育部教师工作司公布首批320个（高职170个）全国职业院校“双师型”教师队伍建设典型案例名单，梁銶琚职业技术学校报送的案例入选首批中等职业学校“双师型”教师队伍建设典型案例，该校针对教师队伍匹配中职业教育需求，从2006年起将教育教学建设重点放在教师队伍建设上，选择名师引领、以点带面的形式，通过强化培训、教师管理、以赛促教、创新校企育人、广纳兼职教师贤才等方式，培养“双师型”教师队伍，“双师”比例从2006年的69%上升至2019年的88.2%，专业教师本科以上学历达100%。

（王蓉丹）

普通高等教育

【概况】 2020年，佛山市有普通高等学校13所，其中市属本科高校1所、市属高职院校2所、省属本科高校5所（含3所共建校区）、省属高职院校5所。全市普通高等教育全日制在校生14.83万人。市属2所高职院校完成高等职业扩招1965人，100%完成省下达高等职业扩招任务。

【高等学校建设】 2020年，佛山市推动高等教育高质量发展，佛山科学技术学院推进高水平理工科大学建设，通过广东省教育厅高水平理工科大学建设完成情况期满考核，41个项目获国家自然科学基金立项，在“2020软科中国大学排名（主榜）”中排名由2016年的第五百零七名提升到第二百二十八名，办学综合实力大幅提升。推进广州美术学院佛山校区建设，明确校区选址，落实前期建设经费，成立校区理事会并召开第一次会议，首届招生68人。加快广东财经大学佛山校区、华南师范大学南海校区、南方医科大学顺德校区3个共建校区建设，先后召开共建校区第一次理事会全体会议。推进东北大学佛山研究生院、北京科技大学顺德校区、北京外国语大学佛山研究生院3个研究生院高质量发展。继续推进香港理工大学（佛山）筹建工作。创新研究生联合培养机制，加快研究生联合培养基地的建设，广东省研究生联合培养基地（佛山）首个区域中心在顺德区成立。加强学科教育研究基地建设，组织开展青年教师教学能力大赛和教育教学改革成果展评。推进教育部教育发展研究中心科研合作，提升教育科研层次和影响力。

链接

佛山市普通高等学校名单（含省属普通高校、校区、民办高校）

佛山科学技术学院　广东东软学院　佛山职业技术学院　顺德职业技术学院　广东职业技术学院　广东环境保护工程职业学院　南方医科大学顺德校区　广东财经大学佛山三水校区　华南师范大学南海校区　广州工商学院三水校区　广东轻工职业技术学院南海校区　广东舞蹈戏剧职业学院　广东理工职业学院南海校区

【高校科研成果转化】 2020年，佛山市加快建设广东高校科技成果转化中心，广东赛意信息科技有限公司与广东高校科技成果转化中心签约，双方共建智造互联创新中心联合研发平台。开展科技成果转化对接等活动，2020年广东高校科技成果转化对接大会、广东高校科技成果转化路演大赛等活动在佛山市举行。全市高校转移技术成果数量616项，省内高校全年在佛山转移技术成果服务收入达1.53亿元。年内，佛山高校服务体系有高校科技成果转化工作站17个，聚集超80个投资机构，募集意向投资基金超200亿元，促成10余个高校项目获得融资。

【职业院校“粤菜师傅”培养】 2020年，佛山市建立健全政校行企协同共进的合作模式，将粤菜烹饪作为职业院校服务产业的重点专业建设领域，创新“粤菜师傅”现代学徒制人才培养模式，遴选4所院校作为粤菜师傅人才培养基地。实施“粤菜师傅”扶贫计划，重点面向四川省凉山彝族自治州等地区贫困学生提升专业技能，其中，顺德厨师学院面向凉山彝族自治州和甘肃省山丹培黎学校开展培训班13期，培训学员361人次。加强“粤菜师傅”基地学校的社会服务，解决本地农村人口就业问题。年内，顺德职业技术学院顺德厨师学院还通过“请进来”和“送教上门”2种培训方式，开办培训班71期，培训学员3853人。

【佛山职业技术学院入选2020年智能制造领域中外人文交流人才培养基地项目】 2020年1月20日，教育部中外人文交流中心公布2020年智能制造领域中外人文交流人才培养基地项目评审结果，佛山职业技术学院入选。项目内容涉及搭建深化产教融合平台、开发人文教育课程、共建教学资源、推动“双语双师双能”教师队伍建设、促进国际合作交流、服务国际就业创业、开展课题研究7个方面。佛山职业技术学院以智能制造领域中的数字化设计技术、智能控制技术、工业机器人技术等建设为主要内容，合作打造高水平专业群，采用“技术+人文”培养模式，共同培养具备良好人文素养和中外人文交流能力的技术技能型人才。

2020年12月10—12日，2020年广东高校科技成果转化大会在佛山市举行。图为与会嘉宾在作主旨演讲
（市教育局　供图）

【2020年广东高校科技成果转化大会】 2020年12月10—12日，2020年广东高校科技成果转化大会及系列展示对接活动在佛山市举行。活动期间举行2020年高校科技成果转化路演大赛总决赛、2020年第一届中国（广东）高校科技成果转化研讨会、院士团队项目精准对接等活动。大会邀请东北大学校长赵继，加拿大工程院院士、北京科技大学顺德研究生院教授刘焕明，日本工程院院士、深圳大学特聘教授刁东风进行主旨演讲，还举行广东高校科技成果转化孵化基地和高校工作站授牌仪式进行投资孵化和产学研合作项目签约，发布《广东高校科技创新能力报告》。大会还为2020年广东高校科技成果转化路演大赛获奖项目颁奖，路演大赛于7月9日在佛山启动，有263个高校项目参赛。

（王蓉丹）

【佛山科学技术学院教育教学】 2020年，佛山科学技术学院有仙溪、江湾、河滨3个校区（分别位于南海区和禅城区），总占地面积147.07公顷，总建筑面积60多万平方米。截至2020年底，学校设有研究生学院和16个二级学院。有本科专业70个。有硕士学位授权一级学科点6个和硕士专业学位授权类别5个。有教职工1895人，其中专任教师1213人。学校全日制在校本科生19768人、硕士研究生1253人、联培博士39人、成人学历教育学生3498人、留学生64人。2020年，学校在“2020软科中国大学排名（主榜）”中位居全国第二百二十八位。

专业建设　2020年，佛山科学技术学院机械设计制造及其自动化、数学与应用数学、光电信息科学与工程3个专业入选2020年度国家级一流本科专业建设点，国际经济与贸易、光电信息科学与工程、土木工程、动物医学4个专业入选2020年度省级一流本科专业建设点。学科ESI（基本科学指标数据库）潜力值有所提升，截至2020年底，材料学提升至40.55%，工程学提升至49.78%，农业科学提升至27.6%。学校组织机械设计制造及其自动化、土木工程、环境工程、化学工程与工艺4个专业申报国家工程教育认证，完成机械设计制造及其自动化等4个专业的2020年中华工程教育学会（IEET）专业认证（含中期审查）线上访评工作。

课程建设　2020年，佛山科学技术学院新增国家级一流课程1门、省级一流课程7门，新增省级在线开放课程立项8个。获批2019年协同育人省级项目立项28个、2020年广东省高等教育教学改革项目14个、2020年广东省质量工程项目立项建设9个。

科研　2020年，佛山科学技术学院科研总经费达5.25亿元，科研到账经费1.5亿元。学校新增国家重点研发计划重点专项立项1项、广东省粤港澳联合实验室1个，获国家自然科学基金立项41项。学校获批成为世界知识产权组织第四批技术与创新支持中心筹建单位、2020年度国家知识产权试点高校，成为广东省首家通过“贯标”认证的高校。学校全年获授权专利783件，其中发明专利192件，在2020年中国高校专利实力排行榜列第八十二位；实现专利成果转化11项；获省部级科技奖4项、省优秀科技成果2项、省农业技术推广奖4项、行业协会奖19项。年内，学校大学科技园被广东高校科技成果转化中心认定为“佛山科学技术学院大学科技园孵化基地”。

（徐银燕）

【佛山职业技术学院教育教学】 2020年，佛山职业技术学院有6个二级学院，设37个专业，包括国家骨干专业4个（电气自动化技术、工业机器人技术、物联网应用技术、汽车检测与维修技术），省级一类品牌专业1个（电气自动化技术），省级二类品牌专业8个（工业机器人技术、电子信息工程技术、物联网应用技术、大数据技术与应用、汽车检测与维修技术、国际经济与贸易、金融服务与管理、酒店管理与数字化运营），省级重点专业5个（机械设计与制造、光伏工程技术、汽车检测与维修技术、现代物流管理、数控技术），中央财政支持重点专业2个，IEET（中华工程教育学会）认证专业1个。有2个国家级公共实训中心、1个国家级虚拟仿真实训中心、11个省级实训基地、14个省级校外实践教学基地。有教师592人，在校学生10200人。学校教学设备总值2.2亿元，生均教学设备价值26176.13元/生。学校拓展学历继续教育，成人在校生近2000人，设有19个校外教学点，实现非学历教育培训50000人次、职业技能鉴定8000人次。同年，学校在2020年度广东省职业院校技能大赛教学能力比赛获1个一等奖、3个二等奖、1个三等奖，并获2020年全国职业院校技能大赛教学能力比赛国赛遴选比赛高职专业课程一组二等奖。

职业技能竞赛　2020年，佛山职业技术学院组织48支队伍参加广东省职业院校技能大赛，获11个一等奖、13个二等奖、21个三等奖，一等奖获奖数量在全省18所一流高职院校中排名第九名，获奖总数排名第十三名。参加全国职业院校技能大赛试点赛“货运代理”赛项，获1个三等奖。参加全国首届“华航唯实杯”机器人虚拟仿真大赛，获大赛（高职组）的一等奖和三等奖。2020年，学校入选教育部智能制造领域中外人文交流基地项目，组织参加德国纽伦堡国际发明展第72届科创竞赛，获2枚金牌；参加IIIC国际发明竞赛，获2枚金牌，1枚银牌。

科研　2020年，佛山职业技术学院建设粤港澳3D打印创新创业中心，加入粤港澳大湾区金属新材料产业联盟和珠江口西岸科技协同创新联盟。组织参加粤港澳大湾区高价值专利布局大赛，周峰博士晋级50强，获最具投资潜力奖，并获2020广东高校科技成果转化路演大赛总决赛二等奖。组织参加第二十四届全国发明展览会，获1枚金牌、2枚银牌和7枚铜牌。组织参加中国TRIZ杯大学生创新方法大赛，段春艳博士团队项目“光伏电站智能运维机器人”获创业类一等奖。组织参加2020年佛山市职工优秀发明创新大赛，齐明博士团队成果获第三届“佛山高新技术进步奖”二等奖，学校集体获奖数居全市第一。是年，学校科研项目获教育部物联网应用技术协同创新中心立项1个、广东省教育厅产教融合创新服务平台立项2个、广东省高校科研创新团队项目立项2个、广东省高校工程中心立项1个，学校连续3年被评为中国物流学会优秀产学研基地。年内，中国职业技术教育学会增材制造技术研究院落户佛山职业技术学院，搭建增材制造高新技术重大研究平台，举办增材制造技术创新高端论坛暨增材制造技术研究院成立大会，中国职业技术教育学会会长鲁昕、佛山市副市长许国担任研究院专家指导委员会主任委员，4位院士受聘为委员。

（欧文娅）

【顺德职业技术学院教育教学】 2020年，顺德职业技术学院有11个二级学院，有55个专业，全日制在校学生19846人。有继续教育学院和创业培训学院，成人学历教育在读学员2808人，非学历培训39500多人次。有教职工1045人，其中专任教师847人，教职工中副高级职称以上的277人。有国家级教学团队1个，主持建设国家级职业教育资源库项目2个，有国家级教学名师2人、广东省高等学校教学名师7人、广东省教学名师5人、全国优秀教师（教育工作者）2人、南粤优秀教师（教育工作者）11人。

党建与思政建设　2020年，顺德职业技术学院围绕“双高”（中国特色高水平高职学校和专业）建设、决战决胜脱贫攻坚、落实“粤菜师傅工程”、弘扬伟大抗疫精神等工作，在“学习强国”、人民网、《南方日报》、《佛山日报》、《珠江商报》、顺德城市网等主流媒体刊发报道39篇，其中省级以上7篇、“学习强国”6篇，顺德厨师学院作为先进典型登上央视焦点访谈。年内，学校以19名校友“援鄂抗疫”先进事迹为素材，拍摄、制作原创视频作品《致敬逆行的你》，并举办学习援鄂校友主题教育活动，创作大型情景朗诵《顺职英雄礼赞——致敬抗疫校友》。在广东省教育厅组织开展的系列评选中，获广东高校宣传思想工作优秀作品奖2项、好新闻奖2项。马克思主义学院直属党支部书记工作室获教育部第二批高校“双带头人”教师党支部书记工作室立项。能源与汽车工程学院党总支能源教研室党支部获广东高校第三批新时代高校党建示范创建和质量创优工作“党建工作样板支部”培育创建单位立项，党支部书记吴治将获第二批广东省高校“双带头人”教师党支部书记工作室立项。

教育教学质量建设　2020年，顺德职业技术学院完成“提质培优”任务承接及一流高职院校建设计划验收。推进学校举办本科层次职业教育工作，形成《创办高水平职业技术大学，服务佛山制造名城建设方案》并报送佛山市政府。深入思政课教育教学改革。推进“双高”建设，组织“1+X”证书（学历证书加若干职业技能等级证书）试点，加强教学质量建设，突出职业能力培养。组织开展2019年学校职称评审工作，共89人报名，其中60人通过评审。引进一批高层次、高技能人才加入教师队伍，聘请李春云为学校信息化建设顾问。组织20名教师参加六西格玛绿带线上培训，均通过考核，获六西格玛绿带证书。年内，学校获评广东省职业院校“双师型”教师培训基地、跨境电商优质人才培养基地。

教育合作　2020年，学院开展专本衔接协同育人的试点与实践，学校会计、酒店管理等专业继续与广东财经大学会计学、酒店管理专业开展“3+2”专本衔接（先读3年专科，再读2年本科）协同育人试点。继续开展中高职衔接三二分段招生培养〔指在中职学校和高职院校选取对应专业，制定中职学段（三年）和高职学段（二年）一体化的人才培养方案，分段开展教学活动〕改革试点项目，截至年底，学校有22个专业与15所中等职业学校进行合作，试点学生规模近1800人。

技能大赛与教学能力比赛　2020年，顺德职业技术学院获学生技能大赛国家级比赛一等奖22个、二等奖（含银奖）25个、三等奖22个，省级比赛一等奖32个、二等奖（含银奖）25个、三等奖33个。学校教师的3个作品入围2020年全国职业院校技能大赛教学能力比赛现场决赛，均获银奖。

信息化建设　2020年，顺德职业技术学院组织智慧校园重点建设项目论证工作，论证信息化项目30余个。完成“3B304中心机房UPS-A电池的采购项目”等5个项目建设与验收。学校入选“中国职业院校智慧校园50强”，获“职业院校数字校园建设样板校”称号。

科研　2020年，顺德职业技术学院申请知识产权131项，34项知识产权技术成果获转让，转让金额到账26.43万元。获国家社会科学基金项目立项1个，资助金额20万元；获广东省省级项目立项18个；获佛山市立项1个，资助金额20万元。受企事业单位委托的科研项目53个，横向到账经费618.39万元。推进科研平台建设，广东—亚琛工业4.0工程技术研发中心、家具数字化设计与制造产教融合创新平台、绿色智能家电产教融合创新平台获广东省教育厅科研平台立项，顺德区校企融合科技成果转化中心获佛山市科技局立项。

国内国际合作与交流 2020年，顺德职业技术学院与澳门大学达成意向合作，共建“葡萄牙语言培训中心”与国际化师资发展平台。与澳门科技大学协定建设大湾区烹饪与旅游交流平台，合作培养大湾区国际化人才。完成与美的集团共建的示范工厂项目验收，创新产学研国际化合作新模式。与亚琛工业大学WZL研究所签订“工业4.0：示范工厂行动计划1”项目合同，启动校内工业4.0示范线建设，完成工作包A项目蓝图及产品分析。与广东嘉腾机器人自动化有限公司签订合作协议，初步在产品开发、生产、销售等方面达成意见。与广东中辰钢结构有限公司签约，在卢旺达开展职业教育培训和涂料研究工作，开发5个适用于非洲室内及公路环境的涂料配方。与广东合胜化工有限公司联手，参与顺德区人民政府与摩洛哥政府合作建设的“顺德摩洛哥王国驻中国防水涂料研发中心”。与广东顺威塑料有限公司合作，共建技术与人才国际合作中心，计划在泰国建立“墨子学苑”，为其研发适用于东南亚地区的产品，并为其泰国本土员工提供语言与技术培训等。

厨师培训 2020年，顺德职业技术学院继续办好顺德厨师学院。截至2020年底，顺德厨师学院有5个分院、9个校外培训基地。2020年，顺德厨师学院面向四川省凉山彝族自治州和甘肃省山丹培黎学校开展培训班13期，培训学员361人次。与碧桂园集团合作，面向陕西、甘肃、广西等9个省（自治区），开办31期粤菜师傅培训班，培训贫困青年1762人。全年通过“请进来”和“送教上门”2种培训方式，开办培训班71期，培训学员3853人。以顺德厨师学院凉山班学员为原型的公益微电影《木嘎是块料》点击率超1亿人次，微博评论超5000万人次。12月，顺德厨师学院“一人学厨，全家脱贫”项目作为全省唯一高校项目入选教育部第三届省属高校精准扶贫精准脱贫典型项目。

（肖道东 李伟春）

成人教育

【成人高等教育】 2020年，佛山市有成人高等教育学校6所，在校生人数2.32万人，教职工人数250人，其中专任教师150人。佛山市举办全市全民终身学习活动周系列活动，认定和宣传展示佛山市2020年“百姓学习之星”“终身学习品牌项目”，其中1人获全国“事迹特别感人的百姓学习之星”、1个项目获全国“终身学习品牌项目”。

【佛山开放大学教育教学】 2020年，佛山开放大学有教职员工88人，其中教授和副教授16人。学校面向职工开展专科、专科升本科学历继续教育，截至2020年底，累计培养本、专科毕业生4万余名。学校针对社工、志愿者、新市民、校外青少年、外来工子女、第三年龄（老年人）人群等开展公益性社会教育培训，面向市民开展家庭教育、摄影、健康知识等各类公益性知识讲座，还面向行业、企业开展包括教育、财务会计、外语、管理、计算机、职称、低压电工、无人机等领域的职业技能培训，同时提供公共考试服务。

开放教育 2020年，佛山开放大学各类学历教育招生845人，在校学生近3000人，毕业学生1064人，涵盖会计、工商管理、行政管理、英语、广告、数字媒体设计与制作等20余个专业。新冠肺炎疫情期间建立“上级平台+线上直播+线下课堂”相融合的教学模式，开发在线教学平台（禹瑞平台）、建成5间直播室进行远程直播教学。全年开设学历教育线上课程581门。参赛项目“佛山开放大学一体化智慧教学实践——基于课堂派平台”在“数创岭南——2020年佛山市职工职业技能大赛大数据应用技能竞赛”中获佛山市职工技能（大数据应用）竞赛团体赛三等奖。

社区教育 2020年，佛山开放大学开展线上第三年龄教育（老年教育），制作上线98个课程资源，内容涵盖国画、粤曲、声乐、电子钢琴、形体舞、拉丁舞和瑜伽等课程。年内，佛山开放大学“活力社区 羽动全城”羽毛球公益培训设8个培训点，服务1.48万人次；“430”课堂全年开展活动31天，服务788人次；健康教育大讲堂开展15次线上课程并制作成资源，服务3861人次；家庭教育讲座开展线上、线下讲座26场次，服务5405人次。

2020年9月27日，顺德职业技术学院与广东顺威精密塑料股份有限公司举行技术与人才国际合作中心揭牌仪式 （顺德职业技术学院 供图）

职业培训　2020年，佛山开放大学开展初级、中级会计师专业考证，档案专业人员岗位培训，招标采购专职从业人员培训，房屋安全鉴定人员继续教育和新增人员培训，测绘业务数据生产软件培训等8个项目的培训工作，为政府机关和事业单位培训学员近1600人。承接政府机关主办的社会考试24场次，服务各类社会考试人员4.5万人次。

科研成果　2020年，佛山开放大学建设“会计模拟软件项目”，丰富国家数字化学习资源中心佛山分中心资源库。在佛山市社会科学界联合会、国家开放大学、广东开放大学、校内课题及各类协会的科研立项17项，全年科研项目结题19项（含跨年项目）。20余人次在各级各类优秀科研成果评选中获科研成果奖项。

合作办学　2020年，佛山开放大学与市行政服务中心12345热线管理中心签订合作协议，成立行政服务学院。配合共青团佛山市委开展“圆梦计划”招生工作。与顺德区北滘职业技术学校、佛山科学技术学院继续教育学院等5个办学机构开展合作办学。

（林　昕）

【全民终身学习活动周】 2020年11月6—12日举行，主题为“全民智学，助力双战双赢”。活动向市民免费提供医疗保健、志愿培训、专题讲座、公益教育、技能培训等1455项学习资源。启动仪式上，佛山市11个“终身学习品牌项目”发布，并对2020年佛山市13名“百姓学习之星”、13个“社区教育先进集体”、15名“社区教育先进工作者”等进行表彰。同时，在启动仪式，还对获2020年全国“事迹特别感人的百姓学习之星”的省级非物质文化遗产项目（佛山剪纸）代表性传承人饶宝莲，以及获2020年全国“终身学习品牌项目”的三水区“传承经典·首礼‘破蒙’·年幼花开——三水孔圣园开笔礼”进行表彰。

（王蓉丹）

【广东财经大学湾区影视学院揭牌】 2020年7月29日，广东财经大学湾区影视学院揭牌，开创“政府+高校+行业协会+龙头企业”的创新型办学模式，构建“立足佛山、服务湾区、面向世界”的影视人才培养和智力服务高地。广东财经大学湾区影视学院由中共佛山市委宣传部与广东财经大学共建，以广东财经大学佛山校区文化创意与旅游学院为基础，精准对接并服务粤港澳大湾区影视产业合作试验区建设。湾区影视学院人才培养包括学历教育和非学历教育2个层面。湾区影视学院设数字媒体艺术、动画、播音与主持艺术3个影视产业类专业，计划新增戏剧影视文学（影视剧本创作）、影视摄影与制作等专业。2020年招生专业为动画和数字媒体艺术2个专业，招生人数160人。湾区影视学院开设影视类专业群，培养满足影视生产全链条需要的专业人才；开设中短期影视教育项目，培养区域内急需的技能型人才，创新师资聘用方式，招纳全国顶级影视人才；强化智库建设，打造具有区域特色的影视智库，扩大合作范围。通过定期举办高端影视产业论坛、建设影视产业孵化中心、举办大学生影视大赛等，打造高端影视产业交流和创新创业实践平台，赋能佛山影视产业发展。

（雷郎才）

特殊教育

【概况】 2020年，佛山市有特殊教育学校7所，其中市直属2所、5个区各1所。特殊教育学校在校生1592人、教职工444人，其中专任教师360人。

【特殊教育整体提升】 2020年，佛山市教育局继续做好特殊儿童入学评估和转介安置工作。依托市、区特殊教育支援服务中心成立残疾儿童入学评估与安置工作小组，对年内未入学适龄残疾儿童进行入学评估并出具安置建议，各区教育行政部门根据工作组的评估结果和安置建议，结合控辍保学工作，按照适龄残疾儿童少年“一人一案”，通过普通学校（幼儿园）随班就读、特殊教育学校就读、康复机构康复等方式，安排适龄残疾儿童入学安置，残疾儿童入学安置率100%。依托特殊教育学校建立实践培训基地，建立分层分类培训机制，开展特殊教育学校骨干教师教学能力提升和教育评估培训、随班就读教师特殊教育通识课程培训、巡回指导教师和资源教师的上岗培训，培训内容涵盖融合教育概论与实务、特殊儿童心理与教育、特殊儿童教育评估、特殊儿童行为管理4个板块内容，包括120个课时的线上理论学习和线下实训。按区域组建研修组，通过“线上+线下”“项目+导师+资源”培养模式提升融合教育教师专业水平。组建市级特殊教育教研指导中心组，加强特殊教育研究组织建设，开展特殊教育教学研究。

【佛山市启聪学校】 佛山市启聪学校由佛山市政府于1992年9月兴办，以听障、智障、视障三类残疾儿童青少年为教育对象，涵盖学前教育、义务教育、中等职业教育体系完整的综合性特殊教育学校。学校占地面积1.8万平方米，建筑面积2.32万平方米。校内有学生职业教育楼、学前教育楼、教学楼和综合楼，内设与教育教学相配套的多种专用场室以及各类生活用室，包括茶艺室、律动室、陶艺室、美工室、烹饪室、面点室、美容美发室、居家饮食室、客房服务室、手工皂室、物流室等。2020年，学校有学生385人，在编教职工128人，其中高级职称教师25人、特级教师1人、特殊教育专业毕业教师35人。9月14—18日，学校举行网络安全教育周活动，组织各部门班级展开以“网络安全教育”为主题的班会课。年内还举办启智中职专业技能比赛。

【特殊教育青年教师教育教学能力大赛】 2020年10—11月举行。比赛分听障教育组、视障教育组和培智教育组3个组别，佛山市启聪学校教师获视障教育组、听障教育组特等奖，南海区星辉学校教师获培智教育组特等奖。大赛旨在提升佛山市特殊教育青年教师教学及教研水平。

（王蓉丹）

科学技术

综　述

【概况】 2020年，佛山市坚持创新在现代化建设全局中的核心地位，加快建设国家创新型城市，推进建设粤港澳大湾区国际科技创新中心。全年财政科技投入102亿元。全市大院大所合作平台发展至100个。季华实验室综合建设成效居省实验室首位。高新技术企业增至5718家，比上年增长18.3%。全市技术合同登记2581项，技术合同成交额21.86亿元，其中技术交易额13.05亿元。全市有科技企业孵化器115家、众创空间86家，其中国家级孵化器24家、国家级众创空间23家。年内，佛山市获2020年广东省科学技术奖一等奖2个、二等奖7个；获第二十一届中国专利奖48个，位居全省第二，其中美的制冷获中国专利金奖。根据《中国城市科技创新发展报告2020》，佛山科技创新发展指数位居289个城市的第二十二，在地级市中位列第六。在中国城市科创力排名中，佛山市中小板、科创板、创业板上市公司数量居全国城市第十三。

【科技政策出台】 2020年，佛山市出台《关于应对疫情支持科技企业稳定发展的若干措施》，支持科技企业复工复产和减负，全市有30个孵化载体、428家企业共获减免租金补贴414.26万元，4870家企业享受研发费加计扣除优惠政策，加计扣除额129.28亿元，2624家高新技术企业享受研发费后补助政策，补贴金额超2亿元。印发《佛山市重点领域科技攻关实施细则（试行）》，围绕智能制造、人工智能、新能源等重点领域开展科研攻关布局。实施新冠肺炎科技攻关专项、中医药领域先行先试科技攻关专项、产业和社会领域科技攻关4批次重点领域科技攻关项目。印发《佛山市科技创新券实施方案2020—2022）》，扩大创新券规模和使用范围，简化工作流程，实现“全国使用、佛山兑付”，4870家企业享受研发费加计扣除优惠政策，加计扣除额129.28亿元，2624家高新技术企业享受研发费后补助政策，补

表55　2020年度佛山市获广东省科学技术奖项目一览表

序号	项目名称	完成单位	区属
	科技进步奖一等奖（2个）		
1	高密度高可靠LED显示器件关键技术与集成应用	佛山市星光电股份有限公司	禅城
2	大尺寸陶瓷薄板关键技术研发及产业化	蒙娜丽莎集团股份有限公司	南海
	科技进步奖二等奖（7个）		
3	亚麻籽高效高值加工关键技术与产业化应用	佛山科学技术学院	市直
4	基于提高米饭消化吸收性关键技术电饭煲研究及产业化	美的电热电器制造有限公司	顺德
5	大型柴油机高压共轨及轻量化动力总成件的制造技术与装备	佛山科学技术学院	市直
6	低表面能聚烯烃多层地暖管的技术开发及产业化	日丰企业集团有限公司	禅城
7	高性能氧化锌透明电极制备关键技术及LED芯片应用	佛山科学技术学院	市直
8	现浇轻质生态路基成套技术及产业化	佛山市路桥建设有限公司	市直
9	基于模框干法成型工艺的超大规格陶瓷板智能成型技术及装备	佛山市恒力泰机械有限公司	三水

贴金额超2亿元。出台实施《佛山市高新技术企业培育和规模化发展三年行动计划（2020—2022年）》，提出三大重点任务15项措施，到2022年，培育一批规模超2亿元、超5亿元、超50亿元、超100亿元的高新技术企业。修订《佛山市创新创业引导基金管理办法》，围绕智能制造装备、汽车及零配件、新能源装备，新一代信息技术、生物医药等新兴产业进行战略布局，促进投资机构和社会资本进入佛山创新创业领域。出台《佛山市科技项目相关责任主体信用管理暂行办法》，对失信的项目承担单位、项目负责人及项目组主要成员、评审专家、第三方服务机构等通过限制申报科技项目、取消参与科技项目的服务资格等措施进行惩戒，实现守信激励失信惩戒。顺德区出台《关于推进科技创新引领高质量发展若干政策》提出“科技十条”（重奖科学技术奖项目、鼓励开展重大关键技术攻关、鼓励企业开展国际科技合作、支持企业建立研发机构、支持专业化科技成果转化平台建设、支持科技企业孵化载体建设、鼓励科技企业上市、鼓励企业通过并购做大做强、积极引进科技金融人才、降低科技型中小企业融资成本），启动“揭榜挂帅”核心技术攻关项目。南海区发布“南海鲲鹏人才计划”，加大创新激励力度、拓宽覆盖范围。

【科技体制改革】 2020年，佛山市深化科技领域“放管服”（简政放权、放管结合、优化服务）改革。探索科技资金的管理模式，市科技创新团队项目试行采用部分资金纵向协同管理模式组织实施，安排资金1亿元，立项后拨付30%的市财政资助经费到各区，由其自主管理。完善科研项目预算编制，将直接费用调剂权全权下放项目承担单位，明确项目通过验收后的结余资金留归项目承担单位使用。创新项目管理方式，对奖励性后补助项目和补贴性后补助项目无须签订项目合同和组织验收，资金由项目承担单位自行安排用于技术研发、科研人员队伍建设等创新工作。改进项目的组织形式，强化重点领域核心科技攻关，将“一年一次、集中发布”的项目组织方式转变为“突出重点，成熟一批、组织一批”的项目组织模式。依托“扶持通”平台，简化申报手续，压缩工作流程，全程实现线上审核、“一网式”申报立项。深化项目评审、人才评价、机构评估改革的工作，将问题转变为前期调研工作，组织对重点行业、重点企业、重点项目进行现场走访、实地调研，摸清底数，支撑项目实施。优化申报评审机制，让科研主体、科研人员全部精力投入创新工作中。创除“大包大揽”式的任务指标，聚焦核心技术成果指标，强化项目对产业发展、民生福祉的引领导向，筛选高质量项目。构建科技诚信体系，出台科技诚信管理办法，激励企业诚信经营。

【科技金融融合】 2020年，佛山市完善市创新创业引导基金顶层设计，通过提高收益让渡比例等举措，吸引和带动社会资本投入创新创业领域。截至2020年底，市创新创业引导基金市场化子基金总规模为90.7亿元，母基金累计实际出资额为5.06亿元，投资项目共117个，投资总额69.06亿元，其中投资佛山地区项目32个，投资额12.69亿元。年内，佛山市继续探索在千灯湖创投小镇建设绿色技术银行。

（董梦蝶）

科技平台建设

【概况】 2020年，佛山市有省（企业）重点实验室29个、省工程技术研究中心803个、市工程技术研究中心1256个。有科技企业孵化器115家、众创空间86家，其中国家级孵化器24家、国家级众创空间23家、省级孵化器10家、省级众创空间14家、粤港澳科技企业孵化器3家。

【实验室建设】 2020年，季华实验室一期工程竣工交付，于12月接受进驻办公。季华实验室成立10个研究部室，有科研人员近1000人，其中全职人员420人，引进全职院士1人、兼职院士12人、领军人才32人、正高级职称134人；承担国家和省重大科技项目10个，立项经费超5亿元；孵化高科技企业7家、设立成果转化基金1只，申请发明专利近400件；围绕芯片制造设备核心部件等的国产化开展攻关，自主设立启动81个科研项目，支持经费近20亿元。先进能源科学与技术广东省实验室佛山分中心（佛山仙湖实验室）于5月19日启动基建工作，年内，专家及人才公寓、中试车间竣工交付，实验室管理团队入驻办公，科研人员达84人，其中院士7人、特聘专家1人、领军人才5人，首批开放基金项目立项重大项目4个、重点项目8个，立项金额1.79亿元。同年，佛山市国星光电股份有限公司（广东省半导体微显示企业重点实验室）、广东兴发铝业有限公司（广东省工业铝型材先进制造技术与应用企业重点实验室）入选2020年广东省重点实验室项目“企业类重点实验室建设”专项，各获100万元专项资金扶持。

表56 **佛山市省级以上孵化器一览表**

序号	孵化器名称	运营单位	认定级别	认定时间	认定级别	认定时间
1	佛山国家火炬创新创业园	佛山火炬创新创业园有限公司	省级	2012年	国家级	2013年
2	南海瀚天科技企业孵化器	佛山市创智汇投资发展有限公司	省级	2012年	国家级	2013年
3	佛山新媒体产业园国家级科技企业孵化器	广东新媒体产业园发展股份有限公司	省级	2013年	国家级	2014年

续表

序号	孵化器名称	运营单位	认定级别	认定时间	认定级别	认定时间
4	广东工业设计城	广东同天投资管理有限公司	省级	2013年	国家级	2014年
5	南海生物医药科技企业孵化器	中国科学院南海生物医药科技产业中心	省级	2012年	国家级	2015年
6	广东物联天下科技企业孵化器	广东物联天下产业园有限公司	省级	2014年	国家级	2015年
7	芯光源孵化器	佛山市南海光明智汇新光源投资发展有限公司	省级	2014年	国家级	2015年
8	深圳清华大学力合（佛山）科技园	广东力合创智科技有限公司	省级	2014年	国家级	2015年
9	德美新材料创新科技园	广东德运创业投资有限公司	省级	2014年	国家级	2015年
10	广工大研究院	佛山市南海区广工大数控装备协同创新研究院	省级	2015年	国家级	2015年
11	顺德创客中心科技企业孵化器	佛山市聚客家园投资有限公司	省级	2016年	国家级	2019年
12	顺德创意产业园	广东顺博创意产业孵化器有限公司	省级	2013年	国家级	2016年
13	广东省（佛山）软件产业园	佛山市盈赛投资发展有限公司	省级	2015年	国家级	2016年
14	佛山天安科技企业孵化器	佛山天安科技企业孵化器有限公司	省级	2016年	国家级	2016年
15	佛山创意产业园	佛山创意产业园投资管理有限公司	省级	2016年	国家级	2016年
16	佛山市三水高新创业中心	佛山市三水高新创业中心有限公司	省级	2014年	国家级	2017年
17	东软华南IT创业园	广东睿道共创科技有限公司	省级	2017年	国家级	2017年
18	SKG硅谷孵化园	广东艾诗凯奇智能科技有限公司	省级	2017年	国家级	2017年
19	高明沧江工业园科技企业创业中心孵化器	高明沧江工业园科技企业创业中心	省级	2017年	国家级	2017年
20	中峪智能机械智能装备孵化中心	广东中南机械智能孵化器有限公司	省级	2018年	国家级	2019年
21	力合星空·728创域	佛山南海力合星空孵化器管理有限公司	省级	2018年	国家级	2019年
22	佛山科学技术学院大学科技园	佛山科学技术学院大学科技园有限公司	—	—	国家级	2019年
23	车载电子信息产业孵化园	佛山好帮手知行科技有限公司	省级	2018年	国家级	2020年
24	慧泉科技园	佛山市南海慧泉投资有限公司	省级	2020年	国家级	2020年
25	C时代南海互联网产业园	佛山市凯泰创展科技园有限公司	省级	2015年	—	—
26	佛山东星陶瓷科技企业孵化器	佛山东星陶瓷产业总部基地发展有限公司	省级	2015年	—	—
27	佛山泛家居电商创意园	佛山石湾贝丘投资有限公司	省级	2016年	—	—
28	中欧科技创新转化中心	佛山新城投资发展有限公司	省级	2017年	—	—
29	慧聪城市创新基地	广东慧聪家电城投资有限公司	省级	2017年	—	—
30	广东顺德军民融合创新产业园	广东顺德军民融合创新产业园有限公司	省级	2018年	—	—

续表

序号	孵化器名称	运营单位	认定级别	认定时间	认定级别	认定时间
31	瀚蓝环保产业孵化器	广东瀚蓝环保科技有限公司	省级	2018年	—	—
32	粤港澳科技企业孵化器	广东博智林机器人有限公司	省级	2020年	—	—
33	佛山工合空间粤港澳孵化器	佛山市工合科技有限公司	省级	2020年	—	—
34	华南理工大学科技园顺德创新园	佛山市顺德华工科技园有限公司	省级	2020年	—	—

注：资料截至2020年底

表57　　佛山市省级以上众创空间一览表

序号	众创空间名称	运营单位	认定级别	认定时间	认定级别	认定时间
1	工匠创客汇	佛山市南海区广工大数控装备协同创新研究院	省级	2015年	国家级	2015年
2	广东工业设计城·创客空间	广东同天投资管理有限公司	省级	2015年	国家级	2015年
3	易客工场	佛山市易客商业投资管理有限公司	省级	2015年	国家级	2015年
4	广东创业工场（顺德）	广东顺德创业工场信息技术有限公司	省级	2015年	国家级	2015年
5	顺德创客汇	广东物联天下产业园有限公司	省级	2015年	国家级	2015年
6	智造佳众创空间	广东广佛智城商业地产投资有限公司	省级	2015年	国家级	2015年
7	广东创业工场（南海）	广东南海创业工场企业孵化器有限公司	省级	2015年	国家级	2015年
8	纳米空间	高明沧江工业园科技企业创业中心	省级	2015年	国家级	2015年
9	顺德创意产业园·创意文化艺术街	广东顺博创意产业孵化器有限公司	省级	2015年	国家级	2015年
10	德美众创邦	广东德运创业投资有限公司	省级	2016年	国家级	2016年
11	顺德创客中心	佛山市聚客家园投资有限公司	省级	2016年	国家级	2016年
12	广东3D打印应用技术创新中心众创空间	佛山市中科高新增材制造产业创新中心	省级	2016年	国家级	2016年
13	创业18mall	广东东软学院	省级	2016年	国家级	2016年
14	广东省青年创新创业试验区-U+inno创业中心	广东力合创智科技有限公司	省级	2016年	国家级	2016年
15	Medical-X众创空间	广东顺德南方医大科技园有限公司	省级	2016年	国家级	2016年
16	英诺创新空间	佛山市厚德众创科技有限公司	省级	2016年	国家级	2017年
17	乐孵众创空间	佛山创意产业园投资管理有限公司	省级	2017年	国家级	2017年
18	T+SPACE创客大本营	佛山天安科技企业孵化器管理有限公司	省级	2017年	国家级	2017年
19	佛山极客社区	广东新媒体产业园发展股份有限公司	省级	2017年	国家级	2017年
20	华南IT创业园	广东睿道共创科技有限公司	省级	2017年	国家级	2017年
21	广东智造创新工场	广东三水合肥工业大学研究院	省级	2017年	国家级	2020年
22	北大数研航遥园区	广东北大数研园区运营管理有限公司	省级	2017年	国家级	2020年
23	揽月一号众创空间	佛山揽月一号科技有限公司	省级	2018年	国家级	2020年

续表

序号	众创空间名称	运营单位	认定级别	认定时间	认定级别	认定时间
24	柠檬客裂变式创业社区	佛山市柠檬客科技投资有限公司	省级	2017年	—	—
25	创业南方	佛山市创业南方信息技术管理咨询有限公司	省级	2017年	—	—
26	无境众创空间	佛山无境电子商务	省级	2017年	—	—
27	恰和中心	佛山市怡欣投资有限公司	省级	2017年	—	—
28	阳光教育众创空间	佛山市禅城区阳光教育培训中心	省级	2017年	—	—
29	SKG众创空间	广东艾诗凯奇智能科技有限公司	省级	2017年	—	—
30	珠江西岸橙子众创空间	华南智能机器人研究院	省级	2017年	—	—
31	淼城创客空间	佛山市三水区乐平镇产业服务创新中心	省级	2018年	—	—
32	佛山创客邦	佛山创邦孵化器有限公司	省级	2020年	—	—
33	中科卡卡松堡众创空间	佛山市中科卡卡松堡企业孵化器有限公司	省级	2020年	—	—
34	阿里云创新中心（佛山）	佛山蜂巢创新企业管理有限公司	省级	2020年	—	—
35	云炬众智众创空间培育	佛山众知科技服务有限公司	省级	2020年	—	—
36	佛山市筑梦之星众创空间	佛山市筑梦之星科技有限公司	省级	2020年	—	—
37	瀚海（佛山）国际创新中心	佛山瀚海华美投资管理有限公司	省级	2020年	—	—

注：资料截至2020年底

【创新平台建设】 2020年，佛山市继续加快季华实验室、仙湖实验室等创新平台建设。推动佛山（华南）新材料研究院、中国科学院苏州纳米技术与纳米仿生研究所广东（佛山）研究院、佛山中国科学院产业技术研究院、佛山智能装备技术研究院、佛山湘潭大学绿色智造研究院、佛山病原微生物研究院等科技创新平台的建设，与清华大学、香港科技大学、中国科学院、湘潭大学、暨南大学等高校和科研院所合作，创新开展院校研发和地方孵化的“异地孵化”合作模式，促使佛山企业链接全国乃至全球优质创新资源，走“世界科技+佛山智造+全球市场”的发展路径。

链接

先进能源科学与技术广东省实验室佛山分中心（佛山仙湖实验室）

佛山仙湖实验室经佛山市人民政府批准建设，于2019年11月21日挂牌，2019年12月23日正式成立。实验室位于丹灶氢谷与南部园区，建筑面积约6万平方米，计划建设2个研发中心（含10个专业实验室）、1个测试与分析中心（含3个分中心），研究人员约300人（其中常驻研究人员约100人）。通过对先进能源制氢关键技术、燃料电池材料与集成关键技术、燃料电池动力总成与智能网联关键技术和氢安全关键技术的研发，形成氢能技术创新、人才培养与产业推进平台，促进广东氢能产业的发展。实验室以氢能、燃料电池等新能源、新材料国家产业发展需求为导向，集聚、整合国内外高端创新资源，打造新能源与新材料等领域国内一流、国际领先的战略科技创新平台。实验室根据“聚焦战略目标、统筹十年规划、分步高效实施”的原则，分三期（3年+3年+4年）实施建设，计划打造成“五个中心”：世界氢能与新材料技术研发中心、国家氢能与新材料技术转移与辐射中心、氢能与新材料领域高端人才汇集与国际交流中心、国家氢能与新材料领域大学生创新创业中心、氢能与新材料领域高科技企业孵化中心。

【佛山桃园先进制造研究院成立】 2020年12月9日，由佛山高新技术产业开发区管理委员会与佛山高新技术产业开发区南海园管理局、广东省科学院新材料研究所三方共建的佛山桃园先进制造研究院在佛山市南海区力合科技园成立。研究院围绕国家重大工程和重点行业需求，开展现代材料表面工程技术应用基础理论研究和关键核心与共性技术攻关、高性能涂层材料与制备工艺研究和开发，建立研究开发支撑平台，引进国内外材料领域高端人才，进行技术攻关和产品研发工作，形成一系列具有自主知识产权的关键技术。中国工程院院士周克崧受聘为研究院荣誉理事长，广东省科学院新材料研究所所长代明江任研究院理事长。

（董梦蝶）

科技创新

【概况】 2020年，佛山市加快建设国家创新型城市，推进建设粤港澳大湾区国际科技创新中心，围绕创新驱动高质量发展，强化科技创新前瞻布局。提升企业研发能力和创新管理能力，推动龙头企业参与国家级重大研发机构的布局工作，引导全社会广泛建立研发机构。年内，佛山市新增30家高新技术企业。

【科研项目管理】 2020年，佛山市优化科研项目形成机制，围绕“2+2+4”产业集群（第一个“2”是指装备制造等2个超万亿元产业集群，第二个“2”是指汽车及新能源等2个超5000亿元产业集群，“4”是指智能制造装备及机器人等4个超3000亿元产业集群）建设目标，对标广东省九大重点领域研发计划，从构建全产业链角度，建立企业出题、产业需求牵引的重大科研项目形成机制。实施新冠肺炎科技攻关专项、中医药领域先行先试科技攻关专项、产业和社会领域科技攻关4批次重点领域科技攻关项目，立项31个，立项金额1.2亿元。其中：“2019-nCoV感染危险因素及感染传播途径研究”等7个项目获立项，资助金额2300万元；中国中医科学院中医基础理论研究所的“痰瘀互结相关慢病社区防控关键共性技术与应用研究”项目获资助2000万元；“人工智能+工业制造”产业领域科技攻关，围绕AI视觉、AI机器人、AI生产线等领域设置4个专题6个项目方向，将前沿技术与新兴产业培育、传统产业转型升级结合；“基于絮凝颗粒的水处理智能投药复合控制关键技术研究及应用”等23个项目获立项，资助金额7840万元。顺德区向全球发布20项支柱产业核心技术攻关清单，航天、

表58　2020年佛山市新增标杆高新技术企业一览表

序号	企业名称	所属区	技术领域
1	市光法雷奥（佛山）汽车照明系统有限公司	禅城区	电子信息
2	佛山市道氏科技有限公司	禅城区	新材料
3	佛山特种医用导管有限责任公司	禅城区	新材料
4	佛山市青松科技股份有限公司	南海区	电子信息
5	广东金赋科技股份有限公司	南海区	电子信息
6	广东汇泰龙科技股份有限公司	南海区	新材料
7	广东华特气体股份有限公司	南海区	新材料
8	广东坚美铝型材厂（集团）有限公司	南海区	新材料
9	佛山慧谷科技股份有限公司	南海区	先进制造与自动化
10	佛山市南海九洲普惠风机有限公司	南海区	先进制造与自动化
11	佛山市南华仪器股份有限公司	南海区	先进制造与自动化
12	广东精铟海洋工程股份有限公司	南海区	先进制造与自动化
13	佛山市银河兰晶科技股份有限公司	顺德区	电子信息
14	广东华声电器实业有限公司	顺德区	新材料
15	广东莱尔新材料科技股份有限公司	顺德区	新材料
16	佛山隆深机器人有限公司	顺德区	先进制造与自动化
17	佛山市松川机械设备有限公司	顺德区	先进制造与自动化
18	佛山市顺德区凯硕精密模具自动化科技有限公司	顺德区	先进制造与自动化
19	广东德尔玛科技股份有限公司	顺德区	先进制造与自动化
20	广东嘉腾机器人自动化有限公司	顺德区	先进制造与自动化
21	广东美的厨房电器制造有限公司	顺德区	先进制造与自动化
22	广东顺德三扬科技股份有限公司	顺德区	先进制造与自动化
23	顺特电气设备有限公司	顺德区	先进制造与自动化
24	佛山市川东磁电股份有限公司	高明区	电子信息
25	广东求精电气有限公司	高明区	电子信息
26	佛山金戈新材料股份有限公司	三水区	新材料
27	佛山南宝高盛高新材料有限公司	三水区	新材料
28	佛山市三水凤铝铝业有限公司	三水区	新材料
29	广东天元汇邦新材料股份有限公司	三水区	新材料
30	广东银洋环保新材料有限公司	三水区	新材料

仿生学等4个重大项目，以及智能家电、数控装备等9个重点项目获立项支持，资助金额5000万元；佛山科学技术学院"肢体运动功能障碍动态量化评估"项目获国家重点研发计划项目立项；广东科达液压技术有限公司"掘进机液压泵和马达关键技术示范应用"项目获2020年国家重点研发计划关键部件定向专项支持。

【新冠肺炎疫情防控科研攻关】 2020年，佛山市科学技术局通过实施"科技十二条"举措(《佛山市科学技术局关于应对疫情支持科技企业稳定发展的若干措施》)，支持科技企业参与疫情防控科研攻关及成果应用。安排2300万元，支持高等院校、科研机构、医疗卫生机构及科技型企业，对新冠肺炎的规范管理研究、致病机理研究、检测技术研发、防治研究4个方向开展攻关。推荐疫情防控技术和产品，筛选31项疫情防控的技术和产品推荐到市新冠肺炎防控指挥办，评选出24个项目推荐至广东省科技厅，并对部分有防疫效果的项目进行补贴性后补助。

【科技创新人才培养与引进】 2020年，佛山市有全国研发（R&D）人员7万人年，全年引进全职院士2人，领军人才4人，市科技创新团队184个（含兼职院士32人、国家杰出青年24人、高级职称602人），省"珠江人才计划"团队11个，省"银龄人才"12人，省外籍高层次人才11人，省企业科技特派员89人。全市有博士3588人、硕士31217人、高级职称专业技术人才46035人。全市持有效外国人工作许可证2620人，其中A类高端人才375人、B类专家人才1976人、C类技能人才269人。建立招才引智常态化机制，依托省实验室、新型研发机构等创新载体，中国国际人才交流大会、中国海外人才交流大会等活动平台，吸引海内外各类人才。修订完善市科技创新团队资助管理办法，提高引进团队的质量和水平。通过"全年申报、单独评审"的方式，引进院士及国家重点项目"带头人"级别的科学家人才。加强青年后备力量培育，省、市投入4000万元，联合设立省基础与应用基础研究基金佛山市联合基金（粤佛联合基金），重点培养青年人才和粤港澳研究院团队，全年立项支持青年基金项目104个、重点项目20个、粤港澳团队项目1个，支持资金达3340万元。

【高新技术企业发展】 2020年，佛山市有高新技术企业5718家，比上年增加884家。出台实施《佛山市高新技术企业培育和规模化发展三年行动计划（2020—2022年）》，提出三大重点任务15项措施，推动全市各部门形成高企培育和规模化发展的合力。遴选30家标杆高新技术企业，其中禅城区3家、南海区9家、顺德区11家、高明区2家、三水区5家。企业规模方面，10亿元以上5家，分别为广东坚美铝型材（集团）有限公司、市光法雷奥（佛山）汽车照明系统有限公司、广东美的厨房电器制造有限公司、顺特电气设备有限公司、佛山市三水凤铝铝业有限公司；2亿～10亿元17家；0.5亿～2亿元8家。技术领域方面，电子信息领域有青松科技、川东磁电、求精电气、金赋科技等6家；新材料领域有道氏科技、华特气体、莱尔新材料等12家；先进制造与自动化领域有慧谷科技、南华仪器、嘉腾机器人等12家。截至2020年底，全市标杆高新技术企业增至130家。完善创新孵化体系，全市有国家级科技企业孵化器24家、省级科技企业孵化器10家、粤港澳科技企业孵化器3家；有国家级众创空间23家、省级众创空间14家。2020年，瀚海（佛山）国际创新中心获2020年广东省国际化众创空间，初步建立"众创空间—科技企业孵化器—科技企业加速器"一体化的科技企业孵化体系。

【全市科技创新大会】 2020年3月27日，中共佛山市委、市政府在市机关小礼堂召开全市科技创新大会。大会以电视电话会议形式进行，市领导、市有关单位主要负责人、2019年广东省科学技术奖获奖单位、标杆高新技术代表企业等参加会议。会上，中共佛山市委常委、副市长蔡家华通报2019年全市科技创新工作情况并部署2020年科技创新工作。市委、市政府为广东邦普循环科技有限公司等12家2019年广东省科学技术奖获奖单位颁奖，为航天柏克（广东）科技有限公司等10家标杆高新技术企业代表颁发牌匾。会议强调，要把创新摆在发展全局的核心位置，把发展着力点更多放在创新上，以创新能力上升势头应对经济下行压力。把创新作为关系战略全局的工作，落实"1+1+9"（第一个"1"指以推进党的建设新的伟大工程为政治保证，第二个"1"指以全面深化改革开放为发展主动力，"9"指扎实推进9个方面重点工作）工作部署，在全国全省发展大局中找准佛山定位。

2020年3月27日，佛山市全市科技创新大会在市机关小礼堂举行。图为市标杆高新技术企业代表获发牌匾 （市科技局 供图）

【第九届中国创新创业大赛（广东·佛山赛区）】 2020年6月30日启动，并于10月28—29日在佛山新城中欧中心举行总决赛，同期举办第八届"珠江天使杯"科技创新创业大赛（佛山赛区）和佛山农商银行杯创新创业大赛。大赛以"科技创新，成就大业"为主题，吸引209家企业报名参赛，其中94家晋级复赛，36家进入市总决赛。总决赛以"8+7"（即参赛企业路演8分钟、答辩7分钟）的形式开展。此次大赛参赛企业博士首次超100人，达111人，其中103人有海外留学经验，比上年增加53人；高新技术企业42家，增长超1倍；涉及发明专利204件、实用新型专利410件、计算机软件著作权266个。此外，50%的参赛项目来源于各孵化器和院所机构，其中14个来自院所机构，62个来自孵化器载体。

【华南高等研究院（佛山）首批合作项目签约】 2020年11月26日，华南高等研究院（佛山）举办首批合作项目签约仪式。仪式上，华南高等研究院（佛山）与天津七一二通信广播股份有限公司为共建的半导体芯片技术研究中心揭牌，整合双方资源优势，推动科研成果转化，加快"佛山芯"研制进程；与广东美的制冷设备有限公司、新睿仕德智能系统有限公司签订三方战略合作框架协议，共建家电模具制造行业工业互联网平台；与中联云港数据科技股份有限公司签订协议，在"智慧天网"卫星互联网业务拓展中展开合作。

【第五届中国创新挑战赛（广东）暨2020广东创新挑战赛（佛山赛区）现场赛】 2020年12月27日在佛山市南海区举行。第五届中国创新挑战赛（广东）暨2020广东创新挑战赛以"挑战成就梦想·创新引领未来"为主题。佛山赛区赛事于7月14日启动，并发布"对单个技术攻关项目扶持经费的总额不超500万元，对单个重大产业化项目扶持经费的总额不超1000万元，具体金额按实际发生的投入金额（经第三方机构审核）为准"的赛区支持政策。佛山赛区组委会共挖掘出60项企业技术需求，从中甄选出3个行业技术难题的对应解决方案进入现场赛。现场赛中，广东伊之密精密机械股份有限公司、广东原点智能技术有限公司、瀚蓝环境股份有限公司3家企业代表先后进行需求展示，各参赛队伍提出各具特色的技术解决方案，由行业专家对解决方案进行公开评审，每个技术需求将根据评审标准评选出1个最优的解决方案。大赛现场评出优胜奖和优秀奖，颁发证书并给予现金奖励。

（董梦蝶）

技术转让

【概况】 2020年，佛山市技术合同登记2581项，技术合同成交额21.86亿元（其中技术交易额13.05亿元，实现连续3年增长率超55%）。全年认定43个科技成果转化平台。季华实验室设立成果转化基金1只。开展标杆高新技术企业遴选工作，遴选30家标杆高新技术企业。推进省科学技术奖培育入库工作，全年入库项目42个，资助经费680万元。继续以佛山市高新技术产业协会开展"佛山高新技术进步奖""佛山高新技术成就奖"评选和佛山市科技人才协会开展"科技先锋奖"评选为试点，引导和鼓励社会力量依法依规设立科技奖，年内评选出"佛山高新技术进步奖"58个、"佛山高新技术成就奖"6个。2019—2020年，共评选出"佛山高新技术进步奖"117个、"佛山高新技术成就奖"11人、"科技先锋奖"51个。

【技术成果转移转化】 2020年，佛山市强化技术转移体系建设，组建高水平科技成果转化人才队伍。打造"众科联"佛山市技术转移中心，构建以技术市场交易体系平台、产业垂直技术市场和企业开放式创新体系为主体的创新生态圈。完成技术市场线上平台的搭建，依托佛山市技术经纪特派员收录各类技术需求1600多条，对接中国科学技术大学量子加密通信技术团队，与佛山科学技术学院共建泛家居研究院。以钟南山院士团队为依托的健康科技成果转化项目落户南海。举办佛山—营口建材与科技产业创新示范政企研讨会等活动，推动佛山细分产业技术转移。开展市科技成果转化平台认定工作，认定43个科技成果转化平台，并对市科技成果转化平台促成的技术交易进行资助，全年资助总额453.32万元。开展专业技术转移人才队伍培育，聘任184名技术经纪特派员在企业、高校、科研院所和服务机构开展科技成果转移转化工作。推进珠三角国家自主创新示范区和珠三角国家科技成果转移转化示范区建设，组织全市科技创新大会工作，制定《佛山市建设珠三角国家自主创新示范区2020年工作要点》，撰写《建设珠三角国家科技成果转移转化示

2020年3月9日，南海区政府与广州呼吸健康研究院健康科技成果转化项目签约仪式举行。图为钟南山院士（后右二）见证下的签约仪式 （麦炽辉 摄）

范区2020年度自评价报告》等，全面分析佛山市及各区2019年度创新驱动发展"八大举措"工作情况。组织中国国际高新技术成果交易会、广东高校科技成果转化对接大会等活动，开拓粤港澳大湾区科技成果转化协同创新的可行模式。

【技术合同登记】 2020年，佛山市增设佛山市科技金融协会等5个单位为全市技术合同二级登记点，累计有技术合同登记点14个，其中一级登记点2个、二级登记点12个，实现技术合同登记点5个区全覆盖。对全市2019年度完成的技术合同认定登记项目和登记点进行资助，全年对7个技术合同登记点、73个技术合同登记项目承担单位进行资助，其中技术合同登记点资助金额118万元、技术合同登记项目承担单位资助金额538万元，合计资助656万元。年内，市科技局多次到各区重点龙头企业、技术合同二级登记点进行调研和政策宣讲，推动和辅导企业及登记点开展工作。

【2020年广东高校科技成果转化对接大会】 2020年12月10—12日，2020年广东高校科技成果转化对接大会及系列展示对接活动在佛山市举行。（参见"教育"类目"高等教育"分目）

（董梦蝶）

科技合作与交流

【概况】 2020年，佛山市继续与清华大学、香港科技大学、湘潭大学、中国科学院、暨南大学等高校和科研院所合作，创新开展院校研发和地方孵化的"异地孵化"合作模式。推进"一带一路"建设实施，继续推动广东省科学院佛山产业技术研究院与白俄罗斯、乌克兰的合作，共建中白产业技术联合创新中心。佛山发明成果转化研究院与白俄罗斯国立技术大学科技园合作成立中国佛山发明成果转化研究院中白科技合作中心，重点开展战略新兴产业方向的成果利用，以及白俄罗斯项目成果转移转化、项目孵化，共同组织人才交流及培训、探索

2020年10月23日，清华大学佛山先进制造研究院—电子信息器件与系统联合研究中心在清华大学揭牌

（市科技局　供图）

共建科研院所和国际学院等。组织各区和各科研院校、科技型企业参加"第二十四届全国发明展览会——一带一路暨金砖国家技能发展与技术创新大赛"、2020中国海外人才交流大会暨第二十二届中国留学人员广州科技交流会等活动。组织50多名标杆高企企业家参与第四届佛山企业"走进清华"暨"第二届（2020）清华大学—佛山智能制造高峰论坛"，与清华大学20名专家、教授，围绕创新发展和产学研合作进行交流，成立清华大学佛山先进制造研究院—电子信息器件与系统联合研究中心。年内，佛山市有企业在海外设立的研发中心或分支机构33个，全年财政科技投入102亿元，与大院大所合作建设高水平创新平台。

【佛山与港澳科技合作】 2020年，香港科技大学佛山智能制造研究院和香港科技大学（佛山）科技成果转化中心成立，聘请5名专职人员负责日常管理和运营。佛山市香港科技大学产学研合作专项——创新创业团队引进项目于11月启动，共收到23个申报项目，计划于2021年1月正式立项。香港理工大学李刚教授的"柔性光伏发电、发光、储电多功能一体化器件研究"项目、郑广平教授的"高熵铁电陶瓷的介电储能特性及在高功率脉冲器件中的应用"项目获佛山仙湖实验室2020—2022年开放基金重点项目支持。佛山华数机器人有限公司推进与澳门大学合作，联合开展"基于多模态感知和数据驱动的工业机器人智能作业系统研究及应用"项目并获"2019年澳门重点研发资助计划"项目700万元立项。佛山市科学技术局组织2020年佛山市科技创新项目申报工作，支持佛山科技型中小企业服务体系和平台建设，面向佛山和港澳等地区企业提供创新创业、政策环境、科技服务、项目落地等服务。

【佛山与广州深圳科技合作】 2020年，佛山市与广州市联合发布《广州市科学技术局佛山市科学技术局关于推进广佛科技创新合作的工作方案》，成立创新驱动发展工作组，推动广佛高质量发展融合试验区各片区科技部门自主结对合作，鼓励各结对合作片区研究提出利于两地发展的科技合作项目，同时探索设立广佛科技合作专区，打造一批万亿级产业集群，搭建各类科技（人才）交流平台，构建广佛科技成果转化生态系统，推动科技金融交流合作等6项重点工作任务。加强佛山企业与深圳科研院所交流合作，在关键核心技术、前沿领域联合开展技术攻关。与深圳市金融商会、深圳市共享金融研究院商讨通过商协会加强与深圳科研机构、创新平台和科技企业对接合作的可行性。年内，中国科学院苏州纳米技术与纳米仿生研究

所广东（佛山）研究院与深圳市绿展科技有限公司签订合作协议。

【第四届“清华专家教授佛山行”活动】2020年12月10—11日在佛山市举行。活动由佛山市科技局和清华大学佛山先进制造研究院联合举办。活动中，30余名来自清华大学能源与动力工程系、环境学院、材料学院以及药学院等院系的专家教授和博士到佛山市南海区广工大数控装备协同创新研究院、瀚蓝环境股份有限公司、佛山市陶瓷研究所集团股份有限公司等佛山企业和机构进行项目路演、座谈交流。

【“科技之家大使、外交官·2020佛山行”活动】2020年12月22—23日在佛山市季华实验室举行。活动以“聚智谋远、共话未来”为主题，邀请20余名前大使和前科技外交官、相关领域专家学者，围绕“后疫情时代下构建国内国际双循环相互促进的新发展格局”“后疫情时代下国际科技创新合作新模式”“从‘制造’到‘智造’，科技创新赋能佛山高质量发展”等议题进行探讨，组织开展主题演讲、大使及科技参赞圆桌对话、专业论坛等活动，并举办国际科技合作能力培训班。活动有100余名广东省高新技术企业、相关商会协会、科技孵化器、新型研发机构代表参与。

（董梦蝶）

2020年12月22—23日，“科技之家大使、外交官·2020佛山行”活动在佛山市举办。图为大使圆桌对话

（黎沛婷　摄）

气象科技

【概况】2020年，佛山市加快气象重点工程建设，建成全国最先进的强对流天气雷达监测网。推进研究型气象业务建设，市气象局组建相控阵雷达、龙卷风技术、环境气象研究和格点预报技术等4个创新团队，加强气象核心技术攻关。提高突发事件预警信息发布能力和公共气象服务能力，推进基于运营商大数据标签技术的公众预警信息靶向发布系统建设。加强天气预报服务，全年完成42次强降水、台风过程的预报预警。佛山市全年总体天气气候特征：气温偏高，高温日数多，持续时间长；年雨量与常年（统计年份为1991—2020年，下同）持平，极端短时强降水频发；初台早、台风少、总体影响小。全市年平均气温23.8℃，较常年高1.2℃，与2019年并列为1957年有气象记录以来最高；年内高温日数48天，较常年多27天，为有气象记录以来最多。年降水量1642.3毫米，较常年正常略少。年内降水时间分布极不均匀，龙舟水期间累积降水量421.6毫米，较常年多4成。全年有12个台风进入佛山市台风警戒防区，其中“海高斯”造成较明显的风雨影响。

【气象监测】2020年，佛山市加快气象重点工程建设。高明鹿洞山天气雷达上山道路修复工程通过验收，完成3台双偏振相控阵天气雷达布设，建成全国最先进的强对流天气雷达监测网；三水区在全省率先完成村（社区）自动气象站100%全覆盖。全年全市244套自动气象站和能见度仪、大气电场仪、生物舒适度等172台特种设备气象数据存储、传输和网络安全防护无错情；全市地面气象观测自动化改革正式业务运行，气象观测质量管理体系获ISO 9001认证。

【天气预报】2020年，佛山市气象部门做好气象服务和重大活动保障。执行24小时值班制度和一线带班制度，开展分区灾前影响预报和分镇临灾阈值预警业务，完成42次强降水、台风“海高斯”过程的预报预警服务，全年向决策部门提供快（专、月）报共229份，发布各类预警信号613次，服务短信846条，“两微”（微博、微信）共发布天气信息、气象科普等5606条，预报质量排名在全省提高7名。年内，《佛山气象》电视节目完成改版升级。

【气象科学研究】2020年，佛山市气象局组建相控阵雷达、龙卷风技术、环境气象研究和格点预报技术等4个创新团队，加强气象核心技术攻关，全年新增气象副高级3人，新聘正研级高级工程师1人。截至2020年底，新增主持项目14个，发表论文21篇，其中SCI（科学引文索引）2篇；与中科院LACS实验室续约共建“强风暴与龙卷风实验室”；围绕政府中心工作，落实与生态环境部门联动会商机制，加强污染天气事前预警、事后分析，协助南海区政府、省生态气象中心在环境监测国控点周边开展微气候调查模拟及改造项目污染扩散条件影响分析。

【气象信息服务】2020年，佛山气象部门加强突发事件预警信息发布能力和公共气象服务能力建设。融入政府大应急新格局，推进基于运营商大数据标签技术的公众预警信息靶向发布系统建设。利用突发事件预警信息发布系统，为新冠肺炎疫情防控提供精细气象服务和疫情防控信息，2020年防疫期间发布各类信息共1475条，直接受众1.4亿人次。保持气象信息服务渠道多元化，气象信息服务渠道达17种，“两微”（微博、微信）粉丝超100万人，其中“佛山天气”“顺德天气”影响力分别排2020年佛山政务微信服务号第六名、第七名。实现全市行政村至少有一种技术手段可获得预警信息；三水区在全省率先建立覆盖“区—镇（街道）—村（社区）—村民小组”的四级应急广播系统，实现城乡预警信息传输“无死角”。年内，《佛山气象》电视节目完成改版升级，市气象局获“广东省文明单位”称号，气象科技创新项目被广东省气象局评为特等奖。

【《新机场选址气象条件分析报告》编制】 2020年，佛山市气象局联合中山大学、广东省气候中心等高校、科研院所组建专家团队，针对中国民航局评审专家对《佛山新机场选址报告》提出的低能见度问题，在国内首次采用数值模拟技术，对新机场选址气象条件进行补充分析，完成《新机场选址气象条件分析报告》并赴京答辩，证明佛山高明气象条件符合机场建设要求，获民航专家组评价与认可，气象因素由“一票否决”变为“适合”。

【2020年全国龙卷学术交流会】 2020年11月17—18日在佛山召开。国家气象中心、中国气象科学研究院、美国俄克拉荷马大学等10家科研院所、高校，以及广东、上海、天津等12个省（市）气象部门的140多名气象专家参加会议。大会采取“线上+线下”的学术报告形式，包括特邀报告16个、专题报告22个。38名专家分别从龙卷风的相控阵天气雷达精细化监测特征、多种体制雷达组网协同观测技术研究、国内近十年来典型龙卷现场灾害调查经验等方面进行分享，并针对2016—2020年佛山、盐城、高邮、荆门等典型龙卷过程预报预警试验技术进行深入交流，推动全国气象部门相控阵雷达在强天气中的应用、龙卷数值模拟和机理研究、龙卷预警科学试验、龙卷灾情调查技术进步等。此次全国龙卷学术交流会是国内气象行业首次以龙卷为主题的学术交流会。会议全程进行线上直播，38场学术报告共吸引13万人次观看。

（李聪聪　郑启康）

2020年11月17—18日，2020年全国龙卷学术交流会在佛山举行。图为北京大学大气物理学院孟智勇教授作“龙卷灾害调查”专题讲座　（市气象局　供图）

地震科技

【概况】 佛山市地处东南沿海地震带内带的中段，大体被近东西向的广三断裂、北西向的西江断裂和白坭－沙湾断裂所围限；北东向的石碣断裂、岗断裂、广从断裂从西向东排列从佛山市穿过。根据地震构造类比原则，佛山市地质构造条件与发生中强地震的地质构造较为相近。2020年1月20日22时9分，佛山市三水区发生1.0（ML）地震，未产生明显震感和相关市民咨询情况。年内，佛山市地震局与广州市地震局共同签订《广佛防震减灾合作协议》，明确双方在技术、台网监测、科普宣传、法治建设、联络机制等方面进行交流与合作。

【地震预报】 2020年，佛山市地震局地震监测执行24小时值班制，实时跟进震情信息动态，按照“7、5、3、1”原则（全球范围内震级≧7.0级、全国范围内震级≧5.0级、全省范围内震级≧3.0级、全市范围内震级≧1.0级的地震）发出震情短信和震情简报。对佛山市有感影响的地震，实行15分钟内发出震情短信，半小时内通过市应急指挥平台上报震情信息，半小时内发出震情简报第一报。2020年，共发出震情短信10万余条，网站发布震情信息26条，向市政府及佛山市应急管理局报告震情简报16次。

【地震监测预报和台网建设】 2020年，佛山市地震监测站点完成包括台站通讯及通电线路等基础设施升级改造，新增配备智能安全供电系统和智能监控监测软件，提升台站智能化、安全性和稳定性。佛山市地震局配合广东省地震局，协调佛山各区地震部门，在高明、顺德、南海、禅城4个区选址建设4个地震预警基本站，完成3个基本站建设，1个基本站待建。市地震局联合市应急管理局在佛山市各区各选择2所学校建设地震预警接收终端，均完成建设。

【地震安全评估】 2020年，佛山市地震局牵头整合广州市、东莞市2021年度地震趋势会商报告，形成珠三角地区2021年度地震趋势会商报告，并提出珠三角地区2021年地震趋势会商意见。组织全市各区地震部门召开佛山市2020年地震趋势会商会议，编写佛山市2020年地震趋势会商报告，形成佛山市2020年地震趋势会商意见并报市政府备案。印发实施《佛山市地震局地震安全性评价诚信管理办法》，规范地震安全性评价行业管理工作，对安全性评价工作单位进行

2020年5月15日，“5·12”社区防灾减灾科普广佛联合直播活动在禅城区南浦社区举行。图为社区志愿者在介绍社区防灾减灾情况（市地震局 供图）

诚信管理。开展地震安全性评价行业监管，对地震安全性评价工作不到位的单位采取约谈、发提醒函等措施。

【“5·12”社区防灾减灾科普广佛联合直播活动】 2020年5月15日，广州、佛山两市地震部门联合举办“5·12”社区防灾减灾科普广佛联合直播活动，吸引69.9万人次参加。直播活动介绍国家综合减灾示范社区的防灾减灾工作情况，向观众普及社区应急避难场所、应急救援物资、常见设施配备及自救互救常识等内容。线上直播课、H5知识闯关竞赛、科普宣传视频投放等活动形式吸引约8万人次参与。此外，两市联合拍摄2条短视频，并在多个视频平台进行投放，播放量约30万次。

（郑永麟）

科学技术普及

【概况】 2020年，佛山市新增省级科普教育基地23个、市级科普教育基地34个。截至年底，全市有市级以上科普教育基地89个。同年，佛山市举办2020年广东省“全国科技活动周、防灾减灾日”暨“全省科技进步活动月”系列活动，以及“大手拉小手——科普报告希望行”等活动。佛山科学馆举办“奇趣大自然——生命奥秘科普展”、“文明佛山你我他，垃圾分类靠大家”、“惟改革者进，惟创新者强，惟改革创新者胜”等科普展览，年内，佛山科学馆被评为“广东省科普教育基地”。

【佛山科学馆运营】 2020年，受新冠肺炎疫情影响，佛山科学馆年初闭馆，并于5月恢复开馆，采取人数限制及预约方式，确保安全有序运营。全年接待游客27万人次，接待学校、政府机构、社会公益组织以及同行考察等团队34个。年内，佛山科学馆被评为“广东省科普教育基地”“2019—2020年节约型公共机构示范单位”，被中国科学技术协会授予“优秀组织”称号。

科学馆以展厅科普教育、科普进校园、科普展览、科普下乡等为载体，推动佛山科学普及和科技创新。与佛山市科协联合开展送科普下乡暨帮扶慰问活动，为云浮市通门镇初级中学、罗沙教学点、鸡林教学点等700多名师生及幼儿园学生展示10余个移动展项，包括3D煎饼打印机、阿尔法跳舞机器人、无人飞机等，并赠送文具礼盒、水杯等学习生活用品。组织开展“科普中国App推广”之科普进校园活动，在禅城区南庄镇罗南小学展示12个移动展项，包括“穿针引线”“磁力转盘”“喷气反冲演示”“共振鼓”“多像镜”等，约2000人参与活动。参与粤港澳大湾区科技馆联盟主办的科普“四进”（进校园、进敬老院、进军营、进社区）活动，在深圳市宝安区桃源居中澳实验学校展出阿尔法IS跳舞机器人、3D食品打印等展品，超1万名师生参与活动。

科学馆举办多场大型临时科普展览。包括：举办为期58天的“奇趣大自然——生命奥秘科普展”，以展示动物标本、活体爬行动物为主，10万人次观展；举办“文明佛山你我他，垃圾分类靠大家”环保主题科普展览，展示11个与生活垃圾分类知识相关的展项，1万

2020年10月27—29日，“佛山科学馆送科普下乡进校园郁南站活动”在郁南县通门镇初级中学等3所学校举行。图为科普人员向学生展示阿尔法跳舞机器人（市科技局 供图）

余人次观展；举办“2020年全国科普日暨第二届佛山科普嘉年华”活动，现场展示无人机表演、机器人对抗赛等多个微型展项，活动期间举办以“病毒——人类的敌人还是朋友？”为主题科普展览，讲述人类与病类斗争的历史，以及面对新型冠状病毒挑战所带来的思想，1.3万人次观展；举办“惟改革者进，惟创新者强，惟改革创新者胜”全国发明展览精选项目展，从第二十四届全国发明展中挑选精品项目展出。

科学馆以联动方式开展3场特色线上科普活动。包括参加由中国科技馆带领举办的线上活动——全国科技馆科学实验挑战赛，打造线上“永不闭馆”，让市民在家免费参观科学馆；参加由中国自然科学博物馆学会主办的线上活动——新型冠状病毒肺炎科普知识有奖竞答活动，提供100张免预约参观门票以及100张球幕电影票作为奖品；与广东永旺集团、广东电视台联合开展首场“云端‘触摸’太阳系”公益直播科普课堂，讲解和演示“日心说”“恒星的一生”“龙卷风”“城市的昼与夜”“全球能源分布”等科普展项，表演“召唤彩虹”小实验，并现场解答观众疑问，超3万人次通过“广东电视台”手机应用程序（App）观看直播。

（董梦蝶）

【科协科普】 2020年，佛山市科学技术协会发挥职能，推进科学技术普及，促进全民科学素质提高。

公众科普活动　指导各区科协和市级学会开展新型冠状病毒感染的肺炎疫情应急科普工作。利用中国科协“科普中国”这个国内权威科普平台，针对热点问题，主动发声，及时发布疫情信息、宣传疫情科普知识、开展科学辟谣，先后通过市科协“两微一端”（微信公众号、微博和新闻客户端）、科协工作微信群、学会工作微信群、科普基地工作微信群等平台转发权威信息220条，在“佛山科协”新浪微博、“科普佛山”微信公众号转载相关消息，累计点击量超10万人次。组织各区科协，市级医学类学会、协会、研究会的科技工作者开展防控、防护知识和技能培训，回应民众关切的防控热点问题。在“广东省科技进步活动月”期间承办广东省“全国科技活动周、防灾减灾日”暨“全省科技进步活动月”主场活动，以“弘扬科学精神　推广科技成果　助力脱贫攻坚”为主题开展一系列活动，20多个省级单位和50多个市内单位做现场展示，进行新冠肺炎防治知识科普、中药及凉茶防疫科普、自救互救技能操作演示、防震减灾技术宣教、气象应急科普、农业知识宣传、无人机展示、3D打印展示、眼健康知识科普宣传等，吸引约1500人参与。举办“决胜全面小康，践行科技为民”——2020年全国科普日暨第二届佛山科普嘉年华活动，通过线上线下相结合的形式，全面呈现活动最新进展和全国科普日的亮点成就，报名参与线上活动1200人次，线下统一跟队参观科普基地人数近500人次，活动直播吸引超10万人次观看。

青少年科普工作　举办“大手拉小手——科普报告希望行”活动，邀请中科院老科学家科普演讲团8名科学家，在佛山市中、小学校举办科普报告64场次。举办第三十六届佛山市青少年科技创新大赛，吸引600多所学校的3万多名师生参与，最终进入决赛的项目达到636个。与团市委、市青少宫联合举办“2020年佛山市青少年航空模型、航海模型、车辆模型和建筑模型”4项科技体育竞赛活动。组织佛山代表队参加第三十五届广东省、全国青少年科技创新大赛等国内青少年科技活动大赛等活动。选拔推荐数学、物理、化学、生物、计算机5个学科60名学生参加2021年广东省“英才计划”遴选，南海区石门中学徐画等4名佛山学子入选2021年广东省“英才计划”。

科普基础设施建设　指导符合条件的单位申报广东省科普教育基地及科普小镇，其中，瀚蓝绿电固废处理（佛山）有限公司被认定为2020年广东省科普小镇。推进科普教育基地建设，全年新增省级科普教育基地23个、市级科普教育基地34个。

（汪元龙）

【2020年广东省“全国科技活动周、防灾减灾日”暨“全省科技进步活动月”主场活动】 2020年6月13日，2020年广东省“全国科技活动周、防灾减灾日”暨“全省科技进步活动月”主场活动在佛山市南海区里水镇万顷洋园艺世界举行。活动以“弘扬科学精神　推广科技成果　助力脱贫攻坚”为主题，内容包括新冠肺炎防治知识科普、中药及凉茶防疫科普、自救互救技能操作演示、防震减灾技术宣教、气象应急科普、农业知识宣传、无人机、3D打印、眼健康知识科普宣传等。师生、群众等约1500人参与活动。活动期间，万顷洋园艺世界岭南农业产业创意园展馆中进行“中国流动科技馆”广东省巡展活动。

（董梦蝶）

表59　**2020年佛山市省级以上科普教育基地一览表**

序号	基地名称	省级命名批次	全国命名批次
1	佛山电力体验馆	2016—2020	—
2	佛山市南海区广工大数控装备协同创新研究院	2018—2022	—
3	佛山市南海区里水消防科普公园	2018—2022	—
4	佛山市南海绿电再生能源有限公司	2019—2023	—

续表

序号	基地名称	省级命名批次	全国命名批次
5	佛山市高明泰康山旅游开发有限公司	2019—2023	—
6	广东北大数研园区运营管理有限公司	2019—2023	—
7	佛山市云勇生态林养护中心	2020—2024	—
8	广东职业技术学院	2020—2024	—
9	广东电网有限责任公司佛山顺德供电局	2020—2024	—
10	广东环境保护工程职业学院	2020—2024	—
11	佛山市地震局	2020—2024	—
12	南国丝都丝绸博物馆	2020—2024	—
13	广东佛山市三水侨鑫高科技农业发展有限公司	2020—2024	—
14	佛山市源田床具机械有限公司	2020—2024	—
15	佛山市南海丝厂有限公司	2020—2024	—
16	佛山市南海区食品药品监督管理局桂城分局	2020—2024	—
17	佛山市禅城区南庄镇经济和科技促进局	2020—2024	—
18	佛山三水供电局电力节能展厅	2020—2024	—
19	广东史努比缤纷乐园有限公司	2020—2024	—
20	佛山市高明区鹏鹄农业发展有限公司	2020—2024	—
21	佛山市南海区联合广东新光源产业创新中心	2020—2024	—
22	佛山市禅城区祖庙街道专职消防队	2020—2024	—
23	佛山市消防支队三水区大队	2020—2024	—
24	佛山市顺德区容桂海立方旅游文化发展有限公司	2020—2024	—
25	广东万顷洋农业发展有限公司	2020—2024	—
26	佛山科学馆	2020—2024	2015—2019
27	佛山市海天（高明）调味食品有限公司娅米的阳光城堡	2020—2024	2015—2019
28	广东盈香生态园有限公司	2020—2024	2015—2019
29	佛山市林业科学研究所	2020—2024	2012—2016
30	广东邦普循环科技有限公司环保科普教育基地	2013—2017	2015—2019

注：中国科协自2015年开展全国科普教育基地申报认定工作后，至2020年底没有重新开展申报认定

文 化

公共文化

【概况】 2020年，佛山市有6个区级以上公共图书馆，均为国家一级馆。截至2020年底，佛山市联合图书馆共有成员馆349个，总藏书量1280.53万册，其中佛山市图书馆及其所属成员馆藏书量341.38万册、禅城区图书馆及属成员馆藏书量212.08万册、南海区图书馆及属成员馆藏书量296.11万册、顺德区图书馆及属成员馆藏书量246.73万册、高明区图书馆及属成员馆藏书量60.62万册、三水区图书馆及属成员馆藏书量123.61万册。有备案登记博物馆27个（含禅城区博物馆2个分馆），比上年增加2个。全市博物馆中，国有博物馆11个、非国有博物馆16个；国家二级博物馆3个、国家三级博物馆2个；实行免费开放的博物馆有24个。全市已备案登记博物馆馆藏品总数14.12万件。有6个区级以上文化馆，均为国家一级馆。有已建成及在建美术馆（艺术馆）93个。全市32个镇（街道）文化站均为省特级站，全市建有村（社区）综合性文化服务中心779个，村（社区）综合性文化服务中心覆盖率100%。全市公共文化设施室内总面积139.8万平方米，万人拥有公共文化设施室内面积1768.89平方米。

表60　**2020年佛山市国家一级文化馆一览表**

单位：平方米

序　号	名　称	地　址	建筑面积
1	佛山市文化馆	佛山市顺德区乐从镇华康道	26003
2	佛山市禅城区文化馆	佛山市禅城区同济路	4600
3	佛山市南海区文化馆	佛山市南海区桂城街道南新一路	4609
4	佛山市顺德区文化艺术发展中心	佛山市顺德区大良街道碧水路	26229
5	佛山市高明区文化馆	佛山市高明区荷城街道西江新城滨湖路	12028.4
6	佛山市三水区文化馆	佛山市三水区西南街道文锋东路	2560

表61　**2020年佛山市国家一级图书馆一览表**

单位：万册

序　号	名　称	地　址	馆藏图书数量
1	佛山市图书馆	佛山市顺德区乐从镇华康道	325.88
2	佛山市禅城区图书馆石湾主馆	禅城区石湾榴苑四街	106.32
3	佛山市南海区图书馆	广东省佛山市南海区桂城街道天佑三路	116.10
4	佛山市顺德图书馆	佛山市顺德区大良碧水路	129.41
5	佛山市高明区图书馆	佛山市高明区荷城街道文昌路	28.90
6	佛山市三水区图书馆	佛山市三水区西南街道文锋东路	32.26

【公共文化服务体系建设】 2020年，佛山市高标准推进公共文化服务体系建设。印发《佛山市公共文化服务体系高质量发展行动计划（2019—2022年）》，推动20个重点项目落地实施。继续推进邻里图书馆、“祠堂+文化”省级示范项目建设，通过省中期调研检查。其中：邻里图书馆项目邻里图书馆数量（截至年底）发展至1121家，累计从图书馆借书21.6万册次，累计转借图书7.8万册次，举办活动达947场，服务读者2.63万人次；“祠堂+文化”项目深入开展，课题报告框架、纲目和主要内容基本确定，30个示范点有29个完成建设，1个示范点正式开放。统筹推进“粤书吧”“两中心融合”

（综合性文化服务中心和旅游咨询中心）试点建设，全市共有6个单位入选广东省“粤书吧”首批试点单位，10个单位入选广东省“两中心融合”首批试点单位。

【公共文体惠民活动】2020年，佛山市线下文化活动受新冠肺炎疫情影响减少，市文化广电旅游体育局及时转变思维方式，探索线上线下结合的活动新模式，不断挖掘公共文化活动的广度。举办“筑梦佛山”文化艺术体育夏令营活动，采取线上直播（小班课）、录播（免费课）的形式开展，全市有9000多名异地务工人员和城市低收入家庭的孩子通过网络直播小班课参与该次夏令营活动，全市青少年还通过各分营开设的免费网络录播课免费参与活动。夏令营活动中，市图书馆为每个小营员提供阅读礼包和免费流量包，市文化馆通过网络开设合唱、音乐、舞蹈、书法、美术、戏剧等门类37节艺术课程。推出

表62　　2020年佛山市博物馆一览表

序号	名称	所属区	地址	级别	是否免费
1	佛山市博物馆	禅城区	禅城区汾江中路	无级别	是
2	佛山市祖庙博物馆	禅城区	禅城区祖庙路	二级	否
3	佛山市禅城区博物馆	禅城区	禅城区松风路先锋古道	无级别	否
4	广东粤剧博物馆（佛山市禅城区博物馆分馆）	禅城区	禅城区兆祥路兆祥公园内	无级别	是
5	佛山鸿胜纪念馆（佛山市禅城区博物馆分馆）	禅城区	禅城区福宁路祥安街	无级别	是
6	佛山市南海区博物馆	南海区	南海区西樵镇西樵山南门东侧	二级	是
7	佛山市高明区博物馆	高明区	高明区荷城街道沧江路	无级别	是
8	佛山市三水区博物馆	三水区	三水区云东海街道纪元路	三级	是
9	佛山市顺德区博物馆	顺德区	顺德区大良街道新城区碧水路	二级	是
10	佛山市顺德区清晖园博物馆	顺德区	顺德区大良街道清晖路	无级别	否
11	广东石湾陶瓷博物馆	禅城区	禅城区石湾镇街道高庙路	三级	是
12	佛山市岭南酒文化博物馆	禅城区	禅城区石湾镇街道太平街	无级别	是
13	佛山市禅城区知隐博物馆	禅城区	禅城区华远西路	无级别	是
14	佛山市禅城区同庆石湾公仔博物馆	禅城区	禅城区石湾镇街道东风路	无级别	是
15	佛山市南海区九江双蒸博物馆	南海区	南海区九江镇沙口工业区惠民路	无级别	是
16	佛山市南海区玄憬龙博物馆	南海区	南海区九江镇梅圳中和村正路坊	无级别	是
17	佛山市南海区福厚博物馆	南海区	南海区西樵镇樵高路	无级别	是
18	凯仕乐医疗保健器械养生博物馆	南海区	南海区九江镇奇腾路	无级别	是
19	佛山市高明区世纪钱币博物馆	高明区	高明区沿江路灵龟公园门口	无级别	是
20	南国丝都丝绸博物馆	顺德区	顺德区大良街道新城区观绿路	无级别	是
21	佛山市南海区九江侨乡博物馆	南海区	南海区九江镇人民路	无级别	是
22	广东大观博物馆	南海区	南海区桂城街道灯湖西路	无级别	是
23	佛山市岭南金融博物馆	南海区	南海区桂城街道灯湖西路	无级别	是
24	佛山市南海区汤南私塾博物馆	南海区	南海区里水镇和顺汤村汤南古村	无级别	是
25	佛山市顺德区茂和钱币博物馆	顺德区	顺德区伦教街道三洲居委会678文化古街文明西路	无级别	是
26	顺德区阁瓷博物馆	顺德区	顺德区大良街道万科新城湾畔9号	无级别	是
27	禅城区知行博物馆	禅城区	禅城区张槎四路东鄱小学校园内	无级别	是

"知书达里"网上预借服务，借助互联网平台与邮政特快专递服务（EMS）物流系统，读者线上下单，物流线下送书到家，让读者足不出户享受到便捷的借阅服务。截至年底，"知书达里"读者下单1805单，借阅图书6406册。开展"百千万"佛山产业工人发声行动，线上发声活动收到参赛作品920件，助力5.21万人，关注人数近17万人次，推出慕课30集。此外，随着疫情形势向好，全面启动"佛山韵律 幸福小康"《佛山全民综艺大舞台》暨"舞动全城"第四届广场舞展演工作，全市各区线上和线下共收到近2000个节目报名，逾5万人次参与活动。截至年底，全市举办海选、晋级赛共52场。

（严 慧）

【博物馆之城建设】 2020年，佛山市与广州美术学院合作，在南海区听音湖片区共建广府美术馆（岭南画派纪念馆佛山分馆），在梁园片区建设"一馆三中心"（岭南民艺馆，民艺研究中心、创作实践中心、创意孵化中心），实现广州美术学院中国画学院教学实践基地等落户广东新石湾美术馆。引入樊建川文博团队，与南海区政府在佛山西站合作共建建川新中国百年博物馆，规划建筑面积9万平方米，打造新时代文博综合体。推动与市内重点企业合作共建文博场馆，美的集团广东和美术馆、东鹏集团明善陶瓷博物馆、深圳良子集团天意茛园香云纱博物馆、宏宇集团弘汉陶瓷博物馆等一大批重点项目建成启用。广东和美术馆获2020年度"美国建筑大师奖"专业组建筑设计大奖。截至2020年底，佛山市博物馆之城建设70个重点项目（其中有投资预算的项目65个），完工的40个、基本完工的4个，总占比63%（占有投资预算的项目68%），累计完成投资22.8亿元，占总投资预算的52%。截至2020年底，佛山市有已建成及在建博物馆（纪念馆、名人故居）145个，其中已建成的有116个、在建29个；有美术馆（艺术馆）93个，其中已建成的有91个、在建2个；有已建成的村史馆101个。博物馆备案登记数27个（含禅城区博物馆2个分馆）、美术馆（艺术馆）登记数78个。已建成和在建非国有博物馆、美术馆总数145家，占全市博物馆、美术馆总数的61%。

（张紫林）

【6间书吧入选省首批文旅融合"粤书吧"试点】 2020年7月13日，广东省文化和旅游厅公布广东省首批文旅融合"粤书吧"建设试点，全省有86家书吧入选首批试点名单。佛山市有6间书吧入选，分别为逢简梁公馆民国书舍粤书吧、Inkpark文荟坊粤书吧、观心小镇读书驿站粤书吧、今屋文创书店粤书吧、盈香生态园"真趣书屋"粤书吧、金太阳酒店粤书吧。同年，佛山市通过统筹经费支持、业务指导、资源配备、阅读推广、提高服务质量、加强绩效考核，推进文旅融合"粤书吧"建设试点工作开展。

（严 慧）

【邻里图书馆项目获国际营销奖第一名】 2020年7月22日，2020年国际图书馆协会联合会（IFLA）国际营销奖揭晓，佛山市图书馆邻里图书馆项目获第一名。这是佛山市图书馆在继2018年获国际图书馆协会联合会"最佳绿色图书馆"奖后获得的又一个国际奖项。2020年的国际图书馆协会联合会国际营销奖评奖活动有美国、中国、加拿大、法国、俄罗斯、德国等29个国家的项目参加，佛山市图书馆邻里图书馆项目成为被国际图书馆协会联合会认可的2019年最出色的图书馆营销项目。

（柯 静）

【市文化馆】 佛山市文化馆新馆于2017年12月23日建成对外开放，位于佛山市顺德区乐从镇佛山新城，建筑面积2.6万平方米。2020年，市文化馆开设一系列线上培训、展演及征集评选活动，与各区文化馆以及广州市文化馆等单位共享数字资源，全年开设线上活动533场次，参与人数超1600万人；开展群众文艺演出、展览、辅导培训（含公益讲座）等各类线下活动582场次，参与人数超10万人。自3月26日恢复预约开放至年底，市文化馆各功能室使用532场次，服务群众1.6万人。

线上"云展览" 2020年1月28日至4月20日，市文化馆站联盟开展"抗击疫情"主题作品征集活动，征集作品1146件，通过网站、微信公众号和微博发布作品821件。6月8—30日，市文化馆和"南方+"客户端联合举办佛山少儿抗疫美术作品"云展览"，展出少儿美术作品60件。6月2—16日，珠三角九市抗疫主题文艺作品联展在佛山市文化馆举行，并同时在市文化馆官网及微信公众号上线，参展作品200多件。

线上公益艺术培训 2020年，市文化馆开设线上公益艺术培训，线上课程以市文化馆业务专干授课为主，市内

2020年，位于顺德区乐从镇的佛山市文化馆 （市文化馆 供图）

优秀专家老师授课为辅的形式进行，开设包括历史文学公开课、名家艺术线上课程、粤曲句格八点通网络培训、话友编剧沙龙网络创作培训、五线普快速入门、民谣吉他班、声乐启蒙教学、少儿花艺术线上课程、古筝考级乐曲解析等线上课程。

传统优秀文化传承推广　2020年，市文化馆以佛山粤剧、醒狮为主题，结合数字动漫的方式推广传承佛山传统文化，启动动漫资源建设，粤剧动漫、醒狮项目先后入选文化和旅游部“广东粤剧动漫资源建设”“广东醒狮动漫资源建设”项目。其中，粤剧动漫7月完成，11月在网络首发后在多个官方媒体平台播出，观看人数2.3万人次；醒狮项目5月启动，至2020年底完成剧本创作、人物设计、场景设计、样片制作，完成总体进度的90%。全年开展“梨园广场粤剧粤曲进校园”活动2场。年内，市私伙局联盟新增联盟私伙局队伍25支。

文化交流　2020年，市文化馆组团赴南宁市参加2020年粤港澳桂—东盟文化交流活动。组团赴梧州市参加2020年广西（梧州）两广粤曲（折子戏）邀请赛暨梧粤群众文化联盟交流活动。市文化馆与南宁市群众艺术馆、梧州市群众艺术馆、珠海市文化馆、云浮市文化馆共同签订《珠江—西江经济带城市共同体群众文化战略合作联盟协议》。与广东省舞蹈戏剧职业学院开展合作共建活动，派出音乐与舞蹈专干在广东省舞蹈戏剧职业学院社文戏大专班授课。

文化惠民精品活动　2020年，市文化馆举行2020年佛山市群众音乐舞蹈花会，有9个优秀节目入选2020广东省群众艺术花会（音乐舞蹈）决赛。举行2020年度佛山市群众文艺作品评选活动，选送20件作品参加2020年度广东省群众文艺作品评选。开展“开心广场·百姓舞台”公益流动演出、流动展览活动，全年完成演出7场，完成流动展览4场。开展“佛山韵律”系列活动。开展“筑梦佛山”文化艺术公益夏令营活动。

（张　丽）

【市图书馆】 2020年，佛山市图书馆有主馆和祖庙路分馆2个馆舍，总建筑面积5.3万平方米，馆藏图书近300万册、中外报刊近3000种、电子图书200万册，有多个大型数据库，以及3000个阅览座位、200多台读者使用终端，无线网络覆盖范围100%，为市民提供智能化、数字化、网络化的多维阅读体验。佛山市图书馆理事会初步建立起职责明确、运行高效、决策科学的法人治理结构体系。受新冠肺炎疫情影响，全年进馆读者75.58万人次。

资源建设　2020年，佛山市图书馆采购纸质图书31.3万册、期刊1662种、报纸172种、音像2556盒、电子图书13.6万种、电子期刊4.21万种、电子报纸700种、各类型数据库19个，新增纸质文献30.94万册，累计馆藏纸质文献326.2万册。推进市图书馆新馆应用软件系统建设，公共数据中心、办公自动化系统、统一身份认证系统、大数据决策与分析系统、网站门户、微信门户、开放式采访系统、阅读银行系统等进一步完善，邻里图书馆运营服务系统正在开发中。

读者服务　2020年，佛山市图书馆文献流通量162.42万册次。新增办证2.2万个，累计办证量53.11万个。为援鄂医护人员开通移动智能图书馆“绿色借阅通道”，移动智能图书馆全年上门服务108次，新增办证3077个。开通“知书达里”无接触配送服务，全年完成4000多份读者订单，借阅图书1.5万册次。开展“知新阅易”新书借阅服务，有6036位读者借阅新书1.8万册次。依托“统一新媒体客服系统”服务读者24.12万人次。为党政部门、企事业单位提供定题服务178项、热点专题信息64项。参与课题调研41项，出版各类型信息刊物172期。

阅读推广　2020年，佛山市图书馆构建“云活动”模式，全年开展各类阅读推广活动1314场，参与读者42万人次。继续开展邻里图书馆项目，邻里图书馆发展1170个，累计从图书馆借书23.85万册次，转借图书8.9万册次，举办活动1027场，服务读者2.96万人次，获得国际图书馆协会与机构联合会（IFLA）营销奖第一名。探索“图书馆+民宿”合作模式，建成8家民宿图书馆。推动6家粤书吧成功申报为广东省文化旅游厅2020年重点推进体系化工程试点。佛山阅读联盟开展阅读推广活动131场，参与读者3.5万人次。携手市青少年文化宫启动互搭互嵌深度合作，负责编发佛山市公共文化设施联盟宣传刊物《佛山韵律　文化生活导航》3期。年内，佛山市图书馆志愿者服务队新增志愿者120人，志愿者总数5585人，开展活动492场，活动受益人数近7万人次。

文献研究　2020年，佛山市图书馆完成《佛山历史人物辑录》明代部分出版工作（清代部分进入专家审校阶段）。推动《佛山历史人物辑录》数据库上线。完成《广东古籍总目·佛山图书馆卷》数据的增补、著录等工作。启

2020年，佛山市图书馆探索“图书馆+民宿”合作模式，全年建成8家民宿图书馆。图为位于顺德区杏坛镇逢简村的梁公馆民宿图书馆　（市图书馆　供图）

动佛山竹枝词及地方文化诗歌的辑录。开展"了不起的佛山文化——美食篇"微视频制作。举办"文脉传承　故纸流芳——佛山经典古籍联展"活动。

联合图书馆体系建设　2020年，佛山市联合图书馆有成员馆349个，其中普通成员馆80个、智能图书馆266个、馆外新书借阅点3个。市联合图书馆全年新增办证量6.5万个，累计办证量151.28万个；全年新增文献146.37万册，累计馆藏纸质文献1281.42万册；全年图书流通量408.33万册次。截至年底，市联合图书馆数字资源共建共享平台拥有外购商业数据库29个、自建数据库12个、试用数据库12个，资源容量260太字节。数字资源共建共享平台点击量约20万人次，各数据库累计下载、浏览量为950.3万篇次。建有市支中心1个、区支中心5个、基层服务点1130个，城乡全覆盖。年内，广佛首家共建图书馆——南海天河城"阅读家"正式对外开放。

图书精准扶贫　市图书馆举办"你我同读 共迎小康"系列活动，为佛山市民与四川省凉山彝族自治州、新疆维吾尔自治区伽师县、黑龙江省双鸭山市、西藏自治区墨脱县、广东省云浮市等地市民搭建跨地域"知识社交"互动空间，向四川省凉山彝族自治州金阳县、新疆生产建设兵团第三师41团、黑龙江省双鸭山市、西藏自治区墨脱县捐赠图书6万册，组织职工捐赠扶贫济困款5160元，采购扶贫农产品9.5万元；与西藏自治区墨脱县，四川省凉山彝族自治州木里县、甘洛县开展文化扶贫交流活动，分别向木里县、甘洛县捐赠图书500册、1000册，木里县建设首家邻里图书馆。

（柯　静）

【新华书店】 2020年，佛山市新华图书发行有限公司（增挂"佛山市新华书店"）有职工98人，辖惠景书城、石湾书店、报刊发行部3个图书销售门店，总营业面积8700平方米，卖场陈列图书、报纸期刊、电子音像出版物12万种。主要经营项目：销售图书、报纸、杂志、音像制品、文化体育用品、工艺美术品、集邮票品、多媒体电脑软件；对青少年儿童开展文化、教育、音乐、艺术培训业务。全年销售出版物219.15万册。其中，一般图书、音像95.83万册，教材教辅122.42万册，期刊杂志8942册。受新冠肺炎疫情影响，各门店在1月24日至2月22日停止对外营业，全年图书总销售比上年下降23.6%。

教材教辅图书发行　2020年，佛山市新华书店在做好新冠肺炎疫情防控工作的前提下，配合佛山教育部门，确保教材发行不因疫情延误。全年为禅城区内9所高中、25所初中、80所小学征订、配送教材、教学辅导用书324.8万册（其中202.38万册为代发货），共出动汽车340车次，快递10批，出动人力805人次。

政治读物及重点出版物发行　2020年，佛山市新华书店把中宣部、国家新闻出版广电总局公布的重点主题出版物和其他重点出版物纳入销售必备目录，在卖场突出位置设立专柜专架陈列，做好展示展销。配合中共佛山市委宣传部在惠景书城开设"学习强国"线下体验空间，于11月13日揭牌运营，该"学习强国"线下体验空间开设读物展示、视听学习、互动交流等专区，读者可以在体验空间参加"学习强国"学习平台组织的各类活动，增强读者的参与感和体验感。惠景书城在该体验空间内专门设置"决胜全面建成小康社会主题图书专台"，展出《习近平谈治国理政》《习近平扶贫故事》《中国制度面对面：理论热点面对面（2020）》等一批重点主题出版物，以及党建、时政类图书，营造浓厚学习氛围。全年各类政治读本及重点主题读物销售7072种14.32万册，比上年增长21.5%，其中销量排前十的分别是《习近平谈治国理政》第三卷销售74286册，《中国制度面对面：理论热点面对面（2020）》销售3009册，《国家安全知识百问》2887册，《中国共产党章程》销售2688册，《习近平新时代中国特色社会主义思想学习纲要》销售2402册，《习近平总书记教育重要论述讲义》销售1312册，《党支部工作手册》（第4版）销售1000册，《中国共产党的九十年》（全3册）销售988册，《入党培训教材（修订版）》（附试卷）销售982册，《中共中央关于制定国民经济和社会发展第十四个五年规划和二〇三五年远景目标的建议》销售830册。

一般图书销售　2020年，佛山市新华书店一般图书销售10.21万种95.83万册，比上年下降5.9%。一般图书销售中，哲学、社会科学1.79万种19.22万册，文化教育1.87万种45.09万册，文学艺术2.80万种14.88万册，科学技术9166种4.76万册，少儿读物2.58万种10.37万册，中小学课本166种9822册，

2020年11月13日，"学习强国"线下体验空间在惠景书城揭牌运营

（市新华书店　供图）

音像制品2036种4255册，其他出版物189种972册。

读者服务　2020年，佛山市新华书店通过微信服务号、订阅号、网站为读者提供新书和畅销书荐读、各类重点图书出版信息和书单推介。微信服务号（微商城）粉丝2992人，订阅号粉丝1.19万人，全年微信平台发布信息554条，阅读量8万人次，比上年增加1万人次，传播指数增长2.62%。继续协助佛山市图书馆做好惠景书城图书免费借阅服务点运营工作，上架图书7000种2.1万册，借出图书6500种1.8万册，还回图书1.5万种3.8万册。其中，包括帮佛山市联合图书馆收还书7500种2万册，借阅3100人次，新办读者借书证450个。配合市图书馆完成图书加工服务10.56万册。全年开展流动售书活动6次，销售图书3100册，对禅城区内450家机关、事业单位、厂矿企业客户开展图书征订和送书上门服务，共供应图书7.8万册。此外，建立"百姓点单"图书配送模式，配合中共佛山市委宣传部对禅城区和南海区的2家创新建设的农家书屋进行图书更新，配送图书3100册。举办第十五届中小学生"我读一本好书"征文活动和第三届禅城区初中英语读书笔记和创意故事手抄报比赛活动，向禅城区100所中小学校学生推荐教育部指导书目高中、初中、小学各100种优秀读物，推荐书目销售合计8909册。全年举办主题图书展销活动45次，主题图书推荐专架活动4次，流动售书、座谈会5场次。

（梁金旺）

【市博物馆】佛山市博物馆成立于1959年，原与佛山祖庙为一体，2008年与佛山祖庙机构分设。2020年，市博物馆藏品以地方文物为主，有瓷器、陶瓷、玉器、字画、木雕、端砚、钱币，以及佛山地方民俗文物等3.06万件（套），其中珍贵文物5943件（套）。

市博物馆新馆建设　2020年9月，市博物馆新馆工程实体完成竣工验收，10月全面启动移交工作。截至12月底，基本完成高低压配电房、电梯、给排水移交，智能化、空调、消防等专业项目进入调试、整改和移交过程。年内，市博物馆新馆场馆二次装修工作全面展开，项目管理及监理等10个项目正式立项；陈列展览大纲进一步优化，陈列展览布展项目招标工作启动；安防建设、文物库房建设、办公家具采购、图书档案库房建设等项目稳步推进。

文化遗产活化　2020年，市博物馆继续办好于2019年12月开始在河北省廊坊市廊坊博物馆展出的"岭南风物——佛山木版年画精品展"，并根据新冠肺炎疫情防控要求，将现场陈展改为网上展览。在佛山市图书馆举办"古雅之美——佛山民间收藏拓片展"，并在佛山市博物馆网站和微信公众号推出网上虚拟展览长期供观众参观，展览期间还在佛山市图书馆举办"小手艺大学问略说传拓"讲座和墨拓古雅——金石传拓体验活动。协办"文脉传承　故纸流芳——佛山经典古籍联展"。持续开展送展下基层工作，组织"保护城市根脉·推动文化繁荣——佛山市非物质文化遗产图片展""守望祥和家园——佛山木版年画图片展"在佛山市第六中学、东平小学鹭洲校区、南海中画艺术馆、佛山市元甲学校、南海一中等地展出，参观人数1万余人。在河北省武强年画博物馆举办"岭南风物——佛山木版年画精品展"。承办"牵手·非遗赋彩全面小康"2020年佛山市文化和自然遗产日系列活动暨"广东非遗购物节"佛山分会场启动仪式，以"设计赋能　让传统技艺重现光彩""酒香非遗190年，文化传承凝匠心""融入现代生活，市场滋养非遗""非遗传承藏品票——搭建非遗与社会大众的桥梁""广绣的生产性保护和扶贫"5个主题，展示非遗项目活态创新以及非遗文化保护传承之道。

非遗保护　2020年，市博物馆开展非遗调查、研究工作。通过佛山市非物质文化遗产保护中心与佛山日报社共同发起并完成《2020佛山非遗大数据报告》。通过"引进来"的方式，邀请市外专家学者到佛山"把脉"佛山非遗。举办2020年佛山市非物质文化遗产保护工作培训班、"追寻武者足迹，再现侠者精神"佛山武术历史名人评选活动。开展省级以上非物质文化遗产代表性项目保护单位运行评估调研工作、《佛山市非物质文化遗产条例》项目调研，组织全市28项各级非遗项目参与"物以载道——中国非遗数字展"线上展览。保障非遗保护资金扶持。组织开展2020年市级非物质文化遗产保护专项资金申报工作，全年全市有16个项目保护单位、10个传承基地、2个传习所以及市级传承人160人获得市级财政资金补助120万元。组织省级和国家级代表性传承人上报材料，保障传承人补助按时发放。

2020年9月17日至10月10日，佛山市博物馆主办的"古雅之美——佛山民间收藏拓片展"在佛山市图书馆二楼展览厅展出

（李小艳　摄）

做好传承人保护工作。进行传承人抢救性记录，开展佛山秋色国家级代表性传承人何信、龙舟说唱国家级代表性传承人陈振球、佛山十番国家级代表性传承人何汉沛、佛山彩灯国家级代表性传承人杨玉榕抢救性记录工作。启动“非遗大师工作室提升工程”，选定佛山木版年画国家级传承人冯炳棠、剪纸（广东剪纸）国家级传承人陈永才、佛山秋色国家级传承人何信3位大师的工作室作为第一批改造项目进行改造。

藏品文物征集与修复整理　2020年，市博物馆向社会征集46批次714件（套）1181件文物藏品。其中有海外回流的清代至民国的广州作品广彩、广绣及清末佛山生产的剪纸等文物；有向民间藏家征集的一批清代、民国时期的石湾窑精品，一批当代石湾陶塑大师的原作、精品；有向拍卖会征集的一批宋代到清代的瓷器精品；有向国营文物商店征得的一批清代广州商行外销文物及明清瓷塑精品，等等。全年共接受捐赠18批次390件（套）645件藏品资料，其中包括抗击新冠肺炎疫情物品、成套打制的锡箔工具和成品等有一定价值的文物和资料。全年装裱修复馆藏珍贵书画、纸本类藏品（木鱼书、账簿等）38件（幅）。启动铁器类文物修复170件。配合推进桑园围申报世界灌溉工程遗产工作，拓制清代石碑《严禁装泊乾涌告示》《禁止赌博》等7件拓片。

文博学术研究　2020年，佛山市博物馆推进《佛山传统文化符号（第一卷）》的编撰工作。开展“佛山传统文化符号数据库”二期建设研究工作。做好“佛博坊”宣传图册、“佛山木版年画全国巡展”图册的编辑工作。同年，关宏著的《佛山铜凿剪纸》入编《佛山历史文化丛书》（第五辑），张雪莲著的《中国佛山功夫文化》、李小艳著的《中国佛山龙舟文化》入编《佛山历史文化丛书》（第五辑）及该丛书中英文版（第一辑）。

“佛博坊”系列活动　2020年，市博物馆继续举办“佛博坊”系列活动。“小手拉大手　大城小工匠”2020佛山秋色赛会在国庆期间举行，设彩灯、木雕、秋色、狮头、剪纸、木版年画6个

2020年9月25日，佛山市博物馆举办“佛博坊”系列活动之传统文化进校园活动，省级和市级非遗传承人将佛山剪纸、石湾陶塑技艺、狮头扎作、佛山彩灯、木版年画、南海藤编6项课程带进校园　（郭承楷　摄）

非遗课程，7天时间内有460人参加学习。“乐享中国节”活动将端午节、中秋节这些传统节日的习俗制作成MG动画（动态图），在网站、微信公众号和学校平台播放，让未成年人感受节日气氛，认知传统节日内涵。“成长体验营”全年开展11期活动，有150个家庭参与。“博物论坛”活动向社会提供博物馆公益讲座20多场，将文物博物、考古发掘、艺术鉴赏、民俗及民间工艺、非物质文化遗产、哲学宗教等领域的研究成果分享给公众。

（邝倩华）

【市祖庙博物馆】　佛山市祖庙博物馆成立于1959年，现辖区包括祖庙古建筑群、佛山祖庙历史文化陈列展览馆、孔庙、黄飞鸿纪念馆、叶问堂等建筑，其中祖庙始建于北宋元丰年间（1078—1085年），现存古建筑建于明洪武五年（1372年），是全国重点文物保护单位。祖庙博物馆馆藏文物以道教文物及佛山地方民俗文物为主。基本陈列充分展示佛山祖庙历史文化、道教文化、武术文化、佛山民间工艺等。馆内每年举办春节祈福、佛山祖庙庙会（“三月三”北帝诞）、春秋谕祭、乡饮酒礼等民俗文化活动（2020年因疫情停办），并长年举办“黄飞鸿醒狮表演”“粤剧表演”等民俗文化动态展示活动。祖庙博物馆是国家AAAA级旅游景区，2020年全年售出门票83.3万张，接待旅游团队16.72万人次，比上年增长42.4%。佛山市祖庙博物馆被中国博物馆协会评定为国家二级博物馆。

文物保护与藏品征集　2020年，祖庙博物馆完成祖庙博物馆安全技术防范系统维护项目、藏珍阁建筑结构加固工程，完成上级对佛山祖庙褒宠牌坊修缮工程的竣工验收及结算工作，推进佛山祖庙保护规划（国家级）编制工作。在保有广东省文物局认定的竹木雕、家具和书法绘画类文物修复资质的基础上，新获陶器类文物修复资质认定。祖庙博物馆完成各文博单位委托的纸质、木器、陶器类文物的保护修复项目12个，完成文物修复方案10个。稳步推进“灵应祠”青铜仪仗修复保护项目，馆藏漆朴神像修复保护项目，馆藏木雕挂屏、座屏修复保护项目。祖庙博物馆新增入藏藏品921件（套），馆藏藏品总数累计1.08万件（套）。

线上线下文博活动　2020年，祖庙博物馆为了在新冠肺炎疫情期间更有效

2020年11月13日，佛山市祖庙博物馆联合徐州圣旨博物馆举办“紫气东来·圣旨驾到”明清圣旨珍品展。图为游客在看展品　（市祖庙博物馆　供图）

地将祖庙的基本陈列展览、重要景点及文物等文化向社会公众推送，配合南方传媒集团完成“五一云游珠三角——祖庙叹粤韵”直播项目，配合广东省文化和旅游厅完成的第三季“云游博物馆”直播项目，完成广东省文化和旅游厅组织推进的“广东全省博物‘博物官’导览”及微信搜一搜入口官方品牌区入驻3个项目的平台建设。结合“5·18”国际博物馆日，开展“我和祖庙的故事”线上留言征集、点赞活动，同时在祖庙博物馆微信公众号、官方抖音号等平台推出13期祖庙历史文化讲解视频。深化与学校社区共建合作，举办“爱心学堂”秋季班之“小小导赏员”教学活动。在完成藏珍阁改造升级后，联合江苏省徐州圣旨博物馆，举办“紫气东来·圣旨驾到”明清圣旨珍品展。逐步恢复武术、醒狮、粤剧等深入人心的特色旅游品牌活动，全年为市民游客免费演出武术、醒狮表演571场，粤剧表演80场。

特色文创产品　2020年，祖庙博物馆围绕佛山文化元素设计80余款文创产品图稿，其中文创产品黄飞鸿·音乐宫灯获“2020中国旅游商品大赛”铜奖、国家级非遗项目——佛山祖庙庙会相关题材文创产品获第二十四届全国发明展会非遗智慧与创新奖。参加“5·18”国际博物馆日“粤文创花街”活动，参加“6·13”非遗日广东主会场活动馆长直播带货活动，融入粤港澳大湾区（广东）文创联盟平台，并成为粤港澳大湾区（广东）文创联盟首批成员单位。

研学旅游基地　2020年，佛山市祖庙博物馆发挥文化资源优势，在坚持开设讲解研学课程、黄飞鸿研学武术体验课程、醒狮研学体验课程的基础上，新增开设咏春拳研学体验课程、非遗剪纸研学体验课程。继2019年获得“广东省十佳研学旅行目的地”之后，2020年被佛山市文化广电旅游体育局授予的“佛山市研学旅行基地”称号。

（唐丽婵）

文化遗产保护

【概况】　截至2020年底，佛山市有已建成及在建博物馆（纪念馆、名人故居）145个、美术馆（艺术馆）93个，有已建成的村史馆101个。佛山市有全国重点文物保护单位8处，省级文物保护单位54处，市级文物保护单位280处；有国家级非遗项目14项，省级非遗项目50项，市级非遗项目131项；有市级（含）以上传承人226人，其中国家级传承人15人，省级传承人58人。2020年，佛山桑园围成功申报世界灌溉工程遗产，实现佛山世界遗产“零的突破”。广东佛山珠三角基塘农业系统成功申报中国重要农业文化遗产。佛山咏春拳申报国家级非物质文化遗产名录，通过评审及公示。佛山市祖庙博物馆、南海区博物馆、顺德区博物馆等3个博物馆被定级为国家二级博物馆，三水区博物馆、禅城区石湾镇街道陶瓷博物馆等2个博物馆被定级为国家三级博物馆。

表63　**佛山市全国重点文物保护单位一览表**

序号	名称	地址	文物形成或建造时间	类别	入选批次及时间
1	佛山祖庙	禅城区祖庙街道祖庙路21号	明洪武五年（1372年）	古建筑	第四批，1996年11月20日
2	康有为故居	南海区丹灶镇银河社区苏村敦仁里	1858—1927年	近现代重要史迹及代表性建筑	第四批，1996年11月20日
3	南风古灶、高灶陶窑	禅城区石湾镇街道高庙路6号	明代	古遗址	第五批，2001年6月25日

续表

序 号	名 称	地 址	文物形成或建造时间	类 别	入选批次及时间
4	东华里古建筑群	禅城区祖庙街道福贤社区福贤路	清代—民国时期	古建筑	第五批，2001年6月25日
5	古椰贝丘遗址	高明区荷城古椰村鲤鱼岗侧	新石器时代	古遗址	第七批，2013年3月5日
6	清晖园	顺德区大良街道清晖路23号	清代	古建筑	第七批，2013年3月5日
7	顺德糖厂	顺德区大良街道顺峰社区沙头村	1935年投产	近现代重要史迹及代表性建筑	第七批，2013年3月5日
8	西樵山采石场遗址	南海区西樵镇西樵山碧云村石燕岩	明代、清代	古遗址	第八批，2019年10月7日

注：资料截至2020年底

表64 佛山市省级文物保护单位一览表

序 号	名 称	地 址	文物形成或建造时间	类 型	入选批次及时间
1	西樵山遗址	南海区西樵镇西樵山	新石器时代	古遗址	第一批，2002年7月17日
2	北涌亭	南海区里水镇新联社区沿江公园东侧	明弘治十八年（1505年）	古建筑	
3	河宕贝丘遗址	禅城区石湾镇街道雾岗路	新石器时代	古遗址	
4	梁园	禅城区祖庙街道先锋古道93号	清嘉庆、道光年间（1796—1850年）	古建筑	
5	鱿鱼岗遗址	南海区西樵镇百西社区水边村鱿鱼岗	新石器时代	古遗址	第三批，2002年7月17日
6	胥江祖庙	三水区芦苞镇	始建于南宋嘉定年间，历经元、明、清各代多次修葺	古建筑	
7	大岗山窑址	高明区荷城街道沿江路283号	唐代	古遗址	
8	灵龟塔	高明区荷城街道沿江路283号灵龟公园龟峰山顶	明万历二十九年（1601年）	古建筑	
9	简氏别墅	禅城区祖庙街道人民路臣总里17号	清代—民国时期	近现代重要史迹及代表性建筑	
10	兆祥黄公祠	禅城区塔坡社区福宁路	1920年	近现代重要史迹及代表性建筑	
11	林家厅及古民居群	禅城区石湾镇街道高庙路6号	清代	古建筑	第四批，2002年7月17日
12	崔氏大宗祠	南海区九江镇沙头社区民康路3号对面	明嘉靖四十四年（1565年）	古建筑	
13	绮亭陈公祠	南海区西樵镇简村社区幼儿园东侧	清光绪十三年（1887年）	古建筑	
14	曹氏大宗祠	南海区大沥镇滘北村一巷6号	明崇祯九年（1636年）	古建筑	
15	金楼及古建筑群	顺德区北滘镇碧江社区泰宁路6号	明代—清代	古建筑	

续表

序 号	名 称	地 址	文物形成或建造时间	类 型	入选批次及时间
16	右滩黄氏大宗祠	顺德区杏坛镇右滩村新村社五巷1号	始建于明代，清咸丰和同治年间（1851—1874年）、1931年、2005年重修	古建筑	
17	明远桥	顺德区杏坛镇逢简村潭头坊	明代	古建筑	
18	尢列故居	顺德区杏坛镇北水村新基大街2号	清代—民国时期	近现代重要史迹及代表性建筑	
19	沙滘陈氏大宗祠	顺德区乐从镇沙滘南村沙滘小学旁	清光绪二十一年（1895年）	古建筑	
20	沙边何氏大宗祠	顺德区乐从镇沙边村沙边大街28号	清康熙四十九年（1710年）	古建筑	
21	西山庙	顺德区大良街道文秀社区文秀路	始建于明嘉靖二十年（1541年），清光绪二十一年（1895年）、1985年重修	古建筑	第四批，2002年7月17日
22	青云塔	顺德区大良街道苏岗社区神步岗上	始建于明万历三十年（1602年），清道光十一年（1831年）、光绪十四年（1888年）重修	古建筑	
23	贞女桥	顺德区龙江镇世埠社区长路村	南宋嘉定四年至八年（1211—1215年）建桥，明嘉靖二十八年（1549年）建牌坊	古建筑	
24	白坭银洲贝丘遗址	三水区白坭镇银洲村	新石器晚期	古遗址	
25	大旗头村古建筑群	三水区乐平镇大旗头村	清光绪年间（1875—1908年）	古建筑（群）	
26	霍氏古祠建筑群	禅城区石湾镇街道石头西便村东街三巷	明代—清代	古建筑	
27	慈悲宫牌坊	南海区九江镇翘南村新龙路探花公园旁	明万历年间	古建筑	
28	良二千石牌坊	南海区九江镇下西社区大稔村北边	明万历二十六年（1598年）	古建筑	
29	云泉仙馆	南海区西樵镇樵园社区西樵山白云洞风景区白云峰西北麓	清乾隆四十二年（1777年）	古建筑	
30	平地黄氏大宗祠	南海区大沥镇平地社区平地村新市大街3号	清乾隆二十年（1755年）迁建	古建筑	第五批，2008年11月20日
31	象林塔	南海区西樵镇樵园社区西樵山白云洞风景区内	清康熙五年（1666年）	古建筑	
32	尊明苏公祠	顺德区北滘镇碧江社区泰兴大街	始建于明嘉靖年间，清代重修	古建筑	
33	报功祠	顺德区北滘镇桃村村桃源大道22号	始建于宋末，明天顺四年（1460年）、清康熙四十年（1701年）、道光十九年（1839年）、光绪八年（1882年）仲夏、1947年冬季重修	古建筑	

续表

序 号	名 称	地 址	文物形成或建造时间	类 型	入选批次及时间
34	冯氏贞节坊	顺德区北滘镇林头社区始平巷牌坊街	清康熙三十七年（1698年）	古建筑	
35	霍氏古祠建筑群	禅城区石湾镇街道石头西便村东街三巷	明代—清代	古建筑	
36	慈悲宫牌坊	南海区九江镇翘南村新龙路探花公园旁	明万历年间	古建筑	
37	良二千石牌坊	南海区九江镇下西社区大稔村北边	明万历二十六年（1598年）	古建筑	
38	云泉仙馆	南海区西樵镇樵园社区西樵山白云洞风景区白云峰西北麓	清乾隆四十二年（1777年）	古建筑	
39	平地黄氏大宗祠	南海区大沥镇平地社区平地村新市大街3号	清乾隆二十年（1755年）迁建	古建筑	第五批，2008年11月20日
40	象林塔	南海区西樵镇樵园社区西樵山白云洞风景区内	清康熙五年（1666年）	古建筑	
41	尊明苏公祠	顺德区北滘镇碧江社区泰兴大街	始建于明嘉靖年间，清代重修	古建筑	
42	报功祠	顺德区北滘镇桃村村桃源大道22号	始建于宋末，明天顺四年（1460年）、清康熙四十年（1701年）、道光十九年（1839年）、光绪八年（1882年）仲夏、1947年冬季重修	古建筑	
43	大街苏氏大宗祠（杏坛苏氏大宗祠）	顺德区杏坛镇杏坛社区	明代	古建筑	第七批，2012年10月30日
44	文会里嫁娶屋	禅城区祖庙街道祖庙大街文会里36、38、40号	清代	古建筑	
45	九江吴家大院	南海区九江镇儒林社区人民路40号	民国时期	近现代重要史迹及代表性建筑	
46	方献夫墓	南海区丹灶镇良登村孔边村孔边岗	明代	古墓葬	第八批，2015年12月10日
47	钟边村钟氏大宗祠	南海区大沥镇钟边村钟边大道11号侧	清代	古建筑	
48	西华寺遗址	南海区里水镇草场社区石门山南麓西华村西华街13号	五代南汉大宝元年（958年）	古遗址	
49	魁岗文塔	三水区西南街道	明万历三十年（1602年）	古建筑（塔）	
50	西樵山四峰书院遗址	佛山市南海区西樵镇西樵山寺边村	明嘉靖二年（1523年）	古遗址	
51	仙岗仙迹丹泉	佛山市南海区丹灶镇仙岗社区	东晋	古建筑	
52	烟桥何氏大宗祠	佛山市南海区九江镇烟南村	清代	古建筑	第九批，2019年4月19日
53	千里驹故居	佛山市顺德区伦教街道三洲社区	民国时期	近现代重要史迹及代表性建筑	
54	谭平山故居	佛山市高明区明城镇明阳村	清光绪十二年（1886年）	近现代重要史迹及代表性建筑	

注：资料截至2020年底

表65

佛山市市级文物保护单位一览表

序号	名称	地址	文物形成或建造时间	类型	入选批次及时间
1	祖庙大街店铺	禅城区祖庙街道祖庙大街麒麟社1号之2	清代	古建筑	重新核定的第一、二、三批，2006年11月1日
2	龙塘诗社	禅城区祖庙街道文明里68号	民国时期	近现代重要史迹及代表性建筑	
3	孔庙	禅城区祖庙街道祖庙路21号	清宣统三年（1911年）	古建筑	
4	花王庙	禅城区祖庙街道燎原路弼头街38号	清乾隆五十七年（1792年）	古建筑	
5	忠诚当铺	禅城区祖庙街道福贤路禄丰大街53号	清代—民国时期	近现代重要史迹及代表性建筑	
6	仁寿寺塔	禅城区祖庙街道祖庙路5号	1935年	近现代重要史迹及代表性建筑	
7	李可琼故居	禅城区祖庙街道莲华巷15号	清乾隆三十年至道光二十六年（1765—1846年）	古建筑	
8	莲花巷土府	禅城区祖庙街道莲花巷4号	明代	古建筑	
9	基督教赉恩堂	禅城区祖庙街道莲花路27号	1923年	近现代重要史迹及代表性建筑	
10	李众胜堂祖铺	禅城区祖庙街道祖庙大街18号	民国时期	近现代重要史迹及代表性建筑	
11	隔塘霍氏家庙建筑群	禅城区祖庙街道隔塘大街85、86号	清代	古建筑	
12	傅氏家庙	禅城区祖庙街道隔塘大街28号	1916年	近现代重要史迹及代表性建筑	
13	黄祥华如意油祖铺	禅城区祖庙街道祖庙大街文明里77号	清咸丰年间（1851—1861年）	古建筑	
14	简照南佛堂	禅城区祖庙街道祖庙大街文会里51号	民国时期	近现代重要史迹及代表性建筑	
15	陈铁军故居	禅城区祖庙街道福贤路善庆坊6号	清光绪三十年至民国17年（1904—1928年）	近现代重要史迹及代表性建筑	
16	蕺园	禅城区祖庙街道福贤路居仁里139号、福贤路131号	民国时期	近现代重要史迹及代表性建筑	
17	居仁里土府	禅城区祖庙街道福贤社区居仁里38号	明代	古建筑	
18	蓝田冯公祠	禅城区祖庙街道六村正街29号	明代	古建筑	
19	区家庄	禅城区祖庙街道福贤路居仁里区巷1～20号	清乾隆年间（1736—1795年）	古建筑	
20	石路巷古民居群	禅城区祖庙街道福贤路纪纲街石路巷1～16号	明代—清代	古建筑	
21	季华女子小学旧址（铁军小学）	禅城区祖庙街道田心里17号	1933年	近现代重要史迹及代表性建筑	

续表

序 号	名 称	地 址	文物形成或建造时间	类 型	入选批次及时间
22	泰和当铺	禅城区祖庙街道福贤路石巷37、39号	1924年	近现代重要史迹及代表性建筑	
23	适安里古建筑群	禅城区祖庙街道松风路适安里19、22、24、26号	清代—民国时期	古建筑	
24	培德里古建筑群	禅城区祖庙街道松风路培德里40 ~ 50号	清代—民国时期	古建筑	
25	高庙	禅城区石湾镇街道办事处忠信巷10号	清代	古建筑	
26	叶家庄	禅城区祖庙街道市东上路宝善坊6 ~ 20号	清代	古建筑	
27	任围	禅城区祖庙街道乐安里23至48号、任映坊1 ~ 17号	清代	古建筑	
28	国公庙	禅城区祖庙街道福宁路新安街46号	清代	古建筑	
29	太上庙	禅城区祖庙街道福宁路祥安街15号	清康熙二年（1663年）	古建筑	
30	塔坡庙和井	禅城区祖庙街道福宁路京果街2号	唐代—清代	古建筑	
31	中山公园（含中山公园牌坊、亦乐亭、李氏牌坊）	禅城区祖庙街道中山路12号	民国时期	近现代重要史迹及代表性建筑	
32	佛山精武体育会会址	禅城区祖庙街道中山路12号	1935年	近现代重要史迹及代表性建筑	重新核定的第一、二、三批，2006年11月1日
33	华英中学旧址	禅城区祖庙街道文沙路25号市一中内	1933年	近现代重要史迹及代表性建筑	
34	青云街当楼	禅城区祖庙街道筷子路向前街3号	清代—民国时期	古建筑	
35	李大夫家庙	禅城区祖庙街道新风路33号	清光绪二十三年（1897年）	古建筑	
36	秀岩傅公祠	禅城区祖庙街道卫国路86号第三中学内	1916年	近现代重要史迹及代表性建筑	
37	经堂古寺	禅城区祖庙街道新风路49号	清光绪七年（1881年）	古建筑	
38	苏氏书塾	禅城区祖庙街道庆源坊69号	民国时期	近现代重要史迹及代表性建筑	
39	吴勤烈士陵园	禅城区祖庙街道岭南大道北57号	1951年	近现代重要史迹及代表性建筑	
40	沙岗张氏大宗祠	禅城区石湾镇街道沙岗村镇中路沙岗文化中心西侧	清代	古建筑	
41	丰宁寺	禅城区石湾镇街道莲峰社区镇中二路北侧	清代	古建筑	
42	莲峰书院	禅城区石湾镇街道莲峰社区镇中二路北侧	清康熙五十七年（1718年）	古建筑	
43	大雾岗遗址	禅城区石湾镇街道莲峰社区大雾岗	唐代	古遗址	
44	海口庞氏大宗祠	禅城区张槎街道海口村南新村1号侧	清光绪二年（1876年）	古建筑	

续表

序号	名称	地址	文物形成或建造时间	类型	入选批次及时间
45	谭仙观	禅城区张槎街道大富村小布东街16巷1号侧	清道光二十九年（1849年）	古建筑	
46	绿瓦亭	禅城区石湾镇街道黎冲村黎冲上村绿瓦亭公园内	1920年	近现代重要史迹及代表性建筑	重新核定的第一、二、三批，2006年11月1日
47	状元井	禅城区石湾镇街道黎冲村黎涌上村牌坊三巷3号北侧	五代南汉	其他	
48	黎涌陈氏大宗祠	禅城区石湾镇街道黎冲村藜涌下村大宗公园内	清代	古建筑	
49	邓群岗遗址	禅城区南庄镇吉利村邓群村邓群岗	新石器晚期	古遗址	
50	陈盛故居	禅城区祖庙街道衙旁街39号	清同治三年（1864年）至1926年	近现代重要史迹及代表性建筑	
51	鸿胜祖馆	禅城区祖庙街道衙旁街15号	清光绪年间（1875—1908年）	近现代重要史迹及代表性建筑	
52	酒行会馆	禅城区祖庙街道祖庙大街22号	清道光十一年（1831年）	古建筑	
53	李广海医馆	禅城区祖庙街道忠义路平政桥侧	清末民国初	近现代重要史迹及代表性建筑	
54	集贤坊古民居群	禅城区祖庙街道红风大街3、5、7、9、21号，勤俭街21、23、25、27号	清代—民国时期	古建筑	
55	隆庆陈氏宗祠及古官道	禅城区南庄镇罗南村隆庆村隆新大街七巷口	清嘉庆二十二年（1817年）	古建筑	
56	三华罗氏大宗祠	禅城区南庄镇紫洞村三华村	清康熙三十四年（1695年）重建	古建筑	
57	廖家围	禅城区石湾镇街道建国路建国二巷1、2、4号	清乾隆年间（1736—1795年）	古建筑	第四批，2006年11月1日
58	康宁聂公祠	禅城区石湾镇街道深村村东升村大街3号	明万历四十七年（1619年）始建	古建筑	
59	平兰陈公祠	禅城区石湾镇街道湾华村西华村2号	清宣统三年（1911年）	古建筑	
60	石梁梁氏家庙	禅城区石湾镇街道石梁村石梁二街1号	明代—清代	古建筑	
61	永新社学	禅城区张槎街道弼唐村西便村13号侧	清光绪十六年（1890年）	古建筑	
62	张槎仙槎书院古建筑群	禅城区张槎街道张槎村	清代	古建筑	
63	张槎东岳庙	禅城区张槎街道张槎村上南村大街张槎中学北侧	清代	古建筑	
64	大江罗氏宗祠	禅城区张槎街道大江村罗联村	明嘉靖元年（1522年）	古建筑	
65	大沙杨氏大宗祠	禅城区张槎街道大沙村弘农大道3号	清康熙二十五年（1686年）	古建筑	
66	探花桥	南海区九江镇翘南村新龙路探花公园旁	始建于明万历四十七年（1619年），清代重修	古建筑	

续表

序 号	名 称	地 址	文物形成或建造时间	类 型	入选批次及时间
67	魁星塔	南海区九江镇下北社区铁滘村东南方	清嘉庆五年（1800年）	古建筑	
68	冯氏家族墓	南海区九江镇水南社区迎安大道东边	宋代	古墓葬	
69	玉廪峰、大科峰、金鼠塱摩崖石刻组	南海区西樵镇西樵山	明代—清代	石窟寺及石刻	
70	大石桥	南海区里水镇洲村社区里横路东侧	清道光二十八年（1848年）	古建筑	
71	中共南三花工委旧址	南海区里水镇北沙村沈村村	1945—1949年	近现代重要史迹及代表性建筑	
72	蔡道可、蔡子华墓	南海区里水镇逢涌村文头岭西麓	宋代	古墓葬	
73	文头岭窑址	南海区里水镇逢涌村文头岭南麓	唐代—宋代	古遗址	
74	李子长墓	南海区西樵镇西樵山云路村云路峰下	明嘉靖五年（1526年）	古墓葬	
75	翠岩摩崖石刻	南海区西樵镇西樵山碧云村翠岩景区	清代	石窟寺及石刻	
76	泗源郑公祠	南海区里水镇贤僚村西一村文明一街13号	清光绪年间重修	古建筑	
77	遁叟江公祠和江头江氏宗祠	南海区桂城街道叠南社区江头村	清代	古建筑	
78	黄少强故居	南海区狮山镇群岗社区小江二村九巷	清光绪二十七年（1901年）至1942年	近现代重要史迹及代表性建筑	
79	古岗桥	南海区狮山镇永安社区古岗村	明代	古建筑	第四批，2006年11月1日
80	七甫陈氏宗祠	南海区狮山镇铁网坊南侧	明弘治十二年（1499年）	古建筑	
81	福星桥	南海区狮山镇大榄涌上	清宣统元年（1909年）重修	古建筑	
82	中共南海县委旧址	南海区狮山镇显纲村中和里234号	1927年	近现代重要史迹及代表性建筑	
83	通窿岩采石遗址	南海区狮山镇石泉村南国桃园平顶岗通窿岩	明代—清代	古遗址	
84	珠江纵队独立第三大队队部旧址	南海区狮山镇黄洞村东一区1号	1945年1—9月	近现代重要史迹及代表性建筑	
85	伦文叙墓	南海区狮山镇芦塘社区长安墓园棋子岭西南麓	明代	古墓葬	
86	义民纪念碑	南海区狮山镇狮中村陈洞村旧村东南方	1947年	近现代重要史迹及代表性建筑	
87	树本善堂	南海区狮山镇狮北村银岗狮山第一小学旁	清光绪十四年（1888年）	近现代重要史迹及代表性建筑	
88	奇石窑址	南海区狮山镇新境村奇石村、西门村	唐代—宋代	古遗址	
89	华平李氏大宗祠	南海区狮山镇狮西村华平村	清嘉庆年间（1796—1820年）	古建筑	
90	邹特夫墓	南海区大沥镇泌冲社区后海村长青墓园内	清同治八年（1869年）	古墓葬	

续表

序号	名称	地址	文物形成或建造时间	类型	入选批次及时间
91	叶正简夫人墓	南海区狮山镇黎岗村豸下村后山	南宋	古墓葬	
92	陈宁墓	南海区狮山镇黎岗村豸下村梅花地	北宋	古墓葬	
93	骆秉章墓	南海区狮山镇芦塘社区雅三村东面山岗	清同治六年（1867年）	古墓葬	
94	联星江氏宗祠	南海区狮山镇联星社区上三村吉祥巷1号北侧	清光绪三十年（1904年）重建	古建筑	
95	三山三眼桥	南海区桂城街道东区社区禾仰村	清嘉庆二年（1797年）	古建筑	
96	奎光楼	南海区西樵镇樵园社区西樵山白云洞风景区	清乾隆四十二年（1777年）	古建筑	
97	白云古寺	南海区西樵镇樵园社区西樵山白云洞风景区	清乾隆四十九年（1784年）	古建筑	
98	字祖庙	南海区西樵镇樵园社区西樵山白云洞风景区	清乾隆四十二年（1777年）	古建筑	
99	第弌洞天牌坊	南海区西樵镇樵园社区西樵山白云洞风景区	清乾隆年间（1736—1795年）	古建筑	
100	湖山胜迹门楼	南海区西樵镇樵园社区西樵山白云洞风景区	清咸丰三年（1853年）	古建筑	
101	小云亭	南海区西樵镇樵园社区西樵山白云洞风景区	清咸丰八年（1858年）	古建筑	
102	光分亭	南海区西樵镇樵园社区西樵山白云洞风景区	清道光二十八年（1848年）	古建筑	第四批，2006年11月1日
103	枕流亭	南海区西樵镇樵园社区西樵山白云洞风景区应潮湖旁边	清乾隆五十四年（1789年）	古建筑	
104	白云洞摩崖石刻	南海区西樵镇樵园社区西樵山白云洞风景区	明代至中华人民共和国	石窟寺及石刻	
105	龙母庙	南海区西樵镇樵园社区西樵山蟠龙洞内	1938年	近现代重要史迹及代表性建筑	
106	吉水窦	南海区西樵镇西樵社区吉水大道牌坊前	清光绪二十年（1894年）重建	古建筑	
107	泮阳李公祠门楼	南海区狮山镇罗村社区寨边村村前街八巷1号	明代	古建筑	
108	张浚家族墓	南海区狮山镇大榄社区大榄林场大旗岭	宋代	古墓葬	
109	娥媚坑竹西岗汉墓群	南海区桂城街道林岳社区娥媚坑竹西岗	汉代	古墓葬	
110	叶正简墓	南海区狮山镇颜峰社区人和村葫芦岗	南宋	古墓葬	
111	方道隆墓	南海区丹灶镇良登村孔边村孔边岗	元代	古墓葬	
112	通心岗遗址	南海区丹灶镇良登村	新石器时代	古遗址	
113	三元桥	南海区九江镇儒林社区船栏街侧	清道光年间（1821—1850年）	古建筑	

续表

序 号	名 称	地 址	文物形成或建造时间	类 型	入选批次及时间
114	朱子襄墓	南海区九江镇下西社区太平村龟岗西南麓	清光绪八年（1882年）	古墓葬	
115	李卓峰墓	南海区九江镇南方社区忠良岗	1926年	近现代重要史迹及代表性建筑	
116	破排角遗址	南海区九江镇沙口社区文昌路沙口社区卫生站对面	南宋	古遗址	
117	凤池曹氏大宗祠	南海区大沥镇凤池社区凤西村凤西公园旁	清代	古建筑	
118	大沥“二·七”革命纪念碑	南海区大沥镇沥苑社区沥园路大沥文化公园内	1958年	近现代重要史迹及代表性建筑	
119	吴氏八世祖祠	南海区大沥镇沥东社区荔庄村东区一巷1号	清代	古建筑	
120	阴骘井	南海区丹灶镇仙岗社区苏坑村村尾	宋代	古建筑	
121	贞烈牌坊	南海区丹灶镇仙岗社区苏坑村村口	清康熙年间（1662—1722年）	古建筑	
122	颜氏大宗祠	南海区大沥镇河西社区颜边村新街76号	清道光十三年（1833年）重修	古建筑	
123	傅氏山庄	南海区西樵镇西樵山碧云村	1932年	近现代重要史迹及代表性建筑	
124	朝议世家邝公祠	南海区大沥镇大镇社区四中村	明代—清代	古建筑	
125	邝氏始祖墓	南海区大沥镇大镇社区四中村北侧	南宋乾道九年（1173年）	古墓葬	第四批，2006年11月1日
126	铁屎墩冶炼遗址	南海区西樵镇百西社区大地村	清代	古遗址	
127	三眼桥	南海区大沥镇河东社区穗盐路	明代	古建筑	
128	杜氏大宗祠	南海区大沥镇白沙社区白沙村中心路涌边一巷12号侧	清乾隆五十九年（1794年）	古建筑	
129	潡表李氏宗祠	南海区大沥镇黄岐社区潡表村环村东路	清代始建，1921年重建	古建筑	
130	黄岐梁氏大宗祠	南海区大沥镇黄岐社区岐南村岐西大街65号侧	清代	古建筑	
131	冯夏威墓	南海区西樵镇樵园社区蟠龙洞洞口	清光绪三十一年（1905年）	近现代重要史迹及代表性建筑	
132	九龙岩摩崖石刻	南海区西樵镇西樵山寺边村九龙岩景区	明正德十二年（1517年）	石窟寺及石刻	
133	霍韬夫人墓	南海区西樵镇西樵山寺边村	明代	古墓葬	
134	西樵山抗日阵亡将士暨死难同胞纪念碑	南海区西樵镇东碧社区碧玉洞内	1947年	近现代重要史迹及代表性建筑	
135	冼光墓	顺德区乐从镇大罗村北万松原	明代	古墓葬	
136	何彦墓	顺德区杏坛镇西登村小金山北端	明代	古墓葬	
137	陈岩野墓	顺德区大良街道北区社区观光市场内	清道光和咸丰年间、1933年、1987年冬重修	古墓葬	

续表

序 号	名 称	地 址	文物形成或建造时间	类 型	入选批次及时间
138	连氏始祖古墓群	顺德区勒流街道富裕村沙富岗山麓沙富环山路旁	明代	古墓葬	第四批，2006年11月1日
139	北街古村落	顺德区杏坛镇桑麻村北街	清代	古建筑	
140	黎氏家庙及民居群	顺德区杏坛镇昌教村昌教小学右侧	清代	古建筑	
141	南村牧伯里民居群	顺德区乐从镇沙滘社区南村牧伯里	清代	古建筑	
142	西村低地民居群	顺德区乐从镇沙滘社区西村低地中街	清代	古建筑	
143	龙江石龙里民居	顺德区龙江镇龙江社区石龙里	清代	古建筑	
144	克勤堂古民居群	顺德区龙江镇仙塘村朝阳农场朝阳大街	清代	古建筑	
145	碧江泰兴大街祠堂群	顺德区北滘镇碧江社区泰兴大街	清代	古建筑	
146	碧江村心祠堂群	顺德区北滘镇碧江社区村心大街	清代	古建筑	
147	莘村曾氏大宗祠	顺德区北滘镇莘村村武城街7号	明代、清光绪十五年（1889年）	古建筑	
148	莘村梁大夫祠	顺德区北滘镇莘村村义学街2号、3号	清代	古建筑	
149	桃村袁氏大宗祠	顺德区北滘镇桃村村怡谋街3号	清代	古建筑	
150	林头郑氏大宗祠	顺德区北滘镇林头社区粮站街42号	清康熙五十九年（1720年）	古建筑	
151	广教杨氏大宗祠	顺德区北滘镇广教社区林港路西	清代	古建筑	
152	宋参政李公祠	顺德区杏坛镇逢简村名园塘头街1号	清代	古建筑	
153	漱南伍公祠	顺德区杏坛镇古朗村世祖巷1号	清代	古建筑	
154	北水尤氏大宗祠	顺德区杏坛镇北水村北昌东	清雍正三年（1725年）	古建筑	
155	杏坛梁氏大宗祠	顺德区杏坛镇光华村德彦大道牌坊边	清代	古建筑	
156	豸浦胡公家庙	顺德区均安镇鹤峰社区豸浦玉堂街54号	清乾隆年间	古建筑	
157	上村李氏宗祠	顺德区均安镇鹤峰社区上村大街	清光绪五年（1879年）	古建筑	
158	星槎何氏大宗祠	顺德区均安镇星槎村兴隆小组天市街	清代—民国时期	古建筑	
159	南浦李氏家祠	顺德区均安镇南浦村天期路	清光绪年间	古建筑	
160	良教祠堂群	顺德区乐从镇良教村	清代	古建筑	
161	路州黎氏大宗祠	顺德区乐从镇路州村东头坊	始建于明崇祯十三年（1640年），清同治六年（1867年）和宣统元年（1909年）重修	古建筑	
162	路州周氏大宗祠	顺德区乐从镇路州村塘边大街4号	清代—民国时期	古建筑	
163	大墩梁氏家庙	顺德区乐从镇大墩村玉堂北便街5号	明代—清代	古建筑	
164	梅氏大宗祠与陈氏宗祠	顺德区龙江镇陈涌社区小陈涌路2号	清代	古建筑	

续表

序 号	名 称	地 址	文物形成或建造时间	类 型	入选批次及时间
165	张氏九世祠	顺德区龙江镇坦西社区坦田大街	清同治、光绪年间（1862—1908年）	古建筑	第四批，2006年11月1日
166	大良罗氏大宗祠	顺德区大良街道文秀社区蓬莱路	清代	古建筑	
167	月池何公祠	顺德区伦教街道羊额村连州街	清朝初期	古建筑	
168	松庄仇公祠	顺德区陈村镇石洲村隔基坊路	始建于清康熙四十年（1701年），清光绪九年（1883年）重建	古建筑	
169	桃村报功祠古建筑群（含金紫名宗、黎氏三世祠）	顺德区北滘镇桃村村上街6号	始建于明代，清乾隆四十三年（1778年）重修	古建筑	
170	冯氏六世祖祠	顺德区容桂街道马冈村江佩直街41号	清道光九年（1829年）	古建筑	
171	扶闾廖氏宗祠	顺德区勒流街道扶闾村社祥街	清光绪三年（1877年）	古建筑	
172	锦岩庙	顺德区大良街道北区社区锦岩公园内	明代—清代	古建筑	
173	绿榕古庙	顺德区容桂街道容里社区华容三路六巷51号	清光绪二十一年（1895年）	古建筑	
174	众涌天后庙（天后宫）	顺德区勒流街道众涌村高巷大街2号	清代	古建筑	
175	福善堂	顺德区乐从镇腾冲社区海边坊海边大街5号	清光绪三十年（1904年）重修	古建筑	
176	龙母庙（孝通殿）和五龙庙	顺德区杏坛镇龙潭村圩庙前大街5号	始建于南宋咸淳元年（1265年），明嘉靖年间，清乾隆四十四年（1779年）和道光五年（1825年）重修	古建筑	
177	巨济桥	顺德区杏坛镇逢简村逢简圩入口处	1929年	近现代重要史迹及代表性建筑	
178	金鳌桥	顺德区杏坛镇逢简村根小组大地街	清康熙三十六年（1697年）	古建筑	
179	爱日桥	顺德区杏坛镇龙潭村古粉牌坊前200米	明代	古建筑	
180	跃龙桥	顺德区杏坛镇上地村前街	清代	古建筑	
181	洛阳桥	顺德区容桂街道四基社区大市沿河路旁	明弘治年间	古建筑	
182	广孝桥	顺德区勒流街道黄连社区基尾	明弘治四年（1491年）	古建筑	
183	见龙桥	顺德区勒流街道西华村见龙门牌坊旁	清康熙年间	古建筑	
184	德云桥	顺德区北滘镇碧江社区民乐公园	清嘉庆年间	古建筑	
185	垂虹桥	顺德区陈村镇旧圩社区水浣基路段	清咸丰元年（1851年）重修	古建筑	
186	御波桥	顺德区伦教街道三洲社区文明东路	始建于清咸丰年间，清光绪十一年（1885年）重修	古建筑	

续表

序号	名称	地址	文物形成或建造时间	类型	入选批次及时间
187	百岁坊	顺德区杏坛镇古朗村天市街卫生站侧	清乾隆十七年（1752年）	古建筑	
188	节孝坊	顺德区杏坛镇古朗村排牙坊	清嘉庆三年（1798年）	古建筑	
189	升平人瑞坊	顺德区杏坛镇上地村石狮巷4号左前方	清同治六年（1867年）	古建筑	
190	简竹居牌坊、六角亭	顺德区北滘镇北滘社区简岸路北侧	1934年	近现代重要史迹及代表性建筑	
191	马姓回甦井	顺德区乐从镇水藤村先扬马巷	元代	古建筑	
192	漱玉泉	顺德区龙江镇沙富村长流大街	明代—民国时期	古建筑	
193	周鉴井	顺德区大良街道苏岗社区太平山麓	明代	古建筑	
194	麦孟华、麦仲华故居	顺德区杏坛镇吉祐村爱日名关二巷4号	清同治十三年（1874年）至1956年	近现代重要史迹及代表性建筑	
195	伍宪子故居	顺德区杏坛镇古朗村竹林二巷2号	清代—民国时期	近现代重要史迹及代表性建筑	
196	李小龙祖居	顺德区均安镇鹤峰社区上村大街小龙巷12号	民国时期	近现代重要史迹及代表性建筑	
197	罗家树民宅	顺德区均安镇沙浦村海珠巷1号右侧	民国时期	近现代重要史迹及代表性建筑	
198	梁廷枏故居	顺德区伦教街道常教社区藤花巷聚星里4号	清代	古建筑	
199	鸣石花园	顺德区伦教街道羊额村丰埠坊	民国时期	近现代重要史迹及代表性建筑	第四批，2006年11月1日
200	刘氏宅第	顺德区乐从镇腾冲社区掘涌大街25号	1933年	近现代重要史迹及代表性建筑	
201	冯立夫祖宅	顺德区龙江镇旺岗村大树里6号	民国初期	近现代重要史迹及代表性建筑	
202	钟楼	顺德区大良街道文秀社区钟楼公园内	始建于明嘉靖三年（1524年），清代重修	古建筑	
203	更楼	顺德区乐从镇葛岸村教德坊	1925年	近现代重要史迹及代表性建筑	
204	昌教乡塾	顺德区杏坛镇昌教村昌教村委会旁	始建于清同治五年（1866年），光绪二十四年（1898年）重建	古建筑	
205	合兴当铺	顺德区杏坛镇龙潭村	清代	古建筑	
206	西海抗日烈士陵园	顺德区北滘镇西海村	1980年	近现代重要史迹及代表性建筑	
207	四基天主教堂	顺德区容桂街道四基社区新圩路清波直街9号	清代—民国时期	近现代重要史迹及代表性建筑	
208	大光明碾米厂	顺德区龙江镇龙江社区隔海桥旁海边街3号	民国时期	近现代重要史迹及代表性建筑	
209	人民礼堂	顺德区大良街道文秀社区文秀路梯云岗上	1958年	近现代重要史迹及代表性建筑	

续表

序 号	名 称	地 址	文物形成或建造时间	类 型	入选批次及时间
210	龙潭水闸	顺德区杏坛镇龙潭村齐杏联围顺德支流涌口	清道光二十年（1840年）	古建筑	
211	北水水闸	顺德区杏坛镇北水村齐杏联围顺德支流北水涌口	清道光二十一年（1841年）	古建筑	
212	龙江新闸	顺德区龙江镇龙江社区东海河道上	民国时期	近现代重要史迹及代表性建筑	
213	太平塔	顺德区大良街道苏岗社区太平山上	始建于明代，清道光十一年（1831年）、光绪十四年（1888年）重修	古建筑	
214	七层文塔	顺德区勒流街道勒北村	始建于清乾隆二十九年（1764年），清道光二十四年（1844年）重修	古建筑	
215	傅氏墓碑	顺德区勒流街道黄连社区基尾石龟一巷	明弘治四年（1491年）、明正德元年（1506年）	石窟寺及石刻	
216	朗锦祠堂群	高明区更合镇新圩社区朗锦村	明代—清代	古建筑	
217	深水古民居群	高明区明城镇罗稳村深水村	清代	古建筑	
218	艺能严氏宗祠	高明区荷城街道南洲村塘肚村	清代	古建筑	
219	文昌塔	高明区明城镇明城社区明七路	明万历十二年（1584年）	古建筑	
220	梁发故居	高明区荷城街道罗西村西梁村	清代	古建筑	
221	西梁梁氏宗祠	高明区荷城街道罗西村西梁村	清代	古建筑	第四批，2006年11月1日
222	高明县立三小旧址	高明区更合镇合水社区南水路13号	民国时期	近现代重要史迹及代表性建筑	
223	陈汝棠故居	高明区更合镇高村村	民国时期	近现代重要史迹及代表性建筑	
224	谭天度故居	高明区明城镇明阳村七社村	民国时期	近现代重要史迹及代表性建筑	
225	海口塔	高明区荷城街道育才社区海口村	民国时期	近现代重要史迹及代表性建筑	
226	文选楼	高明区更合镇小洞村塘角村	清代	近现代重要史迹及代表性建筑	
227	把门岗贝丘遗址	三水区白坭镇周村村莘村	新石器晚期	古文化遗址	
228	郑绍忠墓葬	三水区乐平镇大旗头村老虎岗	清光绪二十二年（1896年）	古墓葬	
229	何维柏墓	三水区西南街道洲边村芹坑村罗盘岗西北坡	明万历十五年（1587年）	古墓葬	
230	梁鹤鸣墓	三水区白坭镇周村村龙池村龙池岗	明万历十六年（1588年）	古墓葬	
231	范湖邝氏大宗祠	三水区乐平镇范湖社区赤东村	清光绪二十年（1894年）	古建筑	

续表

序号	名称	地址	文物形成或建造时间	类型	入选批次及时间
232	绿堂	三水区芦苞镇四合村李家村中部	清光绪年间	古建筑	
233	洪圣庙	三水区芦苞镇独树岗村	始建于明万历四十五年（1617年），清嘉庆五年（1800年）重修	古建筑	
234	居德林公祠	三水区大塘镇六和蒲坑村	清光绪年间	古建筑	
235	奉正大夫家庙	三水区大旗头村古建筑群的南面	清光绪年间	古建筑	
236	裕仁郑公祠	三水区乐平镇大旗头村南一区	清光绪年间	古建筑	
237	郑大夫家庙	三水区乐平镇大旗头村北一区	清光绪二十二年（1896年）	古建筑	
238	西南武庙	三水区西南街道云秀社区	清嘉庆十三年（1808年）	古建筑	
239	南边宝月堂（又称六祖庙）	三水区乐平镇南边社区宝月圩	始建于唐龙朔元年（661年）以前，历代重修	古建筑	
240	昆都山五显古庙	三水区西南街道江根村昆都山脚	清道光十九年（1839年）重建	古建筑	
241	芦苞关夫子庙（关帝庙）	三水区芦苞镇刘寨村青云路	始建于清嘉庆初期，清光绪二十一年（1895年）、民国初期两次重修	古建筑	
242	西村陈氏大宗祠	三水区云东海街道杨梅村西村	清代	古建筑	
243	陈金釭起义旧址	三水区乐平镇范湖村青湖村	清咸丰四年（1854年）	近现代重要史迹及代表性建筑	第四批，2006年11月1日
244	邓培故居	三水区云东海街道石湖洲村邓关村	1883—1927年	近现代重要史迹及代表性建筑	
245	三水烈士陵园	三水区云东海街道三水森林公园内	1958年	近现代重要史迹及代表性建筑	
246	海天书屋（梁士诒生祠）	三水区白坭镇岗头村	民国初期	近现代重要史迹及代表性建筑	
247	横涌村头厅农民协会旧址	三水区云东海街道横涌村上横涌村	1926—1927年	近现代重要史迹及代表性建筑	
248	半江桥	三水区西南街道河口社区	1936年	近现代重要史迹及代表性建筑	
249	杜之英母墓（李氏）	三水区白坭镇周村	1932年	近现代重要史迹及代表性建筑	
250	芦苞水闸旧址	三水区北江下游左岸芦苞涌口	1921年动工，1923年完成	近现代重要史迹及代表性建筑	
251	广三铁路三水站	三水区西南街道河口内	清光绪二十四年（1898年）	近现代重要史迹及代表性建筑	
252	三水旧海关大楼	三水区西南街道河口街北江边	清宣统元年（1909年）	近现代重要史迹及代表性建筑	
253	叶生生堂	禅城区祖庙街道筷子路12号	清末至民国初期	近现代重要史迹及代表性建筑	

续表

序号	名称	地址	文物形成或建造时间	类型	入选批次及时间
254	众义国术体育馆旧址	禅城区祖庙街道筷子路44号	民国时期	近现代重要史迹及代表性建筑	
255	松塘东山祖祠	西樵镇上金瓯社区松塘村文昌圩22号侧	清代	古建筑	
256	松塘甘井	西樵镇上金瓯社区桂阳坊42号侧	宋代	古建筑	
257	松塘汇川家塾	西樵镇上金瓯社区松塘村桂香坊13号	清代	古建筑	
258	松塘见五大夫祠	西樵镇上金瓯社区桂香坊	清光绪七年（1881年）	古建筑	
259	松塘六世祖祠	西樵镇上金瓯社区松塘村桂香坊	清代	古建筑	
260	松塘培元书舍	西樵镇上金瓯社区松塘村忠心坊4号B侧	清代	古建筑	
261	松塘翘秀园	西樵镇上金瓯社区松塘村华宁坊1号	清代	古建筑	
262	松塘区氏宗祠	西樵镇上金瓯社区松塘村桂香坊	清宣统二年（1910年）	古建筑	
263	松塘世大夫家庙	西樵镇上金瓯社区松塘村文昌圩22号侧	清代	古建筑	
264	松塘司马第	西樵镇上金瓯社区松塘村桂香坊126号	晚清	古建筑	
265	松塘太史第	西樵镇上金瓯社区松塘村华宁坊59号侧	清光绪三十二年（1906年）	古建筑	
266	松塘塘西六世祖祠	西樵镇上金瓯社区松塘塘西坊61号侧	清光绪二十一年（1895年）	古建筑	第五批，2015年9月2日
267	西樵山百步云梯	西樵山石牌村金钗峰北麓	明正德十二年（1517年）	古建筑	
268	西樵山无叶井	西樵镇西樵山碧云村村口	明代—清代	古建筑	
269	西樵山紫姑井、仙姑亭	西樵镇西樵山寺边村九龙岩景区	清代	古建筑	
270	西樵山蟹眼泉	西樵镇西樵山碧云村翠岩风景区	清代	古建筑	
271	百西潘氏大宗祠	西樵镇百西社区幼儿园侧	清乾隆二十六年（1761年）	古建筑	
272	禄舟万寿堂	西樵镇岭西村禄舟村20号	清乾隆四十九年（1784年）	古建筑	
273	信存何公祠	南海区桂城叠北东胜坊东约	清道光年间（1821—1850年）	古建筑	
274	东联吴氏大宗祠	南海区丹灶镇东联社区水口村村前街西二十巷1号侧	清代	古建筑	
275	南沙陈氏宗祠	丹灶镇南沙社区新村街十四巷1号	清乾隆三十九年（1774年）	古建筑	
276	恒德徐公祠	丹灶镇西联社区五甲村五巷1号	清光绪八年（1882年）	古建筑	
277	沙水翰林步头	丹灶镇劳边社区沙水村西街坊南乔公祠前	清代	古建筑	
278	荔庄泰岭书舍	南海区大沥镇沥东社区荔庄村东区一巷1号	清代	古建筑	

续表

序号	名称	地址	文物形成或建造时间	类型	入选批次及时间
279	区梦觉故居	南海区西樵镇上金瓯社区华宁坊69号	清光绪三十二年（1906年）	近现代重要史迹及代表性建筑	第五批，2015年9月2日
280	上东岑局楼	南海区九江镇上东社区上东沙村	1932年	近现代重要史迹及代表性建筑	

注：资料截至2020年底

表66　　佛山市市级以上非物质文化遗产代表性项目一览表

级别	批次	项目名称
国家级（4批共14项）	第一批（6项）	粤剧、剪纸（广东剪纸）、佛山木版年画、石湾陶塑技艺、狮舞（广东醒狮）、龙舟说唱
	第二批（7项）	彩扎（佛山狮头）、香云纱染整技艺、庙会（佛山祖庙庙会）、十番音乐（佛山十番）、龙舞（人龙舞）、灯彩（佛山彩灯）、中秋节（佛山秋色）
	第三批（无）	
	第四批（1项）	锣鼓艺术（八音锣鼓）
省级（7批共50项）	第一批（8项）	粤剧、剪纸（广东剪纸）、佛山木版年画、石湾陶塑技艺、狮舞（广东醒狮）、龙舟说唱、中秋节（佛山秋色）、庙会（佛山祖庙庙会）
	第二批（11项）	十番音乐（佛山十番）、龙舞（人龙舞）、灯彩（佛山彩灯）、彩扎（佛山狮头）、香云纱染整技艺、八音锣鼓、粤曲星腔、佛山木雕、佛山春节习俗、行通济、乐安花灯会
	第三批（4项）	石湾玉冰烧酒酿制技艺、九江双蒸酒酿制技艺、官窑生菜会、陈村花会
	第四批（13项）	高明花鼓调、藤编（大沥、里水）、石湾龙窑营造与烧制技艺、金箔锻造技艺、中医养生（源吉林甘和茶）、蔡李佛拳（佛山）、咏春拳（佛山、叶问宗支）、赛龙舟（九江传统龙舟）、中医传统制剂方法（冯了性风湿跌打药酒）、端午节（盐步老龙礼俗）、粤绣（广绣）
	第五批（4项）	粤曲（市直）、庙会（大仙诞庙会）、真步堂天文历算、民间信俗（观音信俗）
	第六批（5项）	粤曲（南海、顺德）、糕点制作技艺（九江煎堆制作技艺）、民间信俗（关帝侯王出游）、端午节（龙眼点睛习俗）
	第七批（5项）	鹰爪拳（佛山鹰爪拳）、奶制品制作技艺（双皮奶制作技艺）、洪拳（顺德洪拳）、中医正骨疗法（佛山伤科正骨）、庙会（胥江祖庙庙会）
市级（7批共131项）	第一批（29项）	木鱼书、三字经、广东音乐、佛山十番、八音锣鼓柜、岗雕乐（高明花鼓调）、广东醒狮、人龙舞、粤剧、龙舟说唱、南音、粤讴、粤曲星腔、赛龙舟、佛山木版年画、佛山剪纸、石湾陶塑技艺、佛山木雕、佛山狮头、佛山彩灯、佛山海天酱料制作技艺、刺绣、佛山铸造技艺、香云纱、佛山秋色、行通济、祖庙北帝诞、官窑生菜会、乐安花灯会
	第二批（18项）	佛山水乡农谚、花鼓调、大头佛、蔡李佛拳（佛山）、龙形拳、白眉拳、南海灰塑、石湾玉冰烧酒酿制技艺、佛山盲公饼制作技艺、九江双蒸酒酿制技艺、民间竹编、冯了性风湿跌打药酒、源吉林甘和茶、佛山春节习俗、大仙诞庙会、陈村花卉习俗、高明濑粉节、龙舟说唱（南海、扩展项目）
	第三批（13项）	三山咸水歌、岭南古琴艺术、咏春拳、九江传统龙舟、石湾龙窑技艺、佛山饼印、九江煎堆制作技艺、南海藤编、西樵传统缫丝技艺、金箔锻造技艺、上元舞火龙习俗、盐步老龙礼俗、广东醒狮（禅城、扩展项目）
	第四批（9项）	麦边舞龙、粤曲、南海竹编、三水龙舟制作、三水玉雕、蔡李佛鸿胜功夫推拿、华光诞、胥江祖庙庙会、广东醒狮（市直、扩展项目）

续表

级 别	批 次	项目名称
市级（7批共131项）	第五批（10项）	佛山少临南家拳、佛山鹰爪拳、佛山酝扎猪蹄制作技艺、佛山砖雕、香云纱（坯纱）织造技艺、西樵大饼制作技艺、佛山伤科正骨、佛山伤科制药技艺、佛山祖庙春秋谕祭、大江龙舟习俗
	第六批（22项）	九江灯谜、丹灶葛洪炼丹传说、佛山十番（同乐堂十番）、龙形拳、熊氏少林大易筋经、华岳心意六合八法拳、叠滘弯道赛龙船、岭南盆景（佛山）、高明花灯、高明扎狮、石湾琉璃瓦制作技艺、龙舟制作技艺（三水洲边）、佛山酱料制作技艺（西南抽油）、石湾艺术釉（三水南山五彩）、佛山红模铸造工艺（高明）、扒草艇（湖涌）、祠堂祭祖（平地黄氏冬祭）、黄岐龙母诞、北村生菜会、烧番塔（松塘）、烧番塔（仙岗）、赤山跳火光习俗
	第七批（30项）	粤曲（顺德）、洪拳（顺德）、洪拳（南海）、黄连龙氹游艺、侠家拳、岭南书法艺术（佛山）、广绣（石）、唢呐制作技艺、广式家具制作技艺、平洲传统玉器制作技艺、九江传统鱼花技艺、均安蒸猪制作技艺、礼饼制作技艺（顺德伦教）、伦教糕制作技艺、大良鱼灯制作技艺、顺德红米酒酿造技艺、牛乳制作技艺（顺德大良）、陈村粉制作技艺、煎堆制作技艺（顺德龙江）、萨琪玛制作技艺（三水）、疍家菜制作技艺（三水）、佛山纸扑、奶制品制作技艺（双皮奶制作技艺）、龙潭龙母诞、黄连仓沮信俗、扒龙舟（高明）、真步堂天文历算、民间信俗（观音信俗）、端午节（龙眼点睛习俗）、民间信俗（关帝侯王出游）

注：截至2020年底，国家级、省级、市级项目分别为4批、7批、7批

表67 佛山市市级以上非物质文化遗产项目代表性传承人一览表

级 别	批 次	传承人	
		名 称	姓 名
国家级（5批共15人）	第一批（2人）	佛山木版年画	冯炳棠
		石湾陶塑技艺	刘泽棉
	第二批（2人）	龙舟说唱	伍于筹
		龙舟说唱	尤学尧
	第三批（4人）	剪纸（广东剪纸）	陈永才
		灯彩（佛山彩灯）	邓 辉
		彩扎（佛山狮头）	黎 伟
		香云纱染整技艺	梁 珠
	第四批（3人）	石湾陶塑技艺	黄松坚
		石湾陶塑技艺	廖洪标
		灯彩（佛山彩灯）	杨玉榕
	第五批（4人）	佛山十番	何汉沛
		龙舟说唱	陈振球
		广东醒狮	黄钦添
		佛山秋色	何 信
省级（6批共58人）	第一批（21人）	十番音乐（佛山十番）	何汉然
		狮舞（广东醒狮）	关润雄
		八音锣鼓	梁兆帝

续表

级别	批次	传承人	
		名称	姓名
省级（6批共58人）	第一批（21人）	龙舞（人龙舞）	苏求应
		龙舟说唱	伍于筹
		龙舟说唱	尤学尧
		粤曲星腔	李月友
		剪纸（广东剪纸）	陈永才
		佛山木版年画	冯炳棠
		佛山木雕	何耀辉
		灯彩（佛山彩灯）	邓　辉
		灯彩（佛山彩灯）	陈棣桢
		灯彩（佛山彩灯）	杨玉榕
		石湾陶塑技艺	刘泽棉
		石湾陶塑技艺	黄松坚
		石湾陶塑技艺	廖洪标
		香云纱染整技艺	梁　珠
		香云纱染整技艺	黄田胜
		彩扎（佛山狮头）	黎　伟
		彩扎（佛山狮头）	黎婉珍
		中秋节（佛山秋色）	何　信
		狮舞（广东醒狮）	黄钦添
		龙舞（人龙舞）	林普宣
		剪纸（广东剪纸）	何　燕
	第二批（6人）	石湾陶塑技艺	梅文鼎
		石湾陶塑技艺	钟汝荣
		中秋节（佛山秋色）	何洁桦
		十番音乐（佛山十番）	何汉沛
		龙舟说唱	陈振球
	第三批（8人）	蔡李佛拳（佛山）	黄镇江
		灯彩（佛山彩灯）	梁达光
		酿造酒传统酿造技艺（九江双蒸酒酿制技艺）	何松贵
		酿造酒传统酿造技艺（石湾玉冰烧酒酿制技艺）	郭　波
		石湾陶塑技艺	潘柏林
		中医传统制剂方法（源吉林甘和茶）	陈云鹊

续表

级别	批次	传承人	
		名称	姓名
省级（6批共58人）	第四批（12人）	咏春拳（叶问宗支）	叶 准
		蔡李佛拳（佛山）	梁伟永
		赛龙舟（九江传统龙舟）	朱石明
		剪纸（广东剪纸）	饶宝莲
		佛山木版年画	冯锦强
		藤编（大沥）	梁灿尧
		石湾陶塑技艺	刘国祥
		石湾龙窑营造与烧制技艺	蒙文德
		金箔锻造技艺	吴深龙
		端午节（盐步老龙礼俗）	邵钜熙
		粤绣（广绣）	阮贤娥
		真步堂天文历算	蔡伯励
	第五批（8人）	锣鼓艺术（八音锣鼓）	黄干洪
		龙舞（人龙舞）	林惠宣
		狮舞（广东醒狮）	何狄强
		粤剧	李淑勤
		粤曲	沈曼梨
		石湾陶塑技艺	刘 炳
		中医传统制剂方法（冯了性风湿跌打药酒传统组方及工艺）	谭 珍
		中医传统制剂方法（源吉林甘和茶）	杨雄辉
	第六批（3人）	狮舞（广东醒狮）	夏志成
		石湾龙窑营造与烧制技艺	苏乃灌
		糕点制作技艺（九江煎堆制作技艺）	胡伯伦
市级（6批共221人）	第一批（61人）	佛山十番	何汉然 何汉耀 何汉沛 何汉镐 何庆良 马达明
		八音锣鼓	梁兆帝 麦牛冠 周途科
		广东醒狮	关润雄 黄桂平 黎念忠 张志华 黄钦添 吴向荣 陈幼民 夏志成 易孝安 何狄强 梁伟永 刘汉庭 梁泰豪
		人龙舞	苏求应 林普宣
		粤剧	李淑勤

续表

级别	批次	传承人	
		名称	姓名
市级（6批共221人）	第一批（61人）	龙舟说唱	伍于筹 尤学尧 梁桂芬 陈振球
		粤曲星腔	李月友
		佛山木版年画	冯炳棠 冯锦强
		佛山剪纸	陈永才 何　燕
		佛山木雕	何耀辉
		佛山狮头	黎　伟 黎婉珍
		石湾陶塑技艺	刘泽棉 廖洪标 黄松坚 梅文鼎 钟汝荣 潘柏林 黄志伟 梅晓山 刘雪玲 刘健芬 刘国祥 冼艳芬
		佛山彩灯	邓　辉 陈棣桢 杨玉榕 林润深 唐洁容 辛丽贤 梁达光 杨小燕
		香云纱染整技艺	梁　珠 黄田胜 陈伟明
		佛山秋色	何　信 何洁桦
		大头佛	邓波棠 邓炽棠 关辉洪
		蔡李佛拳（佛山）	黄镇江 梁伟永
	第二批（21人）	佛山剪纸	吴子洲 邓春红
		佛山彩灯	陈荣昌 林燕华 黄宏宇
		南海联表灰塑	关劲荘
		广绣	招惠珠
		石湾陶塑技艺	刘　炳 霍家荣 潘振辉 杨锐华
		石湾玉冰烧酒酿制技艺	郭　波 谢　敏
		九江双蒸酒酿制技艺	何松贵 崔汉彬
		源吉林甘和茶	陈云鹄
	第三批（29名）	岭南古琴艺术	梁　球
		广东醒狮	陈汝安
		粤剧	梁智理
		咏春拳	郭伟湛 叶　准
		蔡李佛拳（佛山）	黄文佳 梁旭勇
		龙形拳	马国辉
		白眉拳	黄新健
		九江传统龙舟	刘永成 朱石明

续表

级别	批次	传承人	
		名称	姓名
市级（6批共221人）	第三批（29名）	佛山剪纸	茹新梅　饶宝莲　赵丽达
		石湾陶塑技艺	庞文忠
		石湾龙窑技艺	苏乃灌　陈　钊　蒙文德
		佛山饼印	杨海成
		民间竹编	曹健荣
		传统缫丝技艺	黎雪芬
		南海藤编（里水）	何日成
		南海藤编（大沥）	梁灿尧
		金箔锻造技艺	吴深龙
		九江煎堆制作技艺	邹珍珠
		源吉林甘和茶	钱碧坤
		冯了性风湿跌打药酒	邬威尧
		大仙诞庙会	冯腾飞
		盐步老龙礼俗	邵钜熙
		广东醒狮	朱绍英　梁启钊　庞兆升
		麦边舞龙	张志华
		粤剧	莫增平
		曲艺	沈曼梨
		咏春拳	梁伟志　姚忠强
		蔡李佛拳（佛山）	何焯华　吴伯泉
	第四批（21人）	九江传统龙舟	朱贤勤
		佛山彩灯	罗志环
		佛山剪纸	陈嘉彦
		佛山木版年画	郑太昌
		南海藤编（里水）	何丽容
		刺绣	劳惠然
		南海竹编	甘惠玲
		三水玉雕	钱贵根
		源吉林甘和茶	杨雄辉
		冯了性风湿跌打药酒	谭　珍
		盐步老龙礼俗	邵灿贤

续表

级别	批次	传承人	
		名称	姓名
市级（6批共221人）	第五批（31人）	广东醒狮	邓伟杰　叶仲铭　谢伯森
		蔡李佛拳（佛山）	李伟峰　潘成光
		咏春拳	梁湛声　麦耀明　钟伟华
		佛山少临南家拳	梁伟焯
		佛山鹰爪拳	曾　坤　陈健志
		剪纸（广东剪纸）	邓燕平
		灯彩（佛山彩灯）	吴光钜　李文涛　陈志棠
		佛山木雕	罗荣操　黄卓浩
		佛山木版年画	刘钟萍
		南海藤编	陆凯文
		佛山铸造技艺	庞耀勇
		石湾玉冰烧酒酿制技艺	何国良
		刺绣（广绣）	陈新妹
		佛山砖雕	张汉泉
		石湾陶塑技艺	霍然均
		金箔锻造技艺	吴炜全
		西樵大饼制作技艺	陈柱卫
		九江煎堆制作技艺	胡伯伦
		香云纱（坯纱）织造技艺	张绍锦　张绍景
		三水龙舟制作（新沙）	关群苏
		中秋节（佛山秋色）	梁凤英
		九江灯谜	陈品良
	第六批（58人）	佛山十番	何绍烽
		佛山十番（同乐堂十番）	李洪金
		佛山十番（同乐堂十番）	李洪练
		高明花鼓调	曾秉常
		高明花鼓调	曾志强
		高明花鼓调	曾铁坚
		广东醒狮	胡应培
		粤剧	李江林
		粤剧	何丰仪

续表

级 别	批 次	传承人	
		名 称	姓 名
市级（6批共221人）	第六批（58人）	龙舟说唱	梁成坡
		龙舟说唱	刘仕泉
		粤曲	郑艳芬
		蔡李佛拳	夏汉广
		蔡李佛拳	禤志晖
		洪拳（顺德）	蔡景盛
		华岳心意六合八法拳	黄启泰
		龙形拳	罗荣强
		侠家拳	刘浩荣
		佛山鹰爪拳	何 健
		咏春拳	黄顺昌
		咏春拳	梁满枝
		佛山彩灯	刘文珊
		佛山剪纸	陈小杰
		佛山剪纸	陈用伟
		高明花灯	黄燕琼
		粤绣（广绣）	曾剑仑
		粤绣（广绣）	曾剑琴
		蔡李佛鸿胜功夫推拿	黄文佳
		蔡李佛鸿胜功夫推拿	梁旭勇
		佛山酱料制作技艺（西南抽油）	龙志麟
		佛山酝扎猪蹄制作技艺	卢凤莲
		佛山酝扎猪蹄制作技艺	孙 恩
		佛山纸扑	何雅欣
		高明扎狮	谭志明
		均安蒸猪制作技艺	李耀苏
		礼饼制作技艺（顺德伦教）	何雪芬
		龙舟制作技艺（三水洲边）	李保安
		伦教糕制作技艺	梁桂欢
		南海竹编	黎景生
		萨琪玛制作技艺（三水）	钱桂生

续表

级别	批次	传承人	
		名称	姓名
市级（6批共221人）	第六批（58人）	三水玉雕	钱景笙
		石湾琉璃瓦制作技艺	黄启先
		石湾琉璃瓦制作技艺	黄新强
		石湾琉璃瓦制作技艺	梁航毓
		石湾陶塑技艺	封伟民
		石湾陶塑技艺	刘桂芳
		石湾陶塑技艺	刘兆津
		石湾艺术釉（三水南山五彩）	杨英才
		石湾玉冰烧酒酿制技艺	范绍辉
		顺德红米酒酿造技艺	萧永坚
		西樵大饼制作技艺	陈绍钊
		冯了性风湿跌打药酒	霍嘉茵
		佛山伤科正骨	陈逊文
		佛山伤科制药技艺	陈渭良
		平地黄氏冬祭	黄冠勋
		平地黄氏冬祭	黄汉威
		烧番塔（仙岗）	陈建强

注：截至2020年底，国家级、省级、市级传承人分别为5批、6批、6批

【非物质文化遗产保护传承】 2020年，佛山市发放2020年度市级非物质文化遗产保护专项资金，16个非遗项目、10个非遗传承基地、2个非遗传习所、160位市级传承人获得扶持资金共120万元。举办2020年佛山市非物质文化遗产保护工作培训班，约100人参加培训。开展省级以上非物质文化遗产代表性项目保护单位运行评估及省级以上非物质文化遗产代表性传承人档案建设工作，建档45人。年内，市文广旅体局公布佛山市第六批市级非物质文化遗产项目代表性传承人，新增佛山市非物质文化遗产项目代表性传承人58人，市级（含）以上传承人增至226人。

【文物保护与旅游资源化利用】 2020年，佛山市开展东华里古建筑群、金楼及古建筑群等15处文保单位修缮工程。继续推进文物建筑景区化，开展贞女桥等6个文物点环境整治，完成适安里古建筑群、国公古庙等活化，《人民日报》刊登《让城市留下记忆 让人们记住乡愁》专题报道岭南天地文物活化成果，碧江金楼古建筑群活化利用项目入选广东省文物古迹活化利用典型案例。按国家文物局要求完善古椰贝丘遗址保护规划，同步启动古椰遗址公园概念设计。编制银洲遗址保护规划，并启动遗址公园用地范围内房屋征收工作。截至2020年底，全市有7家博物馆、4个文物点被评为AAA以上景区；有松塘村1个全国重点旅游村，有长岐村等3个广东省文化和旅游特色村，有九江镇特色文化体验乡村游精品线路等4条广东省乡村旅游精品线路。2020年，“佛山老城武术文化游径”等5条游径被纳入首批粤港澳大湾区文化遗产游径和广东省历史文化游径建设。

【2020年“5·18”国际博物馆日广东主会场活动】 2020年5月18日，由广东省文化和旅游厅、佛山市人民政府联合主办的2020年“5·18国际博物馆日”广东主会场启动仪式暨“众志成城——致敬抗疫者图片展”开幕式在佛山市举行。启动仪式上，公布由广东省博物馆协会推介的“2020年广东博物馆开放服务最佳做法”名单，广东省文物保护基金会推介的“2020年广东省文化遗产保护工作年度人物”。因新冠肺炎疫情防控需要，博物馆日活动主要采取线上直播的方式进行，通过多平台线上活动、省市联动视频连线等方式展示博物馆建

2020年5月18日，由广东省文化和旅游厅、佛山市人民政府联合主办的2020年“5·18”国际博物馆日广东主会场活动启动仪式暨“众志成城——致敬抗疫者图片展”开幕式在佛山市举行 （市文广旅体局 供图）

设成果。活动推出省内首个抗疫主题展“众志成城——致敬抗疫者”专题展览，并连线清远市三坑镇安庆村“乡村记忆馆”揭幕仪式，展现广东脱贫攻坚工作成效。佛山作为主会场，选点佛山市祖庙博物馆、南海区博物馆、顺德区博物馆、广东大观博物馆4个博物馆进行直播“云逛馆”；向“众志成城——致敬抗疫者”专题展览提供约20件（套）抗疫实物（包括医务人员请战书、防护服等）；并自主举办的线下及线上展览、云活动等49场次。

【2020年佛山市文化和自然遗产日系列活动暨“广东非遗购物节”佛山分会场活动】 2020年6月12日在佛山图书馆举行。活动以“牵手·非遗赋彩全面小康”为主题，邀请5位在非遗传承创新发展中做出突出成绩的嘉宾通过线上直播、线下互动的形式分享经验，并发布《2020佛山非遗大数据》及签订“牵手佛山非遗”战略合作意向书。活动以“小视频+推文+购买链接”方式在“学习强国”佛山学习平台、佛山发布、“佛山+”等平台发布20项非遗技艺数百款商品，市民通过观看视频、推文，进入佛山非遗项目的相关淘宝店、微店等自行购买感兴趣的产品。同时，佛山各区采用“线上+线下”相结合方式开展一系列丰富多彩的活动。

【“物以载道——中国非遗数字展”开展】 2020年11月2日，由文化和旅游部国际交流与合作局主办，中国文化传媒集团、佛山市文化广电旅游体育局、佛山市南海区文化广电旅游体育局、佛山市南海区大沥镇人民政府等组织的“物以载道——中国非遗数字展”通过中（国）摩（洛哥）数字媒体平台上线，同名线下展同时在摩洛哥拉巴特中国文化中心开展。线上展览开至2021年2月28日，线下展开至2020年12月2日。展览以非遗艺术的实物、图片作为展陈主体，通过增强现实（AR）拍摄技术，以“科技+非遗”打造沉浸式实景展厅，并形成可随时随地观赏的数字“云”展览。佛山市剪纸、灯彩、木版年画、彩扎、香云纱等29个特色非遗项目入展。活动展示中国广博、深厚的非遗文化艺术成果，增进摩洛哥民众对中国文化的了解，促进中摩两国间文化交流与合作。

（张紫林）

【桑园围入选第七批世界灌溉工程遗产名录】 2020年12月8日，国际灌溉排水委员会第七十一届国际执行理事会视频会议公布第七批世界灌溉工程遗产名录，佛山桑园围名列其中，成为广东省第一个世界灌溉工程遗产项目。桑园围始建于北宋徽宗年间，地跨佛山市南海、顺德两区，涉及西樵镇、九江镇、龙江镇和勒流街道，是由北江大堤、西江大堤合围而成的区域性水利工程。桑园围因围内历史上种植大片桑树而得名，是中国古代最大的基围水利工程，围堤全长64.84千米，围内土地面积265.4平方千米，农田灌溉面积4133.33公顷。桑园围水利工程的建设开启珠江

2020年12月8日，佛山桑园围入选第七批世界灌溉工程遗产名录，是广东省第一个世界灌溉工程遗产项目。图为桑园围西樵片区俯瞰图 （市水利局 供图）

三角洲地区大规模基围农耕开发的历史，发挥灌溉、防洪排涝、水运等效益，是珠江三角洲地区水利发展和佛山地区经济社会发展的重要历史见证，为区域灌溉农业发展和人居环境安全提供基础支撑。桑园围历经900余年的发展，围内古水利工程体系格局仍保存完好，工程遗产体系主要包括灌排工程体系和相关文化遗产两部分，灌排工程体系由围堤、古河涌水系、古窦闸控制工程等组成,非工程遗产包括与桑园围相关的碑刻、文献、水利管理与水神崇拜建筑设施，以及见证桑园围历史与文化的古桥、古树、古井等相关水利遗产，是世界灌溉工程遗产中历史水利工程遗存最多的项目。

（罗惠栅）

文艺创作

【概况】 2020年，佛山市文化广电旅游体育局紧紧围绕庆祝全面建成小康社会、中国共产党建党100周年、粤港澳大湾区、岭南风情、抗疫等主题组织并开展创作研究。继续推进“四进·四写”主题实践活动，并结合“不忘初心、牢记使命”主题教育和“创建红色创作支部”工作，开展“深入生活、扎根人民——艺术在基层”走进红色教育基地、工厂、社区和乡村，从生活中汲取养分，各门类取得丰硕的成果，全年共完成重点创作项目69个。

【美术创作】 2020年，佛山市艺术创作院组织艺术家进行庆祝全面建成小康社会、疫情防控等主题创作。艺术家的90多件（套）作品入选国家级展览12个、省级展览13个、市级展览16个。其中，简锡昭、罗志奇、邱大尉作品入选2020广东省美术家协会主办的广州艺博院抗疫作品展。蓝之锋、罗志奇、岳海喜作品入选“小康路上——广东基层美术创作展”。邱大尉作品《一往无前》先后刊登于“学习强国”学习平台、《中国艺术报》、浙江省党建指导性刊物《共产党员离退休党建》、《深圳商报》、《新快报》、中央广播电视总台国际在线等媒体平台。江山抗疫主题作品在《广州日报》专题报道，被中国邮政将发行邮票纪念册收录，参加“延续爱——珠三角文化联盟”展览。简锡昭、蓝之锋、罗志奇、李敏、蚁潮等5名雕塑家作品入选“潮起·塑梦——粤港澳大湾区雕塑作品展”。8件作品入选由中共广东省委宣传部、广东省文联主办的“美好生活——广东省美术作品展”。

【文学与戏剧创作】 2020年，佛山市艺术创作院作家盛慧参与创作的广东省委宣传部重点项目作品《奋斗与辉煌——广东小康叙事》于2020年12月出版发行，是广东小康第一读本。全书以老百姓生活变化为立足点，采取编年史方式构建创作框架，以时间为经、以人物和事件为纬，展示从1978年改革开放之初至2020年全面建成小康社会期间，广东经济建设、政治建设、文化建设、社会建设、生态文明建设、科技创新等侧面。电视剧《闯广东》项目有序推进，剧本入选“2019年度广东省电视剧优秀剧本扶持项目”。电视剧《梁园》完成剧本大纲初稿。盛慧的散文集《外婆家》《吾生梦幻间》出版，在《诗刊》《中国文化报》《南方》《作品与争鸣》《湖南文学》等刊物发表。《外婆家》备受读者欢迎，一度占据文学新书榜榜首，入选《中国青年报》中青阅读2020年度推荐书单，被新华网、人民网、光明网、“学习强国”学习平台等150余家媒体推荐，入选向青少年推荐的50种优秀读物。周崇贤撰写的20万字纪实文学《朝着小康奔跑》，创作的长篇小说《石头说话》，以及诗歌《凉山赋》50多首，在《河南文学》、《南方日报》海风副刊、《佛山文艺》等报刊发表。周崇贤创作音乐剧本《生死逆行》、《庚子年的中国》（组诗）、“佛山地理”系列散文等一批作品，出版长篇纪实文学《朝着梦想奔跑》。周崇贤完成歌曲《逆行而上》《看我中国强》《中华好儿郎》《大凉山情歌》《最美中国红》《守护平安家园》等的作词作曲。《逆行而上》推出歌曲成品，2次登上“学习强国”学习平台，并得到广东电视台、人民日报客户端等10多家媒体报道和展播。《看我中国强》由佛山市禅城区文化馆制作上线，获“全国网红音乐大赛”原创歌曲优秀作品奖（另一首原创歌曲《为了梦想》获十大金曲奖）；《守护平安家园》获广东省政法委主办的原创歌曲征集大赛二等奖。完成纪录片《一座城一群人》的拍摄制作，启动《美丽粤港澳大湾区》影像计划。

【舞台艺术创作】 2020年，佛山粤剧传习所首次举办“少儿粤剧线上培训营”，进行线上粤剧文化推广，累计推出65期。培训营项目组织专业技术人员制作少儿粤剧基础功架、身段、步法等程式的教程，进行“唱、念、做、打”内容教学，解读粤剧表演的基本要素和法则，其中包括基础身段、水袖、折扇、拳法及各行当身段组合。佛山市首部大型儿童粤剧《大话哪吒》在顺德演艺中心举行首演。该剧由佛山粤剧传习所重新改编经典故事，完成创排工作，以粤剧的形式将其搬上舞台。该剧参与羊城粤剧艺术节演出，获“第八届羊城粤剧节优秀剧目展演”称号。

【抗疫题材作品创作】 2020年，佛山市艺术创作院发挥专业优势，用文艺作品鼓舞斗志，讴歌英雄。创作出一批以抗击疫情为主题，包括雕塑、国画、油画、剪纸、歌曲等艺术门类的文艺作品。被“学习强国”平台、广东电视台、《南方》杂志、佛山电视台等新闻媒体报道，有的作品还被作为党政机关杂志的封面，取得良好的社会效益。在开展疫情防控工作期间，传习所发挥文艺院团的作用，通过编排戏曲表演身段和步法，结合人气热度高的网红音乐，创作出简单易懂、科学有效的戏曲强身操，帮助带领广大群众一起居家健身，提升身体素质、共抗疫情，还创作抗疫作品《万众一心挽狂澜》《战疫情》等，并重新修编《白衣风采》音乐视频，向在抗疫一线的工作人员致敬。佛山市演艺中心推出原创广播剧《共情》，讲述新冠肺炎疫情期间佛山街坊邻里守望相助的温情故事。该剧在市演艺中心微信公众号首播，在佛山电台FM98.5连载播出。

【文化与文艺理论研究】 2020年，佛山市艺术创作院编辑出版《佛山艺文志》第33期至第36期，出版《创艺丛书》第7辑〔含《十二邀——广东作家访谈录》第1辑、《些些往事——宝瑟余音随笔集》、《雁归洛阳——2019戏剧集》3册〕，出版长篇历史小说《西江清流——区大相》、论文集《佛山人与现代中国》。组织举办"戏曲之传统、当代、未来"学术研讨会和粤港澳大湾区粤剧传承发展研讨会2场学术研讨会。国家社科基金重点课题"社会转型中的传统工艺"子课题"香云纱的现代变迁"（廖雪林承担）和"社会转型时期的石湾陶艺"（刘东承担）结项。理论研究人员在国内报刊发表学术论文、文艺评论、作家访谈等共20余篇。其中：朱郁文的评论文章《故乡的味道》发表于《文艺报》，获得第六届"佛山文学奖"评论奖金奖；罗祎英的研究论文《有边界的"身体"：论王墨林的戏剧"身体观"及其现实意义》《论中国电影心理学早期探索的基本形态及其成就》均发表于中文社会科学引文检索（CSSCI）来源期刊。

【中国微型小说创作基地落户佛山】 2020年6月8日，中国微型小说学会向佛山市小小说学会颁发中国微型小说创作基地牌匾，标志着中国微型小说创作基地正式落户佛山市。佛山是中国微型小说（小小说）创作重要的区域，拥有一批在全国微型小说（小小说）界有一定影响的作家，常有佛山作家作品被各大报刊发表、选载。其中，韩英、何百源、吕啸天等人的作品还被收入《中国当代小小说大系》等选本。此外，佛山还连续7年举办全国微型小说（小小说）征文活动，举办中国微型小说（小小说）名家讲堂等，一系列活动让佛山成为广东微型小说（小小说）创作三大主力阵营之一，也成为具有全国影响力的文学社团组织。中国微型小说创作基地成立，将推动微型小说（小小说）创作在佛山市进一步发展。

【粤港澳大湾区粤剧传承发展研讨会】 2020年6月14日，在广东省文化和旅游厅指导下，广东省艺术研究所在佛山市顺德区举办粤港澳大湾区粤剧传承发展研讨会。中山大学中国非物质文化遗产研究中心学术委员会副主任康保成，广东粤剧促进会常务副会长、国家一级导演何笃忠等来自粤港澳大湾区的粤剧表演艺术家与专家学者参加研讨会。与会者商讨人文湾区粤剧传承发展联动共建模式、新媒体时代粤剧文化传播路径，并就粤剧保护的问题提出对策。选择在"中国曲艺之乡"佛山市顺德区举办粤港澳大湾区粤剧传承发展研讨会，旨在推动粤剧回归生活、回归群众，推进粤港澳三地粤剧艺术合作。

2020年6月14日，粤港澳大湾区粤剧传承发展研讨会在佛山市举办

（佛山市艺术创作院 供图）

【《佛山韵律文学艺术丛书2019年卷》出版】 2020年10月14日，由佛山市文化广电旅游体育局、市文联牵头，佛山市艺创创作院统筹的《佛山韵律文学艺术丛书》2019年卷在花城出版社出版。该套丛书共收录近1000名创作者约1140件作品，分为小说、散文诗歌、文艺评论、剧本、美术、书法、摄影、工艺美术8卷，主要收录省级以上发表或获奖的作品，另有部分优秀作品经专家评审入选，全面、客观、深入反映佛山文学艺术领域取得的新成果。

【光辉历程 小康叙事——佛山市迎接全面建成小康社会美术作品展】 2020年11月21日至12月21日在佛山市文化馆展出。该展览由中共佛山市委宣传部、佛山市文化广电旅游体育局主办，广东省美术家协会、广东省中国画学会支持，佛山市艺术创作院、佛山画院、佛山市雕塑院承办。活动共展出作品100件，包括中国画31件、油画14件、版画13件、雕塑27件、水彩6件、水粉1件、综合材料1件、漆画6件、连环画1件，其中多件作品为2020年度佛山市文艺精品扶持项目作品。佛山市参展作品有60件。展览围绕"光辉历程、小康叙事"两大关键词组，以百花齐放的表现形式讴歌中国在改革开放以来的伟大成就，作品叙事与艺术审美有机结合，时代气息强烈。

（郑 蔚）

新闻出版

【概况】 2020年，佛山市有报刊出版单位13个、网络出版单位2个、音像出版单位1个。有印刷企业2261家，工业总产值271.74亿元，其中5000万元以上规模印刷企业83家。有出版发行单位633家，出版物销售总额5.87亿元。全年核发连续性内部资料准印证12个，一次性内部资料性出版物准印证68个。全年全市查处“扫黄打非”案件17件，“扫黄打非”工作基层站点增至1537个，实现镇（街道）、村（社区）、中小学校和重点区域“扫黄打非”站点规范化标准化100%全覆盖建设。

【出版版权业疫情防控和复工复产】2020年，佛山市新闻出版局、佛山市版权局出台应对新冠肺炎疫情支持出版版权企业复工复产健康发展的十项措施，保障重要行业配套印刷品和精神文化产品的正常供给。提前启动佛山市优秀版权作品的申报，确保6月前完成版权资助资金发放。对2020年进行版权登记的佛山市疫情防控主题作品和市内医务工作者创作的作品实施“零费用”登记。建立规上印刷企业重点服务名单进行直线联系，协调解决复工复产困难。引导符合条件的印刷企业申报市文化产业扶持政策补贴。鼓励市内图书、音像批发企业对实体书店给予3～6个月的延期结算。13家印刷企业印制各类防疫宣传品超1000万册（份），印制药盒、消毒水盒等包装盒超2亿个。市各大书店加强门店疫情防控和消毒消杀，加大网络销售服务力度，通过微商城向重点单位提供《新型冠状病毒感染防护》等图书预订服务。佛山新华书店向村（社区）捐赠1万本防疫用书。佛山市顺德区孔雀廊娱乐唱片有限公司无偿提供音乐版权，与佛山电台联合策划传递抗疫正能量音乐栏目。佛山市版权保护协会对市内的公民、法人或其他组织创作的有关疫情防控主题正能量作品，实行全免费登记，并全力优化线上版权登记及资助、纠纷调解、资助申请和侵权投诉等服务，推动疫情防控期间版权“创作不间断，服务不停歇”。

【2020年“书香佛山”全民阅读系列活动举行】2020年4月23日，佛山市在“佛山发布”“佛山+”“佛山图书馆”等官方微信、微博举行2020年“书香佛山”全民阅读系列活动线上启动仪式，以佛山市图书馆为主会场，各区、各单位设立分会场，正式启动2020年度佛山市全民阅读系列活动。受新冠肺炎疫情影响，2020年“书香佛山”全民阅读系列活动以线上活动为主，同时采取线上与线下活动相结合方式举行，活动持续至年底。全民阅读系列活动以“全面小康书香芬芳”主题，包括“世界读书日”活动、2020“佛山领读者”活动、“书香家庭”创建活动、“书香校园”创建活动、“书香家庭”创建活动、2020南国书香节佛山分会场活动、开办《粤读时光》电视栏目等20项重点活动。

（雷郎才）

【佛山传媒学院成立】2020年12月25日，佛山传媒学院揭牌成立，通过搭建网上课程学习平台、举办全媒体“超级IP打造”训练营、策划媒体融合名家讲堂系列培训等，通过规范化、系统化人才培训，构建采、编、播、管人才培养体系，推动集团各媒体思维观念互联网化，加快推进集团媒体抢抓时代机遇、深度融合发展，推动主力军挺进主战场。

【佛山传媒集团】2020年，佛山传媒集团旗下有佛山日报社、佛山人民广播电台、佛山电视台、珠江时报社、珠江商报社、佛山新闻网有限公司、佛山珠江传媒印务与发行有限公司、佛山期刊出版总社等单位。传统媒体方面，集团旗下有《佛山日报》《珠江时报》《珠江商报》《珠江青少年》《佛山文艺》等报纸、期刊杂志，有佛山电视台及所属分台共5个电视频道，有佛山电台及所属分台共6个广播频率。新媒体方面，集团旗下有由佛山新闻网、各媒体网站、官方微博、微信公众号，以及“佛山+”“醒目视频”“花生FM”“畅驾”等移动客户端组成的新媒体矩阵，共有各类平台435个。总体上形成覆盖报、台、网、端的全媒体传播体系。集团在职员工2844人，其中35岁及以下员工1174人、大学本科以上学历的职工1740人，具有专业技术资格人员1163人。

2020年，佛山传媒集团旗下各媒体全年有9354件作品获“学习强国”广东学习平台转发，有837件作品获“学习强国”学习平台全国平台转发。佛山传媒集团获“佛山市抗击新冠肺炎疫情先进集体”称号，佛山传媒集团党委获“佛山市先进基层党组织”称号。

新冠肺炎疫情防控宣传报道　2020年，佛山传媒集团派出3名随队记者赴武汉市采访，挖掘佛山市援鄂医疗队在武汉一线的战疫故事。全年推出《致敬最美逆行者》14期系列海报，集中展示380名佛山援鄂医疗队医护人员和后方医疗人员代表群像。推出“温爱佛山·网上行通济”融创产品，创新性融入民俗活动和防疫宣传，吸引130万名网民参与，浏览量200多万人次。成立佛山传媒集团党员应急宣传先锋队，鼓励动员全体党员干部冲锋在前，深入佛

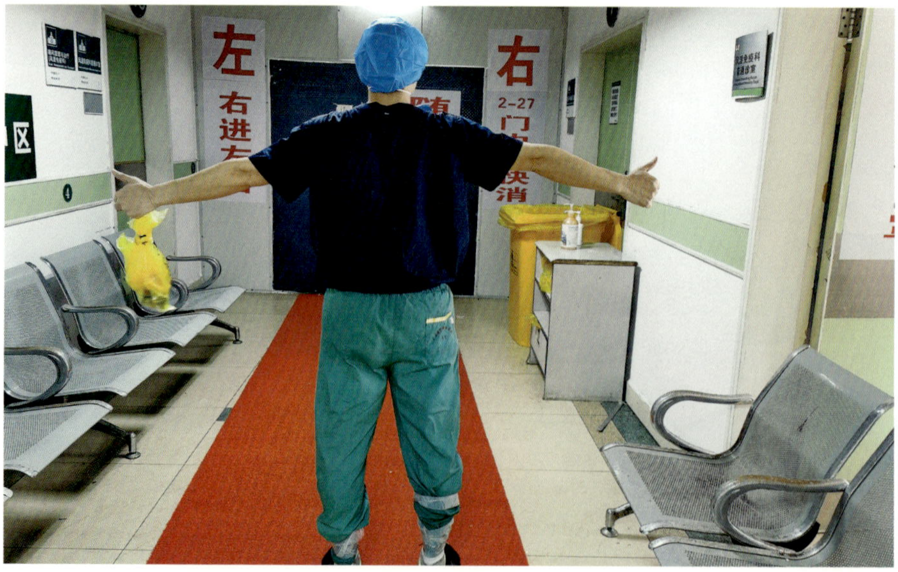

2020年，佛山传媒集团派出3名随队记者赴武汉市采访，挖掘佛山市援鄂医疗队在武汉一线的战疫故事。图为从隔离区出来浑身湿透的记者　　（佛山传媒集团　供图）

山市定点医疗卫生机构进行一线采访。传媒集团各媒体共刊播抗疫报道41万篇，制作新媒体产品5400多个，总阅读量超8亿人次，参与采编人员超1000人。其中，“佛山+‘战疫’频道”开设《最新疫情》《权威发布》《疫战动态》《防控科普》《一线播报》《辟谣平台》等栏目，发挥佛山市新型冠状病毒肺炎疫情防控指挥部权威发布平台的作用。

全国“两会”报道　2020年，佛山传媒集团结合新冠肺炎疫情防控，创新宣传报道方式，做好全国“两会”（人大会议、政协会议）的宣传报道。主要宣传报道方式包括搭建“云采访”平台，5G连线佛山全国人大代表；搭建“云智库”平台，每天整理热点话题供佛山全国人大代表参考；开设“高端访谈”栏目深入解读与佛山相关联的热点话题；等等。全国“两会”期间，集团开设《聚焦2020全国“两会”》《高端访谈》《佛山声音》等多个专栏，利用传统媒体与新媒体融合报道手段，采取图文、动漫、视频、全息全景、评论等多种手段进行宣传。

“决战决胜脱贫攻坚”主题报道　2020年，佛山传媒集团派出近70人的采访组前往西藏自治区墨脱县、新疆维吾尔自治区伽师县、四川省凉山彝族自治州，以及广东省内云浮市、湛江市等地采访，采取行进式采访报道方式，通过直播、短视频、图文等进行实时报道，推出《决战决胜脱贫攻坚一线见闻》《决战决胜脱贫攻坚一线报告》《历史的见证》《云中的莲花》等系列大型专题专栏报道。全年推出全媒体报道超3000篇、电视专题片15期、纪录片3集等。全网阅读量超1500万人次。

媒体融合发展　2020年，佛山传媒集团启动“佛山传媒智库”微信新媒体平台运营，组建“传媒智库部”，指导传媒智库业务团队开展直播带货、国内传媒改革发展等专题调研。

刊播安全管理　2020年，佛山传媒集团坚持党管意识形态，确保舆论导向正确。印发《中共佛山传媒集团委员会落实网络意识形态工作责任制2020年工作方案》《佛山传媒集团特别防护期意识形态安全和刊播安全的工作方案》等文件。坚持“一日一会商，一日一研判，一日一统筹”工作机制，就社会面的意识形态安全事件和集团内各单位存在的苗头性、风险性问题进行分析研判，严格落实安全刊播制度。年内，佛山传媒集团各重要节点各媒体未出现意识形态安全事件。

媒体经营发展新路径　2020年，佛山传媒集团统筹资源，主动向下赋能，培育佛山传媒新业态和新模式。利用财政资金支持各媒体单位打造传播业务新平台，重点支持佛山电视台“直播电商赋能产业”发展战略和电视频道高清化建设项目，推动中视大湾区产业直播基地进驻佛山电视台和完成5个电视频道高清化建设。与北京快手科技有限公司签订战略合作协议，推动“快手佛山创新发展中心”落地佛山。统筹佛山电台、佛山新闻网资源，联合北京思源政通科技集团有限公司开展佛山市政府门户网及新媒体优化提升运营项目。成立佛山传媒学院，促进传统媒体转型。携手快手科技有限公司举办5G直播间“岭南年　佛山味”新春直播季系列活动，为各单位的网络直播团队提供实战提升大舞台。成立佛山珠江传媒园区投资管理有限公司，明确以“传媒树品牌，园区搭中台，投资促改革，产业推融合”为发展目标。

传媒集团改革　2020年，佛山传媒集团出台《2020年佛山传媒集团深化改革推动高质量发展整体方案》，确定理顺国有传媒资产监管体系、组织和人才保障、广电媒体公共覆盖、落实税收优惠、支持拓展文化产业等9项改革任务。中共佛山市委成立市委全面深化佛山传媒集团改革工作专班，设置综合统筹组、体制机制组、媒体发展组、资产产业组、安全维稳组5个专责小组，推动佛山传媒集团改革工作。年内，佛山传媒集团改革在落实税收优惠方面取得突破，集团下属7家符合条件的转制企业被认定为佛山市市属文化体制改革单位，该7家转制企业按相关税率计算2020年度合计可减免企业所得税856.3万元。

（方　菲）

【《佛山日报》】 前身为《珠江人民报》的《佛山日报》，创刊于1949年11月29日，是中共佛山市委机关报，佛山传媒集团的主报。2020年，《佛山日报》日均16版，主要栏目有《要闻》《政务》《深读》《理论周刊》《经济》《民生》《教育周刊》《健康周刊》《百姓楼市》《文苑》等。年内，《佛山日报》有2件作品获得广东新闻奖，其中一等奖1件；20多件作品获中国城市党报新闻奖、广东省报纸副刊作品评选、广东省新闻战线“走基层、转作风、改文风”活动优秀作品等多个奖项。

宣传报道　2020年，面对突如其来的新冠肺炎疫情，佛山日报社派出记者前往武汉抗疫一线，以全媒体的报道手段聚焦疫情发展、抗疫英雄、企业复工复产、科普宣传等重要节点。围绕全面建成小康社会的主题主线，点面结合，做好“走向我们的小康生活”专栏报道，多篇报道登上“学习强国”学习平台。谋划决战决胜脱贫攻坚主题报道，开设《决战决胜脱贫攻坚》专栏。做好学习习近平总书记出席深圳经济特区建立40周年庆祝大会和视察广东重要讲话、重要指示精神的系列反响报道；聚焦重大项目集中开工投产活动。以创新的形式和传播手段做好各级“两会”（人大会议、政协会议）报道及市委全会的报道，以全媒体融合聚焦市“两会”，打造云观“两会”、动画视频、一图读懂、海报长图等多种形式的融媒产品，实现线上线下互动。策划《弘扬工匠精神　寻找大城工匠》系列报道，受到中共市委宣传部领导的点赞。组织策划《佛山直播电商产业链扫描》系列报道，深入了解佛山直播电商的市场和发展现状。举办线上线下相结合的2020年高考志愿填报咨询会。承接2020佛山市“文化和自然遗产日”活动，推出《寻访佛山非遗》专栏。做好全市公共机构生活垃圾分类系列宣传。7月，云南佤族姑娘魏月董千里到佛山归还医疗费，佛山日报社率先推出系列报道，微博短视频获1775万次播放量，话题获1.7亿次点击量，多个央媒官微相继转载。

全媒体传播与服务体系构建　2020年，佛山日报社持续推动媒体融合转型，实施采编运作机制改革，组建全媒体采集中心、全媒体编发中心，推动形成“一体策划、一次采集、多种生产、多元传播、全天滚动、全网覆盖”的传播格局。加快区级融媒体中心布局和建设，高明融媒体中心不断提升网络传播力，探索传媒服务新业态，以区域枢纽型主流媒体为发展目标，推进融媒体中心从1.0向2.0发展。2020年的高明区人大会议和政协会议期间，高明融媒体中心推出“两会”直播、镇长访谈直播、一图读懂动画等10款融媒体创新产品。禅城、三水全媒体中心的移动传播能力也不断得到提升。

“学习强国”佛山学习平台编辑部成立　2020年，佛山日报社成立“学习强国”佛山学习平台编辑部，正式承接“学习强国”佛山学习平台移动客户端和个人电脑端的策划审核运营工作。9月10日，“学习强国”佛山学习平台正式上线运行，成为集“内容生产、信息采集、学习管理、服务群众”于一体的学习、传播和服务平台。

（唐岭梅）

【《珠江时报》】 创刊于2004年5月12日，是整合原《南海日报》《佛山晚报》出版的都市类综合性日报。珠江时报社旗下有《珠江时报》纸媒、网站、微博、微信、手机移动客户端、梦之声电台、视频工作室、舆情工作室、智媒研究中心等全媒体形态。2020年，《珠江时报》日均8版，以《要闻》《经济》《镇街》《文化》《教育》《健康》《映像》等栏目以及周刊、专题的形式推出新闻报道，发行4万份，获评“金长城传媒奖·中国传媒融合发展十大区域报”“2020年中国融媒创新发展最具公信力区域报”称号，特刊《新时代南海家书》入选“2020年中国融媒创新发展优秀经典案例”。

宣传报道　2020年，珠江时报社重点宣传习近平新时代中国特色社会主义思想、十九届五中全会精神、习近平总书记深圳经济特区建立40周年重要讲话精神和视察广东重要批示精神，刊登习近平总书记系列重要讲话精神、系列重要指示批示精神和重大活动报道350多篇。创新形式做好新冠肺炎疫情防控报道，推出《打赢疫情防控阻击战》《战疫快评》《战疫观察》《复工复产》《六稳六保》等20多个专题专栏专刊；先后制作《新时代南海家书·疫情防护特辑》4期，发行量160万份；配套制作文图直播、视频、海报、手绘等560多项（组）新媒体产品；出版《南海战疫》特刊和《南海战疫启示录》书籍。做好全面建成小康社会（脱贫攻坚）宣传报道，精心策划南海区扶贫攻坚系列报道及《小康南海》特刊，到四川省凉山彝族自治州、西藏自治区墨脱县，以及广东省湛江市、云浮市等地采访，全年推出专题报道111篇、专版40个、新媒体产品80多个。成立镇（街道）新闻中心，建立覆盖7个镇（街道）的全媒体镇街新闻工作团队，承接桂城、狮山（含罗村）、丹灶、里水、九江、西樵等镇（街道）周刊，推出《乡村振兴百村行》《走读村居》等栏目，打造新时代文明实践中心（创思驿站）、镇能量等平台，为基层善治探路。开设《佛山正能量》《最美家乡人》《南海好人》《道德模范与身边好人》《文明旅游》《文明佛山》等栏目，刊发正面报道229篇，正面宣传正能量人物49人次。全年刊登公益广告293期，共106个整版。珠江时报社有1536件作品获“学习强国”广东学习平台转发、101件作品获“学习强国”学习平台全国平台转发。

媒体融合　2020年，珠江时报社确立“佛山+”传播主平台，其中南海频道同步换装全媒体传播体系框架，固化移动优先流程和新考核制度推动全员转型，采编主力军全面挺进互联网主战场，“报网微端屏”全媒体矩阵总粉丝量超600万人，日均发稿超100条，全年直播30多场，视频产品350个，海报700余幅（组）。原创内容总阅读量超2.6亿人次，54篇报道单篇阅读量超10万人次，其中8条报道单篇阅读量超50万人次。24个《二十四节气》视频登上各级“学习强国”学习平台，创意小视频《“光盘”行动，从你我做起！》在“学习强国”学习平台全国平台播放752万人次，点赞量4万人次。31篇报道经新媒体平台发布后获《人民日报》、新华社、人民网、央视网、中国文明网等央媒及有关微信公众号转载。年内珠江时报社成立智媒研究中心，全年开展15项专题调研，其中1份调研报告获中共佛山市委领导批示、3份获南海区委领导批示；启动佛山传媒舆情研究院建设，全年撰写舆情专项报告38篇、传播影响力报告3篇，舆情快报涉及突发事件70件。

（林星泉）

【《珠江商报》】 前身为《顺德报》，创刊于2004年7月29日，是佛山市顺德区

2020年3月，珠江时报社视频部记者在广东新南达电缆实业有限公司采访企业复工复产情况

（珠江时报社　供图）

的主流媒体。2020年，《珠江商报》日均8版，主要栏目有《要闻》《今日顺德》《评论》等，日均发行量4.4万份，在职员工165人。

宣传报道　2020年，珠江商报社围绕顺德区委、区政府中心工作和重大部署，在高质量发展、脱贫攻坚等重大主题上加强新闻策划，宣传贯彻党的十九届五中全会精神，以及习近平总书记出席深圳经济特区建立40周年庆祝大会和视察广东重要讲话、重要指示精神。推出《向村改发起总攻》《村改·蝶变——商报记者村居调研行》《科技顺德》《走向我们的小康生活》《扎实做好“六稳”全面落实“六保”》等专栏，刊发各类稿件1000余篇。做好新冠肺炎疫情防控宣传工作，宣传各级防控举措，发布疫情防控信息，深挖疫情防控工作中的感人故事，推出《党旗引领 顺德战疫》等专栏报道，合计刊登防疫抗疫版面246个版。在新冠肺炎疫情防控宣传中坚持移动优先，推出抗疫短视频100余条，总点击量超2000万人次，总点赞量超30万人次，有100多篇稿件被“学习强国”平台采用。年内，《珠江商报》记者提供的报道素材多次被《经济日报》《中国青年报》《中国经济导报》《半月谈》，以及央广网等中央级媒体采用；珠江商报社联合政府部门推出顺德区外宣手册《坚决打赢村级工业园改造攻坚战 奋力建设新时代广东省贯彻落实新发展理念实验区》和《改革关口勇者胜——媒眼看顺德高质量发展》，系统梳理顺德区建设新时代广东省贯彻落实新发展理念实验区的经验做法，向外界传播顺德区践行新发展理念、推动高质量发展的经验做法。

媒体融合　2020年，珠江商报社重点推广“佛山+”应用程序（App），推出包括梁新平时评抖音栏目、《原点》公益宣传片、“戏精编辑部”系列产品、致敬护士的九宫格海报、反诈小课堂系列视频、“两会”直播、“两会”十镇街主官现场访谈、高考直播间、顺德一分钟、航拍顺德、村改日记系列视频等新媒体产品，利用互联网创新传播手段，丰富融媒体产品形态，提高新闻报道传播力和影响力。珠江商报社实施近600平方米的融媒体中心建设及翻新工程，融媒体中心演播室等竣工并投入使用。年内，利用演播室制作完成“戏精编辑部”等系列视频，录制顺德文化丛书音频等音频节目几十期，还利用演播室完成“央视买遍中国”等直播的推流、新华社抗美援朝老兵视频的拍摄。同年，顺德新闻网采编发系统更新升级初步完成，进入测试阶段。

（陈嘉宁）

【《佛山文艺》】 创刊于1972年（由当时佛山地区文化局群艺馆的一份内部刊物改为公开出版物而正式创刊）。曾历经从杂志改为小报、再由小报改为期刊的过程。1989年，《佛山文艺》改为月刊，以杂志形式出版。2020年，《佛山文艺》由佛山传媒集团旗下的佛山期刊出版总社主管主办、编辑出版。2020年4月，《佛山文艺》变更为半月刊。全年出版发行19期。全年发表小说96篇、散文178篇、诗歌298首。全年纸质刊加电子刊销售15万册。

刊期变更与栏目调整　2020年，《佛山文艺》获新闻出版行政主管部门批准，刊期于4月起由月刊变更为半月刊。刊期变更前，《佛山文艺》有《流行读本》《百味人生》《特别推荐》《人间万象》《两性空间》等主要栏目。刊期变更后，《佛山文艺》上半月刊有《生为女子》《两性空间》《人间万象》《众生一族》《青春E线》《诗格里拉》等主要栏目，并于8月起，新增设《佛山人文》《佛山报告》《文艺三重奏》等栏目；下半月刊有《小说天地》《散文随笔》《诗歌海洋》《散文诗笺》《书画作品》等主要栏目。

区镇文学专辑编辑出版　2020年，佛山期刊出版总社以《佛山文艺》为平台，先后与高明区、南海区、顺德区以及南海区大沥镇等区镇文联、作协、文化服务中心合作，编辑出版区镇文学专辑。全年出版《南海文艺专辑》3期、《南海文艺专辑》（合刊）1期、《高明文艺专辑》4期、《顺德文艺专辑》1期、《大沥文艺增刊》（增刊）1期。

抗击新冠肺炎疫情专刊编辑出版　2020年，《佛山文艺》以6—7月合刊的形式，编辑出版《佛山文艺》（抗疫专刊）。该专刊篇幅200页，集合刊登佛山作家、艺术家全方位、多角度、跨行业反映佛山各界抗疫实况的作品，呈现出佛山抗疫的“全景式画卷”。

“佛山悦读荟”高端读书活动　2020年，佛山期刊出版总社与佛山市传统优秀文化促进会联合开展“佛山悦读荟”高端读书活动。该活动以推介佛山作家、倡导全民阅读为主旨，于8月30日、10月24日、11月28日分别举办作家盛

2020年8月30日，佛山期刊出版总社与佛山市传统优秀文化促进会联手打造的一档以推介佛山本地作家、倡导全民阅读为主旨的高端读书活动——“佛山悦读荟”正式启动

（《佛山文艺》编辑部　供图）

慧作品（散文集《外婆家》）品鉴会、陈映霞作品（小说集《围龙屋的女人》）品鉴会、彤子作品（非虚构《生活在高处——建筑女工记》）品鉴会。

期刊数字化与媒体融合　2020年，佛山期刊出版总社加快《佛山文艺》数字化转型步伐及新媒体矩阵建设。开通“佛山文艺”微信公众号，将每期期刊的精华内容同步推送到公众号上。与博看网合作，将纸质期刊的内容转化为付费订阅的电子刊，并推进电子刊的发行。在佛山传媒集团“佛山+”应用程序（App）上开辟“佛山文艺”平台。组建以《佛山文艺》的作者、粉丝为基础的微信群“佛山文艺文友群”。

（麦敏琪）

广播影视

【佛山人民广播电台】 1988年9月28日正式开播。2020年，佛山人民广播电台有佛山人民广播电台综合广播、佛山人民广播电台音乐广播、佛山人民广播电台南海广播、佛山人民广播电台顺德广播、佛山人民广播电台三水广播、佛山人民广播电台高明广播6套调频广播频率，全年共播出时长5.26万小时。有在职员工362人。2020年，佛山人民广播电台获2019年度广东省新闻奖3项（其中，一、二、三等奖各1项）；获2019年度广东省广播影视奖21项（其中，一等奖2项，二等奖7项，三等奖15项）。

服务社会　2020年，佛山人民广播电台发挥自身优势，履行社会服务职能。通过佛山市“村村响”应急广播，录制并广泛宣传疫情防控知识。推出百场网络直播，内容涵盖防疫指引、复工复产政策宣传。制作短视频、H5跨文档消息传输、动漫、公益广告等多种产品，让群众刷屏热传。其中：“花生视频”抖音号制作播出350个抖音短视频，累积播放量2.3亿次，点赞量140万人次；“飞跃924”抖音号视频制作的《一个新冠肺炎ICU患者的医疗费用》，单条播放量高达1.9亿次。与佛山市人民政府“12345”热线联合发起疫情防控心理援助行动，开通“温暖聆听　公益心理热线”栏目，为市民群众提供服务。联合南海区留学生事务委员会推出“留学生热点‘云’答疑”系列直播课，为留学生群体提供实用的“应急资料包”。联合中央广播电视总台“央视频”共同举办“春暖花开，国聘行动”佛山站大型线上招聘会，携手佛山市品牌企业，面向应届高校毕业生和各社会群体提供1万个招聘岗位，解决企业人力短缺且线下招聘无门等问题，服务疫情防控期间就业大局。

新闻队伍和采编业务转型　2020年，佛山人民广播电台建立时政新闻工作室，开展广播媒体“可视化、移动化、互动化”探索，对新闻采编的体制机制、考核方式进行改革，促进采编人员提高融媒转型意识和实际操作能力。经过一年锻炼，全台采访队伍初步具备集采写、拍摄、剪辑、出镜等于一体的全媒体记者能力。佛山人民广播电台时政融媒工作室通过与“佛山通”的运营实现无缝对接，记者发稿基本做到“先网后台”，优先向“佛山通”App发稿，每个月发布自采稿件200条，重大时政宣传都在“佛山通”开设专栏或者直播，如“见证凉山脱贫攻坚一线”直播、“聚焦2020年全国两会”专栏等。

融媒合作　2020年，佛山人民广播电台加快探索传统媒体与新兴媒体融合发展新路径，形成快手项目、“佛山通”（代运营）、“花生FM”、畅驾App四大平台的新阵列。与北京快手科技有限公司开展业务合作，共同成立“快手佛山创新发展中心”。合作项目包括：建设佛山人民广播电台岭南新天地5G直播间（直播间于8月22日启播）；在广东工业设计城成立快手大湾区泛家居直播中心（直播中心从9月成立起运作）；在三水区白坭镇建设快手网络达人孵化基地，探索“应急广播常态内容+村播达人+新时代文明实践所”三合一闭环平台建设，搭建“快看白坭”宣传矩阵。主动承接佛山市政府网移动端“佛山通”营运，依托这个“新闻+政务+服务”的新平台，开辟网络传播的新阵地，完成平台互联互通、集约共享的市级软件基础平台搭建。截至年底，“佛山通”接入核心服务累计100个，平台下载量130万次，累计注册用户306万人次，月活跃用户占比达20%。推动“花生FM”大版本改造升级。截至年底，电台拥有产品的源代码和知识产权，实现平台完全自主可控，并升级新功能、新玩法。全年“花生FM”客户端用户量从上年的800万人增长到1250万人，比上年增长56%。在防疫防控宣传中，“花生FM”平台推出原创歌曲、短视频、直播、全

2020年9月25日，佛山传媒集团、佛山人民广播电台、“快手”科技、广东同天投资管理有限公司联合打造的快手大湾区泛家居直播中心落户顺德区北滘广东工业设计城，为佛山智造各大平台开展持续性的直播带货　（佛山电台　供图）

网征集、海报等多种融媒产品，宣传佛山援鄂医疗队的感人事迹，传播正能量，被广东省广播电视局评选为“广播电视媒体融合先进典型案例”。佛山人民广播电台车主服务平台“畅驾”App推出畅驾年检系统、驾驶员自助体检机等特色服务，累计用户下载量达240万人次，比上年增长200%，月活跃用户22万人次，获评“2020年全国广播电视媒体融合成长项目”。

宣传讲好佛山故事　2020年，佛山人民广播电台有94篇稿件被中央广播电视总台中国之声、大湾区之声、人民日报湾区声音、央广网等媒体采用；有326篇稿件被广东广播电视台采用；有1800篇稿件被“学习强国”广东平台采用，其中230条视频被“学习强国”全国平台采用；视频《谨防火灾，守护青山》在“学习强国”全国平台获1000万的点击量，并获10万人次点赞。

（钟　毅）

【佛山电视台】 佛山电视台成立于1987年。2020年，佛山电视台有市、区、镇三级电视机构，有南海、顺德、高明、三水4个分台，以及全市22个镇（街道）广播电视站，有从业人员1031人。佛山电视台围绕新传播、新技术、新业态，探索建立“新闻+政务服务商务”运营模式，建设最具品牌传播价值的新型城市主流枢纽型媒体。2020年，经国家广播电视总局批准，佛山电视台开办的综合、公共、影视、南海、顺德5个自办电视频道于11月启动高清化试播，实现高标清同播。佛山电视台开办的5套频道全年播出时长3.28万小时；全年总收入2.77亿元，其中广告收入6515万元。在佛山落地的多个频道中，佛山电视台频道整体收视份额和到达率排行前列。

新传播技术与设备应用　2020年，佛山电视台启动佛山市首个“5G+4K/8K”超高清实验室，加速先进技术在超高清视频内容生产、传播的综合应用。全台拥有RED、索尼和松下等专业广播级4K摄像机100余支，覆盖市、区、镇三级电视机构。引入VR360° 8K全景摄像机、网络直播导播系统，无缝接入5G网络，实现真正的4K超高清实时直播发布。在此基础上，开展4K超高清视频精品内容的制作及供给，形成超高清纪录片、综艺、综合等常规节目内容和转录播节目的制播生产体系。

融媒体转型升级　2020年，佛山电视台持续全网立体布局新传播，继续完善“醒目视频”客户端为主平台的全媒体传播平台体系。“醒目视频”以粤语短视频聚合平台为定位，以“权威+垂直”为优质产品制式，提升醒目视频MCN的孵化能力和影响力，重点扶持内容优质的媒体号，形成超1000万户用户规模的全方位传播矩阵。“醒目视频”抖音号粉丝量超140万人，是佛山媒体蓝V认证第一大号。10月14日，佛山电视台与北京字节跳动科技有限公司合作共建的佛山电视台&字节跳动新媒体产业孵化园揭牌。佛山电视台与北京字节跳动科技有限公司亦在新媒体产业发展、媒体MCN建设、大小屏融合创新等方面开展全方位战略合作。

新冠肺炎疫情防控宣传　2020年，佛山电视台全媒体讲好抗疫故事，策划推出《全城3.2.1唱响一首佛山主题歌　共同迎接英雄归来》《佛山市新时代文明实践“最美逆行者”故事汇巡讲活动》等线上线下互动的融合创新产品，并策划开展《佛山复工复产进行时》《佛山复工复产春耕忙》全网大直播。佛山电视台记者王海涌作为佛山传媒集团派赴湖北省武汉市战疫一线采访的三名记者之一，被广东省委、省政府评为“广东省抗击新冠肺炎疫情先进个人”和“广东省优秀共产党员”。

活动策划　2020年，佛山电视台参与策划并承办以脱贫攻坚奔小康为主题的大型原创情景交响组歌《这就是我们》，11月实现首演。参与策划并承办“湾区新时代，光影新未来”——2020中国（佛山）大湾区影视产业高峰论坛及系列活动，庆祝南方影视中心成立四周年。继续策划“全民综艺大舞台”活动，推动公共文化服务体系建设。承办美德先进典型事迹分享会，传递社会正能量。协办“幸福佛山迎小康——2020佛山50公里云端徒步”活动，创新采用以捐赠步数的方式支持公益项目。

电视作品策划及制作　2020年，佛山电视台参与摄制的系列纪录片《2020我们的脱贫故事》在2020中国（广州）国际纪录片节上获组委会特别推荐优秀纪录片，并获金红棉奖中国故事优秀系列纪录片提名奖；《经历》栏目获得中国电视艺术家协会、中国视协电视纪录片学术委员会第二十六届中国纪录片十

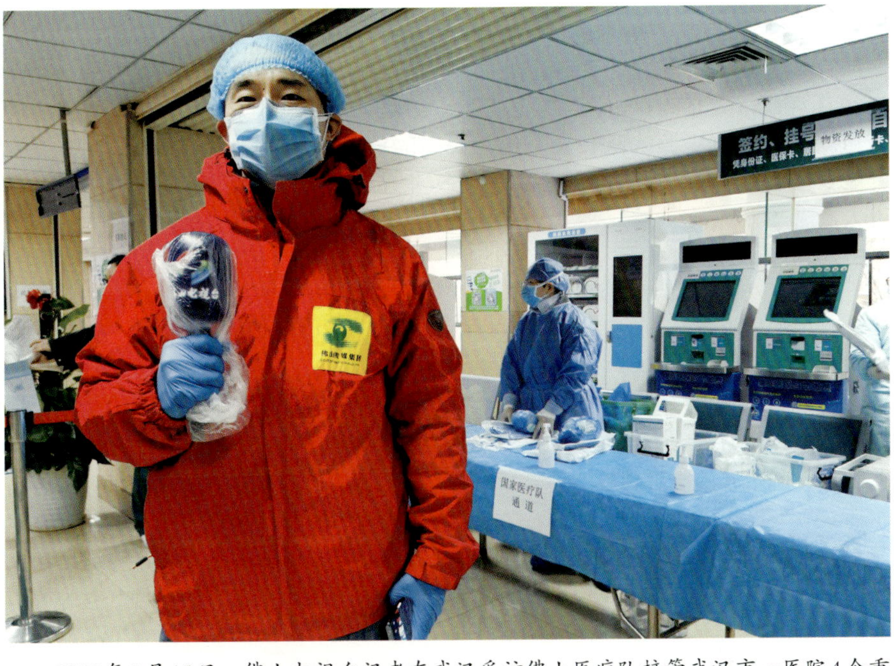

2020年2月15日，佛山电视台记者在武汉采访佛山医疗队接管武汉市一医院4个重症病区首日情况
（佛山电视台　供图）

佳栏目。策划制作的佛山首部4K超高清制作系列纪录片《魅力佛山》，以独特的航拍角度展示佛山镇（街道）魅力的主题。全新推出《粤读时光》《岭南范局》《粤味厨神》《庭光访谈》《醒目一拍》《奇丸日记》等一系列的融媒体创新型节目，实现体裁、题材、形式、手段丰富拓展。由中央广播电视总台和佛山电视台联合摄制的纪录片《云中的莲花》在央视纪录频道首播，讲述佛山援藏干部带领村民脱贫攻坚的故事；《粤味厨神》系列片被广东广播电视台对外传播中心采用，在广东国际频道、广东国际美洲台、美国夏威夷中文电视台、加拿大新时代电视、韩国阿里郎国际电视播出。在广东省广播影视奖评选中，佛山电视台有24件获“2019年度广东省广播影视奖”（一等奖2件、二等奖11件、三等奖11件），2件作品获“2019年度广东新闻奖”二等奖。

（丁红兵）

【影视产业】2020年，佛山市拥有影院152个，影院银幕数1057块；全市电影票房2.12亿元，观影人数612万人次。全市影视及相关企业1700家，其中影视制作企业1420家。影视制作企业与南方影视中心建设前65家相比，新增1355家，增长20多倍。南海新经济小镇、“碧+”文化产业园、289米艇头影视产业园、影视梦工场等10个影视产业园区初具规模，集聚约400家影视企业。全市农村公益电影放映队13支，组织开展农村电影放映4216场次，观影66.1万人次。

2020年，佛山市电影票房排名前3的电影为《八佰》《我和我的家乡》《姜子牙》。票房排名前5的影院为广东佛山市万达影城南海店、广东佛山英皇UA电影城–佛山岭南站、广东省佛山市三水万达影城、广东省佛山市中影星艺影城、广东省佛山市越界思哲影城三水店。

粤港澳大湾区影视产业合作试验区创建　佛山市将试验区创建项目列入落实广东省委“1+1+9”（第一个“1”指以推进党的建设新的伟大工程为政治保证、第二个“1”指以全面深化改革开放为发展主动力、“9”指推进9个方面重点工作）工作部署的重点项目和全市推进粤港澳大湾区建设重点项目。3月10日，《佛山市建设粤港澳大湾区影视产业合作试验区实施方案》在佛山市推进粤港澳大湾区建设领导小组第五次全体会议上获审议通过。方案提出试验区建设粤港澳影视创作生产高地、高精尖影视企业集聚中心、粤港澳影视产业合作示范、大湾区影视文化交流枢纽、影视产业改革创新先锋五大定位和近中远期3个阶段的目标任务，梳理出重点项目28个。

影视行业复工复产　佛山市出台《关于支持佛山市电影业应对新冠肺炎疫情影响促进平稳健康发展的政策指引》，以针对性举措缓解新冠肺炎疫情对影视行业的影响。佛山市农商银行推出影院复业贷。开展派发复映影片礼包、新片观影礼包、免费观影票等多种形式的线上惠民活动，在影院复业后组织举办5元观影活动，提振影院经营信心。全市154个影院7月22日复业至11月，电影票房1.57亿元，观影人数449万人次。

影视产业发展扶持　修订《佛山市扶持影视产业发展的若干政策》。组织召开专家研讨会，邀请市文广旅体局和各区分管负责人、珠江影业传媒股份有限公司董事长兼总经理张海燕、《金刚川》《八佰》总制片朱文玖、腾讯影业运营中心副总监边箭、广东财经大学湾区影视学院院长贾毅等11名行业代表建言献策。通过政策修订，形成更具有佛山特色的影视产业扶持措施，对龙头企业进行标准化的衡量，优化影视企业的服务，推动衔接各方资源，构建产业政策洼地，吸引更多影视企业落户佛山。同时加快2019年影视产业扶持资金拨付进度，于3月15日前将1446万元全部拨付完毕。为缓解影视企业受疫情影响，将2020年申报周期调整为一年2次，加快企业资金回流。

影视产业服务平台建设　推进粤港澳大湾区影视产业招商展示服务中心建设，涵盖招商服务、影视文化展厅、成果展示基地等功能，逐步打造成为佛山展示影视产业的窗口乃至整个粤港澳影视产业的服务中心。加强影视协拍服务，依托珠影集团优势，成立佛山珠影文投影视服务有限公司，提升南方影视中心服务水平和管理模式，优化影视产业环境，提高影视服务效率。推动“南方影视中心·321开机网综合服务平台”走向全国，2020年底有超150家供应服务商在线，成为聚集资源和孵化项目的新引擎。

影视产业人才培养　佛山市与广东财经大学、广东舞蹈戏剧职业学院沟通对接，共同探索省市共建办学模式。推动广东财经大学湾区影视学院于7月29日揭牌，开创“政府+高校+行业协会+龙头企业”的创新型办学模式。广东舞蹈戏剧职业学院影视学院开设9个影视类相关专业，招生1226人。

影视技术研发基地打造　佛山文化发展投资管理有限公司联合季华实验室、广州市大湾区虚拟现实研究院共同筹建佛山市南方未来电影创新研究院，致力于产业技术领域核心关键技术突破、共性技术研发、技术系统集成、工程化示范应用、产业化和电影创作国际化平台建设，建设成为数字化智能影棚标准、电影装备等领域产业源头技术与系统集成的重要基地、产业公共技术支撑与服务的重要平台、产业高端人才培养与集聚的高地。探索建设南海新经济小镇项目，以数字影视科技为发展方向，围绕“5G+4K+AI”新技术谋篇布局，配套建设季华数字影棚、华为云影视工业化数字底座等硬件设施，带动高精尖影视企业落户集聚。

（雷郎才）

网络媒体

【概况】2020年，佛山市有网民600余万人，有备案网站近4万个、微信公众号近3万个、微博号近50万个。以突出首页首屏首条、专题专栏专稿和第一时间传播的方式开展学习宣传贯彻习近平新时代中国特色社会主义思想；完善以“纷享佛山”正能量平台为主平台，“佛山网络正能量指数”为主支撑，“网信佛山”“佛山网讯”“E网同心”等为主窗口的三位一体网络正能量传播体系。

（谢汉强　林绮虹）

【融媒发展】 2020年，佛山传媒集团启动“佛山传媒智库”微信新媒体平台运营，组建“传媒智库部”，指导传媒智库业务团队开展直播带货、国内传媒改革发展等专题调研。佛山日报社、珠江时报社、珠江商报社打造“佛山+”平台，全面拓展移动网络传播阵地，全年下载量140万人次，同时加强直播和短视频领域的采编力量。佛山电台形成快手项目、“佛山通”（代运营，下载量120万人次）、“花生FM”（下载量1250万人次）、“畅驾”（下载量240万人次）四大百万级平台的新阵列。佛山电视台成立“佛山电视台&字节跳动新媒体产业孵化园”，与中视传媒等机构共同投资成立中视大湾区产业直播基地，旗下“醒目视频”应用程序（App）下载量超520万人次，全年首发粤语视频10万条。佛山新闻网以承办中国城市网盟联席会为契机，联动50多家城市新闻网媒精心策划“全国网络媒体看佛山”活动，推动关于佛山的正面报道2200多篇。佛山传媒集团还推进各区融媒体中心建设，在发挥高明融媒体中心率先试点示范作用的基础上，按照一区一策的原则，推进区融媒体中心规划建设。

（方　菲）

【佛山新闻网】 2020年，佛山新闻网升级打造《佛山网评》品牌栏目，组建起第一批有25人的佛山市互联网传播和互联网行业党建领域专家库，动员起包括网络文化传播员、网络发言人、网络文明志愿者等在内总数近3000人的全市网络评论战队；打造佛山市党风政风行风热线《民生直通车》网络问政节目，推出“佛山李现”战疫医师张兴钦、“布衣供电教授”吴树鸿、身残志坚的“南海好人”闵浩宇等一批好网民典型；“‘未’爱而来”网络专题普法行动和禅城“一按灵”市民服务平台入选年度全国走好网上群众路线典型案例；“纷享佛山”网络传播品牌行动相关做法入选广东省2020年争做中国好网民工程；《一抹红》《木嘎是块料》入选2020年第五届全国“五个一百”（百名网络正能量榜样、百篇网络正能量文字作品、百幅网络正能量图片、百部网络正能量动漫音视频作品、百项网络正能量专题活动）网络正能量精品；“村村开网店·店店有网红”网络扶贫系列行动入选2020年全国网络扶贫50个典型案例。

2020年，佛山新闻网升级打造《佛山网评》品牌栏目。图为《佛山网评》栏目截图

（佛山年鉴社　供图）

【市网络安全和信息化协会成立首个专委会】 2020年4月2日，佛山市网络安全和信息化协会成立首个专委会——网络传播与短视频专委会。该专委会由佛山电台任主任单位，广佛区域的数十家影视制作机构、MCN机构（网红孵化机构）、自媒体机构、广告公司等为成员单位。专委会集聚网络传播和短视频MCN机构的行业力量，助力佛山高质量发展，赋能佛山城市品牌的网络传播。

【中视大湾区产业直播基地在佛山挂牌成立】 2020年6月15日，中视大湾区产业直播基地在佛山电视台挂牌成立。（参见“区域发展”类目“佛港澳合作”分目）

【第十七届（2020）中国城市新闻网媒联盟联席会在佛山举行】 2020年10月27日，第十七届（2020）中国城市新闻网媒联盟联席会在佛山市举行，联席会以“城市网媒的创新与转型”为主题，来自全国各地近100个城市新闻网站的总编辑和业务骨干，以及媒体融合领域专家、佛山政务新媒体联盟代表等100多人参会。会上，中国城市新闻网媒联盟会长胡宝祥以“城市网媒：形势与对策”为题发言，并作中国城市新闻网站联盟2020年度工作报告；中国人民大学教授、博士生导师、中宣部媒体融合专家组成员宋建武在主题演讲环节中作建设引领时代的全媒体传播体系主题演讲。会上，举行中国城市新闻网媒联盟赋能佛山智造启动仪式，“中国智造佛山功夫——2020全国网络媒体看佛山”活动同步启动。会上还颁发2020中国城市新闻网媒联盟抗疫特别奖。

（谢汉强　林绮虹）

社会科学

政策咨询和发展研究

【“如何利用‘双区’驱动佛山高质量发展”研究】 2020年5月，中共佛山市委党校杨书群的“如何利用‘双区’驱动佛山高质量发展”研究项目获2020年度佛山市社科规划项目“重大项目”立项，12月完成结项，项目鉴定等级为优秀。该研究项目的项目报告从分析“双区”（粤港澳大湾区和中国特色社会主义先行示范区）驱动提出的深刻背景与高质量发展的丰富内涵入手，提出“双区”驱动背景下体现佛山高质量发展7个方面的特色内涵，深入分析“双区”驱动与佛山高质量发展的内在逻辑关系，认为“双区”驱动是实现高质量发展的战略保障，高质量发展必须紧紧围绕“双区”驱动来展开。根据“双区”驱动战略、中共广东省委“1+1+9”（第一个“1”指以推进党的建设新的伟大工程为政治保证，第二个“1”指以全面深化改革开放为发展主动力，“9”指扎实推进9个方面重点工作）工作部署、构建“一核一带一区”（珠三角核心区、沿海经济带、北部生态发展区）区域发展格局等战略部署，结合佛山经济社会发展实际，报告认为在中国进入新发展阶段的“十四五”时期，佛山将形成与高质量发展相适应的六大新定位。报告提出佛山利用“双区”驱动实现高质量发展要围绕必须坚持利用“双区”驱动战略带来的创新效应激活佛山高质量发展新动力，必须坚持利用“双区”驱动战略带来的协调效应谋划佛山高质量发展新格局，必须坚持利用“双区”驱动战略带来的绿色效应拓宽佛山高质量发展新路径，必须坚持利用“双区”驱动战略带来的开放效应打开佛山高质量发展新局面，必须坚持利用“双区”驱动战略带来的共享效应指引佛山高质量发展新方向五个“必须坚持”，推动佛山在打造成为全省“一核一带一区”高质量发展的动力源中，继续走在全省地级市的最前列的措施建议。

【“佛山如何推动区块链技术的产业应用与发展”研究】 2020年5月，佛山职业技术学院李建辉的“佛山如何推动区块链技术的产业应用与发展”研究项目获得2020年度佛山市社科规划项目“重点项目”立项，12月完成结项，项目鉴定等级为优秀。该研究项目围绕政策优化和技术创新等方面的问题，提出建议对策，以期推动包括政府在内的各利益相关方共同参与，使区块链技术在佛山制造业中的应用发展，既风险可控，又能够积极服务企业，强劲驱动产业转型，取得良好的社会效益和经济效益。主要建议对策包括研究建立健全顶层设计，明晰区块链技术产业应用发展的路线图；研究推动示范应用，以杀手级应用示范形成以点带面、点面结合的示范推广效应；发掘整合佛山市企业优秀自主技术资源，突破区块链技术应用瓶颈；推进二维码与区块链的应用融合，赋能“佛山标准”；加强跨学科人才培养，为产业持续良性发展提供智力资源保障；以区块链应用性能和安全评价为目标，推动建立第三方评价机制。

【“佛山全面建成高水平小康社会面临的短板与对策”研究】 2020年5月，广东财经大学林仲豪的“佛山全面建成高水平小康社会面临的短板与对策”研究项目获2020年度佛山市社科规划项目“重点项目”立项，12月完成结项，项目鉴定等级为优秀。该研究项目的项目报告论述项目研究的背景、目的和意义，全面阐述小康社会内涵的演进轨迹和研究现状，通过与国内发达城市的比较分析佛山全面建成高水平小康社会现状，阐述佛山全面建成高水平小康社会指标体系构建与评价，全面分析佛山全面建成小康会社的实现程度及短板，并从7个维度提出佛山2020年全面建成高水平小康社会的对策建议。该研究项目成果具有前沿性和创新性，主要体现在3个方面：该研究与过往的研究一般都采用客观分析的方法不同，在分析佛山全面建成高水平小康社会的实现程度时，既采用客观分析的方法，同时也采用市民满意度调查的主观分析法，在研究视角上有一定创新；该研究在设计构建佛山建成高水平小康社会的测度指标体系时，既考虑小康社会的国家标准、广东省标准，又融入佛山制造业城市发展特色，在研究内容上既有共性又凸显佛山个性，丰富和拓展小康社会的内容和相关理论，具有一定的新意；在全面建成高水平小康社会的对策研究方面，针对新冠肺炎疫情暴露出的城市公共卫生资源投入不足等短板提出的相关对策建议有一定操作性和创新性。

【“粤港澳大湾区知识产权协同机制的实施困境与优化路径”研究】 2020年5月，广东技术师范大学董凡的“粤港澳大湾区知识产权协同机制的实施困境与优化路径研究”研究项目获2020年度佛山市社科规划项目“青年项目”立项，12月完成结项，项目鉴定等级为优秀。该研究项目采用问题导向的研究范式，论证思路可以概括为“提出问题—分析问题—解决问题”，论证总体思路可以概括为“总—分—总。首先，项目考察“粤港澳大湾区”规划背景下“9城+2区”（广州、深圳、珠海、佛山、中山、东莞、惠州、江门、肇庆9个城市，以及香港、澳门2个特别行政区）间知识产权协同机制的实施现状，包括创造、管理、运用与保护4个维度，剖析湾区知识产权协作机制的现存问题及其内外成因。其次，在大湾区知识产权协同机制实施困境的基础上，进一步论证系统优化粤港澳大湾区知识产权协同机制的必要性与可行性。再次，项目以域外区域知识产权（域外湾区、欧盟为例）协同创新机制为参照对象，剖析其发展现状、创新协同模式与实践累积经验，以此作为粤港澳大湾区知识产权协同机制系统优化的重要参照。最后，在整合域外区域知识产权创新协同机制发展的实践经验基础上，深度结合国际环境、中国场景、技术背景、文化情景等要素，提出粤港澳大湾区知识产权协同机制的理论优化路径（基础理论、基本原则、核心目标等），同时提出具体的、可具操作性的粤港澳大湾区知识产权协同机制优化建议，使得粤港澳大湾区知识产权协同机制得以发挥制度功能与协同创新效果。

【“智能制造背景下佛山产业工人创新能力与工匠精神融合培养”研究】 2020年5月，顺德职业技术学院罗玉越的“智能制造背景下佛山产业工人创新能力与工匠精神融合培养研究”项目获2020年度佛山市社科规划项目“共建项目”立项，12月完成结项，项目鉴定等级为优秀。该研究项目的主要成果为研究报告。报告结合佛山市产业发展情况，在以往的定义和相关研究结果的基础上，对产业工人作如下界定：在佛山市第一产业（如农场，林场），第二产业（如采矿业，制造业，建筑业，电力、热气、燃气及水生产和供应业），第三产业（如交通运输、仓储及邮政业，信息传输、软件和信息技术服务业等行业）中从事集体生产劳动，以工资收入为生活来源的工人。工匠精神由匠心、匠技、匠行3个维度构成。创新能力则由创新基础、创新实践、创新指引三个方面构成。提出产业工人、工匠精神和创新能力融合培养策略：价值观引领、打造工匠型产业工人创新扶持平台、完善创新型产业工人激励机制、强化支撑保障。

（曹嘉欣）

社科研究

【概况】2020年，佛山市社科规划项目申报收到市内外30余个单位的申报材料715份（比上年增长27.2%），最终对177个项目进行立项。其中，对“如何利用‘双区’驱动佛山高质量发展”等5个项目以“重大项目”进行立项，对“佛山农村基层党建与基层治理的发展变迁”等13个项目以“重点项目”进行立项，对“佛山空间再造与产业高质量发展研究——以村级工业园改造为例”等39个项目以“青年项目”进行立项，对“佛山建设网络强市与发展数字经济对策研究”等120个项目以“共建项目”进行立项。立项项目均围绕市委、市政府中心工作和基础理论研究方向，项目内容涉及哲学、经济学、法学、教育学、文学、历史学、管理学、艺术学等学科门类。入选项目负责人具有副高以上职称或博士学位的占54%。完成结项176个，结项率99%；优良项目112个，占63.6%。

【社科学报编辑与出版】2020年，《佛山科学技术学院学报（社会科学版）》出版正刊6期、增刊1期，发文68篇。该刊创刊于1983年，是由佛山科学技术学院主管、主办，国内外公开发行的社会科学学术期刊。该刊主要栏目有《广府文化研究》《科技文化研究》《哲学研究》《经济学研究》《法学研究》《历史学研究》《政治学研究》《社会学研究》《文学研究》《语言文字研究》《教育研究》《图书与档案研究》等，是全国人文社科学报中文核心期刊、历届全国优秀社科学报、全国地方学报十佳学报、全国期刊网全文收录期刊、中国学术期刊综合评价数据库来源期刊、中国核心期刊（遴选）数据库来源期刊。

《顺德职业技术学院学报》2020年出刊4期，发文73篇。每期90页，采稿率8.7%。该刊创刊于2003年，是由广东省教育厅主管、顺德职业技术学院主办，国内外公开发行的综合性学术期刊。该刊主要栏目有《科技与应用》《经济与管理》《高职教育研究》《英语园地》《珠三角研究》等，是万方数据—数字化期刊群全文收录期刊、CNKI中国期刊全文数据库收录期刊、中国核心期刊（遴选）数据库收录期刊、中文科技期刊数据库（全文版）收录期刊、中国期刊网全文收录期刊、中国学术期刊（光盘版）全文收录期刊、中国科技论文在线收录期刊等。

表68　2020年佛山市社科专著出版情况一览表

序　号	著作名称	第一作者	出版单位	出版时间
1	困境与突围：新时代佛山的多维审思	林瑞青	九州出版社	2020年4月
2	流行亚文化与县域青年发展	黄勤锦	九州出版社	2020年7月
3	大数据与数字经济	刁生富	北京邮电大学出版社	2020年8月
4	人工智能与教育的未来	刁生富	北京邮电大学出版社	2020年8月
5	人工智能与学习的革命	刁生富	北京邮电大学出版社	2020年8月
6	人工智能与智能生活	徐瑞萍	北京邮电大学出版社	2020年8月
7	人工智能与智能经济	刁生富	北京邮电大学出版社	2020年9月
8	异化与重塑：网络社会责任生存研究	林瑞青	九州出版社	2020年10月
9	宋代哀祭文研究	谢敏玉	中国社会科学出版社	2020年11月
10	问道落脚城市：中国城市外来人口共享发展研究	潘　静	经济科学出版社	2020年11月
11	基于长期投资者保护的控制权优化机制研究	彭晓洁	江西人民出版社	2020年11月
12	Tono-types and Tone Evolution: The case of Chaoshan	张静芬	北京大学出版社、Springer	2020年12月

【《困境与突围：新时代佛山的多维审思》出版】2020年4月，佛山科学技术学院林瑞青、杜环欢、吴新奇共著的《困境与突围：新时代佛山的多维审思》由九州出版社出版。该书是针对“佛山中学生网络空间的社会责任践行”“佛山市人口质量综合分析及其对策”“佛山青年思想状况和思政工作”“佛山红色革命遗址的保护与利用”“佛山非遗资源的青少年思想政治教育价值”“佛山历史人物康有为的道德教育理念之基础教育价值”6个专题，进行深入调查研究的专著。作者站在新时代的历史方位上，以调查分析为基础，审视其现状，深入探讨佛山今后可以深入开展的日常政务工作。

（曹嘉欣）

地方志

【概况】2020年，佛山市有市、区地方志工作机构6个，其中市级1个、区级5个。公开出版市、区地方综合年鉴6部。佛山市人民政府地方志办公室拍摄制作5集《佛山方志影像·传统村落》微视频，召开首次佛山市地方志专家座谈会，完成《佛山市地方志事业发展“十四五”规划（初稿）》编制工作。截至年底，全市完成自然村落历史人文普查资源开发利用项目21个，《全粤村情》（佛山部分）12册全部公开出版。《佛山年鉴（2019）》获评全国、全省一等年鉴，《南海年鉴（2019）》《顺德年鉴（2019）》获评全国二等年鉴、全省一等年鉴；市地方志办获全省地方志理论研讨活动“优秀组织单位”称号，市地方志办和禅城区地方志办获广东省2020年多彩乡村主题教育实践活动“优秀组织单位”称号。

【志书编修】 2020年，佛山市南海区、禅城区启动中国名镇志、名村志文化工程《西樵镇志》《松塘村志》《紫南村志》的编修申报工作，《松塘村志》完成初稿撰写。顺德区《容桂街道志》公开出版。三水区《芦苞镇志》进入出版流程，《南山镇志》完成复审。《佛山市政协志（1956—2019）》、禅城区石湾镇街道《鄱阳村志》完成编辑和印刷。

【方志馆建设】 2020年，佛山市方志馆打造“佛山记忆”文化长廊。南海区地方志办启动方志馆（区情馆）群建设，印发《佛山市南海区方志驿站管理办法（试行）》，年内挂牌2个镇级方志馆、7个方志驿站、24个地情体验点。顺德区新馆正式开馆，高明区新馆动工建设。

【自然村落普查开发利用】 2020年，佛山市人民政府地方志办公室组织拍摄制作《佛山方志影像·传统村落》5集微视频，总曝光量超1100万次，点击量24万人次。禅城区地方志办整理编辑21册的《禅城地区族（家）谱汇辑》，制作5集《多彩乡村》微视频。南海区地方志办建成乡情展网上展馆，联合区农业农村局印发《佛山市南海区村史馆建设工作指引（试行）》。顺德区完成《顺德烈士影像集》的印刷发行以及《红色地·红色故事》的编纂。禅城区、南海区、高明区地方志办分别围绕传统村落历史文化资源开发保护，村史馆的建设、展陈和运营等方面撰写调研报告。

【年鉴编纂】 2020年，佛山市公开出版的地方综合年鉴有6部，分别为市级的《佛山年鉴（2020）》和区级的《禅城年鉴（2020）》《南海年鉴（2020）》《顺德年鉴（2020）》《高明年鉴（2020）》《三水年鉴（2020）》。年内，市地方志办组织佛山市综合年鉴质量评价活动，经组织评选，推荐《佛山年鉴（2019）》《南海年鉴（2019）》《顺德年鉴（2019）》3部年鉴参加广东省地方志优秀成果（年鉴类）评选活动，全部获评全省一等年鉴。在全国年鉴评选活动中，《佛山年鉴2019》获评全国一等年鉴，《南海年鉴（2019）》《顺德年鉴（2019）》获评全国二等年鉴。

【地方志数字化建设】 2020年，佛山市市、区两级地方志工作机构开设的新媒体平台（微信公众号4个、微博1个）平稳运行，其中，“佛山档案方志”微信公众号全年发布信息48期共105条，图文消息阅读量10.5万人次，在全省地级以上市地方志微信排行榜排名第一。轻量化产品巩固提升，拍摄制作微视频22个，录制音频12个，联合市民政局制作地名漫画15个。市地方志办启动建设数字地方志资源库，开发年报、年鉴业务系统，实现资料在线接收、审核、任务跟踪以及存储、查询、利用等功能。佛山年鉴实现全文二维码阅读链接和年鉴栏目二维码阅读链接，并制作书签年鉴。截至2020年底，市、区两级2019年年鉴入库工作全面完成。

【地方志文化宣传】 2020年，佛山市市、区两级地方志工作机构制作编辑的地情宣传产品获“学习强国”学习平台、“方志广东”微信平台推送50余次。市地方志办推动“志载佛山”地情知识进课堂活动，先后走进张槎中心小学和下朗小学开展地情宣讲。禅城区地方志办联合南方日报社开展“禅城十大人气魅力古村”评选活动。南海区地方志办利用方志驿站举办地情讲座、族谱鉴赏沙龙及编修实务交流会。高明区地方志办联合佛山日报社对高明祠堂建筑进行12期的系列宣传报道。

【地方志专家库建设】 2020年8月26日，佛山市人民政府地方志办公室召开首次地方志工作专家座谈会，并向第一批18名地方志专家颁发聘书。截至2020年

2020年，顺德区方志馆新馆正式开馆。图为顺德区方志馆志书阅览厅

（市地方志办　供图）

底，佛山市市、区、镇（街道）三级地方志专家共47人、地情协作专员18人，人员构成涵盖省内多所高校的教授、文化机构的研究者，以及具备志鉴编修或地情调研经验的乡土学者。

【地方志资政服务】 2020年，佛山市人民政府地方志办公室围绕佛山文化产业发展、"后疫情时代"医保事业发展、培育骨干核心企业、氢能产业发展、脱贫攻坚、乡贤文化助力基层治理等中心工作，编撰6期《资政参考》；协助有关单位提供历史资料和自然村落普查资料，助力桑园围成功申报世界灌溉工程遗产。顺德区以疫情防控、扶贫工作、河涌治理、会展业发展为主题，编撰4期《资政参考》。

【2020年广东省多彩乡村主题教育实践活动启动"云发布"仪式】 2020年5月26日，2020年广东省多彩乡村主题教育实践活动启动"云发布"仪式在佛山市禅城区南庄镇紫南村举行。活动邀请高校学生代表实地探寻紫南村，在网络直播间与网友、高校青年学生一起探寻广东乡村之美。为扩大活动宣传范围，动员更多社会公众参与活动，佛山市地方志办联合市有关部门以及各区、镇（街道）等多个单位的30多个微信公众号共同发布《2020年，邀你一起探寻佛山多彩乡村之美》活动宣传推文，向社会大众推介佛山多彩乡村之美。在该次活动中，佛山市地方志工作机构参选作品获一等奖1个、优秀奖5个。

【佛山科学技术学院方志文献展阅区启用】 2020年12月30日，佛山市地方志工作机构与高校共建的第一个方志文献展阅区——佛山科学技术学院图书馆方志文献展阅区启用。方志文献展阅区集展示、阅读、宣传地情等为一体，第一批上架图书400余册，主要包括志书、年鉴、地情书，同时配置电子触摸屏，链接中国方志网、广东省情网、佛山档案与方志网，为佛山科学技术学院师生提供一个全方位了解佛山经济社会发展的窗口。

（市地方志办）

文化产业

【概况】 截至2020年底，佛山市有"三上"文化企业（规模以上文化制造业企业、限额以上文化批发零售业企业、规模以上文化服务业企业）443家。有省级文化旅游融合示范区2个；市级以上文化产业示范园区11个，其中市级园区4个、省级园区7个；市级以上文化产业示范基地24个，其中市级基地20个、国家级基地4个。有歌舞娱乐场所371个，游艺场所284个，互联网上网服务营业场所596个。2020年，佛山市通过贯彻落实扶持政策、开展招商引资、创新金融服务等举措，推动佛山市文化产业发展。

【文化行业复工复产】 2020年，佛山市文化广电旅游体育局印发《佛山市文化广电旅游体育局推动企业有序复工复产领导小组工作方案》《佛山市文化广电旅游体育局关于印发2020年"企业暖春行动"工作方案的通知》，促进佛山市文化行业复苏。组织开展包括文化行业企业的"企业暖春行动"调研2轮，组织召开文旅企业疫情影响调研座谈2场，并汇总、撰写、报送复工复产各类信息和工作材料，推动全市文化行业有序复工复产。做好金融服务助力文化产业发展。与中国农业银行佛山分行、佛山市文化金融服务中心签订"山河无恙　文旅同春"佛山市文化金融战略合作暨100亿元"文旅e贷"框架协议，为文旅企业量身定制9个个性化金融产品，年内有95家企业获贷款共24.2亿元。

【文化产业扶持政策落实】 2020年，佛山市文化广电旅游体育局印发《2019年度佛山市文化产业扶持资金考核类项目申报指南》，进一步落实市人民政府办公室于2019年印发的《佛山市加快文化产业发展若干政策措施》。该指南明确年度文化产业专项扶持资金分配坚持"扶优扶强、统筹兼顾、支持改革创新、向重点项目倾斜"的原则，分为鼓励做大做强、鼓励融合发展、鼓励集聚发展、鼓励社会投资、鼓励文化消费业发展、鼓励高端人才创业、鼓励文化金融合作、优化产业结构八大类型，覆盖全市文化产业园、制造型文化企业、数字创意产业、文化消费类展会、艺术品拍卖机构、实体书店等，单个企业最高可获1000万元扶持资金。全市有104个项目申报文化产业专项扶持资金，经资格初审、材料审核、局党组会研究等环节，有67个项目共获扶持资金916.4万元。

【文化产业招商】 2020年，佛山市文化广电旅游体育部门跟进深圳文博城"佛山文博城"、伟光汇通"岭南古镇"、"十里官窑"历史文化街区提升、南海影视城二期、澳门城、东洲鹿鸣体育小镇、电竞文创产业园等重点项目，完成1个10亿元以上项目的招商任务。禅城区石湾镇街道20世纪80年代鹰牌陶瓷生产厂址提升改造建设工程——鹰创园项目，创新性实行边改造边招商的模式，至年底签约进驻企业10家、意向进驻企业30多家，总占地面积18.67公顷，规划建筑面积超22万平方米，以泛家居产业为基础，打造以技术创新、设计创意为驱动力的新一代产业园区。

【文化金融战略合作暨100亿元"文旅e贷"框架协议签订】 2020年3月30日，佛山市文化广电旅游体育局、广东股权交易中心、中国农业银行佛山分行签订"山河无恙　文旅同春"佛山市文化金融战略合作暨100亿元"文旅e贷"战略合作框架协议，旨在扎实推动文广旅体企业复工复产，激发市场投资、消费潜力和活力，推动产业高质量发展。根据协议，三方将采取一系列金融扶持措施，助力文广旅体企业纾困，促进企业提高复工复产的整体效益和水平。佛山市文化广电旅游体育局将充分发挥政府部门的组织协调优势，与广东股权交易中心和中国农业银行佛山分行合力拓展政金合作网络，帮助文广旅体企业应对疫情影响，促进优质项目落地实施。中国农业银行佛山分行将对受疫情影响的文广旅体企业坚决做到不抽贷、不断贷、不压贷，通过多种方式做好融资接续安排，保障企业资金需求，

2020年3月30日，佛山市文化广电旅游体育局、广东股权交易中心、中国农业银行佛山分行签订"山河无恙　文旅同春"佛山市文化金融战略合作暨100亿元"文旅e贷"战略合作框架协议，推动文广旅体企业复工复产　（市文广旅体局　供图）

精准帮扶民营、中小微文广旅体企业。这是佛山推出的首个针对文广旅体企业的金融产品，"文旅e贷"针对佛山市文广旅体企业的特点，创设线上线下9个不同的产品。

（麦文婷）

文化市场管理

【概况】 2020年，佛山市加强文化行业监管。配合新冠肺炎疫情防控，市文化广电旅游体育局发出《关于暂停各级各类公共文体旅游场馆开放、取消相关活动的通告》，要求全市图书馆、文化馆（文化站、村和社区文化服务中心）、博物馆、艺术馆、电影院、网吧、歌舞娱乐场所、游艺游戏场所等文化场馆（场所）全部暂时关闭，所有文化演出、活动等全部暂时取消。结合复工复产形势，重点强化对KTV等娱乐场所、电子游戏厅、网吧、演出场所（馆）等人员密集场所的监管和检查，督促各类场馆、场所落实疫情防控措施。推动文化行业全面复工复产，市文广旅体局先后出台《文广旅体行业复工复产工作指引》《关于支持文广旅体企业复工复产十条措施》等文件，推动文化行业有序复工复产，并督促文化行业企业和行业从业人员做好常态化疫情防控工作。推进平安文化市场建设，市文化广电旅游体育局建立包括文化行业企业在内的文广旅体企业经营服务不良信息记录和公示等制度。加强文化市场执法，其中文化行业"扫黄打非"专项行动在广州、佛山两地抓获嫌疑人9人，扣押涉嫌侵权出版物3.80万本，查扣涉案车辆1辆、印刷装订机械19台。推进文化市场行政审批制度改革，完成将"举办（变更）涉港澳和在歌舞娱乐场所进行的涉外营业性演出"等22个审批事项移至全国统一平台办理等工作。佛山文化市场呈现繁荣和谐稳定态势，没有发生群体性事件，没有形成社会热点问题，没有发生重特大安全事故。

【文化市场疫情防控和复工复产监管】 2020年，佛山市文化广电旅游体育局响应中央、省、市有关新冠肺炎疫情防控的决策部署，于1月24日发出《关于暂停各级各类公共文体旅游场馆开放、取消相关活动的通告》，做好包括文化行业在内的文广旅体行业疫情防控停工停产工作。全市累计关闭图书馆339个，关闭文化馆、文化站、村（社区）综合文化服务中心915个，关闭博物馆39个，关闭民营艺术馆60个。全市151个电影院、536个网吧、402个歌舞娱乐场所、346个游艺游戏场所、490个迷你歌咏亭全部暂停营业，各类文化演出、文体活动共148场全部取消。随着疫情的发展，结合复工复产形势，市文广旅体系统重点强化对歌舞厅等娱乐场所、电子游戏厅、网吧、演出场所（馆）等人员密集场所的监管和检查，按照"预约、限流、扫码、测温、保持社交距离、科学佩戴口罩"的"5+1"工作标准，重点落实好复工复产有关要求和安全生产有关举措。全年全市文广旅体系统累计出动检查人员7.66万人次，检查包括文化市场经营单位在内的各类文广旅体市场经营单位3.17万个次，检查包括公共文化设施公共文体设施605处次。

为帮助包括文化行业在内的文广旅体行业企业渡过难关，市文广旅体局先后印发《文广旅体行业复工复产工作指引》《关于指引帮助企业解决复工复产口罩问题的通知》《关于支持文广旅体企业复工复产十条措施》《关于金融支持文广旅体、餐饮企业发展的通知》等文件。并主动发函市工业和信息化等部门协调佛山电信、佛山移动、佛山联通等通信运营商，商讨给予互联网上网服务经营企业一定期限的光纤通信费用减免扶持措施，落实网吧光纤通信费用的减免政策。

在推进全面复工复产阶段，市文广旅体局按照依法科学精准常态化防控要求，要求各区文广旅体局按照"属地原则"严格落实行业管理责任，督促各场所、各相关单位要严格落实主体责任。督促企业制定防控工作制度和应急预案。落实"剧院等演出场所观众人数原则上不得超过剧院座位数的75%""含有多个剧场的综合性演出场所，不同剧场之间应当实行错时错峰或者通过不同路径出入场""歌舞娱乐场所接纳消费者人数原则上不得超过核定人数的75%，每个包间接纳消费者人数原则上也不得超过核定人数的75%""游艺娱乐场所、上网服务场所内接纳消费者人数不得超过核定人数的75%"等措施。并明确要求各场所对公共区域，每日定时进行2次以上消毒；营业期间，及时对消费者使用过的物品进行消杀，做到“一客一消毒”；场所保证充足的新风输入，保持通风状态。

【平安文化市场建设】2020年，佛山市文化广电旅游体育局把深化“平安文化市场”建设作为全市文化行业工作重点工作之一。制定《佛山市文广旅体局2020年“平安文化市场”建设工作方案》，细化工作项目，明确工作要求和责任单位。保障政治领域和意识形态领域安全，定期开展分析研判，及时处理文化领域相关舆情信息。筑牢文化领域意识形态“防火墙”，严格落实文化意识形态工作领域“八个关口”（干部队伍言行规范关，安全播出关，行政审批监管关，新闻出版审批监管关，文化阵地监管关，文化内容审核关，文化市场监管执法关，以及扫黄打非、扫黑除恶、“新闻宣传、网站、双微”审核发布关）。加强对包括文化工作部门和文化行业协会在内的各级文广旅体部门、各文旅行业协会指导管理，落实意识形态工作主体责任。推进“黑名单”制度落实，建立包括文化行业企业在内文广旅体企业经营服务不良信息记录和公示等制度。拓宽举报受理途径，结合平安建设及扫黑除恶宣传工作，向社会公布“12318”、“12345”、网站、电子邮箱等24小时举报投诉热线平台，实行专人受理、跟进、回复市民群众举报投诉。

【文化市场执法】2020年“两节两会”（“两节”指元旦和春节，“两会”指全国人大会议和全国政协会议）期间，佛山市文化广电旅游体育局在全市范围针对互联网上网服务营业场所、娱乐场所、演出市场、印刷复制企业和出版物市场、网络文化市场开展集中整治。开展校园周边文化市场专项整治，重点整治网吧和娱乐场所违规接纳未成年人，出版物经营单位租售含有色情、暴力、恐怖、校园霸凌等妨害未成年人身心健康内容的非法出版物等内容。开展“扫黄打非”专项行动，开展清源、固边、净网、护苗、秋风五大行动，在广州、佛山两地抓获嫌疑人9人，扣押涉嫌侵权出版物3.80万本（总码洋339.57万元），查扣涉案车辆1台、印刷装订机械19台。开展扫黑除恶专项斗争工作，牵头或配合抓好“线索清仓”“逃犯清零”“案件清结”“伞网清除”“黑财清底”“行业清源”行动，重点针对歌舞娱乐场所、演出市场、政治性和六合彩非法出版物等场所和领域开展专项治理、联合治理、系统治理。开展包括文化行业在内的文广旅体行业全市安全生产大检查活动，其间党政领导干部带队检查65人次，出动检查执法人员1196人次，检查企业和场所485家（个），发现生产安全事故隐患86项，下达整改指令4项，行政处罚4次，罚款4万元，关闭取缔企业和场所4家（个）。开展包括文化行业市场主体在内的文广旅体行业市场主体“双随机”抽查工作，通过佛山市市场监管信息化平台随机抽查市场主体132家次，出动检查人员358人次，发现存在问题线索37条，均要求企业整改完成；通过全国文化市场技术监管与服务平台随机抽查市场主体104家次，出动检查人员265人次。

【文化市场行政审批制度改革】2020年，佛山市文化广电旅游体育局结合新冠肺炎疫情防控实际，根据加强全国文化市场技术监管与服务平台建设应用的有关要求，将“举办（变更）涉港澳和在歌舞娱乐场所进行的涉外营业性演出”等22个审批事项移至国家统一平台办理，实现全程网办，并将所有的办结结果在“信用中国（广东佛山）”平台公示。加强事中事后监管中的现场检查，企业取得行政许可后，佛山市文化广电旅游体育局定期与不定期会同区文广旅体部门对文化企业开展现场检查，督促文旅企业加强安全生产管理，对经许可后发现企业违反承诺或不符合法定许可条件的，将责令限期改正，拒不改正的，撤回或撤销行政许可。全年全市办理“举办涉港澳和在歌舞娱乐场所进行的涉外营业性演出”审批业务38宗，办理设立经营性互联网文化单位审批业务2宗，全部符合法定要求提前或按时办结，全市文化市场行政审批实现“零投诉”“零警告”。

（梁　艺）

【出版业管理】2020年，佛山市组织开展2019年印刷企业年报工作，参加年报印刷企业有2277家，2019年实现工业总产值300亿元，工业增加值64亿元，超5000万元产值印刷企业85家。在开展2019年印刷企业年报工作过程中，建立重点监管企业名单，提高年报工作质量。组织开展2020年出版物发行单位年度核验工作，有652个发行单位参加年检，完成年度核验650个，暂缓年检1个、不予通过年检1个，2019年全市出版物销售总额6.49亿元。指导成立佛山市包装印刷行业协会并完成工商登记。全面排查出版业安全生产隐患，完善应急处置机制，全市检查相关经营单位2100多个，发现各类安全和经营隐患70多处，相关企业均按要求限期进行整改。完善出版物审读和鉴定机制，对审读专家进行适时调整，强化报刊导向和主题审读。开展出版物审读和鉴定，全年审读报刊、连续性内部资料及电子网络出版物80多种，形成审读报告56份，编印审读简报8期；鉴定非法出版物460种，为14件出版物市场案件提供执法依据。依法开展各项审批工作，全年新发放印刷经营许可证169个、出版物经营许可证84个、连续性内部资料出版物准印证12个、一次性内部资料出版物准印证68个。

【“扫黄打非”】2020年，佛山市保持“扫黄打非”高压态势，全年出动执法检查人员近5万人次，查处“扫黄打非”案件17件。加大侵权盗版打击力度，全年查办涉侵犯著作权案件6件，刑事拘留7人，涉案金额超520万元。版权部门联合公安、文化执法等部门查办“6·16”“6·18”侵犯著作权案，其中“6·18”侵犯著作权案被广东省公安厅列入“飓风2020”系列专案。全市“扫黄打非”工作基层站点增至1537个，实现镇（街道）、村（社区）、中小学校和重点区域“扫黄打非”站点规范化标准化100%全覆盖建设。

（雷郎才）

卫生健康

综　述

【概况】 2020年，佛山市有医疗卫生机构2281个，其中医院131家、基层医疗卫生机构2101个、专业公共卫生机构39个、其他卫生机构10个。全市有三级医院19家，三级妇幼保健院3家；二级医院43家，二级妇幼保健院1家，二级专科疾病防治院1家。全市医疗卫生机构在岗职工71193人，卫生技术人员60946人，全市每千常住人口卫生技术人员6.42人；执业（助理）医师21919人，每千人口执业（助理）医师2.31人；注册护士28134人，每千人口注册护士2.96人。全市医疗卫生机构拥有病床38518张，全市每千常住人口床位数为4.06张。全年全市医疗卫生机构总诊疗6454.09万人次，其中入院109.95万人次、住院病人手术66.20万人次。

【卫生应急】 2020年，佛山市做好新冠肺炎疫情防控工作，印发《佛山市突发公共卫生事件应急处置小组工作方案》，全市5个区和32个镇（街道）均成立应急处置小组，做到指定一个号码、明确一套队伍、制定一套流程、建立一套机制的“四个一”应急处置工作机制。制定《佛山市开展新冠肺炎疫情常态化防控工作实施方案》，组建全市新冠肺炎疫情常态化防控应急处置队伍和流行病学联合调查队伍。举办“疫”起行动“疫”战到底——新冠肺炎疫情常态化防控工作综合演练。2020年1月21日，佛山市报告首例新冠肺炎确诊病例，至2020年12月31日24时，佛山市累计报告新型冠状病毒肺炎确诊病例105例（其中境外输入16例），无症状感染者128例（境外输入95例），全市无死亡病例报告。全市选派5批共352名医疗队员驰援湖北抗击疫情，成为全国调度援鄂医疗队员最多的地级市，占广东省驰援湖北医疗队员总人数的14%。抗击新冠肺炎疫情中涌现一批抗疫先进典型，全市卫生健康系统29名先进个人、11个先进集体获省级以上抗击新冠肺炎疫情表彰。其中，全国先进个人1人、先进集体1个；全省先进个人24人、先进集体7个、优秀共产党员4人，先进基层党组织3个。做好新冠肺炎疫情防控工作的同时，加快完善重大疫情防控体制机制、健全公共卫生应急管理体系，出台《佛山市关于完善重大疫情防控体制机制健全公共卫生应急管理体系的实施方案》，完善市、区、镇（街道）三级应急组织体系，以及突发公共卫生事件分级响应、区域联动工作机制。组建佛山市疾控系统突发公共卫生事件应急队，是全省率先以市区联合组队方式组建应急队的地级市。省级突发中毒事件卫生应急处置队伍和中毒急救分中心通过广东省卫生健康委员会验收。落实疫情防控期间医疗机构新增放射诊疗设

2020年8月14日，佛山市在市应急指挥中心举办“疫”起行动“疫”战到底——新冠肺炎疫情常态化防控工作综合演练

（市卫生健康局　供图）

备的应急保障服务，为全市8宗申请12台放射诊疗设备提供便捷的备案服务，并协调医院网上申办放射诊疗许可变更事项。

【分级诊疗】 2020年，佛山市印发《佛山市高水平医院建设“登峰计划”实施方案》，重点建设和培育分布各区的11家医院（区域医疗中心）建设高水平医院。继续推进城市医疗联合体建设，优化医联体布局，医疗联合体数量由18个调整为9个。全市二级、三级公立医院全部参与医联体建设，与社区卫生服务中心建立稳定的合作关系，医联体覆盖的机构127个。制定《佛山市推进高血压糖尿病全周期健康管理深化分级诊疗改革实施方案》，推动建立健全慢性病全周期健康管理新模式。推动高明区加快建设优质高效的紧密型医疗集团，高明区将公立基层医疗卫生机构纳入区级统筹管理并牵头起草医疗集团建设实施方案。

（市卫生健康局）

【医疗服务项目价格改革】 2020年，佛山市推动医疗服务项目价格改革，优化调整医疗服务价格，落实取消药品、医用耗材加成的价格补偿政策，重点优化调整体现医务人员技术劳务价值的项目价格，扶持全市中医药事业传承创新发展，体现对儿科的倾斜支持。市医保局印发《佛山市医疗保障局关于调整部分佛山市公立医院基本医疗服务项目价格的通知》，从2020年10月1日起对5个综合医疗服务类和92个中医及民族医诊疗类项目，以及14个6岁以下儿童基本医疗服务项目价格进行调升，平均调升幅度为23%。开展“互联网+医疗服务”项目定价工作，转发《广东省医疗保障局关于公布部分医疗服务价格项目的通知》《广东省医疗保障局关于印发新增医疗服务价格项目管理暂行办法的通知》等文件，指导非营利医疗机构将线下项目实现线上开展。

【疾病诊断相关分组（DRG）付费改革国家试点深化推进】 2020年，佛山市坚持“全域参与、精深分组、公开透明、注重激励、强化监管”的原则，推进疾病诊断相关分组（DRG）付费改革国家试点工作〔2019年5月，佛山市获确定为疾病诊断相关分组（DRG）付费改革国家试点城市，是广东省唯一的DRG付费改革国家试点城市〕，打造出“一套制度、两个抓手、四个机制”的佛山特色疾病诊断相关分组（DRG）付费改革模式。“一套制度”指DRG付费制度；“两个抓手”指一抓病案管理、二抓大数据监控；“四个机制”指激励与约束机制、协商机制、信息公示机制、动态调整机制。通过改革，初步形成公平竞争、优质多得的医疗机构发展新环境，以及“医、保、患”三方共赢的局面。2020年5月，佛山市完成上年度疾病诊断相关分组（DRG）住院费用年度清算，共结算78.1万份，全市发生住院业务结算的102家医院中有58家医院实现医保基金结余留用，实现结余医院数比上个清算年度增长31.82%，结余留用资金1.7亿元。通过改革，有力地推动医院医疗服务提质增效指标持续向好，实现全市人次均住院总费用首年出现下降。年内，佛山市疾病诊断相关分组（DRG）付费改革获评2020佛山口碑榜——互联网+服务最佳口碑案例。

（张世渊）

【卫生健康规划编制】 2020年，佛山市卫生健康局启动佛山市卫生健康“十四五”规划编制，成立卫生健康规划编制工作领导小组和起草小组，公开遴选国家高端智库（北京大学）作为服务支撑单位，按计划推进佛山市卫生健康“十四五”规划编制工作。截至年底，完成《佛山市卫生健康事业发展“十四五”规划》《佛山市区域卫生规划》《佛山市医疗机构设置“十四五”规划》3份初稿。

【现代医院管理制度建设】 2020年，佛山市印发《佛山市现代医院管理制度试点工作评价实施方案》，评估总结全市参与现代医院管理制度试点的16家医院试点工作情况。加强公立医院党的建设，截至2020年底，市、区两级公立医院全部成立党建工作委员会，全市有31家公立医院（含7家市属公立医院）实行党委书记和院长分设，49家公立医院全部制定党委会议、院长办公会议等议事决策规则，市属公立医院党委设置实现全覆盖。继续开展制定医院章程工作，截至2020年底，全市有35家公立医院制定医院章程并报登记管理机关备案。制定《佛山市公立医院基本医疗服务价格动态调整工作方案》，建立价格动态调整机制，年内调整5个综合医疗服务类、92个中医及民族医诊疗类项目和14个6岁以下儿童基本医疗服务项目价格。

【卫生健康宣传教育】 2020年，佛山市结合新冠肺炎疫情防控工作，加强卫生健康宣传教育。“健康佛山”作为权威发布平台，全年共发布813期1710条图文信息，其中疾控防治科普类（含新冠肺炎个人防护提醒和就医指引等）约860条，疫情通报信息371条（其中佛山市通报43条），有效保障发布信息的及时性和权威性。佛山医疗队驰援湖北等工作的典型人物和事迹获中央媒体关注报道，佛山市医护抗疫题材有关宣传报道被“学习强国”学习平台采用超过500多条。深入推进健康促进区建设，顺德区通过第四批全国健康促进县（区）工作评估，“将健康理念融入社会主义新农村建设规划，健康村实现全覆盖”等8个创建案例被列入全国典型经验。全年新创建健康促进医院8家。2020年佛山市居民健康素养水平为27.12%，高于全省居民健康素养平均水平。

（市卫生健康局）

疾病防控

【概况】 2020年，佛山市法定传染病报告发病率531.06/10万，死亡率0.50/10万。无甲类传染病报告；报告乙类传染病16种、1.89万例，发病率231.95/10万，死亡率0.49/10万；报告丙类传染病2.44万例，发病率299.11/10万，报告死亡病例1例。全年传染病疫情总体平稳可控，慢性病综合防控示范区实现全市全覆盖，严重精神障碍患者管理质量稳步提升。开展适龄儿童国家免疫规划疫苗接种率调查，调查结果显示，所有疫苗接种率均在98%以上。

【传染病防控】 2020年，佛山市建立突发公共卫生事件风险评估月报告制度，加强登革热、H7N9禽流感、手足口病、诺如病毒感染性腹泻、艾滋病、结核病等传染病的监测预警和综合防控，全年传染病疫情总体平稳可控。做好急性传染病防控工作，加强重点传染病疫情监测，每周开展分析研判和风险评估，为疫情防控工作提供科学有效的参谋；完善流行病学调查队伍建设，以市、区疾控中心以及镇（街道）社区卫生服务中心公共卫生专业人员为骨干，以各级各类医疗机构相关专业人员为补充，实现全市现场流行病学调查专业人员保持在200人以上，并储备400人以上的后备力量。加强登革热、流感、诺如病毒感染等重点传染病防控工作，全市发挥联防联控机制作用，及时有效开展相关疫情处置，组织全市多部门联合督导，对各区学校、托幼机构、养老机构以及福利院等重点单位进行重点督导检查。巩固艾滋病、结核病防控工作，全市圆满完成艾滋病、结核病“十三五”规划终期评估要求，其中艾滋病抗病毒治疗覆盖率、治疗有效率等关键指标完成情况居全省前列。在结核病防控方面，继续开展高一新生肺结核筛查；新开展对65岁及以上老年人、管理的糖尿病患者、病原学阳性肺结核患者密切接触者进行肺结核可疑症状筛查和健康教育。

【慢性病防控】 2020年，佛山市推进慢性病综合防治。推进省级慢性病综合防控示范区建设及南海区国家级慢性病综合防控示范区复审筹备工作，组织开展培训和督导。经过省卫生健康委现场调研组的考核验收，南海区顺利通过国家慢性病综合防控示范区复审，实现5个区省级以上慢性病综合防控示范区全覆盖。推进慢性病防治项目开展。印发《2020年佛山市全民健康生活方式行动工作计划》，依托佛山市第一人民医院建立佛山市癌症防治中心，落实市级癌症防治服务机构职责，开展相关工作；在全市范围内选取21个乡镇卫生院和社区卫生服务中心作为试点基层医疗卫生机构参加基层呼吸系统疾病早期筛查项目，每个试点机构补助5万元购置肺功能仪。做好2020—2024年佛山市居民慢性病与营养监测工作安排，及时掌握辖区居民主要慢性病患病、发病及其危险因素、营养健康状况以及变化趋势，为科学制定慢性病防控策略提供科学依据。推进实施心理健康促进、健康环境促进、心脑血管疾病防治、癌症防治、慢性呼吸系统疾病防治、糖尿病防治、传染病及地方病防控等7项疾控相关专项行动，组织举办首届佛山市慢病健康管理——癌症筛查与早诊培训班和基层呼吸系统疾病早期筛查干预能力提升项目培训班。

【精神病防控】 2020年，佛山市加强精神卫生工作，全市严重精神障碍患者管理率95.58%、规范管理率95.91%，全市在册患者规律服药率在广东省排第一。截至2020年11月30日，佛山市患者管治工作综合评价指数为239.90，全省排第九名；全市在册患者规律服药率88.98%，在全省排第一名；患者规范管理率95.89%，全省排第二名，面访率87.77%，全省排第3名。市卫生健康局印发《佛山市加强社会心理服务体系建设实施方案》《佛山市严重精神障碍管理治疗项目质量控制实施方案（2020年）》《佛山市严重精神障碍患者报告实施方案》等重要工作方案，推动全市社会心理服务体系建设，强化严重精神障碍管理治疗工作质量，落实全市精神专科医院和有精神（心理）科门诊的综合医院（含中医院等）开展严重精神障碍患者报病工作，提升患者检出率。组织开展基层精神科医师继续教育培训和考核，完成精神科医师转岗培训省级考核学员52人。组织举办2期严重精神障碍管理治疗工作培训班，各区卫生健康行政部门、精神卫生中心和基层精防机构相关工作人员260多人参加培训。建立佛山市加强社会心理服务体系建设工作联席会议制度，加强全市社会心理服务体系建设工作的组织领导和统筹协调，强化部门间协作配合，印发《佛山市社会心理服务体系建设工作方案（2020—2022年）》，细化社会心理服务体系建设相关工作任务。

（市卫生健康局）

基层医疗卫生

【概况】 2020年，佛山市设置社区卫生服务中心38个、卫生院6个，社区卫生服务站351个，镇（街道）社区卫生服务中心（卫生院）覆盖率100%，全部实现镇村一体化管理。高血压和糖尿病患者规范管理率分别为76.72%和74.75%，全市居民电子健康档案建档率91.99%。

【基层医疗卫生能力建设】 2020年，佛山市全面落实基层医疗卫生机构“公益一类财政供给，公益二类绩效管理”，推动各区完善基层医疗卫生机构经常性收支核定和差额补助具体操作办法和绩效工资实施细则。推动基层卫生机构开展脑卒中患者社区健康管理一体化服务，开展该类服务的基层卫生机构达10个。做好基层医疗卫生机构发热门诊（诊室）规范化设置，市财政投入800万元，完成全市42个公立社区卫生服务中心（卫生院）发热诊室建设，做到基层发热诊室全覆盖。

【家庭医生签约服务】 2020年，佛山市家庭医生团队1103个，居民签订服务协议220多万人，户籍人口签约覆盖率51.49%，常住人口签约覆盖率28.46%，重点人群签约覆盖率77%，年末重点人群签约服务获得感满意度为76.15%。年内，完成15名家庭医生骨干培训任务。

【中医名家走基层暨佛山市中医药健康文化“五进”活动】 2020年11月8日，由佛山市卫生健康局主办的“中医名家走基层暨佛山市中医药健康文化五进活动”启动。启动仪式上，佛山市妇幼保健院主任中医师高修安等4名中医现场开讲，围绕市民关注的冬季养生热点话题，科普中医药健康文化知识。活动持续开展，在市直单位、区、镇（街道）

2020年11月8日起，佛山市卫生健康局举办中医名家走基层——佛山市中医药健康文化“五进”活动。图为活动启动仪式（市卫生健康局　供图）

组织开展中医药文化进机关、进学校、进企业、进社区、进村等“五进”活动超30场，向佛山市民传播科学的中医健康理念、普及中医药科普知识、弘扬中医药传统文化，营造全市“信中医、爱中医、用中医”的良好社会氛围，推动佛山加快建设中医药强市。

（市卫生健康局）

妇幼卫生

【概况】 2020年，佛山市完成《妇女儿童发展纲要》终期考核卫生健康有关指标的评估工作，印发实施《佛山市促进3岁以下婴幼儿照护服务工作实施方案》和《佛山市促进3岁以下婴幼儿照护服务工作联席会议制度》，全面开展免费婚检、产检和新生儿疾病筛查工作，全市婚检率为77.71%、产检率为98.89%、新生儿疾病筛查率为98%。开展妇幼保健技能培训，举办“产科危重症”“孕期保健”“高危儿管理”“消除艾滋病、梅毒和乙肝母婴传播相关知识”等10多个专题培训班，培训800多名基层医护人员。推广儿童生命支持和新生儿复苏适宜技术，促进母乳喂养，做好儿童营养管理，全年7岁以下儿童保健覆盖率为97.57%。为全市11.2万名育龄市民提供免费避孕药具服务，免费避孕药具覆盖率为32.29%（超过国家20%的考核标准）。年内，佛山市孕产妇死亡率8.77/10万，婴儿死亡率1.53‰。

【佛山市妇女儿童医院新城院区全面投入使用】 2020年12月23日，佛山市妇女儿童医院新城院区（又称佛山市妇幼保健院新城院区）全面投入使用，这是第一家进驻佛山新城的三甲公立医疗保健机构。佛山市妇幼保健院新城院区于2015年正式动工建设，占地6.08万平方米，建筑面积20万平方米，

链接

佛山市促进3岁以下婴幼儿照护服务工作实施方案

2020年9月14日，佛山市人民政府办公室印发《佛山市促进3岁以下婴幼儿照护服务工作实施方案》。该方案的总体目标：到2020年，各区分别建成1个以上示范性婴幼儿照护服务机构；到2023年，各区建成一批具有示范效应的婴幼儿照护服务机构，鼓励各区建成3个以上由行政机关、事业单位、集体组织举办的婴幼儿普惠照护服务机构；到2025年，每个社区（或相邻社区）均有婴幼儿照护服务机构，禅城、南海、顺德区每千常住人口托位数不少于5托位/千人，高明、三水区每千常住人口托位数不少于3托位/千人，婴幼儿健康管理率达95%。方案还提出加强对家庭婴幼儿照护的支持和指导、鼓励支持提供多种形式的婴幼儿照护服务、建立健全婴幼儿照护服务监督管理体系三大项主要任务，明确落实用地保障、落实财政支持、落实税费优惠落实队伍建设4个方面的保障措施。

2020年12月23日，佛山市妇女儿童医院新城院区全面投入使用（市卫生健康局　供图）

地上19层，地下2层，设置床位1000张，设置停车位1350个。设置妊娠期糖尿病诊治中心、双胎妊娠诊治中心、产前诊断中心、数字化胎儿手术室、心脏手术室和腔镜手术室等先进诊疗科室，配备3T磁共振、256排CT、检验流水线、自动发药机、4K腹腔镜等先进医疗设备。

【婴幼儿照护服务】 2020年，佛山市促进婴幼儿照护服务健康规范发展，制定《佛山市托育机构卫生评价标准（试行）》，指导全市托育机构规范开展服务。推进“创文”母婴设施建设提升工程，全市112个创文测评点全部配建母婴室，医院、大型商场、交通枢纽、文化景点、政务大厅等公共场所和企业共建设各类型母婴室402间，总面积5836平方米。

（市卫生健康局）

职业健康管理

【概况】 2020年，佛山市推进尘肺病防治攻坚行动，加强职业病防治机构规范化建设，做好尘肺病康复站点建设。加强监督执法，全年全市职业健康违法违规行为行政立案71件，经济处罚146.52万元，未发生群体性职业病危害事件。全市新增申报职业病危害企业1.36万家，全市累计申报职业病危害企业3.92万家，累计接触职业病危害劳动者80余万人。全年新报告职业病诊断病例127例。年内，佛山市职业健康工作在广东省综合评价排名第一。

【职业病防治项目实施】 2020年，佛山市推进开展重点职业病监测，全年收集重点职业病职业健康检查个案（在岗）数据信息的企业5363家，个案数据14万条，实现重点职业病个案监测全覆盖。开展职业病危害现状监测，全市完成5个区19个镇（街道）的职业病危害现状调查，覆盖工业企业1.14万家，超额完成省下达的任务（1.1万家），全市完成职业病危害现状评价245项。开展职业病危害因素监测，全市共监测用人单位244个，超额完成年度监测任务（240家）。开展放射诊疗机构工作人员及场所防护监测，完成全市425个放射诊疗机构共2994名放射工作人员的个人剂量监测和1229间放射诊疗场所防护监测。

【职业病防治技术支撑体系建设】 2020年，佛山市不断提升职业健康检查和诊断能力。全年对各职业健康技术服务机构开展各类专业技术培训、质量控制调研与现场技术指导工作10余次，培训指导1200余人次。投入专项经费80万元，依托佛山市第一人民医院，以及市、区职业病防治机构等单位共同组建广东省（佛山）突发中毒事件卫生应急处置队伍。推进尘肺病康复站点建设，采取提质增量并举措施，部署各区至少建设1个尘肺病康复站、2个康复点，截至年底，确定开展试点尘肺病康复站8个、康复点18个。投入职业病防治工作经费约70万元，用于保障全市职业健康检查、职业病诊断、职业卫生技术服务机构质量比对和质量技术指导工作。

【职业病防治宣传教育】 2020年，佛山市卫生健康部门以“佛山市2020年职业健康保护·我行动”为主题，开展第十八个《中华人民共和国职业病防治法》宣传周活动，创新举行网络直播和职业健康知识线上有奖竞答活动，直播活动观看人数11296人次，参加线上有奖竞答20240人次。强化职业病防治业务培训，以“线上+线下”培训方式培训市、区、镇（街道）三级职业健康管理工作人员858人次，培训4869家重点行业企业的主要负责人、职业健康管理人员及劳动者合计1.2万人次。开展职业健康知识进企业活动，深入企业60多家，发放宣传资料4000余份。立足“助防疫、促健康、保复工”三个层面为企业提供专业政策咨询、防疫措施建议，并指导企业开展职业健康保护，助力企业安全高效复工复产，其间在全市5个区22个镇（街道）的700多家重点企业发放防疫宣传资料3000多份。

【尘肺病防治攻坚行动】 2020年，佛山市开展尘肺病防治攻坚行动。加强攻坚行动统筹，分别成立由各级政府主要领导任组长的尘肺病防治领导小组，制定攻坚实施方案，层层签订目标责任书，层层压实工作责任。将尘肺病防治工作纳入各区安全生产责任制和深化医改考核。定期调度、通报各区工作推进情况，市直多部门赴各区开展联合督导和执法，跟踪和督促重点工作落地见效。突出攻坚重点，全市围绕职业病危害项目申报率98%，检测率、体检率、培训率“3个95%”任务目标，组织开展尘

2020年10月23日，佛山市卫生和健康局尘肺病防治领导小组到顺德的陶瓷厂调研尘肺病攻坚行动工作情况

（市卫生健康局 供图）

毒危害专项治理。截至年底，全市已基本摸清粉尘危害情况并建立基础数据库的企业共11906家，市政府与广东省政府签订的责任书要求的六大项19个子项目标任务均按照时间节点完成。

（市卫生健康局）

老龄健康

【老年人卫生健康管理】 2020年，佛山市卫生健康部门加强老年人健康管理，依托社区卫生服务机构为辖区老年人提供基本的健康管理服务，为65岁以上的老年人建立健康档案，每年免费提供1次健康体检及健康评估服务，及早发现老年人的健康问题，并指导有健康问题的老年人及时就诊。对发现已确诊的原发性高血压和2型糖尿病等老年人纳入相应的慢性病患者健康管理，并提供免费季度随访和健康指导等服务。推进家庭医生签约服务，重点落实老年人等重点人群的健康管理；为有需要的老年人提供家庭预约出诊、居家护理指导、家庭病床、家庭康复指导、健康咨询与指导等上门服务，为年老体弱的孤寡老人、残疾人及长期卧床患者开展送医送药上门服务。截至年底，全市共组建家庭医生团队1438个，有203万居民签订家庭医生服务协议，签约覆盖率达56.7%，重点人群签约覆盖率达65.73%，其中老年人签约覆盖率达73.09%。全市老年人健康管理率达70%以上。禅城区各社区卫生服务中心通过推进家庭病床服务对患有慢性非传染性疾病的老年人提供防治服务和健康指导，平均每年建立家庭病床3000余张，大大方便老年人就医，缓解大医院住院床位紧张的压力。南海区各社区卫生服务中心结合村村创建“健康村”活动，采取免费健康普查、入村入户建立健康档案的方式，筛查出老年人等重点人群，制定干预措施，通过追踪随防、组织复查，对老年人以及重点人群和高危人群实施动态健康管理。顺德区以加强慢性病综合管理为切入点，分别在10个镇（街道）创建高血压和糖尿病综合防治试点，建立高血压、糖尿病患者自我管理小组，社区家庭医生与区、镇（街道）医院派驻帮扶的专家组成慢性病防治专家组，为自我管理小组成员提供全程健康指导及巡诊服务，深受群众欢迎和好评。高明区在《国家基本公共卫生服务规范》（2011年版）的基础上，增加甲胎蛋白（AFP）、EB病毒抗体检测、B超检测等体检项目，为老年人提供价值238元免费健康体检服务项目。三水区政府将开展70岁以上老年人免费体检工作列为政府民生实事，由各镇（街道）社区卫生服务中心组织对70岁以上老人进行体检，建立健康档案，并定期随访，为老年人提供疾病预防、自我保健及伤害预防、自救等健康指导。

【老龄人医疗】 截至2020年底，佛山市开设老年人绿色通道的医疗机构258个。佛山市老年人持优待证在全市医疗机构就医时优先就诊，免收挂号费，普通门诊、急诊诊金享受半价优惠。2020年，全市各级卫健部门加强老年人就医绿色通道工作，消除老年人就医面临的困难。全市各级医疗机构建立老年人等特定人群挂号、就医绿色通道，优化老年人就医流程，在挂号、缴费等环节实行老年人优先。导诊台指定专门工作人员为老年人等特定人群提供接待咨询、预约就诊、就医指南等服务，指导、帮助不会使用手机挂号的老年人预约挂号。市卫健部门、医疗卫生机构加大分级诊疗制度、老年人就医绿色通道宣传，引导老年人合理有序就医，慢性病、常见病、多发病要就近就便就医。开设预约诊疗、挂号的医疗卫生机构要主动在醒目位置宣传老年人等就医流程，营造尊老敬老的社会氛围。

【医养结合】 2020年，佛山市加强政府机关部门的工作协调，调动发挥各方积极性，支持医养结合的创新发展，截至年底，全市初步形成四种医养结合服务模式。医疗机构增设养老服务功能（医办养）的有顺德区南沙社区卫生服务站、三水区青岐卫生院、禅城区中医院的颐养院、健翔医院集团健翔护理院等。该模式以医院为依托，主要面向失能、半失能、失智等刚需老人，以急性医疗、专业护理、康复训练、安宁疗护等服务来促进“医”的需求，同时以全面的生活护理来满足“养”的服务。养老机构增设医疗服务功能（养办医）。养老机构通过自建医院或开设医务室、诊室等，开展对自理型老人的健康管理、慢病管理、康复运动，以及针对刚需老人的专业护理和急救来促进“医”的需求，同时以生活服务、娱乐服务，以及针对刚需老人的生活照护来满足“养”的服务。南海区社会福利中

2020年，佛山市加强政府机关部门的工作协调，调动发挥各方积极性，支持医养结合的创新发展。图为顺德区南沙社区医养结合服务中心 （市老龄办 供图）

心内设康复医院就是典型的“养办医”模式。养老机构与就近医疗机构签订合作协议，委托外部医疗机构提供健康咨询、医生巡诊、双向转诊等医疗服务的“签约合作”模式。截至年底，佛山市大部分的养老机构都采用这种模式为入住老人提供医疗健康服务。医疗机构通过家庭医生签约和家庭病床服务的“社区服务”模式，推动医养结合向社区和家庭延伸。禅城区有6家区属医院均都开设家庭病床业务，日均在建家庭病床1500多张，每年医务人员出诊近8万人次，有效地缓解老年人看病住院难的问题。

【老龄人心理健康】 2020年，佛山市推进禅城区普南社区和三水区沙头社区的国家老年人心理关爱项目试点工作，以提升老年人的满意度和幸福感为目标，持续关怀老年人心理健康，提升老年心理健康服务质量，提高全市老年人心理健康水平。截至年底，该老年人心理关爱项目已完成，该项目针对65岁及以上老年人采用统一的问卷进行心理健康状况调查。调查内容为：基本信息、认知及心理健康评估、心理健康素养及需求。调查研究报告显示：试点单位老年人心理健康状况良好，但是，随着年龄增大，老年人机体老化不可避免，老年人认知功能受损问题逐渐加重，需引起社会各界高度重视，给予老年人更多关爱。

（黄国添）

医学科研与卫生健康人才培养

【医学科研】 2020年，佛山市推进卫生健康科技创新能力建设，全市各级各类医疗卫生单位获得市级及以上各类科研立项1017项，获得专项资助经费3605万元；获得省级科技进步奖5项、发明专利90项。佛山市规范新冠肺炎疫情期间科研活动管理，加强伦理委员会日常监督管理工作，对市直10个医疗卫生机构伦理委员会日常监督管理进行专项现场检查，确保临床研究安全规范。

【卫生健康人才培育】 2020年，佛山市加强卫生人才培训，完成全科医生转岗培训326人，禅城区中心医院、广东省中西医结合医院和广州中医药大学顺德医院获批国家住院医师规范化培训基地。推进卫生人才继续教育项目，全年获批国家级继续教育项目22个（含备案项目），获批省级继续教育项目483个，批准和公布市级继续教育项目879个。年内，全市通过卫生专业技术资格考试3828人，通过护士执业资格考试388人，通过率分别为54.9%、51.7%。年内，全市有2064名专业技术人员申报广东省卫生系列高级职称评审，其中有498人以抗击新冠肺炎疫情一线医务人员身份申报。佛山市送审的124名援鄂医疗队人员全部通过省高评委评审，推送评审通过率100%。年内，全市疾病控制系统核增人员编制88人。

【3D打印省级研究中心落户佛山市第一人民医院】 2020年3月4日，广东省科学技术厅印发《关于认定2019年度广东省工程技术研究中心的通知》，佛山市第一人民医院建设的3D骨科仿生转化医学工程技术研究中心被认定为广东省工程技术研究中心，为佛山市医疗界唯一被省认定的研究中心，也是继2013年广东省听觉与平衡医学工程技术研究中心被认定后，佛山第一人民医院拥有的第二个省级工程技术研究中心。该中心建立集成式工程技术研发实验平台，主要针对脊柱椎体替代及关节置换的诊断技术和临床治疗技术，以及风湿病与关节炎基础研究等进行技术研究和开发，可开展各类3D仿生打印制备项目，既为临床诊疗提供极大便利，也为佛山市培养一批医工结合、学术交叉的复合人才。截至年底，该中心拥有从事技术研发应用专业人员约40人，其中包括广东省医学领军人物等，且有2个院士团队给予科研支撑，开展多项国家级、省级、市级科研项目，并与2家生物科技企业通过产学研合作，探索3D打印植入物的设计和制造。

（市卫生健康局）

【加强公共卫生人才队伍建设新措施出台】 2020年12月18日，中共佛山市委办公室、佛山市人民政府办公室印发《关于进一步加强我市公共卫生人才队伍建设的若干措施》，要求构建全市公共卫生快速应急响应人才队伍，坚持“建、管、养、用”相结合，确保人才三级全覆盖；坚持平战结合，培养实战化人才队伍。要求加强公共卫生专业技术人才主干力量，充实卫生疾控专业技术人才队伍；提高卫生健康监督执法人才整体素质；夯实基层公共卫生人才基础保障。加大公共卫生人才引进培养开发

2020年3月4日，佛山市第一人民医院建设的3D骨科仿生转化医学工程技术研究中心被认定为广东省工程技术研究中心

（市卫生健康局 供图）

力度，加快集聚公共卫生领域高端人才；深化院校公共卫生人才培养；扶植中医药防疫人才传承发展；加强公共卫生相关领域人才综合开发利用。提升公共卫生人才防控救治能力，增强临床医学人才传染病防控救治能力；提升承担公共卫生职能的专科医院专业救治能力；支持科技研发人才开展协同攻关；促进公共卫生人才交流合作。加强公共卫生人才队伍保障，提出加强组织保障、加大财政支持、加强医疗保障政策支持、完善岗位聘用管理、提高福利待遇等保障措施。

（黄诗琪）

爱国卫生运动

【概况】 2020年，佛山市推进健康佛山行动，结合新冠肺炎疫情防控工作开展新时代爱国卫生运动，广泛开展卫生防病知识和健康科普宣传，治理病原滋生环境，遏制疫情传播。加强国家卫生镇创建（复审）工作指导，开展以“防疫有我，爱卫同行”为主题的第32个爱国卫生月活动。佛山市顺德区勒流街道，三水区白坭镇、乐平镇、芦苞镇被全国爱卫会重新确认为国家卫生镇。全面启动并部署佛山市国家卫生城市复审工作。截至2020年底，全市共创建省卫生村1605个，省卫生村人口受益率97.57%；省卫生镇全覆盖，国家卫生镇覆盖率83%。

【卫生镇卫生村创建】 2020年，佛山市继续推进卫生镇、卫生村创建。高明区明城镇、杨和镇，三水区大塘镇通过广东省“国家卫生镇”创建评估专家组的技术评估，并上报全国爱国卫生运动委员会命名；高明区更合镇通过“广东省卫生镇”复审工作市级评审，并将意见报省爱国卫生运动委员会办公室。顺德区勒流街道，三水区白坭镇、乐平镇、芦苞镇被全国爱卫会重新确认为国家卫生镇。完成123个省级卫生村的市级评审工作。

【“健康细胞”创建】 2020年，佛山市继续推进“健康细胞”创建工作，组织市级工作组对各区“健康细胞”创建工作开展考核评估。全年全市新创建健康村（社区）94个，新增81个健康单位和2.52万个家庭创建为佛山市“健康细胞”，截至2020年底，佛山市累计创建不同星级健康村（社区）404个、健康社区154个，累计有1011个单位和13.14万个家庭创建为佛山市“健康细胞”。开展省级无烟单位创建工作，全年全市有382个单位（其中215个党政机关）基本达到省级无烟单位标准要求，并向省卫生健康委员会提出申报。

2020年4月17日，顺德区爱卫会组织开展第32个爱国卫生月专项统一大行动

（市卫生健康局　供图）

【爱国卫生行动】 2020年，佛山市结合新冠肺炎疫情防控深入开展爱国卫生行动，治理病原滋生环境，遏制疫情传播。1—3月在全市开展冬春季爱国卫生专项行动，向全社会发出爱国卫生运动倡议书，率先在全省开设中小学校爱国卫生教育网课。高频次分阶段开展爱国卫生行动，各区以镇（街道）、社区为单位，加大爱国卫生专项行动频次，全市开展环境卫生综合整治4万余次，清除卫生死角29万余处，整改环境卫生脏乱差问题6万余个。年内，根据新冠肺炎疫情发展态势，强化对农贸市场、公共交通工具、居民小区及公共区域、学校企业等四类重点场所重点部位的环境卫生治理和清洁清毒，降低新冠肺炎与登革热等传染性疾病叠加的风险。

【健康佛山行动启动】 2020年，佛山市推进“健康佛山”建设，1月2日印发《“健康佛山2030”规划》，1月6日成立健康佛山行动推进委员会，9月1日在禅城区同济小学举行健康佛山行动启动仪式暨开学第一课，正式启动健康佛山行动。健康佛山行动包括18个专项行动，主要从4个层面推进。其中：针对影响健康的行为与生活方式、环境等因素，实施健康知识普及、合理膳食、全民健身、控烟、心理、环境6项健康促进行动；针对妇幼、中小学生、劳动者、残疾人及老年人等重点人群特点，实施4项健康促进行动；针对心脑血管疾病、癌症、慢性呼吸系统疾病、糖尿病4类重大慢性病以及传染病和地方病的预防控制，实施5项防治（防控）行动；围绕提升健康佛山服务内涵，实施塑造健康湾区、中医药健康促进、智慧健康3项行动。健康佛山行动体现“四个转变”：从以治病为中心向以健康为中心转变，从注重“治已病”向注重“治未病”转变，从依靠卫生健康系统向社会整体联动转变，从宣传倡导向全民参与、个人行动转变。

（市卫生健康局）

卫生监督

【概况】 2020年，佛山市全面加强新冠肺炎疫情防控卫生监督工作。截至12月，全市出动卫生监督员8.8万人次，监督检查各类场所3.7万个次，发出卫生监督意见书2.4万份。继续推行“双随机一公开”监督检查，加强事中事后监管、以案促管，全市卫生行政处罚案件855件，罚款金额178.67万元，罚没金额296万元。制定《佛山市改革完善医疗卫生行业综合监管制度实施方案》《佛山市医疗机构“信用+综合监管”试点工作实施方案》《佛山市医疗机构信用评价管理办法》等文件，全面推进医疗服务“信用+综合监管”省试点工作。完成卫生健康事项上线市一体化在线政务服务平台工作，上线市一体化在线政务服务平台的卫生健康政务服务事项154项。年内，佛山市卫生监督所办理的“李某某未按规定填写电子病历资料案”获评全国卫生健康执法优秀典型案例；市卫生健康局的“建立医疗机构信用监管机制，推动医疗服务高质量发展”项目获第八届广东省市直机关“先锋杯”工作创新大赛决赛“优秀作品奖”。

【食品安全风险监测】 2020年，佛山市实施食品安全风险监测，全市设置食品监测点28个、食源性疾病哨点医院101家，食品污染物和有害因素监测网络向乡镇和农村地区延伸，食源性疾病监测实现各级各类医院全覆盖，达到创建国家食品安全示范城市考核验收要求。全市卫生健康部门监测本地区食品样品1146份，其中省下达监测样品任务496份。全市绝大部分重点食品化学污染物和有害因素监测项目处于未检出或保持在较低的超标水平范围，食品安全形势总体持续稳定向好。

【医疗服务“信用+综合监管”试点工作开展】 2020年，佛山市全面推进医疗服务“信用+综合监管”试点工作（作为广东省医疗服务“信用+综合监管”试点城市，佛山市于2019年启动医疗服务“信用+综合监管”试点工作），全面推行医疗机构信用监管，在全省率先构建医疗机构信用监管制度体系。构建起医疗机构信用监管“一个管理核心”（《佛山市医疗机构信用评价管理办法》）、“六项配套制度”（信用承诺工作制度、信用评价工作制度、信用公示工作制度、联合奖惩工作制度、信用修复工作制度、专家库及管理工作制度）、“三个数据平台”（佛山市医疗服务信息平台、“互联网+监管”平台、信用佛山网平台）的“1+6+3”工作机制，衔接事前、事中、事后全监管环节，形成“制度+平台”的科学长效监管模式。建立医疗机构分级分类综合监督制度。信用等级分为优秀、良好、合格、差4个级别，对应实施简化监督、常规监督、强化监督、重点监督。同时，建立信用修复制度，医疗机构信用等级每年评定1次，实行动态管理。建立医疗风险管理体系与预警机制。运用信息化技术建设佛山市“互联网+监管”平台。建立跨部门综合信用评价和联合奖惩机制。建立“红黑榜”制度，即将信用等级为“优秀”的医疗机构纳入诚信红榜，将信用等级为“差”的医疗机构纳入诚信黑榜。将信用评价结果纳入公立医院绩效考核、现代医院管理制度试点工作评价及市对区“深化医改和建设卫生强市”的考核指标。市卫生健康局、人力资源社会保障局、财政局联合印发《佛山市公立医院绩效考核评价办法（试行）》，探索利用绩效评价结果对公立医院进行奖惩，并与财政补助力度、医保基金支付、薪酬总体水平、公立医院等级评价等挂钩，推动形成守信联合激励和失信联合惩戒机制。2020年，佛山市卫生健康行政部门对1887个医疗机构进行信用评价，其中优秀397个、良好1156个、合格299个、差35个。

（市卫生健康局）

【抗击新冠肺炎疫情医疗保障】 2020年，佛山市医疗保障局以“部署迅速到位、新政迅速落地、药械迅速保障、监测迅速运行、宣传迅速展开”5项措施，明确新冠病毒核酸检测收费标准，完成抗体检测项目政府定价，出台新冠肺炎患者治疗费用基金报销政策，落实国家医保局关于患者救治“两个确保”的总要求，即：“确保患者不因费用问题影响就医，确保收治医院不因支付政策影响救治”。截至年底，市医保部门促成市新冠肺炎防控指挥部第一批防疫物资储备，及时协助公立医疗机构采购价值3420.6万元的防疫医用耗材，其中消毒用品75.67万瓶（袋）、一次性手术帽176.68万个、一次性口罩573.77万个，一次性医用手套2375.78万付（袋）。提前拨付各区、各医疗机构医保基金共计15.5亿元；及时落实2020年2—6月基本医疗保险企业缴费减半征收，为全市企业减负超14亿元。先后促成4家保险公司赠送最高保额达120万元的专属保险，为一线防疫医护人员和全市医保参保人提供保障。足额支付治疗费用296.59万元，完成“应检尽检”核酸检测结算65万人次，医保支付5222.65万元。

（张世渊）

【居民健康素养监测结果发布】 2020年7月24日，佛山市卫生健康局发布2019年佛山市居民健康素养监测结果。2019年佛山市居民健康素养水平25.1%，居民健康生活方式与行为水平23.2%，基本技能水平30.5%，基本知识和理念水平44.1%。从监测结果发现，佛山市居民健康素养水平在辖区、人群间的分布不均衡，市民对各类健康问题的认识水平不均衡。该次监测范围覆盖全市5个区32个镇（街道），共115个村（社区），监测对象为15~69岁常住人口，监测内容以《中国公民健康素养——基本知识与技能》为依据，包括基本健康知识和理念、健康生活方式与行为、基本技能3个方面，科学健康观、传染病防治素养、慢性病防治素养、安全与急救素养、基本医疗素养和健康信息素养6类健康问题素养。

（市卫生健康局）

中医药事业

【概况】 2020年，佛山市有中医（中西医结合）医院12家（其中公立6家），实有床位（含中西医结合科床位）5403张（其中公立4442张），占全市医院床位总数的14.03%。综合医院（妇幼保健院）中医床位数486张。全市中医类别执业（助理）医师3418人，占全市执业（助理）医师总数的15.59%。全市设有中医科的综合医院和专科医院占比为98%。全年全市中医总诊疗人数1122.87万人次、出院人数15.50万人次，分别占全市总量的17.4%、14.06%。年内，佛山举办全市中医药大会，以中共佛山市委、市政府名义印发《关于促进中医药传承创新发展的实施方案》，成立以市长为组长的领导小组；制定《佛山市中医医疗服务能力提升行动计划（2020—2025年）》及配套的重点任务项目清单，促进佛山中医药事业发展。

【中医药防治新型冠状病毒肺炎】 2020年，佛山市组织成立佛山市中医药防治呼吸道传染病专家组，制定《佛山市新型冠状病毒肺炎中医药治疗方案（试行）》。做好中医医院发热门诊建设，全市5家公立中医院均按省的部署完成发热门诊改、扩建工作。派出专家进驻新冠肺炎定点医院参与临床查房和病例诊疗，确诊病例中医药使用率97%，中医治疗有效率98.95%。做好新冠肺炎疫情中医药防控工作督导检查，建立健全和落实全市中医药业务线疫情防治信息报送制度，按要求做好中医药疫情防控信息报送。

【中医医疗服务能力建设】 2020年，佛山市完善中医医疗服务体系，印发《佛山市二级以上中医医院对口支援基层医疗卫生单位工作方案》，组织全市5家二级以上中医医院对口帮扶全市46个基层医疗卫生单位。加强中医专科建设，研究制订《佛山市“十四五”中医重点专科、特色专科和中医专病建设方案》和《佛山市中医专科联盟建设工作方案》，择优认定27个佛山市中医专科联盟。开展中医类别全科医生培训，印发《佛山市中医类别全科医生培训工作方案》，培训中医类别全科医生229人。加快中医高层次人才队伍建设，制定《佛山市中医药高端人才培养工作方案》。举办第五、第六期临床技术骨干培训班，培训40人。择优立项32个中医药创新适宜技术推广项目，其中立项资助20个。组建市级中医医疗质量控制中心9个。年内，禅城区引入国医大师设立国医工作室，建立名医工作室和名中医诊所；市中医院获认定为国家中医医师资格实践技能考试基地，并通过广州中医药大学非直属附属医院复评和临床医学院申报评审；广东省中西医结合医院和广州中医药大学顺德医院获认定为第三批中医住院医师规范化培训基地。

【中医药文化宣传】 2020年，佛山市组织认定市中医药健康文化科普宣传专家86人。市卫生健康局和佛山电台合作推出“名中医讲堂”系列广播节目，播出25期，同时将相关音频上传到市卫生健康局的政务网站和政务微信供群众随时收听。市卫生健康局举办中医名家走基层暨佛山市中医药健康文化五进活动，佛山市妇幼保健院主任中医师高修安等4名中医现场开讲，围绕市民关注的冬季养生热点话题，科普中医药健康文化知识。在市直单位、区、镇（街道）组织开展中医药文化进机关、进学校、进企业、进社区、进村“五进”活动超30场，向佛山市民传播科学的中医健康理念、普及中医药科普知识、弘扬中医药传统文化，营造全市“信中医、爱中医、用中医”的良好社会氛围，推动佛山加快建设中医药强市。

【全剂型快递配送服务推出】 2020年2月26日，佛山市中医院率先在广东省实现全剂型快递配送服务，复诊患者无须前往医院，在家中便能寻医问药并获得药品快递到家服务。佛山市中医院“智慧药房”的全剂型快递配送服务，包括中药饮片、中药代煎汤剂、中药配方颗粒、西药、中成药在内的不同剂型药品，均可快递到家，实现网上预约、问诊、开药、配送的一站式线上服务。在疫情防控期间，快递公司暂不接受运费到付，西药中成药快递费用由医院代收，佛山市内送达时间从收件时起不超48小时。患者可在线上下载电子发票，也可到医院打印纸质收费凭证。

【中医药大会】 2020年7月15日，中共佛山市委、市政府在佛山市机关小礼堂召开全市中医药大会。会议对促进佛山市中医药传承创新发展，加快建设全国中医药强市进行全面部署。会议提出要以人民健康为中心，重点突出服务体系建设、中医药人才培养、产业现代化、预防保健、开放发展等“五大领域”，通过打造中医药医疗服务高地、中医药人才聚集高地、中成药现代产业高地、中医药健康服务高地、中医药文化对外

2020年7月15日，佛山市召开全市中医药大会 （市卫生健康局 供图）

交流高地“五大高地”，大力发展中医药卫生事业，加快建设全国中医药强市。会上播放《传杏林瑰宝，扬佛山匠造》专题片，南海区、顺德区、佛山市中医院等代表在会上作交流发言。

【佛山中医院成为全省首批22家“四有”工程试点单位之一】 2020年9月11日，在广东省提高医院党建质量推进“四有”工程建设试点工作座谈会上，公布广东省首批22家医院党建质量“四有”（班子有作为、支部有方法、党建有品牌、单位有典型）工程试点单位名单，佛山市中医院入选，是佛山市唯一入选的试点单位，也是全省试点单位中的两家中医医院之一。“四有”工程以广东省委省政府《关于加强我省公立医院党的建设工作的实施意见》和《广东省加强党的基层组织建设三年行动计划（2018—2020年）》精神为指导，推动全行业由内容党建升级为质量党建，形成一整套可操作、可考核、可复制、可推广的行业党建新路径。首批22家试点单位涵盖珠三角及粤东西北地区，涵盖公立及民营医疗机构。

（市卫生健康局）

药品管理

【药事管理】 2020年，佛山市保障新冠肺炎疫情用药需求，制定《佛山市短缺药品供应保障工作会商联动机制工作规则》，统筹推进短缺药品供应保障工作。常态化紧抓麻醉药品和精神药品管理，将麻醉药品和精神药品管理工作视为高压红线，保证临床合理需求，严防流入非法渠道。加大医务人员培训，提高麻醉药品和精神药品风险意识、管控意识、底线意识。筹建佛山市药事管理质量控制中心，加强药政工作专业化管理。

（市卫生健康局）

【医药供应链改革】 2020年，佛山市医疗保障部门推进国家组织药品集中采购和使用工作，其中通过国家“4+7”试点（指在4个直辖市和7座其他城市开展的国家组织药品集中采购和使用试点）扩围集中采购，全年全市公立医疗机构节省药品采购资金约5亿元。推进全市医疗机构医用耗材及检验试剂集中采购工作，全年完成总金额34.39亿元，与上一轮集中采购价格相比，为佛山市医疗机构节约采购金额4.39亿元。完善阳光采购管理服务平台的监管考核功能，出台国家谈判药品外购落地政策，参保人年购药金额约2亿元，医保基金报销比例超80%。

【《罕见病医疗救助药品、治疗性食品及医疗机构目录》（2020版）发布】 2020年5月29日，佛山市发布《罕见病医疗救助药品、治疗性食品及医疗机构目录》（2020版）（简称《目录》），于2020年6月1日起正式实施。佛山成为全国率先发布罕见病医疗救助药品、治疗性食品和医疗机构目录的地级市。该《目录》由广东省罕见病专家研究制定，为佛山市罕见病就诊提供指引。《目录》最大的特点是没有限制罕见病疾病种类和治疗药物，将有药物治疗的罕见病和对治疗有帮助的药物和治疗性食品纳入救助范围，实行动态调整，原则上每年调整一次。对于国内获批新上市的罕见病药物，市医保局结合实际可在年内将其纳入《目录》。罕见病患者如果到《目录》以外的国家或到广东省卫生健康委员会公布的罕见病诊疗协作网医疗机构诊治，只需经区医疗保障部门备案后即可纳入救助范围。

（张世渊）

医政管理

【医疗服务管理】 2020年，佛山市制定《佛山市推进卒中中心建设实施方案》，启动“卒中急救地图”建设工作，指定佛山市第一人民医院建设为地图管理单位，新建2个高级卒中中心、5个高级卒中中心建设单位和4个防治卒中中心。制定《佛山市卫生健康局医疗质量控制中心管理办法》，新成立感染性疾病医疗质量控制中心等5个质控中心。规范全市实验室生物安全管理和质控监督，全市50个医疗卫生机构可开展核酸检测。确定13个试点医疗机构开展无偿献血临床用血费用直接减免服务工作，疫情期间全市临床用血需求100%保障。举办“5·12”国际护士节“战疫中·您最美”主题线上纪念活动。继续推进22家试点医院“互联网+护理服务”工作。开展医疗卫生违法违规行为整治行动，全市各级卫生监督机构查处涉及医疗卫生方面案件115件，罚没金额85万元；涉及无证行医案件37件，罚没金额283万元。年内，佛山市医疗废物处置新设施完成第一阶段项目主体工程建设，佛山市第一人民医院保健中心、南海区人民医院新院区（一期）建成投入使用，佛山市妇女儿童医院新城院区全面投入使用，佛山市第一人民医院与广州呼吸健康研究院共建“国家呼吸医学中心佛山中心”，佛山市妇幼保健院与澳门科技大学中药质量研究合作项目进展良好，南方医科大学顺德医院复牌“三甲”医院。

【社会办医管理】 2020年，佛山市新注册社会办医疗机构254个。审批新增1个新型医疗机构——佛山洁特医疗消毒供应中心。美的控股与顺德区政府签订协议，投资100亿元，在顺德北滘新城新建非营利高水平的和祐国际医院，规划床位超1500张。截至年底，全市非公立医疗机构1366个，全市民营医院76家、民营医院床位8801张，非公医疗机构门诊量1115.13万人次。

【平安医院建设】 2020年，佛山市继续推进平安医院建设，开展2020年平安医院建设工作年度检查，组织专家现场检查各医疗机构建立完善部门协调联动机制和应急预案、应急处置演练情况。全面规范和加强医院安全防范组织制度、人防、物防、技防系统建设，全市三级医院均配备安检设施，全市二级以上医院系统建设达标率100%，各级医院均按照要求安装治安视频监控系统，46家二级以上医院设立应急报警装置。

（市卫生健康局）

体　育

群众体育

【概况】 2020年，佛山市有体育场地20842个，体育场地面积2352.29万平方米。全市足球场地934块，万人拥有足球场地1.14块，超过省要求的至2020年底佛山市万人拥有足球场地1.09块的指标任务。全市体育场地数量前五位：篮球场7768个，乒乓球场地2861个，羽毛球场地1984个，足球场934个，游泳场地860个。全市有全民健身路径3139条。全市各区及市直属学校向社会公众开放体育场馆的学校有242所，全市公共体育场馆免费或低收费开放率100%。全年举办各类体育赛事192项，组织参加全国性群众体育赛事与活动11项，在各类全国群体赛事中获第一名13个、第二名2个、第三名2个。佛山市推进全市行政村（社区）体育健身设施新一轮全覆盖工作，全市行政村（社区）体育健身设施覆盖率100%，完成全覆盖任务。

2020年11月23日至12月3日，2020年佛山市村（居）际男子篮球赛总决赛在南海区举行，全市5个区16支球队参赛。图为总决赛现场　　（市文广旅体局　供图）

【全民健身活动】 2020年，佛山市以线上形式举办“50公里徒步”活动，云徒步活动打破传统的时空限制，推出“好友PK”“组团”“分享”等云徒步内容。为期1个月的活动，有超100万名市民参与，录得超700亿步数和超4400万千米徒步里程。采用赛会制方式举办镇（街道）男篮超级联赛，淘汰赛阶段全部比赛及决赛在被誉为“2019篮球世界杯第一馆”的国际体育文化演艺中心进行，全市32个镇（街道）全部参赛，共举行64场次比赛，近50万人次通过网络观看赛事。举办2020年佛山市村（居）际男子篮球赛，分为选拔赛和总决赛，全市有511支村（社区）队伍组队参赛，其中南海区260支、高明区110支、禅城区12支、顺德区111支、三水区2支，共举行1089场次比赛，总参赛人数近7000人。

【“功夫之城”建设】 2020年，佛山市出台《佛山市加快建设“世界功夫之城”实施方案》，提出实施功夫铸魂树德工程、功夫传承普及工程、功夫固本提振工程、功夫开发增值工程、功夫立名传播工程“五大工程”，推进20个重点建设项目。举办第三届佛山武林大会，举行14项赛事和活动。建成南海西樵飞鸿馆，并推动飞鸿馆打造粤港澳大湾区武术文化交流中心；初步建成高明区中国武术散打职业联赛比赛训练基地。推进顺德区均安功夫小镇和高明区东洲鹿鸣体育小镇建设。依托武术历史名人效应拓展武术文化旅游，利用武术景区和场馆打造武术体验游精品路线，推动旅游与功夫项目的融合发展，构建佛山武术文化旅游圈。创新开展佛山功夫角活动，将功夫角从以武术展演为主要活动形式调整为以教习群众习武健身为主要活动方式，推动“广场武”活动开展，发动社区群众习练武术，发展壮大佛山武术人口，全年全市完成功夫角建设100个。通过达人攻略融入佛山的功夫体验，加大在马蜂窝、微博、微信等平台的宣传推广，吸引更多的网友到佛山赏功夫。其中，新浪微博包含佛山功夫体验内容的“广东人游佛山”和“推广大使带你玩转佛山”话题阅读量分别有5800多万人次和2700多万人次。举办第三届佛山武林大会，共有14项活动，包含开幕式、闭幕式，以及五大主题活动、七大拳种赛事。

【社会体育组织发展】 2020年，佛山市市级体育团体61个，区级社会组织193个，镇（街道）社会组织194个。全市32个镇（街道）均拥有5个以上晨练点和晚练点，按照《佛山市财政局市级社会组织发展专项扶持资金管理办法》及相关评审细则，佛山市网球协会、佛山市足球协会、佛山市龙形拳协会、佛山市登山户外运动协会、佛山市同乐青少年体育俱乐部5个体育类协会获得扶持资金。

【群众体育公共服务】 2020年，佛山市推进全民科学健身服务进机关、企业和社区。为广大干部、市民提供体质健康检测，全年全市有7000多名市民进行体质测定。组织开展职工体质测定、健身知识普及、健身技能传授等活动，在全市开展全民健身公益大讲堂6场、技能传授4场、体质测定2场，印发科学健身指导手册2万册。开展二级社会体育指导员培训150人和再培训200人，三级社会体育指导员培训2000人。推进佛山市体育场馆上线“群体通”全民健身公共服务平台，促进广州佛山两地“互联网+体育”互联互通。截至年底，“佛山群体通”上线惠民社会场馆125个，覆盖全市各区，包括羽毛球、足球、篮球、网球、乒乓球、游泳六大运动项目场馆。

【2020年佛山市全民健身月活动】 2020年8月8日，“2020年佛山市全民健身月”暨禅城区市民运动嘉年华在禅城区岭南明珠体育馆启动。活动持续2个月时间，以市、区联动，线上线下结合的方式举行。启动仪式上，佛山市“全民健身大数据”和“全民健身佛山运动场馆地图”发布，佛山市全民健身日免费消费券发放渠道开启。 启动仪式当天，还举行“幸福广东”线上跑佛山站活动，近1万名市民参加。全民健身月期间，禅城区举办卷腹大赛决赛、男子篮球夏季公开赛、瑜伽健身等9项活动；南海区举办南海区第十一届运动会开幕式以及18项赛事活动；顺德区举办“轻体育”运动嘉年华，包括醒神灌篮、平衡力大作战、脑“动”挑战赛和灵感锻炼站等12项活动；高明区举办龙舟健身月启动仪式、全民健身免费开放日，足球邀请赛活动；三水区举办“科学健身，你我同行”篮球、足球、羽毛球和体育舞蹈赛，国民体质监测免费服务、社会体育场馆免费开放等6项活动。

2020年12月6日，“中体杯”2020佛山狮王争霸赛在佛山市禅城区岭南明珠体育馆举行。图为比赛现场
（市文广旅体局 供图）

【村（居）龙舟赛举行】 2020年11月21日在佛山市高明区沧江水上综合运动基地举行。佛山各区30支队伍近500名运动员参加。该次赛事严格做好各项疫情防控措施，对所有进入比赛区的裁判员、教练员、运动员、工作人员及观赛群众进行体温检测、健康码核验等，并严格控制进入赛区的人员数量。该次比赛所有参赛运动员均为佛山市各镇（街道）行政村、社区人员，以村（社区）为单位组队参赛，比赛项目为12人龙舟500米直道竞速，采用中国龙舟协会2014版竞赛规则，通过初赛、复赛、半决赛、决赛的方式决出前12名进行奖励。最终顺德区乐从镇的永安新隆队、乐从镇的上华队、杏坛镇的新联队分别获得第一、第二、第三名。

【“中体杯”2020佛山狮王争霸赛】 2020年12月6日在佛山市禅城区岭南明珠体育馆举行。赛事由中华全国体育总会、佛山市文化广电旅游体育局、中体产业集团股份有限公司联合举办。比赛分传统南狮自选套路和高桩南狮自选套路2个项目，佛山各区共22支代表队198名运动员参赛。2个项目分别产生金奖（佛山狮王）1枚、银奖2枚、铜奖3枚。最终禅城区张槎街道莲塘龙狮训练基地获传统南狮自选套路“狮王”称号，禅城区西华里岭南龙狮团获南狮高桩自选套路“狮王”称号。该次比赛有18家市内外媒体参与报道，在31个门户网站进行宣传，赛事全程进行现场视频和图片直播，观看及下载71.4万人次。

（叶军强）

学校体育

【概况】 2020年，佛山市出台《佛山市学校体育三年行动方案》，要求全市中小学保证学生每天运动1小时，不能无故取消体育课。印发《佛山市学生体质健康三年提升方案（2020—2022年）》，对体育课开齐开足、阳光体育大课间、校园1小时体育锻炼、学校体育特色品牌建设、学生运动技能掌握等方面提出明确要求。出台《佛山市教育局关于做好疫情防控期间学校体育工作的通知》，指导学生开展疫情防控期间居家体育锻炼。将体育与健康纳入高中学业水平考试，采用“运动参与+体质健康测试+运动技能测试”进行考评。将“体育课提质工程”“阳光体育参与工程”“校园足球推进工作”等工程作为重点，增强学校体育软实力。年内，学生体质健康测试优良率在50%以上。6月6—7日，举行高中阶段学校招收体育、艺术特长生术科考试，全市有4816名考生参加考试。

【体育教学】 2020年，佛山市执行体育与健康课程标准，全市小学、初中、高中体育课开课率100%。各区和市直学校加大学校体育设施投入，完善体育硬件设施建设，全市中小学校达标率97.6%，学校体育设施和器材基本满足开齐体育课和保证学生每天1小时体育锻炼的需求。培养高素质专业化中小学体育师资队伍，全市有体育专职教师4450人，配备率100%，研究生学历154人。举办小学、初中、高中体育科组长培训班。提升中小学体育教师教科研水平，开展2020年学校体育专项课题立项申报工作，全市62个课题获立项。

【中考体育】 2020年，佛山市中考体育分值为60分，分数计入高中阶段学校招生录取总分，必考科目为800米跑（女）、1000米跑（男），选考科目12个，包括投掷实心球、三级连续蛙跳、立定跳远、一分钟跳绳、推铅球、一分钟仰卧起坐、篮球半场来回运球上篮、一分钟篮球投篮、一分钟排球对墙传球、一分钟踢毽子、足球25米绕竿运球、100米游泳。中考体育考试受新冠肺炎疫情影响推迟至6月9日，全市6.9万名考生参加考试，考试时间从4天增加到5天半，每天分2场进行，每场分2批次，每批次间隔1小时入场，缩短场内停留时间，考生完成2项考试平均停留时间40分钟。考试期间医生全程驻点、救护车驻校。因身体原因申请免考的考生于6月27日进行体育理论考试。

【课外体育活动】 2020年，佛山市组织8项学生体育赛事，全市各区及市直属学校参赛师生3500人次。659所学校以“校园一小时体育锻炼”为主题，全面实施阳光大课间活动制度，举办学校综合性运动会、体育文化节、各单项比赛。组织市中学生运动会，构建市、区、镇（街道）三级竞赛体系，举办市级各类青少年体育锦标赛17项，支持通过比赛挖掘出来的优秀选手在体育系统注册。实行市队校办，培育优秀体育竞技人才，其中市实验中学承担皮划艇、自行车、龙舟市队，顺德区容桂职业技术学校承担男子排球市队，顺德区第一中学承担女子排球市队。

【学校体育特色项目建设】 2020年，佛山市推进校园体育特色项目建设。全市有全国学校体育示范学校12所。有国家级校园体育特色学校188所，其中足球特色145所、篮球特色36所、排球特色5所、冰雪特色2所。有省级校园体育推广学校126所，其中足球108所、篮球12所、排球6所。有市级体育传统特色学校82所、校园武术特色学校24所、体育训练网点特色学校19所。推进竞赛体系与教学体系结合，通过举办各类中小学体育赛事，助推学校创建体育特色。推行“小学兴趣化、初中个性化、高中专项化”体育特色课程，以培养学生兴趣、养成锻炼习惯、掌握运动技能、增强学生体质为主线，推动体育课程改革。普及发展校园足球，组织市高中生(中职)校园足球联赛、市中小学校园足球总决赛等赛事，组织市级校园足球夏令营选拔，选拔学生参加省级夏令营。提升校园体育特色项目师资水平能力，举办校园健美操、足球、武术、篮球、排球项目骨干体育教师培训。

（王蓉丹）

竞技体育

【概况】 2020年，佛山市运动员达到运动健将水平2人、达到一级运动员水平49人、达到二级运动员水平259人。佛山市有10名运动员被广东省体育训练中心吸纳，成为正式队员，有4人被广东体育职业技术学院正式吸收，输送到广东省体育训练中心、广东体育职业技术学院集训队员28人。佛山市承办2020年全国轮滑大联动（广东站）暨“动感杯”中国轮滑球联赛（广东站）比赛，2020年广东省青少年蹦床、摔跤、武术散打锦标赛等多项体育赛事。在赛事筹备期间严格按照赛事标准和要求，做好场地器材、竞赛组织、后勤服务、宣传推广、安全医疗、疫情防控等各项保障工作。创新赛事宣传方式，首次采用图片直播+视频直播+宣传媒体结合的立体宣传模式，推出的特色服务“热图直播”受到欢迎，摔跤赛、武术散打赛的总浏览量超200万人次，观看比赛视频直播的人数超18万人次。年内，佛山有22人次获全国冠军。

表69 2020年佛山市获全国冠军一览表

姓 名	性 别	赛事名称	类 别	地 点	项 目	名 次
周 鹏	男	2019—2020赛季中国男子篮球联赛（CBA）	篮球	东莞和青岛	男子篮球	冠军
刘景行	女	2020年全国体操锦标赛	体操	广东肇庆	男女混合团体	冠军
刘景行	女				女子团体	冠军

续表

姓名	性别	赛事名称	类别	地点	项目	名次
梁建豪	男	2019—2020赛季全国击剑冠军赛（总决赛）	击剑	山东烟台	成年男子佩剑个人	冠军
胡长信	男	2020年全国男子水球冠军赛及U17锦标赛	水球	陕西西安	男子水球	冠军
梁念祥						
梁子谦						
罗文健						
梁念祥	男	2020年全国水球锦标赛		广西南宁	男子水球	冠军
胡长信						
黎德明						
梁子谦						
朱翠妍	女	2020年全国田径锦标赛	田径	浙江绍兴	女子4×100米接力	冠军
朱翠薇						
黎英达	男	2020年全国男子曲棍球锦标赛	曲棍球	内蒙古莫力达瓦达斡尔族自治旗	男子曲棍球	冠军
麦杰豪						
钟建威						
黄丽兴	男	2020年全国马术盛装舞步锦标赛	马术	上海	团体	冠军
谭志勤						
谭志勤	男				个人	冠军
郑鹏飞	男	2020年全国皮划艇静水锦标赛	皮划艇静水	湖北武汉	1000米男子双人划艇	冠军
倪旭林	男	2020年全国赛艇锦标赛	赛艇	上海	男子八人单桨有舵手	冠军

【青少年体育竞赛】 2020年，佛山市举办青少年体育竞赛，首次推出“全赛季”理念，举行田径、游泳等17项青少年锦标赛和小学生运动会乒乓球等7项体育赛事，有100多个单位5064名运动员报名参加各项比赛。举行广东省青少年轮滑、田径等6个项目省运会选拔赛，选拔一大批优秀后备人才，促进青少年体育和学校体育发展。举行“恒大滨江华府杯”第八届佛山市青少年足球俱乐部锦标赛。筹办2020年广东省“省长杯”青少年足球锦标赛女子甲乙组、男子乙组比赛和广东省青少年足球锦标赛男女甲组、男女子乙组A等8项足球赛事。承办2020年广东省青少年武术散打锦标赛。加强体育后备人才网络建设，分别命名2020—2024年度市级体育传统项目学校、体育网点校82所、19所，强化体教融合。加强青少年体育工作从业队伍和裁判队伍建设，举行“育人为上，体魄与人格并重——兼谈体教融合下体校的发展”的主题培训活动（青少年体育管理人员及各级各类体校教练员共120人参加培训），选派管理干部、教练（教师）64人次参加国家和省的各类业务培训；审批2019年度3名游泳、13名篮球二级裁判员，审批35名游泳、64名篮球三级裁判员。选派乒乓球、羽毛球等18个项目126人次参加省级以上赛事裁判工作，锻炼佛山市裁判队伍，提升执裁能力。制定新冠肺炎疫情防控期间备战省运会训练队伍工作计划，实施分阶段居家和复学后训练预案，各类各级体校及备战单位在4月至5月初期间按规定分4批复训，7所体校、11所中小学、4个协会28个大项48支队伍全部恢复训练。

【第八届佛山市青少年足球俱乐部锦标赛】 2020年8月13—16日在佛山市禅城区世纪莲体育中心和紫南足球场举行。赛事由佛山市文化广电旅游体育局指导，佛山市足球协会主办。赛事按年龄分为甲组（U13）、乙组（U12）、丙组（U11）、丁组（U10）4个组别进行比赛，各组别均为8人制赛事，来自佛山市和广州市的青少年足球俱乐部和学校共32支球队参赛。佛山莱士足球俱乐部的参赛队伍获U10、U11、U13组3项冠军，禅城区明日之星足球俱乐部的参赛队伍获U12组冠军。

【2020年佛山青少年体育全赛季】 2020年10月16日至11月22日，2020年佛山青少年体育全赛季（青少年锦标赛暨小学生运动会）在各区体育场馆、中小学校举行。该届赛事由市文化广电旅游体育局、市教育局主办，共设置田径、游泳、击剑、举重、射击等17项全市性青少年锦标赛，以及小学生运动会乒乓球等7项体育赛事，主要分为公开组和小学组比赛，公开组由各区派代表队参赛，小学组由全市小学派队参加，最大参赛年龄为射击项目的20岁，最小参赛年龄为体操项目的5岁。

【2020年全国轮滑大联动（广东站）暨"动感杯"中国轮滑球联赛（广东站）比赛】 2020年12月26—27日，2020年全国轮滑大联动暨"招商银行杯""轮动·冰感"中国轮滑巡回赛（总决赛）暨"动感杯"中国轮滑球联赛（广东站）在佛山市顺德区广东省轮滑综合训练基地举行。比赛由中国轮滑协会、广东省社会体育中心主办，由佛山市文化广电旅游体育局、佛山市顺德区轮滑运动协会、广东森海运动用品有限公司等单位承办。该次赛事设有速度轮滑、轮舞、轮滑拉挑、滑板及轮滑球共5个竞赛项目，来自全国各地的69支队伍约1000人参赛，分为儿童组A、B、C级，少年组A、B、C级，其中年纪最小的6岁。

（黎　康）

体育产业

【概况】 截至2020年底，佛山市有体育产业法人和活动单位3600个，有国家体育产业示范基地1个、省级体育产业示范单位3个、省级体育产业示范项目4个。全年全市销售体育彩票12.83亿元，比上年下降20.63%。

【电竞产业】 2020年，佛山市电竞产业取得突破。由佛山市文化广电旅游体育局、腾讯互动娱乐联合主办第二届王者荣耀全国大赛总决赛，303万多人次报名参赛。推动电竞产业与佛山功夫文化融合，《王者荣耀》以李小龙的经典连体衣形象为创作原型的"裴擒虎·李小龙"正式被市文广旅体局授予"佛山武术文化推广大使"。推动电竞培训，与电竞合作举办佛山首期王者培训班。南海区发布《佛山市南海区文化广电旅游体育局关于促进电竞产业发展的实施细则》，提出引进电竞赛事、建设电竞产业园区和赛事专业场馆、培育电竞高端人才、开发电竞产品、集聚头部电竞企业和战队，力争用三年时间打造成为粤港澳大湾区电竞产业集聚区。

【体育彩票销售】 2020年，佛山市销售体育彩票12.83亿元，比上年下降20.63%。其中，禅城区销售2.62亿元、南海区销售4.53亿元、顺德区销售4.20亿元、高明区销售7487.95万元、三水区销售7310.15万元。全市体育彩票销售为国家筹集公益金3.35亿元，其中全市公益金9554.58万元（包括市本级1920.16万元、禅城区1338.35万元、南海区2380.95万元、顺德区3154.04万元、高明区380.52万元、三水区380.56万元，不含弃奖公益金），比上年下降16.87%，代扣个人所得税3266.01万元。全市开设体彩销售网点1025个，为社会提供就业岗位2100多个，全年开出1000万元以上大奖2个、500万～1000万元大奖9个、100万～500万元大奖5个、20万～100万元大奖75个。

【足球协会青少年培训中心足球文创孵化中心揭牌成立】 2020年1月5日，佛山市足球协会青少年培训中心足球文创孵化中心在世纪莲体育中心揭牌成立。足球文创孵化中心的成立，开启佛山足球跨界融合新探索，打造以佛山足球为元素的新爆点赛事和文创产品，是佛山足球事业发展的又一里程碑。

【第二届王者荣耀全国大赛总决赛】 2020年12月23—27日，第二届王者荣耀全国大赛总决赛在佛山市禅城区岭南明珠体育馆举行。该次总决赛由佛山市文化广电旅游体育局、腾讯互动娱乐主办，佛山市南海区文化广电旅游体育局、佛山市南海区桂城街道办事处承办。来自游戏赛道、城市赛道、合作赛道和高校外卡的16支战队参加比赛。第二届王者荣耀全国大赛覆盖全国31个省份289个城市，累计报名约303万人次。"虎牙XYG"战队获冠军。

（麦文婷）

2020年，佛山市做好体育彩票发行销售工作。图为群众购买体育彩票

（市文广旅体局　供图）

社会生活

人口家庭

人　口

【概况】 2020年，佛山市全市户籍人口总户数144.55万户，比上年增加3.75万户，增长2.66%；全市户籍人口473.77万人，其中城镇人口442.19万人、农村人口31.58万人，比上年增长2.71%。全市户籍人口中，禅城区户籍人口72.44万人、南海区户籍人口165.85万人、顺德区户籍人口155.49万人、高明区户籍人口33.31万人、三水区户籍人口46.68万人；男性229.62万人、女性244.15万人。全年出生登记6.89万人、死亡注销2.9万人，人口自然增长率为8.54‰；迁入10.25万人，迁出1.75万人，人口机械增长率18.18‰。2020年底，全市登记在册的流动人口525.46万人，比上年下降1.1%；禅城、南海、顺德、高明、三水5个区的流动人口分别为66.46万人、221.95万人、195.2万人、14.9万人和26.95万人。年内，佛山市根据国务院《全国人口普查条例》《国务院关于开展第七次全国人口普查的通知》，开展第七次全国人口普查工作。

（市公安局）

【妇女·儿童】 截至2020年11月1日，佛山市常住人口中，有女性人口433.5万人，占45.64%；有0 ~ 14岁人口143.47万人，占15.11%。佛山全市适龄儿童全部免费接受义务教育。有幼儿园1039所，招生12.57万人，在园幼儿33.81万人，学龄儿童入园率100%；小学419所，招生10.86万人，在校学生63.87万人，小学毕业升学率100%。截至2020年底，佛山市有独立儿童福利机构1个，综合型福利机构儿童院4个，福利机构有儿童341人。年内，佛山市完成未成年救助保护中心建立工作，建立未成年人救助保护中心6个。全年全市发放孤儿基本生活保障金1273.44万元，发放事实无人抚养儿童生活保障金433.57万元。全市有妇女儿童权益维权工作站38个、"佛山融爱"妇女创业创新基地7个、"粤港澳大湾区（广东）妇女创新创业基地"1个、"妇女之家"〔含镇（街道）、村（社区），以及企业、农业园区、产业园社区、专业合作社等其他领域"妇女之家"〕822个、儿童活动园地779个。

（莫宏谦　陈　瑶）

【青年】 根据广东省统计局2020年调查数据，佛山市14 ~ 35岁户籍人口为133.94万人，14 ~ 28岁户籍人口为74.64万人。截至2020年底，佛山共青团团建系统覆盖团员24.04万人。

2020年9月19日，中共佛山市委、市政府印发《佛山市中长期青年发展规划（2020—2025年）》。该规划明确青年思想道德、青年教育、青年健康、青年婚恋、青年就业与创新创业、青年文化、青年社会融入与社会参与、青年权益与预防犯罪、粤港澳大湾区青年融合发展等9个重点领域25项具体措施，既聚焦佛山市青年成长发展需要解决的重大问题，又结合粤港澳大湾区建设对青年工作提出的新要求。《佛山市中长期青年发展规划（2020—2025年）》的印发，标志着佛山市党管青年工作格局进一步完善。

（林玥廷）

【老年人】 截至2020年11月1日，佛山市常住人口中，60岁及以上人口为99.96万人，占10.52%，其中65岁及以上人口为69.84万人，占7.35%。截至2020年底，全市城镇职工基本养老保险参保人数（含离退休）410.59万人，执行企业制度职工人数（不含离退休）328.06万人，缴费人数316.86万人，执行企业职工养老保险制度的离退休人数64.57万人。全市基本养老保险参保率达98.5%。截至年底，全市在民政部门登记、备案的养老机构共82个（其中公办养老机构42个、公办民营机构3个、民办机构37个），有养老床位1.79万张（不含其他涉老机构的床位），入住养老机构的老人1.12万人。有镇（街道）、村（社区）基层老年人协会671个，覆盖率100%。2020年，佛山市安排养老服务（居家养老服务、养老机构扶持、养老项目改建扩建、高龄津贴、平安钟、护理补贴）预算资金5.05亿元，其中福利彩票公益金1.29亿元。

（黄国添）

【残疾人】 根据第二次全国残疾人抽样调查推算，佛山市残疾人25.78万人，

链接

佛山市第七次全国人口普查（标准时点为2020年11月1日零时）结果情况汇总

全市常住人口：全市常住人口949.89万人。与2010年第六次全国人口普查相比（以下相比简称“2010年”），10年增加230.46万人，增长32.03%，年平均增长率为2.82%。全市有家庭户332.7万户，集体户44.88万户，家庭户人口802.19万人，集体户人口147.7万人。平均每个家庭户的人口2.41人，比2010年减少0.44人。

地区人口：5个区中，常住人口超过100万的区分别是南海区（366.72万人）、顺德区（322.91万人）和禅城区（133.03万人），3个区合计人口占全市常住人口比重为86.61%。与2010年相比，各区人口均有所增加。禅城区增加22.92万人，南海区增加107.84万人，顺德区增加76.74万人，三水区增加18.06万人，高明区增加4.9万人。分区域看，与2010年相比，南海区人口所占比重上升2.63个百分点，其余4个区均有所下降。

人口性别构成：全市常住人口中，男性人口为516.38万人，占54.36%；女性人口为433.50万人，占45.64%。总人口性别比（以女性为100，男性对女性的比例）由2010年的116.74上升为119.12。5个区人口性别比均在110以上。其中，南海区和三水区人口性别比大于120。

人口年龄构成：全市常住人口中，0～14岁人口为143.47万人，占15.11%；15～59岁人口为706.45万人，占74.37%；60岁及以上人口为99.96万人，占10.52%，其中65岁及以上人口为69.84万人，占7.35%。与2010年相比，0～14岁人口的比重提高3.23个百分点，15～59岁人口的比重下降5.63个百分点，60岁及以上人口的比重提高2.4个百分点，65岁及以上人口的比重提高2.1个百分点。5个区中，15～59岁人口比重在75%以上的区有2个，在70%～75%之间的区有2个，在70%以下的区有1个。禅城、三水、高明3个区65岁及以上老年人口比重超过7%。

人口受教育程度：全市常住人口中，拥有大学（指大专及以上）文化程度的人口为153.34万人；拥有高中（含中专）文化程度的人口为195.25万人；拥有初中文化程度的人口为344.98万人；拥有小学文化程度的人口为177.47万人（以上各种受教育程度的人口包括各类学校的毕业生、肄业生和在校生）。与2010年比，每10万人中拥有大学文化程度的由9469人上升为1.61万人；拥有高中文化程度的由1.94万人上升为2.06万人；拥有初中文化程度的由4.36万人下降为3.63万人；拥有小学文化程度的由2.07万人下降为1.87万人。与2010年相比，全市常住人口中，15岁及以上人口的平均受教育年限由9.75年提高至10.49年。5个区的平均受教育年限均在10年以上，其中，禅城区平均受教育年限超过11年。全市常住人口中，文盲人口（15岁及以上不识字的人）为7.79万人，与2010年相比，文盲人口减少2万人，文盲率由1.36%下降为0.82%，下降0.54个百分点。

城乡人口和流动人口：全市常住人口中，居住在城镇的人口为904.25万人，占95.2%；居住在乡村的人口为45.64万人，占4.8%。与2010年相比，城镇人口增加227.06万人，乡村人口增加3.09万人，城镇人口比重提高1.11个百分点。全市常住人口中，人户分离人口为556.51万人，其中，市辖区内人户分离人口为54.63万人，流动人口为501.88万人。流动人口中，跨省流入人口为310.68万人，省内流动人口为191.2万人。与2010年相比，人户分离人口增加169.47万人，增长43.79%；市辖区内人户分离人口增加39.1万人，增长251.72%；流动人口增加130.37万人，增长35.09%。

占总人口比例5.8%。其中视力残疾3.6万人，占残疾人总人口的13.95%；听力残疾6.5万人，占25.21%；言语残疾0.55万人，占2.13%；肢体残疾5.81万人，占22.52%；智力残疾1.3万人，占5.04%；精神残疾2.5万人，占9.72%；多重残疾5.52万人，占21.43%。截至2020年底，全市持二代残疾人证的残疾人7.2万人，残疾人康复救助定点服务机构54个，其中公办5个、民办49个。2020年，佛山市有康复服务需求的残疾人5216人，得到康复服务残疾人5081人，基本康复服务覆盖率为97.41%。市残疾人就业年龄段2.94万人，通过分散按比例、集中安置、社区就业等多形式实现就业1.1万人，其中城镇新增就业316人、农村新增就业286人，城乡新增残疾人就业培训452人（市级培训93人）。全市5510个用人单位办理分散按比例安排残疾人就业年审，申报安置残疾职工1.47万人（含非佛山市户籍）。

（吴新来）

【流动人口】2020年，佛山市登记在册的流动人口525.46万人，比上年下降1.1%；禅城、南海、顺德、高明、三水5个区的流动人口分别为66.46万人、221.95万人、195.20万人、14.90万人和26.95万人。年内，佛山市推进《佛山市流动人口居住登记条例》立法工作，以流动人口“落脚点”为突破口，佛山市公安局会同市新市民服务管理办公室，完善全市流动人口和出租屋服务管理考评体系。全市有登记列管出租屋42.24万套（栋）、出租单元合计256.70万间，累计制发居住证819.78万张，其中有效期内居住证193.03万张；全市流动人口入所倒查登记率80.05%，刑事发案出租屋倒查列管率95.65%；全市新增建设、成功向省系统上传门禁视频覆盖实有房屋195132套（间）；新轨迹数据采集、上传2.50亿条，完成率为113.42%。开展政务服务标准化事项，对接省政务服务平台，对流动人口居住登记和居住证管理等事项进行标准化设置，统一办理时限，规范办理标准，建立同步响应机制。

（市公安局）

家　庭

【概况】 截至2020年11月1日，佛山市有家庭户332.7万户，家庭户人口802.19万人。2020年，全市有“佛山融爱”家庭服务中心及其同类社会服务机构（含小候鸟驿站）41个。全年全市妇联系统处理反映婚姻家庭权益诉求类信访案件2690件，完成家暴个案服务33个；人民调解处理家事调解189件、家事调查31件。年内，佛山选出2020年佛山市“最美家庭”130户，全市有2户家庭获全国“最美家庭”、3户家庭获全国“五好家庭”、11户家庭获评省“最美家庭”、3户家庭获评省“五好家庭”、1户家庭获评省“优秀书香家庭”。年内，佛山继续开展绿色家庭创建行动，以及家庭教育大讲堂进村居、“与孩子的心灵对话”论坛等活动。

（市统计局　市妇联）

【计划生育服务管理】 2020年，佛山市继续贯彻落实各项计划生育奖励扶助制度，全年发放奖励扶助金4.54亿元，惠及群众17万人。加大对计划生育特殊家庭的扶助关怀力度，落实档案信息和联系人制度，落实家庭医生和优先便利医疗服务全覆盖，落实《佛山市计划生育特殊家庭精准扶助实施方案》，继续深入开展爱相随等项目，印发《关于做好计划生育特殊家庭疫情防控相关工作的通知》。推进计划生育家庭综合保险工作，为计划生育特殊家庭提供综合保险，投保1343人，保费约14万元；全年全市计划生育家庭综合保险参保约29万人，投保金额约3010万元，理赔累计3407人次（约3010万元）。2020年，佛山市计划生育家庭综合保险投保额位列全省地级市第二，获得计划生育保险工作卓越领航奖。落实生育登记和再生育审批制度，联动上线生育登记“免证办、零跑动”服务，全年全市办理生育登记7.4万宗，再生育审批2600宗。举办庆祝中国计划生育协会成立40周年暨佛山市健康幸福家庭线上宣传服务活动，展示40年来计划生育工作的历程和贡献，宣传家庭发展项目、生育政策、托育服务、疫情防控、优生优育知识等内容。参与全国计划生育优质服务先进单位创建活动，南海区被国家卫生健康委员会授予“2018—2020年全国计划生育优质服务先进单位”称号。

（梁红飞）

【家庭教育】 2020年，佛山市依托全市家教家风实践基地，开展家庭教育大讲堂进村居、“与孩子的心灵对话”论坛等活动，活动通讯5次获“学习强国”学习平台推送。开展“互联网+家庭教育”工作，开设“佛山市妇联网上家长学校”“佛山指尖上的妇联”家庭教育专栏和“幸福家动力”微课堂等，专家授课79堂，受益家长、学生31万多人次；推动20多名专家志愿者免费提供线上家庭教育咨询服务，服务时数351小时，跟进突发家庭教育个案4件；规范常态化疫情防控下的社区家长学校建设，试行网格化管理，组建81个社区家长学校网格点，“点对点”做好家庭教育指导服务。同年，佛山市南海区西樵镇获“全国家庭教育创新实践基地”称号、丹灶镇金宁社区获“全国家庭亲子阅读体验基地”称号。

【绿色家庭创建行动】 2020年，佛山市各级妇联组织继续开展绿色家庭创建行动。市妇联参与制定《关于制止餐饮浪费　培养节约习惯的实施方案》。各级妇联组织通过“劳动最光荣·我是小小绿色生活家”、“粒粒珍惜　节俭最美”我家的“光盘”故事征文、线上“绿色家庭”创建暨垃圾分类、公勺公筷及制止餐饮浪费宣传等活动，促进全市家庭积极参与文明餐桌、公筷公勺、垃圾分类等行动，引导广大家庭自觉养成节约美德。

【家庭文明建设】 2020年，佛山市妇女联合会联合中共佛山市委宣传部、市文明办开展2020年佛山市寻找“最美家庭”活动，推选出参与抗疫家庭、脱贫攻坚家庭等130户2020年佛山市“最美家庭”，并于9月15日在佛山城市展览馆举行2020年佛山“最美家庭”公布暨“梦想启航——佛山好家庭好家风”访谈活动。佛山市有2户家庭获全国“最美家庭”、3户家庭获全国“五好家

2020年9月15日，2020年佛山“最美家庭”公布暨“梦想启航——佛山好家庭好家风”访谈活动在佛山市城市展览馆举办。图为小强热线主持人采访最美家庭代表

（市妇联　供图）

链接

2020年佛山市“最美家庭”名单

胡　皓家庭	何少娟家庭	安　静家庭	钟振坤家庭	叶桂红家庭	唐矿赞家庭
罗凤桂家庭	苏永善家庭	金光明家庭	潘惠宝家庭	刘晓铭家庭	何振毅家庭
何翠华家庭	陆月秀家庭	陈晓芳家庭	王文海家庭	刘宇明家庭	李茂强家庭
李　凤家庭	邓燕平家庭	杨志江家庭	庞活玲家庭	商建平家庭	黄卫洪家庭
吴有爱家庭	李玉磷家庭	陈木兰家庭	耿庆环家庭	朱林森家庭	冼文言家庭
杨　欢家庭	喻　人家庭	邹志强家庭	邹仲文家庭	曾伟明家庭	晁玉梅家庭
杨秋慧家庭	谭瑞敏家庭	陈美芳家庭	樊宇丹家庭	郭宪韬家庭	吕啟文家庭
张志强家庭	连碟群家庭	冯健结家庭	廖满荣家庭	张　凌家庭	徐建流家庭
宋凌云家庭	彭　慧家庭	谢春梅家庭	吴佩萱家庭	董兴妹家庭	孔燕娜家庭
卢淑玲家庭	潘艳容家庭	陈志顺家庭	伍玉冰家庭	李国辉家庭	何善雅家庭
曾淑妍家庭	梁倩仪家庭	冯道标家庭	梁润娣家庭	张满祥家庭	廖　彧家庭
林绍怡家庭	苏文容家庭	何兆培家庭	肖　强家庭	曾智豪家庭	王小洪家庭
劳艳贞家庭	冯启志家庭	谭荣锋家庭	姜　卫家庭	吴玉桦家庭	谭凤娟家庭
梁汉良家庭	程丽红家庭	区俏影家庭	杨俊生家庭	郑秀芯家庭	罗向阳家庭
谭俊锋家庭	谭腾娟家庭	王雨阳家庭	吴小敏家庭	朱丽娥家庭	林梓华家庭
范辉成家庭	许惠贞家庭	吴佩珊家庭	邱勇荣家庭	廖彩庆家庭	罗超隆家庭
卢琼连家庭	叶敏球家庭	蔡　敏家庭	黄伟生家庭	赖宜君家庭	谢仁岐家庭
邓美兰家庭	刘燕娴家庭	植惠玲家庭	廖流波家庭	张炜海家庭	许建文家庭
曹本华家庭	陈少芬家庭	廖善华家庭	贺留锋家庭	戴杰民家庭	钟尚勤家庭
祝俊东家庭	陈景利家庭	陈　苹家庭	陈小舒家庭	冯平平家庭	林洁华家庭
熊惠秀家庭	张兴钦家庭	赖明建家庭	王永光家庭	康　子家庭	李国伟家庭
朱文滔家庭	刘建清家庭	冯丽仪家庭	何浩达家庭		

庭”、11户家庭获评省“最美家庭”、3户家庭获评省“五好家庭”、1户家庭获评省“优秀书香家庭”、1人获评全国家庭工作先进个人，禅城区南庄镇湖涌村、禅城区祖庙街道普东社区、南海区西樵镇大同社区、顺德区乐从镇水藤村、高明区更合镇小洞村、三水区云东海街道映海南社区6个村（社区）获选定为省家庭文明建设示范点，禅城区南庄镇紫南村广府家训馆入选广东省首批家教家风实践基地。年内，佛山市各级妇联还组织开展“传承好家风 建设好家庭”家风家教主题宣传月活动。

【“佛山融爱”家庭服务中心项目】 2020年，佛山市有由妇联组织主导的“佛山融爱”家庭服务中心及其同类社会服务机构41个，包括禅城区3个（含张槎街道妇女儿童之家和张槎海口村家庭服务中心）、南海区26个（含小候鸟驿站7个）、高明区4个、三水区8个，服务覆盖233个村（社区），服务总人数261.07万人，其中常住人口157.13万人，流动人口103.94万人。“佛山融爱”家庭服务中心以需求为导向，用专业社会工作手法为妇女群众提供服务。截至2020年底，中心共跟进个案126件，服务505人次；开展小组活动129场次，服务7948人次；开展社区活动1336场次，服务9.91万人次。

（莫宏谦）

劳动就业

【概况】 2020年，佛山市城镇新增就业8.6万人、失业人员再就业3.5万人、就业困难人员实现再就业0.74万人，分别完成广东省人力资源和社会保障厅下达任务的104%、106%和148%。年末城镇登记失业率2.48%，控制在3%的目标以内。佛山市生源应届高校毕业生就业率为98%。年内，佛山市促进创业9016人，带动就业2.86万人；审核发放创业担保贷款1369笔，发放金额4.19亿元。佛山市推荐的“提升精准服务 降低面试成本——广东省佛山市劳务协作就业服务扶贫平台助力脱贫攻坚”项目入选“人社扶贫工作优秀案例”。

链接

“提升精准服务 降低面试成本——广东省佛山市劳务协作就业服务扶贫平台助力脱贫攻坚”项目入选“人社扶贫工作优秀案例”

2020年9月，在人力资源和社会保障部组织开展的“人社扶贫助力全面建成小康社会优秀成果宣介活动”中，佛山市推荐的“广东省佛山市劳务协作就业服务扶贫平台助力脱贫攻坚”项目，从全国各地推荐的218个优秀成果中脱颖而出，被人力资源和社会保障部评为“人社扶贫工作优秀案例”，是广东省唯一入选案例，该项目同时被评为2020年度佛山十大网络正能量项目。佛山市人力资源和社会保障局投入约528万元建立“对口凉山劳务协作就业服务扶贫平台”，该平台为四川省凉山彝族自治州11个贫困县群众提供就业扶贫智能服务，远程招聘服务延伸至379个乡镇。佛山人力资源和社会保障部门通过平台向四川省凉山彝族自治州推送就业岗位7165个，并举办多场视频面试，平均每场面试成功者超100人，保障对口帮扶贫困劳动力实现“一人就业、全家脱贫”。

【就业监控】 2020年，佛山市人力资源和社会保障部门加强就业监控，掌握全市用工情况。完成500家失业动态企业、700家用工定点企业、75家重点出口样本企业的监测工作。开展2020年春节前后异地务工人员流动情况调研，摸清春节前后受新冠肺炎疫情防控影响的异地务工人员的流动情况，为支持企业复工复产、减轻企业负担、帮扶重点群体就业提供支撑。

【年度薪酬调查与人工成本监测】 2020年，佛山市完成1056家薪酬调查样本企业的数据填报审核工作，数据涵盖6个职业大类、62个职业中类、335个职业小类、590个职业细类，涉及职工32.68万人，并最终形成佛山市2020年人力资源市场指导价位。完成部级86家企业、省级700家企业人工成本监测数据的审核报送，填报指标涉及利润总额、从业人员平均人数，成本费用总额、人工成本总额、从业人员劳动报酬总额等内容。

【招聘服务】 2020年，佛山市就业服务网络上线招聘企业7180家，提供就业岗位18.2万个，访问量187.9万人次，简历投递数5.7万人次。市人力资源社会保障部门以“三春”（“春运期间组织异地务工人员有序流动工作”“春风行动”“南粤春暖”）系列行动为依托，逐渐恢复线下招聘活动，全年累计举办各类现场招聘会190场，参加企业5257家，提供就业岗位9.2万个，入场求职人数4.3万人次。

【高校毕业生就业创业】 2020年，佛山市高校毕业生4.32万人，其中理科毕业生2.20人（占50.94%）、文科毕业生2.12万人（占49.06%）。中共佛山市委组织部、佛山市人力资源和社会保障局联合开展机关事业单位招录（聘）高校毕业生专项行动、国有企业就业引领行动、基层公共服务岗位历练行动等10个专项行动，为高校毕业生拓宽就业渠道。截至年底，佛山市生源应届高校毕业生就业率为98%，“双困生”毕业生就业率100%。全年发放应届高校毕业生到基层就业补贴367.14万元，惠及毕业生1503人；发放高校毕业生基层就业岗位补贴165.1万元，惠及毕业生363人。

【就业困难人员就业】 2020年，佛山市举办“春风行动”暨就业援助月系列活动，帮助就业困难人员实现就业379人。开展就业援助服务，向市内中年失业群体推送岗位信息3万多条。通过失业登记系统筛查失业登记人员2.5万人，并开展定向联系帮扶。在省内率先实行失业登记告知承诺制，简化办事流程，就业失业登记办结用时减少71.4%，核发就业创业证用时减少50%。

【对口凉山彝族自治州劳务协作】 2020年，佛山市接收四川省凉山彝族自治州籍务工人员7015人，其中建档立卡6309人，稳定就业2966人。年内，市各级人力资源社会保障部门与凉山彝族自治州雷波、美姑、金阳县等地对接举办视频面试会，全年向凉山彝族自治州各帮扶县推送岗位信息7936条。组织企业到凉山彝族自治州开展对口扶贫招聘活动，举办现场招聘会8场，提供就业岗位4746个。截至2020年底，佛山市“对口凉山劳务协作就业服务扶贫平台”在凉山彝族自治州11个贫困县投入使用。

【新冠肺炎疫情期间人社部门推动企业复工复产】 2020年，新冠肺炎疫情期间，佛山市人力资源和社会保障部门建立重点企业、用工集中企业“一对一”用工保障服务机制，与粤东、粤西、粤北地区以及省外非疫情重点地区30多个劳动力重要输出地协调对接，组织专车专列接送存量和新增异地务工人员到佛山。与广西、湖南、四川、云南、贵州、江西、湖北等对口合作地区对接500余次，核对返岗人员资料超2万余人次。市人力资源和社会保障部门共组织专列专车42趟次，接送返岗务工人员4369人，复工复产期间企业员工返岗率维持在97% ~ 98%。市人力资源社会保障局联合10个第三方人力资源服务机构开展定向劳务协作，为受新冠肺炎疫情影响的普工、操作工、技术技能人才紧缺的企业输送劳动力，向49家企业输送近1万名务工人员，填补企业用工缺口。

【创业带动就业】 2020年，佛山市促进创业9016人，带动就业2.86万人。全年发放创业担保贷款1369笔，发放金额4.19亿元。推动“1+5+N”（“1”指以佛山创业孵化示范基地为核心；“5”指佛山的5个区分别建设一个产业优势明显、区位差异化定位、产业优势互补的区域重点示范基地；“N”指按照社会化力量为主，形式多样的众创空间，形成全程创新创业网络，形成新的创新创业活力区）创业孵化基地群、返乡创业孵化基地、港澳青年创业孵化基地建设。截至2020年底，佛山市人力资源和社会保障部门主导建设或认定的创业孵化基地69

2020年8月14日，佛山市离校未就业高校毕业生线下系列专场招聘会举行。图为工作人员指导求职者使用一体机注册简历（市人力资源社会保障局 供图）

个，期末实有进驻企业4824家，带动就业37203人。佛山市人力资源和社会保障局组织2020年优秀创业项目申报遴选工作，遴选22个优秀创业项目并给予总额235万元的一次性资助。截至2020年底，佛山市创业孵化示范基地（市级总部）的项目进驻率平均在90%，累计引进43个创业项目和团队，有英国剑桥大学、美国麻省理工学院、澳大利亚昆士兰大学等6个海外或海外留学背景的博士创业团队，2个中国台湾户籍博士创业项目，共15名博士。

【农村电商促就业】 2020年，佛山市组织农村电商“一村一品”带头人提升培训，300人参加培训。培训采用“集中授课+参观学习+交流对接+网络授课”相结合的模式，聘请讲师教授电商运营技巧、品牌营销、直播玩法、数据分析等电商专业知识，课程历时4个月，合计22场次212学时，其中线下培训18场次180学时、线上直播培训4场次32学时。组织参训学员到省内外8个地市开展14场次的参观学习和座谈交流，组织开展交流对接会29场次。全年全市共参加农村电商常规培训891人次。

【适岗培训】 2020年，佛山市人力资源和社会保障部门开展企业适岗培训。针对新冠肺炎疫情期间企业用工紧缺和人才培养刚需，鼓励企业组织待岗、返岗、新入岗职工开展适应岗位技能培训。试行企业适岗培训承诺制，简化资金审核支出流程，缓解基层人手短缺问题，保障企业享受适岗培训补贴政策。年内，佛山市有1750家企业通过适岗培训备案，涉及员工362045人；累计发放补贴13737万元，惠及138555人。

【职业技能竞赛】 2020年，佛山市组织开展包括“三项工程”（指“粤菜师傅”工程、“广东技工”工程和“南粤家政”工程）有关技能竞赛活动在内的市级以上职业技能竞赛29项，参赛人数3966人。组织开展第一届全国职业技能大赛的备赛工作，在全市遴选38个项目、41名选手参加广东省选拔赛。在第一届全国职业技能大赛上，佛山选手梁荣浩代表广东队获珠宝加工世赛组金牌，并入围第四十六届世界技能大赛国家集训队。在第三届粤港澳大湾区“粤菜师傅”技能大赛暨粤菜文化交流活动中，佛山市的吕文锋获中式烹调师（广府菜）工匠组二等奖、郭元增获中式烹调师（广府菜）工匠组三等奖、梁均毅获中式烹调师粤菜新星组二等奖、刘家杰获中式面点师广式点心新星组二等奖。

【“南粤家政”工程】 2020年，佛山市继续推进“南粤家政”工程实施，带动就业17822人。（参见“新兴服务业”类目“家庭服务业”分目）

【“粤菜师傅”工程】 2020年，佛山市组织11756人参加“粤菜师傅”技能培训。开展“粤菜师傅”培训基地和“粤菜师傅”大师工作室申报评审工作，全年全市新评定省级“粤菜师傅”培训基地3个和省级“粤菜师傅”大师工作室3个，新评定市级“粤菜师傅”培训基地3个和市级“粤菜师傅”大师工作室7个，省级“粤菜师傅”培训基地、省级“粤菜师傅”大师工作室、市级“粤菜师傅”培训基地、市级“粤菜师傅”大师工作室获得建设补助分别为200万元、15万元、60万元、10万元。年内，佛山市技师学院启动佛山市厨艺学院（佛山市粤菜研究院）建设。

【劳动监察】 2020年，佛山市劳动监察部门检查用人单位23716户，立案306件（比上年下降1.6%），办结271件（比上年下降10.56%），其中欠薪案件61件（比上年下降57.63%），为759名劳动者追发劳动报酬438.31万元。向公安部门移送拒不支付劳动报酬案33件。在“信用佛山”网站公布5家“黑名单”企业。全年全市劳动保障违法案件呈大幅下降趋势，没有发生影响社会秩序的群体性事件和重大恶性事件。加强劳动保障监察执法和劳动人事争议仲裁联动合作机制，对劳动监察执法和劳动争议仲裁的职责划分、程序衔接等进行进一步明确，落实“有仲裁必监察”原则，并将该制度纳入年度农民工工资支付考核中。5—9月，佛山市组织开展夏季根治欠薪行动；元旦、春节前，开展根治欠薪冬季攻坚战，保证农民工的劳动报酬基本无拖欠。佛山市还先后组织开展清理整顿人力资源市场、高温天气劳动保护、企业遵守劳动用工法律法规、工程建设领域联合执法检查等专项行动。

（卢文韬）

【新产业工人】 2020年，佛山市新产业工人超320万人，主要分布在民营企业。外来务工的新产业工人有171.35万人（男性108.68万人、女性62.67万人），其中建筑业工人2.91万人、普通工人148.05万人、制造业工人20.39万人。全年佛山市新产业工人获得国家职业资格证书中级工1.77万人次、高级工4580人次、技师43人次、高级技师51人次。佛山在加强产业工人政治参与度、完善产业工人政策、提升产业工人技术技能素质、全面理顺建设领域工人工资支付专用账户管理制度、强化产业工人队伍服务保障支撑、构建产业工人公共文化服务网络体系等方面不断提升面向产业工人的公共服务水平，推进产业工人队伍建设改革。截至2020年，佛山市产业工人队伍的优秀代表有胡小燕（第十一届全国人大代表）、梁泽江（广东省劳动模范）、吴惠萍（广东省五一劳动奖章获得者）、王道旺（大城工匠）、徐聘（技术状元）等。

（陈欣然　苏淑贤　卢文韬）

【“政企银”创业担保贷款工作新模式建立】 2020年3月26日，佛山市创业担保贷款担保基金合作签约仪式在佛山市人力资源和社会保障局举行，推出“政企银”创业担保贷款工作新模式。此模式以引入有资质的担保机构对基金进行专业化的运营管理和服务为目的，以“扩大规模，控制风险”为原则，以扶持重点群体创业就业为导向，免除其他形式担保，以担保基金提供担保，破解创业优质项目融资难题。其中，个人创业担保贷款额度最高30万元，合伙经营或创办企业按每人最高30万元、贷款总额度最高300万元实行“捆绑性”贷款，小微企业创业担保贷款额度达500万元。此外，降低小微企业创业担保贷款申请条件：100人（含100人）以下的企业，当年新招用重点扶持对象人数占企业现有在职职工人数的比例从25%下调为20%；超100人的企业，比例从15%下调为10%。佛山市将根据借款人还款情况，对每月按时足额还款的借款人实行按季度贴息。个人贷款和“捆绑性”贷款按合同签订之日在中国人民银行公布的同期限贷款市场报价利率（LPR）的基础上上浮3个百分点标准（即LPR+3%）内据实贴息，小微企业贷款按LPR的50%给予贴息，每次贴息期限最长不超3年。对还款积极、带动就业能力强、创业项目好且符合规定条件的借款人，可继续提供创业担保贷款贴息，累计次数不得超3次。

【广东“众创杯”创业创新大赛之技能工匠争先赛在佛山举行】 2020年6—10月，2020年广东“众创杯”创业创新大赛之技能工匠争先赛在佛山市举行，10月13日进行决赛。该次大赛由省人力资源社会保障厅、省发展改革委、省教育厅、省工业和信息化厅、团省委、省妇联主办，市人力资源社会保障局承办。有586个项目进入初赛，其中团队组483个、企业组103个；51个项目进入复赛，其中团队组31个、企业组20个；通过赛晋级27个项目和通过电视赛获得直通资格的项目进入决赛。大赛运用“云连线+绿幕技术+3D虚拟舞台”进行多异地多场景虚拟直播。通过决赛，佛山市技师学院“太史鸽羹——粤菜家宴文化的传承者”项目获团队组金奖，佛山市南海区“远距离探测非接触传感器及电磁材料关键技术开发”项目获企业组金奖。

【工伤预防技能大比武活动】 2020年10月30日，佛山市2020年工伤预防技能大比武活动佛山市广源铝业有限公司举行。佛山市各区共15支队伍参赛。该次工伤预防技能大比武以“人社服务惠民生，工伤预防护安康”为主题，分为工伤预防理论知识竞赛和工伤预防技能竞赛2个环节。其中，工伤预防理论知识竞赛环节分为小试牛刀必答题、争分夺秒抢答题。最终，佛山市三技精密机械有限公司参赛队获总分第一名。

【大众创业交流会】 2020年12月11日，佛山市第六届大众创业交流会在广州工商学院三水校区举行。该次交流会主题为“创响佛山，筑梦远航”，设置具有“粤菜师傅”“广东技工”“南粤家政”3项工程元素的优秀创业创新项目展区，以及抗疫医疗、乡村振兴、农村电商等优秀创业创新项目展区，展示佛山创业创新特色品牌，并颁发创业创新优秀项目奖项。此外，佛山“双创”（创业创新）主题歌曲——《奔跑的脚步》在交流会上首播。

【广东省第三届粤港澳大湾区“粤菜师傅”技能大赛暨粤菜文化交流活动】 2020年12月28日，广东省第三届粤港澳大湾区“粤菜师傅”技能大赛暨粤菜文化交流活动在佛山市举行。活动主题为“聚合粤味力量赋能产业发展”。广东省21个地级以上市及香港、澳门地区23支队伍的150名厨艺大师、技工院校学生、职业院校厨艺学生参加活动。竞赛采用个人赛方式进行，分中式烹调师、中式面点师2个竞赛工种，每个竞赛工种分别设立粤菜工匠组和粤菜新星组。大赛首次采用粤菜三大菜系（“广府菜”“潮汕菜”“客家菜”）单独评比。

（卢文韬）

收入与消费

【居民收入】 2020年，佛山市全年居民收入呈现开局低迷、逐步回稳、全年增长态势，城乡居民收入比进一步缩小，居民消费支出稳步恢复。佛山居民人均可支配收入56245元，比上年增长4.1%；居民人均消费支出36936元，比上年下降0.6%。

城乡收入差距进一步缩小　2020年，全市城镇居民人均可支配收入57445元，比上年增长4%；农村居民人均可支配收入33440元，比上年增长6.1%，农村居民收入增速比城镇居民快2.1个百分点。2020年全市城乡居民人均收入倍差从2019年的1.75倍缩小至1.72倍。

区域居民收入差距继续缩小　2020年，禅城区、南海区、顺德区、高明区、三水区居民人均可支配收入分别达55140元、57436元、61485元、39118元、41040元。其中：顺德区居民人均可支配收入首次突破6万元；三水区居民人均可支配收入首次达全省平均水平（41029元），且增速高于禅城区、南海区、顺德区；高明区居民人均可支配收入增速高于禅城区、南海区，区域收入差距继续缩小。

构成居民收入的四大类“三升一降”　2020年，佛山市构成居民收入的四大类项目中，工资性收入、财产净收入、转移净收入比上年均有不同程度上涨，经营净收入有所下降，呈“三升一降”格局。其中：居民人均工资性收入34983元，比上年增长3.4%，占人均可支配收入比重为62.2%，对人均可支配增长贡献率达51.6%；居民人均财产净收入10600元，比上年增长9.4%，占人均可支配收入比重为18.8%，财产净收入增长稳定，快于可支配收入增速；居

表70　**2020年佛山各区居民人均可支配收入情况表**

地　区	全体居民		城镇居民		农村居民	
	绝对值（元）	比上年增长（%）	绝对值（元）	比上年增长（%）	绝对值（元）	比上年增长（%）
禅城区	55140	3.6	55140	3.6	—	—
南海区	57436	3.9	58026	3.8	39242	7.2
顺德区	61485	4.5	61485	4.5	—	—
高明区	39118	4.1	40380	4.0	28865	7.1
三水区	41040	5.9	43825	5.9	32339	5.9

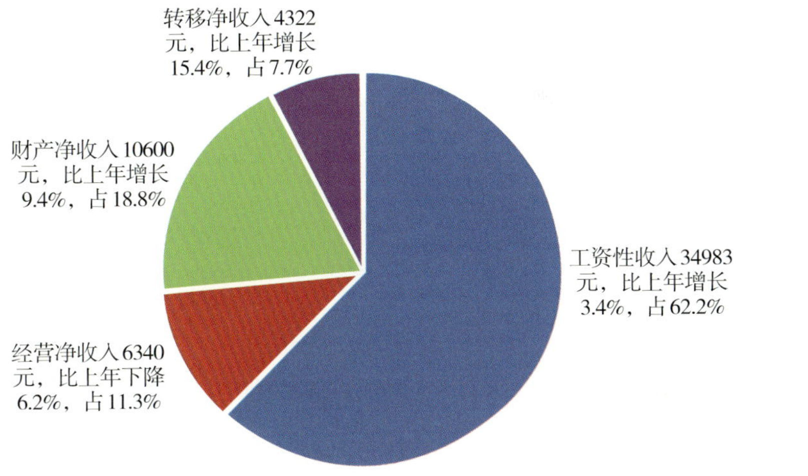

图6　2020年佛山居民人均可支配收入构成及增长情况图

民人均转移净收入4322元，比上年增长15.4%，增长居四大类收入之首，占人均可支配收入比重为7.7%；居民人均经营净收入6340元，下降6.2%，占人均可支配收入比重为11.3%，受新冠肺炎疫情影响较大，增速仍为负数。

【居民消费支出增速加快】 2020年，佛山居民人均消费支出36936元，比上年下降0.6%，降幅小于全国（-1.6%）和全省（-1.7%）平均水平。其中：城镇居民人均消费支出37664元，比上年下降0.8%；农村居民人均消费支出22259元，比上年增长2%，农村居民消费增长比城镇居民快2.8个百分点。从全体居民看，反映消费的八大类消费项目呈“三升五降”格局，除居住支出、生活用品及服务支出、交通通信支出有所增长外，其余五类消费支出均有不同程度下降。

与外出消费强相关的支出下降　2020年，佛山居民按照疫情防控要求，主动减少外出购物消费，与出行强相关的在外饮食、看电影娱乐、教育培训旅游、日常购物、非大病住院、非必要医疗和保健等消费支出受明显冲击。佛山居民人均食品烟酒支出11054元，比上年下降3.9%，恩格尔系数首次下降至30%以下，为29.9%；人均教育文化娱乐支出4018元，比上年下降15%，下降幅度居八大类支出之首；人均衣着支出1164元，比上年下降13.9%；人均医疗保健支出1940元，比上年下降7.5%；人均其他用品和服务737元，比上年下降8.3%。

房屋价值提升和住房维修、装潢带动居住支出上涨明显　2020年，佛山居民人均居住支出9315元，比上年增长9.8%。一方面佛山加速城市更新改造，改善城市环境，提升城乡土地和房屋价值，居民自有住房折算净租金支出有所上升；另一方面受居家时间增多影响，水电燃料支出增长较快，复工复产后，居民住房维修、改造、装潢等需求开工情况良好，带动居住支出较快增长。

汽车和个人电子产品更新迭代，交通和通信支出保持增长　2020年，佛山居民人均交通和通信支出6535元，比上年增长5.6%。受佛山汽车购置补贴政策激励，居民对汽车更新换代，车险、燃油、车辆维修、保养等相应的交通支出随之增长。此外，随着5G（第五代移动通信技术）手机款式增加，居民购买5G手机等成为新的增长点。新冠肺炎疫情带动居民的互联网需求，移动流量费等通信支出进一步增长。

耐用消费品换代加快支撑生活用品及服务支出上涨　2020年，佛山居民人均生活用品及服务支出2174元，比上年增长8.2%。随着居民购买能力增强和消费环境改善，对家用电器的性能、质量、品牌需求提升，居民家庭的耐用消费品更新换代加快。力推市民消费提质升级，开展“家电惠民”专项活动。随着互联网与各类消费业态的进一步融合，居民通过直播带货、团购等方式在互联网购买消费品的次数大幅增加。

【八大类商品及服务价格】 2020年，全年构成居民消费价格指数（CPI）的八大类商品及服务价格“四升三降一平”。其中：食品烟酒价格涨幅最高，上涨9.9%；其他用品和服务价格上涨5.1%；衣着价格小幅上涨，涨幅为0.3%；受新冠肺炎疫情防控限制，出行需求减少，交通和通信价格领降，降幅为3.6%；居住、生活用品及服务的降幅分别为1.5%、0.7%；教育文化和娱乐与上年相比持平。从对居民消费价格指数涨幅的贡献来看，食品烟酒、其他用品和服务

表71　2020年佛山居民人均生活消费支出情况表

项　目	2020年（元）	2019年（元）	比上年增长（%）
全体居民人均生活消费支出	36936	37160	-0.6
食品烟酒	11054	11498	-3.9
衣着	1164	1351	-13.9
居住	9315	8482	9.8
生活用品及服务	2174	2009	8.2
交通和通信	6535	6191	5.6
教育文化娱乐	4018	4727	-15.0
医疗保健	1940	2098	-7.5
其他用品和服务	737	804	-8.3

2类价格贡献较多，分别拉动CPI上涨3.24个百分点和0.17个百分点，食品价格对居民消费价格指数上涨的贡献率为95.58%，结构性上涨特征明显。

食品烟酒　2020年1—12月，佛山食品烟酒价格累计涨幅为9.9%。年初因疫情影响，食品烟酒价格涨幅较大，后因疫情防控和稳产保供有力，物价逐渐稳定。至12月，累计涨幅比1月收窄9.6个百分点，收窄幅度高于全省，在珠三角9个市中排名第三。食品烟酒中食品价格是推动居民消费价格指数上涨的最主要因素，全年食品价格上涨12.2%，影响居民消费价格指数上涨2.6个百分点，促使食品烟酒价格比上年上涨达9.9%，拉动居民消费价格指数上涨3.24个百分点。年初，受新冠肺炎疫情影响，市场存在物流不畅和市民储备需求增长之间的矛盾，叠加春节和2019年非洲猪瘟带来的高价格基础，食品价格出现显著上涨，中共佛山市委、市政府就抓好重要商品供应、稳定民生价费基础等10个方面提出23条具体价格调控措施，食品价格开始缓慢回落。但食品价格整体依然维持在高位，其中，纳入调查的14类食品价格比上年“11升3降”，畜肉类价格涨幅最明显，比上年上涨47%，其他上涨类别涨幅为0%～8%；干鲜瓜果类降幅达14.4%，蛋类价格下降6.1%，禽肉类价格下降1.8%。

衣着　2020年，佛山市衣着价格上涨0.3%，其中服装类价格上涨0.2%、服装材料上涨1.1%、其他衣着及配件价格上涨0.4%、衣着加工服务费价格上涨2.9%、鞋类价格上涨0.3%。从3类服装的价格来看，儿童服装价格涨幅较大（上涨3.0%）、男式服装价格上涨0.6%、女式服装价格下降0.9%。

居住　2020年，佛山市居住价格下降1.5%，其中水电燃料价格下降2.1%、自有住房价格下降1.9%、租赁房房租价格下降1.5%、住房保养维修及管理价格上涨1.6%。

生活用品及服务　2020年，佛山市生活用品及服务价格下降0.7%，其中家具及室内装饰品价格下降4%、家用器具价格下降0.8%、家用纺织品价格上涨1.5%、家庭日用杂品价格上涨0.6%、个人护理用品价格下降2.2%、家庭服务价格上涨1.3%。

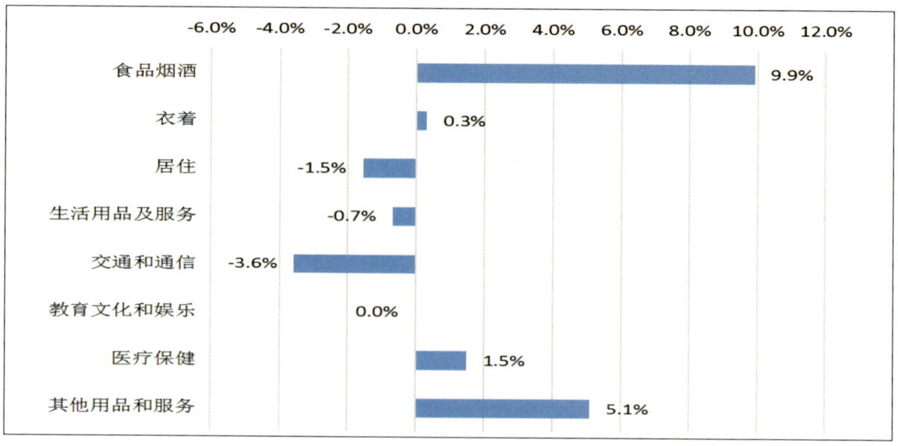

图7　2020年佛山居民消费价格指数八大类商品及服务价格涨跌幅对比图

交通和通信　2020年，受国际原油价格下跌影响，佛山市汽油、柴油价格1—12月平均分别下降14.1%、15.3%，促使交通工具用燃料价格下降14%。交通费方面，受新冠肺炎疫情影响，跨省游开放较晚、出境游基本停顿，飞机票、长途汽车票价格比上年分别下降28.9%、3%，拉动交通费下降6.6%。交通工具用燃料价格和交通费2个分类共下拉CPI0.43个百分点。通信方面，消费基本为套餐，花费固定，通信价格与上年持平。

教育文化和娱乐　2020年，佛山市教育文化和娱乐价格与上年持平。教育价格上涨1.6%，其中教育用品价格上涨7.5%、教育服务价格上涨0.9%。文化娱乐价格下降2.4%，其中文娱耐用消费品价格下降0.7%、其他文娱用品价格下降1.5%、文化娱乐服务价格下降1.1%、旅游价格下降3.9%。

医疗保健　2020年，佛山市医疗保健价格上涨1.5%。其中药品及医疗器具价格上涨3.7%、医疗服务价格上涨0.1%。组成药品及医疗器具的5个小类中，中药价格上涨5.9%、滋补保健品价格上涨5.3%、西药价格上涨2.1%、医疗卫生器具和保健器具价格分别下降0.5%和1.0%

其他用品和服务　2020年，佛山市其他用品和服务类价格比上年上涨5.1%，拉动居民消费价格指数指数上涨0.17个百分点。其中，受国际黄金价格总体上升影响，金饰品价格1—12月平均上涨27.7%，铂金饰品上涨3.2%。受服务需求增加和人工成本上涨影响，美容美发洗浴价格上涨6%。

（许雁雁）

社会保险

【概况】　2020年，佛山全市社会保险各险种参保人数（年末数）中，基本养老保险461.51万人、基本医疗保险596.45万人、失业保险306.39万人、工伤保险335.99万人、生育保险296.98万人。社会保险基金收入432.89亿元，支出497.8亿元，滚存结余882.75亿元。

【养老保险】　2020年，佛山市基本养老保险参保人数（年末数）461.51万人，其中城镇职工基本养老保险（含离退休人员）410.59万人、城乡居民基本养老保险50.92万人。基本养老保险基金（不含全征地）总收入260.6亿元，支出322.8亿元。从1月1日起，城乡居民基本养老保险基础养老金标准由每人每月260元提高至每人每月300元；企业退休人员人均基本养老金增加89元，调整后全市企业退休人员月人均养老金3449元。

（梁韵婷）

【医疗保险】　2020年，佛山市基本医疗保险参保人数（年末数）596.45万人，其中城镇职工基本医疗保险362.35万人、城乡居民基本医疗保险234.1万人。基本医疗保险基金总收入159.82亿元，支出145.82亿元。全市享受基本医疗保险待遇3831.95万人次。其中：城镇职工医疗保险在职人员门诊大病（即门诊特定病种，下同）100.3万人次、次均医疗总费用636.78元/人次，住院19.28万人次、次均医疗总费用12323.4元/人次；城镇职工医疗保险退休人员门诊大病244.49万人次、次均医疗总费用451.88元/人次，住院17.2万人次、次均医疗总费用1.52万元/人次；城乡居民医疗保险参保人员门诊大病211.6万人次、次均医疗总费用452.27元/人次，住院34.20万人次、次均医疗总费用1.26万元/人次。全市参保人（含职工和居民）普通门诊2337.52万人次，次均医疗总费用100.96元。2020年，佛山市医疗保障部门率先制定《佛山市医疗保障行政处罚案件办理暂行规定》等7项制度规范。联合卫生健康、社保等部门开展多个专项行动，完成全市系统首次“飞行检查”，依法查处医疗保障领域违法违规行为。全年处理违法违规定点医药机构486家，追回医保基金、处违约金及罚款合计1187.29万元，比上年增长160%。开展“打击欺诈骗保集中宣传月”活动，印发宣传资料2万余份，推行网上直播培训，受众达2万人，精心制作的4部微电影和12个微视频被“学习强国”广东学习平台和“中国医疗保险”公众号连续采用，转载点击量超50万人次。

（梁韵婷　张世渊）

【失业保险】 2020年，佛山市失业保险参保人数（年末数）306.39万人，失业保险基金收入3.81亿元，支出13.93亿元。全市领取失业保险金4.41万人，失业保险金标准为1548元/月；领取失业补助金9.22万人，人均356元；领取一次性失业保险金和生活补助人数1.22万人，人均3909.64元。

【工伤保险】 2020年，佛山市工伤保险参保人数（年末数）335.99万人，工伤保险基金收入8.66亿元，支出15.26亿元。全市享受工伤保险待遇15309人。佛山市将一次性工亡补助金调升至84.8万元。

【生育保险】 2020年，佛山市生育保险参保人数（年末数）296.98万人。全市享受生育保险待遇12.85万人次。生育保险待遇中，生育的医疗费用5198.8元/人次，生育津贴16930.36元/人次；计划生育医疗费用310.7元/人次，计划生育津贴2538.9元/人次。

【新冠肺炎疫情期间特殊社保政策措施落实】 2020年，佛山市社会保险基金管理部门配合新冠肺炎疫情防控，开辟医疗工伤救治绿色通道，及时解决临时性政策调整与医保信息系统存在差异的问题；完善异地就医备案管理，优化异地就医结算服务；采用挂账方式，处理疑似和确诊参保患者医疗费用；建立因疫情认定工伤人员的待遇发放应急机制。及时提高各区社保基金应对能力，落实全市各定点医疗机构周转金，减轻医疗机构垫付压力。落实阶段性减免企业社保费政策，为全市31.79万家企业减负150.4亿元。分批完成2月以来已收社保费退费工作，为18.9万个用人单位免申请退费9.6亿元。发放稳岗补贴及受影响企业返还资金7.62亿元，惠及企业1.67万家、职工228.6万人次。发放阶段性提高价格临时补贴3723万元，惠及30万人。

【社保卡服务】 2020年，佛山市有社保卡服务实体网点1793个，累计完成实体社保卡制卡644万张（不含补换卡），激活率为93.1%；建成快速制卡服务网点166个（比上年增长2.3倍）。全市签发电子社保卡344万张，比上年增长1.8倍，并实现电子社保卡在定点医院、药店就医购药的全流程应用，超177万人次通过电子社保卡医保个人账户消费共357.6万笔，消费金额3.8亿元。年内，佛山市启动发行第三代社保卡。

【社保基金监管】 2020年，佛山市社会保险基金管理局发挥“四平台六系统”（“四平台”指稽核内控智能监管平台、医保基金支付监控平台、社保基金财务平台、档案管理平台；“六系统”指社保稽核内控管理系统、第三方医疗费用智能审核系统、佛山市定点医药机构管理系统、社会保险新型金融网络综合服务系统、社保基金智慧管理系统、数字档案管理系统）社保基金智能监管体系作用，维护基金安全。全市抽查业务资料17.31万份，发现并完成整改差错业务4份；核查疑似违规领取社会保险待遇疑点数据1.69万条，核实违规领取待遇情况线索3854条，追回820人违规领取待遇642.75万元。运用第三方医疗费用审核系统判断违规单据6647份，防止基金损失114.38万元。加强对定点医药机构的日常监管，对全市定点医疗机构住院参保人身份核查9.2万人次，查实不按规定住院13例，防止基金损失6.19万元。对基本医疗保险、生育保险住院医疗费用进行核查，查阅结算单46.6万份，发现疑似违规5593份，查实并已纠正3208份，防止基金损失204.77万元。

（梁韵婷）

【“平安佛医保”运行与优化升级】 2020年，佛山市“平安佛医保”参保人数超93万人，参保人群覆盖面广，年龄从0～115岁。全年全市累计服务人次3.5万人次，累计受理理赔结案件数9376件，单人最高赔付金额43.18万元。结合新冠肺炎疫情防控，回应广大参保人诉求，佛山市重启“平安佛医保”参保，2020年度“平安佛医保”参保期延长至2020年3月31日。佛山“平安佛医保”获评2020佛山口碑榜——最佳口碑服务案例。2020年11月26日，佛山市推出优化升级后的新版“平安佛医保”，并启动2021年度的参保工作，参保时间至2020年12月31日止。新版“平安佛医保”提升保障和服务力度。起付线更低：医保目录范围内个人负担医疗费用补偿保障责任起付标准下降1.5万元，即包含大病保险年度起付标准；医保目录范围外的住院个人自费费用补偿责任起付标准从2.5万元下降到2万元。保障范围更广：恶性肿瘤自费药补偿保障责任的报销范围从1万～15万元升至1万～30万元，最高赔付额度从12.6万元升至26.1万元；恶性肿瘤自费药补偿的药品品种在原有15种药品的基础上提升至25种，药品适应症也有所扩展。参保理赔更便利：参保缴费更便利，参保人可用医保个人账户余额实时缴交“平安佛医保”保费，无

2020年11月26日，平安养老保险佛山支公司向佛山市孤儿和事实无人抚养儿童免费赠送2021年度“平安佛医保”，捐赠保费金额11.19万元。图为捐赠仪式现场

（市医保局　供图）

须预约缴费，自己可直接“秒支付”；参保更便利，参保二维码在相关公交车身、楼宇电梯、市区全线地铁单边屏蔽门、公交候车亭、社区灯箱、社区海报、宣传彩页等宣传媒介投放，继续开通“平安佛医保”微信公众号参保渠道，还新增“腾讯微保”小程序、“佛山通”应用程序（App）、“农行掌银”应用程序（App）等参保渠道；理赔服务更便利，在南海区及顺德区增加恶性肿瘤自费药补偿指定药店网点，同时实现特药资格申请线上审核，参保人无须递交纸质材料。

（张世渊）

【“打造惠民社保品牌提升社保经办管理服务三年行动”收官】2020年，佛山市社会保险基金管理局“打造惠民社保品牌　提升社保经办管理服务”三年行动结束，各项计划任务完成。市社保基金管理局于2018年印发《打造惠民社保品牌提升社保经办管理服务三年行动计划》，开展打造惠民社保品牌提升社保经办管理服务三年行动。3年来，佛山市社会保险基金管理部门全力推动“惠民社保”“便民服务”“智能监管”“优质形象”“专业队伍”五大社保品牌建设。实现一批社保领域改革项目落地见效，逐步构建规范、优质、高效、便民的社保公共服务新体系。主要成果包括：实现167个事项在省政府服务网佛山分厅“一网通办”；实现时限压缩率49.96%，材料精简率38.29%，网办率98.82%，“最多跑一次”事项比率83.43%；完善以信息比对为主、远程自助认证和现场认证等方式为辅的养老待遇资格模式，其中2020年通过信息比对认证57万人，通过信息比对认证人数占全市企业职工应认证人数90%以上；因应疫情形势在省内首创推出失业资格短信认证服务以及失业补助金短信申请确认服务，减少人群聚集和提高失业人员办事便利性；构建以“i社保”应用程序、“粤省事”小程序、“佛山社保”微信公众号、社保网上查询系统、广播电视机顶盒等多个线上社保业务办理入口为依托的社保业务网上办理及查询服务体系，以及以社保自助终端机、市民之窗自助服务终端等为依托的社保业务自助办服务体系，网上办理及查询社保业务和自助办服务事项业务量逐年提高，2020年全市网上办理及查询社保业务5010.6万笔（比2018年增长近3倍），自助办服务事项业务352.1万笔；新增24个功能上线“i社保”应用程序，8个服务事项上线“粤省事”小程序。2020年，佛山市社会保险基金管理局实现连续6年上榜由佛山日报社主办的“佛山口碑榜”，获评“互联网+服务最佳口碑单位”，佛山市社保卡创新服务获评“最佳口碑服务案例”。同年，“佛山社保”微信公众号粉丝量超113万人，在“2020第八届广东互联网政务论坛”上获“2020政务新媒体年度影响力服务号”称号。

【“社银合作”新模式建立】2020年，佛山市社会保险基金管理局借助银行网点多、分布广、经办力量强、服务规范等优势，推出“社银合作”新模式，并印发《佛山市社会保险基金管理局“社银合作”智能柜员自助终端设备管理暂行办法》。年内与全市19家银行达成合作意向，首期配置54台社保业务自助终端机，覆盖全市37个服务网点，实现30项高频业务“就近办”。

【2020年佛山社保惠企便民政策宣传月】2020年，佛山市社会保险基金管理局联合各区社保基金管理部门举办主题为“三十惠民立保障　三年凝心铸品牌”的2020年佛山社保惠企便民政策宣传月活动，并于9月4日在禅城区行政服务中心举行启动仪式。宣传月围绕“疫情防控、社保改革、惠民社保品牌、便民服务品牌、智能监管品牌、优质形象品牌、专业队伍品牌”七大主题开展。宣传月活动过程中，市各级社会基金管理部门在全市各区社保经办窗口、广场、社区、企业和校园等开展主题展览并设置咨询区或互动区，到村、社区、企业进行现场政策宣讲，并通过小视频、户外广告、互动H5等形式开展全方位宣传。现场活动近5000人次参与，超50万人次参与线上互动。

（梁韵婷）

社会救助

【最低生活保障】2020年，佛山市继续提高低保标准和补差水平。全市低保标准统一提高到每人每月1080元，全市补差水平统一不低于每人每月651元。佛山市自2012年以来连续9年持续提高低保标准，增幅达151%。2020年12月，全市有低保对象5655户10085人，其中城镇低保对象2268户4039人、农村低保对象3387户6046人。全年发放低保救助金11288.37万元。

【特困人员供养】 2020年，佛山市提高特困人员供养标准。按照特困人员供养标准不低于当地低保标准的1.6倍，且不低于各区现行特困人员供养标准的规定，2020年全市特困人员供养标准平均为每人每月2193元，其中禅城区2660元、南海区2288元、顺德区2380元、高明区1728元、三水区1908元。截至年底，全市有特困供养人员2851户2864人，全年发放特困人员供养金7163.77万元。年内，严格落实特困供养服务机构服务保障、安全管理等规定，不断提高集中供养服务质量，同时加强分散供养特困人员照料护理工作。5月，完成对全市分散供养特困人员自理能力评估以及签订照料护理协议工作。进一步提高特困人员集中供养水平，截至年底，集中供养率为55.3%。

【临时救助】 2020年，佛山市加强对遭遇突发事件、意外伤害、重大疾病或其他特殊原因导致基本生活陷入困境，其他社会救助制度暂时无法覆盖或救助之后基本生活暂时仍有严重困难的家庭或个人的救助，全年佛山市支出临时救助资金591.13万元，救助3113人次。

【低保分类救助保障范围扩大】 2020年9月，佛山市民政局印发部门规范性文件《关于进一步做好最低生活保障对象分类救助工作的通知》，进一步完善全市最低生活保障分类救助政策，将低保对象中的3级、4级智力残疾人和精神残疾人及重大疾病患者纳入分类救助；家庭人均月收入低于低保临界标准、靠家庭供养且无法单独立户的成年无业重度残疾人以及3级、4级智力残疾人和精神残疾人，按照单人户纳入低保范围，其个人享受全额低保待遇。

【流浪乞讨人员救助】 2020年，佛山市全面提升流浪乞讨人员救助管理服务质量。开展救助管理机构救助管理服务质量大提升专项行动，市民政局会同市公安、卫生健康等11个部门研究制订《佛山市生活无着的流浪乞讨人员救助管理服务质量大提升专项行动方案》，落实流浪乞讨人员救助管理服务质量大提升工作，实现全市救助总量和滞留人数“双下降”，市救助管理站在全省综合评估中排在地市首位。推动救助管理站警务室建设，在市救助管理站建立全市首个救助管理机构警务室，并于6月19日投入使用，为各区救助管理机构的建设起到积极示范作用。推动长期滞留人员落户工作，市民政局联合市公安机关联合转发《广东省民政厅广东省公安厅关于关于切实加强生活无着流浪乞讨人员身份查询和落户安置工作的通知》，截至年底，完成对市本级滞留的15名流浪乞讨人员的落户工作，实现全市长期滞留人员落户安置工作“零的突破”。建立流浪乞讨救助管理工作社会监督员制度，选聘由人大、政协、民主党派、社会组织、新闻媒体、有关政府职能部门人员及热心群众等组成的全市首批流浪乞讨救助管理工作社会监督员10人，参与监督检查各救助、救治及托养机构履行职责、依法行政和遵纪守法等情况。

【低保专项治理】 2020年，佛山市民政局制定《2020年全市低保专项治理行动实施方案》，持续开展低保专项治理行动。进一步拓展治理内容，围绕应保尽保、应救尽救、应养尽养、应兜尽兜、应改尽改、应管尽管、应查尽查和应用尽用等8个方面，建立2020年专项治理工作问题清单和整改台账，并细化目标和明确责任人，组织骨干力量以及引入第三方社会力量对低保对象、特困供养人员、低保临界对象、临时救助对象救助情况进行全面排查，逐一走访入户，对自查、排查的存在问题进行立行立改，坚决杜绝“错保”“漏保”。强化监督检查，坚持“开门搞整治”，坚持边整治、边建设、边完善。加强与纪检监察部门的配合协作，组成工作组深入各区和镇（街道）进行社会救助规范化建设督查工作；委托第三方机构入户核查，采取实地走访、一对一访谈、查阅相关资料和听取汇报等方式对市内部分低保对象进行核查，强化对社会救助工作的监管检查。此外，按照省厅的统一部署，开展社会救助兜底脱贫暨农村低保和残疾人两项补贴专项治理工作交叉检查，配合珠海市民政局抽取佛山市顺德区、三水区开展交叉检查工作。同时，组织禅城区、南海区、高明区进行低保专项治理交叉检查。截至年底，暂未发现涉黑涉恶人员和“村霸”非法把持低保申请、民主评议等村级事务的问题，也未发现财政供养人员和村（居）

2020年12月，佛山市救助管理站开展“寒冬送温暖”专项救助行动。图为工作人员向流浪乞讨人员提供救助
（市民政局　供图）

委会干部、低保经办人员存在吃拿卡要、优亲厚友等违法违纪问题。

【弱势群体关爱保护】 2020年，佛山市落实中共佛山市委政法委员会、佛山市民政局印发的《提高社会治理水平进一步加强对弱势群体关爱保护专项行动工作方案》，对该方案进行任务细化，明确责任，督促各区定期报告落实情况。重点对困难群众开展排查，掌握特殊困难对象生活情况，落实一户一档工作，建立台账，制定帮扶方案。推动各区、镇（街道）、村（社区）委会针对辖区内的低保对象、特困供养人员、低保临界对象等困难群众，建立专人定点联系到户制度（一对多），推行党员结对帮扶工作，确保每一名困难群众有专人负责联系，随时掌握困难群众基本生活情况，确保困难群众出现问题和困难时能找到人处理。年内，各镇（街道）、村（社区）结对帮扶困难群众8994户13022人，定点联系3130人。

【残疾人两项生活补贴发放】 2020年，佛山市按照《佛山市财政局等三部门关于提高我市2018—2020年困难残疾人生活补贴和重度残疾人护理补贴标准的通知》标准，2020年全市困难残疾人补贴标准不低于每人每月250元，比上年增长11%；重度残疾人护理补贴不低于每人每月300元，增长9%。截至2020年底，全市发放困难残疾人生活补贴3342人991.35万元，发放重度残疾人护理补贴38425人13553.62万元。

【严重精神障碍监护人补助发放】 2020年，佛山市根据《加强严重精神障碍患者监护工作的意见》和《佛山市加强严重精神障碍患者救治救助工作实施方案》的通知，按照工作分工和职责，各区按照每半年发放一次的模式实行补贴发放，做到应发尽发、堵住错发漏发的漏洞。截至2020年底，全市发放严重精神障碍患者监护人补贴4289.25万元。

【慈善公益创投】 2020年，佛山市继续拓宽公益创投范围，市民政局和市慈善会帮助社会组织针对各类弱势群体提供多元化和专业化的服务，包括联系慈善机构提供物资救助、心理辅导、技能培训、社会支持网络搭建等。“创益合伙人计划”出资571万元资助31个公益慈善项目。资助范围包括扶贫济困、助老、助残、助医、助学和社区服务等。帮助孤寡老人改造家居环境，提升残疾人培训技能，帮助残疾人就业，以及帮助自闭症儿童进行艺术培训等项目。

【慈善文化进校园】 2020年，佛山市民政局继续在全市各区多所学校开展慈善文化进校园活动，打造“学校、家庭、社会”三位一体的公益慈善体系，在青少年心中播撒爱心种子。年内，把范围拓展至佛山市对口帮扶地区的学校——云浮市千官镇旺玖小学及凉山彝族自治州普格县的几所学校，让贫困地区的孩子们感受慈善文化的力量。慈善文化进校园活动通过公益宣讲，赠送图书、慈善读本及派发宣传品，现场慈善知识问答等方式进行慈善文化的宣传推广，有近6000名师生参与，同时利用“南方+”客服端、“佛山民政”微信公众号等进行线上宣传，带动学生家长参与慈善，间接受益人数1.8万人，推广公益慈善文化，传播社会正能量。

【慈善事业高质量发展】 2020年，佛山市民政局印发《佛山市推动慈善事业高质量发展行动方案》，通过加快培育发展慈善主体等6部分共21条明确措施，对全市慈善工作提出具体工作目标，促进佛山市慈善事业高质量发展。提出：在全市打造5个以上慈善文化地标，不少于10个有品牌、有影响力的公益慈善项目，各区培育不少于1个“慈善+民俗”慈善项目；聚焦脱贫攻坚、聚焦特殊群体、聚焦群众关切，推动慈善事业、社会工作、志愿者服务融合发展，打造不少于5个“慈善+社工+志愿者”联动服务模式项目；鼓励符合条件的社会工作服务机构申请认定为慈善组织；推动全市慈善、社工、志愿者工作由救灾、扶贫、安老、助孤等传统领域向社会发展中不断出现的环境、心理健康、禁毒、留守儿童等新问题延伸，将慈善项目扩展到更广阔的公益领域；加快慈善行业人才培养平台搭建，完善佛山市慈善行业人才培养机制，全面提升慈善组织的专业能力和规范水平，对慈善从业人员完成一次轮训，全市培训慈善从业人员2000人次以上；提升慈善事业公信力，加强风险防范，建立健全工作制度，全市慈善信息公开率达100%。

（陈　瑶）

【医疗救助政策创新改革】 2020年，佛山市人民政府办公室印发《佛山市医疗救助办法》。《佛山市医疗救助办法》的印发实施，使佛山市成为在全国率先将国家121种罕见病全部纳入救助范围、在广东省率先建成基本医疗保险和医疗救助统一衔接的城市。全国“两会”（人大会议和政协会议）期间，佛山市市长朱伟获邀出席人民网“健康中国人”系列圆桌论坛，向全国介绍佛山医疗救助改革经验做法。截至年底，佛山市门诊慢性病种、门诊特定病种救助42630人次，医疗费用总额3396.26万元，其中基本医疗保险核报2568.83万元、大病保险核报138.7万元、医疗救助总额615.53万元，个人支付金额为73.19万元；住院救助9470人次，医疗费用总额14302.8万元，其中基本医疗保险核报9325.81万元、大病保险核报679.91万元、住院医疗救助总额3877.95万元，个人支付金额419.13万元。

【医疗救助办法出台】 2020年4月1日，佛山市人民政府办公室印发《佛山市医疗救助办法》（简称《办法》），明确救助对象类别、待遇及申请条件，降低救助门槛，简化救助流程，扩大救助范围，提升救助待遇，并实现救助对象、救助标准、救助服务的市级规范统一。该《办法》明确医疗救助对象分为重点医疗救助对象（低保、临界低保、特困供养人员、孤儿和事实无人抚养儿童）和其他救助对象（因病致贫救助对象、罕见病救助对象、两病儿童救助对象）。该《办法》取消重点医疗救助对象诊治普通门诊疾病需自付累计1000元以上才能救助的限制；将低保与低保临界对象普通门诊和门慢门特救助比例由80%提高到90%，门慢门特救助年度救助限额由2万元提高到3万元；将特困供养人员普通门诊和门诊慢性病及门诊特殊病（简称门慢门特）救助比例由80%提高到100%，普通门诊年度救助限额由1万元提高到无限额，门慢门特救助年度救助限额由2万元提高到无限额。该《办法》将国家罕见病目录的121种病全部纳入救助范围，将没有参加医保的户籍居民纳入救助范围，将目录以外专用药品费用纳入救助范围，明确属于国家目录罕见病病种，使用专用药品并到指定诊治医疗机构诊治方可享受救助。该《办法》还鼓励单位和个人等社会力量通过捐赠、设立帮扶项目、创办服务机构、提供志愿服务等方式参与医疗救助，并鼓励社会慈善机构募集罕见病救助资金，设立罕见病救助项目，共同关爱和帮扶罕见病困难患者。

（张世渊）

【中华慈善日暨佛山市慈善月活动】 2020年9月，佛山市举行2020年中华慈善日暨佛山市慈善月活动，主题为“决战脱贫攻坚·助力疫情防控”。慈善月活动期间举办2020年中华慈善日暨佛山市慈善月启动仪式、2021年创益合伙人计划启动仪式、《中华人民共和国慈善法》专题讲座、《我的抗疫故事》宣传片拍摄、慈善作品征集、慈善开放日等活动，并组织市、区民政部门相关人员、慈善组织代表参加第八届中国公益慈善项目交流展示会。其间，全市开展相关主题活动超80场次，服务超5000人次，宣传覆盖约30万人次。

（陈　瑶）

社会福利

【概况】 2020年，佛山市加大儿童和老人关爱服务力度，加快慈善和福彩事业发展步伐。提高全市孤儿最低养育标准，加强事实无人抚养儿童保障，加大困境儿童关爱和帮扶力度，落实农村留守儿童关爱保护和困境儿童保障。出台《佛山市养老服务体系建设提升三年行动计划（2020—2022年）》，实施养老服务标准化、规范化建设。对全市高龄津贴发放情况进行核对，全年全市共发放高龄津贴2.1亿元。截至2020年底，全市有慈善机构组织66个，其中具有公开募捐资格的有15个。年内，佛山市拓宽公益创投范围，开展中华慈善日暨佛山市慈善月活动、慈善文化进校园活动等，以及印发《佛山市推动慈善事业高质量发展行动方案》促进佛山市慈善事业高质量发展。

【孤儿最低生活养育标准提升】 2020年，佛山市根据《关于提高我市2018—2020年孤儿最低养育标准的通知》要求，将全市孤儿养育标准提升至每人2400元/月，比上年增长9%。截至年底，全市有孤儿430人，其中集中供养儿童341人、散居孤儿89人。全年全市发放孤儿基本生活保障金1273.44万元。

2020年9月9日，佛山市启动主题为“决战脱贫攻坚·助力疫情防控”的2020年中华慈善日暨佛山市慈善月活动。图为启动仪式活动现场　（市民政局　供图）

【事实无人抚养儿童生活保障】 2020年，佛山市14个部门联合印发《关于转发〈广东省（14个部门）关于进一步加强事实无人抚养儿童保障工作的实施意见〉的通知》，明确自2020年1月1日起，事实无人抚养儿童基本生活补贴标准按照孤儿基本生活养育标准执行，即每人每月2400元，实行社会化发放。截至年底，全市事实无人抚养儿童187人，全市发放事实无人抚养儿童生活保障金433.57万元。同时将事实无人抚养儿童生活保障金纳入市医疗救助“一站式”系统进行结算，方便全市事实无人抚养儿童就医。

【困境儿童关爱保护】 2020年，佛山市民政局和中共佛山市委政法委联合印发《提高社会治理水平进一步加强弱势群体关爱保护专项行动工作方案》，深化完善困境儿童关爱服务机制，加强困境儿童关爱和帮扶力度，落实困境儿童临时价格补贴工作，将孤儿、事实无人抚养儿童纳入阶段性价格临时补贴对象范围，共发放补贴57.35万元，惠及2382人次；全面落实未成年人救助保护中心工作，全市建立未成年人救助保护中心6个，进一步确保全市困境儿童得到有效保障。做好智力残疾和精神残疾女童、困境儿童、监护缺失儿童排查工作，全市排查监护困境儿童405人、智力残疾和精神残疾女童908人，暂未发现存在监护缺失的困境儿童。落实回访工作制度，指导各区结合实际制定回访工作制度，定期（每周）组织各镇（街道）对辖区困境儿童进行入户探访。

【农村留守儿童关爱保护和困境儿童保障】 2020年，佛山市贯彻落实农村留守儿童关爱保护和困境儿童保障工作，全面推进儿童之家等关爱服务阵地建设工作。截至年底，全市儿童之家完成挂牌38家，有儿童督导员44人，儿童工作主任782人。儿童主任通过走访、入户、宣传掌握辖区范围内儿童的个人及家庭生活情况，为儿童争取应有的福利。以儿童利益的最大化为标准，从问题的预防和缓解，相关资源的发掘、协调和整合，及跨部门的沟通合作等方面开展儿童保护工作，为农村留守儿童和困境儿童的成长保驾护航。

【福利彩票】 2020年，佛山市销售福利彩票17.12亿元。其中，电脑型彩票销售14.79亿元，网点即开票“刮刮乐”销售2.31亿元，“中福在线”视频票销售175.1万元。

（陈　瑶）

住房保障

【保障性住房建设】 2020年，佛山市出台《佛山市住房保障租赁补贴管理的实施意见》，扩大住房保障覆盖面，推进住房保障货币化改革，丰富住房保障实现形式。超额完成广东省下达佛山市的租赁补贴发放任务（任务额为向5877户发放租赁补贴），全年实际发放租赁补贴6243户。高明区新建82套公租房。年内，佛山市继续开展共有产权试点工作，以市政府名义印发《佛山市共有产权住房政策探索试点工作方案》《关于推进共有产权住房政策探索试点工作的实施意见》，为推进共有产权政策探索试点工作提供规范和指引，全年筹集并开展配售共有产权住房220套，新开工建设共有产权住房802套。

（黎健莹）

【住房公积金】

住房公积金缴存　2020年，佛山市住房公积金实缴职工120.59万人，其中各类企业职工占60.31%。新开户单位5621个，实缴单位19319个，净增单位2620个。新开户职工20.17万人，净增职工5.83万人。缴存额168.76亿元，缴存总额1258.39亿元，缴存余额363.87亿元。

住房公积金提取　2020年，佛山市提取住房公积金的缴存职工72.54万人。其中，中、低收入占90.53%，高收入占9.47%；提取额125.6亿元，比上年增长10.36%，提取住房公积金金额中，住房消费提取占92.2%，非住房消费提取占7.8%。截至2020年底，提取总额894.52亿元，比上年增加16.34%。职工全年提取住房公积金购建住房新增3.6万套、面积554.73万平方米。截至2020年底，职工提取住房公积金购建住房累计45.45万套、面积5336.14万平方米。

住房公积金贷款　2020年，佛山市发放个人住房贷款1.7万笔，共80.53亿元，比上年分别下降1.69%、8.59%，贷款质量良好，贷款逾期率0.49‰。截至2020年底，累计发放个人住房贷款17.29万笔565.40亿元，贷款余额360.31亿元。年内，个人住房贷款支持职工购建房187.52万平方米，通过申请住房公积金个人住房贷款，节约职工购房利息支出17.07亿元。

住房公积金业务收支　2020年，佛山市住房公积金业务收入11.32亿元，业务支出9.04亿元（含支付职工住房公积金利息5.18亿元、支付年结转后的职工住房公积金存款补贴3.42亿元）。提取廉租住房（公共租赁住房）建设补充资金1.2亿元。截至2020年底，累计上划廉租房建设补充资金18.48亿元。

住房公积金业务运作效率　2020年，佛山市个人住房贷款发放额、公转商贴息贷款发放额、项目贷款发放额、住房消费提取额的总和与当年缴存额的比率为116.35%。全年办结各项住房公积金业务196.74万件，其中网上受理办结率81.65%。

住房公积金为企业减负　2020年，佛山市执行缴存住房公积金的月工资基数不得高于职工工作地所在设区城市统计部门公布的上一年度职工月平均工资3倍的政策，累计为企业减负2.23亿元。对缴存住房公积金确有困难的企业，在维护职工合法权益的基础上，兼顾企业实际困难和发展，引导企业依法定程序申请降低缴存比例和缓缴。年内，有12家企业降低住房公积金缴存比例（即低于5%），涉及职工1684人，为企业减负金额0.07亿元；有2家企业申请缓缴，涉及职工167人，为企业减负金额43.11万元。

住房公积金抵押贷款政策调整　2020年5月起，佛山市住房公积金贷款政策作出调整。住房公积金贷款政策调整后，住房公积金缴存职工个人可申请两次贷款，首次贷款没有还清前，不得再次申请，不得向已有两次贷款使用记录的职工发放贷款。

住房公积金服务　2020年，佛山市住房公积金管理中心接入“广东省企业开办一网通办平台”，企业办理设立登记、银行开户、住房公积金缴存登记等事项只需登录一个平台、一次认证、一表填报，提高企业开办的便利度。32个住房公积金政务服务事项，除住房公积金贷款外，均实现“最多跑一次”服务，其中21个事项实现“双零”服务，即“零现场跑动”“零材料提交”。

住房公积金行政执法　2020年，佛山市住房公积金管理中心根据职工实名申告或群众来信提供的有效证据立案2168件。其中，作出行政处理决定358件，申请法院强制执行56件；作出行政处罚14件，罚款金额14万元，申请法院强制执行6件；单位或职工不服管理中心行政处理决定或行政处罚决定，提起行政复议的14件，提起行政诉讼第一审程序的51件、第二审程序的46件。

住房公积金业务承办银行考核情况　2020年，佛山市住房公积金业务承办银行服务质量、管理质量和网络管理质量3类15项的考核排序次序及年度“出错率”：中国建设银行股份有限公司佛山市分行0、中国工商银行股份有限公司佛山分行0、中国银行股份有限公司佛山分行0.15%、交通银行股份有限公司佛山分行0.35%、中国农业银行股份有限公司佛山分行4.16%，年度总“出错率”2.2%。

新冠肺炎疫情防控期间住房公积金工作　2020年2月，佛山市住房公积金管理中心印发《关于新型冠状病毒肺炎疫情防控期间住房公积金管理服务工作的通知》。截至年底，有936家缴存企业根据政策在疫情防控期间申请“可补缴”，涉及职工86873人、自愿缴存职工29人，月缴存资金约5940万元。其中，1388名职工在9月底前完成1—6月住房公积金的补缴，1—6月视同正常缴存，成功获批住房公积金贷款。4月起，佛山市住房公积金管理中心推行办事大厅全预约服务，有序疏导人流，避免出现聚集风险，保障业务正常运作。

（耿亚兰）

退役军人事务

【抚恤补助标准调整提高】 2020年4月，佛山市印发《关于调整部分优抚对象等人员抚恤和生活补助标准的通知》，明确从2019年8月1日起，“三属”（烈士遗属、因公牺牲军人遗属、病故军人遗属）、残疾军人、在乡复员军人、带病回乡退伍军人、“五老”（老地下党员、老游击队员、老交通员、老接头户、老苏区乡干部）人员、“两参”（参战退役人员和参加核试验军队退役人员）人员、老年烈士子女等优抚对象的抚恤补助标准均进行调整提高，其中人数占比最大的“两参”人员月生活补助标准提高50元。

【退役军人移交安置】 2020年，佛山市对计划分配军转干部通过“双向选择+积分选岗+指令性分配”的安置模式，提高接收单位和军转干部满意度。按时完成符合政府安排工作的退役士兵的安置任务，安置到事业编制、国有企业、政府雇员岗位或者选择自谋职业。动员军转干部参加进高校专项脱产培训，使军转干部尽快适应新的岗位要求，实现从军队人才向地方经济建设人才的转型。

【退役军人就业创业】 2020年，佛山市按照“即退即训、全员参加”的要求，安排自主就业退役士兵进行适应性培训。围绕金融领域“军功贷”等内容，在全省范围内率先出台支持退役军人就业创业金融服务方案，为退役军人提供专项融资、信贷优惠、办事优先等方面的金融优惠服务。开展退役军人专场招聘会16场次（其中线上4场次、线下12场次），参会企业922家次。结合市森林消防综合救援队组建，宣传发动并推荐优秀退役军人推荐应聘。发动退役军人企业参加广东省退役军人创业大赛，其中佛山市加良源食品有限公司的“网红食品供应一体化”项目获传统产业及生活服务业行业组二等奖。

【常态化联系退役军人制度建立】 2020年3月，佛山市退役军人事务局印发《佛山市退役军人事务系统干部职工联系退役军人工作制度》，在广东省率先实施常态化联系退役军人制度。通过梳理全市下岗失业、家庭困难、有强烈诉求的退役军人等，形成服务对象名单，明确要求干部职工与服务对象每人每年联系不少于4次，入户或面对面联系不少于2次，与退役军人代表建立良好的互动关系。截至2020年5月，佛山市退役军人事务局对登记在册的联系对象实现全覆盖电话慰问，初步建立起常态化联系模式。

【清明祭英烈活动】 2020年清明节期间，佛山市各地组织开展“致敬·2020清明祭英烈”网上祭扫活动，全市有约43万人参加活动。开辟网上宣传阵地，引导广大市民尊重英雄、歌颂英雄、怀念英雄。结合新冠肺炎疫情防控，开展志愿者代替献花活动，缅怀烈士。利用微信等平台创新开展“缅怀先烈，致敬英雄”网上祭扫活动，引导广大市民接力向先烈献花，弘扬英烈精神，传承红色基因。

【烈士公祭活动暨向陈铁军烈士纪念雕像敬献花篮仪式】 2020年9月30日，佛山市、禅城区在铁军公园举行佛山市、禅城区“9·30”烈士公祭活动暨向陈铁军烈士纪念雕像敬献花篮仪式，缅怀陈铁军烈士事迹，向全社会弘扬烈士精神。佛山市领导班子及佛山军分区相关负责人，禅城区相关负责人，市、区双拥工作领导小组成员单位代表，市各民主党派、工商联代表，市直机关干部代表，区直机关、镇（街道）干部代表，军烈属、转业复员退伍军人、各界群众代表，学生代表，部队代表、消防救援队伍代表，警察队伍代表等约300人参加公祭活动。

【退役军人“仁军保”人身意外伤害保险公益赠送活动】 2020年8月11日，佛山市退役军人事务局与中国人寿保险股份有限公司佛山市分公司共同举行退役军人“仁军保”人身意外伤害保险公益赠送活动签约仪式。中国人寿保险股份有限公司佛山市分公司向佛山市2020—2022年批准退出现役的自主就业退役士兵和政府安排工作退役士兵赠送“仁军保”人身意外伤害保险。保障期为1年，保障项目涵盖因意外伤害导致的身故或伤残、门诊或住院治疗、住院津贴三类。截至年底，全市有1215名退役军人获赠“仁军保”人身意外伤害保险。

（唐　诗　张建宏）

2020年9月30日，佛山市、禅城区“9·30”烈士公祭活动暨向陈铁军烈士纪念雕像敬献花篮仪式在禅城区铁军公园举行

（市退役军人事务局　供图）

社会事务

婚　姻

【概况】 2020年，佛山市办理结婚登记28195对（包括涉外、涉侨、涉港澳台126对），离婚登记11939对（包括涉外、涉侨、涉港澳台32对），补领结婚证5286对（包括涉外、涉侨、涉港澳台9对），补领离婚证687份（包括涉外、涉侨、涉港澳台4份）。

【跨区办理婚姻登记试点】 自2020年3月10日起，佛山市民政部门在全市实行跨区办理婚姻登记试点工作。按照试点工作安排，全市各区区级婚姻登记机关可按规定受理佛山市户籍居民跨区申请办理结婚登记、离婚登记、补领婚姻登记证（含涉外、涉华侨、涉港澳台婚姻登记），但军人婚姻登记、婚姻登记档案查询、出具“（无）婚姻登记记录证明”等业务暂不实行跨区办理。该举措打破长期以来婚姻登记必须在一方户口所在行政区域内办理的限制，是实行60多年的户籍地婚姻登记管理体制的重大改革。佛山市是继广州市、深圳市之后全省第三个开通跨区办理婚姻登记的城市。

【婚姻登记管理】 2020年，佛山市民政局推进全市婚姻登记机关规范化建设，组织相关人员赴广州、深圳等市交流学习婚姻登记工作，督促各婚姻登记机关开展行风建设自查和整顿问题清单，举办全市婚姻登记员业务培训班等。推进启用婚姻登记证二维码事项工作，于5月1日起在全市各级婚姻登记机关办理的结（离）婚证上统一打印二维码。婚姻登记证二维码将根据婚姻当事人基本信息，通过“广东省婚姻信息管理系统”自动生成和打印，每本婚姻登记证对应一个二维码，具有唯一性。同时，市民政局通过媒体对启用婚姻登记二维码有关事项进行宣传，提高群众知晓度。

【互联网+婚姻服务】 2020年，佛山市民政部门结合新冠肺炎疫情防控，在婚姻登记服务中继续深化“互联网+婚姻服务”应用，利用信息化手段提高办理登记效率、减少现场排队等候时间。全面启用微信“粤省事”小程序中“信息预录和材料预审”功能，婚姻登记当事人可提前录入个人信息，并通过网上证件证明材料样板自查预审，确保婚姻登记“只跑一次”落到实处。禅城区开通线上“一对一”心理咨询情感干预热线服务，通过微信、电话等线上方式提供婚姻家庭辅导服务。

（陈　瑶）

殡　葬

【概况】 2020年清明节期间，佛山市内殡葬服务单位落实新冠肺炎疫情防控措施，停止现场祭扫活动。4月4日，佛山市组织开展主题为“鲜花代祭寄思念，祈福平安过清明”的2020年清明佛山鲜花代祭公益现场直播活动，有超10.4万人观看网络视频直播；全市43个殡葬服务机构累计代献花篮（圈）750个、鲜花39万支。2020年清明节期间，佛山市通过“粤省事”的“云祭扫”平台注册用户数超14.5万人，各区自建网络祭扫平台访问量超129万人次。全市各殡葬服务单位自发举办放莲花灯、系黄丝带、代写心愿寄语等服务，在祭奠逝者的同时，也为市民祈福。2020年，佛山市遗体火化24388具，为23331万名群众免除殡葬基本服务费用1896.90万元；组织第十七次骨灰植树活动，有137份骨灰回归自然。

【骨灰植树活动】 2020年10月31日，佛山市组织第17次骨灰植树活动，全市有137份骨灰回归自然，参与市民150多人。截至2020年底，全市有1.24万份骨灰进入“长青林”骨灰植树基地，相当于节约一个中型墓园的用地。骨灰植树公益活动受到腾讯新闻、“南方+”、“佛山+”等媒体平台的关注、报道，活动浏览量近10万人次。植树活动当天，“佛山+”媒体平台进行活动现场网络直播，当日网络直播总观看量3.2万人次。佛山市倡导节地生态殡葬理念，文明、绿色、环保、节俭的生态殡葬方式和殡葬新风逐渐被市民群众接受。

【殡葬基本服务费用免除政策实施】 2020年，佛山市继续实施殡葬基本服务费用免除政策，对佛山市户籍或在佛山市办理居住证半年以上，在佛山市行政区域内死亡且遗体在区内殡仪馆实行火化的，免除遗体接运、遗体存放（不超过3天）、遗体火化、骨灰寄存（寄存2年）、小型告别厅、遗体消毒、骨灰盒（盅）（不超过100元），7个项目最高减免1320元。全年全市为23331万名群众免除殡葬基本服务费用1896.90万元。

【殡葬领域各类专项整治】 2020年，佛山市出台《佛山市殡葬领域损害群众利益突出问题专项整治方案》等工作方案，将开展殡葬领域损害群众利益突出问题专项整治行动与开展安葬（放）设施违规建设经营专项摸排工作和开展违建墓地专项整治成果巩固提升行动有机衔接，统筹开展殡葬领域各类专项整治活动。成立由市政府副市长为组长，市政府副秘书长、市民政局局长为副组长，成员由民政、发改、公安、国土规划、民宗等12个职能部门领导组成的“佛山市殡葬领域突出问题专项整治行动领导小组”，负责全市殡葬领域突出问题专项整治行动的组织实施和统筹推进，研究解决专项整治行动中遇到的重大问题。开展检查20多次，市民政联合发改、卫计、公安、国土、民宗等部门，对各殡仪馆、经营性墓园、公益性墓园、医疗机构太平间、宗教活动场所骨灰存放设施等进行全面的排查，全市共排查医疗机构太平间60个、经营性墓园6家、公益性墓园和骨灰楼堂32家、殡仪馆5家。

【2019年度全市经营性公墓年检工作】 2020年，佛山市开展2019年度全市经营性公墓年检工作。市民政局联合市发展改革局、自然资源局、市场监督管理局组成的年检组对全市3家经营性公墓进行实地抽查，同时对全部6家经营性公

墓提供的年检资料进行统一核对检查。经年检组综合评审，南海华侨墓园、南海长青墓园、南海西樵山福荫园、顺德飞鹅墓园、三水安泰墓园、高明区宝鸭山墓园年检结果为“合格”等次。

（陈　瑶）

老龄事务

【概况】 2020年，佛山市出台《佛山市养老服务体系建设提升三年行动计划（2020—2022年）》，实施养老服务标准化、规范化建设。对全市高龄津贴发放情况进行核对，全年全市发放高龄津贴2.1亿元。提升养老服务发展水平，全市培训养老服务从业人员1万多人次，建立并落实农村留守老年人定期巡访制度。至年底，全市20个养老机构获评广东省星级养老机构。

【养老服务体系建设提升三年行动计划开始实施】 2020年7月，佛山市出台《佛山市养老服务体系建设提升三年行动计划（2020—2022年）》，加快完善具有地方特色的养老服务体系。行动计划通过完善落实用地、规划、税费、财政等支持政策，实施养老服务标准化、规范化建设，强化安全防范体系建设，推动高端、普惠、兜底3个层次的养老机构实现有效供给，加快建立完善以需求为导向、社会力量为支撑、社区居家养老服务平台为桥梁的居家、社区养老服务体系，推动形成养老行业标准化、规范化管理模式。

【市级养老服务机构工程建设推进】 2020年，佛山市颐养院项目工程桩施工完毕，桩基检测静载完毕，南侧挡土墙施工完毕，土方外运完成1/2，基坑支护完成3/5，基坑临边防护安装完毕，1号、2号楼吊塔安装完毕；持续开展土建施工期间第三方廉洁风险预防工作。佛山市新社会福利院项目于4月经市政府常务会议通过，确定投资额及建设总规模；取得项目用地预审与选址意见书、建设用地规划许可证；取得可行性研究报告批复和市自然资源局用地划拨决定书；于9月和市代建项目管理中心签订职责分工方案，场地及有关资料移交市代建中心。

【高龄津贴发放核对】 2020年，佛山市民政局协调市政务服务数据管理局建立数据共享核对机制，对全市高龄津贴发放情况进行核对，每月对发放数据进行比对，进一步减少发放过程中的错发、多发情况。同时，各区利用各类数据库加强信息核查比对，进一步健全完善发放制度，加强工作人员责任意识教育和业务技能培训，确保民生资金安全有序发放，2020年全市共发放高龄津贴2.1亿元，受惠人次达294.7万人次。

【养老服务发展水平提升】 2020年，佛山市民政局启动养老服务质量提升项目，委托第三方对照国家标准《养老机构等级划分与评定》和《广东省养老机构质量评价技术规范》等有关标准和细则，针对性指导全市养老机构补齐短板、提升服务水平。以“创星行动”和标准化为主要抓手，提升养老服务质量。截至年底，全市20个养老机构获评广东省星级养老机构。年内，佛山市建设“佛山养老”信息平台，为市民选择养老服务提供更多选择；印发《佛山市养老服务机构（设施）突发公共卫生事件应急预案（试行）》，强化机构应急处置能力。年内，2020年市政府民生实事中的提高养老服务水平项目任务完成，全市培训养老服务从业人员1万多人次，建立并落实农村留守老年人定期巡访制度。

（陈　瑶）

【敬老爱老文化建设】 2020年，佛山老龄工作部门以敬老月活动为载体，开展系列敬老爱老活动，组织社工（义工）为老年人提供维权咨询、义诊、老年人安全防范、健康卫生知识、理发、游园活动等各项适合老人参与的项目。围绕“孝老爱亲　向上向善”的活动主题，通过报纸、电台、电视台、宣传栏、板报、有线电视、广播、网络等形式开展宣传活动，营造敬老爱老助老的社会氛围，强化社会敬老爱老意识。在重阳节期间，佛山电台各频道制作、播出多款有关敬老爱老的公益广告，弘扬中华民族孝亲敬老传统美德，营造良好的尊老敬老社会氛围。佛山民间收藏家传统文化兴趣读书会加入佛山阅读联盟，为老年读者自我展示与交流提供平台与空间。市文化馆组织开展“开心广场·百姓舞台”公益流动演出，依托馆站联盟，集5个区之力开展“佛山韵律·舞动全城”佛山市广场舞展演活动，为老年群众提供舞台展演机会。市图书馆开展“耆英畅游数字乐园”项目，举办不同主题的数字资源体验和信息素养培训活动。

（黄国添）

【佛山首个省级养老服务标准化试点项目获省立项】 2020年，佛山市顺德康孝园医养结合型健康养老服务标准化试点获2020年度广东省标准化试点示范项目立项，这是佛山首个省级养老服务标准化试点项目。项目由顺德标准与编码所联合顺德康孝园养老服务有限公司申报，试点建设为两年，项目将通过标准化，把医疗卫生与养老服务有机融合的方式方法形成标准，规范医养服务行为，提高医养融合管理效率，保障医养服务对象权益，提升养老机构核心竞争力；通过对医养服务标准的制定和实施，以及对标准化原则和方法的运用，使医养服务质量目标化，服务方法规范化，服务过程程序化，从而使服务对象获得更优质的服务；同时，项目将总结康孝园已形成的医养结合模式及成功经验，提炼形成标准体系，并向省内乃至全国同类型机构进行推广应用。

（陈　瑶）

社区治理

【概况】 2020年，佛山市加强和完善城乡社区治理体系，开展2021年村（社区）“两委”〔村（社区）党组织和村（居）民委员会〕换届选举筹备工作，推进全市正常离任村干部信息采集及资格认定，改进和规范基层群众性自治组织出具证明工作，推动村规民约和居民公约全面修订。截至2020年底，佛山市有村委会329个，其中禅城区53个、南海区66个、顺德区108个、高明区54个、三水区48个；全市有社区居委会461个，其中禅城区93个、南海区224个、顺德区97个、高明区23个、三水区24个。同年，佛山市多途径开展社工专业服务，至年底，佛山市民办社工机构176个，持证社工人数15324人，其中助理社会工作师9310人、社会工作师2728人、佛山社工员3286人。按照2019年底佛山市常住人口计算，每万人持证社工数18.7人，超额完成民政部要求的2020年每万人持证社工数10人的目标任务。

【城乡社区治理政策体系完善】 2020年，佛山市出台《佛山市贯彻落实省〈关于加强乡镇政府服务能力建设的实施意见〉工作任务分工方案》，明确部门分工，加快落实乡镇政府服务能力建设任务，开展第二批全国乡镇政府服务能力建设典型经验推荐工作；出台《关于佛山市城乡社区配套公共服务用房建设和管理实施办法》，进一步加强全市城乡社区配套公共服务用房建设和管理；出台《佛山市民政领域基层社会治理体系和治理能力现代化工作方案》，建立完善民政领域“一核四社”（以党建为引领、城乡社区为载体、社区社会组织为纽带、社区工作者和社会工作人才为骨干、基本民生保障和基本社会服务为主要内容）城乡社区治理工作机制。

【2021年村（社区）“两委”换届选举筹备工作】 2020年，佛山市民政局印发《关于开展2021年村（社区）换届选举准备工作的通知》，全面铺排专项整治、民主评议、队伍配备、换届选举调研等2021年村（社区）“两委”换届选举各项筹备工作，形成月报工作机制。开展市级2021年村级换届选举专题调研，由市主要领导带队覆盖全市32个镇（街道），聚焦换届选举筹备工作和重难点村（社区）排查整治开展调研。全面推进第七届村委会及其成员民主评议工作，统一规范基层群众性自治组织法人有关事项，合力推动村级换届分析研判工作、修订完善配套法规政策文件等工作。

【正常离任村干部信息采集及资格认定】 截至2020年底，佛山市采集正常离任村干部信息8103人。中共佛山市委组织部组织市民政、财政、人力资源社会保障部门多次召开专题会议，研究全市离任村干部生活补助方案的制定及研判全市资格认定工作中的困难和不稳定因素，落实全省离任村干部生活补助提标发放部署。年内，开展离任村干部相关风险防范化解工作，建立风险及化解台账。

【基层群众性自治组织出具证明工作规范化建设】 2020年，佛山市民政局开展2019年以来基层群众性自治组织出具证明工作情况梳理，对照民政部等部委2020年2月出台的《关于改进和规范基层群众性自治组织出具证明工作的指导意见》规定的第一批不应由基层群众性自治组织出具证明事项清单内容出具情况，整改和落实村（居）民委员会应取消和禁止事项情况，收集并报送具有典型性2个村委会、2个社区居委会出具证明事项清单。落实2016年印发的《佛山村（社区）行政事务准入管理工作实施方案的通知》，完善村（社区）工作职责事项指导目录、村（社区）群众自治工作职责事项、协助政府工作职责事项、村（社区）禁入事项及印章禁止使用事项。

【村规民约和居民公约全面修订】 2020年，佛山市民政局指导各区按照2019年出台的《佛山市做好村规民约和居民公约工作行动方案》要求，对村规民约和居民公约涵盖内容、修订程序等方面进行全面规范，修订完善合法合情、务实管用的村规民约和居民公约。将村（社区）重要事权清单管理融入到村规民约修订中，落实党在基层的全面领导机制。同时，将遵法守法、社会主义核心价值观、老区苏区红色文化内涵、保护环境、志愿服务、乡村振兴等纳入到全市村规民约、居民公约中，传播践行社会主义核心价值观，带动农村精神面貌实现新提升，让其成为村（居）民进行自我管理、自我教育、自我约束的行为规范。截至2020年底，全市790个村（社区）全部完成修订工作，修订率达100%。

【志愿服务组织管理】 2020年，佛山市民政部门加强对志愿服务组织的指导，规范志愿服务行为。印发《佛山市民政局关于做好志愿服务组织身份标识工作的通知》，鼓励符合条件的志愿服务组织申报标识。截至2020年底，佛山市在社会组织法人库中标识的志愿服务组织数101个，与全市常住人口进行对比，每百万人口标识志愿服务组织数超12个。同时，全市各级民政部门在“i志愿”系统审核的志愿服务组织数累计1488个。加强佛山市志愿服务队伍建设，全市通过实名注册志愿者人数1234510人，注册志愿者数量占全市常住人口15.13%。

【社工人才培养】 2020年，佛山市发动、鼓励市内符合条件的社会工作从业者报名参加2020年度全国社会工作者职业水平考试，并组织举办考前培训班，培训人数超300人。全年全市报名参加全国社会工作者职业水平考试人数5601人，通过社会工作者职业水平考试分数线的人数1728人。开展社工继续教育培训，全年全市针对青少年、儿童、禁毒、心理领域等社工开展培训班10天，通过线上互动，线下培训相结合的方式，培训社工400多人，增强全市社工的专业技能和业务水平。开展社工督导培训班，提升15名社工督导的专业水平。

【社工专业服务】 2020年，佛山市多途径开展社工专业服务。开展“双工联动项目”，实施扶贫志愿者行动计划和社会工作专业人才服务贫困地区计划和推动社会工作专业力量参与贫困群众脱贫能力建设。市民政局通过购买社工服务项目+组建志愿者服务队伍的方式，加强慈善、社会工作、志愿服务联动，在云浮市郁南县旺玖村及三水区、四川

2020年，佛山市继续推进“双百计划”社会工作服务。图为社工为儿童提供辅导　　　　（市民政局　供图）

凉山彝族自治州普格县开展“双工联动项目”。该项目在做好传统基层社会工作服务项目帮扶的基础上，通过引入社工，引入新观念，对重点人群精准开展融入融合等服务，发挥慈善捐赠的社会化优势、社会工作的专业化优势和志愿服务的群众性优势，持续开展心理疏导及转介、家庭支持、资源链接、社会关系修复等服务。推进“双百计划”〔指由广东省民政厅主办，从2017年起分2批建设407个镇（街道）社工服务站〕社会工作服务站建设，加大“双百计划”社工站的支持力度，成立3个社会工作与志愿服务协会，与镇（街道）内其他社会组织及志愿服务团队搭建交流平台，培育更多社会服务人才。5月，伦教街道社工站获广东省双百项目办评选的“优秀社工站”称号，该站点社工李锦豪获“优秀副站长”称号。

【社工宣传活动】 2020年，佛山市民政局组织开展社工宣传活动。通过“佛山民政”微信公众号发布社会工作科普知识图解、社工口号征集、社工知识问答等形式开展互动，提高社会工作的社会认知度和影响力。发布佛山社会工作标志，并通过佛山社会工作标志的推广使用，进一步扩大社会工作的影响力，增强社会工作从业人员的使命感与责任感，形成向心力和凝聚力。开展2019年度佛山市“社工之星”评选，评选出杜瑞平、付红霞等人为2019年佛山市十大“社工之星”。组织“2019年广东省专业社会工作领军人才”林思映，以及2019年佛山市十大“社工之星”、防疫抗疫社工代表等拍摄专题宣传片，展示佛山市社会工作者的风采。

（陈　瑶）

社会组织管理

【概况】 2020年，佛山市民政局采取严登记、强管理、抓重点的方式实施体制创新、党建引领、引导培育、综合监管等工作举措，推进全市社会组织培育发展和监督管理工作。截至年底，全市有社会组织7210个，比上年增长2.35%。其中有社会团体4250个（登记2556个、备案1694个），市级912个、禅城区804个、南海区927个、顺德区886个、高明区259个、三水区462个；有民办非企业单位2930个（登记2572个、备案358个），市级222个、禅城区342个、南海区1006个、顺德区913个、高明区256个、三水区191个；有基金会30个，市级9个、顺德区21个。

【社会组织党建】 2020年，佛山市民政局加强社会组织党建工作。联合市、区各相关职能部门，对全市社会组织开展党建摸排和组织建设“双同步”工作，坚持同步推进，一手抓底数摸排，一手抓组织建设，符合条件的及时建立党支部，同步精准推进党的组织覆盖和工作覆盖。开展达标创优工作，佛山市博睿社会工作服务中心党支部获中共佛山市委组织部评定为“佛山市党支部达

表72　2019年佛山市十大“社工之星”一览表

姓　名	单位及职务
叶家荣	佛山市博睿社会工作服务中心服务总监
刘洁莲	佛山市睿航社会工作服务中心总干事
何静雅	佛山市禅城区星晴社会工作服务中心总干事
谭翠婵	佛山市禅城区塔坡社区居委会主任
王玉佳	佛山市南海区阳光家庭社会工作服务中心总干事
张英丽	佛山市南海区北斗星社会工作服务中心项目主任
廖倩婷	佛山市顺德区启创青少年社工服务中心执行总监
付红霞	佛山市顺德区大良顺心社工服务中心主任助理
刘国豪	佛山市顺德区威权康复服务中心项目主任
杜瑞平	佛山市三水区春晖养老服务中心居家部主任

标创优活动模范党支部”。开展党建考评工作，评出“2019年度先进基层党组织”5个及“2019年度优秀党务工作者”5人。加强党员教育培训，组织党员集中学习党的大政方针，贯彻落实习近平总书记重要指示和批示精神。为党组织和党员订阅《习近平谈治国理政》第三卷和《基层组织选举工作条例》等学习资料，并组织观看全省党建工作示范班在线直播。举办“庆七一、强学习”庆祝建党99周年知识竞赛系列活动，有51个党支部、203名党员参加。举办社会组织党建培训9期，围绕做好社会组织党建工作等内容，对60多名党组织书记、200多个社会组织进行培训。

【社会组织年报】 2020年，佛山市民政局推进社会组织年报工作，通过简化年报流程、强化工作指导、采取网上填报、网上信息公开的方式，组织社会组织高效完成年报，及时、全面掌握社会组织内部建设、党建工作、财务报告、业务活动等工作情况。年内组织线上线下相结合的年报培训课程8场次。截至2020年底，应参加2019年度工作报告的社会组织794个，实际参加年度工作报告的社会组织717个（含未经业务主管单位初审的社会组织38个），参报率90.3%。

【社会组织公益性捐赠税前扣除资格认定】 2020年，佛山市民政局做好社会组织公益性捐赠税前扣除资格认定工作。印发《佛山市民政局关于开展2019年度公益性捐赠税前扣除资格认定工作的通知》，发动市、区两级符合条件的社会组织按要求进行申报。经市民政局、市财政局、国家税务总局佛山市税务局联合确认，全市2019年度具备公益性捐赠税前扣除资格的社会组织44个。

【社会组织等级评估】 2020年，佛山市民政局开展社会组织等级评估。完善《佛山市社会组织等级评估实施办法》和评分细则，发动和鼓励社会组织上等级。全年市级参加等级评估的社会组织27个，经评估获得AAAAA的社会组织有11个、获得AAAA的社会组织有5个、获得AAA的社会组织有11个。截至年底，全市有经评估为AAA以上等级的社会组织330个，数量位居全省前列。

【社会组织风险防控】 2020年，佛山市民政局以政治风险、安全生产风险、廉政风险、履职风险、舆情风险、财务管理风险防范等重点领域为抓手，开展社会组织重大风险防范化解工作。严格社会组织成立登记审查，在社会组织登记时，加强社会组织发起人政治审查，并要求社会组织作出党建工作承诺书，引导其坚持党建引领，确保正确的政治方向。同时，加强对社会组织办公场所的消防验收审查，确保办公场地使用安全。加强对社会组织的意识形态监测管理，制定《2020年社会组织意识形态工作实施方案》，并结合日常工作情况，开展实地走访、抽查检查、电话了解、政策宣传、舆论引导，避免重大舆情风险发生。加强对社会组织的监督检查，印发《关于做好佛山市市级社会组织重大事项报告工作的通知》，规范社会组织的活动行为，及时掌握社会组织动态，防止出现风险隐患问题。年内，收到40家市级社会组织开展重大活动报备，未发现有社会组织出现意识形态相关领域的重大违法违规行为。

2020年11月26日，佛山市民政局召开2020年“砥砺奋发结硕果豪情迈进‘十四五’”佛山市社会组织建设成果宣讲会。图为获得等级评估AAAAA级社会组织获颁牌匾

（市民政局　供图）

【社会组织监管】 截至2020年底，佛山市有社会组织7210个，其中社会团体4250个、民办非企业单位2930个、基金会30个。2020年，佛山市民政局引导社会组织建立健全法人治理结构和运行机制，加强对社会组织信用管理，进一步完善社会组织活动“异常名录”和“严重违法失信名单”机制，将社会组织信用记录作为公共财政扶持、服务购买和经费资助审批等方面的参考依据。将111个未按要求参加年报、未按规定开展活动的社会组织列入异常名录，加以重点监管，规范社会组织有序发展。同时，开展社会组织行政执法和检查，梳理佛山市社会组织行政执法工作流程。

【社会组织专项审计】 2020年，佛山市民政局印发《关于对部分市级社会组织进行随机财务审计的通知》，对48个市级社会组织2018—2019年度财务情况进行抽查审计，其中包括7个获得2019年专项扶持资金项目的社会组织和11个参加2020年等级评估申报为AAAAA等级的社会组织。对市级58个办理注销和换届的社会组织进行专项审计，暂未发现重大违法违规行为。

【行业协会商会涉企收费整治】 2020年，佛山市民政局印发《佛山市关于进一步规范行业协会商会收费工作的通知》，落实行业协会涉企收费管理工作，要求行业协会对会费收取及管理情况、开展评比表彰及培训活动的收费情况、开展募捐等涉费服务项等开展自查自纠。9月，市民政局组成检查工作小组，对150家市级行业协会商会开展诚信自律涉企收费进行专项检查，对存在违法违规收费行为尽快清理、整改，做到依法依规合理收费，减轻企业负担。同时加大信息公开和监管力度，对市级行业协会商会收费项目和会费标准进行公示，并加强对社会组织的财务专项抽查审计，对发现问题的按照《社会组织信息管理办法》规定列入活动异常名录和严重违法失信名单。

【社会服务机构专项治理】2020年，佛山市民政局开展社会服务机构专项整治工作，制定社会服务机构整治工作方案，组织发动全市社会服务机构开展自查自纠工作。全市社会服务机构专项整治行动工作有整治对象421个，其中市本级88个、区级333个，累计发出整改通知44份，督促社会服务机构落实整改，引导社会服务机构出台服务标准、制定服务规则，履行服务承诺。

【整治非法社会组织专项行动】2020年，佛山市民政局联合中共佛山市委宣传部、市公安局，加大对社会组织举办重大活动和开展网络舆情的监管力度，开展打击整治非法社会组织专项行动。重点对以汉服汉文化协会等未登记擅自开展活动的，以及打着传播“心灵太极”“喝酒技术人才培训”等不当信息的涉嫌非法社会组织予以打击整治和劝散，净化社会组织的发展环境。全年全市打击整治涉嫌非法的社会组织5个。

【社会组织培育扶持】2020年，佛山市民政部门以项目为导向，加大财政投入，全市安排约1800万元用于扶持社会组织发展。其中：市级安排640万元的市级社会组织发展专项扶持资金支持公益慈善类、党建类、经济类、社科类、文化类、自然科学类、体育类等七大领域47个项目，鼓励社会组织为佛山市经济、文化、民生、社会的发展贡献力量；南海区继续以公益创投的方式，面向社会组织广泛征集优秀公益项目进行资助，资助范围涵盖社区建设、养老服务和志愿服务等12个类别，2017—2020年共资助25个项目，资助金额达545万元，开展各类活动约3360场次；顺德区继续开展社会治理“众创共善”计划，安排500万元用于扶持社会组织开展社会治理、社会服务、社会保障等项目，截至2020年，顺德区设立100万元行业协会商会发展资金，打造一批可看可学、具有推广价值的商会协会建设特色项目。年内，市民政部门进一步完善社会组织孵化培育基地建设，为进驻社会组织提供免费办公场地、政策咨询、项目策划和资金扶持、公益创投等服务，截至年底，全市有社会组织孵化培育基地23个，累计孵化社会组织527个。2020年，市民政局采取线上线下相结合、视频录制与现场授课相补充等形式，开展培训活动23场次，内容涵盖党建工作、年报填报、财务管理、心理辅导、新媒体传播等，累计80学时，参加培训的社会组织超300个，参训学员近600人次。

【社会组织参与社会治理现代化】2020年，佛山市加快推进社会组织参与社会治理工作，印发《佛山市推进社会组织参与社会治理工作实施方案（2020—2022年）》。继续做好“佛山市社会组织党员志愿服务进社区”品牌活动，举办社会组织党员志愿服务进社区活动4场次，分别在祖庙街道培德社区、张槎街道玉带社区等基层社区开展家电义修、义剪、政策咨询等服务，累计组织90多个社会组织、480多名党员志愿者，开展100多项便民服务，对30多户困难群众进行走访慰问，受惠居民超2400人次。同时，该项目被授予“2019年最佳志愿服务项目”称号。年内，市民政局联合市社会组织培育发展中心举办“2020年佛山市社会组织公益项目助力行动”，发动全市社会组织以项目为导向，重点围绕养老助残、扶贫济困、垃圾分类和文明餐桌“光盘”行动等领域开展公益服务。

【社会组织参与脱贫攻坚】2020年，佛山市民政局印发《佛山市民政局关于引导和动员全市社会组织参与决战决胜脱贫攻坚工作的通知》，引导和动员全市社会组织集中力量参与“广东社会组织支援‘三区三州’建设”（“三区”即西藏自治区和青海、四川、甘肃、云南四省藏区，以及南疆的和田地区、阿克苏地区、喀什地区、克孜勒苏柯尔克孜自治州四地区；“三州”即四川凉山州、云南怒江州、甘肃临夏州）、“佛山市社会组织结对帮扶凉山州”、“社会组织扶百村”、百家社会组织走近留守和困境儿童“牵手行动”等项目，投入到党建教育、产业扶贫、教育扶贫、健康扶贫、社工扶贫、志愿扶贫等重点领域中，实现社会帮扶资源和精准扶贫有效对接。6月，牵头组织20个市级社会组织代表，赴四川省凉山彝族自治州美姑县对20个挂牌督战村深入开展结对帮扶调研，制订“结对帮扶计划书”，采取“一对一或多对一”等方式，精准对接。截至2020年底，全市有40个社会组织与凉山彝族自治州美姑县20个村签订结对帮扶协议书，筹集资金全部划拨到位，围绕基层党建、养殖产业、困难帮扶、心理疏导等方面开展精准帮扶。2020年全市社会组织投入近4200万元对口帮扶四川凉山、东西部协作等扶贫协助工作，投入1.03亿元针对省内贫困地区开展社会组织扶百村、“广东扶贫济困日”活动。

（陈　瑶）

地名管理

【概况】2020年，佛山市开展道路街巷信息核对工作，落实地名普查成果转化，编纂标准地名工具书，宣传地名文化，继续制作地名漫画。全年全市审批建筑物、住宅区地名命名、更名196宗，道路地名命名、更名236条。

【道路街巷信息核对】2020年，佛山市民政局印发《佛山市民政局开展“四标四实”基础信息采集工作实施方案》，开展“四标四实”（“四标”是指标准地址、标准作业图、标准建筑物编码、标准基础网格，“四实”是指实有人口、实有房屋、实有单位、实有设施）信息采集工作。在顺德区乐从镇开展“四标四实”道路街巷核对试点工作的基础上，印发《佛山市民政局关于推进“四标四实”道路街巷核对工作的通知》，全面开展道路街巷信息核对。截至2020年底，佛山市完成全市道路街巷核对工作10.6万条。

【地名文化宣传】 2020年，佛山市民政局开展地名文化宣传。在“佛山民政”微信公众号推送15期地名漫画故事，推广、弘扬佛山优秀地名文化，获省级地名微信公众号“南粤地名”转发宣传。开展2020年度地名漫画及漫画小册子项目制作。上线佛山地名文化IP名称征集和知识问答活动。

【地名普查成果转化】 2020年，佛山市民政局推动地名普查成果转化，继续推进标准地名工具书编纂。其中，标准地名图项目完成佛山市行政区划图（征求意见稿）制作并制定审核说明，收集各专业部门审核意见并加以完善；标准地名图录典志项目完成标准地名录初稿编纂工作。

【区划界线管理】 2020年，佛山市民政局与广州市民政局联合印发《广州市与佛山市行政区域界线联合检查工作方案》，实地开展广州—佛山行政区域界线联合检查外业工作。按时完成两市行政区域界线联检工作总结和成果资料会审，并联合广州市民政局配合两市政府做好《广州—佛山行政区域界线联合检查报告》的上报工作。

（陈　瑶）

民族宗教事务

民族事务

【概况】 2020年，佛山市有少数民族人口53.27万人，分属55个少数民族，其中户籍人口4.74万人。佛山市少数民族人口主要来自广西、云南、湖南、四川、贵州等地。

【民族事务管理】 2020年，佛山市深化开展民族团结进步创建活动。通过线上宣传和线下活动方式，开展民族团结进步宣传月活动，营造浓厚民族团结进步氛围；举办民族团结进社区、进学校宣传活动，建立“一家亲”志愿服务队，通过举办中华民族一家亲中学生绘画大赛、民族趣味运动会等活动，促进民族团结进步；按照新冠肺炎疫情防控要求，采用网络授课的模式，对在佛山的少数民族进城务工人员进行语言文化培训，授课90课时，培训956人次。建设少数民族传统体育项目训练基地，进一步提高全市少数民族传统体育竞技水平。11月25日，广东（佛山）对口凉山扶贫协作工作组获“广东省民族团结进步模范集体”称号，佛山市人力资源公共服务中心人力资源市场部副部长张文生、南海区艺术高中西藏部主任张兴亭获“广东省民族团结进步模范个人”称号。

【“一家亲”志愿服务队在高明成立】 2020年4月29日，佛山市高明区民族宗教事务局正式注册成立高明区新时代文明实践“一家亲”志愿服务队，为佛山地区的首创。该志愿服务队有队员21人，成员结构具有鲜明的一致性和多样性，体现统一战线大团结大联合的特色，除了少数民族人士经济组织和宗教界、信教群众的代表之外，还有热心民族宗教工作的民主党派人士代表，以及各行业先进个人。该志愿服务队宗旨是正确引导和推动高明少数民族和宗教界志愿服务力量发展，整合公益慈善资源践行社会主义核心价值观。该志愿服务队还创作推介新时代高明品牌形象、讲好新时代民族故事的高明地标版“一家亲——民族团结进步”公益广告，并推出“一家亲——云创作”微语视频。

【少数民族传统体育项目训练基地获授牌】 2020年8月28日，佛山市民族宗教事务局举行少数民族传统体育项目训练基地授牌仪式，向佛山科学技术学院、佛山实验中学、南海艺术高级中学、南海区九江龙龙舟俱乐部4个单位颁授佛山市少数民族传统体育项目训练基地牌匾。佛山市依托佛山科学技术学院、佛山实验中学、南海艺术高级中学、南海区九江龙龙舟俱乐部等4个单位建立少数民族传统体育项目训练基地，开展蹴球、民族健身操、珍珠球、高脚竞速、板鞋竞速、武术、表演项目、龙舟项目等少数民族传统体育项目的人才选拔和日常培训，提高少数民族传统体育竞技水平，促进少数民族传统体育的推广普及，推动全市少数民族体育事业取得新进展。

（关乐君）

宗教事务

【概况】 2020年，佛山市有佛教、道教、天主教、基督教。宗教团体中：市一级宗教团体5个，分别为市佛教协会、市道教协会、市天主教爱国会、市基督教三自爱国会、市基督教协会；区一级宗教团体有8个，分别是禅城区佛教协会、禅城区基督教三自爱国会、南海区道教协会、顺德区佛教协会、顺德区天主教爱国会、顺德区基督教三自爱国会、顺德区基督教协会、三水区基督教三自爱国会。全市有57个宗教活动场所（佛教寺院18个、道教宫观6个、天主教堂12个、基督教堂21个），有教职人员206人、信教群众13.8万人。

【宗教界社会服务】 2020年，佛山市宗教界发挥爱国爱教、扶危济困、服务社会、利益人群的优良传统，共同参与新冠肺炎疫情防控。全年捐款365万余元，其中向佛山、武汉等地捐赠抗击新冠肺炎疫情善款278.71万元，捐赠物资价值约25万元。佛山市仁寿社会工作服务中心全年开展慈善活动23场，投入慈善资金29.72万元，惠及5.97万人次，帮助社会弱势群体改善生活。

【宗教事务管理】 2020年1月23日开始，佛山市受新冠肺炎疫情影响，所有宗教活动场所（含临时活动点）和民间信仰场所暂停开放，停止举办人员聚集的宗教活动和民俗活动。6月15日开始，全市宗教活动场所陆续恢复开放。佛山市深入开展佛教道教商业化问题治理，基本杜绝佛山市佛教道教活动场所“烧大香”、“烧头香”、“乱放生”、借教敛财等商业化行为，重塑佛教道教清净庄严形象。在治理商业化同时，明确佛教道教活动场所“三权”（管理权、使用权和所有权），维护佛教道教界的合法权益，南海区宝峰寺“南海观音像”、三水区本焕寺“三水大佛”2处大型露天宗教造像理顺历史遗留问题，经批准重新开放。依法审批宗教活动场所，批准顺德区佛教陶轮学社，容桂街道慈恩庵、福静庵等3处佛教特征明显的民间信仰场所筹备设立为其他固定宗教活动处所。

【全市民族宗教工作干部培训班】 2020年11月25—27日，佛山市民族宗教事务局在中共佛山市委党校举办全市民族宗教工作干部培训班。各区民族宗教事务局、各镇（街道）分管民族宗教的领导干部，村、社区民族宗教工作联络员等近100人参加培训。培训采取集中授课和现场教学的方式进行，集中学习“全面推进民间信仰场所管理”“解读《广东省宗教事务条例》和《宗教团体管理办法》”“铸牢中华民族共同体意识，做好城市少数民族工作”“国家安全观”等专题课程，并前往广州市光孝寺开展现场教育，学习宗教场所管理经验。

（关乐君）

精神文明创建

【概况】 2020年，佛山市围绕迎接全国文明城市复评工作，实施社会主义核心价值观景观建设工程、集贸市场综合整治工程、老旧社区和背街小巷补短板工程、非建成区的镇街综合整治提升工程、文明校园创建提升工程、公共环卫设施提升工程、母婴设施建设提升工程、公共机构和窗口行业文明服务工程、交通秩序提升工程等精神文明创建“九大重点工程”，推动精神文明建设再发力、再深化，再次获评全国文明城市，实现全国文明城市“三连冠”。同时，建设新时代文明实践中心，全市实现5个区实践中心、32个镇（街道）实践站、781个村（社区）实践站全覆盖，并建成1393个各类特色实践点。继续推进“大爱佛山”“敬业之城”“乐善之城”“志愿之城”“工匠精神”“企业家精神”等特色文明创建品牌工作。印发《佛山市建设高质量“志愿之城”行动计划》，全市有注册志愿者117万人，占常住人口的14.34%。全年评选“佛山好人”60人、佛山“最美逆行者”100人、佛山新乡贤14人、传播正能量致敬单位20家、佛山“新时代好少年”19人。2人获评广东省“新时代好少年”、1人被推荐参评全国“新时代好少年”。各有1户家庭获评全国和广东省文明家庭。

链接

2020年度佛山传播正能量致敬单位名单

佛山市市场监督管理局　佛山市政府“12345”热线　共青团佛山市委员会　佛山市第一人民医院　佛山日报社　禅城区卫生健康局　禅城区祖庙街道办事处　南海区九江镇下西社区居民委员会　广东省和的慈善基金会　美的集团股份有限公司　碧桂园集团党委　中共乐从镇水藤村委员会　高明区明城镇社区居民委员会　三水区西南街北江社区居民委员会　佛山岭南医院　顺德区女企业家协会　南海佛广公共汽车有限公司　顺德区志愿者（义务工作者）联合会　佛山市关心下一代工作委员会　禅城区文化馆

【全国文明城市实现“三连冠”】 2020年，佛山市在全国文明城市年度复评中成绩位列广东省6个地级市第一，再次获评全国文明城市，实现全国文明城市“三连冠”。佛山市以市委、市政府名义高规格召开佛山市创建全国文明城市工作推进会，中共佛山市委书记、市文明委主任鲁毅作部署讲话，发出奋力夺取全国文明城市“三连冠”的动员令。出台《佛山市奋夺全国文明城市“三连冠”工作方案》等文件，部署开展精神文明创建九大重点工程，不断巩固提升文明创建成果。推动制定《佛山市文明行为促进条例》，为文明行为立法。继续推进“大爱佛山”“敬业之城”“乐善之城”“志愿之城”“工匠精神”“企业家精神”等特色文明创建品牌工作。在12月9日广东省委和省政府召开的广东省精神文明建设表彰大会上，佛山市禅城区南庄镇、南海区西樵镇、三水区乐平镇、顺德区北滘镇黄龙村获“广东省文明村镇”称号；佛山市气象局、禅城区祖庙街道办事处、顺德出入境边防检查站、顺德容桂上佳市社区居委会获“广东省文明单位”称号；禅城区退伍军人李太安家庭获“广东省文明家庭”称号；三水区西南中学、禅城区南庄镇紫南小学获“广东省文明校园”称号。截至年底，全市有省文明村镇16个、省文明单位57个、省文明家庭4个、省文明校园5个。

【精神文明创建“九大重点工程”】 2020年，佛山市部署开展社会主义核心价值观景观建设工程、集贸市场综合整治工程、老旧社区和背街小巷补短板工程、非建成区的镇街综合整治提升工程、文明校园创建提升工程、公共环卫设施提升工程、母婴设施建设提升工程、公共机构和窗口行业文明服务工程、交通秩序提升工程等精神文明创建“九大重点工程”。开展社会主义核心价值观景观建设工程，全市投入1778万元，建成668处公益广告景观小品，打造成为城市靓丽新风景。开展集贸市场综合整治工程，推动全市集贸市场整体形象提升，全市集贸市场统一制度规范、统一形象标志、统一定期清洁，让市民买菜更加舒心、放心。开展老旧社区、背街小巷补短板工程，围绕美化街巷建筑立面，优化公共活动空间，改造提升排水、供电、供水管网基础设施，强化公

2020年9月25日，佛山市举行2020年第二季度佛山市道德模范与身边好人现场交流活动
（市委宣传部　供图）

益宣传氛围等方面，启动35个重点社区的改造提升，改善人居环境。开展非建成区的镇街综合整治提升工程，投入农村环境卫生清洁专项资金5919万元，出动26.84万人次清理卫生黑点，佛山城乡环境更加清洁干净。开展校园文明创建提升工程，全市中小学校100%开展文明校园创建、100%开展“新时代好少年”宣传推荐，营造有利于未成年人健康成长的氛围。开展公共环卫设施提升工程，组织垃圾分类主题宣传活动近200场次，张贴和派发宣传海报单张12万张，让垃圾分类成为市民生活新时尚。开展母婴设施建设提升工程，一批环境温馨、设备齐全的标准母婴室，遍布全市22家医院、19个景区景点、5个火车站（城轨站）、8个长途汽车客运站（码头）、1个机场、31个大型商场、8个政务大厅，为城市增添浓浓人文关怀，体现创文惠民。开展公共机构和窗口行业文明服务工程，实行统一的行业规范，设立统一的志愿服务岗，推动全市各窗口行业便民服务水平提升。实施交通秩序提升工程，针对交通违法行为开展常态化整治并开展劝导服务，有效规范交通秩序，使市民出行更加文明、安全。

【新时代文明实践中心建设】 2020年，佛山市深化新时代文明实践中心试点建设，各区新时代文明实践阵地不断拓展。顺德区作为全国试点，禅城区、南海区作为全省试点，高明区、三水区作为市级试点，形成“比、学、赶、帮、超”的氛围。全市实现5个区实践中心、32个镇（街道）实践站、781个村（社区）实践站全覆盖，并建成1393个各类特色实践点。在新时代文明实践中心的统筹下，全市基层图书馆、文化馆、博物馆、科技馆、宗祠古庙、红色遗址、核心价值观公园、文体广场、志愿V站、党群服务中心、综合性文化服务中心等一大批阵地资源得到活化利用。开展新时代文明实践融媒传播，提升新时代文明实践活动的覆盖率和感染力。各区形成各具特色的活动模式，顺德区打造“微心愿”工作模式；禅城区在疫情期间首创“防疫知识网络直播培训”系列课程，组织培训8场次，累计收看超2800万人次；南海区办好《新时代南海家书》，建设“线上讲堂”；高明区设置“我来点单”群众志愿服务需求征集专栏；三水区与“快手”应用程序（App）合作打造空中讲堂，孵化1批“百姓名嘴”，利用“村村通”大喇叭播报党政声音、红色故事、美德故事、乡风文明等。

【公民道德建设】 2020年，佛山市深化新时代公民道德建设，出台《佛山市加强新时代公民道德建设实施意见》。开展“道德模范”推荐宣传活动，仇志晖被评为广东省道德模范，林伟光、陈燕梅、万雯辉被评为佛山市道德模范。举行佛山市道德模范与身边好人现场交流活动，推荐宣传“佛山好人”60人、佛山“最美逆行者”100人、佛山新乡贤14人、传播正能量致敬单位20家、佛山“新时代好少年”19人。2人入选广东省“新时代好少年”、1人被推荐参评全国“新时代好少年”。推荐宣传“最美教师”20名、“最美退役军人”“最美军嫂”各10人、“最美家庭”124户。宣传云南佤族姑娘魏月董千里还医药费的感人事迹，并整合资源形成合力开展帮扶，形成德者有得的良好氛围。魏月董诚信事迹被《人民日报》、新华社、央视新闻等官方微信，以及新华网、中国文明网、澎湃新闻等报道或转载，曾列新浪微博热搜榜第七位，话题阅读量1.7亿人次。

【“志愿之城”建设】 2020年，佛山市推动志愿服务制度化、规范化、常态化开展。印发《佛山市建设高质量“志愿之城”行动计划》，推动“志愿之城”建设向村（社区）延伸，助力基层社会治理创新。全市有注册志愿者117万人，占常住人口的14.34%。结合在职党员到社区报到，围绕新冠肺炎疫情防控、扶贫助困、洁净家园、守护平安、文明出行等，组织开展在职党员社区志愿服务活动2924场次，让群众感受“惠从党来”。

【文明主题实践活动】 2020年，佛山市开展类型多样的文明主题实践活动，倡导文明新风尚。推广文明餐饮，发出“公筷公勺”倡议书，在户外大屏播放公益广告2000多万条次。全市17021个餐饮单位上线“阳光餐饮”平台。提升环境卫生，765个公共机构开展垃圾分类，推选100座“示范文明公厕”及20座“最美市政公厕”。倡导文明出行，开展文明旅游主题宣传活动和倡导文明健康绿色环保生活方式行动，在网站、新媒体等刊播文明出游宣传片。普及绿色生活，节能宣传周活动吸引7.2万人参与，开展绿色商场创建。深化移风易俗，清明节期间全市43个殡葬服务机构代献花篮（圈）750个、鲜花39万支，“云祭扫”平台全市注册用户数14.5万人次，网络祭扫平台访问量超129万人次。倡导居家健身，增强公民身体素质。推进“E网同心”网络同心圆工程，倡导文明上网。促进心理健康，在30个镇（街道）配备心理咨询室470个。开通“12338”心理援助线57条24小时服务。深化爱国卫生运动，组建1万多人的爱国卫生志愿服务队和2539人的团员青年战疫志愿服务队。开展环境卫生综合整治3万次，清除卫生死角26万处，清理垃圾38.47万吨，整改环境卫生脏乱差问题5.13万个。举办生命教育网络直播和卫生健康教育培训活动850场次，户外电子屏刊播“文明健康　有你有我”公益广告2000多万条次，张贴宣传画4万多张。

【未成年人道德建设】 2020年，佛山市不断拓展未成年人道德教育阵地，开展丰富多样的实践活动。投资近1200万元打造佛山市未成年人保护示范基地，设有国防安全、红色文化、交通安全、消防安全、自然灾害避险、校园安全等27个展项，通过增强现实（AR）、虚拟现实（VR）、交互游戏、实训课程等互动体验模式，为青少年提供沉浸式的安全教育。举办“童心向党声飞扬　云上赞歌献给党”“向国旗敬礼”等活动，在线观看“美育云端课堂”直播活动。开设“传承红色基因　争做新时代好少年”开学第一课。深入推进文明校园创建，命名30所市级文明校园。高明区沧江中学、南海区实验小学入选全国文明校园，三水区西南中学、禅城区南庄镇紫南小学入选广东省文明校园。推荐产生广东“最美教师”2人、佛山“最美教师”20人，2人获广东“最美教师”称号。1人被中央电视台评为“最美孝心少年”，2人获评广东省“新时代好少年”，43人获市级“最美南粤少年”称号。

【“我们的节日”主题活动】 2020年，佛山市持续开展“我们的节日”主题活动，弘扬中华民族优秀传统文化，培育和践行社会主义核心价值观。开展“我们的节日·春节”主题活动45场次，参与人数约14万人次。元宵节期间开展“温爱佛山·网上行通济”活动，超130万人次参与，活动网上浏览量211.4万人次。清明节期间开展“网上祭英烈”活动，组织中小学生通过网上祭奠、网上献花、网上鞠躬、发表感言等方式致敬英模，34万人次参与。端午节期间开展活动80余场次，参与人数约10万人次。

【倡导文明健康绿色环保生活方式行动】 2020年，佛山市制定《关于倡导文明健康绿色环保生活方式的行动方案》《关于推动形成文明健康绿色环保生活方式的工作机制》等文件，多措并举促进佛山市加快形成文明健康、绿色环保新风尚。举行全市倡导文明健康绿色环保生活方式行动联席会议，加快形成工作合力。在南海区博物馆举行“文明旅游健康出行为中国加分”——2020年佛山市倡导文明健康绿色环保生活方式行动启动仪式，活动从垃圾分类、爱护环境、文明旅游等多个方面，倡导市民自觉践行文明健康绿色环保的生活方式，近100名市民游客参与活动；在顺德区举行“文明餐桌新‘食’尚”——佛山市倡导文明健康绿色环保生活方式行动系列活动，倡导市民使用公筷公勺、文明用餐、光盘行动、禁食野生动物等绿色环保生活方式，以小餐桌带动大文明；在三水文化活动中心举行“文明交通一路春风绿色出行一路同行”——佛山市倡导文明健康绿色环保生活方式行动系列活动，提升市民文明出行意识，营造文明交通、绿色出行的环境。

【佛山获全国精神文明建设表彰】 2020年11月20日，在北京市举行的全国精神文明建设表彰大会上，表彰第六届全国文明城市、文明村镇、文明单位和第二届全国文明家庭、文明校园及新一届全国未成年人思想道德建设工作先进名单。其中，佛山市经中央文明委复查确认继续保留“全国文明城市”称号；佛山市禅城区张槎街道张槎村、顺德区乐从镇葛岸村、高明区荷城街道石洲村、三水区西南街道江根村入选第六届全国文明村镇名单；佛山市公安局禅城分局、佛山市顺德区大良街道办事处、佛山市南海区桂城街道翠颐社区、青岛啤酒（三水）有限公司入选第六届全国文明单位名单；佛山市禅城区祖庙街道莺岗社区的林伟光家庭入选第二届全国文明家庭名单；佛山市南海区南海实验小学与佛山市高明沧江中学入选第二届全国文明校园名单；佛山市禅城区委宣传部副部长、文明办主任黄连教入选第六届全国未成年人思想道德建设工作先进工作者名单。

（雷郎才）

2020年6月30日，“童心向党声飞扬　云上赞歌献给党”合唱歌曲展演活动在佛山市工人文化宫举行。图为合唱团表演节目《听我说谢谢你》　（市委宣传部　供图）

应急管理

综　述

【概况】 2020年，佛山市事故起数、死亡人数、受伤人数、直接经济损失4项指标比上年均有所下降，全市发生生产安全事故375起，死亡246人，受伤214人，直接经济损失3226.06万元，比上年分别下降21.2%、18.5%、25.4%、8.2%。佛山市以深入推进安全生产三年专项整治行动为抓手，统筹推进安全生产责任体系、重大风险源头防控、应急管理体制机制、救援力量基层基础等重点工作，全市安全生产形势总体平稳可控，连续3年实现汛旱风灾害“零伤亡”，组建佛山市首支以森林火灾救援为主体的佛山市森林消防综合救援队，加强应急救援体系建设。

【应急管理体系建设】 2020年，佛山市推进应急管理机构改革和体制调整，构建具有佛山特色的应急管理体系，推进应急管理与城市管理、基层治理有机融合，提升应急管理体系和能力现代化水平。

机构改革成效　截至2020年10月，佛山市、区、镇（街道）三级应急管理部门组建完成，明晰市、区应急管理部门与镇（街道）人民政府在应急管理工作中的职责边界，确保职能归位、各司其职、依法履职。构建“四个一”的基层应急管理体系，确保每个镇（街道）有一个应急管理办公室，有一支应急救援队伍，有一个应急响应平台，有一个应急物资仓库。将应急管理列入村（社区）自治管理的重要内容，明确村（社区）基层群众自治组织工作机制，推进应急管理工作融入基层治理“一张网”建设，打通应急管理的“最后一公里”。

优化应急管理机制　2020年，佛山市围绕“应急管理能力和体系现代化”治理理念，谋划编制应急管理“十四五”规划，制定“三大战略定位”（打造应急管理人才队伍新高地、打造智慧安全城市示范区、打造共建共治共享先行区），构建“八大体系+五大能力”（“八大体系”：应急管理体系、应急责任体系、科技支撑联防体系、精准监管体系、平战结合救援力量体系、科学高效灾害防治体系、集中统一应急物资体系、佛山特色安全文化体系；“五大能力”：应急基层基础能力、防灾减灾能力、防范化解重大风险能力、应急响应能力、应急保障能力）、实施“八大工程”（佛山城市运行监测中心、社会协同治理工程、自然灾害防治能力建设、文化引领工程、佛山市森林消防救援基地营区、佛山市应急指挥中心、应急技术装备现代化建设工程、应急管理示范引领工程），明确应急管理改革未来五年的方向、目标和抓手。制定突发事件、安全生产和自然灾害类管理办法、预案和工作细则，进一步规范完善预警信息发布、各类响应启动、应急处置等机制。推动防灾减灾、安全生产职责纳入相关部门“三定”（定部门职责、定内设机构、定人员编制）规定，进一步明确应急管理部门与自然资源、水利、发改等部门在森林防火、防风防汛抗旱、救灾物资储备等领域的职责分工。出台《佛山市深化消防执法改革工作实施方案》等文件，推动12类重点场所开展消防安全标准化建设，开展冬春火灾防控等专项行动，推动消防执法改革取得实效。

完善应急指挥体系　2020年，佛山市从优化自然灾害、安全生产突发事件的指挥部搭建、运行机制、指挥调度权限等入手，制定《佛山市综合应急指挥运行工作指引》《佛山市现场指挥部搭建工作指引》。佛山市政府、佛山军分区联合印发《关于进一步健全完善佛山市突发事件军地应急联动工作方案的通知》，建立联席会议制度，进一步健全军地应急联动机制。高标准组建佛山市首支以森林火灾救援为主体的准军事化管理综合性救援队伍——佛山市森林消防综合救援队；全面强化应急救援力量社会化建设水平，全市333支社会应急救援队伍、12988名救援队员全部登记在册，并建立完善物资投送方式、队伍调度等应急救援工作机制。

【应急管理工作能力建设】 2020年，佛山市实现全灾种、统筹应对、全链条有效覆盖、全过程综合管理，形成应急管理“一盘棋”。

安全生产　实行市、区、镇（街道）三级安委会“双主任”制全覆盖，推动“党政同责、一岗双责”落实，确保安全生产责任制贯穿始终。出台《佛山市应急管理局〈生产安全事故应急预案管理办法〉实施细则》等文件，加强安全生产制度建设；开展安全生产督导检查、安全生产督办约谈、安全生产监管检查等，深化安全生产综合治理，狠抓重点行业领域整治，构筑严密严实的安全生产防线；推进企业安全生产标准化创建工作，全市新创建三级标准化企业7406家；开展风险点危险源再排查再评估工作，排查辨识和分析评估各类安全生产风险点危险源4300处。创新打造“智慧安全城市”项目，整合汇聚全市35个部门和单位的数据信息，实现跨部门、跨区域、跨层级、跨系统、跨业务的数据融合，先后在扑灭山火、抗击疫情、台风防御、实时监测地下管网泄漏等一系列实战中取得成效。构建以安责险为纽带的“多元主体、合作共治”的社会化治理新模式，引入保险公司、第三方顾问机构、技术服务机构等社会主体参与城市安全治理，以政策驱动+服务驱动+市场驱动+数据驱动，建立“一个指挥部、一套体系机制、一个信息平台、一套数据规范”的系统化运营管理体系。拓宽安全教育培训渠道，在全省率先推出节后复产培训“线上培训”学习平台，72万人通过平台注册，全市企业（从业人员）线上学习2000多万人次；丰富安全生产宣传内容形式，开展安全生产月、“接力点亮安全佛山”、“我为安全发声”等活动，参与人数100余万人次。

防灾减灾救灾　2020年，佛山市出台《佛山市应急避难场所管理办法》《佛山市灾害信息员管理暂行办法》，提升应对自然灾害、事故灾难和突发公共卫生事件的能力；携手江门、肇庆、清远、云浮等市，建立五市区域间森林火灾应急救援联动合作机制，发挥驻军的抢险救灾作用，建立军地协调的应急联合行动机制；市区两级共挂牌火灾高风险区域13个、重大火灾隐患单位20家，对6个单位进行约谈提醒；开展全国防灾减灾日及宣传周宣传活动，应急、水利、地质、疾控、气象等专家云访谈节目，微信H5应急避难场所导航小游戏，微信有奖减灾读法，主题点亮活动等线上宣传活动，四个活动的参与和阅读收看人数逾47万人次；创建全国综合减灾示范社区，截至年底，全市189个社区获“全国综合减灾示范社区”称号。

救援力量　2020年，佛山市筹建“一个中心，四个基地”（“一个中心”即珠江西域应急指挥中心，“四个基地”即航空救援基地、综合救援基地、应急物资储备基地、训练培训基地），打造辐射粤港澳大湾区的区域性综合性救援基地，持续提升专业领域应急救援能力；打造行业专业和社会力量救援队伍，有应急救援队伍333支，应急救援业务涵盖生产安全、水利、城市园林、通讯、交通运输、住建、轨道交通、供水、供电、森林火灾、地震与地质灾害、海事、消防、社会救援等各个方面。其中，市级专业应急救援队伍6支，总人数819人，应急救援范围包含防汛抢险、危险化学品、城市用水、城市燃气等自然灾害和生产安全事故处置，拥有运输、吊装、直升机等应急救援设施设备；创新启动志愿者队伍招募工作，联合团委开展应急志愿者招募工作，打造应急管理“生力军”，共同守护安全。

（周结华）

2020年11月9日，佛山市举行“关注消防、生命至上”2020年度佛山市“119”消防宣传月活动。图为向市民派发消防宣传单张　（市消防救援支队　供图）

防灾减灾救灾

【自然灾害】 2020年，佛山市3月31日开汛后恶劣天气频繁，先后遭遇42次较为明显的强对流、强降雨过程，以及西北江Ⅰ号洪水、2个登陆广东省的台风和阶段区域干旱影响。“龙舟水”年景偏重、洪水为2008年以来最大，总体呈现“降水月分布不均匀，极端短时强降水频发，2020年累积雨量与常年（常年是指近30年的平均数量，而且每10年重新计算一次，2020年的常年数是指1981—2010年的平均数）基本持平；初台偏早，汛期台风偏少”的气候特征。

降雨方面　降雨时间分布不均匀，全市平均降雨量为1636.8毫米（1月1日至11月1日），与常年基本持平，但“龙舟水”期间（5月21日至6月20日）及9月降雨量分别达421.7毫米和318.8毫米，较常年同期分别偏多41%和74%。年内极端降水频发，全市发布9次暴雨红色预警信号。短历时降水强烈，降雨强度大，三水区芦苞镇6月6日录得最大时雨量126.6毫米，为超50年一遇的雨强。

洪水方面　北江三水、西江马口站有3次最高水位超3.0米的明显涨水过程，其中6月上旬受西、北江Ⅰ号洪水及天文大潮共同影响，水文部门最高发布洪水黄色预警，西江马口站于6月10日19时25分出现洪峰水位6.66米，相应流量3.82万立方米/秒（超5年一遇），北江三水站于6月10日20时出现洪峰水位6.98

米，相应流量1.21万立方米/秒（超10年一遇）。

台风方面　初台偏早，汛期台风偏少。2020年第二号台风“鹦鹉”于6月14日8时50分前后在阳江海陵岛登陆，较历史同期初台偏早11天。汛期内有4个台风（“鹦鹉”“米拉克”“海高斯”“浪卡”）登陆或严重影响佛山市，较常年偏少1.3个，全年全市发布台风蓝色预警信号11次、黄色预警信号1次，其中第七号台风“海高斯”登陆后擦过高明区，造成较明显的风雨影响，全市出现大到暴雨、局部大暴雨，并伴有10～11级阵风。

干旱方面　气温较常年显著偏高，其中7月全市平均降雨量仅55.1毫米，较常年同期偏少74.8%，高明区出现局部旱情。同月高明区小型水库蓄水量1869万立方米，比上年同期偏少8%，有3个小型水库（莳和坑水库、业山水库和大水坑水库）达到死水位，其中莳和坑水库和业山水库有农业灌溉任务。全市受旱农作物1866.67公顷，更合镇部分村（社区）约600人饮用水受影响。

灾情方面　受强降雨、洪水及台风影响，全市出现城乡内涝94处次，树木倒伏或折断1779棵次，房屋、商铺、厂房受浸165间，车辆受损33辆次，农作物受浸866.67公顷，供电受灾停用户3.85万户，直接经济损失约3155万元，转移受影响群众1941人，未出现重大灾情险情和人员伤亡。

（周结华）

【防震减灾检查】 2020年，佛山市地震局开展地震安全监管自查检查工作。排查2009—2019年佛山全市报建的学校和医院工程项目650个。分批次对全市的建（构）筑物进行抗震性能普查，共完成584332栋总建筑面积5.6亿平方米的建（构）筑物抗震性能普查工作。实施地震易发区房屋建筑加固工程，编制佛山市加固工程实施方案。开展“双随机一公开”检查工作，在各区分别抽取2个建设工程进行抗震设防执行情况和地震安全性评价实施情况的监督检查。

【基层防震减灾应急宣传】 2020年，佛山市推进防震减灾文化宣传纳入全社会科普活动，组织开展50多次防震减灾知识进社区、进学校活动，通过地震应急疏散演练、科普大篷车、模拟体验、宣传讲座等形式普及防震、避震、自救、互救等地震应急技能，超1万人次参与，派发科普手册5万份。推出具有岭南文化特色的黄飞鸿形象系列科普宣传短片，并在“两微一端”（微博、微信及新闻客户端）、佛山市地震科普展馆，以及广佛地铁站台、站厅及车厢投放。市地震局与佛山电视台合作，在《观点佛山》节目中推出“现代化防震减灾　筑牢城市安全基本盘”专题，并通过佛山电视台官方微信、醒目视频应用程序（App）推送，浏览量超3万次；拍摄《奇丸日记》防震减灾系列节目，并通过网络短视频形式，宣传科普防震减灾知识。

（郑永麟）

【防灾减灾气象服务】 2020年，佛山市气象部门加强气象监测重点工程建设，建成全国最先进的强对流天气雷达监测网。开展分区灾前影响预报和分镇临灾阈值预警业务，完成42次强降水、台风（含台风“海高斯”）过程的预报预警。优化行业气象服务供给，在禅城区推进气象巨灾保险试点工作，落实佛山新机场等6个重大项目气象安全区域可行性论证工作。深化“放管服”改革，“区域气候可行性论证”等工作被纳入市工程建设项目审批区域评估清单、土地资源和技术控制指标清单和项目审批流程，并被纳入“多规合一”平台管理；行政审批进一步降门槛，为企业群众提供“零跑腿、免接触、不见面”服务；开展气象防御重点单位气象安全提升行动，更新市级气象防御重点单位45家，全市确定气象灾害防御重点单位105家；推行行政执法“三项制度”（行政执法公示制度、执法全过程记录制度及重大执法决定法制审核制度），防雷重点场所建（构）筑物雷电防护装置检测率100%全覆盖。2020年，佛山市实现连续3年气象防灾减灾零死亡。

（李聪聪　郑启康）

【地质灾害防治】 2020年，佛山市登记在册地质灾害隐患167处，全年排查新增隐患点3处。按类型分，崩塌134处、滑坡27处、地面塌陷1处、地面沉降1处、泥石流7处。印发《佛山市2020年度地质灾害防治方案》《佛山市地质灾害防治三年行动实施方案（2020—2022年）》，严格执行汛期值班值守、险情巡查、灾情速报专报、监测预警、群测群防、宣传培训、防灾和避险明白卡发放等工作制度，建立健全沟通协作机制，提升防灾减灾工作水平。对全市重要监测点进行专业巡查监测5120人次，开展突发性地质灾害应急险情调查61次。全年发出地质灾害预警45次，其中四级预警35次、三级预警10次。全年通过综合整治完成消减地质灾害隐患点35处，地质灾害防治实现连续14年零伤亡。

（郭　庆）

【防灾减灾救灾制度建设】 2020年，佛山市出台《佛山市应急避难场所管理办法》《佛山市灾害信息员管理暂行办法》，加强和规范佛山市应急避难场所管理，完善健全自然灾害应急救助管理体系，提升应对自然灾害、事故灾难和突发公共卫生事件的能力，及时、高效、有序实施紧急避险和救助。

【备灾救灾连续3年零伤亡】 2020年汛前，佛山市采取镇级自查、区级抽查及市级重点检查相结合的方式，市、区、镇共派出406个工作组和5个督导组，排查山洪和地质灾害、削坡建房、沿河低洼区、内涝点、危房、铁皮屋、泥砖房及建筑工地等重点领域，2.32万处排查点均建立台账。建立市级“三防”专家库，落实水利、气象、水文、地质灾害、交通运输等13个专家组共71名专家，为抢险救灾提供决策支持和技术保障。全市各级169座防汛物资仓库均清点造册，主要储备86个品种的防汛抗旱物资，确保物资齐备、管养到位。落实全市56个内涝点的巡查责任人和盯防责任人，落实15个山洪灾害隐患点、1167名受威胁群众防灾避险预警测报全覆盖，针对165个地灾隐患点制定“一隐患一方案”。“龙舟水”及台风影响期间，全市各级应急部门开展联合会商27次、启动应急响应5次、组织15个部门联合值守5

次。西北江洪水发生期间，通过应用程序（App）连线、现场一线督导三水区乐平镇安全转移海丰村受灾群众507人。年内，佛山市组织149支防汛抢险队伍5627人开展抢险队伍技术培训和实战演练；市、区、镇各级三防指挥部及有关成员单位先后组织“三防”相关演练200余次，协同参演超7100人次。

2020年，佛山市“三防”指挥部编制《佛山市防汛工作指引》，全面统筹市“三防”指挥部各成员单位联动布防，形成防御工作合力。气象部门滚动发布天气预警信号604次。水文部门发布水情简（快）报352期，推送内涝、洪水等预警信息17万条。水利部门派出防洪工作组506组，出动5070人次巡查水利工程2670处次，开启排涝泵站122座次257台次，处置险情1起。自然资源部门出动地质灾害巡查人员4388人次，巡查地质灾害隐患点（风险点）2852处次。住建部门落实建筑工地、城镇危房、农村削坡建房的全覆盖检查，预置应急队伍850人，排涝设备212台。农业农村部门派出883人次检查涉农场所1524个次，提醒农户、渔民、涉农企业做好安全防护措施。海事部门开展现场督查巡航18次、电子巡航1200余千米，组织协调渡口停渡11个、船舶停泊497艘，处置险情1起。城管执法部门出动5524人次参与抗台风抢险，落实11个公园应急闭园。佛山军分区组织省防汛抢险民兵轻舟机动一大队队员40人、冲锋舟20艘、橡皮艇8艘整装待命，随时支援抢险救灾。2020年，佛山市实现连续3年汛旱风灾害零伤亡。

【“三防”工作责任制落实】 2020年，佛山市全面落实以行政首长为核心的各项“三防”（防汛、防旱、防风）工作责任制。汛前，组织调整各级三防指挥机构、北江大堤前线抗洪指挥分部领导成员，落实各级三防指挥机构指挥长AB角。全市共落实“三防”责任人1.20万人，签订责任书821份，并将重点工程防汛责任人名单进行公示。组织市、区、镇三级防汛行政责任人1634人进行培训，促进各级防汛行政责任人三防指挥决策能力提升。严格执行“三个联系”制度（指区领导联系镇、镇领导联系村、村干部联系户制度），全市落实49名区领导联系镇、670名镇领导联系村、4063名村干部联系户的对接，督促责任人加强对挂钩地区的联系，及时掌握受影响地区的防御、物资、人员转移及安置情况。

【森林消防综合救援队组建】 2020年4月7日，佛山市人民政府同意设立佛山市森林消防综合救援队，该队伍按照“统一组建、市区共建；迅速响应、靠前驻防；对标一流、规范建设；一专多能，一队多用”原则完成初步组建，预期规模200人，设立5个大队，分为战勤保障大队、市机动大队、高明大队、南海大队、三水大队。市森林消防综合救援队以森林防灭火为中心任务，兼顾参与抗洪防风、地震和地质灾害及生产安全事故等突发事件的综合应急救援。8月16日，市森林消防综合救援队入驻三水区南山镇基地，南海区、高明区营区加紧建设。9月19—22日，市森林消防综合救援队代表佛山参加由广东省森林防灭火指挥部、广东省应急管理厅主办的广东省首届森林消防业务技能大比武，在全省33支专业森林消防队伍中脱颖而出，获得团体总分第一名，摘得团体总冠军。

【全国综合减灾示范社区创建】 2020年，佛山市应急管理部门继续贯彻落实《佛山市创建全国综合减灾示范社区工作规划（2016—2020年）》，以顺德区、三水区为重点，推进全国综合减灾示范社区创建工作。佛山市有5个示范点（佛山市顺德区乐从镇东平社区、佛山市顺德区北滘镇黄龙村、佛山市顺德区陈村镇合成社区、佛山市三水区白坭镇周村村、佛山市三水区大塘镇莘田村）通过国家减灾委、应急管理部、中国气象局、中国地震局审核，获得“全国综合减灾示范社区”称号。截至2020年底，全市有189个社区获“全国综合减灾示范社区”称号。

【珠江西岸“两地联动、五市协同”城市安全应急联动合作会议在佛山举行】 2020年8月19日，珠江西岸“两地联动、五市协同”城市安全应急联动合作会议在佛山市城市安全运行监测中心举行，国家、省应急管理部门相关领导，佛山市副市长许国，肇庆市副市长陈宣群，肇庆、江门、清远、云浮、广州、珠海、梅州、阳江、河源等9个地市的应急管理部门负责人及相关人士100多人参会。会上，佛山市人民政府、肇庆市人民政府、清华大学公共安全研究院及佛山市城市安全研究中心有限公司共同

2020年4月7日，佛山市人民政府同意设立佛山市森林消防综合救援队。图为7月29日，佛山市领导到南海区国防教育基地调研市森林消防综合救援队应急救援工作

（市档案馆　供图）

2020年8月19日，珠江西岸“两地联动、五市协同”城市安全应急联动合作会议在佛山市举行。图为协议签署仪式 （市应急管理局 供图）

签订佛山—肇庆城市安全联动战略合作协议，明确四方在城市安全应急联动和区域应急协同方面开展广泛深入密切的合作，快速复制佛山智慧安全城市建设经验成果。同时，佛山市应急管理部门牵头，联合江门市、肇庆市、清远市、云浮市应急管理部门共同签订珠江西岸五市森林火灾应急救援联动合作框架协议，按照“资源共享、互防互救、协同救援、科学应对”的原则，在森林火灾应急救援联动组织机制、林火信息、应急救援资源、应急处置及善后工作、应急演练等方面开展全方位合作。该会议的举行，标志着全国首个城市群安全应急联动深度合作迈出实质性的步伐。

（周结华）

【全省首支市级防洪机动抢险队成立】 2020年4月24日，佛山市水利局与佛山市佛利建设工程有限公司签订佛山市防汛应急抢险协议，首次在市内采取政府与民营企业“手拉手”的形式成立由民营企业为主体的佛山市防洪机动抢险队，该防洪机动抢险队亦是广东省首支市级防洪机动抢险队。该防汛应急抢险队成立后，通过开展应急处理知识、技能培训及应急处理演练等，提高洪涝灾害和水利工程险情的应急处置能力；通过发挥企业专业技术人员集中、抢险机械齐备、水利工程施工及抢险经验丰富和突击能力强的优势，促进佛山市水利工程出现险情能得到有效、科学处置。该防洪机动抢险队随时接受调度，水利工程发生险情时能迅速组织防汛应急机械设备及相关人员，第一时间赶赴现场投入抢险。

（罗惠栅）

安全生产监督管理

【概况】 2020年，佛山市安全生产形势总体保持平稳态势，事故起数、死亡人数、受伤人数、直接经济损失四项指标比上年均有所下降。全市发生生产安全事故375起，死亡246人，受伤214人，直接经济损失3226.06万元，比上年分别下降21.2%、下降18.5%、下降25.4%、下降8.2%。发生一次死亡3人的较大事故3起，死亡9人，受伤10人（其中1起为非生产安全责任事故，根据应急管理部事故直报有关规定，纳入统计）。未发生重大及以上生产安全事故。3起较大事故分别是：顺德区“5·16”较大道路交通事故（非生产经营性道路交通事故），造成3人死亡、2人受伤；顺德区“6·27”较大坍塌事故，造成3人死亡、1人受伤；珠三角环线高速佛山市辖路段“9·30”较大道路交通事故，造成3人死亡、7人受伤。佛山市采取党政领导干部示范带动方式，出动近2000人次，在全市排查生产安全隐患13.11万条，行政处罚6791次，罚款7814万元，责令停产停顿企业1379家、关闭取缔企业121家，排查整治市、区两级突出问题27项和重大隐患51处；佛山市安全生产委员会对事故多发的顺德区乐平镇开展为期3天的“解剖麻雀”式专项巡查督导；发出提醒、督办函13份，组织约谈区、镇（街道）和相关部门6次，压实安全生产各方责任。同年，佛山市全面部署安全生产专项整治三年行动。

【安全生产制度建设】 2020年，佛山市

2020年6月23日，佛山市安全生产专项整治三年行动实施工作推进视频会在市城市安全运行监测中心举行。图为副市长蔡家华讲话 （市档案馆 供图）

应急管理部门出台《佛山市应急管理局〈生产安全事故应急预案管理办法〉实施细则》，于2020年10月15日起正式施行。编制《佛山市企业2020年节后复工复产安全工作指引》，全力支持和指导帮扶企业有序安全复工复产。出台《佛山市安全生产风险研判会商制度》，加强佛山市安全生产形势分析研判、预测预警和会商研究工作，构建任务清晰、程序规范、责任明确的安全生产风险研判会商工作机制。出台《佛山市安全生产和应急管理专家管理办法》《佛山市综合应急指挥运行工作指引》《佛山市现场指挥部搭建工作指引》，提高佛山市安全生产与应急管理的科技水平，加强综合防灾减灾救灾能力，应对安全生产类、自然灾害类突发事件。

【安全生产标准化建设】2020年，佛山市继续推进企业安全生产标准化创建工作，全市新创建三级标准化企业7406家。至2020年，佛山市累计创建三级安全生产标准化企业6.99万家，仍在有效期内的3.49万家；累计创建二级安全生产标准化企业542家，仍在有效期内的282家。佛山市二级、三级安全生产标准化企业创建数量均为广东省第一。

【安全生产信用分类分级管理】2020年，佛山市依照《佛山市安全生产信用分类分级管理办法》，实施信用分级分类监管，更新安全生产“红、黑名单”（安全生产信用等级采取扣分制与条件制相结合的方式进行评定，实行“红名单”“普通信用主体”“黑名单”3个类别），确定安全生产“红名单”企业15家、“黑名单”企业16家、存在安全生产不良信用记录企业84家。

【安全生产技术服务机构】2020年，佛山市根据《佛山市安全生产专业技术服务机构管理办法（试行）》要求，在市内进行信息登记的安全生产技术服务机构有141个，其中安全评价机构34个、标准化评审和帮扶机构70个、安全培训机构37个。标准化评审和帮扶机构中，三级标准化评审和帮扶咨询机构32个、二级标准化评审机构38个。佛山市范围内有由省验收通过的安全生产资格考试点43个，其中理论考试点18个、实操考试点20个、佛山职业类院校5个。

【安全生产责任保险】2020年，佛山市实施安全生产责任保险3.0一体化升级方案，采取“顾问+平台+承保保险公司”方式，经过公开招标确定江泰保险经纪公司为保险顾问和平台服务商，确定人保、平安、太平洋、大地、中华联合、国寿财等6家保险公司作为承保保险公司，通过“五统一”（即“统一保险方案、服务规范、保险标志、投保平台、数据规范”）模式进一步加强统筹、规范市场、突出服务、强化监督考评，促进佛山安全生产责任保险健康持续发展。安全生产的治理主体、治理模式、治理效益和治理成本不断优化，佛山安全生产责任保险3.0改革做法得到应急管理部、广东省应急管理厅的高度认可，先后接待省内外多个兄弟城市的考察交流活动，获得《人民日报》、《劳动保护》杂志、《中国应急管理报》等多家权威媒体的广泛报道。全年全市安全生产责任保险投保企业8098家（次），比上年增长35.17%；投保费用1.37亿元，增长18.83%；覆盖企业从业人员24.93万人次，增长16.15%；投保企业出险1375宗，下降62.03%；赔付金额1252.94万元，下降48.44%。持续推进安全生产事故预防服务，从2016年佛山市各区开始安全生产责任保险试点起至2020年底，佛山市安全生产责任保险项目共为企业提供事故预防服务1.28万次，完成隐患排查服务6.68万次，提出针对性的风险管控建议7.51万条。

【安全生产执法检查】2020年，佛山市各级应急管理部门监督检查各类生产经营单位3.35万个，监督检查生产经营单位5.32万次。其中：市级检查各类生产经营单位157个，检查181次；禅城区检查各类生产经营单位3921个，检查6118次；南海区检查各类生产经营单位1.43万个，检查2.15万次；顺德区检查各类生产经营单位1.01万个，检查1.55万次；高明区检查各类生产经营单位1285个，检查3673次；三水区检查各类生产经营单位3743个，检查6226次。全年全市查处各类事故隐患7.09万处，其中市级查处159处，禅城区查处6149处、南海区查处2.06万处、顺德区查处1.57万处、高明区查处1.45万处、三水区查处1.38万处。全年全市实施经济处罚2456次，罚款5854.96万元。其中市级处罚15次，罚款27.8万元，禅城区处罚435次，罚款177.21万元；南海区处罚858次，罚款1513.67万元；顺德区处罚883次，罚款2797.65万元；高明区处罚96次，罚款685.03万元；三水区处罚169次，罚款653.6万元。

【危险化学品及烟花爆竹监管】2020年，佛山市对危险化学品行业安全生产许可事项进行严格审核，办理危险化学品建设项目安全条件审查39个，办理生产许可证延期换证、变更项目20个，办理经营许可证延期换证、变更项目26个，审核把关问题230余项，对不符合条件的27家企业的许可申请作退件或撤销申请处理。加强危险化学品行业安全生产巡查检查，全市累计出动巡查人员1.89万人次，巡查企业5198家次，发现隐患1.03万处，发出责令整改通知书2714份，责令停产停业整顿企业33家，立案处罚85件。市各级应急管理部门联合公安、市场、交通等部门对辖区内的烟花爆竹经营、储存、运输情况进行执法检查，打击非法经营、储存烟花爆竹行为，收缴非法烟花爆竹4656箱，移送公安机关拘留15人。

【工矿商贸行业重点监管】2020年，佛山市应急管理部门通过动态梳理筛查，掌握佛山市重点监管高风险工矿商贸企业5257家，其中粉尘涉爆企业1846家、液氨使用企业292家（含涉氨制冷企业36家）、工业煤气企业34家、涉有限空间作业企业1544家、金属冶炼企业270家、有机溶剂使用企业1259家、水泥企业10家、平板玻璃企业1家、非煤矿山企业1家。持续推进粉尘涉爆、有限空间作业、有机溶剂使用、金属冶炼、工业煤气和液氨使用等领域的安全生产专项治理工作，全市出动执法人员7.46万人次，检查企业4.41万家次，发现隐患6.02万处，发出整改指令1.94万份，立案处罚685件，责令停产整顿企业426家。

【安全生产培训】 2020年，佛山市培训考核“三项岗位人员”18.90万人，核发证件15.93万个，其中企业负责人参加考试4.77万人，核发证件4.26万个，安全管理人员参加考试5.84万人，核发证件5.33万个，高危行业两类人员（企业负责人、安全管理人员）参加考试7766人，核发证件5732个，特种作业人员（复审、新考）参加考试7.52万人，核发证件5.77万个。特种作业人员新考证、复审平均通过率分别比上年提高26%、8.5%。开展春节后复产专项执法检查5.21万次，对57家企业进行立案查处，罚款28.98万元。佛山市在广东省率先创新推出“线上培训”+“企业分散培训”模式，统筹指导全市企业复工复产安全培训。全市指导督促18.65万家企业开展分散式培训，线上培训平台学习总量2000多万人次。

【城市风险点危险源排查管控】 2020年，佛山市推动开展风险点危险源再排查再评估工作，排查辨识和分析评估各类安全生产风险点危险源4300多处，并对1100处自评风险等级较高的风险点危险源进行复评。进一步开发完善佛山市安全生产风险管理地理信息系统，实现厂级、车间和班组风险分布图、风险点危险源具体风险部位上传等精细化功能，风险管控由1.0版本升级到2.0版本。

【“智慧安全佛山”项目建设】 2020年，佛山市“智慧安全佛山”一期项目完成桥梁、道路运输、电梯、消防、轨道交通、高风险工贸企业、森火、燃气、排水等9个专题的建设目标任务，安装各类传感器近2万套，整合35个部门和单位的数据信息200万条。依托“智慧安全佛山”项目平台，对佛山城市安全运行态势进行7×24小时实时监测预警和综合研判分析，实现城市安全风险防控与突发事件应急处置的有机结合，构建城市安全“智慧大脑”。年内，“智慧安全佛山”建设项目入选《人民日报》《2020年国家治理创新经验典型案例》，被《小康》杂志社评为“2020年度中国十大社会治理创新典范”。11月20日，在第七届国家治理高峰论坛年会暨2020应急管理峰会上，佛山市受邀作《打通城市“神经脉络”，构筑安全“智慧大脑”》专题发言；12月26日，佛山市代表受邀在第十五届“中国全面小康”论坛上介绍佛山市城市公共安全建设经验。

2020年12月26日，佛山市应急管理局局长魏钰参加第十五届“中国全面小康”论坛，并代表接受主办方颁发的“2020年度中国十大社会治理创新典范”奖牌和获奖证书

（市应急管理局　供图）

【特种作业专项治理行动】 2020年，佛山市组织开展特种作业专项治理行动“三个一”（广泛开展一次宣传发动、督促开展一次自查自纠、全面开展一次检查），全市印制派发《特种作业常见问题解答宣传册》15.44万份，在媒体宣传7864次，督促用人单位、企业自查自纠7.50万家次，开展执法检查企业2.09万家次，发现处理假证或无证上岗人数331人次。配置高危行业安全生产知识和管理能力考核合格证和特种作业人员操作证的自助制证一体机，实现1分钟取证，全年有6135人实现自助制证取证。该做法获省市媒体宣传报道10次。

【“智能制造、本质安全”示范企业创建】 2020年，佛山市参与“智能制造、本质安全”示范企业创建的企业有308家，通过审核的企业有125家。全年全市投入4000万元对开展设备设施安全改造的企业进行奖补。截至2020年，全市企业在“智能制造、本质安全”示范企业创建项目累计投入生产装备改造和安全生产管理方面的总费用25亿余元。

【安全生产月活动暨百万职工岗位零事故行动】 2020年6月，全国第十九个安全生产月，佛山市开展安全生产月活动暨百万职工岗位零事故行动，提升全民安全素养。市应急管理部门与市委网信办共同举办“接力点亮安全佛山”线上活动，传递佛山正能量，活动累计超102万人参加；与市直机关工委共同发动基层党组织开展安全月共建志愿服务活动，组织活动838场次，参与8264人次；与市消防、公安、交通、供电、住建等部门联合制作网上公开课，以及“谁在威胁佛山的安全”系列电视节目，全市企业和各级各部门7825人利用线上培训平台完成学习课程。市应急管理部门制作企业主要负责人岗位安全生产责任明白卡，以邮政快递方式向1.5万家高风险企业定点投递；组织云直播讲解佛山城市安全“大脑”——佛山市城市安全运行监测中心，并同步在中央电视台的央视频应用程序（App）上直播，超3万人次观看。活动期间，全市140家建筑和轨道企业参加“百万职工岗位零事故”行动，各村（社区）、企业等还利用应急广播“大喇叭”平台、流动宣传车、企业广播等每天滚动播放“身边的安全谣言广播剧”（累计播放10万余次）。

（周结华）

消防安全

【概况】 2020年，佛山市发生火灾3898起，全口径统计死亡10人（2015—2019年，全市火灾死亡人数分别为19人、10人、14人、5人和4人），受伤2人，直接财产损失9801.38万元，发生1起较大火灾事故。全年接警1.18万起，出动消防车1.87万辆次、消防人员9.83万人次，抢救被困人员720人，疏散人员131人，抢救财产价值6.1亿元。完成2020中国（佛山）国际汽车工业博览会等一系列大型活动消防安保任务。在全省特勤业务技能和信通比武竞赛中，市消防救援支队均获第三名；在省消防救援总队2020年度评先评优中，市消防救援支队获评“先进支队党委”“年度工作目标先进单位”，禅城大队被地方党委政府记集体三等功，南海大队大沥消防救援站党支部作为全省唯一代表获评部局“先进基层党组织”；在抗击新冠肺炎疫情行动中，支队10余个集体和个人获各级表彰。市消防救援支队高规格承办应急管理部消防救援局大型综合体灭火救援作战编成试点课题研究，申报应急管理部消防救援局科技课题1项。参与应急管理部消防救援局“氢能源动力轻轨车辆基地、加氢站及地上站线消防设计和救援方法研究”科研计划项目，研究成果《珠三角城际轨道交通网的消防监管及应急救援体系》在《城市轨道交通研究》等核心期刊发表。承办全省“使命—2020”森林火灾扑救跨区域拉动演练。

【消防综合保障】 2020年，佛山市各级财政投入消防经费4.36亿元，其中装备建设经费1.5亿元，推动器材装备提档升级。全年购置消防船3艘、消防车12辆、消防器材1.54万件（套）、灭火剂220吨。组织开展装备建设评估工作，对全市46名装备技师进行任职，与地方驾校合作开展2期消防车驾驶员培训，共73人参与培训。开展全省消防救援队伍基层队站正规化建设试点工作，推进大沥站建成全省首个“5S标准”（外观标识统一化、空间布局区块化、执勤训练实战化、内务设置标准化、日常管理智能化）队站，推行基层队站“1+N”执勤模式〔即一个区域由1个中心消防救援站（消防站建设国家标准规定的特勤消防站、一级消防站、二级消防站）和N个小型或微型消防站覆盖执勤〕，完成6个中心队站、8个专职队站单编调整。组建森林火灾扑救等6支专业救援队伍，搭建支队特种灾害救援典型战例线上平台。配合新冠肺炎疫情防控工作开展，组建3支应急处置专业队伍，为全市60余家集中收治隔离点、定点医疗机构等提供消防安全服务。

2020年11月9日，佛山市举行“关注消防、生命至上”2020年度佛山市“119”消防宣传月活动。图为活动上展示的灭火机器人（市消防救援支队 供图）

【消防应急制度建设】 2020年，佛山市出台《佛山市深化消防执法改革工作实施方案》《佛山市2021—2025年公共消防设施建设计划》《佛山市行业系统消防安全标准化管理工作导则》《支持复工复产消防服务十一条措施》《佛山市灭火救援应急响应预案》《公共消防设施5年建设计划》《〈广东省消防救援队伍职业保障办法〉实施细则》，修订《佛山市消防安全违法行为举报投诉奖励办法》。

【消防宣传】 2020年，佛山市投入218万元建成佛山市消防救援支队全媒体宣传中心，建成镇（街道）消防体验馆32个，并建成全省首个网上应急消防安全体验中心。与共青团佛山市委持续开展“佛山市志愿者消防安全行动”。投入70余万元分批次对全市1700余所中小学校、幼儿园消防安全责任人进行培训。联合佛山市教育局、佛山市住房和城乡建设局等部门创新开展“家访式”消防安全宣传教育公益活动，与美团、顺丰等外卖快递企业合作开展消防宣传。举办“关注消防、生命至上”2020年度佛山市“119”消防宣传月活动，其间，开展了一系列线上、线下主题活动供市民参与体验，并公布2020年度全市“最美消防人”名单，对“最美消防员”“最美热心消防公益事业先进集体和先进个人”进行表彰。

【消防救援支队新指挥中心入驻使用】 2020年12月19日，佛山市消防救援支队新指挥中心入驻使用。新指挥中心一体化整合“119”“96119”等16个系统，对接消防远程监控、消防“四化”（网格化、信息化、规范化、常态化）管理平台等15个系统，实现消防灭火救援一张图智能调度指挥、预警信息研判和火灾险情分析。建立广东省首个全自动战略无人机系统，配备26名无人机飞手。

（陈　智）

生态环境

环境质量

【大气环境质量】 2020年，佛山市二氧化硫（SO_2）年均浓度7微克/立方米，二氧化氮（NO_2）年均浓度31微克每立方米，可吸入颗粒物（PM_{10}）年均浓度43微克/立方米，细颗粒物（$PM_{2.5}$）年均浓度22微克/立方米，一氧化碳（CO）浓度的第95百分位数为1.0毫克/立方米，臭氧日最大8小时滑动平均浓度（O_3-8h）的第90百分位数为154微克/立方米。其中：细颗粒物（$PM_{2.5}$）浓度远优于省下达目标任务，继续达二级标准（已连续3年达二级标准），为有监测数据历史以来的最低值；工业污染标志性污染物二氧化硫浓度首次进入“个位数时代”；二氧化氮（NO_2）和臭氧日最大8小时滑动平均浓度（O_3-8h）超出国家二级标准限值。全市优良天数占全年有效天数的91%，比上年提高12.1个百分点，全市共出现30天轻度污染、3天中度污染，无重度污染和严重污染。全年空气质量首要污染物最多为臭氧日最大8小时滑动平均浓度（占首要污染物比例为64.1%），其次是二氧化氮（占首要污染物比例为19%）。降水pH值为5.38，比上年下降0.26个pH单位；全年酸雨频率27.3%，比上年下降13.7个百分点，酸雨污染总体较上年有缓和。

【水环境质量】 2020年，佛山市生态环境部门对15个水源地开展监测，饮用水源地水质总体保持优良。除杨梅水厂、合水水厂水质为地表水Ⅲ类标准外，其余断面水质均达地表水Ⅱ类标准，水质状况为优。佛山市各饮用水源监测断面水质的综合污染指数在0.12 ~ 0.25之间，与上年相比，羊额水厂、西江水厂和北江水厂水质综合污染指数持平，杨滘水厂、杨梅水厂、合水水厂和新溪村水质综合污染指数有所上升，其余饮用水源监测断面水质综合污染指数均有不同程度的下降。西江干流、顺德水道、平洲水道、容桂水道、东海水道水质达地表水Ⅱ类标准，水质状况为优。高明河、顺德支流水质达地表水Ⅲ类标准，水质状况为良。佛山水道（横滘断面）年度水质均值达地表水Ⅳ类标准，综合污染指数为0.35，比上年下降26.87%，各项指标有改善。西南涌（和顺大桥断面）年度水质均值达地表水Ⅳ类标准，综合污染指数为0.47，比上年下降22.54%，各项指标有改善。芦苞涌（独树岗桥断面）年度水质均值达地表水Ⅲ类标准，综合污染指数为0.49，比上年上升47.72%，除溶解氧比上年改善，其他指标均与上年比变差。水口水道设西航道入境处、泌冲大桥、黄岐3个断面，年度水质均值达地表水Ⅳ类标准，综合污染指数为0.42，比上年下降27.16%，各项指标有改善。

【土壤环境质量】 2020年，佛山市受污染耕地安全利用率和污染地块安全利用率均为90%以上，达到国家和省“土十条”（《土壤污染防治行动计划》）考核目标要求。截至年底，佛山市有222个疑似污染地块被纳入广东省土壤环境管理信息系统管理。

【声环境质量】 2020年，佛山市区域环境噪声昼间平均等效声级为58.3分贝（A），达城市区域环境噪声总体水平的昼间三级水平，总体评价为“一般”。佛山市道路交通噪声昼间平均等效声级为68.5分贝（A），比上年上升0.1分贝（A），达到道路交通噪声强度等级的昼间二级水平，总体评价为“较好”。全市功能区噪声昼间点次达标率为89.7%，夜间点次达标率为38.2%。全市功能区噪声昼间点次达标率比上年有所上升，夜间点次达标率比上年有所下降。

【辐射环境质量】 2020年，佛山市辐射环境安全状况正常，无放射性污染事故发生。全市有核技术应用设备2490（枚）台：密封性放射源1284枚，其中Ⅰ类源142枚、Ⅱ类源1枚、Ⅲ类源8枚、Ⅳ类和Ⅴ类放射源1133枚；射线装置数1206台，其中Ⅱ类射线装置72台、Ⅲ类射线装置1134台。核技术应用项目主要分布于辐照加工、金属压延、医疗卫生及饮料生产等行业。

（吴晓雯）

生态保护与修复

【森林生态修复】 2020年，佛山市持续提升森林质量，开展森林碳汇重点生态工程建设，完成造林与生态修复968.87公顷，完成森林抚育2119.07公顷，加大对桉树纯林的改造攻坚，累计完成缩桉4333.33公顷。除治松林面积276.47公顷，清理枯死松树2693株，完成疫点林分改造43.67公顷。佛山市完成全民义务植树436.81万株，参加人数329.44万人，人均植树1.33株，全市尽责率达91.56%；完成新建义务植树基地17个，建设面积14.53公顷。全年完成造林与生态修复968.87公顷，完成森林抚育2119.07公顷。经整合优化后，佛山市有自然保护地50个，总面积为33011.08公顷，占市域国土面积8.69%，基本满足“保护面积不减少、保护强度不降低、保护性质不改变”的基本要求。

【高品质森林城市建设】 2020年，佛山市继续组织实施2018年出台的《佛山市自然生态文明建设专项规划》《佛山市大湾区高品质森林城市建设规划（2018—2022）》《佛山市建设大湾区高品质森林城市工作方案（2018—2022年）》，开展大规模国土绿化行动，巩固森林城市建设成果，形成绿色新优势和新动能，打造佛山市“三屏、六楔、两脉、两环、两网”多层次生命协同的自然生态格局和大湾区高品质森林城市。印发《佛山市建设大湾区高品质森林城市补助资金管理办法》（2020年修订），加强高品质森林城市补助资金管理，促进佛山市森林城市和绿地提质增量。编制《佛山市一环生态圈建设规划》，系统谋划全市自然生态文明布局。全年全市完成自然生态文明项目423个，完成年度投资额约64亿元，新增绿化面积1253.33公顷。

链接

佛山市自然保护地名单

佛山高明泰康山地方级森林自然公园　广东西樵山国家地质自然公园　佛山禅城王借岗地方级森林自然公园　佛山三水九道山地方级森林自然公园　佛山高明皂幕山地方级森林自然公园　佛山三水南丹山地方级森林自然公园　佛山高明合水粉椤地方级自然保护区　佛山西江外滩地方级湿地自然公园　佛山高明飞雁山地方级森林自然公园　佛山南海文头岭地方级森林自然公园　佛山三水油金山地方级森林自然公园　佛山三水中洞山地方级森林自然公园　佛山禅城海心沙地方级湿地自然公园　佛山三水北江地方级湿地自然公园　佛山顺德鲤鱼沙地方级湿地自然公园　佛山云勇地方级森林自然公园　佛山三水龙山地方级森林自然公园　佛山高明茶山地方级森林自然公园　佛山高明虎房地方级森林自然公园　佛山高明凌云山地方级森林自然公园　佛山高明鹿洞山地方级森林自然公园　佛山高明明阳山地方级森林自然公园　佛山高明南蓬山地方级森林自然公园　佛山高明三洲地方级森林自然公园　佛山高明西坑地方级森林自然公园　佛山南海三山地方级森林自然公园　佛山南海狮山地方级森林自然公园　佛山南海西岸地方级森林自然公园　佛山南海象岗山地方级森林自然公园　佛山南海展旗岗地方级森林自然公园　佛山三水大南山地方级森林自然公园　佛山三水地方级森林自然公园　佛山顺德翠湖地方级森林自然公园　佛山顺德都宁岗地方级森林自然公园　佛山顺德锦屏山地方级森林自然公园　佛山顺德勒流地方级森林自然公园　佛山顺德龙峰山地方级森林自然公园　佛山顺德马岗地方级森林自然公园　佛山顺德马宁山地方级森林自然公园　佛山顺德顺峰山地方级森林自然公园　广东金沙岛国家湿地自然公园　广东云东海国家湿地自然公园　佛山高明海滨地方级湿地自然公园　佛山高明智湖地方级湿地自然公园　佛山南海桑基鱼塘地方级湿地自然公园　佛山三水芦苞涌地方级湿地自然公园　佛山三水三江汇地方级湿地自然公园　佛山海景地方级森林自然公园　佛山听音湖地方级湿地公园　佛山瀚林湖地方级湿地公园

【万亩千亩公园建设】 2020年，佛山市印发《关于加快推进佛山市万亩千亩公园规划建设的实施方案》，明确公园建设类型，分类指引。印发《佛山市万亩千亩公园界线和交通联系及服务设施规划》和《佛山市万亩千亩公园建设规划标准和技术指引》，明确公园规划建设边界线，规范万亩千亩公园的建设和标识体系。年内，佛山市有16个万亩公园和18个千亩公园启动建设，其中1个万亩公园、8个千亩公园基本建成。年内，南海区金沙岛国家湿地公园通过征拆、租赁等方式，增加110.53公顷（1658亩）的湿地公园土地载体；三水区云东海国家湿地公园各项工程全面动工，编制湿地公园水质保护系列工程设计方案；南海区西樵渔耕粤韵公园完成修建性详细规划编制，并入选第五批中国重要农业文化遗产名录。

【河心岛生态修复】 2020年，佛山市继续加强河心岛生态修复工作，年内完成拆除违章建筑面积1.176公顷。截至2020年底，全市河心岛生态修复工作累计拆除违章建筑10.576公顷，完成复垦复绿49.2公顷，完成36个河心岛生态修复工作验收，48个河心岛基本建成“粤港澳大湾区水鸟生态廊道的重要踏脚石”。

（郭　庆）

【河长制、湖长制推行】 2020年，佛山市各级河湖长巡河履职，累计巡河8.97万次，发现问题7873个，落实问题整改7736个。佛山市通过建立完善河长制、湖长制明督暗访机制，累计组织暗访督查36天，出动116人次，发现问题155个，下发交办单44份、督办函15份。组织11个职能部门开展河长制湖长制工作情况暗访，累计检查重点河涌73条，发现问题121个；组织各区通过“交叉检查”方式暗访河涌1968条，发现问题643个，现场收集群众意见45条。建立河湖清“四乱”（乱占、乱采、乱堆、乱建）常态化工作机制，通过自查自纠发现新增河湖“四乱”问题426个，全部整治完成，累计拆除违建物334栋，清理违法建筑面积17.7万平方米，清理违法占地面积38.3万平方米。深化河湖“五清”（清理非法排污口、清理水面漂浮物、清理底泥污染物、清理河湖障碍物、清理涉河湖违法违建）专项行动，清理河道5476千米、水域319平方千米，清理水面漂浮物约15万吨，从59个市控断面排查出3768个入河排污口并进行重点整治。建立“河湖长+检察长”协同工作机制，成立“佛山市守护河湖检察公益诉讼实践基地”，增强涉河湖执法的约束力。全面推行河湖警长制，设立三级河湖警长，打击和遏制涉水违法犯罪。年内，佛山市出台第二号总河长令《关于进一步压实河长职责全面消除黑臭水体的命令》，明确在全市范围内开展全面消除黑臭水体专项行动，全年计划内的8条建成区黑臭水体、205条城乡黑臭水体和30条农村黑臭水体全部完成整治并验收。

【“水义工”民间护水】 2020年，佛山市河长制工作领导小组办公室和共青团佛山市委员会联合创建广东省首个民间河长制工作品牌“水义工”，同步建立佛山市水义工志愿服务总队，致力于调动社会公众参与水环境治理的热情，营造共建共治共享的全民治水格局。在“水义工”品牌引领下，佛山市统筹整合河小青、民间河长、护水志愿者等力量，在全市范围内成立市、区、镇（街道）各级共38支水义工志愿服务队，通过统一称呼、统一标志、统一着装、统一管理，增强全市护水志愿者的社会辨识度及身份认同。同时，佛山市河长办联合权威媒体打造“河湖讲述者”“守望故乡水”“我是小塘主”三大水义工品牌项目，带动师生、家长、企业员工、专家学者、村民等群体参与河湖保护。佛山市水义工志愿服务总队申报的“绿水青山‘河粉’在行动——佛山水义工爱水护水公益活动项目”获评为2020年“益苗计划”——佛山志愿服务组织成长扶持行动暨志愿服务项目大赛市级示范项目和广东省“益苗计划”重点培育项目。佛山水义工胡忠录被评为全国“民间河湖卫士”。

（罗惠栅）

【野生动物保护】 2020年，佛山市加强陆生野生动物保护管理，结合新冠肺炎疫情防控，在全省率先提出封控隔离人工繁育场所、暂停经营利用许可、停止野生动物展演等“十项措施”。全市共封控陆生野生动物养殖场326个、经营单位（含市场档口）464个，阻断野生动物非法流通，为疫情防控提供强力支撑。新冠肺炎疫情发生后，全市自然资源系统累计出动执法人员约7万人次，检查人工繁育场所、餐饮食肆等重点场所约11万个次。制订出台退出补偿方案，主动化解矛盾纠纷，全面完成326个养殖场的退出工作。建立完善野生动物救助机构，云勇林场加挂佛山市野生动物救护中心牌子。举办以“万物和谐、美丽家园”的2020年保护野生动物宣传月活动。

（郭　庆）

【2020年珠江禁渔】 2020年，佛山市按照广东省2020年珠江禁渔期管理工作的统一部署，于3月1日0时至6月30日24时，在佛山市辖区内的西江、北江等珠江所有干流、支流通江河流、湖泊实施禁渔。禁渔期间，除休闲渔业、娱乐性垂钓外，在规定的禁渔区域和禁渔期内，禁止所有捕捞作业。禁渔期间在禁渔水域范围内进行渔业资源调查研究和养殖生产等需要捕捞的，应当按照《中华人民共和国渔业法》的规定，经省级以上渔业行政主管部门批准。禁渔期间，全市发出禁渔通告7个，市、区两级电视台报道68次，报纸刊登相关文章10篇，制作悬挂禁渔期宣传横幅212条，不锈钢警示牌32块，派发宣传资料2584份；共向辖区渔民发送禁渔期提醒短信9500余条。佛山市在册的1685艘渔船全部做到船进港，人上岸，网封存。禁渔期间，全市补助渔民3314人，发放禁渔补助1431.648万元。佛山市各区渔政部门利用禁渔期间渔民离船上岸时机，开办渔业安全生产知识及法律法规培训班，培训内容覆盖禁渔期制度解读及案例分析、《广东省渔业船舶安全生产管理办法》解读、禁渔期后渔船复工安全生产基本要求介绍、救生设备使用培训、消防设备使用培训、溺水急救培训等。全市约3500名渔民均在培训范围内，通过培训有效增强渔民安全生产作业意识与法治观念。全年佛山市渔政执法快艇出航次数352艘次，出动执法车辆186辆次，执法人员1360人次，查获非法捕捞案件63件，其中电毒炸案件7

2020年9月5日，佛山“水义工”开展巡河护河活动　（市水利局　供稿）

2020年5月28日，佛山市（顺德）2020年增殖放流活动在顺德区举办

（市农业农村局　供图）

件，行政处罚立案24件，两法衔接移送公安27人，拘留拟入刑25人。收缴电鱼机19套，非法渔具207套，收缴放生渔获物2083.4千克，罚款5.65万元。

【江河增殖放流】 2020年，佛山市组织江河增殖放流7次，放流各类水生生物1200.7万尾，投入财政资金96万元。江河增殖放流主要水生生物品种有青鱼、草鱼、鲢鱼、鳙鱼、鲮鱼、鳊鱼、鲫鱼等，增殖放流水域分别为禅城东平河、南海九江、顺德勒流黄连、高明秀丽河、三水芦苞等西江、北江水域。

【“12·16”中华白海豚救护】 2020年12月16日早晨7时许，佛山市沙口水利枢纽站工作人员在水利设施内发现国家一级保护野生动物中华白海豚一头。市农业农村局渔政支队迅速组织救护工作，统筹协调禅城区农业农村局、佛山沙口水利枢纽站、佛山市中山公园、珠海长隆海洋王国（广东省水生野生动物救护科普基地）等多方救护力量，经过14小时的作业，于当晚21时救护成功。被救护的中华白海豚被运往珠海长隆海洋王国实施暂养，状态良好，暂养结束后再对其身体状况做出综合评估，决定是否将其放归自然环境。专家认为该次救护是为数不多的中华白海豚活体救护成功案例，为中华白海豚科学研究提供一个非常难得的活体样本。

（刘俊成　蒙　烽）

节能减排

【概况】 2020年，佛山市践行“四个革命、一个合作”能源安全新战略，加强综合能源统筹规划，加快推动能源发展转型升级，全面深化能源供给侧结构性改革，不断优化能源结构和布局，建设清洁、低碳、安全、高效的能源供给体系，以能源高质量发展支撑经济社会进步。佛山市厘清全市“十三五”能源发展现状、能源转型变革趋势及佛山市能源经济发展情况，形成佛山市能源发展“十四五”规划前期研究报告和佛山市能源发展“十四五”规划初稿。完成2019年度省对地级以上市人民政府节能目标责任评价考核自评和2019年度各区人民政府能源消耗总量和强度“双控”目标责任评价考核工作，取得“超额完成”等级。全年新增39种绿色设计产品、4家绿色工厂、1个绿色园区入选国家绿色制造示范名单。年内，佛山市实际完成新建绿色建筑项目2279.82万平方米。“十三五”期间，佛山市单位生产总值能耗累计下降24.34%，超额完成省下达目标（19.3%）5.04个百分点；截至2020年，佛山市能源消费总量3030.12万吨标煤，较2015年仅增加75.75万吨标准煤，节约省下达目标（321万吨标煤）244.88万吨标准煤。“十三五”期间佛山市能耗总量和强度“双控”目标均大幅超额完成省分解下达的目标，为全省完成“十三五”能耗总量和强度“双控”任务贡献佛山力量。

【节能管理】 2020年，佛山市印发《佛山市2020年能耗“双控”工作方案》，提前完成广东省下达佛山市能耗“双控”“十三五”目标任务，超额完成省下达的节能监察任务，节能监察达标率100%。按时按质完成2019年度全市重点用能单位考核，探索开展西江产业新城工程、荷城街道富湾工业区唐美区域工程等7个建设项目固定资产节能审查区域评估工作。开展“佛山市数据中心能效现状及能耗指标研究”和公共机构节能管理，完成年度能源资源强度目标。开展节能先进集体、个人表彰，以及节能培训工作。组织开展主题为“绿水青山，节能增效”的“云”上节能宣传周活动，该活动被国家主办的“专注节能”公众号、《广州日报》、《佛山日报》、佛山新闻网、佛山电视台、网易佛山、凤凰网、腾讯新闻等媒体报道。年内，市图书馆、市科学馆、顺德区人民法院入选全国2019—2020年节约型公共机构示范单位名单。

（马　川）

【工业节能】 2020年，佛山市继续推进绿色制造体系建设，全年新增39种绿色设计产品、4家绿色工厂、1个绿色园区入选国家绿色制造示范名单。促进绿色清洁生产，市工业和信息化局联合市生态环境局公布佛山市2020年应实施清洁生产审核企业名单，全年有345家企业通过清洁生产审核。开展工业节能监察工作，完成对46家企业的阶梯电价、能耗限额、数据中心等专项和日常监察。落实节能专项资金扶持政策，下达省级绿色循环发展与节能降耗专项资金1420万元，安排市经济科技发展专

2020年8月8日，主题为“绿色·健康·装配·未来 开启健康人生”的2020年佛山市建筑领域节能宣传活动在禅城区万科金融广场举行　（蔡绮婷　摄）

项资金节能项目资金1100万元。完成省下达佛山市的建筑陶瓷行业清洁能源改造任务。

（陈　枫）

【绿色建筑】 2020年，佛山市绿色建筑工作任务为1000万平方米，实际完成新建绿色建筑项目2279.82万平方米。年内，佛山市结合广东省节能宣传月系列活动，组织举办2020年佛山市建筑领域节能宣传活动，100多名市民参加活动。做好建筑节能材料和新型墙体材料目录登记（或延期）工作，截至年底，佛山市建筑节能材料和新型墙体材料目录中共有6项建筑节能材料和83项新型墙体材料。同年10月，佛山市被财政部、住房和城乡建设部确定为全国绿色建材推广试点城市。成为全国绿色建材推广试点城市后，佛山市于年底前开展绿色建材推广试点实施方案编制工作，开始结合佛山实际探索建立绿色建材推广应用模式。

（张海东）

环境综合整治

【大气污染防治】 2020年，佛山市大气环境整治工作继续坚持工业源、移动源、扬尘源“三源共治”，实施大气分级管控，开展挥发性有机物治理达标排放百日服务行动、蓝天保卫战百日冲刺行动，降低污染物排放强度，减少污染天气发生，全年全市无出现重度及以上污染天气，优良天数比例超九成。空气质量改善幅度在全国168个重点城市居第三位，6项指标全面达国家二级标准。

工业污染整治　全年完成45台35蒸吨及以上锅炉、62台35蒸吨以下锅炉整治。完成第一批449家、第二批254家挥发性有机物（VOCs）重点企业销号式综合整治，整治印刷行业VOCs企业1386家。

移动源污染防治　全面实现公交新能源化，创新正规油品直接配送工地的模式，试点使用纯电洒水车。7月起对国三及以下排放标准柴油货车实施限行。抓拍处罚黑烟车闯限行违法行为2056宗，查处使用排放黑烟等可视污染物非道路移动机械违法行为37宗。截至2020年，累计完成5093台非道路移动机械编码登记，完成61座加油站油气回收在线监控系统建设。

扬尘污染防治　佛山市自然资源、住房和城乡建设、交通运输、水利、城管执法、轨道交通等相关负有扬尘污染防治责任的单位按照职责分工落实工地扬尘污染防治管理工作。住房和城乡建设部门全年对扬尘污染防治措施落实不到位的建筑工地责令整改3181项次，水行政主管部门责令工地整改143项次，轨道交通部门责令工地整改29项次，交通运输部门约谈督办工地39个。年内，市环境保护委员会办公室发出扬尘督查通报5份、专项通报2份。

【水污染防治】 2020年，佛山市以改善水环境质量为核心，推进水污染防治工作。

饮用水源保护　完善饮用水源保护巡查机制，由市生态环境局印发《佛山市饮用水源保护巡查制度》。开展乡镇级集中式水源地“划、立、治”工作，经排查需要清理整治的环境问题40个，年内全部完成清理整治。配合珠江三角洲水资源配置工程，推进水源保护区划定工作。

生活污染治理　新（扩）建兴联污水处理厂、杏坛污水处理厂二期。推动高明区杨和镇对川片区污水处理厂实现通水调试，新增处理能力5.2万吨/日。完成城北污水处理厂（10万吨/日）地埋式改建及提标改造。截至2020年底，全市有污水处理厂61座，处理能力273万吨/日。新建污水管网1105千米，污水管网总长增至7344千米。继续开展重点排水大户整改行动，2019—2020年累计完成118个商业体、楼盘截污整改工作，完成296个学校、市场、餐饮等重点领域生活污水直排整改工作。

工业污染控制　推行工业污水集中处理，全年新增3座（总处理能力3.6万吨/日）工业废水集中处理厂，工业废水集中处理厂增至12座（总处理能力40.47万吨/日）。继续开展村级工业区环境整治提升工作，2015—2020年累计完成558个村（社区）、3424家“散乱污”工业企业的清理整顿。实施“挂图作战”、大数据精准执法，加大对重点断面控制单元纳污范围内重点支涌、特征污染因子企业的排查力度。开展企业清洁化改造，纳入清洁化改造计划的159家企业全部完成清洁化改造工作。

农业农村污染治理　继续推进农村生活污水治理，完成全市行政村生活污水全覆盖目标任务64个，实现行政村生活污水全覆盖。采购在线监控技术服务，对规模500吨/日以下的农村生活污水处理设施实施在线监控，并完成首批80个农村生活污水处理设施监控设备安装。截至2020年底，全市分散式污水处理设施613座，处理能力8.8万吨/日；全市5027个自然村中，4631个自然村完成生活污水收集（完成率92.12%）、4143个自然村完成生活污水治理（完成率82.41%）。2016—2020年累计建成40个水产生态健康养殖小区、面积570.93公顷，在顺德、南海和三水区建成5个养殖池塘标准化改造示范点，面积95.4公顷。2016—2020年累计完成42个建制村农村环境综合整治。

入河排污口排查整治　推进市控考核断面及建成区黑臭水体整治河涌的入河排污口清理整治，全年全市完成680个入河排污口的清理整治，累计完成2495个。市、区两级共同开展佛山市入河排污口排查整治专项行动，其中市级全年排查约349千米、区级全年排查约315千米。

黑臭水体整治　全面启动农村黑臭水体整治工作，逐步恢复河湖水生态系统，完成30条农村黑臭水体（河涌）的整治。截至2020年底，鄱阳环村涌、英雄河、围拳涌、大棉涌、三圣河、五胜涌、深村（田心）涌、石洛涌等8条城市建成区黑臭水体（河涌）全部完成市级“长制久清”验收，2018年起主动加压开展整治的205条城乡黑臭水体全部通过整治验收。

【土壤污染防治】2020年，佛山市更新公开27家土壤重点监管企业名录，督促企业开展自行监测、隐患排查，并对企业进行周边监督性监测。完成全市168家重点行业企业和7个重点工业园土壤和地下水样品采集、分析测试、质量核查与整改、风险分级，初步确立污染地块清单和优先管控名录，编制市级成果集成报告。组织完成93个地块土壤污染状况调查专家评审，公布建设用地土壤污染风险管控与修复名录。

【固体废物污染防治】2020年，佛山市推进危险废物处理处置设施建设，发动企业投资危险废物处理产业，自主建设专业门类危险废物处理项目。2018—2020年新增5家企业获危险废物经营许可证，危险废物处理能力增至41.25万吨/年。2019—2020年建成19个危险废物收集贮存试点单位，初步构建危废收集网络体系，破解中小微企业危废出路难题。继续做好危险废物申报登记工作，截至2020年底，累计有1.83万家企业完成申报，申报危废产生总量40.25万吨，完成危险废物申报的企业中，机动车维修企业占4742家。开展机动车维修行业和报废机动车回收拆解行业危险废物、涉酸涉碱行业危险废物以及危险废物规范化等多个专项行动，督查企业做好危险废物合理合规贮存、转移、利用、处置。开展各类固体废物产生及处理处置情况调研，分别调研危险废物收集、处置、贮存项目复工复产情况、飞灰资源化利用可行性、移动医疗焚烧设备能否应用于医疗废水污泥处置以及生活污泥资源化利用进展等情况。年内，佛山市成立医疗废物协同应急处置领导小组，对新冠肺炎定点救治医院开展医疗废物和废水环境安全检查，每日调度医疗机构废物产生和处理处置情况，及时研判、及时处理。

（吴晓雯）

【汽车维修行业机动车危险废物治理】2020年，佛山市交通运输局开展汽车维修行业机动车危险废物治理行动，排查出涉危险废物机动车维修企业4200多家，划分属地跟进管理。截至2020年底，全市有4547家汽车维修企业通过广东省固废平台注册申报转移危险废物，完成上级环保督察下达的任务。已通过广东省运政系统模块备案机动车维修企业3190家（含许可未到期），备案率76%。

（刘琳琳）

【污染防治攻坚战骨干项目】2020年，佛山市推出新一轮38个打好污染防治攻坚战骨干项目，其中大气污染防治项目11个、水环境整治项目12个、固体废物管理项目10个、其他项目5个。截至2020年底，有36个项目完成或达到年度目标。

（吴晓雯）

环境监管

【“网格化+双随机”环境监管制度全面落实】2020年，佛山市建立健全随机抽取检查对象、随机选派执法检查人员的“双随机”抽查机制，改进优化监管执法方式。结合随机抽查与差别化监管，对不同区域、不同行业、不同风险等级、不同信用评级的污染源进行科学分类，实施污染源分级管理。加强在线监控，继续推进污染物全过程监控，定期利用大数据分析，逐步提升自动监测数据可靠性，打击自动监测弄虚作假、逃避监管、超标排污环境违法行为。加强环境执法信息化，运用省环境执法一体化平台进行“双随机”摇号，将7万多个排污单位及1万多个建设项目纳入监管。年内，佛山市抽查排污单位1008个，建设项目92个。

【生态环境保护“党政同责、一岗双责”责任制考核】2020年，佛山市继续开展生态环境保护“党政同责、一岗双责”责任制考核，以考核推动各级党委、政府及部门对生态环境保护工作齐抓共管。市级生态环境保护“党政同责、一岗双责”责任制考核工作中，市环境保护委员会办公室通过印发《2020年佛山市各区党委、人民政府生态环境保护“党政同责、一岗双责”责任制考核计分方法及操作细则》和《2020年市有关单位生态环境保护“党政同责、一岗双责”责任制考核计分方法及评分表》，规范责任考核工作开展。在对各区党委、人民政府进行的年度生态环境保护“党政同责、一岗双责”责任制考核中，全市5个区均被评为“优秀”。在对市级9个重点考核单位进行的年度生态环境保护“党政同责、一岗双责”责任制考核中，佛山市生态环境局、佛山市公安局、佛山市交通运输局被评为“优秀”，佛山市住房和城乡建设局等6

个单位被评为"合格"。在对市级32个一般考核单位进行的年度生态环境保护"党政同责、一岗双责"责任制考核中，中共佛山市委组织部、佛山市农业农村局被评为"优秀"，中共佛山市委政法委等30个单位被评为"合格"。年内，佛山市各区亦分别组织开展区级年度生态环境保护"党政同责、一岗双责"责任制考核工作。

【排污权交易试点】 2020年，佛山市继续推进排污权有偿使用和交易试点改革。修订《佛山市排污权有偿使用和交易管理办法》《佛山市排污权交易规则与流程》。受理、办理、办结376家企业新、改、扩建新增排污指标交易业务，涉及排污权交易出让金约558万元。

【排污许可证改革】 2020年，佛山市完成固定污染源排污许可全覆盖工作。全年全市核发国家排污许可证3391张，变更国家排污许可证422张，完成企业排污登记6.15万家。截至2020年底，全市累计核发国家排污许可证5154张，核发数量位居全省前列。

【环境保护督查】 2020年，佛山市运用"提醒函、督办、挂牌督办、市委书记市长环保督察令"四级督办体系推动生态环境保护工作落实，全市发出督办提醒函115份、督办通知43份，挂牌督办8项。年内，佛山市全部完成涉及佛山市的29项中央环保督察及"回头看"督察、固废专项督察整改任务的整改工作。22项省环保督察整改任务中，完成21项，未完成1项。

【环境保护执法】 2020年，佛山市出动环境监察人员6.83万人次，现场检查企业2.99万家次，立案803件，罚款1.2亿元，查封、扣押案件35件，限产停产案件5件，移送行政拘留案件117件，移交涉嫌环境犯罪案件42件。继续采取环境违法行为有奖举报措施，市生态环境局联合市公安机关全年办理有奖举报线索案件5件，发放举报奖励金18.25万元。开展广佛跨界流域涉水企业专项执法行动，全市针对广佛跨界流域开展企业执法检查4375家次，发现存在环境管理问题企业335家，立案查处违法企业62家，处罚金额813.3万元。

【环境影响评价审批改革】 2020年，佛山市深化环境影响评价审批改革，先行试点的高明沧江工业园、顺德区华南机械城、容桂华腾金属工业城、龙江数字装备产业园实施环境影响评价审批告知承诺制、环境影响评价降低管理等改革措施的建设项目113个。推行"互联网+政务服务"全网上办理模式，实行环境影响评价申请网上受理、网上审批，并采取快递邮寄材料、审批决定等措施，实现"不见面"审批。

【企业环保监管】 2020年，佛山市对342家污染物排放总量大、环境风险高、生态环境影响大的企业进行环境信用评价，其中26家企业因关闭、停产等原因不参加评价，其他316家企业经过评定及环境信用修复，有21家被评为绿牌（环保诚信企业）、293家被评为蓝牌（环保良好企业）、2家被评为黄牌（环保警示企业），无企业被评为红牌（环保不良企业）。落实污染源差别化环境监管工作，印发《佛山市生态环境局关于落实污染源差别化环境监管工作的通知》，对不同信用评级的污染源进行科学分类，实施分级管理，将污染源企业分为免于现场检查企业、减少现场检查企业、特殊监管企业和普通监管企业4类。定期抽查企业环保自主验收情况，严查企业及第三方环保服务机构在环保自主验收中弄虚作假的行为，同时指引建设单位科学规范开展环保验收工作。

【生态环境领域扫黑除恶】 2020年，佛山市生态环境部门加强与公安机关、检察机关的协作交流，开展严厉打击危险废物环境违法犯罪行为专项行动，查处一批非法倾倒、处置危险废物环境犯罪案件。推进"行业清源"行动，开展行业领域乱象专题调研和排查，整治第三方技术服务市场的乱象行为，查处并通报某公司环境影响评价弄虚作假、某检测公司监测弄虚作假等一批案件。

【环保文化建设】 2020年，佛山市生态环境局开展生态环境普法宣传，组织"送法进企业""环保进校园""环保公益进社区"活动及环保主题科普展。推进水、大气、土壤污染防治攻坚战宣传，组织媒体参与全市重要环保会议、行动等，讲好佛山生态环境故事，全年各类媒体报道佛山市环保工作约570条。在春节、"地球一小时"、世界水日、清明节等时间节点开展环保宣传教育，向市民倡导绿色环保生产生活方式。牵头

2020年12月24日，"环保进校园"宣传活动在佛山市铁军小学开展。图为市生态环境局工作人员向学生讲授环保知识
（市生态环境局　供图）

开展全市中小学生“我的绿色家园”绘画比赛、环保云课堂、广佛小记者环保行等活动。发挥“佛山生态环境”政务微信作用，于新冠肺炎疫情期间在“佛山生态环境”微信公众号开设“佛山环保设施云开放”“佛山排污许可云讲堂”专栏，让公众可以线上参观各类环保设施，学习排污许可证申报技术要点和环保知识。截至2020年底，“佛山生态环境”政务微信粉丝数量增至159472人。推动省级环境教育基地创建及环保设施向公众开放，全年新增“广东省环境教育基地”3个，分别是佛山市禅城区南庄镇罗园水乡、佛山市禅城区东鄱小学、佛山市顺德区勒流街道江义村，新增佛山顺德鑫还宝资源利用有限公司为全国环保设施和城市污水垃圾处理设施向公众开放单位。

【环境信访】 2020年，佛山市生态环境系统共受理环境信访投诉案件1.4万件，比上年下降16.47%。其中，佛山市生态环境局受理744件、禅城分局受理1636件、南海分局受理6094件、顺德分局受理3510件、高明分局受理423件、三水分局受理1595件。按问题类型分，涉及大气污染问题案件7905件，占56.46%；涉及噪声问题案件2828件，占20.20%；涉及水污染问题案件2387件，占17.05%；涉及固废污染问题案件312件，占2.23%，等等。

【“十四五”生态环境保护规划编制】 2020年，佛山市生态环境局启动“十四五”（第十四个五年规划，起止时间为2021—2025年）生态环境保护规划编制工作，召开各种形式的对接会、调研会、座谈会等8次，加强与技术单位、市直部门、人大代表、政协代表、重点工业企业以及行业协会等的交流沟通，听取部门和公众的意见和建议。佛山市“十四五”生态环境保护规划聚焦佛山市生态环境质量改善的总体要求，提出大气污染防治、温室气体排放控制、水污染防治、土壤污染防治、固体废物污染防治、生态保护监管、农业农村污染防治、生态环境基础能力提升等8类生态环境保护重大工程，以项目实施推进生态环境不断改善。该规划于2020年底通过专家评审。

【全省首个医疗污水全过程监控平台在佛山上线】 2020年3月1日，广东省首个医疗污水全过程监控平台在佛山市禅城区上线。监控平台针对医疗污水特点和新冠肺炎疫情防控需求，选取污水收集、消毒剂投加作为主要监控环节，以酸碱度（pH值）、余氯等指标作为主要监控指标，通过在线监控设备分析监控数据和排污规律，实现医疗污水收集、处理、排放全过程监管和及时预警。该项目选取佛山市第一人民医院、佛山市第四人民医院2家新冠肺炎定点收治医院开展。

【全市生态环境保护工作会议】 2020年4月13日，佛山市召开全市生态环境保护工作电视电话会议。会议强调，全市上下要始终坚持生态环境保护优先，把绿色发展作为推动高质量发展的“指挥棒、红绿灯”，以更大力度、更有效举措做好生态环境保护工作；要把解决突出生态环境问题、改善生态环境质量作为民生优先的领域，不断提高人民群众源自生态环境的获得感、幸福感、安全感，持续提升高水平决胜全面小康的含金量。会议还强调，全市上下要切实把思想和行动统一到中共佛山市委、市政府的部署要求上来，争分夺秒、抢抓时机，切实打赢污染防治攻坚战；要坚持方向不变、力度不减，确保实现污染防治攻坚战全年目标任务。

【佛山版“禁塑令”印发实施】 2020年11月6日，被媒体称为佛山版“禁塑令”的《佛山市关于进一步加强塑料污染治理的实施方案》由佛山市发展和改革局与佛山市生态环境局联合印发实施。该方案主要针对不可降解塑料袋、一次性塑料餐具、宾馆酒店一次性塑料用品、快递塑料包装4类塑料制品污染，提出分区域、分品种、分阶段禁止或限制部分塑料制品的生产、销售和使用，推广替代产品，规范塑料废弃物回收利用，建立覆盖塑料全生命周期的塑料污染治理体系。该方案提出到2020年底，全市部分领域禁止、限制部分塑料制品的生产、销售和使用；到2022年底，一次性塑料制品禁限范围进一步扩大，消费量明显减少，替代产品得到有效推广，塑料废弃物资源化能源化利用比例大幅提升，并在塑料污染问题突出领域和电商、快递、外卖等新兴领域，推广塑料减量和绿色物流模式；到2025年底，塑料制品生产、流通、消费和回收处置等环节的管理制度基本建立，政府主导、企业主体、全民参与的多元共治体系基本形成，替代产品开发应用水平进一步提升，基本实现塑料垃圾零填埋，塑料污染得到有效控制。

（吴晓雯）

2020年，佛山市生态环境局启动“十四五”生态环境保护规划编制，提出打造一流生态公园体系。图为三水森林公园　（吴　宇　摄）

人物·荣誉

新任佛山市领导

市人大常委会副主任

徐东涛 1963年9月生，浙江东阳人。1990年7月参加工作，1991年11月加入中国共产党，研究生学历（四川大学中国现代文学专业），文学硕士。1990年7月后在佛山市文艺创作研究室工作，先后任《佛山文艺》副主编、佛山市文艺创作研究室副主任、主任，1996年12月后任佛山市文化局副局长、党组成员、中共佛山市委宣传部副部长，2003年7月后任佛山市文化局局长、党组书记、中共佛山市委宣传部副部长、佛山市文化广电新闻出版局局长、党组书记，2014年6月任佛山市政府副秘书长，2015年12月后任佛山市纪委副书记、市监察局局长、市预防腐败局局长，2016年4月任中共佛山市高明区委书记、佛山市纪委副书记、市监察局局长、市预防腐败局局长，2016年6月任中共佛山市高明区委书记，2020年3月晋升一级调研员，2020年6月任佛山市人大常委会党组成员、副主任、高明区委书记，2020年7月任佛山市人大常委会党组成员、副主任，中共佛山市高明区委书记，市总工会党组书记、主席候选人，2020年10月任佛山市人大常委会党组成员、副主任，佛山市总工会党组书记、主席候选人，2020年12月任佛山市人大常委会党组成员、副主任，佛山市总工会党组书记、主席。

（市委组织部）

市政府副市长

葛承书 1966年4月生，湖北监利人，1988年6月参加工作，1997年10月加入中国共产党，研究生学历（华东政法学院民法专业），法学博士。1988年6月任湖北十堰大学政史系教师，1993年6月起任佛山市中级人民法院书记员、助审员，1998年6月后任佛山市中级人民法院经二庭副庭长、经一庭庭长、民四庭庭长、审委会委员，2002年10月后任佛山市中级人民法院副院长、执行局局长，2007年11月任佛山市法制局局长、党组书记，2008年12月任佛山市禅城区委常委、常务副区长（正处级），2011年4月后任佛山市政府副秘书长、市行政服务中心党组书记、市发展改革局党组书记，2015年4月任佛山市政府秘书长、市政府办公室主任、党组书记、市发展改革局党组书记，2016年9月后任佛山市政府党组成员、佛山对口帮扶四川凉山州工作组组长、四川省凉山彝族自治州委常委、副州长（挂职）、市政协副主席、党组成员，2020年3月任佛山市政府副市长、党组成员。

（市委组织部）

市政协副主席

黄福洪 1966年3月生，广东佛山人，1983年8月参加工作，1987年6月加入中国共产党，广东省委党校研究生学历（广东省委党校经济学专业）。1983年8月任佛山市审计局科员，1988年4月后任佛山市审计局工交审计科副科长、综合审计科副科长，1992年7月后任佛山市审计事务所所长、审计指导管理科科长、局长助理，1995年12月后任佛山市审计局副局长、党组副书记，2000年12月后任佛山市审计局局长、党组副书记、党组书记，2004年7月任中共佛山市南海区委副书记、纪委书记（正处级），2006年11月任中共佛山市南海区委常委、副区长（正处级），2011年3月任佛山市财政局局长、党组书记，2016年4月任中共佛山市三水区委书记，2020年3月晋升一级调研员，2020年5月提名为佛山市政协副主席候选人，2020年6月任佛山市政协副主席、党组成员。

毛永天 1970年5月生，广东化州人，1995年7月参加工作，1994年1月加入中国共产党，研究生学历（中山大学文化人类学专业），管理学博士。1995年7月后任中共佛山市委组织部组织科科员、副主任科员、副科长、主任科员，2003年11月任佛山市顺德区区长助理（副处级）、区政府党组成员，2005年3月任中共佛山市顺德区委常委，2006年11月任佛山市顺德区副区长、党组成员，2008年2月任中共佛山市顺德区委常委、组织部部长、区直机关工委书记、区编办主任，2010年7月任佛山市政府副秘书长（援疆）、新疆伽师县委副书记、广东省对口支援新疆工作前方指挥部副总指挥、驻伽师县工作队队长，2014年1月任佛山市教育局局长、党组书记，2016年9月任佛山市政府党组成员、秘书长，市府办党组书记、主任，2019年12月提名为佛山市政协副主席候选人、任广东省第四扶贫协作工作组组长，2020年6月任佛山市政协副主席、党组成员，广东省第四扶贫协作工作组组长。

张　兵　1966年3月生，甘肃民勤人，1988年7月参加工作，2020年11月加入中国民主建国会，大学学历（广州外国语学院日本语专业），文学学士。1988年7月任甘肃省民勤县科委干部，1989年9月任佛山市石湾美术陶瓷厂职工，1991年5月起任佛山市政府外事办科员、国际交流科副科长、科长，2001年10月任佛山市外事侨务局涉外工作科、国际交流科科长，2009年5月任佛山市外事侨务局副局长，2015年11月任佛山市外事侨务局局长，2019年1月任佛山市政府副秘书长，2020年1月提名为佛山市政协副主席候选人，2020年6月任佛山市政协副主席。

（市委组织部）

先进人物

全国劳动模范

李金波　1975年11月生，广西北流人，中国共产党党员，美的集团家用空调事业部创新中心主任，教授级高级工程师，西安交通大学能源与动力工程学院毕业，硕士学位。2000年7月参加工作至2020年，申请发明专利407件，获国家、省及行业科技进步奖14项，主持和参与制定行业标准2项，地方及团体标准5项，发表科学引文索引（SCI）、工程索引（EI）论文6篇。2018年当选为第十三届全国人大代表。曾获“全国轻工行业劳动模范”“全国工程科技领域突出贡献者杰出工程师”“佛山·大城工匠”等称号。2020年，获“全国劳动模范”称号。

苏荣欢　1984年2月生，广东肇庆人，群众，佛山柯维光电股份有限公司总经理助理，环保工程师，广东工业大学环境工程专业毕业，本科学历。2008年7月参加工作至2020年，获国家专利5件，发表专业论文7篇。2018年当选为第十三届全国人大代表，在农民工就业、子女教育、科技创新等方面提出9点建议，为国家发展建言献策。曾获“全国青年岗位能手”“广东省五一劳动奖章”“佛山·大城工匠”等称号。2020年，获“全国劳动模范”称号。

刘一军　1971年4月生，湖北天门人，九三学社社员，蒙娜丽莎集团股份有限公司生产技术副总裁、省级工程中心主任，教授级高级工程师，陕西科技大学材料学专业毕业，博士学位。1994年7月参加工作至2020年，获授权发明专利53件、中国专利优秀奖2项，获得省部级科技进步奖7项，发表论文18篇，主编参编国家及行业标准5项。先后获“全国轻工行业劳动模范”“佛山市劳动模范”“佛山·大城工匠”“佛山市创新领军人才”等称号。2020年，获“全国劳动模范”称号。

宋科明　1982年9月生，河南焦作人，群众，广东联塑科技实业有限公司副总裁、总工程师，教授级高级工程师，中山大学高分子化学与物理专业毕业，博士学位。2009年7月参加工作至2020年，申请或授权发明专利42件，发表专业技术论文16篇，参与制定国家或行业标准7项，获省级、市级科技进步奖6项。曾获“中国塑料加工业科技创新之星”“佛山市创新领军人才”等称号，曾入选“广东省100位博士博士后创新人物”名单。2020年，获“全国劳动模范”称号。

唐　奇　1978年7月生，黑龙江伊春人，中国共产党党员，广东特地陶瓷有限公司研发总监，正高级工程师，江西景德镇陶瓷学院材料系研究生毕业，硕士学位。2002年9月参加工作至2020年，获国家专利46件，省部级科技进步奖5项，市级科技进步奖17项、市专利奖3项，发表技术论文7篇，参与制定行业标准5项。曾获“全国五一劳动奖章”“广东省五一劳动奖章”“南粤工匠”“佛山·大城工匠”等称号。2020年，获“全国劳动模范”称号。

彭方昭　1990年2月生，湖南衡山人，群众，佛山市安齿生物科技有限公司CNC工程师，湖南农业大学模具设计与制造系毕业，大专学历。2013年代表广东省参加全国数控技能大赛，获五轴加工中心职工组第一名。同年担任第四十二届世青赛数控铣项目辅助教练，辅导选手在德国莱比锡世界青年技能大赛中取得第三名。曾获“全国优秀农民工”“全国技术能手”“佛山·大城工匠”“佛山市突出贡献高技能人才”等称号。2020年，获“全国劳动模范”称号。

（市总工会）

全国先进工作者

王跃建　1960年8月生，黑龙江望奎县人，中国共产党党员，原佛山市第一人民医院院长、主任医师，山东医科大学医学系毕业，博士学位。1978年5月参加工作至2020年，获授权专利69件、省市科技成果奖10项，参与国家、省、市科研课题11项，发表论文近200篇。在肿瘤抗原研究和鼻咽癌研究领域保持国际领先水平，有30余项科研成果填补国家和省内空白。曾获“黑龙江省劳动模范”“全国优秀院长”“全国最具领导力中国医院院长”“广东省优秀院长”等称号。2020年初，王跃建被任命为佛山市新型冠状病毒肺炎疫情防控指挥部办公室医疗救治组副组长，始终坚守一线，带领专家团队日以继夜开展诊疗救治、院感防控、重症救治转诊、专家会诊，完善防控流程和救治方案等，为佛山市战胜新冠病毒疫情作出突出贡献。2020年，获“全国先进工作者”称号。

（市总工会）

全国抗击新冠肺炎疫情先进个人

栾晓军　1962年生，山东蓬莱人，中国共产党党员，佛山市第一人民医院内分泌科主任、主任医师，博士研究生，中山大学医学院硕士研究生导师。1996—1999年在德国留学期间参与《Harrison内科学》内分泌章节的编译以及《肾上腺疾病》的编写工作；1999年10月回国，同年11月进入佛山市第一人民医院内分泌科；2000年在佛山市创办糖尿病学校；2017年与美国宾夕法尼亚大学医学院合作主持并参与广东省第一例自体胰岛细胞移植术治疗继发性糖尿病；2018年带领佛山市医疗队赴瓦努阿图为当地患者进行义务巡诊；2019年赴四川省凉山彝族自治州喜德县人民医院进行扶贫支医；2020年参加广东省第十四批援鄂医疗队，作为省专家组成员、佛山市第四批援鄂医疗队专家组领队，带领佛山援鄂医疗队接管武汉市第一医院感染十三、十四2个病区，收治新冠肺炎确诊患者89人，其中重症患者55人、危重症患者16人，完成援鄂医疗队任务。个人于2020年4月获武汉五一劳动奖章，2020年9月获第四届“白求恩式好医生”称号、“全国抗击新冠肺炎疫情先进个人”称号。

（市第一人民医院）

全国优秀共青团员

朱倩雯 女，1992年11月出生，广东佛山人，中国共产党党员，南方医科大学顺德医院（佛山市顺德区第一人民医院）创伤关节外科护士。2020年初，朱倩雯主动向医院党委递交请战书主动申请加入广东省援鄂医疗队，2月13日作为广东省援鄂医疗队其中一员驰援湖北武汉抗击新冠肺炎疫情。在完成繁重的治疗新冠肺炎患者工作之余，朱倩雯利用临时购置的画笔，给患者画了一张又一张的祝福卡片，抚慰他们焦虑的情绪，给予患者对抗疾病的勇气与信心，勾勒出与武汉人民的患难之情。2020年4月28日，被共青团中央授予“全国优秀共青团员”称号。

梁海锋 1994年4月出生，广东佛山人，广东电网公司佛山顺德供电局生产计划部配网综合一班高级作业员。2016年7月入职广东电网公司佛山顺德供电局，主要负责顺德地区配电网无人机应用、自动化设备运维与品控、科技创新管理、电缆试验及故障定位等工作。短短4年，由一名初入社会的新人，一步步成长为佛山供电局助理五级技能专家，致力于顺德地区配电网无人机应用推广，通过青年学堂、联合机巡作业等形式，培训取证无人机电网运维人员33人，自主巡视各类杆塔8000余个，发现各类缺陷及隐患200余处，带领团队开展顺德地区无人机自主巡航全覆盖建设工作，并于新冠肺炎疫情期间参与一线保供电工作，做好设备运行维护。同时，还积极投身于涉及无人机、人工智能、分布式储能等电网新技术的科技创新活动，获省级及以上荣誉10项，各类专利授权26件，曾获评“广东省优秀共青团员”“佛山市职工创新标兵”等称号。2020年4月28日，被共青团中央授予“全国优秀共青团员”称号。

（团市委）

全国公安系统二级英雄模范

杨兴得 1970年7月25日出生，广东饶平人，中国共产党党员，佛山市公安局三水分局出入境管理大队副大队长，毕业于广东省公安高等专科学校（现广东警官学院）。2003年，杨兴得调整到三水分局法制部门工作，并于2018年获得执法资格高级证书。2020年3月11日，因新冠肺炎疫情防控工作需要，三水分局成立入境旅客防控组，任命杨兴得为组长。4月24日晚在工作期间突发疾病，经救治无效于5月5日不幸殉职，后被认定为因公牺牲。2020年，杨兴得被公安部追授为“全国公安系统二级英雄模范”。

（市公安局）

全国“民间河湖卫士”

胡忠录 1978年11月生，湖南省隆回县人，中国共产党党员。佛山市三水区大塘镇副镇长；曾任职佛山市三水区公路事务中心公路养护股股长。参加工作19年来，利用环保博士专业所长，推动基层路桥建设与河湖生态环境保护协调发展。坚持“架桥修路与保护三江河流并举”的理念，协调外资企业和地方政府投入近2000万元实施跨河桥梁水资源环境保护项目和公路桉树林改造水资源保护项目建设，加强佛山市三水区1000千米公路路域河湖环境整治和180座公路桥梁水域环境保护。作为民间河长，每周坚持巡河不少于1次，足迹遍布三水区全部河湖及河心岛，被誉为“三水民间总河长”，曾自筹上万元经费购买无人机和望远镜等巡河装备，深入基层一线开展巡河护河，将发现问题移交给当地河长办处理。组织参与各类河湖环境保护公益活动，发起“守望故乡水——爱水护水行动进村居”志愿服务，在三水区各村（社区）、小学设立分队，探索建立“网格化”的爱水护水体系；牵头成立爱水护水宣讲团和4支基层村（社区）巡河队，探索建立基层村（社区）爱水护水村规民约，引导1000多名基层党员干部、群众、学生参与“爱水护水行动进社区”志愿服务；深度参与组建佛山水义工志愿服务总队，牵头开展“小河长培养计划”志愿服务项目，助力基层将河湖环境综合整治落到实处，为佛山构建全民治水格局和长效护水机制做出重要贡献。胡忠录曾获广东省五一劳动奖章，入选第九届全国“母亲河奖绿色卫士奖候选名单”。2020年，被水利部、全国总工会、全国妇联评为全国“民间河湖卫士”。

（市水利局）

全国“最美公交司机”

张继红 1964年7月生，四川武胜县人，群众，佛山市粤运公共交通有限公司134路公交车长，初中学历。2004年入职佛山市粤运公共交通有限公司，长期以来坚持以“心系乘客服务一流”的理念，将“让乘客满意”作为工作的奋斗目标。从事驾驶工作近16年，安全行车70余万千米，未发生过任何责任事故和任何违章驾驶现象。16年无投诉，车厢服务合格率、车辆卫生合格率始终保持100%。张继红以其优质的车厢服务、熟练的操作技能和谦逊的道德品质，赢得沿线乘客的好评。曾获广东省“安全文明驾驶人”、佛山市“十佳文明公交驾驶员”等称号。2020年10月，获交通运输部、中华全国总工会评为全国“最美公交司机”。

（市粤运公交公司）

获个人二等功以上的现役和退伍军人

郑　丹　现役，1979年1月出生，2020年立二等功1次。

喻俊武　现役，1985年9月出生，2020年立二等功1次。

邓观峻　现役，1990年6月，2020年荣立二等功1次。

赵立丰　现役，1982年9月出生，2020年立二等功1次。

王　冠　现役，1980年5月出生，2020年立二等功1次。

张　蒙　现役，1979年1月出生，2020年立二等功1次。

杨　磊　现役，1978年5月出生，2020年立二等功1次。

赵　国　现役，1981年7月出生，2020年立二等功1次。

曾庆韬　现役，1978年6月出生，2020年立二等功1次

（市退役军人事务局）

先进单位（集体）

2020年佛山市获全国性先进称号单位（集体）名单

全国抗击新冠肺炎疫情先进集体
佛山市疾病预防控制中心

全国文明单位
佛山市禅城区行政服务中心（主体非税务部门）
佛山市公安局禅城分局

全国法院审判监督工作先进集体
佛山市中级人民法院审判监督庭

全国法院信息化工作先进集体
佛山市中级人民法院办公室

全国检察机关检务保障工作表现突出集体
佛山市检察院计划财务装备科

全国检察宣传先进单位
顺德区人民检察院
南海区人民检察院

全国关心下一代先进集体
佛山市关心下一代工作委员会

全国税务系统先进集体
国家税务总局佛山市顺德区税务局

全国粮食和物资储备系统抗击新冠肺炎疫情先进集体
佛山市粮食和物资储备局

公安部“标兵集体”
佛山市公安局禅城分局刑事侦查大队

全国消防救援队伍“先进基层党组织”
佛山市南海区大沥消防救援站

全国民政系统抗击新冠肺炎疫情先进集体
佛山市民政局

全国住房和城乡建设系统抗击新冠肺炎疫情先进集体
佛山市住房和城乡建设局

全国市场监管系统抗击新冠肺炎疫情先进集体
佛山市市场监督管理局

“百日安全竞赛活动”优胜单位
中国人民武装警察部队佛山支队

查处重大侵权盗版案件有功单位（第三批）
佛山市文化广电旅游体育局

全国五四红旗团委（团工委）
广东省佛山市顺德区乐从镇水藤村团委
广东省佛山市南海区石门中学团委

全国五四红旗团支部（团总支）
广东省佛山市南海区西樵镇樵华社区团总支
广东省佛山市禅城区佛山市实验中学西藏班团支部

全国三八红旗集体
佛山市启聪学校启聪小学组

全国文明家庭
林伟光家庭

全国“最美家庭”
卢文普家庭
陈燕梅家庭

全国“五好家庭”
李太安家庭
王盛安家庭
黎春燕家庭

全国价格监测工作先进单位
佛山市发展和改革局价格监测成本监审科

全国价格认定工作先进机构
佛山市发展和改革局价格认证中心

“中国渔政亮剑2020”系列专项执法行动工作成绩突出集体
广东省渔政总队佛山支队

“十三五”中国企业文化建设优秀单位
佛燃能源集团股份有限公司

政务服务创新奖
佛燃能源集团股份有限公司

全国职业院校技能大赛突出贡献奖
顺德职业技术学院

中国职业院校智慧校园50强
顺德职业技术学院

第二批全国高校“双带头人”教师党支部书记工作室
顺德职业技术学院马克思主义学院党支部李霞工作室

全国党建工作样板支部
顺德职业技术学院马克思主义学院直属党支部

（名单由各有关单位提供）

2020年佛山市获省级先进称号单位（集体）名单

广东省双拥模范县（市、区）
禅城区
南海区
高明区
三水区

广东省爱国拥军模范单位
佛山市委编办

广东省先进基层党组织
广东援助湖北应对新冠肺炎疫情第十四批医疗队（佛山）临时党总支
佛山市第四人民医院党委
佛山市南海区桂城街道党工委
佛山市公安局禅城分局机关党委
佛山市顺德区乐从镇东平社区党总支
佛山市三水区疾病预防控制中心党支部

广东省文明单位
佛山海关
佛山市消防救援支队
国家统计局佛山调查队
国家税务总局佛山市税务局
国家税务总局佛山市禅城区税务局
国家税务总局佛山市南海区税务局

广东省先进集体
佛燃能源集团股份有限公司

广东省三八红旗集体
佛山市禅城区民政局婚姻登记处
中国移动广东公司顺德分公司陈村骏业营业厅
佛山市人民检察院公诉团队
佛山市公安局南海分局黄岐派出所“女子战疫先锋队”

广东省抗击新冠肺炎疫情先进集体
广东援助湖北应对新冠肺炎疫情第十四批医疗队（佛山）
佛山市第四人民医院
佛山市卫生健康局
佛山市新型冠状病毒肺炎疫情防控指挥部办公室
佛山市禅城区人民医院
佛山市公安局禅城分局
佛山市南海必得福无纺布有限公司
佛山市南海区卫生健康局
佛山市南海区桂城街道党工委
佛山市公安局顺德分局
佛山市顺德区乐从镇东平社区党总支
佛山市高明区卫生健康局
佛山市三水区疾病预防控制中心

全省扫黑除恶专项斗争先进单位
中共佛山市委组织部

广东省离退休干部先进集体
佛山市关心下一代工作委员会

广东省法院系统集体二等功
佛山市中级人民法院执行局

广东省检察院系统集体二等功
佛山市人民检察院公益诉讼办案团队
佛山市高明区人民检察院未成年人检察工作办公室
佛山市南海区人民检察院认罪认罚从宽专项小组

广东省检察院系统集体三等功
佛山市人民检察院刑事执行检察局“孙立功检察官办案组”

全省扫黑除恶专项斗争先进单位
佛山市人民检察院

全省公安机关先进基层党支部示范点
交警支队车管所党支部
高明分局刑侦大队党支部
南海分局黄岐派出所刑侦中队党支部
禅城分局澜石派出所党支部

广东省学雷锋志愿服务先进典型（最佳志愿服务项目）
佛山市公安局

全省全民禁毒工程先进集体
佛山市公安局禁毒支队

全省公安机关新冠肺炎疫情防控工作先进集体
佛山市公安局疫情防控技术支撑组
佛山市公安局高明分局监管大队

全省优秀公安基层单位
佛山市公安局禅城分局刑侦大队
佛山市公安局三水分局大塘派出所

广东省工会女职工工作先进集体
佛山市公安局工会女职工委员会

广东省大学生创新创业教育示范学校（2020—2023年）
顺德职业技术学院

广东省第二批高校中华优秀传统文化传承基地
顺德职业技术学院

地方财政管理工作考核奖励地市
佛山市财政局

广东省第四次全国经济普查优秀集体
国家税务总局佛山市税务局

广东省文明家庭
李太安家庭

广东省“最美家庭”
苏永善家庭
潘惠宝家庭
陆月秀家庭
杨志江家庭
商建平家庭
肖　强家庭
劳艳贞家庭

廖流波家庭
张炜海家庭
陈景利家庭
赖明建家庭

广东省“五好家庭”

黄洁玲家庭
钱永权家庭
李明中家庭

广东省“优秀书香家庭”

苏永善家庭

广东省五四红旗团委标兵

佛山科学技术学院团委

广东省五四红旗团委

佛山市南海区桂城街道团委
佛山市顺德区大良街道团委
佛山市高明区纪念中学团委
广东职业技术学院团委
中国联合网络通信有限公司佛山市分公司团委

广东省五四红旗团支部标兵

佛山市南海区狮山镇罗湖社区团支部

广东省五四红旗团支部

佛山市公安局指挥中心团支部
佛山市建设开发投资有限公司团总支
广东圣辉电力工程有限公司团支部
佛山市顺德区职业技术学院商学院 2018 级财务管理 1 班团支部
佛山市禅城区人民法院团总支
佛山市南海区大沥镇沥兴社区团总支
佛山市南海区人民医院门急诊团支部
佛山市顺德区乐从镇东平社区团支部
佛山市顺德区广东新宝电器股份有限公司团总支
佛山市公安局高明分局巡逻警察大队团支部

广东省青年文明号

南海区人民检察院公诉科
高明区人民检察院第三检察部
三水区人民检察院第一检察部
佛山市妇幼保健院手术麻醉科
佛山市第三人民医院临床心理科
佛山市中医院重症医学科
佛山市南海区妇幼保健院儿童康复科
顺德和平外科医院骨四区（足踝外科）
国家税务总局佛山市禅城区税务局第一税务分局征收管理组
国家税务总局佛山市顺德区税务局陈村税务分局
中国电信佛山分公司政企客户部行业客户解决方案中心
中国电信佛山南海盐步建设西路客户服务中心
中国移动通信集团广东有限公司佛山分公司禅城季华服务厅
中国联通佛山市分公司信息化部
中国联通佛山市分公司网络管理中心
中国联通佛山市分公司营销部
中国石化广东佛山石油分公司南海联和加油站
中国石化广东佛山石油分公司高明广明高速南站
佛山市公安局禅城分局公共关系科
佛山市高明区人民检察院未成年检察工作办公室
佛山海事局政务中心
佛山禅城海事处
佛山市水业集团有限公司客服热线班
顺德区港华燃气有限公司大良营业服务点
佛山市顺德区容桂街道鹏星社会工作服务社
佛山顺德供电局生产计划部配网综合班
广东碧桂园元海物业服务有限公司客服部
佛山市南海区大沥镇沥南社区居民委员会
佛山市高明燃气有限公司运营中心
佛山市禅城区不动产登记中心
南海区西樵镇行政服务中心
佛山市三水区人民检察院第一检察部
南海区桂城街道翠颐社区居委会
佛山市公安局监管支队第一强制隔离戒毒所女子管教中队
南海区人民检察院公诉科
东平小学综合科组
广东电网有限责任公司佛山供电局变电管理三所 500 千伏西江运检中心

广东省青年文明号（战“疫”特别推荐）

佛山市第一人民医院重症医学科
佛山市第五人民医院急诊科
广东盈宇律师事务所
佛山市高明区鹏星社会工作服务社
佛山市公安局南海分局巡警大队

巾帼文明岗

佛山市社会福利院

全省工会工作创新一等奖

佛山市总工会

全省工会工作创新二等奖

佛山市总工会

广东省工会工作一等奖

佛山市总工会

广东省法治文化建设示范企业

广东电网有限责任公司佛山供电局

广东省“重合同守信用”企业

广东电网有限责任公司佛山供电局

广东省工会女职工工作先进集体

佛山供电局局工会女职工委员会

广东省劳模和工匠人才创新工作室

佛山供电局关家华创新工作室

（名单由各有关单位提供）

先进个人

2020 年佛山市获全国性先进称号个人名单

全国抗击新冠肺炎疫情先进个人

栾晓军

全国劳动模范
李金波　苏荣欢　刘一军　宋科明
唐　奇　彭方昭

全国先进工作者
王跃建

全国“民间河湖卫士”
胡忠录

全国“最美公交司机”
张继红

全国法院特赦实施工作中表现突出的个人
欧阳建辉

全国法院人民法庭工作先进个人
欧阳永本

全国法院先进个人
杨炳华

全国检察机关检务保障工作表现突出个人
洪韶生

“法治进校园”全国巡讲活动表现突出个人
罗　静　王文婷

全国检察宣传先进个人
韩淑怡

全国公安系统抗击新冠肺炎疫情先进个人
杨　波　戴土生

全国公安系统二级英雄模范
杨兴得

公安抗疫巾帼先锋
陈瑞贞

全国三八红旗手
陈瑞贞

公安部“标兵个人”
杨　彬　曹宏伟　梁伟成

全国公安机关110工作成绩突出个人
江　明

一线女医务人员抗击新冠肺炎疫情全国三八红旗手
路海云

抗击新冠肺炎疫情全国三八红旗手
陆秀兴　陈瑞贞

全国优秀共青团员
朱倩雯　梁海锋

全国公共法律服务工作先进个人
郭　鹏

“十三五”中国企业文化建设典范人物
殷红梅

优秀科普工作者
唐冬生

发明创业奖·项目奖
唐冬生

第二届“最美基层儿科医师”
吴时光

第二十二届全国艺术摄影大赛航拍摄影类优秀奖
黎锐明

全国和谐医患关系案例比赛优秀奖
黄家铭

“中国渔政亮剑2020”工作成绩突出个人
刘和平

全国农用地土壤污染状况详查表现突出个人
陈细明

第二次全国污染源普查表现突出个人
罗成昌

（名单由各有关单位提供）

2020年佛山市获省级先进称号个人名单

广东省抗击新冠肺炎疫情先进个人
何明丰　李逸群　周立新　吴智龙
张　健　陈爱贞　尹金伟　王海涌
甘文兴　卢健胜　郑利先　李　超
芦丽萍　魏成功　曾　鸿　李永春
梅　婷　申海燕　陈铭乐　钟炎标
黄黎意　钟　卡　梁常香　邓晓龙
肖　强　谭　覃　韩佳音　叶少红
骆静容　何婉文　邓　超　谭俊锋
邓颖娟　江细友　冯卫权　孔镇江
汪银洲　钟秀珍

广东省先进工作者
宋洪涛

广东省五一劳动奖章
胡福金

广东省劳动模范
邬勇才　仇志杰　陈小燕　路海云
钟先锋　张丽琴　陈红军　刘新益
何自立　熊代利　彭建锐　柯善军
刘立丁　吴树鸿　梁泽江　黄醒民
吴成平　郭华忠　何小东　何华先
招汝辉

广东省优秀共产党员
周立新　卢健胜　王海涌　韩佳音
江细友　邓　超　曾　鸿

广东省爱国拥军模范
朱敏华　李深华

全省优秀人民警察
宋洪涛　李　鹏　司徒韦荣　马红年
杨　斌

全省最美基层民警
陈瑞贞

新时代南粤民警巾帼之星
吴　虹

新中国成立70周年维稳安保工作成绩突出个人

陈少霖

广东省技术能手

苏镜科　刘小洪

广东高校辅导员年度人物

周捷信

全省全民禁毒工程先进个人

杜汝帮

全省公安机关新冠肺炎疫情防控工作先进个人

赖道侦　李汝波　董兴妹

全省公安机关新冠肺炎疫情防控工作先进辅警个人

周浩贤

广东省工会女职工工作先进工作者

谢惠群　张中英

广东国家调查队系统"十大青年标兵"

丁　萧

广东省民族团结进步模范个人

张文生

广东省2019—2020年脱贫攻坚突出贡献个人

冯作均

广东省优秀共青团员

杨颖怡　林钢潼　严桂明　叶明生
刘小瑜　吴晓棠　黄婧毅　黎慧瑶
黄浩斌　谢昕琪　黎国璋　邝炳文
李嘉恒　潘施荣　邓淮健　招俊艺
张巧雯　王雨婷　邵锐喜　张润东
冯莹莹　吴淑明　卢思倩　黄志豪

广东省优秀共青团干部

段　炼　陈德健　刘海萍　黄丽敏
谢颖光　杨　晨　陈浩坚　周建因
欧　灏　关　艺　邓蔼婷　黄佳慧
姚　灿　梁曼子　黄广慧

广东省优秀共青团员（防疫重点领域）

高榕璟　潘杰威　秦廷魁　麦美诗
周攀锋　丁强业　黄欣琪　蔡锡杰
周佳迪

广东省优秀共青团员（战疫一线医务人员）

肖冰心　陈　丽　陈秀丽　伍艳婷
张毅强　雷振忠　刘　婕　陈林帆
吴颖莲　关婉仪　赖青仪　林怡婉
叶嘉敏　陈铭乐　韩　桃　周　瑞
聂秋静　貌介晴　陈颖诗　张靖雅
吴福恒　孙　倩　易　建　陈嘉怡
陈　熙　何子星　刘惠娜　李倚坪
梁洁莹　罗唐安　张彩香　欧阳咏
赖泳锋　李　欢　林家仪　黄洁静
刘晓炯　罗红英　黄秀娴　吴小敏
刘鹏宇　陆葵开　罗　璇　黄机灵
张　曼　郑　倩　陈淑彦　王灵雨
陈镇娥　彭培青　吴　珊　李邵颜
王　佩　周小宝　张世法　李书艳
凌　茵　龚春燕　周　静　周　余
刘　烨　李　炜　戴水燕　王春燕
丁德香

广东省优秀共青团干部（战疫一线医务人员）

吴继文　莫晓岚　唐　琳　余新惠
何雪玲　谢心怡　周晓亮　卢健胜
邓文福　苏敏卿　陈锦昌　翁彩君
黄健仪　郭银凤　陈钰莹　陈彩俊
周雅嫔　胡分分　许春玲

全省关心下一代工作先进工作者

刘艾平

全省关心下一代工作突出贡献奖

刘耀淳

广东省群众艺术花会金奖

梁曼子

广东省优秀城市规划设计奖一等奖

焦　政　梁雄飞

广东省优秀城市规划设计奖三等奖

黄衍光　欧俏珊

广东医院优秀院长

黄达鸿

广东高校科技成果转化路演大赛总决赛二等奖

周　峰

第二十二届广东青年五四奖章

李正强

广东省节能先进个人

胡　睿

广东省三八红旗手

谢彩华　仇桂玲　何令珊　张　莉
吴钟秀　陆秀兴　钟　然

妇女与信息服务站项目"十年服务之星"

游敏玲

全省民政系统先进工作者

叶荣林

新时代好少年

黄　艺　黄诗桓

广东好人榜（助人为乐）

陆秀兴　彭亚中　罗传顺　曾建兰
周樑成　吴红英

广东好人榜（敬业奉献）

林艳梅　严彩玲　邓晓龙　李可龙
何劲和　林纯莹　甘文兴　叶小莉
梁常香　陈贤帅　苏荣欢

广东好人榜（孝老爱亲）

夏荣群　周景雄　谭国权

广东"争做新时代向上向善好青年"

吴智鑫

（名单由各有关单位提供）

市辖区

禅城区

【概况】 禅城区位于珠江三角洲腹地，佛山市中部。辖区东、西、北面与南海区接壤，东南、南面与顺德区毗邻，东西最大直线距离为19.39千米，南北最大直线距离15.6千米，辖区面积153.88平方千米。禅城区是佛山市人民政府驻地，于2002年12月经国务院批准设立，行政区域由原佛山市城区、石湾区和原南海市南庄镇组成。2020年，辖南庄镇、石湾镇街道、张槎街道、祖庙街道，有94个社区和53个行政村。年末全区户籍人口72.44万人，常住人口133.15万人，人口自然增长率为7.6‰。祖籍禅城区的港澳台同胞6.5万人。祖籍禅城区的海外华人、华侨17万人。

禅城区耕地面积328.71公顷，林地面积387.46公顷，建设用地总面积1.19万公顷。年末建成区绿化覆盖率42.1%，绿化覆盖面积增长0.7%；公园绿地面积增长12.1%；人均公园面积13.01平方米，人均公共绿地面积（含暂住人口）增长7.9%；建成绿道222.52千米，增长2.2%。禅城区位于北江下游，境内有顺德水道、潭洲水道、平洲水道、佛山水道、吉利涌、佛山涌等6条水道。其中：顺德水道全长50千米，流经禅城区境内15.82千米；佛山水道全长33千米，流经禅城区境内14.06千米；潭洲水道全长31.5千米，流经境内18.78千米。辖区有内河涌166条，总长253.48千米。辖区有陆路口岸2个，分别为佛山快件口岸和跨境电商物流园（佛山车场）。广佛、佛开高速公路和广湛铁路穿境而过，客运火车直通香港九龙，广佛地铁线贯穿市区。拥有佛山市祖庙博物馆、南风古灶、梁园、广东粤剧博物馆、黄飞鸿博物馆、仁寿寺、佛山岭南天地、南庄绿岛湖、陈太吉酒庄等旅游景区。其中陶文化旅游资源尤为丰富，以南风古灶片区、1506创意城、公仔街、广东石湾陶瓷博物馆、佛山陶都工艺美术馆、北纬23度艺术空间、新石湾美术陶瓷厂、岭南酒文化博物馆为节点的“陶醉文化街区”为当地旅游热点。正月十六行通济、三月三北帝诞、佛山粤剧华光诞、佛山秋色欢乐节、中国（禅城）岭南年俗欢乐节等民俗节庆活动为当地旅游品牌。土特产品有佛山盲公饼、酝扎猪蹄（佛山扎蹄）、佛山柱侯鸡、佛山应记云吞面、海天酱油、石湾玉冰烧酒、石湾鱼腐、张槎沙口笋等。特色旅游产品有石湾公仔。石湾玉冰烧酒为国家地理标志产品，石湾公仔为国家地理标志证明商标。

禅城区是佛山市传统中心城区，是著名的陶瓷艺术之乡、民间艺术之乡、武术之乡、成药之乡和龙狮运动之乡。

全区有全国重点文物保护单位3处、省级文物保护单位7处、市级文物保护单位67处，佛山老城历史文化核心保护区1个。全区被列入非物质文化遗产名录的非物质文化遗产项目46个（区级或以上），其中石湾陶塑技艺、佛山木版年画、佛山剪纸、粤剧、佛山狮头扎作、佛山彩灯、佛山秋色、佛山十番、佛山

佛山市禅城区万科金融中心（2020年） （王颖尧 摄）

祖庙庙会被列入国家级非物质文化遗产代表性项目名录。禅城区人文荟萃、人才辈出，有状元简文会、伦文叙，历史名臣霍韬、庞嵩、李待问，名医李广海、谭次仲，岭南书画名家招宝莲，粤剧名家罗品超，粤剧编曲名家江誉镠（艺名南海十三郎），革命烈士罗登贤、吴勤、陈铁军、廖锦涛，商业巨子简照南、简玉阶兄弟，陶艺大师陈渭岩等名人名家。

2020年，禅城区实现地区生产总值1911.79亿元，比上年增长0.1%。全社会用电量75.55亿千瓦时。全年科学技术财政投入10.81亿元，比上年增长1.7%；教育事业财政投入24.99亿元，增长20.5%；文化旅游体育与传媒财政投入1.55亿元，下降40%；卫生健康财政投入13.84亿元，增长9.7%。年末从业人员99.07万人，年末城镇登记失业人员1.26万人，城镇登记失业率2.45%。全年接收社会化管理退休人员7358名，在册管理的社会化退休人员有4.71万人。领取基本养老金退休人员14.86万人，发放失业补助金1.48万人，发放生育津贴1.16万人次，享受工伤保险待遇2437人次。城镇生活污水集中处理率98.2%，城镇生活垃圾无害化处理率100%。

2020年，禅城区位列中国县域综合实力百强榜第三十九，中国城区高质量发展百强区第三十四，全国综合经济竞争力百强主城区第三十一，中国工业百强区第三十九，中国最宜置业百佳县市第九，中国夜经济繁荣百佳县市第五，全国市辖区旅游发展潜力百佳区第五，中国综合生活质量百佳县市第十八，城市市辖区高质量发展100强（地级城市）第十。同年，入选第二批广东省全域旅游示范区名单。

中共禅城区委书记：黄少文（5月任职）；区人大常委会主任：马志强；区长：孔海文（任至8月），区柱明（9月代职）；区政协主席：殷辉；区纪委书记、监委主任：植伟生。

【产业发展】 2020年，禅城区统筹推进新冠肺炎疫情防控和经济社会发展，基本完成“十三五”规划主要目标任务。地区生产总值实现1911.79亿元，比上年增长0.1%。从全年看，地区生产总值呈现先降后升、逐步回暖的态势，在疫情冲击下，第一季度以-10.1%的增速开局，上半年增速与第一季度持平，随着疫情逐步好转，前三季度降幅收窄至-7.5%。在第四季度，经济呈现更明显的恢复势头，增速实现扭负为正，最终以增长0.1%收官。从产业看，第一产业增加值实现0.51亿元，比上年增长97.2%；第二产业增加值实现670.96亿元，下降3.4%；第三产业增加值实现1240.32亿元，增长2.5%。第一、第二、第三产业增加值比例为0.0 ∶ 35.1 ∶ 64.9。全区产业结构持续优化，第三产业支撑带动作用进一步加强。第三产业拉动地区生产总值增加1.5个点，拉动力较大的前三个行业分别是其他服务业、金融业，以及交通运输、仓储和邮政业。其他服务业增加值实现574.28亿元，拉动地区生产总值增加1.6个点，拉动力是所有行业里最大的，其中营利性服务业增加值增长4.2%，拉动增加0.7个点；金融业增加值比上年增长6.3%，拉动增加0.7个点；交通运输、仓储和邮政业增加值增长4.3%，拉动增加0.1个点，实现对地区生产总值正拉动。在现代产业中，先进制造业和高技术制造业表现领先规模以上工业平均水平。先进制造业实现601.63亿元（比上年下降2.6%），高技术制造业实现129.11亿元（下降3.8%），两者增速分别高于规模以上工业总产值2.1和0.9个点。

工业发展　2020年，禅城区完成规模以上工业增加值344.83亿元，比上年下降3%。完成工业投资45.88亿元，比上年下降12.21%；完成工业技改投资31.96亿元，下降7.21%。完成开展技改企业数100家。完成装备制造业投资额22.37亿元，比上年下降19.8%；完成装备制造业增加值88.98亿元，下降2.8%。实现培育主营业务收入超100亿元企业4家，包括佛山市海天调味食品股份有限公司、佛山市公用事业控股有限公司、广东兴发铝业有限公司和广东吉瑞科技集团有限公司。禅城区实现培育50亿～100亿元企业3家，包括广东烟草佛山市有限责任公司、宝裕发展有限公司和广东新明珠陶瓷集团有限公司。

商贸发展　2020年，禅城区社会消费品零售总额754.96亿元，比上年下降10.5%。上半年社会消费品零售总额339.77亿元，下半年社会消费品零售总额415.19亿元，随着新冠肺炎疫情影响减小，禅城区下半年经济恢复，居民消费水平回升，消费需求持续回暖。其中，商品零售额703.40亿元，比上年下降9.6%；餐饮收入51.56亿元，下降21.4%。实现商品销售总额4742.93亿元，比上年增长4.5%。其中，批发业销售额4330.60亿元，增长6.4%；零售业销售额412.33亿元，下降12.1%。禅城区全年接待境内外过夜游客332.09万人次，恢复至上年的68.3%；实现旅游收入64.51亿元，恢复至上年的34.5%。举办“2020连锁企业品牌100盛典”活动，发布《2020年禅城区连锁行业白皮书》。出台《佛山市禅城区实施粤菜师傅系列工程扶持资金管理办法》，推进禅城区美食集聚区的建设。禅城区入选第二批广东省全域旅游示范区，紫南文化园成功创建国家AAA级旅游景区。紫南村综合文化服务中心被列入“国家级文化和旅游公共服务机构功能融合试点单位”，是全市唯一入选的试点单位。紫南研学旅行基地获中国旅行社协会、高校毕业生就业协会、全国研学旅行指导师认定委员会颁发“全国研学旅行基地（营地）”牌匾，成为全国首批、全市唯一得到国家级单位认证的“全国研学旅行基地（营地）”。佛山南风古灶游径、佛山武术文化游径分别入选首批广东省粤港澳大湾区海上丝绸之路文化遗产主题游径和华侨华人文化遗产主题游径。“佛山陶醉古镇之旅”入选第二批“广东省工业旅游精品线路”名单，“禅城岭南粤韵乡村生态游”入选第二批“广东省乡村旅游精品线路”名单。佛山岭南天地步行街商圈、佛山创意园步行街获广东省商务厅颁发首批广东省示范特色步行街（商圈）称号。禅城区入选“2020中国夜经济繁荣百佳县市”榜单第五位，佛山创意产业园创意集市入选“2020游客喜爱的十大夜市”。

服务业发展　2020年，禅城区电子信息产值625.03亿元，比上年增长3.64%；软件和信息技术服务业收入10.72亿元，增长2.10%；信息传输、软件和信息技术服务业增长57.0%。实现电子商务交易额2819.1亿元，比上年增长4.99%。举办2020城市新引擎数字经济云峰会、2020年禅城区新基建+工业互联网发展大会、"禅城超级品牌日"电商直播专场活动、首届大湾区全球电商直采节。

【全面深化改革】 2020年，禅城区深化"放管服"改革和"数字政府"建设，以数字化推动数据与政务服务紧密融合，提高公共资源配置效率和公平性，助力优化营商环境，为加快推动建成"数字禅城"提供重要支撑。政府扶持政策从申请到兑现全流程网办，审批时限提速41%，从申请到兑现最短123分钟完成；依托禅城区政务信息资源共享平台，实现市、区、镇（街道）三级数据互联互通、信息共享和业务协同，归集数据18.5亿条；建设工程项目交易178个，新增中介服务事项备案8个，通过中介服务超市平台完成交易项目3749个。

数据反哺平台建设 2020年，禅城区依托区数据反哺平台，开展数据共享426批次，支撑禅城"一门式"服务、社会综合治理云平台、中小学入学"无纸化"报名等多项重点工作。在平台开发自然人专题、法人专题、死亡人口核查、教育适龄儿童学位预警专题、"问卷通"小程序等。11月27日，"区块链+数据反哺实现数据赋能政务服务改革"获评2020年中国数字政府50强创新案例（数字保障创新奖）。

扶持政策标准化改革 2020年，禅城区以扶持政策"快速兑现"为目标，开展扶持政策事项最小颗粒度及审核要点标准化梳理，通过加强事前事中事后监管的方式，精简预审、受理、公示、提交收费凭证等审批环节，压缩审批时限，重构优化流程。截至年底，禅城区完成78个扶持政策事项的标准化梳理，其中71个标准化事项在佛山市"扶持通"平台上线。"扶持通"禅城分厅累计受理扶持政策申报业务5560宗。12月11—12日，第四届国家数据与治理高峰论坛峰会暨数字政务服务博览会在佛山市举行，禅城区政务服务数据管理局"扶持政策标准化改革"项目获2020年度政务服务最佳实践奖。同年，"佛山市禅城区企业服务供应链平台标准化试点"项目获批成为全国经信系统首个国家级标准化试点项目，率先将行政审批服务延伸到线下企业服务领域，开辟"企业服务+标准"新路径。

优化营商环境 2020年，禅城区聚焦企业开办过程中"数据重复采集、信息推送滞后"等痛点堵点，从流程再造，系统整合等方面改革破题，融合嫁接审批环节，建立企业开办"一件事"一天通办功能模块，实现最快1个工作日即可开业拿证。申请人只需登录网站，提交一次资料，即可一并办结设立企业登记、印章刻制、税务登记和银行开户预约等企业开办的手续。12月，在佛山市"证照联办"示范区的基础上，推出湾区通办试点主题服务（粤港澳个体工商户餐馆），通过"网证CTID（居民身份证网上凭证）"调度港澳人员数据，引入港澳数据接口，智能识别办事主体身份，实现智能化审批、全程无纸化办理，最快10分钟即可完成业务申办、领证，做到"秒批即办"。聚焦工程项目落地难问题，采取提前介入（代办服务）方式，优化多规合一、联合审图机制，提升项目与政府衔接效率，加快审批流程，靠前推进工程项目联合验收工作，确保项目早落地、早建成、早投产。12月14日，广东道氏技术股份有限公司、广东金意陶陶瓷集团有限公司从签订土地出让合同后，到出具建设用地规划许可证、建设工程规划许可证、建设工程施工许可证，前后不到1小时，创造禅城区工程建设项目审批制度改革实施以来的最快审批速度，实现"拿地即开工"。12月15日，在禅城区"拿地即开工"改革试点项目动工仪式上，道氏氢能及新材料产业园和金意陶总部绿色家居产业园2个项目正式动工。

【创新驱动发展】 2020年，禅城区科学技术财政投入10.81亿元。高新技术企业528家，比上年增加70家，增长15.28%。禅城区批复技术合同登记1948项，批复合同金额3.819亿元（含市直），技术合同登记数量比上年增长904.1%，合同金额增长9.2%。建立广东省企业重点实验室3个，比上年增加2个。全区拥有知识产权示范企业36家，比上年增长28.6%。全区企业参与国家标准制定和修订10项，获得区技术标准战略扶持奖励金项目21个。全区获得资质认证实验室61家，获得质量、环境、职业健康三大管理体系认证企业分别为964家、478家和371家，获得3C产品认证（中国强制性产品认证）企业98家。全年专利授权量0.64万件，比上年增长38.6%；其中，发明专利授权量0.06万件，比上年增长14.9%。年末有效发明专利拥有量0.31万件，比上年增长7.8%。

孵化器和众创空间培育 2020年，禅城区拥有5个国家级、6个省级、12个市级科技企业孵化器。截至年底，全区孵化场地面积79.84万平方米、在孵企业990家、当年毕业企业100家。禅城区新增1家国家级综合型众创空间（北大数研航遥园区），1家省级众创空间试点单位（丰收街卡卡松堡众创空间）。全区累计拥有3个国家级、6个省级、10个市级众创空间。

企业研发机构发展 截至2020年底，禅城区有各级工程技术研究中心213个。其中，省级工程技术研究中心72个、市级工程技术研究中心119个、区级工程技术研究中心22个。2020年，新增市工程技术研究中心5家，规模以上工业企业研发机构建有率59.11%。

高新技术企业培育 2020年11月，《佛山市禅城区2020年促进高新技术企业规模化扶持办法》出台，扶持高新技术企业上规模和高质量发展。2020年，201家企业获得高新技术企业认定公示，通过率55%，高新企业存量528家。禅城区27家企业37个产品通过广东省名优高新技术产品申报；344家企业通过科技型中小企业入库评价；累计16家企业被评为佛山市标杆高新技术企业。

【民生事业发展】 2020年，禅城区一般公共预算支出126.57亿元，比上年增长0.4%。其中，教育支出24.99亿元，比上年增长20.5%；卫生健康支出13.84亿元，增长9.7%；社会保障和就业支出14.83亿元，增长8.1%。民生类支出90.11亿元，增长18.0%，占一般公共预算支出71.2%。

十件民生实事落实　2020年，禅城区新建佛山LEH国际学校、东华里小学，改建澜石中学、张槎中心小学（大沙校区），全年新增中小学学位4130个。提升民办养老机构的资助标准和覆盖面，新增民办养老机构2个，新增养老床位256张，修订并印发《佛山市禅城区民办养老机构资助办法》，新增“星级评定补贴”“机构延伸服务”2个项目；将民办养老机构细分为公益性、经营性和公建民营民办养老机构，并对护理服务资助、新增床位资助进行扩面提标，吸引社会资本投入机构养老服务市场。城乡最低生活保障标准每人每月提高到1080元。城乡居民养老保险基础养老金每人每月提高到300元。特困人员供养标准每人每月提高到2660元。开展“粤菜师傅”培训、“南粤家政”技能培训，全年成立3家市级、4家区级“粤菜师傅”大师工作室，建立1家市级、2家区级“粤菜师傅”技能人才实训基地，评选出6家区级“粤菜师傅”实践基地；组织2157人完成“南粤家政”技能培训，成立2家区级“南粤家政”技能人才实训基地，推荐的佛山市禅城区育苗月嫂服务有限公司获评2020年省级家政服务诚信示范企业。将因病致贫对象和罕见病患者纳入医疗救助范围，落实《佛山市医疗救助办法》及配套文件。开展初中新生结核病潜伏感染筛查和干预，全年对全区初中学校约9700名初一学生进行结核病潜伏感染筛查和干预。增加食品检验量，截至年底，食品和食用农产品抽检6805批次，“每千人5.6批次”食品抽检合格率保持在高位水平。推动餐饮单位上线“阳光餐饮”，全年上线“阳光餐饮”餐饮服务单位4909个，其中学校、养老机构实现全覆盖。

养老服务业发展　2020年，禅城区新增民办养老机构2个（禅城区解忧长者公寓、禅城区健儿乐长者公寓），新增养老床位256张。辖区养老机构18个、提供床位3800多张，民办养老机构占比为83%，实现医养结合全覆盖，走在全国前列。筑牢养老机构安全防线，全辖区18个养老机构均通过消防审核及取得食品经营许可证，有6个机构获得省组织评选的星级评定认可，其中康颐养老院被评为广东省五星级养老机构。

困境儿童生活保障　2020年，禅城区强化困境儿童生活兜底保障和关爱保护，全区孤儿养育实行集中供养与散居供养统一标准提高至每人每月2400元，事实无人抚养儿童基本生活标准提高至每人每月2400元。完善全区困境儿童医疗保障体系，做好下拨“福彩圆梦·孤儿助学工程”助学金工作，筑牢困境儿童疫情防线。选定区春晖颐养院（公建民营）设立禅城区未成年人保护救助中心，为面临临时困境的未成年人实施救助。

2020年9月6日，“粤菜师傅·禅味佛山”2020年禅城区中式烹调师职业技能竞赛暨名厨、名菜评选颁奖典礼活动在佛山创意产业园举行　　（禅城区　供图）

【乡村振兴战略实施】　2020年4月22日，禅城区召开实施乡村振兴战略推进会暨村级工业园改造工作推进会，推动禅城农业农村现代化，为高质量全面建成小康社会筑牢基础、提供保障。年内，调整禅城区实施乡村振兴战略八大行动工程牵头单位，调整区委实施乡村振兴战略领导小组，发布《中共佛山市禅城区委实施乡村振兴战略领导小组办公室关于印发〈关于加强乡村振兴重点工作决胜全面建成小康社会的实施意见〉的通知》，以及印发《佛山市禅城区委乡村振兴战略领导小组办公室关于印发〈中共佛山市禅城区委实施乡村振兴战略领导小组工作规则〉等3份文件的通知》。年内，南庄镇罗南村、上元村等8个行政村被评为“全省乡村治理示范村”，紫南村被评为“广东乡村振兴大擂台五强村”，南庄村被评为“广东农房风貌提升名村”；南庄镇紫南村被中共广东省委农村工作办公室批准成立广东（紫南）美丽乡村培训学院。紫南村、罗南村、大富村、黎冲村、龙津村、南庄村等6个村庄被纳入市级乡村振兴示范村建设村。截至年底，全区53个行政村持续保持干净整洁村标准，其中30个行政村达到美丽宜居村标准、6个行政村达到特色精品村标准，累计有43个行政村达到美丽宜居村标准，覆盖率80%，10个行政村达到特色精品村标准。

【禅城区企业服务供应链平台标准化试点项目列入国家试点】　2020年1月23日，国家标准化管理委员会印发《关于下达第六批社会管理和公共服务综合标准化试点项目的通知》，“佛山禅城区企业服务供应链平台标准化试点”项目被列入国家试点，是全国经信系统中获批的首个国家级标准化试点项目。该项目由禅城区经济和科技促进局、禅城区中小企业服务中心承担，是禅城区政府对企服务改革再出发、再探索的创新项目，是禅城率先从行政审批服务延伸到审批后企业服务领域的标准化建设。5月11日，禅城区企业服务供应链平台标准化试点项目启动。12月，禅城区发布《深化营商环境综合改革行动方案》，推出“推进企业服务供应链平台标准化试点，为企业提供超预期服务”等21项实际举措。2020年，禅城区中小企业服务中心发布《标准化管理办法》等相关标准8项，为标准化试点工作夯实基础。截至年底，禅城区经济和科技促进局、禅城区中小企业服务中心链接多方资源，用“供应链”思维助推企业发展，累计服务企业1.33万家次，开展企业服务活动24场，解决企业问题1.33万个；其间，链接32个政府部门累计解决企业诉求2866项。

【禅城出台撑企“禅六条”】 2020年3月1日，禅城区人民政府办公室印发《禅城区关于积极应对新型冠状病毒肺炎疫情支持企业坚定发展六条政策意见》（简称“禅六条”），明确从助力住餐旅行业渡难关、提供疫情防控保障、缓解企业资金压力、加大企业用工支持、加大防疫物资生产和用足用好上级政策等6个方面支持企业应对疫情带来的生产经营困难，与企业同舟共济，共克时艰，实现经济平稳发展。先后印发《佛山市禅城区支持工业及批发业复工复产稳定发展的扶持办法》和《佛山市禅城区支持工业及批发业复工复产稳定发展的扶持办法的补充规定》，持续帮扶禅城区工业和批发业企业渡过难关、加快发展。年内，禅城区文化广电旅游体育局、禅城区市场监督管理局共同制定《佛山市禅城区积极应对新型冠状病毒肺炎疫情支持住餐旅行业坚定发展政策实施细则》，帮扶住餐旅行业企业。

【禅城首届线上美食节】 2020年，禅城区为应对新型冠状病毒肺炎疫情对经济的冲击和影响，增强消费者信心，激发消费欲望，由禅城区发展和改革局、区经济和科技促进局、区文化广电旅游体育局联合牵头开展“促销费　惠民生”活动月系列活动，通过政府线上发放消费券等活动，促进大众消费。4月10日，佛山（禅城）首届线上美食节活动在佛山创意产业园启动。启动仪式邀请全网平台网络知名人士27人，总播放量2231.2万次。活动联合六大美食集聚区公司负责人带货，线上线下多渠道全媒体宣传，提高各美食集聚区美食菜品知名度。在4月10日至5月31日期间，禅城区政府投入资金3000万元，在美团、大众点评平台线上派发消费券。据佛山创意产业园统计，整体活动第一周营业额对比上两周（4月10日前）环比增幅15%，客流量比上两周（4月10日前）环比增幅20%、车流量增长30%，团券销售数量1.03万张、团券销售金额190万元，人流超5万人次。据美团平台显示，4月10日至5月5日期间，使用消费券金额2100余万元，持券消费者到线下实际消费金额累计1.3亿元，直接撬动效应为1 ： 7.7，间接撬动效应为1 ： 11.56。

2020年4月10日，佛山（禅城）首届线上美食节活动在佛山创意产业园启动

（王颖尧　摄）

【2020城市新引擎数字经济云峰会（佛山）在禅城举行】 2020年5月28日，2020城市新引擎数字经济云峰会（佛山）在禅城区举行。围绕直播产业、工业互联网、数字文创三大领域，共同探讨禅城的数字经济发展机遇，打造产业数字化新业态，为禅城区各重要创新载体招商。该次云峰会聚焦直播产业、产业互联网、数字文创等领域，通过线上线下结合的创新路演方式，介绍各领域的特色数字产品。开展圆桌对话，探讨产业互联网对新型商贸的改变以及数字文娱发展等话题。活动吸引近28.5万人在36氪未来直播间和微赞官方直播间同屏交流互动。

【禅城区确定为广东省全域旅游示范区】 2020年6月12日，禅城区入选广东省文化和旅游厅发布的第二批广东省全域旅游示范区名单。禅城区于2016年11月启动广东省全域旅游示范区创建工作，其后，成立由区主要领导任组长的“全域旅游示范区工作领导小组”，统筹协调全区的创建工作，出台系列相关政策，区财政每年安排不少于3000万元专项资金扶持新型业态、民宿开发等全域旅游项目建设。同时加大投入，改善软硬环境，促进旅游系统网络全域覆盖。禅城区以创建广东省全域旅游示范区为抓手，以打造人文休闲湾区旅游目的地为目标，坚持“文商旅融合，产城人一体”理念，创新传承岭南文脉，走出一条适合中心城市发展全域旅游的“禅城路径”。坚持把“创建广东省全域旅游示范区”与城市发展、乡村振兴一体谋划，围绕建设“首善之区”“创新中心”“幸福家园”三大主题，推进全城全景战略，全区形成传统景区、历史文化街区、工业游景点、生态游休闲景区四位一体的全域全景格局。

【全国首创“功夫禁毒”联盟】 2020年9月，佛山市公安局禅城分局启动全国首个“功夫禁毒”联盟，将功夫武术与全民禁毒元素深度融合，发动习武爱好者倡导传播禁毒文化，辐射教育全民树立禁毒意识，开启警民共建共治共享的“以武禁毒”的新模式与探索。“功夫禁毒”联盟成立以来，建立共建共治共享的志愿队伍，在禅城100多个武术会、武馆及武术传承点进行试点推广，吸纳功夫禁毒志愿者超过2000人，全区超2万人的功夫学员签订禁毒承诺书，发动习武者队伍参与到禁毒共建中来。联盟全年开展线上线下功夫禁毒活动超过160余场次，配合直播、短视频、新闻报道等融媒体报道，整体覆盖影响群众近100万人次，获得《法治日报》《中国报道》《南方法治报》《中国禁毒在线》等中央省市主流媒体报道570余篇次。打造群众喜爱的佛山特色禁毒文化品牌，通过公安机关与功夫禁毒联盟的合作共建升级，打造出禁毒舞狮表演、禁毒练功操、功夫禁毒小品、禁毒平安集市等10多种群众喜闻乐见的禁毒文化产品，弘扬佛山功夫文化，让“功夫禁毒”逐步成为全民化、常态化、品牌化的新禁毒模式。12月25日，由佛山日报社主办的2020年度佛山口碑榜发榜盛典举行，首创“功夫禁毒”联盟开启“以武禁毒”模式入选2020年度“佛山口碑榜最佳口碑服务案例”。

2020年9月19日，第四届佛山（禅城）旅游文化周暨紫南文旅嘉年华开幕式在南庄镇紫南村举行 （罗冠筠　摄）

【紫南文化园创建为国家AAA级旅游景区】 2020年1月，紫南文化园创建为国家AAA级旅游景区。5月，紫南村综合文化服务中心被列入“国家级文化和旅游公共服务机构功能融合试点单位”，是全市唯一入选的试点单位。9月，紫南研学旅行基地获中国旅行社协会、高校毕业生就业协会、全国研学旅行指导师认定委员会颁发“全国研学旅行基地（营地）”牌匾，成为全国首批、全市唯一得到国家级单位认证的全国研学旅行基地（营地）。自2017年起，紫南村发挥全国文明村的品牌价值，以“秀美水乡，仁善小镇”为发展定位，先后建设和引入紫南三馆（紫南村史馆、佛山好人馆和岭南广府家训馆）、吴信坤艺术馆、阿农湾农耕文化园、洛神云筑特色民宿等一批文旅项目，完善游客服务中心、旅游标识牌等旅游服务设施。

【南庄镇】 位于佛山市禅城区西部，地处粤港澳大湾区腹地，有“中国建陶第一镇”之称，是革命先烈罗登贤、廖锦涛的故乡。截至2020年底，全镇面积76.03平方千米，辖18个行政村和5个社区；常住人口23.97万人，户籍人口11.25万人，外来人口12.72万人。南庄镇被评为“全国乡村治理示范乡镇”“中国陶瓷商贸之都”“国家卫生镇”“广东省生态乡镇”等，有“中国全面小康乡村振兴十大示范村”（紫南村），“全国乡村治理示范村”（紫南村），“中国乡村振兴先锋十大榜样”（南庄村），“广东省文明村”“广东省乡村治理示范村”（罗南村、南庄村、上元村、龙津村）等先进村。南庄镇地处珠三角冲积平原，水系发达，河网交错，气候温和、雨量充足，是典型的岭南水乡，有东平水道、顺德水道、吉利涌流经，内河涌水域面积2.26平方千米，河岸线344.04千米。南庄镇交通发达，拥有佛山一环高速公路、佛（山）开（平）高速公路、广（州）明（高明）高速公路、季华西路、南庄大道、魁奇西路、禅西大道、禅港西路、樵乐路等主干路纵横贯穿，在建的广佛地铁2号线在南庄镇设有南庄站、湖涌站及绿岛湖站共3个站点。陶瓷产业是南庄传统强势产业。辖区有“冠珠陶瓷”“强辉陶瓷”“金丝玉玛”等全国十强建陶品牌，陶瓷品牌效应显著。研发生产的超大规格陶瓷大板、薄度达3毫米的陶瓷薄板、石墨烯发热产品、抗菌瓷砖均为行业领先，陶瓷原料连续制浆系统入选《国家工业节能技术装备推荐目录（2020）》并获得佛山市标准化试点项目立项。10月19日，广东东鹏控股股份有限公司在深圳证券交易所挂牌上市。2020年，南庄镇地区生产总值271.89亿元，比上年增长0.8%，第一、第二、第三产值比例为0.19 ∶ 48.52 ∶ 51.29；规模以上工业总产值282.81亿元，增长4.5%；规模以上工业增加值59.29亿元，增长7%。批发业销售额337.44亿元，增长9.5%；实现税收收入35.96亿元，增长2.6%；固定资产投资160.40亿元，下降1.9%；社会消费品零售总额80.43亿元，下降10.2%。高新技术企业从11家增加至101家，累计引进重点产业项目28个，投资总额达263亿元。产值超1亿元企业71家，年纳税超1000万元企业45家。同年，南庄镇获“国家卫生镇”称号（2020—2022年度）。12月14日，南庄镇老年人活动中心获“全国敬老文明号”称号。

【石湾镇街道】 位于禅城区东南部，是禅城区委、区政府所在地。辖区总面积28.32平方千米。2020年辖11个行政村、28个社区。年末石湾镇街道常住人口38.4

万人，户籍人口21.78万人，外来人口16.62万人。石湾镇街道交通发达，季华路、魁奇路、佛山大道、汾江路、岭南大道、文华路、南海大道等主干道贯境而过，在营、在建、规划中的地铁1～6号线均覆盖石湾镇街道。辖区有佛山市第一人民医院、佛山市禅城中心医院2个三甲医院，有环湖小学、城南小学、实验小学、华英中学、佛山市第二中学、佛山市第三中学（高中部）、佛山市霍利斯外籍人员子女学校等优质学校，以及大雾岗森林公园、亚洲艺术公园、文华公园、石湾公园、半月岛湿地公园等大型公园。石湾镇街道是世界重要的建陶产销区之一，中国现代建筑陶瓷的策源地。辖区有鹰牌等著名品牌陶瓷企业总部，以及中国陶瓷城、中国马赛克城、佛山意美家卫浴陶瓷世界、沙岗陶瓷批发市场等一批专业交易市场。石湾镇街道是“中国不锈钢名镇”，全国重要的不锈钢加工基地和不锈钢制品及材料集散地，太钢、宝钢、青山钢铁等国内外不锈钢巨头在石湾镇街道都设有分公司或办事处。各类企业总部汇聚，中国电信、中国移动、中国联通佛山分公司，三大通信营运商的基站运营提供商——中国铁塔公司的佛山总部，以及南方电网、中交佛山投资发展有限公司的佛山总部均设在石湾镇街道。拥有兴业银行、佛山农商银行、中信银行、交通银行、东莞银行等16家金融保险类企业市级总部。2020年，石湾镇街道加快培育总部经济，把数字经济、地铁经济、文创经济打造成新的经济增长极。全年重大招商引资项目19个，涉及总投资额121.8亿元。石湾镇街道全年实现生产总值533.05亿元，第二、三产业比重为25.7 ∶ 74.3。规模以上工业总产值452.91亿元，比上年下降9.6%；社会消费品零售总额225.72亿元，下降10.4%；固定资产投资总额198.24亿元，下降11.3%。实现税收收入60.1亿元。批发业销售额1950.57亿元，比上年增长15.1%；住宿业营业额0.90亿元，增长5.6%。

【张槎街道】 位于禅城区中西部，辖区总面积26.5平方千米。2020年辖15个行政村和10个社区。年末张槎街道常住人口23.96万人，户籍人口11.33万人，外来人口20.1万人。张槎交通路网发达，佛（山）开（平）高速公路、佛山大道、禅西大道、季华路等纵横交错，在建的佛山地铁2号线在辖境内设有张槎、莲塘2个站点，广佛环线在禅城区的唯一站点设在张槎。张槎文化源远流长，是南狮中“三星狮”流派的发源地，醒狮、龙舟、剪纸、粤剧、饮食等传统岭南文化得到传承和发展。杨氏大宗祠、太史第等上百座古建筑星罗棋布。张槎传统针织产业实力雄厚，是“中国针织名镇”、全国最大的针织面料产业基地、丝光棉面料及丝光棉T恤产业基地、纱线集散贸易地，被授予“全国丝光棉针织服装产业知名品牌示范区”。辖区针织生产企业逾5000家，拥有佛山市安东尼针织有限公司、佛山市东成立亿纺织有限公司、佛山市嘉谦纺织有限公司等知名企业以及国内首个“针织运动面料示范基地”“针织行业快速反应基地”，2020年“张槎针织”区域品牌估值166亿元。2020年，张槎街道围绕高端装备、生物医药及大健康、电子信息、现代性服务、时尚针织等五大产业补链强链，发展先进制造业产业集群。辖区建有华南创谷、欧洲工业园C区、佛山生命科学园、零壹科技园等重点产业载体19个，总建筑面积386.26万平方米，拥有国家级科技企业孵化器3家、国家级众创空间2个及各类研发平台102个。实现地区生产总值476.6亿元，比上年下降0.4%。其中，第二产业增加值293.07亿元，第三产业增加值183.53万元，第二、三产业比重61.5 ∶ 38.5。规模以上工业总产值827.8亿元，比上年下降6.3%。固定资产投资102.01亿元，增长4.7%。社会消费品零售总额99.58亿元，下降10.5%。税收收入36.08亿元。产值（营收）超1亿元企业117家（工业产值超1亿元企业38家），年纳税超1000万元的企业52家。

【祖庙街道】 地处佛山市中心城区，位于禅城区的东北部，东至桂澜路、南沿季华路，西以佛山大道为界，北抵汾江河北岸。截至2020年底，辖区面积20.86平方千米。下辖9个行政村和51个社区。常住人口43.01万人、户籍人口29.59万人，外来人口17.73万人。祖庙街道交通便利，广佛地铁横贯辖区。旅游景点有佛山祖庙（国家级文物保护单位）、东华里古建筑群（国家级文物保护单位）、梁园、仁寿寺、中山公园、岭南天地、广东粤剧博物馆、精武馆等。辖区有祖庙商圈、东方广场商圈和季华商圈，商贸文化活动丰富。正月十六行通济、三月三北帝诞、佛山粤剧华光诞、佛山秋色欢乐节等民俗节庆活动在辖区举行。2020年，祖庙街道实现地区生产总值630.24亿元，比上年增长0.2%。其中，第三产业实现增加值521.52亿元，比上年增长2.0%，第二、第三产业结构比重为17.3 ∶ 82.7。规模以上工业总产值141.98亿元，比上年增长6.3%，其中规模以上工业增加值为31.90亿元，增长11.0%。社会消费品零售总额349.23亿元。税收95.24亿元。拥有国家级高新技术企业94家，企业研发机构33个，市级立项科技企业孵化器3家，众创空间4家。北大数研航遥园区入选“2020年度国家备案众创空间”，成为祖庙街道首个国家级众创空间。规模以上工业企业研发机构建有率达64%。

（蔡婉静　曾洁莉　何建芳）

南海区

【概况】 南海区位于佛山市中东部，东连广州市白云区、荔湾区，与广州市番禺区隔江相望，西邻三水区、高明区，南接顺德区，与江门市蓬江区、鹤山市隔西江相望，北邻广州市花都区，中南部与禅城区接壤。1992年撤县设市，由佛山市代管。2002年，撤市设区。2020年辖桂城街道、九江镇、西樵镇、丹灶镇、狮山镇、大沥镇、里水镇等7个镇（街道），有224个社区、66个行政村，区政府驻地为桂城街道。行政区划面积1076.62平方千米。年末户籍人口165.85万人，常住人口366.72万人。人口自然增长率9.13‰。

2020年，南海区有粮食播种面积406.47公顷，粮食产量2194吨。林业用地森林面积4952.34公顷，森林覆盖率10.17%，森林蓄积量66.63万立方米。

人均公园绿地面积24.9平方米。土特产有盐步秋茄、谭边大顶苦瓜、林岳吊丝丹竹笋、逻沙笋、和顺乌心番薯、官窑蒜青、吴屋白萝卜、沙水桃花、平洲兰花等。传统特色食品有九江双蒸米酒、九江煎堆、西樵大饼、平洲福肉饼等。是中国淡水鱼苗之乡。主要旅游景点有国家AAAAA级景区西樵山风景名胜区，国家AAAA级景区南海湾森林生态园、平洲玉器街、中央电视台南海影视城、梦里水乡景区，还有南国桃园、康园、黄飞鸿狮艺武术馆等特色景点。主要传统民俗活动有醒狮会、扒龙舟、乐安花灯会、官窑生菜会等。其中："狮舞（广东醒狮）""十番音乐（佛山十番）"被列入国家级非物质文化遗产名录；乐安花灯会、官窑生菜会、九江传统龙舟、盐步老龙礼俗、西樵大仙诞庙会被列入广东省非物质文化遗产名录。

2020年，南海区统筹推进新冠肺炎疫情防控和经济社会发展工作，出台"稳企十五条"（南海区人民政府办公室《积极应对新型冠状病毒感染的肺炎疫情支持企业稳定发展十五条政策意见》）、"企业复工十条"（南海区人民政府办公室《积极应对新型冠状病毒肺炎疫情支持企业复工复产十条政策意见》）、"稳外贸十条"（《佛山市南海区人民政府办公室关于印发佛山市南海区支持外贸稳定发展十条政策措施的通知》）等政策"组合拳"，有序推动复工复产，实现经济社会平稳发展。位居全国中小城市百强区第二、2020全国高质量发展百强区第二，获评中国最具幸福感城市（城区）、企业家幸福感最强市（区）、中国综合生活质量百佳县市、中国工业百强区。全年实现地区生产总值3177.55亿元，比上年增长0.7%。社会用电量269.57亿千瓦时。全年科学技术财政投入22.47亿元，比上年增长7.16%；教育事业财政投入54.14亿元，增长5.32%；文化旅游体育与传媒财政投入6.46亿元，下降10.35%；卫生健康财政投入33.8亿元，增长11.53%。年末城镇登记失业人员1.4万人。全年领取企业职工养老金待遇退休人员20.36万人，享受医疗保险待遇882.23万人次，享受生育保险待遇4.54万人次，享受工伤保险待遇2.44万人次。城镇生活污水集中处理率98.1%，城镇生活垃圾无害化处理率100%。

南海历史文化源远流长，是珠江文明的发祥地之一，也是岭南文化的典型代表。在5000多年前的新石器时代，就创造出以双肩石器为代表的西樵山文化，被考古学家誉为"珠江文明的灯塔"。自隋朝置县起，南海一直处于岭南的政治、经济、文化的中心地带，广府文化的核心区域，素有广东"首府首县"之称。南海自古文教之风昌盛、人文荟萃。历代出文进士449人（其中有简文会、伦文叙2名文状元），武进士48人（其中有姚大宁1名武状元），有宰相、大学士、尚书10多人，翰林院编修50多人，其中有明代首辅梁储、方献夫，力推"一条鞭法"的庞尚鹏，清代广东籍任职最高的官员、第一任法部尚书戴鸿慈，有慷慨就义、名列岭南三忠的陈子壮。近代以来，南海更是涌现出中国第一部摄影器研制者邹伯奇，清末大儒朱次琦，中国民族工业先驱陈澹浦、陈启沅，岭南武林一代宗师黄飞鸿、叶问，维新运动领袖、思想家康有为，无产阶级革命家罗登贤，妇女解放运动先驱区梦觉，革命家、政治活动家何香凝，中国第一枚国际体育金牌获得者陈彦，"家鱼人工繁殖之父"钟麟，世界举重冠军何灼强等名人。南海籍的中国科学院、中国工程院院士多达16人。

中共南海区委书记：闫昊波；区人大常委会主任：赵崇剑；区长：顾耀辉；区政协主席：张辉明（任至10月）；区纪委书记、监委主任：李伟成。

【产业发展】2020年，南海区实现第一产业增加值51.37亿元，比上年下降0.4%；第二产业增加值1742.35亿元，与上年持平（工业增加值1654.67亿元，下降0.7%）；第三产业增加值1383.83亿元，增长1.7%。引进超10亿元重大产业项目12个，计划投资总额382亿元，投资额比上年增长45%。其中包括投资额110亿元的腾龙湾区数据中心项目、投资额105亿元的南海平谦国际智慧产业园项目，以及世界500强企业百事公司、中国500强企业徐工集团等行业龙头企业。

农业发展　全年实现农林牧渔业生产总值96.05亿元，其中农业产值43.11亿元，牧业产值4.03亿元，渔业产值

佛山市南海区西樵镇听音湖片区（2020年）　（霍广良　摄）

40.47亿元，林业产值1383万元，农林牧渔服务业产值8.3亿元。出台生猪稳产保供奖补资金管理办法，引导9个猪场复产和新建3个猪场，引进广西扬翔股份有限公司大型生猪养殖项目。提升水产养殖绿色发展水平，3个水产生态健康养殖小区项目和1个鱼塘标准化改造项目通过验收，成功创建省级水产健康养殖示范县。九江鱼花产业园获批创建广东省现代农业产业园。全区建成省级现代农业产业园2个、市级农业园区6个、农业公园7个。年内，有1个镇、9个村通过省级“一村一品、一镇一业”专业村（镇）认定。农业龙头企业发展壮大，新增省级农业龙头企业2家、市级农业龙头企业13家、区级农业龙头企业4家。截至年底，全区有区级以上农业龙头企业50家，其中国家级2家、省级13家、市级24家、区级11家。

“两高四新”产业加速发展 高技术制造业方面，引入石油钻探关键零部件制造项目、徐工建机广东生产基地项目等项目，米思米自动化精密机械零部件生产项目成功拍得土地并举办奠基仪式。高品质服务业方面，引入京东智联云（佛山）数字经济产业园和京东智联云大湾区产业运营中心、国内直播龙头虎牙集团、深圳人人体育集团总部项目等一批项目。新材料产业方面，与五矿集团签订合作协议，围绕新材料及其关联产业设立五矿新材料产业基金，重点投资新材料、石墨烯、碳纤维等领域项目，基金规模50亿元，并通过基金带动项目引入，拟在南海建设石墨烯产业园区；引入美国联合矿产耐火新材料项目、美登卫生用品项目等项目。新一代电子信息产业方面，引入中日韩数字科技产业园（一期）项目、腾龙湾区数据中心项目、中科万钧国际电子信息港项目等项目。新一代生物医药产业方面，引入南山安捷大健康创新及产业项目、一方制药化湿败毒颗粒生产项目、华南遗传工程小鼠资源共享平台及基于人源化动物药物研发支撑平台、智能医用冷箱与云监控平台项目生产基地等项目。新能源产业方面，引入巨正源佛山氢能储备基地项目、氢能与洁净可再生能源技术研究院等项目，项目涵盖氢源、加氢基础设施、燃料电池、核心零部件等产业链环节以及氢能科技研发平台。

优势产业壮大发展 实施“十百千”工业企业培育计划（力争到2023年底培育出营业收入超1000亿元龙头企业1～2家，超100亿元大型企业10家以上，超10亿元骨干企业100家以上，超1亿元成长性企业1000家以上），印发《佛山市南海区工业互联网产业发展扶持办法》。2020年，全区工业企业完成技改总投资131.35亿元，百亿企业达11家，“隐形冠军”企业增至109家，新增规模以上工业企业665家，上市公司市值突破1000亿元。33家企业被认定为第二批南海区“腾云计划”重点扶持企业，维尚家具等6家企业被认定为2020年广东省智能制造试点示范项目。

【全面深化改革】 2020年，南海区深入推进镇（街道）机构改革，确保行政资源合理配置。启动政务服务扁平化改革，在全国率先撤销区级服务大厅收件窗口。持续深化工程建设项目审批制度改革，中海油服装备制造基地等18个项目通过“模拟审批”加速落地，万洋众创城等4个项目实现“拿地即开工”。深化营商环境综合改革，提出六大任务，28条改革举措。

镇（街道）体制改革 推进镇（街道）机构改革、区职能部门派出镇（街道）机构进一步下放改革和镇（街道）事业单位改革。将上级下达的编制及区级部分编制资源下达镇（街道），确保行政资源合理配置。协调指导镇（街道）建立综合治理委员会、公共服务委员会、综合行政执法委员会三大平台，加强镇（街道）统一指挥协调力度。科学合理下放经济社会管理权限，将镇（街道）住建、宅基地、城管、自然资源等领域的执法环节纳入综合行政执法，整合质监、食药监、工商等职能纳入市场监管所，形成镇（街道）“1+2+N”〔一个平台、两大领域（大市场执法、大城建执法）、多支专业队伍（应急管理、生态环境、交通、人社等）〕的执法格局。印发镇（街道）“三定”（定主要职责、定内设机构、定人员编制）方案，指导镇（街道）组建综合性办事机构，完成双管机构下放交接、干部任职和人员转隶等工作，确保新机构顺利运转。撤销卫生监督分所，设立教育发展中心，调整社区卫生服务中心、文化站、房产管理所、农林服务中心等机构编制事项，使镇（街道）事业单位更好地适应社会发展需要。

营商环境改革 出台《佛山市南海区深化营商环境综合改革实施方案》。方案围绕解决妨碍企业发展的痛点、堵点问题，提出六大任务，28条改革举措。确立打造“理念最新、效率最高、程序最简、成本最低、效能最优、服务最好”的“六最”营商环境理念，制定将南海建成全国一流营商环境示范区、跻身国际一流营商环境城市行列的“双一流”目标，以良好的营商环境为高质量发展注入新活力。

政务服务扁平化改革 在国内首推撤销区级服务大厅收件窗口，区级中心547个事项全部下沉至镇（街道）实施，镇（街道）实施事项增加至1340个，占全区总事项的86%。区级事项从区行政服务中心“单点办”辐射到多个镇（街道）行政服务中心“多点办”，实行跨层级、跨区域审批，政务服务资源向镇（街道）投放。全年全区办件总量866万件，其中区级30万件、镇级731万件、社区105万件，全区超97%的业务在镇（街道）和社区办理，镇（街道）拥有更多审批自主权，政务服务进一步下沉至“最后一公里”。

工程建设项目审批制度改革 全面推动模拟审批、标准地建设、施工图联合审查、告知承诺制度等各项改革措施落到实处。通过拓展“模拟审批”项目适用范围，加快推进项目落地，18个项目申报模拟审批，涉及所有镇（街道）。万洋众创城、平谦智慧产业园、时代创客小镇等4个重大项目通过“模拟审批+施工许可告知承诺制”实现“拿地即开工”，项目平均用时仅2个工作日，其中平谦智慧产业园项目实现当天签约、当天审批、当天领证。全年全区受理建设项目竣工联合验收业务项目308个，其中区办结项目172个，办结建筑面积563万平方米，平均办结时间为8.77个工作日，远低于13个工作日的承诺时间。

【创新驱动发展】2020年，南海区全社会研发经费投入99.73亿元，占地区生产总值的3.1%。重新修订《佛山市南海区科技创新平台发展扶持办法》，推进高新技术企业发展专项扶持政策和工程技术研究中心建设、科技创新券等激励政策。新增高新技术企业836家，总数增至2264家；新增佛山市30强标杆高新技术企业9家，总数增至35家；新增省级工程技术研究中心30个、市级工程技术研究中心58个，总数分别增至246个、484个。拥有孵化器33家，其中国家级孵化器10家、省级孵化器3家。

创新载体建设　季华实验室一期建成投用，二期动工建设。年内引进兼职院士11人、领军人才32人、高级职称人才126人，各类人才规模达794人。中科院苏州纳米所广东研究院一期建设项目完成办公场地、专家公寓和配套饭堂的升级改造。华南遗传工程小鼠资源共享平台一期建设项目完成装修并投入使用，清华大学华南新材料研究院、香港科技大学佛山科技成果转化中心、苏州科技大学环境研究院等项目动工建设。

科技创新成果转化　举办季华实验室第一批科技成果展览会，促成季华实验室与远航酒业集团就绿色智慧工厂开展合作；开展清华大学专家教授佛山行活动，走访企业40多家，推动广东鑫兴科技有限公司、佛山华芯微特科技有限公司与清华大学开展产学研合作；启动苏州科技大学环境研究院对南海区范围内的汾江河水系水质调研工作。南海区科学技术局与区生产力促进中心、广工大数控装备协同创新研究院建立线上科技成果对接平台。年内，季华实验室、仙湖实验室、中科院苏州纳米所广东研究院等在内的25个科技创新平台登记注册并提供科技创新服务，平台上线科技成果198项，有入库常驻技术经理人36人。此外，向南海区纺织行业协会、铝型材行业协会等7家协会进行平台推广及技术经理人培训，举办6场科技成果转化平台推广会，有本地企业、商协会、科技服务机构等的超500人次参加。

新兴产业园区打造　探索科技成果转化与新兴产业培育相结合、新兴产业集聚发展和村级工业园改造相结合的发展模式。发展机器人为核心的智能装备产业，通过对旧厂区的改造，建设中国（广东）机器人集成创新中心，引入广东汇博机器人有限公司、佛山非夕机器人有限公司、佛山海晟融资租赁有限公司等12家企业，实现年销售收入3.5亿元，初步形成机器人产业的集聚效应。以承接中国科学院科技成果转化为重点，在村级工业园改造项目天富科技城建设中国科学院高新技术产业化基地，引进中科院项目21个，包括佛山瑞迪奥医药有限公司、佛山原子医疗科技有限公司、佛山热休生物科技有限公司、中科传感（佛山）科技有限公司等科技公司项目。

人才引进和培育　举办“国家高层次人才创业深度行”活动，有11名高层次人才确认落户意向，累计引进国家级高层次人才70人。打造海创人才创新创业基地，有2个项目团队落地，8个项目在洽谈中。开展“海外人才归南海”系列活动，搭建南海企业人才招聘平台“海外招聘”云专区，首场发布高端人才岗位超500个，收到海内外高校博士毕业生简历超2000份。举办“海外学子看南海”活动，组织首批50名海外博士线下深度走访南海，有1000多名海外博士线上“云看南海”。创新引入“职业生涯规划导师团”，为国内外学子提供专业职业生涯规划指导和培训，吸引国内外知名高校优秀毕业生到南海就业创业。完成第六批和第七批科技镇长的交接工作，来自中国科学院、华南理工大学等8名专家、教授挂职6个镇（街道）。“蓝海人才计划”引进创新创业团队34个，其中15个团队在南海完成注册登记。完善人才认定评定办法、人才引进奖励和培养资助办法、人才安居办法等8份人才政策，全年认定6个批次3244名人才。

【疫情防控与经济社会发展统筹推进】2020年，南海区统筹推进新冠肺炎疫情防控和经济社会发展工作，聚焦“心、物、人、钱、链”五个领域靶向施策、精准发力，出台“稳企十五条”“企业复工十条”“稳外贸十条”等政策“组合拳”，累计为企业融资超80亿元，减免社保费超25亿元，发放失业保险费稳岗补贴、延迟复工补助超5000万元，办理疫情防控重点保障物资生产企业退税1434万元，并依托手机小程序“佛山南海通（战疫版）”为企业配售口罩超710万个。至2月26日，南海规模以上工业企业复工率100%。组织防疫物资生产企业复产转产扩产，康德福、华数机器人受到国务院联防联控机制医疗物资保障组来信致谢，康得福医疗等4家企业获省疫情防控物资生产企业实施技术改造扩大生产奖励资金逾1100万元。发放1亿元南海消费券，南海消费券活动累计核销金额9909.29万元，拉动全区直接消费2.55亿元，消费券总核销率99.09%，为全国同类消费券活动中最高。重点打造桂城千灯湖、西樵听音湖、桂城怡海、三山等4个粤菜美食集聚区，顺应消费升级趋势，对保利MALL等5个大型商业综合体开展升级改造。重点提升汽车消费，先后举办“百万汽车健康包”、2020南海汽车·美食嘉年华等汽车促销活动，为市民创造汽车消费机会，促进汽车销售企业复工复产。发展数字经济，携手网络巨头阿里巴巴在“天猫”商城打造全国首家区级城市产业旗舰店——南海家旗舰店，举办天猫“南海家·生活专场”系列线上带货活动，培育壮大线上线下融合消费、无接触交易服务等消费新模式新业态，推动南海制造业数字化转型，有152家南海企业首次“触网卖货”。

【区域合作步伐加快】2020年，南海区以重大平台建设为依托，推动广佛全域同城化，全面参与粤港澳大湾区世界级城市群建设。联合广州市白云区打造广佛数字经济协同创新区，携手荔湾区规划建设广佛新城，促成南沙区共同推进产业集群与口岸联动，打造一批同城化合作样板区域。番海大桥建成通车，广佛大桥动工，碧江大桥、沉香大桥、同心桥、广佛出口放射线南海段等重大项目取得进展，有轨电车里水示范段开工建设。佛山三龙湾南海片区加速“一轴一带三极”（“一轴”指沿港口路形成南北向的广佛科创中轴；“一带”指沿三龙湾大道形成东西向的400公顷制造产业带；“三极”指以文翰湖板块打造“创新引领极”，以林岳南板块打造“南部开放合作极”，以三山北板块打造“北部开放合作极”）布局，高标准规划文翰湖国际科创小镇，港口路北延线加快推进，三龙湾大道提升改造基本完成。依托佛山西站枢纽新城，引入腾讯工业互联网粤港澳大湾区基地、深圳科技园佛山科创园、建川新中国百年博物馆，打造国家“两业”融合（先进制造业和现代服务业融合）发展试点先导区。南（海）三（水）产业合作区发展取得重大突破，佛山国际陆港、京东智联云加快落地，官窑物流枢纽区入选国家物流枢纽建设名单。

【广东省城乡融合发展改革创新实验区建设】 2020年，中共广东省委全面深化改革委员会印发《佛山市南海区建设广东省城乡融合发展改革创新实验区实施方案》。为支持南海区推进实验区建设，省委深改委明确赋予南海区包括创新国土空间规划管理机制、开展全域土地综合整治等在内的第一批共8个省级支持事项，并允许直接复制省内其他实验区获批权限、优先支持复制推广广东自贸区改革创新经验。南海区将建设广东省城乡融合发展改革创新实验区和推进粤港澳大湾区建设、支持深圳先行区建设结合起来，和全省构建“一核一带一区”（珠三角核心区、沿海经济带、北部生态发展区）区域发展格局结合起来，推动城乡国土空间腾挪归并和连片升级改造，促进城乡全面融合发展，取得阶段性成效。按照“一个提升、两个连片”（提升城市功能品质，连片乡村振兴、连片村级工业园改造）基本思路，划定总面积244平方千米的城乡融合发展十大示范片区，示范片区计划总投资3341亿元，三年落实1123亿元，落地项目194个。截至年底，各示范区建设工作推进顺利。其中，桂城映月湖片区有28个重点项目签约落户；大沥中轴片区全球创客小镇项目有13家企业签约进驻，项目首期总建筑面积约150万平方米，总投资约300亿元。村级工业园区升级改造取得突破。截至年底，村级工业园拆除整理面积2933.33公顷，完成年度2000公顷任务的147.5%。启动120个村级工业园改造重点项目中的98个，启动面积2240公顷，计划总投资1458.7亿元，2020年完成投资128.2亿元。截至年底，累计完成项目25个，建成及在建产业载体面积1798.1万平方米，启动“千亩以上连片改造项目”13个，在建项目20个，桂城爱车小镇、九江临港国际产业社区、西樵五八科创园、狮山万洋众创城、大沥时代创客产业中心等重点升级改造项目拆除整理土地超2666.67公顷，新建产业载体530万平方米。

【南海区与广州南沙签订战略合作框架协议】 2020年3月27日，佛山市南海区人民政府与广州市南沙区人民政府在南沙区行政中心共同签订为期5年的《推进协同创新发展战略合作框架协议》，双方依托南沙自贸试验片区和南海产业强区等互补优势，在广佛极点内率先助推自贸区制度创新和产业发展深度融合，打造区域内市场高水平互联互通、各类要素资源高效便捷流动、人民生活更加便利的开放型区域协同创新发展共同体。

【南海区推动制造业高质量发展大会】 2020年5月19日在南海区丹灶镇举行。会上，南海区发布“强核工程”“立柱工程”“强链工程”“优化布局工程”“品质工程”“培土工程”六大工程行动方案，促进制造业发展水平全面提升。同时，为2019年度471家纳税大户企业、2家国家级孵化器、13家佛山市标杆高新技术企业、南海区隐形冠军企业等进行授牌，并启动泛家居联盟、仙湖氢谷十大项目及仙湖实验室工程建设。会议活动内容涉及重大科技平台创新创造、树立高质量发展行业标杆、“两高四新”产业融通发展等方向。

【南海区第十一届运动会】 2020年7—12月举行。该届区运会竞赛项目设30个大项（成年组13个、青少年组17个）、517个小项，各镇（街道）7个代表团近1万名运动员、裁判员和工作人员参与赛事活动。桂城街道获得团体总分第一名、大沥镇获得团体总分第二名、狮山镇获得团体总分第三名，有1434名运动员获表彰。该届区运会创新性将区内基础扎实、具有广泛带动作用的传统优势体育运动项目、新兴时尚休闲体育运动纳入其中，如南海区百村（居）男子篮球赛、南海区冠军足球锦标赛、“黄飞鸿杯”南海·港澳传统狮精英大赛、南海区百舟竞渡龙舟邀请赛等。

【南海区获批成为国家“两业”融合发展试点地区】 2020年7月，南海区获

2020年5月9日，佛山市南海区推动制造业高质量发展大会举行。图为仙湖氢谷十大项目启动暨佛山仙湖实验室工程建设启动仪式 （陈天颢　摄）

批成为广东省唯一的国家先进制造业和现代服务业融合发展试点地区。南海区组织成立以区主要领导为组长的南海区推进两业融合发展试点工作领导小组，并设立办公室和先导区工作专责组推进试点建设相关工作。制定《佛山市南海区推进国家先进制造业和现代服务业深度融合发展试点建设实施方案》，对推进全区“两业”融合发展各项工作进行梳理和细化，明确工作内容、落实工作责任主体。出台《佛山西站枢纽新城推进国家先进制造业和现代服务业融合发展试点先导区建设行动计划》，将佛山西站枢纽新城作为南海区推进国家“两业”融合试点的先导区，优先打造成为粤港澳大湾区“两业”深度融合发展的高地。同时，推进佛山西站枢纽新城先导区、三龙湾南海科创要素平台、千灯湖金融要素平台、大沥国际商贸片区和官窑多式联运片区五大试点载体建设，增强发展动能，拓展发展空间，焕新城市面貌，重点突破装备制造业、消费品工业、氢能产业、信息服务业和生产性服务业领域五个试点领域。

【南海区质量强区暨区政府质量奖颁奖大会】 2020年12月8日举行。大会为获得2019年广东省政府质量奖、2019年佛山市政府质量奖、2020年南海区政府质量奖、2020年度中国标准创新贡献奖、第二十一届中国专利优秀奖、第七届广东专利奖等奖项的获奖企业颁发牌匾和证书。广东华兴玻璃股份有限公司、广东远航酒业集团有限公司、广东星联精密机械有限公司等3家企业被授予2020年南海区政府质量奖组织奖，佛山市承安铜业有限公司被授予南海区政府质量奖提名奖。此外，国标攻关小组（广东一方制药有限公司）、远航提高出酒率技术攻关小组（广东远航酒业集团有限公司）等10个制造业类班组，服装部（佛山市南海区盐步职业技术学校）、急诊科（佛山市南海区人民医院）等2个教育和卫健领域班组获一线班组奖。其间，大会还对南海区新出台的《佛山市南海区促进知识产权工作发展扶持办法》进行政策解读，新政策侧重培优扶强和提质增效的专项扶持，注重解决实际问题和现实短板，确保区域知识产权质量齐升。

【南海区人民医院新院区搬迁启动仪式】 2020年12月10日举行。南海区人民医院新院区位于狮山镇，总投资22.5亿元，占地面积14.67公顷，为旧院区的4倍，建筑面积36.5万平方米，为旧院区的3.6倍，远期规划2000张床位，停车位2365个。

【南海区新型公共交通系统试验段车辆上线调试启动仪式】 2020年12月20日举行。南海区新型公共交通系统试验段线路全长13.108千米，全线设车站13座，途经夏西、平东、平南、中区、东区以及林岳等6个村（社区），涉及27个村小组。全年完成投资6.04亿元，累计完成投资47.51亿元，占总投资额的107.5%（详见230页《南海区新型公共交通系统试验段车辆上线调试启动》）。

【桂城街道】 位于南海区东部，是南海中心城区，东西两翼分别与广州市荔湾区、佛山市禅城区相连，南部接壤顺德区和广州市番禺区。行政区划面积84.16平方千米，辖45个社区。2020年，常住人口约100万人，其中户籍人口35.8万人。是全国珠宝玉石首饰特色产业基地、广东机械装备专业镇、全国文明单位、广东省村务公开民主管理示范街道、全国规范化家长学校实验区和全国社区教育示范镇。2020年，桂城街道规模以上工业增加值92.3亿元，农业总产值3.5亿元，社会消费品零售总额357.73亿元。

【九江镇】 位于南海区西南部，东邻顺德区，隔西江与江门市鹤山市、蓬江区，以及佛山市高明区相望。行政区划面积94.75平方千米，辖20个社区、7个行政村。2020年，常住人口24.9万人，其中户籍人口11.4万人。是中国医卫用非织造产品示范基地、中国淡水鱼苗之乡、中国首个龙舟名镇、国家卫生镇、广东省传统龙舟特色镇、广东省教育强镇、佛山市应用电子商务提升传统产业试点镇、佛山市文明镇。2020年，九江镇规模以上工业增加值79.9亿元，农业总产值17.72亿元，社会消费品零售总额53.11亿元。

【西樵镇】 位于南海区西南部，毗邻高明区、三水区，与禅城区一河之隔。行政区划面积179.43平方千米，辖24个社区、9个行政村。2020年，常住人口近37万人，其中户籍人口17.63万人。是中国历史文化名镇、中国面料名镇、中

2020年12月20日，南海区举行新型公共交通系统试验段车辆上线调试启动仪式

（廖明璨　摄）

国龙狮名镇、中国民间文化艺术之乡、国家卫生镇、国家级生态乡镇、全国文明镇、广东省教育强镇、广东省宜居城市、岭南魅力名镇、广东省旅游名镇、广东省森林小镇。2020年，获评广东省文明镇。2020年，西樵镇规模以上工业增加值88.59亿元，农业总产值17.74亿元，社会消费品零售总额93亿元。

【丹灶镇】 位于南海区西部，与禅城区、三水区相邻。行政区划面积143.48平方千米，辖22个社区、6个行政村。2020年，常住人口约24万人，其中户籍人口11.87万人。是中国日用五金之都、中国百强镇、全国文明镇、国家生态镇、国家卫生镇。2020年，获评为广东省乡村治理示范镇。2020年，丹灶镇规模以上工业增加值68.52亿元，农业总产值14.98亿元，社会消费品零售总额45.01亿元。

【狮山镇】 位于南海区中部，毗邻广州市花都区和佛山市禅城区、三水区，是佛山国家高新技术产业开发区南海园的核心区、国家新型城镇化综合试点地区。行政区划面积330.6平方千米，辖47个社区、28个行政村。2020年，常住人口超100万人（含南海大学城6万师生），户籍人口约38万人。是中国塑料中空包装产业基地、广东省智能制造示范基地、广东生物医药产业基地、广东新光源产业基地、国家卫生镇、国家社区教育示范镇、广东省文明镇、广东省食品安全示范镇。2020年，狮山镇规模以上工业增加值678.52亿元，农业总产值19.98亿元，社会消费品零售总额202.76亿元。

【大沥镇】 位于南海区东部，与广州市荔湾区、白云区和佛山市禅城区接壤。行政区划面积95.9平方千米，辖42个社区。2020年，常住人口78.96万人，其中户籍人口32.65万人。是中国商贸名镇、中国铝材第一镇、中国有色金属名镇、中国内衣名镇、中国再生金属物流加工基地、中国专业市场电商采购示范区、国家卫生镇、中国龙狮运动名镇、中国民间文化艺术之乡（粤曲）、中国摄影之乡、广东省民间文化艺术之乡（摄影、书画、传统龙舟、藤编）、广东省曲艺传承基地、广东省教育强镇、广东诗歌之乡。2020年，大沥镇规模以上工业增加值105.85亿元，农业总产值4.9亿元，社会消费品零售总额247.98亿元。

【里水镇】 位于南海区东北部，紧邻广州市。行政区划面积148.3平方千米，辖24个社区、16个行政村。2020年，常住人口48.92万人，其中户籍人口19万人。是中国袜子名镇、中国香水百合名镇、国家卫生镇、全国环境优美乡镇、全国文明镇、国际安全社区、全国安全社区、广东省教育强镇、广东省生态示范镇、广东省绿色名镇、广东省宜居城镇。2020年，获评为全国内部审计先进集体。2020年，里水镇规模以上工业增加值217.77亿元，农业总产值17.24亿元，社会消费品零售总额97.09亿元。

（沈　娜）

顺德区

【概况】 顺德区位于佛山市东南部，东接广州市，南邻中山市，西南与江门市隔江相望。建县于明景泰三年（1452年），1992年撤县建市，2002年撤市设区。2020年，辖大良、容桂、伦教、勒流4个街道和北滘、陈村、乐从、龙江、杏坛、均安6个镇，有108个行政村、97个社区、1853个村（居）民小组，区政府驻地为大良街道。辖区总面积806.57平方千米。年末户籍人口155.49万人、常住人口322.91万人。人口自然增长率8.8‰。

2020年，顺德区耕地面积1119.78公顷，粮食播种面积38公顷，粮食产量249吨。林地面积1583.85公顷，森林覆盖率6.73%，活立木蓄积量15万立方米。人均公园绿地面积24.82平方米，市域森林覆盖率38.47%，城区绿化覆盖率46.82%。土特产有龙江煎堆、双皮奶、金榜牛乳、大良蹦砂、伦教糕、陈村粉、鱼皮角等。是“世界美食之都”“中国家电之都”“中国燃气具之都”“中国涂料之乡”“中国家具商贸之都”“中国塑料商贸之都”“中国钢铁专业市场示范区”“中国家具电子商务之都”“中国民间文化艺术之乡”“中国书画艺术之乡”“世界盆景赏石园艺博览之都”“中国花卉之都”“中国花木之乡”“中国永春之乡”，是全国首个“中国美食名城”。主要旅游景点有清晖园、宝林寺、逢简水乡、长鹿农庄、顺德博物馆、李小龙乐园、678文化街、华侨城欢乐海岸等。有非物质文化遗产代表性项目59个，其中国家级4个、省级9个、市级13个、区级33个。

2020年，顺德区实现地区生产总值3593.62亿元。社会用电量207.99亿千瓦·时。全年科学技术财政投入21.01亿元，比上年增长11.11%〔比上年增长含广东顺德清远（英德）经济合作区，广东顺德清远（英德）经济合作区简称“两德”合作区，下同〕；教育事业财政投入51.51亿元，比上年增长3.03%；文化体育与传媒财政投入5.40亿元，比上年增长2.67%；医疗卫生与计划生育财政投入32.11亿元，比上年下降6.91%。全区新增就业2.3万人；城镇失业人员再就业8325人；就业困难人员实现再就业2520人；城镇登记失业人员总数0.9318万人，失业率2.58%；企业职工基本养老保险的离退休人员20.61万人，比上年末增加1.1万人；城乡居民基本养老保险符合领取长期待遇的人员共9.84万人，比上年末减少0.15万人。享受失业保险待遇8.9万人次，享受生育保险待遇2.9万人次，享受工伤伤残津贴201人，享受工伤生活护理费109人。城镇生活污水26891.07万吨，城镇生活垃圾无害化处理率100%。

顺德自古人文昌盛，文化底蕴深厚。顺德是粤曲、粤剧的发源地之一，2007年被评为“中国曲艺之乡”。顺德美食文化源远流长，天下闻名，是“世界美食之都”“中国厨师之乡”，每年一届的“岭南美食文化节”成为本地品牌盛会之一。顺德历史名人、贤才杰士众多。北宋至清末有文状元3人（张镇孙、黄士俊、梁耀枢），武状元1人（朱可贞），文武进士762人，文武举人2397人；有清代诗书画三绝的黎简和画坛怪杰苏仁山，以及李小龙、郑裕彤、罗定邦、梁銶琚等杰出人物。

2020年，顺德区居2020城市市辖区高质量发展100强榜榜首，实现连续12次入围“中国全面小康十大示范县市”，实现连续9年位获全国高质量发展和综合实力百强区第一名，获“2020年度中国十大社会治理创新典范”“2020年度中国营商环境百佳示范县市”称号。

中共顺德区委书记：郭文海；区人大常委会主任：列海坚（任至6月），冼阳福（6月任职）；区长：彭聪恩（任至8月），王勇（9月任职）；区政协主席：周文；区纪委书记、监委主任：肖秀明（任至8月），邱建文（10月任职）。

【产业发展】 2020年，顺德区实现地区生产总值3593.62亿元，比上年增长4.1%，全社会固定资产投资增长13.5%。规上企业煤炭消费累计181.82万吨，比上年下降7.99%，完成年度总控目标任务。单位地区生产总值能耗前三季度下降率4.21%，能源消费总量下降1.30%，均完成全年目标任务。

现代农业 2020年，顺德区深化农业供给侧结构改革，实施乡村振兴战略，坚持以市场为导向，巩固以水产养殖、花卉种植和农产品加工流通为主的农业产业结构。顺德区农业用地面积16740公顷。其中：水产养殖面积为9930公顷，产值为76.65亿元，比上年增长8%；种植业播种面积1.11万公顷。全年全区实现农业总产值106亿元，增长4.4%，平均公顷产值约63万元，位列全省前列。其中：种植业总产值20.61亿元，比上年下降3.05%；水产养殖业总产值为76.65亿元，增长8%；畜牧业总产值2.97亿元，下降20%。市级以上农业龙头企业40家。2020年，顺德区农村集体资产总额170亿元，有效资产10.6万个，可用于交易的有9万个，在租资产6万个；成交资产1.3万宗，交易合同标的总额27.8亿元，成交价比底价平均提高近18.83%。农村集体资产总收入43.9亿元，分红总额18.86亿元，人均分红2800元。

第二产业稳定增长 2020年，顺德区规模以上工业增加值1807.6亿元，比上年增长8.1%。智能家电、高端装备制造、珠宝、家具、五金、纺织服装等支柱和特色产业稳定增长，新一代电子信息、智能机器人、新材料、生物医药与健康等新兴产业成长迅速，顺德形成特色鲜明、门类齐全、规模较大的现代工业体系，智能家电与高端装备制造两大支柱产业引领全区产业发展加快转型升级。其中，先进制造业增加值1250.7亿元，比上年增长8.6%，占规模以上工业增加值的比重69.2%。骨干企业引领全区经济发展，区内主营业务收入超100亿元企业9家，其中超1000亿元企业3家。美的置业集团实施“区域深耕、城市升级、有质量的增长”战略，布局上海、杭州、天津、武汉、郑州等城市，区域深耕持续优化，深化“一主两翼”战略（即围绕房地产主业，发展智能产业化与建筑工业化，打通上下游产业链实现产业协同发展，赋能主业），成立睿住科技和智慧生活研究院。2020年营业收入524.8亿元，入选“2020中国房地产上市公司综合实力30强”（第二十六位）。顺德区新增3个项目为广东省工业互联网标杆示范项目，全市仅顺德有新增广东省工业互联网标杆示范项目；17个项目获评为佛山市工业互联网标杆示范项目，占全市的58.6%。制造业龙头企业打造工业互联网应用标杆示范。高新技术企业存量增至2150家，新增上市（含过会）企业8家，为历年之最。支持企业“揭榜挂帅”攻关13个核心技术项目。培育“三个一批”〔巩固一批（美的、碧桂园、联塑、格兰仕等10家）具有国际竞争力的园区企业，发展提升一批（新宝电器、科达制造、伊之密、云米等50家）具有行业引领地位的创新型企业，培育打造一批（隆深机器人等200家）具有高成长性的支撑未来的企业〕企业梯队，新增2家百亿级企业，规上工业企业增至2347家。布局机器人等战略性新兴产业，开源芯片基地推出2款高性能芯片。海天塑机等6个百亿级重大项目落户，全年招商总额1516亿元。

第三产业持续发展 2020年，顺德区批发和零售业增加值213.49亿元，比上年下降9.4%，占服务业增加值的15%；社会消费品零售总额1097.72亿元，下降10.6%。商品供应充足，重要商品没有出现断档脱销情况，居民消费价格总水平（CPI）累计上涨2.4%。其

佛山市顺德区北滘镇（2020年） （鲁兆辉 摄）

中，消费品价格上涨4.1%、食品烟酒类价格上涨9.2%、非食品价格下跌0.4%、服务价格下跌0.5%、工业品价格下跌1.4%。2020年，顺德区通过扩大内需，促进消费恢复。发放政府消费券1亿元，企业助力券2.25亿元；举办“买遍中国·顺德专场”央视直播带货、双十一顺德专场、畅享顺德欢乐季促消费、快手顺德超级品牌日、88广佛购物节、123佛山购物节、凤城欢乐节等大型促消费专场活动；落实佛山市国六汽车（符合国六排放标准的车型）和广东省家电和汽车下乡政策，区级财政承担补贴额度5000万元，兑付购“国六”标准排量汽车2.61万辆。同时推动大型商业综合体和商圈建设，拓展地区商贸业布局。北滘悦然广场、容桂海骏达广场、欢乐海岸PLUS购物中心等一批大型商业综合体先后建成开业。

【全面深化改革】 2020年，顺德区围绕建设广东省高质量发展体制机制改革创新实验区，打造新时代广东省贯彻落实新发展理念实验区的部署要求，以闻鸡起舞、日夜兼程、风雨无阻的奋斗姿态，在贯彻新发展理念推动体制机制创新的重点领域和关键环节取得一定突破，高质量地完成各项工作任务。

政务改革　2020年，顺德区政务服务数据管理局、区行政服务中心深入贯彻落实“创新、协调、绿色、开放、共享”的新发展理念，在佛山市政务服务改革总体规划框架内，按照全市统一的标准规范开展政务服务业务创新。顺德区政务服务数据管理局、区行政服务中心联合顺德农商银行、中国农业银行顺德分行推出第一批21个政务服务“门口办”网点、508项政务服务业务（351项指尖办服务、102项自助办服务、55项银行服务网点代收件服务），将政务服务延伸到群众家门口，构建起一个更贴近小区、贴近园区的服务网络，实现政务办事“门口办、多点办、一次办”；由顺德区政务服务数据管理局和中山大学数字治理研究中心、中山大学中国公共管理研究中心联合打造的顺德政务数据应用实验室举行签约暨揭牌仪式，助力全市政务服务水平的全面提升和高质量发展；佛山高新技术产业开发区（顺德园）行政服务中心启用，扎根顺德产业新高地的园区企业，在“家门口”即可享受到“一站式”的政务服务便利；2020年度数字政务服务博览会在佛山市南海区举行，顺德政务服务“门口办”“顺德政务百事通”微信公众号凭借其创新性、实效性以及服务特色，分别获“2020年度政务服务改革创新奖”及“2020年度优秀政务服务微信公众号”。

区、镇事权改革　2020年8月，顺德区开展新一轮的区、镇（街道）事权划分调整工作，并明确3个月的过渡期了解下放事权能否“接得住、拿得稳、办得好”。全面梳理调整区、镇两级事权清单，该轮事权改革共下放镇（街道）行使事权4204项，其中新增2882项包含原区、镇共管事项中部分调整至镇（街道）单独行使的2202项和区级部门再次下放的680项，下放事权主要集中在经济发展、市场监管、自然资源、住房和城乡建设、社会民生保障五大领域。

新一轮农村综合改革　2020年，顺德区印发《关于开展新一轮农村综合改革促进高质量发展的决定》，狠抓八大方面36项综合改革措施落地，再次走访10个镇（街道）专题调研农村股权政策，先后前往广州、南海、禅城等地考察，学习先进股改经验，开展多轮“头脑风暴”分析汇总股权方面存在的主要诉求和问题，制定《关于进一步完善顺德区农村股份合作经济社股权管理的指导意见》及其配套文件。

政府投资工程建设项目审批制度改革　2020年，顺德区审议通过《关于政府投资工程建设项目采用设计施工总承包模式的实施意见》和《政府投资工程建设项目全过程提速实施意见》，起草《关于政府投资重大工程建设项目全过程监督管理服务工作实施方案》，完善标后监管工作。

招商引资体制机制　2020年，顺德区委改革办组织区相关部门分析招商引资工作体制机制运行情况，深入十大镇（街道）开展调研，了解各部门、镇（街道）招商引资工作基本情况及对全区招商引资工作的意见建议，初步形成优化招商引资工作机制的实施方案提交审议。

推动中职教育改革　2020年，顺德区针对中职教育产教融合障碍，办学层次不高，职教集团对资源盘活不明显等问题，会同区教育局以问题为导向，谋划推进中职教育改革，提出以坚持政府主导、校企主体、市场化为改革主线，协调、引导社会资源参与职业教育的改革方案，探索盘活职业教育资源的新路径，为中职教育匹配全区高质量发展体制机制作出贡献。

乡村振兴　2020年，顺德区全面总结以村级工业园改造升级为支点撬动乡村振兴的实施情况，撰写《以村级工业园改造为支点奋力闯出一条乡村振兴的顺德之路——关于顺德区大力推进乡村振兴工作情况的报告》，从产业格局、人才、文化、生态、组织5个领域汇总报告乡村振兴成果。重塑农村产业发展新格局，壮大农村集体经济；凝聚优秀人才入村驻村支持农村发展，开展新时代农民教育；繁荣文化事业，加强优质文化供给，深化社会主义核心价值观；重塑乡村形态，开展人居环境整治，还原岭南水乡文明；强化党的领导，实施“头雁”工程，走好群众路线。10个镇（街道）205个村（社区）党组织全部完成换届选举，选出新一届党组织委员1107人。顺德区全面加强农村人居环境整治，行政村100%达到干净整洁村标准，其中生态美丽宜居村73个，特色精品村17个。实施“25631”美丽乡村工程。深化第一批25个生态宜居美丽乡村建设，重点打造6个乡村振兴标杆村。陈村仙涌、北滘黄龙、乐从上华、均安沙头、勒流南水、黄连，龙江东海、杏坛马东先后被评为市乡村振兴示范村。杏坛镇逢简村获选2020年中国美丽休闲乡村，乐从镇大罗村获2020年中国最美村镇“乡风文明奖”，黄连社区被评为第二届广东十大粤菜师傅名村。

【创新驱动发展】 2020年，顺德区位列2020城市市辖区高质量发展100强榜榜首，实现连续9年位居全国高质量发展和综合实力百强区第一。高标准高规格谋划区“十四五”规划纲要编制工作，以“抓项目、促投资、稳增长”为目标，围绕稳链补链、民生补短紧抓项目建设，扩大有效投资，强化区域协同发展，拓宽合作发展新格局，精准施策保民生稳定，推进“六稳”（稳就业、稳金融、稳外贸、稳外资、稳投资、稳预期）、“六保”（保居民就业、保基本民生、保市场主体、保粮食能源安全、保产业链供应链稳定、保基层运转）工作。

率先发布高质量发展评价指标体系　2020年11月13日，顺德区作为全省首个县域率先发布贯彻新发展理念推动高质量发展评价指标体系。该指标体系是在借鉴全国各地先进经验的基础上，按照“系统考量、对标最优、体现区情、扬长补短”的原则，从5个维度设置监测和评估两大指标，将高质量发展指标具体化、指标化，为全省建立可监测、可评价、可量化体系率先探路。

推进粤港澳大湾区建设　2020年，《佛山顺德粤港澳协同发展合作区建设方案》经广东省推进粤港澳大湾区建设领导小组第六次全体会议审议通过，顺德区成为全省推进大湾区建设又一特色合作平台。佛山传媒集团、佛山电台、“快手”科技、广东同天投资管理有限公司联合打造的“快手大湾区泛家居直播中心”落户顺德北滘“广东工业设计城”，助推粤港澳大湾区制造业产业集群高质量发展；粤港澳大湾区组合港启动仪式暨港口物流及贸易便利化服务平台上线仪式同时在深圳招商局港口大厦和顺德新港举行，该平台促进粤港澳大湾区实现资源共享、优势互补、互利共赢的新格局。

知识产权促进与保护　2020年，顺德区修订出台促进知识产权发展专项资金管理办法，增加鼓励企业加强创新的条款，加大对知识产权海外布局和维权的支持力度，细化完善质押融资扶持标准。以顺德知识产权创新服务空间为载体，打造“一站式”知识产权服务集聚区。国家和省级知识产权示范优势企业上升至78家和81家，居全省县域前列。全方位为重点企业提供商标、专利监测预警和一企一策专项服务。全区专利申请、专利授权、万人发明专利拥有量、专利合作协定（PCT）专利申请等多项重要数据在全市五区领先，万人有效发明专利拥有量51.02件，与省内地级市相比仅次于深圳、珠海。推进知识产权价值运用，69家企业开展知识产权质押融资，涉质押登记金额11.9亿元，实际取得贷款10.1亿元，广东星徽精密制造股份有限公司和万广东容声电器股份有限公司获批参与佛山市第一期知识产权证券化融资试点。“顺德美食”集体商标推广和应用取得初步成效，企业商标注册、运用、管理和保护意识进一步提升。顺德首个依托产业园区搭建的广东工业设计城知识产权刑事保护合作平台成立，将为园区企业提供全链条保护和一站式服务。

智能机器人产业快速集聚　2020年，顺德机器人产业产值为17.5亿元，比上年增长206.4%。在美的库卡和博智林两大龙头项目的带动效应下，嘉腾、隆深等一批龙头企业确立在细分行业中的龙头地位，一批“隐形冠军”不断涌现。顺德成为华南地区机器人集成系统解决方案集聚地，成为首个国家级装备工业两化深度融合暨智能制造试点和首个广东省机器人产业发展示范区。库卡、发那科、ABB、安川、川崎等世界机器人排名前五名的行业巨头均落户顺德和合作形式进驻顺德机器人高端产业链，区内初步形成北滘、大良、陈村等机器人产业集聚区，顺德机器人产业快速集聚。

新材料产业　2020年，顺德新材料产业产值736.4亿元，比上年增长5.6%。新材料产业覆盖精细化工、涂料、包装印刷材料、建材、高性能复合材料等领域，聚集一批基础好、产业关联度高、市场前景广的新材料先导行业，拥有联塑、德美化工、华润涂料、美涂士、科顺、绿之彩等一批知名企业。其中，联塑是国内建材家居领域产品体系齐全的生产商，业务涵盖塑料管道、建材家居、环保等板块。新材料产业还有一批“隐形冠军”企业，如广东奔朗新材料股份有限公司是国内超硬材料制品行业前三甲、全球陶瓷加工工具细分市场占有率第一。顺德涂料企业约150家，主要是家具涂料与建筑涂料，家具涂料约占50%，建筑涂料约占40%，是“中国涂料之乡”。8月28日，顺德区发布《T/SDTL01—2020建筑用厚涂型艺术涂料》《T/SDTL02—2020建筑用薄涂型艺术涂料》2项团体标准，为全国首个艺术涂料产品标准，填补该行业标准空白。

【顺德复工复产政策措施出台】　2020年2月7日，顺德区发布《积极应对新型冠状病毒感染的肺炎疫情支持企业共渡难关“战疫情，保发展”二十条措施》（简称“顺德20条”），从降低成本、税收优惠、金融服务、加大补贴等五大方面，提出20项政策措施，支持企业共渡难关。2月8日，为全力支持服务生产企业复工复产后做细做实疫情防控工作，保障企业平稳有序开展生产以及企业员工身体健康，顺德区出台加强生产企业复工复产后疫情防控工作指引“十六条”措施（简称“十六条”措施），指导企业做好疫情期间的管理工作。2月10日，广东省企业复工首日，顺德区规上企业复工率达到70%。广东开始全面推进复工复产后的第十天，顺德2285家规上企业复工率超90%。3月5日，“复工复产企业服务专区”上线“i顺德”App，实现24小时企业服务平台启动试运行并推出复工复产企业服务专区，从技术上支持顺企的复工复产，该平台获评省级政务服务创新案例。

【顺德村级工业园改造跑出高质量发展“加速度”】　2020年，顺德区完成土地拆除整理3652.53公顷，是2000公顷任务量的183%。截至2020年底，全区382个村级工业园已有231个园区466个项目启动改造，213个园区启动拆迁，在建工程项目146个，累计土地拆除整理5554公顷（2020年土地拆除整理3652.53公顷），微改造757.8公顷，复垦复绿456.07公顷（2020年完成237.2公顷）、新建厂房1627万平方米（2020年完成646万平方米），累计检查关停整改落后风险企业1.28万家（2020年为7546家）。其中，龙江、北滘、容桂先后实现“万亩奔腾”的目标。2月18日，顺德区十大镇（街道）村改项目全面开拆；3月17日，

2020年3月17日，顺德区十镇（街道）村改项目在华桂园签约　（陈炳辉　摄）

顺德区举办2020年第一季度村改及重点项目签约动工系列活动，项目总投资额超过1000亿元；3月29日上午，顺德区村级工业园提升改造协会（简称“村改协会”）召开第一届第一次会员大会暨成立大会，全区首个以村级工业园升级改造为主题的社会组织诞生，并与深圳市深商总会签订战略合作框架协议，为顺德村改、顺德高质量发展注入更强的动力。

【“AI+5G”时代基础设施打造】 2020年，顺德移动针对区内制造产业升级转型需求，结合5G覆盖为工业园区提供整套5G智能化解决方案，与华腾、万洋等工业园区合作共建5G+智慧园区项目，成功打造华腾科技城5G智慧园区等8个5G+DICT标杆项目。顺德区人民政府与百度（中国）有限公司签订项目投资合作协议，百度云计算（顺德）中心项目正式落户，该中心将成为“AI+5G”时代强大的人工智能基础设施底座，支撑百度在粤港澳大湾区的业务发展需要，成为百度扩大大湾区布局和业务发展的重要支撑；顺德区政府与腾讯签订战略合作协议，双方将在互联网产业生态导入、普惠金融推广及风险防控、营商环境优化提升等方面开展全方位合作，建设全国首个区级云启产业创新中心、微众银行为顺德中小企业整体授信100亿元等。

【顺德特色小镇建设】 2020年8月24日，广东省发展改革委公布关于第三批省级特色小镇培育库拟入库名单，佛山有9个特色小镇入选，其中有4个来自顺德，分别是大良寻味顺德小镇、顺德伦教珠宝时尚小镇、顺德容桂I创家电小镇、顺德均安功夫小镇。大良寻味顺德小镇依托大良优美的生态自然景观和丰富的文化旅游资源，整合政府、社会和社区等各方力量，以顺德华侨城欢乐海岸PLUS、苏岗旧寨为核心区域，打造以美食体验、文旅游乐为核心，集都市美食、乡土美食体验于一体的美食文旅小镇。顺德伦教珠宝时尚小镇发挥龙头企业的带动效应，打通从基础工艺装备制造到高端珠宝时尚产品设计、生产和营销的横向产业链，构建产业链长、涉及面广、附加值高的珠宝时尚工艺产业生态圈，探索珠宝时尚产业发展新业态、新模式、新路径。顺德容桂I创家电小镇，整合小镇周边地区家电制造企业，积极拓展“IoT智能家电”“5G智能家电”“AI智能家电”的研发和设计应用，实现产业链价值升级。顺德均安功夫小镇大力发展功夫传承、功夫配套、功夫养游、功夫竞技四大产业细分领域，将小镇打造成为粤港澳大湾区最具功夫特色的旅游休闲目的地和全国乃至全世界的功夫研学和功夫文化基地。

【顺德工业发展馆启用】 2020年5月9日，顺德工业发展馆启用。中共佛山市委副书记、顺德区委书记郭文海等领导干部和企业家代表出席启用仪式。这座以“顺德制造，中国骄傲”为主题的展馆，多角度、全景式展现顺德工业从追赶、跨越到领先的奋进史。作为顺德“强中心”十大工程之一的顺德工业发展馆，坐落在容桂，与德胜河南岸河滨公园连为一体，外观呈现为飞机发动机的造型，寓意着顺德工业飞速发展。展馆共分6层，总建筑面积6303平方米，

2020年9月2日，百度云计算（顺德）中心项目投资合作协议签约仪式在顺德区华桂园国际会议厅举行　（陈炳辉　摄）

以“顺德制造，中国骄傲”为主题，设置五大主题展区，共陈列布展近2000张图片资料、15个精彩视频、300多套工业展品，是一座集历史博物、展陈、科普教育、体验交流等于一体的新型积木式工业体验馆。

【央媒持续关注顺德】 2020年，顺德区全年有超400篇报道在《人民日报》、新华社、中央电视台、《经济日报》等中央级媒体的全媒体平台刊播，并多次在《南方日报》头版、广东电视台《广东新闻联播》刊播，全方位展示顺德区高质量发展的主要成就和经验做法。顺德全年登上中央电视台各频道各栏目达30次。仅《新闻联播》栏目9次报道顺德，比2019年增加7次。《焦点访谈》《新闻调查》等品牌栏目各推出1次关于顺德的专题报道。

【顺德第二届修志工作推进】 2020年，顺德区将修志工作纳入绩效评价管理。全年重点推进《顺德市志》资料长编和志稿的收、审、验，以及基础资料、难点资料的主动搜集，便捷查档服务。印发《佛山市顺德区地方志资料长编和志稿审查验收办法》。截至年底，85个承修单位中有9个完成《顺德市志》资料长编送审，6个完成《顺德市志》志稿送审；84个接收修志支持经费的单位有70个完成年度工作任务。全年完成4.1万页图书资料和5万篇新闻报道的数字化成果复检，以及约4万页PDF格式资料和9万页word格式资料的数字化及验收，并到省立中山图书馆、顺德区图书馆开展难点资料查找，编印《顺德市志资料长编》第一辑和《修志工作手册》（一）。适应修志查档需要，顺德区档案馆与37个承修单位办理馆藏电子档案共享协议，便捷查档渠道，并梳理修志单位查档服务流程指引，统筹共享修志资源。结合年初新冠肺炎疫情和顺德区档案新馆搬迁，顺德区方志编辑部开展修志线上业务指导，录制《修志系统操作》和《地方志书的编写方法》视频，开展网络视频培训。全面开展修志中期调研督导，对85个承修单位的修志工作情况、存在困难等进行全面梳理，总结经验做法，协调理顺机构改革后单位的承修任务。年内组织修志专题学习培训2场，印发《档案史志交流》5期。镇街志编纂方面，《容桂街道志》公开出版，大良街道、勒流街道、均安镇等镇（街道）结合《顺德市志》《佛山市顺德区志》的编修，陆续启动、推进镇志和街道志的编修。

【广东省研究生联合培养基地（佛山）首个区域中心在顺德成立】 2020年9月4日，广东省研究生联合培养基地（佛山）顺德发展中心签约揭牌仪式在顺德区举行。顺德发展中心依托顺德区高新技术企业协会建设管理，是广东省研究生联合培养基地（佛山）成立的首个区域中心，旨在通过研究生联合培养进一步精准服务顺德区企业创新发展。顺德发展中心利用顺德高新技术企业协会高新技术企业集聚优势，按照中心至分中心垂直管理模式，参照佛山基地建设标准建成区域性政产学研创新平台，为顺德企业培养留得住的一流工程师和校企协力关键核心技术研发。

【大良街道】 大良街道别称凤城，是顺德区政府所在地，历来为顺德的政治、文化、教育、商贸中心，地处顺德的中部偏东，连接广州，水陆交通四通八达，顺德客运总站和顺德港坐落其中，105国道、太澳高速、广珠轻轨等穿越境内。大良辖区面积80.29平方千米，建成区面积36.9平方千米，辖19个社区和2个行政村。2020年，常住人口49.02万人，其中户籍人口28.37万人。大良文化底蕴深厚，内有清晖园、宝林寺、西山庙等名胜古迹，有广绣、粤曲、鱼灯、咸水歌等非遗项目，素享“食在广州，厨出凤城”的美誉，是“中华餐饮名镇”。2020年，大良街道实现地区生产总值581.37亿元，比上年增长4.2%，第一、第二、第三产业占比为0.05 ∶ 32.19 ∶ 67.76，实现规模以上工业产值483.76亿元，增长7.2%；限额以上批发和零售贸易业销售额332.29亿元，增长0.27%；限额以上住宿餐饮业销售额5.12亿元，下降9%；全社会固定资产投资213.01亿元，增长40.07%，其中工业投资40.44亿元（增长8.34%）；工商税收119.51亿元。

【容桂街道】 容桂街道位于佛山市顺德区南部，毗邻港澳，与广州南沙自贸区隔江相望，处于珠江东西两岸交汇点、粤港澳大湾区的核心区域，地理位置优越，水陆交通便利，105国道、广珠西线高速、广珠城际轨道、伦桂路、红旗路等重要交通干线贯穿而过。面积80平方千米，辖23个社区，3个行政村，常住人口61.08万人，其中户籍人口25.1万人。先后获“全国文明单位”“中国品牌名镇”“国家卫生镇”“全国精神文明建设工作先进单位”“中华美食名镇”“中国锦鲤标准化示范镇”等称号。容桂拥有海信科龙、德美化工、万和新电气、国盛金控、顺威股份、伊之密、科顺防水等7家上市公司，中国中药控股、派生科技、美思德、万成金属等4家控股区外上市公司，以及乐美智家1家新三板挂牌企业。形成以智能家电、信息电子、机械模具、化工涂料、医药保健及互联网应用为主的“5+1”支柱产业体系，新材料、集成电路等新兴产业兴起。2020年，实现规模以上工业总产值825.37亿元；工商税收71.20亿元；全社会固定资产投资113.13亿元；限额以上贸易住宿餐饮业营业额316.47亿元。

【伦教街道】 伦教街道素有“伦常之教”美誉，是顺德中心城区的重要组成部分，地处粤港澳大湾区核心地段，面积59.2平方千米。常住人口约23万人，辖2个社区、8个行政村，是中国木工机械重镇和玻璃机械重镇。因明朝时被朝廷赐予“伦常之教”牌匾而得名“伦教”，有南宋状元、抗元名将张镇孙、清朝史学家、文学家梁廷枏、粤剧名伶千里驹；有梁廷枏故居、清末顺德首富何鸣石宅院鸣石花园、粤剧名伶千里驹故居等历史名迹；有国家级非物质文化遗产香云纱；有伦教糕、羊额烧鹅等当地美食。是“中国珠宝玉石首饰特色产业基地”“中国木工机械重镇”“中国木工机械先进制造和国际贸易创新示范区”“中国玻璃机械重镇”“国家级生态乡镇”“广东省教育强镇”等。伦教的交通路网“七纵两横”：横向有325国道、广州绕城高速，纵向有佛山“一环”、伦桂路、105国道、碧桂路、广珠西线高速、东新高速、广珠城轨；有在建或规划中的佛山地铁3号线、9号线、11号线等。2020年，伦教街道全面清退拆除整理村级工业园224.55公顷，复垦复绿7.16公顷，推进动工建设38.19万平方米，伦教规模以上工业产值为575.22亿元，全社会固定资产投资87.35亿元，税收30.35亿元。

【勒流街道】 勒流街道地处顺德中部，毗邻7个镇（街道），处在连通区内各镇（街道）的关键位置，广州绕城高速、广佛珠江高速、325国道（龙洲公路）、南国路、伦桂路等交通要道在此交汇。勒流河网密布，水资源丰富，村（社区）环境优美，是著名的岭南鱼米之乡和厨师之乡，是“国家卫生镇”“广东省民间艺术之乡”“广东省文明镇”“广东省教育强镇”“广东省生态乡镇”“广东省技术创新专业镇”等。2020年，辖区总面积90.78平方千米，辖5个社区、17个行政村。常住人口34.14万人，其中户籍人口13.02万人。勒流工业发达，有“中国家居五金之都”“国际标准化名镇”“中国滑轨产业基地”“中国铰链产业基地”“中国商业照明产业基地”等称号。2020年，实现规模以上工业总产值661.68亿元，比上年增长7.2%；全社会固定资产投资59.88亿元，下降18%；限额以上批零住餐业营业额60.03亿元，增长3.67%；税收收入29.74亿元，增长7.62%；工业总用电量16.4亿千瓦时，增长5.63%。

【陈村镇】 陈村镇素有“中国花卉第一镇”“千年花乡”的美誉，自古就是商贾云集之地，历史上曾与广州、佛山、东莞石龙镇合称“广东四大名镇”。陈村镇是《三字经》作者区适子、清代作家黎简和现代雕塑艺术家梁明诚的故乡。陈村镇区域面积50.7平方千米，常住人口21.43万人，户籍人口9.97万人，辖8个社区、7个行政村。2020年，实现国民生产总值232.99亿元，比上年增长3.9%；地方财政收入34.89亿元，完成年度预算的121%；规模以上工业总产值480.83亿元，增长7.03%；限额以上批发和零售业销售额228.3亿元，下降2.97%。全社会固定资产投资65.46亿元，比上年下降25.61%。全镇用电13.44亿千瓦时，比上年增长1.29%。

【北滘镇】 北滘古称“百滘”，意为“百河交错、水网密集”，位于广州主城区、佛山新城、顺德主城区三城交汇处，总面积92平方千米。2020年，辖10个社区、10个行政村。常住人口42.9万人，其中户籍人口16.6万人。位列2019年度全国综合实力千强镇第六位，有“中国第一批特色小镇”“全国重点镇”“国家卫生镇”“国家生态乡镇”“全国安全社区”“全国美丽宜居小镇”“中国最佳管理实践智慧小镇200强”等称号。已开通的广珠轻轨在北滘有2个站点，规划建设中的广州地铁7号线延长线、佛山地铁3号线、11号线和广佛环线轻轨也横穿北滘。北滘还拥有港口北滘港，年吞吐量约33万个集装箱，货运可直达国内主要港口，产品可直接出口世界各地。2020年，北滘镇实现地区生产总值694亿元，比上年增长4.3%，规模以上工业总产值3662.5亿元，比上年增长7%；全社会固定资产投资156.5亿元，比上年增长4.3%；限额以上贸易住宿餐饮业营业额315.9亿元，下降3.9%；出口交货值853.7亿元，增长2.2%。国地税收入145.7亿元，年末城乡居民存款余额390.5亿元，城镇居民人均可支配收入71327元，农民人均纯收入24465元。

【乐从镇】 乐从镇位于顺德西北部，是两大国家级对外合作平台中德工业服务区、中欧城镇化合作示范区的核心区所在地，区域面积78平方千米，辖6个社区、19个行政村，常住人口超37万人，户籍人口14万人，全镇经济户口4.9万户。乐从镇是全国知名商贸强镇，拥有全球最大家具市场、全国最大钢材贸易市场、华南地区最大的塑料贸易市场，是“中国家居商贸与创新之都”“中国钢铁专业市场示范区”“中国塑料商贸之都”。乐从镇多家制造业、服务业企业是国内专业领域领先者、隐形冠军。同时布局发展生物医药产业，中国科学院、国家级重大专项团队及与暨南大学共建的佛山病原微生物研究院等重大科研平台相继落户，顺德（乐从）生物医药产业园加快建设，打造区域经济增长新引擎。乐从镇城乡融合高标准推进，区域内汇聚中欧中心、市文化中心、佛山大剧院、国际体育文化演艺中心、市妇女儿童医院等一批高端商务载体和公共配套设施，拥有全佛山市首个夜间水上旅游项目三龙湾游船，佛山新城现代城市形态基本形成，区域总部经济加速聚集。2020年，乐从镇实现地区生

2020年6月30日，连通顺德、番禺两区的海华大桥正式通车　（周焯杰　摄）

产总值234.71亿元，实现税收47.38亿元，银行存款余额575.04亿元，居民存款余额401.87亿元，贸易业销售收入1010.29亿元。

【龙江镇】 龙江镇位于顺德西部，是国家重点镇、广东省中心镇，也是珠江三洲角中心和佛山城市组团之一，辖区内有325国道、121省道、珠二环高速、佛开高速、顺番路、乐龙路。龙江是“中国家具设计与制造重镇”“中国家具材料之都”“中国塑料建材产业之都”“中国家具电子商务之都”，有“国家卫生镇”“广东省技术创新专业镇”“广东省知识产权试点区域”“广东省教育强镇”“广东省历史文化名镇”“国家电子商务示范基地”“佛山家居名镇”等称号，是开展国家市场采购贸易方式试点。龙江镇面积73.8平方千米，辖10个社区、13个行政村。龙江镇常住人口34.8万人，其中户籍人口11.8万人。2020年，全镇实现工业总产值1000亿元，比上年增长9.1%。全社会固定资产投资116.83亿元，比上年增长20.4%；工业投资51.97亿元，增长55.8%；工业技改投资46.31亿元，增长78.1%。

【杏坛镇】 杏坛镇以孔子讲学的杏坛之说命名，位于顺德西南部，域内有江顺大桥、顺德新港，以及佛山“一环”南延线、南二环高速、高富路等。全镇总面积122平方千米，辖6个社区、24个行政村。2020年，户籍人口14.5万人，流动人口9.13万人。杏坛是珠江三角洲知名水乡，逢简水乡景区全年接待游客61万人次。杏坛镇文化底蕴深厚，拥有“龙舟说唱”“人龙舞”“八音锣鼓”3项国家级非物质文化遗产代表性项目。2020年，杏坛镇实现地方生产总值269.74亿元，比上年增长5.16%；工业总产值781.08亿元，增长4.94%；全社会固定资产投资115.76亿元，增长39.37%；税收21.54亿元，下降4.92%，主要经济指标增速均超全市平均水平。

【均安镇】 均安镇地处珠三角腹地，是顺德西南片区门户，是佛山与中山、江门两市的交汇点。2020年，辖区面积80.13平方千米，辖8个社区、5个行政村。户籍人口9.84万人，异地务工人员8.48万人。均安镇是“国家级生态乡镇”“广东镇生态示范镇”“广东省级旅游度假区”。均安镇是国际武打巨星李小龙的故乡，清代探花李文田、父子翰林胡杰与胡亦常，以及粤剧名人李海泉、罗家树、罗家权、罗家宝等均出自均安，均安女篮曾蝉联全国农运会六连冠。有鱼饼、拆鱼羹、蒸猪、烧猪等四大名菜，是“中国曲艺之乡”“全国亿万农民健身活动先进镇”“中国牛仔服装名镇”“中国民间文化艺术之乡”“广东省曲艺人才培训基地”“广东省摄影家协会创作基地”“国家卫生镇”“全国优秀家长学校实验区”“广东镇教育强镇”“广东省依法治省工作先进单位”“广东名镇”“全国亿万农民健康促进行动广东省示范镇”等。2020年，均安镇地区生产总值194.59亿元，比上年增长3.5%；工农业总产值408.98亿元，下降0.96%，其中工业产值401.66亿元，下降1.01%。工业产值中，规模以上工业产值262.98亿元，比上年增长3.50%。限额以上批零住宿餐饮营业额17.24亿元，比上年下降9.26%。城镇常住居民可支配收入46876元/人，比上年增长6.73%。境内住户储蓄余额126.13亿元，比上年增长8.20%。工商业税收9.82亿元，比上年下降17.25%。固定资产投资41.75亿元，比上年下降2.50%。公共财政预算收入4.68亿元，公共财政预算支出7.05亿元。三大产业比例为2.44 ：63.79 ：33.77。

（罗敏芝）

高明区

【概况】 高明区位于佛山市西部、西江西岸，与南海区、三水区，以及肇庆高要区、云浮市新兴县、江门市鹤山市相邻。高明得名于西汉元鼎六年（前111年），先后属南海郡、苍梧郡辖地，明成化十一年（1475年）设高明县，1981年恢复县建制并划归佛山地区管辖，1994年撤县设市，2002年撤市建区。2020年辖荷城街道、杨和镇、明城镇、更合镇等4个镇（街道），有23个社区、54个行政村，673个村（居）民小组，区政府驻地为荷城街道。辖区总面积937.81平方千米。年末户籍人口33.31万人、常住人口46.91万人。人口自然增长率4.03‰。祖籍高明的海外华人、华侨2万人，台港澳同胞8万人。

2020年，高明区耕地面积1.19万公顷，粮食播种面积0.72万公顷，粮食产量3.75万吨。林地面积4.63万公顷，森林覆盖率51.17%，活立木蓄积量326.1万立方米。人均公园绿地面积24.55平方米。土特产有“合水粉葛”“锦园火龙果”“鹏鹄食用菌”“三洲黑鹅”“海达冰鲜鹅”等。主要旅游景点有AAAA级景区广东盈香生态园和皂幕山旅游风景区，AAA级景区海天·娅米的阳光城堡，以及广东云勇国家森林公园、美的鹭湖森林度假区、泰康山生态旅游度假区、绿地拾野川亲子小镇、沧江水上综合运动基地等。主要传统民俗活动有“角仔节”“塘肚行神”“扒龙舟”“濑粉节”等。

高明人文荟萃，素有“文风甲端郡”“硕彦辈出”的美誉，拥有古椰贝丘遗址、唐代龙窑遗址、灵龟塔等55处各级文物保护单位，有高明花鼓调、高明濑粉、高明花灯、扎狮等高明特色非物质文化遗产。历史文化名人有明代岭南诗坛领袖区大相，广东象牙微雕艺术奠基人冯公侠，著名数学家和教育家何衍璇，中国近代第一报人梁发，民主革命先驱谭平山、谭植棠、谭天度等。高明红色基因深厚，是广东革命老区之一，拥有丰富的革命文化资源，建有高明区红色廉政文化教育基地、谭平山故居、中国人民解放军粤中纵队纪念馆等红色文化场馆。

高明区的发展定位是湾区枢纽新门户、临空经济新中心、田园城市新样本。2020年，高明区实现地区生产总值882.37亿元。社会用电量52.63亿千瓦时。全年科学技术财政投入4.75亿元，比上年增长20.95%；教育事业财政投入8.99亿元，增长1.70%；文化旅游体育与传媒财政投入0.3亿元，下降49.19%；医疗卫生与计划生育财政投入5.33亿元，增长0.95%。年末从业人员15.71万人，城镇登记失业人员2720人，城镇登记失业率2.63%。全年接收社会化管理退休人员2100名，在册管理的社会化退休人员有3.55万人。领取基本养老金退休人员3.55万人，享受失业保险待遇2.3万人次，享受生育保险待遇3.51万人次，享受工伤保险待遇4278人次。城镇生活污水集中处理率98.71%，城镇生活垃圾无害化处理率100%。

2020年7月15日，高明区入选广东省水产健康养殖示范县（第一批）名单。7月，高明区在全省2019年度推进乡村振兴战略实绩考核工作中获得优秀等次。10月22日，高明区获“广东省双拥模范区”称号。12月11日，佛山市云勇林场获批为国家级森林公园。12月31日，高明区被评为2020年度广东省“四好农村路”示范县。

中共高明区委书记：徐东涛（任至10月）；区人大常委会主任：罗雄；区长：梁耀斌；区政协主席：黄棋泰；区纪委书记、监委主任：蔡国富。

【产业发展】 2020年，高明区实现地区生产总值882.37亿元，比上年增长1.3%。其中，第一产业增加值25.23亿元，比上年增长1.1%；第二产业增加值667.09亿元，增长1.0%；第三产业增加值190.05亿元，增长2.4%。三大产业比重为2.9 ∶ 75.6 ∶ 21.5。

现代农业基础不断夯实　全年实现农林牧渔业总产值59.55亿元，按可比价格计算，比上年增长0.9%。其中：农业产值18.12亿元，比上年增长6.5%；林业产值1.23亿元，增长59.7%；牧业产值15.70亿元，下降31.7%；渔业产值19.09亿元，增长37.1%；农林牧渔服务业产值5.41亿元，增长2.7%。全年新增广东AAAA农业公园1个、市级以上农业龙头企业5家（省级1家、市级4家）、市级以上“菜篮子”基地6家，“三品一标一名牌”（无公害农产品、绿色食品、有机产品、地理标志农产品，农业类广东省名牌产品）农产品2个。推进现代农业产业化“万亩工程”，万亩花海、万亩稻田、万亩坚果初具规模，其中万亩花卉产业园纳入省级现代农业产业园创建名单。推进养殖池塘标准化改造109.13公顷建成示范点（小区）8个，推动养殖尾水达标排放或者循环使用。推进水产健康养殖，认定5家省级以上水产健康养殖示范场，建立近100公顷名优水产健康养殖核心示范区，成功创建为广东省水产健康养殖示范县（第一批）。打响农业节庆品牌，举办庆祝2020年中国农民丰收节和高明粉葛文化节活动。新认定新型职业农民472人，培训4620人次。

工业发展质量提升　全区实现工业总产值3366.29亿元，比上年增长0.9%。其中，规模以上工业实现产值3315.66亿元，增长1.0%。轻重工业之比为43.76 ∶ 56.24。拥有规模以上工业企业563家，其中，营业收入超百亿元工业企业1家、超50亿元工业企业1家、超10亿元工业企业9家、超5亿元工业企业18家。“七大支柱产业”实现规模以上工业总产值2733.34亿元，占全区规模以上工业总产值的82.44%。其中，纺织服装产业415.85亿元、食品饮料产业273.50亿元、家居建材产业407.64亿元、精细化工产业318.55亿元、金属制品产业697.75亿元、塑料制品产业301.19亿元、电子电器产业318.86亿元。装备制造业、新能源、新材料三大战略性新兴产业实现产值1933.09亿元，占全区规模以上工业总产值的58.30%。实施制造业高质量发展六大工程，“2+3+1”（做大做强新材料、先进装备制造2个超千亿级产业集群，提升发展纺织服装、健康食品、新能源汽车及零配件3个300亿~500亿级产业集群，将氢能源产业打造成为超百亿级产业集群）现代产业新体系初具规模，全年引资总额374.81亿元，一汽解放南方新能源汽车基地等重大项目陆续落地。

第三产业加快培育　启动创建国家全域旅游示范区，完成总投资1.7亿元的全域旅游基础设施工程建设，扶持盈香生态园、鹭湖等重点景区项目做大做强，推动广东盈香生态园成功创建“佛游味劲”粤菜品牌景区，新增对川问茶小镇等新项目，加快推进凌云花谷、陌上花开等16个重点项目，推动海天·娅米的阳光城堡成功创建国家AAA级景区、市级工业旅游示范点。全年接待游客673.42万人次，实现旅游收

佛山市高明区西江新城夜景（2020年）　　（叶军林　摄）

入28.8亿元。实施粤菜师傅“1+5”工程（“1”指粤菜师傅工程；“5”指“厨出佛山”粤菜师傅培育工程、“寻味佛山”粤菜美食体验工程、“佛味鲜生”优质粤菜食材建设工程、“佛味秀世界”粤菜粤厨走出去工程、“佛游味劲”文旅餐饮融合发展工程）和夜间经济三年行动计划，做好餐饮街区规划布局，宣传高明特色美食，打造高明美食名片。社会消费品零售总额124.21亿元，比上年下降13.4%。其中：商品零售108.37亿元，下降11.5%；餐饮收入15.84亿元，下降24.7%。培育发展智慧物流、现代金融、电子商务等生产性服务业，推动安博国际物流园、星亦跨境电商贸易港等重点物流项目建设，组织京东云仓、“众塑联”申报“智慧物流腾飞计划”试点企业，以点带面推进物流标准化、智能化。

【全面深化改革】 2020年，高明区部署推进重点改革专题8项、改革工作要点25项、转接2019年改革项目6个，完成年度目标任务。

高质量发展体制机制构建　构建以“亩均效益”为核心的企业高质量发展综合评价体系，对年主营业务收入在2000万元及以上工业企业制定“6+1+X”（“6”指“亩均增加值、亩均税收、单位能耗增加值、全员劳动生产率、净资产收益率、研发经费支出占主营业务收入比重”等指标。“1”指“单位增加值主要污染物排放当量”指标，适用于重点排放监测企业。“X”指各评价主体结合实际需要设置的特色指标及加分、扣分项）评价指标体系，对年主营业务收入在2000万元以下工业企业制定“2+X”（“2”指亩均税收、单位电耗税收；“X”指科技创新、质量、节能减排、安全生产等指标及加减分项目）评价指标体系，率先在省内建成企业高质量发展综合评价大数据平台。完成低效产业用地整治提升三年行动计划，全年全区盘活低效产业用地135宗610.21公顷，累计盘活低效产业用地323宗1367.48公顷，完成三年行动计划1333.33公顷整治提升任务的102.6%。推进全区重大投资项目全链条监管服务改革，建立完善区投资项目库管理系统，录入全区108个重点项目和772个固投项目，全年全区重点项目完成投资158.72亿元，完成全年任务123.34%。

营商环境营造　推进工程建设项目区域评估制度改革，完成7个片区约2500公顷土地的区域评估并发布评估结果公告，评估成果纳入市“多规合一”平台管理，成为全市率先完成区域评估的区域，12个建设项目共享使用区域评估成果。深化“拿地即动工”改革，星亦供应链管理、盈夏纺织生态科技等29个项目纳入改革试点。推进环评审批制度改革，推行豁免环评、告知承诺制等改革措施，19份报告表降为登记表备案、14个企业非重大变动备案和22个项目实行告知承诺制。深化工程建设项目审批制度改革，受理工程项目数818个，平均审批用时41.38个工作日，比上年提速16.33%。

农业农村发展机制完善　出台《推进农业农村高质量发展壮大村级集体经济的意见》，深化农村集体产权制度改革，全年完成247个社（组）股份制改革，统筹整合5466公顷农用地进行集约开发。深入推进“百里芳华”乡村振兴示范带建设，完成4个区级乡村振兴示范村和11个重点村建设。开展“美丽高明”大行动，建成示范点105处，在全省2019年度推进乡村振兴战略实绩考核中获优秀等次，在全市人居环境专项整治第三、四季度考评中均获第一，是2020年全市乡村振兴实绩考核唯一获评优秀等次的区。完成革命老区特别帮扶三年行动计划，393个革命老区补短板建设任务全部完工，11个扶持壮大村级集体经济试点村年度集体经济收入全部超100万元，明阳村作为中组部红色村组织振兴建设试点村建设取得新成效。

社会治理能力和水平提升　深化乡镇街道体制改革完善基层治理体系，搭建综合治理委员会、公共服务委员会、综合行政执法委员会3个重大工作平台，组建荷城街道13个机构、其他镇各12个机构，推动管理服务重心下移，构建协同高效运作机制。完善区森林防灭火工作体制机制建设，印发《森林防灭火能力提升三年行动方案（2020—2022年）》等10余份制度方案，组建120人的区森林消防综合救援队和120人的森林灭火排等队伍。优化提升突发公共卫生应急管理，完善“一中心五分点”〔即高明区人民医院（急救中心）、区中医院、杨梅医院、明城华立医院、更合镇中心卫生院、合水医院〕医疗急救网络，健全区、镇、村三级传染病防控网格，成立13支应急处置队伍。在佛山市

2020年4月28日，佛山市举行“美丽高明”大行动颁授责任牌仪式。图为中共高明区委书记徐东涛为4个镇（街道）、西江产业新城代表颁授责任牌　（冯永聪　摄）

建设人民满意政府指数中，综合指数在5个区中排名第一，法治、廉洁、诚信、责任、民生、高效6个政府各领域层单项指数均排在5个区首位。

【创新驱动发展】 2020年，高明区主动对接广深港澳科技创新走廊和佛山“一环创新圈”，深入实施创新驱动发展战略，完善创新激励政策，激发企业创新活力，促进高端创新要素加快集聚。

创新平台建设加快推进 推进高端创新载体建设，“2+5+1”〔以两大国家级产业平台（依托佛山新机场谋划建设国家级临空经济示范区、推动沧江工业园加快创建国家级经开区）为引领、五大专精特新产业园为支撑、一个科技创新集聚区为动力的“2+5+1”开放发展平台〕重大平台加快打造，加快谋划建设临空经济区，沧江工业园创建国家经济技术开发区进入申报阶段；“一镇一园”（指荷城街道高明中南高科智能制造科技园、杨和镇平谦国际现代智造产业基地、明城镇松澜产业园、更合镇高明万洋众创园、西江产业新城鑫创科技园）五大产业园区落地建设，鑫创科技园、高明中南高科智能制造科技园做好投产准备，平谦现代智造产业基地启动建设，松澜产业园、高明万洋众创园推进前期工作；谋划建设高明科技创新集聚区。加大科技创新基础设施补短板力度，高明（中科院）新材料产业研究院获市科技成果转化平台和市科技创新券服务机构双认定，高明产业创新研究院服务区内企业超237家次，明戈新型电机电控研究院筹建工作加紧推进，区科技创新创业中心加快搬迁改造，“三院一中心”〔即高明（中科院）新材料产业研究院、广东高明产业创新研究院、新型电机电控研究院和区科技创新创业中心等一批创新平台〕创新平台格局加速形成。推进高企树标提质，扩充高企储备库企业300家，高新技术企业存量217家。

企业创新主体地位强化 出台《佛山市高明区经济和科技促进局产学研结合项目专项扶持资金管理实施细则》，规范产学研项目扶持资金管理，提升产学研结合项目转化成效，与西安理工大学、湖南工业大学、长沙理工大学等高校院所开展产学研交流，并与上海电机学院建立产学研战略合作关系。加强研发机构建设，4家企业认定为2020年佛山市工程技术研究中心，截至2020年底，高明区各级工程中心总量311个。其中，省级工程中心59个、市级工程中心106个、区级工程中心146个。促进企业技改创新，落实各级工业企业技改事后奖补政策，全年协助企业获得省、市、区技改专项资金7087.76万元，支持企业新增应用机器人242台，创建市级企业技术中心4个。

质量强区战略深入实施 推动质量强区建设，完成4家企业质量管理辅导活动，在全市质量成果大赛上高明区企业和协会共获8项奖励。全年新增6家市细分行业龙头企业，马德里国际商标增至25件，参与制修订各级标准12项，主导或参与制修订已发布的国际标准1项，国家标准增至72项、行业标准增至71项，地方标准增至17项。国家级和省级工业产品质量监督抽查综合合格率95.76%，实现连续3年位列全市之首。区内首个国家级服务业标准化试点项目、广东省茶叶标准示范区建设均以优秀等级通过考核验收。

【农业现代化“万亩千亩工程”创新推进】 2020年，高明区创新实施农业现代化“万亩千亩工程”，首批启动建设的“万亩花海”“万亩稻田”“万亩坚果”3个“万亩工程”取得阶段性成效，同时谋划“千亩茶园”“千亩粉葛”2个“千亩工程”。其中，“万亩稻田”建成约233公顷水稻种植核心区和“稻虾”项目，申报省级现代农业产业园通过市级专家评审，“万亩稻田”核心区崇步园区2020年水稻面积400公顷，产量2200吨；“万亩花海”创建为省级现代农业产业园，建成11个花卉产业园项目，完成项目投资4330万元，园区的基础设施、生产设施不断完善；“万亩坚果”分别在杨和镇大布村、明城镇天湖山种植坚果约153公顷、58公顷，加快打造现代坚果种植示范基地；“千亩茶园”重点培育杨和镇对川茶场、背岭村金花茶种植基地和更合镇白洞村白洞茶场；“千亩粉葛”在更合镇巨泉、吉田、水井等3个村开展技术推广，已种植面积超333公顷。

【乡村振兴工作推进】 2020年，高明区继续推进乡村振兴工作。高明革命老区特别帮扶三年行动计划（2018—2020年）任务完成，3年累计完成393个革命老区村补短板建设任务和12个革命老区薄弱村提升任务；“美丽高明”大行动启动，通过全域系统实施美丽家园、美丽田园、美丽河湖、美丽园区、美丽廊道、美丽山林“六个美丽”专项行

高明区万亩稻田（2020年） （吕润致 摄）

动，整治出库环境"黑点"7256处，建立示范点105处，全区行政村100%达到干净整洁村标准。7月，中共广东省委实施乡村振兴战略领导小组对2019年度推进乡村振兴战略实绩考核工作情况进行结果通报，在全省45个县〔市、区、镇（街道）〕抽查考核中，高明区排名珠江三角洲片区第五，综合评价等次为"优秀"。

【新型农业生产经营主体壮大发展】 2020年，高明区引进温氏、联丰、天盈等3个大型生猪养殖项目和晟凡稻虾项目，规划总投资3.5亿元，推进明城镇苗迳畜牧养殖区建设。同时，高明区壮大新型农业生产经营主体发展，新增农业龙头企业5家（累计39家）、新增农民专业合作社24个（累计75个）、新增现代农业园区1个（累计7个）、新增"菜篮子"基地4个（累计34个），录入1044个家庭农场信息。富易公司成功申报广东省农产品出口示范基地，旺林园艺基地获评省级休闲农业旅游示范点。认定省级"一村一品"专业镇2个、专业村13个。

【高明区创建为广东省水产健康养殖示范县】 2020年7月15日，广东省农业农村厅公布的第一批10个"广东省水产健康养殖示范县"名单，高明区名列其中。高明区加快推进水产养殖业绿色发展，建立千亩名优水产健康养殖核心示范区，建成"全国休闲渔业示范基地"1个、水产健康养殖示范场5个、省渔业物流示范企业1个、"广东佛山珠三角基塘农业研究中心高明工作站"1个，认定省名牌产品1个、省名特优新农产品3个及无公害水产品7个，推动农业农村高质量发展。

【高明区明阳村获确定为"红色村组织振兴建设试点"】 2020年8月，高明区明阳村被中共中央组织部、财政部确定为"红色村组织振兴建设试点"，是佛山市唯一入选的村。明阳村地处高明区明城镇南部，区域面积13平方千米、常住人口约4500人。该村红色教育资源丰富，下设27个村民小组中有14个是革命老区村，区域内有三谭革命事迹展览馆、高明区红色廉政文化教育基地、谭平山故居等爱国主义教育基地和文物保护单位38处。

【高明区获评为"广东省双拥模范区"】 2020年10月22日，广东省全省退役军人工作暨省双拥模范城命名表彰大会在广州市举行，高明区获"广东省双拥模范区"称号。年内，全区82个服务中心（站）全面对外开放办公。12月，区退役军人服务中心和杨和镇、明城镇服务站获评为"2020年度全国示范型退役军人服务中心（站）"，同时4个镇（街道）退役军人服务站均获评为"广东省三星级退役军人服务站"。成立区涉军事务人民调解委员会、区法援处驻区退役军人服务中心工作站、心理咨询室，共调解涉军事项11件，参与调解人员56人次，调解对象20人。年内，高明区发放定恤定补金、残疾抚恤金、护理费、优待金、生活困难补贴等2822万多元。

【高明区获认定为2020年度广东省"四好农村路"示范县】 2020年12月31日，广东省交通运输厅认定高明区为2020年度广东省"四好农村路"示范县。高明区以"建好、管好、护好、运营好"农村公路为总目标，投入2.26亿元铺开农村公路的建设、管理、养护与运营。全年累计完成"四好农村路"改造提升146.7千米；县、镇级农村公路管理机构设置率、农村公路列养率、农村四级以上等级公路比率、具备条件行政村通客车率实现"四个100%"（实现通组通达率100%，学校通畅率100%，实现行政村通客车率100%，村组以上道路养护率100%），成功创建4条市级示范路、1个市级示范镇。

【荷城街道】 荷城街道位于高明东部，濒临西江，被西江、沧江二水环抱，素有"西江明珠"之称，是佛山市西江组团重要的组成部分，是高明区委、区政府驻地，全区的政治、经济、文化、金融、信息和科技中心。2020年辖16个社区、15个行政村，有215个村（居）民小组。辖区总面积179.05平方千米。年末户籍人口16.53万人，常住人口27.42万人。耕地面积1917.68公顷，粮食播种面积228.73公顷，粮食产量2597.07吨。林地面积0.3万公顷，森林覆盖率25.02%，活立木蓄积量22.41万立方米。荷城街道是"广东省体育先进镇""广东省文明镇""广东省教育强镇""广东省卫生城市""广东省专业镇技术创新试点单位""国家级生态乡镇""广东省生态乡镇""广东省花卉苗木专业镇"。支柱产业是纺织服装、健康食品、精细化工。2020年荷城街道规

高明区荷城街道罗岸村的荷塘花香（2020年） （梁洪佳 摄）

模以上工业总产值2194.53亿元，比上年增长1.1%。

【杨和镇】 杨和镇位于高明区腹地。2020年辖3个社区，39个社区居民小组；7个行政村，85个村民小组。辖区总面积246.27平方千米。年末户籍人口4.35万人，常住人口4.07万人。耕地面积0.23万公顷，粮食播种面积0.13万公顷，粮食产量0.68万吨。林地面积1.2万公顷，森林覆盖率58.04%，活立木蓄积量90.9万立方米。杨和镇是"国家级生态乡镇""广东省金属材料专业镇""广东省教育强镇""广东省卫生镇""广东省教育现代化先进区""广东绿色城镇""广东省生态乡镇""广东省森林小镇""佛山市宜居城镇""佛山市文明镇"。支柱产业是金属材料。特色产业有装备制造业、蔬果种植、禽畜（生猪、家禽）养殖和水产养殖等。2020年杨和镇实现规模以上工业总产值504.36亿元，比上年增长0.6%。

【明城镇】 明城镇地处高明区中心腹地。2020年辖1个社区、13个行政村，共有150个村（居）民小组。辖区总面积183.41平方千米。年末户籍人口5.39万人，常住人口5.27万人。耕地面积2843.9公顷，粮食播种面积2039.9公顷，粮食产量1.22万吨。林地面积0.71万公顷，森林覆盖率45.69%，活立木蓄积量43.25万立方米。明城镇是"国家小城镇经济综合开发示范镇""国家级生态乡镇""全国重点镇""广东省文明村镇""广东省中心镇""广东省生态乡镇""广东省食品安全示范镇""广东省教育强镇""广东省宜居示范镇""广东省卫生镇""广东省森林小镇""广东省无邪教创建示范镇"。支柱产业是建材、智能制造业，特色产业有新材料、装备制造业。2020年，辖区内云勇林场获国家批准设立"广东云勇国家森林公园"，是年内广东省唯一一个获准设立的国家级森林公园。2020年明城镇规模以上工业总产值378.8亿元，比上年增长0.7%。

【更合镇】 位于高明区西部。2020年辖3个社区、19个行政村，有184个村（居）民小组。辖区总面积347.02平方千米。年末户籍人口7.2万人，常住人口约4万人。耕地面积0.54万公顷，粮食播种面积0.15万公顷，粮食产量0.96万吨。林地面积2.07万公顷，森林覆盖率58.6%，活立木蓄积量145.85万立方米。更合镇是"广东省不锈钢产品制造技术创新专业镇""广东省养殖业专业镇""广东省教育强镇""广东省生态乡镇""广东省卫生镇""广东省群众体育先进单位""2020年广东省乡村治理示范镇"。支柱产业有金属加工、家居建材、电子电气等。2020年规模以上工业总产值237.98亿元，比上年下降7.91%。

（崔德华）

三水区

【概况】 三水区位于广东省中部、珠江三角洲西北端、佛山市西北部，因西江、北江、绥江在境内汇流而得名。东邻广州市花都区，东南与佛山市南海区相连，西与肇庆市鼎湖区、四会市交界，北接清远市清城区和清新区，西南与肇庆市高要区、佛山市高明区隔西江相望。明嘉靖五年（1526年）建置三水县，1993年撤县设市（县级市），2002年撤市设区。2020年辖西南街道、云东海街道、白坭镇、乐平镇、芦苞镇、大塘镇、南山镇7个镇（街道），另设有三水新城、北江新区，有24个社区、48个行政村，有857个村民小组，区政府驻地为西南街道。辖区总面积827.69平方千米。年末户籍人口46.68万人、常住人口80.32万人。户籍人口比上年增长2.5%。祖籍三水的海外华人、华侨10多万人，台港澳同胞约12万人。

2020年，三水区耕地面积11072公顷，粮食播种面积1427公顷，粮食产量0.74万吨。林地面积1.96万公顷，森林覆盖率18.27%，活立木蓄积量99.22万立方米。建成区人均公园绿地面积25.31平方米。生活垃圾无害化处理率100%。重要物产资源有三水河鲜、大塘有机蔬菜、南山富硒食品等。土特产有乐平雪梨瓜、黑皮冬瓜、三水白鸭、南边小宝西瓜等。是全国汽车零部件、医疗器械、自动化机械及设备、电子电器生产基地，首个富裕型长寿之乡、中国饮料之都。主要旅游景点有三水森林公园、三水荷花世界、佛山文创古镇景区、百威（佛山）啤酒工业旅游体验园、南丹山森林王国、九道谷自然生态旅游区、侨鑫生态园、大旗头古村、胥江祖庙、芦苞温泉度假村、长岐古村、昆都山、五显古庙、小农街泰迪熊农场、杜马禅院等。其中三水荷花世界、三水森林公园为国家AAAA级景区。主要传统民俗

三江汇流——昆都山思贤滘片区（2020年） （三水区 供图）

活动有赛龙舟、胥江祖庙庙会、北帝诞庙会、独树岗千叟宴、黄塘香肉宴、水上婚礼、抢炮、开（挂）灯、过村节等，其中胥江祖庙庙会被列入广东省非物质文化遗产名录。

三水区历史文化底蕴深厚，名胜古迹丰富。白坭银洲贝丘遗址证明，早在4000多年前的新石器时代晚期，这里就有人类居住活动。截至2020年底，全区有不可移动文物274处，各级文物保护单位65处，其中省级文物保护单位5处、市级文物保护单位26处、区级文物保护单位34处。拥有各级非物质文化遗产32项，其中省级非物质文化遗产2项、市级非物质文化遗产15项。三水自古以来文教兴盛、名人众多。明、清两代，有曾任南京礼部尚书的何维柏，曾任御史的梁轸、李义壮、李希孔，曾任知府的胡澧、林钟、梁鹤鸣、胡建伟，曾任翰林院编修的林承芳、梁鸿翥，清末天地会农民起义军领袖陈金釭、广东水师提督郑金，等等。近代有岭南三大思想家之一的胡礼垣，北洋政府国务总理梁士诒，中国早期工人运动领袖邓培，辛亥革命前驱老同盟会员邓慕韩，老同盟会员粤军旅长李杰夫，追随孙中山革命在东征讨伐陈炯明叛军途中牺牲的粤军军长陆兰清，广东著名曲艺演唱家、粤曲“星腔”创始人邓曼薇（小明星），广东音乐演奏家、作曲家何大傻，广东教育家、诗人黄祝蕖，著名生物学家、中国科学院生物学地学部委员胡经甫，等等。

2020年，三水区实现地区生产总值1251.13亿元。万元生产总值能源消耗比上年下降5.2%。全社会用电量91.96亿千瓦时。全年科学技术财政投入4.89亿元，下降33.81%；教育事业财政投入12.08亿元，增长4.3%；文化旅游体育与传媒财政投入0.85亿元，下降37.49%；卫生健康财政投入6.67亿元，下降23.2%。年末城镇登记失业人员总数为4126人，城镇登记失业率2.48%。在册管理的社会化退休人员4.9万人。领取基本养老金退休人员（含机关事业单位）6.08万人，享受失业保险待遇3361人次，享受生育保险待遇1.22万人次，享受工伤保险待遇3666人次。城镇生活污水集中处理率97.23%，城镇生活垃圾无害化处理率100%。

中共三水区委书记：黄福洪（任至7月），胡学骏（7月任职）；区人大常委会主任：陈浩明；区长：胡学骏（任至9月），李军（9月代职）；区政协主席：何绮红；区纪委书记、监委主任：林进浪。

【产业发展】 2020年，三水区实现第一产业增加值35.84亿元，比上年下降13.8%；第二产业增加值898.32亿元，下降0.7%；第三产业增加值316.98亿元，增长4.4%。三次产业结构比重为2.9 ∶ 71.8 ∶ 25.3。在第三产业中，金融业增加值16.14亿元，比上年增长2.8%；房地产业增加值58.62亿元，下降0.1%；批发和零售业增加值46.85亿元，增长5.8%；住宿和餐饮业增加值15.86亿元，下降23.2%；交通运输、仓储和邮政业增加值15.99亿元，增长17.2%。现代服务业增加值181.39亿元，比上年增长5.3%，占服务业增加值比重57.2%。

农业　2020年，三水区粮食作物播种面积1426.67公顷，比上年增长20.3%；蔬菜种植面积8000公顷，增长0.9%。全年粮食产量0.74万吨，比上年增长24.8%；蔬菜产量27.92万吨，增长0.8%；园林水果产量2.53万吨，增长21.7%。全年猪牛羊禽肉产量6.68万吨，下降35.7%。其中：猪肉产量0.20万吨，比上年下降94.8%；禽肉产量6.46万吨，增长0.2%。全年水产品产量14.42万吨，增长4.9%。

工业和建筑业　2020年，三水区规模以上工业（以下口径相同）增加值比上年增长0.2%，其中国有控股企业下降19.6%、外商及港澳台投资企业下降3.0%、股份制企业增长2.9%。按轻重工业分，轻工业比上年增长7.1%、重工业下降3.5%。按门类分，采矿业比上年下降16.5%制造业与上年持平，电力、热力、燃气及生产和供应业增长15.7%。按企业规模分，大型企业增长17.0%、中型企业增长1.9%、小型企业下降17.8%、微型企业增长2.8%。先进制造业增加值增长0.2%，占规模以上工业增加值的比重为35.2%，回落0.7个百分点。其中，高端电子信息制造业比上年下降22.8%、生物医药及高性能医疗器械业下降32.8%、先进装备制造业增长6.7%、先进轻纺制造业增长33.9%、新材料制造业下降5.6%、石油化工业下降14.0%。高技术制造业增加值比上年下降28.2%，占规模以上工业增加值的比重为4.5%，回落1.7个百分点。其中，医药制造业比上年增长18.7%、电子及通信设备制造业下降31.6%、医疗仪器设备及仪器仪表制造业下降13.0%。装备制造业增加值比上年下降10.9%，占规模以上工业增加值的比重为25.4%，回落2.8个百

2020年11月21日，2020云东海旅游文化节暨第二届采福文化节举行。图为游客体验农耕生活

（三水区　供图）

分点。优势传统产业增加值增长10.3%，占规模以上工业增加值的比重为53.7%，比上年提升6.4个百分点。其中，家用电力器具制造业比上年增长341.7%、建筑材料增长9.9%、金属制品业下降7.4%、食品饮料业增长21.1%、家具制造业下降17.9%、纺织服装业下降29.7%。全年规模以上工业实现销售产值比上年下降5.3%，产品销售率97.5%；实现利润总额下降5.5%，利润率5.9%。全年全社会建筑业增加值30.18亿元，比上年增长7.8%。全区具有资质等级的总承包和专业承包建筑企业35家，比上年增长6.1%；总承包和专业承包完成建筑业总产值26.59亿元，增长9.9%；实现营业收入16.81亿元，下降2.3%；利润总额0.64亿元，下降5.9%。

交通和邮电　2020年，三水区旅客运输总量101万人，比上年下降68.8%。旅客运输周转量9673万人千米，下降66.2%。全年货物运输总量2908万吨，增长4.6%。货物运输周转量26.12亿吨千米，比上年增长6.4%。港口货物吞吐量完成1854.84万吨，比上年下降3.4%。其中：外贸货物吞吐量270.54万吨，比上年下降3.8%；内贸货物吞吐量1584.30万吨，下降3.4%。港口集装箱吞吐量59.57万标准箱，比上年下降8.6%。年末公路通车里程1002.70千米。年末全区交通运输车辆保有量22.76万辆，比上年末增长13.4%。其中，载客汽车18.32万辆，比上年增长13.4%。全年完成邮电业务总量54.42亿元，比上年增长26.2%。其中：邮政业务总量3.89亿元，比上年增长25.9%；电信业务总量50.53亿元，增长26.2%。年末固定电话用户数9.03万户，比上年下降11.3%；移动电话用户数91.68万户，下降2.1%；固定互联网宽带接入用户数23.51万户，增长12.0%；移动互联网用户数96.28万户，增长10.7%。

国内贸易　2020年，三水区社会消费品零售总额215.51亿元，比上年下降13.2%。按消费形态分：商品零售181.41亿元，比上年下降11.5%；餐饮收入34.1亿元，下降21%。在限额以上批发和零售业商品零售额中，粮油、食品、饮料、烟酒类比上年增长10.0%，服装、鞋帽、针纺织品类下降26.3%，化妆品类下降15.8%，金银珠宝类下降1.9%，日用品类增长0.1%，体育、娱乐用品类下降4.9%，书报杂志类增长2.0%，家用电器和音像器材类增长137.5%，中西药品类下降90.5%，文化办公用品类增长38.3%，家具类下降33.3%，通信器材类下降4.6%，石油及制品类下降6.2%，建筑及装潢材料类增长33.4%，汽车类下降3.1%。全年全区限额以上单位通过公共网络实现的商品零售增长44.1%，占全区限额以上单位商品零售的1.2%。

对外经济　2020年，三水区完成进出口总额275.6亿元，比上年增长9.1%。其中：出口221.9亿元，增长9.1%；进口53.7亿元，增长8.9%。实现外贸顺差168.2亿元，比上年增加13.7亿元。全年外商直接投资新批企业28个，合同外资金额10.72亿元，实际使用外资金额5.62亿元。

【全面深化改革】 2020年，三水区谋划推动六大领域43项重点改革，以小切口推动大变革，破解发展瓶颈、激发内生动力，推动全区党的建设和经济社会发展取得新进步。

全省乡村振兴综合改革试点　坚持"党建引领、城乡融合"，实施"三片联动、百村共建"，构建起"一轴三区、三环七带"全域振兴格局，完成"三年取得重大进展"的阶段任务。深入推进"五个美丽"（"美丽家园""美丽田园""美丽河湖""美丽园区""美丽廊道"）建设，全省首创乡村振兴"美丽指数"，建立美丽乡村长效管理机制，60%行政村达到美丽宜居村标准。成功承办第二届广东十大美丽乡村系列评选活动发布会，西江十里画廊获"广东美丽乡村精品路线"，江根村获"广东省农房风貌提升名村"。加快推动传统水产业、种植业、畜牧业向集约化、数字化、现代化发展，三水特色产业渔业产业园启动建设，青岐村入选第十批全国"一村一品"示范村，独树岗村获评"广东特色产业名村"，三水区被确定为省级水产养殖示范县。2020年末，全区农村人均收入倍差持续缩小至1.35，小于全国、全省、全市水平，为实现共同富裕打下良好基础。三水区入选"2020年度中国全面小康百佳示范县市"，白坭镇入选"2020年度中国全面小康乡村振兴十大示范村镇"。

优化营商环境　完成镇（街道）体制改革，建立职能科学、运转有序、服务高效的基层管理体制机制。推进商事制度改革，打造"四零一"（零见面、零跑动、零纸张、零差异，一窗办）商事模式，零见面办照率超70%，企业开办全流程缩减至1个工作日，市场主

2020年12月19日，第二届广东十大美丽乡村系列评选活动发布会在三水区举行。图为"广东美丽乡村精品线路"牌匾颁发现场　（三水区　供图）

体突破5万家，克服疫情影响逆势增长6.4%。深化政务服务改革，建立起“1+7+8+36”区、镇中心和分中心、村办事专区三级政务服务体系〔1个区中心、7个镇（街道）中心、8个镇（街道）分中心，以及36个依托村（社区）党群服务中心建成的村（社区）政务服务专区〕，获全国“2020年度政务服务改革创新奖”。设立政策兑现专窗，打通服务企业政策兑现的“最后一公里”。

深化社会民生领域改革　完善重大疫情防控体制机制，健全公共卫生应急管理体系，全区疫情防控形势总体稳定。开展“筑基强腰树品牌”行动，完成“5080”（公办幼儿园在园幼儿数占比50%以上，公办幼儿园和普惠性民办幼儿园占比80%以上）目标任务，新增义务教育学位4890个；教育质量大幅提升，中考继续有高分屏蔽生（自2017年起连续4年有高分屏蔽生），高考高优线上线人数比上年增长56.7%，本科上线人数增长13.3%。深化医疗卫生改革，三水区人民医院“登峰计划”稳步推进，区人民医院成功创建为国家级胸痛中心、高级卒中中心，三水区北部医疗中心、白坭镇人民医院加快建设，国家卫生城镇创建覆盖全区各镇（街道）。完成“民生十件实事”，投入资金3000多万元实施“民生微实事”项目190个。“银龄安康行动”实现60岁以上老年人参保全覆盖。“祠堂+文化”项目入选2020年广东省公共文化服务体系建设优秀案例。

改革打造基层党建品牌　全面完成基层党建三年行动计划。深化党建引领乡村振兴制度、人才、组织、惠民、善治“五大路径”探索实践，重要事权清单管理入选全国乡村治理典型案例。开展无职党员设岗定责，领岗党员占比提升到43%。深化“党建引领、三治结合、四会联动”基层治理模式（“三治”指自治、法治、德治；“四会”指村民议事会、村务监督委员会、家乡建设委员会、乡贤慈善会），实现乡村治理有人议事、有钱办事、有人做事、有人监事。创新推动城市基层党建工作，城市基层社区“三单”管理（资源清单、需求清单、服务清单）入选省城市基层党建典型案例。

【创新驱动发展】 2020年，三水区深入实施创新驱动发展战略，各项工作取得成效。培育创新企业集群，发挥核心主体作用。实施高新技术企业培育行动，培育创新型企业，227家企业通过2020年高新技术企业认定。有效高新技术企业增至540家，新增佛山市标杆高新技术企业5家、佛山高新区瞪羚企业7家、佛山高新区制造业单打冠军11家。推进载体建设，优化创新服务平台。全年引进华南理工大学5G-AI应用联合研究中心科技创新平台，国家增材制造佛山中心项目已进入设备安装试运营阶段。新增抗疫类的省级工程中心1个、市级工程中心16个、区级工程中心12个。全区各级工程中心增至501个，其中省级126个、市级203个、区级172个。实现国家级众创空间“零的突破”，广东三水合工大研究院智造空间和揽月一号众创空间获国家级众创空间备案认定。全区孵化载体增至12个、众创空间增至9家。创新人才队伍不断壮大。“精密零部件增减材复合制造装备研发及产业化”团队正式签约落地，佛山船邦货运代理有限公司获第九届中国创新创业大赛（广东佛山赛区）成长组三等奖。企业自主创新热情高涨。全区15家企业共19个项目申报2020年省、市核心技术攻关项目，2个项目获省立项，3个项目获市立项。医疗卫生机构（含医学科研教学单位）60个项目申报2020年佛山市自筹经费类科技计划项目，33个项目获立项。企业科技创新和成果转化取得新进展。广东邦普循环科技有限公司以第一完成人身份获2019年度广东省科技奖一等奖，广东爱旭科技有限公司和佛山市金万达科技股份有限公司获二等奖。佛山正典生物科技有限公司等7家企业的7项科技成果纳入2020年省科学技术奖培育入库项目，获扶持资金110万元。广东冀卡车联网服务有限公司等2家企业2项科技成果申报2020年省科学技术奖。

【“三水新八景”成为三水城市形象的重要名片】 2020年6月，三水区时隔36年再次举行“新八景”评选活动。该次“三水新八景”评选活动以“湾区之源　长寿胜地”为主题，旨在整合全区优质文旅资源，强化城市形象宣传，助力三水粤港澳大湾区文旅名城建设。评选对象为三水区范围内具有标志意义和文化内涵的人文景观、自然景观，以成熟景点、景区、名胜古迹、现代建筑为主。评选活动历时2个多月，包括推荐征集、专家初审会、网络投票、专家调研及终审会等环节。9月揭晓评选结果。三江汇流（昆都山思贤滘片区）、城央绿韵（森林公园）、云水荷香（荷花世界）、云海鹭影（云东海国家湿地公园）、古镇生辉（文创古镇）、大旗粤韵（大旗头古村）、祖庙探古（胥江祖庙）、丹山叠翠（南丹山森林王国）获评为“三水新八景”，成为三水展示城市形象的重要名片。

【塘西大道三期及其南延线（三水三桥）开工】 2020年8月4日，三水三桥（塘西三期南延线）、塘西三期项目工程动工仪式在三水区西南街道南岸村五甲村举行。项目由佛山市路桥公司负责建设，路线全长约13千米，计划工期42个月。塘西大道是佛山干线公路的组成部分和三水区第二条南北交通大动脉。塘西大道三期及其南延线工程分为塘西大道三期（桃园路—S263广云路段）工程和塘西大道三期南延线（S263广海大道—进港路段）工程2个部分，路线整体呈北南走向，按一级公路兼顾城市道路功能建设。三水三桥是该项目中的控制性工程，桥梁采用斜拉桥结构形式，全长3350米，主桥长518米，为双索面独塔斜拉桥，双向八车道，塔高168米（单塔式桥型）。

【城市三水高质量发展大会举行】 2020年8月18日，以“同发展　共奋进”为主题的2020年城市三水高质量发展大会在三水区举行。大会由中共三水区委、三水区人民政府举办。区委书记胡学骏出席大会并讲话，副区长杨伟亮作“城市三水”高质量发展情况报告。大会对广东邦普循环科技有限公司、佛山金万达科技股份有限公司、广东爱旭科技有限公司3家获2019年度广东省科学技术奖（科技进步类）的企业，广东盛路通信科技股份有限公司、佛山市迪赛纳科技有限公司、佛山市三水新新明珠建陶

2020年8月18日，以“同发展　共奋进”为主题的2020年城市三水高质量发展大会在三水区举行。图为2019年佛山市标杆高企颁奖仪式　　（三水区　供图）

工业有限公司等11家获评为2019年佛山市标杆高新技术企业的企业，广东红牛维他命饮料有限公司、百威（佛山）啤酒有限公司等182家纳税大户企业进行表彰，体现三水对科技创新、经济产业发展的高度重视，政企携手推进高质量发展。大会同期举办汽车产业发展论坛和新一代信息技术产业发展专题论坛，邀请专家分享5G发展趋势与产业发展等内容。

【疫苗使用管理和预防接种服务水平提升工程完成验收】 2020年10月21—28日，三水区区卫生健康局、区财政局、区市场监督管理局、区政务服务数据管理局、区疾控中心联合对总投入926万元的民生实事——疫苗使用管理和预防接种服务水平提升工程进行验收，全区32间预防接种单位的标准化建设（包括9个预防接种门诊、8个产科预防接种门诊、14个狂犬病暴露预防处置门诊和1个成人预防接种门诊）均验收合格。全区各预防接种单位均应用广东省疫苗流通和接种管理信息系统，实现疫苗生产、流通和接种相关信息的可视化追溯，保障受种者的知情权。区疾控中心对储存全区疫苗的冷库进行升级改造，各预防接种门诊高标准建成数字化，狂犬病暴露预防处置门诊、产科接种门诊功能区完善，区妇幼保健院建成三水区首个甲级狂犬病暴露预防处置门诊。

【政务服务便民工程项目获“2020年度政务服务改革创新奖”】 2020年12月，由三水区政务服务数据管理局牵头实施的政务服务便民工程项目获中国·国际数字政务服务博览会组委会颁发的“2020年度政务服务改革创新奖”。三水区印发《佛山市三水区实施基层综合便民服务优化提升工程细化方案》，将实施基层综合便民服务优化提升项目作为三水区2020年“民生十件实事”之一。实施政务服务便民工程，根据村（社区）人口密度、办事需求、地理位置等因素，合理布点，依托村（社区）党群服务中心新建36个村（社区）政务服务专区，通过梳理延伸村（居）委会事项目录、明确办事流程、选点布局政务服务专区、组建政务服务专区人员队伍、建立双向培训机制、依托村（社区）公务服务中心开展政务服务等措施，推动“政务服务下沉到社区办理”改革，将政务服务延伸到村（社区），让群众在家门口能办理社保、计划生育等150余项高频民生事项，打造覆盖村（社区）群众的“一公里政务服务圈”。依靠1个区中心、7个镇（街道）中心、8个镇（街道）分中心、36个政务服务专区构建起全城通办政务服务体系，从“一门办理、全城通办”向“家门办理、全城通办”转变，实现区、镇、村三级政务服务同质同量的目标。

【三水经验入选第二批全国乡村治理典型案例】 2020年11月11日，中央农办、农业农村部在北京发布34个第二批全国乡村治理典型案例，其中三水区“办事有清单干事有底气”案例入选，是广东省2个入选案例之一。（详见236页《三水区重要事权清单管理案例入选全国乡村治理典型案例》）

【2020年三水区“森城英才”“森城工匠”“突出贡献高技能人才”大会】 2020年12月16日在三水区举行。大会以“传递榜样力量　建设城市三水”为主题，对获认定为2020年三水区“森城英才”“森城工匠”“突出贡献高技能人才”的36人进行表彰，其中“森城英才”17人、“突出贡献高技能人才”10名人、“森城工匠”10人。获表彰者大部分来自工业企业，覆盖食品、饮料、铝材、陶瓷等传统产业和新材料、智能装备、生态农业等新兴产业。根据三水区人才扶持政策，“森城英才”可连续3年申领生活补贴，最高可申领一次性购房补贴100万元；“森城工匠”可享受工资外津贴、扶持创办工匠工作室、职工学历成长计划等政策扶持；三水区“突出贡献高技能人才”可获每年2.5万元工资外津贴，享受期为2年。至此，三水区累计认定“森城英才”67人、“森城工匠”20人、三水区“突出贡献高技能人才”20人。

【三水区档案馆新馆启用】 2020年12月24日，三水区档案馆举行新馆启用仪式。三水区档案馆位于三水文化活动中心，总建筑面积11895平方米，是集保管、利用、服务于一体的国家综合档案馆，也是市民享受公共文化服务的新场所。新馆内设档案库房、技术用房、查阅大厅、报告厅等功能分区，配有智能密集架、数字档案馆系统、自动恒温恒湿系统等先进设备，具有档案收集保管、查阅利用、展览陈列、史料研究、服务群众等多种功能。

【西南街道】 位于三水区中南部，是三水的中心城区、区委区政府驻地，地处珠三角腹地，西江、北江、绥三江汇流处，距广州市及佛山市中心城区不足1小时车程。2020年辖12个社区、8个行政村，有138个村民小组。辖区总面积146.03平方千米。年末户籍人口19.2万人，常住人口约30万人。耕地面积1706公顷，粮食播种面积175.8公顷，粮食产量773.6吨。林地面积743公顷，森林覆盖率11.04%，活立木蓄积量8.19万立方米。是中国饮料名镇，是省教育强镇。街道内有广东省青岐现代渔业产业园和中国（三水）国际水都饮料食品基地。街道支柱产业包括饮料食品业和房地产业。2020年全街道地区生产总值411.87亿元，比上年增长4.4%。其中：第一产业增加值7.13亿元；第二产业增加值221.72亿元（规模以上工业增加值196.71亿元，比上年增长5.8%）；第三产业增加值183.03亿元。限额以上社会消费品零售总额12.49亿元，比上年下降4.1%。固定资产投资比上年下降22.4%。

【云东海街道】 位于三水区中部，毗邻三水西南中心城区北部，整体纳入三水新城城市规划范围。2020年辖2个社区、10个行政村，有104个村民小组。辖区总面积90.43平方千米。年末户籍人口4.69万人，常住人口9.9万人。耕地面积620公顷，粮食播种面积5132公顷，粮食产量2300吨。林地面积710公顷，森林覆盖率16.41%，活立木蓄积量7.4万立方米。是广东省现代服务业集聚区，佛山三水粤港澳协同发展示范区。支柱产业是新材料、智能装备制造和电子通信产业，特色产业是电子通信产业。2020年，全街道地区生产总值126.67亿元，比上年增长4.5%。其中：第一产业增加值1.63亿元；第二产业增加值88.31亿元（规模以上工业增加值73.57亿元，比上年增长5.9%）；第三产业增加值36.72亿元。限额以上社会消费品零售总额14.07亿元，比上年下降3.9%。固定资产投资比上年增长12.6%。

【白坭镇】 位于三水区南部，东南面与南海区接壤，西面与高明区、肇庆市高要区隔江相望。2020年辖1个社区、2个行政村，有72个村民小组。辖区总面积66.63平方千米。年末户籍人口2.95万人，常住人口6.67万人。耕地面积960公顷，粮食播种面积13公顷，粮食产量200吨。林地面积343公顷，森林覆盖率9.26%，活立木蓄积量2.07万立方米。是全国综合实力千强镇、广东省综合实力百强镇、广东省新型建材专业镇、广东省五人龙舟特色镇。支柱产业是机械装备行业、泛家居行业。特色产业有新能源汽车行业、食品饮料行业。2020年，白坭镇获认定为广东省乡村治理示范镇。全镇地区生产总值199.38亿元，比上年增长4.3%。其中：第一产业增加值3.79亿元；第二产业增加值175.48亿元（规模以上工业增加值159.23亿元，比上年增长5.9%）；第三产业增加值20.11亿元。限额以上社会消费品零售总额0.26亿元，比上年下降1.3%。固定资产投资比上年下降52.0%。

【乐平镇】 位于三水区中部，南与南海区接壤，东接广州市花都区。2020年辖3个社区、14个行政村，有203个村民小组。辖区总面积198.29平方千米。年末户籍人口8.89万人，常住人口16.91万人。耕地面积2709公顷，粮食播种面积170.2公顷，粮食产量838吨。林地面积1033.05公顷，森林覆盖率7.29%，活立木蓄积量2万立方米。是全国农村优秀学习型乡镇、省教育强镇、省卫生镇、省文明镇和省重点发展的中心镇、全省五大智能制造示范基地之一。2020年，全镇地区生产总值335.76亿元，比上年增长4.5%。其中：第一产业增加值7.80亿元；第二产业增加值289.55亿元（规模以上工业增加值259.98亿元，比上年增长6%）；第三产业增加值38.42亿元。限额以上社会消费品零售总额0.92亿元，比上年增长93.7%。固定资产投资比上年下降25.9%。

【芦苞镇】 位于三水区中北部，北接大塘镇，东靠广州市花都区，南连乐平镇，西与肇庆市四会市为邻。2020年辖1个社区、6个行政村，有144个村民小组。辖区总面积103.95平方千米。年末户籍人口3.90万人，常住人口5.87万人。耕地面积7553公顷，林地面积1410万公顷，森林覆盖率36.13%，活立木蓄积量14万立方米。是国家卫生镇（2010年起）、国家级生态乡镇（2013年）、全国重点镇（2014年）和广东省森林小镇（2019年）。2020年，全镇地区生产总值82.75亿元，比上年增长4.3%。其中：第一产业地区生产总值5.71亿元；第二产业地区生产总值62.78亿元（规模以上工业增加值55.86亿元，比上年增长5.9%）；第三产业地区生产总值14.26亿元。限额以上社会消费品零售总额1.16亿元，比上年下降9.2%。固定资产投资比上年下降44.3%。

【大塘镇】 位于三水区西北部。2020年辖1个社区、7个行政村，有99个村民小组。辖区总面积98.15平方千米。年末户籍人口4.49万。耕地面积1756公顷，粮食播种面积350公顷，粮食产量5228吨。林地面积1499.4公顷，森林覆盖率17.3%，活立木蓄积量11.23万立方米。2020年，全镇地区生产总值74.16亿元，比上年下降36.7%。其中：第一产业增加值4.85亿元；第二产业增加值52.49亿元（规模以上工业增加值45.40亿元，比上年下降45.2%）；第三产业增加值16.82亿元。固定资产投资比上年下降0.7%。

【南山镇】 位于三水区最北端，与肇庆市的四会市、清远市的清新区接壤。2020年辖4个社区、1个行政村，有97个村民小组。辖区总面积124.21平方千米，年末户籍人口26726人。耕地面积921.96公顷，粮食播种面积130.27公顷，粮食产量948吨。林地面积5623公顷，森林覆盖率59.3%，活立木蓄积量40.07万立方米。支柱产业是智能卫浴。特色产业有现代科技农业、文化生态旅游业。2020年，全镇实现地区生产总值20.56亿元，比上年下降16.5%。其中：第一产业增加值4.94亿元；第二产业增加值7.99亿元（规模以上工业增加值6.36亿元，比上年下降32.8%）；第三产业增加值7.63亿元。限额以上社会消费品零售总额11.21亿元，比上年增长2.3%。固定资产投资比上年下降5.5%。

（朱翠仪）

附　录

组织机构及负责人

（2020年1月1日至12月31日）

中国共产党佛山市委员会

书　记：鲁　毅
副书记：朱　伟
　　　　郭文海
常　委：蔡家华
　　　　李政华
　　　　梅河清
　　　　杨朝晖（女）
　　　　郭长勇
　　　　吴金龙
　　　　邓建伟
　　　　闫昊波

秘书长、办公室主任：张朝志
组织部部长：杨朝晖（女）
宣传部部长：郭长勇
统一战线工作部部长：李政华
政法委员会书记：邓建伟
政策研究室主任：管　雪
全面深化改革委员会办公室主任：管　雪
外事工作委员会办公室主任：姜亦福
机构编制委员会办公室主任：邓雅韫（女）
台港澳工作办公室主任：香秀杏（女）
直属机关工作委员会书记：范忠良
老干部局局长：关举雄

佛山市人民代表大会常务委员会

主　任：鲁　毅
副主任：李子甫（任至6月）
　　　　刘　珊（女）
　　　　麦洁华（女）
　　　　李　坚
　　　　叶　良
　　　　黄　坚
　　　　徐东涛（6月任职）

秘书长、办公室主任：
　　钟美恃（任至9月）
　　陈　锋（9月任职）
法制工作委员会主任：蒋万伦
监察和司法工作委员会主任：
　　贾　伟
财政经济工作委员会主任：麦昌顺
教育科学文化卫生工作委员会主任：
　　刘　宁
城乡建设环境与资源保护工作委员会主任：
　　唐韶群（12月任职）
选举联络人事任免工作委员会主任：
　　李燕勤（女）
农村农业工作委员会主任：陈少金
华侨民族宗教外事工作委员会主任：
　　庄荣耀

佛山市人民政府

市　长：朱　伟
常务副市长：蔡家华
副市长：许　国
　　　　陈小坚（女）
　　　　赵　海
　　　　乔　羽
　　　　谭　萍（女）
　　　　葛承书
秘书长、办公室主任：张开机
佛山市发展和改革局局长：
　　张开机（任至9月）
　　孔海文（9月任职）
佛山市教育局局长：商学兵
佛山市科学技术局局长：周佩珊（女）
佛山市工业和信息化局局长：刘铭恩
佛山市公安局局长：陈小坚（女）
佛山市民政局局长：梁志光
佛山市司法局局长：赖洪健
佛山市财政局局长：江启强
佛山市人力资源和社会保障局局长：
　　钟飞健（任至9月）
　　严　冰（9月任职）
佛山市自然资源局局长：杨小晶
佛山市生态环境局局长：杨永泰
佛山市住房和城乡建设局局长：
　　陈浩斌
佛山市交通运输局局长：曾阳春
佛山市水利局局长：李永生
佛山市农业农村局局长：唐棣邦
佛山市商务局局长：苏　岩
佛山市文化广电旅游体育局局长：
　　陈新文
佛山市卫生健康局局长：王　政
佛山市退役军人事务局局长：
　　李　强
佛山市应急管理局局长：魏　钰
佛山市审计局局长：何　内
佛山市人民政府国有资产监督管理委员会
主任：冯俊柏（任至6月）
　　　刘晓明（6月任职）
佛山市市场监督管理局局长：
　　李　灿
佛山市统计局局长：曾祥钳
佛山市医疗保障局局长：王培星
佛山市金融工作局局长：王　磊

佛山市信访局局长：吴小庆
佛山市政务服务数据管理局局长：
陈伟锋
佛山市城市管理和综合执法局局长：
林国荣
佛山市轨道交通局局长：梁柱华
佛山市城市更新局局长：丘胜辉
佛山市重点项目工作局局长：宋树龙

中国人民政治协商会议佛山市委员会

主　席：熊志翔
副主席：郑灿儒
唐冬生
葛承书（任至6月）
骆毓林
朱华仙（女）
万志康
杨小晶
黄福洪（6月任职）
毛永天（6月任职）
张　兵（6月任职）

秘书长：马时光
提案委员会主任：罗海明
城建资源环境委员会主任：黄南飞
文教体卫和文史委员会主任：
黄永耀（6月任职）
社会法制和民族宗教委员会主任：
张建辉
港澳台侨及外事侨务委员会主任：
黄卫平
农业农村委员会主任：李家好

中国共产党佛山市纪律检查委员会

书　记：梅河清
副书记：裴广明
宋会勇
龚嘉明
常　委：刘向前
崔海滨
钟汉腾
沈　余
邱建文（任至10月）

佛山市监察委员会

主　任：梅河清
副主任：裴广明
宋会勇
龚嘉明
委　员：崔海滨
钟汉腾
邱建文（任至10月）
蒋　涛

佛山市中级人民法院

党组书记、院长：赵菊花（女）

佛山市人民检察院

检察长：黄黎明

中国国民党革命委员会佛山市委员会

主任委员：唐冬生

中国民主同盟佛山市委员会

主任委员：赵新文

中国民主建国会佛山市委员会

主任委员：李应滔

中国民主促进会佛山市委员会

主任委员：武小文（女）

中国农工民主党佛山市委员会

主任委员：杨小晶

中国致公党佛山市委员会

主任委员：乔　羽

九三学社佛山市委员会

主任委员：章成国

佛山市工商业联合会

党组书记：李　德
主　　席：叶德林

佛山市总工会

党组书记、主席：徐东涛

中国共产主义青年团佛山市委员会

书　记：王树斌

佛山市妇女联合会

党组书记、主席：曾　颖（女）

佛山市科学技术协会

党组书记、主席：郑伟雄

佛山市社会科学界联合会

党组书记、主席：邓　翔

佛山市文学艺术界联合会

党组书记、主席：杨凡周

佛山市归国华侨联合会

主　席：蔡国雄

佛山市残疾人联合会

党组书记、理事长：黄齐锋

中国国际贸易促进委员会佛山市委员会

党组书记、会长：马湘雨（女）

佛山市红十字会

常务副会长：梁旭莹（女）

（名单由各有关单位提供）

文献选编

勇担新使命聚焦新格局奋进新征程　以高质量发展谱写佛山“十四五”开局起步新篇章

——在中共佛山市委十二届十二次全会上的报告

（2021年1月21日）

鲁　毅

同志们：

现在，我代表市委常委会，向全会作工作报告。

一、深入贯彻落实习近平新时代中国特色社会主义思想，在省委的坚强领导下，克服重重困难和挑战，发力“双统筹”夺取“双胜利”，实现“十三五”规划顺利收官

过去一年是极不平凡的一年，市委坚持以习近平新时代中国特色社会主义思想为指导，坚决贯彻落实中央决策和省委“1+1+9”工作部署，坚持稳中求进工作总基调，统筹疫情防控和经济社会发展，扎实做好“六稳”工作、全面落实“六保”任务，“十三五”规划主要目标任务较好完成，为开启社会主义现代化建设新征程奠定坚实基础。

学深悟透习近平新时代中国特色社会主义思想，切实用以指导推动佛山改革发展。市委通过“第一议题”学习制度、理论学习中心组专题学习等，用好“大学习、深调研、真落实”工作方法，推动学习宣传贯彻走深走实。深入学习贯彻总书记关于疫情防控和经济社会发展的重要讲话重要指示批示精神、出席深圳经济特区建立40周年庆祝大会和视察广东重要讲话重要指示精神及党的十九届五中全会精神，持续抓好《习近平谈治国理政》的学习，进一步坚定改革开放的信心决心，找准找实佛山服务“国之大者”的结合点，科学谋划佛山“十四五”时期发展，为广东实现“总定位、总目标”作出更多佛山贡献。

坚持人民至上、生命至上，推动疫情防控取得重大战略成果。面对抗击疫情这场大战大考，市委坚决贯彻落实总书记、党中央决策部署，科学构建“四个一”应急处置机制，因时因势调整疫情防控策略，筑牢联防联控、群防群治的牢固防线，创造了患者零死亡、医护人员零感染的不凡战绩。累计向国家和省交付防疫物资超1500万件，派出援鄂医疗队5批352人，派出20名精干力量出色完成援港检验工作。

科学研判、精准施策，推动经济加快复苏。面对上半年经济下滑严峻局面，市委精心谋划部署，加强经济运行监测分析，迅速制定出台减税降费等政策体系，帮助企业纾困解难，全市经济经受住了严峻考验，逐月逐季加速恢复发展，全年地区生产总值增长1.6%。一大批优秀企业逆势增长，上市公司总市值突破2万亿，在内地城市榜中位居全国第七，充分展现出佛山企业的强大韧性和巨大潜能。坚持项目为王，充分发挥有效投资关键作用，一批行业龙头企业相继落户。扎实推进制造业高质量发展“六大工程”，高标准建设三龙湾高端创新集聚区，推动佛山高新区争先进位，季华实验室正式启用，仙湖实验室加快建设，国家高新技术企业达5718家。拥有企业标准“领跑者”95项，位居全国首位。

坚定不移深化改革、扩大开放，高质量发展动能不断积聚。坚持以“放管服”改革为抓手持续优化营商环境，证照联办、“一照通”等改革成效明显，新增市场主体19.76万户。全国首创“人工智能+双随机”监管模式，获国务院办公厅向全国推广和省委主要领导批示肯定。支持顺德区全力建设新时代广东省贯彻落实新发展理念实验区，以村级工业园改造撬动各领域加速迈向高质量发展；南海区聚焦土地结构性调整，大力推动城乡融合发展，为全省城乡高质量融合发展探索路径；禅城区创建广东省营造智慧化共建共治共享社会治理格局综合试点取得积极进展；高明区初步构建以“亩均效益”为核心的工业企业高质量发展综合评价体系；三水区建设广东省乡村振兴综合改革试点顺利收官。认真落实省委构建“一核一带一区”区域发展格局部署，推动广佛全域同城化迈出坚实步伐，出台支持深圳建设中国特色社会主义先行示范区行动方案。积极拓展“一带一路”市场，成功举办第五届“一带一路”泛家居产业发展与国际合作论坛。

紧紧围绕人民对美好生活的向往，扎实做好民生保障工作。全力护好“米袋子”“菜篮子”，确保社会秩序运行有序。全面实施“粤菜师傅”“广东技工”“南粤家政”三项工程，创造更多优质就业岗位。义务教育阶段学位五年提升行动计划圆满完成，医疗卫生综合水平和居民健康水平居全省前列，入选首批国家文化和旅游消费试点城市，创建成为广东省综合运输服务示范城市。成为全国市域社会治理现代化第一期试点城市，扫黑除恶专项斗争取得重大成果。蝉联“全国文明城市”称号。深入推进乡村振兴，人居环境整治、“百里芳华”乡村振兴示范带建设成果显现。持续打造粤港澳大湾区高品质森林城市，扎实推进万亩千亩公园、万里碧道佛山段建设，云勇林场获批国家森林公园，佛山桑园围成功入选为“世界灌溉工程遗产”。打好污染防治攻坚战，水、空气质量进一步改善。对口帮扶的县、村按现行标准全部脱贫。

狠抓全面从严治党责任落实，党的领导和党的建设不断加强。旗帜鲜明讲政治抓政治，实施“一把手”政治能力提升计划，健全政治要件闭环落实机制，严格执行省委坚决落实“两个维护”十项制度机制。全力打好加强党的基层组织建设三年行动计划收官战，完成村级党组织换届选举，推动基层党组织全面进步、全面过硬。高质量推进“模范机关”创建工作。组织9万多名在职党员社区“双报到”。落实意识形态工作责任制，守好意识形态安全“南大门”佛山阵地。持之以恒纠治“四风”，进一步加大力度解决形式主义问题。保持惩治腐败高压态势，涵养清正廉洁政治生态。

坚定不移发展社会主义民主政治，加强和改善党委对人大、政协工作的领导，积极支持人大、政协依法依章程履职。持续巩固壮大爱国统一战线，扎实做好民族宗教工作，工会、共青团、妇联等人民团体作用进一步发挥，党管武装、全民国防教育取得明显成效。全市干部群众携手同心、患难与共，在共克时艰中挥洒奋斗汗水，在共谋改革发展中分享丰收喜悦。在此，我代表市委常委会，向全市广大工人、农民、知识分子、干部、驻佛山解放军指战员、武警部队官兵和公安干警，向各民主党派、各人民团体和各界爱国人士，向关心支持佛山发展的港澳台同胞、海外侨胞及外国朋友们，表示衷心的感谢！

回首2020年，成绩来之不易。成绩的取得，关键在于坚持以总书记思想为指导，做到学以致用、以用促学、用之见效；关键在于省委的坚强领导和关心厚爱，给予佛山更大力度的政策支持，让我们备受鼓舞、倍增信心、倍添动力；关键在于不断加强党的全面领导，充分发挥党委统揽全局、协调各方的领导核心作用，为各项事业发展提供坚强政治保证；关键在于全市上下团结一心、众志成城，汇聚起战胜一切艰难险阻的强大合力。

看到成绩的同时，必须清醒认识存在的问题、短板和风险挑战。一是敢闯敢试、敢为人先的改革精神还有待进一步提振，以改革创新破解发展难题的能力还有待提升；二是推动经济高质量发展的创新驱动力还不够强，创新平台体系亟须加快完善；三是产业链供应链安全可控性还不够牢靠，关键核心技术与前沿技术掌握不足；四是发展不平衡不充分问题仍然比较突出，统筹区域发展、城乡融合发展等力度需要进一步加强；五是城市形态和功能品质与经济发展还不相适应，城市精细化管理水平不高；六是教育、医疗等民生事业发展还有不少短板，生态保护和污染治理任重道远；七是形式主义、官僚主义尚未彻底解决；八是反腐败斗争压倒性胜利仍需不断巩固；等等。对这些问题，我们必须高度重视，切实采取措施加以解决。

二、坚持以习近平新时代中国特色社会主义思想为指导，保持战略定力、坚定必胜信心，向着全面建设社会主义现代化新征程坚定迈进

今年是中国共产党成立100周年，是实施“十四五”规划、开启全面建设社会主义现代化国家新征程的第一年。做好今年工作，意义重大、责任重大。全市上下要在总书记思想指引下，紧紧围绕总书记对广东工作提出的“总定位、总目标”，攻坚克难，奋发有为，推动各项工作在新征程中开好局、起好步。

（一）深入学习贯彻习近平新时代中国特色社会主义经济思想和中央经济工作会议精神，把思想和行动统一到党中央决策部署上来。习近平新时代中国特色社会主义经济思想是我们做好经济工作的根本遵循，是指引我国经济高质量发展、建设社会主义现代化强国的科学行动指南。我们要深入学习领会其中蕴含的坚定理想信念、鲜明人民立场、强烈时代气息、宏大全球视野，努力掌握其核心要义、精神实质、丰富内涵、实践要求，做到全面系统学、及时跟进学、联系实际学。要从讲政治高度认识并做好经济工作，观察分析形势问题要从政治上把握，谋划推动经济工作要落实政治要求，处理解决经济问题要防范政治风险。要深刻认识进入新发展阶段明确了我国发展的历史方位，是我国社会主义发展进程中的一个重要阶段，必须把佛山工作放在今后30年的长时间把握，朝着中国式现代化的方向奋力前行；深刻认识贯彻新发展理念明确了我国现代化建设的指导原则，必须从根本宗旨、问题导向、忧患意识加以把握，完整、准确、全面贯彻新发展理念，努力实现更高质量、更有效率、更加公平、更可持续、更为安全的发展；深刻认识构建新发展格局明确了我国经济现代化的路径选择，必须把推动经济循环的畅通无阻作为关键，把握好实现高水平的自立自强这一最本质特征，落实好总书记明确的6个方面重要着力点，围绕省委提出打造新发展格局战略支点，进一步明确佛山努力方向、工作重点，找准突破口，精准落实积极参与构建新发展格局。要深入学习领会总书记总结的我们党在严峻挑战下做好经济工作的“五个根本”规律性认识，并贯穿到经济工作全过程各方面，使发展的基础更加稳固，确保我们始终立于不败之地。要深入学习贯彻中央经济工作会议精神，把握好今年经济工作的总体要求、政策取向、重点任务，心怀“国之大者”，结合佛山实际，把巩固实体经济、做大做强制造业摆在更加突出的位置，抓好党中央决策的创造性落实，坚定不移推进高质量发展。

（二）深刻把握国内外形势发展变化，增强忧患意识，坚定必胜信心。必须清醒认识到今年世界经济形势仍然复杂严峻，复苏不稳定不平衡，国外疫情仍处在大流行阶段，各类衍生风险不容忽视。有的国家大搞单边主义、保护主义、极限施压，经济全球化遭遇逆流，国际格局深刻演变。国内本土疫情多点散发、局部出现聚集性疫情，经济恢复基础尚不牢固。同时，更要看到我国积极参与全球治理改革，推动构建人类命运共同体，推动世界百年未有之大变局朝着有利于我的方向发展。签署区域全面经济伙伴关系协定（RCEP）、完成中欧投资协定谈判等极大提振了世界经济发展信心。克服新冠肺炎疫情影响，率先实现经济企稳回升，国际主要经济组织对我国今年经济增长预期普遍乐观。时与势都在我们一边，这是我们的定力和底气所在，也是我们的决心和信心所在。

迈上万亿GDP台阶的佛山，在经历大战大考中展现出了强大的经济韧性，制造业不可替代的战略价值更加凸显，民营经济充满活力，一大批市场主体展现出强大的市场适应能力、化危为机能力、逆势生长能力，这是我们这座城市最宝贵的财富。同时，国内区域发展格局深刻调整，高端资源要素更加集聚，各大城市竞相打造发展新优势，争先进位难度加大，住房和城乡建设部的“城市体检”暴露出佛山城市发展和建设管理不少短板与问题，城市能级需要加快提升。我们要用全面、辩证、长远眼光看待国内外形势发展变化，充分认识自身发展条件，既要增强忧患意识，坚持底线思维，做足思想和工作准备，善于在逆风逆水中开顶风船，勇于战胜来自不同领域的风险挑战，又要坚定必胜信心，用好战略机遇期，抢抓宝贵时间窗口，不失时机、集中精力推进改革创新，扎实办好自己的事，牢牢掌握发展主动权，加快高质量发展步伐。

（三）准确把握做好今年工作的重点要求，在为广东实现总定位总目标的征程中展现佛山担当。做好今年工作，必须把总书记对广东重要讲话重要指示精神作为根本遵循，奋力谱写好广东实现“总定位、总目标”的佛山篇章。一要围绕构建新发展格局，迈好第一步、见到新气象。今年经济工作要围绕构建新发展格局展开，紧紧扭住供给侧结构性改革这条主线，注重需求侧管理，在一些关键点上发力见效，贯通生产、分配、流通、消费各环节，创造高水平供给，满足高品质需求，努力打造成为构建新发展格局重要节点城市。二要紧扣省委“1+1+9”工作部署，坚定不移求实务实抓落实。“1+1+9”工作部署是省委落实习近平总书记对广东重要讲话重要指示精神、推进现代化建设的行动方案和施工图，我们要逐一对标对表，逐一深化细化，把项目化、清单化做得更实、更具操作性，推动每一项部署落地落实、取得扎实成效。三要聚焦争当全省地级市高质量发展领头羊使命任务，在服务全省大局中奋力展现“四个担当”。把握“高质量”这一根本要求，全方位、全过程、高水平、高站位争当“领头羊”。要坚持以创新引领制造业高质量发展，在服务建设科技创新强省、制造强省上展现更大担当；坚持做大做强粤港澳大湾区极点城市功能，在服务“双区”建设、“双城”联动、“一核一带一区”等区域协调发展战略上展现更大担当；坚持促进经济社会发展全面绿色转型，在服务全省率先实现碳达峰碳中和、建设美丽广东上展现更大担当；坚持促进人的全面发展、社会全面进步和全体人民共同富裕，在建设更高水平的幸福广东上展现更大担当。四要统筹好疫情防控和经济社会发展。必须毫不放松继续抓好“外防输入、内防反弹”工作，巩固来之不易的疫情防控成果。同时，要保持政策的连续性、稳定性、可持续性，保持对经济恢复的支持力度，加快经济企稳回升和高质量发展步伐。五要高度重视防范化解重大风险，坚决守好安全发展底线。今年我们将迎来党的百年华诞，这是全党全国各族人民的大事、喜事。我们要胸怀政治大局，树立系统观念，把安全发展摆在突出位置，坚决维护国家政治安全，守护人民群众生命健康安全，保障城市安全运行、社会安全稳定、人民安居乐业，为庆祝建党100周年营造安全稳定的社会环境。

迈入新阶段，开启新征程，佛山要以世界先进制造业城市为标杆，奋力赶超。五区要全面展现新气象、勠力同心共奋进。要紧扣高质量发展主题，树立雄心壮志，以更高站位、更宽视野、更大格局谋划发展，推出更多“硬核”举措，把时不我待的紧迫感和只争朝夕的进取心转化为干事创业的火热实践，为全市高质量发展提供强力支撑。顺德区、南海区要在巩固优势的基础上，敢于对标北上广深等一线城市的先进城区，向最高最好最优看齐，在高质量发展上跑在最前面，当标兵、作示范。禅城区要坚定不移把产业做强、功能做优、品质做精，推动老城区不断焕发新活力，打造更具含金量的“强中心”。高明区和三水区要加压奋进、争先进位、敢于超越，勇当佛山高质量发展的新引擎。新征程上，五区要开展水平更高、内涵更实的比学赶帮超。“比”，就是要比担当作为、比改革力度、比发展质量，抓住科技创新、人才集聚、单位产出、招商引资、民生供给等具体指标和任务，纵向看一看是进步了还是退步了，横向看一看差距是扩大了还是缩小了，要在敢比善比中打造核心竞争力。“学”，就是要学发展思路、学干事志气、学创新举措，既要虚心向先进、向标杆学习，取人之长为我所用，更要努力争第一、作示范，成为别人学习的榜样。“赶”，就是要全面动起来、跑出加速度，朝着目标奋起直追、大踏步赶上去。“帮”，就是要在相互搭台中共享发展大舞台，在互帮互助中实现高水平合作共赢。“超”，就是要勇于超越自我、超越平凡，敢于再造自己、再造辉煌。五区要在错位发展、竞相发展、共同发展中心往一处想，拧成一股绳，服务全市“一盘棋”，汇聚形成推动佛山高质量发展的磅礴力量。

三、勇担新使命，聚焦新格局，奋进新征程，以高质量发展谱写佛山“十四五”开局起步新篇章

今年工作的总体要求是：以习近平新时代中国特色社会主义思想为指导，全面贯彻党的十九大和十九届二中、三中、四中、五中全会精神以及中央经济工作会议精神，深入贯彻习近平总书记对广东系列重要讲话和重要指示批示精神，围绕总书记赋予广东的“总定位、总目标”，深化落实省委“1+1+9”工作部署，坚持稳中求进工作总基调，坚持新发展理念，坚持以改革创新为根本动力，坚持以供给侧结构性改革为主线，巩固拓展疫情防控和经济社会发展成果，以满足人民日益增长的美好生活需要为根本目的，抓住“双区”建设重大机遇，做好“六稳”工作、落实“六保”任务，更好统筹发展和安全，加快构建新发展格局，突出村改总攻坚、项目大建设、改革再出发，扎实推动更高质量发展，确保“十四五”迈好第一步、见到新气象。

市委考虑，今年经济增长预期目标为6%以上、与全国全省同步。等会，朱伟同志将对经济工作进行具体部署。这里，我重点强调以下几个方面工作。

（一）强化科技大攻关，加快建设面向全球的国家制造业创新中心。坚持把创新作为引领发展的第一动力，加快推进科技创新取得更多新突破，为经济高质量发展注入不竭动力。

完善科创平台战略支撑体系。进一步发挥三龙湾高端创新集聚区、佛山高新区、季华实验室、仙湖实验室等重大创新平台载体的引领作用，积极谋划争取大科学装置、重点实验室等重大科技研发平台落户，为解决关键核心技术“卡脖子”问题提供战略支撑。大力支持国内外高水平校企院所在佛山设立分支机构，加快筹建创新药转化医学平台和生物安全防护三级实验室（P3实验室），支持佛山科技学院建设粤港澳智能微纳光电技术联合实验室，努力打造创新资源集聚新高地。大力实施军民科技协同创新引领工程，探索构建佛山军民科技协同创新的新机制、新路径。

进一步夯实企业创新主体地位。大力支持企业申报建设研发机构，积极引导行业龙头企业牵头组建产业技术创新战略联盟和产业共性技术研发基地。以高企培育和规模化发展三年行动计划为抓手，推进创新资源要素向创新能力强、成长性好的高企集聚，全力催生一批独角兽企业和瞪羚企业。进一步激发企业家创新活力，加快实施“十百千万企业家成长工程”和年轻一代民营企业家健康成长促进计划，持续培育勇于创新的企业家群体。

优化提升创新生态系统。积极探索更具吸引力的科技评价、激励机制，建立健全“揭榜挂帅”征集机制，打造“谁能干就让谁干”的高效科创模式。进一步优化科创资金投入结构、配置方式，切实为科技型、初创型企业解决融资难、融资慢等问题。加快构建全链条科创公共服务体系，着力打造科创成果转化平台，推动更多科创成果转化为实实在在的生产力。要以争创国家知识产权强市为契机，构建知识产权创造、运用、保护等综合管理服务机制。要针对高质量发展急需的高端人才，制定含金量更高的高端人才及团队引进三年行动计划，配套建立市、区以及重大创新平台联动聚才引智体系。加大对存量人才激励力度。以解决人才住房、子女教育等问题为突破口，构建“一站式”人才综合服务平台，打造人才工作品牌。

（二）增强产业链供应链安全可控性，加快构建具有国际竞争力的现代产

业体系。省委书记李希强调："要笃定心志发展制造业，坚决防止经济脱实向虚。推动制造业高质量发展，在新的高度挺起广东制造的产业脊梁。"我们要坚持坚守制造业立市，紧紧围绕产业链部署创新链、围绕创新链布局产业链，聚焦"2+2+4"先进制造业集群，深入实施制造业高质量发展"六大工程"，加快推进产业基础高级化和产业链现代化。

*着力提高产业链供应链韧性。*探索建立重点产业培育"链长制"，加快实施"四个一"培育方案，推动优势产业"强链"发展、薄弱产业"补链"提升、跨界产业"延链"融合。大力实施产业基础再造工程和产业链提升工程，支持产业链"链主型"企业开展强强联合、上下游整合，力争在工业"四基"等领域率先实现自主可控。全面推进数字产业化和产业数字化，广泛运用大数据、云计算、5G和互联网等技术提升产业链供应链现代化水平。瞄准产业变革大趋势，全力以赴把高端装备制造、智能机器人、新能源、氢能源等战略性新兴产业培育壮大成未来支柱产业。建立"市级统筹、区为主体、市区联动、部门协同"招商工作机制，构建新型招商模式，着力引进一批成长性好、带动性强的重大产业项目，提升产业竞争力。

*做强做优做大制造业企业群。*加快实施"三个一批"企业培育行动，有序推动企业梯次成长，实现产业发展既有"明月"又有"满天星"的企业群格局。大力实施"专精特新"企业培育工程，支持更多企业在优势领域精耕细作，促成更多拥有独门绝技的隐形冠军。支持引导各类产业协会、商会等发挥更大作用，构筑企业成长全周期服务链条，助力企业提高现代化管理水平。

*加快推进现代服务业发展。*紧扣"五个一"金融发展新格局，构建多元化、普惠性金融组织体系，打造"一站式"综合金融服务平台，加快建设具有全国示范意义的产业金融中心。积极引入国内外设计资源落户佛山，支持重点工业企业牵头组建工业设计研发基地，全面提升企业设计创新能力。整合全市会展资源，加快推进广东（潭洲）国际会展中心配套设施建设，以产业链主题展为方向，着力打造优势产业会展品牌。

*（三）坚持扩大内需战略基点，努力打造新发展格局重要节点城市。*发挥大湾区极点城市、全国制造业大市的基础优势，在战略上布好局，在关键处落好子，努力在新发展格局中实现率先突破，构筑高质量发展新优势。

*加快构建高质量的供给体系。*以更大力度深化供给侧结构性改革，增强制造业供给体系的韧性，实现经济在高水平上的动态平衡。大力创建全国质量强市示范城市，加快建立"佛山标准"产品评价体系，打造"中国制造"品质标杆，让世界共享"佛山标准"品质。大力实施"品牌带动"战略，探索建立区域品牌培育、维护、运营机制，形成可复制推广的"品牌经济"发展模式。加快生产服务型国家物流枢纽建设，推进物流标准化试点工作，构建"通道+枢纽+网络"现代物流运作体系。

*努力建设区域消费中心城市。*建设高品质步行街，改造提升重点商圈，加快夜间经济集聚区和示范点建设，提升城乡消费、社区商业消费。完善促进汽车、家电等大宗商品消费的引导政策，积极推进网络零售、在线教育等线上消费。扎实建设好国家文化和旅游消费试点，提高文旅产品供给和消费便捷程度。加快构建佛山标准产品"优品无忧"消费维权保障机制，推行"线上线下七日无理由退货+先行赔付+产品质量安全保险"保障新模式，将佛山打造成为全国放心消费城市。深入实施"粤菜师傅""广东技工""南粤家政"三项工程，促进更充分更高质量就业，提升居民消费能力。

*以项目大建设掀起投资建设新热潮。*发挥投资对优化供给结构的关键性作用，加快布局一批具有乘数效应、牵一发动全身的重大项目，为构建新发展格局提供有力支撑。高标准谋划建设一批交通、水利等现代化基础设施，积极开展新型城市基础设施建设试点，加快5G网络、工业互联网、大数据中心、充电桩等新型基础设施建设，加大公共卫生、养老托育、应急储备、垃圾污水处理等领域补短板力度，形成传统项目势头强劲、新型项目齐头并进的良好局面。推动企业设备更新和技术改造，加速重点工业项目释放产能。全力以赴抓进度，推动在建项目快竣工、新建项目早开工、储备项目早入库，加快形成滚雪球效应。围绕项目抓服务，认真做好地方政府专项债券项目谋划储备和申报工作，破解项目在报批、用地、融资等方面的"中梗阻"，推动项目快速落地。

*锐意拓展国际循环广阔空间。*加快融入全球市场，提升在全球产业链、创新链中的分工地位，增强全球配置资源能力和水平。深入推进跨境电商综合试验区建设，加快出台促进服务贸易政策措施。充分用好我市企业获授商务部首批国家级国际营销综合服务平台机遇，支持企业深度参与国际营销服务体系建设。积极申报建设佛山综合保税区，推动市场采购贸易方式试点集聚区扩容。鼓励龙头企业、企业联盟参与境外园区港口码头建设、开发并购和投资设厂，推进与"一带一路"沿线国家共建产业联盟。

*（四）推进改革再出发，不断增强高质量发展驱动力。*以顺德区率先建设广东省高质量发展体制机制改革创新实验区、南海区建设广东省城乡融合发展改革创新实验区为牵引，持续深化重点领域和关键环节改革攻坚，推动全市改革向纵深发展。

*全面发起"村改总攻坚"。*李希书记在省委全会上要求推广顺德经验做法，加快村镇工业集聚区升级改造，提升产业集群发展能级。现存老旧村级工业园是制约佛山高质量发展的突出问题和关键障碍，必须打好打赢"村改"这场关乎未来的硬仗。要抓紧研究出台佛山市村级工业园区升级改造攻坚战三年行动计划。加大重大产业用地保障力度，坚持以"工改工"为主，高标准规划、高水平建设一批千亩万亩连片现代产业集聚区。顺德区要充分担起"扛大旗"重任，紧盯目标任务不放松，确保在今年上半年总体完成村级工业园改造任务；各区要坚决担起"村改"主体责任，抢抓机遇，力争在2023年底前总体完成村级工业园改造任务。

*争创国家营商环境创新试点城市。*持续深化"放管服"改革，坚持"有求必应、无事不扰"，着力营造有事随时

办、无事不打扰的一流营商环境。加快数字政府建设，重构全市政务服务体系建设管理机制，建立制造业高质量发展综合服务平台。深化商事登记制度改革，持续优化完善“企业开办一件事”全流程，扩大“一照通”实施范围。统筹推进工程建设项目“标准地”“带方案出让项目”实施应用，加快实现工业项目和高新技术项目“拿地即开工”。在更多场景推广应用“人工智能+双随机”监管模式，全面提升监管精准化、智慧化水平，切实减少对市场主体生产经营活动的干扰。构建“信用+”应用体系，探索打造“信用+产业园”。健全企业家参与涉企政策制定机制，同步建立政策跟踪落实评估制度，确保涉企政策精准对接市场需求。

全力以赴抓好重点改革项目。强化资源保障和政策支持，加快推进顺德、南海改革创新实验区建设。深化要素市场化配置改革，探索建立综合类大宗商品交易中心、珠江西岸融资租赁区域中心等各类市场化交易平台，不断提升要素活跃度、集聚度。全面推进智慧城市建设综合改革试点，加快城市数字大脑建设步伐。开展户籍制度改革，主动在佛山实现珠三角城市群户籍准入年限同城化累计互认。抓紧建立改革典型经验复制推广机制，加强对综合性改革成果的规范提升和平行分享，扩大改革受益面。完善改革督查机制，推动各级各部门不改不行、慢改也不行，确保各项改革取得实效。

（五）全面实施乡村振兴战略，加快推动农业农村现代化。坚持把解决好“三农”问题作为工作重中之重，不遗余力促进农业高质高效、乡村宜居宜业、农民富裕富足。

全面推进农业高质量发展。落实藏粮于地、藏粮于技战略，严守耕地红线，推进“优质粮食工程”建设，确保粮食安全和重要农产品有效供给。深入推进农业供给侧结构性改革，大力发展绿色、有机、地理标志农产品，高质量建设一批现代农业产业园。实施产业兴村强镇行动，大力推进“一村一品、一镇一业”。加快农业科技自主创新，加大与农业科研院所的合作力度，建设一批农业科技孵化平台、新型农业科研机构和成果转化基地，建设高水平广东省农业科技示范市。

建设富有岭南风韵的精美农村。实施乡村建设行动，完善乡村公共基础设施，改善农村人居环境。加快“百里芳华”乡村振兴示范带建设，打造一批连线连片乡村振兴示范区和乡村振兴特色精品示范村（居）。优化城乡空间布局，推动城乡基本公共服务均等化，促进城乡高质量融合发展。创新乡村治理方式，提高乡村善治水平，建设平安乡村。

推动全面脱贫与乡村振兴有效衔接。深入推进省内帮扶、东西部协作和对口支援工作，围绕巩固拓展脱贫攻坚成果和乡村振兴重点任务，扎实做好帮扶政策、帮扶工作、帮扶队伍的系统衔接和优化调整，加快实现由集中资源支持脱贫攻坚向全面推进乡村振兴转变。建立健全防止返贫动态监测和即时帮扶机制，做到精准施策、防止返贫。接续实施高明革命老区、三水南山侨区特别帮扶计划。

（六）全面提升城市功能品质，加快建设高品质现代化国际化大城市。坚持规划引领、建管并重、内外兼修，推动更高水平城产人文融合发展，实现城市形态和功能品质与经济发展相适应，不断增强佛山城市整体竞争力、辐射带动力、综合承载力。

加快锻造与万亿经济规模相匹配的城市形态品质。坚持先规划后建设，精心做好新一轮国土空间总体规划，引导生态、农业、城镇、产业集中布局。持续推进中心城区城市形态提升，加强千灯湖片区、佛山新城、季华路城市大客厅等重点区域的集中连片改造提升，将东平河水轴线打造成城市生活长廊，塑造协调统一的城市中轴线、天际线。扎实做好岭南水乡文章，加强对西江、北江佛山段以及内河、湖涌沿岸规划建设管理，打造魅力亲水空间。实施城市更新三年行动，加强城镇老旧小区改造和社区建设，共同缔造宜居佛山。统筹安排布局一批高品质市政设施建设，扎实推进地下综合管廊建设与改造。持续推进城市管理执法体制改革，加快城市管理综合服务平台建设，提升城市智慧化精细化管理水平。

全面掀起交通大建设。全力推进重大交通基础设施建设，着力打造高效通达的现代化交通运输体系，加快奠定佛山区域交通枢纽地位。积极推动珠三角枢纽（广州新）机场规划建设，做细做实临空经济区各项前期工作。加强佛山西站、广湛高铁佛山站、珠肇高铁高明站等轨道综合枢纽建设，着力构建“两主四辅”铁路枢纽布局。加快广佛轨道交通系统一体化网络建设，提速建设广州地铁28号线佛山段、广佛环线佛山段等项目。完善区域高快速路网，推进季华路西延线、塘西大道三期及南延线等项目建设。持续优化全市公交线网布局，强化拥堵综合治理，有效提升全市交通网快捷通达能力。

深入推进高质量文化导向型名城建设。统筹推进物质文明与精神文明协调发展，大力宣传社会主义核心价值观，不断增强人们奋发向上的精神动力。探索建设文化生态保护试验区，改造提升一批内涵丰富的特色文化街区、古镇古村落。加快推进公共文化基础设施建设，持续擦亮“世界功夫之城”“世界美食之都”“博物馆之城”等品牌。集中力量建设九大文化产业集聚区，将文化产业打造成佛山支柱产业。大力推进南方影视中心建设，高水平创建粤港澳大湾区影视产业合作试验区。启动国家全域旅游示范市创建活动，打造中国（佛山）绿色生态康养中心、运动康养中心。积极承办国家级、国际性的高端会议、城市会展、赛事等重大活动，不断提升城市影响力。

全面提升区域协作水平。紧抓“双区”建设、“一核一带一区”区域发展格局战略机遇，积极谋划区域协调发展新思路，在更大舞台搭建高质量发展新坐标。加快推动广佛全域同城化，高水平编制广佛同城化“十四五”发展规划，大力推进广佛“1+4”高质量发展融合试验区建设，集中精力建设广佛荟、广佛新城等标志性项目。主动学习深圳改革发展经验，积极推动建立两市沟通联系机制，深入探索“深圳科技+佛山智造”“深圳金融资本+佛山实体经济”合作发展路径。完善佛山与香港、澳门合作机制，加快建设粤港澳合作高端服务示范区、粤港澳协同发展合作区等平台载体，扎实推进港澳青年创新创业就业基地建设，落实便利港澳居民在佛山工作、生活政策措施，不断提升与港澳市场一体化水平。

（七）深入实施低碳发展战略，坚定不移走制造业城市生态文明创新之路。牢固树立绿水青山就是金山银山的理念，全面推进生态文明建设，推动经济社会发展全面绿色转型。

部署实施碳排放达峰行动。加快制定实施碳排放达峰行动计划，力争实现碳排放提前达峰。加快节能环保技术的研发和装备推广应用，推动传统产业高端化、智能化、绿色化提升改造。有序推进陶瓷、有色金属、纺织等重点能源消耗行业二氧化碳排放控制，加快构建绿色低碳、循环发展的产业体系。优化能源结构，培育壮大节能环保、清洁能源等产业。提高资源能源利用效率，严格实行能耗、碳排放总量与强度“双控”。实施低碳试点示范工程，积极打造绿色园区、绿色工厂、绿色产品等“绿色制造”示范项目。大力倡导生态环保理念，让绿色低碳的生产生活方式蔚然成风。

提升森林碳汇能力。积极开展大规模国土绿化行动，持续推进大湾区高品质森林城市建设。提速推进万亩千亩公园建设，努力打造湾区一流的公园体系。高标准规划建设“一环生态圈”，实现原“一环”改造后五条高速公路全线绿化景观升级。开展公园绿地“增量”和现有绿地“增颜”，加快构建五级绿化体系。大力推进山水林田湖系统综合治理，建立林长制，重点抓好凌云山火烧迹地植树成林、云勇林场扩面林地林分改造等生态修复，持续做好河心岛复垦复绿工作，加快构建多层次自然生态格局。

建设生态宜居美丽佛山。高质量推进万里碧道佛山段建设。进一步推进河长制湖长制工作，全面落实最严格水资源管理制度。深入推动大气、水污染源头精细治理，稳步推进土壤污染科学治理，强化危险废物全过程环境监管。多措并举推进垃圾分类工作。深化生态环境保护领域改革，全面落实“三线一单”，大力推动排污权、碳排放权市场化交易，持续推进排水设施“三个一体化”管理模式。落实好生态环境保护督察考核机制，健全生态环境监测和评价制度，强化生态环境风险防范和化解，构建现代生态环境治理体系。

（八）着力改善人民生活品质，建设更高水平的幸福佛山。坚持以人民为中心的发展思想，聚焦民生短板，实现好维护好发展好最广大人民根本利益，不断满足人民对美好生活的向往。

完善住房供应和保障体系。坚持“房住不炒”定位，贯彻落实“一城一策”总体调控部署，加快完善房地产平稳健康发展长效机制。健全和完善多主体供应、多渠道保障、租购并举的住房制度。进一步扩大住房困难家庭保障覆盖面，积极探索发展共有产权住房，推动利用集体建设用地建设租赁住房。持续开展房地产市场整治，严厉查处违法违规行为。

持续解决教育突出问题。以构建教育高质量体系为主线，不断提高教育现代化水平。积极扩大优质学位供给，大力创建义务教育优质均衡发展区，力争新（改、扩）建义务教育阶段学校40所，新增学位3.9万个。巩固并扩大学前教育“5080”建设成果，积极创建国家学前教育普及普惠区。深入实施“强师工程”和“十百千万人才培养计划”，推进教师管理体制改革，提升教师队伍保障水平，把佛山打造成为南方教育人才高地。

更好保障和改善民生。坚持尽力而为、量力而行，加快健全城市公共服务体系。抓实抓细新冠肺炎疫情防控工作，稳妥推进疫苗接种。加快推进高水平医院建设“登峰计划”，推进市二医院新院区和市中医院扩（改）建等重大工程建设。大力推进“一老一小”健康服务和照护服务发展，持续扩增服务供给。积极推进青年友好型城市建设，完善引导创新、鼓励创业、高质就业的政策服务体系，努力打造适合青年创新创业、就业兴业的城市典范。深入推进全民参保计划。加大根治欠薪力度。继续谋划实施好“十大民生实事”。

以系统思维构建城市安全网。聚焦风险防控，紧扣建党100周年安保维稳这条主线，加强源头治理力度，全力维护社会安全稳定。落实安全生产责任制，坚决遏制重特大安全事故发生。完善社会治理体系，推动治理重心向基层下移，深化“综治中心+网格化+信息化”模式，扎实开展市域社会治理现代化试点城市建设。坚持和发展新时代“枫桥经验”，完善社会矛盾纠纷多元预防调处化解综合机制。全面提高依法防控、依法治理能力，加快法治佛山建设。高标准建设社会治安防控体系升级版，建立扫黑除恶长效机制，共建共享更高水平的平安佛山。

四、全面加强党的领导和党的建设，确保社会主义现代化建设新征程始终沿着正确的方向前进

开好局、起好步，关键在党的坚强领导。要全面贯彻新时代党的建设总要求，深入推进全面从严治党，不断提高党的建设质量，把全市各级党组织锻造得更加坚强有力。

（一）一以贯之抓好党的政治建设，坚决做到“两个维护”。始终把党的政治建设摆在首位，严格执行省委坚决落实“两个维护”十项制度机制，不断提高政治判断力、政治领悟力、政治执行力，切实增强“四个意识”、坚定“四个自信”、做到“两个维护”。坚持用习近平新时代中国特色社会主义思想“铸魂”，使党的创新理论成为认识世界、改造世界的强大精神武器。把坚持和加强党的全面领导贯彻始终，牢牢把握“国之大者”，善于从讲政治的高度提高贯彻落实新发展理念、服务构建新发展格局的思想自觉和工作本领。严明政治纪律和政治规矩，严守“五个必须”，杜绝“七个有之”，巩固深化肃清李嘉、万庆良恶劣影响成果，坚决做到“三个决不允许”。

（二）驰而不息强化建管并举，牢牢掌握意识形态工作领导权。压紧压实意识形态领导责任，推动党管宣传、党管意识形态、党管媒体落到实处。巩固壮大主流思想舆论，深化体制机制改革，加快推动媒体深度融合。筑牢意识形态安全防线，加强意识形态阵地建设和管理。开展网络生态综合整治，加强网络安全风险防控体系建设，打造清朗网络空间。围绕建党100周年，精心策划好系列主题活动，推出更多文艺精品力作，推动佛山成为新时代讲好中国故事、广东故事的亮丽名片。

（三）坚持不懈筑牢基层战斗堡垒，以高质量基层党建服务保障高质量发展。更加注重党的组织体系建设，完善上下贯通、执行有力的组织体系，形成一级抓一级、层层抓落实的工作机制。加快制定并落实新一轮基层党建行动计划实施方案，以更高标准、更大力度推进各领域基层党组织建设，不断扩大基层党的组织覆盖和工作覆盖。扎实做好村（社区）“两委”换届后续工作，巩固换届成果。精心打造一批叫得响、推得开、见成效的党建品牌，进一步激发基层党建活力。

（四）坚定不移提高解决问题的能力，以更实举措打造适应现代化建设的干部队伍。区镇领导班子将陆续换届，要落实全国党政领导班子建设规划纲要，谋划组织好区镇领导班子换届，确保换届风清气正。树立“以实绩论英雄”的鲜明导向，注重在基层一线和急难险重岗位培养锻炼干部，把敢于负责、勇于担当、善于作为、业绩突出的干部选上来、用起来。广泛开展谈心谈话，引导干部正确对待进退留转。完善政绩考核评价体系和奖惩机制，加大及时奖励力度，调动干部干事创业积极性。以更大力度落实好“三个区分开来”要求，完善实施容错纠错机制，最大限度激发担当作为、攻坚克难的正能量。

（五）持之以恒正风肃纪反腐，巩固发展反腐败斗争压倒性胜利。要以钉钉子精神贯彻中央八项规定及其实施细则精神，持续纠治“四风”，开展重大项目落实中的形式主义官僚主义突出问题专项整治，健全基层减负常态化机制，给广大基层干部干事创业提供广阔空间。落实政商交往正负面清单，让“亲”而有度、“清”而有为的新型政商关系更加鲜明地立起来。充分发挥监督治理效能，推动纪律、监察、派驻、巡察监督统筹衔接，党内监督和其他监督贯通协同。深化运用“四种形态”，强化对权力运行的制约和监督，突出对“一把手”的监督。巩固拓展基层正风反腐成果，坚决整治群众身边腐败和不正之风。始终保持惩治腐败高压态势，一体推进不敢腐不能腐不想腐，营造良好的政治生态和发展环境。

同志们，宏伟蓝图，催人奋进；征途漫漫，惟有奋斗。让我们更加紧密地团结在以习近平同志为核心的党中央周围，不忘初心、牢记使命，以一往无前的奋斗姿态、风雨无阻的精神状态，争当全省地级市高质量发展领头羊，以优异成绩庆祝中国共产党成立100周年！

政府工作报告

——在佛山市第十五届人民代表大会第六次会议上的报告

（2021年2月4日）

佛山市市长 朱 伟

各位代表：

现在，我代表市人民政府，向大会报告工作，请予审议，并请各位政协委员和其他列席人员提出意见。

一、“十三五”时期发展成就和2020年主要工作

“十三五”时期是佛山发展史上具有重大意义的五年。面对复杂多变的国内外形势和艰巨繁重的改革发展稳定任务，我们坚持以习近平新时代中国特色社会主义思想为指引，在省委、省政府和市委的正确领导下，在市人大、市政协的监督支持下，坚定不移贯彻新发展理念，认真落实省委“1+1+9”工作部署，决胜全面建成小康社会取得决定性成就，“十三五”规划主要目标任务基本完成，经济社会高质量发展迈出坚实步伐。

——经济综合实力迈上新台阶，发展质量效益显著提升。地区生产总值从2015年的8107.6亿元增加到2020年的1.08万亿元，年均增长6.1%，佛山成为全国第17个、全省第3个经济总量超万亿城市。一二三产业比重调整为1.5∶56.4∶42.1，规模以上工业总产值从1.95万亿元增加到2.33万亿元，增加值从4364.33亿元增加到4924.88亿元，位居全国大中城市前列。固定资产投资年均增长7.7%，社会消费品零售总额从2585.63亿元增加到3289.09亿元，进出口总额从4087.2亿元增加到5060.3亿元，内外需对经济的拉动平稳有力。一般公共预算收入从557.55亿元增加到753.29亿元，年均增长6.2%。居民人均可支配收入从3.85万元增加到5.62万元，年均增长7.9%。单位生产总值能耗下降幅度超额完成省下达的目标任务。全市五区连续5年稳居全国综合实力百强区前50强。

——科技创新能力持续提升，产业转型升级步伐加快。国家创新型城市建设全面推进，财政科技投入从30亿元增加到102亿元，研发经费支出占地区生产总值比重持续提高。规划建设三龙湾高端创新集聚区，调整优化佛山高新区“一区五园”管理体制，加快构建一环创新圈“1+5+N”创新平台体系①。国家高新技术企业从717家增加到5718家，规模以上工业企业研发机构建有率从14%提高到56%，主营业务收入5亿元以上工业企业研发机构实现全覆盖，企业创新能力显著增强。实施“人才新政23条”，引进省、市科技创新团队194个，实现引进全职院士“零的突破”，人才资源总量从132万人增加到170万人。建成全省首个国家级知识产权保护中心和广东高校科技成果转化中心，发布全国地级市首单知识产权证券化产品，每万人发明专利拥有量增长2.6倍。获批全国唯一的制造业转型升级综合改革试点，先进制造业增加值占规模以上工业比重从35.6%提高到50.2%，现代服务业增加值占第三产业比重达62%。“2+2+4”产业集群②建设成效突出，装备制造、泛家居产业规模突破万亿元，机器人、新能源汽车、生物医药等战略性新兴产业茁壮成长。五年累计引进投资超亿元产业项目1698个，签约投资总额超1.3万亿元，美的库卡智能制造科技园、一汽-大众新能源汽车等一批重大产业项目建成投产。引导6208家工业企业开展技术改造，推广应用机器人超1.65万台，工业技改投资规模连续7年保持全省第一。深入推进品质革命，企业标准“领跑者”数量居全国第一，全国知名品牌示范区数量居全国地级市首位。金融服务实体经济能力提升，金融机构存、贷款余额分别增长61%、82%，

新增上市企业22家，上市企业市值排名全国城市第七。广东金融高新区扩容提质，千灯湖创投小镇加快建设。服务业发展有新突破，旅游业总收入、接待游客量分别是“十二五”的1.6倍、1.3倍，获批建设生产服务型国家物流枢纽，珠治会、氢能产业大会、中国安全产业大会等重大展会永久落户，广东工业设计城聚集设计师超8300人。农业现代化加快推进，合作共建省农业科技示范市，拥有省级农业龙头企业57家、粤字号农业知名品牌96个。

——重点领域改革攻坚克难，市场主体活力有效激发。营商环境综合改革持续深化，政务服务“一网一门一次”改革深入推进，获批国家政务服务标准化试点，94%政务服务事项“最多跑一次”，审批时间平均压减95%，工程建设项目审批效率全省领先。获批全国“企业开办全程网上办”改革试点，“24小时智慧便民商事登记模式”“证照联办”“一照通”改革亮点纷呈，企业开办全流程用时全省最快。在全国首创“人工智能+双随机”监管模式，市场监管精准度大幅提高。市场主体从48.3万户增加到94万户，“四上”企业[3]从9717家增加到1.54万家，其中规模以上工业企业从5787家增加到7727家，主营业务收入超百亿元企业从11家增加到26家，8家企业入选中国民营企业500强。国资国企改革稳步推进，90%以上国有资本向关系国计民生的优势企业集中，国企资产总额增长2.6倍。要素市场化改革蹄疾步稳，中央农村土地制度改革试点、“三块地”改革试点[4]、全国农村集体产权改革试点成效突出。完成地方机构改革，“强市、活区、实镇”改革成效明显。基层改革勇闯新路，禅城区获评全国社区治理和服务创新实验区，南海区建设广东省城乡融合发展改革创新实验区高位起步，顺德区建设广东省高质量发展体制机制改革创新实验区经验获国家和省通报表扬，高明区以“亩均效益”为核心的企业高质量发展综合评价体系初步构建，三水区建设广东省乡村振兴综合改革试点成效显著。

——“双区”建设有力推进，开放合作打开新局面。与广州共建大湾区广佛极点，规划建设“1+4”广佛高质量发展融合试验区[5]，广佛地铁全线开通，海华大桥通车，两市开启全域同城化新篇章。支持深圳建设先行示范区，深圳科技园佛山科创园等平台落户，“深圳创新+佛山产业”合作发展日趋紧密。构建“香港+佛山”“澳门+佛山”合作机制，建立佛港澳青年三大交流合作基地，开通直达香港高铁，粤港澳合作高端服务示范区纳入大湾区特色合作平台。务实推进泛珠区域合作，携手共建粤桂黔滇高铁经济带。全方位扩大对外开放，获批国家级跨境电商综合试验区和市场采购贸易方式试点。积极参与“一带一路”建设，实际利用外资52.83亿美元，中方对外直接投资64.7亿美元、比“十二五”增长43%。发起成立中德工业城市联盟，参与城市达47个。新增国际友好城市4对，荣获国际友好城市交流合作奖。

——三大攻坚战取得扎实成效，全面小康成色更足。高质量完成脱贫攻坚任务。五年累计投入财政资金96.75亿元，完成东西部扶贫协作凉山州以及省内对口帮扶湛江、云浮任务，积极做好援藏援疆工作，加强与双鸭山对口合作，帮助27个贫困县2697个贫困村的106.7万贫困人口实现现行标准下全部脱贫。完成高明革命老区乡村振兴特别帮扶计划。持续提升生态环境质量。新（改）建接通污水管网3000千米，13个国控、省控考核断面水质全部达到Ⅳ类以上，8条建成区黑臭水体消除黑臭。空气质量综合指数改善25%，优良天数比例从84.8%提高到91%，二氧化硫、二氧化氮、PM_{10}、$PM_{2.5}$浓度均下降24%以上。危险废物处理处置能力提高2.2倍。创建成为国家森林城市，新增造林4714公顷、绿化11.3万亩、公园绿地864公顷、碧道130千米，顺德区、高明区获评国家生态文明建设示范区，云勇林场获批国家森林公园，10个镇获评省级森林小镇。有效防范化解重大风险。政府隐性债务压减87.2%，政府债务率为安全的绿色等级。银行业机构不良贷款率从2.56%下降到0.74%。完成466家国有“僵尸企业”出清任务。房地产市场平稳健康运行，成为全国首批住房租赁试点、集体建设用地建设租赁住房试点和全省首批共有产权住房政策探索试点。

——城乡基础设施建设不断加强，城市形态品质明显提升。完成城市治理三年行动计划，投入3554亿元完成968个项目建设任务。实施中心城区形态提升专项行动，建成人民公园等21个项目。实施城市更新三年行动，完成“三旧”改造项目超过5万亩，整理村级工业园土地15.1万亩，“村改”新建在建厂房超过2500万平方米。创建省级特色小镇21个，居全省首位，陶谷小镇入选全国特色小镇建设典型经验案例。乡村振兴战略全面实施。开展“百里芳华”乡村振兴示范带和60个市级示范村建设，活化升级古村落50个，全市所有村（社区）达到干净整洁村标准。农村集体资产总额、集体经济总收入分别增长35.6%、37.1%。南庄镇、紫南村、仙涌村获评全国乡村治理示范乡镇（村）。现代化基础设施体系不断完善。佛山新机场选址稳步推进。完成“一环”高速化改造，打通“断头路”122条，新（改）建城市道路351公里。佛肇城际轨道、佛山西站开通运营，全国首条商业运营氢能源有轨电车上线，地铁2号线一期、3号线、广州地铁7号线西延顺德段等工程加快建设。港口货物吞吐量增长51%。创建成为国家公交都市示范城市，公交车实现100%新能源化。新增光纤用户175万户，电网配电容量增长43.8%。新增地下综合管廊56公里，海绵城市达标面积82平方公里。新（改）建公厕2928座。获评全国装配式建筑范例城市。

——社会事业全面发展，民生福祉不断增进。财政民生支出累计3055.46亿元，占一般公共预算支出的72.4%。省、市民生实事全面完成。城镇新增就业42.5万人，城镇登记失业率保持在3%以下。企业退休人员基本养老金、城乡居民基础养老金、最低生活保障标准分别提高28%、93.5%、83.1%。养老床位增长44.1%，社区养老服务设施实现全覆盖。解决5.83万个家庭住房困难问题。完成学前教育“5080”计划[6]，新（改、扩）建幼儿园163所，新增学位6.3万个。新（改、扩）建义务教育阶段学校176

所，新增学位18.9万个。合作共建3所省属高校佛山校区和3所部属高校佛山研究生院，完成佛科院高水平理工科大学第一轮创建工作。获评现代职业教育综合改革示范市。连续4次获评国家卫生城市，实现省级卫生镇全覆盖。户籍人口平均预期寿命达82岁。医疗卫生机构增长55%，其中三级医院从13家增加到22家。在全省率先同步取消公立医院药品和医用耗材加成，成为医联体[7]建设、DRG付费[8]改革国家试点城市。获评国家公共文化服务体系示范区，国际体育文化演艺中心、市文化馆、佛山大剧院建成使用，南方影视中心加快建设，成功举办金鸡百花电影节、篮球世界杯、定向世界杯等重大文体活动。村（社区）综合性文化服务中心和体育健身设施覆盖率达100%。荣获全国双拥模范城“九连冠”。建立公共法律服务平台802家，10个村（社区）获评全国民主法治示范村（社区）。加强新市民服务，新增户籍人口84.8万人，75万随迁子女就近就地接受义务教育。扫黑除恶专项斗争成效明显，刑事案件发案数累计下降46.7%，社会治安稳定向好。生产安全事故总量、伤亡人员数量累计下降44.3%、46.1%。小作坊集中加工管理、放心肉菜体系“五联创”[9]、阳光餐饮等食品安全监管举措全国领先。粮食安全责任省考核连续4年获优秀等次。

五年来，我们认真开展“两学一做”学习教育和“不忘初心、牢记使命”主题教育，持续深化“大学习、深调研、真落实”，不断增强“四个意识”、坚定“四个自信”、做到“两个维护”。坚持定期向市人大报告工作、向市政协通报情况，累计办理人大代表建议676件、政协提案1610件，办复率100%。提请市人大常委会审议法规草案8件，新制定政府规章11件，修订、废止政府规章7件。健全依法决策机制，在全省率先建成重大行政决策“7+1+1”管理模式[10]。推进政务公开常态化，连续10年获全国地级市政府网站绩效评估第1名。严格落实中央八项规定及其实施细则精神，推进审计监督全覆盖，市级“三公”经费预算逐年下降。加强党风廉政建设，驰而不息正风肃纪，风清气正的干事创业氛围更加浓厚。建设人民满意政府第三方机构评估得分从83.81分提高到90.12分。

2020年是“十三五”规划收官之年，也是极不平凡的一年。面对突如其来的新冠肺炎疫情，我们积极统筹推进疫情防控和经济社会发展，集中精力做好“六稳”“六保”工作，在大战大考中经受住严峻考验，实现地区生产总值增长1.6%，与全国、全省基本同步，地方一般公共预算收入增长3%，居民人均可支配收入增长4.1%，全力确保高水平全面建成小康社会。

一是慎终如始抓好疫情防控，全力守护人民生命安全和身体健康。坚决贯彻“坚定信心、同舟共济、科学防治、精准施策”总要求，第一时间落实省一级响应要求，全市公务人员提前返岗，近6万名党员干部下沉一线支援，团结带动全市人民共同构筑起抗击疫情的坚固防线。严格落实“四早”“四集中”，迅速有效控制疫情，用三个多月时间实现本地确诊病例清零，创下患者零死亡、医护人员零感染战绩。因时因势科学调整防控策略，成功打赢春节后返程高峰、复工复产复学等关键战役，推动防控工作向常态化转变。组织企业复产扩产转产防疫物资，累计向国家和省交付防疫物资超过1500万件，派出的援鄂医疗队人数规模居全国地级市首位，有力支持全国全省疫情防控取得重大战略成果。疫情之下，涌现出一批抗疫先进典型，其中1人1集体获抗疫国家级表彰、36名个人13个集体获省表彰，佛山人民以硬核的担当和作为，生动诠释了伟大抗疫精神。

二是千方百计稳企业保就业，推动全年经济实现正增长。积极应对疫情及外部环境变化对经济运行的严重冲击，及时出台“支持企业共渡难关十条”“复工复产十条”以及“六保”工作方案等政策措施，分批分级推进复工复产复商复市，在全力稳住经济基本盘的基础上，推动经济加速恢复、稳步向好。建立健全各级领导挂点联系服务企业制度，深入开展“暖春行动”，安排3000多名联络员挂点联系2万多家企业，帮助企业解决供应链循环受阻、生产经营成本过高、用工短缺等问题。坚决落实助企纾困政策，新增减税降费计划超过238亿元，各类政策性金融工具帮助市场主体获得贷款超过550亿元。加大援企稳岗力度，阶段性减免社会保险费150.4亿元，发放失业保险稳岗返还补贴8亿元。开展技能提升培训39.1万人次，举办粤港澳大湾区“粤菜师傅”技能大赛。城镇新增就业8.6万人，本市应届高校毕业生就业率达98.7%。

三是多措并举扩投资促消费稳出口，增强经济发展内生动力。发挥投资对经济增长的关键作用，成立重大工程项目建设指挥部，伊之密高端智能装备产业园、平谦国际现代智造产业基地、腾龙湾区数据中心、恒洁卫浴总部、市二医院新院区等483个重大项目集中开工投产，省、市重点项目投资超额完成全年目标。获得省下达各类债券资金252亿元，重点投向“两新一重”建设[11]，拉动54个项目总投资2671.7亿元。获批全国新型城市基础设施建设试点，新建5G基站7541个、充电桩1076个、加氢站11座，投产、扩建及增容变电站14座。地铁第二期建设规划获国家发改委批复，城市轨道交通建设提速。出台促消费政策措施，大力推进汽车下乡、家电惠民，在全国首创购车补助秒报秒批秒付服务。在全省率先开展市域范围促消费主题月活动，发放4亿元消费券，拉动消费超过20亿元。加快发展外贸新业态，跨境电商进出口508亿元，增长5.4倍，居全国跨境电商综合试验区前列，助力外贸进出口逆势增长4.8%。

四是强化创新能力建设，推进稳链补链强链控链。研究编制重点产业图谱，找准相关行业核心技术、关键零部件等“卡脖子”短板，集中资源组织实施重大科技项目攻关。引进佛山病原微生物研究院、香港科技大学（佛山）科技成果转化中心等平台。季华实验室一期投入使用，集聚科研人员近1000人。仙湖实验室启动基建工作，首批开放基金项目顺利推进。国家现代农业科技示范展示基地落户。牵头联合周边城市申报国家燃料电池汽车推广应用示范城市群，国家技术标准创新基地（氢能）高分通过验收。大力培育创新型企业，省级以上专精特新企业达93家，省级企业工程技术研发中心达803家。深入开展“大招商、招大商”，新引进徐工建机广东基地、海天高端智能装备生态产业科技园、百度云计算（顺德）中心、三技精密智能装备产业园、润泽（佛山）国际数据港、日丰管道智能机械设备及新型管道制造基地等重大产业项目53个，签约投资总额1237亿元。推动制造业数字化转型，培育工业互联网标杆示范项目33个，省级以上“两化”融合管理体系贯标试点企业达173家。

*五是加快推进城市更新，优化提升城市品牌形象。*持续推进中心城区城市形态提升，岭南天地、千灯湖、渔人码头、美的鹭湖、三江汇流等一批网红打卡点热度持续升温，焕发城市时尚魅力。启动东平河水轴线建设，部署推进十大滨水节点92个项目，三龙湾游船开通运营。全面打响村级工业园改造攻坚战，完成土地整理10.4万亩，为年度计划的161%。城镇老旧小区改造全面铺开，124个老旧小区开工，涉及改造面积610.7万平方米、改造户数5.12万户。打造城市中央会客厅夜间经济环境，实施高速公路亮化工程，入选全国夜间经济城市20强。大力提升城市生态环境，完成36个河心岛生态修复，全面启动万亩千亩公园规划建设。空气质量改善幅度在全国168个重点城市中排名第三，广佛跨界河流水质为“十三五”以来最优。桑园围成为全省首个入选世界灌溉工程遗产名录的水利工程。蝉联全国文明城市称号，获评新一线城市、中国最具幸福感城市、中国宜居宜业城市等荣誉。

*六是坚决兜牢民生底线，疫情之下民生保障力度不减。*牢固树立过紧日子思想，切实压减政府一般性支出，将有限的财力优先用于民生保障等重点领域。建立困难群众一人一档、专人联系、定期探访制度，及时将因疫情导致基本生活出现困难的家庭和个人纳入临时救助范围。落实低收入群众临时价格补贴与物价上涨联动机制，惠及群众46.6万人次。推进发热门诊规范化建设，深入开展爱国卫生运动，加强疫苗监管和接种管理，市妇女儿童医院全面启用，公共卫生和医疗服务体系更加完善。强化粮食能源保障，“米袋子”“菜篮子”供应充足，煤电油气实现安全稳定供应。

各位代表！回顾“十三五”，奋斗难以忘怀，经验弥足珍贵。我们深刻体会到，做好佛山工作，必须坚定不移贯彻新发展理念，早谋快动，主动作为，把高质量发展要求落到实处细处、各个方面；必须把经济发展的着力点放在实体经济上，坚持制造业立市、兴市、强市不动摇，加快提高经济质量效益和核心竞争力；必须用好改革开放关键一招，充分激发全市上下的积极性、主动性、创造性，形成共同破解发展难题的强大合力；必须把统筹城乡区域、人与自然、物质文明与精神文明等协调发展摆在突出位置，不断提高发展平衡性协调性；必须始终坚持以人民为中心，办好群众最关心的事，让改革发展成果更多更公平惠及全市人民。我们深刻认识到，佛山发展取得的成绩，归根结底靠的是以习近平同志为核心的党中央坚强领导，靠的是习近平新时代中国特色社会主义思想的科学指引，靠的是总书记定于一尊、一锤定音的权威，靠的是总书记山高水长的关心厚爱，这是我们最大的信心所在、底气所在、根本所在。

五年来，特别是过去一年，既惊心动魄又波澜壮阔，既艰巨卓绝又成绩卓然。好局面来之不易，这是习近平新时代中国特色社会主义思想科学指引的结果，是省委、省政府和市委坚强领导的结果，凝聚了全市党员干部群众团结奋斗的智慧和汗水。在此，我代表市人民政府，向全市人民，向各位人大代表、政协委员，向各民主党派、各人民团体和社会各界，向中央、省驻佛山单位和人民解放军指战员、武警官兵、应急救援队伍，向关心支持佛山发展的港澳台同胞、海外侨胞及国际友人，表示衷心的感谢！

在总结成绩的同时，我们也清醒地看到发展中存在的问题和不足：经济恢复基础尚不牢固，部分企业尤其是中小微企业、个体工商户经营困难。产业结构不够合理，产业基础能力和产业链现代化水平不够高，自主创新能力不强，新动能成长不够快，产业转型升级任务艰巨。全市统筹发展能力有待提升，资源碎片化、力量分散化、平台低端化等问题仍然突出，一些制约高质量发展的深层次体制机制问题亟待破冰攻坚。城市形态功能品质与经济发展不相适应，精细化管理水平有待提高，环境保护与污染治理仍面临较大压力，优质公共服务供给不足，基层社会治理能力需持续增强。干部干事创业激情不够，行政效能、政务服务水平有待进一步提升。我们将直面问题，迎难而上，采取有效措施，切实加以解决。

二、“十四五”时期目标任务

“十四五”时期是我国在全面建成小康社会、实现第一个百年奋斗目标之后，乘势而上开启全面建设社会主义现代化国家新征程、向第二个百年奋斗目标进军的第一个五年。纵观国内外形势，当今世界正经历百年未有之大变局，我国发展仍处于重要战略机遇期，但机遇和挑战都有新的发展变化，机遇和挑战之大都前所未有，总体上机遇大于挑战。佛山站在经济总量过万亿后的发展新起点，推动高质量发展更具有利条件。我们必须保持战略定力，树立底线思维，不断提升准确识变、科学应变、主动求变的能力，努力在危机中育先机、于变局中开新局，推动佛山在新发展阶段不断取得新成绩。

按照党的十九届五中全会、省委十二届十二次全会部署，根据《中共佛山市委关于制定佛山市国民经济和社会发展第十四个五年规划和二〇三五年远景目标的建议》，市政府编制了《佛山市国民经济和社会发展第十四个五年规划和二〇三五年远景目标纲要（草案）》。

“十四五”时期我市经济社会发展的目标定位是：粤港澳大湾区极点城市、全省地级市高质量发展领头羊、面向全球的国家制造业创新中心。具体要努力实现以下主要目标：经济发展更加高质量，创新驱动核心地位更加巩固，改革开放成果更加丰硕，大湾区极点功能更加彰显，社会文明素养更加进步，城乡生态环境更加美丽，民生保障更加有效，社会治理效能更加显著。展望二〇三五年，我市经济实力、科技实力、综合竞争力将大幅跃升，经济总量和城乡居民人均收入再迈上新的大台阶；建成现代化经济体系，制造业发展达到世界制造强国水平；形成区域开放合作和对外开放新格局，城乡区域发展更加协调；市民素质和社会文明程度达到新高度，文化软实力显著增强；生态环境根本好转，“人城产文”深度融合，城市更加宜居宜业；基本建成法治佛山，平安佛山建设达到更高水平，成为市域治理体系和治理能力现代化的样本；人民生活更加美好，人的全面发展、全体人民共同富裕取得更为明显的实质性进展。

“十四五”时期政府工作的指导思想是：高举中国特色社会主义伟大旗帜，深入贯彻党的十九大和十九届二中、三中、四中、五中全会精神，坚持以马克思列宁主义、毛泽东思想、邓小平理论、“三个代表”重要思想、科学发展观、习近平新时代中国特色社会主义思想为指导，全面贯彻党的基本理论、基本路线、基本方略，深入贯彻落实习近平总书记对广东系列重要讲话和重要指示批示精神，统筹推进“五位一体”总体布局，协调推进“四个全面”战略布局，坚定不移贯彻新发展理念，坚持稳中求进工作总基调，以推动高质量发展为主题，以深化供给侧结构性改革为主线，以改革创新为根本动力，以满足人民日益增长的美好生活需要为根本目的，深化落实省委“1+1+9”工作部署，坚守实体经济、制造业不动摇，加快建设现代化经济体系，全面落实“双区”建设、“双城”联动战略，推动“一核一带一区”区域协调发展，高水平参与构建以国内大循环为主体、国内国际双循环相互促进的新发展格局，推进市域治理体系和治理能力现代化，统筹发展和安全，实现经济行稳致远、社会安定和谐，争当全省地级市高质量发展领头羊，为广东在全面建设社会主义现代化国家新征程中走在全国前列、创造新的辉煌作出佛山更大贡献。

“十四五”时期，我们要切实肩负起重大历史使命，永葆“闯”的精神、“创”的劲头、“干”的作风，奋力谱写社会主义现代化建设新征程的壮丽篇章。

——*要让制造业成为高质量发展的最有力支撑*。坚定不移把发展经济着力点放在以制造业为主体的实体经济上，加快建设制造强市，保持制造业比重基本稳定，巩固提升传统产业优势，做大做强战略性新兴产业，不断提高产业基础高级化、产业链现代化水平。紧紧扭住深化供给侧结构性改革这条主线，注重需求侧管理，更多依靠国内市场，更好联通国际市场，形成需求牵引供给、供给创造需求的更高水平动态平衡，为构建新发展格局作出佛山贡献。

——*要建设具有全球影响力的先进制造业技术创新中心*。坚持创新在现代化建设全局中的核心地位，大力推进科技创新强市建设，在加大研发经费投入力度、加强关键核心技术攻关、加快创新平台载体建设、优化创新体制机制等方面下功夫，促进人才、资本、信息、技术等资源要素加速集聚融合，企业技术创新能力明显提升，新技术、新产品、新业态、新模式大量涌现，形成依靠创新驱动的内涵型增长模式。

——*要以更大魄力在更高起点上推进改革开放*。强化改革系统集成，持续深化重点领域和关键环节改革，实施一批创造型引领型改革，加快构建市场化法治化国际化营商环境，塑造国际合作和竞争新优势。携手广州强化大湾区极点作用，形成特色鲜明的枢纽型经济，为粤港澳大湾区和“一核一带一区”高质量发展提供动力支撑。

——*要以城乡融合发展推动空间重构和形象重塑*。坚定不移走以人为核心的新型城镇化道路，加快提升城市形态功能品质，全面推进乡村振兴，推动破旧低效村级工业园退出历史舞台，城乡区域发展协调性不断增强。加快生产生活方式绿色低碳转型，努力建设青山常在、绿水长流、空气常新的美丽佛山，走出一条制造业城市生态文明创新发展之路。打造高质量文化导向型名城，持续提高社会文明程度，增强城市文化软实力。

——*要形成共建共治共享的民生发展新局面*。践行以人民为中心的发展思想，补齐民生领域短板，持续增进民生福祉，提高基本公共服务均等化水平，努力实现居民收入增长和经济增长基本同步，在幼有所育、学有所教、劳有所得、病有所医、老有所养、住有所居、弱有所扶上不断取得新进展，更好满足人民群众日益增长的美好生活需要。

——*要建设更高水平的平安佛山、法治佛山*。坚持总体国家安全观，把安全发展贯穿发展各领域和全过程，坚决防范和化解各种风险，全面推进法治建设，创新社会治理体系，切实保障政治安全、经济安全、人民生命安全、社会公共安全，把佛山建设成为全国最安全稳定、最公平公正、法治环境最好的地区之一。

三、2021年工作安排

2021年是中国共产党建党100周年，也是“十四五”开局之年，做好今年工作意义重大。全市各级政府要不断深化对新发展阶段的认识，持续深入贯彻新发展理念，突出加快构建新发展格局，认真贯彻落实省委“1+1+9”工作部署和市委要求，确保“十四五”开好局、起好步。今年经济社会发展的主要预期目标是：地区生产总值增长6%以上，规模以上工业增加值增长5%左右，固定资产投资增长5%，社会消费品零售总额增长7%，进出口总额与上年持平，地方一般公共预算收入增长5%左右，研发经费支出占地区生产总值比重达2.75%，居民消费价格涨幅控制在3%左右，居民人均可支配收入增长与经济增长基本同步，城镇登记失业率控制在3%以内，单位地区生产总值能耗、主要污染物排放量下降幅度完成省下达的目标任务。

为实现上述目标，重点抓好以下工作：

（一）坚持扩大内需这个战略基点，积极参与构建新发展格局，确保经济平稳增长、稳中提质

积极扩大有效投资。安排省、市重点项目投资1100亿元，加快布局一批强基础增功能补短板利长远的重大项目，以项目大建设掀起投资建设热潮。开展新型城市基础设施建设试点，加快建设充电桩、加氢站、物联网、大数据中心等“新基建”项目，新建5G基站5100个，推进110千伏碧江输变电工程等重点电网工程建设，加大公共卫生、生态环保、

应急储备、民生保障等领域补短板力度。抓好徐工建机广东基地、海天高端智能装备生态产业科技园、一汽解放南方新能源汽车基地、青山控股华南总部、邦普高镍正极材料等重大产业项目建设，鼓励企业增资扩产、设备更新和技术改造，推动工业投资平稳增长。建立“市级统筹、区为主体、市区联动、部门协同”招商引资工作机制，开展市领导“赴百家企业上门招商”专项行动，力争引进超10亿元或1亿美元的重大产业项目60个，签约投资总额超1000亿元。加强重点项目谋划储备和建设保障，积极争取地方政府专项债券、中央预算内投资等政策支持。发挥政府投资撬动作用，提振民间投资信心，吸引带动社会投资，形成市场主导的投资内生增长机制。

推动消费扩容提质。提升传统消费，支持汽车市场消费升级，促进家电家具家装消费。加快培育新型消费，优化升级专业市场，鼓励发展“首发经济”、体验经济、时尚经济等消费新场景新业态新模式。优化服务消费供给，培育壮大文化、旅游、美食、体育、健康、养老、家政等产业。积极开展国家文化和旅游消费试点，申报创建国家全域旅游示范区，推动旅游度假区和民宿品牌化精品化发展，力争3A以上旅游景区达35家。推进粤菜师傅“1+5”系列工程[12]，打造8个以上美食集聚区，推动美食产业品牌化、特色化发展。繁荣夜间经济，建设提升8个夜间经济集聚区和80处示范点，点亮城市“夜明珠”。大力发展电子商务，支持传统商贸业数字化转型，促进线上线下消费融合发展。强化市场秩序监管和消费者权益保护，营造安全放心消费环境。

加强对外开放合作。积极申报建设广东自贸区联动发展区、佛山综合保税区、国家级经济技术开发区，优化提升中德工业服务区，塑造对外开放新优势。深度参与“一带一路”建设，支持企业“走出去”，鼓励企业优化贸易多元化市场布局，推动外贸竞争由价格为主向质量、技术、品牌为核心的综合转型。积极发展外贸新业态新模式，推进国家级跨境电商综合试验区、市场采购贸易方式试点等平台建设。推动企业利用“粤贸全球”广东线上展览平台等开拓国际市场。扩大外资市场准入，持续提升利用外资质量和水平。创新进口贸易方式，支持企业设立进口集散、展销中心，扩大先进技术、设备、关键零部件、高品质消费品等进口规模。

提升供给体系质量。深入实施“以质取胜、标准引领、品牌带动”战略，开展重点行业质量提升行动，建设全国质量强市示范城市，打造中国制造品质标杆。大力推行“佛山标准”，建立“优品无忧”保障机制，促进佛山制造“优标优质优价”。引导企业参与制（修）订国际、国家、行业标准，推进企业标准“领跑者”和“对标达标”专项提升，推动内外销产品“同线同标同质”[13]。推动制造业拓展研发设计、供应链管理、人力资源服务等高附加值环节，提高终端产品和服务供给能力和水平。

（二）保持制造业比重基本稳定，提升产业链供应链现代化水平，推动制造业高质量发展

提升先进制造业集群竞争力。全面实施制造业高质量发展“六大工程”[14]，探索建立重点产业“链长制”，加快实施“四个一”[15]培育方案，巩固提升智能家电、汽车、先进材料、现代轻工纺织、生物医药与健康等战略性支柱产业，培育壮大高端装备制造、智能机器人、新能源、安全应急与环保等战略性新兴产业，加快构建“2+2+4”产业发展新格局。大力实施产业基础再造工程和产业链提升工程，支持“链主型”企业开展强强联合、上下游整合，有序带动企业梯次成长。加快培育一批制造业领军企业、专精特新“小巨人”企业和“隐形冠军”企业，增强产业链控制力和产业集群竞争力。加强产业用地保障，制定实施村级工业园区升级改造攻坚战三年行动计划，动态储备集中连片产业用地1万亩以上，加快打造一批千亩万亩现代化主题产业园区，促进产业集群特色化、协同化发展。

推进数字产业化和产业数字化。大力发展数字产业，加快广东福能大数据产业园、腾龙湾区数据中心、腾讯工业互联网粤港澳大湾区基地、润泽（佛山）国际数据港等项目建设，培育和集聚一批数字化龙头企业、示范企业，打造数字经济产业集群。以数字化、智能化赋能制造业转型升级，推动实体经济和数字经济深度融合。深入推进“互联网+先进制造”，加快工业互联网平台建设，丰富5G技术工业应用场景，推动更多工业企业“上云上平台”，力争成为国家级工业互联网示范城市。实施新一轮工业技术改造行动，引导企业开展数字化流程再造，打造一批数字化车间和智能工厂，推动传统产业智能化、高端化、绿色化发展。

推动现代服务业与制造业深度融合。支持生产性服务业向专业化和价值链高端延伸，推动各类市场主体参与服务供给。大力发展现代金融业，提升金融服务实体经济能力，努力建设具有全国示范意义的产融结合城市。做优做大做强广东工业设计城等平台，支持重点工业企业牵头组建工业设计研发基地，全面提升企业设计创新能力。发挥潭洲国际会展中心等平台作用，继续办好珠洽会、中国安全产业大会、氢能产业大会及陶瓷、家电、家具等产地展，着力打造全国工业会展第一品牌。加快生产服务型国家物流枢纽建设，推动佛山国际陆港项目落地。

（三）深入实施创新驱动发展战略，提升科技实力和自主创新能力，以科技创新催生新发展动能

建设高水平创新平台。高标准建设三龙湾高端创新集聚区，对接广深港、广珠澳科技创新走廊，加快引进高端人才、核心技术和关键项目，引领一环创新圈跨越发展。持续优化佛山高新区管理体制机制，积极开展全国首批企业创新积分制试点，打造“一区五园”六大核心产业地标[16]。大力推动季华实验室创建国家实验室、仙湖实验室创建国家重点实验室，积极筹建创新药转化医学平台和生物安全三级实验室（P3实验室），争取更多国家级、省级重大技术创新平台、重大科技基础设施、重点实验室落户。持续实施大院大所合作行动计划和创新驱动助力工程，加快建设中科院苏州纳米所广东（佛山）研究院、清华大学佛山先进制造研究院、华南高等研究院（佛山）等政产学研协同创新

平台，为企业创新发展提供更有力技术支持。

打好关键核心技术攻坚战。围绕人工智能和智能装备、新一代电子信息、新材料、新能源汽车、氢能源等战略性新兴产业，以及智能家电、数控装备等优势传统产业领域，建立健全“揭榜挂帅”机制，完善“企业发展出题+产业需求牵引+多方联合答题”重大科技项目攻关机制，集中力量突破一批“卡脖子”技术。夯实企业创新主体地位，深入实施高新技术企业培育和规模化发展三年行动计划，加快培育一批“独角兽”企业和“瞪羚”企业，力争年内国家高新技术企业总量达6000家，其中规模以上企业占比63%以上，标杆高新技术企业达150家。支持企业申报建设研发机构，引导行业龙头企业牵头组建产业技术创新战略联盟和产业共性技术研发基地，完善“众创空间+孵化器+加速器”科技企业孵化体系。

优化提升创新生态系统。财政科技投入保持100亿元以上，完善科技金融服务体系，落实企业研发费用加计扣除，进一步降低企业创新成本。完善激励机制和科技评价机制，探索发明成果权益分享机制，加快建设粤港澳大湾区高校科技成果转化中心，继续办好发明展览会，构建“技术研发+成果转化+产业应用”区域协同创新体系，努力提高科技创新产出率和转化率。积极争创国家知识产权强市，创建全国版权示范城市，打通知识产权创造、运用、保护、管理、服务全链条。制定实施高端人才及团队引进三年行动计划，构建“一站式”人才综合服务平台，提升“优粤佛山卡”服务，让人才引得来、留得住、能创业、有发展。

（四）大力推进“双区”建设，积极推动“一核一带一区”区域协调发展，拓展区域合作发展新优势

推进广佛全域同城化。创新全域同城合作体制机制，共同推动“1+4”广佛高质量发展融合试验区建设，加快建设广佛荟等一批地标性项目。推动基础设施互联互通，确保番海大桥、广佛肇高速全线建成通车，加快广佛环城际、佛山经广州至东莞城际等项目建设，力争广佛新干线高快速路复合通道、广佛同心桥等项目开工。强化科技协同创新和产业协作发展，共建先进装备制造等4个万亿级产业集群，加快构建“广州创新大脑+佛山转化中心”协同发展格局。深化公共服务、社会治理、污染防治等领域合作，共建共享广佛优质生活圈。

深化深佛协作发展。主动承接深圳优势产业和科技创新溢出效应，加快推进深圳科技园佛山科创园、顺深产业城等项目建设，推动“深圳科创+佛山产业”优势互补、协同发展。谋划组建两市合作产业投资基金，推动佛山实体经济与深圳金融资源对接。积极对接深中通道、南沙大桥，推动佛山至中山高速等项目规划建设，加快形成深佛“1小时经济圈”。

加强与港澳深层次合作。深入实施“湾区通”工程，完善“香港+佛山”“澳门+佛山”合作机制，推动基础设施“硬联通”和体制机制“软联通”。深化与港澳经贸合作，推进知识产权保护等与国际接轨。建立健全跨境产学研合作机制，共同谋划申请中医药国家重大科技专项，支持佛科院建设粤港澳智能微纳光电技术联合实验室。高标准建设粤港澳合作高端服务示范区、粤港澳协同发展合作区、大湾区影视产业合作试验区、港澳青年创业孵化基地等重大合作平台，促进港澳优势资源在佛山扎根发展。

多维拓展区域协调发展。积极参与珠三角核心区建设，加快完善衔接跨珠江口通道的高快速路网，加强与珠江两岸城市产业协同，携手共建世界级先进装备制造业集群。主动与沿海经济带城市合作发展海洋工程装备等战略性新兴产业，与北部生态发展区城市推进西江、北江流域上下游联动共治、协同发展。加快推进广湛高铁、珠肇高铁以及佛山西站枢纽新城建设，携手共建粤桂黔滇高铁经济带，增强佛山承东启西的枢纽功能。

（五）用好改革关键一招，加快构建市场化法治化国际化营商环境，不断激发市场活力和社会创造力

持续深化“放管服”改革。全面推进行政审批流程优化再造，分类编制实施政务服务事项清单，做到审批事项能简则简、能免则免。深化“一照通”改革，优化“企业开办一件事”工作流程。健全以信用为基础的新型市场监管机制，优化提升“人工智能+双随机”监管模式，建立“双随机”抽查结果部门间共享和互认互用机制，最大限度减少对企业正常经营活动的干扰。继续推进工程建设审批制度改革，加大“区域评估”“标准地”推进力度，全面落实产业建设项目“拿地即开工”。推进“互联网+不动产登记”改革，不动产抵押登记1小时内办结。深化政务服务“一网一门一次”改革，建成全市一体化在线政务服务平台，加快建设为民服务中心，实现政务服务事项100%“跨层联办”、90%“一网通办”、60%“异地可办”、30%“掌上即办”。

深化要素市场化配置改革。推进土地利用计划管理改革，探索用地指标分配与批而未供及闲置土地处置考核相挂钩，推动土地征收成片开发。探索开展农村集体承包地整村流转、打包流转试点，支持鼓励土地集约化、规模化经营。深化户籍制度改革，实现珠三角城市群户籍准入年限同城化累计互认，畅通劳动力要素有序流动。加快培育发展资本、技术、数据等要素市场，争取广东省数据交易中心落户，探索建设综合类大宗商品交易中心，打造珠江西岸创投中心和融资租赁区域中心。

着力激发各类市场主体活力。深入推进国家制造业转型升级综合改革试点，创新完善有利于制造业发展的体制机制，积极申报制造业高质量发展试验区。加快实施“三个一批”[17]企业培育行动，扎实推动“个转企、小升规、规改股、股上市”，做强做优做大制造业企业群。完善和落实促进民营经济高质量发展政策措施，落实各项减税降费政策，持续降低企业生产经营成本。健全各级领导挂点联系服务企业制度，依托“扶持通”平台，推动政府补助资金直达企业和个人，实现惠企利民政策服务“精准送”“马上办”。依法平等保护民营企业和民营企业家的合法权益，构建亲清政商关系。大力弘扬企业家精神、劳模精神和工匠精神。深化国资国企改革，加快国有资本布局优化和结构调

整，分类分层深化混合所有制改革，启动市属企业专业化整合。

（六）加强城市规划建设管理，推动城乡深度融合发展，加快建设高品质现代化国际化大城市

优化提升城市形态品质。统筹生产、生活、生态空间布局，完成新一轮国土空间总体规划编制，加快构建“1+1+7”组团式、多中心、网络化城镇空间布局⑱。大力推进中心城区城市形态提升，优化升级佛山新城、季华路、千灯湖等城市节点环境。加快东平河水轴线建设，确保十大滨水节点全面动工，活力新港等7个节点取得阶段性效果。坚持连片化集聚化开展“三旧”改造，加快城市更新三年行动计划108个项目建设，加强城镇老旧小区改造和社区建设，推动旧城换新颜。深化“三沿一口”⑲环境整治，抓好高速公路、国（省）干线公路重点路段及出入口环境优化提升。加快特色小镇建设，探索特色小镇开发、建设、运营一体化管理模式。统筹布局一批高品质市政设施建设，加快规划建设城市生命线、应急救援和物资储备等系统，增强城市发展韧性。扎实推进地下综合管廊建设与改造。积极推进海绵城市建设，增强城市防洪排涝功能。

全面掀起交通大建设。加强城市轨道交通建设，力争2号线一期、广州地铁7号线西延顺德段年内全线试运行，南海新交通首通段年内建成运营，3号线首通段2022年试运行，2号线二期、4号线一期、11号线年内开工。加快推进“一环”西拓、季华路西延线、塘西大道三期及其南延线等在建项目建设，综合治理交通拥堵，提升全市交通路网快速通达水平。全力推进佛山新机场建设前期工作，争取2022年全面动工。优化西江黄金水道港口码头布局，强化江海、水陆联运功能，积极融入大湾区港口群。深化公交市级统筹一体化改革，加强公交专用道和公交站场建设，完善慢行交通系统，规范共享出行发展。

推进智慧城市建设。出台数字佛山建设总体规划，高水平建设新型智慧城市，加快构建覆盖全域的“城市大脑”。深化数字技术在城市公共管理、公共安全、公共交通、民生事业等领域应用，加快建设“佛山通”城市服务App平台。打破公共数据壁垒、数据孤岛，推动政府数据安全有序开放共享。推进数字城管建设，加大城市管理黑点难点清除力度，强化沿街景观整治，打好违法建设治理攻坚仗。

全面实施乡村振兴战略。严守耕地红线，落实“菜篮子”市长负责制，抓紧抓实粮食、生猪等重要农产品生产，强化农产品质量安全。深化农业供给侧结构性改革，推进省农业科技示范市建设，加强主要粮食作物和重要农产品育种攻关，推广农业生态健康种养模式，加快创建一批国家级、省级现代农业产业园。深入实施乡村建设行动，加快完善农村水、电、路、气、通信、广播电视、物流等基础设施，加强农房管控和农村风貌提升，持续改善农村人居环境。加快“百里芳华”乡村振兴示范带及60个市级示范村建设，启动第六批30个古村落活化升级，连线连片全域建设岭南特色精美乡村。落实“四个不摘”⑳要求，接续推进省内对口帮扶，继续做好东西部协作、对口支援、对口合作工作，接续实施高明革命老区、三水南山侨区特别帮扶计划，完善防止返贫动态监测和即时帮扶机制，实现巩固拓展脱贫攻坚成果同乡村振兴有效衔接。

（七）践行绿色发展理念，扎实抓好污染治理和生态建设，促进人与自然和谐共生

深入打好污染防治攻坚战。强化多污染物协同控制和区域协同治理，推进以挥发性有机物为重点的工业源治理升级，深化机动车等移动污染源智能管控，完成省下达的空气质量指标。坚持“流域治理+一河一策”相结合，确保国考、省考断面水质达标，巩固提升广佛跨界河流治理成效，加快消除劣V类水体和农村黑臭水体。推进排水设施“三个一体化”管理㉑，提升城镇污水收集处理效能。建设优质饮用水工程。加强土壤、地下水和固体废物污染防治，强化农业面源污染防控，积极创建“无废城市”。做好第二轮中央生态环境保护督察迎检工作。

加强生态保护和修复。实施自然生态文明建设示范工程，加快建设生态景观廊道、城市滨水核心带等重点项目。落实河长制、湖长制、林长制，加强山水林田湖草系统治理，高标准打造16个万亩公园和18个千亩公园，新建碧道220千米，开展河心岛生态修复两年延伸计划，推进金沙岛、云东海国家湿地公园（试点）建设。建设大湾区高品质森林城市，高标准规划建设云勇国家森林公园和佛山植物园。建立健全森林资源保护发展责任体系。加快推进自然保护地整合优化，探索开展生态系统保护成效监测评估。

倡导绿色低碳生产生活方式。制定实施碳排放达峰行动方案，力争实现碳排放提前达峰，以碳达峰、碳中和牵引产业绿色低碳循环发展。大力推动绿色生产，强化节能减排和环保准入，推进传统制造业绿色化清洁化改造。培育壮大环保节能产业，推广应用节能低碳环保技术、装备和产品。优化能源结构，推广应用天然气、氢能、太阳能等清洁能源，创建绿色货运配送示范城市。推进政府采购支持绿色建材促进建筑品质提升试点，新建绿色建筑1000万平方米，装配式建筑占新建建筑面积23%以上。全面推进生活垃圾分类，所有街道生活垃圾分类基本实现全覆盖，到2024年全市基本建成生活垃圾分类处理系统。

（八）用心用情增进民生福祉，大力发展各项社会事业，不断增强人民群众获得感、幸福感、安全感

加大基本民生保障力度。落实“促进就业九条”，深入推进“粤菜师傅”“广东技工”“南粤家政”工程，促进创业带动就业和多渠道灵活就业，保障重点群体就业，确保就业形势稳定。深入推进“全民参保”计划，促进新就业形态从业人员参加社会保险。落实城乡低保标准动态调整机制，扩大低保救助覆盖面，建设“两站五点”㉒平台运作体系。实施养老服务体系建设提升三年行动计划，加快市颐养院、市新社会福利院建设。促进3岁以下婴幼儿照护服务发展。健全退役军人服务管理机制，提高双拥共建、移交安置、优抚优待水平。加快完善多主体供应、多渠道

保障、租购并举的住房制度，努力构建多层次住房保障体系。促进房地产市场平稳健康发展，扩大住房困难家庭保障覆盖面，探索发展共有产权住房，支持推动利用集体建设用地建设租赁住房试点，增加租赁住房供应，规范发展住房租赁市场。推动以居住证为载体的基本公共服务全覆盖，促进新市民融入佛山。

办好人民满意的教育。推动基础教育扩容提质，落实小区配建教育设施建设并移交举办公办学校和公办幼儿园，增加公办学位供给，支持各区创建国家学前教育普及普惠区和国家义务教育优质均衡发展区。深化高中分类创建和育人方式改革，全面消除普通高中学校大班额。推进佛科院第二轮高水平理工科大学和“强特色”建设，高起点规划建设香港理工大学（佛山），加快建设广州美术学院佛山校区。推动顺职院建设中国特色高水平高职院校，支持佛职院高质量特色化发展。深入实施强师工程和“十百千万人才培养计划”[23]，提高教师专业水平和工资待遇。

推进健康佛山建设。加快市疾控中心能力提升工程建设，推进市四医院建设市级重大疫情救治基地，确保市医疗急救指挥中心、市医疗废物处置项目建成运行，提高应对突发重大公共卫生事件能力。深化现代医院管理制度试点，落实高水平医院建设“登峰计划”，加快市二医院新院区、市中医院扩改建等项目建设。推进DRG付费改革国家试点，深化药品和医用耗材供应链改革，开展提升基层医疗机构医养结合能力试点。完善药品（疫苗）安全事件应急机制。加强华南区域中医诊疗中心（骨伤）建设，促进中医药产业发展，建设中医药强市。确保国家卫生城市复审考核取得优秀成绩。

加快建设文化强市。深入实施高质量文化导向型名城建设三年行动计划，持续擦亮“世界功夫之城”“粤菜粤厨名城”“博物馆之城”等品牌。深化国家公共文化服务体系示范区建设，完善市级“六馆三院”、区级“五馆一院”、镇（街道）“四馆一院”设施配套[24]，加快佛山文化中心“两馆一厅”[25]、佛山粤剧院等项目建设，市博物馆新馆年底建成开放。实施公共文化服务配送工程，推进“云上”文化工程建设。围绕全面建成小康社会、庆祝中国共产党成立100周年，组织开展系列主题展览、主题艺术演出等文化活动。广泛开展全民健身活动，建设社区体育公园等公共设施，大力发展体育产业。

加强社会治理和平安佛山建设。扎实开展市域社会治理现代化试点，完善城乡社区治理和服务体系，培育发展服务性、公益性、互助性社会组织，强化政府治理和社会调节、居民自治的良性互动，推动社会治理和服务重心向基层下移。优化社会治理方式，深化“综治中心+网格化+信息化”建设，持续提高社会治理协同化、精细化、智能化水平。坚持和发展新时代“枫桥经验”，持续推进社会矛盾问题专项治理，切实把安全隐患预防在前、化解在前、处置在前。健全立体化信息化社会治安防控体系，常态化开展扫黑除恶，严厉打击突出违法犯罪和新型网络犯罪。加强公共法律服务体系建设，改革创新信访工作。构建高水平全覆盖劳资纠纷调解体制机制，确保欠薪案件在今年春节前动态清零。推进智慧安全佛山建设，持续开展安全生产专项整治，争创安全发展示范城市。实施自然灾害防治工程，加强应急管理和救援力量建设，全面提高防灾减灾救灾能力。加强经济风险预警防控能力建设，开展非法集资源头治理和全链条治理，有效防范化解政府债务风险，坚决守住不发生区域性系统性风险底线。深化国家食品安全示范城市创建，全面实行食品销售风险分级，加强“阳光餐饮”平台推广应用，推进农贸市场升级改造及综合整治。做好地方粮食储备工作，保障全市粮食安全。

各位代表！为切实解决好人民群众最关心、最直接、最现实的问题，市政府广泛征集遴选了13件民生实事候选项目，形成书面报告，请各位代表审议并票选确定10件民生实事项目。我们将认真抓好落实，确保民生实事圆满完成。

各位代表！要做好今年各项工作，努力实现“十四五”发展目标，我们要毫不松懈抓好常态化疫情防控，坚持外防输入、内防反弹，确保不出现规模性输入和聚集性反弹，为经济社会平稳健康发展创造良好条件。我们必须坚持和加强党的全面领导，深入推进政府自身建设，努力提升政府治理能力。始终把政治建设摆在首位，自觉在思想上政治上行动上同以习近平同志为核心的党中央保持高度一致，确保把党的领导贯彻到政府履行职责全过程。严格落实全面从严治党主体责任，严明政治纪律和政治规矩，营造风清气正的政治生态。依法接受市人大及其常委会监督，自觉接受市政协民主监督。加强政务公开，主动接受社会和舆论监督，强化审计监督。深化法治政府建设，健全依法科学民主决策机制，加强重要领域政府立法，广泛听取各民主党派、工商联、无党派人士和各人民团体意见。深化行政执法体制改革，全面推行行政执法三项制度。坚持不懈抓好党风廉政建设，认真落实中央八项规定及其实施细则精神，驰而不息纠正“四风”，力戒形式主义、官僚主义，持续为基层减负。全市各级政府要继续带头过紧日子，严控“三公”经费预算，坚决取消不必要的项目支出。建立健全正向激励和容错纠错机制，为担当者担当、让履职者尽责，更好地肩负起党和人民赋予的使命和重托。

各位代表！新征程催人奋进，新作为有赖实干。让我们更加紧密地团结在以习近平同志为核心的党中央周围，在省委、省政府和市委的坚强领导下，高举中国特色社会主义伟大旗帜，以一往无前的奋斗姿态、风雨无阻的精神状态，全面开启建设社会主义现代化国家的新征程，以优异成绩庆祝建党100周年！

注释：

①“1+5+N”创新平台体系：“1”是三龙湾高端创新集聚区，“5”是佛山军民融合创新示范区、广东金融高新区、南三产业合作区、青年湖电子信息产业园、空港经济区，“N”是“一环创新圈”周边具有创新潜力的多个创新节点。

②“2+2+4”产业集群：第一个“2”是指装备制造等2个超万亿元产业集群，第二个“2”是指汽车及新能源等2个超

5000亿元产业集群，“4”是指智能制造装备及机器人等4个超3000亿元产业集群。

③“四上”企业：规模以上工业企业、资质等级建筑业企业、限额以上批零住餐企业、规模以上服务业企业等四类规模以上企业的统称。

④“三块地”改革：农村土地征收、集体经营性建设用地入市、宅基地管理制度改革。

⑤“1+4”广佛高质量发展融合试验区：“1”是“广州南站—三龙湾—荔湾海龙”片区作为广佛融合先导区，“4”是“南沙—顺德”“荔湾—南海”“白云—南海”“花都—三水”四个片区。

⑥学前教育“5080”计划：公办幼儿园在园幼儿占比达50%以上，普惠性幼儿园在园幼儿占比达80%以上。

⑦医联体：即区域医疗联合体。为缓解老百姓看病难问题，将同一区域内医疗资源整合起来，通常由一个区域内的三级医院与二级医院、社区医院、村医院组成一个医疗联合体。

⑧DRG付费：按照临床治疗相近、医疗资源消耗相近的原则对住院病例进行分组，医保基金按照同病组同费用原则，向医院支付医疗费用的付费方式。

⑨放心肉菜体系“五联创”：在肉菜销售环节涉及的食用农产品批发市场、农贸市场、超市、社区直营店、配送单位五类业态中创建放心消费肉菜单位。

⑩重大行政决策“7+1+1”模式：“7”是指出台《佛山市重大行政决策程序规定》《佛山市行政过错责任追究实施细则》《佛山市重大行政决策专家咨询论证办法（试行）》等7个文件。两个“1”分别指建立重大行政决策专家库和重大行政决策信息互动平台。

⑪“两新一重”建设：新型基础设施建设，新型城镇化建设，交通、水利等重大工程建设。

⑫粤菜师傅“1+5”系列工程：围绕建设世界知名“粤菜粤厨名城”这一目标，全面实施“厨出佛山”粤菜师傅培育工程、“寻味佛山”粤菜美食体验工程、“佛味鲜生”优质粤菜食材建设工程、“佛味秀世界”粤菜粤厨走出去工程、“佛游味劲”文旅餐饮融合发展工程5大重点工程。

⑬“同线同标同质”：支持出口企业在同一生产线按相同标准、相同质量要求生产既能出口又可内销的产品，实现内外销转型。

⑭“六大工程”：推动制造业高质量发展“强核工程”“立柱工程”“强链工程”“优化布局工程”“品质工程”“培土工程”。

⑮“四个一”培育方案：一链一中心、一链一图、一链一制、一链一策。

⑯六大核心产业地标：佛山创新灯塔社区、聚锦科创园、南海高端产业加速器、顺德机器人谷、鑫创AI国际科创智谷、佛山高新区三水现代产业园。

⑰“三个一批”：着力巩固一批具有强大竞争力的世界级企业，发展提升一批具有行业引领地位的创新型企业，培育打造一批具有高成长性的未来型企业。

⑱“1+1+7”组团式、多中心、网络化城镇空间布局：两个“1”分别指佛山主城区（中心城区）和佛山副中心（大良—容桂—伦教），“7”包括外围七个城市组团（高明组团、三水组团、西樵组团、南三组团、九江—龙江组团、空港组团、丹灶—白坭组团）。

⑲“三沿一口”：“三沿”是沿铁路、沿国（省）道、沿旅游景区区域；“一口”是高速公路出入口。

⑳“四个不摘”：摘帽不摘责任、摘帽不摘政策、摘帽不摘帮扶、摘帽不摘监管。

㉑排水设施“三个一体化”管理：排水设施建管一体化、厂网一体化、城乡一体化“三个一体化”管理模式。

㉒“两站五点”：“两站”是佛山市救助管理站、佛山市南海区救助站，“五点”是五区民政部门作为流浪乞讨人员救助咨询点。

㉓“十百千万人才培养计划”：到2020年，全市新增10名国家级基础教育杰出人才、100名省级基础教育领军人才、1000名市区两级“三名”人才（其中，市级300名），培养1万名校级以上骨干人才。

㉔市级“六馆三院”、区级“五馆一院”、镇（街道）“四馆一院”：市级“六馆三院”是图书馆、文化馆、博物馆、美术馆、非遗馆、体育馆、大剧院、粤剧院、影剧院。区级“五馆一院”是图书馆、文化馆、博物馆、美术馆（展示馆、纪念馆）、体育馆、影剧院。镇（街道）“四馆一院”是图书馆、文化馆（站）、美术馆（展示馆、纪念馆）、体育馆、影剧院。

㉕“两馆一厅”：美术馆、展览馆、音乐厅。

表73

2020年佛山市获批准的地方性法规一览表

法规名称	通过及批准时间	施行时间
《佛山市养犬管理条例》	2019年12月30日佛山市第十五届人民代表大会常务委员会第二十七次会议通过，2020年3月31日广东省第十三届人民代表大会常务委员会第十九次会议批准。	2020年5月1日起
《佛山市历史文化街区和历史建筑保护条例》（2020修正）	2015年12月18日佛山市第十四届人民代表大会常务委员会第三十二次会议通过，2016年1月21日广东省第十二届人民代表大会常务委员会第二十三次会议批准。根据2019年12月30日佛山市第十五届人民代表大会常务委员会第二十七次会议通过并经2020年4月29日广东省第十三届人民代表大会常务委员会第二十次会议批准的《关于修改〈佛山市历史文化街区和历史建筑保护条例〉等三项地方性法规的决定》修正。	2016年3月21日起

续表

法规名称	通过及批准时间	施行时间
《佛山市治理货物运输车辆超限超载条例》（2020修正）	2016年12月28日佛山市第十四届人民代表大会常务委员会第四十一次会议通过，2017年3月29日广东省第十二届人民代表大会常务委员会第三十二次会议批准。根据2019年12月30日佛山市第十五届人民代表大会常务委员会第二十七次会议通过并经2020年4月29日广东省第十三届人民代表大会常务委员会第二十次会议批准的《关于修改〈佛山市历史文化街区和历史建筑保护条例〉等三项地方性法规的决定》修正。	2017年7月1日起
《佛山市扬尘污染防治条例》（2020修正）	2017年11月6日佛山市第十五届人民代表大会常务委员会第六次会议通过，2017年11月30日广东省第十二届人民代表大会常务委员会第三十七次会议批准。根据2019年12月30日佛山市第十五届人民代表大会常务委员会第二十七次会议通过并经2020年4月29日广东省第十三届人民代表大会常务委员会第二十次会议批准的《关于修改〈佛山市历史文化街区和历史建筑保护条例〉等三项地方性法规的决定》修正。	2018年1月1日起

统计资料

表74

2020年佛山市及各区主要指标一览表

指标名称	计量单位	佛山市	禅城区	南海区	顺德区	高明区	三水区
年末常住人口	万人	951.88	133.15	367.79	323.56	46.91	80.47
年末户籍人口	万人	473.77	72.44	165.85	155.49	33.31	46.68
当地生产总值（按当年价计算）（快报数）	亿元	10816.47	1911.79	3177.55	3593.62	882.37	1251.13
第一产业	亿元	164.12	0.51	51.37	51.16	25.23	35.84
第二产业	亿元	6095.30	670.96	1742.35	2116.58	667.09	898.32
第三产业	亿元	4557.05	1240.32	1383.83	1425.88	190.05	316.98
人均生产总值（按常住人口计算）（快报数）	元	114157	144128	86943	111413	188540	156314
指数（以上年为100）（按可比价计算）（快报数）							
当地生产总值	%	101.6	100.1	100.7	104.1	101.3	100.3
第一产业	%	99.4	197.2	99.6	106.7	101.1	86.2
第二产业	%	101.3	96.6	100.0	105.4	101.0	99.3
第三产业	%	102.0	102.5	101.7	101.5	102.4	104.4
人均生产总值（按常住人口计算）（快报数）	%	100.2	99.3	98.6	103.0	100.6	99.0
规模以上工业增加值	亿元	4650.46	339.71	1144.47	1817.20	660.08	689.00
固定资产投资同比增长	%	0.8	–8.5	9.8	13.5	–6.6	–22.4
社会消费品零售总额	亿元	3289.09	754.96	1096.69	1097.72	124.21	215.51
地方一般公共预算收入	亿元	753.56	111.23	247.90	254.61	43.52	67.72
地方一般公共预算支出	亿元	1003.04	126.57	287.84	259.38	50.09	75.96

续表

指标名称	计量单位	佛山市	禅城区	南海区	顺德区	高明区	三水区
金融机构本外币存款余额	亿元	19161.40	4702.01	6382.64	6510.11	499.82	973.10
金融机构本外币贷款余额	亿元	14507.62	4339.57	4419.53	4349.95	438.46	855.17
常住居民人均可支配收入	元	56245	55141	57436	61485	39119	41040
常住居民人均生活消费支出	元	36936	37373	36220	42833	23826	23956

注：1. 当地生产总值、人均生产总值、指数均为快报数
　　2. 由于各区统计数值只保留到小数点两位，故各区累计数与全市统计数值略有出入

表 75

2020 年佛山市人口规模情况表

指标名称	计量单位	实　绩	指标名称	计量单位	实　绩
年末常住人口	万人	951.88	户籍人口城镇化率	%	93.33
城镇常住人口	万人	906.15	年平均人口	万人	467.52
常住人口城镇化率	%	95.20	年出生人口	人	68893
年末户籍人口	万人	473.77	年死亡人口	人	28965
城镇户籍人口	万人	442.20	年末总户数	万户	144.55

表 76

2020 年佛山市资源环境情况表

指标名称	计量单位	实　绩	指标名称	计量单位	实　绩
土地			**水资源**		
建成区面积	平方千米	162.35	水资源总量	万立方米	296300
城市现状建设用地面积	平方千米	153.40	降水量	毫米	1642.30
居住用地	平方千米	52.49	用水总量	万立方米	215500
建成区绿化覆盖面积	公顷	7405.43	**环境**		
建成区绿化覆盖率	%	45.61	污水处理率	%	100.13
建成区绿地面积	公顷	7013.43	生活垃圾无害化处理率	%	100.00
建成区绿地率	%	43.20	空气质量优良天数比例	%	91.0
公园绿地面积	公顷	3726.41	可吸入细颗粒物（$PM_{2.5}$）年平均浓度	微克/立方米	22.0
公园面积	公顷	2561.44	可吸入颗粒物（PM_{10}）年平均浓度	微克/立方米	43.0

表 77

2020 年佛山市经济发展情况表

指标名称	计量单位	实　绩	指标名称	计量单位	实　绩
地区生产总值（快报数）			第一产业增加值	万元	1641199
地区生产总值（当年价）	万元	108164709	第二产业增加值	万元	60952967

续表

指标名称	计量单位	实　绩
第三产业增加值	万元	45570544
人均地区生产总值	元	114157
财政		
地方一般公共预算收入	万元	7535609
税收收入	万元	5109782
地方一般公共预算支出	万元	10030420
一般公共服务支出	万元	1322527
科学技术支出	万元	1015580
教育支出	万元	1725234
文化体育与传媒支出	万元	224385
卫生健康支出	万元	1056866
节能环保支出	万元	195820
城乡社区支出	万元	1033402
交通运输支出	万元	258888
社会保障和就业支出	万元	891083
住房保障支出	万元	194583
金融		
年末金融机构人民币各项存款余额	万元	187823314
住户存款余额	万元	91943960
年末金融机构人民币各项贷款余额	万元	143549232
固定资产投资		
固定资产投资同比增长	%	0.8
房地产开发投资同比增长	%	6.7
住宅同比增长	%	12.2
对外贸易		
货物进口额（海关数）	万元	9291224
货物出口额（海关数）	万元	41311880
外商直接投资合同项目	个	523
当年实际使用外资额	万元	459187

指标名称	计量单位	实　绩
规模以上工业		
工业企业数	家	8020
内资企业	家	6981
国有企业	家	15
私营企业	家	6105
港、澳、台商投资企业	家	657
外商投资企业	家	382
工业总产值（当年价）	万元	230374141
内资企业	万元	164759901
国有企业	万元	412948
私营企业	万元	133580712
港、澳、台商投资企业	万元	37608965
外商投资企业	万元	28005276
资产总计	万元	167838708
固定资产原价	万元	85770670
流动资产合计	万元	96303267
营业收入	万元	222348462
营业成本	万元	186548528
税金及附加	万元	1101432
利润总额	万元	17029618
应交增值税	万元	5955356
贸易		
社会消费品零售总额	万元	32890941
限额以上批发零售业法人企业数	家	3908
零售业	家	649
批发和零售业商品销售额	万元	155222751
限额以上住宿餐饮业法人企业数	家	585
住宿餐饮业营业额	万元	2764161

表78

2020年佛山市旅游经济发展情况表

指标名称	计量单位	实 绩
入境游客	万人次	10.65
入境旅游收入	万美元	5122
境内游客	万人次	1746.54
境内旅游收入	亿元	321.51

表79

2020年佛山市人民生活情况表

指标名称	计量单位	实 绩
就业		
从业人员期末人数（城镇）	人	1513137
第一产业（农、林、牧、渔业）	人	244
第二产业	人	833208
采矿业	人	52
制造业	人	779507
电力、热力、燃气及水生产和供应业	人	22594
建筑业	人	31055
第三产业	人	679685
批发和零售业	人	67655
交通运输、仓储及邮政业	人	45032
住宿和餐饮业	人	16750
信息传输、软件和信息技术服务业	人	16615
金融业	人	92563
房地产业	人	50174
租赁和商业服务业	人	43206
科学研究和技术服务业	人	31739
水利、环境和公共设施管理业	人	17076
居民服务、修理和其他服务业	人	10156
教育	人	112070
卫生和社会工作	人	62171
文化、体育和娱乐业	人	6680
公共管理、社会保障和社会组织	人	107798
城镇登记失业人数	人	46631
城镇登记失业率	%	2.48
收入		
在岗职工平均工资	元	94536
常住居民人均可支配收入	元	56245
工资性收入	元	34983
经营净收入	元	6340
财产净收入	元	10600
转移净收入	元	4322
消费		
常住居民人均消费支出	元	36936
食品烟酒	元	11053
衣着	元	1164
居住	元	9315
生活用品及服务	元	2174
交通和通信	元	6535
教育文化娱乐	元	4018
医疗保健	元	1940

续表

指标名称	计量单位	实　绩	指标名称	计量单位	实　绩
其他用品及服务	元	737	彩色电视机	台	136.6
生活质量			空调	台	269.0
每百户居民家庭拥有量			移动电话	部	293.3
家用汽车	辆	82.7	计算机	台	107.2
洗衣机	台	107.3	城镇居民人均住房建筑面积	平方米	45.7
电冰箱（柜）	台	107.5			

表80

2020年佛山市基础设施情况表

指标名称	计量单位	实　绩	指标名称	计量单位	实　绩
交通运输			年末邮政局（所）数	个	185
域内公路总里程	千米	5485	邮政业务收入	万元	1359712
高速公路里程	千米	551	电信业务收入	万元	1401383
民用汽车拥有量	辆	2909885	固定电话年末用户数	万户	213
私人汽车拥有量	辆	2628121	移动电话年末用户数	万户	1179
年末实有公共汽（电）车营运车辆数	辆	6952	互联网宽带接入用户数	万户	303
公共汽（电）车客运总量	万人次	32253	能源电力		
年末实有出租汽车运营车数	辆	3073	全社会用电量	万千瓦时	7103021
轨道交通运营线路总长度	千米	28 .04	工业用电	万千瓦时	4423878
轨道交通客运总量	万人次	4483	生活设施		
公路客运量（全社会）	万人	1444	年末排水管道长度	千米	14697
公路货运量（全社会）	万吨	19502	年末公共供水管道长度	千米	11053
水运客运量（全社会）	万人	3	公共供水综合生产能力	万立方米/日	478
水运货运量（全社会）	万吨	4277	公共供水总量	万立方米	140050
民用航空客运量	万人	48	供气总量（人工煤气、天然气）	万立方米	226615
民用航空货邮运量	吨	989	居民家庭用气量	万立方米	17756
内河港口货物吞吐量（规模以上）	万吨	9285	液化石油气供气总量	吨	499003
邮电通信			居民家庭用量	吨	116646

表 81

2020年佛山市公共服务情况表

指标名称	计量单位	实　绩	指标名称	计量单位	实　绩
教育			执业（助理）医师数	人	21919
普通高等学校数	所	13	注册护士	人	28134
成人高等学校数	所	6	社会保障		
普通中学数	所	216	城镇职工基本养老保险参保人数	人	3413009
普通小学数	所	419	城乡居民基本养老保险参保人数	人	509222
幼儿园数	所	1039	城镇职工基本医疗保险参保人数	人	3623460
普通高等学校专任教师数	人	4186	城乡居民基本医疗保险参保人数	人	2340999
普通中学专任教师数	人	27749	失业保险参保人数	人	3063907
普通小学专任教师数	人	34626	工伤保险参保人数	人	3359892
幼儿园专任教师数	人	24258	生育保险参保人数	人	2969783
普通高等学校在校学生数	人	148311	提供住宿的社会工作机构数	个	86
成人高等学校在校学生数	人	23161	养老机构数	个	82
普通中学在校学生数	人	372916	提供住宿的社会工作机构床位数	张	18850
普通小学在校学生数	人	638742	养老机构床位数	张	17890
幼儿园在园幼儿数	人	338060	不提供住宿的社会工作机构和设施总数	个	2341
文体			社区服务机构和设施数	个	2338
县级以上公共图书馆数	个	6	城市居民最低生活保障人数	人	4039
县级以上公共图书馆图书藏量	万册	736.90	公共安全		
博物馆数	个	25	交通事故死亡人数	人	477
医疗			交通事故直接财产损失	万元	408.50
医疗卫生机构数	个	2281	火灾事故死亡人数	人	8
医院数	家	131	火灾事故直接财产损失	万元	9742.52
医疗卫生机构床位数	张	38518	刑事案件立案数	起	10810
医院床位数	张	35852	刑事罪犯人数	人	14064
卫生技术人员数	人	60946	青少年人数（年龄14 ～ 25岁）	人	2300

表 82

2020年佛山市科技创新情况表

指标名称	计量单位	实　绩
专利授权数	件	73870
发明专利授权数	件	5652

地名命名及调整

表83　　2020年佛山市地名命名情况表

序号	行政归属	标准地名	汉语拼音	类别	位置	原名	备注
				禅城区			
1	禅城区	普君南路	Pǔjūn Nánlù	道路街巷名	南起同济东路，北至普君北路	无	命名
2	禅城区	安怀直街	ānhuái Zhíjiē	道路街巷名	南起佛平路，北至红强街	无	命名
3	禅城区	魁龙街	Kuílóng Jiē	道路街巷名	南起镇中路，北至规划路	无	命名
4	禅城区	华存街	Huácún Jiē	道路街巷名	东起季华北路，西至存院围路	无	命名
5	禅城区	华景路	Huájǐng Lù	道路街巷名	南起东平三路，北至绿景东路	无	命名
6	禅城区	安泽街	ānzé Jiē	道路街巷名	西起曲水路，北至规划路	无	命名
7	禅城区	雾峰街	Wùfēng Jiē	道路街巷名	南起五峰公园北侧的规划路，北至五峰三路	无	命名
8	禅城区	绿荟街	Lǜhuì Jiē	道路街巷名	南起季华西路，北至科洋路	无	命名
9	禅城区	溶沁街	Róngqìn Jiē	道路街巷名	南起规划环路，北至江渚路	无	命名
10	禅城区	先锋古道	Xiānfēng Gǔdào	道路街巷名	西起汾江中路，过松风路直入50米，向南转至青云街	无	命名
11	禅城区	镇中二路	Zhènzhōng 2 Lù	道路街巷名	南起魁奇西路，北至江湾三路	无	命名
12	禅城区	镇中三路	Zhènzhōng 3 Lù	道路街巷名	南起佛山大道，北至魁奇西路	无	命名
13	禅城区	友祥路	Yǒuxiáng Lù	道路街巷名	南起茂祥路，北至三友南路	无	命名
14	禅城区	福昌街	Fúchāng Jiē	道路街巷名	东起玫瑰东路，西止金澜北路	无	命名
15	禅城区	福满街	Fúmǎn Jiē	道路街巷名	南起福华路，北止规划路（福昌街）	无	命名
16	禅城区	福盈街	Fúyíng Jiē	道路街巷名	东起玫瑰西路，西止金澜北路	无	命名
17	禅城区	峻德街	Jùndé Jiē	道路街巷名	南起黎明二路，北至魁奇二路	无	命名
18	禅城区	鲤鱼沙道	Lǐyúshā Dào	道路街巷名	西起文华北路，东至“金海花园”住宅小区	无	命名
19	禅城区	杉街	Shān Jiē	道路街巷名	南起卫国路，172米后向东转折至莺岗街	无	命名
20	禅城区	才高路	Cáigāo Lù	道路街巷名	东起季华北路，西至存院围路	无	命名
21	禅城区	敏学路	Mǐnxué Lù	道路街巷名	南起学富路，北至张槎西路	无	命名
22	禅城区	荷润街	Hérùn Jiē	道路街巷名	南起湖明街，北至绿景三路	无	命名
23	禅城区	宝祥街	Bǎoxiáng Jiē	道路街巷名	南起茂祥路，北至三友南路	无	命名
24	禅城区	宏富路	Hóngfù Lù	道路街巷名	南起张槎一路，北至江堤二路	无	命名
25	禅城区	科翔路	Kēxiáng Lù	道路街巷名	东起规划路，西至登贤大道	无	命名

续表

序号	行政归属	标准地名	汉语拼音	类别	位置	原名	备注
26	禅城区	缘堤路	Yuándī Lù	道路街巷名	北起佛平路，南至支十六路（规划路）	无	命名
27	禅城区	大豆横街	Dàdòu Héngjiē	道路街巷名	东起缘堤路（规划路），西至朝安北路	无	命名
28	禅城区	紫清街	Zǐqīng Jiē	道路街巷名	东起次九路（规划路），西至工农路	无	命名
29	禅城区	佳兆业悦峰府	Jiāzhàoyè Yuèfēng Fǔ	建筑物名	佛山市禅城区石湾镇街道镇中路西侧	无	命名
30	禅城区	伴珑苑	Bànlóng Yuàn	建筑物名	佛山市禅城区石湾镇街道曲水路东侧	无	命名
31	禅城区	恒大滨江华府	Héngdà Bīnjiāng Huáfǔ	建筑物名	佛山市禅城区张槎街道季华北路西侧	无	命名
32	禅城区	岭南嘉誉禾园	Lǐngnán Jiāyù Héyuán	建筑物名	佛山市禅城区祖庙街道普君东路南侧	无	命名
33	禅城区	星河云颂府	Xīnghé Yúnsòng Fǔ	建筑物名	佛山市禅城区祖庙街道办事处北侧	无	命名
34	禅城区	龙光瀚江府	Lóngguāng Hànjiāng Fǔ	建筑物名	佛山市禅城区石湾镇街道华景路东侧	无	命名
35	禅城区	星禅宝丰府	Xīngchán Bǎofēng Fǔ	建筑物名	佛山市禅城区石湾镇街道茂祥路北侧	无	命名
36	禅城区	景绅大楼	Jǐngshēn Dàlóu	建筑物名	佛山市禅城区祖庙街道桂海花园北侧	无	命名
37	禅城区	誉雅花园	Yùyǎ Huāyuán	建筑物名	佛山市禅城区南庄镇湖田路东侧	无	命名
38	禅城区	中交白兰春晓苑	Zhōngjiāo Báilán Chūnxiǎo Yuàn	建筑物名	佛山市禅城区祖庙街道货站东路南侧	无	命名
39	禅城区	保利时代辰悦公馆	Bǎolì Shídài Chényuè Gōngguǎn	建筑物名	佛山市禅城区祖庙街道河滨路西侧	无	命名
40	禅城区	馨悦华府	Xīnyuè Huáfǔ	建筑物名	佛山市禅城区石湾镇街道新明一路北侧	无	命名
41	禅城区	龙光天璟名苑	Lóngguāng Tiānjǐng Míngyuàn	建筑物名	佛山市禅城区石湾镇街道平远西街南侧	无	命名
42	禅城区	帝欧家居大厦	Dìōu Jiājū Dàshà	建筑物名	佛山市禅城区张槎街道江湾一路南侧	无	命名
43	禅城区	世茂望湖花园	Shìmào Wànghú Huāyuán	建筑物名	佛山市禅城区南庄镇弘德路西侧	无	命名
44	禅城区	天樾水岸花园	Tiānyuè Shuǐ'àn Huāyuán	建筑物名	佛山市禅城区石湾镇街道东平一路北侧	无	命名
45	禅城区	敏捷珑玥府	Mǐnjié Lóngyuè Fǔ	建筑物名	佛山市禅城区祖庙街道文沙路西侧	无	命名
46	禅城区	嘉豪名苑	Jiāháo Míngyuàn	建筑物名	佛山市禅城区祖庙街道后龙东街南侧	无	命名
47	禅城区	观澜苑	Guānlán Yuàn	建筑物名	佛山市禅城区张槎街道存院围路东侧	无	命名
48	禅城区	辉逸云庭	Huīyì Yúntíng	建筑物名	佛山市禅城区南庄镇登贤大道东侧	无	命名
				南海区			
49	南海区	金峰路	Jīnfēng Lù	道路街巷名	起：沉香沙大桥（规划中）；止：里水大道中	无	命名

续表

序号	行政归属	标准地名	汉语拼音	类别	位置	原名	备注
50	南海区	天贤路	Tiānxián Lù	道路街巷名	起：天韵路；止：金峰路	无	命名
51	南海区	天韵路	Tiānyùn Lù	道路街巷名	起：天贤路；止：金峰路	无	命名
52	南海区	天安路	Tiān'ān Lù	道路街巷名	起：金峰路；止：白塔村工业大道	无	命名
53	南海区	天康路	Tiānkāng Lù	道路街巷名	起：金峰路；止：白塔村工业大道	无	命名
54	南海区	白塔村工业大道	Báitǎcūn Gōngyè Dàdào	道路街巷名	起：里广路；止：恒大酒店	无	命名
55	南海区	联庆雅亭	Liánqìng Yǎtíng	建筑物名	广东省佛山市南海区大沥镇钟边村联庆股份合作经济社地段	无	命名
56	南海区	云逸轩	Yúnyì Xuān	建筑物名	广东省佛山市南海区里水镇里水大道南105号之3	无	命名
57	南海区	六和商业楼	Liùhé Shāngyè Lóu	建筑物名	佛山市南海区大沥镇黄岐红星十二亩2号	无	命名
58	南海区	金沙康和汇南楼	Jīnshā Kānghéhuì Nánlóu	建筑物名	佛山市南海区丹灶镇西联村东村村小组“白沙”地段	无	命名
59	南海区	辰美教育培训大楼	Chénměi Jiāoyù Péixùn Dàlóu	建筑物名	佛山市南海区桂城街道三山新城F02街区	无	命名
60	南海区	天璞府	Tiānpú Fǔ	建筑物名	广东省佛山市南海区大沥镇水头工业区地段	无	命名
61	南海区	星展商业大厦	Xīngzhǎn Shāngyè Dàshà	建筑物名	佛山市南海区大沥镇水头村潘村股份合作经济社地段	无	命名
62	南海区	臻尚轩	Zhēnshàng Xuān	建筑物名	佛山市南海区九江镇大正路北10号之一	无	命名
63	南海区	沿沙巷	Yánshā Xiàng	道路街巷名	东西U型走向。起：蟾龙北路；止：蟾龙北路	无	命名
64	南海区	海逸文汇轩	Hǎiyì Wénhuì Xuān	建筑物名	广东省佛山市南海区狮山镇官窑社会管理处永安村（土名）“马鞍岗”地段	无	命名
65	南海区	樵美楼	Qiáoměi Lóu	建筑物名	广东省佛山市南海区西樵镇崇南村涌口村村民小组“过境路北边”地段	无	命名
66	南海区	翔海保悦楼	Xiánghǎi Bǎoyuè Lóu	建筑物名	广东省佛山市南海区桂城街佛平新路南侧	无	命名
67	南海区	融湖华庭	Rónghú Huátíng	建筑物名	广东省佛山市南海区丹灶镇仙湖度假区环湖路“庵岗”地段	无	命名
68	南海区	裕桂楼	Yùguì Lóu	建筑物名	佛山市南海区桂城街道桂城城区	无	命名
69	南海区	美的德贤大厦	Měidì Déxián Dàshà	建筑物名	佛山市南海区大沥镇盐步横江村委会富华村地段	美的德贤公馆	更名
70	南海区	联东优智园	Liándōng Yōuzhì Yuán	建筑物名	广东省佛山市南海区丹灶镇南沙社区森树基路10号	无	命名
71	南海区	奕皓商业楼	Yìhào Shāngyè Lóu	建筑物名	广东省佛山市南海区狮山镇罗村街边（土名）“凤林前”地段	无	命名

续表

序号	行政归属	标准地名	汉语拼音	类别	位置	原名	备注
72	南海区	荣望熙园	Róngwàng Xīyuán	建筑物名	广东省佛山市南海区里水镇草场居委会地段	无	命名
73	南海区	环德路	Huándé Lù	道路街巷名	南北U型走向。起：教育路；止：教育路	无	命名
74	南海区	永吉路	Yǒngjí Lù	道路街巷名	起：桂和公路；止：金贸大道	无	命名
75	南海区	创客路	Chuàngkè Lù	道路街巷名	起：广佛新干线中；止：规划路	无	命名
76	南海区	中骏山水珑院	Zhōngjùn Shānshuǐ Lóngyuàn	建筑物名	佛山市南海区西樵镇听音湖片区樵韵路南侧、武鸿路东侧地块	无	命名
77	南海区	中骏山水雅苑	Zhōngjùn Shānshuǐ Yǎyuàn	建筑物名	佛山市南海区西樵镇听音湖片区樵韵路南侧、武鸿路东侧地块	无	命名
78	南海区	乔康达商业中心	Qiáokāngdá Shāngyè Zhōngxīn	建筑物名	广东省佛山市南海区西樵镇岭西村“凡水西”地段	无	命名
79	南海区	云禧园	Yúnxǐ Yuán	建筑物名	广东省佛山市南海区桂城街三山科丰路以东	无	命名
80	南海区	凤东商业楼	Fèngdōng Shāngyè Lóu	建筑物名	广东省佛山市南海区大沥镇凤池村凤东股份合作经济社（土名）“木瓜园”地段	无	命名
81	南海区	濠弘苑	Háohóng Yuàn	建筑物名	佛山市南海区桂城街道环岛西路以西、西江涌以北地段	无	命名
82	南海区	学海路	Xuéhǎi Lù	建筑物名	起：广佛路；止：广佛新干线东	无	命名
83	南海区	金富路	Jīnfù Lù	建筑物名	起：智领路；止：大岸南坊经济社东边鱼塘	无	命名
84	南海区	智领路	Zhìlǐng Lù	建筑物名	起：樵金南路；止：领创誉园西侧	无	命名
85	南海区	樵誉路	Qiáoyù Lù	建筑物名	起：樵金南路；止：奥誉华庭西侧	无	命名
86	南海区	樵纺路	Qiáofǎng Lù	建筑物名	起：樵誉路；止：大新路	无	命名
87	南海区	兴谷园	Xìnggǔ Yuán	建筑物名	佛山市南海区桂城街佛平路南侧B11地块地段	无	命名
88	南海区	紫山路	Zǐshān Lù	道路街巷名	起：旗文路；止：紫山花园商业用房	无	命名
89	南海区	沥口东巷	Lìkǒu Dōngxiàng	道路街巷名	起：沥口村东；止：里和南路	无	命名
90	南海区	天鹅观邸	Tiān'é Guāndǐ	建筑物名	广东省佛山市南海区大沥镇黄岐白沙村地段	无	命名
91	南海区	西樵伟安科创园	Xīqiáo Wěiān Kēchuàng Yuán	建筑物名	广东省佛山市南海区西樵镇纺织产业基地	无	命名
92	南海区	云澜苑	Yúnlán Yuàn	建筑物名	广东省佛山市南海区里水镇里水大道南105号之一	无	命名
93	南海区	富临雅亭	Fùlín Yǎtíng	建筑物名	佛山市南海区大沥镇钟边铁村工业区	无	命名
94	南海区	悦江学尚府	Yuèjiāng Xuéshàng Fǔ	建筑物名	广东省佛山市南海区大沥镇盐步桥西新厂区地段	无	命名

续表

序号	行政归属	标准地名	汉语拼音	类别	位置	原名	备注
95	南海区	时代水岸泽苑	Shídài Shuǐ'àn Zéyuàn	建筑物名	广东省佛山市南海区大沥镇黄岐泌冲沿江路地段	无	命名
96	南海区	濠莲商业大厦	Háolián Shāngyè Dàshà	建筑物名	广东省佛山市南海区桂城街道三山渡口地段	无	命名
97	南海区	宏鹰商业楼	Hóngyīng Shāngyè Lóu	建筑物名	佛山市南海区里水镇宏岗村里和路7号	无	命名
98	南海区	时代冠华商业广场	Shídài Guànhuá Shāngyè Guǎngchǎng	建筑物名	佛山市南海区桂城街叠北社区海八西路华南车城北区地段A、B区	无	命名
99	南海区	时代冠晟苑	Shídài Guànshèng Yuàn	建筑物名	佛山市南海区桂城街叠北社区海八西路华南车城北区地段C区	无	命名
100	南海区	时代冠熙苑	Shídài Guànxī Yuàn	建筑物名	佛山市南海区桂城街叠北社区海八西路华南车城北区地段D区	无	命名
101	南海区	中交云湾庭	Zhōngjiāo Yúnwān Tíng	建筑物名	佛山市南海区桂城街道林岳大道南侧、广珠西线东侧地段	无	命名
102	南海区	仙湖科技大楼	Xiānhú Kējì Dàlóu	建筑物名	佛山市南海区丹灶镇仙湖旅游度假区内	无	命名
103	南海区	南博楼	Nánbó Lóu	建筑物名	佛山市南海区狮山镇白沙桥村庄边村民小组	无	命名
104	南海区	蓝光柏誉苑	Lánguāng Bǎiyù Yuàn	建筑物名	佛山市南海区里水镇官和路地段	无	命名
105	南海区	叠庆路	Diéqìng Lù	道路街巷名	起：轩龙路；止：轩城路	无	命名
106	南海区	叠韵路	Diéyùn Lù	道路街巷名	起：轩龙路；止：轩城路	无	命名
107	南海区	叠胜路	Diéshèng Lù	道路街巷名	起：轩龙路；止：轩城路	无	命名
108	南海区	轩城路	Xuānchéng Lù	道路街巷名	起：文华北路；止：南一路	无	命名
109	南海区	龙福路	Lóngfú Lù	道路街巷名	起：轩龙路；止：海八路	无	命名
110	南海区	龙景路	Lóngjǐng Lù	道路街巷名	起：轩龙路；止：海八路	无	命名
111	南海区	轩龙路	Xuānlóng Lù	道路街巷名	起：文华北路；止：桂和路	无	命名
112	南海区	云栖公馆	Yúnqī Gōngguǎn	建筑物名	广东省佛山市南海区丹灶镇金沙城区D3小区地段	无	命名
113	南海区	听音湖美食轩	Tīngyīnhú Měishí Xuān	建筑物名	佛山市南海区西樵镇锦湖片区（听音湖片区）爱国村杏头村小组	无	命名
114	南海区	甘蕉商业楼	Gānjiāo Shāngyè Lóu	建筑物名	佛山市南海区里水镇甘蕉村（土名）“河村”地段	无	命名
115	南海区	弘爱路	Hóng'ài Lù	道路街巷名	起：兴业路；止：阳朝路	无	命名
116	南海区	阳朝路	Yángzhāo Lù	道路街巷名	起：弘爱路；止：博爱路	无	命名
117	南海区	科云路	Kēyún Lù	道路街巷名	起：长江路；止：科睿路	无	命名
118	南海区	江滨八街	Jiāngbīn 8 Jiē	道路街巷名	起：江滨路；止：新堤西路	无	命名
119	南海区	凤江路	Fèngjiāng Lù	道路街巷名	起：乐学路和树人路交叉口；止：金峰路	无	命名

续表

序号	行政归属	标准地名	汉语拼音	类别	位置	原名	备注
120	南海区	乐学路	Lèxué Lù	道路街巷名	起：凤江路和树人路交叉口；止：规划路	无	命名
121	南海区	树人路	Shùrén Lù	道路街巷名	起：里广路；止：乐学路和凤江路交叉口	无	命名
122	南海区	云诚苑	Yúnchéng Yuàn	建筑物名	佛山市南海区桂城街道泰山路西侧、广珠西线东侧、贵广高铁以南	无	命名
123	南海区	泊捷大楼	Bójié Dàlóu	建筑物名	佛山市南海区桂城街道天佑一路7号	无	命名
124	南海区	铂悦华庭	Bóyuè Huátíng	建筑物名	佛山市南海区里水镇洲村社区居民委员会（土名）“边带路”地段	无	命名
125	南海区	誉湖尚居	Yùhú Shàngjū	建筑物名	广东省佛山市南海区狮山镇南油基地“洗马井岗”地段	无	命名
126	南海区	五八科创园	Wǔbā Kēchuàng Yuán	建筑物名	广东省佛山市南海区西樵镇山根经济联合社工业区	无	命名
127	南海区	云禧北园	Yúnxǐ Běiyuán	建筑物名	广东省佛山市南海区桂城街三山科丰路以东	无	命名
128	南海区	山语湖翰文府	Shānyǔhú Hànwén Fǔ	建筑物名	佛山市南海区里水镇和顺美景水库地段	无	命名
129	南海区	爱碧斯健护产业中心	àibìsī Jiànhù Chǎnyè Zhōngxīn	建筑物名	佛山市南海区桂城街道三山科技创意产业园SS-A05-01地块	无	命名
130	南海区	中海珑湾半岛花园	Zhōnghǎi Lóngwān Bàndǎo Huāyuán	建筑物名	佛山市南海区桂城街道港口路西侧、林荫大道南侧、黄猄涌以北地段	无	命名
131	南海区	里水惠民轩	Lǐshuǐ Huìmín Xuān	建筑物名	广东省佛山市南海区里水镇里广路219号	无	命名
132	南海区	溪悦苑	Xīyuè Yuàn	建筑物名	广东省佛山市南海区桂城街道佛山“一环”东侧、夏平路北侧地块	无	命名
133	南海区	钟边商业楼	Zhōngbiān Shāngyè Lóu	建筑物名	广东省佛山市南海区大沥镇钟边社区铁村股份经济合作社地段	无	命名
134	南海区	海逸文聚轩	Hǎiyì Wénjù Xuān	建筑物名	广东省佛山市南海区狮山镇官窑社会管理处禅炭路东风水库地段	无	命名
135	南海区	同堂路	Tóngtáng Lù	道路街巷名	起：规划路；止：信息大道中	无	命名
136	南海区	翡丽滨江园	Fěilì Bīnjiāng Yuán	建筑物名	广东省佛山市南海区九江镇沙头迎宾路北村地段	无	命名
137	南海区	艺力天地商台	Yìlì Tiāndì Shāngtái	建筑物名	佛山市南海区大沥镇凤池村小布股份合作经济社地段	无	命名
138	南海区	樵弘轩	Qiáohóng Xuān	建筑物名	广东省佛山市南海区西樵镇环山大道20号樵晖新城丹桂路侧	无	命名
139	南海区	明德轩	Míngdé Xuān	建筑物名	广东省佛山市南海区大沥镇盐步村庵前组“力尾涌”地段	无	命名
140	南海区	里水花园大道	Lǐshuǐ Huāyuán Dàdào	道路街巷名	起：和顺大道；止：联安围	无	命名

续表

序号	行政归属	标准地名	汉语拼音	类别	位置	原名	备注
141	南海区	科顺路	Kēshùn Lù	道路街巷名	起：联安围；止：里水花园大道	无	命名
142	南海区	科胜路	Kēshèng Lù	道路街巷名	起：广佛江珠高速辅道；止：里水花园大道	无	命名
143	南海区	科鹏路	Kēpéng Lù	道路街巷名	起：广佛江珠高速辅道；止：联安围	无	命名
144	南海区	罗高路	Luógāo Lù	道路街巷名	起：岐岗村村口；止：罗湖中路	无	命名
145	南海区	朗月街	Lǎngyuè Jiē	道路街巷名	起：南湖三路；止：南湖二路	无	命名
146	南海区	维尚国际广场	Wéishàng Guójì Guǎngchǎng	建筑物名	广东省佛山市南海区广东金融高新技术服务区B区中央大街以南、宝翠北路以西03-01-12地块	无	命名
147	南海区	书香雅苑	Shūxiāng Yǎyuàn	建筑物名	广东省佛山市南海区丹灶镇大金智地云峰路南侧	无	命名
148	南海区	翠万丽大楼	Cuìwànlì Dàlóu	建筑物名	佛山市南海区桂城街平东社区平东大道以南，内环路以西地段	无	命名
149	南海区	雄狮综合楼	Xióngshī Zōnghé Lóu	建筑物名	佛山市南海区狮山镇华涌社区六约一、六约二股份经济合作社地段	无	命名
150	南海区	保利和馨园	Bǎolì Héxīn Yuán	建筑物名	广东省佛山市南海区丹灶镇工业大道28号地段	无	命名
				顺德区			
151	顺德区	德澄路	Déchéng Lù	道路街巷名	南起澄海路，北止德胜中路	无	命名
152	顺德区	龙涌口龙翔路	Lóngyǒngkǒu Lóngxiáng Lù	道路街巷名	北起龙沙路，南至龙康西路	无	命名
153	顺德区	龙涌口龙东路	Lóngyǒngkǒu Lóngkāng Dōnglù	道路街巷名	西起龙安路，东至接龙路	无	命名
154	顺德区	卓越路	Zhuōyuè Lù	道路街巷名	北起美的大道，南止华师附属北滘学校门交界处	无	命名
155	顺德区	新吉路	Xīnjí Lù	道路街巷名	南起新峰路，北止银畔路	无	命名
156	顺德区	新吉路一街	Xīnjí Lù 1 Jiē	道路街巷名	东起锦龙路，西止新吉路东侧新起住宅	无	命名
157	顺德区	新吉路二街	Xīnjí Lù 2 Jiē	道路街巷名	东起锦龙路，西止新吉路东侧新起住宅	无	命名
158	顺德区	新吉路三街	Xīnjí Lù 3 Jiē	道路街巷名	东起锦龙路，西止新吉路	无	命名
159	顺德区	新吉路四街	Xīnjí Lù 4 Jiē	道路街巷名	东起锦龙路，西止新吉路东侧新起住宅	无	命名
160	顺德区	新吉路五街	Xīnjí Lù 5 Jiē	道路街巷名	东起锦龙路，西止新吉路东侧新起住宅	无	命名
161	顺德区	新吉路六街	Xīnjí Lù 6 Jiē	道路街巷名	东起银畔路五街西侧新起住宅，西止锦龙路	无	命名
162	顺德区	新吉路七街	Xīnjí Lù 7 Jiē	道路街巷名	东起银畔路五街西侧新起住宅，西止锦龙路	无	命名
163	顺德区	新吉路八街	Xīnjí Lù 8 Jiē	道路街巷名	东起银畔路五街，西止锦龙路	无	命名

续表

序号	行政归属	标准地名	汉语拼音	类别	位置	原名	备注
164	顺德区	新吉路九街	Xīnjí Lù 9 Jiē	道路街巷名	东起银畔路五街西侧新起住宅，西止锦龙路	无	命名
165	顺德区	新吉路十街	Xīnjí Lù 10 Jiē	道路街巷名	东起银畔路五街西侧新起住宅，西止锦龙路	无	命名
166	顺德区	扶东二路一街	Fúdōng 2 Lù 1 Jiē	道路街巷名	西接高地村边，东止扶东二路	无	命名
167	顺德区	扶东二路一街一巷	Fúdōng 2 Lù 1 Jiē 1 Xiàng	道路街巷名	南起扶东二路一街，北止扶东二路三街	无	命名
168	顺德区	扶东二路二街	Fúdōng 2 Lù 2 Jiē	道路街巷名	西起高地村边，东止扶东二路一街一巷	无	命名
169	顺德区	扶东二路三街	Fúdōng 2 Lù 3 Jiē	道路街巷名	西起高地村边，东止扶东二路	无	命名
170	顺德区	扶东二路三街一巷	Fúdōng 2 Lù 3 Jiē 1 Xiàng	道路街巷名	南起扶东二路三街，北止扶东二路四街	无	命名
171	顺德区	扶东二路三街二巷	Fúdōng 2 Lù 3 Jiē 2 Xiàng	道路街巷名	南起扶东二路三街，北止扶东二路四街	无	命名
172	顺德区	扶东二路三街三巷	Fúdōng 2 Lù 3 Jiē 3 Xiàng	道路街巷名	南起扶东二路三街，北止扶东二路四街	无	命名
173	顺德区	扶东二路三街四巷	Fúdōng 2 Lù 3 Jiē 4 Xiàng	道路街巷名	南起扶东二路三街，北止扶东二路四街	无	命名
174	顺德区	扶东二路四街	Fúdōng 2 Lù 4 Jiē	道路街巷名	西起高地村边，东止扶东二路	无	命名
175	顺德区	扶东二路四街一巷	Fúdōng 2 Lù 4 Jiē 1 Xiàng	道路街巷名	南起扶东二路四街，北止高地村边	无	命名
176	顺德区	扶东二路四街二巷	Fúdōng 2 Lù 4 Jiē 2 Xiàng	道路街巷名	南起扶东二路四街，北止高地村边	无	命名
177	顺德区	德疆路	Déjiāng Lù	道路街巷名	东起于“一环”辅道，西止展荷路交界处	无	命名
178	顺德区	海疆路	Hǎijiāng Lù	道路街巷名	北起于荷岳路，南止吉庆南路交界处	无	命名
179	顺德区	工展东路	Gōngzhǎn Dōnglù	道路街巷名	北起于工展路，南止荷岳路交界处	无	命名
180	顺德区	工展中路	Gōngzhǎn Zhōnglù	道路街巷名	北起于工展路，南止荷岳路交界处	无	命名
181	顺德区	培龙路	Péilóng Lù	道路街巷名	东起伦桂路，西至规划容桂纵十三路	无	命名
182	顺德区	穗宝街	Suìbǎo Jiē	道路街巷名	西起伦桂路，东止永宁路	无	命名
183	顺德区	穗新街	Suìxīn Jiē	道路街巷名	西起兴德路悦兴一坊，东止新兴路	无	命名
184	顺德区	世伦路	Shìlún Lù	道路街巷名	道路南起伦教世纪路，北止伦教伦常北路	无	命名
185	顺德区	常富路	Chángfù Lù	道路街巷名	道路南起伦教振兴东路，北止伦教体育路	无	命名
186	顺德区	伦美一路	Lúnměi 1 Lù	道路街巷名	道路南起人民路，北止新成路	无	命名

续表

序号	行政归属	标准地名	汉语拼音	类别	位置	原名	备注
187	顺德区	伦美二路	Lúnměi 2 Lù	道路街巷名	道路南起人民路，北止新成路	无	命名
188	顺德区	伦和路	Lúnhé Lù	道路街巷名	道路东起广珠公路，西止南苑中路	无	命名
189	顺德区	悦成路	Yuèchéng Lù	道路街巷名	道路东起汇东路，西止伦桂路	无	命名
190	顺德区	博观路	Bóguān Lù	道路街巷名	北起于碧桂园大道，南止丰吉路交界处	无	命名
191	顺德区	丰吉路	Fēngjí Lù	道路街巷名	东起于群力堤围路，西止群力路交界处	无	命名
192	顺德区	泮浦路	Pànpǔ Lù	道路街巷名	东起于群力堤围路，西止博观路交界处	无	命名
193	顺德区	大丰路	Dàfēng Lù	道路街巷名	北起于碧桂园大道，南止丰吉路交界处	无	命名
194	顺德区	科魁路	Kēkuí Lù	道路街巷名	东起于群力堤围路，西止新碧路延线交界处	无	命名
195	顺德区	博创路	Bóchuàng Lù	道路街巷名	北起于泮浦路，南止科魁路交界处	无	命名
196	顺德区	科贤路	Kēxián Lù	道路街巷名	东起于南平路，西止新碧路交界处	无	命名
197	顺德区	乐创路	Lèchuàng Lù	道路街巷名	东起于美的大道，西止于横五路交界处	无	命名
198	顺德区	绿泽路	Lǜzé Lù	道路街巷名	东起于益丰路，西止于横五路交界处	无	命名
199	顺德区	观莲路	Guānlián Lù	道路街巷名	南起乌石岗边，北止西巷南路	无	命名
200	顺德区	观纳路	Guānnà Lù	道路街巷名	南起G105边，东止新中北路	无	命名
201	顺德区	德秀街	Déxiù Jiē	道路街巷名	南起容奇大道东，北止滨河路	无	命名
202	顺德区	龙瞻路	Lóngzhān Lù	道路街巷名	东起龙创路，西止于纬五路（规划路名）交界处	无	命名
203	顺德区	仁孝街	Rénxiào Jiē	道路街巷名	北至牌坊路，南至仁孝街一巷	无	命名
204	顺德区	仁孝街一巷	Rénxiào Jiē 1 Xiàng	道路街巷名	东至至孝街，西至至德一街	无	命名
205	顺德区	仁孝街二巷	Rénxiào Jiē 2 Xiàng	道路街巷名	东至至孝街，西至至德一街	无	命名
206	顺德区	仁孝街三巷	Rénxiào Jiē 3 Xiàng	道路街巷名	东至至孝街，西至至德一街	无	命名
207	顺德区	仁孝街四巷	Rénxiào Jiē 4 Xiàng	道路街巷名	东至至孝街，西至至德二街	无	命名
208	顺德区	至德一街	Zhìdé 1 Jiē	道路街巷名	南至石涌路，北至仁孝街一巷	无	命名
209	顺德区	至德二街	Zhìdé 2 Jiē	道路街巷名	南至至德街一巷，北至仁孝街三巷	无	命名
210	顺德区	至德街一巷	Zhìdé Jiē 1 Xiàng	道路街巷名	东至至孝街，西至至德一街	无	命名
211	顺德区	至德街二巷	Zhìdé Jiē 2 Xiàng	道路街巷名	东至至孝街，西至至德一街	无	命名
212	顺德区	至德街三巷	Zhìdé Jiē 3 Xiàng	道路街巷名	东至至孝街，西至至德一街	无	命名
213	顺德区	至孝街	Zhìxiào Jiē	道路街巷名	南至石涌路，北至西南巷	无	命名
214	顺德区	至孝街一巷	Zhìxiào Jiē 1 Xiàng	道路街巷名	东至民宅，西至至德街	无	命名
215	顺德区	至孝街二巷	Zhìxiào Jiē 2 Xiàng	道路街巷名	东至中心街，西至至孝街	无	命名
216	顺德区	简明路	Jiǎnmíng Lù	道路街巷名	东起于简岸路美的简岸花园西侧规划路段，西至环镇西路止	无	命名

续表

序号	行政归属	标准地名	汉语拼音	类别	位置	原名	备注
217	顺德区	简新路	Jiǎnxīn Lù	道路街巷名	东起于简岸路美的简岸花园西侧规划路段，西至环镇西路止	无	命名
218	顺德区	德智园	Dézhì Yuán	建筑物名	顺德区容桂文海中路12号	无	命名
219	顺德区	凯蓝锦伦华庭	Kǎilán Jǐnlún Huátíng	建筑物名	顺德区伦教街道顺德区第一人民医院（新址）东侧，羊大路以南地块	无	命名
220	顺德区	颐安滨悦名庭	Yí'ān Bīnyuè Míngtíng	建筑物名	顺德区容桂容边居委会九横路以南	无	命名
221	顺德区	碧桂星天地广场	Bìguì Xīngtiāndì Guǎngchǎng	建筑物名	顺德区杏坛镇齐杏居委会新涌工业区万兴服装有限公司	无	命名
222	顺德区	向荣楼	Xiàngróng Lóu	建筑物名	顺德区容桂华口聚龙工业园眉滘北路2号	无	命名
223	顺德区	南谷园	Nángǔ Yuán	建筑物名	佛山市顺德区容桂小黄圃社区居委会创业路3号	无	命名
224	顺德区	怡翠晋盛汇园	Yícuì Jìnshèng Huìyuán	建筑物名	佛山新城天虹路以南、百合道以西A2地块	无	命名
225	顺德区	晓胜楼	Xiǎoshèng Lóu	建筑物名	佛山市顺德区容桂华口居委会华容五路41号	无	命名
226	顺德区	鹏瑞皓玥湾花园	Péngruì Hàoyuèwān Huāyuán	建筑物名	大良德民路以东、澄海路以北地块	无	命名
227	顺德区	美的置业悦然广场	Měide Zhìyè Yuèrán Guǎngchǎng	建筑物名	大良南江居委会G105以西、南霞新路以北地块	无	命名
228	顺德区	宝能云境台	Bǎonéng Yúnjìng Tái	建筑物名	顺德区大良碧桂路以东、澄海路以北地块之二	无	命名
229	顺德区	朗润东园	Lǎngrùn Dōngyuán	建筑物名	顺德区乐从镇新桂路以西、创富二路南北两侧地块	无	命名
230	顺德区	朗润西园	Lǎngrùn Xīyuán	建筑物名	顺德区乐从镇新桂路以西、创富二路南北两侧地块	无	命名
231	顺德区	融均南园	Róngjūnnán Yuán	建筑物名	顺德区均安镇新华居委会华丰中路100号	无	命名
232	顺德区	世友北园	Shìyǒu Běiyuán	建筑物名	佛山市顺德区均安镇畅兴工业园均益路193号	无	命名
233	顺德区	世友南园	Shìyǒu Nányuán	建筑物名	佛山市顺德区均安镇畅兴工业园智安北路16号	无	命名
234	顺德区	潮创园	Cháochuàng Yuán	建筑物名	顺德科技园A区南4–4地块	无	命名
235	顺德区	保利天耀花园	Bǎolì Tiānyào Huāyuán	建筑物名	伦教南苑东路以南、教育路以西地块	无	命名
236	顺德区	杨柳俊园	Yángliǔ Jùnyuán	建筑物名	顺德区北滘镇横五路以东、乐创路以北地块之一	无	命名
237	顺德区	保利中睿名苑	Bǎolì Zhōngruì Míngyuàn	建筑物名	佛山市顺德区容桂街道细滘社区G105细滘段1号	无	命名

续表

序号	行政归属	标准地名	汉语拼音	类别	位置	原名	备注
238	顺德区	凤桐花园	Fèngtóng Huāyuán	建筑物名	顺德区北滘镇碧江社区居民委员会坤洲八九十间地大吉围地	无	命名
239	顺德区	云和悦西园	Yúnhéyuè Xīyuán	建筑物名	顺德区北滘镇美的大道以北、乐创路以南地块	无	命名
240	顺德区	保利品悦雅苑	Bǎolì Pǐnyuè Yǎyuàn	建筑物名	佛山市顺德区第一人民医院（新址）东侧、新G325以北地块	无	命名
241	顺德区	兴涛苑	Xìngtāo Yuàn	建筑物名	顺德区容桂街道高黎居委会太澳高速以东建业路以北地块6–2	无	命名
242	顺德区	锦腾集成电路制造中心	Jǐnténg Jíchéng Diànlù Zhìzào Zhōngxīn	建筑物名	佛山市顺德区容桂街道四基居委会华基路以西地块	无	命名
243	顺德区	东原印阅府	Dōngyuán Yìnyuè Fǔ	建筑物名	顺德区容桂街道卫红居委会环安路23号	无	命名
244	顺德区	集成科创园	Jíchéng Kēchuàng Yuán	建筑物名	顺德区北滘镇顺江社区居委会三乐东路25号	无	命名
245	顺德区	实地紫藤公馆	Shídì Zǐténg Gōngguǎn	建筑物名	顺德区容桂街道桂洲大道以北地块之一	无	命名
246	顺德区	嘉好良缘公馆	Jiāhǎoliángyuán Gōngguǎn	建筑物名	顺德区大良街道新桂社区居民委员会新基三路16号	无	命名
247	顺德区	中建创科商业大楼	Zhōngjiàn Chuàngkē Shāngyè Dàlóu	建筑物名	佛山市顺德区容桂街道G105以西、细滘路两侧地块	无	命名
248	顺德区	中建创科园	Zhōngjiànchuàngkē Yuán	建筑物名	容桂街道G105以西、细滘路两侧地块	无	命名
249	顺德区	威和新科园	Wēihé Xīnkē Yuán	建筑物名	佛山市顺德区杏坛镇齐杏居委会杏坛工业区	无	命名
250	顺德区	金科铂玺公馆	Jīnkēbóxǐ Gōngguǎn	建筑物名	佛山市顺德区伦教街道伦羊路以北、泰宁路以东地块	无	命名
251	顺德区	诚湾雅苑	Chéngwān Yǎyuàn	建筑物名	顺德高新区西部启动商务配套区D–XB–10–01A–16–01–2地块	无	命名
252	顺德区	锦铂苑	Jǐnbó Yuàn	建筑物名	顺德区大良街道德民东路以南、环湖路以北地块	无	命名
253	顺德区	华康楼	Huákāng Lóu	建筑物名	佛山市顺德区杏坛镇齐杏社区居民委员会杏坛工业区科技五路1号	无	命名
254	顺德区	景著雅苑	Jǐngzhù Yǎyuàn	建筑物名	龙江镇世埠居委会文华路夹角地块、夹角地块二	无	命名
255	顺德区	中怡富门名轩	Zhōngyí Fùmén Míngxuān	建筑物名	佛山市顺德区大良街道红岗大富山街1号地块	无	命名
256	顺德区	瑞兴创享大楼	Ruìxìng Chuàngxiǎng Dàlóu	建筑物名	佛山市顺德区陈村镇新城区南片区06–C–25地块	无	命名
257	顺德区	乐钢综合楼	Lègāng Zōnghé Lóu	建筑物名	佛山“一环”乐从大罗段南侧	无	命名

续表

序号	行政归属	标准地名	汉语拼音	类别	位置	原名	备注
258	顺德区	金科桃李府	Jīnkē Táolǐ Fǔ	建筑物名	顺德区杏坛镇高赞村委会高富路南侧二环路东侧地块	无	命名
259	顺德区	瀚康华府	Hànkāng Huáfǔ	建筑物名	顺德区均安镇新华华丰路侧	无	命名
260	顺德区	杰森家电智造中心	Jiésēn Jiādiàn Zhìzào Zhōngxīn	建筑物名	佛山市顺德区容桂街道华口社区居民委员会高新区（容桂）华天南一路2号	无	命名
261	顺德区	怡翠晋盛欣园	Yícuì Jìnshèng Xīnyuán	建筑物名	佛山新城天虹路以南、文德路以东、荷岳路以北F地块	无	命名
262	顺德区	凫景苑	Fújǐng Yuàn	建筑物名	佛山市顺德区均安镇天连村南滘口之一	无	命名
263	顺德区	启德慧业园	Qǐdé Huìyè Yuán	建筑物名	佛山市顺德区北滘镇北滘社区居民委员会环镇东路南7号	无	命名
264	顺德区	云景公馆	Yúnjǐng Gōngguǎn	建筑物名	佛山市顺德区北滘镇中心城区01-03-07地块	无	命名
265	顺德区	云和悦东园	Yúnhéyuè Dōngyuán	建筑物名	佛山市顺德区北滘镇美的大道以北、乐创路以南地块	无	命名
266	顺德区	云泽居	Yúnzé Jū	建筑物名	顺德区均安镇新均榄路以南、华丰中路以东地块	无	命名
267	顺德区	尚云庭	Shàngyún Tíng	建筑物名	顺德区顺德创智城B区01-A-015-1地块（大良南国东路以北，桂畔海以东）	无	命名
268	顺德区	潭洲江瑾园	Tánzhōu Jiāngjǐn Yuán	建筑物名	顺德区陈村镇潭洲村委会星英半岛南侧地块	无	命名
269	顺德区	盈骏置业楼	Yíngjùn Zhìyè Lóu	建筑物名	佛山市顺德区北滘镇北滘居委会工业大道22号	无	命名
270	顺德区	中建星顺花园	Zhōngjiàn Xīngshùn Huāyuán	建筑物名	佛山市顺德区乐从镇横二路以南、纵五路以东地块	无	命名
271	顺德区	春风名苑	Chūnfēng Míngyuàn	建筑物名	乐从镇永兴道西侧地块	无	命名
272	顺德区	乐钢五金中心	Lègāng Wǔjīn Zhōngxīn	建筑物名	佛山市顺德区乐从镇钢铁世界A6号地块	无	命名
273	顺德区	滟澜苑	Yànlán Yuàn	建筑物名	佛山市顺德区陈村镇花卉大道西侧地块	无	命名
274	顺德区	顺芯台	Shùnxīn Tái	建筑物名	佛山市顺德区容桂街道容奇大道以北、乐安北路以东地块（容桂街道容奇大道中北侧地块）	无	命名
275	顺德区	时代冠和苑	Shídài Guānhé Yuàn	建筑物名	佛山市顺德区伦教街道南苑东路以南、教育路以东地块	无	命名
276	顺德区	智富百利园	Zhìfù Bǎilì Yuán	建筑物名	佛山市顺德区大良街道安利工业区	无	命名
277	顺德区	臻悦花园	Zhēnyuè Huāyuán	建筑物名	佛山市顺德区陈村镇华阳路东侧C-21地块	无	命名
278	顺德区	融祺花园	Róngqí Huāyuán	建筑物名	佛山市顺德区陈村镇佛陈路鱼苗场北侧地块	无	命名

续表

序号	行政归属	标准地名	汉语拼音	类别	位置	原名	备注
279	顺德区	安创园	ānchuàng Yuán	建筑物名	佛山市顺德区杏坛镇顺德高新区西部启动区 D-XB-10-04-B-07-3 地块	无	命名
280	顺德区	中建智造园	Zhōngjiàn Zhìzào Yuán	建筑物名	佛山市顺德区均安镇星槎七滘工业区城市更新项目一期	无	命名
281	顺德区	万僖智造园	Wànxī Zhìzào Yuán	建筑物名	顺德区容桂街道办事处扁滘居委会华达路3号	无	命名
282	顺德区	顺和利科创园	Shùnhélì Kēchuàng Yuán	建筑物名	顺德区伦教街道办事处荔村村村委会国际木工机械城23号	无	命名
				高明区			
283	高明区	荷乐街	Hélè Jiē	道路街巷名	南起沧江路北侧，北至百乐街	无	命名
284	高明区	秀丽华庭	Xiulì Huátíng	建筑物名	高明区荷城街道（西安）广安路西侧	无	命名
285	高明区	菁华府	Jīnghuá Fǔ	建筑物名	佛山市高明区荷城街道泰华路东侧	无	命名
286	高明区	钧明悦广场	Junmíngyuè Guǎngchǎng	建筑物名	高明区荷富大道以西、明湖南路以北	无	命名
287	高明区	顺满楼	Shunmǎn Lóu	建筑物名	荷城街道（三洲）百灵路南侧	无	命名
288	高明区	樵顺花苑	Qiáoshùn Huāyuàn	建筑物名	荷城街道祥进路以东、大成路以南	无	命名
289	高明区	高明国资大厦	Gāomíng Guózī Dàshà	建筑物名	荷城街道沿江路463号	无	命名
290	高明区	汇欣名轩	Huìxīn Míngxuān	建筑物名	荷城街道宜丰街北侧	无	命名
291	高明区	乐翠轩	Lècuì xuān	建筑物名	荷城街道德信路10号	无	命名
292	高明区	花曼曦苑	Huāmànxī Yuàn	建筑物名	明城镇明喜路一街3号	无	命名
293	高明区	方直珑玥苑	Fāngzhílóngyuè Yuàn	建筑物名	荷城街道（三洲）碧桂路以东，百灵路以北	无	命名
294	高明区	云湾府	Yúnwān Fǔ	建筑物名	西江产业新城苏河路以东，三杰路以南	无	命名
295	高明区	玖悦府	Jiǔyuè Fǔ	建筑物名	西江产业新城鳌云路以西，丽景东路以南	无	命名
296	高明区	香缤天玺名苑	Xiāngbīn tiānxǐ Míngyuàn	建筑物名	荷城街道文汇路以南，沿江路以西	无	命名
				三水区			
297	三水区	耕耘路	Gēngyǘn Lù	道路街巷名	南起三溪公路（G321），北接宝月井口村村道	无	命名
298	三水区	颐安雍悦华府	Yí'ān Yōngyuè Huáfǔ	建筑物名	佛山市三水区西南街道口岸大道西侧地块	无	命名
299	三水区	金晟路	Jīnshèng Lù	道路街巷名	东北起南岸村委会，西南至洲边村委会牌坊（途经御江南、高铁三水南站、洲边公园）	无	命名

续表

序号	行政归属	标准地名	汉语拼音	类别	位置	原名	备注
300	三水区	西丹路	Xīdān Lù	道路街巷名	北起X496，东南至南岸村委会东黄村，与南海区丹灶镇青塘村、新三路接壤（途经南岸村委会社区卫生服务站、张家村、东黄村）	无	命名
301	三水区	骊洲东路	Lízhōu Dōnglù	道路街巷名	南起大滘沙村，北至沙围村	无	命名
302	三水区	沙围一街	Shāwéi 1 Jiē	道路街巷名	东起沙围村中心区域，西至樵桑联围	无	命名
303	三水区	三桥街	Sānqiáo Jiē	道路街巷名	南起周家涌，北至工业大道入村接口	无	命名
304	三水区	祠东街	Cídōng Jiē	道路街巷名	南起原园区生活污水处理厂，北至工业大道入村南边接口	无	命名
305	三水区	南站路	Nánzhàn Lù	道路街巷名	东起高铁三水南站，西至G324	无	命名
306	三水区	金牛大厦	Jīnníu Dàshà	建筑物名	佛山市三水区乐平镇乐平大道西侧金融新区2号	无	命名
307	三水区	嵘凯华庭	Róngkǎi Huátíng	建筑物名	佛山市三水区南山镇漫江工业园南区6之6号	无	命名
308	三水区	融辰花园	Róngchén Huāyuán	建筑物名	佛山市三水区云东海街道南丰大道东侧	无	命名
309	三水区	汇创大道	Huìchuàng Dàdào	道路街巷名	南起鹿岭村接西樵方向，北至狮山金石路（博爱路西延线）	无	命名
310	三水区	临江尚苑	Línjiāng Shàngyuàn	建筑物名	佛山市三水区西南街道广海大道中9号地块	无	命名
311	三水区	孝经路	Xiàojīng Lù	道路街巷名	南起创新东路（规划），北至忠孝路，长1285米，宽15米	无	命名
312	三水区	广银馨苑	Guǎngyín Xīnyuàn	建筑物名	佛山市三水区云东海街道南丰大道西侧、石湖洲河涌东侧	无	命名
313	三水区	轩隆雅园	Xuānlóng Yǎyuán	建筑物名	佛山市三水区西南街道建设大道南侧地块二	无	命名
314	三水区	乐平嘉洲广场	Lèpíng Jiāzhōu Guǎngchǎng	建筑物名	佛山市三水区乐平镇乐平大道西侧金融新区	无	命名
315	三水区	侨福路	Qiáofú Lù	道路街巷名	东起大埗塘农业园区，西至南山大道北	无	命名
316	三水区	康和路	Kānghé Lù	道路街巷名	东起东和路，西至孖岗围	无	命名
317	三水区	侨苑南路	Qiáoyuàn Nánlù	道路街巷名	东起沿涌西路，西至择善路	无	命名
318	三水区	侨苑北路	Qiáoyuàn Běilù	道路街巷名	东起沿涌西路，西至择善路	无	命名
319	三水区	侨和路	Qiáohé Lù	道路街巷名	东起择善路，西至和谐村	无	命名
320	三水区	侨富路	Qiáofù Lù	道路街巷名	东起漫江大道，西至南山幼儿园	无	命名
321	三水区	侨涌路	Qiáochōng Lù	道路街巷名	东起沿涌西路，西至漫江大道	无	命名
322	三水区	沿涌西路	Yánchōng Xīlù	道路街巷名	南起民乐四路，北至南山汽车站	无	命名

续表

序号	行政归属	标准地名	汉语拼音	类别	位置	原名	备注
323	三水区	三水智车科技园	Sānshuǐ Zhìchē Kējì Yuán	建筑物名	佛山市三水区白坭镇临江智能装备区	无	命名
324	三水区	时代宝艺名苑	Shídài Bǎoyì Míngyuàn	建筑物名	迳口华侨经济区侨兴路以南漫江大道以东	无	命名
325	三水区	广域天誉华府	Guǎngyù Tiānyù Huáfǔ	建筑物名	白坭镇富景一路南侧片区	无	命名
326	三水区	铂瑞府	Bóruì Fǔ	建筑物名	西南街道锦江路南侧	无	命名
327	三水区	银洲路	Yínzhōu Lù	道路街巷名	南起佛山市三水金戈新型材料有限公司，北至白坭派出所周村社区民警中队	无	命名
328	三水区	村兴一路	Cūnxīng 1 Lù	道路街巷名	南起兴唐路，北至清盈路	无	命名
329	三水区	天泰西路	Tiāntài Xīlù	道路街巷名	南起恒宝路，北至杉山路	无	命名
330	三水区	天泰东一路	Tiāntàidōng 1 Lù	道路街巷名	南起恒宝路，北至开元路	无	命名
331	三水区	天泰东二路	Tiāntàidōng 2 Lù	道路街巷名	南起S118，北至兴唐路	无	命名
332	三水区	天泰东三路	Tiāntàidōng 3 Lù	道路街巷名	南起S118，北至恒生路	无	命名
333	三水区	天泰东四路	Tiāntàidōng 4 Lù	道路街巷名	南起开元路，北至开元北路	无	命名
334	三水区	天泰东五路	Tiāntàidōng 5 Lù	道路街巷名	南起兴唐北一路，北至清远交界	无	命名
335	三水区	兴唐北一路	Xīngtángběi 1 Lù	道路街巷名	东起创峰路，西至天泰东五路	无	命名
336	三水区	兴唐北二路	Xīngtángběi 2 Lù	道路街巷名	东起创峰路，西至开元路	无	命名
337	三水区	兴唐南一路	Xīngtángnán 1 Lù	道路街巷名	东起洲仔村，西至天泰东二路	无	命名
338	三水区	兴唐南二路	Xīngtángnán 2 Lù	道路街巷名	东起天泰东三路，西至天泰路	无	命名
339	三水区	兴唐南三路	Xīngtángnán 3 Lù	道路街巷名	南起园东一路，北至开元路	无	命名
340	三水区	兴唐南四路	Xīngtángnán 4 Lù	道路街巷名	南起园东一路，北至向唐路	无	命名
341	三水区	兴唐南五路	Xīngtángnán 5 Lù	道路街巷名	南起园东二路，北至开元路	无	命名
342	三水区	兴唐南六路	Xīngtángnán 6 Lù	道路街巷名	东起S381，西至园东一路	无	命名
343	三水区	兴唐南七路	Xīngtángnán 7 Lù	道路街巷名	东起S381，西至园东一路	无	命名
344	三水区	园东二路	Yuándōng 2 Lù	道路街巷名	南起S381，北至兴唐南四路	无	命名
345	三水区	园东一路	Yuándōng 1 Lù	道路街巷名	南起S381，北至兴唐路	无	命名
346	三水区	开元北路	Kāiyuán Běilù	道路街巷名	东起三角洲路，西至天泰东四路	无	命名
347	三水区	园东三路	Yuándōng 3 Lù	道路街巷名	南起兴唐路，北至清远交界	无	命名
348	三水区	园东四路	Yuándōng 4 Lù	道路街巷名	南起花都交界，北至清远交界	无	命名
349	三水区	融佳公馆	Róngjiā Gōngguǎn	建筑物名	佛山市三水区西南街道广海大道西西北侧地块一	无	命名
350	三水区	映云居	Yìngyún Jū	建筑物名	佛山市三水区云东海街道新城启动区	无	命名

续表

序号	行政归属	标准地名	汉语拼音	类别	位置	原名	备注
351	三水区	礼运路	Lǐyǜn Lù	道路街巷名	东起仁礼路，西至塘西大道	无	命名
352	三水区	孝治路	Xiàozhì Lù	道路街巷名	东起佛清从高速公路，西至乐平涌（中油大道）	无	命名
353	三水区	恩信路	enxìn Lù	道路街巷名	南起繁业大道，北至乐源路	无	命名
354	三水区	孝慈路	Xiàocí Lù	道路街巷名	南起乐平镇与云东海街道界线（侨鑫生态园），北至南边工业大道（乐平敬老院）	无	命名
355	三水区	尚勤路	Shàngqín Lù	道路街巷名	南起左岸涌，北至三水大道北	无	命名
356	三水区	仁礼路	Rénlǐ Lù	道路街巷名	南起乐平大道，北至日彩综合市场	无	命名
357	三水区	尚礼路	Shànglǐ Lù	道路街巷名	东起新城大道北，西至齐力大道北	无	命名
358	三水区	秉德路	Bǐngdé Lù	道路街巷名	南起黄南路，北至佛山毅思彦通展示制作有限公司	无	命名
359	三水区	礼德路	Lǐdé Lù	道路街巷名	南起黄南路，北至左岸涌	无	命名
360	三水区	建德路	Jiàndé Lù	道路街巷名	东起三水大道北，西至秉德路（规划）	无	命名
361	三水区	尚仁路	Shàngrén Lù	道路街巷名	南起众柏五金公司，北至宜业路	无	命名
362	三水区	民允路	Mínyǔn Lù	道路街巷名	南起塘西大道，北至乐源路	无	命名
363	三水区	敏德路	Míndé Lù	道路街巷名	南起横岗村，北至防迅路	无	命名
364	三水区	怀恩路	Huái'ēn Lù	道路街巷名	东起三花路，西至仙湖路	无	命名
365	三水区	弘毅路	Hóngyì Lù	道路街巷名	南起三花路，北至华实建材公司	无	命名
366	三水区	尚俭路	Shàngjiǎn Lù	道路街巷名	南起守信路（规划），北至商务园大道（规划）	无	命名
367	三水区	至诚路	Zhìchéng Lù	道路街巷名	南起守信路（规划），北至商务园大道（规划）	无	命名
368	三水区	守信路	Shǒuxìn Lu	道路街巷名	东起乐平大道，西至乐平涌	无	命名
369	三水区	俭德路	Jiǎndé Lù	道路街巷名	南起礼智路，北至水西村	无	命名
370	三水区	礼信路	Lǐxìn Lù	道路街巷名	东起芦苞涌（益豪沥青厂），西至孝治路（规划）	无	命名
371	三水区	骊洲路	Lízhōu Lù	道路街巷名	东起西岸村接骊洲东路处，西至西岸码头	无	命名
372	三水区	白沙一街	Báishā 1 Jiē	道路街巷名	东起园区厂房，西至金竹路方向	无	命名
373	三水区	白沙二街	Báishā 2 Jiē	道路街巷名	东起园区厂房，西至金竹路方向	无	命名
374	三水区	童星路	Tóngxīng Lù	道路街巷名	南起佛山市朗腾富建材有限公司，北至周村农贸市场	无	命名
375	三水区	峣山路	Yáoshān Lù	道路街巷名	南起S269，北至活轩五金厂	无	命名
376	三水区	聚德路	Jùdé Lù	道路街巷名	东起S269靠近南海西樵处，西至鹿岭村接S269处	无	命名

续表

序号	行政归属	标准地名	汉语拼音	类别	位置	原名	备注
377	三水区	凤果南路	Fèngguǒ Nánlù	道路街巷名	东起三水大道南（金白线），西至中茂（佛山三水分公司）	无	命名
378	三水区	汇庆路	Huìqìng Lù	道路街巷名	东起雄鹰铝表面技术创新中心有限公司，西至三水大道南	无	命名
379	三水区	顺佳路	shùnjiā Lù	道路街巷名	南起大滘沙村村尾路口，北至樵桑联围往南社村方向	无	命名
380	三水区	竹兴路	Zhú xìng Lù	道路街巷名	东起金竹村，西至接三水大道南	无	命名
381	三水区	童禧一街	Tóngxǐ 1 Jiē	道路街巷名	东起白坭黄金花园正门处，西至小塘岗村村道	无	命名
382	三水区	童禧二街	Tóngxǐ 2 Jiē	道路街巷名	东起白坭黄金花园正门处，西至小塘岗村村道	无	命名
383	三水区	顺金路	Shùnjīn Lù	道路街巷名	东起汇创大道，西至临江路接文创大道处	无	命名
384	三水区	童悦一街	Tóngyuè 1 Jiē	道路街巷名	南起广东铝图新型装饰材料有限公司，北至怀集农家菜	无	命名
385	三水区	童悦二街	Tóngyuè 2 Jiē	道路街巷名	东起广东铝图新型装饰材料有限公司，西至柏尔斯建材工厂南门	无	命名
386	三水区	童悦三街	Tóngyuè 3 Jiē	道路街巷名	南起佛山市众兴龙有限公司，北至五羊建机	无	命名
387	三水区	岗凤南路	Gǎngfèng Nánlù	道路街巷名	南起凤果村工业大道中段（土名），北至横村接三水大道南出口	无	命名
388	三水区	岗岭路	Gǎnglǐng Lù	道路街巷名	南起大岗村，北至鹿岭村（旧地名：抱龙桥路）	无	命名
389	三水区	保利清能和悦花园	Bǎolì Qīngnéng Héyuè Huāyuán	建筑物名	佛山市三水区云东海街道塘西线三期西侧地块三	无	命名
390	三水区	美联商务楼	Měilián Shāngwù Lóu	建筑物名	佛山市三水区芦苞镇四联村委会美西村“村面前田”（土名）	无	命名

表84　2020年佛山市原有地名调整情况表

序号	行政归属	标准地名	汉语拼音	类别	位置	原名	备注
				禅城区			
1	禅城区	登贤大道	Dēngxián Dàdào	道路街巷名	南起规划路，北至紫洞大桥南侧	紫洞路	更名
2	禅城区	河滘路	Héjiào Lù	道路街巷名	北起杏丰路，南至规划路以南426米处	河滘路	延长
3	禅城区	大布路	Dàbù Lù	道路街巷名	由原来大布路向西延伸，延伸后的“大布路”东起振兴路，西至宏富路	大布路	延长
4	禅城区	堤江路	Dījiāng Lù	道路街巷名	环形路，西起规划路，东至规划路（沈海高速广州支线）	堤江路	重新定义起止点

续表

序号	行政归属	标准地名	汉语拼音	类别	位置	原名	备注
5	禅城区	传德路	Chuándé Lù	道路街巷名	北起堤江路，南至季华西路	传德路	重新定义起止点
6	禅城区	扬德路	Yángdé Lù	道路街巷名	北起科润路，南至季华西路	扬德路	重新定义起止点
7	禅城区	弘德路	Hóngdé Lù	道路街巷名	北起堤江路，南至季华西路	弘德路	重新定义起止点
8	禅城区	湖田路	Hútián Lù	道路街巷名	北起科润路，南至科洋路	湖田路	重新定义起止点
9	禅城区	禅秀路	Chánxiù Lù	道路街巷名	北起科润路，南至规划路	禅秀路	重新定义起止点
10	禅城区	科汇路	Kēhuì Lù	道路街巷名	西起禅秀路，东至禅港东路	科汇路	重新定义起止点
11	禅城区	科海路	Kēhǎi Lù	道路街巷名	西起弘德路，东至堤江路	科海路	重新定义起止点
12	禅城区	科洋路	Kēyáng Lù	道路街巷名	西起弘德路，东至堤江路	科洋路	重新定义起止点
13	禅城区	龙新路	Lóngxīn Lù	道路街巷名	佛山高新区罗格园内佛山“一环”以西，东西走向的主要道路	龙新路	销名
14	禅城区	聚新路	Jùxīn Lù	道路街巷名	佛山高新区罗格园内佛山“一环”以西，东西走向的主要道路	聚新路	销名
15	禅城区	河新路	Héxīn Lù	道路街巷名	佛山高新区罗格园内佛山“一环”以西，东西走向的主要道路	河新路	销名
16	禅城区	南珠路	Nánzhū Lù	道路街巷名	佛山高新区罗格园内南北走向的主要道路	南珠路	销名
17	禅城区	平新路	Píngxīn Lù	道路街巷名	佛山高新区罗格园内佛山“一环”以西，东西走向的主要道路	平新路	销名
18	禅城区	东新路	Dōngxīn Lù	道路街巷名	佛山高新区罗格园内佛山“一环”以西，东西走向的主要道路	东新路	销名
19	禅城区	科涛路	Kētāo Lù	道路街巷名	佛山高新区罗格园内佛山“一环”以东，东西走向的主要道路	科涛路	销名
20	禅城区	融滨华府	Róngbīn Huáfǔ	建筑物名	禅城区祖庙街道货站路东侧	融滨华府	调整规模
21	禅城区	建投绿地璀璨广场	Jiàntóu Lǜdì Cuǐcàn Guǎngchǎng	建筑物名	佛山市禅城区季华六路以南	建投绿地璀璨广场	调整规模
22	禅城区	佳兆业悦峰府	Jiāzhàoyè Yuèfēng Fǔ	建筑物名	佛山市禅城区石湾镇街道镇中路西侧	佳兆业悦峰府	调整规模
23	禅城区	岭南崇华居	Lǐngnán Chónghuá Jū	建筑物名	佛山市禅城区祖庙街道寿延路西侧	岭南崇华居	调整规模
				南海区			
24	南海区	南宇广场	Nányǔ Guǎngchǎng	建筑物名	佛山市南海区桂城C11街区地段A地块A宗地	南海怡丰城	更名
25	南海区	美的德贤大厦	Měidì Déxián Dàshà	建筑物名	佛山市南海区大沥镇盐步横江村委会富华村地段	美的德贤公馆	更名
26	南海区	保利融创紫誉台	Bǎolì Róngchuàng Zǐyù Tái	建筑物名	广东省佛山市南海区里水镇沙涌村展旗山“崩岗脚”地段	保利紫誉台	更名

续表

序号	行政归属	标准地名	汉语拼音	类别	位置	原名	备注
27	南海区	建裕商务楼	Jiànyù Shāngwù Lóu	建筑物名	佛山市南海区狮山镇小塘办事处洞边村委会	建裕公馆	更名
				顺德区			
28	顺德区	银畔路五街	YínpànLù 5 Jiē	道路街巷名	南起新峰路，北至流槎围河	银畔路五街	延长
29	顺德区	展荷路	Zhǎnhé Lù	道路街巷名	北起工展路，南止吉庆南路交界处	展荷路	延长
30	顺德区	钢铁世界大道	Gāngtiě Shìjiè Dàdào	道路街巷名	西起于佛山大道南，东止于钢铁世界东环路；呈东西走向	钢铁世界大道	延长
31	顺德区	华润悦里公馆	Huárùn Yuèlǐ Gōngguǎn	建筑物名	佛山新城乐从镇新吉路以南、同庆道以东	华润悦里公馆	调整规模
32	顺德区	融均北园	Róngjūn Běiyuán	建筑物名	顺德区均安镇新华居委会华丰中路100号	融均园	更名
33	顺德区	融均园	Róngjūn Yuán	建筑物名	顺德区均安镇新华居委会华丰中路100号	融均北园	更名
34	顺德区	车创智谷广场	Chēchuàngzhìgǔ Guǎngchǎng	建筑物名	顺德区顺德新城创智城片区东乐路以南、创智城以东地块	车创智谷广场	调整规模
35	顺德区	星钻苑	Xīngzuàn Yuàn	建筑物名	顺德区容桂高黎居委会太澳高速以东建业路以北地块12及地块15	星钻苑	调整规模
36	顺德区	凤怡苑	Fèngyí Yuàn	建筑物名	顺德区容桂高黎居委会太澳高速以东建业路以北地块28和地块29	凤怡苑	调整规模
				高明区			
37	高明区	文昌路	Wénchāng lù	道路街巷名	南起星河路，与文华路、沧江路、怡乐路、明国路相交，北至平山大道	文昌路	调整起止点
38	高明区	海天大道	Hǎitiān Dàdào	道路街巷名	南起孔堂水库北侧，与高明大道、三和路、平山大道相交，北至杨西大道	海天大道	调整起止点
39	高明区	广安路	Guǎng'ān lù	道路街巷名	南起泰华路，与丹霞路、跃华路相交，北至怡乐路	广安路	调整起止点
				三水区			
40	三水区	恒生路	Héngshēng Lù	道路街巷名	东起勇盈路，西至天泰路	恒生路	延长
41	三水区	远安路	Yuǎn'ān Lù	道路街巷名	东起清远交界，西至开元路	远安路	延长
42	三水区	人民东街	Rénmín Dōngjiē	道路街巷名	原南起富景一路，北至工业大道。现南起海雅幼儿园，北至工业大道	人民东街	延长
43	三水区	工业大道	Gōngyè Dàdào	道路街巷名	原东起塘九路，西至樵桑联围。现东起汇创大道交接处，西至樵桑联围	工业大道	延长

索　引

说　明

一、本索引采用主题分析方法。款目按首字汉语拼音字母（汉语拼音字母相同按声调）顺序排列，同音字按笔画数从少到多排列。英文字母开头的款目按英文字母顺序排列，数字开头的款目按数字0—9顺序排列。

二、索引款目后的数字表示内容所在的页码，数字后面的英文字母（a、b、c）表示栏别（即版面的左、中、右栏）。款目后有多个页码，表示参见内容所在位置。

三、索引款目中，类目、分目、次分目等栏目标题用黑体字排印，其余用宋体字排印。

四、本索引对综述分目标题和概况条目标题不进行标引。

五、英文字母、阿拉伯数字开头的款目排在索引的末尾。

D

H

J

M

N

R

S

W

X

Y

Z

英文字母首

数字首